DuD-Fachbeiträge

Herausgegeben von
H. Reimer, Erfurt, Deutschland
K. Rihaczek, Bad Homburg v.d. Höhe, Deutschland
A. Roßnagel, Kassel, Deutschland

Die Buchreihe ergänzt die Zeitschrift DuD – Datenschutz und Datensicherheit in einem aktuellen und zukunftsträchtigen Gebiet, das für Wirtschaft, öffentliche Verwaltung und Hochschulen gleichermaßen wichtig ist. Die Thematik verbindet Informatik, Rechts-, Kommunikations- und Wirtschaftswissenschaften.
Den Lesern werden nicht nur fachlich ausgewiesene Beiträge der eigenen Disziplin geboten, sondern sie erhalten auch immer wieder Gelegenheit, Blicke über den fachlichen Zaun zu werfen. So steht die Buchreihe im Dienst eines interdisziplinären Dialogs, der die Kompetenz hinsichtlich eines sicheren und verantwortungsvollen Umgangs mit der Informationstechnik fördern möge.

Herausgegeben von
Prof. Dr. Helmut Reimer   Prof. Dr. Alexander Roßnagel,
Erfurt   Universität Kassel

Dr. Karl Rihaczek
Bad Homburg v.d. Höhe

Steffen Kroschwald

Informationelle Selbstbestimmung in der Cloud

Datenschutzrechtliche Bewertung und Gestaltung des Cloud Computing aus dem Blickwinkel des Mittelstands

Mit einem Geleitwort von
Prof. Dr. Alexander Roßnagel

Steffen Kroschwald
Stuttgart, Deutschland

Zugl.: Dissertation an der Universität Kassel, Fachbereich 07 – Wirtschaftswissenschaften

Disputation am 12.05.2015

Die Dissertation entstand im Rahmen der vom Bundesministerium für Wirtschaft und Energie im Technologieprogramm „Trusted Cloud" geförderten Forschungsprojekte „Value4Cloud" und „Sealed Cloud".

DuD-Fachbeiträge
ISBN 978-3-658-11447-3   ISBN 978-3-658-11448-0 (eBook)
DOI 10.1007/978-3-658-11448-0

Die Deutsche Nationalbibliothek verzeichnet diese Publikation in der Deutschen Nationalbibliografie; detaillierte bibliografische Daten sind im Internet über http://dnb.d-nb.de abrufbar.

Springer Vieweg
© Springer Fachmedien Wiesbaden 2016
Das Werk einschließlich aller seiner Teile ist urheberrechtlich geschützt. Jede Verwertung, die nicht ausdrücklich vom Urheberrechtsgesetz zugelassen ist, bedarf der vorherigen Zustimmung des Verlags. Das gilt insbesondere für Vervielfältigungen, Bearbeitungen, Übersetzungen, Mikroverfilmungen und die Einspeicherung und Verarbeitung in elektronischen Systemen.
Die Wiedergabe von Gebrauchsnamen, Handelsnamen, Warenbezeichnungen usw. in diesem Werk berechtigt auch ohne besondere Kennzeichnung nicht zu der Annahme, dass solche Namen im Sinne der Warenzeichen- und Markenschutz-Gesetzgebung als frei zu betrachten wären und daher von jedermann benutzt werden dürften.
Der Verlag, die Autoren und die Herausgeber gehen davon aus, dass die Angaben und Informationen in diesem Werk zum Zeitpunkt der Veröffentlichung vollständig und korrekt sind. Weder der Verlag noch die Autoren oder die Herausgeber übernehmen, ausdrücklich oder implizit, Gewähr für den Inhalt des Werkes, etwaige Fehler oder Äußerungen.

Gedruckt auf säurefreiem und chlorfrei gebleichtem Papier

Springer Fachmedien Wiesbaden ist Teil der Fachverlagsgruppe Springer Science+Business Media
(www.springer.com)

Geleitwort

Gegenstand der Arbeit ist ein für Wirtschaft und Gesellschaft sowie das Verhältnis von Recht und Technik sehr aktuelles und bedeutsames Thema, nämlich die datenschutzrechtliche Bewältigung des Cloud Computing. Dieses wird die Bereitstellung und Nutzung von Informationstechnik – Hardware wie Software – revolutionieren. In sehr vielen Fällen wird Cloud Computing personenbezogene Daten betreffen und daher den Vorgaben des Datenschutzrechts unterfallen. Da dieses jedoch mit vielen Bedingungen des Cloud Computing kollidiert, bietet die datenschutzrechtliche Bewertung und Gestaltung des Cloud Computing eine dreifache, gleichermaßen praktisch wie methodisch hochrelevante Herausforderung für eine interdisziplinär orientierte Rechtswissenschaft: Zum einen müssen in praktischer Hinsicht die datenschutzrechtlichen Vorgaben aus mehreren Rechtsbereichen geprüft werden, ob sie nach ihrem bisherigen Verständnis geeignet sind, die datenschutzrechtlichen Fragen, die Cloud Computing aufwirft, zu beantworten. Sofern dies nicht möglich ist oder an Grenzen stößt, ist zum anderen zu untersuchen, ob und wie diese durch den Rechtsanwender oder den Gesetzgeber fortentwickelt werden müssen. Schließlich ist zu klären, wie Cloud Computing technisch und organisatorisch gestaltet werden muss, um die nicht aufgebbaren Anforderungen des Datenschutzrechts zu erfüllen.

Cloud Computing ermöglicht, Speicherplatz, Rechenleistung und Software-Anwendungen nicht mehr selbst verfügbar halten zu müssen, sondern bedarfsabhängig aus dem Internet zu beziehen. Diese Ressourcen können von jedem internetfähigen Endgerät, jederzeit und an jedem Ort in Anspruch genommen werden. Diese Möglichkeiten reduzieren die Kapitalbindung und verbessern Arbeitsprozesse der Cloud-Nutzer. Cloud-Anbieter können durch dieses Bereitstellungsmodell ihre Kapazitäten besser ausnutzen. Sie bieten sie über das Modell des Cloud Computing anderen zur spontanen oder fest gebuchten Nutzung an. Cloud Computing verspricht daher große wirtschaftliche Vorteile und Entwicklungspotentiale für Anbieter und Nutzer.

Viele Organisationen und Unternehmen – insbesondere mittelständische Unternehmen – sehen diese Vorteile, zögern aber dennoch, ihre gesamte Informationsverarbeitung in die „Wolke" zu geben und sie anderen anzuvertrauen. Sie befürchten eine Preisgabe oder einen Verlust der Daten oder der Datenverarbeitungsmöglichkeiten. Vor allem aber besteht Rechtsunsicherheit hinsichtlich der rechtlichen Verantwortung für Informationen über Dritte, deren personenbezogene Daten in der Cloud gespeichert oder verarbeitet werden sollen.

Hier setzt die Arbeit von Steffen Kroschwald an. Sie will die Frage beantworten, ob und wie im Cloud-Zeitalter die Möglichkeit verbleibt, mit persönlichen Informationen selbstbestimmt umzugehen, und wie sich dies auf das grundrechtlich geschützte allgemeine Persönlichkeitsrecht auswirkt. Die hierfür notwendige Konkretisierung geltenden Rechts, die Erarbeitung von Vorschlägen zur Gestaltung von Cloud-Angeboten und Cloud-Nutzung sowie die Erarbeitung von Empfehlungen zur Rechtsfortbildung sind drei – methodisch wie fachlich – große Herausforderungen.

Die Untersuchung füllt somit wesentliche Lücken im Recht modernster Informations- und Kommunikationstechniken. Indem sie die für Cloud Computing anwendbaren Datenschutzregelungen hinsichtlich ihrer Anforderungen überprüft, bietet sie wertvolle Hinweise für das notwendige Rechtsverständnis gegenüber modernster Technik und damit grundlegende Hilfestellungen für die Praxis. Indem sie zeigt, wie rechtliche Anforderungen durch die Gestaltung von Cloud Computing-Angeboten und Nutzungsformen erfüllt werden können, trägt sie zur Bewältigung schwieriger grundlegender Fragen der Rechtsbefolgung bei. Indem sie Konzepte zur technikadäquaten Rechtsfortbildung des Datenschutzrechts erarbeitet, bietet sie wertvolle Hinweise für die Rechtspolitik.

Die Arbeit entstand zu großen Teilen im Rahmen der Mitarbeit in zwei Forschungsprojekten, die mit Unterstützung des Bundesministeriums für Wirtschaft und Energie im Rahmen des Technologieprogramms „Trusted Cloud" durchgeführt wurden. Das Projekt „Marktunterstützende Mehrwertdienste zur Förderung von Vertrauen, Rechtsverträglichkeit, Qualität und Nutzung von Cloud Services für den Mittelstand (Value4Cloud)", hat ein Konsortium aus Fortiss GmbH, Universität zu Köln, SpaceNet, Gate-Technologiezentrum Garching und Universität Kassel durchgeführt. Das Projekt „Sealed Cloud – Sicheres Cloud Computing für unternehmenskritische Anwendungen" bearbeiteten unter anderem die Uniscon GmbH und das Wissenschaftliche Zentrum für Informationstechnik-Gestaltung (ITeG) der Universität Kassel. In beiden Forschungsprojekten hat die Projektgruppe verfassungsverträgliche Technikgestaltung (provet) die rechtswissenschaftlichen Fragen der Gestaltung von Anwendungen des Cloud Computing untersucht. In diesem Kontext konnte Steffen Kroschwald von 2012 bis 2014 in enger interdisziplinärer Zusammenarbeit mit Informatikern, Wirtschaftsinformatikern und Wirtschaftsförderern Fragen nachgehen, die für die Untersuchung von großer Bedeutung sind.

Für die künftige Entwicklung und Gestaltung von Cloud-Systemen sowie die rechtswissenschaftliche Diskussion über diese ist zu hoffen, dass die Entscheidungsträger in Politik, Wirtschaft und Gesellschaft die Hinweise dieser Arbeit zur Kenntnis nehmen und bei ihren Entscheidungen berücksichtigen.

Kassel, im Mai 2015   *Alexander Roßnagel*

Vorwort

Die vorliegende Arbeit entstand während meiner Tätigkeit als wissenschaftlicher Mitarbeiter bei Prof. Dr. Alexander Roßnagel in der Projektgruppe verfassungsverträgliche Technikgestaltung (provet) am Wissenschaftlichen Zentrum für Informationstechnik-Gestaltung (ITeG) der Universität Kassel. Ausgangspunkt und Forschungsgrundlage war die Mitarbeit an den beiden Projekten „Value4Cloud" und „Sealed Cloud", die vom Bundesministerium für Wirtschaft und Energie im Technologieprogramm „Trusted Cloud" gefördert wurden. Die Arbeit wurde im Sommersemester 2015 von der Universität Kassel als Dissertation angenommen.

Mein besonderer Dank gilt meinem Doktorvater, Prof. Dr. Alexander Roßnagel, für die intensive Betreuung, die vertrauensvolle Zusammenarbeit und die Ermöglichung eines vorbildlichen Forschungsklimas während meiner Zeit in Kassel. Seine fundierten Anregungen und kritischen Denkanstöße haben maßgeblich zum Gelingen dieser Arbeit beigetragen. Auch für die Aufnahme in seine Schriftenreihe möchte ich Herrn Prof. Dr. Alexander Roßnagel an dieser Stelle herzlich danken.

Ferner danke ich Herrn Prof. Dr. Tobias Brönneke für die Übernahme und die zügige Erstellung des Zweitgutachtens. Prof. Dr. Tobias Brönneke hat die Arbeit ebenfalls mitbetreut und stand mir in zahlreichen Gesprächen mit seinem Rat und seiner Expertise im Verbraucher- und Datenschutzrecht zur Seite. Dank seines Engagements fühle ich mich außerdem bis heute mit der Hochschule Pforzheim eng verbunden.

Meinen Kolleginnen und Kollegen bei provet danke ich für die gute Arbeitsatmosphäre, für ihre strengen aber konstruktiven Textkorrekturen sowie für fruchtbare Diskussionen. Besonders hervorheben möchte ich meine Kollegin Magda Wicker, mit der ich ein Büro teilen und gemeinsam zum Cloud Computing forschen durfte. Ihrer außergewöhnlichen Fähigkeit, neue, unkonventionelle Wege und Denkweisen einzuschlagen ist es zu verdanken, dass unsere Forschungsarbeit nicht nur erfolgreich war, sondern mir darüber hinaus viel Freude bereitet hat.

Mein ganz persönlicher Dank gebührt meiner Familie. Meine Partnerin, Jennifer Lisa Bauer, stand mir über die gesamte Dauer der Promotion mit Liebe, Geduld und Verständnis für zahlreiche Herausforderungen und Entbehrungen zur Seite. Sie gibt mir jeden Tag aufs Neue Kraft und Rückhalt. Mein Bruder, Robin Kroschwald, hat die Arbeit Korrektur gelesen und mit seiner Perspektive als Ingenieur bereichert. Mein herzlicher Dank gilt schließlich meinen Eltern, Sigrid und Peter Kroschwald. Sie haben mich auf meinem Studien- und Lebensweg stets vorbehaltlos gefördert, unterstützt und begleitet. Ihnen widme ich diese Arbeit.

Stuttgart, im Juli 2015 *Steffen Kroschwald*

Inhaltsverzeichnis

1	Einleitung	1
2	**Cloud Computing**	**7**
2.1	Eigenschaften der Cloud	8
2.2	Beteiligte	10
2.3	Cloud-Dienste	11
2.4	Organisationsmodelle	14
2.5	Phasenmodell für rechtlich relevante Datenwege	15
3	**Cloud Computing für den Mittelstand**	**17**
4	**Normative Grundlagen des Datenschutzrechts**	**23**
4.1	Vereinte Nationen und OECD	23
4.2	Europarat	24
4.3	Charta der Grundrechte der Europäischen Union	26
4.4	Artikel 16 AEUV	28
4.5	Datenschutzrichtlinie	29
4.6	Deutscher Grundrechtsschutz	30
4.6.1	Recht auf informationelle Selbstbestimmung	30
4.6.1.1	Von der Sphärenbetrachtung zur Selbstbestimmung	31
4.6.1.2	Verwendungszusammenhang und Kontextabhängigkeit	32
4.6.1.3	Unsicherheit als gesellschaftliches Beteiligungshemmnis	34
4.6.1.4	Auswirkung auf Gleichordnungsverhältnisse	35
4.6.2	Grundrecht auf Gewährleistung der Vertraulichkeit und Integrität eigengenutzter informationstechnischer Systeme	36
4.7	Vorrang des unions-grundrechtlichen Datenschutzes?	38
4.7.1	Vorrang Europäischer Grundrechte aus Sicht des Europäischen Gerichtshofs	39
4.7.2	Eingeschränktes Vorrangverhältnis aus Sicht des Bundesverfassungsgerichts	39
4.7.3	Grundrechtsvorrang im Umsetzungsspielraum von Richtlinien	43
4.7.4	Umsetzungsspielräume in der Datenschutzrichtlinie	45
4.7.5	Verbleibender Anwendungsbereich für das Recht auf informationelle Selbstbestimmung	48
5	**Anwendungsbereich des einfachgesetzlichen Datenschutzrechts**	**51**
5.1	Sachlicher Anwendungsbereich	52
5.1.1	Einzelangaben	53

5.1.2	Persönliche und sachliche Verhältnisse einer Person	53
5.1.3	Natürliche Person	55
5.1.4	Bestimmte und bestimmbare Person	56
5.1.4.1	Bestimmte Person	56
5.1.4.2	Bestimmbare Person	57
5.1.4.2.1	Praktische Bestimmbarkeit	57
5.1.4.2.2	Aufwand-Nutzen-Relation	58
5.1.4.2.3	Veränderungen im Aufwand-Nutzen-Verhältnis	59
5.1.4.3	Relativität des Personenbezugs	60
5.1.4.4	Gegenmeinung: objektiver Personenbezug	63
5.1.4.5	Rechtliche Unmöglichkeit	64
5.1.4.6	Fortgeltung des relativen Ansatzes	65
5.1.5	Folgen für die Cloud	69
5.1.6	Anonymisierung	71
5.1.7	Pseudonymisierung	74
5.1.8	Kryptographische Verschlüsselung	75
5.1.8.1	Verschlüsselung	76
5.1.8.1.1	Symmetrische Verschlüsselung	76
5.1.8.1.2	Asymmetrische Verschlüsselung	78
5.1.8.1.3	Eingrenzung	78
5.1.8.2	Hashfunktionen	79
5.1.8.3	Technische Sicherheit der Kryptographie	80
5.1.8.4	Folgen für den datenschutzrechtlichen Personenbezug	82
5.1.9	Verschlüsselung in der Cloud	84
5.1.9.1	Richtwerte für die Verschlüsselung in der Cloud	85
5.1.9.2	Einfluss des Risikos zukünftiger Kryptoanalysen	86
5.1.9.2.1	Stand der Wissenschaft und Technik zur Risikoprognose im Umwelt- und Technikrecht	87
5.1.9.2.2	Risikoprognose bei Verschlüsselungen	90
5.1.9.2.3	Rechtssicheres Verschlüsseln de lege ferenda	91
5.1.9.2.4	Neuverschlüsselung und Verhinderung missbräuchlicher Datenkopien	94
5.1.10	Unverschlüsselte Verarbeitung von Daten	95
5.1.11	Datenversiegelung zum betreibersicheren Cloud Computing	96
5.1.11.1	Lösungsansatz Versiegelung	97
5.1.11.2	Bewertung und Folgen für den Personenbezug sowie die Anwendung des Datenschutzrechts	100
5.1.11.2.1	Datenübertragung und -verarbeitung	100
5.1.11.2.2	Risiken zukünftiger technischer Entwicklungen	104
5.1.11.2.3	Zugriff durch andere Stellen	106
5.1.11.3	Anforderungen an die Betreibersicherheit	108
5.1.12	Unverschlüsselbare Metadaten	109
5.2	Persönlicher Anwendungsbereich	111
5.2.1	Verantwortliche Stelle im Internet	111
5.2.2	Entscheidung über Zwecke und Mittel der Verarbeitung	112
5.2.3	Verantwortung mehrerer Akteure	113
5.2.3.1	Datenumgang des Anbieters zur Dienstbereitstellung und -erbringung	113
5.2.3.2	Datenumgang des Anbieters zu weiteren Zwecken	115

Inhaltsverzeichnis   XI

5.2.3.3   Kumulative oder kollektive Verantwortung 116
5.2.4   Folgen für das Cloud Computing 120
   5.2.4.1   Die Cloud als Infrastrukturmiete 121
   5.2.4.2   Die Cloud als Anwendungsumgebung 122
   5.2.4.3   Die Cloud als selbstständig datenerhebender Dienst 124
   5.2.4.4   Kollektive Verantwortung im Rahmen der Cloud 125
5.2.5   Auftragsdatenverarbeitung 127
   5.2.5.1   Verantwortlichkeit in der Auftragsdatenverarbeitung 128
   5.2.5.2   Auftragsdatenverarbeitung in Abgrenzung zur Funktionsübertragung 129
   5.2.5.3   Weisungs- und Kontrollbindung der Vertragstheorie als neue
            Abgrenzungskriterien 131
   5.2.5.4   Verhältnis der Auftragsdatenverarbeitung zu § 11 BDSG 134
   5.2.5.5   Folgen für das Cloud Computing 137
5.2.6   Auswirkungen auf verschiedene Betroffenenkonstellationen 138
   5.2.6.1   Verantwortung des Cloud-Nutzers gegenüber Betroffenen 138
   5.2.6.2   Verantwortung des Cloud-Anbieters gegenüber Betroffenen 139

5.3   Räumlicher Anwendungsbereich 140
5.3.1   Einordnung in das Kollisionsrecht 140
   5.3.1.1   Kollisionsvermeidung 141
   5.3.1.2   Verhältnis zu allgemeinen Kollisionsnormen 142
   5.3.1.3   Verhältnis zu Kollisionsnormen des Telemediengesetzes 143
5.3.2   Innereuropäische Kollisionsvermeidung 144
   5.3.2.1   Abgeschwächtes Sitzlandprinzip 144
   5.3.2.2   Niederlassung 145
   5.3.2.3   Datenumgang im Rahmen der Niederlassung 146
   5.3.2.4   Auftragsdatenverarbeitung in einem Mitgliedstaat 149
   5.3.2.5   Folgen für das Cloud Computing 150
5.3.3   Anwendungsbereich bei Drittlandbezug 151
   5.3.3.1   Richtlinienkonforme Auslegung 152
   5.3.3.2   Mittel 153
   5.3.3.3   Rückgriff auf Mittel als Gegenstand der Verantwortlichkeit 154
           5.3.3.3.1   Serverstandort 155
           5.3.3.3.2   Adressatentheorie 156
           5.3.3.3.3   Schwächen der Adressaten- und Servertheorie 158
   5.3.3.4   Folgen für das Cloud Computing 159
           5.3.3.4.1   Übertragung von Daten durch den Cloud-Nutzer 159
           5.3.3.4.2   Cloud-basierte Datenverarbeitung im Rahmen der
                      Auftragsdatenverarbeitung 160
           5.3.3.4.3   Bereitstellung und Betrieb von Infrastruktur durch den Cloud-Anbieter 160
           5.3.3.4.4   Selbstständige Datenerhebung durch den Cloud-Anbieter beim
                      Cloud-Nutzer 161
           5.3.3.4.5   „Forum Shopping" durch Gründung einer Niederlassung? 163
   5.3.3.5   Anwendungsausnahme bei reiner Durchleitung 164
5.3.4   Durchsetzung 166
   5.3.4.1   Benennung eines inländischen Vertreters 166
   5.3.4.2   Datenschutzaufsicht 167

5.4   Anwendbarkeit des Telekommunikations- und Telemediengesetzes 168

5.4.1 Cloud Computing und Telekommunikationsgesetz ... 169
5.4.2 Cloud Computing und Telemediengesetz ... 171
5.4.3 Daten beim Cloud Computing ... 172
    5.4.3.1 Verschiedene Datenkategorien ... 172
    5.4.3.2 Bestandsdaten ... 172
    5.4.3.3 Nutzungsdaten ... 173
    5.4.3.4 Inhaltsdaten ... 173
5.4.4 Folgen für das Cloud Computing ... 174
    5.4.4.1 Aufruf der Cloud-Webseite ... 174
    5.4.4.2 Anmeldung und Registrierung ... 175
    5.4.4.3 Nutzung des Cloud-Dienstes ... 176
        5.4.4.3.1 Cloud als Infrastrukturdienst ... 176
        5.4.4.3.2 Cloud als Softwaredienst ... 177
5.4.5 Keine Anwendbarkeit des Telekommunikations- und Telemediengesetzes auf den Datenumgang in der Cloud ... 180

6 Datenschutzrechtliche Zulässigkeit ... 183

6.1 Erfordernis einer Einwilligung oder einer gesetzlichen Erlaubnis ... 183
6.2 Gesetzliche Erlaubnistatbestände ... 184
6.3 Erhebung von Daten beim Betroffenen ... 186
6.4 Eigene Geschäftszwecke in Abgrenzung zu geschäftsmäßigem Handeln ... 190
6.4.1 Datenumgang durch den Cloud-Nutzer ... 192
6.4.2 Datenumgang durch den Cloud-Anbieter ... 194
6.4.3 Datenumgang in der Cloud für eigene Geschäftszwecke ... 197
6.5 Zulässigkeit des Datenumgangs zur Erfüllung eigener Geschäftszwecke ... 197
6.5.1 Erforderlichkeit für die Begründung, Durchführung oder Beendigung von Schuldverhältnissen ... 199
    6.5.1.1 Datenumgang durch den Cloud-Nutzer ... 201
    6.5.1.2 Datenumgang durch den Cloud-Anbieter ... 203
        6.5.1.2.1 Umgang des Cloud-Anbieters ausschließlich mit Daten des Cloud-Nutzers als Betroffenen ... 204
        6.5.1.2.2 Umgang auch mit Daten betroffener Dritter ... 206
    6.5.1.3 Keine geeignete Rechtsgrundlage für das Cloud Computing ... 207
6.5.2 Datenumgang aufgrund berechtigter Interessen ... 208
    6.5.2.1 Übermittlung von Daten in die Cloud durch den Cloud-Nutzer ... 212
        6.5.2.1.1 Erforderlichkeit für die Wahrung berechtigter Interessen des Cloud-Nutzers ... 212
        6.5.2.1.2 Abwägung mit schutzwürdigen Interessen des Betroffenen ... 216
        6.5.2.1.3 Auswirkungen technisch-organisatorischer Maßnahmen zur Datensicherheit ... 219
            6.5.2.1.3.1 Datenverschlüsselung ... 220
            6.5.2.1.3.2 Datenversiegelung ... 221
    6.5.2.2 Eröffnung eines Zugangs durch den Cloud-Nutzer ... 223
    6.5.2.3 Datenumgang durch den Cloud-Anbieter ... 223
6.5.3 Umgang mit allgemein zugänglichen Daten ... 227

6.5.4	Zweckbindung und Zweckänderung	229
6.5.4.1	Zweckbindungsgrundsatz	229
6.5.4.2	Zweckänderung im Rahmen des Cloud Computing	231
6.5.4.2.1	Zweckänderung zur Wahrung berechtigter Interessen der verantwortlichen Stelle	232
6.5.4.2.2	Zweckänderung zur Wahrung berechtigter Interessen eines Dritten und staatlicher Stellen	233
6.5.4.2.3	Zweckänderung im Forschungsinteresse	234
6.5.4.2.4	Zweckänderung zur Werbung oder zum Adresshandel	236
6.5.5	Keine umfassende gesetzliche Grundlage zum Datenumgang in der Cloud	238
6.6	Einwilligung	239
6.6.1	Herleitung aus dem Recht auf informationelle Selbstbestimmung	240
6.6.2	Rechtsnatur der Einwilligung	241
6.6.3	Freiwilligkeit	242
6.6.3.1	Soziale Abhängigkeitsverhältnisse	243
6.6.3.2	Wirtschaftliches Ungleichgewicht	245
6.6.3.3	Kopplungsverbot	247
6.6.4	Informiertheit	250
6.6.5	Formularmäßige Einwilligungen	251
6.6.6	Bestimmtheit	254
6.6.7	Formale Anforderungen	256
6.6.8	Folgen für die Einwilligung beim Cloud Computing	259

7 Datenweitergabe im Rahmen der Auftragsdatenverarbeitung ... 263

7.1	Auswahl und Kontrolle des Auftragnehmers durch den Auftraggeber	265
7.1.1	Sorgfältige Auswahl des Auftragnehmers	265
7.1.2	Überprüfung des Auftragnehmers	267
7.1.3	Auswahl und Kontrolle in der IT-basierten Auftragsdatenverarbeitung	268
7.1.3.1	Höchstpersönliche Vor-Ort-Kontrolle in herkömmlichen Rechenzentren	268
7.1.3.2	Umsetzungsprobleme im Cloud-Umfeld	270
7.1.3.3	Bewertung durch die jüngere Literatur	271
7.1.3.4	Gesetzesauslegung zur höchstpersönlichen Vor-Ort-Kontrolle	273
7.1.4	Selbstkontrolle durch den Auftragnehmer oder Fremdkontrolle	275
7.2	Weitere Anforderungen an den Auftraggeber	276
7.2.1	Dokumentation	276
7.2.2	Schriftliche Auftragserteilung	277
7.2.3	Zehn-Punkte-Katalog	278
7.2.3.1	Klauseldiktat des Cloud-Anbieters	279
7.2.3.2	Allgemeine Vertragsklauseln	279
7.2.3.3	Unterauftragsverhältnisse	281
7.2.3.4	Kontrollrechte und Duldungspflichten	283
7.2.3.5	Regelungen zum Vertragsende	284
7.2.4	Weisungsbindung	285

8 Entwicklung einer rechtssicheren Zertifizierung de lege ferenda 287

- 8.1 Rechtsunsicherheit trotz Zertifizierung 287
- 8.2 Reformen des Kontrollrechts als Reaktion auf die Rechtsunsicherheit 288
  - 8.2.1 Veränderung der Verantwortungsstruktur 288
  - 8.2.2 Rücknahme der Kontrollpflicht unter Einführung eines Haftungsregimes 289
  - 8.2.3 Reform der Kontrollpflichten nach § 11 Abs. 2 S. 4 BDSG 289
- 8.3 Grundbedingungen eines zukünftigen Zertifizierungssystems 290
  - 8.3.1 Zertifizierung als Gegenstand gestufter Prüfsysteme 290
  - 8.3.2 Gesetzlich geregeltes Zertifikat statt privatwirtschaftlicher Standardisierung 291
  - 8.3.3 Konformitätsbestätigende statt rein marktfördernder Zertifizierung 293
  - 8.3.4 Prüfgegenstand und Prüfgruppen 295
    - 8.3.4.1 Prüfgegenstand einer Zertifizierung 295
    - 8.3.4.2 Bildung standardisierter Prüfgruppen 296
  - 8.3.5 Konkretisierung der Prüfinhalte 297
    - 8.3.5.1 Selbstregulatorische Ansätze 297
    - 8.3.5.2 Gesetzliche Festlegung 298
    - 8.3.5.3 Technische Normierung 299
- 8.4 Möglichkeiten der Ausgestaltung auf Grundlage bestehender Systeme 300
  - 8.4.1 Ausgestaltung als privatrechtliches Testat in Anlehnung an die Wirtschaftsprüfung? 300
  - 8.4.2 Ausgestaltung als Verwaltungsakt in Anlehnung an die Kraftfahrzeug-Hauptuntersuchung? 302
    - 8.4.2.1 Prüfkriterien 303
    - 8.4.2.2 Ablauf und Rechtsfolgen 303
    - 8.4.2.3 Behördliche Zertifizierung durch Beliehene 305
  - 8.4.3 Ausgestaltung als Konformitätsbewertung mit Vermutungswirkung in Anlehnung an das Umwelt- oder Produktsicherheitsrecht? 308
    - 8.4.3.1 Prüfkriterien 311
    - 8.4.3.2 Ablauf und Rechtsfolge 312
    - 8.4.3.3 Abgrenzung zum Verwaltungsverfahren 314
  - 8.4.4 Ausgestaltung als „freiwillige öffentlich-rechtliche Zertifizierung" in Anlehnung an das Signaturrecht? 316
    - 8.4.4.1 Freiwillige Akkreditierung nach dem Signaturgesetz 317
    - 8.4.4.2 Vergleichbare Gestaltung der Auftragsdatenverarbeitung? 319
  - 8.4.5 Gestaltungsoffenheit 320
- 8.5 Qualitätssicherung durch Akkreditierung und Ermächtigung 322
  - 8.5.1 Akkreditierung am Beispiel des harmonisierten Produktsicherheitsrechts 323
  - 8.5.2 Akkreditierung am Beispiel des Signaturrechts 324
  - 8.5.3 Umsetzung der Akkreditierung für die Zertifizierung der Auftragsdatenverarbeitung 325
- 8.6 Chancen und Risiken der Auftragsdatenverarbeitung für die Cloud 327

9 Internationales Cloud Computing ... 329
9.1 Datenumgang innerhalb der EU und des EWR ... 330
9.2 Drittlandbezug ... 331
   9.2.1 Drittlandbezug bei Auseinanderfallen des Sitzes der datenverarbeitenden Stelle vom Ort des Datenumgangs ... 331
   9.2.2 Zulässigkeitsvoraussetzungen für den Datenexport in Drittländer ... 333
      9.2.2.1 Zwei-Stufenprüfung ... 334
      9.2.2.2 Angemessenes Datenschutzniveau ... 334
         9.2.2.2.1 Regelbeispiel oder Tatbestandsmerkmal ... 334
         9.2.2.2.2 Bezugspunkt der Angemessenheit ... 335
         9.2.2.2.3 Angemessenheitsbeschlüsse der Europäischen Kommission ... 338
         9.2.2.2.4 Folgerung für das Cloud Computing ... 340
         9.2.2.2.5 Zur Angemessenheit des Datenschutzniveaus in den USA: Safe Harbor ... 341
      9.2.2.3 Ausnahmen trotz nicht angemessenem Schutzniveaus ... 347
         9.2.2.3.1 Gesetzlicher Ausnahmenkatalog ... 348
            9.2.2.3.1.1 Einwilligung in den Datenexport ... 349
            9.2.2.3.1.2 Weitere Ausnahmetatbestände ... 350
         9.2.2.3.2 Ausreichende Garantien ... 351
            9.2.2.3.2.1 Allgemeine Vertragsklauseln ... 352
            9.2.2.3.2.2 Verbindliche Unternehmensregelungen ... 354
            9.2.2.3.2.3 Standardvertragsklauseln ... 356
         9.2.2.3.3 Bedingungen für den Cloud-Datenexport ... 358
   9.2.3 Auswirkungen des Datenexports auf die allgemeinen Zulässigkeitstatbestände ... 359
      9.2.3.1 Zulässigkeit einer Übermittlung ... 359
      9.2.3.2 Internationale Auftragsdatenverarbeitung ... 359
         9.2.3.2.1 Richtlinienkonforme Auslegung ... 360
         9.2.3.2.2 Analoge Anwendung ... 363
         9.2.3.2.3 Modifizierte Interessenabwägung ... 365
         9.2.3.2.4 Keine pauschale Zulässigkeitsfiktion ... 367
      9.2.3.3 Internationale Unterauftragsverarbeitung ... 371
         9.2.3.3.1 Fallgruppe 1: Auftragnehmer und Unterauftragnehmer in Drittländern ... 372
         9.2.3.3.2 Fallgruppe 2: Auftraggeber und Auftragnehmer innerhalb der Europäischen Union und Unterauftragnehmer in einem Drittland ... 374
         9.2.3.3.3 Sonderfall: unselbstständige Niederlassung oder eigener Server des inländischen Auftragnehmers im Drittland ... 378
   9.2.3.4 Inländische Auftragsdatenverarbeitung bei Auftrag aus dem Drittland ... 379
   9.2.4 Unüberwindbare Hürden für das internationale Cloud Computing? Herkömmlicher Regelungen als „Cloud-Stopper"? ... 380
   9.2.5 Processor Binding Corporate Rules als Lösungsansatz für die Cloud? ... 381

10 Cloud Computing und ausländische Behörden – Beispiel USA ... 389
10.1 Erweiterte Zugriffsbefugnisse auf Daten nach dem „PATRIOT Act" ... 389
   10.1.1 Strafverfolgung nach dem Electronic Communications Privacy Act (ECPA) ... 389
   10.1.2 Terrorismusbekämpfung und Geheimdiensttätigkeiten durch FISA-Anordnungen und National Security Letters (NSL) ... 392

10.1.3 Zugriff auf Cloud-Server außerhalb der USA ... 394
10.2 Electronic Discovery (E-Discovery) ... 397

11 Betroffenenrechte ... 403

11.1 Dispositionsverbot und Weiterleitungsgebot ... 404
11.2 Transparenzrechte ... 405
11.2.1 Benachrichtigung ... 405
11.2.2 Auskunft ... 409
11.2.3 Technische Umsetzung von Benachrichtigung und Auskunft in der Cloud ... 411
11.3 Gestaltungsrechte ... 412
11.3.1 Beschwerde ... 412
11.3.2 Widerspruch bei rechtmäßigem Datenumgang ... 413
11.3.3 Eingriffsrechte bei unrechtmäßigem Datenumgang ... 414
    11.3.3.1 Berichtigung, Sperrung und Löschung ... 415
    11.3.3.2 Berichtigung, Löschung und Sperrung beim Cloud Computing ... 416
    11.3.3.3 Schadensersatz ... 418

12 Technische und organisatorische Maßnahmen ... 421

12.1 Erforderlichkeit und Verhältnismäßigkeit ... 422
12.2 Einzelne Maßnahmen nach der Anlage zu § 9 S. 1 BDSG ... 424
12.2.1 Organisationskontrolle ... 425
12.2.2 Zutrittskontrolle ... 426
12.2.3 Zugangskontrolle ... 427
12.2.4 Zugriffskontrolle ... 428
12.2.5 Weitergabekontrolle ... 429
12.2.6 Eingabekontrolle ... 430
12.2.7 Auftragskontrolle ... 431
12.2.8 Verfügbarkeitskontrolle ... 432
12.2.9 Trennungsgebot ... 432
12.2.10 Verschlüsselung ... 433

13 Geheimnisschutz ... 435

13.1 Strafbewehrter Berufsgeheimnisschutz ... 435
13.1.1 Geheimnisschutz und Bundesdatenschutzgesetz ... 436
13.1.2 Anvertrautes Geheimnis ... 438
13.1.3 Offenbarung durch Nutzung der Cloud ... 439
    13.1.3.1 Tathandlung ... 440
    13.1.3.2 Tatererfolg ... 442
    13.1.3.3 Keine Offenbarung durch sichere Verschlüsselung ... 444
13.1.4 Gehilfe und Auftragsdatenverarbeitung ... 444
    13.1.4.1 Direktionsrecht und dienstorganisatorische Einbindung? ... 445

13.1.4.2	Weisungsbindung	446
13.1.4.3	Verbindung der Gehilfenstellung zur Auftragsdatenverarbeitung	447
13.1.5	Einwilligung als Befugnis zur Offenbarung?	449
13.1.6	Schutz betroffener Dritter	450
13.1.7	Verbleibende Risiken	451
13.2	Geschäfts- und Betriebsgeheimnisse nach § 17 UWG	453

14 Europäische Reformbemühungen im Datenschutz ... 455

14.1	Wechsel zur Verordnung	457
14.2	Anwendungsbereich	461
14.2.1	Persönlicher Anwendungsbereich	461
14.2.2	Sachlicher Anwendungsbereich	462
14.2.3	Räumlicher Anwendungsbereich	464
14.3	Zulässigkeit der Datenverarbeitung	465
14.3.1	Einwilligung	465
14.3.2	Erlaubnistatbestände	466
14.4	Auftragsdatenverarbeitung	466
14.5	Betroffenenrechte	468
14.6	Internationale Datenverarbeitungen	470
14.7	Technische und organisatorische Maßnahmen	471
14.8	Datenschutzaufsicht	472

15 Rechtsverträgliches Cloud Computing ... 475

15.1	Regulative Begrenzung der Cloud	475
15.2	Cloud-fördernde Funktion des Rechts	477
15.3	Rechtliche Technikgestaltung	479

Literaturverzeichnis ... 483

Abkürzungsverzeichnis

a. F.	alte Fassung
ABl.	Amtsblatt
Abs.	Absatz
AES	Advanced Encryption Standard
AEUV	Vertrag über die Arbeitsweise der Europäischen Union
AG	Amtsgericht
AkkStelleG	Akkreditierungsstellengesetz
Alt.	Alternative
AnwBl	Anwaltsblatt (Zeitschrift)
Art.	Artikel
ASP	Application Service Providing
AuR	Arbeit und Recht (Zeitschrift)
Az.	Aktenzeichen
BAGE	Entscheidungen des Bundesarbeitsgerichts
BB	Betriebs-Berater (Zeitschrift)
BDSG	Bundesdatenschutzgesetz
Bearb.	Bearbeiter/in
Begr.	Begründer/in
BGB	Bürgerliches Gesetzbuch
BGBl.	Bundesgesetzblatt
BGH	Bundesgerichtshof
BGHST	Entscheidungen des Bundesgerichtshofs in Strafsachen
BGHZ	Entscheidungen des Bundesgerichtshofs in Zivilsachen
BMWi	Bundesministerium für Wirtschaft und Energie
BND	Bundesnachrichtendienst
BNetzA	Bundesnetzagentur für Elektrizität, Gas, Telekommunikation, Post und Eisenbahnen (Bundesnetzagentur)
BNotO	Bundesnotarordnung
BORA	Berufsordnung für Rechtsanwälte
BPolG	Bundespolizeigesetz
BRAO	Bundesrechtsanwaltsordnung
BR-Drs.	Bundesrats-Drucksache
BRJ	Bonner Rechtsjournal (Zeitschrift)
BSI	Bundesamt für Sicherheit in der Informationstechnik
BT-Drs.	Bundestags-Drucksache
BVerfG	Bundesverfassungsgericht
BVerfGE	Entscheidungen des Bundesverfassungsgerichts
BVerwG	Bundesverwaltungsgericht
BVerwGE	Entscheidungen des Bundesverwaltungsgerichts

BW	Baden-Württemberg
CCZ	Corporate Compliance Zeitschrift
CEN	Comité Européen de Normalisation (Europäisches Komitee für Normung)
CR	Computer und Recht (Zeitschrift)
CRi	Computer Law Review International (Zeitschrift)
CRM	Customer-Relationship-Management
ders.	derselbe
DES	Data Encryption Standard (Verschlüsselungsalgorithmus)
DIN	Deutsches Institut für Normung
DÖV	Die öffentliche Verwaltung (Zeitschrift)
DRiZ	Deutsche Richterzeitung
DSB	Datenschutz-Berater (Zeitschrift)
DSGVO	Datenschutzgrundverordnung
DSGVO-E	Entwurf für eine Datenschutzgrundverordnung
DS-RL	Datenschutzrichtlinie (95/46/EG)
DStR	Deutsches Steuerrecht (Zeitschrift)
DSWR	Datenverarbeitung-Steuern-Wirtschaft-Recht (Zeitschrift)
DuD	Datenschutz und Datensicherheit (Zeitschrift)
DVBl.	Deutsches Verwaltungsblatt (Zeitschrift)
e. g.	exempli gratia
ECPA	Electronic Communications Privacy Act
EDSB	Europäischer Datenschutzbeauftragter
EDV	Elektronische Datenverarbeitung
EG	Europäische Gemeinschaft
EGMR	Europäischer Gerichtshof für Menschenrechte
EGV	Vertrag zur Gründung der Europäischen Gemeinschaft
Einf.	Einführung
Einl.	Einleitung
EMRK	Konvention zum Schutze der Menschenrechte und Grundfreiheiten (Europäische Menschenrechtskonvention)
EN	Europäische Norm
EPOF	European Privacy Officers Forum
etc.	et cetera
EU	Europäische Union
EuGH	Europäischer Gerichtshof
EuGrZ	Europäische Grundrechte-Zeitschrift
EuR	Zeitschrift für Europarecht
EuZW	Europäische Zeitschrift für Wirtschaftsrecht
f. / ff.	folgende/-r/-s
FAQ	Frequently Asked Questions

FBI	Federal Bureau of Investigations
FIPS	Federal Information Processing Standard
FISA	Foreign Intelligence Surveillance Act
Fn.	Fußnote(n)
FTV	Federal Trade Commission
gem.	gemäß
GG	Grundgesetz
ggf.	gegebenenfalls
GPSG	Geräte- und Produktsicherheitsgesetz
GrCh	Charta der Grundrechte der Europäischen Union (Grundrechtecharta)
GWR	Gesellschafts- und Wirtschaftsrecht (Zeitschrift)
HbDsR	Handbuch Datenschutzrecht
HbdStR	Handbuch des Staatsrechts
HDSG	Hessisches Datenschutzgesetz
HGB	Handelsgesetzbuch
Hrsg.	Herausgeber/in
Hs.	Halbsatz
HSOG	Hessisches Gesetz über die öffentliche Sicherheit und Ordnung
i. S. d.	im Sinne des / der
i. S. v.	im Sinne von
i. V. m.	in Verbindung mit
IAAS	Infrastructure as a Service
IDEA	International Data Encryption Algorithm
IM	Fachzeitschrift für Information Management und Consulting
IP	Internetprotokoll
ISO	International Organization for Standardization
IStR	Internationales Steuerrecht (Zeitschrift)
IT	Informationstechnik
ITRB	Der IT-Rechts-Berater (Zeitschrift)
JR	Juristische Rundschau (Zeitschrift)
JuS	Juristische Schulung (Zeitschrift)
JZ	JuristenZeitung
K&R	Kommunikation & Recht (Zeitschrift)
Kap.	Kapitel
KfSachVG	Kraftfahrsachverständigengesetz
KG	Kammergericht
KMU	Kleine und mittlere Unternehmen
KOM	Dokument der EU-Kommission
KommJur	Kommunaljurist (Zeitschrift)
KritV	Kritische Vierteljahresschrift für Gesetzgebung und Rechtswissenschaft (Zeitschrift)

LDSG	Landesdatenschutzgesetz
Lfn.	Laufnummer
LG	Landgericht
LIBE	Ausschuss des Europäischen Parlaments für Bürgerliche Freiheiten, Justiz und Inneres
lit.	Buchstabe
m. V. a.	mit Verweis auf
m. w. N.	mit weiteren Nachweisen
MAD	Militärischer Abschirmdienst
MedR	Medizinrecht (Zeitschrift)
MG	Meldegesetz
MMR	Multi-Media-Recht (Zeitschrift)
MV	Mecklenburg-Vorpommern
n. F.	neue Fassung
NIST	National Institute of Standards and Technology
NJ	Neue Justiz (Zeitschrift)
NJOZ	Neue Juristische Online-Zeitschrift
NJW	Neue Juristische Wochenschrift (Zeitschrift)
NJW-CoR	Neue Juristische Wochenschrift Computerreport (Zeitschrift)
Nr.	Nummer
NSL	National Security Letter(s)
NStZ	Neue Zeitschrift für Strafrecht
NVwZ	Neue Zeitschrift für Verwaltungsrecht
NZA	Neue Zeitschrift für Arbeitsrecht
NZI	Neue Zeitschrift für das Recht der Insolvenz und Sanierung
NZS	Neue Zeitschrift für Sozialrecht
o. g.	oben genannte/-r/-s
OECD	Organisation for Economic Co-operation and Development (Organisation für wirtschaftliche Zusammenarbeit und Entwicklung)
OLG	Oberlandesgericht
PAAS	Platform as a Service
PharmR	Pharma Recht (Zeitschrift)
PNR	Passenger Name Record
Pub. L.	Public Law
PWC	PriceWaterhouseCoopers
RC5	Rivest Cipher 5 (Verschlüsselungsalgorithmus)
RDV	Recht der Datenverarbeitung (Zeitschrift)
RiS	Recht auf informationelle Selbstbestimmung
RiW	Recht der Internationalen Wirtschaft (Zeitschrift)
RL	Richtlinie
Rn.	Randnummer

Rom-I	Verordnung (EG) Nr. 593/2008 über das auf vertragliche Schuldverhältnisse anzuwendende Recht
Rs.	Rechtssache
Rz.	Randziffer
SAAS	Software as a Service
SCA	Service Component Architecture
SEV	Sammlung der Europäischen Verträge
SH	Schleswig-Holstein
SHA	Secure Hash Algorithm (Hash-Funktion)
SigG	Gesetz über Rahmenbedingungen für elektronische Signaturen (Signaturgesetz)
SigV	Verordnung zur elektronischen Signatur (Signaturverordnung)
SIS	Schengener Informationssystem
Slg.	Sammlung der Rechtsprechung des Gerichtshofs und des Gerichts Erster Instanz
SOA	Service-Oriented Architecture (Serviceorientierte Architektur)
sog.	sogenannte/-r/-s
SSL	Secure Sockets Layer (Netzwerkprotokoll)
StBerG	Steuerberatungsgesetz
StGB	Strafgesetzbuch
StVZO	Straßenverkehrszulassungsordnung
SVR	Straßenverkehrsrecht (Zeitschrift)
TK	Telekommunikation(s-)
TKG	Telekommunikationsgesetz
TLS	Transport Layer Security (Netzwerkprotokoll)
TMG	Telemediengesetz
u. a.	unter anderem / und andere
u. U.	unter Umständen
U.S.C.	United States Code
Ubg	Die Unternehmensbesteuerung (Zeitschrift)
ULD	Unabhängiges Landeszentrum für Datenschutz Schleswig-Holstein
UN	United Nations (Vereinte Nationen)
USA	United States of America (Vereinigte Staaten von Amerika)
UWG	Gesetz gegen den unlauteren Wettbewerb
VBBW	Verwaltungsblätter für Baden-Württemberg (VBlBW). Zeitschrift für öffentliches Recht und öffentliche Verwaltung
VDE	Verband der Elektrotechnik Elektronik Informationstechnik e.V.
VersR	Versicherungsrecht – Zeitschrift für Versicherungsrecht, Haftungs- und Schadensrecht
VG	Verwaltungsgericht
VGH	Verwaltungsgerichtshof

vgl.	vergleiche
VO	Verordnung
VuR	Verbraucher und Recht – Zeitschrift für Wirtschafts- und Verbraucherrecht
VwGO	Verwaltungsgerichtsordnung
VwVfG	Verwaltungsverfahrensgesetz
wistra	Zeitschrift für Wirtschafts- und Strafsachen
WP	Working Paper (der Artikel-29-Datenschutzgruppe)
WPO	Wirtschaftsprüferordnung
z. B.	zum Beispiel
ZD	Zeitschrift für Datenschutz
ZeuS	Zeitschrift für Europarechtliche Studien
ZHR	Zeitschrift für das gesamte Handels- und Wirtschaftsrecht
ZIS	Zeitschrift für Internationale Strafrechtsdogmatik
ZRP	Zeitschrift für Rechtspolitik
ZUM	Zeitschrift für Urheber- und Medienrecht

1 Einleitung

Hard- und Software, also Speicherplatz, Rechenleistung und Anwendungsprogramme, sind für die Informationstechnik das, was Werkzeuge, Maschinen und Arbeitskräfte für die Industrie sind: Ressourcen. Durch Outsourcing und „Just-in-Time-Prozesse" werden Ressourcen in der Industrie zunehmend an externe Dienstleister ausgelagert. Informationstechnische Ressourcen blieben hingegen lange Zeit an den Ort oder zumindest an das Gerät gebunden. Mit den zunehmenden Anforderungen an die Technik mussten Computer, Laptops und Smartphones deshalb bislang über immer leistungsstärkere Festplatten und Prozessoren, Betriebssysteme und Softwareanwendungen verfügen. Durch das Cloud Computing kann zukünftig die Bereitstellung von Speicherplatz, Rechenleistung und Anwendungen ebenfalls auf externe Anbieter ausgelagert werden. Die externen Anbieter machen im Gegenzug informationstechnische Leistungen über das Internet, gewissermaßen „aus der Wolke" beziehbar.[1] Anstatt Daten auf dem heimischen oder betrieblichen Rechner zu speichern und in installierten Softwareanwendungen zu verarbeiten, greifen Nutzer auf eine schier unendliche Ressource zurück: die Cloud. Dort können Cloud-Nutzer Daten, wie etwa Fotos und Textdokumente, ablegen und wieder aufrufen. Sie können auch beliebige Programme, wie etwa Textverarbeitung, Verwaltungssoftware oder Smartphone-Apps, direkt in einer Cloud anwenden. Auch komplexe Rechenoperationen lassen sich in der Cloud ausführen. Hierzu sind die Cloud-Nutzer weder an ein bestimmtes Endgerät, wie einen Computer oder unternehmenseigenen Server, noch an einen Arbeitsort gebunden; sie benötigen lediglich ein beliebiges Endgerät und einen Zugang zum Internet.

Cloud Computing verspricht damit eine grundlegende Neuordnung der Welt der Informationstechnik herbeizuführen.[2] In ihren Auswirkungen kann diese Neuordnung vielleicht nur mit der Entwicklung der Telekommunikation und des Internets im vergangenen 20. Jahrhundert verglichen werden. Das Cloud Computing als „IT aus der Wolke" baut auf die technischen Entwicklungen dieser Zeit auf und setzt sie konsequent fort.[3] Durch die Vernetzung in der Kommunikationstechnik, im Wesentlichen durch das Internet, wurde bereits die Kommunikation sowie die Wissens- und Informationsbeschaffung entlokalisiert und damit entgrenzt. Durch die Verbreitung des Cloud Computing findet ein solcher Prozess nunmehr auch für die zugrunde liegenden informationstechnischen Ressourcen, wie Datenspeicherplatz, Rechenleistung, Anwendungsumgebungen und Betriebssysteme sowie Softwareanwendungen, statt.

---

[1] Zum Cloud Computing als Outsourcing-Modell *Schuster/Reichl*, CR 2010, 40 f.
[2] *Bradshaw/Folco/Cattaneo/Kolding* (IDC) 2012, 17; *Krcmar u. a.* 2010, 1.
[3] *Jotzo* 2014, 18 f.; *Schorer*, in: Hilber 2014, 1C, Rn. 2 ff.; *Böhm/Leimeister/Riedl/Krcmar*, IM 2/2009, 8.

Anders als sein Vorgänger, das Grid Computing,[4] richtet sich das Cloud Computing nicht nur an eine begrenzte Nutzergruppe, wie etwa wissenschaftliche Organisationen. Cloud-Angebote adressieren vielmehr alle Nutzer von Informationstechnik und damit sowohl den Privat- als auch den unternehmerischen Bereich[5] sowie in gleichem Maße auch die Wissenschaft und Verwaltung.[6] Angesichts der heutigen Durchdringung des Privat- und Berufslebens mit Informationstechnik und des darin gebundenen und damit verbundenen Kapitals ist es kaum verwunderlich, dass dem Cloud Computing durch die Verlagerung eines Gutteils dieser Informationstechnik ein erhebliches wirtschaftliches Potential nachgesagt wird.[7] Potentielle Nutzer versprechen sich Effizienzgewinne im Bereich der Kapitalbindung und -nutzung durch die Skalierbarkeit sowie die Verbesserung von Arbeitsprozessen und -qualität.[8] Potentielle Anbieter hoffen demgegenüber auf einen beachtlichen Markt sowie eine höhere Auslastung und Effizienz ihrer bestehenden Ressourcen.[9] Auch gesamtwirtschaftlich soll sich das Cloud Computing positiv auswirken,[10] sodass das Interesse an der Förderung des Cloud Computing mittlerweile auch die Politik erfasst hat.[11]

Gerade für kleine und mittlere Unternehmen (KMU) verspricht die Nutzung einer Cloud erhebliche Vorteile.[12] Indes zeigen Umfragen aus den vergangenen Jahren eine auf den ersten Blick erstaunliche Zurückhaltung solcher Unternehmen im Hinblick auf

---

[4] Hierzu *Koch*, CR 2006, 42 ff.
[5] Europäische Kommission 2010, 5.
[6] *Deussen/Strick/Peters* (ISPRAT) 2010; hierzu aus rechtlicher Sicht *Maisch/Seidl*, VBBW 1/2012, 7; *Schulz*, MMR 2010, 75 ff.
[7] Hierzu ausführlich *Bradshaw/Folco/Cattaneo/Kolding* (IDC) 2012, 30 ff.; nach *Weiss*, in: Hilber 2014, 1A, Rn. 21 könnte Cloud Computing ein „integraler Bestandteil zukünftiger IT-Bereitstellung im geschäftlichen und privaten Umfeld" sein.
[8] PROZEUS 2011, 6.
[9] So das Ergebnis bei *Vehlow/Gakowsky* (PWC) 2011, 43 f.
[10] KOM (2012) 529, 2 und 6; *Bradshaw/Folco/Cattaneo/Kolding* (IDC) 2012, 30 f.; *Bedner* 2013, 87; *Weiss*, in: Hilber 2014, 1A, Rn. 38.
[11] So hat die Europäische Kommission beispielsweise mit der Digitalen Agenda sowie einer Cloud-Strategie Chancen und Hürden eruiert, aufgrund derer den politischen Willen zur Stärkung des Cloud Computing in der Europäischen Union geäußert und verschiedene Aktionsansätze aufgezeigt, KOM (2012) 529, 6 und SWD (2012) 271. Auch auf nationaler Ebene wurde mittlerweile ein „Aktionsprogramm Cloud Computing" initiiert. Ziel des Aktionsprogramms ist es, in Zusammenarbeit von Technik, Wirtschaft und Wissenschaft „die Entstehung von „Cloud-Ökosystemen", die auf die Bedürfnisse des Technologiestandorts Deutschland zugeschnitten sind, zu beschleunigen, BMWi 2010, 15. Teil des Aktionsprogramms ist das Technologieprogramm „Trusted Cloud", in dessen Rahmen 14 Forschungsprojekte mit dem Ziel gefördert werden, innovative, sichere und rechtskonforme Cloud Computing-Lösungen für in erster Linie kleine und mittlere Unternehmen zu entwickeln und zu erproben, hierzu BMWi 2010a, 4.
[12] So etwa BMWi 2010a, 4; BMWi 2010, 15.

das Cloud Computing.[13] Neben technischen und wirtschaftlichen Bedenken sehen kleine und mittlere Unternehmen den Umfragen zufolge häufig rechtliche Hemmnisse oder verspüren offensichtlich zumindest Rechtsunsicherheit.[14] Außer Fragen zu Vertragsgestaltung und Haftung,[15] Urheberrecht[16] oder Steuer- und Handelsrecht[17] stehen insbesondere Sorgen bezüglich der mit der externen Nutzung von Informationstechnik verbundenen Preisgabe von Daten und Informationen im Mittelpunkt. Skepsis besteht zum einen hinsichtlich der Sicherheit, also der Integrität und Vertraulichkeit von Daten in der Cloud, vor allen Dingen für sensitive betriebliche Informationen und innovatives Wissen, welches insbesondere bei den vielen innovationsorientierten kleinen und mittleren Unternehmen oft das entscheidende Unternehmenskapital darstellt.[18] Zum anderen besteht Unsicherheit hinsichtlich der rechtlichen Verantwortung für Informationen über Dritte, etwa über die eigenen Arbeitnehmer oder Kunden, deren personenbezogene Daten bei der Nutzung einer Cloud über öffentliche Netze, wie dem Internet, transportiert und dort wie in einer „Wolke" gespeichert und verarbeitet werden.[19]

---

[13] Nach der Cloud-Monitor-Studie 2013 standen 45 % der befragten Unternehmen mit unter 1.000 Mitarbeitern dem Cloud Computing kritisch oder ablehnend gegenüber, KPMG/BITKOM 2013, 8; nur unter 14 % dieser Gruppe nutzten tatsächlich eine Public Cloud. Bei kleinen Unternehmen mit unter 100 Mitarbeitern stagniert dieser Wert sogar seit 2011 bei 5 %, KPMG/BITKOM 2013, 25; ähnlich auch die Ergebnisse der Studie des Unternehmens Price Waterhouse Coopers, wonach 18 % der „großen Unternehmen", aber nur 9 % der „Mittelständler" eine Cloud nutzen, *Vehlow/Gakowsky* (PWC) 2011, 17.

[14] So etwa die Ergebnisse bei *Bradshaw/Folco/Cattaneo/Kolding* (IDC) 2012, 37; in der Cloud-Monitor-Studie 2013, KPMG/BITKOM 2013, 23 f., gaben über 60 % der Unternehmen an, dass die Rechtslage zum Public Cloud Computing zumindest teilweise unklar ist oder gegen eine Nutzung spricht. Das Bestehen vieler unterschiedlicher rechtlicher Fragen spiegelt sich auch in der Literatur zum Cloud Computing wider, *Duisberg*, in: Picot u. a. 2011, 49 ff.; *Fickert*, in: Taeger/Wiebe 2009, 419 ff., *Maisch/Seidl*, VBDW 1/2012, 7; *Nägele/Jacobs*, ZUM 2010, 281 ff.; *Niemann/Paul*, K&R 2009, 444 ff.; *Pohle/Ammann*, CR 2009, 273 ff.; *Schulz*, in: Taeger/Wiebe 2009, 403 ff.; *Schulz/Rosenkranz*, ITRB 2009, 232 ff.; *Schuster/Reichl*, CR 2010, 38.

[15] Hierzu *Wicker*, MMR 2012, 783 ff.; *Bierekoven*, ITRB 2010, 42 ff.; *Helwig/Koglin*, in: Büchner/Briner 2010, 53 ff.; *Hoeren/Spittka*, MMR 2009, 583; *Nordmeier*, MMR 2010, 151; *Roth-Neuschild*, ITRB 2012, 67 ff.; *Splittgerber/Rockstroh*, BB 2011, 2179.

[16] Hierzu *Disges*, MMR 2012, 571 ff.; *Grützmacher*, CR 2011, 704 ff

[17] Hierzu *Backu*, ITRB 2011, 184 ff.; *Giebichenstein*, BB 2011, 2218 ff.; *Heinsen/Voß*, DB 2012, 1231 ff.; *Pinkernell*, Ubg 2012, 331 ff.; *Sinewe/Frase*, BB 2011, 2198; *Tappe*, IStR 2011, 870.

[18] In der Cloud-Monitor-Studie 2013 gaben über 70 % der Unternehmen eine zumindest teilweise bestehende Angst vor Datenverlust an, KPMG/BITKOM 2013, 23 f.; in der IDC-Studie sahen über 30 % der Befragten in der Datensicherheit ein großes oder vollständiges Nutzungshemmnis für die Cloud, *Bradshaw/Folco/Cattaneo/Kolding* (IDC) 2012, 34.

[19] Zwar ist der Anteil der Großunternehmen hier größer: immerhin 40 % der „Mittelständler" nannten in der PWC-Studie auf die Frage nach Gründen für eine Nichtnutzung die „Gefahr gegen Vorschriften und Gesetze zu verstoßen" an, *Vehlow/Gakowsky* (PWC) 2011, 29.

Der Schutz von Informationen der Unternehmen sowie den von ihnen verantworteten personenbezogenen Daten rückte neuerdings durch Enthüllungen über großangelegte Datensammlungen und Spionageaktivitäten ausländischer Geheimdienste verstärkt in den Fokus der Öffentlichkeit.[20] Eine besondere Brisanz erhält die Angelegenheit durch die Tatsache, dass westliche Geheimdienste offensichtlich nicht nur über schier unvorstellbare Ressourcen und Möglichkeiten zur Überwachung und Auswertung des Internets und der Kommunikation verfügen, sondern sich hierbei offenbar sogar der Mithilfe großer privatwirtschaftlicher Anbieter von Internetdiensten, unter anderem auch von Cloud-Diensten, bedient haben.[21] Vor diesem Hintergrund treten Zweifel auf, ob Informationen, seien sie für die Persönlichkeit des Einzelnen oder auch als Wissenskapital eines Unternehmens von Bedeutung, im „Cloud-Zeitalter" überhaupt noch „geschützt" werden können.

Die vorliegende Arbeit widmet sich der Frage, ob und wie im Cloud-Zeitalter die Möglichkeit verbleibt, mit persönlichen Informationen selbstbestimmt umzugehen, und wie sich dies auf das grundrechtlich geschützte allgemeine Persönlichkeitsrecht auswirkt. Im Mittelpunkt stehen dabei das Datenschutzrecht und das vom Bundesverfassungsgericht formulierte „Recht auf informationelle Selbstbestimmung".[22] Es wird zu untersuchen sein, ob und welches Recht zum Schutz des Einzelnen und zur Regelung des Umgangs mit Daten und Informationen anwendbar ist,[23] wer für den Umgang mit den Daten verantwortlich ist,[24] unter welchen Umständen diesem Verantwortlichen der Umgang mit Daten im Cloud-Umfeld erlaubt ist[25] sowie welche Rechte und Handlungsmöglichkeiten dem „Betroffenen" dieses Datenumgangs bleiben.[26] Während Daten im Internet, und so auch in der Cloud, nationale Grenzen ungehindert überschreiten, stößt das Recht oftmals an diese Grenzen. Hinzu kommt, dass andere Staaten häufig ein abweichendes, zum Teil gegenläufiges Verständnis zum Umgang mit Daten, Informationen und dem Schutz der Persönlichkeit von Menschen haben und insofern andere oder keine vergleichbaren Regelungen zu diesem Thema getroffen haben.[27] Es wird deshalb zu untersuchen sein, ob und wie der „Grenzübertritt" von Daten geregelt ist, wie sich dieser auf den Schutz des hiervon Betroffenen auswirkt

---

[20] Eine anschauliche Übersicht zur sogenannten „NSA-Abhöraffäre" findet sich bei *Wolf*, JZ 2013, 1039 ff.
[21] Hierzu *Voigt*, MMR 2014, 160; *Wolf*, JZ 2013, 1041 f.; in diese Richtung auch schon vor dem Beginn der eigentlichen NSA-Affäre *Voigt/Klein*, ZD 2013, 17; *Becker/Nikolaeva*, CR 2012, 171 f.; zu den datenschutzrechtlichen Konsequenzen siehe auch *Roßnagel/Jandt/Richter*, DuD 2014, 545 ff.
[22] BVerfGE 65, 1.
[23] Kapitel 0.
[24] Kapitel 5.2.
[25] Kapitel 6 und 7.
[26] Kapitel 11.
[27] Kapitel 10.

und inwiefern sich entgegenstehendes Recht überhaupt durchsetzen lässt.[28] Zuletzt soll der Blick über das Datenschutzrecht hinaus auf den Geheimnisschutz als weitere Ausprägung des Informationsschutzes gelenkt werden.[29]

Die Untersuchung rechtlicher Fragen soll den cloud-nutzenden Unternehmen aber nicht nur Hürden und Gefahren aufzeigen und sie dadurch möglicherweise noch weiter in ihrer Rechtsunsicherheit bestärken. Um gerade den kleinen und mittleren Unternehmen mittelfristig die Nutzung des Potentials aus der Cloud zu ermöglichen, sind vielmehr mithilfe der Rechts- und Technikgestaltung[30] Lösungen zu suchen. Diese Lösungen sollen zum einen den wirtschaftlichen und gesellschaftlichen Nutzen im Blick haben, zum anderen aber mit dem Schutzbedürfnis des Einzelnen im Einklang sein. Zeigen sich Schutzlücken in der rechtlichen Regelung des Cloud Computing oder der Rechtsdurchsetzung, ist nach einer möglichen Anpassung des bestehenden Rechts an die neuen technischen Gegebenheiten des Cloud Computing zu suchen.[31] Ein mögliches Mittel könnte beispielsweise die Schaffung eines gesetzlichen Rahmens für die Zertifizierung von Cloud-Diensten sein. Wo Recht jedoch an seine Grenzen stößt oder nicht schnell genug angepasst werden kann, ist möglicherweise auch die Technik selbst behilflich. Technische Mittel zur Sicherung der Authentizität, Integrität und Vertraulichkeit digitaler Informationen könnten beim Cloud Computing ein entscheidender Schritt sein, um verloren gegangenes oder noch gar nicht vorhandenes Vertrauen in die Cloud (wieder) herzustellen. Technik kann insofern fehlendem oder nicht durchsetzbarem Recht sekundieren und auch an seiner Durchsetzung mitwirken. Technik kann schließlich sogar in das Recht hineinwirken, indem es rechtliche Anforderungen an die Sicherheit des Datenumgangs in der Cloud praktisch umsetzt und so zur rechtlichen Zulässigkeit führt.[32]

Zuletzt könnten aber auch weitere Akteure an der Beseitigung von Rechtsunsicherheiten und dem Schutz der Persönlichkeit Betroffener mitwirken. Stellt sich für Unternehmen als Nutzer einer Cloud auf der einen Seite häufig die Frage nach einer rechtmäßigen Cloud-Nutzung, können Technikgestalter und Anbieter auf der anderen Seite zumindest zu einem „rechtsverträglichen" Cloud-Angebot beitragen. Obgleich sie häufig nicht Adressaten der rechtlichen Regelungen sind, können sich Technikgestalter und Cloud-Anbieter an den hier zu untersuchenden verfassungs- und einfachgesetzlichen Regelungen orientieren und Cloud-Technik sowie Cloud-Angebote so ausgestalten, dass der rechtlich Verpflichtete in der rechtmäßigen Nutzung einer Cloud unter-

---

28 Kapitel 9.
29 Kapitel 13.
30 Zur rechtsverträglichen Technikgestaltung *Hammer/Pordesch/Roßnagel* 1993, 44; *Roßnagel*, in: von Kortzfleisch/Bohl 2008, 381 ff.
31 Hierzu etwa Kapitel 8.
32 Hierzu Kapitel 5.1.9.

stützt und von (rechtlichen) Risiken entlastet wird. Das Angebot einer solchen „rechtsverträglichen" Cloud kann dem Cloud-Anbieter in der Folge wiederum eine entsprechend bessere Positionierung im wohl zukünftig zunehmend umkämpften Cloud-Markt ermöglichen.[33]

---

[33] Kapitel 15.

2 Cloud Computing

Eine weltweit anerkannte, einheitliche Definition des Cloud Computing existiert nicht. Zahlreiche Institutionen und Autoren haben allerdings jeweils eigene Definitionen des Cloud Computing veröffentlicht.[34] Am bekanntesten ist wohl die Definition des „National Institute of Standards and Technology" (NIST), dem Standardisierungsinstitut der USA. „Cloud computing is a model for enabling ubiquitous, convenient, on-demand network access to a shared pool of configurable computing resources (e.g., networks, servers, storage, applications, and services) that can be rapidly provisioned and released with minimal management effort or service provider interaction."[35] Etwas konkreter auf die Internetbasierung Bezug nehmend definieren *Böhm, Leimeister, Riedl* und *Krcmar* Cloud Computing als „an IT deployment model, based on virtualization, where resources, in terms of infrastructure, applications and data are deployed via the internet as a distributed service by one or several service providers. These services are scalable on demand and can be priced on a pay-per-use basis".[36] Dieser Definition soll im Rahmen der vorliegenden Arbeit gefolgt werden.

Mit dem Cloud Computing kommt keine grundlegend neue Technik daher. Die technischen Grundlagen des Cloud Computing finden sich vielmehr in bereits seit langem bestehenden Angeboten wie Grid-Strukturen, Service Oriented Architectures (SOA) oder dem Application Service Providing (ASP).[37] Hinter dem Cloud Computing versteckt sich somit keinesfalls eine technische Revolution, sondern vielmehr eine Evolution.[38] Kritischere Stimmen bezeichnen die Cloud aufgrund der zahlreichen, schon lange bestehenden, cloud-ähnlichen Angebote aus technischer Sicht auch als „alten Wein in neuen Schläuchen".[39] Cloud Computing als „Technologie" oder „Technik" zu bezeichnen ginge vor diesem Hintergrund wohl fehl. Am ehesten lässt sich Cloud Computing als ein Paradigma[40] oder aus betriebswirtschaftlicher Sicht als Geschäftsmodell verstehen.[41] Cloud Computing nutzt die bestehenden Grundlagen sowie neue technische Rahmenbedingungen, die sich insbesondere aus gesteigerten Rechenleis-

---

[34] Statt vieler *Mell/Grance* (NIST) 2011, 2; BITKOM 2009, 13; *Baun/Kunze/Nimis/Tai* 2011, 4; *Böhm/Leimeister/Riedl/Krcmar*, in: Keuper/Oecking/Degenhardt 2011, 34 ff.
[35] *Mell/Grance* (NIST) 2011, 2.
[36] *Böhm/Leimeister/Riedl/Krcmar*, in: Keuper/Oecking/Degenhardt 2011, 34.
[37] So *Jotzo* 2014; zu den technischen Rahmenbedingungen auch *Baun/Kunze/Nimis/Tai* 2011, 4.
[38] *Böhm/Leimeister/Riedl/Krcmar*, IM 2/2009, 8; *Schorer*, in: Hilber 2014, 1C, Rn. 2 ff.; *Jotzo* 2014, 18 f.
[39] So etwa *De la Cruz*, Jusletter IT, 15. Mai 2013; siehe auch *Pohle/Ammann*, K&R 2009, 625.
[40] BMWi 2010, 8; *Böhm/Leimeister/Riedl/Krcmar*, IM 2/2009, 8; *Bedner* 2013, 28 f.
[41] *Bedner* 2013, 28.

tungen, höheren Internetbandbreiten und den Virtualisierungsmöglichkeiten ergeben,[42] und verknüpft sie zu einem neuen, umfassenden IT-Angebot.

2.1 Eigenschaften der Cloud

Technische Grundvoraussetzung des Cloud Computing ist die *Virtualisierung*.[43] Dabei werden physische IT-Ressourcen, also etwa ein Server in einem Rechenzentrum oder eine Anzahl von Servern, in logische Einheiten gegliedert.[44] Ein sogenannter Hypervisor[45] teilt die physischen Ressourcen virtuell auf (Partitionierung) [46] oder fasst diese zusammen (Aggregation).[47] In der Folge entstehen sogenannte virtuelle Maschinen, also virtuelle Arbeitsbereiche, die sich entweder eine physische Einheit teilen oder sich umgekehrt sogar auf mehrere physische Einheiten erstrecken können.

Durch die Aufteilung in virtuelle Maschinen ist die Cloud *mehrmandantenfähig*. Mehrere Nutzer (Mandanten) können gleichzeitig die Cloud-Server nutzen und Zugriff auf die Server haben, ohne jedoch die Daten anderer Cloud-Nutzer einsehen oder auf sie zugreifen zu können. Dem einzelnen Cloud-Nutzer wird vielmehr der Eindruck vermittelt, dass er auf einer eigenen, einzigen physischen Partition arbeitet, auf der exklusiv seine Daten gespeichert sind, verarbeitet werden oder ein Betriebssystem oder eine Anwendung exklusiv für ihn läuft.[48]

Da eine Trennung der einzelnen Einheiten mit virtuellen Maschinen nur logisch, also virtuell erfolgt, können diese Einheiten in ihrem Volumen jederzeit beliebig verändert werden. Sie können in kleinere Partitionen zerlegt oder auf weitere Server ausgedehnt werden. Dabei ist im Prinzip unerheblich, wo sich die einzelnen Server befinden und ob sie einer bestimmten Stelle zugeordnet sind. Hypervisoren können vielmehr auch Ressourcen (welt-)weit auseinanderliegender Server zu einer virtuellen Einheit aggregieren. Hierdurch lässt sich folglich die virtuelle Einheit und damit die aus Sicht des Nutzers für ihn bereitgehaltene Ressource, scheinbar unendlich ausweiten.[49] Die Cloud

---

[42] AK Technik und Medien, Konferenz der Datenschutzbeauftragten des Bundes und der Länder 2014, 4; Europäische Kommission 2010, 5.
[43] Europäische Kommission 2010, 15; *Böhm/Leimeister/Riedl/Krcmar*, IM 2/2009, 8.
[44] *Streitberger/Ruppel* (Fraunhofer AISEC) *2009*, 12.
[45] Zur hypervisor-basierten Virtualisierung *Bedner* 2013, 42.
[46] Es kommt somit zu einer Entkopplung von Soft- und Hardware in der Cloud *Jotzo* 2014, 21; *Brennscheidt* 2013, 30.
[47] *Bedner* 2013, 41 f.; *Jotzo* 2014, 20 f.
[48] *Streitberger/Ruppel* (Fraunhofer AISEC) *2009*, 12; *Jotzo* 2014, 21; *Brennscheidt* 2013, 30.
[49] *Bedner* 2013, 43; *Jotzo* 2014, 21.

ist unmittelbar elastisch[50] oder, anders ausgedrückt, die Ressourcen in der Cloud sind beliebig *skalierbar*.

Die Skalierbarkeit bewirkt, dass physische Ressourcen in der Cloud optimal ausgelastet werden können, der einzelne Server also stets optimal genutzt wird.[51] Da hierdurch Über- oder Unterkapazitäten auf Seiten des Cloud-Anbieters praktisch nicht vorkommen, kann dieser seine Kostenstruktur und folglich seine Preise gegenüber den Cloud-Nutzern flexibilisieren. Da der Cloud-Nutzer also nicht eine physische Einheit bucht, etwa einen ganzen Server, sondern lediglich die skalierbare virtuelle Einheit, kann sich das Nutzungsentgelt vollständig am tatsächlichen Verbrauch, also etwa an der Nutzungsdauer, dem genutzten Speicherplatz oder der genutzten Rechenleistung, orientieren.[52] Der Nutzer zahlt folglich im Sinne eines pay-per-uses lediglich für die abgerufene Dienstleistung. Die IT-Ressource aus der Cloud wird deshalb auch regelmäßig mit dem Strom aus der Steckdose verglichen, der aus Sicht des Stromkunden ebenfalls jederzeit und unbegrenzt an der Steckdose verfügbar ist und für den, abgesehen von Grundgebühren, auch nur verbrauchsabhängig ein Nutzungsentgelt anfällt.[53]

Im Gegensatz zum Grid Computing werden die Ressourcen beim Cloud Computing zwar nicht unbedingt physisch, aber durchaus virtuell zentralisiert.[54] Die informationstechnischen Ressourcen sind folglich nicht auf die Cloud-Nutzer verteilt, sondern werden virtuell einheitlich vom Cloud-Anbieter gestellt (*Ressourcen-Pooling*). Dieser kann hierdurch nicht nur selbst Skaleneffekte erzielen, sondern durch Spezialisierung und Know-How-Bündelung, etwa die Beschäftigung von IT-Spezialisten, die Qualität und Effizienz der bereitgestellten Ressourcen im Vergleich zu einer lokalen Ressourcenbereitstellung erhöhen.[55] Das Cloud Computing folgt durch diese Kapazitätenbündelung an einer zentralen Stelle dem Grundprinzip der Industrialisierung – insofern wird auch von einer „Industrialisierung der IT" durch Cloud Computing gesprochen.[56]

Der Zugriff auf die Cloud sowie die Verteilung von Daten zwischen physischen Servern erfolgt ausschließlich *netzbasiert*, das heißt über (öffentliche) Telekommunikationsnetze.[57] Bei einer „Public Cloud" sind die Server mit dem Internet verbunden und der Datenaustausch erfolgt über internetbasierte Kommunikationsmittel. In der Folge kann auf die Ressourcen der Cloud nicht nur orts-, sondern auch geräteunabhängig

---

50 Europäische Kommission 2010, 13; *Deussen/Strick/Peters* (ISPRAT) 2010, 16; *Weiss*, in: Hilber 2014, 1A, Rn. 2.
51 *Weiss*, in: Hilber 2014, 1A, Rn. 2.
52 *Weiss*, in: Hilber 2014, 1A, Rn. 3.
53 Statt vieler: *Weichert*, DuD 2010, 679; *Jotzo* 2014, 16; *Bedner* 2013, 1.
54 *Jotzo* 2014, 20; *Deussen/Strick/Peters* (ISPRAT) 2010, 16; *Bedner* 2013, 6.
55 *Weiss*, in: Hilber 2014, 1A, Rn. 36; *Bedner* 2013, 48; Europäische Kommission 2010, 13 f.
56 *Weiss*, in: Hilber 2014, 1A, Rn. 26; BMWi 2010, 8.
57 *Deussen/Strick/Peters* (ISPRAT) 2010, 15 f.

zugegriffen werden.[58] Für den Cloud-Nutzer ist es einerseits unerheblich, wo die genutzte physische Ressource, also der Server, sich tatsächlich befindet, andererseits aber auch, mit welchem Endgerät und von welchem Ort aus er darauf zugreift. Daten des Cloud-Nutzers können damit ausschließlich in der Cloud gespeichert werden, ohne zwischen verschiedenen Geräten synchronisiert werden zu müssen. Auch Anwendungen oder Rechenoperationen können ausschließlich in der Cloud betrieben werden.[59] Der Cloud-Nutzer benötigt im Idealfall nur noch ein leistungsschwaches, jedoch internetfähiges Gerät, wie etwa ein Smartphone, und kann dennoch auf „unbegrenzten" Speicherplatz und rechenintensive Anwendungen zugreifen.[60] Das Endgerät wird hierdurch, bildlich gesprochen, zu einem Bildschirm mit Internetanschluss. Auch erlaubt die netzbasierte Ressourcenhaltung die Zusammenarbeit mehrerer Personen, die von unterschiedlichen Orten aus mit verschiedenen Endgeräten auf die Cloud zugreifen.[61]

Cloud Computing kann schließlich seine Potentiale im Wesentlichen durch *standardisierte* Dienste und technische Einrichtungen ausschöpfen. Für die serverübergreifende Virtualisierung müssen folglich Server miteinander kompatibel sein und durch den Hypervisor virtuell verbunden werden können.[62] Um in der Folge die Cloud-Dienste flexibel, elastisch sowie hochverfügbar vielen und verschiedenen Cloud-Nutzern als Kunden anbieten zu können, muss das Angebot ebenso standardisiert sein. Individualisierungen sind zwar technisch möglich, verlangsamen aber die Cloud-Prozesse und machen sie ineffizienter.[63]

2.2 Beteiligte

Bei der Bereitstellung von informationstechnischen Ressourcen über eine Cloud können zahlreiche unterschiedliche Personen und Stellen beteiligt sein.[64] Zum Zwecke dieser Arbeit sollen diese Beteiligten vorerst als Angehörige einer abstrakt definierten Gruppe betrachtet und nur bei Bedarf konkretisiert werden.

Im Mittelpunkt des Cloud Computing steht der *Cloud-Anbieter*. Er ist in der Regel primär Cloud-Service-Anbieter, also der (kommerzielle) Anbieter eines Cloud-Dienstes.[65] Häufig ist der Cloud-Anbieter aber gleichzeitig auch Host-Provider, also der Betreiber von Servern. Möglich ist aber auch, dass der Cloud-Anbieter ledig-

---

[58] *Weiss*, in: Hilber 2014, 1A, Rn. 22; *Bedner* 2013, 93.
[59] *Vehlow/Gakowsky* (PWC) 2011, 27.
[60] *Youseff/Boutrico/Da Silva* 2008, 3; siehe auch *Jotzo* 2014, 22.
[61] *Bedner* 2013, 36.
[62] Zum Standardisierungsproblem zwischen den beiden Virtualisierungstechniken „paravirtualization" und „hardware-assisted virtualization" *Youseff/Boutrico/Da Silva* 2008, 5.
[63] Hierzu *Weiss*, in: Hilber 2014, 1A, Rn. 32.
[64] Hierzu *Weiss*, in: Hilber 2014, 1A, 6 ff.; Europäische Kommission 2010, 11.
[65] Siehe hierzu *Weiss*, in: Hilber 2014, 1A, Rn. 6.

lich in einer Vermittlerposition zwischen dem Cloud-Nutzer und einem Host-Provider steht. Wesentlich für die vorliegende Untersuchung ist, dass sich der Cloud-Anbieter in einer Rechtsbeziehung zum Cloud-Nutzer über die Nutzung der Cloud befindet.

Steht der Host-Provider, der den konkreten Server zur Verfügung stellt, selbst in keiner direkten Rechtsbeziehung zum Cloud-Nutzer, etwa weil er seine Server dem eigentlichen Cloud-Anbieter zur Verfügung stellt, soll er im Folgenden als *Unterauftragnehmer* bezeichnet werden.

Der *Cloud-Nutzer* soll hier eine abstrakte Bezeichnung für alle „Bezieher" eines Cloud-Dienstes sein. Zwischen Cloud-Anbieter und Cloud-Nutzer besteht ein Rechtsverhältnis, das sich im Hinblick auf den Datenschutz auch auf den Austausch von Daten zwischen dem Cloud-Nutzer und dem Cloud-Anbieter oder den vom Cloud-Anbieter verwendeten Servern bezieht. Im Rahmen des Cloud Computing ist es möglich, dass der Cloud-Nutzer ausschließlich mit solchen Daten umgeht, die sich auf ihn oder zumindest auf keinen Dritten beziehen. Diese Konstellation trifft häufig auf private, nicht geschäftliche Cloud-Nutzer zu. Ein typischer Fall ist hierbei, dass ein Cloud-Nutzer eigene Daten wie Bilder oder Textdokumente in der Cloud speichert oder eine Smartphone-Applikation online nutzt.

Im Geschäftsbereich kommt es dagegen häufiger auch zu einer Nutzung der Cloud mit Daten, die sich auf andere, primär unbeteiligte Personen beziehen. Es handelt sich dabei beispielsweise um Daten von Kunden oder Mitarbeitern des Cloud-Nutzers, die dieser etwa in einer cloud-basierten „CRM"-Software beziehungsweise Personalverwaltungsanwendung verarbeitet und speichert. In Anlehnung an § 3 Abs. 1 BDSG sind Personen, die sich mithilfe der Daten in der Cloud bestimmen lassen, denen Daten also auf irgendeine Weise zuordenbar sind, *Betroffene*. Ist der Betroffene nicht gleichzeitig als Cloud-Nutzer in einer eigenen Rechtsbeziehung zum Cloud-Anbieter, sondern steht allenfalls in einer beliebig gearteten Beziehung zum Cloud-Nutzer, soll er im Folgenden in Abgrenzung zu dem selbst die cloud-nutzenden Betroffenen als *„betroffener Dritter"* bezeichnet werden.

Nur mittelbar beteiligt ist schließlich der *Telekommunikationsanbieter*, der die Infrastruktur zur Übertragung von Daten in die Cloud, aus der Cloud und innerhalb der Cloud bereitstellt oder betreibt.[66]

2.3 Cloud-Dienste

Auf Basis des abstrakten Modells des Cloud Computing lassen sich betriebswirtschaftliche Dienste („Cloud-Services")[67] ableiten. Diese unterscheiden sich nach der jewei-

---

[66] Hierzu *Bedner* 2013, 38.
[67] *Brennscheidt* 2013, 23.

lig in der Cloud bereitgestellten Ressource und ihrem Abstraktionsgrad,[68] damit aber auch in Art und Umfang der Dienstleistung,[69] die durch einen Cloud-Anbieter erbracht wird, sowie den Nutzungsmöglichkeiten des Cloud-Nutzers. Zur Benennung des jeweiligen Cloud-Dienstes wird dabei die jeweilige Ressource genannt und diese, als Indikator für die cloud-basierte Bereitstellung der Ressource als Dienst, mit der Bezeichnung „as a Service" versehen. Im Allgemeinen haben sich folgende drei Kategorien etabliert, in die sich die meisten Cloud-Dienste einordnen lassen: sogenannte Infrastrukturdienste (Infrastrucuture as a Service = IaaS), Plattformdienste (Platform as a Service = PaaS) sowie Softwaredienste (Software as a Service = SaaS). Weitere Dienstkategorien, wie etwa Business Process as a Service, Communications as a Service oder Human as a Service, stellen entweder andere Kategoriezuschnitte dar oder beinhalten Dienstanteile, die über das eigentliche Cloud Computing hinausgehen. Sie sollen hier nicht weiter beleuchtet werden.

In einer Grundform des Cloud Computing wird dem Cloud-Nutzer lediglich eine IT-Infrastruktur bereitgestellt. Beim sogenannten *Infrastructure as a Service* bezieht der Cloud-Nutzer grundlegende Dienste, wie zum Beispiel Rechenleistung oder Datenspeicherplatz aus der Cloud.[70] Aus Sicht des Nutzers erhält dieser ein Äquivalent zu einem lokalen Personalcomputer oder Server ohne weitere Installationen, das heißt ohne ein entsprechendes Betriebssystem und den Anwendungen. Der Cloud-Nutzer hat vielmehr Zugriff auf die virtualisierte Hardwareschicht der Cloud und kann sich darin selbstständig eine eigene Infrastruktur aufbauen; also etwa ein beliebiges Betriebssystem installieren, beliebige Datenformate verwenden und Anwendungen sowie Rechenleistungen nach Wahl betreiben.[71] Mit dem uneingeschränkten Zugriff auf die Infrastruktur obliegt dem Cloud-Nutzer bei Infrastructure as a Service aber auch die Administration der von ihm eingerichteten Systeme.[72] Der Cloud-Anbieter wird demgegenüber seinen Dienst darauf beschränken, für die Funktionsfähigkeit der physischen Hardware, ihre Einbindung in eine Cloud durch die Virtualisierung sowie die Anbindung an öffentliche Netze zu sorgen. Typische Infrastrukturdienste sind beispielsweise die Amazon Elastic Compute Cloud (EC2)[73] als Rechenumgebung sowie die Google Cloud Platform[74] oder Amazon Simple Storage Service[75] als Speicherdienste.[76] Nur im weiteren Sinne als Infrastructure as a Service anzusehen sind bestimmte

---

[68] *Brennscheidt* 2013, 24.
[69] *Jotzo* 2014, 23.
[70] *Weiss*, in: Hilber 2014, 1A, Rn. 12; *Bedner* 2013, 29.
[71] *Weiss*, in: Hilber 2014, 1A, Rn. 12; *Brennscheidt* 2013, 32.
[72] *Bedner* 2013, 29; *Brennscheidt* 2013, 32.
[73] https://aws.amazon.com/de/ec2.
[74] https://cloud.google.com/products/cloud-storage.
[75] https://aws.amazon.com/de/s3.
[76] *Brennscheidt* 2013, 33.

Cloud-Speicherdienste für Privatanwender, wie etwa der Speicherdienst Dropbox.[77] Diese basieren häufig bereits auf einer Anwendungsumgebung und vorgefertigten Strukturen zum Upload (meist über Webportale),[78] der Datenverwaltung, Zugriffserteilung und möglicherweise sogar den Datenformaten.

Einen weiten Abstraktionsgrad, jedoch bereits mit eingeschränktem Nutzerspielraum, bieten Plattformdienste (*Platform as a Service*). Es handelt sich dabei um Dienste, die nicht nur die IT-Infrastruktur, sondern gleichzeitig auch standardisierte Schnittstellen[79] und Basisplattformen bereitstellen. Auf diesen Plattformen können vom Cloud-Nutzer Anwendungen entwickelt, getestet und gespeichert werden.[80] Platform as a Service richtet sich folglich in erster Linie an Anwendungsentwickler.[81] Ein Zugriff auf darunterliegende Schichten, wie zum Beispiel auf das Betriebssystem, ist für den Nutzer jedoch nicht möglich.[82] Entsprechend ist der Nutzer regelmäßig auch an vorgegebene informationstechnische Parameter wie eine bestimmte Programmiersprache oder bestimmte Datenformate gebunden.[83] Der wohl bekannteste Plattformdienst ist die Google App Engine.[84]

Cloud-Dienste können schließlich auch noch eine Ebene darüber ansetzen, indem sie konkrete Anwendungssoftware für den Endanwender bereitstellen.[85] Bei *Software as a Service* wird eine Anwendung auf der Cloud-Infrastruktur gespeichert und betrieben. Der Cloud-Nutzer muss zur Nutzung dieser Anwendung die Software nicht oder zumindest nicht mehr vollständig[86] auf seinem eigenen System installieren.[87] Praktisch wird dem Cloud-Nutzer nur noch die jeweilige Anwendungsoberfläche online übermittelt und auf dem Nutzerendgerät angezeigt. Eingaben des Nutzers auf dieser Oberfläche, wie beispielsweise Tastatureingaben in bestimmte Felder oder Maus- oder Touchscreen-Klicks, werden entsprechend in die Cloud zurückübermittelt. Die Rechenoperationen der Software finden demgegenüber vollständig auf der Cloud-Infrastruktur statt. Softwaredienste zeichnen sich durch einen sehr hohen Stan-

---

[77] https://www.dropbox.com.
[78] Vor diesem Hintergrund wären Dienste wie Dropbox wohl eher als Software as a Service einzuordnen; zu den Eigenschaften von Software as a Service, *Youseff/Boutrico/Da Silva* 2008, 3.
[79] *Bedner* 2013, 30.
[80] *Weiss*, in: Hilber 2014, 1A, Rn. 11; *Brennscheidt* 2013, 33; *Jotzo* 2014, 24; Europäische Kommission 2010, 9.
[81] *Youseff/Boutrico/Da Silva* 2008, 4.
[82] *Weiss*, in: Hilber 2014, 1A, Rn. 11; *Brennscheidt* 2013, 34.
[83] *Youseff/Boutrico/Da Silva* 2008, 4.
[84] https://cloud.google.com/products/app-engine.
[85] *Weiss*, in: Hilber 2014, 1A, Rn. 10; *Youseff/Boutrico/Da Silva* 2008, 3.
[86] Teilweise sind auch Desktopanwendungen cloud-fähig, indem sie beispielsweise lokal erstellten Softwareoutput online synchronisieren, *Bedner* 2013, 31.
[87] Siehe *Youseff/Boutrico/Da Silva* 2008, 3.

dardisierungsgrad aus und sind oft vorkonfiguriert. Dem Nutzer verbleibt kaum eine Möglichkeit, auf die Struktur des Dienstes Einfluss zu nehmen.[88] Insbesondere wird er an das Betriebssystem in der Cloud, das der Anwendung zugrunde liegt, das Datenformat, vor allem in der Regel aber auch an die einzugebenden Inhalte oder zumindest Inhaltskategorien gebunden sein. Cloud-Anwendungen sind auf dem Cloud-Markt vielfältig vorhanden. Im unternehmerischen Bereich bekannt sind Anwendungen zur Kundenbetreuung (CRM), etwa das entsprechende Produkt der Firma Salesforce[89] oder die cloud-basierte Office-Anwendung Office 365[90].

2.4   Organisationsmodelle

Im Modellfall des Cloud Computing ist eine Cloud als *Public Cloud* ausgestaltet. Eine Public Cloud wird für einen beliebigen Kundenkreis bereitgestellt und richtet sich an die Öffentlichkeit als potentielle Nutzer.[91] Der netzwerkbasierte Bezug von IT-Ressourcen im Sinne der Definition erfolgt in der Public Cloud in der Regel über das Internet; der Zugang meist über Webportale.[92] Da die Public Cloud nicht nur für einen begrenzten Nutzerkreis zugänglich ist, teilen sich Nutzer unterschiedlicher Unternehmen oder Organisationseinheiten physische Ressourcen. Eine Trennung zwischen den Aktionsräumen der Nutzer unterschiedlicher Organisationen erfolgt nur logisch und nicht physisch.[93]

Eine *Private Cloud* befindet sich demgegenüber im ausschließlichen Kontrollbereich einer Organisationseinheit.[94] Die physische Hardware steht hierbei exklusiv einem Kunden zur Verfügung. Eine Private Cloud wird häufig „on-premise", das heißt im Rechenzentrum oder mit Servern des die Private Cloud nutzenden Unternehmens, etabliert.[95] In diesem Fall erfolgt der netzbasierte Bezug meist nicht über das Internet, sondern über ein organisationseigenes Intranet.[96] Innerhalb der Organisation und der ihr zur Verfügung stehenden physischen Hardware funktioniert die Private Cloud jedoch in gleicher Weise wie die Public Cloud. Die physischen Ressourcen werden im Rahmen der Virtualisierung aggregiert oder partitioniert und stehen als logische Einheiten unterschiedlichen Mandanten, also beispielsweise Mitarbeitern, die hier allerdings ausschließlich der betreffenden Organisation angehören, zur Verfügung. Private

---

[88]   *Brennscheidt* 2013, 35.
[89]   https://www.salesforce.com/de.
[90]   https://office.microsoft.com/de-de/business.
[91]   *Weiss*, in: Hilber 2014, 1A, Rn. 16; *Bedner* 2013, 33.
[92]   *Brennscheidt* 2013, 39.
[93]   *Weiss*, in: Hilber 2014, 1A, Rn. 16.
[94]   *Brennscheidt* 2013, 38.
[95]   *Schorer*, in: Hilber 2014, 1C, Rn. 13.
[96]   *Bedner* 2013, 33.

Clouds werden vornehmlich als Fortentwicklung eines Unternehmens-Intranets von großen Unternehmen oder Unternehmenszusammenschlüssen geführt.[97] Im Hinblick auf den Fokus dieser Arbeit auf kleine und mittlere Unternehmen soll die Private Cloud hier nicht näher betrachtet werden.

Zwischen der Private Cloud und der Public Cloud haben sich diverse Mischformen entwickelt. Zu nennen ist beispielsweise die *Hybrid Cloud*, die Bestandteile der Private und der Public Cloud vereint, oder die *Community Cloud*, die für mehrere Organisationseinheiten bereitgestellt wird, sich aber dennoch an eine begrenzte Nutzergruppe richtet.[98] Letztere könnte auch für kleinere und mittlere Unternehmen von Interesse sein, etwa in Form einer branchen- oder regional begrenzten Cloud.[99]

2.5 Phasenmodell für rechtlich relevante Datenwege

Datenwege beim Cloud Computing sind häufig nicht nur intransparent, sondern auch system- und technisch bedingt komplex. Für eine übergreifende datenschutzrechtliche Beurteilung des Cloud Computing ist das System der Datenwege vorab zu abstrahieren. Hierzu kann, je nach Personenkonstellation, ein zweiphasiges oder ein dreiphasiges Modell zugrunde gelegt werden. Dabei ist zu unterscheiden, ob im Rahmen der Cloud-Nutzung nur mit Daten, die sich ausschließlich auf den Cloud-Nutzer beziehen, umgegangen wird oder ob auch Daten mit Bezug zu betroffenen Dritten erhoben, verarbeitet oder genutzt werden.

In einer Dreieckskonstellation zwischen einem betroffenen Dritten, einem Cloud-Nutzer und dem Cloud-Anbieter ist der Datenumgang abstrakt in drei Phasen unterteilt. In einer ersten Phase gelangen Daten betroffener Dritter an den Cloud-Nutzer. Dies geschieht etwa durch die Erhebung von Daten bei Kunden des Cloud-Nutzers. In der hierzu vorzunehmenden Abstrahierung werden diese Daten in der ersten Phase vom Cloud-Nutzer ausschließlich lokal verarbeitet – also etwa über Kundenformulare erhoben und gegebenenfalls vorerst lokal gespeichert. In der zweiten Phase werden die Daten in eine Cloud übertragen. Hierzu stößt entweder der Cloud-Nutzer direkt eine Datenübertragung an den Cloud-Anbieter an oder der Cloud-Anbieter greift auf die Daten beim Cloud-Nutzer (automatisiert) zu. In der dritten Phase werden die Daten in der Cloud gespeichert, verändert oder weiterübertragen; gegebenenfalls findet dabei eine Datenerhebung, -verarbeitung oder -nutzung durch den Cloud-Anbieter statt. Die Dreieckskonstellation findet sich häufig bei gewerblichen Cloud-Nutzern, die Daten von Mitarbeitern oder Kunden in der Cloud speichern oder verarbeiten wollen, jedoch auch in der privaten Cloud-Nutzung – etwa für den Fall, dass ein privater Nutzer Kon-

---

[97] *Jotzo* 2014, 22; *Bedner* 2013, 33.
[98] Hierzu *Weiss*, in: Hilber 2014, 1A, Rn. 17 f.
[99] Europäische Kommission 2010, 11.

taktadressen oder auch Bilder anderer Personen in einer Cloud speichert oder verarbeitet.

In einer reinen Zwei-Stellen-Konstellation sind datenschutzrechtliche Fragen für das Verhältnis zwischen Cloud-Nutzer und Cloud-Anbieter zu klären. Da sich die Daten in diesem Verhältnis ausschließlich auf den Cloud-Nutzer beziehen, ist auch er der einzig datenschutzrechtlich Betroffene. Der Datenumgang setzt hier erst in der zweiten Phase an, sodass insgesamt nur zwei Phasen zu betrachten sind. In diesem Zwei-Phasenmodell überträgt der Cloud-Nutzer seine eigenen Daten in eine Cloud, beispielsweise indem er ein Online-Tagebuch führt, oder ein Cloud-Dienst ruft diese (automatisiert) ab, etwa wenn eine cloud-basierte Applikation Orts-, Umgebungs- oder Vitaldaten des Cloud-Nutzers misst und an den Cloud-Anbieter überträgt. Eine Zwei-Stellen-Konstellation, die sich auf zwei Phasen beschränkt, findet sich häufig bei privaten Cloud-Nutzern und soll im Rahmen dieser Arbeit nur nachrangig berücksichtigt werden.

3 Cloud Computing für den Mittelstand

Wie eingangs erwähnt, sehen Studien in der Nutzung einer Cloud gerade für kleine und mittlere Unternehmen ein erhebliches Potential, während die betreffenden Unternehmen eher zurückhaltend auf die Cloud reagieren.[100] Vor- und Nachteile der Cloud sind aus diesem Grund aus Sicht von kleinen und mittleren Unternehmen näher zu beleuchten.

Die Entscheidung für oder gegen das Cloud Computing durch ein Unternehmen entspricht einer typischen „make or buy"-Entscheidung, wie sie Unternehmen im Rahmen von Outsourcing-Prozessen zu treffen haben.[101] Die Entscheidung bestimmt darüber, ob Unternehmensaufgaben durch das Unternehmen selbst oder durch einen (externen) Dienstleister übernommen werden.[102] Informationstechnologie ist mittlerweile ein integraler Bestandteil von Unternehmen – ihre Bereitstellung ist eine wesentliche Voraussetzung und Aufgabe für den Betrieb eines Unternehmens. Zahlreiche Unternehmen halten aus diesem Grund mittlerweile eigene, spezialisierte IT- und Beschaffungsabteilungen vor, die mit der Bereitstellung und den Betrieb von IT-Ressourcen befasst sind. Gleichwohl gehören die Bereitstellung und der Betrieb von Informationstechnik nicht zum Kerngeschäft der meisten Unternehmen.[103] Auch sind IT-Ressourcen häufig standardisiert – Speicherplatz, Recheneinheiten und viele Anwendungsprogramme, etwa CRM-Programme, können für viele Unternehmen einheitlich sein.[104] Statt sich um die Bereitstellung und den Betrieb der Informationstechnik eigenständig, also durch eigene Mitarbeiter oder sogar durch jeden Mitarbeiter selbst zu kümmern, könnten sich Unternehmen durch das Outsourcing der IT-Bereitstellung vermehrt auf ihre Kerntätigkeit konzentrieren. Der Bezug von IT-Ressourcen im Rahmen des Cloud Computingdes Cloud Computing kann also zu Outsourcing-Vorteilen führen.

Gerade für kleine und mittlere Unternehmen ergeben sich durch das Outsourcing positive Kosteneffekte. Indem IT-Ressourcen, wie Server und Anwendungen, nicht mehr intern vorgehalten werden müssen, sinken die Investitionskosten der Unternehmen in die Informationstechnik.[105] Für Mitarbeiter müssten beispielsweise aufgrund der Cloud-Nutzung keine leistungsstarken Personalcomputer am Arbeitsplatz vorgehalten werden – es genügen vielmehr kleinere, leistungsschwache, gegebenenfalls sogar mo-

---

[100] Kapitel 1.
[101] *Böhm/Leimeister/Riedl/Krcmar*, IM 2/2009, 8.
[102] Zum Begriff des Outsourcing im Kontext des Cloud Computing *Böhm/Leimeister/Riedl/Krcmar*, in: Keuper/Oecking/Degenhardt 2011, 42; *Wagner/Groß*, BB-Online 36/2011, I f.
[103] *Weiss*, in: Hilber 2014, 1A, Rn. 26.
[104] *Weiss*, in: Hilber 2014, 1A, Rn. 27.
[105] *Streitberger/Ruppel* (Fraunhofer AISEC) *2009*, 11; *Vehlow/Gakowsky* (PWC) 2011, 27.

bile Geräte, mit denen die Cloud-Dienste ebensogut genutzt werden können.[106] Vor allem kleinere Unternehmen könnten möglicherweise auf eine hochgerüstete Informationstechnik und entsprechend große IT-Abteilungen ganz verzichten. Durch das Outsourcing der Informationstechnik im Rahmen des Cloud Computing können folglich Fixkosten reduziert und flexibilisiert werden,[107] sodass sich Skaleneffekte einstellen.[108] Mit der Auslagerung investitionsintensiver Aufgaben sinken außerdem die Investitions- und Betriebsrisiken sowie nicht zuletzt das Risiko der Beschädigung und des Untergangs von Unternehmenskapital.[109] Schließlich ist gerade für kleine und mittlere Unternehmen die Zeitkomponente beim Outsourcing von IT-Ressourcen von Relevanz. Die schnelle und unkomplizierte Bereitstellung von Informationstechnik über die Cloud, anstatt einer langwierigen und aufwendigen Anschaffung oder Bildung eigener IT-Ressourcen, ermöglicht es gerade innovativen kleinen und mittleren Unternehmen, zeitnah nach einer Gründung oder mit einem neuen Produkt am Markt präsent zu sein.[110]

Auch die Eigenschaft der internetbasierten Zentralisierung von cloud-basierten IT-Ressourcen führt zu Vorteilen, die sich insbesondere bei kleinen und mittleren Unternehmen auswirken. So ermöglicht die Cloud einen orts- und zeitungebundenen Zugriff auf IT-Ressourcen. Vor allem für kleinere Unternehmen ohne größere „Backoffices", etwa kleinere Handwerksbetriebe im Außeneinsatz, ermöglicht die Cloud-Nutzung einen ständigen Zugriff auf aktuelle Daten und Anwendungen des Unternehmens, unabhängig vom Ort und Endgerät des Cloud-Nutzers.[111] Gerade bei kleinen Unternehmen lassen sich so Arbeitsabläufe beschleunigen und die Kundenbetreuung verbessern.[112] Auch lassen sich Arbeitsprozesse innerhalb des Unternehmens durch qualitativ bessere und vernetzte Ressourcen verbessern: so ermöglicht die Cloud beispielsweise den Mitarbeitern von Unternehmen eine erleichterte Zusammenarbeit an gemeinsamen Dokumenten oder in gemeinsam genutzten Anwendungen, ohne dass dem Versionsüberschneidungen oder Formatdifferenzen entgegenstünden.[113] Die zentrale Bereitstellung der IT-Ressourcen wirkt sich außerdem auf ihre Qualität aus. So können Cloud-Anbieter die Dienste jederzeit updaten, erweitern oder warten.[114] Die ständige Auf- oder Umrüstung mit neuer lokaler Informationstechnik wäre regelmäßig mit neuen hohen, für kleinere Unternehmen kaum tragbaren Investitionen verbunden.

---

[106] *Jotzo* 2014, 22.
[107] BMWi 2010, 10; Europäische Kommission 2010, 14; *Weiss*, in: Hilber 2014, 1A, Rn. 22.
[108] *Bedner* 2013, 87; *Weiss*, in: Hilber 2014, 1A, Rn. 26.
[109] *Bedner* 2013, 2, 8, 85, 96.
[110] Geringe „Time-To-Market"-Spanne, Europäische Kommission 2010, 14; *Bedner* 2013, 85.
[111] Hierzu *Vehlow/Gakowsky* (PWC) 2011, 27; *Weiss*, in: Hilber 2014, 1A, Rn. 22; *Bedner* 2013, 93.
[112] *Weiss*, in: Hilber 2014, 1A, Rn. 36.
[113] *Bedner* 2013, 95.
[114] Europäische Kommission 2010,13; *Weiss*, in: Hilber 2014, 1A, Rn. 27.

Demgegenüber ermöglicht die Nutzung der Ressourcen über eine Cloud auch kleineren Unternehmen, stets mit aktueller, gut gewarteter, redundant verfügbarer und, je nach Bedarf, zeitweise auch hochwertiger Informationstechnik versorgt zu sein.[115] Somit profitieren auch kleinere Unternehmen ohne eigene IT-Abteilung oder eigenem IT-Know-How von einer hohen Verfügbarkeit der Informationstechnik durch professionelle Betreuung. Diese äußert sich nicht zuletzt in der Ausfall- und Datensicherheit, die bei professionellen Cloud-Diensten meist deutlich höher liegt als bei der lokalen Vorhaltung der Informationstechnik durch.[116]

Weitere Vorteile, die sich in besonderem Maße bei kleinen und mittleren Unternehmen auswirken können, sind die Skalierbarkeit der cloud-basierten IT-Ressourcen und die damit verbundene Möglichkeit der verbrauchsabhängigen Bezahlung. So können auch kleinere Unternehmen mit nur sporadischem Bedarf an bestimmten Ressourcen bestimmte Infrastrukturen und Anwendungen bei Bedarf nutzen, ohne die Ressourcen anschaffen zu müssen. Die „on-demand-Nutzung" sowie die Möglichkeit der Bezahlung nach tatsächlichem Verbrauch ermöglicht gerade kleineren Unternehmen eine flexible Reaktion auf sich verändernde geschäftliche Verhältnisse.[117] Indem Informationstechnik „wie Strom aus der Steckdose" bezogen werden kann, profitieren insbesondere innovationsabhängige oder dynamisch wachsende Unternehmen oder solche mit saisonal schwankenden Anforderungen.[118]

Den zahlreichen Vorteilen einer Cloud-Nutzung stehen aber auch ernstzunehmende Bedenken auf Seiten kleiner und mittlerer Unternehmen gegenüber. Im Mittelpunkt steht dabei ein zum Teil nur „gefühlter",[119] zum Teil aber auch realer Kontrollverlust der Unternehmen durch den „Gang in die Cloud". So geht mit der Verlagerung der Unternehmens-IT in die Cloud eine Zentralisierung aller unternehmensrelevanten Informationen im Internet einher.[120] Wo der Ort und die Wege von Informationen in der Cloud, ganz im Sinne einer undurchsichtigen Wolke, nicht nachvollziehbar sind, fürchten zahlreiche Unternehmen einen Verlust an Transparenz von geschäftsrelevanten Prozessen.[121] Da aber Know-How und der Wissensvorsprung für innovationsgetriebene Jung- und Kleinunternehmen oftmals den Großteil des unternehmerischen Kapitals ausmachen, sind kleine und mittlere Unternehmen besonders um die Vertrau-

---

[115] BMWi 2010, 10 f.; *Youseff/Boutrico/Da Silva* 2008, 3; *Bedner* 2013, 99.
[116] *Bedner* 2013, 89.
[117] *Vehlow/Gakowsky* (PWC) 2011, 27; Europäische Kommission 2010, 14; *Bedner* 2013, 49.
[118] So steigt etwa bei kleinen Online-Händlern mit einem intensiven Weihnachtsgeschäft der Bedarf an leistungsfähiger Informationstechnik zum Jahresende hin stark an, *Jotzo* 2014, 17; *Bedner* 2013, 7 und 85; AK Technik und Medien, Konferenz der Datenschutzbeauftragten des Bundes und der Länder 2014, 4.
[119] So zumindest *Weiss*, in: Hilber 2014, 1A, Rn. 21.
[120] *Bedner* 2013, 7.
[121] *Weiss*, in: Hilber 2014, 1A, Rn. 21.

lichkeit und Integrität ihrer Daten besorgt.[122] Neben der Ungewissheit über die Orte und Wege der Daten im Internet bezieht sich die Zurückhaltung in technischer Hinsicht insbesondere auf die bloß virtuelle Mandantentrennung in Public Clouds.[123] Diese kann einen beabsichtigten oder unbeabsichtigten Zugriff Unbefugter auf die sensitiven Unternehmensinformationen begünstigen. Soweit auch ein Zugriff durch den Cloud-Anbieter, etwa aus administrativen Gründen, nicht verhinderbar ist, besteht außerdem die Sorge einer Zweckentfremdung oder eines Missbrauchs durch den Cloud-Anbieter und seiner Mitarbeiter selbst.[124]

Bedenken hinsichtlich eines Kontrollverlusts beziehen sich aber nicht zwingend nur auf die Datensicherheit. Sind die Daten von großer wirtschaftlicher Bedeutung, kann ihre Verlagerung an Externe auch zu einem erheblichen Abhängigkeitsverhältnis gegenüber dem Cloud-Anbieter, zum sogenannten „Lock-in" Effekt, führen.[125] Vor allem im Bereich der Softwaredienste sind Cloud-Nutzer häufig an spezifische Formate des Cloud-Anbieters gebunden. Die noch immer fehlende Standardisierung von Formaten und Schnittstellen führt dazu, dass Informationen ohne die Rückformatierung durch den Cloud-Anbieter weder rückholbar noch zu einem anderen Cloud-Dienst portierbar sind.[126] Hat der Cloud-Nutzer mit der Verlagerung seiner Informationstechnik in die Cloud lokale Ressourcen abgebaut und hält die Daten und Informationen ausschließlich online vor, ist er von der Nutzung des Cloud-Dienstes abhängig. Er kann vom Cloud-Anbieter folglich regelrecht in „Geiselhaft" genommen werden; etwa indem Daten als Druckmittel zurückbehalten werden.[127] Gerade finanzschwache kleine und mittlere Unternehmen fürchten in diesem Zusammenhang eine Monopolisierung des Cloud-Markts durch wenige, große Cloud-Anbieter.[128]

Neben weiteren, praktischen Problemen, etwa einer fehlenden Verfügbarkeit von Breitband-Internetanschlüssen für kleine und mittlere Unternehmen in ländlichen Regionen, herrscht bei kleineren Unternehmen, allen voran solchen ohne eigene rechtliche Expertise, eine erhebliche Rechtsunsicherheit im Hinblick auf die Cloud – auch hinsichtlich der eigenen rechtlichen Verantwortung gegenüber Dritten.[129] Dabei stehen auch bei kleinen und mittleren Unternehmen vor allen Dingen datenschutzrechtliche

---

[122] In der Cloud-Monitor-Studie 2013 gaben über 70 % der Unternehmen eine zumindest teilweise bestehende Angst vor Datenverlust an, KPMG/BITKOM 2013, 23 f.; in der IDC-Studie sahen über 30 % der Befragten in der Datensicherheit ein großes oder vollständiges Nutzungshemmnis für die Cloud, *Bradshaw/Folco/Cattaneo/Kolding* (IDC) 2012, 34.
[123] *Vehlow/Gakowsky* (PWC) 2011, 27; *Jotzo* 2014, 17.
[124] *Bedner* 2013, 104.
[125] *Schorer*, in: Hilber 2014, 1C, Rn. 15; *Krcmar u. a.* 2010, 2.
[126] *Fickert*, in: Taeger/Wiebe 2009, 442; *Schorer*, in: Hilber 2014, 1C, Rn. 5.
[127] *Bedner* 2013, 103.
[128] *Bedner* 2013, 103.
[129] Hierzu bereits Kapitel 1.

Fragen im Vordergrund. Die Zurückhaltung kleiner und mittlerer Unternehmen bei der Nutzung von Clouds liegt nicht allein in der Rechtsunsicherheit aufgrund fehlender datenschutzrechtlicher Expertise begründet. Für kleine und mittlere Unternehmen können Datenschutzrechtsverstöße existenzgefährdend werden – sei es aufgrund von Bußgeldern oder Schadensersatzforderungen oder auch aufgrund des drohenden Imageschadens. Vor diesem Hintergrund soll der Fokus der folgenden datenschutzrechtlichen Erwägungen auf den Umgang kleiner und mittlerer Unternehmen mit der Cloud gelegt werden.

4 Normative Grundlagen des Datenschutzrechts

Sowohl auf internationaler als auch auf europäischer und nationaler Ebene bestehen normative Vorgaben zum Datenschutzrecht. Diese bauen historisch aufeinander auf oder leiten sich voneinander ab. Dennoch haben sie, historisch, politisch, kulturell oder systematisch bedingt, zum Teil sehr unterschiedliche Regelungsansätze, Schutzziele, Geltungsbereiche und Verbindlichkeitsniveaus.

4.1 Vereinte Nationen und OECD

Als Ausgangspunkt des internationalen Datenschutzes können die Garantien nach Art. 12 der Menschenrechtserklärung der Vereinten Nationen[130] angesehen werden. Zwar beziehen sich die Vorgaben in Art. 12 der Erklärung nicht ausdrücklich auf den Datenschutz. Allerdings statuiert die Norm einen Schutz des Privatlebens, der Familie, der Wohnung, des Schriftverkehrs und vor Beeinträchtigungen der Ehre und des Rufs einer Person. Der Schutz weist damit bereits in die Richtung eines allgemeinen Persönlichkeitsrechts in Ausprägung des Rechts auf Privatsphäre und sieht folglich zumindest mittelbar ein Recht auf Datenschutz vor.[131] Konkret auf den Schutz persönlicher Daten zielen dagegen die „Guidelines Concerning Computerized Personal Data Files"[132] der Vereinten Nationen ab, die allerdings als Leitlinien (Empfehlungen) an Staaten und Organisationen unverbindlich sind.[133]

Schon früh wurde Datenschutz bereits auch als ökonomischer Faktor angesehen. Vor dem Hintergrund, dass Daten zum einen eine Ware, zum anderen der Datenschutz auch ein Handelshemmnis in einer zunehmend wirtschaftlich verflochtenen Welt darstellen könnte,[134] befasste sich die Organisation für wirtschaftliche Zusammenarbeit und Entwicklung (OECD) schon in den 1970er-Jahren mit der Vereinheitlichung datenschutzrechtlicher Standards. Diese Bemühungen mündeten am 23. September 1980 in den „OECD Guidelines on the Protection of Privacy and Transborder Data Flows of Personal Data".[135] Entsprechend den Zielen der Organisation, insbesondere dem der Förderung des Welthandels, folgen die Guidelines nicht nur ihrem Titel nach sowohl dem internationalen Datenschutz- als auch dem Datenaustauschgedanken.[136] Als Guidelines ist der OECD-Text für die Mitgliedstaaten unverbindlich und ist insofern kein

---

130 Vereinte Nationen, Allgemeine Erklärung der Menschenrechte vom 10.12.1948, A/RES/217.
131 *Jandt* 2008, 82.
132 Vereinte Nationen, Guidelines Concerning Computerized Personal Data Files, A/RES/45/95 vom 14.12.1990.
133 *Wuermeling* 2000, 12 f.; *Burkert*, in: Roßnagel 2003, 2.3, Rn. 37.
134 Hierzu *Burkert*, in: Roßnagel 2003, 2.3, Rn. 37; *Jandt* 2008, 83.
135 OECD, Guideline vom 23.9.1980, C(80)58/FINAL, erweitert am 11.7.2013, C(2013)79.
136 Hierzu *Jandt* 2008, 83 f.

allzu starkes normatives Mittel bei der Schaffung weltweiter Datenschutzstandards.[137] Er hatte aber zumindest einen bedeutenden Anteil an der internationalen Annäherung der divergenten Datenschutzverständnisse.[138]

4.2 Europarat

Die am 4. November 1950 von den Mitgliedstaaten des Europarats unterzeichnete Europäische Menschenrechtskonvention[139] enthält wie schon die Menschenrechtserklärung der Vereinten Nationen keinen konkreten Bezug zum Datenschutz, wohl aber in ihrem Art. 8 ein Recht jeder Person „auf Achtung ihres Privat- und Familienlebens, ihrer Wohnung und ihrer Korrespondenz". Schutzgut des Art. 8 EMRK ist eine „geschützte Sphäre",[140] in der das Privatleben und die Beziehung zu anderen Menschen[141] gedeihen kann. Die Jurisdiktion zu Art. 8 EMRK bezog sich dabei bislang vorwiegend auf Eingriffe im Rahmen des allgemeinen Persönlichkeitsschutzes im Sinne des Eingriffs in die Privatsphäre.[142] Nach Art. 8 EMRK wird aber nicht nur der Schutz des allgemeinen Persönlichkeitsrechts gewährt. Der Europäische Gerichtshof für Menschenrechte hat aus dem Grundrecht, insbesondere aus den Schutzmerkmalen Privatleben und Korrespondenz,[143] bereits mehrfach eine konkret datenschutzrechtliche Dimension abgeleitet.[144] So führt der Gerichtshof etwa im Urteil Leander/Schweden aus: „Sowohl das Speichern von Daten als auch ihre Weitergabe, verbunden mit der Verweigerung einer Möglichkeit zum Widerspruch gegen die Weiter-

---

[137] Kritisch entsprechend *Jandt*, 2008, 83; *Wuermeling* 2000, 8.
[138] *Burkert*, in: Roßnagel 2003, 2.3, Rn. 24.
[139] Konvention zum Schutze der Menschenrechte und Grundfreiheiten vom 4.11.1950, in der Bundesrepublik Deutschland ratifiziert am 7.8.1952, BGBl. 1952 II, 685.
[140] *Meyer-Ladewig* 2011, Art. 8 EMRK, Rn. 8.
[141] Zur Innen- und Außenbeziehung der Privatsphäre EGMR, Urteil vom 25.9.2001, 44787/98 (P.G. und J.H./Vereinigtes Königreich).
[142] So etwa für das Recht am eigenen Bild EGMR, NJW 2004, 2647 (Caroline von Monaco). Anders als die Sphärendogmatik des Bundesverfassungsgerichts (hierzu *Di Fabio*, in: Maunz/Dürig 2013, Art. 2 GG, Rn. 158 ff.) stellt der Europäische Gerichtshof für Menschenrechte dabei fest, dass die Privatsphäre auch bei Personen der Öffentlichkeit („Figur der Zeitgeschichte") nicht nur im intimen Kreis der Familie oder örtlicher Abgeschiedenheit bestehe, sondern auch in der Öffentlichkeit, soweit die konkrete Veröffentlichung keinerlei Sphäre von politischer oder öffentlicher Diskussion berühre, hierzu *Lenski*, NVwZ 2005, 51.
[143] So etwa bei EGMR, Urteil vom 6.9.1978, 5029/21 (Klass/Deutschland), Rn. 64 f.
[144] EGMR, Urteil vom 6.9.1978, 5029/21 (Klass/Deutschland); EGMR, Urteil vom 2.8.1984, 8691/79 (Malone/Vereinigtes Königreich); EGMR, Urteil vom 26.3.1987, 9248/81 (Leander/Schweden); hierzu auch *Nettesheim*, in: Grabenwarter 2014, § 9, Rn. 49; *Meyer-Ladewig* 2011, Art. 8 EMRK, Rn. 40 ff.; *Schweizer*, DuD 2009, 462 ff.

gabe [...], führen zu einem Eingriff in das Recht auf Achtung des Privatlebens, wie es Art. 8 Abs. 1 [EMRK] gewährt".[145]

Die Europäische Menschenrechtskonvention und damit auch ihr Art. 8 haben im Europäischen Grundrechtsschutz eine herausragende Stellung eingenommen. Grund hierfür ist die Gewährung individueller Rechte der Bürger durch den völkerrechtlichen Vertrag. Durch Ratifikation nimmt die Konvention in einigen Ländern Verfassungsrang, in den übrigen Ländern zumindest den Rang eines einfachen Gesetzes mit einer Art verfassungsrechtlichen Ausstrahlungswirkung ein.[146] Hinzu kommt die Möglichkeit der Individualbeschwerde nach Art. 34 EMRK, durch die der Europäische Gerichtshof für Menschenrechte, trotz seiner Stellung als völkerrechtliches Gericht, jeder natürlichen Person einen Klageweg eröffnet.[147]

Eine herausragende Stellung nimmt die Europäische Menschenrechtskonvention auch durch ihre Verankerung im Recht der Europäischen Union ein. Schon früh hat der Europäische Gerichtshof zur Auslegung des Gemeinschaftsrechts die Vorgaben der Konvention berücksichtigt und diese zusammen mit den Verfassungsüberlieferungen der Mitgliedstaaten als Rechtserkenntnisquelle europäischer Grundrechte herangezogen.[148] Auch zur Auslegung und Prüfung des Europäischen Datenschutzrechts, im Besonderen der Richtlinie 95/46/EG, hat sich der Europäische Gerichtshof auf die Europäische Menschenrechtskonvention berufen und konkret anhand Art. 8 EMRK geurteilt.[149] Seit dem Vertrag von Lissabon[150] rückt die Charta der Grundrechte der Europäischen Union als verbindliches Primärrecht in den Fokus des Europäischen Grundrechteschutzes. Die Vorgaben der Europäischen Menschenrechtskonvention sind aber nach Art. 6 Abs. 3 EUV[151] als sogenannte „allgemeine Grundsätze" Teil des Unionsrechts. Nach Art. 6 Abs. 2 EUV setzt sich die Europäische Union sogar selbst zum Ziel, der Europäischen Menschenrechtskonvention beizutreten.

---

145 EGMR, Urteil vom 26.3.1987, 9248/81 (Leander/Schweden), Rn. 48.
146 Hierzu *Schweizer*, DuD 2009, 462 f.
147 *Schweizer*, DuD 2009, 462; ausführlich *Meyer-Ladewig* 2011, Art. 34 EMRK, Rn. 1 ff.
148 So etwa in der Entscheidung „Nold", EuGH, Slg. 1974, 491, 507, Rn. 12 f.; hierzu auch von *Danwitz*, in: Grabenwarter 2014, § 6, Rn. 6.
149 Beispielsweise in der Entscheidung „Österreichischer Rundfunk", EuGH, Slg. 2003, I-4989, Rn. 73 ff.
150 Vertrag von Lissabon zur Änderung des Vertrags über die Europäische Union und des Vertrags zur Gründung der Europäischen Gemeinschaft vom 13.12.2007, ABl. C 306 vom 17.12.2007, 1 ff.
151 Vertrag über die Europäische Union, in der Fassung des Vertrags von Lissabon, ABl. C 115 vom 9.5.2008, 13.

Mit der Datenschutzkonvention[152] vom 28. Januar 1981 hat der Europarat überdies eine eigene völkerrechtliche Normierung konkret zum Datenschutzrecht geschaffen. Ausweislich ihres Art. 1 ist es Zweck dieses Übereinkommens, „im Hoheitsgebiet jeder Vertragspartei für jedermann ungeachtet seiner Staatsangehörigkeit oder seines Wohnorts sicherzustellen, daß seine Rechte und Grundfreiheiten, insbesondere sein Recht auf einen Persönlichkeitsbereich, bei der automatischen Verarbeitung personenbezogener Daten geschützt werden". Bei der Datenschutzkonvention des Europarats handelt es sich zwar um das erste verbindliche Übereinkommen konkret zum Datenschutz, das in der Folge auch lange Zeit außerhalb des nationalen Rahmens Beachtung fand.[153] Allerdings wurde die Bedeutung des Übereinkommens mit der Datenschutzrichtlinie der Europäischen Union[154] und schließlich durch die Bezugnahme auf die Grundrechtecharta und die Europäische Menschenrechtskonvention im Europäischen Primärrecht seit dem Vertrag von Lissabon stark zurückgedrängt.[155]

4.3 Charta der Grundrechte der Europäischen Union

Im Jahr 1999 wurde ein Grundrechte-Konvent vom Europäischen Rat eingesetzt, um eine „Charta der Grundrechte der Europäischen Union" auszuarbeiten.[156] Bereits am 2. Oktober 2000 legte der Rat einen Chartatext vor, der am 7. Dezember 2000 im Rahmen der Konferenz von Nizza durch den Rat, die Kommission und das Parlament verabschiedet wurde.[157] Bis zur Reform der Gründungsverträge durch den Vertrag von Lissabon hatte diese erste Fassung der Grundrechtecharta allerdings keinerlei rechtliche Verbindlichkeit und wurde auch nicht von allen Mitgliedstaaten akzeptiert.[158] Mit dem neuen Art. 6 Abs. 1 EUV wird die Grundrechtecharta nach einer Überarbeitung und Neuverhandlung nunmehr offiziell anerkannt und mit den Verträgen gleichgestellt. Die Charta der Grundrechte der Europäischen Union ist damit Teil des Primärrechts der Europäischen Union. War die erste Grundrechtecharta vormals allenfalls

---

[152] Übereinkommen zum Schutz der Menschen bei der automatischen Verarbeitung personenbezogener Daten, Europarat, SEV Nr. 108, in der Bundesrepublik Deutschland ratifiziert am 13.3.1985, BGBl. 1985 II, 538.
[153] *Jandt* 2008, 84; *Polenz*, in: Kilian/Heussen 2013, 1. Teil 13, Rechtsquellen und Grundbegriffe, Rn. 21; *Schweizer*, DuD 2009, 462 f.
[154] *Jandt* 2008, 84.
[155] *Polenz*, in: Kilian/Heussen 2013, 1. Teil 13, Rechtsquellen und Grundbegriffe, Rn. 21.
[156] Sitzung des Europäischen Rats am 4.6.1999 in Köln, Bulletin EU 10-1999, Schlussfolgerungen des Vorsitzes (16/16), Anlage A.
[157] Charta der Grundrechte der Europäischen Union vom 7.12.2000, ABl. C 364 vom 18.12.2000, 1 ff.
[158] Hierzu etwa *Däubler*, AuR 2001, 382.

Rechtserkenntnisquelle,[159] wurde sie durch den Vertrag von Lissabon zu einer „echten Rechts-(geltungs-)quelle".[160]

Nach Art. 8 GrCh hat jede Person das Recht auf Schutz der sie betreffenden personenbezogenen Daten. Diese Daten dürfen nur nach Treu und Glauben für festgelegte Zwecke und mit Einwilligung der betroffenen Person oder auf einer sonstigen gesetzlich geregelten legitimen Grundlage verarbeitet werden. Jede Person hat überdies das Recht, Auskunft über die sie betreffenden erhobenen Daten zu erhalten und die Berichtigung der Daten zu erwirken. Die Einhaltung dieser Vorschriften wird von einer unabhängigen Stelle überwacht. Die Norm ist ein erstmaliges Bekenntnis eines Grundrechtskatalogs sowie des Primärrechts der Europäischen Union zu einem „Recht auf Datenschutz".[161] Art. 8 GrCh ist lex specialis zu Art. 7 GrCh[162] und insofern ein „innovatives Grundrecht", weil es mit dem Datenschutz einen konkreten Reflex des Persönlichkeitsschutzes auf Entwicklungen der Informationstechnologie darstellt.[163] Mit seiner Anknüpfung an den Schutz „personenbezogener Daten", die Zweckbindung und das Verbotsprinzip sowie an das Prinzip der unabhängigen Aufsicht steht Art. 8 GrCh in einem engen Bezug zur Datenschutzrichtlinie.[164] Nach den Erläuterungen zu Art. 8 GrCh „stützt" sich dieser unter anderem auf die Datenschutzrichtlinie. Demnach enthält die genannte Richtlinie „Bedingungen und Beschränkungen für die Wahrnehmung des Rechts auf den Schutz personenbezogener Daten".[165] Umfang und Grenzen des Grundrechts werden folglich nach Maßgabe der vorhandenen (sekundärrechtlichen) Regelungen bestimmt.[166]

---

[159] Siehe statt vieler EuGH, Schlussanträge des Generalanwalts *Tizzano* vom 8. Februar 2001, Slg. 2001, 4881, Rn. 27 ff.

[160] *Weber*, EuZW 2008, 8; zur „Aufwertung" der Grundrechtecharta *Spiecker gen. Döhmann/Eisenbarth*, JZ 2011, 171.

[161] So *Nettesheim*, in: Grabenwarter 2014, § 9, Rn. 52.

[162] *Bernsdorff*, in: Meyer 2011, Art. 8 GrCh, Rn. 12.

[163] *Bernsdorff*, in: Meyer 2011, Art. 8 GrCh, Rn. 13; siehe auch *Streinz/Michl*, EuZW 2011, 385.

[164] *Bernsdorff*, in: Meyer 2011, Art. 8 GrCh, Rn. 21 ff.

[165] Konvent der Charta der Grundrechte der Europäischen Union, Erläuterungen zur Charta der Grundrechte der Europäischen Union, ABl. C 303 vom 14.12.2007, 20.

[166] *Bernsdorff*, in: Meyer 2011, Art. 8 EMRK, Rn. 14; dass hierdurch ein Zirkelschluss entsteht – die Grundrechtecharta verweist hinsichtlich ihrer Entstehung und des Schutzbereichs auf die Datenschutzrichtlinie, die Grundrechtecharta soll als Primärrecht gleichzeitig aber auch Grundlage für die Rechtmäßigkeit und Auslegung des Sekundärrechts und damit auch der Datenschutzrichtlinie sein – erschließt sich nicht, hierzu ebenfalls kritisch *Nettesheim*, in: Grabenwarter 2014, § 9, Rn. 53.

4.4 Artikel 16 AEUV

Auch in den Verträgen zur Europäischen Union befindet sich seit dem Vertrag von Lissabon mit Art. 16 AEUV eine Regelung zum Datenschutz.[167] Die Norm gliedert sich in zwei Funktionen. Zum einen wird in Art. 16 Abs. 1 AEUV mit der Aussage „jede Person hat das Recht auf Schutz der sie betreffenden personenbezogenen Daten" der Schutzgegenstand aus Art. 8 GrCh wiederholt und somit auf Primärrechtsebene eine „Dopplung" des Datenschutzes geschaffen. Nach dem Wortlaut wird das Datenschutzrecht – anders als in der Grundrechtecharta – hier zumindest auf den ersten Blick schrankenlos gewährleistet.[168] Zum anderen enthält Art. 16 AEUV mit seinem Abs. 2 erstmals eine eigene, einheitliche datenschutzrechtliche Gesetzgebungskompetenz,[169] auf die zukünftige europäische Datenschutzgesetzgebungen gestützt werden könnten.[170]

Vor dem Vertrag von Lissabon wurden Gesetzgebungsvorhaben noch entsprechend dem Säulenmodell der Europäischen Union auf unterschiedliche Kompetenzgrundlagen gestützt – so etwa die Datenschutzrichtlinie auf die allgemeine Binnenmarktnorm in Art. 114 AEUV (ehemals Art. 95 EGV).[171] Ziel der Datenschutzrichtlinie ist deshalb neben dem Schutz natürlicher Personen bei der Verarbeitung ihrer personenbezogenen Daten (Art. 1 Abs. 1 DS-RL) auch die Sicherstellung eines freien Verkehrs personenbezogener Daten zwischen den Mitgliedstaaten (Art. 1 Abs. 1 DS-RL). Aber auch der neue Art. 16 Abs. 2 AEUV hat nicht allein den Datenschutz vor Augen. Die Gesetzgebungskompetenz erstreckt sich zwar auf „Verarbeitung personenbezogener Daten durch die Organe, Einrichtungen und sonstigen Stellen der Union sowie durch die Mitgliedstaaten im Rahmen der Ausübung von Tätigkeiten, die in den Anwendungsbereich des Unionsrechts fallen" auch ohne Binnenmarktbezug. Darüber hinaus besteht aber auch eine Gesetzgebungskompetenz für Vorschriften „über den freien

---

[167] Vertrag über die Arbeitsweise der Europäischen Union, in der Fassung des Vertrags von Lissabon, ABl. C 115 vom 9.5.2008, 47 ff.
[168] Hierzu kritisch *Kingreen*, in: Calliess/Ruffert 2011, Art. 16 AEUV, Rn. 3; andere Ansicht *Sobota*, in: Grabitz/Hilf/Nettesheim 2014, Art. 16 AEUV, Rn. 8, wonach sich die Schranken aus denen der Grundrechtecharta ableiten; siehe auch *Streinz/Michl*, EuZW 2011, 385.
[169] *Hatje*, in: Schwarze/Becker/Hatje/Schoo 2012, Art. 16 AEUV, Rn. 1.
[170] So etwa die geplante Datenschutzgrundverordnung, die in ihrem Entwurf Art. 16 Abs. 2 AEUV ausdrücklich als Kompetenzgrundlage nennt, KOM(2012) 11 endg., 3.1.; kritisch hierzu *Ronellenfitsch*, DuD 2012, 561 ff.
[171] Hierzu *Hatje*, in: Schwarze/Becker/Hatje/Schoo 2012, Art. 16 AEUV, Rn. 1; *Spiecker gen. Döhmann/Eisenbarth*, JZ 2011, 170 ff.

Datenverkehr", weshalb Art. 16 Abs. 2 S. 1 2. Hs. AEUV damit wiederum ein lex specialis zu Art. 114 AEUV darstellt.[172]

4.5 Datenschutzrichtlinie

Das bislang erlassene Sekundärrecht zum Datenschutz umfasst in erster Linie die Datenschutzrichtlinie 95/46/EG (DS-RL),[173] die Datenschutzverordnung VO 45/2001 für Organe der Europäischen Union[174] sowie die Datenschutzrichtlinie für elektronische Kommunikation 2002/58/EG.[175] Im Mittelpunkt – vor allem für Fragen zum Cloud Computing – steht die Datenschutzrichtlinie. Mit ihrem weiten Anwendungsbereich nimmt die Richtlinie eine Art „Leitbildfunktion" ein.[176] Sie bestimmt in der Folge die Richtung, Struktur und den Inhalt der gesamten Datenschutzgesetzgebung in der Europäischen Union[177] und hat somit einen erheblichen Anteil an der Harmonisierung des Datenschutzrechts in Europa.[178] Der weite Anwendungsbereich äußert sich unter anderem auch darin, dass die Richtlinie sowohl den Datenumgang durch nicht-öffentliche als auch öffentliche Stellen regelt.[179] Vom Anwendungsbereich ausgenommen sind nach Art. 3 Abs. 1 DS-RL neben rein persönlichen oder familiären Tätigkeiten nur Datenverarbeitungen im Rahmen der ehemaligen dritten Säule, insbesondere Verarbeitungen betreffend die öffentliche Sicherheit, die Landesverteidigung, die Sicherheit des Staats (einschließlich seines wirtschaftlichen Wohls, wenn die Verarbeitung die Sicherheit des Staats berührt) und die Tätigkeiten des Staats im strafrechtlichen Bereich.

Hinsichtlich ihres Gegenstands folgt die Datenschutzrichtlinie dem Leitmotiv der Binnenmarktklausel, auf die sie auch gestützt ist: Einerseits bestimmt die Richtlinie in

---

172 Entsprechend stützt sich der Entwurf der Datenschutzgrundverordnung neben Art. 16 Abs. 2 AEUV weiterhin auch auf Art. 114 AEUV; *Kingreen*, in: Calliess/Ruffert 2011, Art. 16 AEUV, Rn. 8.
173 Richtlinie 95/46/EG des europäischen Parlaments und des Rates vom 24. Oktober 1995 zum Schutz natürlicher Personen bei der Verarbeitung personenbezogener Daten und zum freien Datenverkehr ("Datenschutzrichtlinie"), ABl. L 281 vom 23.11.1995, 31.
174 Verordnung (EG) Nr. 45/2001 des Europäischen Parlaments und des Rates vom 18. Dezember 2000 zum Schutz natürlicher Personen bei der Verarbeitung personenbezogener Daten durch die Organe und Einrichtungen der Gemeinschaft und zum freien Datenverkehr, ABl. L 8 vom 12.1.2001, 1.
175 Richtlinie 2002/58/EG des Europäischen Parlaments und des Rates vom 12. Juli 2002 über die Verarbeitung personenbezogener Daten und den Schutz der Privatsphäre in der elektronischen Kommunikation („Datenschutzrichtlinie für elektronische Kommunikation"), ABl. L 201 vom 31.7.2002, 37.
176 *Jotzo* 2014, 32.
177 *Simitis*, NJW 1998, 2474.
178 Hierzu auch *Brühann*, in: Roßnagel 2003, 2.4, Rn. 15 f.
179 Statt vieler *Burkert*, in: Roßnagel 2003, 2.3, Rn. 44; *Jotzo* 2014, 32.

Art. 1 Abs. 1 DS-RL zwar, dass die Mitgliedstaaten nach den Bestimmungen dieser Richtlinie den Schutz der Grundrechte und Grundfreiheiten und insbesondere den Schutz der Privatsphäre natürlicher Personen bei der Verarbeitung personenbezogener Daten gewährleisten. Vor dem Hintergrund der Entstehungszeit bezieht sich dies sowohl auf die in den Verfassungen und Gesetzen der Mitgliedstaaten sowie in der Europäischen Konvention zum Schutze der Menschenrechte und Grundfreiheiten anerkannten Grundrechte.[180] Andererseits soll aber mit Abs. 2 verhindert werden, dass Mitgliedstaaten aus Gründen des Abs. 1 gewährleisteten Schutzes den freien Verkehr personenbezogener Daten zwischen Mitgliedstaaten beschränken oder untersagen.[181]

Inhaltlich erstrecken sich die Regelungen der Datenschutzrichtlinie von Vorgaben zur Zweckbindung über Erlaubnistatbestände, Vorschriften über besondere Arten personenbezogener Daten, Transparenzpflichten und Betroffenenrechten, technischen und organisatorischen Maßnahmen bis hin zu aufsichtsrechtlichen und durchführungsbezogenen Vorgaben. Neben ihrer sekundärrechtlichen Wirkung als Richtlinie wird die Datenschutzrichtlinie auch als „Katalysator" bezeichnet, mithilfe derer europäische Grundrechte nach Art. 51 GrCh auch auf nationales Datenschutzrecht anwendbar werden, da dieses dann durch die Mitgliedstaaten im Rahmen „der Durchführung des Rechts der Union" (Art. 51 Abs. 1 GrCh) erlassen wurde.[182]

4.6 Deutscher Grundrechtsschutz

Anders als in der Charta der Grundrechte der Europäischen Union ist im Grundgesetz ein Grundrecht auf Datenschutz nicht ausdrücklich normiert.[183] Allerdings hat das Bundesverfassungsgericht in langjähriger Rechtsprechung aus dem allgemeinen Persönlichkeitsrecht nach Art. 2 Abs. 1 i. V. m. Art. 1 Abs. 1 GG grundrechtliche Gewährleistungen zum Schutz Betroffener beim Umgang mit ihren personenbezogenen Daten abgeleitet.

4.6.1 Recht auf informationelle Selbstbestimmung

Im Volkszählungsurteil von 1983 hat das Bundesverfassungsgericht erstmals das „Recht auf informationelle Selbstbestimmung" als Ausprägung des allgemeinen Persönlichkeitsrechts formuliert.[184] Das Urteil bildet den vorläufigen Abschluss eines Transformationsprozesses, in dem das Gericht – vom allgemeinen Persönlichkeitsrecht

---

[180] Erwägungsgrund 1 DS-RL.
[181] Zur „Dualistischen Zielsetzung der Richtlinie", *Ehmann/Helfrich* 1999, Einl. DS-RL, Rn. 4; zur „wirtschaftlichen Ausrichtung" *Spieker gen. Döhmann/Eisenbarth*, JZ 2011, 169 f.
[182] So *Jotzo* 2014, 32; hierzu auch sogleich Kapitel 4.7.4.
[183] Hierzu *Jotzo* 2014, 39.
[184] BVerfGE 65, 1.

ausgehend – eine grundrechtliche Gewährleistung beim Umgang mit personenbezogenen Daten entwickelt hat, die den technischen Entwicklungen in der automatisierten Datenverarbeitung gerecht werden sollte.[185]

4.6.1.1 Von der Sphärenbetrachtung zur Selbstbestimmung

Ausgangspunkt der Überlegungen ist das allgemeine Persönlichkeitsrecht[186] und die hierzu entwickelte Sphärendogmatik. Ob beim Umgang mit Informationen ein Eingriff in das Persönlichkeitsrecht vorliegt, wurde ursprünglich danach beurteilt, ob dieser der unantastbaren[187] Intim-, der zu schützenden Privat- oder der nur bedingt schützenswerten Öffentlichkeitssphäre zuzurechnen ist.[188] Der Umgang mit personenbezogenen Daten durch staatliche Stellen wurde beispielsweise häufig schwerpunktmäßig der Privatsphäre zugerechnet und entsprechend restriktiv behandelt.[189] Dort, wo aber der Datenumgang Bezug zur Öffentlichkeitssphäre erlangte, etwa bei Personen des öffentlichen Lebens,[190] stieß die Sphärendogmatik an Grenzen.[191] Das Bundesverfassungsgericht hat sich aus diesem Grund stufenweise von der engen Sphärenbetrachtung gelöst und stattdessen die Selbstbestimmung des Betroffenen in den Mittelpunkt gestellt. Anders als nach dem angloamerikanischen „Privacy"-Konzept[192] und auch entgegen früherer Entscheidungen, etwa dem Mikrozensus-Urteil,[193] soll demnach kein innerster Lebensbereich mehr definiert sein, in dem man sich dem Datenumgang entziehen kann und in dem Informationen einem Geheimnischarakter unterliegen.[194] Spiegelbildlich soll für Informationen aus der Öffentlichkeitssphäre nicht zwingend der Persönlichkeitsschutz entfallen.[195]

---

[185] Siehe BVerfGE 65, 1, 42, Rn. 153.
[186] BVerfGE 65, 1, 41, Rn. 151; siehe auch *Trute*, in: Roßnagel 2003, 2.5, Rn. 9.
[187] „Unantastbarer Bereich privater Lebensgestaltung, BVerfGE 34, 238, 245 sowie bereits BVerfGE 6, 32, 41; BVerfGE 6, 389, 433; BVerfGE 27, 1, 6; BVerfGE 27, 344, 350 f.; BVerfGE 32, 373, 378 f.
[188] Zur Sphärentheorie statt vieler *Di Fabio*, in: Maunz/Dürig 2013, Art. 2 GG, Rn. 158 ff.
[189] *Trute*, in: Roßnagel 2003, 2.5, Rn. 10.
[190] Hierzu etwa BVerfGE 54, 148, 155.
[191] BVerfGE 65, 1, 41, Rn. 152; *Trute*, in: Roßnagel 2003, 2.5, Rn. 10.
[192] Hierzu *Warren/Brandeis* (Hansen/Weichert), DuD 2012, 755; *Solove*, California Law Review 2002, 1088 ff.; *Hornung/Schnabel*, Computer Law & Security Report 2009, 84 ff.; *Weichert*, RDV 2012, 113 ff.; *Weichert*, DuD 2012, 753 f.
[193] BVerfGE 27, 1, 6, Rn. 32: „damit gewährt das Grundgesetz dem einzelnen Bürger einen unantastbaren Bereich privater Lebensgestaltung, der der Einwirkung der öffentlichen Gewalt entzogen ist".
[194] *Albers* 2005, 211.
[195] *Albers* 2005, 211 f.

Mit dem Selbstbestimmungsrecht soll dem Einzelnen, unabhängig von der Privatsphäre, die Freiheit zur Selbstbeschreibung und -darstellung ermöglicht werden. Bereits vor dem Volkszählungsurteil wurde in einem Gutachten für das Bundesministerium des Innern 1971 dargelegt, dass die Persönlichkeitsbildung des Grundrechtsträgers über das Zusammenspiel von Handlung des Einzelnen und Reaktion der Umwelt erfolgt.[196] Für die Persönlichkeitsentfaltung ist deshalb entscheidend, wie die Umwelt auf diese Selbstdarstellung reagiert und welches Bild sie von dem Einzelnen entwickelt.[197] Der Einzelne hat folglich ein natürliches Interesse daran, dieses Bild mitzugestalten.[198] Im Rahmen des allgemeinen Persönlichkeitsrechts soll der Einzelne durch das Selbstbestimmungsrecht die Folgen seines Handelns bestimmen können[199] und damit einen Einfluss auf das Bild erhalten, das die Umwelt von ihm hat.[200]

Das Bundesverfassungsgericht formulierte daraufhin beispielsweise in der Entscheidung zur Tonbandaufnahme, dass „grundsätzlich jedermann selbst und allein bestimmen [darf], wer sein Wort aufnehmen soll sowie ob und vor wem seine auf einem Tonträger aufgenommene Stimme wieder abgespielt werden darf".[201] Auch in der Eppler-Entscheidung stellte das Bundesverfassungsgericht nicht mehr nur auf die Sphäre ab, sondern betonte, dass es allein Sache der einzelnen Person selbst sein kann, „über das zu bestimmen, was ihren sozialen Geltungsanspruch ausmachen soll; insoweit wird der Inhalt des allgemeinen Persönlichkeitsrechts maßgeblich durch das Selbstverständnis seines Trägers geprägt".[202]

4.6.1.2 Verwendungszusammenhang und Kontextabhängigkeit

Das im Volkszählungsurteil formulierte Recht auf informationelle Selbstbestimmung geht aber noch über das bis dahin entwickelte Selbstbestimmungsrecht zum Persönlichkeitsrecht hinaus. Es macht den Eingriff in das Recht auch gleichzeitig vom jeweiligen Verwendungszusammenhang der Daten abhängig.[203] Daten allein, im Sinne von bloßen Angaben über Lebenssachverhalte, wie etwa Texte oder Zahlen, haben als solche keinen Einfluss auf das Bild der Umwelt von einem selbst. Ein solches Bild kann erst entstehen, wenn die Daten durch Einbindung in einen Kontext, also durch Interpretation, zur Information werden.[204] Eine derartige Interpretation ist selbst wiederum

---

[196] *Steinmüller u. a.*, BT-Drs. 6/3826, 86 f.
[197] *Steinmüller u. a.*, BT-Drs. 6/3826, 87.
[198] *Steinmüller u. a.*, BT-Drs. 6/3826, 87; *Albers* 2005, 213 f.
[199] *Steinmüller u. a.*, BT-Drs. 6/3826, 87.
[200] *Albers* 2005, 235.
[201] BVerfGE 34, 238, 246, Rn. 32.
[202] BVerfGE 54, 148, 155 f., Rn. 16.
[203] *Albers* 2005, 215 f.; *Trute*, in: Roßnagel 2003, 2.5, Rn. 10.
[204] *Trute*, in: Roßnagel 2003, 2.5, Rn. 15 ff.

abhängig von Kontextfaktoren, wie Vorkenntnissen, (Verarbeitungs-)Situationen sowie sozialen und kulturellen Zusammenhängen.[205] Das persönlichkeitsrechtlich relevante Bild entsteht folglich durch die Einbringung von Daten in einen Verwendungszusammenhang.[206] Eine Gefahr für das Persönlichkeitsrecht ergibt sich dementsprechend durch Herauslösung von Daten aus ihrem ursprünglichen Verwendungszusammenhang und Einbringung in einen neuen Kontext.[207]

An dieser Stelle sieht das Bundesverfassungsgericht besondere Gefahren durch (zur damaligen Zeit) neue Techniken, vor allem im Bereich der automatisierten Datensammlung und Datenverarbeitung.[208] Aufgrund der automatischen Datenverarbeitung können Einzelangaben über persönliche oder sachliche Verhältnisse einer bestimmten oder bestimmbaren Person technisch gesehen unbegrenzt gespeichert werden und sind jederzeit ohne Rücksicht auf Entfernungen in Sekundenschnelle abrufbar. Vor allem beim Aufbau integrierter Informationssysteme können diese personenbezogenen Daten problemlos zu einem Persönlichkeitsbild zusammengeführt werden.[209] Statt der Selbstbestimmung über das Bild, das die Umwelt von einem hat, kommt es – so die Befürchtung des Bundesverfassungsgerichts – zu einer Zuschreibung durch andere, also zu einer Fremdbeschreibung des Persönlichkeitsbilds.[210]

Für den Umgang mit personenbezogenen Daten lässt sich aus dem Volkszählungsurteil und den vorangehenden Entscheidungen also Folgendes festhalten: Erstens führt die Orientierung an der Selbstbestimmung zur zentralen Aussage über den Schutzbereich der informationellen Selbstbestimmung: „Die freie Entfaltung der Persönlichkeit setzt [...] den Schutz des Einzelnen gegen unbegrenzte Erhebung, Speicherung, Verwendung und Weitergabe seiner persönlichen Daten voraus." Das Recht auf informationelle Selbstbestimmung gewährleistet folglich „die Befugnis des Einzelnen, grundsätzlich selbst über die Preisgabe und Verwendung seiner persönlichen Daten zu bestimmen".[211] Zweitens führt die Anknüpfung an den Verwendungszusammenhang dazu, dass Daten grundsätzlich nicht nach ihrer „Gefährlichkeit" für das Persönlichkeitsrecht kategorisiert werden können. Nach Aussage des Bundesverfassungsgerichts „gibt es unter den Bedingungen der automatischen Datenverarbeitung kein ‚belangloses' Datum mehr".[212] Vielmehr entscheidet der Kontext der Datenverwendung über die Ein-

---

[205] *Trute*, in: Roßnagel 2003, 2.5, Rn. 18.
[206] BVerfGE 65, 1, 45, Rn. 159; so auch *Trute*, in: Roßnagel 2003, 2.5, Rn. 18.
[207] Siehe hierzu auch *Roßnagel*, in: FS Podlech 1994, 237.
[208] BVerfGE 65, 1, 42, Rn. 153; hierzu auch *Simitis*, NJW 1984, 399.
[209] BVerfGE 65, 1, 42, Rn. 153.
[210] Kritisch zur Figur des Persönlichkeitsbilds: *Trute*, in: Roßnagel 2003, 2.5, Rn. 26 f.; *Ladeur*, DuD 2000, 13.
[211] BVerfGE 65, 1, 43, Rn. 155.
[212] BVerfGE 65, 1, 45, Rn. 158.

griffstiefe.[213] Drittens ist das Individuum als Teil der Gemeinschaft darauf angewiesen, mit anderen in Kontakt zu treten. Ein exklusiver Schutz der Privatsphäre im Sinne der Sphärendogmatik oder eines „Right to be let alone" wie im Privacy-Gedanken als Ausschluss des Öffentlichen wird durch das Recht auf informationelle Selbstbestimmung nicht gewährleistet.[214] Entsprechend stellt das Bundesverfassungsgericht heraus, dass der Einzelne nicht ein Recht im Sinne einer absoluten, nicht einschränkbaren Herrschaft über „seine" Daten hat; er ist vielmehr eine sich innerhalb der sozialen Gemeinschaft entfaltende, auf Kommunikation angewiesene Persönlichkeit. Informationen, auch soweit sie personenbezogen seien, stellen ein Abbild sozialer Realität dar, das nicht ausschließlich dem Betroffenen allein zugeordnet werden kann.[215] Auch ein Verständnis des Datenschutzes als Herrschaftsrecht über Daten im Sinne einer Eigentumsanalogie entspricht – anders als vereinzelt vorgeworfen[216] – nicht dem Gedanken des Volkszählungsurteils.[217]

4.6.1.3 Unsicherheit als gesellschaftliches Beteiligungshemmnis

Für eine Selbstbestimmung, die im Kern die Handlungsfreiheit des Einzelnen als Grundlage jeder Persönlichkeitsentfaltung gewährleisten will, darf der Einzelne aber auch nicht in Unwissenheit darüber gelassen werden, ob sein Recht auf informationelle Selbstbestimmung potentiell bedroht wird. Als Eingriff genügt nach dem Bundesverfassungsgericht bereits die Sorge vor einer sozialen Zuschreibung durch die Umwelt, die zu einem Anpassungszwang an das (scheinbar) Erwartete führt. „Wer unsicher ist, ob abweichende Verhaltensweisen jederzeit notiert und als Information dauerhaft gespeichert, verwendet oder weitergegeben werden, wird versuchen, nicht durch solche Verhaltensweisen aufzufallen."[218] Der Umgang mit Daten muss folglich durchschaubar und nachvollziehbar, also transparent sein.[219] Denn „wer nicht mit hinreichender Sicherheit überschauen kann, welche ihn betreffende Informationen in bestimmten Bereichen seiner sozialen Umwelt bekannt sind, und wer das Wissen möglicher Kom-

---

[213] BVerfGE 65, 1, 45, Rn. 159.
[214] So beispielsweise *Simitis*, NJW 1984, 399; *Roßnagel* 2007, 111 f.
[215] BVerfGE 65, 1, 43 f., Rn. 156.
[216] So wohl *Trute*, in: Roßnagel 2003, 2.5, Rn. 20 ff.
[217] So auch *Roßnagel* 2007, 111; *Simitis*, NJW 1984, 399; *Schoch*, in: Sachs/Siekmann 2012, 1495 f.; *Hornung*, MMR 2004, 3 f.; nachvollziehbar ist allerdings die Kritik, dass diese Einschränkung vom Bundesverfassungsgericht nicht im Rahmen des Schutzbereichs, sondern erst als Schranke des Rechts auf informationelle Selbstbestimmung formuliert wurde. Ein Eingriff in das Recht muss nicht zwingend durch jeden Datenumgang erfolgen, sondern der Schutzbereich hätte auch derart definiert werden können, dass erst die Herauslösung von Daten aus dem Verwendungszusammenhang Eingriffsqualität besitzt, hierzu *Albers* 2005, 164; *Trute*, in: Roßnagel 2003, 2.5, Rn. 20 ff.; *Ladeur*, DuD 2000, 13.
[218] BVerfGE 65, 1, 43, Rn. 154.
[219] *Simitis*, NJW 1984, 399.

munikationspartner nicht einigermaßen abzuschätzen vermag, kann in seiner Freiheit wesentlich gehemmt werden, aus eigener Selbstbestimmung zu planen oder zu entscheiden".[220] Eine solche Hemmung hätte sodann nicht nur eine individuelle Beeinträchtigung zur Folge. Wenn „Bürger nicht mehr wissen können, wer was wann und bei welcher Gelegenheit über sie weiß", wird auch ihre Mitwirkung an einer freien und demokratischen Gesellschaft behindert.[221]

4.6.1.4 Auswirkung auf Gleichordnungsverhältnisse

Als Ausprägung des allgemeinen Persönlichkeitsrechts hat das Recht auf informationelle Selbstbestimmung unmittelbar eine subjektiv-rechtliche Abwehrfunktion.[222] Es soll den Einzelnen gegen unbegrenzte Erhebung, Speicherung, Verwendung und Weitergabe seiner persönlichen Daten durch staatliche Stellen, also vor einem ungerechtfertigten Eingriff im Vertikalverhältnis, schützen. Wie andere Grundrechtsgewährleistungen[223] hat das Recht auf informationelle Selbstbestimmung aber auch einen objektiv-rechtlichen Gehalt.[224] Grundrechte bringen neben ihrem subjektiv-rechtlichen Gehalt damit auch eine Wertentscheidung zum Ausdruck, die als eine „verfassungsrechtliche Grundentscheidung" für alle Bereiche des Rechts gilt.[225] Sowohl der Gesetzgeber und die Verwaltung als auch Gerichte müssen im Rahmen der Rechtssetzung und -durchführung beziehungsweise der Rechtsprechung die mit dem Recht auf informationelle Selbstbestimmung verbundene Werteentscheidung des Grundgesetzes berücksichtigen.[226] Die Wertentscheidung der Grundrechte für das Recht auf informationelle Selbstbestimmung wirkt in der Folge mittelbar auch in Privatrechtsverhältnisse hinein.[227]

Darüber hinaus hat das Recht auf informationelle Selbstbestimmung nicht nur eine klassische Abwehrdimension im Sinne eines „status negativus" gegenüber dem Staat. Den Grundrechten kommt auch eine Schutzdimension im Sinne eines „status positivus" zu.[228] Der Staat erhält durch sie einen Schutzauftrag gegenüber seinen Bür-

---

220 BVerfGE 65, 1, 43, Rn. 154.
221 BVerfGE 65, 1, 43, Rn. 154; *Simitis*, NJW 1984, 400; *Hornung*, MMR 2004, 4 f.
222 Hierzu *Roßnagel/Pfitzmann/Garstka* 2001, 47.
223 Hierzu bereits BVerfGE 7, 198, 205.
224 *Roßnagel/Pfitzmann/Garstka* 2001, 47.
225 BVerfGE 7, 198, 205; hierzu auch *Herdegen*, in: Maunz/Dürig 2013, Art. 1 Abs. 3 GG, Rn. 16 ff.
226 BVerfGE 7, 198, 205, wonach sich aus der objektiv-rechtlichen Wertentscheidung der Grundrechte „Richtlinien und Impulse" für Gesetzgebung, Verwaltung und Rechtsprechung ergäben; konkret zum Recht auf informationelle Selbstbestimmung *Wente*, NJW 1984, 1446 f.; *Roßnagel* 2007, 109 f.
227 Grundlegend BVerfGE 7, 198, 205; für das Recht auf informationelle Selbstbestimmung BVerfGE 84, 192, 194 f.
228 Hierzu grundlegend BVerfGE 39, 1, 41 f.; *Isensee*, in: Isensee/Kirchhof 2011, § 191, Rn. 3.

gern.[229] Es ist folglich auch Pflicht des Staats den Bürger selbst vor Eingriffen in die informationelle Selbstbestimmung zu bewahren.[230] Staatliche Organe müssen sich daher „schützend und fördernd" vor das Recht auf informationelle Selbstbestimmung zu stellen.[231] Dies gilt dann gerade nicht nur in öffentlich-rechtlichen Rechtsbeziehungen zwischen Bürger und Staat. Im Rahmen von Gleichordnungsverhältnissen, also im Privatrechtsverhältnis oder im datenschutzrechtlichen Verhältnis zwischen zwei nicht-öffentlichen Stellen, hat der Staat, unter Berücksichtigung entgegenstehender Grundrechte anderer, einen „Ausgleich zwischen den gleichermaßen berechtigten Freiheitssphären der Bürger" herzustellen.[232] Grundsätze aus dem Volkszählungsurteil, wie das Selbstbestimmungsprinzip, das Prinzip der Datensparsamkeit, die Zweckbindung und Transparenz sowie das Verhältnismäßigkeitsprinzip spiegeln sich deshalb auch in der einfachgesetzlichen Ausgestaltung des Datenschutzrechts für nicht-öffentliche Stellen wider.[233]

4.6.2 Grundrecht auf Gewährleistung der Vertraulichkeit und Integrität eigengenutzter informationstechnischer Systeme

Mit dem Urteil zur „Online-Durchsuchung" hat das Bundesverfassungsgericht am 27. Februar 2008 erstmals das sogenannte „Grundrecht auf Gewährleistung der Vertraulichkeit und Integrität eigengenutzter informationstechnischer Systeme" (kurz: „Computergrundrecht") formuliert.[234] Das Bundesverfassungsgericht hatte mit der neu entwickelten Gewährleistung zwar nur mittelbar das Datenschutzrecht im Visier, es leitet das neue Grundrecht jedoch ebenso wie das Recht auf informationelle Selbstbestimmung als ein Informationsrecht aus dem allgemeinen Persönlichkeitsrecht her und grenzt es entsprechend auch ausführlich vom Recht auf informationelle Selbstbestimmung ab. Insofern soll es im Rahmen dieser Arbeit zumindest nicht unerwähnt bleiben.

Die vom Bundesverfassungsgericht mit dem Computergrundrecht vorgestellte Ausprägung des allgemeinen Persönlichkeitsrechts schützt vor Eingriffen in die Vertraulichkeit und Integrität informationstechnischer Systeme.[235] Wie seinerzeit im Volks-

---

[229] *Isensee*, in: Isensee/Kirchhof 2011, § 191, Rn. 1 ff.
[230] Zur Schutzpflicht im Rahmen des Rechts auf informationelle Selbstbestimmung *Roßnagel/Pfitzmann/Garstka* 2001, 47.
[231] Allgemein BVerfGE 56, 54, 73; zum Recht auf informationelle Selbstbestimmung *Roßnagel/Pfitzmann/Garstka* 2001, 47.
[232] *Masing*, NJW 2012, 2306; *Roßnagel* 2007, 109 f.; BVerfGE 84, 192, 194 f., hier allerdings mit Bezug zur Bindung der Judikative.
[233] Hierzu *Jandt* 2008, 91; ausführlich *Buchner* 2006, 26 ff.; kritisch zur Gleichordnung von privatem und öffentlichem Datenschutzrecht *Masing*, NJW 2012, 2306 ff.
[234] BVerfGE 120, 274.
[235] BVerfGE 120, 274, 302, Rn. 167.

zählungsurteil verweist das Bundesverfassungsgericht in seiner Entscheidung erneut auf aktuelle technische Entwicklungen – insbesondere die Leistungsfähigkeit und nunmehr auch die Vernetzung informationstechnischer Systeme.[236] Durch die Nutzung der Systeme – zur Speicherung und Verwaltung persönlicher Daten, als Unterhaltungsgerät, in ubiquitären Anwendungen und zur Kommunikation – ergeben sich neue Möglichkeiten zur Persönlichkeitsentfaltung, gleichzeitig aber auch Gefährdungen.[237] So führt die Vernetzung von Systemen zu technischen Zugriffsmöglichkeiten, die von Dritten genutzt werden könnten, um die auf dem System vorhandenen Daten auszuspähen oder zu manipulieren.[238] Im Hinblick auf die Möglichkeiten der Persönlichkeitsentfaltung durch solche neuartigen Systeme hat der Einzelne „berechtigte Erwartungen an die Integrität und Vertraulichkeit derartiger Systeme".[239] Ein solcher Schutz wird aber weder durch das Telekommunikationsgeheimnis nach Art. 10 GG noch durch die in Art. 13 Abs. 1 GG normierte Garantie der Unverletzlichkeit der Wohnung noch durch das Recht auf informationelle Selbstbestimmung ausreichend gewährleistet.[240] Das Recht auf informationelle Selbstbestimmung reicht nicht aus, da bereits durch den Zugriff oder die Infiltration[241] eines Systems (wie etwa dem sogenannten „Staatstrojaner"[242]) ein Zugriff auf „einen potentiell äußerst großen und aussagekräftigen Datenbestand" auch ohne datenschutzrechtlich relevante „weitere Datenerhebungs- und Datenverarbeitungsmaßnahmen" möglich ist. Insofern geht ein solcher Zugriff in seinem Gewicht für die Persönlichkeit des Betroffenen über einzelne Datenerhebungen, vor denen das Recht auf informationelle Selbstbestimmung schützt, weit hinaus.[243]

Das Computergrundrecht soll die Vertraulichkeits- und Integritätserwartung für ein eigengenutztes informationstechnisches System schützen. Ein Schutz besteht aber nur, soweit der Betroffene „den Umständen nach davon ausgehen darf, dass er allein oder zusammen mit anderen zur Nutzung berechtigten Personen über das informationstechnische System selbstbestimmt verfügt".[244] Der Schutz erstreckt sich dabei aber ausdrücklich auch auf informationstechnische Systeme, „die sich in der Verfügungsgewalt anderer befinden".[245] Demzufolge sind auch ausgelagerte Systeme umfasst, zu denen

---

[236] BVerfGE 120, 274, 304, Rn. 174 f.
[237] BVerfGE 120, 274, 304 f., Rn. 172 ff.
[238] BVerfGE 120, 274, 306, Rn. 180.
[239] BVerfGE 120, 274, 306, Rn. 181.
[240] BVerfGE 120, 274, 306, Rn. 181.
[241] Hierzu *Skistims/Roßnagel*, ZD 2012, 5.
[242] Zum Staats- oder Bundestrojaner *Skistims/Roßnagel*, ZD 2012, 4.
[243] BVerfGE 120, 274, 313, Rn. 200; so auch *Böckenförde*, JZ 2008, 928; wohl auch *Schulz*, DuD 2012, 395; kritisch zur Abgrenzbarkeit gegenüber dem Recht auf informationelle Selbstbestimmung dagegen: *Kutscha*, DuD 2012, 391; *Hornung*, CR 2008, 301 f.
[244] BVerfGE 120, 274, 315, Rn. 206.
[245] BVerfGE 120, 274, 315, Rn. 206.

eine Verfügungsgewalt nicht im eigentumsrechtlichen Sinne, sondern gegebenenfalls nur noch im Rahmen eines Nutzungsvertrags besteht.[246] Damit ist sowohl der Inhaber und Betreiber eines Cloud-Dienstes und der Server als auch ein Cloud-Nutzer potentieller Grundrechtsträger. Letzterer ist zumindest insoweit Grundrechtsträger, als davon auszugehen ist, dass er über das informationstechnische System selbstbestimmt verfügt – dies wird wohl insbesondere für Nutzer solcher Cloud-Dienste zutreffen, die einen großen Freiraum zur individuellen Nutzung lassen, wie etwa reine Infrastrukturdienste.[247] Nicht vom Schutzbereich erfasst ist demgegenüber der im Rahmen dieser Arbeit im Mittelpunkt stehende betroffene Dritte, also etwa ein Kunde des Cloud-Nutzers, dessen Kundendaten vom Cloud-Nutzer in der Cloud gespeichert werden sollen, da die Cloud aus seiner Sicht kein eigengenutztes System ist. Vor diesem Hintergrund und im Hinblick darauf, dass Gegenstand dieser Arbeit die informationelle Selbstbestimmung und der Datenschutz ist, soll das Computergrundrecht hier nicht weiter verfolgt werden.

4.7 Vorrang des unions-grundrechtlichen Datenschutzes?

Mit dem Vertrag von Lissabon wurde die Charta der Grundrechte der Europäischen Union verbindlicher Teil des Rechts der Europäischen Union und ist sogar nach Art. 6 Abs. 1 EUV als Primärrecht mit den beiden Verträgen über die Europäische Union und über die Arbeitsweise der Europäischen Union gleichrangig. Die Grundrechtecharta schränkt ihren Anwendungsbereich durch Art. 51 Abs. 1 GrCh insofern ein, da sie zwar für die Organe und Einrichtungen der Europäischen Union unter Einhaltung des Subsidiaritätsprinzips gilt. Für die Mitgliedstaaten gilt sie dagegen ausschließlich bei der Durchführung des Rechts der Europäischen Union. Mit Art. 8 GrCh verfügt das Europäische Recht nunmehr über ein eigenes auch für Mitgliedstaaten verbindliches Grundrecht auf Datenschutz. Aus nationaler Sicht stehen sich damit bei der Durchführung von Unionsrecht aber Art. 8 GrCh und das Recht auf informationelle Selbstbestimmung als Grundrechtsgewährleistungen zum Datenschutz gegenüber. Für das Datenschutzrecht stellt sich deshalb die Frage, welches Grundrechtsregime – das des Rechts auf informationelle Selbstbestimmung als Ableitung des Art. 2 Abs. 1 i. V. m. Art. 1 Abs. 1 GG oder das Grundrecht auf Datenschutz in Art. 8 GrCh – in welchem Fall anwendbar oder vorrangig ist.

---

[246] *Böckenförde*, JZ 2008, 929.
[247] Cloud-basierte Softwaredienste lassen dem Nutzer dagegen wohl zu wenig Verfügungsraum, um von einer selbstbestimmten Verfügung über ein informationstechnisches System zu sprechen.

4.7.1 Vorrang Europäischer Grundrechte aus Sicht des Europäischen Gerichtshofs

Der Europäische Gerichtshof hat bereits 1964 mit der Costa/ENEL-Entscheidung einen Anwendungsvorrang des gesamten Gemeinschaftsrechts (heute des Unionsrechts) vor dem jeweiligen nationalen Recht statuiert.[248] In folgenden Entscheidungen konkretisierte es diese Auffassung dahingehend, dass die Mitgliedstaaten bei der Durchführung des Gemeinschaftsrechts entsprechend vorrangig an die Gemeinschaftsgrundrechte gebunden sind.[249] Die ersten Entscheidungen des Europäischen Gerichtshofs zum Vorrang von Gemeinschaftsgrundrechten bei der Durchführung von Gemeinschaftsrecht bezogen sich lediglich auf die Durchführung von verbindlichen Verordnungen. Später erweiterte der Europäische Gerichtshof diese Auffassung auch auf den Vollzug von nationalem Recht, das Richtlinien umsetzt,[250] in jüngerer Zeit auch auf die Umsetzung von Richtlinien im nationalen Recht an sich.[251] Seither geht der Europäische Gerichtshof ausdrücklich davon aus, dass nicht nur für Verordnungen, sondern auch für sämtliche mitgliedsstaatliche Maßnahmen zur Richtlinienumsetzung Gemeinschaftsgrundrechte anzuwenden sind.[252]

4.7.2 Eingeschränktes Vorrangverhältnis aus Sicht des Bundesverfassungsgerichts

Ein Vorrang europäischer Rechtsakte gilt grundsätzlich auch vor nationalem Verfassungsrecht und wird als solcher in ständiger Rechtsprechung des Bundesverfassungsgerichts anerkannt. Zwar nahm sich das Bundesverfassungsgericht in der Solange I-Entscheidung noch heraus, Gemeinschaftsrecht nach dem nationalen Verfassungsrecht zumindest solange zu prüfen, wie der Integrationsprozess der Gemeinschaft noch nicht so weit fortgeschritten sei, dass ein dem Grundgesetz adäquater Grundrechtskatalog auf europäischer Ebene bestehe.[253] Mit der Solange II-Entscheidung hat das Gericht jedoch den Vorrang des Europäischen Rechts vor dem Grundgesetz im Grundsatz anerkannt und hält sich seitdem mit der Überprüfung des vom Recht der Europäischen Union abgeleiteten Rechts anhand der Grundrechte zurück; vorausgesetzt das Europäische Recht gewährleistet einen dem Grundgesetz vergleichbaren Grundrechtsschutz. „Solange die Europäischen Gemeinschaften, insbesondere die Rechtsprechung des Gerichtshofs der Gemeinschaften einen wirksamen Schutz der Grundrechte gegenüber der Hoheitsgewalt der Gemeinschaften generell gewährleisten, der dem vom Grundge-

---

248 EuGH, Slg. 1964, 1141, Rn. 4; hierzu statt vieler: *Mayer*, in: Terhechte 2011, § 8, Rn. 42 ff.
249 EuGH, Slg. 1989, 2609, Rn. 19; EuGH, Slg. 1994, I-955, Rn. 16; EuGH, Slg. 1996, I-569, Rn. 29; hierzu auch *Calliess*, JZ 2009, 115 f.
250 EuGH, Slg. 1996, I-6609, Rn. 25 f.
251 EuGH, Slg. 2006, I-5769, Rn. 105 f.
252 *Calliess*, JZ 2009, 116; *Lindner*, EuZW 2007, 71; EuGH, NZA 2011, 1409 ff.; *Drewes*, ZD 2012, 116; aktuell EuGH, NJW 2013, 1415, Rn. 17 ff.
253 BVerfGE 37, 271, 285, Rn. 56.

setz als unabdingbar gebotenen Grundrechtsschutz im wesentlichen gleichzuachten ist, zumal den Wesensgehalt der Grundrechte generell verbürgt, wird das Bundesverfassungsgericht seine Gerichtsbarkeit über die Anwendbarkeit von abgeleitetem Gemeinschaftsrecht, das als Rechtsgrundlage für ein Verhalten deutscher Gerichte und Behörden im Hoheitsbereich der Bundesrepublik Deutschland in Anspruch genommen wird, nicht mehr ausüben und dieses Recht mithin nicht mehr am Maßstab der Grundrechte des Grundgesetzes überprüfen."[254]

Den Grundsatz, die Anwendbarkeit von abgeleitetem Gemeinschaftsrecht nicht zu prüfen, hat das Bundesverfassungsgericht in der Folgezeit, etwa im Maastricht-Urteil, bestätigt.[255] Im Bananenmarktbeschluss hat das Gericht diese Auffassung sogar noch konkretisiert, indem es feststellte, dass „ein deckungsgleicher Schutz zwischen den gegenüberstehenden Grundrechten nicht gefordert" ist. „Den verfassungsrechtlichen Erfordernissen ist [...] genügt, wenn die Rechtsprechung des Europäischen Gerichtshofs einen wirksamen Schutz der Grundrechte gegenüber der Hoheitsgewalt der Gemeinschaften generell gewährleistet, der dem vom Grundgesetz als unabdingbar gebotenen Grundrechtsschutz im Wesentlichen gleich zu achten ist, zumal den Wesensgehalt der Grundrechte generell verbürgt."[256] Konsequent bestätigt das Gericht auch im Urteil zum Vertrag von Lissabon, dass es den Vollzug von europäischem Gemeinschaftsrecht in Deutschland am Maßstab der Grundrechte der deutschen Verfassung zu prüfen zurückgestellt hat, „und zwar im Vertrauen auf die entsprechende Aufgabenwahrnehmung durch den Gerichtshof der Europäischen Gemeinschaft".[257] Die Endgültigkeit der Entscheidungen des Gerichtshofs kann es, offensichtlich im Hinblick auf die Wesensgehaltseinschränkungen aus Solange II, mit Rücksicht auf die völkervertraglich abgeleitete Stellung der Gemeinschaftsorgane allerdings nur „grundsätzlich" anerkennen.[258]

Auch soweit das nationale Datenschutzrecht in Ausführung des Unionsrechts erlassen wurde, also etwa hinsichtlich des nationalen Rechts, das eine Richtlinie der Europäischen Union umsetzt, soll der Grundrechtecharta nach dem Bundesverfassungsgericht

---

[254] BVerfGE 73, 339, 387, Rn. 132.
[255] BVerfGE 89, 155, 174 f., Rn. 70.
[256] BVerfGE 102, 147, 164, Rn. 61.
[257] BVerfGE 123, 267, 399, Rn. 337.
[258] BVerfGE 123, 267, 399, Rn. 337; außerdem müsse den Mitgliedstaaten im Hinblick auf den Souveränitätsgrundsatz „ausreichender Raum zur politischen Gestaltung der wirtschaftlichen, kulturellen und sozialen Lebensverhältnisse" verbleiben, sodass insbesondere in den Bereichen Staatsbürgerschaft, Gewaltmonopol, intensiven Grundrechtseingriffen, wie dem Freiheitsentzug, aber auch zu kulturellen Fragen, wie der Verfügung über die Sprache, der Gestaltung der Familien- und Bildungsverhältnisse, der Ordnung der Meinungs-, Presse- und Versammlungsfreiheit oder dem Umgang mit dem religiösen oder weltanschaulichen Bekenntnis, der Europäischen Union auch primärrechtlich keine Kompetenzen übertragen werden könnten, BVerfGE 123, 267, 358, Rn. 259; hierzu auch *von Lewinski*, DuD 2012, 568.

ein grundsätzlicher Anwendungsvorrang zukommen. Das Bundesverfassungsgericht hat seine Zurückhaltung aus Solange II im Emissionshandelsbeschluss ausdrücklich für den Fall bestätigt, dass es sich bei dem abzuleitenden Sekundärrecht nicht um Verordnungen, sondern um Richtlinien handelt.[259]

Angesichts dieser Rechtsprechung war lange davon auszugehen, dass das Bundesverfassungsgericht die Solange II-Rechtsprechung als Festlegung und Begrenzung seiner eigenen Prüfkompetenz ansieht. Wenn demnach ein Gesetz europäisch determiniert ist, dürfte sich das Bundesverfassungsgericht im Sinne der Solange II-Rechtsprechung mit der Frage, ob das Gesetz deutschen Grundrechten entspricht, gar nicht erst befassen.[260] Entsprechend käme das Bundesverfassungsgericht auch nie in die Situation, eine Vorlage beim Europäischen Gerichtshof im Rahmen eines Vorabentscheidungsverfahrens vorzunehmen.[261]

Im Urteil des Bundesverfassungsgerichts zur Vorratsdatenspeicherung[262] zeigt sich allerdings eine Verschiebung dieses Ansatzes.[263] Das Gericht prüfte darin zunächst die Vereinbarkeit eines europäisch determinierten nationalen Rechtsakts, hier einer Richtlinie, anhand deutscher Grundrechte.[264] Auf die Feststellung hin, dass die deutsche Umsetzung der Richtlinie zwar nicht verfassungsgemäß sei, jedoch im Rahmen der Vorgaben der Richtlinie nach verfassungskonform umgesetzt werden kann, war für das Bundesverfassungsgericht eine Vorlage an den Europäischen Gerichtshof überflüssig.[265]

Statt die Prüfung von vornherein abzuweisen, prüft das Bundesverfassungsgericht im Urteil zur Vorratsdatenspeicherung also zunächst nach deutschen Grundrechten. Verstößt das durch eine Richtlinie europäisch determinierte nationale Recht gegen deutsche Grundrechte und lässt sich die europäische Vorgabe auch nicht verfassungskonform umsetzen, müsste das Bundesverfassungsgericht den Fall dem Europäischen Gerichtshof vorlegen. Wird die Richtlinie hierauf vom Europäischen Gerichtshof für nichtig erklärt, könnte das Bundesverfassungsgericht die nationale Regelung ausschließlich nach deutschen Grundrechten bewerten und verwerfen. Bestätigt der Euro-

---

[259] BVerfGE 118, 79, 95 f.
[260] Hierzu *Bäcker*, EuR 2011, 105 f.; siehe auch *Roßnagel*, DuD 2010, 546.
[261] *Bäcker*, EuR 2011, 106.
[262] BVerfGE 125, 260.
[263] So *Bäcker*, EuR 2011, 107; *Roßnagel*, DuD 2010, 546.
[264] BVerfGE 125, 260, 307, Rn. 182.
[265] BVerfGE 125, 260, 308, Rn. 185; *Roßnagel*, DuD 2010, 546.

päische Gerichtshof demgegenüber die Richtlinie, würde sich das Bundesverfassungsgericht entsprechend seiner bisherigen Solange II-Rechtsprechung zurückhalten.[266]

Aus der durch Solange II entwickelten Zurückhaltung des Bundesverfassungsgerichts hinsichtlich seiner Prüfkompetenz, wird der Ansatz im Urteil zur Vorratsdatenspeicherung hin zu einem Vorbehalt über die Verwerfungskompetenz einer nationalen Norm verschoben.[267] Ein solcher Ansatz mag den Dialog zwischen den nationalen Grundrechtsgerichten und dem Europäischen Gerichtshof verbessern – es ermöglicht die Prüfung nationaler Regelungen anhand nationaler Grundrechte, ohne das „Verwerfungsmonopol" des Europäischen Gerichtshofs anzutasten.[268] Allerdings birgt es das Risiko, dass nationale Verfassungsgerichte, wie das Bundesverfassungsgericht im Fall der Vorratsdatenspeicherung, eine Vorlage beim Europäischen Gerichtshof konsequent umgehen und so durch die „Hintertür" den Vorrang des europäischen Grundrechtsschutzes aushebeln.[269]

Mit dem Urteil zur Vorratsdatenspeicherung eröffnet das Bundesverfassungsgericht zwar grundsätzlich die Möglichkeit eines Grundrechtsdialogs, geht aber mit dem eigenmächtigen und offenbar konstruierten[270] Verzicht auf eine Vorabentscheidungs-Vorlage auf Konfrontationskurs mit dem Europäischen Gerichtshof.[271] Dessen ungeachtet bleibt es jedoch trotz einer möglicherweise neuen Lesart hinsichtlich der Prüfkompetenzen bei dem grundsätzlichen „Verwerfungsmonopol" des Europäischen Gerichtshofs.[272] Erst durch eine Nichtigerklärung der zugrunde liegenden Richtlinie durch den Europäischen Gerichtshof nach einer ordnungsgemäßen Vorlage im Rahmen des Vorabentscheidungsverfahrens wäre das Bundesverfassungsgericht in der Lage die nationale Vorschrift aufgrund des Verstoßes gegen nationale Grundrechte zu

---

[266] Anders jedoch *Lindner*, EuZW 2007, 73, der eine ähnliche Prüfsystematik hinsichtlich des Anwendungsvorrangs der Grundrechte bei der Umsetzung von Richtlinien abbildet. Ist eine Richtlinienbestimmung, die einen Umsetzungsspielraum eröffnet, mit der Grundrechtecharta nicht vereinbar, so sei auch ein hierauf erlassener nationaler Umsetzungsakt nicht dadurch heilbar, dass er nationalen Grundrechten entspricht.

[267] *Bäcker*, EuR 2011, 107 ff.

[268] *Bäcker*, EuR 2011, 112.

[269] So auch *Bäcker*, EuR 2011, 114 f., der darauf hinweist, dass im konkreten Fall die Umsetzungsfrist der Richtlinie bereits abgelaufen war und das Bundeverfassungsgericht ohne Vorlage an den Europäischen Gerichtshof gar keine „neue" grundrechts- und richtlinienkonforme Umsetzung vorschreiben könne.

[270] Einen Verdacht in diese Richtung äußert *Roßnagel*, DuD 2010, 546.

[271] So auch das Fazit bei *Bäcker*, EuR 2011, 120; siehe auch *Britz*, EuGRZ 2009, 5.

[272] *Bäcker*, EuR 2011, 112.

verwerfen.[273] Dann jedoch wäre die Norm aufgrund der Nichtigkeit der zugrunde liegenden Richtlinie ohnehin nicht mehr europäisch determiniert.

In der Konsequenz muss auch nach dem neueren Ansatz des Bundesverfassungsgerichts das Recht auf informationelle Selbstbestimmung überall dort zurücktreten, wo durch Anwendung des Europäischen Rechts oder des vom gültigen europäischen Recht abgeleiteten deutschen Rechts eine Kollision mit der Grundrechtecharta – vornehmlich Art. 8 GrCh – entsteht. Art. 8 GrCh wird folglich nicht nur bei der Auslegung des Sekundärrechts, also hier etwa der Datenschutzrichtlinie, sondern auch deren nationale Umsetzung, hier etwa bei der Auslegung der entsprechenden Regelungen im Bundesdatenschutzgesetz, zugrunde zu legen sein.[274]

4.7.3 Grundrechtsvorrang im Umsetzungsspielraum von Richtlinien

Ungeachtet neuer Prüfansätze aus dem Urteil zur Vorratsdatenspeicherung bleibt es folglich bei dem auch vom Bundesverfassungsgericht respektierten weitgehenden Vorrang des Europäischen Grundrechtsschutzes im Sinne der Solange II-Doktrin. Seit dem Emissionshandels-Beschluss gilt dies ausdrücklich auch für nationale Rechtsakte, die Richtlinien umsetzen; allerdings unter dem Vorbehalt, dass der Unionsgesetzgeber in der konkreten Rechtsvorschrift keinen Umsetzungsspielraum gelassen hat. „Auch eine innerstaatliche Rechtsvorschrift, die eine Richtlinie in deutsches Recht umsetzt, wird insoweit nicht an den Grundrechten des Grundgesetzes gemessen, als das Gemeinschaftsrecht keinen Umsetzungsspielraum lässt, sondern zwingende Vorgaben macht".[275] Während ein Teil der Literatur und wohl auch der Europäische Gerichtshof davon ausgehen, dass auch solche Umsetzungsmaßnahmen an europäischen Grundrechten zu messen seien, die nicht vollständig durch die europäische Vorgabe determiniert werden,[276] hält sich das Bundesverfassungsgericht mit der neuen Rechtsprechung ausdrücklich nur dann zurück, wenn eine Richtlinie bei einer konkreten Vorschrift „keinen Umsetzungsspielraum lässt".[277] Es kann folglich nach Ansicht des Bundesverfassungsgerichts auch innerhalb einer Richtlinie Vorschriften geben, die das nationale

---

273 Andere Ansicht *Lindner*, EuZW 2007, 73, nach dem ein Umsetzungsakt, der aufgrund einer aus europäischer Sicht grundrechtswidrigen „Öffnungsklausel" erlassen wurde, nicht durch seine nationale Grundrechtskonformität geheilt werden könne.
274 *Sobotta*, in: Grabitz/Hilf/Nettesheim 2014, Art. 16 AEUV, Rn. 14.
275 BVerfGE 118, 79, 95 f.
276 So wohl Slg. 2006, I-5769, Rn. 104 f. und aktuell EuGH, NJW 2013, 1415, Rn. 17 ff.; *Szcekalla*, NVwZ 2006, 1020; differenzierend *Lindner*, EuZW 2007, 74 wonach zumindest bei solchen nationalen Umsetzungsakten, die nach nationalen Grundrechten zulässig, nach europäischen Grundrechten jedoch nicht grundrechtskonform wären, die (hier strengeren) europäischen Grundrechte Vorrang haben; andere Ansicht *Weber*, NJW 2000, 542; *Kokott/Sobotta*, EuGRZ 2010, 270; offen *Streinz/Michl*, EuZW 2011, 386.
277 BVerfG, NVwZ 2007, 937 f.

Recht vollständig determinieren und für diese deshalb die Anwendung nationaler Grundrechte ausgeschlossen ist, während dieselbe Richtlinie andere Vorschriften beinhaltet, die nicht vollständig determinierend wirken und im Rahmen des Umsetzungsspielraums einen Anwendungsbereich für nationale Grundrechte lassen.[278] Eine solche Einschränkung wird auch dem in Art. 51 Abs. 1 GrCh sowie Art. 5 Abs. 3 EUV normierten Subsidiaritätsprinzip gerecht: wenn sich der Europäische Gesetzgeber mit Blick auf die Subsidiarität bereits zurückhält und nach der Definition in Art. 288 Abs. 3 AEUV für Richtlinien einen nationalen Umsetzungsspielraum lässt, muss dies auch für die grundrechtliche Bewertung der nationalen Entscheidung innerhalb dieses Spielraums gelten.[279] Die Anwendbarkeit des europäischen Datenschutzgrundrechts auf der einen Seite und die des deutschen Rechts auf informationelle Selbstbestimmung auf der anderen Seite wird also durch die Reichweite des Sekundärrechtsakts und der von ihm normierten zwingenden Vorschriften beziehungsweise Vorschriften mit Umsetzungsspielraum bestimmt.[280]

Insgesamt hält sich vor diesem Hintergrund die Anwendbarkeit des Rechts auf informationelle Selbstbestimmung vor der Grundrechtecharta auf nationales Datenschutzrecht stark in Grenzen.[281] Sie beschränkt sich auf jene Bereiche, die nicht in Umsetzung des Europäischen Rechts erlassen wurden[282] und den Bereich eines vom Sekundärrechtsgeber belassenen nationalen Umsetzungsspielraums.[283] Den Datenschutzfragen des Cloud Computing liegt im Wesentlichen die Datenschutzrichtlinie zugrunde, deren Vorgaben im Bundesdatenschutzgesetz umgesetzt wurden. Auf die hier zu behandelnden Rechtsfragen ist die Datenschutzrichtlinie in der Regel auch anwendbar, sodass für die Auslegung der Richtlinie sowie ihrer Umsetzungen im Bundesdatenschutzgesetz die Grundrechtecharta und nicht das Recht auf informationelle Selbstbestimmung heranzuziehen ist. Vor dem Hintergrund der Rechtsprechung des Bundes-

---

[278] *Kingreen*, in: Callies/Ruffert 2011, Art. 51 GrCh, Rn. 12; *Ziegenhorn*, NVwZ 2010, 808; *Kokott/Sobotta*, EuGRZ 2010, 270; *Calliess*, JZ 2009, 120; statt in diesem Fall die Grundrechtecharta zu verdrängen, könnten die beiden Grundrechte aber auch nebeneinander wirken *Streinz/Michl*, EuZW 2011, 386; ähnlich auch *Britz*, EuGRZ 2009, 5 zum „Prinzip des Höchststandards"; siehe auch *Lindner*, EuZW 2007, 73 ff.
[279] Zum Subsidiaritätsargument *Kirchhof*, NJW 2011, 3684 f.; siehe auch *Calliess*, JZ 2009, 120; andere Ansicht *Szcekalla*, NVwZ 2006, 1020.
[280] Hierzu *Kingreen*, in: Callies/Ruffert 2011, Art. 8 GrCh, Rn. 6.
[281] *Sobotta*, in: Grabitz/Hilf/Nettesheim 2014, Art. 16 AEUV, Rn. 14: „Da das Sekundärrecht den Datenschutz in den Mitgliedstaaten weitgehend regelt, verbleibt ungewöhnlich wenig Raum, in dem das Unionsgrundrecht auf Datenschutz keine Anwendung findet."; ähnlich bereits *Siemen*, EuR 2004, 321.
[282] So etwa im Regelungsbereich der nationalen Sicherheit, BVerfG, NJW 2013, 1500 f., Rn. 91.
[283] BVerfG, NVwZ 2007, 938; diesen Anwendungsbereich aber noch weiter eingrenzend *Lindner*, EuZW 2007, 73 ff., nach dem im Ergebnis die nationalen Grundrechte im Umsetzungsspielraum nur Anwendungsvorrang genießen, wenn sie einen höheren Schutzstandard bieten.

verfassungsgerichts könnte das Recht auf informationelle Selbstbestimmung allenfalls noch auf solche Vorschriften des Bundesdatenschutzgesetzes Anwendung finden, in denen dem nationalen Gesetzgeber durch die Richtlinie ein Umsetzungsspielraum zugestanden wurde;[284] und hierbei möglicherweise auch nur auf Rechtsfragen, die die Entscheidung des nationalen Gesetzgebers ausschließlich innerhalb dieses Spielraums betreffen.

4.7.4 Umsetzungsspielräume in der Datenschutzrichtlinie

Die Frage, ob die Datenschutzrichtlinie ein Gestaltungsermessen eröffnet oder nicht, wurde intensiv unter dem Schlagwort der „Vollharmonisierung" diskutiert.[285] Zunehmend wird in diesem Kontext die Ansicht vertreten, die Datenschutzrichtlinie lege nicht nur einen Mindeststandard vor.[286] Der Europäische Gerichtshof stellt hierzu richtigerweise fest, dass die Harmonisierung dieser nationalen Rechtsvorschriften „nicht auf eine Mindestharmonisierung beschränkt" ist, sondern „zu einer grundsätzlich umfassenden Harmonisierung" führt.[287] Insofern mag von einem Vollharmonisierungsgedanken gesprochen werden.

Eine Bewertung der Datenschutzrichtlinie dergestalt, dass sie an keiner Stelle eine nationale Ausdehnung des Schutzes über den Standard der Richtlinie ermögliche,[288] erscheint aber schon im Hinblick auf das gewählte Regelungsinstrument, einer Richtlinie, zweifelhaft.[289] Gemäß Art. 288 Abs. 3 AEUV ist die Richtlinie für jeden Mitgliedstaat, an den sie gerichtet wird, hinsichtlich des zu erreichenden Ziels verbindlich, überlässt jedoch den innerstaatlichen Stellen die Wahl der Form und der Mittel. Es ist folglich geradezu Sinn und Zweck, den Mitgliedstaaten einen Betätigungsspielraum zu lassen und so nationale Eigenarten zu berücksichtigen.[290]

Überdies ergeben sich aus der Datenschutzrichtlinie selbst ausdrücklich Spielräume zur Umsetzung. So sieht etwa Erwägungsgrund 9 DS-RL vor, dass die Mitgliedstaaten den freien Verkehr personenbezogener Daten zwar nicht verhindern dürfen, jedoch

---

284 *Jotzo* 2014, 35; *Siemen*, EuR 2004, 316.
285 Für eine Vollharmonisierung wohl EuGH, NZA 2011, 1410, Rn. 29 sowie, Rn. 35 ff.; *Brühann*, EuZW 2009, 642; *Jotzo* 2014, 35; *Funke/Wittmann*, ZD 2013, 225 f.; *Vulin*, ZD 2012, 415 f., die zumindest Art. 2 lit. h DS-RL als vollharmonisierende Bestimmung ansieht; demgegenüber *Simitis*, NJW 1998, 2476; *Roßnagel/Pfitzmann/Garstka* 2001, 55; *Däubler*, in: Däubler/Klebe/Wedde/Weichert 2014, § 4a BDSG, Rn. 14.
286 *Brühann*, EuZW 2009, 640; *Lang*, K&R 2012, 43 f.; *Bongers*, GWR 2012, 45; *Jotzo* 2014, 35 f.
287 EuGH, Slg. 2003, I-12971, Rn. 96; siehe auch EuGH, Slg. 2008, I-9705.
288 So *Brühann*, EuZW 2009, 640.
289 So auch *Ehmann/Helfrich* 1999, Einl. DS-RL, Rn. 12.
290 *Nettesheim*, in: Grabitz/Hilf/Nettesheim 2014, Art. 288 AEUV, Rn. 132; *Bievert*, in: Schwarze/Becker/Hatje/Schoo 2012, Art. 288 AEUV, Rn. 28.

einen Spielraum besäßen, „der im Rahmen der Durchführung der Richtlinie von den Wirtschafts- und Sozialpartnern genutzt werden kann. Sie können somit in ihrem einzelstaatlichen Recht allgemeine Bedingungen für die Rechtmäßigkeit der Verarbeitung festlegen. Hierbei streben sie eine Verbesserung des gegenwärtig durch ihre Rechtsvorschriften gewährten Schutzes an. Innerhalb dieses Spielraums können unter Beachtung des Gemeinschaftsrechts Unterschiede bei der Durchführung der Richtlinie auftreten, was Auswirkungen für den Datenverkehr sowohl innerhalb eines Mitgliedstaats als auch in der Gemeinschaft haben kann."[291]Die Datenschutzrichtlinie stellt in Erwägungsgrund 10 darüber hinaus ausdrücklich fest, dass die Angleichung der Rechtsvorschriften durch die Datenschutzrichtlinie in Europa „nicht zu einer Verringerung des durch diese Rechtsvorschriften garantierten Schutzes führen" dürfe. Zudem schafft Art. 5 DS-RL zumindest einen Umsetzungsspielraum dahingehend, dass die Mitgliedstaaten die Zulässigkeiten nach Maßgabe der Art. 5 bis 21 DS-RL bestimmen sollen.[292]

Auch der Europäische Gerichtshof stellt schließlich klar, dass die Datenschutzrichtlinie „Mitgliedstaaten einen weiten Handlungsspielraum in bestimmten Bereichen einräumt und sie ermächtigt, für bestimmte Fälle besondere Regelungen beizubehalten oder einzuführen, wie viele ihrer Bestimmungen zeigen." Voraussetzung ist lediglich, dass ein „Gleichgewicht zwischen dem freien Verkehr personenbezogener Daten und dem Schutz der Privatsphäre" gewahrt bleibt.[293] Insofern lässt der Europäische Gerichtshof zumindest die Frage unbeantwortet, ob Mitgliedstaaten ihren Schutzstandard gegenüber der Richtlinie erhöhen können.[294]

Unabhängig davon, ob die Datenschutzrichtlinie als vollharmonisierend bezeichnet wird oder nicht, wird dem nationalen Gesetzgeber demnach grundsätzlich die Möglichkeit bestehen bleiben müssen, den Schutzstandard über den der Richtlinie hinaus anzuheben,[295] zumindest soweit nach dem Urteil des Europäischen Gerichtshofs der freie Verkehr personenbezogener Daten hierdurch nicht behindert wird.[296] Im Gegenteil kann aus den in Erwägungsgründen 9 und 10 genannten Zielen, durch die Harmonisierung ein hohes Schutzniveau zu schaffen, eine Pflicht der Mitgliedstaaten hergeleitet werden, „nicht nur sämtliche Chancen zu nutzen, die sich aus der Richtlinie ergeben, den Datenschutz auszubauen, sondern genauso [...], ihre Defizite durch eigene Vorschriften zu korrigieren."[297] Ob die Datenschutzrichtlinie vollharmonisierend ist

---

[291] Hierzu auch *Opfermann*, ZEuS 2012, 140; *Roßnagel/Pfitzmann/Garstka* 2001, 55; andere Ansicht *Brühann*, EuZW 2009, 642.
[292] *Roßnagel/Pfitzmann/Garstka* 2001, 55.
[293] EuGH, Slg. 2003, I-12971, Rn. 97.
[294] *Roßnagel*, MMR 2004, 100.
[295] *Roßnagel/Pfitzmann/Garstka* 2001, 55 f.; *Simitis*, NJW 1998, 2476; *Simitis*, NJW 1997, 282.
[296] EuGH, Slg. 2003, I-12971, Rn. 97.
[297] *Simitis*, NJW 1997, 282.

oder nicht, braucht an dieser Stelle somit nicht abschließend festgelegt zu werden. Es genügt die Feststellung, dass auch Vertreter des Vollharmonisierungsansatzes nicht abstreiten, dass die Richtlinie den Mitgliedstaaten an bestimmten Stellen ausdrücklich Handlungs- und Umsetzungsspielräume eröffnet.[298] Insofern ergeben sich auch im Bundesdatenschutzgesetz trotz der richtlinienbasierten Harmonisierung zahlreiche Anwendungsmöglichkeiten für das Recht auf informationelle Selbstbestimmung.[299]

Es trifft aber auch zu, dass zahlreiche Vorgaben – darunter nach der aktuellen AS-NEF/FECEMD-Entscheidung des EuGHs auch die Zulässigkeitstatbestände in Art. 7 DS-RL[300] – detailliert und wohl abschließend aufgezählt werden.[301] „Folglich dürfen die Mitgliedstaaten weder neue Grundsätze in Bezug auf die Zulässigkeit der Verarbeitung personenbezogener Daten neben Art. 7 der Richtlinie 95/46/EG einführen noch zusätzliche Bedingungen stellen, die die Tragweite eines der sechs in diesem Artikel vorgesehenen Grundsätze verändern würden."[302] Der Europäische Gerichtshof weist in der ASNEF/FECEMD-Entscheidung darauf hin, dass etwa Art. 7 lit. f DS-RL „eine Abwägung der jeweiligen einander gegenüberstehenden Rechte und Interessen erfordert, die grundsätzlich von den konkreten Umständen des betreffenden Einzelfalls abhängt und in deren Rahmen die Person oder die Einrichtung, die die Abwägung vornimmt, die Bedeutung der Rechte der betroffenen Person, die sich aus den Art. 7 und 8 der Charta der Grundrechte der Europäischen Union [...] ergeben, zu berücksichtigen hat".[303] Demzufolge sind zumindest Abwägungstatbestände, die von der Datenschutzrichtlinie in Art. 7 lit. f DS-RL vorgegeben und etwa in § 28 Abs. 1 S. 1 Nr. 2 BDSG umgesetzt wurden, in erster Linie nach dem Datenschutzgrundrecht des Art. 8 GrCh zu bewerten.[304]

---

[298] EuGH, Slg. 2003, I-12971, Rn. 84; EuGH, Slg. 2008, I-271, Rn. 67; EuGH, EuZW 2012, 33, Rn. 39 ff.; *Ehmann/Helfrich* 1999, Einl. DS-RL, Rn. 12 f.; *Lang*, K&R 2012, 44; *Sobotta*, in: Grabitz/Hilf/Nettesheim 2014, Art. 16 AEUV, Rn. 15.

[299] *Sobotta*, in: Grabitz/Hilf/Nettesheim 2014, Art. 16 AEUV, Rn. 15; *Britz*, EuGRZ 2009, 5 f.; hier wohl zu weitgehend die Schlussfolgerung von *Jotzo* 2014, 37, dass die europäischen Grundrechte die nationalen Grundrechte im Anwendungsbereich der Datenschutzrichtlinie verdrängen.

[300] EuGH, EuZW 2012, 37 ff.; hierzu *Bongers*, GWR 2012, 45; *Lang*, K&R 2012, 43.

[301] EuGH, EuZW 2012, 33, Rn. 29 f.; hierzu *Drewes*, ZD 2012, 116; *Diedrich*, CR 2013, 408 ff.

[302] EuGH, EuZW 2012, 33, Rn. 32.

[303] EuGH, EuZW 2012, 33, Rn. 40.

[304] So wohl im Ergebnis – und noch weitergehend – *Jotzo* 2014, 37.

4.7.5 Verbleibender Anwendungsbereich für das Recht auf informationelle Selbstbestimmung

Dass Art. 8 GrCh im Anwendungsbereich der Datenschutzrichtlinie und zu einem großen Teil auch im Anwendungsbereich des Bundesdatenschutzgesetzes das Recht auf informationelle Selbstbestimmung verdrängen soll, ist kritisch zu bewerten. Zum einen decken sich die Schutzbereiche des Rechts auf informationelle Selbstbestimmung und des Datenschutzgrundrechts aus Art. 8 GrCh nicht vollständig.[305] Art. 8 GrCh gewährt jeder Person den Schutz der sie betreffenden personenbezogenen Daten. Anders als das Bundesverfassungsgericht für das Recht auf informationelle Selbstbestimmung festgehalten hat, stellt Art. 8 GrCh nicht ausdrücklich auf die Selbstbestimmung ab und orientiert sich auch nicht am jeweiligen Verwendungszusammenhang der Daten als Information. Die Grundrechtsgewährleistung liegt vielmehr ausschließlich im Schutz der die Person betreffenden Daten – Art. 8 GrCh schreibt dem Grundrechtsträger insofern eine eigentumsähnliche Position an den Daten zu, die es zu schützen gilt.

Zum anderen „stützt sich" Art. 8 GrCh, ausweislich der (nach Art. 6 Abs. 1 S. 2 EUV verbindlichen) Erläuterungen, auf Art. 286 EGV a. F. sowie auf die Datenschutzrichtlinie.[306] Schon die Entstehung und in der Folge auch der Schutzbereich des Art. 8 GrCh stehen so unter dem Eindruck des Binnenmarkts und des freien Datenverkehrs.[307] Einen solchen Schutzzweck kennt das Recht auf informationelle Selbstbestimmung aber nicht. Auf den freien Umgang mit Informationen und kommunikative Datenflüsse nimmt es allenfalls in der Ausprägung als Schranke des Rechts im Sinne einer „sich innerhalb der sozialen Gemeinschaft entfaltende[n], auf Kommunikation angewiesene[n] Persönlichkeit"[308] Bezug. Gerade in der Bezugnahme der Erläuterungen des Art. 8 GrCh auf die Datenschutzrichtlinie zeigt sich aber auch ein systematisch fragliches Modell, das der Grundrechtecharta zugrunde liegt: Art. 8 GrCh „stützt sich" demnach auf die Datenschutzrichtlinie. Die Erläuterungen halten außerdem fest, dass die „genannte Richtlinie und Verordnung […] Bedingungen und Beschränkungen für die Wahrnehmung des Rechts auf den Schutz personenbezogener Daten enthalten".[309] Gleichzeitig soll die Grundrechtecharta aber seit dem Vertrag von Lissabon als Teil des Primärrechts nach Art. 6 EUV verbindliche Prüfnorm für das Sekundärrecht und

---

[305] Hierzu *Nettesheim*, in: Grabenwarter 2014, § 9, Rn. 48.
[306] Konvent der Charta der Grundrechte der Europäischen Union, Erläuterungen zur Charta der Grundrechte der Europäischen Union, ABl. C 303 vom 14.12.2007, 20.
[307] *Bernsdorff*, in: Meyer 2011, Art. 8 GrCh, Rn. 15 f., der der Binnenmarktfunktion aber eine abnehmende Bedeutung zuschreibt; so auch *Spiecker gen. Döhmann/Eisenbarth*, JZ 2011, 171 ff.
[308] BVerfGE 65, 1, 44, Rn. 156.
[309] Konvent der Charta der Grundrechte der Europäischen Union, Erläuterungen zur Charta der Grundrechte der Europäischen Union, ABl. C 303 vom 14.12.2007, 20.

damit wiederum für die Datenschutzrichtlinie sein.[310] Hier offenbart sich ein nicht nachvollziehbarer Zirkelschluss.[311] Auch wird vereinzelt eine unsystematische Prüfdogmatik des für Grundrechtsfragen aus der Grundrechtecharta zuständigen Europäischen Gerichtshofs in Bezug auf Art. 8 GrCh kritisiert.[312]

Zuletzt steht der Anwendungsvorrang aufgrund schwacher individueller Rechtsschutzmöglichkeiten in der Kritik.[313] Zum Europäischen Gerichtshof gibt es, anders als zum Bundesverfassungsgericht, keine eigene Grundrechtsbeschwerde. Ein europäischer Grundrechtsschutz zum Europäischen Gerichtshof ist nur im Wege eines Vorabentscheidungsverfahrens nach Art. 267 AEUV oder eines Vertragsverletzungsverfahrens möglich. Dem Einzelnen ist damit der individuelle Weg zu einem „Europäischen Charta-Grundrechtsgericht" versperrt.[314] Dem Betroffenen bleibt im Ergebnis nur der nationale Instanzenzug,[315] dessen Gerichte in der Praxis traditionell wohl eher im Lichte des durch jahrzehntelange Grundrechtsprechung geformten Rechts auf informationelle Selbstbestimmung als im Sinne des Art. 8 GrCh urteilen werden. Oder aber die Berufung auf eine Verletzung der Europäischen Menschenrechtskonvention statt auf die Grundrechtecharta und damit eine Klage vor dem Europäischen Menschenrechtsgerichtshof.[316] Trotz vorrangiger Anwendung der Grundrechtecharta wird

---

310 Hierzu auch *Nettesheim*, in: Grabenwarter 2014, § 9, Rn. 53, demzufolge nicht ausreichend zwischen dem grundrechtlich garantierten Mindeststandard und dem politisch getragenen Willen im Sekundärrecht differenziert würde.

311 *Nettesheim*, in: Grabenwarter 2014, § 9, Rn. 53.

312 So zumindest *Nettesheim*, in: Grabenwarter 2014, § 9, Rn. 54 f. sowie Rn. 60 ff; in diese Richtung, was eine dem Bundesverfassungsgericht vergleichbare Grundrechtsdogmatik angeht, auch *Hornung*, ZD 2012, 100; *Callieess*, JZ 2009, 114; *Schwartmann*, RDV 2012, 59, der außerdem dem Europäischen Gerichtshof vorwirft im Zweifel für die Europäische Integration und gegen den Grundrechtsschutz zu stimmen.

313 *Kingreen*, in: Calliess/Ruffert 2011, Art. 6 EUV, Rn. 34 ff.; *Kirchhof*, NJW 2011, 3684; *Schwartmann*, RDV 2012, 57 f.; mit scharfer Kritik im Hinblick auf eine Europäische Datenschutzgrundverordnung *Masing*, Ein Abschied von den Grundrechten, Süddeutsche Zeitung vom 9.1.2012, 10.

314 *Von Danwitz*, in: Grabenwarter 2014, § 6, Rn. 22; *Kirchhof*, NJW 2011, 3684; *Britz*, EuGRZ 2009, 5; mit Blick auf eine zukünftige Datenschutzgrundverordnung *Schwartmann*, RDV 2012, 57 f.; *Hornung*, ZD 2012, 100; Rechtsschutzmöglichkeiten über das Europäische Gericht erster Instanz sieht *von Lewinski*, DuD 2012, 569.

315 So ist es nach Art. 19 Abs. 1 Unterabsatz 2 EUV auch gewollt, *von Danwitz*, in: Grabenwarter 2014, § 6, Rn. 23.

316 So zumindest *Kingreen*, in: Calliess/Ruffert 2011, Art. 6 EUV, Rn. 35; *von Lewinski*, DuD 2012, 569 und *Kirchhof*, NJW 2011, 3682 weisen allerdings auf die Überforderung des Europäischen Gerichtshofs für Menschenrechte hin.

der bestehende, gerichtlich gefestigte Grundrechtsschutz um das Recht auf informationelle Selbstbestimmung, sei es als Rechtserkenntnisquelle[317] oder im Rahmen einer kumulativen Anwendung,[318] somit eine zentrale Bedeutung behalten.[319]

---

[317] *Jotzo* 2014, 38; möglicherweise auch *Szcekalla*, NVwZ 2006, 1021.
[318] So zumindest *Kirchhof*, NJW 2011, 3685; *Lindner*, EuZW 2007, 73 ff.; siehe auch *Britz*, EuGRZ 2009, 5 zum „Prinzip des Höchststandards".
[319] Angesichts dessen geht die Befürchtung „30 Jahre [Grund-]Rechtsprechung zum Datenschutz" würden durch die Europäisierung des grundrechtlichen Datenschutzes „Makulatur" wohl zu weit (so aber in Bezug auf eine zukünftige Datenschutzverordnung *Masing*, Ein Abschied von den Grundrechten, Süddeutsche Zeitung vom 9.1.2012, 10).

5 Anwendungsbereich des einfachgesetzlichen Datenschutzrechts

Das Datenschutzrecht ist auf nationaler Ebene einfachgesetzlich in zahlreichen, unterschiedlichen Regelwerken normiert. So finden sich in einer Reihe von – insbesondere öffentlich-rechtlichen – Fachgesetzen spezielle Regelungen zum Datenschutz. Beispielhaft können hier etwa die Landeskrankenhausgesetze[320] oder, im Bereich der öffentlichen Sicherheit und Strafverfolgung, die Polizeigesetze[321] genannt werden. Für den Bereich der neuen Medien finden sich weitere spezielle Datenschutznormen, vor allem im Telekommunikations-[322] und im Telemediengesetz[323]. Aufgrund der föderalen Kompetenz haben die Länder außerdem für den Datenumgang ihrer eigenen öffentlichen Stellen Landesdatenschutzgesetze[324] erlassen. Zentraler Regelungskatalog für das Datenschutzrecht ist allerdings das Bundesdatenschutzgesetz.[325] Es gilt ausweislich seines Anwendungsbereichs in § 1 Abs. 2 BDSG für öffentliche Stellen des Bunds sowie in Ausnahmefällen auch für öffentliche Stellen der Länder, soweit der Datenschutz nicht durch Landesgesetz geregelt ist und soweit sie Bundesrecht ausführen oder als Organe der Rechtspflege tätig werden und es sich nicht um Verwaltungsangelegenheiten handelt. Das Bundesdatenschutzgesetz ist vor allem aber das zentrale Regelwerk für den Datenschutz im nicht-öffentlichen Bereich: es gilt für alle nicht-öffentlichen, datenverarbeitenden Stellen – allerdings nur, soweit der Datenumgang nicht ausschließlich für persönliche oder familiäre Tätigkeiten erfolgt. Nach § 1 Abs. 3 S. 1 BDSG gilt das Bundesdatenschutzgesetz auch nur subsidiär. Andere Datenschutzvorschriften des Bunds, wie etwa die des Telekommunikations- oder des Telemediengesetzes, gehen denen des Bundesdatenschutzgesetzes vor. Im Rahmen dieser Arbeit steht der informationstechnische Umgang mit Daten durch Cloud-Akteure als nicht-öffentliche Stellen im Mittelpunkt. Der Fokus liegt deshalb im Folgenden auf Regelungen des Telekommunikations- und Telemediengesetzes, vor allem aber auf dem Bundesdatenschutzgesetz.

---

[320] Beispielsweise § 12 Zweites Gesetz zur Weiterentwicklung des Krankenhauswesens in Hessen (Hessisches Krankenhausgesetz 2011 - HKHG 2011) vom 21.12.2010, GVBl. 2010 I, 587.

[321] Beispielsweise § 13 ff. Hessisches Gesetz über die öffentliche Sicherheit und Ordnung (HSOG) vom 26.6.1990, GVBl. I 1990, 197, 534, in der Fassung vom 14.1.2005, GVBl. 2005 I, 14

[322] Telekommunikationsgesetz vom 22.6.2004, BGBl. 2004 I, 1190, in der Fassung vom 7.8.2013, BGBl. 2013 I, 3154.

[323] Telemediengesetz vom 26.2.2007, BGBl. 2007 I, 179, in der Fassung vom 31.5.2010, BGBl. 2010 I, 692.

[324] Beispielsweise Hessisches Datenschutzgesetz (HDSG) vom 7.1.1999, in der Fassung vom 20.5.2011, GVBL. 2011 I, 208.

[325] Bundesdatenschutzgesetz vom 20.12.1990, BGBl. I, 2954, in der Fassung vom 14.1.2003, BGBl. I, 66, das zuletzt durch Artikel 1 des Gesetzes vom 14.8.2009, BGBl. 2009 I, 2814 geändert wurde.

5.1 Sachlicher Anwendungsbereich

Gemäß § 1 Abs. 2 BDSG gilt das Bundesdatenschutzgesetz für die Erhebung, Verarbeitung und Nutzung personenbezogener Daten durch die in § 1 Abs. 2 Nr. 1 bis 3 BDSG genannten Stellen.[326] Auch die Datenschutzrichtlinie bestimmt in Art. 1 Abs. 1 DS-RL den Schutz bei der Verarbeitung personenbezogener Daten als ihren Gegenstand. Weitere Datenschutznormen – etwa die Landesdatenschutzgesetze, beispielsweise § 1 HDSG[327] sowie § 11 Abs. 1 TMG oder § 91 Abs. 1 TKG – beziehen sich in ihrem Anwendungsbereich auf den Schutz der jeweilig Betroffenen beim Umgang mit ihren personenbezogenen Daten. Das personenbezogene Datum ist somit das zentrale Tatbestandsmerkmal des Datenschutzrechts. Es bestimmt – für alle Datenschutznormen einheitlich – die Eröffnung des Anwendungsbereichs des materiellen und formellen Datenschutzrechts.[328]

Der Begriff der personenbezogenen Daten ist zentral in § 3 Abs. 1 BDSG als „Einzelangaben über persönliche oder sachliche Verhältnisse einer bestimmten oder bestimmbaren natürlichen Person" definiert. Ähnlich definiert Art. 2 lit. a DS-RL personenbezogene Daten als „alle Informationen über eine bestimmte oder bestimmbare natürliche Person". Die Definitionen sind weit gefasst und sollen umfassend alle einer Person zuordenbaren Informationen erfassen.[329] Der Personenbezug eröffnet nicht nur das Datenschutzrecht und die daraus resultierenden Pflichten der verantwortlichen Stellen. Die Vermeidung eines Personenbezugs beim Umgang mit Daten ist gleichzeitig ein Ziel des Datenschutzes im Allgemeinen.[330] Nach § 3a BDSG sollen der Umgang sowie die Prozesse der Datenverarbeitung an dem Ziel ausgerichtet werden, so wenig personenbezogene Daten wie möglich zu erheben, zu verarbeiten oder zu nutzen, indem insbesondere Daten anonymisiert oder pseudonymisiert werden.[331] Werden erst gar keine personenbezogene Daten erhoben, verarbeitet oder genutzt, wird der Daten-

---

[326] Die Ausführungen in diesem Kapitel gehen zurück auf zwei vorab veröffentlichte Beiträge in der Zeitschrift für Datenschutz, *Kroschwald*, ZD 2014, 75 ff. sowie in einem Tagungsband, *Kroschwald*, in: Taeger 2013, 289 ff.
[327] Hessisches Datenschutzgesetz (HDSG), in der Fassung vom 7. Januar 1999 GVBL. 1999 I, 98.
[328] *Karg*, ZD 2012, 255; *Buchner*, in: Taeger/Gabel 2013, § 3 BDSG, Rn. 3.
[329] Artikel-29-Datenschutzgruppe 2007, WP 136, 4; *Buchner*, in: Taeger/Gabel 2013, § 3 BDSG, Rn. 3.
[330] Hierzu *Roßnagel/Pfitzmann/Garstka* 2001, 37.
[331] Zum Prinzip der Datenvermeidung und Datensparsamkeit ausführlich *Scholz*, in: Simitis 2014, § 3a BDSG, Rn. 30 ff.; *Roßnagel/Pfitzmann/Garstka* 2001, 37 weisen darauf hin, dass es nicht Ziel des § 3a BDSG sein könne, so wenig Daten wie möglich zu verarbeiten, da die moderne Informationsgesellschaft auf eine breite Datenbasis angewiesen sei – vielmehr sei der Personenbezug dieser Daten zu vermeiden.

schutz am besten gefördert und somit das Persönlichkeitsrecht des Einzelnen am weitesten geschützt.[332]

Im Folgenden sollen die Merkmale personenbezogener Daten näher beleuchtet und sodann geprüft werden, inwiefern es im Rahmen des Cloud Computing zum Umgang mit personenbezogenen Daten kommt und ob der Personenbezug vermieden werden kann.

5.1.1 Einzelangaben

Bei personenbezogenen Daten muss es sich um Angaben handeln. Eine Angabe ist jede Information, die zur Vermittlung oder Aufbewahrung von Kenntnissen dient.[333] Reale Dinge, etwa Gegenstände, sind noch keine Angaben.[334] Ebenso wenig sind Informationen, die rein mentale Vorgänge darstellen, also etwa Gedanken oder Wahrnehmungen, Angaben im Sinne des Datenschutzrechts.[335] Erst wenn aus den Gegenständen und Vorgängen durch Messen, Aufnehmen, Analysieren oder Beschreiben Informationen entstehen, werden hieraus Angaben, die datenschutzrechtlich relevant sein können.[336] Informationen können in verschiedenen Formaten verkörpert sein.[337] Sowohl schriftlich fixierte Informationen als auch solche auf anderen, zum Beispiel elektronischen Datenträgern, etwa in Form von Bild-, Ton- und Textdaten, können Angaben im Sinne des Datenschutzrechts sein.[338] Eine Angabe muss zwar eine inhaltliche Bedeutung (Semantik) besitzen, auf den konkreten Inhalt kommt es jedoch nicht an. Zwar sind reine Fantasieinformationen keine Angaben, jedoch können auch unwahre Informationen[339] sowie Werturteile und Wahrscheinlichkeitsaussagen[340] Angaben im Sinne des Datenschutzrechts sein.

5.1.2 Persönliche und sachliche Verhältnisse einer Person

Die Angaben müssen sich für einen Personenbezug auf persönliche und sachliche Verhältnisse einer Person beziehen. Voraussetzung im Sinne einer notwendigen Be-

---

332 *Roßnagel/Scholz*, MMR 2000, 721.
333 *Dammann*, in: Simitis 2014, § 3 BDSG, Rn. 5.
334 *Dammann*, in: Simitis 2014, § 3 BDSG, Rn. 5.
335 *Weichert*, in: Däubler/Klebe/Wedde/Weichert 2014, § 3 BDSG, Rn. 16.
336 *Dammann*, in: Simitis 2014, § 3 BDSG, Rn. 5; siehe auch Artikel-29-Datenschutzgruppe 2007, WP 136, 10.
337 Artikel-29-Datenschutzgruppe 2007, WP 136, 8.
338 Artikel-29-Datenschutzgruppe 2007, WP 136, 8; *Dammann*, in: Simitis 2014, § 3 BDSG, Rn. 5; Erwägungsgrund 14 DS-RL; *Ehmann/Helfrich* 1999, Art. 2 DS-RL, Rn. 17; *Weichert*, in: Däubler/Klebe/Wedde/Weichert 2014, § 3 BDSG, Rn. 16.
339 *Dammann*, in: Simitis 2014, § 3 BDSG, Rn. 6.
340 *Weichert*, in: Däubler/Klebe/Wedde/Weichert 2014, § 3 BDSG, Rn. 17 f.

dingung für den Personenbezug ist demnach das Bestehen eines Zusammenhangs zwischen den Angaben und einer Person.[341] Problematisch ist die Reichweite dieses Zusammenhangs.[342] Zwar sind Angaben, die keine Information oder Aussage über Einzelpersonen vermitteln, nicht personenbezogen.[343] Im Volkszählungsurteil hat das Bundesverfassungsgericht jedoch unterstrichen, dass es im Hinblick auf die „der Informationstechnologie eigenen Verarbeitungsmöglichkeiten und Verknüpfungsmöglichkeiten [...] unter den Bedingungen der automatischen Datenverarbeitung kein „belangloses" Datum mehr" gibt.[344] Unabhängig von ihrem Aussagegehalt in einer Situation, können die Daten in einem anderen Kontext oder unter Zusammenführung mit weiteren Informationen möglicherweise persönliche oder sachliche Verhältnisse einer Person preisgeben.[345] Das Merkmal der persönlichen und sachlichen Verhältnisse einer Person ist aus diesem Grund wohl eher weit auszulegen. Um den Personenbezug allerdings nicht uneingeschränkt auszudehnen, hat die Artikel-29-Datenschutzgruppe eine Begrenzung entwickelt. Demnach besteht ein Bezug zu einer Person nur, wenn entweder (1) ein Inhaltselement vorliegt – also, wenn es sich bei den Daten um Informationen „über" eine Person handele – wenn (2) ein Zweckelement vorliege, das heißt, die Daten nur für den Zweck verwendet werden, eine Person in irgendeiner bestimmten Weise zu behandeln oder (3) soweit ein Ergebniselement in dem Sinne vorhanden ist, dass sich die Verwendung des Datums im Ergebnis auf die Rechte und Interessen einer Person auswirken kann.[346]

Körperliche und sachliche Verhältnisse einer Person können beispielsweise dessen körperliche Merkmale, geistige Zustände, Verbindungen und Beziehungen oder Namen sein. Erfasst sind dabei nicht nur private, sondern beispielsweise auch berufliche Informationen über die Bezugsperson.[347] Hinsichtlich der sachlichen Verhältnisse wird regelmäßig auch nur ein mittelbarer Bezug herstellbar sein, etwa über Gegenstände einer Person – zum Beispiel der Wert ihrer Immobilie.[348] Da nur eigene persönliche oder sachliche Verhältnisse relevant sind, sind nicht automatisch andere in Verbindung stehende Personen erfasst.[349]

---

341 *Dammann*, in: Simitis 2014, § 3 BDSG, Rn. 20.
342 Ausführlich *Forgó/Krügel*, MMR 2010, 22.
343 *Forgó/Krügel*, MMR 2010, 22.
344 BVerfGE 65, 1, 45, Rn. 158.
345 *Dammann*, in: Simitis 2014, § 3 BDSG, Rn. 20; andere Ansicht wohl *Forgó/Krügel*, MMR 2010, 22, wonach der Personenbezug für jeden einzelnen Kontext bestimmt werden müsse.
346 Artikel-29-Datenschutzgruppe 2007, WP 136, 12 f.; kritisch hierzu *Pahlen-Brandt*, DuD 2008, 35 f.
347 Artikel-29-Datenschutzgruppe 2007, WP 136, 7.
348 *Buchner*, in: Taeger/Gabel 2013, § 3 BDSG, Rn. 10; *Gola/Schomerus* 2012, § 3 BDSG, Rn. 5 und 7.
349 *Dammann*, in: Simitis 2014, § 3 BDSG, Rn. 7.

5.1.3 Natürliche Person

Für den Personenbezug müssen sich die Einzelangaben auf persönliche und sachliche Verhältnisse von natürlichen Personen beziehen. Natürliche Person ist in erster Linie jeder lebende Mensch.[350] Das Datenschutzrecht schützt natürliche Personen unabhängig von ihrer Staatsangehörigkeit.[351]

Der Schutz aus dem Datenschutzrecht soll sich jedoch auch schon auf die Zeit vor der Geburt des Menschen erstrecken. So soll verhindert werden, dass über die informationelle Selbstbestimmung des Kindes schon vor seiner Geburt disponiert wird.[352] Verstorbene sind wohl vom Datenschutzrecht nur bedingt erfasst,[353] es sei denn, die Information weist einen Bezug zu Lebenden auf oder es herrscht Unklarheit, ob die Person noch am Leben ist.[354]

Auf Daten juristischer Personen und Personenmehrheiten ist das Datenschutzrecht im Grundsatz nicht anwendbar.[355] Da juristische Personen nicht von der Menschenwürde geschützt sind, können sie sich auch nicht auf das Recht auf informationelle Selbstbestimmung berufen.[356] Dennoch können auch juristische Personen das Datenschutzrecht zumindest in einigen Bereichen analog in Anspruch nehmen.[357] Dessen ungeachtet schützt das Datenschutzrecht auch bei Personenmehrheiten und juristischen Personen,

---

[350] *Dammann*, in: Simitis 2014, § 3 BDSG, Rn. 17.

[351] *Weichert*, in: Däubler/Klebe/Wedde/Weichert 2014, § 3 BDSG, Rn. 2.

[352] *Weichert*, in: Däubler/Klebe/Wedde/Weichert 2014, § 3 BDSG, Rn. 3; siehe demgegenüber *Plath/Schreiber*, in: Plath 2013, § 3 BDSG, Rn. 10.

[353] *Dammann*, in: Simitis 2014, § 3 BDSG, Rn. 17; *Weichert*, in: Däubler/Klebe/Wedde/Weichert 2014, § 3 BDSG, Rn. 4; Artikel-29-Datenschutzgruppe 2007, WP 136, 26; *Plath/Schreiber*, in: Plath 2013, § 3 BDSG, Rn. 10; andere Ansicht jedoch *Bergmann/Möhrle/Herb* 2014, § 3 BDSG, Rn. 6 f., die einen postmortalen Persönlichkeitsschutz anhand der Rechtsprechung des Bundesverfassungsgerichts, BVerfGE 30, 173, auch für das Recht auf informationelle Selbstbestimmung ableiten. Dieses bestehe zumindest für eine Übergangszeit nach dem Tode fort.

[354] Artikel-29-Datenschutzgruppe 2007, WP 136, 26; siehe auch die „Mephisto-Entscheidung" BVerfGE 30, 173, 194, Rn. 61 f., in dem das Bundesverfassungsgericht die postmortale Geltung des Art. 2 Abs. 1 GG ablehnt, solange nicht die Menschenwürde berührt werde.

[355] *Bergmann/Möhrle/Herb* 2014, § 3 BDSG, Rn. 11; Artikel-29-Datenschutzgruppe 2007, WP 136, 27; *Plath/Schreiber*, in: Plath 2013, § 3 BDSG, Rn. 11; siehe auch Erwägungsgrund 24 DS RL; noch weitergehender *Heinemann/Heinemann*, DuD 2013, 242 f. wonach personenbezogene Daten mit den heutigen technischen Möglichkeiten ein derart wichtiges Gut seien, dass sie mit den Gegebenheiten der „Mephisto-Entscheidung" nicht mehr vergleichbar seien.

[356] *Weichert*, in: Däubler/Klebe/Wedde/Weichert 2014, § 3 BDSG, Rn. 10.

[357] *Weichert*, in: Däubler/Klebe/Wedde/Weichert 2014, § 3 BDSG, Rn. 10; Artikel-29-Datenschutzgruppe 2007, WP 136, 27, die außerdem darauf verweist, dass nach dem Europäischen Gerichtshof eine Ausdehnung des Anwendungsbereichs auf juristische Personen durch den nationalen Gesetzgeber bei der Umsetzung zulässig sei, was durch einige Mitgliedstaaten, wie Italien, Frankreich und Luxemburg, so auch durchgeführt worden sei.

soweit die Informationen (auch) natürliche Personen, etwa Vereinsmitglieder, Vorstände oder Geschäftsführer betreffen.[358]

5.1.4 Bestimmte und bestimmbare Person

Nach der Definition des personenbezogenen Datums in § 3 Abs. 1 BDSG müssen die Daten sich auf eine bestimmte oder bestimmbare Person beziehen. Nur soweit eine Person identifiziert ist oder zumindest identifiziert werden kann und damit auch thematisch persönlich betroffen ist,[359] gewinnt der Vorgang an persönlichkeitsrechtlicher Relevanz. Die Vorgänge sind demnach datenschutzrechtlich nur relevant, wenn die Daten Informationen über eine konkrete Einzelperson vermitteln,[360] die damit aus dem Kreis der identitätslosen Masse in irgendeiner Weise heraustritt und als solche immer wieder identifiziert werden kann.

5.1.4.1 Bestimmte Person

Eine Person ist bestimmt, wenn sie sich von anderen Personen in einer Gruppe ohne weiteres eindeutig unterscheiden lässt.[361] Es muss also feststehen, dass sich die in Verbindung gebrachten Angaben auf diese und nicht auf andere Personen beziehen.[362] Die Daten müssen dazu mit der Person unmittelbar verbunden sein oder zumindest ein Bezug unmittelbar herstellbar sein.[363] Die Identifikation kann über eindeutige Merkmale, wie den Namen[364] oder auch äußere Erscheinungsmerkmale[365], erfolgen. Bei identischen Namen oder anderen Merkmalen müssen für die Bestimmtheit gegebenenfalls weitere, eindeutig identifizierende Merkmale hinzukommen.[366] In Gegenwart der Person wird dagegen für die Bestimmtheit noch nicht einmal ein Identifikationsmerkmal benötigt. Es genügt vielmehr bereits die sogenannte „handshake identification"[367], also die visuelle Gegenwart der Person.[368] Im Ergebnis ist eine Person bestimmt, wenn

---

[358] *Buchner*, in: Taeger/Gabel 2013, § 3 BDSG, Rn. 8; *Dammann*, in: Simitis 2014, § 3 BDSG, Rn. 17; *Bergmann/Möhrle/Herb* 2014, § 3 BDSG, Rn. 12 f.

[359] *Dammann*, in: Simitis 2014, § 3 BDSG, Rn. 20 bezeichnet dies als „hinreichende Bedingung" des Personenbezugs.

[360] *Dammann*, in: Simitis 2014, § 3 BDSG, Rn. 20.

[361] *Buchner*, in: Taeger/Gabel 2013, § 3 BDSG, Rn. 11; Artikel-29-Datenschutzgruppe 2007, WP 136, 14.

[362] *Dammann*, in: Simitis 2014, § 3 BDSG, Rn. 22.

[363] *Gola/Schomerus* 2012, § 3 BDSG, Rn. 10; *Roßnagel/Scholz*, MMR 2000, 722.

[364] *Buchner*, in: Taeger/Gabel 2013, § 3 BDSG, Rn. 11; *Plath/Schreiber*, in: Plath 2013, § 3 BDSG, Rn. 13; *Saeltzer*, DuD 2004, 218.

[365] Artikel-29-Datenschutzgruppe 2007, WP 136, 14.

[366] *Dammann*, in: Simitis 2014, § 3 BDSG, Rn. 22.

[367] Begriff bereits bei *Booth/Jenkins/Moxon/Semmens/Spencer/Taylor/Townsend* 2004, 117.

[368] *Dammann*, in: Simitis 2014, § 3 BDSG, Rn. 22.

alle Informationen (gemeinsam) vorliegen, die zu einer eindeutigen Identifikation notwendig sind.[369]

5.1.4.2 Bestimmbare Person

Zwischen den Begriffen „bestimmt" und „bestimmbar" bestehen in der Literatur nur vage Abgrenzungskriterien. Eine Abgrenzung ist jedoch mangels gesetzlicher Unterscheidung auch nicht nötig.[370] Statt der Abgrenzung zwischen bestimmten und bestimmbaren Personen stellt sich vielmehr die Frage, wann eine Person bestimmbar und wann unbestimmbar ist.[371] Nach Art. 2 lit. a 2. Hs. DS-RL wird eine Person als bestimmbar angesehen, „die direkt oder indirekt identifiziert werden kann, insbesondere durch Zuordnung zu einer Kennnummer oder zu einem oder mehreren spezifischen Elementen, die Ausdruck ihrer physischen, physiologischen, psychischen, wirtschaftlichen, kulturellen oder sozialen Identität sind." Bestimmbare Personen sind zwar nicht anhand der vorliegenden Merkmale identifiziert. Eine Identifizierung ist aber mittels „Zusatzwissens" möglich.[372] Neben den Daten müssen demnach weitere Kenntnisse vorliegen, unter deren Einsatz eine Identifizierung möglich ist.[373]

5.1.4.2.1 Praktische Bestimmbarkeit

Bei der Frage, ob eine Person bestimmbar oder nicht bestimmbar ist, kommt es in einem ersten Schritt darauf an, in welchem Ausmaß mögliches Zusatzwissen generell zu berücksichtigen ist. So könnte ein Personenbezug zum einen verneint werden, wenn eine Bestimmbarkeit der Person absolut ausgeschlossen ist. In diesem Fall müsste das gesamte theoretisch verfügbare Zusatzwissen berücksichtigt werden. Ergibt sich – wenn auch nur theoretisch – die Möglichkeit einer Bestimmung der Person, müsste von einem Personenbezug ausgegangen werden. Zum anderen könnte die Bestimmbarkeit praktisch ausgelegt werden. Ein Personenbezug würde dann bereits ausscheiden, wenn die Wahrscheinlichkeit einer Bestimmung so gering ist, dass das Risiko praktisch vernachlässigbar ist.[374] Der Begriff „bestimmbar" ist im Bundesdatenschutzgesetz nicht definiert. Dennoch lässt sich aus dem Gesetz die Anordnung der praktischen Bestimmbarkeit entnehmen. § 3 Abs. 6 BDSG definiert, dass durch Anonymi-

---

[369] Ähnlich auch *Saeltzer*, DuD 2004, 218; nach *Tinnefeld*, in: Roßnagel 2003, 4.1, Rn. 20 könnte zumindest für den Bereich der „elektronischen Datenverarbeitung" eine Person bestimmt sein, wenn sich „die Angaben ohne komplexe Operationen" einer Person zuordnen lassen.
[370] *Buchner*, in: Taeger/Gabel 2013, § 3 BDSG, Rn. 11.
[371] *Caspar*, DÖV 2009, 966; *Dammann*, in: Simitis 2014, § 3 BDSG, Rn. 23; *Tinnefeld*, in: Roßnagel 2003, 4.1, Rn. 22.
[372] *Dammann*, in: Simitis 2014, § 3 BDSG, Rn. 26; *Roßnagel/Scholz*, MMR 2000, 723.
[373] Hierzu *Gola/Schomerus* 2012, § 3 BDSG, Rn. 10; *Roßnagel/Scholz*, MMR 2000, 723.
[374] Hierzu *Dammann*, in: Simitis 2014, § 3 BDSG, Rn. 23.

sierung Daten derart verändert werden, dass Einzelangaben über persönliche oder sachliche Verhältnisse nicht mehr oder nur mit einem unverhältnismäßig großen Aufwand an Zeit, Kosten und Arbeitskraft einer bestimmten oder bestimmbaren natürlichen Person zugeordnet werden können. Das Anonymisieren von Daten wird mit dem Entfall des Personenbezugs gleichgesetzt. Kein Personenbezug liegt demnach vor, wenn die Zuordnung und damit die Bestimmung einer Person nur unter unverhältnismäßigem Aufwand möglich sind.[375] Erwägungsgrund 24 DS-RL definiert die Bestimmbarkeit entsprechend: „Bei der Entscheidung, ob eine Person bestimmbar ist, sollten alle Mittel berücksichtigt werden, die vernünftigerweise entweder von dem Verantwortlichen für die Verarbeitung oder von einem Dritten eingesetzt werden könnten, um die betreffende Person zu bestimmen."

Der Personenbezug entfällt somit, wenn das Risiko einer Bestimmung so gering ist, dass es praktisch vernachlässigt werden kann.[376] Die Bestimmbarkeit ist demnach nicht absolut zu beurteilen, sondern nach der faktischen Durchführbarkeit. Wenn, im Sinne des Bundesdatenschutzgesetzes, eine Bestimmung einen unverhältnismäßigen Aufwand erfordert oder, nach der Datenschutzrichtlinie, eine Bestimmung nicht mit „vernünftigerweise" eingesetzten Mitteln möglich ist, entfällt die Bestimmbarkeit, obgleich sie theoretisch möglich sein mag. Dies ist auch sachgerecht. Fast jedes Datum wird sich – über entsprechende Zwischenschritte – theoretisch einer Person zuordnen lassen. Angaben zu einer Person, die absolut unbestimmbar ist, wird es in der Praxis nicht geben – ob eine Angabe zugeordnet werden kann, ist vielmehr eine Frage der Wahrscheinlichkeit.[377]

5.1.4.2.2 Aufwand-Nutzen-Relation

Um zu verhindern, dass jedes Datum als personenbezogen eingeordnet wird,[378] muss die Bestimmbarkeit somit praktisch einer Prüfung der Aufwand-Nutzen-Relation unterzogen werden. Nach der Definition aus § 3 Abs. 6 BDSG sind hinsichtlich der eingesetzten Mittel der Aufwand an Zeit, Kosten und Arbeitskraft zu berücksichtigen. In der Regel entsteht ein solcher Aufwand bereits für die Erlangung von Zusatzwissen – etwa wenn hierfür Zugangshürden zu diesem Wissen überwunden werden müssen. Auch der Einsatz des Zusatzwissens zur Bestimmung einer Person kann zeitlichen, finanziellen oder personellen Aufwand mit sich bringen. Der Aufwand zur Bestimmung einer Person hängt somit vom Umfang des notwendigen Zusatzwissens sowie an den Hürden zur Erlangung und dem erfolgreichen Einsatz dieses Zusatzwissens ab. Die genannten Faktoren, insbesondere Kosten und Arbeitskraft, eignen sich in beson-

---

375 *Forgó/Krügel*, MMR 2010, 19; *Meyerdierks*, MMR 2009, 10.
376 Artikel-29-Datenschutzgruppe 2007, WP 136, 17.
377 *Roßnagel/Scholz*, MMR 2000, 726; *Tinnefeld*, in: Roßnagel 2003, 4.1, Rn. 23.
378 *Opfermann*, ZEuS 2012, 132.

derem Maße zur Abgrenzung, da sie wirtschaftlich in Zahlen messbar sind. Demgegenüber kann die erforderliche Zeit – etwa für die Überwindung von Zugangssperren – die Bestimmbarkeit auch ohne wirtschaftliche Betrachtung ausschließen.[379] Gegebenenfalls ist auch die Gefahr und mögliche Folgen eines Rechtsverstoßes oder technischer Fehler mitzuwerten.[380]

Dem Aufwand ist der mögliche Vorteil einer Bestimmung gegenüberzusetzen. So ist insbesondere der durch die Bestimmung zu erlangende Informationswert[381] oder ein wirtschaftlicher Nutzen[382] zu berücksichtigen. Auch der generell beabsichtigte Zweck oder das weitere Interesse an der Bestimmung sind in die Abwägung einzubeziehen.[383] Bei der Abwägung kann in Anlehnung an Erwägungsgrund 26 DS-RL ein „Maßstab praktischer Vernunft"[384] angelegt werden. Demnach kann (vergleichbar etwa zum Umweltsicherheitsrecht) anhand einer Risikoprognose geprüft werden, ob „auf Grund allgemeiner Lebenserfahrung oder auf Grund wissenschaftlicher Expertise nicht mit einer Aufdeckung des Personenbezugs zu rechnen ist".[385] Ein nur mäßig höherer Aufwand im Vergleich zum erzielbaren Informationswert genügt demnach beispielsweise nicht, um die Bestimmbarkeit auszuschließen.[386]

5.1.4.2.3 Veränderungen im Aufwand-Nutzen-Verhältnis

Die in Relation gesetzten Faktoren sind nicht statisch. Sie unterliegen einer ständigen Veränderung hinsichtlich ihres Werts und der in die Abwägung einfließenden Gewichtung. So erhöht sich die Menge des verfügbaren Zusatzwissens sowie dessen Erreichbarkeit durch technische Entwicklungen verhältnismäßig schnell.[387] Der Aufwand zur Bestimmung von Personen reduziert sich mit der fortlaufenden Erweiterung der über das Internet zugänglichen Datenmenge sowie durch die Möglichkeit zur technischen Zusammenführung und Verknüpfung von Daten.[388] Aktuell als nicht personenbezogen eingestufte Daten sind somit zukünftig möglicherweise personenbezogen.[389] Im Hinblick auf die Anwendung des Datenschutzrechts ist dieser Umstand nicht unproblema-

---

[379] *Dammann*, in: Simitis 2014, § 3 BDSG, Rn. 25.
[380] Artikel-29-Datenschutzgruppe 2007, WP 136, 18: „Gefahr organisatorischer Dysfunktionen".
[381] *Dammann*, in: Simitis 2014, § 3 BDSG, Rn. 25.
[382] *Gola/Schomerus* 2012, § 3 BDSG, Rn. 44.
[383] Artikel-29-Datenschutzgruppe 2007, WP 136, 18.
[384] *Roßnagel/Scholz*, MMR 2000, 723 mit Verweis auf BVerfGE 49, 89, 143, Rn. 118.
[385] *Roßnagel/Scholz*, MMR 2000, 723; hierzu ausführlich Kapitel 5.1.9.2.
[386] *Dammann*, in: Simitis 2014, § 3 BDSG, Rn. 25.
[387] *Dammann*, in: Simitis 2014, § 3 BDSG, Rn. 30.
[388] Hierzu bereits BVerfGE 65, 1, 42, Rn. 158.
[389] *Dammann*, in: Simitis 2014, § 3 BDSG, Rn. 36; kritisch hierzu *Ehmann/Helfrich* 1999, Art. 2 DS-RL, Rn. 25; so bereits Europäischer Wirtschafts- und Sozialausschuss, Stellungnahme zum Entwurf der Datenschutzrichtlinie, ABl. C 159 vom 17. Juni 1991, 40 Nr. 2.2.2.3.

tisch. Werden Daten erhoben, verarbeitet oder genutzt, für die kein Personenbezug herstellbar ist, so ist hierauf das Datenschutzrecht im Grunde genommen nicht anwendbar. Die Anwendung lebt aber auf, sobald – etwa aufgrund des technischen Fortschritts – Zusatzwissen derart zur Verfügung steht, dass die Abwägung zu einer Bestimmbarkeit führt.[390] Der Umgang mit den Daten ist dann aber rechtfertigungsbedürftig. Die datenverarbeitende Stelle würde verantwortlich und könnte sich – wohl auch trotz entsprechender Sorgfalt – nicht auf die Unkenntnis berufen.

Aufgrund dieser Ungewissheit wird vereinzelt gefordert, die verantwortliche Stelle müsse vorsorglich alle Daten als personenbezogen behandeln.[391] Dies würde jedoch wiederum eine Ausweitung des Personenbezugs auf fast alle Daten bedeuten. Ein anderer Ansatz sieht vor, Daten anhand ihrer „Lebensdauer", also des geplanten Zeitraums des Umgangs oder der Speicherung einer Prognose zuzuführen. Bei längeren Speicherzeiten müsse die verantwortliche Stelle das Zusatzwissen und die Möglichkeiten der Bestimmung bis zum Ende des Prognosezeitraums beurteilen.[392] Der Ansatz entspricht den Vorgaben aus Erwägungsgrund 26 DS-RL, nach dem alle Mittel zu berücksichtigen sind, „die vernünftigerweise [...] eingesetzt werden könnten". Wie bereits bei der Beurteilung der aktuellen Bestimmbarkeit soll demnach eine Risikoprognose auch für die Zukunft erstellt werden.[393] Eine solche Prognose kann gegebenenfalls zur temporären Nichtanwendbarkeit von datenschutzrechtlichen Bestimmungen führen. Sobald sich jedoch im Laufe der Zeit die Möglichkeit zur Bestimmung ergibt, lebt trotz der Prognose die Anwendung des Datenschutzrechts auf.[394] Die verantwortliche Stelle muss somit zwar die Daten nicht vorsorglich als personenbezogen behandeln, wird jedoch verpflichtet sein, regelmäßig zu prüfen, ob die erstellte Prognose noch zutrifft und diese gegebenenfalls korrigieren.

5.1.4.3 Relativität des Personenbezugs

Wenn für die Bestimmbarkeit nur das faktisch zugängliche Zusatzwissen einberechnet werden darf, stellt sich die Frage, wie das noch mit verhältnismäßigem Aufwand erreichbare Zusatzwissen zu ermitteln ist. Möglich ist entweder eine relative Bewertung aus Sicht einer jeden einzelnen Stelle oder eine objektive Bewertung, die anhand des Datums selbst erfolgt. Fraglich ist also, ob für die Bestimmbarkeit die Eigenschaften der jeweiligen Stelle oder die Merkmale des Datums zählen.[395] Die wohl noch immer

---

[390] So etwa *Kühling/Klar*, NJW 2013, 3613 f.
[391] *Dammann*, in: Simitis 2014, § 3 BDSG, Rn. 38.
[392] Artikel-29-Datenschutzgruppe 2007, WP 136, 18.
[393] *Roßnagel/Scholz*, MMR 2000, 723.
[394] *Kühling/Klar*, NJW 2013, 3613 f.; *Dammann*, in: Simitis 2014, § 3 BDSG, Rn. 38.
[395] Hierzu ausführlich *Pahlen-Brandt*, DuD 2008, 349.

vorherrschende Meinung geht von einem sogenannten relativen Personenbezug aus.[396] Nach dieser Ansicht lässt sich, ausgehend vom faktischen Bestimmbarkeitsansatz, ableiten, dass die Bestimmbarkeit der Person immer von der jeweiligen Einzelfallsituation und dem bestehenden Kontext abhängt.[397] Demnach könne eine Person in einem Kontext bestimmbar sein, im anderen jedoch wiederum nicht. Ist eine Person durch eine Stelle bestimmbar, müsse das nicht automatisch auch für andere Stellen gelten – dies sei vielmehr von den jeweiligen Ressourcen und dem bestehenden Zusatzwissen abhängig, über die die jeweilige Stelle zur Bestimmung der Person verfüge.[398]

Die Frage nach der Relativität wurde in der jüngeren Vergangenheit am Personenbezug von IP-Adressen diskutiert. Der Zugang zum Internet wird regelmäßig über einen speziellen Anbieter, den sogenannten „Access-Provider" ermöglicht.[399] Dieser stellt dem Internetnutzer entweder einmalig für seinen Anschluss eine einheitliche, sogenannte „statische" oder mit jeder Nutzung eine neue, sogenannte „dynamische" IP-Adresse zur Verfügung.[400] Hierbei handelt es sich um eine Nummernfolge, die etwa zum Aufruf einer Webseite an den Server, auf dem die Webseite gespeichert ist („Host-Provider"), geschickt wird. Die im Rahmen des Webseitenaufrufs zugesandten IP-Adressen werden von den jeweiligen Webseitenbetreibern („Content-Provider") häufig aufgezeichnet und weiterverwendet.[401] Der Access-Provider als Anschlussbereitsteller hat in der Regel ein Vertragsverhältnis mit dem Anschlussinhaber und kann dementsprechend die von ihm zugeordnete Nummernfolge dem Anschlussinhaber zuordnen.[402] Aus Sicht des Content-Providers handelt es sich bei der IP-Adresse aber primär um eine nichtzuordenbare Nummernfolge – anders als der Access-Provider verfügt er nicht über das notwendige Zusatzwissen zur Bestimmung des Anschlussinhabers.[403] Während die IP-Adresse für den Access-Provider unbestritten ein personen-

---

[396] *Plath/Schneider*, in: Plath 2013, § 3 BDSG, Rn. 15; *Gola/Schomerus* 2012, § 3 BDSG, Rn. 10; *Tinnefeld*, in: Roßnagel 2003, 4.1, Rn. 22; *Dammann*, in: Simitis 2014, § 3 BDSG, Rn. 32; *Roßnagel/Scholz*, MMR 2000, 722 f.; *Caspar*, DÖV 2009, 966; *Meyerdierks*, MMR 2009, 10 ff.; *Eckhardt*, CR 2011, 342 ff.; *Arning/Forgó/Krügel*, DuD 2006, 700; *Köcher*, MMR 2007, 801; *Spindler/Nink*, in: Spindler/Schuster, § 11 TMG, Rn. 5b; *Hansen/Meissner* 2007, 50; *Voigt*, MMR 2009, 377; LG Berlin, K&R 2007, 603; *Härting*, NJW 2013, 2066; *Kühling/Klar*, NJW 2013, 3615; einschränkend *Buchner*, in: Taeger/Gabel 2013, § 3 BDSG, Rn. 13.
[397] Artikel-29-Datenschutzgruppe 2007, WP 136, 15.
[398] *Tinnefeld*, in: Roßnagel 2003, 4.1, Rn. 22.
[399] *Meyerdierks*, MMR 2009, 8.
[400] *Härting*, CR 2008, 745.
[401] *Krüger/Maucher*, MMR 2011, 433.
[402] *Meyerdierks*, MMR 2009, 9.
[403] *Eckhardt*, CR 2011, 340.

bezogenes Datum ist,[404] besteht Uneinigkeit darüber, ob auch der Content-Provider bei der Erhebung von IP-Adressen an das Datenschutzrecht gebunden ist. Dem Access-Provider ist es gesetzlich nach dem Fernmeldegeheimnis aus § 88 TKG ausdrücklich verboten und gegebenenfalls strafbewehrt (§ 206 StGB[405]), die Zusatzinformationen weiterzugeben.[406] Lediglich im Rahmen eines Ermittlungsverfahrens kann gemäß § 161 Abs. 1 S. 1 und § 163 StPO die Weitergabe durch die Staatsanwaltschaft oder im Rahmen des urheberrechtlichen Auskunftsverfahrens nach § 101 UrhG die Herausgabe der Zuordnungsdaten erzwungen werden. Der Content-Provider kann dagegen nur im Rahmen seines Angebots oder über andere Stellen weitere Informationen des Nutzers abfragen (etwa den Namen in einem Online-Formular) und somit zumindest eine Verbindung zwischen dem Nutzer und der IP-Adresse herstellen.[407] Zwar steigt die Wahrscheinlichkeit, dass der Content-Provider den Nutzer durch Eingaben in Online-Formulare oder durch Cookies mit der IP-Adresse in Verbindung bringen kann, soweit eine statische IP-Adresse verwendet wird und der Nutzer damit immer mit derselben IP-Adresse auftritt.[408] Ob jedoch der Nutzer gleichzeitig Anschlussinhaber ist oder der Nutzer einen fremden Anschluss (etwa ein öffentlicher Anschluss, wie zum Beispiel in einem Internet-Café oder den eines anderen Familienmitglieds) nutzt, bleibt für den Content-Provider weiterhin offen.[409] Somit besitzt er keine (legale) Möglichkeit, die Zuordnung zwischen der IP-Adresse und dem Anschlussinhaber vorzunehmen. Vertreter des relativen Ansatzes kommen deshalb zum Schluss, dass zumindest die dynamische IP-Adresse aus Sicht des Content-Providers keinen Personenbezug aufweist.[410]

Kritiker wenden hierzu ein, der relative Ansatz sei widerlegt, da zunehmend statische IP-Adressen Verbreitung finden.[411] Hintergrund ist, dass durch die Einführung neuer,

---

[404] *Eckhardt*, CR 2011, 340; *Härting*, CR 2008, 745; siehe auch *Meyerdierks*, MMR 2009, 9; *Sachs*, CR 2010, 548; *Kirchberg-Lennartz/Weber*, DuD 2010, 480; hinzuweisen ist jedoch auf die Pflicht des Access-Providers zur Löschung der Aufzeichnungen bei dynamischen IP-Adressen nach sieben Tagen, hierzu BGH, NJW 2011, 1511, Rn. 22 ff.

[405] Strafgesetzbuch vom 15.5.1871 in der Fassung vom 13.11.1998, BGBl. 1998 I, 3322, zuletzt geändert am 23.4.2014, BGBl. I, 410.

[406] *Eckhardt*, CR 2011, 340.

[407] *Krüger/Maucher*, MMR 2011, 434.

[408] Hierzu *Arning/Haag*, in: Heidrich/Forgó/Feldmann 2011, II 4.2, Rn. 82; *Freund/Schnabel*, MMR 2011, 497.

[409] *Härting*, CR 2008, 745; Artikel-29-Datenschutzgruppe 2007, WP 136, 15; *Voigt*, MMR 2009, 380.

[410] So auch *Eckhardt*, CR 2011, 342 ff.; *Meyerdierks*, MMR 2009, 9; *Schmitz*, in: Hoeren/Sieber/Holznagel 2014, 16.2, Rn. 83 f.; *Kirchberg-Lennartz/Weber*, DuD 2010, 480 f.; *Krüger/Maucher*, MMR 2011, 436 ff.; LG Berlin, K&R 2007, 603; AG München, ZUM-RD 2009, 414.

[411] So aber *Wegner/Heidrich*, CR 2011, 484.

längerer IP-Adressen (IPv6) keine Mehrfachvergabe von IP-Adressen an mehrere Anschlussinhaber mehr notwendig sein wird.[412] Sind IP-Adressen zukünftig alle statisch und nur noch einem Anschluss zuordenbar, könnte die Bestimmung, wie schon heute bei Festnetztelefonnummern, auch ohne Hilfe der Provider leicht möglich sein.[413] Dies ändert jedoch nichts daran, dass die Bestimmbarkeit einer natürlichen Person von den Möglichkeiten und Zusatzinformationen der jeweiligen Stelle abhängen kann. Die Einordnung der IP-Adresse als personenbezogenes Datum kann mithin nicht über die grundsätzliche Auslegung des Personenbezugs entscheiden. Vielmehr erfolgt die neue Einordnung von IPv6 gerade aufgrund des relativen Personenbezugs: Indem für den Content-Provider aufgrund der statischen IP-Adresse die Möglichkeiten steigen, einen Rückschluss auf den Nutzer, gegebenenfalls auch auf den Anschlussinhaber zu treffen, entsteht gerade für ihn ein Personenbezug im Sinne der Relativität personenbezogener Daten.[414]

5.1.4.4 Gegenmeinung: objektiver Personenbezug

Die Vertreter der Ansicht, es gebe nur einen objektiven Personenbezug argumentieren, es komme bei der Bestimmung einer natürlichen Person nicht auf die individuellen Fähigkeiten und Möglichkeiten der einzelnen verantwortlichen Stelle an. Relevant seien vielmehr die objektiven Möglichkeiten durch die Anwendung eines Mittels, den Betroffenen zu bestimmen – unabhängig davon, wer das Mittel anwende.[415] Die Argumentation stützt sich im Wesentlichen auf Erwägungsgrund 26 DS-RL. Demnach sind alle Mittel zu berücksichtigen, die „entweder von dem Verantwortlichen für die Verarbeitung oder von einem Dritten eingesetzt werden könnten, um die betreffende Person zu bestimmen." Die Tatsache, dass nach dem Wortlaut des Erwägungsgrunds nicht nur die vom Verantwortlichen einsetzbaren Mittel, sondern auch die eines Dritten berücksichtigt werden sollen, bedeute, dass nicht nur auf das Wissen und Können des Einzelnen, sondern (aller) anderen möglichen Stellen abgestellt werden müsse. Der

---

[412] *Freund/Schnabel*, MMR 2011, 497.
[413] Hierzu bereits *Schaar* 2002, 63, Rn. 176.
[414] *Freund/Schnabel*, MMR 2011, 497 weisen zwar darauf hin, dass die Debatte um die Einordnung der IP-Adresse mit IPv6 an Bedeutung verliere, lassen jedoch ebenso zu Recht nicht erkennen am relativen Ansatz des Personenbezugs zu zweifeln.
[415] *Pahlen-Brandt*, DuD 2008, 38; in Bezug auf die Verschlüsselung von Daten wohl auch *Barnitzke* 2014, 174.

Personenbezug müsse aus diesem Grund objektiv beurteilt werden.[416] Für den objektiven Personenbezug wird darüber hinaus angeführt, dass durch eine relative Beurteilung eine „Schutzlücke" entstehe.[417] Bei Daten, die sich in der Hand einer Stelle befänden, der selbst die Möglichkeit zur Identifizierung fehle, könne die betroffene Person unter Umständen durch Weitergabe an eine andere Stelle bestimmt werden. Der Datenschutz liefe dann aber ins Leere. Es entstehe eine Schutzlücke, da der Schutz der informationellen Selbstbestimmung nicht der weitergebenden Stelle, die aus Sicht des relativen Personenbezugs von den Anforderungen des Datenschutzes befreit sei, obliege, sondern der Empfängerstelle.[418]

5.1.4.5 Rechtliche Unmöglichkeit

Eng mit der Diskussion nach dem relativen oder objektiven Personenbezug verbunden ist auch die Frage, welcher Art die Hindernisse, die einer Bestimmung entgegenstehen, sein müssen, um den Personenbezug zu verneinen. Ungeklärt ist, ob das Hindernis, das einer Bestimmung entgegensteht, faktischer Natur sein muss oder ob es bereits genügt, dass die Erlangung und Verwendung der Zusatzinformation rechts- oder vertragswidrig wäre. Zumindest für einige Vertreter der relativen Ansicht kann es für die Nichtbestimmbarkeit genügen, wenn der Verwendung der Zusatzinformation ein Gesetz oder ein vertragliches Versprechen entgegenstehe.[419] Ein möglicherweise illegales oder vertragswidriges Handeln der jeweiligen Stelle, mit dem Zweck einen Personenbezug herzustellen, müsse demnach nicht berücksichtigt werden.[420] Zwar ergibt sich – anders als in § 4 Abs. 1 Österreichisches Datenschutzgesetz 2000 – der Ausschluss illegalen

---

[416] Dieser Ansicht *Karg*, MMR-Aktuell 2011, 315811; *Pahlen-Brandt*, DuD 2008, 38; *Pahlen-Brandt*, K&R 2008, 289; einschränkend *Schaar* 2002, 55, Rn. 153 f.; nicht eindeutig *Weichert*, in: Däubler/Klebe/Wedde/Weichert 2014, § 3 BDSG, Rn. 13, 15; *Weichert*, DuD 2007, 115; dagegen ohne Einordnung des Personenbezugs jedoch für den Personenbezug von IP-Adressen *Wegner/Heidrich*, CR 2011, 484; VG Wiesbaden, MMR 2009, 432, Rn. 36; *Weichert*, VuR 2009, 326; Düsseldorfer Kreis 2009, Beschluss vom 26./27.11.2009, 1; ULD 2011, FAQ IP-Adressen und andere Nutzungsdaten, I. 1.

[417] *Pahlen-Brandt*, K&R 2008, 289.

[418] *Pahlen-Brandt*, DuD 2008, 38; *Pahlen-Brandt*, K&R 2008, 289; diese Argumentation für IP-Adressen auch bei *Schaar* 2002, 63, Rn. 174 sowie für die Verschlüsselung beim Cloud Computing *Barnitzke* 2014, 174.

[419] Ein solches entgegenstehendes Gesetz könnte beispielsweise das Fernmeldegeheimnis im Sinne des § 88 TKG, § 206 StGB sein; entgegenstehende vertragliche Vereinbarungen sind zum Beispiel vertragliche Verschwiegenheitspflichten, hierzu auch *Dammann*, in: Simitis 2014, § 3 BDSG, Rn. 31.

[420] So *Arning/Haag*, in: Heidrich/Forgó/Feldmann 2011, II. 4.2, Rn. 78; *Arning/Forgó/Krügel*, DuD 2006, 704; *Eckhardt*, CR 2011, 342; *Kirchberg-Lennartz/Weber*, DuD 2010, 480; *Krüger/Maucher*, MMR 2011, 437 f.; *Meyerdierks*, MMR 2009, 11 f.; *Kühling/Klar*, NJW 2013, 3613.

Handelns nicht direkt aus dem Gesetz.⁴²¹ Das Bundesdatenschutzgesetz stellt hier nur auf einen unverhältnismäßigen Aufwand, die Datenschutzrichtlinie auf vernünftigerweise nicht eingesetzte Mittel ab. Für einen solchen Ausschluss wird allerdings angeführt, es könne in einem Rechtsstaat den Beteiligten keine Neigung zum Rechtsbruch unterstellt werden, insbesondere dann, wenn die Befolgung weitgehend gesichert sei.⁴²² Andernfalls würden die Stellen unter Generalverdacht gestellt – so etwa Access-Provider mit dem Vorwurf, dass diese regelmäßig unbefugt Informationen über Anschlussinhaber rechtswidrig offenlegen würden. Dies führe aber zu nicht sachgemäßen Abwägungen.⁴²³ Der Gesetzgeber habe aber den legal handelnden Normadressaten als Regelfall zu Grunde gelegt und nur für den Fall der Zuwiderhandlung Rechtsfolgen vorgesehen.⁴²⁴

Insbesondere die Vertreter der Ansicht eines objektiven Personenbezugs gehen dagegen davon aus, dass auch illegales Handeln (zumindest teilweise) mitberücksichtigt werden müsse.⁴²⁵ Die allgemeine Lebenserfahrung zeige, dass gesetzliche Regelungen allein nicht deren Einhaltung garantierten. Auch im Bereich der informationellen Selbstbestimmung seien Verstöße an der Tagesordnung, sodass illegales Handeln auch hier zu berücksichtigen sei.⁴²⁶ Andernfalls bleibe der Schutz der informationellen Selbstbestimmung demjenigen überlassen, der aus einem Verstoß gegen die Datenschutzbestimmungen einen Nutzen ziehen könne.⁴²⁷

5.1.4.6 Fortgeltung des relativen Ansatzes

Aus dem Wortlaut des § 3 Abs. 1 BDSG allein lässt sich kein Hinweis auf einen relativen oder einen objektiven Ansatz und ebenso wenig eine Deutungsgrundlage hinsichtlich der Frage nach der Berücksichtigung illegalen Handelns ableiten.⁴²⁸ Auch der verbindliche Richtlinientext gibt hierzu keine Anhaltspunkte. Lediglich die Formulierung des Erwägungsgrunds 26 DS-RL („von einem Dritten") weist auf eine Einbeziehung von weiteren Quellen für das Zusatzwissen hin. Dies kann jedoch nicht automatisch als ein Wille des Richtliniengebers interpretiert werden, den Personenbezug objektiv, völlig unabhängig von den individuellen Gegebenheiten und Fähigkeiten, zu

---

421 Hierzu *Arning/Forgó/Krügel*, DuD 2006, 703; *Lehner*, in: Bauer/Reimer 2009, 123.
422 *Meyerdierks*, MMR 2009, 11 f.; *Krüger/Maucher*, MMR 2011, 437 f.; *Arning/Forgó/Krügel*, DuD 2006, 703.
423 *Krüger/Maucher*, MMR 2011, 438.
424 *Meyerdierks*, MMR 2009, 12.
425 *Pahlen-Brandt*, K&R 2008, 289; siehe auch Artikel-29-Datenschutzgruppe 2007, WP 136, 19 f.; *Gola/Schomerus* 2012, § 3 BDSG, Rn. 10; einschränkend *Weichert*, in: Däubler/Klebe/Wedde/Weichert 2014, § 3 BDSG, Rn. 13.
426 *Pahlen-Brandt*, K&R 2008, 289.
427 *Pahlen-Brandt*, K&R 2008, 289.
428 So auch *Sachs*, CR 2010, 549 f.

definieren. Mit der Formulierung des Erwägungsgrunds 26 DS-RL ist noch keine Aussage darüber getroffen, in welchem Ausmaß das Wissen anderer Stellen miteinfließt und in welcher Beziehung die andere Stelle zur verantwortlichen Stelle stehen soll.[429] Außerdem weist beispielsweise die Kommission selbst in ihrem ersten Bericht zur Durchführung der Datenschutzrichtlinie unter Hinweis auf eine „vernünftige und flexible Auslegung bestimmter Richtlinienbestimmungen"[430] auf eine Stellungnahme des European Privacy Officers Forums (EPOF) hin, welches eine „vernünftige" Auslegung der Begriffe „anonyme" und „sensible" Daten fordert. In seiner Stellungnahme schlägt das EPOF beispielsweise eine Anpassung der Definition anonymer Daten an die deutsche Definition im Bundesdatenschutzgesetz vor.[431]

Unter Berücksichtigung des Gesetzeszwecks ergibt sich ebenfalls kein eindeutiges Gewicht zugunsten des relativen oder objektiven Ansatzes. Geht man etwa vom Zweck des Bundesdatenschutzgesetzes nach § 1 Abs. 1 BDSG aus, den Einzelnen davor zu schützen, dass er durch den Umgang mit seinen personenbezogenen Daten in seinem Persönlichkeitsrecht beeinträchtigt wird, müsste im Rahmen der teleologischen Auslegung festgestellt werden, ob entweder der relative oder der objektive Ansatz das Recht des Einzelnen auf informationelle Selbstbestimmung eher fördern kann.[432] Eine Überprüfung lässt sich zumindest für Teilfragen durchführen. So ist es aus Sicht des Betroffenen – also des Grundrechtsträgers – letztendlich unerheblich, dass eine Rechtsnorm oder ein vertragliches Versprechen die Weitergabe von Daten verbietet, wenn dieses Verbot nur bedingt durchsetzbar ist und Verstöße gegen dieses Verbot nur bedingt verhindert oder geahndet werden können. Das Verbot allein bewirkt noch keinen Schutz vor einem Eingriff in das Persönlichkeitsrecht. Insbesondere im Hinblick auf internationale Datenverkehre durch das Internet, im Besonderen durch das Cloud Computing, steht das Datenschutzrecht vor erheblichen Durchsetzungsdefiziten. Staatliche Regelungen und Sanktionen laufen vor dem Hintergrund dezentraler Speicherung, grenzüberschreitender Datenverarbeitung und nicht zuletzt international verschiedener Datenschutzkulturen leer.[433] Damit einher geht ein verändertes Bewusstsein der Nutzer für den Schutz ihrer Persönlichkeit, aber auch der Daten anderer.[434] Illegales Handeln und Missachtung nationaler Bestimmungen dürfen aus diesem

---

[429] Hierzu *Sachs*, CR 2010, 549 f.
[430] KOM (2003) 265, 16, Fn. 21.
[431] European Privacy Officers Forum 2002, Comments on Review of the EU Data Protection Directive (Directive 95/46/EC), http: //www.epof.org/files/Uploads/Documents/EPOF/EPOF_en2_7.31.02.pdf, 5.
[432] Zur teleologischen Auslegung, jedoch ohne nähere Begründung *Sachs*, CR 2010, 550.
[433] Statt vieler *Masing*, NJW 2012, 2309 f.; zu unterschiedlichen Datenschutzkulturen etwa *Hoeren*, ZRP 2010, 252.
[434] *Spindler* 2012, F11; *Ernst*, VuR 2010, 321.

Grund gerade im Bereich des Datenschutzes nicht unberücksichtigt bleiben.[435] Eine gesetzliche oder vertragliche Verpflichtung, etwa ein Verbot zur Datenherausgabe, allein kann aus diesem Grund nicht ausreichen, um den Personenbezug zu verneinen und das Datenschutzrecht für unanwendbar zu erklären.

Auch soweit die Vertreter des objektiven Personenbezugs einwenden, Daten von aus Sicht der verantwortlichen Stelle unbestimmten Personen könnten durch Weitergabe bestimmbar werden, ist dem zuzustimmen. Durch einen objektiven Personenbezug könnten die Betroffenen und damit das Recht auf informationelle Selbstbestimmung insofern besser geschützt werden, als die Daten von Anfang an als personenbezogen gelten würden. Aus diesem Grund ist der Personenbezug mithilfe des Gesetzeszwecks dahingehend auszulegen, dass derjenige, für den die Person unbestimmbar ist, nicht ohne weiteres davon ausgehen darf, dass sie für einen anderen, dem Daten weitergegeben werden, ebenso unbestimmbar ist. Der Gesetzgeber bringt somit zu Recht den datenverarbeitenden Stellen ein gewisses Misstrauen entgegen,[436] indem er sie nicht schon deshalb von den Pflichten des Datenschutzrechts vollständig freistellt, weil ein vertragliches oder gesetzliches Weitergabeverbot für die Daten besteht oder die Daten aus der Sicht der jeweiligen Stelle nicht bestimmbar sind.

Allerdings führt dies im Ergebnis nicht zwingend zu einem objektiven Personenbezug. Die Berücksichtigung illegalen Handelns ist auch bei Anwendung des relativen Personenbezugs möglich. Geht man davon aus, dass die jeweilige Stelle nur bis zu einer bestimmten rechtlichen und tatsächlichen Hürde Willens und in der Lage wäre, illegal zu handeln, kann die Bestimmbarkeit durchaus relativ sein. Fraglich ist dann aber, wie die jeweilige Hürde zu bestimmen ist. Als Mittel zur Erlangung und dem Einsatz des Zusatzwissens geht der Aufwand für mögliches illegales Handeln in die Aufwand-Nutzen-Abwägung im Sinne des § 3 Abs. 6 BDSG ein. Die Hürde liegt entsprechend bei dem „Ausmaß illegalen Handelns", bei dem nach Abwägung mit dem möglichen Nutzen kein Ertrag mehr verbleibt. An diesem Punkt „lohnt" sich das illegale Handeln für die jeweilige Stelle nicht mehr.[437] In der Praxis reicht eine vertragliche Verpflichtung, die Daten nicht weiterzugeben, zumindest im Bereich des Internet in der Regel sicher nicht aus. Unter Berücksichtigung der erschwerten Durchsetzbarkeit vertraglicher Ansprüche, insbesondere gegen internationale datenverarbeitende Stellen, läge die Hürde für einen Vertragsbruch wohl zu niedrig. Soweit jedoch die Verarbeitung gesetzlich verboten und gegebenenfalls auch strafrechtlich sanktioniert ist, muss für die illegale Bestimmung bereits ein erhöhter Nutzen vorliegen.[438] In diesem

---

[435] Insofern grundsätzlich zutreffend *Pahlen-Brandt*, K&R 2008, 289; *Dammann*, in: Simitis 2014, § 3 BDSG, Rn. 28.
[436] *Meyerdierks*, MMR 2009, 11.
[437] Hierzu *Tinnefeld*, in: Roßnagel 2003, 4.1, Rn. 28.
[438] Siehe hierzu *Krüger/Maucher*, MMR 2011, 437 f.; *Meyerdierks*, MMR 2009, 11 f.

Sinne sind wohl zumindest dynamische IP-Adressen ohne zusätzliche Informationen nicht als personenbezogene Daten zu bewerten.[439] Mit Herausgabe der Zuordnung durch den Access-Provider würde sich dieser regelmäßig strafbar machen, was zumindest für deutsche Betreiber eine erhebliche Hürde darstellt. Diese Beurteilung mag jedoch auch nur gelten, soweit die Durchsetzung der Strafnormen im Zweifel gesichert ist. Für die Datenverarbeitung im Internet ist jedoch auch das zweifelhaft. Für Access-Provider in Drittländern wird die Strafandrohung nur bedingt Wirkung zeigen. Gerade im Hinblick auf grenzüberschreitende Datenverarbeitung wird deshalb zu der rechtlichen Beschränkung noch eine tatsächliche Beschränkung hinzukommen müssen. Diese könnte beispielsweise in technisch-organisatorischen Maßnahmen bestehen.[440] Existieren demnach nicht nur rechtliche, sondern auch technische und organisatorische Hürden, kann für den Einzelnen eine Bestimmung unverhältnismäßig sein, sodass ein Personenbezug entfällt. Technische und organisatorische Maßnahmen ergeben sich aus § 9 BDSG i. V. m. der Anlage zu § 9 S. 1. Anders als dort vorgesehen, erfüllen sie jedoch in diesem Fall nicht die Bedingung eines zulässigen Datenumgangs, sondern ermöglichen es, Daten derart „abgeschottet" zu verarbeiten, dass eine Zuordnung zu einer natürlichen Person nicht oder nur unter unverhältnismäßigem Aufwand möglich ist.[441]

Auch die Tatsache, dass derjenige, für den die Person unbestimmbar ist, nicht ohne weiteres davon ausgehen darf, dass sie für einen anderen, dem Daten weitergegeben werden, ebenso unbestimmbar ist, führt nicht zwingendermaßen zu einem objektiven Personenbezug. Die von den Kritikern des relativen Ansatzes befürchtete „Schutzlücke"[442] besteht in diesem Fall nicht.[443] Solange die Daten bei einer Stelle lediglich gespeichert sind, ist die Bestimmbarkeit entsprechend des relativen Ansatzes anhand des ihr zur Verfügung stehenden und (legal oder gegebenenfalls illegal) zugänglichen Zusatzwissens zu beurteilen. Anders verhält es sich jedoch, wenn die Daten an andere Stellen weitergegeben werden. Unter Berücksichtigung des relativen Personenbezugs darf die weitergebende Stelle nicht davon ausgehen, dass die andere Stelle ebenso keine Bestimmung vornehmen kann. Werden die Daten durch die Weitergabe bestimmbar, hat die weitergebende Stelle an einer Übermittlung personenbezogener Daten mitgewirkt. Das Datenschutzrecht lebt für beide Stellen auf, sodass sich die weitergeben-

---

439 So wohl im Ergebnis auch *Freund/Schnabel*, MMR 2011, 496 ff.; einschränkend *Kirchberg-Lennartz/Weber*, DuD 2010, 481; *Krüger/Maucher*, MMR 2011, 439.
440 *Weichert*, in: Däubler/Klebe/Wedde/Weichert 2014, § 3 BDSG, Rn. 13.
441 So auch Artikel-29-Datenschutzgruppe 2007, WP 136, 17 und 20; andere Ansicht *Pahlen-Brandt*, DuD 2008, 34 f.
442 *Pahlen-Brandt*, K&R 2008, 289; *Eckhardt*, Anmerkung zu AG Berlin, K&R 2007, 601.
443 *Eckhardt*, CR 2011, 343; *Eckhardt*, K&R 2007, 603; *Krüger/Maucher*, MMR 2011, 439.

de Stelle für die Übermittlung datenschutzrechtlich zu verantworten hat.[444] Problematisch ist insbesondere, dass auch die Möglichkeit einer (legalen oder illegalen) Folgeübermittlung miteinberechnet werden muss, die den Kreis des einzubeziehenden Zusatzwissens stark erweitern kann.[445] Werden Daten durch eine Stelle zum Beispiel im Internet veröffentlicht, steigt die Wahrscheinlichkeit einer Bestimmung auf ein Maximum an. Die veröffentlichende Stelle muss von vornherein das Zusatzwissen aller potentiellen Internetnutzer einbeziehen.[446] Nur im Falle der Veröffentlichung von Daten, insbesondere im Internet, deckt sich demzufolge das Ergebnis mit dem des objektiven Ansatzes.

5.1.5 Folgen für die Cloud

Unter Annahme des relativen Personenbezugs und der Tatsache, dass auch illegales Handeln bis zu einem gewissen Maß zu berücksichtigen ist, stellt sich die Frage, unter welchen Voraussetzungen und für wen Daten in der Cloud einen Personenbezug aufweisen können. Sodann ist zu untersuchen, ob der Personenbezug in bestimmten Bereichen ausschließbar ist.[447]

Sind Daten in der Cloud aufgrund einer fehlenden Bestimmbarkeit nicht (mehr) personenbezogen, könnte die Anwendung des Datenschutzrechts zumindest partiell ausgeschlossen sein. Allerdings muss auch beim Ausschluss der Anwendbarkeit berücksichtigt werden, dass selbst nicht zuordenbare Daten dennoch häufig „potentiell personenbezogen"[448] sein können – eine Bestimmung könnte etwa zukünftig oder unter unverhältnismäßig großem Aufwand möglich werden. Einzelne datenschutzrechtliche Regelungen müssen für diese Daten insofern weiter Anwendung finden, als sie den sicheren Umgang mit den Daten vorschreiben oder die Regelungen das Aufleben einer Bestimmbarkeit verhindern sollen.[449] Wird demnach mit Einhaltung der technisch-organisatorischen Datensicherheit im Sinne des § 9 BDSG i. V. m. der Anlage zu § 9 S. 1 die Bestimmbarkeit von Daten durch andere Stellen verhindert, kann diese Norm durch den Ausschluss des Personenbezugs gerade nicht obsolet werden. Demgegenüber bestehen ohne den Personenbezug der Daten keine (Kontroll-)Rechte des

---

[444] So auch *Dammann*, in: Simitis 2014, § 3 BDSG, Rn. 38; *Eckhardt*, CR 2011, 343 f.; *Eckhardt*, K&R 2007, 603; *Kühling/Klar*, NJW 2013, 3613 f.
[445] *Dammann*, in: Simitis 2014, § 3 BDSG, Rn. 34.
[446] *Caspar*, DÖV 2009, 967; *Dammann*, in: Simitis 2014, § 3 BDSG, Rn. 35.
[447] Zu dieser Frage in Bezug auf Cloud Computing zum Beispiel *Weichert*, DuD 2010, 681; *Splittgerber/Rockstroh*, BB 2011, 2180 f.; *Spies*, MMR-Aktuell 2011, 313727.
[448] *Dammann*, in: Simitis 2014, § 3 BDSG, Rn. 36; so auch völlig zu Recht *Barnitzke* 2014, 174.
[449] In diese Richtung *Dammann*, in: Simitis 2014, § 3 BDSG, Rn. 36.

Betroffenen sowie keine Einschränkungen hinsichtlich der Zulässigkeit des Umgangs mit den Daten.[450]

Speichert und verarbeitet der Cloud-Nutzer nur seine eigenen Daten in der Cloud, stellt sich für ihn die Frage nach dem Personenbezug nicht – jedoch für den Cloud-Anbieter. Dieser erhebt und verarbeitet im Rahmen der Nutzung Bestands- und Nutzungsdaten, hat aber möglicherweise auch Zugriff auf die vom Cloud-Nutzer in die Cloud eingebrachten Inhaltsdaten.[451] Soweit der Cloud-Anbieter die Daten des Cloud-Nutzers speichert oder verarbeitet, ist fraglich, inwiefern die Maßnahmen unter das Datenschutzrecht fallen. So könnte sich der Cloud-Anbieter darauf berufen, keine Zuordnung der in seiner Cloud gespeicherten und verarbeiteten Daten zu natürlichen Personen vornehmen zu können. Regelmäßig wird er jedoch in der Lage sein, die Daten zumindest dem Cloud-Nutzer zuzuordnen. Bei den Daten handelt es sich mithin auch für den Cloud-Anbieter um Einzelangaben über persönliche sachliche Verhältnisse des Cloud-Nutzers, welcher für den Cloud-Anbieter bestimmt oder problemlos bestimmbar ist. Hinsichtlich des vom Cloud-Anbieter verantworteten Umgangs mit Nutzerdaten, findet das Datenschutzrecht ausnahmslos Anwendung.

Daten Dritter, die in der Cloud verarbeitet werden, weisen zweifelsohne häufig, zumindest für die verantwortliche Stelle, einen Personenbezug auf. In den meisten Fällen wird es sich dabei sogar um Daten bestimmter, zumindest jedoch bestimmbarer Personen handeln – beispielsweise Kundendatensätze mit Informationen über den Namen, die Anschrift, weitere Merkmale oder das Konsumverhalten der Kunden eines gewerblichen Cloud-Nutzers. Der Cloud-Nutzer hat in diesem Fall ohne Einschränkung das Datenschutzrecht zu beachten. Soweit es keine gegenteiligen Anhaltspunkte gibt, muss der Cloud-Nutzer bei der Weitergabe dieser Daten davon ausgehen, dass sie für die anderen Stellen ebenfalls bestimmt oder bestimmbar sind.[452] Gibt der Cloud-Nutzer die Daten somit an eine andere Stelle weiter, unterliegt dies entsprechend den Zulässigkeitsvoraussetzungen der Datenschutzgesetze.

Anders verhält es sich, wenn die Daten für den Cloud-Nutzer nicht bestimmbar sind. Verfügt der Cloud-Nutzer beispielsweise über Angaben[453] von für ihn fremden und auch nicht bestimmbaren Personen, stellt sich die Frage, ob die für ihn

---

[450] *Dammann*, in: Simitis 2014, § 3 BDSG, Rn. 33 f.; *Gola/Schomerus* 2012, § 1 BDSG, Rn. 22; *Roßnagel*, in: Roßnagel 2003, 1., Rn. 68, das Erheben, Verarbeiten (und damit Speichern, Übermitteln, Verändern etc.) und Nutzen von nicht-personenbezogenen Daten ist demzufolge zulässig.

[451] Zur Abgrenzung von Bestands-, Nutzungs- und Inhaltsdaten beim Cloud Computing *Boos/Kroschwald/Wicker*, ZD 2013, 205 ff.

[452] *Weichert*, DuD 2010, 681 weist darauf hin, dass gerade beim Cloud Computing aufgrund der weltweiten Vernetzung die Wahrscheinlichkeit einer Bestimmung erhöht sei.

[453] Beispielsweise eine Forschungsstelle, die Körpermerkmale ohne Namenszuordnung erfasst.

nicht-personenbezogenen Daten in einer Cloud gespeichert oder verarbeitet werden können, ohne dass hierauf das Datenschutzrecht Anwendung findet. Nach den vorangegangenen Feststellungen darf der Cloud-Nutzer nicht ohne Weiteres darauf vertrauen, dass der Cloud-Anbieter keine Zuordnung zu natürlichen Personen vornehmen kann. Darüber hinaus muss er damit rechnen, dass der Cloud-Anbieter, gegebenenfalls entgegen der Vorgaben des Cloud-Nutzers oder entgegen gesetzlicher Bestimmungen, die Daten weitergibt und eine andere Stelle eine Zuordnung vornehmen kann. Der Personenbezug bleibt mithin nur ausgeschlossen, soweit der Cloud-Nutzer sicherstellen kann, dass die Daten zum einen nicht an andere Stellen weitergegeben werden, zum anderen der Cloud-Anbieter nicht oder nur unter unverhältnismäßigem Aufwand in der Lage ist, die Daten einer natürlichen Person zuzuordnen. Entsprechend den obigen Ergebnissen kann dies unter Umständen mithilfe von vertraglichen oder gesetzlichen Verarbeitungs- und Weitergabeverboten im Zusammenhang mit technisch-organisatorischen Datenschutzmaßnahmen erfolgen. Soweit dadurch ein Personenbezug wirksam ausgeschlossen werden kann, ist das Datenschutzrecht nur noch hinsichtlich dieser Maßnahmen zur Datensicherheit anwendbar.

Ebenso könnte gegebenenfalls ein Personenbezug und die Anwendung (zumindest von Teilen) des Datenschutzrechts ausgeschlossen werden, wenn eine Stelle in der Lage ist, die Bestimmbarkeit für vormals personenbezogene Daten mittels technisch-organisatorischer Maßnahmen auszuschließen oder derart zu erschweren, dass eine Bestimmung nur noch mit unverhältnismäßigem Aufwand möglich ist. Im Folgenden ist deshalb danach zu fragen, ob und wie eine Stelle, beispielsweise ein Cloud-Nutzer, einen Personenbezug durch andere Stellen ausschließen kann und demgemäß bei der Datenweitergabe, beispielsweise an Cloud-Anbieter und Unterauftragnehmer, das Datenschutzrecht möglicherweise keine Anwendung findet.

5.1.6 Anonymisierung

Der Begriff „Anonym" hat einen griechischen Ursprung und bedeutet „namenlos" oder „dem Namen nach unbekannt".[454] Gemäß § 3 Abs. 6 BDSG ist Anonymisieren „das Verändern personenbezogener Daten derart, dass die Einzelangaben über persönliche oder sachliche Verhältnisse nicht mehr oder nur mit einem unverhältnismäßig großen Aufwand an Zeit, Kosten und Arbeitskraft einer bestimmten oder bestimmbaren natürlichen Person zugeordnet werden können." Wie bereits dargestellt korrelieren die Anonymisierung und der Personenbezug negativ.[455] Ein Teil der Begriffsdefinition der Anonymisierung – der zweite Halbsatz des § 3 Abs. 6 BDSG – geht im umgekehrten Sinne in die Definition des Personenbezugs mit ein.[456] Anonyme Daten decken sich

---

[454] *Köbler* 2003, „anonym"; *Roßnagel/Scholz*, MMR 2000, 723.
[455] Kapitel 5.1.4.2.1.
[456] *Dammann*, in: Simitis 2014, § 3 BDSG, Rn. 196.

insofern mit dem Bestimmbarkeitskriterium aus § 3 Abs. 1 BDSG – Daten sind anonym und damit nicht bestimmbar, wenn sie nur mit unverhältnismäßigem Aufwand an Zeit, Kosten und Arbeitskraft einer natürlichen Person zugeordnet werden können. Die Begriffe der anonymen Daten und nicht-personenbezogenen Daten weichen im Wesentlichen in einem Punkt voneinander ab: Soweit ein anderes Merkmal als die Bestimmbarkeit aus der Begriffsdefinition der personenbezogenen Daten zu verneinen ist und entsprechend kein Personenbezug vorliegt, sind die Daten nicht automatisch anonym. Handelt es sich beispielsweise um keine Einzelangaben, beschreiben die Informationen keine persönlichen oder sachlichen Verhältnisse oder beziehen sich diese Informationen nicht auf eine natürliche Person, kann auch nicht von anonymen Daten gesprochen werden. Es sind vielmehr Informationen, die zu keiner (natürlichen) Person gehören.[457] Anonymen Daten fehlt also lediglich die Zuordnungsmöglichkeit – entweder von Anfang an oder, weil sie durch Anonymisierung nachträglich entfernt wurde.[458] Bedeutung hat die Anonymisierung insbesondere im Bereich des technischen Datenschutzes und der Datenvermeidung und -sparsamkeit.[459] Nach § 3a BDSG ist der Datenumgang und die Gestaltung an der Datenvermeidung und -sparsamkeit auszurichten. So sollen nach § 3a S. 2 BDSG personenbezogene Daten nach Möglichkeit anonymisiert werden. Nach § 13 Abs. 6 TMG hat der Diensteanbieter die Nutzung anonym anzubieten. An anderer Stelle, etwa § 96 Abs. 2 TKG, schreibt das Gesetz die Anonymisierung bestimmter Daten verbindlich vor.

Jenseits des technischen Datenschutzes, den Datenschutzzielen und einzelnen Vorgaben, kann durch eine aktive Anonymisierung oder bewusste Beschränkung auf anonyme Daten auch die Anwendung des Datenschutzrechts zumindest teilweise ausgeschlossen werden und somit eine Verarbeitung von Daten ohne die Anforderungen der Datenschutzgesetze erfolgen.[460] Hierbei ist wiederum die Relativität des Personenbezugs zu berücksichtigen. Für die Frage, ob durch die Anonymisierung der Personenbezug entfällt, sind die obigen Ausführungen zur Bestimmbarkeit heranziehbar. Beim Cloud Computing könnten durch den Cloud-Nutzer Daten (zum Beispiel Daten seiner Kunden), die für die Übertragung in die Cloud vorgesehen sind, anonym erhoben werden oder nachträglich anonymisiert werden. Die anonymen Daten könnten dann ohne Berücksichtigung datenschutzrechtlicher Zulässigkeitsvoraussetzungen an einen beliebigen Cloud-Anbieter übertragen werden. Der Datenumgang in der Cloud und auch der weitere Umgang durch den Cloud-Anbieter – etwa der Weiterverkauf der anonymen Daten zur Marktforschung[461] – unterläge keinen datenschutzrechtlichen Be-

---

[457] *Roßnagel/Scholz*, MMR 2000, 723.
[458] *Roßnagel/Scholz*, MMR 2000, 723.
[459] So auch *Bedner* 2013, 180 f.; *Schaar* 2002, 74, Rn. 217.
[460] *Weichert*, in: Däubler/Klebe/Wedde/Weichert 2014, § 3 BDSG, Rn. 49; *Plath/Schreiber*, in: Plath 2013, § 3 BDSG, Rn. 59.
[461] So *Hon/Millard/Walden* 2011, 8.

schränkungen. Für eine Anonymisierung muss der Personenbezug aus Sicht des Cloud-Nutzers irreversibel entfernt sein.[462] Unter Berücksichtigung des relativen Personenbezugs ist jedoch auch auszuschließen, dass auch der Cloud-Anbieter und weitere potentielle Empfänger nicht oder nur unter unverhältnismäßigem Aufwand in der Lage sind, die Daten einer natürlichen Person zuzuordnen. Nur, soweit eine Zuordnung der anonymen Daten durch andere Stellen nach der allgemeinen Lebenserfahrung oder – in Ermangelung entsprechender Erfahrungswerte – auf Grundlage einer Risikoprognose auf dem Stand der Wissenschaft nicht zu erwarten ist,[463] darf der Cloud-Nutzer die Daten ohne datenschutzrechtliche Beschränkungen weitergeben. Dabei sind auch zukünftige technische Entwicklungen, die gegebenenfalls eine Re-Identifikation ermöglichen, zu berücksichtigen.[464] Die Methode der Anonymisierung hängt vom Aufbau und Inhalt des jeweiligen Datenbestands ab.[465] Unerlässlich ist wohl die irreversible Entfernung und Löschung der expliziten oder direkten Identifikationsmerkmale, wie Namen und Anschriften, Personenkennzeichen, Kontonummern.[466] Weitere Maßnahmen sind etwa die Merkmalsaggregation, also das Ersetzen konkreter Angaben durch allgemeiner gehaltene Ersatzangaben,[467] oder auch der kontrollierte Einbau von Zufallsfehlern.[468]

Eine Anonymisierung von Daten durch einen Cloud-Nutzer kann zwar die Bestimmbarkeit betroffener Dritter ausschließen. Nicht ausschließen lässt sich allerdings der Rückschluss auf den Cloud-Nutzer, dem die Daten – sofern er eine natürliche Person ist – ebenso zugerechnet werden können. Auch wenn ein Cloud-Nutzer möglicherweise anonymisierte Daten in eine Cloud übermitteln darf, folgt hieraus noch kein beliebig zulässiger Folgeumgang mit den Daten durch den Cloud-Anbieter und weitere Stellen. Die datenschutzrechtlichen Vorgaben – insbesondere zur technischen und organisatorischen Datensicherheit – sind schon deshalb weiterhin zu berücksichtigen, weil sie den Schutz des Cloud-Nutzers als (ebenfalls) Betroffenen zu gewährleisten haben.

---

[462] Der Personenbezug muss für alle Beteiligten irreversibel entfernt sein, *Dammann*, in: Simitis 2014, § 3 BDSG, Rn. 200.
[463] *Roßnagel/Scholz*, MMR 2000, 724; hierzu Kapitel 5.1.9.2.
[464] *Weichert*, in: Däubler/Klebe/Wedde/Weichert 2014, § 3 BDSG, Rn. 47.
[465] *Dammann*, in: Simitis 2014, § 3 BDSG, Rn. 205.
[466] *Dammann*, in: Simitis 2014, § 3 BDSG, Rn. 206.
[467] Zum Beispiel indem bei einer Altersangabe der Wert „103 Jahre" durch die Gruppierung „Alter über 80 Jahre" ersetzt wird, *Dammann*, in: Simitis 2014, § 3 BDSG, Rn. 207.
[468] *Dammann*, in: Simitis 2014, § 3 BDSG, Rn. 207 ff.

5.1.7 Pseudonymisierung

Der Begriff „Pseudonym" kommt ebenfalls aus dem Griechischen und bedeutet „mit falschem Namen".[469] Der Begriff „Pseudonymisieren" wurde erst im Jahr 2001 im Bundesdatenschutzgesetz legaldefiniert. Nach § 3 Abs. 6a BDSG ist Pseudonymisieren „das Ersetzen des Namens und anderer Identifikationsmerkmale durch ein Kennzeichen zu dem Zweck, die Bestimmung des Betroffenen auszuschließen oder wesentlich zu erschweren." Wie bei der Anonymisierung wird die Identität der natürlichen Person unsichtbar – Daten und damit auch die ersetzenden Kennzeichen sind dementsprechend nicht oder nur noch erschwert zuordenbar. Anders als bei der Anonymisierung wird bei der Pseudonymisierung die Identitätszuordnung nicht unwiederbringlich entfernt, sondern lediglich eine Identitätsverschleierung vorgenommen.[470] Im Gegensatz zur Anonymisierung verfügt also stets mindestens eine Stelle oder Person über ein bestimmtes Zusatzwissen – eine sogenannte Zuordnungsfunktion – mit deren Hilfe eine Zuordnung zu natürlichen Personen, also eine Bestimmung, vorgenommen werden.[471] Eine Pseudonymisierung stellt also zumindest nicht zwingend Anonymität her.[472]

Wie die Anonymisierung so ist auch die Pseudonymisierung primär ein Mittel zur Einhaltung von Datenschutzzielen, wie etwa im Sinne des § 3a BDSG. Es kann außerdem eine Voraussetzung für die Zulässigkeit einer konkreten Datenverarbeitung, zum Beispiel nach § 15 Abs. 3 TMG oder etwa nach § 13 Abs. 6 TMG als technisch-organisatorische Maßnahme vorgeschrieben sein. Darüber hinaus kann aber durch Pseudonymisierung – unter Heranziehung des relativen Ansatzes – gegebenenfalls auch der Personenbezug entfallen und somit das Datenschutzrecht für den konkreten Datenumgang teilweise nicht anwendbar sein.[473] Hierfür spricht bereits der Gesetzeswortlaut, wonach Pseudonymisierung den Zweck verfolgt, „die Bestimmung des Betroffenen auszuschließen oder wesentlich zu erschweren." Im selben Sinne wie bei der Anonymisierung kommt es auch bei der Pseudonymisierung darauf an, ob die Daten mit noch verhältnismäßigem Aufwand re-identifiziert werden können.[474] Die Relativität des Personenbezugs ist hierbei von noch größerer Bedeutung als bei der Ano-

---

469 *Köbler* 2003, „Pseudonym"; *Scholz*, in: Simitis 2014, § 3 BDSG, Rn. 213.
470 Artikel-29-Datenschutzgruppe 2007, WP 136, 21.
471 *Roßnagel/Scholz*, MMR 2000, 724; *Buchner*, in: Taeger/Gabel 2013, § 3 BDSG, Rn. 47; *Scholz*, in: Simitis 2014, § 3 BDSG, Rn. 215; *Gola/Schomerus* 2012, § 3 BDSG, Rn. 46.
472 *Gola/Schomerus* 2012, § 3 BDSG, Rn. 46; *Plath/Schreiber*, in: Plath 2013, § 3 BDSG, Rn. 62; siehe auch *Möncke*, DuD 1998, 565.
473 *Scholz*, in: Simitis 2014, § 3 BDSG, Rn. 217; *Roßnagel/Scholz*, MMR 2000, 724; siehe auch *Plath/Schneider*, in: Plath 2013, § 3 BDSG, Rn. 62 f.; *Stiemerling/Hartung*, CR 2012, 63; *Kirchberg-Lennartz/Weber*, DuD 2010, 480; andere Ansicht *Schaar* 2002, 74, Rn. 218; *Möncke*, DuD 1998, 565.
474 *Roßnagel/Scholz*, MMR 2000, 725; *Scholz*, in: Simitis 2014, § 3 BDSG, Rn. 217a.

Sachlicher Anwendungsbereich 75

nymisierung.[475] Gegenüber Inhabern der Zuordnungsfunktion besteht ohne Zweifel ein Personenbezug. Hinsichtlich der Stellen, die keine Kenntnis von der Zuordnungsfunktion besitzen und einen Personenbezug nicht oder nur mit einem unverhältnismäßigen Aufwand herstellen können, stehen Pseudonyme den Anonymen gleich.[476]

Pseudonyme können vom Betroffenen selbst gewählt werden, etwa als „Nickname". Sie können aber auch von einer vertrauenswürdigen Stelle, wie zum Beispiel einer Zertifizierungsstelle im Signaturverfahren, oder durch den Datenverwender vergeben werden.[477] Für die Frage des Personenbezugs beim Cloud Computing wird insbesondere die letzte Variante von Bedeutung sein. So wird regelmäßig ein Cloud-Nutzer als Datenverwender (zum Beispiel für Daten seiner Kunden) vor der Frage stehen, ob er durch Pseudonymisierung Daten in eine Cloud übertragen kann ohne an die datenschutzrechtlichen Beschränkungen gebunden zu sein. Eine Option ist dabei möglicherweise die Verschlüsselung von Daten. Hierauf ist im Folgenden näher einzugehen.

5.1.8 Kryptographische Verschlüsselung

Unter Kryptographie[478] sind „mathematische Methoden und Techniken, die zum Schutz von Informationen gegen unbefugte Kenntnisnahme und/oder absichtliche Manipulation dienen können", zu verstehen.[479] Im klassischen Sinne beinhaltet „die Kryptographie das Verschlüsseln von Nachrichten in Geheimcodes und das Entschlüsseln in die ursprüngliche Nachricht".[480] Grundgedanke der kryptographischen Verschlüsselung ist, einen Klartext in einen Code umzuwandeln, wobei die Umwandlung auf einem mathematischen Verfahren beruht. Ohne die entsprechenden Informationen der verschlüsselnden Stelle handelt es sich dabei um ein mathematisches Problem, das ein potentieller Angreifer nicht oder nur schwer zu lösen imstande ist.[481] Die Kryptographie dient in der Informationstechnologie in erster Linie der Vertraulichkeit – Daten

---

[475] *Tinnefeld*, in: Roßnagel 2003, 4.1, Rn. 30; *Roßnagel/Scholz*, MMR 2000, 724.
[476] *Scholz*, in: Simitis 2014, § 3 BDSG, Rn. 217a; *Roßnagel/Scholz*, MMR 2000, 725; *Arning/Forgó/Krügel*, DuD 2006, 702; *Buchner*, in: Taeger/Gabel 2013, § 3 BDSG, Rn. 47; *Plath/Schneider*, in: Plath 2013, § 3 BDSG, Rn. 15 und 62; Vertreter des objektiven Personenbezugs lehnen die Gleichsetzung mit Anonymen selbstverständlich ab. Das Pseudonym habe gerade die Funktion eines Namens und sei deshalb personenbezogen, *Pahlen-Brandt*, DuD 2008, 35; hierzu auch *Schaar* 2002, 74, Rn. 218; *Barnitzke* 2014, 174 f.
[477] *Roßnagel/Scholz*, MMR 2000, 725.
[478] Kryptographie ist ein Teilbereich der Kryptologie, der ursprünglichen Lehre der Geheimsprachen. Während Kryptographie die Wissenschaft, Kryptoverfahren zu entwickeln ist, handelt es sich bei der Kryptoanalyse um die Kunst die Kryptoverfahren wieder zu brechen, hierzu *Fumy/Kessler*, in: Rechenberg/Pomberger 2002, B3.1.1.
[479] BSI 2013, IT Grundschutz, M 3.23, 27.
[480] *Kappes* 2007, 17.
[481] BSI 2013, IT Grundschutz, M 3.23, 27.

im Klartext sollen derart verändert werden, dass nur noch der berechtigte Schlüsselinhaber diese den Inhalt zu Kenntnis nehmen kann.[482] Kryptographische Verfahren werden aber auch zur Sicherstellung der Authentizität und Anonymität sowie der Integrität und Nichtabstreitbarkeit (Verbindlichkeit) eingesetzt.[483] Für die Gewährleistung der Vertraulichkeit kommen klassische Verschlüsselungsverfahren zum Einsatz. Die Integrität, also die Verhinderung unbefugter (inhaltlicher) Veränderungen,[484] wird regelmäßig mittels sogenannter Hashfunktionen[485] und (für eine zusätzliche Authentizitätsgarantie) mittels elektronischer Signaturen sichergestellt.[486] Die Authentizität, also der Nachweis darüber, wer der Kommunikationspartner ist und von wem eine Nachricht stammt, sowie die Nichtabstreitbarkeit, also der Nachweis, dass eine bestimmte Kommunikation zwischen bestimmten Partnern stattgefunden hat,[487] können über Signaturverfahren gewährleistet werden.[488]

5.1.8.1 Verschlüsselung

Bei einer Verschlüsselung wird eine unverschlüsselte Nachricht (Klartext) mithilfe eines Chiffreverfahrens (Verschlüsselungsverfahren) – einem mathematischen Algorithmus – in eine verschlüsselte Nachricht (Chiffretext) umgewandelt. Zur eindeutigen Lösung des Algorithmus wird ein Chiffrierschlüssel benötigt.[489] Für die Informationstechnologie wurden verschiedene Verschlüsselungsverfahren entwickelt. Diese lassen sich im Hinblick auf die zugrunde liegende Konzeption in symmetrische und asymmetrische Verschlüsselungen unterteilen.

5.1.8.1.1 Symmetrische Verschlüsselung

Bei der symmetrischen Verschlüsselung bildet ein einzelner Chiffreschlüssel ein gemeinsames Geheimnis zwischen den Kommunikationspartnern.[490] In seiner einfachsten Ausprägung werden Buchstaben im Klartext durch andere Buchstaben aus dem Alphabet – etwa dem in einem vordefinierten Abstand auf den Klartextbuchstaben fol-

---

[482] *Schwenk* 2002, 6.
[483] BSI 2013, IT Grundschutz, M 3.23, 27 f.; *Schwenk* 2002, 6; *Fumy/Kessler*, in: Rechenberg/Pomberger 2002, B3.1.1.
[484] Konferenz der Datenschutzbeauftragten, Arbeitsgruppe Kryptografie 2003, 8.
[485] Hierzu Kapitel 5.1.8.2.
[486] Hierzu *Roßnagel*, in: Roßnagel 2013, SigG Einl., Rn. 28.
[487] Konferenz der Datenschutzbeauftragten, Arbeitsgruppe Kryptografie 2003, 8.
[488] BSI 2013, IT Grundschutz, M 3.23, 27; ausführlich zu digitalen Signaturen *Roßnagel*, in: Roßnagel 2003, 7.7, Rn. 1 ff.; die Authentizität lässt sich außerdem auch über sogenannte „Message Authentification Codes" (MAC) sicherstellen.
[489] *Kappes* 2007, 18; BSI 2013, IT Grundschutz, M 3.23, 28.
[490] *Schwenk* 2002, 7.

genden Buchstaben – ersetzt. Diese Art der „Verschiebechiffre" oder „monoalphabetischen Substitution" ist die älteste und bereits vor dem IT-Zeitalter regelmäßig zur Übermittlung geheimer Nachrichten angewandte Verschlüsselungsmethode.[491] Ebenfalls älter als die digitale Verschlüsselung ist die Methode der Transposition oder Permutation, bei der zum Beispiel Buchstaben auf einer Matrix zeilenweise abgetragen und dann spaltenweise – gegebenenfalls in der im Schlüssel definierten, nicht chronologischen Spaltenreihenfolge – ausgelesen werden.[492]

Digitale Schlüssel bestehen aus Binärzahlen deren „Länge" als Binärvariablen in Bit angegeben ist. Durch „Ausprobieren" verschiedener Schlüsselvarianten könnte ein Angreifer auf den korrekten Schlüssel stoßen. Die Qualität der Verschlüsselung hängt somit im Wesentlichen vom Schlüsselraum, das heißt der Anzahl aller möglichen verfügbaren Schlüssel ab. Je länger demnach ein Schlüssel ist, desto kleiner ist die Wahrscheinlichkeit, auf diesen durch Versuchsreihen zu stoßen. Bei großen Schlüssellängen ist es letztendlich eine Frage der Technik, wie schnell Computer die verschiedenen Varianten berechnen und auf Plausibilität prüfen können.[493] Da – entsprechend der Binärmathematik – für jedes weitere Bit sich die Anzahl möglicher Zustände verdoppelt, berechnet sich der Schlüsselraum bei einer Schlüssellänge von n als Schlüsselraum $(n) = 2^n$. Die Wahrscheinlichkeit einer Aufdeckung entspricht somit dem Mittelwert, also dem halben Schlüsselraum.[494]

Symmetrische Verschlüsselungsalgorithmen lassen sich in Block- und Stromchiffren unterteilen.[495] Für Blockchiffren werden die zu verschlüsselnden Nachrichten in feste Blocklängen von derzeit 64 oder 128 Bit aufgeteilt.[496] Die Blöcke werden dann einzeln verschlüsselt – die Sicherheit des Algorithmus hängt somit von der Schlüssel- sowie der Blocklänge ab.[497] Die gängigsten Standards für Blockchiffren sind der Data Encryption Standard (DES) sowie der Advanced Encryption Standard (AES).[498] Während DES nur für 64 Bit Blockgrößen bei 64 Bit-Schlüsseln verwendet werden können,[499] haben AES-Schlüssel Längen von 128, 192 und 256 Bit bei Blöcken von 128 Bit.[500]

---

491 *Buchmann* 2010, 60; *Schwenk* 2002, 7; *Kappes* 2007, 21; schon im antiken Rom wurden wohl Verschlüsselungen wie diese zur Übertragung von Geheimnachrichten genutzt.
492 *Gerhards* 2010, 31; *Kappes* 2007, 21.
493 *Kappes* 2007, 21.
494 *Kappes* 2007, 22.
495 Hierzu *Schwenk* 2002, 8.
496 *Buchmann* 2010, 69; *Schwenk* 2002, 8.
497 *Kappes* 2007, 26.
498 Weitere gängige Algorithmen sind der International Data Encryption Algorithm (IDEA) sowie Ron's Code (RC), hierzu *Fumy/Kessler*, in: Rechenberg/Pomberger 2002, B3.2.3.
499 NIST, Federal Information Processing Standards Publication (FIPS) 46-3, http://csrc.nist.gov/publications/fips/fips46-3/fips46-3.pdf.

Anders als Blockchiffre können bei sogenannten Stromchiffren die Schlüssel nicht wiederverwendet werden. Der Verschlüsselungstext wird hierbei nicht in Blöcke geteilt, sondern entspricht einer zufälligen Bitfolge in gleicher Länge des Verschlüsselungstextes. In der Folge kann der Schlüssel auch nicht durch „Ausprobieren" ermittelt werden und gilt somit als nicht aufdeckbar. Aufgrund der gegebenenfalls langen Einmalschlüssel eignen sich Stromchiffren aber nicht für die normale Breitbandkommunikation – sie dienen vielmehr in der Regel militärischen und diplomatischen Zwecken.[501]

5.1.8.1.2 Asymmetrische Verschlüsselung

Symmetrische Verschlüsselungen sind nur bedingt für die Kommunikation mit wechselnden oder unbekannten Kommunikationspartnern geeignet. Der Grund hierfür ist, dass bei einer symmetrisch verschlüsselten Nachricht alle Empfänger über den Schlüssel verfügen müssen, um die Nachricht entschlüsseln zu können. Der Schlüssel muss demnach dem Empfänger aufwendig über sichere Kanäle zugeleitet werden, um zu verhindern, dass dieser auf seinem Weg zum Empfänger abgefangen wird.[502] Aus diesem Grund bedurfte es der Entwicklung kryptischer Verfahren, bei dem die Schlüssel nicht symmetrisch auf den Sender und die Empfänger verteilt sind.[503] Bei der asymmetrischen Verschlüsselung verwenden Absender und Empfänger zwei verschiedene Schlüssel – einen öffentlich (bekannten) Schlüssel (Public Key) sowie einen privaten Schlüssel (Private Key), der nur einem Kommunikationspartner bekannt ist.[504] Der Absender kann nun eine Nachricht, die er einem bestimmten Empfänger zuleiten möchte, mit dem vom Empfänger generierten öffentlichen Schlüssel verschlüsseln. Gleich als würde er einen Brief in den Briefkasten des Empfängers einwerfen, ist die Nachricht damit für den Absender und jeden anderen nicht mehr lesbar. Nur der Empfänger, der bildlich gesprochen einen „Briefkastenschlüssel" besitzt, kann mit seinem privaten Schlüssel die Nachricht entschlüsseln.[505]

5.1.8.1.3 Eingrenzung

Soweit hier nach dem Personenbezug im Rahmen des Cloud Computing gefragt wird, kommt es, zumindest im Rahmen des Infrastructure as a Service, auf eine Kommuni-

---

[500] NIST, Federal Information Processing Standards Publication (FIPS) 197, http://csrc.nist.gov/publications/fips/fips197/fips-197.pdf.
[501] Hierzu *Schwenk* 2002, 9; *Kappes* 2007, 24; *Wagner*, DSWR 2006, 181.
[502] BSI 2013, IT Grundschutz, M 3.23, 29.
[503] *Schwenk* 2002, 13.
[504] BSI 2013, IT Grundschutz, M 3.23, 29.
[505] *Schwenk* 2002, 7 f.

kation zwischen einem Absender und einem Empfänger in erster Linie nicht an. Bei der Übertragung von Daten in die Cloud ist für den Empfänger – also die Cloud oder deren Anbieter der Inhalt der Daten nicht relevant. Im Gegenteil: der Cloud-Anbieter soll gerade die Daten nicht zur Kenntnis nehmen. Der Absender und Empfänger des Nachrichteninhalts ist regelmäßig nur der Cloud-Nutzer. Zumindest solange die Cloud als Speichermedium genutzt wird, bedarf es keiner „interaktiven Komponente".[506] Der Cloud-Nutzer kann seine Daten verschlüsseln, verschlüsselt in die Cloud übertragen, dort verschlüsselt ablegen, bei Bedarf wieder verschlüsselt an sich übertragen und dann bei sich wieder entschlüsseln. Da insofern auch kein Schlüsselaustausch zwischen Absender und Empfänger notwendig ist, ist eine symmetrische Verschlüsselung ausreichend.[507] Im Hinblick auf die Größe der Daten erscheint die symmetrische Blockverschlüsselung als ein geeignetes Verschlüsselungsverfahren für die Speicherung von Daten in der Cloud sowie die Übertragung in und aus der Speicher-Cloud.

Anders verhält es sich, wenn die Daten nicht nur gespeichert, sondern auch in der Cloud verarbeitet werden sollen. Hierzu musste der Cloud-Anbieter die Daten – zumindest bislang – selbst entschlüsseln können. Um dem Cloud-Anbieter die Daten verschlüsselt zu übermitteln, ihm jedoch ohne Zusendung des Schlüssels die Möglichkeit zur entschlüsselten Verarbeitung zu geben, wird für die Übertragung regelmäßig eine asymmetrische oder hybride Verschlüsselung, also eine Mischform zwischen symmetrischen und asymmetrischen Verfahren, notwendig sein. Die Übertragung in und aus der Cloud mit solchen Verschlüsselungen ist kein spezifisches Problem des Cloud Computing. Entsprechende Methoden werden vielmehr schon seit längerem für die sichere Übertragung im Internet, beispielsweise für das Online-Banking angewandt. Bekannte Beispiele sind die Verschlüsselungsmethoden „Transport Layer Security (TLS)" sowie „Secure Sockets Layer (SSL)", die mit dem „HTTPS-Protokoll" eingesetzt werden. Für technische Details sei auf die einschlägige Literatur verwiesen.[508]

5.1.8.2 Hashfunktionen

Hashwerte sind ebenfalls Gegenstand der Kryptographie. Sie dienen dem Integritätsschutz, indem sich mit ihrer Hilfe sicherstellen lässt, dass der Inhalt eines Datums oder einer Nachricht auf dem Transport vom Absender zum Empfänger oder während der

---

[506] *Schwenk* 2002, 19; Konferenz der Datenschutzbeauftragten, Arbeitsgruppe Kryptografie 2003, 18.
[507] Konferenz der Datenschutzbeauftragten, Arbeitsgruppe Kryptografie 2003, 18; *Polenz*, in: Kilian/Heussen 2013, 1. Teil 13, Systemdatenschutz, Rn. 16; *Federrath/Pfitzmann*, in: Roßnagel 2003, 2.2, Rn. 47.
[508] Siehe statt vieler BSI 2013, IT Grundschutz, M 5.66; *Kappes* 2007, 265 ff. mit weiteren Nachweisen.

Speicherung nicht verfälscht wurde.[509] Hierzu wird ein beliebig langer Datensatz auf eine kryptographische Prüfsumme, mit fester Länge – zum Beispiel 128 oder 160 Bit –, den sogenannten Hashwert umgerechnet.[510] Der Wert sollte, als nicht manipulierbarer Prüfwert,[511] ähnlich einem Fingerabdruck einmalig sein. Stimmt der Hashwert, der vor der Übertragung ermittelt wurde, mit dem vom Absender berechneten Hashwert überein, ist der Text unverändert.[512] Ein Hashwert muss eine Einwegfunktion sein – aus dem Wert darf also nicht auf den ursprünglichen Klartext geschlossen werden können. Ein sicherer Hashwert ist darüber hinaus kollisionsresistent, sodass es praktisch unmöglich ist, einen Hashwert zu finden, dem zwei unterschiedliche Klartexte zugrunde liegen.[513]

Ebenso wie Zweckbindung, Datensparsamkeit und Transparenz ist auch die Richtigkeit der Daten wesentlich für die Verwirklichung der informationellen Selbstbestimmung. Unrichtige Daten können, gleich wie richtige Daten, die in neue Kontexte gesetzt werden, ein unwahres Persönlichkeitsbild des Betroffenen schaffen. Für das Bundesverfassungsgericht ist die Kontrolle des Betroffenen über die Richtigkeit der Daten ebenso wichtig wie die Kontrolle über deren Verwendung.[514] Zur Befugnis des Einzelnen, grundsätzlich selbst über die Preisgabe und Verwendung seiner persönlichen Daten zu bestimmen muss deshalb auch die Sicherstellung der Datenintegrität dienen.[515]

5.1.8.3 Technische Sicherheit der Kryptographie

Vom Standpunkt der technischen Datensicherheit aus ist insbesondere die Vertraulichkeit und Integrität der verschlüsselten Daten im Rahmen des Cloud Computing von Bedeutung. Potentielle Angreifer könnten daran interessiert sein den Inhalt der Daten einzusehen oder zu verändern. Um eine Verschlüsselung zu umgehen, werden von Hackern häufig sogenannte „Brute-Force-Angriffe" ausgeführt. Dabei versuchen hoch leistungsfähige Computer, den Schlüssel eines verschlüsselten Dokuments zu berechnen, indem er nacheinander alle möglichen Schlüsselkombinationen testet und die Ergebnisse auf Plausibilität prüft (Cliphertext-Only-Attacke), oder indem er, sofern Teile

---

509 BSI 2013, IT Grundschutz, M 3.23, 32; BNetzA 2012, Bundesanzeiger Nr. 10, 243, 1.1.
510 *Schwenk* 2002, 11; BSI 2013, IT Grundschutz, M 3.23, 32.
511 *Fumy/Kessler*, in: Rechenberg/Pomberger 2002, B3.3.2.
512 *Gerhards* 2010, 41.
513 BNetzA 2012, Bundesanzeiger Nr. 10, 243, 1.1.
514 BVerfGE 65, 1, 42.
515 Hierzu auch *Roßnagel*, in: Roßnagel 2003, 3.4, Rn. 76; das einfachgesetzliche Datenschutzrecht wird dieser Anforderung beispielsweise durch technische und organisatorische Maßnahmen gerecht, etwa durch die Zugriffs-, Weitergabe- und Eingabekontrolle, die auf die Verhinderung einer Veränderung abstellen. Auch das Recht des Betroffenen auf Berichtigung, Löschung oder Sperrung unwahrer Daten ist Ausfluss des Integritätsschutzes.

Sachlicher Anwendungsbereich 81

des Klartextes bekannt sind, aufgrund dieser den Schlüssel berechnet (Known-Plaintext-Attacke).[516]

Sicherheitsanforderungen an die Kryptographie sind in erster Linie technisch-mathematischer Natur. So stehen Anforderungen an den Verschlüsselungsalgorithmus an erster Stelle. Zum einen ist das gewählte Verfahren von Bedeutung. Gute Verfahren setzen die Prinzipien der Diffusion und Konfusion ein, wonach jedes Chiffretextzeichen nicht nur von möglichst vielen Klartextzeichen und dem gesamten Schlüssel abhängen soll, sondern auch ein möglichst komplexer Zusammenhang zwischen Klartext, Chiffretext und Schlüssel bestehen soll.[517] Das Bundesamt für Sicherheit in der Informationstechnik empfiehlt beispielsweise im IT-Grundschutzkatalog die Wahl der Algorithmen für symmetrische Verschlüsselungen die Verfahren „Triple-DES", „IDEA", „RC 5" oder „AES".[518] Die Schlüssellänge muss, wie dargestellt, insbesondere bei symmetrischen Verschlüsselungen ausreichend groß sein.[519] Da der Aufwand zur Erstellung aber gleichzeitig auch für das „Hacking" eines Schlüssels mit dessen Länge steigt, sind bei der Wahl der geeigneten Schlüssellänge der angenommene Aufwand eines potentiellen Angreifers, seine finanziellen und zeitlichen Ressourcen und die mögliche technische Entwicklung – vor allem der Rechenleistung – zu berücksichtigen.[520] Derzeit wird auch im Hinblick auf die zukünftige technische Entwicklung bei symmetrischen Verschlüsselungen eine Schlüssellänge von mindestens 100 Bit gefordert.[521] Je nach datenschutzrechtlichem Schutzbedarf kann jedoch eine abgestufte Schlüssellänge ausreichend sein.[522]

Um die Integrität sicherzustellen, müssen auch die Hashwerte über ausreichende Längen verfügen. Die Bundesnetzagentur gibt beispielsweise in Zukunftsprognosen als geeignete Hashfunktionen für die Prüfung qualifizierter elektronischer Signaturen die sogenannten „SHA 2 – Versionen" mit den Bitlängen 224, 256, 384 oder 512 vor. Zumindest bis ins Jahr 2015 ist die Hashfunktion „SHA-224" noch geeignet; danach nur noch „SHA-256", „SHA-384" oder „SHA-512".[523]

Neben den Verschlüsselungsverfahren, Schlüssellängen und Hashfunktionen kommen für eine sichere Kryptographie noch weitere Faktoren zum Tragen, die unter dem Be-

---

[516] *Gerhards* 2010, 23; Konferenz der Datenschutzbeauftragten, Arbeitsgruppe Kryptografie 2003, 11; *Buchmann* 2010, 61.
[517] *Fumy/Kessler*, in: Rechenberg/Pomberger 2002, 220.
[518] BSI 2013, IT Grundschutz, M 2.164, 310.
[519] BSI 2013, IT Grundschutz, M 2.164, 310.
[520] Konferenz der Datenschutzbeauftragten, Arbeitsgruppe Kryptografie 2003, 9.
[521] *Heibey*, in: Roßnagel 2003, 4.5, Rn. 116; BSI 2013, IT Grundschutz, M 2.164, 310.
[522] Konferenz der Datenschutzbeauftragten, Arbeitsgruppe Kryptografie 2003, 10.
[523] BNetzA 2012, Bundesanzeiger Nr. 10, 243, 1.1.

griff „Schlüsselmanagement" zusammengefasst werden können.[524] Um einen Angriff oder Fehler im Rahmen der Schlüsselerzeugung auszuschließen, sind ein sicherer Schlüsselgenerator sowie die Erzeugung in einer getrennten, sicheren Umgebung erforderlich.[525] Regelmäßige Schlüsselwechsel, die Zugangsauthorisierung sowie die sichere Schlüsselarchivierung und -vernichtung gehören ebenso zum Schlüsselmanagement.[526] Im Rahmen der Auswahl geeigneter kryptographischer Verfahren dürfen jedoch auch die Ausführungsgeschwindigkeit, der organisatorische und personelle Aufwand, die Wirtschaftlichkeit sowie mögliche Restrisiken, aber auch gesetzliche Verschlüsselungsverbote in bestimmten Ländern nicht unberücksichtigt bleiben.[527]

In jüngerer Zeit ist überdies noch ein weiterer Faktor für sichere Verschlüsselungstechniken diskutiert worden. Vor dem Hintergrund aktueller Geheimdienstaffären wurde in der Kryptowissenschaft aufgedeckt, dass sich insbesondere US-amerikanische Geheimdienste etablierte Verschlüsselungsstandards kompromittieren und in die sonst sicheren Algorithmen Hintertüren einbauen konnten.[528] Um sich vor solchen systemimmanenten Gefahren zu schützen, wird im Sinne des sogenannten „Kerckhoff'schen Prinzips" eine möglichst hohe Transparenz bei Algorithmen gefordert („Security through Transparency").[529] Indem Verschlüsselungstechniken beispielsweise dem Open-Source-Gedanken folgen, können allein durch eine breite Öffentlichkeit mögliche Fehler und Mängel wie die benannten Hintertüren schneller entdeckt und gegebenenfalls behoben werden. Zur Bewertung der technischen Sicherheit von Verschlüsselungstechniken sollte folglich auch die Transparenz der Algorithmen berücksichtigt werden.

5.1.8.4 Folgen für den datenschutzrechtlichen Personenbezug

Daten bestehen nach ihrer Verschlüsselung in der Regel aus Buchstaben- oder im digitalen Bereich aus Binärzahlenfolgen.[530] Waren die Daten vor der Verschlüsselung noch personenbezogen, ist fraglich, inwiefern nach der Verschlüsselung noch ein Personenbezug anzunehmen ist. Unklar ist bereits, ob verschlüsselte Daten Einzelangaben darstellen. Die Informationen in verschlüsselten Daten sind zwar nicht offensichtlich

---

524   Hierzu BSI 2012, 39 f.; *Harting/Eiermann*, in: Roßnagel 2003, 6.5, Rn. 29.
525   BSI 2013, IT Grundschutz, M 2.46, 69; Konferenz der Datenschutzbeauftragten, Arbeitsgruppe Kryptografie 2003, 12.
526   BSI 2012, 39 f.
527   BSI 2013, IT Grundschutz, M 2.163, 302 f.
528   Zu entsprechenden Zweifeln an NIST-Standards und der Suche nach Alternativen aktuell Heise-online vom 31.1.2014, OpenSSH forciert Alternativen zu NIST-Krypto-Standards, http://heise.de/-2103493.
529   In Abgrenzung zum Ansatz der „Security by Obsocurity", *Hoepman/Jacobs* 2007, 50(1), 79 ff.
530   Eine Reihenfolge „kryptischer Zeichen", *Stiemerling/Hartung*, CR 2012, 61.

erkennbar. Als Einzelangaben kommen jedoch, wie beschrieben,[531] alle Informationen, die zur Vermittlung oder Aufbewahrung von Kenntnissen dienen, in Betracht.[532] Wenngleich die Informationen nicht offensichtlich, sondern versteckt sind, dient der Chiffretext dennoch zur Aufbewahrung von Informationen. Es handelt sich also auch bei einem Chiffretext um eine Sammlung von Einzelangaben. Aus demselben Grund beinhalten die verschlüsselten Daten auch Einzelangaben über persönliche und sachliche Verhältnisse von natürlichen Personen. Voraussetzung hierfür ist lediglich das Bestehen eines Zusammenhangs zwischen den Angaben und einer Person.[533] Dieser liegt, wenn auch nicht offensichtlich, zweifelsohne vor, da durch die Verschlüsselung gerade nicht der Inhalt der Angaben, sondern vielmehr ihre Darstellung verändert wurde.

Durch die Verschlüsselung könnte allerdings – aus Sicht aller Schlüssel-Nichtinhaber – die Bestimmbarkeit der natürlichen Person entfallen. Die Verschlüsselung könnte mithin anonymisierend oder pseudonymisierend wirken und somit den Personenbezug beseitigen.[534] Hierfür sprechen beispielsweise einige Landesdatenschutzgesetze,[535] die den Begriff der Verschlüsselung – anders als das Bundesdatenschutzgesetz und die meisten anderen Datenschutzgesetze – ausdrücklich definieren. So ist beispielsweise nach § 3 Abs. 4 Nr. 10 LDSG M-V „Verschlüsseln das Verändern personenbezogener Daten derart, dass ohne Entschlüsselung die Kenntnisnahme des Inhaltes der Daten nicht oder nur mit unverhältnismäßig hohem Aufwand möglich ist." Der zweite Halbsatz deckt sich mit Teilen der gesetzlichen Definition des Anonymisierens. Sowohl bei der Verschlüsselung im Sinne der Landesdatenschutzgesetze als auch bei der Anonymisierung kommt es darauf an, dass die Informationen nicht oder nur mit unverhältnismäßig hohem Aufwand einer weiteren Verwendung zugeführt werden können. Während bei der Anonymisierung lediglich die Bestimmung der Person ausgeschlossen oder erschwert werden soll, stellt die Definition auf die Verhinderung der Kenntnisnahme ab. Die wirksame Verschlüsselung geht insofern weiter als die Anonymisierung, indem sie die Kenntnisnahme für den gesamten Inhalt ausschließt und damit Informationen – auch soweit sie gar keinen Personenbezug aufweisen – dem Betrachter

---

[531] Kapitel 5.1.1.
[532] *Dammann*, in: Simitis 2014, § 3 BDSG, Rn. 5.
[533] *Dammann*, in: Simitis 2014, § 3 BDSG, Rn. 20.
[534] Artikel-29-Datenschutzgruppe 2007, WP 136, 21; *Stiemerling/Hartung*, CR 2012, 62; *Bizer*, DuD 1997, 204; *Dammann*, in: Simitis 2014, § 3 BDSG, Rn. 36; *Schröder/Haag*, ZD 2011, 152; *Heidrich/Wegener*, MMR 2010, 806; *Spies*, MMR-Aktuell 2011, 313727; *Kühling/Klar*, NJW 2013, 3615; knapp *Tinnefeld*, in: Roßnagel 2003, 4.1, Rn. 22; widersprüchlich AK Technik und Medien, Konferenz der Datenschutzbeauftragten des Bundes und der Länder 2014, 12 f.; andere Ansicht *Barnitzke* 2014, 173 ff.
[535] § 3 Abs. 10 Nr. 10 LDSG M-V, § 2 Abs. 2 Nr. 8 LDSG SH, § 3a Abs. 4 lit. c BlnDSG sowie § 3 Abs. 3 Nr. 3 BbgDSG definieren das Verschlüsseln eher technisch als „das Ersetzen von Klartextbegriffen oder Zeichen durch andere in der Weise, dass der Klartext nur mit unverhältnismäßig großem Aufwand wieder lesbar gemacht werden kann."

vollständig verschleiert. Im Hinblick auf den Personenbezug kommt es bei der Verschlüsselung auf diesen weiten Definitionsbereich jedoch gar nicht an. Es genügt, dass durch eine Verschlüsselung diejenigen Informationen unkenntlich gemacht werden, die zur Bestimmung einer natürlichen Person erforderlich sind.[536] Neben ihrer Funktion, den Inhalt von Informationen zu verbergen, können Verschlüsselungen somit im Ergebnis für alle Stellen, die nicht über den Schlüssel verfügen auch die Bestimmung natürlicher Personen erschweren oder verhindern.

5.1.9 Verschlüsselung in der Cloud

Folgt man dem hier vertretenen relativen Personenbezug, kann die Anwendung des Datenschutzrechts beim Umgang mit Daten in der Cloud gegebenenfalls teilweise ausgeschlossen sein, wenn die personenbezogenen Daten verschlüsselt werden.[537] So sind alle Schlüsselinhaber – bei symmetrischen Verschlüsselungen zumindest also die verschlüsselnde Stelle, bei asymmetrischen Verschlüsselungen auch der Inhaber des privaten Schlüssels – in der Lage, den Inhalt und damit die Bestimmbarkeit zwar wieder herzustellen.[538] Alle anderen Stellen können eine Bestimmung jedoch nur durch ein „Hacking" der Verschlüsselung – etwa mittels einer „Brute-Force-Attacke" – vornehmen. Für sie hängt die Möglichkeit einer Bestimmung von den eingesetzten technischen Mitteln sowie der Sicherheit der Verschlüsselung ab. Der Schlüssel wirkt also wie eine Zuordnungsfunktion – eine Verschlüsselung kann demnach personenbezogene Daten pseudonymisieren.[539]

Die Weitergabe von personenbezogenen Daten an eine andere Stelle kann demzufolge datenschutzrechtlich dann irrelevant sein, wenn es der weitergebenden Stelle durch Verschlüsselung gelingt, die Bestimmung natürlicher Personen für alle anderen Stellen auszuschließen oder derart zu erschweren, dass eine Bestimmung nur noch mit unverhältnismäßigem Aufwand möglich ist.[540] Für einen Cloud-Nutzer handelt es sich bei der Weitergabe von Daten in die Cloud dann um keine Übermittlung personenbezogener Daten, wenn er durch eine Verschlüsselung von Daten verhindern kann, dass der Cloud-Anbieter oder potentielle weitere Stellen, denen die Daten – legal oder illegal –

---

[536] So schlagen beispielsweise *Hon/Millard/Walden* 2011, 10 vor, lediglich die Identifikationsmerkmale, zum Beispiel Namen, zu verschlüsseln.
[537] *Heidrich/Wegener*, MMR 2010, 806; *Schröder/Haag*, ZD 2011, 152; *Schröder/Haag*, ZD 2012, 365; *Stiemerling/Hartung*, CR 2012, 68; *Spies*, MMR-Aktuell 2011, 313727; andere Ansicht *Weichert*, DuD 2010, 681 f.; *Wagner/Blaufuß*, BB 2012, 1751; *Barnitzke* 2014, 173 f.; kritisch auch *Splittgerber/Rockstroh*, BB 2011, 2181; zumindest widersprüchlich AK Technik und Medien, Konferenz der Datenschutzbeauftragten des Bundes und der Länder 2014, 12 f.
[538] Eine Ausnahme bildet die „Löschung durch Verschlüsselung", hierzu *Stiemerling/Hartung*, CR 2012, 65.
[539] Artikel-29-Datenschutzgruppe 2007, WP 136, 21; *Stiemerling/Hartung*, CR 2012, 62.
[540] Hierzu Kapitel 5.1.5.

zugeführt werden, in der Lage sind, mit verhältnismäßigen Mitteln eine Zuordnung zu einer natürlichen Person vorzunehmen. Die Cloud wird zu einer Art „Black Box".[541]

5.1.9.1 Richtwerte für die Verschlüsselung in der Cloud

Im Hinblick auf die erhöhten Risiken unerlaubter Datenweitergaben beim Cloud Computing wird der Cloud-Nutzer, insbesondere soweit keine weiteren technischen und organisatorischen Maßnahmen gegen die Datenweitergabe getroffen wurden, wohl davon ausgehen müssen, dass die von ihm in die Cloud übertragenen Daten an zahlreiche weitere Stellen gelangen. Der Wert der Daten, der vernünftigerweise eingesetzte Aufwand zur Entschlüsselung, aber auch die technischen Möglichkeiten und ihre Weiterentwicklung lassen sich für den einzelnen Cloud-Nutzer wohl häufig nur schwer ermitteln. Um eine Re-Identifikation zu vermeiden, sind deshalb vorsorglich hohe Anforderungen an die Verschlüsselung zu stellen.

Nach § 9 BDSG i. V. m. S. 3 der Anlage zu § 9 S. 1 müssen Verschlüsselungen, sofern sie als technisch-organisatorische Maßnahmen eingesetzt werden, dem „Stand der Technik" entsprechen. Verschlüsselungen sind dann auf dem „Stand der Technik", wenn sie die technischen Möglichkeiten zu einem bestimmten Zeitpunkt abdecken, auf gesicherten Erkenntnissen von Wissenschaft und Technik basieren, jedoch auch in ausreichendem Maße zur Verfügung stehen.[542] Gemeint sind damit wohl nur etablierte Verfahren, die bereits zum Technikalltag gehören und die auch wirtschaftlich realisierbar sind.[543] Den „Stand der Technik" für Verschlüsselungen geben beispielsweise die regelmäßigen Bekanntmachungen der Bundesnetzagentur über geeignete Algorithmen für die qualifizierte elektronische Signatur wieder.[544] Auch Veröffentlichungen des Bundesamts für Sicherheit in der Informationstechnik, etwa der IT-Grundschutz[545], oder Vorgaben von Normungsinstitutionen wie die DIN oder ISO[546] eignen sich als Bewertungsgrundlage. Bei symmetrischen Verschlüsselungen sollen für den „Stand der Technik" demnach Schlüssellängen von mindestens 100 Bit erforderlich sein.[547] Hashfunktionen sollten nach der Bundesnetzagentur für Signaturen bis ins Jahr 2015 Bitlängen von mindestens 224 Bit danach mindestens 256 Bit aufweisen.[548] Für die verschlüsselte Übermittlung über das Internet mit der Möglichkeit einer Entschlüs-

---

[541] *Heidrich/Wegener*, MMR 2010, 806.
[542] *Ernestus*, in: Simitis 2014, § 9 BDSG, Rn. 171.
[543] *Ernestus*, in: Simitis 2014, § 9 BDSG, Rn. 171.
[544] BNetzA 2012, Bundesanzeiger Nr. 10, 243.
[545] BSI 2013, IT Grundschutz, M 2.163 f. sowie M 3.23.
[546] Zum Beispiel ISO/IEC 19790: 2012; ISO/IEC 7064: 2003.
[547] *Heibey*, in: Roßnagel 2003, 4.5, Rn. 116; BSI 2013, IT Grundschutz, M 2.164, 310.
[548] BNetzA 2012, Bundesanzeiger Nr. 10, 243, 1.1.

selung des Empfängers (zum Beispiel des Cloud-Anbieters) gelten noch immer SSL/TLS-Verfahren als „Stand der Technik".[549]

5.1.9.2 Einfluss des Risikos zukünftiger Kryptoanalysen

Die Verschlüsselung im Rahmen des Cloud Computing kann stets nur einen temporären Ausschluss des Personenbezugs von Daten sicher gewährleisten. Im Hinblick darauf, dass sich die Leistungsfähigkeit der Informationstechnik ständig verbessert, gleichzeitig aber auch der natürliche Zeitablauf die Wahrscheinlichkeit des Erfolgs einer möglicherweise bereits laufenden Berechnung erhöht, nimmt das Risiko einer erfolgreichen Kryptoanalyse im Laufe der Zeit zu. Aktuell sichere Verschlüsselungsverfahren und auch bestehende sichere Verschlüsselungen sind nach einer bestimmten Zeit möglicherweise mit verhältnismäßigem Aufwand zu brechen. Mit dem Entstehen einer realistischen Möglichkeit zur Kryptoanalyse lassen sich die Einzelangaben in den verschlüsselten Daten jedoch wieder mit einem verhältnismäßigen Aufwand einer natürlichen Person zuordnen – der Personenbezug würde zu diesem Zeitpunkt wieder aufleben. Die Übermittlung der Daten müsste sich ex post an den Zulässigkeitsvoraussetzungen des Datenschutzrechts messen lassen und wäre möglicherweise nachträglich unzulässig.[550]

Fraglich ist, inwiefern die Möglichkeit einer späteren Zuordnung bei der Bewertung der Auswirkungen einer Verschlüsselung zu berücksichtigen ist. Es stellt sich für den Cloud-Nutzer mithin die Frage, inwieweit er bereits bei der Verschlüsselung seiner Daten zukünftige technische Entwicklungen miteinberechnen muss, um dennoch davon ausgehen zu dürfen, dass die von ihm verschlüsselt übertragenen und gespeicherten Daten keinen Personenbezug aufweisen und die Datenübertragung und Speicherung somit keine unzulässige Datenverarbeitung darstellt. Eine Verschlüsselung auf dem „Stand der Technik" im Sinne des § 9 BDSG i. V. m. S. 2 der Anlage zu § 9 S. 1 mag zwar die Zuordnung nach heutigen technischen Möglichkeiten ausreichend verhindern. Möglicherweise deckt sie auch den zeitnahen technischen Entwicklungsverlauf insofern ab, als anhand der Erfahrung mit der technischen Entwicklung eine Art mathematische „Extrapolation" dieses Verlaufs möglich ist.[551] Problematisch ist solch eine Entwicklungsprognose jedoch bei Techniken, die mit extremer Unsicherheit oder Ungewissheit ausgestattet sind – etwa weil ihre Auswirkungen weit in die Zukunft reichen oder weil ein abweichender Entwicklungsverlauf erhebliche Schäden anrichten

---

[549] Statt mehrerer BSI 2013, IT Grundschutz, M 5.66, 131 ff.
[550] So bereits *Roßnagel/Scholz*, MMR 2000, 729.
[551] So könnte die Entwicklung der Rechenleistung moderner IT einer mathematischen Funktion (zum Beispiel einer Exponentialkurve) angenähert werden und so eine Aussage über den Stand der Kryptoanalysetechnik in einer bestimmten zukünftigen Zeit „errechnet" werden.

kann.[552] Ungewissheiten ergeben sich auch daraus, dass neue oder wenig erprobte Techniken eingesetzt werden sollen oder entsprechende Schadensverläufe noch nie eingetreten sind.[553]

5.1.9.2.1 Stand der Wissenschaft und Technik zur Risikoprognose im Umwelt- und Technikrecht

Im öffentlichen Verwaltungs- und Verfassungsrecht, insbesondere dem Umwelt- und Technikrecht, sieht der Gesetzgeber unter bestimmten Voraussetzungen auch die zulässige Nutzung von mit Ungewissheit behafteten Techniken vor.[554] Plastisch wird dies noch immer am Beispiel der friedlichen Nutzung der Kernenergie. Das Bundesverfassungsgericht führt hierzu in seiner Kalkar-Entscheidung aus: „Vom Gesetzgeber im Hinblick auf seine Schutzpflicht eine Regelung zu fordern, die mit absoluter Sicherheit Grundrechtsgefährdungen ausschließt, die aus der Zulassung technischer Anlagen und ihrem Betrieb möglicherweise entstehen können, hieße die Grenzen menschlichen Erkenntnisvermögens verkennen und würde weithin jede staatliche Zulassung der Nutzung von Technik verbannen. Für die Gestaltung der Sozialordnung muß es insoweit bei Abschätzungen anhand praktischer Vernunft bewenden."[555]

Dass Anlagen auch unter dem Bestehen von Ungewissheiten zugelassen werden, bedeutet allerdings nicht, dass vom Gesetzgeber ein potentieller Schaden hingenommen wird oder hingenommen werden darf.[556] Vielmehr fordert das Bundesverfassungsgericht eine derart mit Ungewissheit belastete Technik, wie die Kernenergie, nur zuzulassen, wenn ein Schaden aus heutiger Sicht *„praktisch ausgeschlossen"* ist.[557] Technischen Risiken begegnet der Staat nach dem Technikrecht folglich auf drei Ebenen: der Gefahr, dem Restrisiko sowie der Vorsorge. Eine Gefahr liegt vor, wenn eine Sachlage besteht, die bei ungehindertem Geschehensablauf zu einem Schaden für die Schutzgüter der öffentlichen Sicherheit und Ordnung führen wird. Der Betrieb technischer Anlagen, von denen eine Gefahr ausgeht, kann nicht zugelassen werden oder ist zu untersagen.[558] Nur soweit ein Risiko einer Anlage nicht mehr als Gefahr eingestuft wird, ein Schadenseintritt also nicht mehr hinreichend wahrscheinlich ist, ist es als

---

[552] Zum Unsicherheitsproblem *Brönneke* 1999, 131 ff.; *Aschke*, in: Bader/Ronellenfitsch 2014, § 40 VwVfG, Rn. 121; *Roßnagel*, NVwZ 1984, 137 f.
[553] *Aschke*, in: Bader/Ronellenfitsch 2014, § 40 VwVfG, Rn. 122.2.
[554] *Roßnagel*, UPR 1986, 46 ff.; *Roßnagel/Neuser*, DÖV 1997, 801 ff.; *Roßnagel*, UPR 2006, 125 ff.; zum Atomrecht auch *Fillbrandt/Paul*, in: Danner/Theobald 2013, Atomrecht V B 1, Rn. 13.
[555] BVerfGE 49, 89, 143; hierzu auch *Brönneke* 1999, 329.
[556] BVerfGE 49, 89, 140.
[557] BVerfGE 49, 89, 143, Hervorhebung im Original; zur Bestimmung des hinzunehmenden Restrisikos *Brönneke* 1999, 331 ff.
[558] *Roßnagel*, UPR 1986, 47 f.

Restrisiko von der Gesellschaft als zumutbar hinzunehmen. Da in diesem Fall technische Risiken zwar nicht absolut aber doch nach einer Abschätzung anhand praktischer Vernunft praktisch auszuschließen sind, werden Anlagen unter Akzeptanz dieses Restrisikos zugelassen.[559] Aufgrund der bestehenden Unsicherheiten, beispielsweise im Atomrecht, kann sich das Handeln einer Behörde dabei aber nicht nur darauf beschränken, Anlagen nach Kriterien der Gefahrenabwehr zuzulassen oder bei einem drohenden Schaden zu untersagen. Eine (konkrete) Gefahr, also eine Sachlage, bei der die hinreichende Wahrscheinlichkeit besteht, dass in absehbarer Zeit ein Schaden entsteht, liegt bei solchen und vergleichbaren Anlagen auf Grundlage des Wissensstands zum jeweiligen Prüfungszeitpunkt oft noch gar nicht vor.[560] Ein Schadenseintritt liegt beispielsweise bei Atomanlagen aufgrund seiner Seltenheit gerade nicht in der Erfahrung und lässt sich deshalb auch hinsichtlich seiner Wahrscheinlichkeit kaum bestimmen.[561] Zwischen dem gesellschaftlich hinzunehmenden Restrisiko und der Gefahrenabwehr besteht somit eine Lücke, die vom Gesetzgeber durch die sogenannte Gefahren- oder Risikovorsorge gefüllt wurde. Im Rahmen der Risiko- und Gefahrenvorsorge ist eine sogenannte „gefahrenunabhängige Risikoprognose" zu erstellen.[562] Bei der Risikoprognose handelt es sich um eine Analyse von Schadensmöglichkeiten, deren Eintritt nach „derzeitigem Wissensstand weder bejaht noch verneint werden" kann und daher „insoweit noch keine Gefahr, sondern nur ein Gefahrenverdacht oder ein ‚Besorgnispotential' besteht".[563]

Der Gesetzgeber ist nur bedingt in der Lage, eine solche Risikoprognose selbst durchzuführen und auf Grundlage dieser Prognose Sicherheitsanforderungen zu definieren, auf deren Grundlage eine bestimmte Technik zuzulassen oder zu untersagen ist.[564] Im Hinblick auf die Komplexität der sich noch oder immer weiter entwickelnden Technik können die Sicherheitsanforderungen im Gesetz nicht im Einzelnen festgelegt werden. Würden im Techniksicherheitsrecht vom Gesetzgeber bereits starre Grenzwerte definiert, würde die sich stetig entwickelnde Technik und gleichzeitig auch die hierzu verfügbare Sicherheitstechnik, gehemmt. Nach dem Bundesverfassungsgericht wäre dies jedoch ein „Rückschritt auf Kosten der Sicherheit".[565] Stattdessen muss sich der Gesetzgeber unbestimmter Rechtsbegriffe bedienen und deren Bestimmung im Einzelfall

---

559 *Roßnagel*, UPR 1986, 48.
560 BVerwGE 72, 300, 314 f.; *Breuer*, DVBl. 1978, 833; zur Definition der Gefahr etwa BGHSt 18, 271; siehe auch die Definitionen in polizeilichen Generalklauseln zum Beispiel § 2 Abs. 1 lit. a Nds.SoG.
561 *Breuer*, DVBl. 1978, 834.
562 *Aschke*, in: Bader/Ronellenfitsch 2014, § 40 VwVfG, Rn. 122.1.
563 BVerwGE, 72, 300, 315.
564 BVerfGE 49, 89, 134 f.
565 BVerfGE 49, 89, 137.

auf die Exekutive oder Judikative verlagern.[566] Im Sinne eines „dynamischen Grundrechtsschutzes" sollen hierzu die Sicherheitsanstrengungen fortlaufend optimiert und somit für zukünftige Entwicklungen offengehalten werden.[567] Das normative Technikrecht verweist hierzu regelmäßig auf abstrakte Sicherheitsstandards, die generalklauselartig als „allgemein anerkannte Regeln der Technik", den „Stand der Technik" sowie den „Stand der Wissenschaft und Technik" benannt werden.[568] Unter Bezugnahme auf diese abstrakten Rechtsbegriffe werden dann in technischen Normen oder technischen Regeln konkrete Anforderungen an die Technik gestellt.

Für die Bestimmung von Anforderungen an die Kernkraft soll dabei ausdrücklich nicht nur der bestverfügbare Stand der Kern- und Kernsicherheitstechnik ausreichend sein, sondern auch der Stand der (theoretischen) Wissenschaft hierzu. So zeichnet sich nach der Rechtsprechung des Bundesverwaltungsgerichts die Risikoprognose auf dem „Stand der Wissenschaft und Technik" dadurch aus, dass „nach dem derzeitigen Wissensstand bestimmte Ursachenzusammenhänge weder bejaht noch verneint werden können". Deshalb kann bei der Beurteilung von Schadenswahrscheinlichkeiten nicht allein auf das „vorhandene ingenieurmäßige Erfahrungswissen zurückgegriffen werden", sondern es müssen „Schutzmaßnahmen auch anhand ‚bloß theoretischer' Überlegungen und Berechnungen in Betracht gezogen werden", um „Risiken aufgrund noch bestehender Unsicherheiten oder Wissenslücken hinreichend zuverlässig auszuschließen."[569] Soll der Schaden also im Sinne des Bundesverfassungsgerichts praktisch ausgeschlossen sein, dürfen im Umkehrschluss Maßnahmen, die den Schaden ausschließen sollen, demnach nicht allein durch das technisch Machbare („Stand der Technik") begrenzt werden, wenn es darüber hinausgehende theoretische Erkenntnisse gibt. Sind also wissenschaftliche Erkenntnisse, die ein Schadensereignis verhindern könnten („Stand der Wissenschaft"), vorhanden, ist die Abwehr dieses Schadens technisch jedoch noch nicht realisierbar, kann etwa die Atomanalage nicht zugelassen werden.[570]

---

566 BVerfGE 49, 89, 135; hierzu auch *Brönneke* 1999, 340 f.
567 BVerfGE 49, 89, 137; hierzu auch *Breuer*, NVwZ 1990, 214; kritisch, ob diese unbestimmten Rechtsbegriffe von einem demokratisch legitimierten Organ oder der Technik im Rahmen der Selbstorganisation selbst auszulegen und zu konkretisieren sind *Roßnagel*, NVwZ 1984, 137, 142; *Roßnagel*, in: Roßnagel/Rust/Manger 1999, 213 ff.
568 Siehe hierzu etwa *Roßnagel*, UPR 1986, 48.
569 BVerwG, DVBl. 1972, 680; BVerwGE 72, 300, 314; BVerfGE 53, 30, 59; nach *Breuer*, DVBl. 1978, 833 muss ein Schadenseintritt nicht mehr in Betracht gezogen werden, wenn dieser im Hinblick auf die getroffenen Maßnahmen und Erkenntnisse führender Naturwissenschaftler und Techniker nicht vorstellbar ist.
570 BVerfGE 49, 89, 136; BVerfGE, 53, 30, 59; *Aschke*, in: Bader/Ronellenfitsch 2014, § 40 VwVfG, Rn. 123; *Roßnagel*, NVwZ 1984, 140; *Breuer*, DVBl. 1978, 837.

5.1.9.2.2 Risikoprognose bei Verschlüsselungen

Bei der Verschlüsselungstechnik bestehen wie bei der friedlichen Nutzung der Kernenergie Unsicherheiten und Ungewissheiten, die Maßnahmen im Sinne der Risikovorsorge erforderlich machen könnten. Einmal entschlüsselte und nicht weiter geschützte Daten sind im Internet praktisch unkontrollierbar und können auch in die ferne Zukunft hinein erhebliche Belastungen für den Betroffenen und dessen Persönlichkeitsrecht in Ausprägung des Rechts auf informationelle Selbstbestimmung mit sich bringen sowie zu unkalkulierbaren Schäden führen. Ähnlich wie bei der Kernenergie können „Schäden" – hier im Sinne von Folgen ungerechtfertigter Eingriffe in das Recht auf informationelle Selbstbestimmung – sogar über den Zeitraum eines menschlichen Lebens hinausreichen. So betrifft beispielsweise die Verarbeitung von Gen-Daten nicht nur den aktuell Betroffenen, sondern auch seine Nachkommen, die bei einer späteren Entschlüsselung ebenfalls zu Betroffenen werden könnten – die Möglichkeit einer Beeinträchtigung des Rechts auf informationelle Selbstbestimmung „vererbt" sich in solchen Fällen sprichwörtlich weiter. Hinzu kommt, dass sich die Entwicklung der Entschlüsselungstechnik und Kryptoanalyse – insbesondere der Fortschritt in der IT-Rechenleistung – kaum berechnen lässt, was eine oben genannte „Extrapolation" recht ungenau machen würde. Gerade im Bereich der IT-Rechenleistungen gibt es regelmäßig neben der konstanten Verbesserung auch unvorhersehbare technische Quantensprünge. Der Cloud-Nutzer wird somit stets mit einem gewissen Restrisiko der späteren Zuordnung leben müssen.

Das Restrisiko einer späteren Zuordnung verhindert jedoch nicht, dass eine Verschlüsselung den Personenbezug ausschließen kann. Für den Bereich zwischen dem verbleibenden, hinzunehmenden Restrisiko und der abzuwehrenden Gefahr kann auch hier, wie im allgemeinen Technik- und Umweltrecht, die Risikovorsorge treten.[571] Zur Bestimmung der Anforderungen an die Verschlüsselung muss damit eine Risikoprognose erstellt werden.[572] Hieraus können dann Sicherheitsanforderungen für die Qualität der Verschlüsselung abgeleitet werden. Für den Einsatz der Verschlüsselung als technisch-organisatorische Maßnahmen nach Satz 2 der Anlage zu § 9 S. 1 BDSG hat sich der Gesetzgeber auf den „Stand der Technik" festgelegt. Die Verschlüsselung auf dem „Stand der Technik" als Maßnahme der Datensicherheit sagt jedoch noch nichts über die tatsächliche Sicherheit der Verschlüsselung im Verhältnis zur technischen Möglichkeit, diese zu brechen, aus. So könnten die Möglichkeiten der Kryptoanalyse bereits zum Zeitpunkt der Risikobewertung dergestalt sein, dass sie eine Verschlüsselung, auch wenn sie auf dem „Stand der Technik" ist, mit verhältnismäßigen Mitteln brechen können. Eine derartige Verschlüsselung auf dem „Stand der Technik" mag

---

[571] Zum Drei-Stufen-Konzept der Schadensvorsorge *Breuer*, NVwZ 1990, 213; kritisch hierzu *Di Fabio* 1994, 105 ff.

[572] Hierzu Kapitel 5.1.4.2.2; *Roßnagel/Scholz*, MMR 2000, 726.

dann zwar immer noch als Maßnahme zur Datensicherheit geeignet sein, da sie das maximal technisch verfügbare Sicherungsmittel bietet und somit immer noch ein Sicherheitsplus im Vergleich zu unverschlüsselten Dokumenten darstellt. Für den Ausschluss eines Personenbezugs kann dies jedoch nicht genügen.

Anders, als für den Einsatz als technisch-organisatorische Maßnahme nach Satz 2 der Anlage zu § 9 S. 1 BDSG, kommt es für den hier untersuchten Personenbezug auf den „Stand der Technik" nur insoweit an als der Stand der Verschlüsselungstechnik unter Berücksichtigung des (wissenschaftlich) Vorhersehbaren eine Entschlüsselung hinreichend verhindern kann. Wie im Atomrecht ist im Hinblick auf die Ungewissheit und Unsicherheit bei Verschlüsselungen, die den Personenbezug ausschließen sollen, der „Stand der Wissenschaft und Technik" einzufordern. Eine Verschlüsselung kann demnach dann als ausreichend angesehen werden, wenn „auf Grund allgemeiner Lebenserfahrung oder auf Grund wissenschaftlicher Expertise nicht mit einer Aufdeckung des Personenbezugs zu rechnen ist."[573] Hinsichtlich des Personenbezugs ist somit stets danach zu fragen, ob die Verschlüsselung, die sich auf dem derzeitigen „Stand der Technik" befindet, nach den vorhandenen wissenschaftlichen Erkenntnissen ausreicht, damit die Zuordnung zu einer Person nicht oder nur noch mit unverhältnismäßigen Mitteln möglich ist.

Die Risikobewertung kann vereinfacht werden, wenn diese sich nur auf technische Entwicklungen in einer bestimmten Zeitspanne beziehen muss. Im Rahmen der Risikoprognose könnten Daten beispielsweise anhand ihrer „Lebensdauer", also des geplanten Zeitraums des Umgangs oder der Speicherung oder – soweit überhaupt möglich – für den Zeitraum der Beeinträchtigung des Rechts auf informationelle Selbstbestimmung des Betroffenen, auf ihre kryptographische Sicherheit geprüft werden.[574] Sollen Daten nur kurz – etwa wenige Tage – in der Cloud gespeichert und danach ausnahmslos gelöscht werden, könnte die verantwortliche Stelle in der Lage sein, das Risiko eines „Hackings" der Verschlüsselung bis zum Ende der geplanten Speicherung zu beurteilen. Je länger der Datenumgang in der Cloud in die Rechte der Betroffenen eingreift, je länger also ihre Lebensdauer ist, desto schwieriger gestaltet sich eine Risikoprognose und desto vorsichtiger und „konservativer" ist diese zu erstellen.[575]

5.1.9.2.3 Rechtssicheres Verschlüsseln de lege ferenda

Fraglich ist, inwiefern der verantwortlichen Stelle zur Bewertung des Personenbezugs im Rahmen einer Verschlüsselung konkrete Anforderungen für die Verschlüsselung zur Verfügung stehen. Die bereits als „Stand der Technik" beurteilten Werte können

---

573 *Roßnagel/Scholz*, MMR 2000, 723.
574 Artikel-29-Datenschutzgruppe 2007, WP 136, 18; *Roßnagel/Scholz*, MMR 2000, 723.
575 Zur konservativen Daten- und Rechenanalyse BVerwGE 72, 300, 320.

zwar zumindest als Richtwert für die Anforderungen an den Ausschluss des Personenbezugs durch Verschlüsselungen nutzbar gemacht werden.[576] Konkrete normative Vorgaben für die Anforderungen an Verschlüsselungen, die den Personenbezug von Daten entziehen können, bestehen allerdings noch nicht. Dies bedingt bei der verantwortlichen Stelle jedoch eine erhebliche Rechtsunsicherheit bei der Anwendung einer Verschlüsselung. Mit Blick auf zukünftige Entwicklungen im Bereich der Kryptographie, insbesondere der Kryptoanalyse wird stets unklar sein, ob und wie lange ein Datenumgang aufgrund des fehlenden Personenbezugs zulässig ist. Zukünftig bedarf es hier somit einer entsprechenden Normierung. Konkret könnte beispielsweise im Bundesdatenschutzgesetz festgelegt werden, dass Einzelangaben nicht personenbezogene Daten sind, wenn sie durch die verantwortliche Stelle als einzige Schlüsselinhaberin auf dem „Stand der Wissenschaft und Technik" verschlüsselt wurden.

Wie im Atomrecht, so stellt sich auch für Verschlüsselungen die Frage, wer den Prozess der Risikoerkennung- und Risikobewertung durchführen und hieraus konkrete, verbindliche Sicherheitsvorgaben und Anforderungen an Verschlüsselungen (also etwa „Grenzwerte für Mindestschlüssellängen oder geeignete Verschlüsselungsverfahren") ableiten sollte.[577] Für diese Aufgabe kämen der parlamentarische Gesetzgeber, Ministerien und Fachbehörden, aber auch private Expertengremien in Betracht. Die gesetzliche Festlegung auf starre Werte, etwa Schlüssellängen und Verfahren, würde den parlamentarischen Gesetzgeber, wie in vielen Bereichen der Techniksicherheit, überfordern.[578] Zum einen würde diesem hierzu die erforderliche Sachkenntnis fehlen, zum anderen könnten aufwendige parlamentarische Gesetzgebungsprozesse nicht ausreichend auf aktuelle technische Entwicklungen reagieren.[579] Demgegenüber könnte der Normierungsprozess auch mithilfe des gesetzlichen Verweises auf den „Stand der Wissenschaft und Technik" ausschließlich auf entsprechende Sachverständigen- und Expertengremien ausgelagert werden, die aufgrund ihrer Erkenntnisse regelmäßig neue Anforderungen an die Verschlüsselungstechnik in privaten technischen Regelwerken, beispielsweise in DIN-Normen veröffentlichen würden.[580] Den Experten obläge dann nicht nur die Risikobenennung und Angabe eines Wahrscheinlichkeitswerts, etwa für die Frage, wie schnell eine bestimmte Verschlüsselung gebrochen werden kann, sondern auch die Wertung darüber, ob die von ihnen ermittelte Wahrscheinlich-

---

[576] So beispielsweise Veröffentlichungen des Bundesamts für Sicherheit in der Informationstechnik, etwa der IT-Grundschutz (zum Beispiel BSI 2013, IT Grundschutz, M 2.163, 301 f.), der NIST (zum Beispiel NIST, FIPS PUB 140-2.), DIN oder ISO (zum Beispiel ISO/IEC 19790: 2012; ISO/IEC 7064: 2003).
[577] So zum Umweltverfassungsrecht *Brönneke* 1999, 340.
[578] Zum Atomrecht *Roßnagel*, in: Roßnagel/Rust/Manger 1999, 217.
[579] „Gebot schneller Veränderbarkeit", *Di Fabio* 1994, 84.
[580] Zum Umweltverfassungsrecht *Brönneke* 1999, 341 und 343; in diesem Sinne zum Atomrecht wohl auch *Breuer*, DVBl. 1978, 835, der ausschließlich auf den „Erkenntnisstand führender Naturwissenschaftler und Techniker" abstellt.

Sachlicher Anwendungsbereich 93

keit gering genug ist, den Personenbezug auszuschließen. Da jedoch insbesondere in der Wissenschaft kaum gefestigte, unbestrittene Ergebnisse vorliegen, sondern vielmehr häufig einem Meinungsstreit unterliegen, bestehen Bedenken, ob sich der Staat mit dem reinen Verweis auf einen unbestimmten Rechtsbegriff aus der Konkretisierung seiner Vorgaben zurückziehen sollte.[581] Gerade weil wissenschaftliche Erkenntnisse im Bereich schadensträchtiger Systeme häufig noch zu gewichten und werten sind sowie zwischen Meinungen (auch Mindermeinungen) abzuwägen ist, kann dieser Vorgang nicht einem externen, demokratisch nicht legitimierten Gremium überlassen bleiben.[582] Als Mittelweg wäre die gesetzliche Verweisung auf Recht unterhalb formeller Gesetze möglich.[583] Dabei wird der im Gesetz genannte unbestimmte Rechtsbegriff mit dem Auftrag an ein Ministerium oder durch Subdelegation[584] an eine Fachbehörde versehen, diesen zu konkretisieren. Diese gibt dann entsprechende Grenzwerte als Empfehlung, technische Regeln, Verwaltungsvorschriften oder Bekanntmachungen heraus, aus denen sich konkrete Verschlüsselungsverfahren und Geltungszeiträume ergeben.

Als Vorbild könnte hierzu die von der Bundesnetzagentur für die Sicherheit von Signaturen veröffentlichte „Übersicht geeigneter Algorithmen"[585] dienen. Gemäß § 3 SigG[586] i. V. m. § 11 und Anlage 1 Abschnitt 1 Nr. 2 SiGV[587] hat die Behörde jährlich oder bei Bedarf eine Übersicht „über die Algorithmen und zugehörigen Parameter, die zur Erzeugung von Signaturschlüsseln, zum Hashen zu signierender Daten oder zur Erzeugung und Prüfung qualifizierter elektronischer Signaturen als geeignet anzusehen sind, sowie den Zeitpunkt, bis zu dem die Eignung jeweils gilt" im Bundesanzeiger zu veröffentlichen.[588] Ausweislich der Signaturverordnung liegt eine Eignung vor, wenn „innerhalb des bestimmten Zeitraumes nach dem Stand von Wissenschaft und Technik eine nicht feststellbare Fälschung von qualifizierten elektronischen Signaturen oder Verfälschung von signierten Daten mit an Sicherheit grenzender Wahrscheinlichkeit ausgeschlossen werden kann." Als staatliche Behörde hat sich die Bundesnetzagentur dabei auf wissenschaftliche Angaben des Bundesamts für Sicherheit in der Informationstechnik, internationaler Standards sowie Experten aus Wirtschaft und Wissenschaft

---

[581] *Roßnagel*, in: Roßnagel/Rust/Manger 1999, 217; *Roßnagel*, UPR 1986, 49 ff.
[582] *Di Fabio* 1994, 85 f.; zu einem möglichen Legitimationsdefizit bei der Einbeziehung privater Regelwerke siehe auch *Brönneke* 1999, 345 f.; *Roßnagel*, UPR 1986, 50.
[583] *Di Fabio* 1994, 82.
[584] Zu den engen Voraussetzungen einer Subdelegation *Maunz*, in: Maunz/Dürig 2013, Art. 80 GG, Rn. 41 ff.
[585] BNetzA 2012, Bundesanzeiger Nr. 10, 243.
[586] Gesetz über Rahmenbedingungen für elektronische Signaturen (Signaturgesetz) vom 16.5.2001, BGBl. 2001 I, 876, in der Fassung vom 7.8.2013, BGBl. 2013 I, 3154.
[587] Verordnung zur elektronischen Signatur (Signaturverordnung) vom 16.11.2001, BGBl. 2001 I, 3074, in der Fassung vom 7.8.2013, BGBl. 2013 I, 3154.
[588] Hierzu *Roßnagel*, in: Roßnagel 2013, § 11 SigV, Rn. 38 ff.

zu beziehen. Hieraus leitet die Bundesnetzagentur für die jeweils nächsten sieben Jahre dann konkrete Sicherheitsanforderungen ab.[589] Auch für die Frage des Personenbezugs infolge einer Verschlüsselung könnte eine entsprechende staatliche Behörde – etwa das Bundesamt für Sicherheit in der Informationstechnik – gesetzlich beauftragt werden, aktuelle Anforderungen und Prognosen zu sicheren Verschlüsselungsverfahren und Schlüssellängen aus der Wissenschaft und Technik zu erheben. Auf Grundlage dieser Informationen könnten geeignete Verschlüsselungsverfahren und Schlüssellängen für einen bestimmten Prognosezeitraum ermittelt und in regelmäßigen Abständen (zum Beispiel im Bundesanzeiger) veröffentlicht werden. Anhand dieser Veröffentlichung wäre eine verantwortliche datenverarbeitende Stelle (zum Beispiel ein Cloud-Nutzer) in der Lage, Daten dann auf dem „Stand der Wissenschaft und Technik" zu verschlüsseln und zumindest für den Prognosezeitraum ohne Personenbezug in eine Cloud zu übertragen.

5.1.9.2.4 Neuverschlüsselung und Verhinderung missbräuchlicher Datenkopien

Um auch für längere Speicherdauern das Aufleben des Personenbezugs zu verhindern, muss die Sicherheit der Verschlüsselung nach Ablauf der Prognosezeiträume regelmäßig auf ihre Vereinbarkeit mit dem dann aktuellen „Stand der Wissenschaft und Technik" abgeglichen werden. In der Praxis muss die verantwortliche Stelle also regelmäßig prüfen, ob die verschlüsselten Daten noch den vorgegebenen Verschlüsselungs-„Grenzwerten" entsprechen. Ergibt ein solcher regelmäßiger Abgleich, dass die Sicherheit der bestehenden Verschlüsselung in absehbarer Zeit nicht mehr gewährleistet werden kann, müssen die Daten in der Cloud gelöscht oder auf Basis des dann geltenden Verschlüsselungsstands wieder neu verschlüsselt werden.[590]

In der Praxis erweist sich hierbei die Möglichkeit der bemerkten oder unbemerkten Erstellung von Kopien der verschlüsselten Daten als nicht unerhebliches Problem. So ist es bei der Übertragung der Daten über öffentliche Netze oder der Verteilung der Daten zwischen Cloud-Anbietern nicht ausgeschlossen, dass etwa zum Zwecke eines Backups, jedoch auch unter Missbrauchsabsicht, die zu diesem Zeitpunkt noch sicher verschlüsselten Daten kopiert werden. Werden diese Datenkopien mit Zeitablauf nicht ebenso neu verschlüsselt, könnten sie aufgrund der sich entwickelten Rechenleistung zukünftig mit verhältnismäßigen Mitteln für andere Stellen entschlüsselbar werden. Der Personenbezug würde aufleben und die Übermittlung in die Cloud gegebenenfalls nachträglich unzulässig werden. Um ein Aufleben des Personenbezugs auch für die Zukunft ausschließen zu können, bedarf es somit eines Mittels, das eine unbemerkte

---

[589] Hierzu *Roßnagel*, in: Roßnagel 2013, § 11 SigV, Rn. 39.
[590] Siehe hierzu für die Verschlüsselung zu Signaturzwecken *Roßnagel/Pordesch*, in: Roßnagel 2013, § 17 SigV, Rn. 24 ff.; zur unverzüglichen Löschung nach Wiederaufleben des Personenbezugs, *Roßnagel/Scholz*, MMR 2000, 730.

oder unkontrollierte Datenkopie unterbindet. Ein unbefugter Zugriff und damit die Möglichkeit der Erstellung unbefugter Kopien der verschlüsselten Daten durch externe Personen kann durch technisch-organisatorische Maßnahmen zur Datensicherheit verhindert werden. Soweit im Rahmen der Dienstbereitstellung und -erbringung jedoch Backups durch den Cloud-Anbieter erstellt werden sollen, muss zumindest sichergestellt sein, dass alle erstellten Sicherungskopien im Rahmen einer Neuverschlüsselung gelöscht oder ebenso neu verschlüsselt werden. Trotz der Verschlüsselung und des temporären Ausschlusses der Möglichkeit einer Kenntnisnahme des Dateninhalts, muss der Weg der Daten sowie ihre Vervielfältigung somit dauerhaft überwacht werden. Der dauerhafte Ausschluss des Personenbezugs hängt mithin nicht ausschließlich von der Verschlüsselung durch den Cloud-Nutzer, sondern auch von der Zugriffssicherheit und der Backup-Organisation des Cloud-Anbieters ab. Eine technische Möglichkeit, die Aufbewahrung von Kopien bei anderen Stellen zu verhindern, liegt nicht nur im Zugriffsschutz. Unter Umständen könnten die Daten zukünftig auch mit einem sogenannten „digitalen Verfallsdatum" versehen werden. Dabei handelt es sich um eine Art Selbstzerstörungsmechanismus, der dem Datum untrennbar anheftet und dessen automatische Löschung zu einem bestimmten Zeitpunkt anstößt.[591]

5.1.10   Unverschlüsselte Verarbeitung von Daten

Durch eine sichere Verschlüsselung kann die Übertragung und Speicherung von Daten in einer Cloud ohne oder zumindest mit reduzierten datenschutzrechtlichen Hürden ermöglicht werden. Solange die Daten auf dem Cloud-Speicher liegen oder verschoben werden, kann dies mit der Verschlüsselung des Cloud-Nutzers geschehen. Es handelt sich um eine sogenannte „Ende-zu-Ende-Verschlüsselung", das heißt, der Inhalt wird auf dem gesamten Weg zwischen Absender und Empfänger (der hier dem Absender entspricht) geschützt.[592] Da der Cloud-Nutzer sowohl Absender als auch Empfänger ist, muss auch nur er den Schlüssel kennen. Sollen die Daten jedoch in der Cloud verändert werden, etwa indem ein Cloud-Prozessor Berechnungen an den Daten durchführen soll oder personenbezogene Daten in einer Anwendung im Sinne eines Software as a Services verarbeitet werden, kann dies ausschließlich anhand des Klartextes geschehen. Eine gezielte inhaltliche Veränderung von Daten ist im verschlüsselten Zustand momentan technisch, zumindest praktisch, noch nicht möglich.[593] Ein technikwissenschaftlicher Ansatz zur Verarbeitung von verschlüsselten Daten ist die

---

591   Der Ansatz eines den Daten anheftenden Verfallsdatums wurde bereits unter dem (allerdings irreführenden) Begriff „digitaler Radiergummi" diskutiert; zum Gegenstand und technischen Details *Federrath/Fuchs/Herrmann/Maier/Scheuer/Wagner*, DuD 2011, 403; *Jandt/Kieselmann/ Wacker*, DuD 2013, 239 ff.
592   *Schaar* 2002, 286.
593   *Heidrich/Wegener*, MMR 2010, 806; *Stiemerling/Hartung*, CR 2012, 61 und 65; *Splittgerber/Rockstroh*, BB 2011, 2181; *Spies*, MMR-Aktuell 2011, 313727 „Prozessverschlüsselung".

sogenannte „homomorphe Verschlüsselung (Homomorphic Encryption)".[594] Dabei können verschlüsselte Daten einfachen Rechenoperationen unterzogen werden. Möglich sind dabei beispielsweise additiv homomorphe Verschlüsselungsverfahren, bei denen Additionen unter verschlüsselten Zahlen möglich sind. Auch die Multiplikation durch mehrfaches Addieren wird dadurch ermöglicht.[595] Vollständige und komplexe Rechenoperationen durch die „voll homomorphe Verschlüsselung" sind jedoch in der Praxis derzeit und in absehbarer Zukunft noch deutlich zu rechenintensiv und damit ineffizient. Für den Einsatz beim Cloud Computing, insbesondere für rechenintensive Cloud-Anwendungen, eignet sich die homomorphe Verschlüsselung derzeit noch nicht.[596]

Sollen Daten in der Cloud verändert oder inhaltlich verarbeitet werden, muss der Cloud-Nutzer dem Cloud-Anbieter demzufolge den Schlüssel mitteilen, sodass dieser die Daten zum Zweck der Verarbeitung entschlüsseln kann, oder vor der Verarbeitung die Daten selbst entschlüsseln.[597] In diesem Moment jedoch hat der Cloud-Anbieter und auch jede andere Person oder Stelle, die berechtigt oder unberechtigt Zugriff auf die Daten in der Cloud hat, die Möglichkeit, einen Personenbezug herzustellen. Die Anwendbarkeit des Datenschutzrechts würde gegebenenfalls wieder vollständig aufleben und der Cloud-Nutzer die Weitergabe von Daten datenschutzrechtlich zu verantworten haben.

5.1.11 Datenversiegelung zum betreibersicheren Cloud Computing

Aus Sicht der Informationstechnik mussten Cloud-Anbieter bislang für die Verarbeitung von Daten als vertrauenswürdige Stellen („Trusted Entities") betrachtet werden. Mit technischen und organisatorischen Sicherungsmaßnahmen können zwar schon jetzt externe Angriffe auf die Cloud (etwa durch Hacker) abgewehrt werden. Informatisch geschieht dies mithilfe der Perimetersicherheit,[598] also dem Schutz am Übergang zwischen einem öffentlichen Netz und dem Server oder dem Intranet. Hierfür werden beispielsweise Firewalls, Intrusion Detection oder Load Balancing-Systeme eingesetzt. Problematisch sind allerdings Angriffe von Innen, also Gefahren, die von Mitarbeitern und Administratoren ausgehen. Diese haben schon aus organisatorischen Gründen – etwa zur Überwachung und Instandhaltung – regelmäßig die Möglichkeit, auf die in einer Cloud abgelegten Daten zuzugreifen. Werden also Daten unverschlüsselt in einer Cloud verarbeitet, mag der Schutz vor Angriffen anderer Personen oder Stellen tech-

---

[594] *Sadeghi/Schneider*, in: Brömme/Eymann/Hühnlein/Roßnagel/Schmücker 2010, 13 f. mit weiteren Nachweisen; *Bedner* 2013, 339 f.; *Brands* 2012, 380.
[595] Hierzu *Sadeghi/Schneider*, in: Brömme/Eymann/Hühnlein/Roßnagel/Schmücker 2010, 13.
[596] *Heidrich/Wegener*, MMR 2010, 806; *Stiemerling/Hartung*, CR 2012, 61 und 65.
[597] Hierzu *Heidrich/Wegener*, MMR 2010, 806.
[598] Hierzu beispielsweise *Kappes* 2007, 305.

nisch und organisatorisch gewährleistet sein. Mitarbeiter des Cloud-Anbieters könnten dennoch die unverschlüsselten Daten unbefugt einsehen und gegebenenfalls an andere Stellen weitergeben. Der Cloud-Nutzer musste also bislang auf die Vertrauenswürdigkeit seines Cloud-Anbieters und dessen vornehmlich organisatorische Maßnahmen zur Verhinderung unbefugter interner Zugriffe vertrauen.[599]

5.1.11.1 Lösungsansatz Versiegelung

Zur Lösung des Problems beschäftigt sich das Forschungsprojekt „Sealed Cloud" mit der sogenannten „Datenversiegelung". Ziel des Versiegelungs-Ansatzes ist es, die vorgenannte Schutzlücke zu schließen und eine sogenannte „Betreibersicherheit" herzustellen.[600] Durch technische Maßnahmen soll der Zugriff auf Daten in der Cloud auch für Mitarbeiter des Cloud-Anbieters unmöglich gemacht werden. Hierzu verknüpft die Sealed Cloud im Wesentlichen drei Verfahren: eine spezielle Sicherheitsinfrastruktur (Perimetersicherheit) und einen damit verbundenen Löschvorgang bei unbefugten Zugriffen („Tailored Data Clean-Up Procedure"), die „intelligente Schlüsselverteilung" („Encryption Key Distribution") sowie die Kontrolle der Softwareintegrität durch externe Auditoren.

Die Sealed Cloud ist technisch in zwei Bereiche unterteilt in eine reguläre Cloud-Infrastruktur sowie einen sogenannten „Application Server". Meldet sich ein Nutzer in der Sealed Cloud an oder schickt Daten zur Speicherung oder Verarbeitung in die Cloud, geschieht dies über eine verschlüsselte SSL-Verbindung zwischen dem Browser des Nutzers und dem „Application Server". Der „Application Server" ist ein volatiler (flüchtiger) Speicher. Hier können die Daten entschlüsselt und Datenverarbeitungsprozesse an den nunmehr unverschlüsselten Daten durchgeführt werden. Die Verarbeitungsinfrastruktur wird durch Komponenten der Perimetersicherheit kontrolliert. Auf den „Application Server" sollen dabei weder eine externe Person oder Stelle noch interne Mitarbeiter Zugriff haben. Neben softwarebasierten Komponenten der Perimetersicherheit sieht die Sealed Cloud hierfür auch physische Überwachungsmittel, wie Kameras, elektromechanische Serverschlösser und Sensoren an den Servermodulen, vor. Kommt es nun zu einem unautorisierten Zugriff auf die nichtverschlüsselten Daten im „Application Server" – etwa indem ein Mitarbeiter zu Servicezwecken die Infrastruktur „betritt" – sendet die Perimetersicherheit automatisch ein Alarmsignal aus. Noch bevor ein Zugriff auf die Daten möglich ist, werden diese gelöscht oder sicher überschrieben. Die Löschung wird ebenfalls durch physische Mittel unterstützt,

---

[599] Die Ausführungen in diesem Kapitel gehen zurück auf einen vorab veröffentlichten Beitrag in einem Tagungsband, *Kroschwald*, in: Taeger 2013, 289 ff.

[600] Näher hierzu *Jäger/Rieken* 2014, 2 ff.; *Jäger/Ernst*, in: Schartner/Lipp 2014, 191 ff.; *Jäger/Monitzer/Rieken/Ernst*, in: Hühnlein/Roßnagel 2013, 187 ff.; *Schröder/Haag*, ZD 2012, 365; siehe auch die Webpräsenz des Forschungsprojekts „Sealed Cloud", http://www.sealed-cloud.de.

indem die Energieversorgung in der entsprechenden Verarbeitungseinheit für mehr als zehn Sekunden unterbrochen wird. Durch dieses sogenannte „Data Clean-up" können somit sowohl interne, als auch externe Zugriffe auf die vorübergehend unverschlüsselten Daten verhindert werden.

Sind Daten in der Sealed Cloud für eine längerfristige Speicherung bestimmt, werden diese innerhalb des „Application Servers" erneut mittels einer symmetrischen Verschlüsselung verschlüsselt. Die zu speichernden Daten werden dann außerhalb des sicheren Bereichs in einem Dateisystem, den sogenannten „Privacy Boxen", verschlüsselt abgelegt. Dieser „Persistent Memory" (nichtflüchtiger Datenspeicher) entspricht einer regulären Cloud-Infrastruktur.

Die Nutzer-ID, das Kennwort, die Informationen über die abgelegten Daten sowie der Schlüssel für die Entschlüsselung der abgelegten Daten bilden ein sogenanntes Nutzerprofil. Um einen (externen oder internen) Zugriff auf diese Profildaten und damit auch auf die Schlüssel der abgelegten Inhaltsdaten zu verhindern, werden auch diese Daten noch im „Application Server" verschlüsselt. Der Schlüssel für die Verschlüsselung des Profils wird dabei mit einem bestimmten Algorithmus aus der Nutzer-ID und dem Passwort des Nutzers als Hashwert gewonnen. Somit wird sichergestellt, dass der Nutzer auf seine Profildaten später wieder zugreifen kann, weil er die für die Erzeugung des Schlüssels erforderlichen Informationen als einziger besitzt. Das verschlüsselte Nutzerprofil wird dann ebenso außerhalb des „Application Servers" im „Persistent Memory" in einer Datenbank gespeichert. Nach Ende der Session oder der Nutzung durch den Cloud-Nutzer werden die Daten im „Application Server" wieder automatisch vernichtet, um so den Zugriff durch interne Mitarbeiter der Sealed Cloud auf das Nutzerprofil und damit mittelbar auf die abgelegten Daten zu verhindern.

Die Profildaten mit den Schlüsseln für die in der Cloud gespeicherten Daten sind somit durch den Betreiber der Sealed Cloud zu keinem Zeitpunkt einsehbar. Die Verschlüsselung kann einerseits symmetrisch erfolgen, wenn nur der Nutzer selbst einen Zugriff auf die von ihm abgelegten Daten haben soll. Zum anderen kann aber auch asymmetrisch verschlüsselt werden. Damit können neben dem Cloud-Nutzer auch weitere autorisierte Stellen auf die Daten des Nutzers zugreifen. Als autorisierte Stellen kommen beispielsweise vom Nutzer bestimmte Personen (etwa Geschäftspartner) in Betracht. Diese können dann beispielsweise zum Zwecke der Zusammenarbeit Zugriff auf Teile der Daten des Nutzers erhalten.

Technisch denkbar, jedoch noch ohne rechtliche Grundlage wäre es auch, eine bestimmte Anzahl privater Schlüssel bei staatlichen Stellen oder neutralen, vertrauenswürdigen Intermediären zu hinterlegen. So könnte der Aufruf von Nutzerprofilen, etwa im Rahmen von Ermittlungsverfahren durch staatliche Stellen ermöglicht werden, ohne dass der Betreiber der Sealed Cloud hierzu selbst auf die Profile zugreifen muss. Durch die Begrenzung der hinterlegten Schlüssel und die Lagerung bei neutralen Intermediären versprechen sich die Entwickler der Sealed Cloud de lege ferenda eine rechtsstaatliche Kontrolle staatlicher Zugriffe und die Eingrenzung der Eingriffshäufigkeit. So könnten die Schlüssel auf Basis zukünftiger Regelungen beispielsweise bei Gerichten oder Notaren hinterlegt werden. Planen Ermittlungsbehörden einen Zugriff auf ein Nutzerprofil, beispielsweise um die Nutzer-ID und die Zugriffszeiten eines Nutzers zu erfahren, müssten sich die Behörden nicht mehr an den Cloud-Betreiber wenden. Der Zugriff auf das Nutzungsprofil und die Herausgabe der Nutzerdaten würde vielmehr nach einer rechtsstaatlichen Kontrolle (beispielsweise einem richterlichen Beschluss) durch den Intermediär erfolgen. Wenn dieser – je nach gesetzlicher Ausgestaltung – jedoch nur über eine, beispielsweise gesetzlich, begrenzte Anzahl von Schlüsseln verfügt, wäre nur eine begrenzte Anzahl von Zugriffen in einem bestimmten Zeitraum (zum Beispiel pro Jahr) möglich.

Um seine Daten aufrufen zu können, muss sich der Nutzer über die sichere SSL-Verbindung bei der Sealed Cloud mit seiner Nutzer-ID und dem Passwort anmelden. Innerhalb des „Application Servers" wird aus der Nutzer-ID und dem Passwort wiederum der Schlüssel des Nutzers erstellt und das Nutzerprofil damit entschlüsselt. Mithilfe der im Nutzerprofil abgelegten Informationen kann die entsprechende Datei aus den Privacy Boxen vom persistenten Speicher in den „Application Server" verlagert und mit dem ebenfalls im Nutzerprofil befindlichen Schlüssel entschlüsselt werden. Innerhalb des „Application Servers" können die aufgerufenen Daten nunmehr sicher verarbeitet und neu verschlüsselt wieder im persistenten Speicher abgelegt oder mittels der sicheren SSL-Verbindung an den Nutzer zurückgeschickt werden.

Insbesondere für das Auslösen des Alarmsignals beim Überschreiten der Perimetersicherheit am „Application Server" müssen die Sicherheitssysteme fehlerfrei funktionieren. Ein möglicher Angriffspunkt auf die Sicherheit der Sealed Cloud ist deshalb die Hard- und Software der Perimetersicherheit. So könnte die Signalsoftware beispielsweise derart manipuliert werden, dass sie Zugriffsversuche nicht mehr erkennt oder im Bedarfsfall keine Alarmsignale mehr aussendet. Softwareintegrität, also die Manipulationssicherheit der Signalsoftware,[601] spielt demzufolge eine ebenso wichtige Rolle wie die Verfahren der Schlüsselverteilung und des Data Clean-ups. In der Sealed Cloud sollen deshalb externe Auditoren oder Gutachter die Integrität der Software, aber auch der übrigen technischen und organisatorischen Sicherheitsmaßnahmen evaluieren und die Vertrauenswürdigkeit der Software in einem Zertifikat bestätigen. Das Vorliegen eines gültigen Zertifikats soll in der Sealed Cloud automatisch in den Servern statisch, in absehbarer Zukunft wohl auch dynamisch, überprüft werden. Liegt kein gültiges Zertifikat mehr vor, kommt es in der verschlüsselungsfreien Verarbeitungseinheit automatisch zu einem „Data Clean-up".

---

[601] Hierzu *Paulus*, DuD 2012, 413 ff.

5.1.11.2 Bewertung und Folgen für den Personenbezug sowie die Anwendung des Datenschutzrechts

Durch die Sealed Cloud könnte der Personenbezug auch für die Verarbeitung von Daten in der Cloud entfallen. Voraussetzung hierfür wäre wiederum, dass eine Zuordnung der Daten zu einer bestimmten oder bestimmbaren Person im Sinne des § 3 Abs. 1 BDSG nicht oder nur mit unverhältnismäßigem Aufwand möglich ist. Hierzu müsste zumindest auf dem gesamten Datenweg – vom Cloud-Nutzer über die Übertragung der Daten in die Cloud, deren Speicherung, deren Verarbeitung bis hin zur Rückübertragung an den Nutzer – eine Kenntnisnahme des Inhalts ausgeschlossen oder hinreichend erschwert sein.[602] Zur Klärung dieser Frage ist der Weg der Angaben, ausgehend vom Cloud-Nutzer in die Cloud und zurück an den Cloud-Nutzer, datenschutzrechtlich zu verfolgen.

5.1.11.2.1 Datenübertragung und -verarbeitung

Vor Absendung der Daten in die Sealed Cloud muss der Browser des Nutzers die Daten automatisch mittels einer SSL-Verschlüsselung verschlüsseln. Diese schützt die Daten auf den öffentlichen Datenwegen bis hin zum Cloud-Anbieter. Zwar ist ein Angriff auf den Rechner des Nutzers jederzeit denkbar, dies gilt jedoch unabhängig von der Verwendung einer Cloud für alle mit einem öffentlichen Netz verbundenen Geräte und ist deshalb Gegenstand der technischen und organisatorischen Datensicherheit beim Cloud-Nutzer. Durch die Transportverschlüsselung sind die Möglichkeit zur Kenntnisnahme der Dateninhalte und damit die Bestimmbarkeit einer Person zumindest auf der Verbindung zwischen Cloud-Nutzer und Cloud-Anbieter ausreichend erschwert.[603] Problematisch ist allerdings, dass der Cloud-Anbieter aufgrund der asymmetrischen Verschlüsselung von SSL-Verbindungen in der Lage ist, die Daten zu entschlüsseln. An dieser Stelle wird das Prinzip der Ende-zu-Ende-Verschlüsselung mit dem Cloud-Nutzer als Absender und Empfänger durchbrochen.[604] Fraglich ist, ob die Sealed Cloud dennoch eine Kenntnisnahme verhindert oder hinreichend erschwert. Zwar werden die vom Cloud-Nutzer übertragenen Daten zeitnah wieder verschlüsselt und nur verschlüsselt gespeichert. Jedoch liegen die Daten nach der Ankunft oder bei der Verarbeitung der Daten in der Cloud wie beschrieben im „Application Server" unverschlüsselt vor. Um dennoch nicht als personenbezogene Daten eingeordnet zu werden, könnten die unverschlüsselten Daten durch eine andere technische Maßnahme dergestalt abgeschottet werden, dass eine Kenntnisnahme des Inhalts und damit die

---

[602] Der gesamte Datenweg müsste mithin für andere Stellen eine Art „Black-Box" sein, hierzu *Heidrich/Wegener*, MMR 2010, 806.
[603] Hierzu Kapitel 5.1.8.1.3; Kapitel 5.1.9; siehe auch BNetzA 2012, Bundesanzeiger Nr. 10, 243, 1.1.
[604] Zur Ende-zu-Ende-Verschlüsselung *Schaar* 2002, 268 f.

Möglichkeit zur Bestimmung einer Person anhand der darin enthaltenen Angaben durch andere als den Cloud-Nutzer nicht oder nur mit unverhältnismäßig großem Aufwand möglich ist. Voraussetzung wäre somit, dass weder intern noch extern ein Zugriff auf die Daten im „Application Server" unter Abwägung anhand eines Maßstabs praktischer Vernunft[605] möglich erscheint.

Die Einrichtung des sicheren Transportwegs zwischen Cloud-Nutzer und der Sealed Cloud erfolgt ausschließlich zwischen dem Browser des Nutzers und dem jeweiligen „Application Server". Außerhalb des „Application Servers" ist eine Einsicht in den Aufbau und die Durchführung der SSL-Verbindung sowie die Entschlüsselung nicht möglich. Ebenso verhält es sich mit bereits in der Sealed Cloud vorhandenen Daten, wenn diese verarbeitet werden sollen: sie werden verschlüsselt vom persistenten Speicher in den „Application Server" übertragen und dort entschlüsselt. Die Kenntnis der Schlüssel ist auch hier zu keinem Zeitpunkt für den Cloud-Anbieter notwendig oder möglich. Im Rahmen des Schlüsselmanagements werden Nutzer-ID und das Passwort des Nutzers verwendet, um den Schlüssel für die abgelegten Daten zusammen mit den anderen Profildaten selbst zu verschlüsseln. Dabei handelt es sich um eine Einwegfunktion, etwa einen Hashwert. Eine Kenntnis der Nutzer-ID und des Passworts durch den Cloud-Anbieter ist auch zur Authentifizierung nicht notwendig und auch nicht möglich – sie können nach jeder Session wieder aus dem „Application Server" gelöscht werden. Der Nutzer kann sich den Schlüssel zu seinen Profildaten und damit auch zum „Lagerort" des Schlüssels für die von ihm abgelegten Daten in der Cloud bei jedem Zugriff selbst erstellen. Dieser Schlüssel wird dann automatisch mit dem Hashwert des Nutzerprofils abgeglichen und damit der Nutzer authentifiziert. Der Nutzer kann also ohne Kenntnis des Cloud-Anbieters im „Application Server" Daten und den hierzu verwendeten Schlüssel mit einem weiteren, benutzerspezifischen Schlüssel, der sich aus einem Hashalgorithmus seiner Nutzer-ID und dem Passwort ergibt, verbergen. Prinzipiell bietet somit zumindest das Prinzip der Schlüsselverwaltung die Möglichkeit, Daten ohne Zutun des Cloud-Anbieters zu verschlüsseln und auf den Servern des Cloud-Anbieters wieder sicher zu entschlüsseln.

Als Möglichkeit der Kenntnisnahme verbleibt damit lediglich der Zugriff auf den „Application Server" selbst. Hierzu ist zuerst zu bestimmen, ob die technisch-organisatorische Sicherheit des „Application Servers" ausreicht, um einen externen, aber auch internen Zugriff auszuschließen oder hinreichend zu erschweren. Der „Application Server" ist mit zahlreichen unterschiedlichen Abwehrmechanismen gegen einen beabsichtigten oder auch unbeabsichtigten Zutritt, Zugang oder Zugriff ausgestattet. Er verfügt über informatische Einrichtungen zur Datensicherheit nach außen hin, etwa Firewalls, Intrusion Detection oder Load Balancing-Systeme. Der Schutz vor Zugriffen interner Mitarbeiter wird einerseits softwareseitig gewährleistet. Ein Datenzugriff un-

---

[605] *Roßnagel/Scholz*, MMR 2000, 723 mit Verweis auf BVerfGE 49, 89, 143, Rn. 118.

ter Umgehung der informatischen Sicherheit wäre andererseits durch physische Einwirkung direkt am Server selbst denkbar. Das Sealed Cloud-Konzept sieht zum Schutz vor Angriffen an der Hardware zahlreiche physisch-technische Maßnahmen, wie etwa Kameras, elektromechanische Serverschlösser und Sensoren an den Servermodulen vor, die einen physischen Zugriff detektieren und gegebenenfalls Alarm auslösen. Hinzu kommt das sogenannte „Data-Clean up", das regelmäßig sowie bei jedem Zugriffsversuch – etwa ein durch die Firewall detektierter softwareseitiger oder ein durch den Perimeterschutz festgestellten physischen Zugriffsversuch – die auf dem „Application Server" temporär gespeicherten Daten automatisch löscht und überschreibt sowie durch Stromabschaltung nicht wiederherstellbar macht.

Um das verbleibende Risiko eines Fehlers oder der Manipulation der Perimetersicherheit zu minimieren, sollen externe Auditoren die technische und organisatorische Datensicherheit überwachen. Hierdurch soll, zusätzlich zum cloud-eigenen technischen Sicherheitskonzept, ein betreiberneutrales, durch Menschen betriebenes Kontrollorgan, mögliche technische Mängel, aber auch interne Manipulationen verhindern. Inwiefern diese externe Kontrolle eine Manipulation der Perimetersicherheit durch den Cloud-Anbieter selbst verhindern kann, hängt von der konkreten Ausgestaltung im Einzelfall ab. Ohne entsprechende Kontrollen bestände etwa die Gefahr, dass sich der Anbieter für die Veränderung oder Beseitigung der Perimetersicherheit entscheidet. Die Gewährleistung der andauernden Sicherheit, beispielsweise mittels der Perimetersicherheit, könnte sich der Nutzer dann nur vertraglich zusichern lassen. Zwar bestehen damit privat-, gegebenenfalls ordnungs- und strafrechtliche Hürden einer solchen Umgehung.[606] Diese reichen, wie oben festgestellt, regelmäßig jedoch nicht aus, um die Bestimmbarkeit auszuschließen. Illegales oder vertragswidriges Handeln ist zumindest zu berücksichtigen.[607] Soweit dagegen eine entsprechende Kontrolle vorhanden ist, diese jedoch lediglich auf die Eigeninitiative des Cloud-Anbieters selbst zurückgeht, könnte die Durchführung der Kontrolle selbst sowie die Neutralität des Urteils angezweifelt werden. Selbstaudits oder lediglich freiwillig, vertraglich beauftragte Kontrollen könnten jederzeit beendet werden. Der Nutzer kann dabei nicht grundsätzlich davon ausgehen, über den Wegfall der Kontrollen unterrichtet zu werden oder davon Kenntnis zu erlangen. Jede Übertragung von Daten in die Sealed Cloud oder aus dem persistenten Speicher in den „Application Server" würde zu einer potentiellen Möglichkeit der Kenntnisnahme durch den Cloud-Anbieter führen.

---

[606] Privatrechtlich ist dabei an Unterlassungsklagen, Schadenersatzforderungen und Vertragsstrafen zu denken. Ordnungsrechtlich wird sich der Cloud-Anbieter zumindest hinsichtlich einer unzulässigen Datenverarbeitung zu verantworten haben. Außerdem kommt ggf. eine Strafbarkeit nach § 203 und § 204 StGB in Betracht.
[607] Grundsätzlich zutreffend *Pahlen-Brandt*, K&R 2008, 289; *Dammann*, in: Simitis 2014, § 3 BDSG, Rn. 28; hierzu auch Kapitel 5.1.4.5.

Eine Kontrolle kann die Sicherheit mithin nur dann hinreichend garantieren, wenn sie wiederum selbst nicht oder nur mit unverhältnismäßigem Aufwand verhindert oder ihre Neutralität sowie das Ergebnis manipuliert werden kann. Auch hier darf demzufolge illegales oder vertragswidriges Handeln nicht unberücksichtigt bleiben. Ein Selbstaudit durch Mitarbeiter des Cloud-Anbieters wird demnach wohl regelmäßig ausscheiden. Auch die Kontrolle durch einen beliebigen, externen Auditor stellt sich als problematisch dar. Insbesondere lässt sich hier nicht mess- und vergleichbar feststellen, ob die Qualität und die Neutralität des Audits den Anforderungen entsprechen. Für die Kontrolle der Sicherheit im „Application Server" ist vielmehr ein einheitliches, gesetzlich geregeltes Verfahren notwendig. Zwar kann die Kontrolle durch privatwirtschaftliche Stellen durchgeführt werden, an diese müssten jedoch selbst wiederum einheitliche Qualitätsanforderungen gestellt werden. Hierbei empfiehlt sich ein gesetzlich geregeltes und öffentlich-rechtlich überwachtes Zertifizierungsverfahren mit (staatlich) akkreditierten Kontrollstellen. Konkret könnte sich ein solcher Verfahrenskomplex beispielsweise an dem Konzept der Zertifizierung von Auftragnehmern orientieren, das im Rahmen dieser Arbeit entwickelt werden soll.[608]

Werden die hier genannten Anforderungen an die Sicherheit und Kontrolle eingehalten, kann davon ausgegangen werden, dass ein Zugriff auf die Daten im „Application Server" durch andere als den Cloud-Nutzer wohl nicht oder zumindest nur mit unverhältnismäßig großem Aufwand möglich ist. Die Kenntnisnahme des Dateninhalts ist demnach wohl ausgeschlossen oder zumindest hinreichend erschwert.

Zuletzt stellt sich jedoch die Frage, ob die wirksame Verhinderung der Kenntnisnahme tatsächlich auch den Personenbezug ausschließen kann. Anders als bei verschlüsselten Daten sind die Daten im „Application Server" weder pseudonymisiert noch anonymisiert. Sie liegen vielmehr im Klartext vor. Die Definitionen des § 3 Abs. 6 und 6a BDSG, wonach Daten „verändert" werden müssen, decken diesen Fall nicht ab. Die Daten wurden gerade nicht verändert oder Merkmale darin ersetzt. Vielmehr sind die Daten lediglich in einer Art „digitalem Tresor" versteckt. Ein Personenbezug entfiele demnach nur, wenn die in der Sealed Cloud gespeicherten und verarbeiteten Daten die Definition des personenbezogenen Datums aus § 3 Abs. 1 BDSG im Allgemeinen nicht erfüllen würden. Wie bei verschlüsselten Daten sind auch die Daten im „Application Server" der Kenntnisnahme durch den Cloud-Anbieter entzogen. Wenngleich die Daten nicht selbst verändert wurden, kann dennoch hinreichend ausgeschlossen werden, dass der Cloud-Anbieter die Dateninhalte zur Kenntnis nimmt. Auch die Informationen zu den jeweiligen Daten lassen sich, wie dargestellt, für den Cloud-Anbieter nicht erkennen. Damit ist aber auch gleichzeitig eine Zuordnung von Informationen über oder aus diesen Daten zu einer natürlichen Person nicht möglich.

---

[608] Kapitel 8; für einen entsprechenden Ansatz für die Kontrolle im Rahmen der Auftragsdatenverarbeitung de lege ferenda auch Trusted Cloud, AG Rechtsrahmen 2012, 14 ff.

Entspricht der „Application Server" den hier genannten technischen und organisatorischen Anforderungen, ist demzufolge ein Datenumgang in der Sealed Cloud ohne personenbezogene Daten möglich.

5.1.11.2.2 Risiken zukünftiger technischer Entwicklungen

Hinsichtlich seiner Perimetersicherheit übertrifft der „Application Server" die gängigen Datensicherheitskonzepte und damit wohl den bisherigen „Stand der Technik".[609] Mit der derzeit verfügbaren Technik lassen sich Daten während ihrer Verarbeitung im Internet momentan wohl nicht besser schützen. Jedoch könnte sich aufgrund technischer Entwicklungen – etwa im Bereich der Manipulation der Perimetersicherheit – in der Zukunft die Möglichkeit eines Zugriffs auf die Daten im „Application Server" ergeben. Der Unsicherheit und Ungewissheit ist, wie bei der Bewertung von Verschlüsselungstechniken, wiederum mit einer Risikoprognose und der Ableitung von Sicherheitsanforderungen zu begegnen, die nicht nur den „Stand der Technik" (also des technisch Machbaren), sondern den „Stand der Wissenschaft und Technik" berücksichtigen.[610]

Eine alternative, noch effektivere Sicherheitsmaßnahme bei der Verarbeitung von Daten im Internet, die wissenschaftlich-theoretisch besteht, jedoch technisch-praktisch noch nicht umsetzbar ist, ist, wie beschrieben,[611] die homomorphe Verschlüsselung. Fraglich ist, ob die theoretische Denkbarkeit einer solchen „besseren" Maßnahme den „Stand der Wissenschaft und Technik" dergestalt nach oben verschiebt, dass das Konzept der Sealed Cloud nicht mehr dem „Stand der Wissenschaft und Technik" entspricht. Das Bundesverfassungsgericht sah bei der Definition des Begriffs „Stand der Wissenschaft und Technik" jedoch nur vor, dass „diejenige Vorsorge gegen Schäden getroffen [wird], die nach den neuesten wissenschaftlichen Erkenntnissen für erforderlich gehalten wird".[612] Dabei muss man es bei einer „Abschätzung anhand praktischer Vernunft" bewenden lassen.[613] Das Vorliegen einer theoretisch denkbaren, besseren

---

[609] Beispielhaft können hier die BSI-Mindestsicherheitsanforderungen an Cloud-Computing Anbieter genannt werden https://www.bsi.bund.de/DE/Themen/CloudComputing/Eckpunktepapier/Eckpunktepapier_node.html. Demzufolge muss zum Beispiel im Rahmen des Schlüsselmanagements der Zugang zu Schlüsselverwaltungsfunktionen mittels einer separaten Authentisierung erfolgen, hierzu BSI 2012, 40; in der Sealed Cloud ist ein solcher Zugang nicht erforderlich und auch nicht möglich. Auch geht aus den Empfehlungen des BSI beispielsweise keine Maßnahme für die Rechenzentrumssicherheit (BSI 2012, 28 f.) hervor, die dem Data Clean-up bei unberechtigtem Zugriff entspricht.

[610] Hierzu ausführlich Kapitel 5.1.9.2.1; BVerfGE 49, 89, 135 ff.; BVerwGE 72, 300, 314 ff.; *Roßnagel/Scholz*, MMR 2000, 726.

[611] Kapitel 5.1.10.

[612] BVerfGE 49, 89, 136.

[613] BVerfGE 49, 89, 143.

Sicherheitstechnik führt somit nicht automatisch dazu, dass die vorhandene Sicherheitstechnik nicht mehr dem „Stand der Wissenschaft und Technik" entspricht.[614] Das Sicherheitskonzept der Sealed Cloud kann somit dem „Stand der Wissenschaft und Technik" entsprechen, obgleich die homomorphe Verschlüsselung theoretisch als noch sicherer denkbar ist. Voraussetzung ist ausschließlich, dass die Maßnahmen der Sealed Cloud für die sichere Verarbeitung von Daten im Prognosezeitraum nach den neuesten wissenschaftlichen Erkenntnissen für erforderlich gehalten wird. Im Gegensatz zur regulären Verschlüsselung ist der Zeitraum, in dem ein Umgang mit den Daten stattfindet, fest definiert und in der Regel nur sehr kurz bemessen. Die eigentliche Verarbeitung der Daten im „Application Server" findet auf einem flüchtigen Speicher statt. Direkt nach der Verarbeitung werden die entschlüsselten Daten unwiederbringlich gelöscht. Die „Lebensdauer" der Daten im „Application Server" ist somit stark verkürzt. Somit ist auch der Prognosezeitraum für die Sicherheit in der Verarbeitungseinheit für den konkreten Datenumgang damit nur sehr kurz und liegt im Sekundenbereich. Wird die Sicherheit des Verfahrens zu einem bestimmten Zeitpunkt als auf dem „Stand der Wissenschaft und Technik" befindlich beurteilt, ist auch eine sich hieran anschließende Datenverarbeitung für den kurzen Zeitraum ihrer Dauer als auf diesem Stand befindlich einzuordnen. Soweit die Kontrolle der Perimetersicherheit konstant durchgeführt wird, kann der sichere Datenumgang auf dem „Stand der Wissenschaft und Technik" somit für jede einzelne Datenverarbeitung erneut sichergestellt werden. Auch im Hinblick auf die Entwicklung der Technik in der Zukunft kann die Sealed Cloud unter Ausschluss des Personenbezugs gegenüber anderen als dem Cloud-Nutzer Daten (zulässig) verarbeiten.

Daten, die in der Sealed Cloud außerhalb des „Application Servers" gespeichert sind, liegen zwar verschlüsselt vor. Um jedoch ein Aufleben des Personenbezugs zu verhindern, müssen auch diese Daten regelmäßig mit verbesserten Verschlüsselungsmechanismen neu verschlüsselt werden. Im Hinblick auf die Risikoprognose für die in der Sealed Cloud gespeicherten Daten gilt das zur Verschlüsselung gesagte.[615] In der Sealed Cloud können Daten nur insoweit unter Ausschluss des Personenbezugs gespeichert werden, solange der Möglichkeit einer unbemerkten Kopie der „altverschlüsselten" Daten mit einem besonderen Zugriffsschutz und Backupmechanismus begegnet wird. Obgleich die Daten verschlüsselt vorliegen, sind die persistenten Speicher und Datenbanken mit einem eigenen Zugriffsschutz zur Abwehr von Angreifern zu versehen, sodass eine ungewollte Kopie praktisch ausgeschlossen ist. Werden von Seiten des Sealed Cloud-Anbieters Kopien der gespeicherten Daten erstellt, etwa im Rahmen

---

[614] Nach *Salzwedel* wäre beispielsweise eine Verlegung der Erzeugung von Kernenergie unter die Erdoberfläche, obwohl vorstellbar und ggf. sicherer, nach dem „Stand der Wissenschaft und Technik" nicht geboten, *Salzwedel*, in: Isensee/Kirchhoff 1988, Bd. III, § 85, Rn. 12.
[615] Kapitel 5.1.9.2.

eines Backups, ist sicherzustellen, dass diese redundant vorgehaltenen Daten bei einer Neuverschlüsselung ebenfalls neu verschlüsselt oder andernfalls vollständig gelöscht werden. Eine technische Lösung könnte zukünftig auch hier die Verbindung der Daten mit einem automatischen Verfallsdatum sein.[616]

5.1.11.2.3 Zugriff durch andere Stellen

In der Sealed Cloud könnten, je nach technischer Ausgestaltung auch weitere Nutzer einen Zugriff auf Daten des ursprünglichen Nutzers erhalten. Soweit die Freigabe hierfür vom Nutzer selbst gegeben wurde, ergeben sich keine Änderungen zum zuvor Gesagten. Der weitere Nutzer kann nunmehr einen Personenbezug herstellen, nach dem hier zugrundegelegten relativen Personenbezug nicht jedoch der Cloud-Anbieter. Allerdings kann im Einzelfall auch im Hinblick auf den Cloud-Anbieter der Personenbezug aufleben, soweit davon auszugehen ist, dass mit der Bestimmbarkeit durch den weiteren Nutzer die Daten auch für weitere Personen zuordenbar werden.

Problematisch stellt sich dagegen die Ermöglichung eines Zugriffs durch staatliche Stellen im Rahmen des sogenannten „Sealed Freeze" dar. Unabhängig von der Bewertung der staatlichen Eingriffsbefugnisse, die an anderer Stelle vorgenommen wurde,[617] stellt sich die Frage, ob der Personenbezug wieder auflebt, wenn staatlichen Stellen durch technische Modifikation der Schlüsselverwaltung oder Perimetersicherheit in bestimmten Fällen ein Zugriff auf Nutzerprofile oder gar die Inhalte der in der Sealed Cloud gespeicherten Daten ermöglicht wird. Durch den Zugriff auf das Nutzerprofil erhält die staatliche Stelle auch die Schlüssel für die in der Sealed Cloud abgelegten Inhaltsdaten und kann diese unter Umständen auslesen. Die dort gespeicherten Daten lassen sich somit gegebenenfalls Personen zuordnen, sodass – zumindest für die ermittelnde Behörde – bereits mit Ermöglichung des Zugangs personenbezogene Daten vorliegen. Indem der Cloud-Nutzer personenbezogene Daten in die Sealed Cloud überträgt, eröffnet er damit die Möglichkeit des Abrufs von personenbezogenen Daten durch staatliche Stellen. Zwar stellt sich damit die Frage, ob die Eröffnung dieses Zugangs durch den Cloud-Nutzer mittels der Übertragung in die Cloud zulässig ist. Ein entsprechender Erlaubnistatbestand könnte sich jedoch aus den entsprechenden Normen ergeben (beispielsweise aus § 28 Abs. 2 Nr. 2 lit. b BDSG) oder würde wohl zumindest im Rahmen der Einrichtung eines solchen Verfahrens geschaffen. Die Eröffnung eines Zugangs für staatliche Stellen mit der Folge eines auflebenden Personenbezugs ist in dieser Hinsicht mithin unproblematisch.

---

[616] Zum Gegenstand und technischen Details eines „digitalen Radiergummis" siehe *Federrath/ Fuchs/Herrmann/Maier/Scheuer/Wagner*, DuD 2011, 403; *Jandt/Kieselmann/Wacker*, DuD 2013, 239 ff.

[617] *Wicker* 2015 i. E., Kapitel 4.

Durch das „Sealed Freeze"-Verfahren könnten die Daten aber auch für den Cloud-Anbieter und mögliche andere Stellen personenbezogen sein. Wie bei IP-Adressen können staatliche Ermittlungsbehörden im Falle des „Sealed Freeze" über einen Anbieter dort gespeicherte Zusatzinformationen abrufen und so einen Personenbezug herstellen. Für die IP-Ermittlung ist der Access-Provider in der Lage, Informationen über die IP-Adresse, den Zeitpunkt der Nutzung und den Anschlussinhaberdaten zusammenzuführen.[618] Anders als der Access-Provider ist der Cloud-Anbieter in der Sealed Cloud jedoch an der Datenherausgabe nicht aktiv beteiligt. Vielmehr ist ein vertrauenswürdiger Intermediär (etwa ein Notar auf richterliche Anordnung) mithilfe eines weiteren Schlüssels in der Lage, das Nutzerprofil und damit die abgelegten Daten zu entschlüsseln. Auf die Kenntnis des Dateninhalts durch den Cloud-Anbieter kommt es deshalb nicht an. Der Cloud-Anbieter muss und kann in der Sealed Cloud auch trotz der Möglichkeit staatlicher Ermittlungen die Daten nicht einsehen. Einen Personenbezug kann der Cloud-Anbieter allein aufgrund des „Sealed Freeze"-Verfahrens nicht herstellen.

Indem eine staatliche Stelle Zugriff auf die Sealed Cloud erhält und dadurch der Personenbezug gegenüber diesen staatlichen Stellen auflebt, könnte aber auch die Möglichkeit einer Bestimmung durch sonstige Stellen entstehen. So ist vorstellbar, dass die abgerufenen Daten (unverschlüsselt) an andere Stellen weitergegeben werden. In der Folge müsste sich der Cloud-Nutzer für die mittelbare Weitergabe personenbezogener Daten an diese Stellen verantworten. Als Träger der öffentlichen Gewalt sind sowohl die öffentlich-rechtlichen oder öffentlich-rechtlich bestellten Intermediäre – etwa Notare – als auch die abrufenden staatlichen Stellen bereits nach Art. 20 Abs. 3 2. Hs. GG an Gesetz und Recht gebunden und unterliegen somit regelmäßig dem Vorbehalt des Gesetzes.[619] Diese besondere Bindung äußert sich auch in einer im Vergleich zu den nicht-öffentlichen Stellen noch strenger reglementierten gesetzlichen Zulässigkeit eines Umgangs mit personenbezogenen Daten. Erfüllen die verarbeiteten Informationen den Geheimnisbegriff, kann die unzulässige Offenbarung oder Verwendung für den einzelnen Amtsträger gemäß § 203 Abs. 2, 204 StGB sogar strafbar sein. Unter Berücksichtigung der vorangehenden Ausführungen zur rechtlichen Unmöglichkeit darf zwar illegales Handeln nicht gänzlich unberücksichtigt bleiben.[620] Jedoch wären die Rechtsfolgen einer unberechtigten Weitergabe der Daten durch eine öffentliche Stelle an eine andere Stelle, also der Aufwand zur Ermöglichung einer Bestimmung der Person, wohl regelmäßig unverhältnismäßig hoch. Zumindest von der Weitergabe und einer Bestimmung oder Bestimmbarkeit durch unbefugte Personen oder Stellen durch die bloße Möglichkeit eines regulierten Abrufs durch staatliche Stellen aus einer Cloud ist deshalb regelmäßig nicht auszugehen. Zu einer anderen Bewertung kommt man

---

[618] *Eckhardt*, CR 2011, 340; *Härting*, CR 2008, 744.
[619] Hierzu ausführlich, *Herzog/Grzeszick*, in: Maunz/Dürig 2013, Art. 20 GG, Rn. 75 ff.
[620] Kapitel 5.1.4.5; *Pahlen-Brandt*, K&R 2008, 289; *Dammann*, in: Simitis 2014, § 3 BDSG, Rn. 28.

gegebenenfalls jedoch, soweit die staatlichen Eingriffsbefugnisse die Weitergabe der Daten nicht entsprechend streng begrenzen. Dürfen beispielsweise die von einer Ermittlungsbehörde aus der Sealed Cloud abgerufenen Daten an andere Behörden oder gar private Stellen übermittelt werden oder erhalten auch Behörden anderer Staaten die Möglichkeit eines Zugriffs, wird der Kreis der Personen, die eine Zuordnung vornehmen können, schnell unüberschaubar groß. In der Folge müsste dann ein Personenbezug für die in der Sealed Cloud verarbeiteten Daten häufig wieder für alle denkbaren Stellen gelten. Zumindest für die jeweiligen Behörden wären die in die Cloud übermittelten Daten personenbezogen und der Cloud-Nutzer müsste insoweit das Datenschutzrecht berücksichtigen. Zum selben Ergebnis gelangt man, wenn die staatliche Stelle ihre Zugriffsbefugnisse tatsächlich nutzt und die Daten selbst unverschlüsselt, beispielsweise außerhalb der Sealed Cloud, speichert und verarbeitet.

5.1.11.3 Anforderungen an die Betreibersicherheit

Mithilfe der Sealed Cloud können Daten „betreibersicher" verarbeitet werden. Die notwendige Entschlüsselung von Daten erfolgt in einem sowohl für interne als auch externe Personen unzugänglichen Server. Die Kenntnisnahme des Inhalts der Daten durch andere als den Nutzer ist somit ausgeschlossen oder hinreichend erschwert, sodass eine Speicherung und Verarbeitung von Daten in der Sealed Cloud ohne den Personenbezug von Daten möglich ist. Voraussetzung ist allerdings eine andauernde Kontrolle der Integrität und Sicherheit des sogenannten „Application Servers", also des Bereichs, in dem Daten unverschlüsselt vorliegen. Diese Kontrolle kann nur durch neutrale, externe Auditoren durchgeführt werden, die zum Zwecke der Standardisierung und Qualitätssicherung hinsichtlich ihrer Akkreditierung und der Durchführung der Kontrollen gesetzlichen Anforderungen unterliegen müssen. Eine entsprechende Ausgestaltung de lege ferenda könnte sich an den im Entstehen befindlichen Zertifizierungslösungen für Auftragsdatenverarbeiter orientieren. In der Sealed Cloud längerfristig gespeicherte Daten sind regelmäßig mit aktuell für auf dem „Stand der Wissenschaft und Technik" befindlich beurteilten Verschlüsselungsverfahren neu zu verschlüsseln. Die Erstellung von Kopien der verschlüsselt gespeicherten Daten ist technisch-organisatorisch (etwa durch den Zugriffsschutz) auszuschließen. Soweit – etwa im Rahmen eines Backups – Sicherungskopien erstellt werden müssen, müsste sichergestellt sein, dass alle diese Daten im Rahmen einer Neuverschlüsselung ebenfalls neu verschlüsselt oder (zum Beispiel mithilfe eines digitalen Verfallsstempels) gelöscht werden.

Durch die Weitergabe von Zugangsberechtigungen durch den Cloud-Nutzer an andere Stellen werden die in der Cloud gespeicherten Daten für diese Stellen personenbezogen. Gleichzeitig steigt die Wahrscheinlichkeit einer Zuordnung durch weitere Stellen. Die Einrichtung eines sogenannten „Sealed Freeze"-Verfahrens würde zum Aufleben des Personenbezugs gegenüber möglichen Intermediären und staatlichen Stellen führen. Die Verarbeitung von Daten durch den Cloud-Anbieter bleibt – unter Berücksichtigung des relativen Personenbezugs – hiervon unabhängig weiterhin ohne Personenbezug möglich. Im Hinblick auf die strengen gesetzlichen Grenzen einer Weitergabe von Daten durch öffentliche Stellen ist auch das Aufleben des Personenbezugs gegenüber anderen Stellen trotz Sealed Freeze unwahrscheinlich aber nicht auszuschließen. Insbesondere Zugriffsberechtigungen für ausländische Behörden, Eingriffsbefugnisse ohne gleichzeitige Weitergabebeschränkungen oder der tatsächliche Abruf und Umgang mit unverschlüsselten Daten können die Wahrscheinlichkeit einer Bestimmung erhöhen. Soweit diese Risiken nicht hinreichend (aufgrund rechtlicher sowie technisch-organisatorischer Maßnahmen) auszuschließen sind, muss der Cloud-Nutzer davon ausgehen, dass die Daten aufgrund der „Sealed Freeze"-Option grundsätzlich einen Personenbezug aufweisen.

5.1.12 Unverschlüsselbare Metadaten

Dateninhalte können, wie vorangehend untersucht, verschlüsselt oder versiegelt und gegebenenfalls ohne Personenbezug übertragen, gespeichert und verarbeitet werden. Sollen Daten von einem Cloud-Nutzer an einen Cloud-Anbieter oder wieder zurück übertragen werden, muss ein Datentransport vom Absender zum Empfänger ermöglicht werden. Um die Daten zustellen zu können, müssen den Netzbetreibern und an den Knotenpunkten Informationen über Absender und Empfänger vorliegen. Hierzu werden Datenpakete mit sogenannten Metadaten versehen, also Daten, die einem Datenpaket zu Transportzwecken (vergleichbar zu einem Transportschein) zusätzlich angehängt werden. Metadaten enthalten zwar keine Informationen zum Dateninhalt, wohl aber zum Absender und zum Empfänger des dazugehörigen Datenpakets. Da Informationen aus den Metadaten verschiedenen Stellen im Zuge der Übertragung bekannt sein müssen, können diese Metadaten nicht im Sinne einer Ende-zu-Ende-Verschlüsselung geschützt werden. Für potentielle Angreifer besteht folglich die Möglichkeit, Metadaten während eines Übertragungsvorgangs abzugreifen und zur Kenntnis zu nehmen. Aus diesen Metadaten könnten Angreifer unter Umständen Rückschlüsse auf Absender und Empfänger, durch Kombination mit weiteren Informationen aber auch möglicherweise Rückschlüsse auf den Dateninhalt ziehen.[621] In einer Dreieckskonstellation zwischen einem Cloud-Nutzer und einem Cloud-Anbieter sowie einem betroffenen Dritten, enthalten Metadaten zwar im Wesentlichen Informationen über den Cloud-Nutzer als Absender oder Empfänger. Problematisch sind jedoch Rückschlüsse, die in dieser Konstellation zusätzlich auf den Betroffenen gezogen werden können – etwa weil ein Datentransport aufgrund des Metadatums zeitlich oder örtlich mit einem betroffenen Dritten in Verbindung gebracht werden kann. In einer Zwei-Stellenkonstellation, in der ein Cloud-Nutzer als datenschutzrechtlich Betroffe-

---

[621] *Jäger/Ernst*, in: Schartner/Lipp 2014, 193 f.

ner eigene Informationen an einen Cloud-Anbieter übermittelt, lassen sich Rückschlüsse bereits aus den Angaben zum Absender und Empfänger, also Cloud-Nutzer und Cloud-Anbieter ziehen – etwa den Umstand, dass ein bestimmter Cloud-Nutzer offenbar einen besonderen Cloud-Dienst nutzt. Durch die Möglichkeit der Kenntnisnahme von Metadaten könnten auch sicher verschlüsselte Inhaltsdaten personenbeziehbar werden.

Mithilfe technischer Maßnahmen könnte ein solcher Rückschluss auf Absender und Empfänger oder gar Dateninhalte und betroffene Dritte allerdings verhindert werden. Möglich ist zunächst die Verschleierung des Empfängers durch Broadcast- oder Multicast-Systeme.[622] Hierbei werden Daten für den Transport mit dem öffentlichen Schlüssel des Empfängers verschlüsselt, dann jedoch nicht nur an den Empfänger, sondern an viele weitere Empfänger übertragen. Nur der gewünschte Empfänger kann die Daten mit seinem privaten Schlüssel entschlüsseln. Potentielle Angreifer können demgegenüber nicht zuordnen, wer der korrekte Empfänger ist. Die Nutzung von Mix-Netzen als zweite Möglichkeit führt demgegenüber zur Verschleierung des Absenders.[623] Hierzu werden Datenpakete von der Absenderinformation entkoppelt und an mehreren Zwischenknoten mit anderen Nachrichten vermischt. Ein Rückschluss auf den Absender ist in der Folge nicht mehr möglich. Auch durch die Nutzung einer Datenversiegelung soll mithilfe eines zusätzlichen „Dekorrelationsmechanismus" ein Datenaustausch möglich sein, ohne dass hierbei unterschiedliche Nutzer in Verbindung gebracht werden können.[624] Eine Cloud-Nutzung unter Ausschluss des Personenbezugs mit verschlüsselten oder versiegelten Daten ist folglich nur möglich, wenn entweder die Kenntnisnahme von Metadaten unmöglich ist oder die Möglichkeit eines Rückschlusses auf Betroffene mit technischen Mitteln wie Multicast-Systemen, Mix-Netzen oder einer sicher „versiegelten" Plattform ebenso sicher verhindert wird.

---

[622] *Jäger/Rieken*, in: World Telecommunications Congress 2014; *Jäger/Ernst*, in: Schartner/Lipp 2014, 193.
[623] *Jäger/Rieken*, in: World Telecommunications Congress 2014; *Jäger/Ernst*, in: Schartner/Lipp 2014, 193 f.
[624] *Jäger/Ernst*, in: Schartner/Lipp 2014, 194 f. schlagen eine „versiegelte Dekorrelation" vor. Zwar könne nach dem Konzept der versiegelten Cloud kein Unbefugter nachvollziehen, welcher Nutzer an welchen Empfänger Nachrichten oder Dateien übertragen hat. Allerdings könnten durch Messung des Uploads und des Downloads aus der versiegelten Cloud Korrelationen gefunden und so auf den Empfänger eines Uploads geschlossen werden. Durch die Dekorrelation würden solche Schlüsse verschleiert. Vorstellbar sei, mit einer „Zeit-Dekorrelation" den Zeitpunkt zwischen dem Eingang einer Nachricht und der Benachrichtigung des Empfängers absichtlich zu verschieben, um eine Verbindung zwischen Absender und Empfänger zu verschleiern. Mit der „Dateilängen-Dekorrelation" könne entsprechendes mit dem Dateivolumen des Up- und Downloads erfolgen und auch hierdurch die Herstellung einer Verbindung zwischen der hoch- und heruntergeladenen Datei oder Nachricht erschwert werden; hierzu auch *Jäger/Rieken*, in: World Telecommunications Congress 2014.

5.2 Persönlicher Anwendungsbereich

Die Vorschriften des Datenschutzrechts richten sich, für die Frage der Zulässigkeit des Datenumgangs sowie der Verantwortlichkeit gegenüber Betroffenen, in erster Linie an die verantwortliche Stelle.[625] Sie ist in der Regel Normadressat der datenschutzrechtlichen Regelungen.[626] Durch die Ermittlung einer verantwortlichen Stelle wird also bestimmt, wem primär die Pflicht zur Einhaltung der Datenschutzbestimmungen zugewiesen wird.[627] Gleichzeitig hängt auch die räumliche Anwendbarkeit der Datenschutzregelungen in der Regel vom Ort der verantwortlichen Stelle ab.[628] Die Bestimmung der verantwortlichen Stelle kann somit bereits den Anwendungsbereich des deutschen oder europäischen Datenschutzrechts eröffnen oder verschließen.[629]

5.2.1 Verantwortliche Stelle im Internet

Werden Daten über das Internet transportiert, verteilt sich der Umgang mit diesen Daten regelmäßig auf mehrere Personen und Stellen. Entsprechend ist die Ermittlung einer verantwortlichen Stelle wesentlich und gleichzeitig nicht immer einfach.[630] Gemäß § 3 Abs. 7 BDSG ist „verantwortliche Stelle [...] jede Person oder Stelle, die personenbezogene Daten für sich selbst erhebt, verarbeitet oder nutzt oder dies durch andere im Auftrag vornehmen lässt". Verantwortliche Stelle kann demnach nur sein, wer, eigenständig oder unter Heranziehung einer Hilfsperson, einen Datenumgang „für sich selbst", also aus Eigeninteresse, veranlasst.

Das Kriterium des Datenumgangs „für sich selbst" kann jedoch bei der modernen Datenverarbeitung nur bedingt zur Bestimmung der verantwortlichen Stelle beitragen.[631] Im Rahmen des „Web 2.0" erhalten Internetnutzer die Möglichkeit, selbst eigene Inhalte zu erschaffen und im Internet abzulegen, zu veröffentlichen und zu verarbeiten („User-Generated Content"). Daten werden dadurch nicht mehr nur von einer Seite, zum Beispiel dem Webseitenbetreiber, als Information zur Verfügung gestellt oder zwischen zwei Kommunikationspartnern übertragen. Der Nutzer selbst kann, beispielsweise in sozialen Netzwerken, Meinungsforen, Blogs sowie Bewertungsportalen, eigene oder fremde personenbezogene Daten speichern und veröffentlichen.[632] Der

---

[625] Hierzu bereits Erwägungsgrund 25 DS-RL.
[626] *Gola/Schomerus* 2012, § 13 BDSG, Rn. 48; *Dammann*, in: Simitis 2014, § 3 BDSG, Rn. 225; *Roßnagel/Pfitzmann/Garstka* 2001, 63.
[627] Artikel-29-Datenschutzgruppe 2010, WP 169, 6.
[628] So auch Artikel-29-Datenschutzgruppe 2010, WP 169, 6, siehe hierzu Kapitel 5.3.3.4.
[629] Die Ausführungen in diesem Kapitel gehen zurück auf einen vorab veröffentlichten Beitrag in der Zeitschrift für Datenschutz, *Kroschwald*, ZD 2013, 388 ff.
[630] So etwa für soziale Netzwerke *Jandt/Roßnagel*, ZD 2011, 160; *Moos*, ITRB 2012, 227.
[631] Hierzu bereits *Roßnagel/Pfitzmann/Garstka* 2001, 63.
[632] Näher hierzu *Kartal-Aydemir/Krieg*, MMR 2012, 647.

Datenumgang kann in diesem Fall sowohl im Interesse des Nutzers als auch in dem des Betreibers der entsprechenden Plattform oder Webseite liegen. Während der Nutzer ein Interesse an der Mitteilung seiner Informationen oder der Kontaktaufnahme und dem Austausch mit anderen Nutzern haben mag, kann es im Interesse des Betreibers liegen, die Daten zur Bereitstellung und Erbringung seines Dienstes, etwa als Datenbasis eines sozialen Netzwerks oder eines Bewertungsportals, zu nutzen oder sie, beispielsweise für „personalisierte Werbung", wirtschaftlich zu verwerten.[633] Für die Fälle des Datenumgangs im Internet müssen demnach Verantwortlichkeiten nach einzelnen Vorgängen und Gegebenheiten differenziert werden.

5.2.2 Entscheidung über Zwecke und Mittel der Verarbeitung

§ 3 Abs. 7 BDSG setzt die Vorgabe des Art. 2 lit. d S. 1 DS-RL in nationales Recht um. Für eine Bestimmung der Verantwortlichkeit im Einzelfall kann auf die Definition der verantwortlichen Stelle aus der Datenschutzrichtlinie zurückgegriffen werden.[634] Ein „für die Verarbeitung Verantwortlicher" ist demnach die Stelle, die allein oder gemeinsam mit anderen über die Zwecke und Mittel der Verarbeitung von personenbezogenen Daten entscheidet.

Nach der Definition in der Datenschutzrichtlinie ist eine Stelle nur verantwortliche Stelle, wenn sie über Zwecke und Mittel der Verarbeitung eine eigenständige Entscheidung treffen kann. Eine solche Entscheidungsmacht kann sich aus gesetzlicher oder impliziter Zuständigkeit ergeben.[635] Wird eine Stelle aufgrund von Rechtsvorschriften als verantwortlich oder über den Datenumgang entscheidungsbefugt bestimmt, etwa Behörden, denen bestimmte Datenverarbeitungsprozesse zugewiesen sind,[636] so impliziert dies auch ihre Eigenschaft als (primär) verantwortliche Stelle. Die Einstufung als verantwortliche Stelle kann aber auch anhand des faktischen Einflusses auf die Entscheidung über Zwecke und Mittel der Verarbeitung erfolgen.[637] Eine Stelle ist somit auch dann verantwortliche Stelle, wenn sie in der Realität in der Lage ist, auf die Zwecke und Mittel der Verarbeitung Einfluss zu nehmen. Eine vertragliche Zuordnung kann für die faktische Einflussmöglichkeit zwar ein Indiz sein, ist jedoch nicht zwangsläufig ausschlaggebend.[638] Entscheidet sich beispielsweise eine Stelle, ihr zur Verfügung stehende Daten zu eigenen Zwecken zu verarbeiten, obwohl

---

633 *Jandt/Roßnagel*, ZD 2011, 161; *Karg/Thomsen*, DuD 2012, 733.
634 So auch *Roßnagel/Pfitzmann/Garstka* 2001, 63.
635 Artikel-29-Datenschutzgruppe 2010, WP 169, 12 f.
636 Etwa Einwohnermeldeämter aufgrund der Meldegesetze (zum Beispiel die Speicherpflicht in § 4 MG BW).
637 Artikel-29-Datenschutzgruppe 2010, WP 169, 11 und 14 f.
638 Artikel-29-Datenschutzgruppe 2010, WP 169, 14.

sie gesetzlich oder vertraglich hierzu nicht befugt wäre, wird aus ihr aufgrund ihrer faktischen Einflussnahme eine verantwortliche Stelle.[639]

Die Entscheidung über die Mittel der Datenverarbeitung umfasst Fragen der technischen und organisatorischen Durchführung – also das „Wie" der Datenverarbeitung.[640] Die Entscheidung über Zwecke der Verarbeitung betrifft demgegenüber das „Warum" der Datenverarbeitung.[641] Während die Entscheidung über die Mittel lediglich ein Indiz für die Verantwortlichkeit ist und die Einordnung von der Reichweite der Entscheidungsbefugnis über die Mittel abhängt, kann die Entscheidung über den Zweck der Verarbeitung nur der verantwortlichen Stelle vorbehalten sein.[642] Ein Auftragnehmer kann möglicherweise noch über die verwendete Software bei der Verarbeitung entscheiden, ohne automatisch verantwortliche Stelle zu sein. Entscheidet er sich jedoch, Daten zu eigenen Geschäftszwecken, etwa zu Marketingzwecken, zu verwenden, wird er, unabhängig von der rechtlichen Zulässigkeit, zu einer verantwortlichen Stelle.[643]

5.2.3 Verantwortung mehrerer Akteure

Während bei Internetdiensten die Entscheidung über das Mittel der Datenverarbeitung regelmäßig dem Diensteanbieter überlassen bleibt, kann der Einfluss auf den Zweck der Datenverarbeitung stark variieren. Abhängig vom Gegenstand des Angebots sind, entsprechend der folgenden Beispiele, Zwecke und Inhalte vom Anbieter streng vorgegeben oder weitgehend der Gestaltung durch den Nutzer überlassen.[644]

5.2.3.1 Datenumgang des Anbieters zur Dienstbereitstellung und -erbringung

Zahlreiche internetbasierte Dienste eröffnen dem Nutzer die Möglichkeit, eigene Daten oder Daten betroffener Dritter beim Anbieter zu speichern oder zu verarbeiten, ohne dass dieser Einfluss auf den Inhalt der Daten nimmt.[645] Ein Host-Provider bietet seinen Kunden lediglich eine Infrastruktur an, auf der Webseiten gespeichert werden können. Er hat weder ein eigenes Interesse am Inhalt der Daten noch kann er die eingegebenen Inhalte steuern.[646] Hieraus schließt zumindest eine Ansicht, dem

---

[639] Artikel-29-Datenschutzgruppe 2010, WP 169, 11.
[640] Artikel-29-Datenschutzgruppe 2010, WP 169, 17, etwa, welche Daten verarbeitet werden, wer zu ihnen Zutritt hat, wie lange diese Daten verarbeitet werden oder welche Hard- und Software verwendet wird.
[641] Artikel-29-Datenschutzgruppe 2010, WP 169, 16; *Jandt/Roßnagel*, ZD 2011, 160.
[642] Artikel-29-Datenschutzgruppe 2010, WP 169, 18.
[643] Artikel-29-Datenschutzgruppe 2010, WP 169, 11 und 18.
[644] *Jandt/Roßnagel*, ZD 2011, 161.
[645] Zum Problem von Daten betroffener Nicht-Nutzer etwa *Jandt*, MMR 2006, 652 ff.
[646] *Alich/Nolte*, CR 2011, 743.

Host-Provider stehe bei ordnungsgemäßer Durchführung kein Einfluss auf die Zwecke der Datenverarbeitung zu – eine Verwendung der Inhalte zu eigenen Zwecken des Providers erfolge beim Web-Hosting in der Regel nicht. Auch der Einfluss auf die Mittel der Datenverarbeitung sei gering. Er beschränke sich auf die Bereitstellung der Host-Infrastruktur (Speicher) und gegebenenfalls noch auf das hierzu verwendete Dateiformat. In der Regel werde er auch in Bezug auf die Daten nicht nach außen hin als Veranlasser auftreten. Der Host-Provider habe demgemäß weder Einfluss auf oder Interesse am Inhalt der vom Nutzer eingestellten Daten noch werde er von der Öffentlichkeit als verantwortliche Stelle wahrgenommen.[647] Aus diesem Grunde sei beim Web-Hosting regelmäßig nicht der Host-Provider, sondern der Nutzer als verantwortliche Stelle einzuordnen.[648]

Die bloße Bereitstellung von Rechnerkapazitäten im Sinne einer ausschließlichen Rechnermiete begründet wohl tatsächlich keine Verantwortlichkeit des Anbieters.[649] Beim Host-Providing kommen jedoch neben der reinen Zurverfügungstellung von Kapazitäten weitere Dienstleistungen des Providers hinzu – etwa die Gewährleistung der Sicherheit, Verfügbarkeit und Administration, also auch Datensicherungen oder -verschiebungen.[650] Der Host-Provider hat dabei allerdings tatsächlich nur sehr beschränkt Einfluss auf die Mittel der Datenverarbeitung. Dieser erschöpft sich im Wesentlichen in der Bereitstellung und Aufrechterhaltung der Infrastruktur. Ebenso begrenzt ist der Einfluss des Providers auf den Zweck des Datenumgangs. Sein Einfluss auf den Verarbeitungszweck beschränkt sich ausschließlich auf die Bereitstellung und Erbringung des Dienstes für den Nutzer. Soweit er Daten verarbeitet, indem er beispielsweise die Daten der Webseite repliziert oder auf andere Server verlagert, erfolgt dies ausschließlich, um den Dienst, also die Speicherung der Webseite erbringen zu können. Die Dienstbereitstellung und -erbringung liegt ebenso im Interesse des Anbieters wie für den Nutzer. Der Anbieter kann deshalb nicht vollständig von der datenschutzrechtlichen Verantwortung befreit sein.

Das Konzept einer solchen Verantwortungsteilung ist bereits vom Anbieter-Nutzer-Verhältnis aus § 11 ff. TMG bekannt. Das Telemediengesetz geht insofern wohl davon aus, dass ein Anbieter zur Bereitstellung und Erbringung eines Dienstes einen eigenständigen Datenumgang vornehmen muss. In der Bereitstellung und Erbringung des Dienstes für den Nutzer liegt damit ein eigenständiger Zweck. Hinsichtlich der Zulässigkeit des Datenumgangs mit den beim Host-Providing betroffenen „Inhaltsdaten", insbesondere den Daten zu Betroffenen, die selbst nicht Nutzer sind, trifft das Tele-

---

[647] *Alich/Nolte*, CR 2011, 743.
[648] *Alich/Nolte*, CR 2011, 743.
[649] *Müthlein/Heck* 1995, 42 f.; *Spindler/Nink*, in: Spindler/Schuster 2011, § 11 BDSG, Rn. 7; *Gola/Schomerus* 2012, § 11 BDSG, Rn. 8.
[650] Hierzu *Petri*, in: Simitis 2014, § 11 BDSG, Rn. 32.

Persönlicher Anwendungsbereich

mediengesetz zwar keine Aussage.[651] Geregelt sind in § 11 ff. TMG lediglich die Zulässigkeit des Umgangs mit Bestands- und Nutzungsdaten.[652] Dennoch lässt sich der Gedanke der Zweckverfolgung durch den Anbieter im Rahmen der Dienstbereitstellung und -erbringung übernehmen. Wie bei der Erhebung von Bestands- und Nutzungsdaten verfolgt ein Host-Provider zumindest das Ziel, den Dienst, in der Regel gegen Entgelt, für den Nutzer zu erbringen. Somit liegt auch im Hinblick auf Inhaltsdaten bereits in der Dienstbereitstellung und -erbringung ein eigenständiger Zweck, sodass der Anbieter zumindest für den Datenumgang im Rahmen der Dienstbereitstellung und -erbringung verantwortliche Stelle ist. Im Regelfall verfolgt der Host-Provider allerdings außer diesen keine weiteren eigenen Zwecke. Die Verantwortlichkeit des Host-Providers ist demnach zwar nicht vollständig abzulehnen, sie beschränkt sich jedoch auf den vom Provider zur Dienstbereitstellung und -erbringung durchgeführten Datenumgang.

5.2.3.2 Datenumgang des Anbieters zu weiteren Zwecken

Dienen dagegen die vom Nutzer eingegebenen Daten dazu, das Angebot des Diensteanbieters zu gestalten, etwa bei Bewertungsportalen, und verbleibt wenig Gestaltungsspielraum für den Nutzer, spricht viel für eine erweiterte Verantwortlichkeit des Anbieters. In diesem Fall bezieht der Diensteanbieter lediglich Daten von seinen Nutzern und generiert durch Verarbeitung dieser Daten ein neues, eigenes Ergebnis, das er im Rahmen seines Dienstes anbietet – etwa statistische Bewertungsergebnisse von Personen oder Unternehmen.[653] Der Nutzer hat hierbei nur einen geringen Einfluss auf Mittel und Zweck der Verarbeitung und tritt auch nicht als Veranlasser nach außen auf. Seine Angaben sind lediglich Teil der vom Anbieter genutzten und weiter verwendeten Datenbasis.[654] In dieser Ausprägung ist die Verantwortlichkeit des Nutzers begrenzt – sie beschränkt sich auf seine Dateneingabe und damit die berechtigte oder unberechtigte Weitergabe von personenbezogenen Daten, die sich möglicherweise auch auf weitere Betroffene beziehen.

Eine dritte Möglichkeit besteht darin, dass der Nutzer über eine Plattform, zum Beispiel über soziale Medien wie „Facebook", selbst Inhalte einstellen kann und der Anbieter die Gestaltung bis auf wenige, oftmals technisch bedingte, Vorgaben den Nutzern selbst überlässt. In diesem Fall mag der Diensteanbieter die hierbei eingegebenen Daten ebenso für eigene Zwecke nutzen – etwa indem er hieraus Nutzungsprofile erstellt oder sie als Grundlage für individualisierte Werbung einsetzt. Gleichzeitig ent-

---

[651] Hierzu *Jandt*, MMR 2006, 652 ff.
[652] Siehe hierzu Kapitel 5.4.3.
[653] *Jandt/Roßnagel*, ZD 2011, 161.
[654] *Jandt/Roßnagel*, ZD 2011, 161, die Nutzer in dieser Konstellation als reinen „Datenlieferant" bezeichnen.

scheidet aber auch der Nutzer über den Zweck der Verarbeitung. Er legt insbesondere den Inhalt und die Verbreitung seines Eintrags fest und verfügt darüber, wie lange der Eintrag in welcher Gestalt zugänglich sein soll. Er ist zumindest zum Teil in der Lage, den Inhalt wieder zu löschen oder kann den Grad der Öffentlichkeit einschränken.[655]

5.2.3.3 Kumulative oder kollektive Verantwortung

In den genannten Konstellationen liegt der Einfluss auf Mittel und Zwecke des Datenumgangs offensichtlich nicht nur bei einer Stelle.[656] Eine klare, einseitige Verantwortungszuteilung ist dadurch nicht mehr möglich. Das bisherige Konzept der Verantwortungszuweisung an eine einzige Stelle ist mit dem Entstehen der vernetzten Datenverarbeitung, spätestens jedoch mit dem Aufkommen des „Web 2.0" infrage gestellt.[657] Als rechtspolitische Lösung wurde ursprünglich vorgeschlagen, die Verantwortung grundsätzlich derjenigen Stelle zuzuweisen, die personenbezogene Daten zur Aufgabenerfüllung erstmals direkt beim Betroffenen erhebe oder aus anderen Quellen zusammenfüge – diese sei dann für die gesamte von ihr veranlasste Verarbeitung verantwortlich.[658] Der europäische Gesetzgeber verfolgt in der Datenschutzrichtlinie jedoch ein anderes Konzept. Die datenschutzrechtliche Verantwortung muss sich demnach nicht nur auf eine Stelle beschränken. Mehrere Stellen können hinsichtlich eines Datums kumulativ oder auch kollektiv verantwortlich sein.

Entsprechend der Vorgabe des Art. 2 lit. d DS-RL kann die Entscheidung über Mittel und Zwecke auch gemeinsam mit anderen erfolgen. Es kann also „für ein und dieselbe Verarbeitung mehrere gemeinsam Verantwortliche geben".[659] Soweit die Entscheidung tatsächlich gemeinschaftlich im Sinne einer „gemeinsamen Kontrolle" erfolgt, könnte man zum Schluss gelangen, es liege eine kumulative Verantwortung[660] vor. Da in diesem Fall zwei Stellen über ein und dieselbe Verarbeitung entscheiden, sind sie, im Sinne einer gesamtschuldnerischen Haftung, gemeinschaftlich verantwortlich.[661] Entsprechend sah es wohl der Richtliniengeber ursprünglich auch für Art. 2 lit. d DS-RL vor. Die Europäische Kommission bewertete den entsprechenden Ergänzungs-

---

[655] *Jandt/Roßnagel*, ZD 2011, 161; *Schaar/Onstein*, BRJ 2011, 127.
[656] *Schaar/Onstein*, BRJ 2011, 127; so wohl auch *Karg/Thomsen*, DuD 2012, 733.
[657] So zum Beispiel bereits *Roßnagel/Pfitzmann/Garstka* 2001, 63; *Wedde*, in: Roßnagel 2003, 4.3, Rn. 78; Konferenz der Datenschutzbeauftragten des Bundes und der Länder 2010, 13; siehe auch *Plath/Schreiber*, in: Plath 2013, § 3 BDSG, Rn. 69.
[658] *Wedde*, in: Roßnagel 2003, 4.3, Rn. 79.
[659] Artikel-29-Datenschutzgruppe 2010, WP 169, 22; *Plath/Schreiber*, in: Plath 2013, § 3 BDSG, Rn. 69.
[660] *Jandt/Roßnagel*, ZD 2011, 161.
[661] Artikel-29-Datenschutzgruppe 2010, WP 169, 22 und 27.

vorschlag[662] hinsichtlich der gemeinsamen Verantwortung durch das Parlament als eine sinnvolle Klarstellung des Texts, nach der für einen einzigen Verarbeitungsschritt mehrere Stellen gemeinsam Zweck und Mittel bestimmen könnten.[663] Die Artikel-29-Datenschutzgruppe weist jedoch darauf hin, dass diese Stellungnahme der Kommission die Komplexität der heutigen Datenverarbeitung nicht vollständig widergibt. Die Kommission geht davon aus, dass „alle für die Verarbeitung Verantwortlichen in Bezug auf ein und dieselbe Verarbeitung gleichermaßen entscheiden und die gleiche Verantwortung tragen".[664] Jedoch gibt es nach der Artikel-29-Datenschutzgruppe in der Realität verschiedenste Formen der pluralistischen Kontrolle. Der Verarbeitungsbegriff schließt demnach nicht aus, dass verschiedene Akteure auch an verschiedenen Vorgängen beteiligt sind.[665] Da es bei der heutigen Datenverarbeitung jedoch viele unterschiedliche Szenarien des Einflusses auf den Datenumgang gibt, muss die unterschiedliche Intensität betrachtet werden, „in der mehrere Parteien bei der Verarbeitung personenbezogener Daten zusammenwirken oder miteinander verzahnt sind".[666] Dabei ist denkbar, dass verschiedene Akteure eine gemeinsame Infrastruktur nutzen, Daten in einer Verarbeitungskette verarbeiten oder jeder Akteur für einen Teil der Verarbeitung verantwortlich ist, die Informationen jedoch über eine Plattform zusammen getragen werden.[667]

Fraglich ist also, ob eine kumulative Verantwortung im engeren, ursprünglichen Sinne, also in Form einer gesamtschuldnerischen Haftung vorliegt, wenn der Diensteanbieter lediglich einen Datenumgang zum Zwecke der Dienstbereitstellung und -erbringung betreibt. Der vom Nutzer intendierte Datenumgang, also beim Hosting etwa die Speicherung seiner Daten und die entsprechende technisch bedingte Verarbeitung, entspricht in diesem Fall der Zweckbestimmung durch den Host-Provider. Voraussetzung für die kumulative Verantwortung wäre jedoch, dass die Beteiligten für alle Daten und

---

662 Die Ergänzung für „mehrere gemeinsam Verantwortliche" wurde erst im Laufe des Richtliniengebungsprozesses aufgenommen. Hatte die Europäische Kommission in ihren früheren Richtlinienvorschlägen für Art. 2 lit. d DS-RL noch keine gemeinsame Verantwortung vorgesehen (KOM (90) 314 und KOM (92) 422 sowie der gemeinsame Standpunkt von Kommission und Parlament ABl. C 93 vom 13.4.1995, 7) änderte sie dies aufgrund eines Beschlusses des Europäischen Parlaments in der zweiten Lesung (ABl. C 166 vom 3.7.1995,105) ab, Änderungsvorschlag der Kommission aufgrund der Vorschläge des Parlaments, KOM (95) 375, 3 und 5. Fortan war die Definition der Verantwortlichen Stelle in Art. 2 lit. d um die Verarbeitung „allein oder gemeinsam mit anderen" ergänzt.
663 [The Parliament's amendments...], "which relate to the substance of the proposal, make useful clarifications to the text" „Amendment No 2 provides in Article 2(d) for the possibility that or a single processing operation a number of parties may jointly determine the purpose and means of the processing to be carried out." COM (95) 375, 5.
664 Artikel-29-Datenschutzgruppe 2010, WP 169, 22.
665 Artikel-29-Datenschutzgruppe 2010, WP 169, 22.
666 Artikel-29-Datenschutzgruppe 2010, WP 169, 24.
667 Artikel-29-Datenschutzgruppe 2010, WP 169, 24 f.

Phasen des Datenumgangs verantwortlich sind.[668] Im Falle des Host-Providings kontrollieren beide Stellen, der Nutzer und der Anbieter, den Datenumgang aber nicht gemeinschaftlich-kumulativ. Die Kontrolle erfolgt vielmehr getrennt, bezogen auf unterschiedliche Phasen der Datenverarbeitung. Umso mehr ergibt sich jedoch auch bei Diensten, die einen Datenumgang zu weiteren Zwecken des Anbieters verfolgen, eine andere Art der „gemeinsamen" Verantwortlichkeit. So erfolgt auch bei Bewertungsportalen sowie sozialen Medien regelmäßig keine gemeinsame Kontrolle, sondern eine Entscheidung für Zwecke in Bezug auf den Umgang mit denselben Daten, jedoch in unterschiedlichen Sphären.[669] Ein Plattformbetreiber hat, wie festgestellt, nur bedingt Einfluss auf nutzergenerierte Inhalte, wohl jedoch auf den weiteren Umgang mit diesen Daten.

In anderen Rechtsbereichen,[670] namentlich hinsichtlich zivilrechtlicher Schadensersatzansprüche und strafrechtlicher Verantwortlichkeiten, insbesondere aus dem Urheberrecht, wird die Haftung für fremde Inhalte vor dem Hintergrund des beschränkten Anbietereinflusses auf nutzergenerierte Inhalte stark eingeschränkt.[671] §§ 7 ff. TMG sehen insofern eine Haftungsprivilegierung für Fälle vor, bei denen der Diensteanbieter ohne Kenntnis über den jeweiligen Inhalt für einen Nutzer fremde Informationen speichert.[672] Die Haftungsprivilegierungen der §§ 7 ff. TMG sind zwar auf den Datenschutz nicht unmittelbar anwendbar.[673] Es liegt aber nahe, bei der Auslegung der datenschutzrechtlichen Verantwortung eine ähnliche Aufteilung zwischen Anbieter und Nutzer vorzusehen. Ein Plattformbetreiber könnte infolgedessen für den ausschließlich durch den Nutzer generierten Inhalt nicht verantwortlich gemacht werden.[674] Hinsichtlich dieser Daten und dem damit zusammenhängenden Umgang wäre der Nutzer verantwortliche Stelle.[675] Dagegen könnte dem Nutzer keine Verantwortung über den eigenständigen Umgang mit Daten durch den Anbieter auferlegt werden. Insbesondere für Plattformen, bei denen der Nutzer keine Möglichkeit hat, selbst den Inhalt seiner Angaben zu gestalten und darauf Einfluss zu nehmen, oder für den Fall, dass der An-

---

[668] *Jandt/Roßnagel*, ZD 2011, 161.
[669] In diese Richtung auch *Polenz*, VuR 2012, 211, wonach eine Verfolgung unterschiedlicher Zwecke der gemeinsamen Entscheidung nicht entgegenstehe.
[670] Für die Ansprüche aus dem Persönlichkeitsrecht, insbesondere die Störerhaftung gilt diese Haftungsprivilegierung nicht, BGHZ 181, 328, Rn. 14 (Spickmich).
[671] Hierzu statt vieler BGHZ 158, 236 (Internetversteigerung I); BGHZ 172, 119 (Internetversteigerung II).
[672] Hierzu ausführlich *Müller-Broich* 2012, § 7 TMG, Rn. 1 ff.; *Jandt*, in: Roßnagel 2013, § 7 TMG, Rn. 43 ff.
[673] *Weichert*, DuD 2009, 9; *Moos*, ITRB 2012, 227; *Jandt*, in: Roßnagel 2013, § 7 TMG, Rn. 43 f.
[674] *Jandt/Roßnagel*, ZD 2011, 161; *Moos*, ITRB 2012, 228 f., der sich insofern für eine stärkere Eigenverantwortlichkeit des Nutzers ausspricht, soweit dieser auf hinreichend transparenter Grundlage die Verarbeitung der Daten ermögliche.
[675] Artikel-29-Datenschutzgruppe 2010, WP 169, 26.

bieter die nutzergenerierten Inhalte (unabhängig von der Zulässigkeit) zu eigenen Zwecken nutzt, wäre der Anbieter verantwortliche Stelle. Aber auch hinsichtlich des Datenumgangs zwecks der Dienstbereitstellung und -erbringung käme die Verantwortung des Anbieters in Betracht. Sowohl Nutzer, als auch Anbieter könnten demnach auch kollektiv verantwortliche Stelle sein.[676] Hierbei wären sie zwar beide für den Umgang mit einem Datum verantwortlich, jedoch bezieht sich ihre Verantwortlichkeit auf verschiedene Phasen oder Handlungen im Rahmen des Datenumgangs. Die kollektive Verantwortung für den Datenumgang besteht also nicht gemeinschaftlich im Sinne einer Gesamtschuldnerschaft, sondern vielmehr nebeneinander.[677]

Das Bundesdatenschutzgesetz kennt, anders als die Datenschutzrichtlinie, den Begriff der gemeinsamen Verantwortung nicht. Hieraus schließt eine Stellungnahme der Konferenz der Datenschutzbeauftragten des Bunds und der Länder nach dem Bundesdatenschutzgesetz gäbe es keine Möglichkeit einer gemeinsamen Verantwortlichkeit mehrerer Stellen.[678] Jedoch sei es, insbesondere im Hinblick auf unterschiedliche Datenschutzvorschriften anderer Staaten, des Bunds und der Länder sowie möglicherweise konkurrierender Aufsichtsstrukturen, unmöglich, aktuelle „zentrale IT-Verfahren" gesetzeskonform zu betreiben.[679] Die Stellungnahme fordert aus diesem Grund ein neues Konzept zur Zuweisung der Verantwortlichkeit. Dieses umfasst die Implementierung des Art. 2 lit. d DS-RL in das Bundesdatenschutzgesetz, aber auch die Beurteilung der datenschutzrechtlichen Verantwortung nach „den tatsächlichen Einflussmöglichkeiten und der Interessenlage" der Betroffenen. Dieses als „Accountability" bezeichnete Prinzip könne es möglich machen, dass Verantwortlichkeiten „auch nach einer Übermittlung fortbestehen, wenn die wirtschaftlichen bzw. tatsächlichen Einwirkungsmöglichkeiten auf die Empfänger dafür vorhanden sind".[680] Anders als die Stellungnahme der Konferenz der Datenschutzbeauftragten sehen weitere Autoren das Prinzip der gemeinsamen Verantwortung auch vom Bundesdatenschutzgesetz gedeckt. Zwar spreche das Bundesdatenschutzgesetz die verantwortliche Stelle stets im Singular an, dies entspreche aber der Gesetzesredaktion und schließe „weder ausdrücklich noch sinngemäß aus, dass mehrere natürliche oder juristische Personen mit personenbezogenen Daten in gemeinsamer Verantwortung umgehen".[681]

Im Gegensatz zu einem System gemeinsamer Verantwortlichkeit bestehen für die Vereinbarkeit der kollektiven Verantwortung mit dem Bundesdatenschutzgesetz keine

---

676 *Jandt/Roßnagel*, ZD 2011, 161.
677 *Jandt/Roßnagel*, ZD 2011, 161; so bereits auch *Roßnagel/Pfitzmann/Garstka* 2001, 64, die das Prinzip der kollektiven Verantwortung implizit mit einer „Intermediärstellung" des Anbieters beschreiben.
678 Konferenz der Datenschutzbeauftragten des Bundes und der Länder 2010, 13.
679 Konferenz der Datenschutzbeauftragten des Bundes und der Länder 2010, 13 f.
680 Konferenz der Datenschutzbeauftragten des Bundes und der Länder 2010, 14.
681 *Dammann*, in: Simitis 2014, § 3 BDSG, Rn. 226.

Bedenken. Bei der kollektiven Verantwortung kommt es für eine bestimmte Datenerhebung, -verarbeitung oder -nutzung zu keiner gemeinschaftlich zu verantwortenden Handlung. Denn für die Bestimmung einer kollektiven Verantwortung wird der Umgang mit Daten im Rahmen der Nutzung von Diensten in einzelne Phasen unterteilt, sodass trotz verteilter Verantwortlichkeiten bei der Betrachtung des Gesamtdienstes stets eine konkrete Stelle als verantwortliche Stelle für eine bestimmte, abgrenzbare Phase bestimmt werden kann. Es handelt sich folglich auch, anders als bei der kumulativen Verantwortung, gerade nicht um eine gemeinsame Verantwortung für einen Datenumgang durch mehrere Stellen. Die kollektive Verantwortung ist daher mit den Vorgaben des Bundesdatenschutzgesetzes vereinbar. Wie die datenschutzrechtliche Verantwortung kollektiv verteilt werden kann, soll im Folgenden anhand des Cloud Computing gezeigt werden.

5.2.4 Folgen für das Cloud Computing

In der noch jungen Literatur zum Cloud Computing wird für Cloud-Dienste häufig ohne weiteres der Cloud-Nutzer als verantwortliche Stelle im Rahmen einer „Auftragsdatenverarbeitung"[682] beschrieben.[683] Soweit jedoch keine Auftragsdatenverarbeitung vorliegt oder ein Datenumgang außerhalb einer Auftragsdatenverarbeitung erfolgt, ist auch für die Cloud die Einordnung als verantwortliche Stelle vom Einflussgrad auf die Entscheidung über Mittel und Zweck des Datenumgangs abhängig.[684] Je nach Ausgestaltung ergeben sich in diesem Fall unterschiedliche Anteile an der datenschutzrechtlichen Verantwortung.

---

[682] Hierzu sogleich, Kapitel 5.2.5.
[683] So zum Beispiel *Gola/Schomerus* 2012, § 11 BDSG, Rn. 8; *Petri*, in: Simitis 2014, § 11 BDSG, Rn. 30; *Gabel*, in: Taeger/Gabel 2013, § 11 BDSG, Rn. 18; *Gaul/Köhler*, BB 2011, 2231 f.; *Hennrich*, CR 2011, 548; *Hornung/Sädtler*, CR 2012, 643; *Karger/Sarre*, in: Taeger/Wiebe 2009, 434; *Nägele/Jacobs*, ZUM 2010, 290; *Niemann/Hennrich*, CR 2010, 687; *Pohle/Ammann*, CR 2009, 276; *Schulz*, MMR 2010, 78; *Splittgerber/Rockstroh*, BB 2011, 2181; dagegen differenzierend *Engels*, K&R 2011, 548 ff.; *Heidrich/Wegener*, MMR 2010, 805; *Koch*, CR 2006, 118; *Niemann/Paul*, K&R 2009, 449; *Opfermann*, ZEuS 2012, 134 ff.; *Reindl*, in: Taeger/Wiebe 2009, 443; *Schuster/Reichl*, CR 2010, 41 f.; *Thalhofer*, CCZ 2011, 223; *Weichert*, DuD 2010, 683; kritisch zur „vorschnellen" Festlegung auf die Auftragsdatenverarbeitung auch *Barnitzke* 2014, 178 f.
[684] So auch *Barnitzke* 2014, 192 ff., der dann allerdings versucht, Cloud-Anbieter pauschal und ohne Differenzierung nach einer konkreten Tätigkeit nach ihrer Rolle als „Cloud Provider", „Service Provider" oder „Infrastruktur Provider" sowie entsprechende Mehr-Provider-Architekturen als verantwortliche Stelle oder Auftragnehmer zu beurteilen.

5.2.4.1 Die Cloud als Infrastrukturmiete

Wird eine Cloud als Speicher- oder Rechenmedium genutzt, stellt der Cloud-Anbieter in erster Linie seine Infrastruktur in Form des Speicherplatzes oder der Prozessorleistung auf Servern zur Verfügung (IaaS). Da der Cloud-Nutzer Ressourcen nutzt, die ihm vom Anbieter gegen Entgelt zur Verfügung gestellt werden, wird hinsichtlich des Vertragsverhältnisses für die Cloud zu Recht eine mietvertragliche Einordnung vorgenommen.[685] Der Cloud-Anbieter ist vertragsrechtlich zur Bereitstellung einer funktionierenden Infrastruktur verpflichtet. Hieraus wird vereinzelt gefolgert, die „Servermiete" wirke sich entsprechend auf das Datenschutzrecht aus. Für die Miete von fremden Datenverarbeitungsanlagen wird deshalb angeführt, der Kunde entscheide allein und ausschließlich darüber, welche personenbezogenen Daten wann und in welcher Weise verarbeitet würden, das Rechenzentrum sorge nur für die Verfügbarkeit.[686] Der Anbieter von Servern sei deshalb weder Auftraggeber, also verantwortliche Stelle, noch Auftragnehmer.[687] Allerdings umfasst die Bereitstellung von Cloud-Infrastruktur nicht nur die Zurverfügungstellung der Ressourcen, sondern es liegt gleichzeitig auch die technische Betreuung der Server in der Hand des Cloud-Anbieters oder des von ihm beauftragten Serverbetreibers.[688] Durch die Speicherung oder Verarbeitung gelangen die Daten des Nutzers damit zumindest in die technische Obhut des Cloud-Anbieters. Für die überwiegende Mehrheit von IaaS-Angeboten muss deshalb angenommen werden, dass der Cloud-Anbieter in bestimmter Weise Umgang mit den Daten hat und deshalb der Vorgang datenschutzrechtlich nicht irrelevant ist.[689] Der Cloud-Anbieter erlangt durch die Speicherung der Daten in der Cloud einen bestimmenden Einfluss auf die Entscheidung über die Mittel der Datenverarbeitung. So ist er jedenfalls regelmäßig in der Lage, den Ort der Datenspeicherung oder -verarbeitung zu bestimmen. Darüber hinaus ist es häufig Teil des Services, die Daten zu Sicherungszwecken (vorübergehend) zu replizieren und zum Zweck der Wartung möglicherweise auch aufzurufen.[690] Außerdem ergibt sich aus dem technischen Grundprinzip, welches dem Cloud Computing zugrunde liegt, dass es dem Cloud-Anbieter technisch möglich ist, die Daten auf verschiedene Server zu verteilen oder gar zu fragmentieren.[691] Der Cloud-Anbieter verarbeitet somit Daten zum Zwecke der Bereitstellung und -erbringung des Infra-

---

[685] So beispielsweise *Wicker*, MMR 2012, 783.
[686] *Müthlein/Heck* 1995, 43; so auch im Ergebnis jedoch für das Cloud Computing ablehnend, *Gola/Schomerus* 2012, § 11 BDSG, Rn. 8; *Müglich*, CR 2009, 481; andere Ansicht *Wedde*, in: Däubler/Klebe/Wedde/Weichert 2014, § 11 BDSG, Rn. 11; *Petri*, in: Simitis 2014, § 11 BDSG, Rn. 32, jedoch nur in Bezug auf Hosting.
[687] *Hon/Millard/Walden* 2012, 17; *Engels*, K&R 2011, 550; so bereits *Müthlein/Heck* 1995, 43.
[688] *Gola/Schomerus* 2012, § 11 BDSG, Rn. 8; *Gabel*, in: Taeger/Gabel 2013, § 11 BDSG, Rn. 18; zur Abgrenzung allgemein auch *Petri*, in: Simitis 2014, § 11 BDSG, Rn. 32.
[689] So im Ergebnis auch *Engels*, K&R 2011, 550 ff.
[690] So mit Blick auf die Vorteile der Replikation als Redundanz *Bedner* 2013, 89.
[691] *Hon/Millard/Walden* 2012, 17.

struktur-Dienstes. Zumindest diesbezüglich ist der Cloud-Anbieter damit verantwortliche Stelle.[692]

Fraglich ist jedoch der Umfang dieser Verantwortung. Ähnlich wie ein Host-Provider nimmt der Cloud-Anbieter in der Regel keinen Einfluss auf den Inhalt der bei ihm abgelegten oder verarbeiteten Daten, deren Speicherung, Veränderung oder Löschung. Regelmäßig wird dem Cloud-Anbieter selbst der Inhalt der gespeicherten oder verarbeiteten Daten nicht bekannt sein. Dem Nutzer obliegt es dagegen in vollem Maße, den Zweck und Umstand der Speicherung oder Verarbeitung zu bestimmen. Er entscheidet für sich allein über den Dateninhalt, dessen Speicherung, mögliche Zugriffe, Veränderungen oder auch über die Löschung. Im Ausgangsfall, der reinen Datenspeicherung oder -verarbeitung in der Cloud, beschränkt sich der Einfluss des Cloud-Anbieters auf die technische Gewährleistung der Datenspeicherung und -verarbeitung über die von ihm bereitgestellte Infrastruktur. Hierzu gehört etwa auch die Gewährleistung der Datensicherheit nach § 9 BDSG. Der Cloud-Nutzer bleibt dagegen auch nach dem Upload in die Cloud für den Umgang mit den Daten verantwortlich.[693] Insofern, als er aufgrund des Dienstes Einfluss auf die Entscheidung über Zweck und Mittel des Datenumgangs besitzt, ist er nicht nur für den berechtigten oder unberechtigten Upload verantwortlich, sondern auch für den darauf folgenden Datenumgang – also etwa die Dauer der Speicherung, die Veränderung, aber auch die Löschung der Daten in der Cloud-Infrastruktur.

Wie oben für das Host-Providing festgestellt, ergeben sich unterschiedliche Verantwortungsbereiche des Cloud-Nutzers sowie des Cloud-Anbieters im Sinne einer kollektiven Verantwortung „nebeneinander". Während der Cloud-Anbieter für den Datenumgang und die Datensicherheit im Rahmen der Dienstbereitstellung und -erbringung verantwortlich ist, bezieht sich die Verantwortung des Cloud-Nutzers auf die Übertragung der Daten in die Cloud sowie die ihm zugängliche Verwaltung der Daten in der Cloud.

5.2.4.2 Die Cloud als Anwendungsumgebung

Werden Anwendungen über eine Cloud genutzt, stellt der Cloud-Anbieter nicht nur die physisch-technische Infrastruktur zur Verfügung. Er betreibt zugleich auch eine Plattform oder Software auf seinen Servern, die den Nutzern eine Anwendungsumgebung über das Internet bereitstellt. Hierüber werden Daten von Nutzern erfasst oder Eingaben ermöglicht.

---

[692] So wohl auch *Barnitzke* 2014, 199 f.
[693] So jedoch ohne Unterscheidung zwischen den Bereitstellungsmodellen Artikel-29-Datenschutzgruppe, WP 196, 8; im Ergebnis auch *Hon/Millard/Walden* 2012, 17, die allerdings noch weitergehen und den Cloud-Anbieter weder als verantwortliche Stelle noch als Auftragsdatenverarbeiter einordnen wollen; hierzu auch *Engels*, K&R 2011, 549 f.

Persönlicher Anwendungsbereich 123

Der Einfluss des Cloud-Anbieters auf die Entscheidung über die Mittel der Verarbeitung ist in diesem Fall erweitert. Der Anbieter gestaltet und verwaltet hier nicht nur die Infrastruktur, sondern zusätzlich auch noch die bereitgestellte Anwendungsumgebung oder Anwendung. Die Entscheidung des Nutzers über das Mittel, also das „Wie" der Verarbeitung, wird auf die genutzte Anwendungsumgebung und deren technische Vorgaben eingeschränkt. Je nach Ausgestaltung der Anwendungsumgebung verbleiben dem Nutzer eingeschränkte Möglichkeiten zur inhaltlichen Gestaltung. Im Rahmen der Platform as a Service-Dienste steht eine Art elektronischer Werkzeugkasten zur Verfügung, mit dem der Nutzer eigene Software entwerfen und betreiben kann.[694] Indem der Nutzer seine eigene Software gestaltet, obliegt es ihm, über den Gegenstand der Datenverarbeitung seiner selbst eingebrachten Daten und Programme zu entscheiden.[695] Bis auf wenige systembedingte Vorgaben verbleiben dem Nutzer hier zumindest noch zahlreiche Möglichkeiten, den Inhalt selbst zu gestalten sowie den Grund der Verarbeitung seiner Daten zu bestimmen und dementsprechend Einfluss auf den Zweck der Verarbeitung zu nehmen.

Die inhaltlichen Gestaltungsmöglichkeiten des Anbieters vergrößern sich gegenüber denen des Nutzers jedoch weiter, sobald der Cloud-Dienst ein reines Software as a Service-Angebot darstellt, das konkrete Eingaben des Nutzers abfragt, diese dann verarbeitet und ein Ergebnis wieder ausgibt.[696] Dem Nutzer verbleibt hier lediglich noch die Entscheidung über den Inhalt der Eingabe. Der Gegenstand und das Ziel der Rechenoperation, also die Berechnung eines Ergebnisses, sowie das Format der Ein- und Ausgabe sind durch die Anwendungsumgebung vorgegeben.[697] Entsprechend könnte auch der Einfluss auf den Verarbeitungszweck allein in den Händen des Cloud-Anbieters liegen. Jedoch wird die Datenverarbeitung weiterhin vom Nutzer aktiv initiiert. Durch die Nutzung der Software macht der Cloud-Nutzer auch nicht deutlich, dem Cloud-Anbieter, anders als etwa bei Bewertungsportalen, eine eigene Entscheidungsbefugnis über die Daten geben zu wollen – im Regelfall erfolgt die Datenverarbeitung durch den Cloud-Anbieter nicht für andere Zwecke als die reine Dienstbereitstellung und -erbringung. Sie ist vielmehr eine in der Regel automatisierte datenverarbeitende Dienstleistung für den Cloud-Nutzer. Der Cloud-Nutzer bleibt aus diesem Grunde neben dem Anbieter verantwortliche Stelle im Sinne einer kollektiven Verantwortung. Da er aber nach Eingabe der Daten keinen Einfluss mehr auf den wei-

---

[694] Hierzu *Bedner* 2013, 30.
[695] Siehe hierzu auch AK Technik und Medien, Konferenz der Datenschutzbeauftragten des Bundes und der Länder 2014, 8.
[696] Beispielsweise eine Steuererklärungs-Software aus der Cloud, die anhand der Eingaben des Nutzers den persönlichen Einkommensteuersatz berechnet.
[697] Die Anwendungen können allenfalls in geringem Umfang angepasst werden, AK Technik und Medien, Konferenz der Datenschutzbeauftragten des Bundes und der Länder 2014, 8.

teren Datenumgang hat, beschränkt sich seine Verantwortung auf die berechtigte oder unberechtigte Weitergabe der Daten an den Cloud-Anbieter.

5.2.4.3 Die Cloud als selbstständig datenerhebender Dienst

Eine weitere Einengung ergibt sich bei Datenverarbeitungen, die durch den Cloud-Anbieter ohne aktive Dateneingabe des Cloud-Nutzers initiiert werden. So erfassen beispielsweise standortbasierte Anwendungen auf Mobilgeräten, beispielsweise Lokalisierungs- oder Navigationsdienste, Standortdaten, um anhand dieser dem Nutzer eine standortabhängige Dienstleistung anzubieten.[698] Der Einfluss auf die Mittel der Verarbeitung ist in diesem Fall dem Nutzer fast vollständig entzogen.[699] Zusätzlich nimmt der Nutzer nur mittelbar Einfluss auf den Inhalt der Daten.

Vor dem Hintergrund, dass der Cloud-Anbieter, anders als bei aktiven Dateneingaben des Nutzers, hier durch eigene Aktivität Kenntnis von den Daten erhält, könnte eine Datenerhebung nach § 3 Abs. 3 BDSG vorliegen. Gesetzlich definiert ist das Erheben als das Beschaffen von Daten über den Betroffenen. Im Gegensatz zur Übermittlung muss der Cloud-Anbieter bei der Erhebung die Verfügung über die Daten durch ein aktives Handeln begründen.[700] Da es auf den Anlass und Zweck der Datenbeschaffung sowie die beabsichtigte oder die tatsächliche Verwendung der in den Daten enthaltenen Informationen nicht ankommt,[701] ist die Datenerhebung auch dann anzunehmen, wenn der Cloud-Anbieter neben dem konkreten Dienst, zum Beispiel für die Ortung zur Navigation, die Daten nicht anderweitig verwendet. Der Cloud-Anbieter ist damit hinsichtlich des von ihm betriebenen Datenumgangs zum Zweck der Bereitstellung und Erbringung des Dienstes verantwortliche Stelle.

Trotz einer Datenerhebung durch den Cloud-Anbieter muss dieser die Daten allerdings nicht zwingendermaßen für andere Zwecke als für die Bereitstellung und Erbringung des Dienstes verwenden. Solange die erhobenen Daten ausschließlich zur Bereitstellung und Erbringung des Dienstes verwendet werden, behält der Nutzer durch den Einsatz des Dienstes ebenso die Möglichkeit, den Zweck der Datenverarbeitung festzulegen. So wird das Bereithalten von Daten für eine andere Stelle mit der Folge einer Einsicht oder Abrufs nach § 3 Abs. 4 Nr. 3 lit. b BDSG ebenso als Übermittlung eingeordnet. Selbst, sofern der Cloud-Nutzer den Zugang nicht zweckgerichtet eröffnet, ist er zumindest verpflichtet, die Daten vor unbefugter Kenntnisnahme zu sichern.[702] Eine Verantwortung des Cloud-Nutzers bleibt somit auch bei selbstständig datenerhe-

---

[698] Näher hierzu *Jandt*, MMR 2007, 74; *Steidle*, MMR 2009, 168.
[699] So *Jandt*, MMR 2007, 74.
[700] *Dammann*, in: Simitis 2014, § 3 BDSG, Rn. 102.
[701] *Dammann*, in: Simitis 2014, § 3 BDSG, Rn. 105.
[702] *Dammann*, in: Simitis 2014, § 3 BDSG, Rn. 150.

benden Systemen erhalten. Gleichwohl beschränkt sich sein Entscheidungsspielraum auf die Wahl, ob die Daten zu einem vordefinierten Verarbeitungszweck erhoben werden dürfen oder nicht. Der Cloud-Nutzer initiiert die Datenerhebung somit zumindest noch mittelbar oder passiv.[703] Faktisch ist somit weiterhin der Cloud-Nutzer neben dem Cloud-Anbieter verantwortliche Stelle im Sinne einer kollektiven Verantwortlichkeit.

5.2.4.4 Kollektive Verantwortung im Rahmen der Cloud

Trotz des geringen Einflusses auf das „Wie", also die Mittel der Datenverarbeitung, bleibt eine Autorität des Nutzers über das „Warum" der Datenverarbeitung also auch im letztgenannten Fall tatsächlich erhalten. Die hier vorgestellten Dienstealternativen zeichnen sich allerdings durch eine in der Reihenfolge ihrer Nennung zunehmende Standardisierung der Dateneingabe sowie Einschränkung des Nutzers hinsichtlich der inhaltlichen Gestaltung der Dateneingabe aus. Obliegt dem Nutzer bei einem Speicherdienst noch vollständig die Entscheidung, welche Daten mit welchem Inhalt in die Cloud eingebracht werden sollen, beschränkt sich die Eingabeoption bei einer cloud-basierten Software auf die in der Anwendungsumgebung vorgegebenen Möglichkeiten und bei selbstständig agierenden Cloud-Anwendungen gegebenenfalls lediglich noch auf die Wahl, den Dienst zu nutzen oder nicht. Im Rahmen der kollektiven Verantwortung engen sich die Verantwortungssphären des Nutzers, von der Verantwortung über die Verwaltung der Daten bei der Infrastruktur über die Verantwortung hinsichtlich der Weitergabe der Daten bei Formularsoftware bis hin zur alleinigen Verantwortung über die Ermöglichung oder Verweigerung einer Erhebung, zunehmend ein. Zeitgleich steigt der Anteil der vom Cloud-Anbieter verantworteten Phasen des Datenumgangs von der reinen Verantwortung über die Datensicherheit sowie technische Betreuung[704] im Rahmen des Infrastrukturdienstes über die Verarbeitung der vom Nutzer eingegebenen Daten bei Software-Anwendungen bis hin zur Erhebung der Daten beim Nutzer in Zusammenhang mit selbstständig datenerhebenden Systemen.

Mit jeder der genannten Stufen reduziert sich aber auch die Vielfalt der möglichen Parametereingaben – die Eingabemöglichkeiten werden also standardisiert. Je weiter jedoch die Eingaben standardisiert vorliegen, desto höher ist gleichzeitig der potentielle

---

[703] Solange der Cloud-Anbieter die Daten zu keinem anderen Zweck erhebt oder verarbeitet, hat allein der Nutzer die Möglichkeit zu bestimmen, ob die Daten zu dem vordefinierten Zweck erhoben werden dürfen oder nicht. Im Sinne der Auftragsdatenverarbeitung bleibt der Cloud-Anbieter ein „verlängerter Arm", der beispielsweise nur beauftragt ist, das Standortdatum zu erheben, zu verarbeiten und dem Nutzer (etwa als Bildpunkt auf einer Karte) wieder auszugeben.

[704] Also die technisch bedingte Verschiebung zwischen Servern, Erstellung von Sicherungskopien oder Fragmentierung im Rahmen der verteilten Dienste.

Nutzen,[705] den der Cloud-Anbieter erzielen kann, indem er die Daten nicht nur zum Zwecke der Diensterbringung für den Nutzer, sondern gleichzeitig für weitere (eigene) Zwecke nutzt. Entsprechend hoch ist der Anreiz, beispielsweise für einen Lokalisierungsdienst, die ermittelten Standortdaten seiner Nutzer zusammenzuführen und damit neue Dienste anzubieten oder die Daten – etwa als Bewegungsprofile – zu vermarkten. Der Einfluss des Nutzers auf die Zweckbestimmung sinkt mithin mit der Einengung seiner inhaltlichen Gestaltungsmöglichkeiten ab. Gleichzeitig steigt der potentielle Einfluss des Cloud-Anbieters, Daten zu anderen Zwecken als zur Diensterbringung zu verwenden.

Trotz zunehmender Standardisierung und Eingrenzung der inhaltlichen Gestaltungsreichweite bleibt der Cloud-Nutzer somit neben dem Cloud-Anbieter verantwortliche Stelle. Jedoch steigt gleichzeitig die Wahrscheinlichkeit eines über die Dienstbereitstellung und -erbringung hinausgehenden Datenumgangs. Sobald jedoch der Cloud-Anbieter die über die Cloud zur Verfügung gestellten Daten für weitere (finanzielle) Zwecke nutzt,[706] kann der Cloud-Nutzer, ähnlich wie in sozialen Netzwerken, für diesen Teil der Verarbeitung nicht mehr verantwortlich gemacht werden. Während der Cloud-Nutzer noch für die von ihm aktiv oder passiv angestoßene Datenübertragung, gegebenenfalls auch gegenüber betroffenen Dritten, deren Daten er verwendet hat, verantwortlich ist, trägt der Cloud-Anbieter die Verantwortung über die darüber hinausgehende Datenverarbeitung zu anderen Zwecken.[707] Einige Cloud-Anwendungen – insbesondere selbstständig datenerhebende Applikationen für Mobiltelefone – sind geradezu dafür ausgelegt, bestimmte Daten des Nutzers für den Anbieter zu sammeln. Dieser wiederum kann die teilweise erheblichen Datenmengen seiner Nutzer verknüpfen und daraus neue Anwendungen erstellen oder vermarkten.[708] In diesen Fällen wird sich die Verantwortung des Cloud-Nutzers auf die Entscheidung beschränken, den Dienst zu nutzen oder nicht.[709]

---

[705] Damit ein System Informationen ohne manuelle Eingriffe automatisiert auslesen kann, müssen Informationen klar strukturiert vorliegen. Hierzu müssen die Daten insbesondere semantisch standardisiert zur Verfügung stehen, hierzu *Stemmann* 2007, 2. Dementsprechend bewirkt die standardisierte Parametereingabe eine Erhöhung der Auslesbarkeit der Informationen.

[706] Sobald sich sein finanzielles Interesse an den Daten also nicht mehr nur auf die vereinbarte Gegenleistung erstreckt, so *Sutschet*, RDV 2004, 102.

[707] So auch Artikel-29-Datenschutzgruppe 2012, WP 196, 8.

[708] Ein Beispiel hierfür sind Cloud-Navigationsdienste, die aufgrund der Bewegung seiner Nutzer Analysen zur aktuellen Lage im Straßenverkehr erstellen.

[709] Dementsprechend ordnet die Artikel-29-Datenschutzgruppe Anbieter sogenannter „Gesichtserkennungs-Apps" für Mobiltelefone automatisch als verantwortliche Stelle ein, Artikel-29-Datenschutzgruppe 2012, WP 192, 5.

5.2.5 Auftragsdatenverarbeitung

Nach § 3 Abs. 7 BDSG ist auch verantwortliche Stelle, wer den Datenumgang durch eine andere Stelle im Auftrag vornehmen lässt. Für die Verantwortlichkeit kommt es also nicht darauf an, ob die jeweilige Stelle höchstpersönlich mit den Daten umgeht. Die Datenerhebung, -verarbeitung oder -nutzung kann auch durch eine andere Stelle „im Auftrag" durchgeführt werden.[710] Die Auftragsdatenverarbeitung ist in erster Linie organisationswissenschaftlich zu verstehen.[711] Der Auftraggeber trennt sich von datenverarbeitungsbezogenen Arbeitsschritten, also von einem Anteil seiner Aufgaben und Geschäftszwecke. Diese Arbeitsschritte werden an einen externen Auftragnehmer ausgelagert, der die Leistungen für den Auftraggeber „im Auftrag" erbringt. Die Auftragsdatenverarbeitung beruht folglich auf dem Konzept des „Outsourcings" von Datenverarbeitungsprozessen und damit einem Dienstleitungsprinzip: Der Datenumgang stellt für den Auftragnehmer eine Dienstleistung dar, die er dem Auftraggeber gegenüber erbringt. An den Inhalten der Daten hat er regelmäßig keine eigenständigen Interessen, sondern geht mit ihnen ausschließlich zur Erfüllung einer Dienstleistung im Auftrag des Auftraggebers um.

Für die arbeitsteilige Datenverarbeitung ergibt sich aber auch eine klare Verantwortungszuweisung. Grundgedanke für die Auftragsdatenverarbeitung war zumindest ursprünglich,[712] dass der Auftragnehmer lediglich eine „Hilfs- und Unterstützungsfunktion" für die Erfüllung der Aufgaben und Geschäftszwecke des Auftraggebers übernimmt.[713] Auch dies korrespondiert mit dem Grundkonzept des Outsourcings. Gegenstand der Nutzung externer Ressourcen ist die Verlagerung von Tätigkeiten, die nicht zum Kerngeschäft des Auftraggebers gehören.[714] Während der Auftragnehmer diese Tätigkeiten in großer Masse unter Ausnutzung von Skaleneffekten und Know-How häufig effizienter erbringt, kann sich der Auftraggeber auf die Erfüllung seiner Kerntä-

---

[710] *Dammann*, in: Simitis 2014, § 3 BDSG, Rn. 227.
[711] Nach *Dammann*, in: Simitis 2014, § 3 BDSG, Rn. 227 wird „entsprechend einem allgemeinen Rechts- und Organisationsgrundsatz" klargestellt, „dass die Verantwortlichkeit einer Person oder Stelle nicht davon abhängt, ob sie Daten selbst speichert (und verarbeitet) oder ob sie sich dazu eines anderen, z. B. eines Service-Rechenzentrums oder eines Datenerfassungsbüros, bedient".
[712] *Mühlein/Heck* 1995, 23, wonach die Auftragsdatenverarbeitung in den 1970er-Jahren dazu diente Unternehmen die Anschaffung und den Betrieb der damals noch sehr großen EDV-Anlagen zu ersparen und ihnen zu ermöglichen die Ressourcen eines Rechenzentrums zu nutzen.
[713] *Wedde*, in: Däubler/Klebe/Wedde/Weichert 2014, § 11 BDSG, Rn. 5; *Dammann*, in: Simitis 2014, § 11 BDSG, Rn. 22.
[714] Hierzu etwa *Polenz*, in: Kilian/Heussen 2013, 1. Teil 13, Rechtsquellen und Grundbegriffe, Rn. 47; „arbeitsteiliges Vorgehen", *Gabel*, in: Taeger/Gabel 2013, § 11 BDSG, Rn. 1; *Räther*, DuD 2005, 461; *Mühlein/Heck* 1995, 15.

tigkeit unter optimalem Einsatz seiner Kernfähigkeit konzentrieren, also spezialisieren.[715]

5.2.5.1 Verantwortlichkeit in der Auftragsdatenverarbeitung

Da das Datenschutzrecht an die Auftragsdatenverarbeitung bestimmte Verarbeitungsbefugnisse des Auftragnehmers knüpft, gehen das Bundesdatenschutzgesetz sowie die Datenschutzrichtlinie davon aus, dass eine Auftragsdatenverarbeitung nur dann vorliegt, wenn sich die „Hilfsfunktion" des Auftragnehmers auch im Hinblick auf die datenschutzrechtliche Organisation der Zusammenarbeit auswirkt. Bei der Datenverarbeitung im Auftrag muss demgemäß das Handeln des Auftragnehmers dem Interesse des Auftraggebers unterstellt sein.[716] Trotz der Auslagerung des Datenumgangs soll der Auftraggeber stets „Herr der Daten" bleiben, also sowohl rechtlich als auch tatsächlich in der Lage sein, dem Auftragnehmer die Arbeitsschritte des Datenumgangs vorzuschreiben sowie deren korrekte Durchführung zu kontrollieren.[717] Insbesondere behält der Auftraggeber die alleinige und uneingeschränkte Verfügungsgewalt über die Daten und deren Umgang. Der Auftragnehmer erhält keine eigenständigen Verarbeitungs-, Nutzungs- oder Verfügungsbefugnisse.[718]

Fraglich ist, welche Auswirkungen eine Auftragsdatenverarbeitung auf die Eigenschaft einer verantwortlichen Stelle hat. Aus § 3 Abs. 7 BDSG folgt, dass der Auftraggeber einer Auftragsdatenverarbeitung verantwortliche Stelle ist.[719] Hieraus lässt sich der Umkehrschluss ziehen, dass der Auftragnehmer einer Auftragsdatenverarbeitung bei der Erfüllung seines Auftrags im Gegensatz zum Auftraggeber keine verantwortliche Stelle ist.[720] So wird teilweise der Auftragnehmer sogar derart der Stelle des Auftraggebers zugerechnet, dass diese als eine einheitliche Stelle zu betrachten seien – der Auftragnehmer sei damit überhaupt keine Stelle im Sinne des Gesetzes.[721] Dieser Schlussfolgerung wird nur bedingt gefolgt.[722] Zwar ist der Ausschluss der Verantwortlichkeit des Auftragnehmers für die Auftragsdatenverarbeitung zutreffend, diese ergibt sich jedoch nicht aus § 3 Abs. 7 BDSG, sondern aus § 3 Abs. 8 S. 3 BDSG.

§ 3 Abs. 8 S. 3 BDSG nimmt den Auftragsdatenverarbeiter innerhalb der Europäischen Union oder des Europäischen Wirtschaftsraums von der Eigenschaft als Dritter aus.

---

[715] Ausführlich hierzu *Mühlein/Heck* 1995, 13 ff.
[716] Artikel-29-Datenschutzgruppe 2010, WP 169, 31.
[717] *Petri*, in: Simitis 2014, § 11 BDSG, Rn. 20; *Gabel*, in: Taeger/Gabel 2013, § 11 BDSG, Rn. 1.
[718] *Wedde*, in: Däubler/Klebe/Wedde/Weichert 2014, § 11 BDSG, Rn. 5.
[719] *Mühlein*, RDV 1992, 64.
[720] *Weichert*, in: Däubler/Klebe/Wedde/Weichert 2014, § 3 BDSG, Rn. 61.
[721] *Giesen*, CR 2007, 543 f.; *Mühlein*, RDV 1992, 64.
[722] Einschränkend *Dammann*, in: Simitis 2014, § 3 BDSG, Rn. 228; *Wedde*, in: Roßnagel 2003, 4.3, Rn. 11.

Keine Dritten sind demnach alle Stellen, die im Inland oder innerhalb eines Mitgliedsstaats der Europäischen Union oder des Europäischen Wirtschaftsraums „Daten im Auftrag erheben, verarbeiten oder nutzen". Nach Satz 2 werden als Dritte „alle Personen und Stellen außerhalb der verantwortlichen Stelle" bezeichnet. In Kombination beider Normen kann ein Auftragnehmer keine verantwortliche Stelle sein. Dies bedeutet aber nicht automatisch, dass der Auftragnehmer Teil der Stelle des Auftraggebers und damit keine eigene Stelle ist. Vielmehr spricht schon § 11 Abs. 1 BDSG vom Auftragnehmer als „andere Stelle". Der Auftragnehmer befindet sich hier vielmehr in einer Doppelfunktion:[723] Er wird durch die Auftragsdatenverarbeitung selbst Daten verarbeitende Stelle,[724] sodass ihn – deutlich eingeschränkt[725] – ebenfalls Pflichten treffen, die sich aus § 11 Abs. 4 BDSG ergeben – etwa die Vorschriften zur Gewährleistung der Datensicherheit sowie zur Datenschutzaufsicht – für deren Einhaltung er entsprechend auch verantwortlich ist.[726] Allerdings bleibt der Auftraggeber für die Zulässigkeit und Ordnungsmäßigkeit der Datenverarbeitung verantwortlich, sodass dem Auftragnehmer hierüber keine eigenständige Entscheidungsbefugnis zusteht.[727] § 11 Abs. 4 BDSG verweist insbesondere nicht auf § 4 BDSG, woraus folgt, dass der Auftragnehmer – solange er die Daten in Übereinstimmung mit den Vorgaben der Auftragsdatenverarbeitung im Auftrag des Auftraggebers verarbeitet – nicht für die Zulässigkeit des Datenumgangs verantwortlich gemacht werden kann. Wenngleich der Auftragnehmer eine eigene Stelle bleibt, wird sein Handeln (abgesehen von den ihm verbleibenden Pflichten nach § 11 Abs. 4 BDSG) der Stelle des Auftraggebers zugeordnet.[728]

Der Auftraggeber ist mithin verantwortliche Stelle für die von ihm in Auftrag gegebenen und beim Auftragnehmer durchgeführten Datenverarbeitungsprozesse und diesbezüglich an die Vorschriften zur Zulässigkeit des Datenumgangs (etwa § 4 BDSG) gebunden. Solange diese Stelle als Auftraggeber im Sinne der Auftragsdatenverarbeitung anzusehen ist, ist sie als Nicht-Dritter auch keine verantwortliche Stelle für die jeweilige Datenverarbeitung.

5.2.5.2 Auftragsdatenverarbeitung in Abgrenzung zur Funktionsübertragung

Noch nicht abschließend geklärt ist, in welchem konkreten Verhältnis Auftragnehmer und Auftraggeber für eine Auftragsdatenverarbeitung stehen müssen. Ungeklärt ist insbesondere, ob es für eine Auftragsdatenverarbeitung darauf ankommt, dass sich die

---

[723] *Wedde*, in: Roßnagel 2003, 4.3, Rn. 11.
[724] *Wedde*, in: Roßnagel 2003, 4.3, Rn. 11; andere Ansicht *Giesen*, CR 2007, 543 f.
[725] *Gabel*, in: Taeger/Gabel 2013, § 11 BDSG, Rn. 59.
[726] *Dammann*, in: Simitis 2014, § 3 BDSG, Rn. 228.
[727] *Wedde*, in: Roßnagel 2003, 4.3, Rn. 11.
[728] *Petri*, in: Simitis 2014, § 11 BDSG, Rn. 1.

Tätigkeit des Auftragnehmers in einer reinen organisationalen "Hilfsfunktion" erschöpft oder ob die Auftragsdatenverarbeitung auch Tätigkeiten umfassen kann, die über reine Hilfstätigkeiten hinausgehen.[729]

Nach der wohl traditionell vorherrschenden Abgrenzung übernimmt der Auftragnehmer als unselbstständiges Hilfsorgan für den Datenumgang lediglich eine Funktion, die häufig mit einem „verlängerten Arm" des Auftraggebers beschrieben wird.[730] Demnach umfasst die Auftragsdatenverarbeitung nur die helfende oder unterstützende Tätigkeit zur Erfüllung von Aufgaben und Geschäftszwecken. Die fachliche Verantwortung für die Aufgabe verbleibt demnach beim Auftraggeber.[731] Mitunter wurde die Auftragsdatenverarbeitung früher sogar nur mit der Bereitstellung von technischen Mitteln durch den Auftragnehmer verglichen.[732] In Abgrenzung zur Auftragsdatenverarbeitung werden Fälle, in denen Verarbeitungsvorgängen zugrunde liegenden Aufgaben und Geschäftszwecke ganz oder teilweise mit abgegeben werden als „Funktionsübertragung" beschrieben.[733] Eine solche Funktionsübertragung wird traditionell insbesondere angenommen, wenn der Auftragnehmer nicht nur den Betrieb eines Datenverarbeitungsvorgangs, sondern auch die inhaltliche Organisation des Geschäftsablaufs als sogenanntes „Business Process Outsourcing" übernimmt.[734] Für eine Funktionsübertragung und gegen eine Auftragsdatenverarbeitung spricht demnach auch, wenn dem Auftragnehmer eine eigene Entscheidungsbefugnis bei der Datenverarbeitung eingeräumt wird – etwa wenn das Personalwesen eines Unternehmens ausgelagert und der Auftragnehmer zu Personalentscheidungen befugt wird.[735] Als Indizien für eine Funktionsübertragung werden außerdem die eigenständige Kontaktaufnahme mit dem Betroffenen und die Sicherstellung der Betroffenenrechte genannt.[736] Als weitere Abgrenzungskriterien werden angeführt, ob durch die Tätigkeit des Dienstleisters zusätzliche Gefahren geschaffen werden und inwiefern der Auftraggeber seinen Auftragnehmer überwachen kann.[737] Eine Funktionsübertragung wird schließlich angenom-

---

[729] So im Ergebnis die Begrenzung auf eine „Hilfsfunktion" ablehnend *Gabel*, in: Taeger/Gabel 2013, § 11 BDSG, Rn. 14 ff.
[730] *Petri*, in: Simitis 2014, § 11 BDSG, Rn. 20; *Gola/Schomerus* 2012, § 11 BDSG, Rn. 3.
[731] *Müthlein*, RDV 1992, 64.
[732] *Müthlein*, RDV 1992, 64.
[733] *Petri*, in: Simitis 2014, § 11 BDSG, Rn. 22; *Gola/Schomerus* 2012, § 11 BDSG, Rn. 9; *Weichert*, in: Däubler/Klebe/Wedde/Weichert 2014, § 11 BDSG, Rn. 14; *Roßnagel/Pfitzmann/Garstka* 2001, 63; *Schaffland/Wiltfang* 2013, § 11 BDSG, Rn. 7; *Müglich*, CR 2009, 481; *Müthlein/Heck* 1995, 35; *Wächter*, CR 1991, 333; siehe auch *Scheja* 2006, 67.
[734] *Petri*, in: Simitis 2014, § 11 BDSG, Rn. 23.
[735] *Gola/Schomerus* 2012, § 11 BDSG, Rn. 9; *Roßnagel/Pfitzmann/Garstka* 2001, 63; siehe auch *Schaffland/Wiltfang*, 2014, § 11 BDSG, Rn. 7; *Scheja* 2006, 67.
[736] *Petri*, in: Simitis 2014, § 11 BDSG, Rn. 23; *Müglich*, CR 2009, 481.
[737] *Kramer/Herrmann*, CR 2003, 938.

men, wenn der Auftragnehmer mit dem Datenumgang eigene Interessen verfolgt und die Daten beispielsweise eigennützig weiterverarbeitet.[738]

5.2.5.3 Weisungs- und Kontrollbindung der Vertragstheorie als neue Abgrenzungskriterien

Neuere Entwicklungen in der Datenverarbeitung brachten in den vergangenen zwanzig Jahren Probleme bei ihrer sicheren Einordnung als Auftragsdatenverarbeitung oder Funktionsübertragung mit sich. Zunehmend wurden beim Outsourcing durch Unternehmen neben der reinen Datenverarbeitungsleistung auch weitere Aufgaben an den Outsourcing-Nehmer übertragen. In vielen Outsourcing-Fällen lässt sich nach der jüngeren Literatur nur noch schwer unterscheiden, ob die Grenze einer reinen Hilfstätigkeit überschritten wird.[739] Die Abgrenzung droht vielmehr willkürlich zu werden.[740] Außerdem wird mittlerweile angeführt, dass sich aus § 11 BDSG keine Hinweise für solch eine Differenzierung ergeben, sodass ein Grund für die Beschränkung auf die ausschließliche Hilfstätigkeit nicht ersichtlich ist.[741] Es lässt sich demnach aus § 11 BDSG gerade nicht entnehmen, in welcher Weise und in welchem Umfang eine Auftragsdatenverarbeitung zu erfolgen hat. Auch wird vereinzelt angeführt, dass durch die Abgrenzung der Funktionsübertragung in die verfassungsrechtlichen Freiheitsrechte der Beteiligten eingegriffen wird.[742] In der automatisierten und standardisierten Geschäftswelt kann durch solch eine Begrenzung die Möglichkeit zur Teilhabe an den Vorteilen der arbeitsteiligen Wirtschaft genommen werden.[743] Dieser Eingriff ist jedoch nach dieser Ansicht nur verhältnismäßig, wenn durch die Auslagerung der Tätigkeit Gefahren für das Schutzgut, hier das Recht auf informationelle Selbstbestimmung, begründet wird und der Auftragnehmer den Auftraggeber in seinem Handeln nicht mehr ausreichend überwachen kann.[744] Nach der sogenannten „Vertragstheorie" ist das Vorliegen einer Auftragsdatenverarbeitung daher ausschließlich davon abhängig, ob sich der Auftragnehmer den Weisungen des Auftraggebers unterwirft und die An-

---

[738] *Heghmanns/Niehaus*, wistra 2008, 163; *Wronka*, RDV 2003, 134.
[739] *Nielen/Thun*, K&R 2006, 176; *Fasbender*, RDV 1994, 14 f.; entsprechend kritisch zur Abgrenzung der Funktionsübertragung beim Cloud Computing *Barnitzke* 2014, 181 ff.
[740] *Eul*, in: Roßnagel 2003, 7.2, Rn. 12; ähnlich auch *Scheja/Haag*, in: Leupold/Glossner 2013, Teil 5. E., Rn. 270, die von einer Gefahr für Fehleinschätzungen sprechen; siehe auch zu Abgrenzungsschwierigkeiten *Sutschet*, RDV 2004, 99.
[741] *Eul*, in: Roßnagel 2003, 7.2, Rn. 12; *Nielen/Thun*, K&R 2006, 175; *Räther*, DuD 2005, 465; *Sutschet*, RDV 2004, 99 f.
[742] *Kramer/Herrmann*, CR 2003, 939; siehe hierzu auch *Plath/Schreiber*, in: Plath 2013, § 11 BDSG, Rn. 29.
[743] *Gabel*, in: Taeger/Gabel 2013, § 11 BDSG, Rn. 16.
[744] *Kramer/Herrmann*, CR 2003, 940.

forderungen des § 11 BDSG eingehalten werden.[745] Entscheidend ist demnach nicht, „was" delegiert werde, sondern „wie" dies geschieht.[746]

Für diese neue, „extensive Interpretation" der Auftragsdatenverarbeitung, wie sie aus der Vertragstheorie hervorgeht, spricht bereits, dass sie der Realität der modernen Datenverarbeitung deutlich näher kommt als die klassische Funktionsübertragungstheorie. In der modernen, arbeitsteiligen Welt werden zunehmend auch komplexe Aufgaben ausgelagert. Was zum Kerngeschäft des Unternehmens gehört und welche Aufgaben Hilfstätigkeiten sind, bestimmt in der Regel der Auftraggeber selbst oder auch der Markt. Gerade hochspezialisierte Branchen verfügen über geringe Fertigungs- und Dienstleistungstiefen, indem sie zahlreiche Aufgaben an externe Anbieter vergeben. Damit verbunden sind auch Aufgaben, die einen Umgang mit personenbezogenen Daten erforderlich machen. Die Übertragung betrieblicher Funktionen hat jedoch nicht zwingendermaßen Einfluss auf die Verarbeitung der Daten. Die Auslegung nach dem Wortlaut des § 11 BDSG zeigt schon keinen Bezug zu organisationalen Erwägungen – wie dargestellt enthalten die Regelungen keinen Hinweis darauf, in welchem Umfang Aufgaben abgegeben werden dürfen. Zudem kann § 11 BDSG lediglich datenschutzrechtliche Regelungen enthalten, nicht jedoch schuldrechtliche Aufgabenverteilungen, etwa eine Geschäftsbesorgung im Sinne des § 662 BGB, normieren. Die Übertragung sonstiger (organisationsrechtlicher) Pflichten und Aufgaben erfolgt vielmehr unabhängig von der Erteilung eines Datenverarbeitungsauftrags.[747]

Auch nach dem Sinn und Zweck der Auftragsdatenverarbeitung kommt es nicht auf den Inhalt oder Umfang der abgegebenen Aufgaben an. Ziel der Auftragsdatenverarbeitung ist eine klare Verantwortungszuweisung bei der arbeitsteiligen Datenverarbeitung. Dies entspricht der Regelung des § 3 Abs. 7 BDSG, der den Auftraggeber, wie oben festgestellt,[748] für die Zulässigkeit und Rechtmäßigkeit der Datenverarbeitung in seinem Auftrag als verantwortliche Stelle einordnet.[749] Mit der Verantwortungszuteilung soll sichergestellt werden, dass der vom Bundesdatenschutzgesetz auferlegte Datenschutz- und Datensicherheitsstandard durch die Auslagerung des Datenumgangs an eine andere Stelle nicht eingeschränkt wird.[750] Die Verlagerung von Funktionsbereichen ändert nichts an der Verantwortungszuteilung und dem Datenschutzniveau für den Betroffenen. Dieser kann sich weiterhin an den Auftraggeber halten und ihn als verantwortliche Stelle zur Rechenschaft ziehen – dies wird im Zweifel in der Praxis

---

[745] *Gabel*, in: Taeger/Gabel 2013, § 11 BDSG, Rn. 15; *Räther*, DuD 2005, 465; *Barnitzke* 2014, 185 f.
[746] *Heghmanns/Niehaus*, wistra 2008, 163; *Plath/Schreiber*, in: Plath 2013, § 11 BDSG, Rn. 29.
[747] So auch *Heghmanns/Niehaus*, wistra 2008, 164; *Sutschet*, RDV 2004, 99 f.
[748] Kapitel 5.2.5.1.
[749] So auch *Wedde*, in: Däubler/Klebe/Wedde/Weichert 2014, § 11 BDSG, Rn. 1.
[750] *Schaffland/Wiltfang* 2013, § 11 BDSG, Rn. 1; *Petri*, in: Simitis 2014, § 11 BDSG, Rn. 1; *Kramer/Herrmann*, CR 2003, 939.

für den Betroffenen sogar leichter zu bewerkstelligen sein als die Durchsetzung von Rechten gegenüber einem (unbekannten und gegebenenfalls großen) Dienstleister.[751] Statt der Abgrenzung nach dem Aufgabenumfang ist deshalb vielmehr danach zu fragen, ob durch die Auslagerung neue Gefahren für die Rechte – hier insbesondere das Recht auf informationelle Selbstbestimmung – des Betroffenen begründet werden.[752] Mit der Auslagerung von Datenverarbeitungsprozessen werden dem Auftragnehmer vom Auftraggeber personenbezogene Daten zur Verfügung gestellt oder Zugriff auf sie gewährt. Damit besteht in erster Linie die Gefahr, dass der Auftragnehmer die erlangten Daten missbraucht, indem er sie für eigene Zwecke nutzt. In Anlehnung an *Sutschet* liegt eine Nutzung zu eigenen Zwecken dann vor, wenn sich das Interesse des Auftragnehmers an den Daten nicht ausschließlich am Verdienen einer Gegenleistung erschöpft.[753] Soweit der Auftragnehmer demnach die ihm zur Verfügung gestellten Daten nicht ausschließlich nutzt, um seine vertragliche Pflicht gegenüber dem Auftragnehmer zu erfüllen, sondern ein eigenes (finanzielles) Interesse an den Daten selbst hat, kann keine Auftragsdatenverarbeitung mehr vorliegen. Eine weitere Gefahr liegt in einem möglichen Zugriff Dritter auf die Daten beim Auftragnehmer. Eine Auftragsdatenverarbeitung, bei der allein der Auftraggeber für die Zulässigkeit des Datenumgangs verantwortlich ist, kann nur vorliegen, wenn den beiden vorgenannten Gefahren adäquat begegnet wird. Um zu verhindern, dass der Auftragnehmer die zur Verfügung gestellten Daten missbraucht und für eigene Zwecke nutzt, muss die Bindung des Auftragnehmers an die vom Auftraggeber festgelegten Zwecke auch tatsächlich gewährleistet sein. Um außerdem einen unbefugten Drittzugriff zu verhindern, müssen die Mittel der Datenverarbeitung den Anforderungen entsprechen – es müssen beispielsweise (technisch-organisatorische) Maßnahmen zur Datensicherheit verankert werden.

Als verantwortliche Stelle muss der Auftraggeber somit über die Zwecke sowie die wesentlichen Mittel der Datenverarbeitung entscheiden und die Einhaltung seiner Vorgaben überwachen können. Dies entspricht wiederum der Definition der verantwortlichen Stelle aus Art. 2 lit. d S. 1 DS-RL.[754] Ein Einfluss auf Mittel und Zwecke kann schließlich nur dann bestehen, wenn der Auftragnehmer an die Weisungen des Auftraggebers diesbezüglich gebunden ist und der Auftragnehmer die Einhaltung kontrollieren kann.[755]

Nach dem Leitbild der Auftragsdatenverarbeitung gibt ein Auftraggeber an einen Auftragnehmer Daten mit dem Ziel weiter, Ressourcen des Auftragnehmers zu nutzen.

---

[751] So auch *Nielen/Thun*, K&R 2006, 175; *Sutschet*, RDV 2004, 101.
[752] So bereits *Kramer/Herrmann*, CR 2003, 939.
[753] *Sutschet*, RDV 2004, 102.
[754] So auch *Eul*, in: Roßnagel 2003, 7.2, Rn. 13; *Barnitzke* 2014, 183 ff.; siehe auch Artikel-29-Datenschutzgruppe 2010, WP 169, 31.
[755] *Eul*, in: Roßnagel 2003, 7.2, Rn. 13; *Kramer/Herrmann*, CR 2003, 939; *Räther*, DuD 2005, 464.

Der Auftragnehmer beschränkt sich auf die Erbringung des Dienstes gegenüber dem Cloud-Nutzer und begründet folglich am Inhalt der Daten kein eigenständiges Interesse. Zumindest hinsichtlich des Zwecks der Datenverarbeitung verfügt der Auftragnehmer über keine Entscheidungsbefugnisse oder -spielräume.[756] Wird dies auch durch eine entsprechende Weisungs- und Kontrollbindung an den Auftraggeber sichergestellt, liegt nach der hier vertretenen Vertragstheorie eine Auftragsdatenverarbeitung vor.

5.2.5.4 Verhältnis der Auftragsdatenverarbeitung zu § 11 BDSG

§ 11 Abs. 2 BDSG erlegt ausschließlich dem Auftraggeber als der verantwortlichen Stelle Pflichten auf.[757] Da § 3 Abs. 4 BDSG lediglich die Weitergabe von personenbezogenen Daten an eine dritte Stelle als Übermittlung definiert, bei der Auftragsdatenverarbeitung der Auftragnehmer jedoch, wie festgestellt, nicht dritte Stelle ist, ist die Weitergabe von personenbezogenen Daten im Rahmen der Auftragsdatenverarbeitung keine Übermittlung und bedarf somit keiner eigenen gesetzlichen Erlaubnis und keiner Einwilligung des Betroffenen.[758] § 11 Abs. 2 BDSG stellt hierfür jedoch Bedingungen auf. So macht § 11 Abs. 2 BDSG in einer katalogartigen Aufzählung detailliert Vorgaben zur Auswahl des Auftragnehmers sowie über den Inhalt des Vertrags über die Auftragsdatenverarbeitung. Im Rahmen dieses Auftrags sind insbesondere der Zweck des Datenumgangs, technisch-organisatorische Maßnahmen zur Datensicherheit sowie Weisungsrechte des Auftraggebers vertraglich zu verankern. Auch müssen regelmäßige Kontrollmöglichkeiten für den Auftraggeber vertraglich sichergestellt werden. Zudem muss der Auftraggeber nach § 11 Abs. 2 S. 2 Nr. 5 BDSG die Auftragnehmerpflichten aus Absatz 4 vertraglich verankern. Nur die Einhaltung dieser Vorgaben aus § 11 BDSG ermöglicht demnach dem Auftraggeber, Daten an den Auftragnehmer auszulagern, ohne an die Zulässigkeitsvoraussetzungen einer Übermittlung gebunden zu sein.[759]

Fraglich ist, ob die Befolgung der Vorgaben aus § 11 Abs. 2 BDSG selbst über das Bestehen eines Auftragsdatenverarbeitungsverhältnisses und damit über die Verantwortung, insbesondere des Auftragnehmers, bestimmen kann.[760] § 11 BDSG wäre

---

[756] Artikel-29-Datenschutzgruppe 2010, WP 169, 16; *Jandt/Roßnagel*, ZD 2011, 160.
[757] Hierzu etwa *Petri*, in: Simitis 2014, Vor § 11 BDSG, Rn. 52 „Pflichten des Auftragnehmers".
[758] *Gola/Schomerus* 2012, § 3 BDSG, Rn. 34, 50, 55; *Petri*, in: Simitis 2014, § 11 BDSG, Rn. 43 sprechen von einer „Privilegierung der Auftragsdatenverarbeitung".
[759] *Spindler/Nink*, in: Spindler/Schuster 2011, § 11 BDSG, Rn. 1.
[760] Diesbezüglich unklar *Gola/Schomerus* 2012, § 11 BDSG, Rn. 17; *Petri*, in: Simitis 2014, § 11 BDSG, Rn. 64.

dann für das Bestehen einer Auftragsdatenverarbeitung „konstitutiv".[761] Das Vorliegen einer Auftragsdatenverarbeitung könnte sich aber auch ausschließlich aus einer bestehenden Weisungs- und Kontrollbindung ergeben. Die Einhaltung der Vorgaben aus § 11 BDSG würde dann lediglich die Zulässigkeit des Umgangs mit personenbezogenen Daten ermöglichen. Zu klären ist demzufolge, ob der Begriff der Auftragsdatenverarbeitung neben der faktischen Weisungs- und Kontrollbindung auch die Einhaltung der Vorgaben aus § 11 Abs. 2 BDSG verlangt oder, ob dieser lediglich die Zulässigkeit einer Datenverarbeitung „außer Haus" regelt. Im letzteren Fall wäre dies beispielsweise das Bestehen einer Auftragsdatenverarbeitung unabhängig vom erfolgreichen Abschluss eines Auftragsdatenverarbeitungsvertrags. Die Differenzierung ist insbesondere dann relevant, wenn der Auftraggeber seine Pflichten nach § 11 Abs. 2 BDSG – also etwa den Abschluss eines Auftrags in Schriftform – nicht einhält, gleichzeitig jedoch bei objektiver Betrachtung eine Weisungs- und Kontrollmacht des Auftraggebers im Sinne eines Einflusses auf Mittel und Zwecke besteht.

Entsprechend der Ausführungen in Kapitel 5.2.3.3 trägt in einer Konstellation mehrerer datenverarbeitender Akteure der Versender von Daten zumindest die Verantwortung für die Bereitstellung oder Weitergabe der Daten. Soweit der Auftraggeber gegen die ihm auferlegten Pflichten einer Auftragsdatenverarbeitung verstößt, entfällt die Möglichkeit einer Datenweitergabe ohne die Rechtmäßigkeitsvoraussetzungen einer Übermittlung.[762] Der Auftraggeber ist somit für die Übermittlung von Daten an eine dritte Stelle verantwortlich. Problematisch ist hierbei allerdings die Verantwortung des Auftragnehmers. Ihn trifft im Rahmen der Auftragsdatenverarbeitung, wie festgestellt, keine datenschutzrechtliche Verantwortung für den Datenumgang.[763] Die ihn betreffenden Pflichten ergeben sich zwar aus § 11 Abs. 4 BDSG. Diese Auftragnehmerpflichten sind jedoch nach § 11 Abs. 2 S. 2 Nr. 5 BDSG ausdrücklich durch den Auftraggeber vertraglich zu verankern, sodass sich der Auftragnehmer ausschließlich an die im Auftragsdatenverarbeitungsvertrag bezeichneten Pflichten halten kann.[764]

Liegt nun objektiv betrachtet eine ausreichende Weisungs- und Kontrollmacht des Auftraggebers vor, sind die Voraussetzungen einer Auftragsdatenverarbeitung faktisch gegeben. Ginge man dann aber davon aus, dass mit der Verletzung einer Pflicht aus § 11 Abs. 2 BDSG durch den Auftragnehmer die Auftragsdatenverarbeitung ganz entfiele, würde der Auftragnehmer ohne eigenen Einfluss darauf zur verantwortlichen Stelle für den von ihm durchgeführten Datenumgang. Um nicht Gefahr zu laufen, unbeabsichtigt verantwortliche Stelle zu sein und Daten gegebenenfalls unzulässig zu

---

[761] Zum Begriff der konstitutiven Wirkung des § 11 BDSG *Gola/Schomerus* 2012, § 11 BDSG, Rn. 17 und *Petri*, in: Simitis 2014, § 11 BDSG, Rn. 64; in diese Richtung wohl *Plath/Schreiber*, in: Plath 2013, § 11 BDSG, Rn. 40.
[762] Als logischer Umkehrschluss der „Privilegierung".
[763] Kapitel 5.2.5.1.
[764] Hierzu jedoch mit entgegengesetzter Schlussfolgerung *Voigt*, ZD 2012, 547.

verarbeiten, müsste der Auftragnehmer somit stets sicherstellen, dass sein Auftraggeber die Pflichten aus § 11 Abs. 2 BDSG einhält. Der Auftraggeber hat praktisch aber nur die Möglichkeit, die tatsächlichen Gegebenheiten zu beeinflussen und dem Auftraggeber eine Weisungs- und Kontrollmacht zuzugestehen oder nicht. Auch nur an diesen Optionen sollte sich die Verantwortung des Auftragnehmers entscheiden.[765]

Die Pflichten des Auftraggebers aus § 11 BDSG können damit keine „konstitutive" Wirkung für eine Auftragsdatenverarbeitung haben.[766] Sie stellen lediglich Zulässigkeitsvoraussetzungen auf, unter denen der Auftraggeber im Rahmen einer Auftragsdatenverarbeitung personenbezogene Daten weitergeben darf. Das Bestehen oder Nichtbestehen einer Auftragsdatenverarbeitung hängt somit ausschließlich davon ab, ob der Auftraggeber im Sinne des hier verfolgten Ansatzes in der Realität einen bestimmenden Einfluss auf Mittel und Zwecke des Datenumgangs hat, also ob er ausreichende Weisungs- und Kontrollmöglichkeiten besitzt.[767] Zwar decken sich diese in der Praxis in weiten Teilen mit den Vorgaben aus § 11 Abs. 2 BDSG – der Verstoß gegen eine Pflicht wird regelmäßig ein starkes Indiz für das Fehlen einer solchen Weisungs- und Kontrollbindung sein. Ein Verstoß gegen diese Vorgaben unter Beibehaltung eines Weisungs- und Kontrollverhältnisses kann jedoch nicht dem Auftraggeber angelastet werden. Vielmehr muss sich hierfür allein der Auftragnehmer als verantwortliche Stelle (des gesamten Datenumgangs) zur Verantwortung ziehen lassen. Solange der Auftragnehmer in diesem Fall die ihm vom Auftraggeber „übermittelten" Daten nur im Rahmen des Auftragsverhältnisses verarbeitet, ist sein Datenumgang weiterhin als

---

[765] Eine ausschließliche Verantwortung bei Verstoß gegen § 11 BDSG lässt sich auch aus den Sanktionsmechanismen des Bundesdatenschutzgesetzes ableiten. Verstöße gegen § 11 Abs. 2 S. 2 und 4 BDSG werden gem. § 43 Abs. 1 Nr. 2b BDSG mit einem Bußgeld geahndet. Dieses richtet sich auch ausschließlich gegen den Auftraggeber, hierzu auch *Gola/Schomerus* 2012, § 11 BDSG, Rn. 28.

[766] Wenngleich *Gola/Schomerus* 2012, § 11 BDSG, Rn. 17 und *Petri*, in: Simitis 2014, § 11 BDSG, Rn. 64 von einer „konstitutiven" Wirkung der Schriftform für den Auftrag sprechen, so bezieht sich dies wohl auch nur auf die Verantwortung des Auftraggebers. *Petri*, in: Simitis 2014, § 11 BDSG, Rn. 64 stellt hierzu fest, dass ohne Wahrung der Schriftform die Weitergabe der Daten nur unter den Voraussetzungen einer Übermittlung statthaft sei. Jedoch geht auch er nicht auf die Rechtsfolge für die Verantwortung des Auftragnehmers ein; so auch *Barnitzke* 2014, 223; siehe auch *Funke/Wittmann*, ZD 2013, 225, jedoch ohne Differenzierung zwischen den Konsequenzen für den Auftraggeber und für den Auftragnehmer.

[767] So wohl auch *Barnitzke* 2014, 223; hierzu auch *Funke/Wittmann*, ZD 2013, 223 ff., die jedoch lediglich das Schriftformerfordernis als nicht-konstitutiv ansehen. Wenngleich die „sonstigen Pflichten" der Auftragsdatenverarbeitung zwar auf die Erhaltung des Datenschutzniveaus abzielen, kommt es jedoch weiterhin nur auf die faktische Einflussmöglichkeit des Auftragnehmers auf den Zweck und die wesentlichen Mittel der Datenverarbeitung an.

Auftragsdatenverarbeitung einzustufen und er für den Datenumgang nicht verantwortlich.[768]

5.2.5.5 Folgen für das Cloud Computing

Fraglich ist, ob im Rahmen des Cloud Computing eine Auftragsdatenverarbeitung vorliegen kann, bei der der Cloud-Nutzer Auftraggeber und der Cloud-Anbieter Auftragnehmer ist. Nach der klassischen Abgrenzung zur Funktionsübertragung müsste für jede einzelne Cloud-Leistung des Cloud-Anbieters danach gefragt werden, ob diese nach Art und Inhalt noch eine Tätigkeit im Sinne eines verlängerten Arms des Cloud-Nutzers darstellt und somit als Auftragsdatenverarbeitung einzuordnen ist oder, ob mit der Cloud-Nutzung auch gleichzeitig die den Verarbeitungsvorgängen zugrunde liegenden Aufgaben und Geschäftszwecke ganz oder teilweise mit abgegeben wurden und deshalb eine Funktionsübertragung anzunehmen ist.[769] Im Sinne der jüngeren Abgrenzung nach der Vertragstheorie kann das Vorliegen einer Auftragsdatenverarbeitung beim Cloud Computing ausschließlich danach bewertet werden, ob der Cloud-Nutzer als Auftraggeber aufgrund des Auftragsverhältnisses ausreichend Einfluss auf die Entscheidung über die Zwecke sowie die wesentlichen Mittel der Datenverarbeitung hat und die Einhaltung seiner Vorgaben überwachen kann.[770] Dies muss durch eine ausreichende Weisungs- und Kontrollbindung gesichert sein.[771] Der Auftragnehmer muss demnach im Rahmen seiner Cloud-Leistung an die Weisungen des Auftraggebers gebunden sein und die Kontrolle ermöglichen.[772] In der Literatur wird

---

[768] Da dennoch von einer Datenübermittlung durch den Auftraggeber auszugehen ist, könnte diese Übermittlung hinsichtlich der Verantwortungsverteilung dem „Aufdrängen von Daten" entsprechen. Auch hier wachsen dem Empfänger trotz der Datenübermittlung durch den Absender die Daten ohne eigenes Zutun an. Aus diesem Grund entsteht für den Empfänger keine eigene Verantwortung, solange er keinen weiteren eigenen Datenumgang begründet, hierzu *Schild*, in: Roßnagel 2003, 4.2, Rn. 35; *Dammann*, in: Simitis 2014, § 1 BDSG, Rn. 223 ff.; *Scheja* 2006, 85.
[769] Siehe Kapitel 5.2.5.2.
[770] *Eul*, in: Roßnagel 2003, 7.2, Rn. 13; siehe auch Artikel-29-Datenschutzgruppe 2010, WP 169, 31.
[771] *Gabel*, in: Taeger/Gabel 2013, § 11 BDSG, Rn. 15; *Räther*, DuD 2005, 465; *Heghmanns/Niehaus*, wistra 2008, 163.
[772] *Eul*, in: Roßnagel 2003, 7.2, Rn. 13; *Kramer/Herrmann*, CR 2003, 939; *Räther*, DuD 2005, 464.

davon ausgegangen, dass beim Cloud Computing diese Voraussetzungen zwar theoretisch erfüllt werden können, jedoch an praktische Grenzen stoßen.[773]

Soweit eine entsprechende Weisungs- und Kontrollbindung zu bejahen ist, wird der Cloud-Nutzer als Auftraggeber alleinige verantwortliche Stelle. Bei der Auftragsdatenverarbeitung ist er für die Datenverarbeitung des Cloud-Anbieters im Rahmen seiner Weisungen verantwortlich. Bezieht sich die Auftragsdatenverarbeitung auf die Bereitstellung und Erbringung eines Dienstes, entfällt die oben beschriebene kollektive Verantwortung zugunsten der alleinigen Verantwortung des Cloud-Nutzers. Nicht betroffen ist dagegen ein etwaiger Datenumgang durch den Cloud-Anbieter außerhalb der Weisungen des Cloud-Nutzers. Sofern der Cloud-Anbieter von den Bestimmungen des Cloud-Nutzers über die Mittel und Zwecke des Datenumgangs abweicht, indem er beispielsweise die ihm übertragenen Daten zu weiteren, eigenen Zwecken verwendet, ist dies von Auftragsdatenverarbeitung nicht umfasst. In diesem Fall ergibt sich wieder die oben genannte Verantwortungsverteilung mit der Folge, dass der Cloud-Anbieter hinsichtlich seines willkürlichen Datenumgangs verantwortliche Stelle ist.

5.2.6 Auswirkungen auf verschiedene Betroffenenkonstellationen

5.2.6.1 Verantwortung des Cloud-Nutzers gegenüber Betroffenen

Lässt sich für die in der Cloud abgelegten oder verarbeiteten Daten ausschließlich ein Personenbezug zum Cloud-Nutzer selbst herstellen, ist dieser Betroffener und verantwortliche Stelle zugleich. Da es datenschutzrechtlich keine „unverantworteten Aktivitäten" geben kann,[774] ist ein Zusammenfallen des Betroffenen mit der verantwortlichen Stelle nicht ausgeschlossen.[775] Allerdings sind die Vorschriften des Bundesdatenschutzgesetzes auf den Nutzer dann nicht anwendbar, da sich die Risiken für die informationelle Selbstbestimmung in diesem Fall gerade nicht verwirklichen.[776] Aus Sicht des Nutzers ist insofern nur relevant, ob der Cloud-Anbieter die eingegebenen

---

[773] So zum Beispiel *Gabel*, in: Taeger/Gabel 2013, § 11 BDSG, Rn. 18; *Gaul/Köhler*, BB 2011, 2231 f.; *Hennrich*, CR 2011, 548; *Hornung/Sädtler*, CR 2012, 643; *Karger/Sarre*, in: Taeger/Wiebe 2009, 434; *Nägele/Jacobs*, ZUM 2010, 290; *Niemann/Hennrich*, CR 2010, 687; *Pohle/Ammann*, CR 2009, 276 f.; *Splittgerber/Rockstroh*, BB 2011, 2181; *Heidrich/Wegener*, MMR 2010, 805; *Koch*, CR 2006, 118; *Niemann/Paul*, K&R 2009, 449; *Opfermann*, ZEuS 2012, 134 ff.; *Reindl*, in: Taeger/Wiebe 2009, 443; *Schuster/Reichl*, CR 2010, 41 f.; *Thalhofer*, CCZ 2011, 223; *Weichert*, DuD 2010, 683; *Petri*, in: Simitis 2014, § 11 BDSG, Rn. 30; kritisch *Engels*, K&R 2011, 548 ff.; die Voraussetzungen des § 11 BDSG sind im Einzelnen an späterer Stelle zu untersuchen, hierzu Kapitel 7.

[774] *Dammann*, in: Simitis 2014, § 3 BDSG, Rn. 224.

[775] *Jandt/Roßnagel*, ZD 2011, 160.

[776] *Jandt/Roßnagel*, ZD 2011, 160.

oder erhobenen Daten zu anderen Zwecken als ausschließlich zur Erbringung des Dienstes verwendet. Soweit jedoch der Nutzer als verantwortliche Stelle auch Daten mit Bezug zu betroffenen Dritten in die Cloud einbringt, richtet sich die Zulässigkeit dieser Aktivitäten nach den einschlägigen Datenschutzvorschriften. Im Rahmen der oben beschriebenen kollektiven Verantwortung ist der Cloud-Nutzer damit für seinen Verantwortungsbereich betroffenen Dritten gegenüber verantwortlich. Ob die Datenverarbeitung in der Cloud zulässig ist, muss anhand der Zulässigkeitsvoraussetzungen der Datenschutzgesetze geprüft werden. Die Speicherung oder Verarbeitung von Daten weiterer Betroffener in der Cloud erfordert zumindest die Weitergabe dieser Daten in die Obhut des Cloud-Anbieters oder die Eröffnung einer Möglichkeit des Abrufs, gegebenenfalls auch die Ermöglichung einer Veränderung von Daten durch den Cloud-Anbieter. Es wird mithin im Einzelnen zu untersuchen sein, ob die Weitergabe zulässig ist und unter welchen Voraussetzungen der Cloud-Nutzer als verantwortliche Stelle dem Cloud-Anbieter einen Umgang mit Daten von betroffenen Dritten ermöglichen darf.[777]

Für die Frage der Verantwortlichkeit gegenüber dem Betroffenen kann hier festgehalten werden, dass der Cloud-Nutzer hinsichtlich der Daten betroffener Dritter, die er in die Cloud einbringt, auch verantwortliche Stelle ist. Ob er als Cloud-Nutzer eine Befugnis zur Weitergabe der Daten oder die Eröffnung eines Zugangs zu den Daten an den Cloud-Anbieter hat, bestimmt sich nach den Zulässigkeitsvoraussetzungen und – sofern eine Auftragsdatenverarbeitung vorliegt – nach den Bestimmungen aus dem Auftragsdatenverarbeitungsverhältnis.

5.2.6.2 Verantwortung des Cloud-Anbieters gegenüber Betroffenen

Ob der Cloud-Anbieter mit personenbezogenen Daten des Betroffenen umgehen darf, hängt davon ab, ob er für den jeweiligen Datenumgang verantwortliche Stelle ist. Im Rahmen der kollektiven Verantwortung ist dieser, wie festgestellt, zumindest verantwortlich für den Datenumgang im Rahmen der Dienstbereitstellung und -erbringung, soweit keine Auftragsdatenverarbeitung vorliegt. Ist der Cloud-Anbieter dagegen Auftragnehmer und erhebt, verarbeitet oder nutzt personenbezogene Daten der Betroffenen ausschließlich nach den Weisungen des Cloud-Nutzers im Rahmen einer Auftragsdatenverarbeitung, ist dieser keine verantwortliche Stelle. Die Zulässigkeit seiner Datenverarbeitung richtet sich dann nach Vorgaben seines Auftraggebers, also des Cloud-Nutzers.

Nur soweit der Cloud-Anbieter entgegen seinen Vorgaben aus der Auftragsdatenverarbeitung den vom Cloud-Nutzer bestimmten Zweck des Datenumgangs ändert und

---

[777] Kapitel 6.

die Daten gegebenenfalls für weitere eigene Zwecke nutzt, ist dies von der Auftragsdatenverarbeitung nicht gedeckt und der Cloud-Anbieter wiederum verantwortliche Stelle. Hinsichtlich dieses Datenumgangs kann sich der Betroffene an ihn halten. Entsprechend der kollektiven Verantwortung kann sich in diesem Fall trotz der Verantwortung des Cloud-Nutzers auch eine ausschließliche Verantwortung des Cloud-Anbieters für den von ihm zusätzlich und eigenmächtig durchgeführten Datenumgang ergeben.[778] Hat demnach der Cloud-Nutzer bei der Weitergabe der Daten die gesetzlichen Vorgaben vollständig eingehalten, wird er sich entsprechend der kollektiven Verantwortlichkeit für den unbefugten Datenumgang des Cloud-Anbieters nicht mehr zu verantworten haben, sodass sich der Betroffene hinsichtlich dieser Vorgänge ausschließlich an den Cloud-Anbieter halten muss.

5.3 Räumlicher Anwendungsbereich

Aufgrund der räumlichen Unbegrenztheit von Datenströmen beim Cloud Computing finden Datenverarbeitungen häufig außerhalb des Bundesgebiets statt oder werden von Stellen mit Sitz im Ausland durchgeführt. Aus technischer Sicht mag der Ort der Datenverarbeitung oder der Sitz der datenverarbeitenden Stelle zwar unerheblich sein, nicht jedoch hinsichtlich des anzuwendenden Rechts. Soweit Datenschutz öffentlich-rechtlich reguliert werden soll, müssen die hierzu erlassenen Normen auf den Sachverhalt und für die beteiligten Stellen anwendbar sein. Um die Anforderungen an den Datenschutz zwischen den Beteiligten festzulegen, müssen außerdem zwischen diesen Stellen vertragliche Absprachen getroffen werden. Unabhängig davon, ob der Staat mittels Datenschutzrecht regulierend auf Stellen einwirkt oder Stellen vertragliche Absprachen getroffen haben, bedarf es zumindest Regelungen, welche die Durchsetzung dieser gesetzlichen oder vertraglichen Pflichten mithilfe staatlicher Gewalt ermöglichen. Im Folgenden ist mithin zu untersuchen, auf welche Stellen und in welchen Konstellationen beim Cloud Computing deutsche oder Datenschutznormen anderer Länder Anwendung finden. Es ist außerdem danach zu fragen, ob bei Anwendbarkeit eines bestimmten Landesrechts gegenüber der bestimmten Stelle auch dessen staatliche Durchsetzung legitimiert ist.

5.3.1 Einordnung in das Kollisionsrecht

§ 1 Abs. 5 BDSG normiert die Anwendbarkeit des Bundesdatenschutzgesetzes für grenzüberschreitende Datenverarbeitungen. Indem es die Anwendbarkeit des Bundesdatenschutzgesetzes für Fälle mit Auslandsbezug eröffnet oder verschließt, regelt es dessen räumlichen Anwendungsbereich.

---

[778] Siehe hierzu Kapitel 5.2.4.

5.3.1.1 Kollisionsvermeidung

Im Grundsatz geht das Bundesdatenschutzgesetz davon aus, dass jede verantwortliche Stelle, die personenbezogene Daten in Deutschland erhebt, verarbeitet oder nutzt, primär dem Bundesdatenschutzgesetz unterliegt – dies entspricht dem Territorialitätsprinzip.[779] Hiervon weicht § 1 Abs. 5 S. 1 BDSG ab, der eine Regelung zur innereuropäischen Kollisionsvermeidung trifft.[780] Demnach findet das Bundesdatenschutzgesetz keine Anwendung, sofern eine in einem anderen Mitgliedstaat der Europäischen Union oder in einem anderen Vertragsstaat des Abkommens über den Europäischen Wirtschaftsraum belegene verantwortliche Stelle personenbezogene Daten im Inland erhebt, verarbeitet oder nutzt, es sei denn, dies erfolgt durch eine Niederlassung im Inland. § 1 Abs. 5 S. 1 BDSG setzt die Vorgabe des Art. 4 lit. a DS-RL um.[781] Hierin werden die Mitgliedstaaten implizit verpflichtet, Aktivitäten von Stellen mit Sitz in einem anderen Mitgliedsstaat vom Geltungsanspruch seines Datenschutzrechts in der Regel auszunehmen.[782] Indem alle Mitgliedstaaten in Umsetzung der Datenschutzrichtlinie eine entsprechende Regelung treffen und (wie die deutsche Regelung in § 1 Abs. 5 S. 1 BDSG) die Anwendungsbereiche ihrer Datenschutznormen ausdehnen und im umgekehrten Fall zurücknehmen, wird eine Kollision innerhalb der Europäischen Union vermieden. Es handelt sich also um eine echte Kollisionsvermeidungsnorm.

Für den Fall des Drittlandbezugs kann die Regelung des § 1 Abs. 5 BDSG keine echte Regelung zur Kollisionsvermeidung normieren.[783] Zwar setzt auch § 1 Abs. 5 S. 2 BDSG die Vorgabe des Art. 4 Abs. 1 lit. c DS-RL um. Hier wird jedoch der Anwendungsbereich der nationalen Regelung bei Vorliegen der Voraussetzungen nur eröffnet und bei Nichtvorliegen verschlossen. Auf die entsprechende Anwendungsregelung im Drittland hat aber weder die nationale noch die europäische Regelung Einfluss. Findet das Bundesdatenschutzgesetz beispielsweise auf eine Datenverarbeitung gemäß § 1 Abs. 5 S. 2 BDSG Anwendung, bestimmt jedoch gleichzeitig das Datenschutzrecht des Drittlands seine Anwendbarkeit, kollidieren die beiden Datenschutzrechte. Diese Anwendungskollision wird für das Cloud Computing insbesondere bei staatlichen Eingriffen durch Behörden in Drittländer relevant. So stellt sich etwa die Frage, ob eine verantwortliche Stelle im Drittland personenbezogene Daten entgegen den anzuwendenden Vorschriften des Bundesdatenschutzgesetzes an eine Stelle im Drittland (etwa

---

[779] *Jotzo*, MMR 2009, 232; BT-Drs. 14/4329, 31; *Wuermeling* 2000, 75.
[780] *Dammann*, in: Simitis 2014, § 1 BDSG, Rn. 197 f.
[781] BT-Drs. 14/4329, 29.
[782] *Gabel*, in: Taeger/Gabel 2013, § 1 BDSG, Rn. 56; *Dammann*, in: Simitis 2014, § 1 BDSG, Rn. 198, der darauf hinweist, dass dieser Rückschluss zwar nicht ausdrücklich aus dem Wortlaut der Richtlinie hervorgehe, der Gesetzgeber sie aber als zwingende rechtslogische Entsprechung zur Verpflichtung angesehen habe, die Anwendung des nationalen Rechts auf andere Mitgliedstaaten zu erstrecken und deshalb auf eine Erwähnung verzichtet habe.
[783] So aber wohl *Barnitzke* 2014, 133.

Sicherheitsbehörden) übermitteln darf, wenn die dortigen Datenschutzvorschriften eine entsprechende Übermittlung zulassen oder gar anordnen.[784]

5.3.1.2 Verhältnis zu allgemeinen Kollisionsnormen

Die Gesetzesbegründung sieht im Hinblick auf das dem Bundesdatenschutzgesetz zugrunde liegenden Territorialitätsprinzip in der Regelung des § 1 Abs. 5 S. 2 BDSG ausschließlich einen deklaratorischen Hintergrund – er diene lediglich als Anknüpfungspunkt für die § 1 Abs. 5 S. 3 und 4 BDSG.[785] Jedoch verweisen einige Autoren auf die eigenständige Bedeutung, die die Regelung dadurch erhalte, dass sie als internationalrechtliche Spezialregelung die Vorschriften des internationalen Privatrechts aus dem EGBGB verdränge.[786] Dies gilt wohl insbesondere für die im Bundesdatenschutzgesetz normierten zivilrechtlichen Ansprüche, etwa auf Schadenersatz nach § 7 BDSG.[787] Da jedoch das Bundesdatenschutzgesetz keinen abschließenden Regelungskatalog zu zivilrechtlichen Ansprüchen bei Rechtsverletzungen vorhält,[788] können neben den Ansprüchen aus dem Bundesdatenschutzgesetz ergänzend auch zivilrechtliche Ansprüche aus dem allgemeinen Persönlichkeitsrecht hergeleitet werden.[789] In Betracht kommen beispielsweise deliktische Ansprüche, etwa aus §§ 823 Abs. 1 und 2, 1004 BGB. Hinsichtlich des hierauf anzuwendenden Rechts ist auf das Deliktsstatut nach dem internationalen Privatrecht zurückzugreifen. Da die für das internationale Deliktsrecht geltende Rom II-Verordnung Verletzungen des allgemeinen Persönlichkeitsrechts aus ihrem Anwendungsbereich ausnimmt, ist für solche Ansprüche das Deliktsstatut aus Art. 40 ff. EGBGB anzuwenden.[790]

Hinsichtlich der zivilrechtlichen Ansprüche für Verletzungen des Datenschutzrechts, insbesondere für Ansprüche von Betroffenen, wird man im Zusammenhang mit dem Cloud Computing regelmäßig auf das allgemeine Deliktsrecht zurückgreifen. Insofern

---

[784] Hierzu Kapitel 10.1.3; siehe auch *Hornung/Sädtler*, CR 2012, 640.
[785] BT-Drs. 14/4329, 31; *Gola/Schomerus* 2012, § 1 BDSG, Rn. 29.
[786] *Jotzo*, MMR 2009, 233; *Dammann*, in: Simitis 2014, § 1 BDSG, Rn. 216; *Plath*, in: Plath 2013, § 1 BDSG, Rn. 47; siehe auch Artikel-29-Datenschutzgruppe 2002, WP 56, 7.
[787] *Jotzo*, MMR 2009, 233.
[788] *Gola/Schomerus* 2012, § 34 BDSG, Rn. 16; *Rixecker*, in: MüKo 2012, Anhang zu § 12 BGB, Rn. 112; *Jotzo*, MMR 2009, 233.
[789] *Bamberger*, in: Bamberger/Roth 2014, § 12 BGB, Rn. 161; BGHZ 80, 311.
[790] *Spickhoff*, in: Bamberger/Roth 2014, Art. 1 Rom II, Rn. 17 f.; *Junker*, in: MüKo 2010, Art. 40 EGBGB, Rn. 20; *Jotzo*, MMR 2009, 233.

sind für grenzüberschreitende Fälle auch hier Art. 40 ff. EGBGB zu beachten.[791] Für die wesentlichen datenschutzrechtlichen Fragen, insbesondere zur Zulässigkeit des Datenumgangs und den Pflichten der verantwortlichen und datenverarbeitenden Stellen, sind jedoch die Kollisionsnormen des § 1 Abs. 5 BDSG heranzuziehen.

5.3.1.3 Verhältnis zu Kollisionsnormen des Telemediengesetzes

§ 1 Abs. 5 BDSG regelt die Anwendbarkeit des Bundesdatenschutzgesetzes. Da das Bundesdatenschutzgesetz jedoch subsidiär zu anderen Datenschutznormen gilt, ist fraglich, inwieweit die Regelung für das gesamte Datenschutzrecht Wirkung entfaltet. Für das Datenschutzrecht bei der Cloud-Nutzung können die Regelungen des Telekommunikationsgesetzes und des Telemediengesetzes dem Bundesdatenschutzgesetz vorgehen. Während das Telekommunikationsgesetz keine Regelungen zum räumlichen Anwendungsbereich trifft,[792] ist in § 3 TMG das Herkunftslandprinzip verankert. Jedoch bestimmt § 1 Abs. 5 TMG ausdrücklich, dass durch das Telemediengesetz keine Regelungen zum internationalen Privatrecht getroffen werden sollen. Zwar sollen für inländische Telemedienanbieter nach § 3 Abs. 1 TMG auch in den übrigen Mitgliedstaaten der Europäischen Union die Anforderungen des Telemediengesetzes gelten und umgekehrt dürfen nach § 3 Abs. 2 TMG im Ausland ansässige aber in Deutschland tätige Anbieter nicht in ihrer Dienstleistungsfreiheit eingeschränkt werden. Damit findet das Telemediengesetz nur Anwendung auf im Ausland ansässige Anbieter, soweit es keine strengeren Anforderungen als das Herkunftsland stellt. Die Regelungen zum Herkunftslandprinzip nach § 3 TMG werden jedoch nicht als (zusätzliches) Kollisionsrecht eingeordnet, sondern am ehesten als Sachverweisungsnorm, die den allgemeinen Kollisionsnormen Grenzen setzt.[793] Schließlich bleibt nach § 3 Abs. 3 Nr. 4 TMG das für den Schutz personenbezogener Daten geltende Recht von den Regelungen zum Herkunftslandprinzip unberührt, sodass sich die Anwendbarkeit der Regelungen zum Datenschutz ohnehin nicht nach § 3 TMG bestimmen kann. Im Ergebnis ist

---

[791] Ansprüche eines Cloud-Nutzers, etwa bei Verlust von Daten durch den Anbieter, sind ebenfalls nach dem allgemeinen Deliktsrecht oder, soweit möglich, regelmäßig auch aus Vertragsrecht herzuleiten. Diese Ansprüche beziehen sich jedoch nicht auf das Persönlichkeitsrecht und richten sich hinsichtlich ihrer internationalen Anknüpfung insofern wiederum nach der Rom II Verordnung (hierzu *Nordmeier*, MMR 2010, 151 ff.) oder – für vertragliche Ansprüche – nach der Rom I Verordnung (hierzu *Sujecki*, K&R 2012, 313 ff.).

[792] *Jandt*, DuD 2008, 668; *Gabel*, in: Taeger/Gabel 2013, § 1 BDSG, Rn. 53.

[793] *Gitter*, in: Roßnagel 2013, § 3 TMG, Rn. 23; hierzu auch BT-Drs. 40/1698, 17 f.; *Jotzo*, MMR 2009, 234; *Pfeiffer/Weller/Nordmeier*, in: Spindler/Schuster 2011, § 3 TMG, Rn. 7; *Weichert*, in: Däubler/Klebe/Wedde/Weichert 2014, § 1 BDSG, Rn. 19.

somit auch für die Datenschutzregeln nach dem Telemediengesetz auf die Kollisionsnormen des § 1 Abs. 5 BDSG zurückzugreifen.[794]

5.3.2 Innereuropäische Kollisionsvermeidung

5.3.2.1 Abgeschwächtes Sitzlandprinzip

Das Bundesdatenschutzgesetz findet gemäß § 1 Abs. 5 S. 1 BDSG keine Anwendung, sofern eine in einem anderen Mitgliedstaat der Europäischen Union oder in einem anderen Vertragsstaat des Abkommens über den Europäischen Wirtschaftsraum belegene verantwortliche Stelle personenbezogene Daten im Inland erhebt, verarbeitet oder nutzt, es sei denn, dies erfolgt durch eine Niederlassung im Inland. Der erste Halbsatz verankert in Abweichung zum Territorialitätsprinzip das Sitzlandprinzip. Unabhängig davon, wo letztlich die Daten verarbeitet werden,[795] kommt es für das anwendbare Recht darauf an, wo innerhalb der Europäischen Union oder des Europäischen Wirtschaftsraums der Sitz der verantwortlichen Stelle liegt.[796] Der jeweilige Mitgliedsstaat, hier Deutschland, verzichtet demnach auf die Anwendung seiner Regelungen auf Datenaktivitäten im Inland, sofern sie von einer Stelle mit Sitz in einem anderen Mitgliedsstaat durchgeführt werden.[797] Umgekehrt ordnet § 1 Abs. 5 S. 1 BDSG implizit und Art. 4 Abs. 1 lit. a DS-RL explizit an, dass der jeweilige Mitgliedstaat, hier Deutschland, sein Recht auch auf Aktivitäten in einem anderen Mitgliedstaat der Europäischen Union oder des Europäischen Wirtschaftsraums – und damit außerhalb seines Territoriums – zur Anwendung zu bringen hat, sofern die verantwortliche Stelle ihren Sitz (in diesem Fall) in Deutschland hat.[798]

Das Sitzlandprinzip dient in erster Linie einem einheitlichen Schutzstandard in der Europäischen Union sowie der Vermeidung von Doppelregelungen und Regelungslücken.[799] Es erlaubt, insbesondere Unternehmen, sich innerhalb der Europäischen Union oder des Europäischen Wirtschaftsraums auf ein einziges Datenschutzrecht zu kon-

---

[794] *Gitter*, in: Roßnagel 2013, § 3 TMG, Rn. 30; *Jotzo*, MMR 2009, 233; *Weichert*, in: Däubler/Klebe/Wedde/Weichert 2014, § 1 BDSG, Rn. 19; *Jandt*, DuD 2008, 668.

[795] Der Bezug auf den Ort der Datenverarbeitung war ursprünglich im Richtlinienentwurf vorgesehen, wurde jedoch zugunsten des Sitzlandprinzips aufgegeben. Grund hierfür war insbesondere, dass gerade bei Datenverarbeitungen im Internet und in Netzwerken der Ort der Daten häufig wechseln kann, hierzu *Ehmann/Helfrich* 1999, Art. 4 DS-RL, Rn. 8; Artikel-29-Datenschutzgruppe 2010, WP 179, 9 f.

[796] *Weichert*, in: Däubler/Klebe/Wedde/Weichert 2014, § 1 BDSG, Rn. 16; *Schaffland/Wiltfang* 2013, § 1 BDSG, Rn. 71.

[797] Zur Komplementarität der Regelungen *Dammann*, in: Simitis 2014, § 1 BDSG, Rn. 198.

[798] Siehe hierzu *Gabel*, in: Taeger/Gabel 2013, § 1 BDSG, Rn. 56.

[799] *Gabel*, in: Taeger/Gabel 2013, § 1 BDSG, Rn. 54; *Dammann*, in: Simitis 2014, § 1 BDSG, Rn. 199; *Plath*, in: Plath 2013, § 1 BDSG, Rn. 46.

zentrieren.[800] Unternehmen können so datenbezogene Aktivitäten in anderen Mitgliedstaaten durchführen, ohne dabei abweichenden und gegebenenfalls neuen, unbekannten Datenschutzregimen gegenüber zu stehen.[801] Das Sitzlandprinzip trägt mithin zur Stärkung des Binnenmarkts bei.[802]

§ 1 Abs. 5 S. 1 2. Hs. BDSG schränkt das Sitzlandprinzip jedoch wieder ein. Erfolgt eine Datenverarbeitung im Inland durch eine hier ansässige Niederlassung, gilt insofern wieder das deutsche Datenschutzrecht. Durch das Niederlassungsprinzip wird Unternehmen, die eine Niederlassung in einem anderen Land als ihrem Sitzland betreiben, auferlegt, auch das Datenschutzrecht dieses Lands zu beachten.[803] Ausweislich der Gesetzbegründung zum Bundesdatenschutzgesetz stellt diese Regelung – basierend auf der Datenschutzrichtlinie – einen Kompromiss zwischen den Belangen der Wirtschaft einerseits und andererseits dem Betroffenenschutz dar.[804] Betroffene, deren Daten in der inländischen Niederlassung eines in einem anderen Mitgliedsstaat ansässigen Unternehmens verarbeitet werden, müssten sich hinsichtlich ihrer Betroffenenrechte nach der reinen Sitztheorie auf das fremde Datenschutzrecht berufen. Durch die Ausnahme des zweiten Halbsatzes können sich Betroffene in diesem Fall auf die gleichen Rechte wie gegenüber inländischen Stellen berufen.[805] Das durch die Niederlassungsausnahme „abgeschwächte Sitzlandprinzip"[806] dient mithin der Rechtssicherheit der Betroffenen.[807]

5.3.2.2 Niederlassung

Der Begriff der Niederlassung ist gesetzlich im Bundesdatenschutzgesetz nicht definiert. Nach Erwägungsgrund 19 DS-RL setzt eine Niederlassung im Hoheitsgebiet eines Mitgliedstaats die effektive und tatsächliche Ausübung einer Tätigkeit mittels einer festen Einrichtung voraus. Eine feste Einrichtung soll sich durch eine räumliche und funktionale Abgrenzung auszeichnen.[808] Die Gesetzesbegründung sowie einige Autoren greifen zur Begriffsbestimmung auf die Merkmale einer Niederlassung im Sinne des § 42 Abs. 2 GewO a. F. (heute im Wesentlichen in § 4 Abs. 3 GewO) zu-

---

[800] *Dammann*, in: Simitis 2014, § 1 BDSG, Rn. 199; *Weichert*, in: Däubler/Klebe/Wedde/Weichert 2014, § 1 BDSG, Rn. 16.
[801] BT-Drs. 14/4329, 31; *Gabel*, in: Taeger/Gabel 2013, § 1 BDSG, Rn. 54; *Gola/Schomerus* 2012, § 1 BDSG, Rn. 27.
[802] *Plath*, in: Plath 2013, § 1 BDSG, Rn. 46; *Jotzo*, MMR 2009, 235; siehe auch Erwägungsgrund 7 f. DS-RL.
[803] *Scheja* 2006, 78.
[804] BT-Drs. 14/4329, 31.
[805] *Dammann*, in: Simitis 2014, § 1 BDSG, Rn. 199.
[806] *Wuermeling* 2000, 76; *Dammann*, in: Simitis 2014, § 1 BDSG, Rn. 199.
[807] BT-Drs. 14/4329, 31; so auch *Plath*, in: Plath 2013, § 1 BDSG, Rn. 52.
[808] *Dammann*, in: Simitis 2014, § 1 BDSG, Rn. 203.

rück.[809] Eine Niederlassung besteht demnach, wenn eine selbstständige gewerbsmäßige Tätigkeit auf unbestimmte Zeit und mittels einer festen Einrichtung von dieser aus tatsächlich ausgeübt wird oder, nach der alten Fassung in § 42 Abs. 2 GewO, auf die die Gesetzesbegründung Bezug nimmt, wenn der Gewerbetreibende einen zum dauernden Gebrauch eingerichteten, ständig oder in regelmäßiger Wiederkehr von ihm benutzten Raum für den Betrieb seines Gewerbes besitzt. Zwar muss der Raum weder im Eigentum der verantwortlichen Stelle sein noch muss sie ihn ausschließlich nutzen.[810] Jedoch muss eine sich regelmäßig wiederkehrende Nutzung an einem Ort erfolgen – bei mobilen Verkaufswagen etwa dann, wenn er an einem Ort regelmäßig wiederkehrend aufgestellt wird.[811] Soweit die verantwortliche Stelle demnach beispielsweise mobile Geräte zum Datenumgang verwendet, kommt es nicht schon dann zu einer Verschiebung der räumlichen Anwendbarkeit, wenn sich der Aufenthaltsort des Geräts ändert. Ein Cloud-Nutzer als verantwortliche Stelle, der beispielsweise Kundendaten in seinem Notebook transportiert und vom Ausland aus diese in die Cloud überträgt, begründet mithin keine Niederlassung. Ebenso wenig kann ein in einem anderen Mitgliedstaat ansässiger Cloud-Anbieter, der auf mobile Geräte von Nutzern zugreift oder mobile Server nutzt– für den Fall, dass er als verantwortliche Stelle einzuordnen ist – mit diesen Geräten oder Servern eine Niederlassung begründen.[812]

5.3.2.3 Datenumgang im Rahmen der Niederlassung

Die Einschränkung des Sitzlandprinzips zugunsten des Niederlassungsprinzips in § 1 Abs. 5 S. 1 2. Hs. BDSG ist davon abhängig, ob durch die Niederlassung personenbezogene Daten im Inland erhoben, verarbeitet oder genutzt werden. Auch nach Art. 4 Abs. 1 lit. a DS-RL ist das nationale Recht nur auf Vorgänge anwendbar, die „im Rahmen der Tätigkeit einer Niederlassung" erfolgen. Nach Erwägungsgrund 19 DS-RL setzt außerdem eine Niederlassung im Hoheitsgebiet eines Mitgliedstaats die effektive und tatsächliche Ausübung einer Tätigkeit voraus. Die bloße Existenz einer Niederlassung in einem Mitgliedstaat genügt zur Verschiebung des anwendbaren Rechts mithin noch nicht.[813] Es stellt sich jedoch die Frage, in welchem Fall eine Nie-

---

[809] BT-Drs. 14/4329, 31; hierzu zum Beispiel auch *Ambs*, in: Erbs/Kohlhaas 2014, § 1 BDSG, Rn. 24; *Scheja* 2006, 78; *Gabel*, in: Taeger/Gabel 2013, § 1 BDSG, Rn. 55.
[810] *Ambs*, in: Erbs/Kohlhaas 2014, § 1 BDSG, Rn. 24.
[811] *Bergmann/Möhrle/Herb* 2014, § 1 BDSG, Rn. 43; *Dammann*, in: Simitis 2014, § 1 BDSG, Rn. 203.
[812] Siehe hierzu auch *Barnitzke* 2014, 139 f.
[813] Nach *Dammann*, in: Simitis 2014, § 1 BDSG, Rn. 201 ist die bloße Existenz einer Niederlassung „hier irrelevant"; so zumindest jedoch ungenau *Schaffland/Wiltfang* 2013, § 1 BDSG, Rn. 71, nach denen das Bundesdatenschutzgesetz gilt, wenn die ausländische Stelle im Inland eine Niederlassung „unterhält"; siehe auch *Barnitzke* 2014, 142.

derlassung effektiv und tatsächlich eine Tätigkeit ausübt.[814] Hierbei ist der Prozess des Datenumgangs für einzelne Tätigkeiten zu untersuchen und zu bestimmen, ob die jeweilig untersuchte Niederlassung hieran beteiligt ist. Für diesen Teil des Datenumgangs ist dann das Recht des Orts der Niederlassung anwendbar.[815] Geht die jeweilige Aktivität dagegen von einer Niederlassung oder dem Hauptsitz in einem anderen Land aus, ist das Recht am Ort der Niederlassung nicht anzuwenden.[816]

Hinsichtlich der notwendigen Aktivität der Niederlassung in Bezug auf den Datenumgang, wurde die Richtlinienvorgabe in Deutschland sehr eng umgesetzt. Das Bundesdatenschutzgesetz versteht nach § 1 Abs. 5 S. 1 2. Hs. BDSG darunter ausschließlich die Erhebung, Verarbeitung und Nutzung der Daten.[817] Demnach bedarf es wohl einer wesentlichen Teilnahme am jeweiligen Datenumgang, um für diesen im Einzelnen eine Aktivität im Rahmen der Tätigkeit der Niederlassung zu begründen.[818] Auch erläutert die Artikel-29-Datenschutzgruppe in einer Stellungnahme, dass etwa die Erhebung von Kundendaten durch Niederlassungen einer Kleiderwarenkette im Rahmen der Tätigkeit der Niederlassung erfolgen. Wendet sich dagegen der Hauptsitz und nicht die Niederlassung des Unternehmens zu Marketingzwecken an die Kunden, erfolgt die Datenverarbeitung auch nicht im Rahmen der Niederlassungstätigkeit.[819] In einer älteren Stellungnahme kommt die Artikel-29-Datenschutzgruppe hingegen im Zusammenhang mit Suchmaschinen zum Ergebnis, dass bereits die Verantwortung der Niederlassung über (Geschäfts-)Beziehungen mit Kunden in der jeweiligen Region eine Beteiligung an Verarbeitungsvorgängen begründet.[820] Dieser Einschätzung hat sich nunmehr auch der Europäische Gerichtshof angeschlossen. In einem aktuellen Urteil

---

[814] Erstaunlich hierzu der Schlussantrag des Generalanwalts *Jääskinen*, Schlussantrag vom 25.6.2013, C-131/12, Rn. 60 ff., der den Begriff des „Datenumgangs im Rahmen einer Niederlassung" zumindest für Stellen im Drittland, die innerhalb Europas nur eine nicht-datenverarbeitende Niederlassung betreiben, nach der Adressatentheorie (siehe Kapitel 5.3.3.3.2) anhand der Ausrichtung an Zielgruppen bewerten will, hierzu auch *Pauly/Ritzer/Geppert*, ZD 2013, 423.
[815] Artikel-29-Datenschutzgruppe 2010, WP 179, 17 f.; siehe auch *Plath*, in: Plath 2013, § 1 BDSG, Rn. 59.
[816] *Dammann*, in: Simitis 2014, § 1 BDSG, Rn. 202.
[817] Auf unterschiedliche Umsetzungen der Richtlinienvorgaben in einzelnen Mitgliedstaaten weist *Kuner* hin. So genüge nach den Datenschutzrechten anderer Mitgliedstaaten auch allgemeinere Verbindungen zum Datenumgang, *Kuner* 2007, 118, Rn. 3.22.
[818] So auch *Karg*, ZD 2013, 375; OVG Schleswig, NJW 2013, 1978; andere Ansicht *Weichert*, in: Däubler/Klebe/Wedde/Weichert 2014, § 1 BDSG, Rn. 17, wonach die Tätigkeit nicht in einer Form der Datenverarbeitung liegen müsse, sondern es bereits genüge, wenn Erklärungen für die verantwortliche Stelle in Empfang genommen oder abgegeben würden oder damit in Zusammenhang stehende Geschäfte abgewickelt würden; nach *Jotzo* 2014, 131 kommt es dagegen auf den erkennbaren Mittelpunkt der Tätigkeit an.
[819] Artikel-29-Datenschutzgruppe 2010, WP 179, 19.
[820] Artikel-29-Datenschutzgruppe 2008, WP 148, 11, andere Ansicht *Ott*, MMR 2009, 160.

gegen den Suchmaschinenbetreiber Google kommt er zum Schluss, dass eine „Verarbeitung personenbezogener Daten im Rahmen der Tätigkeit einer Niederlassung, die der für die Verarbeitung Verantwortliche im Hoheitsgebiet eines Mitgliedstaats besitzt, ausgeführt wird, wenn der Suchmaschinenbetreiber in einem Mitgliedstaat für die Förderung des Verkaufs der Werbeflächen der Suchmaschinen und diesen Verkauf selbst eine Zweigniederlassung oder Tochtergesellschaft gründet, deren Tätigkeit auf die Einwohner dieses Staats ausgerichtet ist."[821] Denn die Tätigkeit des Suchmaschinenbetreibers und die seiner Niederlassung in dem betreffenden Mitgliedstaat sind „untrennbar miteinander verbunden."[822]

Unabhängig davon kann eine Tätigkeit der Niederlassung wohl aber nur vorliegen, wenn die eigenständige Aktivität nicht vollständig fremdgesteuert ist. Dementsprechend ist wohl davon auszugehen, dass für die Tätigkeit in der Niederlassung eine selbstständige, menschliche Aktivität in der Niederlassung notwendig ist. Ein ferngesteuertes EDV-System, etwa Server(-park), kann daher wohl keine Niederlassung darstellen, in dem datenbezogene Tätigkeiten erfolgen.[823] Für den Niederlassungsbegriff kommt es folglich darauf an, ob die Stelle über die Eigenschaft als technischer Standort hinaus einen eigenständigen, jedoch nicht zwingend umfassend rechtlichen und wirtschaftlichen Einfluss auf den jeweilig relevanten Datenumgang hat.[824]

Problematisch wird die Einordnung der Niederlassung in das datenschutzrechtliche System der verantwortlichen Stelle in Abgrenzung zum Auftragnehmer und Dritten. Die europäisch geprägte Idee der Niederlassung wurde zwar als Vorgabe der Datenschutzrichtlinie im Bundesdatenschutzgesetz umgesetzt. Die Anforderungen einer Niederlassung lassen es jedoch weder zu diese als eigene verantwortliche Stelle zu beschreiben noch sie außerhalb der verantwortlichen Stelle als Dritte oder Auftragnehmerin zu definieren.[825] Einerseits deckt sich der Begriff der Niederlassung nicht zwingend mit dem der verantwortlichen Stelle. Während für die Niederlassung nach § 1 Abs. 5 S. 1 2. Hs. BDSG ein Datenumgang an einer bestimmten Stelle lediglich erfolgen muss, kommt es für die verantwortliche Stelle darauf an, dass die jeweilige Stelle auch über die wesentlichen Teile des Datenumgangs entscheidet. Die Niederlassung wird in der jüngsten Rechtsprechung deshalb nicht mehr zwingend der verantwortlichen Stelle zugerechnet.[826] Aus dem Vorangehenden sowie aus der Formulierung des § 1 Abs. 5 S. 1 2. Hs. BDSG wird aber auch zu Recht gefolgert, dass für die

---

[821] EuGH, Urteil vom 13.5.2014, Rs. C 131/12, Rn. 56.
[822] EuGH, Urteil vom 13.5.2014, Rs. C 131/12, Rn. 60.
[823] *Dammann*, in: Simitis 2014, § 1 BDSG, Rn. 203; Artikel-29-Datenschutzgruppe 2010, WP 179, 15; *Scheja* 2006, 84; *Jotzo*, MMR 2009, 235; andere Ansicht *Ehmann/Helfrich* 1999, Art. 4 DS-RL, Rn. 8.
[824] So wohl im Ergebnis auch OVG Schleswig, NJW 2013, 1978 ff.; hierzu *Karg*, ZD 2013, 374 f.
[825] *Karg*, ZD 2013, 374 spricht folgerichtig von einem „rechtlichen Dilemma".
[826] OVG Schleswig, NJW 2013, 1978; hierzu *Karg*, ZD 2013, 374.

Anwendung des nationalen Rechts aufgrund einer Niederlassung diese dennoch selbst Teil einer verantwortlichen Stelle sein müsse. Hintergrund ist, dass sich der Gesetzestext zur Niederlassung auf den Datenumgang durch die verantwortliche Stelle bezieht („dies erfolgt durch eine Niederlassung"). Nach Art. 4 Abs. 1 lit. a DS-RL müssen die relevanten Tätigkeiten auch in „einer Niederlassung ausgeführt werden, die der für die Verarbeitung Verantwortliche im Hoheitsgebiet dieses Mitgliedstaats besitzt".

5.3.2.4 Auftragsdatenverarbeitung in einem Mitgliedstaat

Aufgrund des umsetzungsbedingten Systembruchs ist die Einordnung der Niederlassung als verantwortliche Stelle nicht abschließend möglich. Dennoch lässt sich feststellen, dass im Rahmen einer Auftragsdatenverarbeitung in einem anderen Mitgliedstaat jedenfalls keine eigene Niederlassung begründet wird. Eine Auftragsdatenverarbeitung in einem anderen Mitgliedstaat führt folglich zumindest für die Frage der Zulässigkeit zu keiner Verlagerung des anwendbaren Rechts.[827] Hierzu stellt die Artikel-29-Datenschutzgruppe in einem Beispiel fest, dass für eine in Österreich niedergelassene verantwortliche Stelle, die einen deutschen Auftragsverarbeiter beauftrage, österreichisches Recht Anwendung findet.[828] Denn die Datenverarbeitung wird für die geschäftlichen Zwecke der österreichischen Niederlassung und nach deren Anweisungen ausgeführt.[829]

Eine solche Eingrenzung lässt sich wohl aber auch nur für die konkrete Datenverarbeitung im Auftrag des Auftraggebers vornehmen. Nur hinsichtlich der die Verarbeitung regelnden Vorschriften, findet auf die Auftragsdatenverarbeitung das Recht am Ort des Auftraggebers Anwendung. Nach Art. 17 Abs. 3 2. Spiegelstrich DS-RL gelten die technischen und organisatorischen Maßnahmen aus Art. 17 Abs. 1 DS-RL auch für den Auftragsverarbeiter und zwar nach Maßgabe der Rechtsvorschriften des Mitgliedstaats, in dem er seinen Sitz hat. Hinsichtlich der Auftragnehmerpflichten, also insbesondere der Aufsichtsregelungen und Pflichten zur technischen und organisatorischen Datensicherheit, soll der Auftragnehmer folglich an sein Heimatrecht gebunden sein.[830] Diese in der Literatur, wenn überhaupt, nur als Randnotiz versteckte Ausnahme hat weitreichende Folgen für die Auftragsdatenverarbeitung sowie in der Folge

---

[827] Artikel-29-Datenschutzgruppe 2010, WP 179, 17; *Plath*, in: Plath 2013, § 1 BDSG, Rn. 60; *Gabel*, in: Taeger/Gabel 2013, § 1 BDSG, Rn. 55; Hessische Aufsichtsbehörde für Datenschutz im nicht-öffentlichen Bereich, Fünfzehnter Tätigkeitsbericht , LT(Hessen)-Drs. 15/4659, 19; *Jotzo* 2014, 128; hiervon unberührt bleiben aber organisations- und haftungsbezogene Regelungen *Dammann*, in: Simitis 2014, § 1, Rn. 201.
[828] Artikel-29-Datenschutzgruppe 2010, WP 179, 17.
[829] Artikel-29-Datenschutzgruppe 2010, WP 179, 17.
[830] Hessische Aufsichtsbehörde für Datenschutz im nicht-öffentlichen Bereich, Fünfzehnter Tätigkeitsbericht, LT(Hessen)-Drs. 15/4659, 20; Artikel-29-Datenschutzgruppe 2010, WP 179, 17; *Dammann*, in: Simitis 2014, § 1 BDSG, Rn. 201; *Jotzo* 2014, 132.

auch das Cloud Computing. Der Auftraggeber einer „europäischen Auftragsdatenverarbeitung" muss als verantwortliche Stelle im Auftragsdatenverarbeitungsvertrag technische und organisatorische Pflichten mit dem Recht des Auftragnehmers in einem anderen Mitgliedstaat in Einklang bringen, gleichzeitig aber die Zulässigkeit der Auftragsdatenverarbeitung nach seinem Heimatrecht beurteilen.[831]

5.3.2.5 Folgen für das Cloud Computing

Für das Cloud Computing ergibt sich durch das abgeschwächte Sitzlandprinzip, je nach Ausgestaltung, eine Anknüpfung an unterschiedliche mitgliedstaatliche Datenschutzrechte. Zur Ermittlung des anwendbaren Rechts innerhalb der Europäischen Union oder des Europäischen Wirtschaftsraums ist zunächst zu prüfen, ob der Cloud-Nutzer oder der Cloud-Anbieter verantwortliche Stelle ist. Hierzu kann auf die Ergebnisse des vorangehenden Kapitels zurückgegriffen werden.[832] Soweit sich die Verantwortung im Sinne einer kollektiven Verantwortung verteilt, ist die Verantwortlichkeit für die einzelnen Phasen und Sphären des Datenumgangs zu ermitteln. Anschließend ist zu prüfen, wo die für den jeweiligen Datenumgang ermittelte verantwortliche Stelle ihren Sitz hat.

Ist der Cloud-Nutzer für einen bestimmten Datenumgang verantwortliche Stelle mit Sitz im Inland, findet das inländische Datenschutzrecht Anwendung. Das Datenschutzrecht eines anderen Mitgliedstaats kommt nur dann anstelle des Bundesdatenschutzgesetzes zur Anwendung, wenn der Cloud-Nutzer den konkret zu beurteilenden Datenumgang in einer von ihm betriebenen Niederlassung in einem anderen Mitgliedstaat der Europäischen Union oder des Europäischen Wirtschaftsraums durchführt.[833] Ein solcher Fall liegt etwa vor, wenn der Cloud-Nutzer als Unternehmen in einer ersten Phase Kundendaten in einer Niederlassung in einem anderen Mitgliedstaat erhebt. Überträgt der Cloud-Nutzer in einer zweiten Phase im Rahmen einer Auftragsdatenverarbeitung Daten an einen Cloud-Anbieter (und dessen Server) in einem anderen Mitgliedstaat und lässt sie dort verarbeiten, bleibt hierauf das inländische Datenschutzrecht anwendbar.[834] Da der Cloud-Nutzer in diesem Fall als verantwortliche Stelle keinen Datenumgang in einer Niederlassung außerhalb Deutschlands betreibt, kommt es auch zu keiner Verschiebung des anwendbaren Datenschutzrechts. Entsprechend Gegensätzliches gilt für den Fall, dass der Cloud-Nutzer seinen Sitz in einem anderen Mitgliedstaat hat. Das deutsche Datenschutzrecht ist dann nur anwendbar, soweit der

---

[831] Artikel-29-Datenschutzgruppe 2010, WP 179, 17 Fn. 21; Hessische Aufsichtsbehörde für Datenschutz im nicht-öffentlichen Bereich, Fünfzehnter Tätigkeitsbericht, LT(Hessen)-Drs. 15/4659, 20.
[832] Kapitel 5.2.4.
[833] Hierzu *Karg*, ZD 2013, 374 f.
[834] *Jotzo* 2014, 128.

Cloud-Nutzer Daten im Rahmen einer „echten" Niederlassung in Deutschland erhebt, verarbeitet oder nutzt.

Ist der Cloud-Anbieter für einen bestimmten Datenumgang verantwortliche Stelle mit Sitz im Inland, findet wiederum das inländische Datenschutzrecht Anwendung. Nur, soweit der verantwortliche Cloud-Anbieter Daten an einem Standort in einem anderem Mitgliedstaat erhebt, verarbeitet oder nutzt, wobei der Standort als Niederlassung nicht nur (rein ferngesteuerte) Server umfasst, sondern eigene, auch menschliche Aktivität an den Daten stattfindet, tritt das inländische Datenschutzrecht vor dem Datenschutzrecht dieses Mitgliedstaats zurück. Im praktisch häufigsten Fall wird jedoch ein verantwortlicher Cloud-Anbieter nicht in Deutschland, sondern, wenn überhaupt, in einem anderen Mitgliedstaat ansässig sein.

Ist der ausländische Cloud-Anbieter Auftragnehmer im Rahmen einer Auftragsdatenverarbeitung, bleibt hinsichtlich der Verarbeitungsvorschriften das Recht am Ort der auftraggebenden Cloud-Nutzer anwendbar. Das Heimatrecht des ausländischen Cloud-Anbieters als Auftragnehmer gilt nur hinsichtlich seiner eigenen, technischen und organisatorischen Auftragnehmerpflichten.[835] Ist der Cloud-Anbieter dagegen verantwortliche Stelle, beschränkt sich die Anwendung des deutschen Datenschutzrechts auf den (dann wohl eher selteneren Fall), dass der Cloud-Anbieter Daten in einer „echten" Niederlassung in Deutschland verarbeitet. Bei großen Cloud-Anbietern, die nicht ihren Sitz in Deutschland haben, werden jedoch, wenn überhaupt, wohl nur Server in Deutschland genutzt, die den Niederlassungsbegriff nicht erfüllen.

5.3.3 Anwendungsbereich bei Drittlandbezug

Nach § 1 Abs. 5 S. 2 BDSG findet das Bundesdatenschutzgesetz Anwendung, sofern eine verantwortliche Stelle, die nicht in einem Mitgliedstaat der Europäischen Union oder in einem anderen Vertragsstaat des Abkommens über den Europäischen Wirtschaftsraum belegen ist, personenbezogene Daten im Inland erhebt, verarbeitet oder nutzt. Satz 2 ist demnach für die Fälle von Bedeutung, in denen die verantwortliche Stelle weder im Inland noch in einem anderen Mitgliedstaat der Europäischen Union oder des Europäischen Wirtschaftsraums, sondern in einem sogenannten Drittland ihren Sitz hat. Voraussetzung ist nach Ansicht der Artikel-29-Datenschutzgruppe außerdem, dass auch Art. 4 Abs. 1 lit. a DS-RL nicht einschlägig ist und (trotz des Sitzes in einem Drittland) in einem Mitgliedstaat eine Niederlassung den Datenumgang tätigt.[836] Befindet sich mithin weder der Sitz noch eine Niederlassung, in deren Rahmen Daten erhoben, verarbeitet oder genutzt werden, innerhalb der Europäischen Union

---

[835] *Jotzo* 2014, 132.
[836] Artikel-29-Datenschutzgruppe 2010, WP 179, 24.

oder des Europäischen Wirtschaftsraums, ist § 1 Abs. 5 S. 2 BDSG zu berücksichtigen.

Soweit durch diese ausländische Stelle im Inland Daten erhoben, verarbeitet oder genutzt werden, ist das deutsche Datenschutzrecht anzuwenden. Die Regelung bringt das Territorialitätsprinzip zum Tragen.[837] Im Gegensatz zum abgeschwächten Sitzlandprinzip für innereuropäische Fälle zieht das nationale Recht nach Satz 2 für außereuropäische Stellen die Anwendbarkeit an sich, sobald Datenaktivitäten im Inland stattfinden – unabhängig davon, wo im außereuropäischen Ausland die Stelle belegen ist. Das Territorialitätsprinzip für Stellen in Drittländern dient in erster Linie dem Schutz des Betroffenen.[838] Bei Stellen mit Sitz außerhalb der Europäischen Union oder des Europäischen Wirtschaftsraums ist möglicherweise ein mit dem europäischen Niveau vergleichbarer Datenschutz nicht hinreichend sichergestellt.[839] Die verantwortliche Stelle soll daran gehindert werden, sich allein durch Sitzverlegung in ein anderes Land (zum Beispiel in eine „Datenoase") dem europäischen Datenschutzrecht zu entziehen.[840]

5.3.3.1 Richtlinienkonforme Auslegung

Das Territorialitätsprinzip nach § 1 Abs. 5 S. 2 BDSG findet nur Anwendung, wenn die im Drittland belegene Stelle im Inland personenbezogene Daten erhebt, verarbeitet oder nutzt. Hierdurch weicht die deutsche Regelung von den Vorgaben der Datenschutzrichtlinie in einem wesentlichen Punkt ab.[841] Art. 4 Abs. 1 lit. c DS-RL verlangt nicht nur das Erheben, Verarbeiten oder Nutzen im Inland, sondern dass die verantwortliche Stelle zum Zwecke der Verarbeitung personenbezogener Daten auf automatisierte oder nicht automatisierte Mittel zurückgreift, die im Hoheitsgebiet des betreffenden Mitgliedstaats belegen sind. Indem die Richtlinie nicht nur das Erheben, Verarbeiten oder Nutzen von Daten im Inland in den Anwendungsbereich einbezieht, sondern auch den Rückgriff auf Mittel im Mitgliedstaat, erweitert sie den Schutz insbesondere im Hinblick auf die automatisierte Verarbeitung durch fremdgesteuerte Anlagen.[842] Die Betroffenen sollten den Schutz des hohen europäischen Datenschutzni-

---

[837] *Scheja*, 2006, 79.
[838] Anders als das abgeschwächte innereuropäische Sitzprinzip geht es im Falle des Drittlandbezugs nicht um praktikable oder kohärente Lösungen, sondern "steht das Schutzbedürfnis im Vordergrund", *Dammann*, in: Simitis 2014, § 1 BDSG, Rn. 214.
[839] *Schaffland/Wiltfang* 2013, § 1 BDSG, Rn. 71; BT-Drs. 14/4329, 31; *Plath*, in: Plath 2013, § 1 BDSG, Rn. 62; gleichgültig ist dagegen, ob im Drittland tatsächlich ein niedrigeres Datenschutzniveau vorherrscht, *Gabel*, in: Taeger/Gabel 2013, § 1 BDSG, Rn. 57.
[840] *Wuermeling* 2000, 77; *Scheja*, 2006, 79; sogenanntes „forum shopping" *Dammann*, in: Simitis 2014, § 1 BDSG, Rn. 214.
[841] *Gabel*, in: Taeger/Gabel 2013, § 1 BDSG, Rn. 58 spricht von „unzureichend umgesetzten Vorgaben der EG-DSRL".
[842] *Kuner* 2007, 120, Rn. 3.26.

veaus nicht nur genießen, wenn die außereuropäische Stelle einen selbstständigen Datenumgang im Inland betreibt, also etwa durch Mitarbeiter Daten im Inland erhebt, sondern bereits dann, wenn sie „von außen" ferngesteuert auf (unbemannte) Mittel zurückgreift, die Daten der Betroffenen verarbeiten.[843]

Die Datenschutzrichtlinie verfolgt, wenngleich nicht zwingend einen Vollharmonisierungsansatz,[844] so doch zumindest das Ziel „einer grundsätzlich umfassenden Harmonisierung".[845] Um Unterschiede zwischen Mitgliedstaaten zu vermeiden, dürfen diese bei der Umsetzung der Richtlinie nicht hinter den Anforderungen zurückbleiben, in zahlreichen Fällen aber auch nicht darüber hinausgehen.[846] Zumindest für jene Fälle, in denen, wie hier, der Schutz der Datenschutzrichtlinie weiter reicht als die Formulierung der nationalen Umsetzungsregelung, ist das nationale Recht soweit wie möglich richtlinienkonform auszulegen.[847] Die Voraussetzungen aus Art. 4 Abs. 1 lit. c DS-RL sind mithin in § 5 Abs. 1 S. 2 BDSG „hineinzulesen".[848]

5.3.3.2 Mittel

Der Begriff des Mittels ist gesetzlich nicht definiert. Die Artikel-29-Datenschutzgruppe verweist darauf, dass sich in der englischen Sprachfassung der Begriff „equipment" wiederfindet, dies jedoch nicht in Einklang mit den übrigen Sprachfassungen steht. Diese sehen den Begriff eher als Mittel im Sinne des englischen Begriffs „means".[849] Mittel im Sinne der Richtlinie sind demnach nicht nur feste Niederlassungen oder sonstige technische Einrichtungen. Daher kann es sich sowohl um technische Mittel als auch um Personen als „Mittler" handeln.[850] Der Begriff des Mittels ist demnach weit auszulegen.[851] So kann beispielsweise auch ein Auftragnehmer Mittel im Sinne der Richtlinie sein, mit der Folge, dass auf den Auftraggeber im Drittland deutsches Datenschutzrecht Anwendung findet.[852]

---

[843] *Scheja* 2006, 79; *Dammann*, in: Simitis 2014, § 1 BDSG, Rn. 218; *Kuner* 2007, 120, Rn. 3.26.
[844] Kapitel 4.7.4.; hierzu auch *Plath*, in: Plath 2013, § 1, Rn. 62.
[845] EuGH, Slg. 2003, I-12971, Rn. 96.
[846] Hierzu statt vieler *Brühann*, EuZW 2009, 642.
[847] *Ruffert*, in: Calliess/Ruffert 2011, Art. 288 AEUV, Rn. 77 ff.; *Nettesheim*, in: Grabitz/Hilf/Nettesheim 2014, Art. 288 AEUV, Rn. 133 ff.; *Plath*, in: Plath 2013, § 1 BDSG, Rn. 62; für das Cloud Computing *Barnitzke* 2014, 144.
[848] *Dammann*, in: Simitis 2014, § 1 BDSG, Rn. 218.
[849] Artikel-29-Datenschutzgruppe 2010, WP 179, 25.
[850] Artikel-29-Datenschutzgruppe 2010, WP 179, 25.
[851] Artikel-29-Datenschutzgruppe 2010, WP 179, 25; *Plath*, in: Plath 2013, § 1 BDSG, Rn. 64.
[852] *Gabel*, in: Taeger/Gabel 2013, § 1 BDSG, Rn. 58; *Plath*, in: Plath 2013, § 1, Rn. 64; so wohl auch Artikel-29-Datenschutzgruppe 2010, WP 179, 25; andere Ansicht jedoch *Dammann*, in: Simitis 2014, § 1, Rn. 230; *Duhr/Naujok/Peter/Seiffert*, DuD 2002, 7.

Ein typisches automatisiertes technisches Mittel ist beispielsweise ein im Inland belegenes EDV-System.[853] So können etwa Server Mittel im Sinne der Richtlinie sein.[854] Telekommunikationseinrichtungen[855] und Einwahlknoten[856] werden ebenfalls unter den Begriff des Mittels subsumiert. Das Mittel muss sich darüber hinaus nicht im Eigentum oder Besitz der verantwortlichen Stelle befinden.[857] Auch mobile Hardware oder technische Einrichtungen in fremder Hand kommen als Mittel in Betracht.[858] Ein Computer oder ein mobiles Endgerät des Nutzers kann ebenfalls ein Mittel darstellen.[859] Im Ergebnis können alle technischen Einrichtungen, die dafür ausgelegt sind oder überwiegend dafür verwendet werden, personenbezogene Daten zu erheben, zu verarbeiten oder zu nutzen, zu Mitteln im Sinne der Datenschutzrichtlinie werden.

5.3.3.3 Rückgriff auf Mittel als Gegenstand der Verantwortlichkeit

Während die mögliche Eigenschaft der genannten technischen Einrichtungen als Mittel im Grunde genommen unstreitig ist, besteht in der Literatur keine Einigkeit darüber, ob verantwortliche Stellen im Einzelnen auf diese Mittel im Rahmen des Datenumgangs zurückgreifen. Nur soweit die verantwortliche Stelle auch tatsächlich zum Zwecke der Datenverarbeitung auf die Mittel im Inland zurückgreift, ist der Anwendungsbereich des nationalen Datenschutzrechts eröffnet. Gemäß Art. 2 lit. b DS-RL umfasst der Begriff der Verarbeitung nach der Richtlinie einen umfassenden Datenumgang. Erfasst sind sowohl die automatisierte Erhebung als auch die Verarbeitung und Nutzung im Sinne des deutschen Datenschutzrechts. Ob ein Rückgriff auf Mittel stattfindet, muss jeweils für den Einzelfall bestimmt werden, indem untersucht wird, wie das betreffende Mittel für den Datenumgang verwendet wird.[860]

Für einen Rückgriff auf Mittel bedarf es eines Einflusses auf das Mittel.[861] Über die Reichweite dieses Einflusses herrscht Uneinigkeit. So könnte der Rückgriff auf Mittel bereits dann vorliegen, wenn sich die verantwortliche Stelle die Mittel „nutzbar" macht.[862] Eine Erweiterung dieser Voraussetzung ist, dass zumindest partiell die Kon-

---

[853] *Jandt*, DuD 2008, 669; *Duhr/Naujok/Peter/Seiffert*, DuD 2002, 7.
[854] *Ott*, MMR 2009, 160.
[855] *Kuner* 2007, 121, Rn. 3.27.
[856] *Duhr/Naujok/Peter/Seiffert*, DuD 2002, 7.
[857] *Gabel*, in: Taeger/Gabel 2013, § 1, Rn. 58; Artikel-29-Datenschutzgruppe 2010, WP 179, 25; *Duhr/Naujok/Peter/Seiffert*, DuD 2002, 7; für das Cloud Computing *Barnitzke* 2014, 144.
[858] *Barnitzke* 2014, 144 f.
[859] *Ott*, MMR 2009, 160; *Kuner* 2007, 121, Rn. 3.27.
[860] Artikel-29-Datenschutzgruppe 2010, WP 179, 26.
[861] *Plath*, in: Plath 2013, § 1 BDSG, Rn. 64.
[862] *Jotzo*, MMR 2009, 236 sowie *Barnitzke* 2014, 146 mit Verweis auf die französische Sprachfassung, die von „recours...à des moyen" spreche, was eher als „sich einer Sache bedienen" oder „zu etwas greifen" bedeute.

trolle über ein System übernommen wird.[863] Eine umfassende Kontrolle ist aber nach einer weiteren Ansicht wohl nicht erforderlich.[864] An anderer Stelle wird gefordert, dass das Mittel zusätzlich für eigene Zwecke funktionalisiert werden müsse.[865] Nach Ansicht mehrerer Autoren muss die verantwortliche Stelle für einen Rückgriff zumindest über die Mittel und Zwecke des Datenumgangs entscheiden können.[866] Hierbei fällt die Parallelität zur Bestimmung der verantwortlichen Stelle auf.[867] Zumindest nach dieser weitgehenden Ansicht ist die „Verantwortlichkeit damit Mindestvoraussetzung für das Band zwischen dem Verantwortlichen und dem genutzten Mittel".[868] Soweit eine Stelle für einen bestimmten Verarbeitungsschritt verantwortliche Stelle ist, greift sie somit auch auf die Mittel zurück.[869] Eine im Drittland ansässige Stelle hat demnach das deutsche Datenschutzrecht zu berücksichtigen, wenn sie für den Datenumgang durch das im Inland belegene Mittel verantwortliche Stelle ist. Damit erfolgt automatisch eine Anknüpfung an den Verarbeitungsort. Die Vorschrift des Art. 4 Abs. 1 lit. c DS-RL hat demzufolge lediglich eine Verweisfunktion auf das Territorialitätsprinzip.[870]

5.3.3.3.1 Serverstandort

Fällt der Rückgriff auf Mittel mit der Eigenschaft als verantwortliche Stelle zusammen, ist zur Bestimmung anwendbaren Rechts für die einzelne Phase des Datenumgangs[871] die Verantwortlichkeit zu bestimmen. Im Hinblick auf die moderne Datenverarbeitung führt dies zu Schwierigkeiten bei der Bestimmung, ob die Datenverarbeitung in einem Mittel einer bestimmten Stelle zugerechnet werden kann und sie damit als verantwortliche Stelle auf das Mittel zurückgreift. Für die Frage des örtlichen Anwendungsbereichs wird dies anhand der Datenerhebung deutlich. Die Datenerhebung im Internet funktioniert, wie oben bereits aufgezeigt,[872] durch Interaktion zweier oder mehrerer Akteure.[873] Entsprechend den obigen Ausführungen stellt sich etwa die Fra-

---

863 *Duhr/Naujok/Peter/Seiffert*, DuD 2002, 7.
864 Artikel-29-Datenschutzgruppe 2002, WP 56, 10.
865 *Jandt*, DuD 2008, 669.
866 So *Dammann*, in: Simitis 2014, § 1 BDSG, Rn. 220; Artikel-29-Datenschutzgruppe 2002, WP 56, 10; *Gabel*, in: Taeger/Gabel 2013, § 1 BDSG, Rn. 58; *Wuermeling* 2000, 78; ähnlich auch *Schoja* 2006, 87.
867 Siehe hierzu Kapitel 5.2.2.
868 *Wuermeling* 2000, 78.
869 *Wuermeling* 2000, 78.
870 So *Wuermeling* 2000, 79; so mit Blick auf das dem Bundesdatenschutzgesetz zugrunde liegenden Prinzip auch BT-Drs. 14/4329, 31.
871 Hierzu Kapitel 5.2.3.3.
872 Kapitel 5.2.4.3.
873 So in einer früheren Auflage *Dammann*, in: Simitis 2011, § 1 BDSG, Rn. 222.

ge, ob ein Diensteanbieter, der von einem Nutzer Daten erhält, diese Daten als verantwortliche Stelle erhebt. Stellt ein Webseitenbetreiber mit Sitz in einem Drittland beispielsweise ein Webformular mit Eingabemaske online, könnte man zum Schluss gelangen, ein Diensteanbieter mit Sitz im Drittland erhebe damit als verantwortliche Stelle Daten. Indem der Webseitenbetreiber das Formular online bereitstellt, könnten die Computer der Nutzer als technische Mittel zur Datenerhebung funktionalisiert werden – der Betreiber würde auf den Computer des Nutzers als Mittel zurückgreifen.[874]

Im Hinblick auf Webformulare gehen jedoch einige Autoren davon aus, es handele sich um eine unverbindliche Einladung zur Eingabe von Daten.[875] Eingegebene Daten würden der Stelle geradezu aufgedrängt und damit ohne jedes Zutun der Stelle anwachsen.[876] Ebenso wie bei einer zugesandten E-Mail fehle es bei der Formularbereitstellung an einem konkreten Erhebungswillen. Der Anbieter könne für den Vorgang der Dateneingabe und -übertragung nicht verantwortliche Stelle sein.[877] Andernfalls müsste ein Webseitenbetreiber alle in der Welt verfügbaren Datenschutzrechte beachten, je nachdem, von wo aus das Webformular aufgerufen werde und gleichzeitig unabhängig davon, welche Staatsangehörigkeit der Nutzer besitze.[878] Statt des Orts des Rechners müsse deshalb das Recht des Orts Anwendung finden, an dem der Hostserver belegen ist.

5.3.3.3.2 Adressatentheorie

Demgegenüber wird eingewandt, dass sich ein Webseitenbetreiber einerseits bewusst dem europäischen Datenschutzrecht entziehen könne, indem er seine Webseite außerhalb der Europäischen Union oder des Europäischen Wirtschaftsraums hoste.[879] Außerdem spreche gegen die Servertheorie, dass bei einer Anknüpfung an den Serverstandort das deutsche Datenschutzrecht andererseits selbst dann Anwendung finde, wenn zwischen dem Datenumgang und der Europäischen Union oder dem Europäischen Wirtschaftsraum nur eine begrenzte Verbindung bestehe – beispielsweise, wenn durch die im Inland belegenen Mittel (zum Beispiel einem Server) ausschließlich Da-

---

[874] So für „Software as a Service" *Barnitzke* 2014, 156 f.
[875] *Dammann*, in: Simitis 2011, § 1 BDSG, Rn. 223, der den Vorgang in der früheren Auflage mit der unverbindlichen „invitatio ad offerendum" vergleicht.
[876] *Schild*, in: Roßnagel 2003, 4.2, Rn. 38; *Scheja* 2006, 85; *Dammann*, in: Simitis 2011, § 1 BDSG, Rn. 223.
[877] *Gabel*, in: Taeger/Gabel 2013, § 1 BDSG, Rn. 59; *Dammann*, RDV 2002, 74; *Duhr/Naujok/Peter/Seiffert*, DuD 2002, 7; ebenfalls ablehnend *Kuner* 2007, 121, Rn. 3.27; *Dammann*, in: Simitis 2011, § 1 BDSG, Rn. 223.
[878] *Dammann*, in: Simitis 2011, § 1 BDSG, Rn. 223; Artikel-29-Datenschutzgruppe 2002, WP 56, 8.
[879] *Jotzo*, MMR 2009, 236; Artikel-29-Datenschutzgruppe 2002, WP 56, 8; *Scheja* 2006, 90.

ten von Nicht-EU-Bürgern verarbeitet würden.[880] Ein Rückgriff auf Mittel des Nutzers liege deshalb vor, sobald der Anbieter sein Angebot oder seine Leistungen auf ein bestimmtes Land ausrichte.[881] Hierdurch ergebe sich ein Kompromiss zwischen dem Schutz des Betroffenen und den Bedenken der Anbieter vor einer Überdehnung des Anwendungsbereichs.[882] Tatsächlich ist der Adressatenansatz in der Lage, die wesentlichen Schwächen des Serveransatzes zu negieren. Weder wird sich ein Anbieter, der an der Erhebung von Daten inländischer Nutzer interessiert ist, der Anwendung des europäischen Datenschutzrechts durch Serververlegung entziehen können noch wird er über Gebühr belastet, wenn er zwar Daten in Deutschland verarbeitet, diese jedoch keinen Bezug zu inländischen Betroffenen haben.[883]

Begründet wird die Adressatentheorie durch eine „normative Auslegung" des Rückgriffs auf Mittel.[884] Der Anbieter im Drittland greife auf im Inland belegene Mittel zurück, wenn er sich bei wertender Betrachtung ihrer bediene, er also den Willen zur Datenerhebung habe. Ein Rückgriff sei also dann anzunehmen, wenn sein Wille äußerlich zu Tage trete, wessen Daten er erheben wolle. Hinweise auf diesen Willen ergäben sich beispielsweise aus der auf der Webseite verwendeten Sprache, länderspezifische Domains oder die länderbegrenzte Aufrufbarkeit.[885] Ziele das Angebot etwa auf den deutschen Markt ab, verfolge der Betreiber damit gezielt die Erhebung und Verarbeitung deutscher Nutzerdaten. Die Anbieter könnten sich dann nicht darauf berufen, die Informationen seien aufgedrängt.[886] Der Ansatz der Anknüpfung an der Ausrichtung des Angebots stammt ursprünglich aus dem Verbraucherschutzrecht. Nach Art. 6 Abs. 1 lit. b Rom I-VO unterliegt ein Verbrauchervertrag, bei dem der Unternehmer nicht direkt im Land des Verbrauchers tätig ist, dem Recht des Orts, auf den der Unternehmer seine Tätigkeit ausrichtet. Ein Ausrichten im Sinne dieser Verbraucherschutznorm kann danach in jeglicher absatzfördernder Handlung liegen – etwa Wer-

---

[880] Artikel-29-Datenschutzgruppe 2010, WP 179, 26; *Jotzo*, MMR 2009, 236.
[881] *Jotzo*, MMR 2009, 236 f.; *Ott*, MMR 2009, 160; *Hansen/Meissner* 2007, 124; *Erkeling*, DuD 2011, 120; andere Ansicht *Dammann*, in: Simitis 2014, § 1 BDSG, Rn. 220; *Alich/Nolte*, CR 2011, 742 f.; *Karg/Thomsen*, DuD 2012, 733 f.; hierzu auch den Schlussantrag des Generalanwalts *Jääskinen*, Schlussantrag vom 25.6.2013, C-131/12, Rn. 60 ff., der zwar nicht den Rückgriff auf Mittel, jedoch den Begriff des „Datenumgangs im Rahmen einer Niederlassung" nach der Adressatentheorie bewerten will; hierzu auch *Pauly/Ritzer/Geppert*, ZD 2013, 423.
[882] *Jotzo*, MMR 2009, 236 f.; *Hansen/Meissner* 2007, 124 f.; siehe auch *Karg/Thomsen*, DuD 2012, 734.
[883] So auch *Ott*, MMR 2009, 160.
[884] *Jotzo*, MMR 2009, 237.
[885] *Jotzo*, MMR 2009, 237.
[886] So noch in der alten Auflage *Weichert*, in: Däubler/Klebe/Wedde/Weichert 2010, § 1 BDSG, Rn. 19; ähnlich auch *Ott*, MMR 2009, 160.

bung durch Prospekte oder ähnliches.[887] Im elektronischen Geschäftsverkehr ist die verwendete Sprache zwar kein Kriterium, kann jedoch wohl als Indiz herangezogen werden.[888]

5.3.3.3.3 Schwächen der Adressaten- und Servertheorie

Mit dem Adressatenansatz kann der Schwierigkeit einer übermäßigen Ausdehnung des Anwendungsbereichs begegnet werden. Gleichwohl lässt er sich so weder dem Bundesdatenschutzgesetz noch der Datenschutzrichtlinie entnehmen.[889] Zwar ist der Begriff des Mittels weit auszulegen.[890] Dennoch kann der reine Wille, Daten zu erheben, noch keinen Einfluss auf das Mittel begründen. Solange das Datenschutzrecht seine Anwendbarkeit auf einen Rückgriff auf im Inland belegene Stellen stützt, muss der bestimmende Einfluss auf Mittel und Zwecke der Datenverarbeitung vielmehr im Einzelfall auch tatsächlich erfolgen. Der Ansatz kann jedoch als Vorbild für eine spätere Gesetzesnovellierung dienen, sodass dann die gesetzliche Anknüpfung nicht mehr auf den Rückgriff auf Mittel im Inland, sondern ausdrücklich auf die Adressierung an Betroffene im Inland abstellt.[891] Es ist allerdings zu bedenken, dass bestimmte Online-Anbieter mit der Adressatentheorie unter Umständen gezwungen wären, zahlreiche verschiedene Datenschutzgesetze zu beachten. Internationale Online-Anbieter, wie etwa Betreiber sozialer Netzwerke, richten sich mit ihrem Netzwerkangebot offensichtlich an Nutzer in der ganzen Welt. Würde weltweit in allen Datenschutzgesetzen die Adressatentheorie verankert, wären die Netzwerkbetreiber gezwungen, sich automatisch, allein aufgrund der Ausrichtung ihres Angebots an weltweit alle Datenschutzgesetze gleichzeitig zu halten, was praktisch unmöglich erscheint.[892]

Gleichzeitig überzeugt auch die Servertheorie nicht vollständig. Zwar verfolgen die Vertreter dieser Theorie hierbei den durchaus richtigen Ansatz, danach zu fragen, ob etwa bei Webformularen der Anbieter als verantwortliche Stelle Daten erhebt. Die im Ergebnis pauschale Ausrichtung am Serverstandort ist – auch bei der Datenerhebung – jedoch nicht zielführend. Je nach Ausgestaltung kann es durchaus zu einer Datenerhebung durch den Webseitenbetreiber und damit zu einem Rückgriff auf den Computer

---

[887] *Martini*, in: MüKo 2010, Art. 6 Rom I, Rn. 32; *Spickhoff*, in: Bamberger/Roth 2014, Art. 6 Rom I, Rn. 26.
[888] *Magnus*, in: Staudinger 2011, Art. 6 Rom I, Rn. 118; ablehnend aber Erwägungsgrund 24 Rom I-VO.
[889] So auch *Dammann*, in: Simitis 2014, § 1 BDSG, Rn. 220.
[890] Artikel-29-Datenschutzgruppe 2010, WP 179, 25.
[891] So auch der Vorschlag der Artikel-29-Datenschutzgruppe 2010, WP 179, 30; ein entsprechendes Konzept sieht der Verordnungsentwurf für eine Datenschutzgrundverordnung, DS-GVO-E, vom 25.1.2012, KOM (2012) 11, vor (Art. 3 Abs. 2 lit. a DS-GVO-E); hierzu *Roßnagel/Richter/Nebel*, ZD 2013, 104; *Hornung/Sädtler*, CR 2012, 640; *Nägele/Jacobs*, ZUM 2010, 290; Kapitel 14.2.3.
[892] So auch *Alich/Nolte*, CR 2011, 743; hierzu auch Kapitel 14.2.3.

des Nutzers als Mittel kommen – insbesondere dann, wenn der Anbieter, etwa unbemerkt und vom Nutzer ungewollt, Daten miterfasst. Es ist vielmehr für jede Phase des Datenumgangs die verantwortliche Stelle im Sinne des § 3 Abs. 7 BDSG zu ermitteln.[893] Entscheidend für einen Rückgriff auf Mittel bleibt ausschließlich, ob die jeweilige Stelle einen entscheidenden Einfluss auf Zweck und Mittel des Datenumgangs hat.

5.3.3.4 Folgen für das Cloud Computing

Da es für den Rückgriff auf Mittel im Inland und damit die Anwendbarkeit des deutschen Datenschutzrechts ebenso darauf ankommt, welche Stelle einen entscheidenden Einfluss auf Zweck und Mittel des jeweiligen Datenumgangs hat, kann für das Cloud Computing auf die Ergebnisse aus Kapitel 5.2.4 zurückgegriffen werden. Demnach ist bei den Cloud-Anwendungen ohne Auftragsdatenverarbeitung sowohl der Cloud-Nutzer als auch der Cloud-Anbieter verantwortliche Stelle im Sinne einer kollektiven Verantwortlichkeit. Je nach Ausgestaltung des Dienstes bezieht sich die Verantwortung des Cloud-Anbieters auf die reine Dienstbereitstellung (etwa bei einer reinen Infrastruktur-Cloud), auf den zusätzlichen Umgang mit den Daten zur Diensterbringung im Rahmen von cloud-basierten Anwendungen oder bei selbstständig datenerhebenden Cloud-Diensten sogar auf die Datenerhebung beim Cloud-Nutzer. Der Cloud-Nutzer ist dementsprechend verantwortlich und greift hierzu für die von ihm betriebene Datenverarbeitung in der Infrastruktur-Cloud, für seine Dateneingabe in eine Anwendungs-Cloud oder zumindest für die Ermöglichung des Datenabrufs durch adaptive Dienste auf Mittel zurück.[894] Nur soweit eine wirksame Auftragsdatenverarbeitung vorliegt, ist der Cloud-Nutzer auch für den Datenumgang des Cloud-Anbieters im Rahmen seiner Weisungen verantwortlich und damit alleinige verantwortliche Stelle, sodass er umfassend auf die Datenverarbeitungsmittel des Auftragnehmers zurückgreift.[895]

5.3.3.4.1 Übertragung von Daten durch den Cloud-Nutzer

Befindet sich der Sitz des Cloud-Nutzers in Deutschland oder steuert dieser den Datenumgang in einer Niederlassung innerhalb der Europäischen Union oder des Europäischen Wirtschaftsraums, kommt es für die Übertragung von Daten in eine Cloud auf den Standort des Cloud-Servers nicht an. Es findet das deutsche Datenschutzrecht oder gegebenenfalls das Recht am Sitz der europäischen Niederlassung des Cloud-Nutzers Anwendung. Nur soweit der Cloud-Nutzer als verantwortliche Stelle für den jeweiligen Datenumgang weder seinen Sitz innerhalb der Europäischen Union oder des Eu-

---

[893] Kapitel 5.2.
[894] Kapitel 5.2.4.
[895] Kapitel 5.2.5.1.

ropäischen Wirtschaftsraums hat noch in einer europäischen Niederlassung die betreffenden Daten verarbeitet, ist § 1 Abs. 5 S. 2 BDSG von Relevanz. Es stellt sich in diesem Fall die Frage, ob der Cloud-Nutzer als verantwortliche Stelle auf im Inland belegene Mittel des Cloud-Anbieters zurückgreift. Dies wäre beispielsweise der Fall, wenn der Cloud-Nutzer aus dem Drittland einen Cloud-Server in Deutschland nutzen würde. Unter dieser Voraussetzung käme für den von ihm verantworteten Datenumgang das deutsche Datenschutzrecht zur Anwendung.

5.3.3.4.2 Cloud-basierte Datenverarbeitung im Rahmen der Auftragsdatenverarbeitung

Ist der Cloud-Anbieter Auftragnehmer im Rahmen einer Auftragsdatenverarbeitung, fällt der Datenumgang in der Cloud nicht in seinen Verantwortungsbereich, sodass er auch keinen eigenständigen Rückgriff auf Mittel durchführt.[896] Es bleibt somit bei der Bestimmung des anwendbaren Rechts mit Blick auf den Cloud-Nutzer. Zum eigenverantworteten Datenumgang durch den Cloud-Anbieter kommt es allerdings, sobald der Anbieter den Datenumgang außerhalb der Weisungen des Auftraggebers betreibt, beispielsweise wenn ein cloud-basiertes Webformular unter Vorspiegelung anderer Zwecke Daten zu eigenen Geschäftszwecken abfragt.[897] Als Beispiel kann ein Software as a Service-Dienst genannt werden, der neben den Daten für die Bereitstellung des Services (etwa Vitaldaten für eine „Gesundheits-Cloud") auch noch die Eingabe von Adressdaten erfasst, um so Personenprofile zur weiteren Vermarktung zu erstellen. In diesem Beispiel würden Daten bereits zu Geschäftszwecken des Cloud-Anbieters erhoben. Auch wenn dem Cloud-Anbieter Daten außerhalb einer Auftragsdatenverarbeitung übermittelt werden, wird er für bestimmte Phasen des Datenumgangs verantwortliche Stelle. Soweit folglich keine Auftragsdatenverarbeitung vorliegt oder der Cloud-Anbieter als Auftragnehmer eigenmächtig mit den Daten umgeht, verbleibt dem Cloud-Anbieter ein eigenständiger Verantwortungsbereich des Cloud-Anbieters. Innerhalb dieses Verantwortungsbereichs kann es zu einer Änderung im anwendbaren Recht kommen.

5.3.3.4.3 Bereitstellung und Betrieb von Infrastruktur durch den Cloud-Anbieter

Bei Infrastructure und Software as a Service-Diensten ist der Cloud-Anbieter, sofern keine Auftragsdatenverarbeitung vorliegt, zumindest für die Datensicherheit, aber auch den Datenumgang im Rahmen der technischen Dienstbereitstellung und -erbringung verantwortlich.[898] Da sich dieser Datenumgang auf Phasen nach der Übermittlung in

---

[896] Hierzu KG, DuD 2014, 420, wonach Facebook Irland lediglich ein faktischer Auftragnehmer von Facebook USA sei, da diese die Entscheidungsprozesse jederzeit an sich ziehen könne.
[897] *Dammann*, RDV 2002, 75 „gezinkter Fragebogen".
[898] Kapitel 5.2.4.2.

die Cloud beschränkt, greift der Cloud-Anbieter hierbei nur auf Mittel „in der Cloud" zurück, d. h. beispielsweise auf eigene Server oder Server anderer Anbieter.[899] Für die Bestimmung des anwendbaren Rechts kommt es demnach darauf an, ob der Cloud-Anbieter mit Sitz im Drittland die Daten auf Servern in Deutschland oder einem anderen Mitgliedstaat der Europäischen Union oder des Europäischen Wirtschaftsraums verarbeitet oder speichert. Werden die Daten überhaupt nicht innerhalb der Europäischen Union oder des Europäischen Wirtschaftsraums gehostet, greift der Cloud-Anbieter auch nicht auf europäische Mittel zurück. Nutzt der Cloud-Anbieter Server innerhalb der Europäischen Union oder des Europäischen Wirtschaftsraums, greift der Cloud-Anbieter auf hiesige Mittel zurück, sodass das Recht am europäischen Serverstandort anwendbar ist.[900]

5.3.3.4.4 Selbstständige Datenerhebung durch den Cloud-Anbieter beim Cloud-Nutzer

Ist jedoch, wie bei selbstständig datenerhebenden Diensten, eine Datenerhebung beim Nutzer anzunehmen, ist der Cloud-Anbieter auch für die Datenerhebung und Übertragung in die Cloud verantwortlich. Beispielsweise findet eine Erhebung von Daten durch einen verantwortlichen Cloud-Anbieter statt, wenn dieser vom Cloud-Nutzer bemerkt oder unbemerkt im Vorfeld oder während der Cloud-Nutzung personenbezogene Daten erfasst. So ist spezielle Software in der Lage, sich mit der Nutzung des Dienstes auf dem Endgerät des Nutzers zu installieren und Daten über den Nutzer zu erfassen sowie an den Cloud-Anbieter zu übertragen oder ihm diese offen zu legen. Hierzu zählen neben den bereits genannten Lokalisierungsdiensten in Mobilgeräten[901] zum Beispiel auch Java-Applets, Active-X-Komponenten oder Cookies, die insbesondere zur Wiedererkennung des Nutzers bei Online-Diensten verwendet werden.[902] Durch die bemerkte oder unbemerkte Installation dieser Software können Anbieter automatisierte Verfahren einsetzen, die zielgerichtet und vom Anbieter gesteuert Informationen des Nutzers abrufen.[903] Hierbei wird demnach das Endgerät des Nutzers mit oder ohne dessen Wissen und Wollen zur Gewinnung von personenbezogenen Informationen instrumentalisiert.[904] Besonders offensichtlich wird die Instrumentalisie-

---

[899] Andere Ansicht dagegen *Barnitzke* 2014, 147 f. demzufolge der Cloud-Anbieter den Cloud-Nutzer „benutze", um die Daten zum Zwecke der Speicherung oder Berechnung in sein Rechenzentrum zu übertragen.
[900] So im Ergebnis auch *Barnitzke* 2014, 156.
[901] Artikel-29-Datenschutzgruppe 2010, WP 179, 26; siehe auch Kapitel 5.2.4.3.
[902] *Duhr/Naujok/Peter/Seiffert*, DuD 2002, 7; *Dammann*, in: Simitis 2014, § 1 BDSG, Rn. 226; *Wagner* 2006, 205; *Polenz*, VuR 2012, 208.
[903] *Scheja* 2006, 93 f.
[904] *Dammann*, in: Simitis 2014, § 1 BDSG, Rn. 226; *Dammann*, RDV 2002, 75; *Jandt*, DuD 2008, 669.

rung des Nutzer-Endgeräts beim Einsatz von Malware oder Spyware, wie etwa Viren, Würmern oder Trojanischen Pferden.[905]

Insbesondere im Hinblick auf Cookies wird vereinzelt eingewandt, es handele sich um kein Mittel im Sinne der Datenschutzrichtlinie und es finde auch kein Rückgriff darauf statt.[906] So lasse sich ein Cookie nicht unter den Begriff des Mittels subsumieren, da es sich lediglich um einen Textstring handele. Ein Mittel müsse dagegen in irgendeiner Form verkörpert sein.[907] Auch finde kein Rückgriff auf Cookies statt, da der Nutzer sie jederzeit löschen könne.[908] Schließlich seien es die Cookie-Daten selbst, die an den Anbieter versendet würden, sodass es zum Rückgriff auf die Cookies gar nicht im Mitgliedstaat, sondern, wenn überhaupt, im Drittland komme.[909] Allerdings müssen Cookies selbst gar nicht unter den Begriff des Mittels subsumiert werden, um einen Rückgriff auf im Inland belegene Mittel zu bejahen. Durch die Installation einer Überwachungs- oder Schadsoftware, aber auch durch die anbieterinitiierte Erstellung eines zur Übertragung an ihn bestimmten Informationsdokuments, wie einem Cookie, kommt es vielmehr zu einem Rückgriff auf das Endgerät – also auf die vom Nutzer bediente Soft- und Hardware, wie etwa dessen Computer oder Mobiltelefon.[910] Auch hat der durchschnittliche Nutzer praktisch kaum eine Chance über die Installation von Cookies oder ähnlichem informiert und selbstständig zu entscheiden oder sich im Zweifel davor zu schützen.[911] Selbst wenn der Nutzer Cookies regelmäßig löscht, verbleibt eine Zeit, in der die Möglichkeit besteht, dass Daten an den Anbieter übertragen werden.[912]

Einwände zur Einbeziehung von Cookies als Mittel oder als Werkzeuge zum Rückgriff auf Endgeräte als Mittel im Sinne der Datenschutzrichtlinie bestehen auch dahingehend, dass hierdurch das nationale oder europäische Datenschutzrecht über Gebühr ausgedehnt würde.[913] Durch die Auslegung als Mittel würde jeder Webanbieter, der Cookies einsetzt, an das europäische Datenschutzrecht gebunden. Damit würde das europäische Datenschutzrecht auf fast alle Internetangebote anwendbar, gleichzeitig jedoch gegen einen großen Teil der Anbieter in Drittländer kaum durchsetzbar.[914] Die Ausdehnung der Anwendbarkeit des europäischen Datenschutzrechts und eine erschwerte Durchsetzbarkeit kann jedoch nicht Grund für die Befreiung des Anbieters

---

[905] *Gabel*, in: Taeger/Gabel 2013, § 1 BDSG, Rn. 59.
[906] *Fröhle* 2003, 155 f.
[907] *Fröhle* 2003, 155.
[908] *Fröhle* 2003, 156.
[909] *Fröhle* 2003, 156.
[910] *Wagner* 2006, 205; *Dammann*, in: Simitis 2014, § 1 BDSG, Rn. 227.
[911] *Wagner* 2006, 205; *Dammann*, in: Simitis 2014, § 1 BDSG, Rn. 227.
[912] Ähnlich *Wagner* 2006, 205.
[913] *Kuner* 2007, 124, Rn. 3.29 f.
[914] *Kuner* 2007, 125, Rn. 3.29 f.

von seiner Verantwortung sein. Würde ein Rückgriff auf Mittel des Nutzers verneint, müsste sich der Betroffene hinsichtlich seiner Rechte auf das Datenschutzrecht am Sitz des Anbieters berufen. Damit würde die Belastung, sich mit potentiell allen Datenschutzrechten weltweit auseinandersetzen zu müssen, lediglich vom Anbieter auf den Nutzer übertragen. Ein Anbieter könnte sich dagegen durch Wahl eines entsprechenden Sitzes in Ländern mit weniger strengen Datenschutzregimen ebenfalls der Durchsetzbarkeit von Betroffenenrechten entziehen.[915] Zur Lösung des Konflikts bedarf es vielmehr de lege ferenda einer Anpassung der Anwendungsregelung, die sich statt eines Rückgriffs auf Mittel am Adressatengedanken ausrichtet.

Insofern als der Cloud-Anbieter, wie oben beschrieben, verantwortliche Stelle für die Erhebung, Verarbeitung und Nutzung der Daten ist, kann es zu einem Rückgriff auf Mittel des Cloud-Nutzers kommen. Werden die Daten über eine Einrichtung des im Inland befindlichen Cloud-Nutzers erhoben, also beispielsweise dessen Computer oder Mobiltelefon, greift der verantwortliche Cloud-Anbieter auf Mittel im Inland zurück. Soweit der Cloud-Anbieter im Drittland ansässig ist, findet hierauf deutsches Datenschutzrecht Anwendung.

5.3.3.4.5 „Forum Shopping" durch Gründung einer Niederlassung?

Es bleibt die Frage, welche Auswirkungen in diesem Fall eine europäische Niederlassung des außereuropäischen Cloud-Anbieters, die als Auftragnehmerin des Cloud-Anbieters arbeitet, auf das anwendbare Recht hat. So könnte sich ein US-amerikanischer Cloud-Anbieter zumindest dem strengen deutschen Datenschutzrecht entziehen, indem er beispielsweise eine Niederlassung in Irland gründet, die Datenverarbeitung im Rahmen der Tätigkeit dieser Niederlassung ausübt und sich dann auf das Sitzlandprinzip § 1 Abs. 5 S. 1 1. Hs. BDSG beruft, sodass irisches Datenschutzrecht anwendbar wäre. Während Art. 4 Abs. 1 lit. a DS-RL lediglich von einer Niederlassung spricht und insofern nach dem Richtlinienwortlaut tatsächlich irisches Recht Anwendung fände, verlangt § 1 Abs. 5 S. 1 1. Hs. BDSG, dass die in dem anderen Mitgliedstaat belegene Stelle eine verantwortliche Stelle ist.

Der Europäische Gerichtshof sieht das Recht am Ort einer europäischen Niederlassung eines außereuropäischen Anbieters nach den Vorgaben des Art. 4 Abs. 1 lit. a DS-RL anwendbar.[916] Demgegenüber verneint ein Urteil des Kammergerichts die Einschlägigkeit des § 1 Abs. 5 S. 1 1. Hs. BDSG, der zu dem Recht eines anderen Niederlassungsmitgliedstaats führt und wendet stattdessen § 1 Abs. 5 S. 2 BDSG und damit deutsches Recht an. Es begründet die Entscheidung damit, dass die mitgliedstaatliche

---

[915] Hierzu *Jotzo*, MMR 2009, 236; Artikel-29-Datenschutzgruppe 2002, WP 56, 8; *Scheja* 2006, 90.
[916] EuGH, Urteil vom 13.5.2014, C 131/12, Rn. 48 ff.

Niederlassung keine verantwortliche Stelle sei.[917] Diese befinde sich im Drittland, weshalb es nur darauf ankomme, dass der außereuropäische Anbieter auf Mittel in Deutschland zurückgreife.[918] Unabhängig davon, ob eine nicht-verantwortliche Niederlassung in einem Mitgliedstaat belegen ist, wäre nach der rein nationalen Auslegung des Gerichts demnach § 1 Abs. 5 S. 2 BDSG und nicht § 1 Abs. 5 S. 1 1. Hs. BDSG einschlägig.

Die richtlinienbasierte Auslegung ermöglicht es insbesondere großen außereuropäischen Anbietern, durch Wahl einer „Europa-Niederlassung" sich nur mit einem einzigen europäischen Datenschutzrecht auseinandersetzen zu müssen. Die Harmonisierung nationaler Datenschutzrechte durch die Datenschutzrichtlinie sollte dies auch ermöglichen, ohne dass die Betroffenen durch die Anwendbarkeit des Datenschutzrechts eines anderen Mitgliedstaats beeinträchtigt würden. Allerdings sind nicht nur die gesetzlichen Datenschutzniveaus in den Mitgliedstaaten noch sehr unterschiedlich, sondern auch die aufsichtsrechtliche Kontrolle und Durchsetzung. Im Ergebnis kann zwar durch die richtlinienorientierte Auslegung der bei Anbietern anfallende Aufwand im Hinblick auf die einer europäischen Datenschutzrechtsvielfalt verringert werden. Sie fördert aber gleichzeitig das sogenannte „Forum Shopping", also das bewusste Ausnutzen faktisch niedriger Standards in manchen Mitgliedstaaten durch bloße Gründung einer (eigentlich nicht erforderlichen) Niederlassung in Europa. Solange die Datenschutzniveaus sowie ihre Kontrolle und Durchsetzung in der Realität noch nicht hinreichend vereinheitlicht sind, ist demnach die Auslegung des Kammergerichts zu bevorzugen, wonach eine europäische nicht-verantwortliche Niederlassung nicht die Anwendbarkeit des deutschen Datenschutzrechts aufheben kann.

5.3.3.5 Anwendungsausnahme bei reiner Durchleitung

Als Ausnahme des Rückgriff-Kriteriums findet das nationale Datenschutzrecht gemäß § 1 Abs. 5 S. 4 BDSG keine Anwendung, sofern Datenträger oder, nach Art. 4 Abs. 1 lit. c 2. Hs. DS-RL die Mittel, nur zum Zweck des Transits durch das Inland eingesetzt werden. Die Ausnahme gilt jedoch nur, soweit die Daten das Land unverändert wieder verlassen. Um unter die Regelung zu fallen, dürfen die Daten somit im Inland nicht verarbeitet, also gespeichert, verändert, vervielfältigt oder anderweitig genutzt werden.[919] Zusatzleistungen zur reinen Punkt-zu-Punkt-Übertragung, etwa der Einsatz von

---

[917] KG, DuD 2014, 420.
[918] Im konkreten Fall bewertete das Kammergericht die irische Tochtergesellschaft von Facebook, entgegen vertraglicher Absprachen mit der Muttergesellschaft, aufgrund seiner faktischen Abhängigkeit zu Facebook USA als nicht verantwortlicher Auftragnehmer. Vielmehr sei Facebook USA alleinige verantwortliche Stelle und greife auf Mittel in Deutschland zurück, KG, DuD 2014, 420.
[919] *Kuner* 2007, 127, Rn. 3.36.

Spamfiltern führen zum Aufleben der Anwendung des nationalen Datenschutzrechts.[920] Eine kurze, technisch bedingte Speicherung und ähnliche begleitende Verarbeitungen, zum Beispiel die Paketvermittlung, insbesondere an Servern, Schnittstellen oder Routern, soll jedoch möglich sein.[921] Sobald die Daten allerdings für andere Zwecke verwendet, weitergehend aufbewahrt oder zur Kenntnis genommen werden, kann kein Transit mehr vorliegen.[922] Kommt es an den Schnittstellen zu einer Auftragsdatenverarbeitung entfällt die Transit-Privilegierung ebenso, denn unabhängig von der tatsächlichen Ausgestaltung liegt der Auftragsdatenverarbeitung, anders als beim Transit, das Ziel der Verarbeitung von Daten statt deren unveränderten Weiterleitung zugrunde.[923] Beim Cloud Computing wird die Transitregelung in erster Linie bei der Übertragung von Daten durch die Länder zwischen zwei Servern außerhalb der Europäischen Union oder des Europäischen Wirtschaftsraums eingreifen. Sobald die Daten jedoch an Server innerhalb der Europäischen Union oder des Europäischen Wirtschaftsraums verschoben werden, kommt es wohl regelmäßig zu einer Speicherung oder Verarbeitung, die nicht nur technisch bedingt ist.

Eine Besonderheit könnte sich jedoch ergeben, wenn Daten in der Cloud schnell von Server zu Server verschoben werden, beispielsweise um Lastspitzen auszugleichen.[924] Hier ist zu überlegen, ob die Speicherung in den Servern als nur kurzfristig und technisch bedingt angesehen werden kann. Mögliche Datenverarbeitungen, etwa die Neusortierung der Daten aufgrund der Virtualisierungstechnnik könnten von der Transitregelung noch erfasst sein. Nach dem Prinzip des Cloud Computing ist hier häufig eine rein programmgesteuerte Durchführung und anschließende Löschung der angefallenen Daten möglich.[925] Jedoch entsteht gerade an dieser Stelle die Möglichkeit eines Zugriffs auf die Daten. Es ist außerdem fraglich, ob der Eingriff in die Paketstruktur im Rahmen der Virtualisierung noch der Ermöglichung der Durchfuhr dient oder schon Gegenstand eines eigenen Dienstvorgangs des Servers ist.[926] Außerdem wird zumindest ein Teil der Daten regelmäßig länger im Server verbleiben. Die Transitausnahme wird sich deshalb beim Cloud Computing auf die Fälle beschränken, bei denen Daten unter einer der Digitaltechnik entsprechenden äußerst kurzen Verweildauer und vor allem ohne weitere Veränderung oder Rückstände einen Server im Inland passie-

---

[920] Artikel 29 Datenschutzgruppe 2010, WP 179, 28.
[921] *Wuermeling* 2000, 80; *Kuner* 2007, 125, Rn. 3.29 f.; *Dammann*, in: Simitis 2014, § 1 BDSG, Rn. 238.
[922] *Dammann*, in: Simitis 2014, § 1 BDSG, Rn. 238; *Plath*, in: Plath 2013, § 1 BDSG, Rn. 70.
[923] *Wuermeling* 2000, 80.
[924] Dies entspricht dem sogenannten „follow the sun"-Prinzip, von dem zusätzliche Skaleneffekte und Effizienzgewinne, darunter sogar Energiekosteneinsparungen, erwartet werden, Kapitel 2.
[925] So *Dammann*, in: Simitis 2014, § 1 BDSG, Rn. 238.
[926] Hierauf stellen aber *Ehmann/Helfrich* 1999, Art. 4 DS-RL, Rn. 17 ab.

ren. In diesem Fall findet dann aber das deutsche und europäische Datenschutzrecht keine Anwendung.

5.3.4 Durchsetzung

5.3.4.1 Benennung eines inländischen Vertreters

Gemäß § 1 Abs. 5 S. 3 BDSG, der Art. 4 Abs. 2 DS-RL umsetzt, muss die verantwortliche Stelle einen im Inland ansässigen Vertreter benennen, soweit sie unter das Bundesdatenschutzgesetz fällt. Die Benennungspflicht betrifft praktisch nur die Fälle des Satzes 2, also die in einem Drittland ansässigen verantwortlichen Stellen, auf die das deutsche Datenschutzrecht anwendbar ist.[927] Die Vorschrift ist insbesondere vor dem Hintergrund der erschwerten Durchsetzbarkeit des nationalen Datenschutzrechts in Drittländern zu verstehen. Aus den vorhergehenden Untersuchungen ergibt sich eine zum Teil weitreichende Ausdehnung des Anwendungsbereichs, auch auf Stellen in Drittländern, die lediglich über das Internet Geschäftsbeziehungen nach Deutschland besitzen. Sind beispielsweise Cloud-Anbieter verantwortliche Stellen, weil sie auf Geräte von Cloud-Nutzern im Inland zurückgreifen und findet demgemäß auch das deutsche Datenschutzrecht auf sie Anwendung, kann die Durchsetzung dieses Rechts erschwert sein, wenn diese keine Niederlassungen oder sonstige Vertretungen innerhalb der Europäischen Union oder des Europäischen Wirtschaftsraums besitzen. Betroffene, aber auch Aufsichtsbehörden könnten, wenn überhaupt, nur unter erheblichem Aufwand ihr Recht geltend machen.[928] Durch die Vertreterpflicht sollen Betroffene und Aufsichtsbehörden einen geeigneten Ansprechpartner im Inland haben.[929] Inwieweit die Rechte aber tatsächlich auch gegenüber dem Vertreter durchsetzbar sind, ist in den einzelnen Mitgliedstaaten unterschiedlich umgesetzt worden und hängt auch von der Art der Beziehung zwischen dem Vertreter und der verantwortlichen Stelle ab.[930] Nach dem deutschen Recht kann der Vertreter wohl auch ein Rechtsanwalt oder ein externer Dienstleister sein.[931] Problematisch ist jedoch, dass dieser bei Verstößen gegen das Datenschutzrecht durch die verantwortliche Stelle selbst nicht belangt werden kann. Klagen und aufsichtsrechtliche Verfügungen lassen sich mithilfe des Vertreters zwar

---

[927] *Gabel*, in: Taeger/Gabel 2013, § 1 BDSG, Rn. 61; *Gola/Schomerus* 2012, § 1 BDSG, Rn. 29.
[928] *Ehmann/Helfrich* 1999, Art. 4 DS-RL, Rn. 18; insbesondere in Staaten mit erschwerten Rechtsdurchsetzungsmöglichkeiten und sogenannten „Datenoasen", also Ländern mit keinen oder geringen Datenschutzstandards.
[929] BT-Drs. 14/4329, 32; *Gabel*, in: Taeger/Gabel 2013, § 1 BDSG, Rn. 61; *Ambs*, in: Erbs/Kohlhaas 2014, § 1 BDSG, Rn. 28; *Gola/Schomerus* 2012, § 1 BDSG, Rn. 29; *Plath*, in: Plath 2013, § 1 BDSG, Rn. 67.
[930] Artikel-29-Datenschutzgruppe 2010, WP 179, 29.
[931] *Gola/Schomerus* 2012, § 1 BDSG, Rn. 29.

unter Umständen leichter an die verantwortliche Stelle zustellen.[932] Der Vertreter muss jedoch keine eigenständige Rechts- und Pflichtenstellung für Ansprüche aus dem Bundesdatenschutzgesetz besitzen, sodass er bei Verstößen der verantwortlichen Stelle weder verklagt noch anderweitig belangt werden kann.[933] Hierauf deutet auch die Formulierung der Richtlinie hin, die die Benennung „unbeschadet der Möglichkeit eines Vorgehens gegen den für die Verarbeitung Verantwortlichen selbst" vorsieht.[934] Ein weiteres Problem ist die Sanktionierbarkeit bei fehlender Benennung des Vertreters.[935] Wird demnach kein Vertreter benannt, bleibt dem Anspruchsinhaber keine andere Möglichkeit, als sich an die verantwortliche Stelle selbst zu wenden.

Der maßgebliche Wert des Inlandsvertreters wird wohl in der Möglichkeit bestehen, einen „öffentlichen Meinungsdruck" gegenüber ihm und damit auch der verantwortlichen Stelle aufzubauen, der zumindest eine außergerichtliche Rechtsdurchsetzung erleichtern könnte.[936] Im Hinblick auf das Cloud Computing wird sich die Pflicht zur Bestellung eines inländischen Vertreters wohl hauptsächlich bei großen Anbietern positiv auf die Rechtsdurchsetzung auswirken. Kleinere, weniger öffentlich präsente oder auch unseriöse Anbieter aus Drittländern werden häufig weniger auf den öffentlichen Meinungsdruck reagieren und wenn überhaupt, dann nur solche Vertreter bestellen, gegenüber denen eine Rechtsdurchsetzung nicht möglich ist.

5.3.4.2 Datenschutzaufsicht

Aus § 1 Abs. 5 S. 5 BDSG folgt, dass – unabhängig davon, wo die verantwortliche Stelle ihren Sitz hat – die inländische Datenschutzaufsicht zuständig ist. Für alle Vorgänge oder Zustände, die Kontrollgegenstand sind, die sich auf deutschem Territorium ereignen oder befinden, sind demnach die deutschen Aufsichtsbehörden zuständig.[937] Die deutsche Datenschutzaufsicht ist für datenbezogene Vorgänge im Rahmen des Cloud Computing zuständig, soweit diese im Inland stattfinden – unabhängig davon, ob diese von einer verantwortlichen Stelle oder einem Auftragsdatenverarbeiter im Inland durchgeführt werden und nach welchem Recht diese zu beurteilen sind. Die nati-

---

932 *Gabel*, in: Taeger/Gabel 2013, § 1 BDSG, Rn. 61.
933 *Dammann*, in: Simitis 2014, § 1 BDSG, Rn. 233; *Gabel*, in: Taeger/Gabel 2013, § 1 BDSG, Rn. 61.
934 Andere Ansicht wohl *Ehmann/Helfrich* 1999, Art. 4 DS-RL, Rn. 19, der im Vertreter einen „Anspruchsgegner im Gemeinschaftsgebiet" sieht.
935 *Dammann*, in: Simitis 2014, § 1 BDSG, Rn. 236.
936 *Dammann*, in: Simitis 2014, § 1 BDSG, Rn. 237.
937 Hierzu *Dammann*, in: Simitis 2014, § 1 BDSG, Rn. 239.

onale Datenschutzaufsicht wird mithin auch regelmäßig das Datenschutzrecht eines anderen Mitgliedstaats anwenden müssen.[938]

5.4 Anwendbarkeit des Telekommunikations- und Telemediengesetzes

Neben dem Bundesdatenschutzgesetz enthalten zahlreiche weitere Gesetze Regelungen zum Datenschutzrecht. Hinsichtlich des Datenschutzes für Dienste im Internet sind die Vorschriften des Telekommunikationsgesetzes (TKG) und des Telemediengesetzes (TMG) zu beachten. Nach § 3 Abs. 1 BDSG gilt das Bundesdatenschutzgesetz diesen Regelungen gegenüber nur subsidiär.[939] Soweit sich aus dem Telekommunikations- oder dem Telemediengesetz datenschutzrechtliche Regelungen für das Cloud Computing ergeben, sind diese vorrangig.[940]

Das Telekommunikationsgesetz sowie das Telemediengesetz enthalten unterschiedliche Regelungen hinsichtlich verschiedener Datenkategorien. Hieraus ergeben sich wiederum unterschiedliche Anforderungen im Hinblick auf die Zulässigkeit des Datenumgangs, Betroffenenrechte und Transparenz oder Speicher- und Löschpflichten.[941] Die Anforderungen sind jedoch für das Cloud Computing nur zu berücksichtigen, wenn zum einen das jeweilige Gesetz überhaupt anwendbar ist und wenn zum anderen durch das Cloud Computing die im Telekommunikations- oder Telemediengesetz geregelte Datenkategorie berührt wird. In einem ersten Schritt sind deshalb die jeweiligen Anwendungsbereiche zunächst voneinander abzugrenzen und zu prüfen, ob der Anwendungsbereich des Telekommunikationsgesetzes oder des Telemediengesetzes für Cloud Computing überhaupt eröffnet ist. Hierauf aufbauend soll der Datenumgang im Rahmen des Cloud Computing dahingehend untersucht werden, ob beim Cloud Computing mit Daten umgegangen wird, die den von den beiden Gesetzen geregelten Datenkategorien zuzuordnen sind.

---

[938] Artikel-29-Datenschutzgruppe 2010, WP 179, 32; *Gabel*, in: Taeger/Gabel 2013, § 1 BDSG, Rn. 63; ausführlich und kritisch *Duhr/Naujok/Peter/Seiffert*, DuD 2002, 8; *Dammann*, RDV 2002, 76 f.

[939] Für öffentliche Stellen können auch die Vorschriften der Landesdatenschutzgesetze anzuwenden sein. Diese werden jedoch im Folgenden aufgrund der Fokussierung dieser Arbeit auf nicht-öffentliche Cloud-Nutzer nicht berücksichtigt.

[940] Die Ausführungen in diesem Kapitel gehen zurück auf einen vorab veröffentlichten Beitrag in der Zeitschrift für Datenschutz, *Boos/Kroschwald/Wicker*, ZD 2013, 205 ff.

[941] Beispielsweise hinsichtlich der Form einer Einwilligung, die nach § 13 Abs. 2 TMG und § 94 TKG regelmäßig in elektronischer Form möglich ist, nach § 4a Abs. 1 S. 3 BDSG jedoch nur ausnahmsweise elektronisch und in der Regel schriftlich zu erfolgen hat, hierzu *Jandt/ Schulz/Schaar*, in: Roßnagel 2013, § 13 TMG, Rn. 66 f.; *Schmitz*, in: Hoeren/Sieber/Holznagel 2014, 16.2, Rn. 208 ff.; *Spindler/Nink*, in: Spindler/Schuster 2011, § 12 TMG, Rn. 6; BT-Drs. 14/6098, 29.

5.4.1 Cloud Computing und Telekommunikationsgesetz

Der Datenumgang im Rahmen des Cloud Computing könnte nach dem Telekommunikationsgesetz zu beurteilen sein. Der Anwendungsbereich des Telekommunikationsgesetzes für datenschutzrechtliche Regelungen ist in § 91 TKG definiert. In dessen Anwendungsfall wäre das Bundesdatenschutzgesetz subsidiär und käme hinter den Regelungen zum Telekommunikationsdatenschutz nachrangig zur Anwendung.[942] Der Anwendungsbereich der §§ 91 ff. TKG erstreckt sich auf den Schutz personenbezogener Daten der Teilnehmer und Nutzer von Telekommunikation bei der Erhebung und Verwendung dieser Daten durch Unternehmen und Personen, die geschäftsmäßig Telekommunikationsdienste in Telekommunikationsnetzen, einschließlich Telekommunikationsnetzen, die Datenerfassungs- und Identifizierungsgeräte unterstützen, erbringen oder an deren Erbringung mitwirken. Unter das Telekommunikationsgesetz fällt somit der Datenumgang im Rahmen von Telekommunikationsdiensten sowie die Mitwirkung an der Erbringung solcher Dienste. Bei Telekommunikationsdiensten handelt es sich um Dienste, die nach § 3 Nr. 24 TKG in der Regel gegen Entgelt ganz oder überwiegend in der Übertragung von Signalen über Telekommunikationsnetze bestehen. Unter Telekommunikation ist gemäß § 3 Nr. 22 TKG der technische Vorgang des Aussendens, Übermittelns und Empfangens von Signalen mittels Telekommunikationsanlagen zu verstehen. Um als Telekommunikationsdienst zu gelten, muss der Schwerpunkt des Dienstes in der Übertragung von Signalen bestehen. Die Transportleistung steht bei den Leistungen eines Telekommunikationsdienstes also im Vordergrund.[943] Sprachtelefon- und Internetzugangsdienste sind typische Beispiele für den Transport von Signalen über eine gewisse Entfernung.[944] Als „Faustregel" lässt sich festhalten, dass Telekommunikationsdienste „alle Vorgänge der Nachrichtenübertragung umfassen, bei denen keine Aufbereitung von Inhalten erfolgt."[945]

Fraglich ist, ob von Cloud-Diensten Nachrichtenübertragungsvorgänge umfasst sind. Zwar ist die Übertragung der Daten in und aus der Cloud zweifelsohne ein Datentransportvorgang. Dieser ist jedoch wie jede andere Nutzung im Rahmen des Internets ein durch den Telekommunikationsanbieter erbrachter Dienst und vom Verhältnis zwischen Cloud-Nutzer und Cloud-Anbieter unabhängig. Der von Cloud-Anbietern erbrachte Dienst hat demgegenüber mit dem Datentransport nichts zu tun. Auch, wenn der Cloud-Anbieter selbst die Daten – beispielsweise an weitere Server – weiterüberträgt, betreibt er noch immer keinen Datentransportvorgang im Sinne einer Nachrichtenübertragung oder wirkt an einem solchen mit. Wie schon der Cloud-Nutzer bei der

---

[942] *Eckhardt*, in: Spindler/Schuster 2011, § 91 TKG, Rn. 1 ff.
[943] *Schütz*, in: Geppert/Schütz 2013, § 3 TKG, Rn. 79.
[944] So zumindest in der Vorauflage der aktuellen Kommentierung zum Telekommunikationsgesetz *Piepenbrock*, in: Geppert/Schütz/Schuster 2006, § 3 TKG, Rn. 45, 47 ff.
[945] *Schmitz*, DuD 2001, 396.

Übertragung in der Cloud versendet der Cloud-Anbieter bei der Weiterübertragung die Daten über ein öffentliches Netz an andere Server. Die Transportleistung über das öffentliche Netz an sich erfolgt allerdings nicht durch den Cloud-Anbieter, sondern durch die entsprechenden Zugangsanbieter und Netzbetreiber. Cloud-Anbieter betreiben somit keine geschäftsmäßigen Telekommunikationsdienste in Telekommunikationsnetzen oder wirken an solchen mit.

Allerdings können einzelne Cloud-Anbieter zusätzliche Leistungen anbieten, die ihrerseits Telekommunikation ermöglichen. Mit dem eigentlichen Cloud-Dienst können beispielsweise Kommunikationselemente, etwa eine „Voice over IP"- (= VoIP-)[946] oder eine Video-Conferencing-Anwendung, verknüpft sein. Diese können technische Vorgänge, wie das Aussenden oder Empfangen von Signalen, im Sinne von § 3 Nr. 22 TKG umfassen. Zwar ist die hierzu in der Cloud betriebene Software keine Telekommunikationsanlage, jedoch wird mithilfe des zugrunde liegenden Protokolls eine Signalübertragung ermöglicht.[947] Wenn durch Cloud-„Zusatz"-Dienste, wie etwa VoIP oder Video-Conferencing, Signalübertragungen ermöglicht werden, könnten diese demnach nach dem Telekommunikationsgesetz zu beurteilen sein.[948]

Damit aber der Cloud-Dienst an sich telekommunikationsrechtlichen Regeln unterliegt, wäre Voraussetzung, dass der telekommunikative Bestandteil des Dienstes eine eigenständige, nicht nur untergeordnete Bedeutung hat.[949] Schon bei einem der Vorläufer des Cloud Computing, dem Grid Computing, das als Zusammenschluss von Rechenleistung beschrieben werden kann, wurde das Merkmal der Signalübertragung durch den Dienst allerdings grundsätzlich abgelehnt.[950] Mangels Telekommunikation nach § 3 Nr. 22 TKG war damit das Telekommunikationsgesetz nicht anwendbar. Auch beim Cloud Computing hat das Merkmal der Signalübertragung, wenn überhaupt, nur untergeordnete Bedeutung. Selbst bei cloud-basierten Kommunikationsanwendungen wird die Signalübertragung des eigentlichen Cloud-Dienstes, dessen Hauptleistung die Bereitstellung von IT-Ressourcen ist, nur eine Nebenleistung

---

[946] *Ditscheid/Rudloff*, in: Spindler/Schuster 2011, § 45e TKG, Rn. 18.
[947] Beispielsweise das Session Initiation Protocol (SIP).
[948] *Grünwald/Döpkens*, MMR 2011, 287; demgegenüber unterfallen nach *Roßnagel*, in: Roßnagel 2013, Einf., Rn. 37 sogar Chatrooms als „eindeutige" Telemedien nicht dem Telekommunikationsgesetz; wohl aber zumindest bestimmte Tätigkeiten von E-Mail-Providern, hierzu auch *Roßnagel*, NVwZ 2007, 745.
[949] *Schütz*, in: Geppert/Schütz 2013, § 6 TKG, Rn. 25; *Gitter*, in: Roßnagel 2013, § 1, Rn. 34 ff., nach der allerdings jede einzelne Tätigkeit gesondert hinsichtlich der Anwendbarkeit telekommunikationsrechtlicher Bestimmungen überprüft werden müsse.
[950] *Koch*, CR 2006, 118.

sein.[951] Die Datenschutzvorschriften des Telekommunikationsgesetzes finden deshalb auf die üblichen Cloud-Dienste keine Anwendung.[952]

5.4.2 Cloud Computing und Telemediengesetz

Das Telemediengesetz könnte auf Cloud Computing Anwendung finden. Nach § 1 TMG gilt das Telemediengesetz für alle elektronischen Informations- und Kommunikationsdienste, soweit sie nicht Telekommunikationsdienste nach § 3 Nr. 24 TKG, die ganz in der Übertragung von Signalen über Telekommunikationsnetze bestehen, telekommunikationsgestützte Dienste nach § 3 Nr. 25 TKG oder Rundfunk nach § 2 RStV sind. Das Telemediengesetz regelt kurz gesagt nach dem Ausschlussprinzip all die Informations- und Kommunikationsdienste, die nicht reine Signalübertragung oder Rundfunk sind. Darunter fallen die meisten Online-Dienste, wie Informationsseiten, Blogs und Portale, nicht dagegen Webradios oder VoIP-Dienste.[953] Die in den §§ 11 ff. TMG enthaltenen speziellen Datenschutzregelungen gehen ebenfalls den Vorschriften des Bundesdatenschutzgesetzes vor.[954]

Auch Cloud-Anbieter werden regelmäßig als Telemedienanbieter betrachtet.[955] Dem ist insofern zuzustimmen, als ein Cloud-Dienst ein Online-Dienst ist, der wie vorangehend festgestellt, regelmäßig nicht nach Telekommunikationsgesetz zu beurteilen ist und daher unter die Ausschlussdefinition des § 1 TMG fällt. Ein Beleg hierfür kann auch darin gesehen werden, dass jüngst von Filehostern von den Gerichten das Haftungsprivileg des § 10 TMG zugebilligt wurde.[956] Als Online-Speicherdienst können solche Filehoster als Cloud-Dienst angesehen werden, da sie es ermöglichen, Daten dezentral „im Netz" zu speichern.[957] Entsprechend wurde von der urteilskommentierenden Literatur im Rahmen eine Verknüpfung zwischen den Filehostern, Cloud und dem Telemediengesetz hergestellt.[958] Ein online Cloud-Dienst ist damit an sich ein Telemediendienst, sodass auf ihn die Regelungen des Telemediengesetzes Anwendung finden.

---

[951] So auch *Heidrich/Wegener*, MMR 2010, 805.
[952] So auch *Bedner* 2013, 115.
[953] *Müller-Broich* 2012, § 1 TMG, Rn. 6; *Gitter*, in: Roßnagel 2013, § 1 TMG, Rn. 4.
[954] *Roßnagel*, in: Roßnagel 2013, Einf., Rn. 43.
[955] *Heidrich/Wegener*, MMR 2010, 805; *Schuster/Reichl*, CR 2010, 42; *Opfermann*, ZEuS 2012, 131.
[956] OLG Düsseldorf, ZUM 2010, 600.
[957] OLG Hamburg, MMR 2012, 394 zu Rapidshare als Online-Speicher-Dienst.
[958] *Schröder*, MMR 2010, 486; hinsichtlich des einzelnen Dienstes bedarf es jedoch einer genaueren Betrachtung, da nicht alle Cloud-Dienste mit einem Filehosting wie „Rapidshare" vergleichbar sind.

5.4.3 Daten beim Cloud Computing

Die Anwendung des speziellen telemedienrechtlichen Datenschutzes auf die zugrunde liegenden Fragen des Cloud Computing orientiert sich nicht nur an der Qualifikation des Cloud-Anbieters als Telemedienanbieter. Für die Bewertung der Rechte und Pflichten der Beteiligten kommt es vielmehr darauf an, ob das Telemedienrecht überhaupt den konkreten Datenumgang regelt. Das Telemediengesetz enthält (wie auch das Telekommunikationsgesetz) Vorschriften, die sich auf den Umgang bestimmter Datenkategorien beziehen. Ob die Regelungen des Telemediengesetzes auf die dieser Arbeit zugrunde liegenden rechtlichen Fragestellungen Anwendung findet, hängt von Kategorie der Daten ab, mit denen im Rahmen der Cloud-Nutzung umgegangen wird. Deshalb werden zunächst diese Kategorien mit den maßgeblichen datenschutzrechtlichen Vorschriften dargestellt, bevor im zweiten Schritt die Zuweisung der im Rahmen von Cloud-Diensten vorkommenden Daten zu den Kategorien erfolgt.

5.4.3.1 Verschiedene Datenkategorien

Das Telemediengesetz enthält Vorschriften zu den in § 11 ff. TMG definierten Datenkategorien „Bestands- und Nutzungsdaten". Bezüglich des Umgangs mit diesen Daten sieht das Telemediengesetz Regelungen für die Erhebung, Verarbeitung und Nutzung vor. Soweit Daten von der Definition dieser beiden Datenkategorien nicht erfasst sind, gilt das BDSG nach § 1 Abs. 3 S. 1 BDSG subsidiär.

5.4.3.2 Bestandsdaten

Bestandsdaten werden in § 14 Abs. 1 TMG als „die für die Begründung, inhaltliche Ausgestaltung oder Änderung eines Vertragsverhältnisses zwischen dem Diensteanbieter und dem Nutzer über die Nutzung von Telemedien erforderlichen Daten" definiert. Durch den Gesetzeswortlaut wird die Definition mit den Voraussetzungen für die Zulässigkeit des Datenumgangs vermischt.[959] Definitorisch sind Bestandsdaten alle Daten, die für die Begründung, inhaltliche Ausgestaltung oder Änderung eines Vertragsverhältnisses zwischen dem Diensteanbieter und dem Nutzer über die Nutzung von Telemedien notwendig sind. Das Merkmal der Erforderlichkeit ist demgegenüber erst im Rahmen der Zulässigkeit des Umgangs mit Bestandsdaten zu prüfen. Informationen können also durchaus Bestandsdaten sein – gleichwohl kann ihre Erhebung und Verwendung im Einzelfall mangels Erforderlichkeit unzulässig sein.[960]

Zu den Bestandsdaten zählen insbesondere die für die Begründung des Anschlusses erforderlichen Daten wie Name, Adresse und auch die Rufnummer sowie Benutzer-

---

[959] *Dix*, in: Roßnagel 2013, § 14 TMG, Rn. 21.
[960] *Dix*, in: Roßnagel 2013, § 14 TMG, Rn. 21.

name und Passwort.[961] Dagegen sind die Daten, die im Rahmen der Diensterbringung selbst anfallen, nicht erfasst.

5.4.3.3 Nutzungsdaten

Daten, die im Rahmen der Erbringung von Telemediendiensten anfallen, sind regelmäßig sogenannte Nutzungsdaten. Nach § 15 Abs. 1 S. 1 TMG sind Nutzungsdaten solche personenbezogenen Daten eines Nutzers, die erforderlich sind, um die Inanspruchnahme von Telemedien zu ermöglichen und abzurechnen. Ebenso wie für Bestandsdaten vermengt sich in § 15 Abs. 1 S. 1 TMG die Definition von Nutzungsdaten mit dem Zulässigkeitsmerkmal. Für die Einordnung als Nutzungsdaten genügt es, wenn die Daten während der Nutzung technisch bedingt entstehen, also anfallen.[962] Auf ihre Erforderlichkeit kommt es, wie schon bei Bestandsdaten, für die Einordnung nicht an.

Zu den Nutzungsdaten zählen nach Satz 2 insbesondere Merkmale zur Identifikation des Nutzers, Angaben über Beginn und Ende sowie des Umfangs der jeweiligen Nutzung und Angaben über die vom Nutzer in Anspruch genommenen Telemedien. Typische Beispiele für Nutzungsdaten sind Angaben, wann sich in welches Benutzerkonto ein- und ausgeloggt wurde oder mit welcher IP-Adresse[963] wann im Internet eine bestimmte Seite besucht wurde.

5.4.3.4 Inhaltsdaten

Weitere personenbezogene Daten, die im Zusammenhang mit Telemediendiensten anfallen, lassen sich nicht mehr den genannten Datenkategorien zuordnen, sodass die speziellen Datenschutzvorschriften des Telemediengesetzes keine Anwendung finden. Weder als Bestands- noch als Nutzungsdaten lassen sich solche personenbezogenen Daten einordnen, die zwar online an oder von einem Telemediendienst übertragen werden,[964] die allerdings lediglich notwendig sind, um beispielsweise ein durch den Telemediendienst begründetes Leistungs- und Rechtsverhältnis zu erfüllen. Statt um Bestands- oder Nutzungsdaten handelt es sich um sogenannte Inhaltsdaten, für die in

---

[961] Es handelt sich dabei um sog. Account-Daten, hierzu gehören auch IP-Adresse, User-ID, PIN, Browser, Geburtstag, Zahlungsart, Kreditkartennummer, *Dix*, in: Roßnagel 2013, § 14 TMG, Rn. 22.
[962] BT-Drs. 13/7385, 24; *Heckmann* 2011, Kapitel 9, Rn. 337 f.
[963] Soweit eine Zuordnung möglich ist und deshalb ein Personenbezug anzunehmen ist.
[964] Anstelle vieler *Roßnagel*, in: Roßnagel 2003, 7.9, Rn. 59; *Schmitz*, in: Spindler/Schmitz/Geis 2004, § 3 TDDSG, Rn. 8.

der Regel das Bundesdatenschutzgesetz Anwendung findet.[965] Anders als Bestands- und Nutzungsdaten sind Inhaltsdaten in den Datenschutzgesetzen nicht ausdrücklich definiert. Eine klare Trennlinie zwischen Inhaltsdaten sowie Bestands- und Nutzungsdaten lässt sich pauschal auch nicht finden. Diese ist für jedes Online-Angebot, abhängig von seinen tatsächlichen Eigenschaften, getrennt zu ermitteln.

5.4.4 Folgen für das Cloud Computing

Nur soweit im Rahmen von Cloud-Diensten Daten anfallen, die unter Datenkategorien des Telemediengesetzes – also unter Bestands- oder Nutzungsdaten – zu subsumieren sind, sind die dortigen, speziellen Vorschriften für den Datenumgang anwendbar. Soweit es sich dagegen um Inhaltsdaten handelt, wird die Zulässigkeit des Datenumgangs regelmäßig vom Bundesdatenschutzgesetz geregelt. Je nach Art und Phase des Datenumgangs in der Cloud können Daten unterschiedlicher Kategorien anfallen oder kann ein Umgang mit unterschiedlichen Datenkategorien stattfinden. Im Folgenden sind deshalb für die einzelnen Nutzungsphasen und Formen des Cloud Computing getrennt die betroffenen Datenkategorien zu ermitteln. Hieraus kann dann abgeleitet werden, welche Datenschutzvorschriften auf die einzelne Handlung anwendbar ist.

5.4.4.1 Aufruf der Cloud-Webseite

Beim Besuch jeder Webseite werden vom Nutzer automatisch Daten, wie beispielsweise seine IP-Adresse oder Datum und Uhrzeit des Besuchs, erhoben. Auch wenn der Nutzer eine Cloud-Webseite oder einen Cloud-Marktplatz aufruft, etwa um sich über den jeweiligen Cloud-Dienst zu informieren, hinterlässt er solche digitalen Spuren. Dass solche Daten mehr oder weniger automatisch beim Besuch von Webseiten erfasst werden, ergibt sich aus den technischen Gegebenheiten der Internetnutzung, etwa bei einer HTTP-Anfrage an einen Server.[966] Ruft der Nutzer die Webseite des Cloud-Anbieters auf, sendet die Webseite ihre Informationen an die jeweilige IP-Adresse des Nutzers.[967] Ob diese Daten, insbesondere IP-Adressen, einen Personenbezug aufweisen ist zwar umstritten.[968] Soweit die Erhebung anonym erfolgt, ist kein Datenschutz-

---

[965] *Roßnagel*, in: Roßnagel 2003, 7.9, Rn. 37; *Enzmann/Roßnagel*, CR 2002, 142; *Spindler/Nink*, in: Spindler/Schuster 2011, § 15 TMG, Rn. 3; *Schöttle*, BRAK-Mitt 2004, 255; *Jandt/Laue*, K&R 2006, 320; *Gola/Müthlein*, RDV 1997, 196; *Dix*, in: Roßnagel 2013, § 14 TMG, Rn. 17; *Bizer/Hornung*, in: Roßnagel 2013, § 12 TMG, Rn. 101; *Heckmann* 2011, Kapitel 9, Rn. 307; *Bäumler*, DuD 1999, 259; BT-Drs. 14/5555, 65; *Schaar* 2002, 462 ff.; *Zscherpe*, in: Taeger/Gabel 2013, § 14 TMG, Rn. 19 sowie § 15 TMG, Rn. 26; andere Ansicht *Imhof*, CR 2000, 113 ff.; *Schmitz*, in: Spindler/Schmitz/Geis 2004, § 6 TDDSG, Rn. 18 ff.; *Schmitz*, in: Hoeren/Sieber/Holznagel 2014, 16.2, Rn. 140 und 208 ff.
[966] *Sachs*, CR 2010, 547.
[967] *Krüger/Maucher*, MMR 2011, 433; *Meyerdierks*, MMR 2009, 8.
[968] Siehe hierzu Kapitel 5.1.4.2.

recht anwendbar. Ist jedoch ein Personenbezug herstellbar, handelt es sich um Nutzungsdaten nach § 15 Abs. 1 S. 1 TMG, da die Daten im Rahmen der Inanspruchnahme des Dienstes anfallen.

Als Diensteanbieter ist der Cloud-Anbieter für die Einhaltung der Datenschutzvorschriften des § 15 TMG verantwortliche Stelle. Für die Zulässigkeit des Umgangs mit diesen Nutzungsdaten sind entsprechend die Zulässigkeitsvoraussetzungen des § 15 TMG zu berücksichtigen. Die Erhebung personenbezogener IP-Daten wäre demzufolge nur zulässig, wenn und soweit sie erforderlich sind, um die Inanspruchnahme von Telemedien zu ermöglichen und abzurechnen.

5.4.4.2 Anmeldung und Registrierung

Die „Buchung" einer Cloud erfolgt in der Regel über entsprechende Online-Buchungsportale, die an die Webseite des Cloud-Anbieters oder an den Cloud-Marktplatz angekoppelt sind. Entscheidet sich der Nutzer für einen bestimmten Cloud-Dienst wird er regelmäßig aufgefordert, sich für einen Nutzer-Account zu registrieren. Im Rahmen der Registrierung muss er meist verschiedene personenbezogene Daten angeben. Dazu zählen in der Regel der Name, die Anschrift und das Geburtsdatum. Manchmal kann zusätzlich oder alternativ zum Namen ein Pseudonym angegeben werden. Meistens werden zudem verschiedene Kontaktdaten, wie E-Mail-Adresse und Telefonnummer, abgefragt. Außerdem hat der Nutzer häufig die Möglichkeit, seine Zahlungsdaten zu hinterlegen. Die abgefragten Informationen lassen sich in aller Regel einer konkreten Person zuordnen – da sie beispielsweise mit einem eindeutigen Namen und einer Adresse verknüpft sind. Von einem Personenbezug dieser Daten ist somit regelmäßig aufgrund der Art der Daten auszugehen.

Bei den Daten, die im konkreten Anbieter-Nutzer-Verhältnis erhoben werden, könnte es sich um Bestandsdaten nach § 14 TMG handeln. Welche Daten als notwendige Bestandsdaten erhoben werden, entscheidet in der Regel der Anbieter im Hinblick auf seinen Dienst selbst. Werden die zur Registrierung abgefragten Daten für die Begründung, inhaltliche Ausgestaltung oder Änderung eines Vertragsverhältnisses über die Nutzung von Telemedien abgefragt, handelt es sich um Bestandsdaten. Die Erhebung, Verarbeitung und Nutzung der Bestandsdaten des Cloud-Nutzers ist nach § 14 TMG, abgesehen vom Vorliegen einer Einwilligung durch den Cloud-Nutzer, nur zulässig, wenn dies die für die Begründung, inhaltliche Ausgestaltung oder Änderung eines Vertragsverhältnisses zwischen dem Cloud-Anbieter und dem Cloud-Nutzer erforderlich ist.

5.4.4.3 Nutzung des Cloud-Dienstes

Beginnt der Nutzer den von ihm ausgewählten Cloud-Dienst zu nutzen, fallen Nutzungsdaten an. Diese können mit den erhobenen Bestandsdaten verknüpft werden, sodass in der Regel von einem Personenbezug ausgegangen werden kann. Diese Nutzungsdaten können Zeitpunkt und Dauer der Nutzung oder das in Anspruch genommene Datenvolumen sowie die zusätzlich im Rahmen einer jeden Nutzung anfallenden Daten sein.[969] Solche Nutzungsdaten werden je nach Zahlungsmodell beispielsweise für die Abrechnung des Dienstes benötigt. Ihre Erhebung und Verwendung hat sich ebenfalls an der Voraussetzung des § 15 TMG zu messen.

Hiervon zu unterscheiden sind jedoch die Daten, die vom Nutzer selbst in die Cloud eingebracht werden oder als Gegenstand des Dienstes durch den Cloud-Dienst abgerufen werden. Für die Einordnung dieser Daten in die zuvor erläuterten Datenkategorien bietet sich eine getrennte Betrachtung der verschiedenen Bereitstellungsmodelle des Cloud Computing an.

5.4.4.3.1 Cloud als Infrastrukturdienst

Möglich ist, dass durch die Cloud lediglich Infrastruktur bereitgestellt wird und die Cloud-Server somit als „bloße" externalisierte, jedoch beliebig skalierbare Speicher- oder Rechenmedien genutzt werden. Der Cloud-Nutzer legt Daten in der Cloud ab, um sie dort zu speichern oder auf den Serverprozessoren berechnen zu lassen. Auf den Inhalt der Daten kommt es aus Sicht des Cloud-Nutzers primär nicht an. Es handelt sich hierbei um Daten, die gerade nicht notwendig während oder durch die Nutzung des Telemediums anfallen und auch nicht nötig sind, um die Inanspruchnahme des Telemediums zu ermöglichen. Zwar kann die Cloud-Plattform selbst ein Telemediendienst sein – etwa ein „Online-Cloud-Shop" in Form einer Online-Plattform, auf der Cloud-Anwendungen ausgesucht, hinzugebucht und verwaltet werden können. Daten, die Gegenstand des Cloud-Dienstes sind, also vom Cloud-Nutzer zur dortigen Speicherung oder Verarbeitung in die Cloud eingebracht werden, werden aber lediglich unter Nutzung des Telemediendienstes übertragen. Vergleichbar mit den Bestelldaten bei Onlineshops werden die in den Cloud-Speicher geladenen Dateien zwar im Rahmen einer Nutzung eingegeben, sie entstehen aber nicht aufgrund der technischen Abwicklung des Dienstes.[970] Die Daten könnten vielmehr mit exakt gleichem Inhalt und exakt gleicher Form auch lokal gespeichert oder verarbeitet werden.

Die Kenntnis dieser Daten durch den Anbieter ist zu keinem Zeitpunkt für die Bereitstellung von Telemedien notwendig. Deshalb handelt es sich weder um Nutzungs- noch um Bestandsdaten. Sie sind lediglich für den Cloud-Nutzer hinsichtlich ihres In-

---

[969] *Heidrich/Wegener*, MMR 2010, 805.
[970] Allgemein zur technischen Abwicklung siehe *Grimm/Löhndorf/Scholz*, DuD 1999, 275.

halts relevant – es handelt sich um Inhaltsdaten.[971] In Ermangelung einer eigenen Kategorie im Telemediengesetz sind diese Daten regelmäßig nach den Vorgaben des Bundesdatenschutzgesetzes zu behandeln.

5.4.4.3.2 Cloud als Softwaredienst

Bei cloud-basierten Softwarediensten greift der Cloud-Nutzer auf eine in der Cloud betriebene Anwendung zurück. Anders als bei Infrastrukturdiensten speichert der Cloud-Nutzer die Daten nicht zwingend eigenständig in die Cloud oder verschickt Datenpakete in die Cloud. Häufig wird die Anwendung aber Eingabefelder oder die Möglichkeit des automatisierten Datenabrufs beim Cloud-Nutzer oder Dritten durch die Anwendung selbst vorsehen. Vorstellbar ist beispielsweise eine cloud-basierte Anwendung, die den Nutzer bei der Erstellung einer Einkommenssteuererklärung unterstützt. Die Cloud-Anwendung wird hierzu Angaben des Nutzers über eine Eingabemaske abfragen – also im vorliegenden Beispiel etwa unter anderem seinen Familienstand, sein Einkommen und die geltend gemachten Werbungskosten. Fraglich ist, welcher Datenkategorie die dort in eine Online-Maske eingegebenen Daten zuzuordnen sind. Zum einen könnte es sich um Nutzungsdaten im Sinne des § 15 TMG handeln, wenn man davon ausgeht, dass die Daten „notwendig" sind, um das Ergebnis des Steuerprogramms zu generieren. Zum anderen könnten die Daten wie die im Cloud-Speicher abgelegten Daten auch Inhaltsdaten sein.

Für die Einordnung als Inhaltsdaten im Sinne des Bundesdatenschutzgesetzes spricht zum einen die Funktion der Daten. Die eingegebenen oder gegebenenfalls automatisch abgerufenen Daten dienen lediglich zur Berechnung eines durch die Anwendung generierten Ergebnisses. Der tatsächliche Inhalt ist demnach nicht für die Nutzung des Dienstes von Bedeutung. Selbst die Eingabe willkürlich gewählter Zahlen würde die Funktionalität der Anwendung nicht beeinträchtigen. Die Eingabe der Daten sowie ihr Inhalt ist somit nicht notwendig, um die Cloud als Telemediendienst, hier also als Online-Plattform, zu betreiben.

Auch der Betroffenenschutz spricht für eine Einordnung als Inhaltsdaten. Die eingegebenen Daten können sich neben den Cloud-Nutzer auch auf einen betroffenen Dritten beziehen. Hinsichtlich der Übermittlung dieser Daten in die Cloud ist der Cloud-Nutzer verantwortliche Stelle.[972] Die Befugnisse des Cloud-Nutzers zur Datenverarbeitung bestimmen sich allein aus dem (Rechts-)Verhältnis zwischen ihm und dem betroffenen Dritten. Die Zulässigkeit des Umgangs mit diesen Daten ist damit in erster Linie auch nach den diesem Verhältnis zugrunde liegenden Datenschutznormen

---

[971] *Jandt/Roßnagel*, MMR 2011, 639.
[972] Hierzu Kapitel 5.2.1.

zu beurteilen.⁹⁷³ Diese ergeben sich regelmäßig aus dem Bundesdatenschutzgesetz. Nutzt etwa ein Unternehmen – also ein Cloud-Nutzer – eine Online-Anwendung aus der Cloud, um die Daten seiner Kunden zu verwalten, kann die Weitergabe dieser Daten an den Cloud-Anbieter als Übermittlung, etwa auf Grundlage des § 28 Abs. 1 S. 1 Nr. 2 BDSG, vor allem aber im Rahmen der Auftragsdatenverarbeitung erfolgen.⁹⁷⁴ Werden Daten im Rahmen einer Auftragsdatenverarbeitung vom Nutzer nur weitergegeben, nicht aber übermittelt, hat der Cloud-Anbieter diese unter der Weisung und Kontrolle des Nutzers im Auftrag zu verarbeiten, ohne dass er hierfür weitergehende Verfügungsrechte über die Daten erhält.⁹⁷⁵ In beiden Fällen – der Übermittlung sowie der Auftragsdatenverarbeitung – ist der Betroffene bei der Datenweitergabe durch die Verantwortung des Cloud-Nutzers sowie eine erforderliche Rechtfertigung beziehungsweise Weisungsbindung geschützt.

Würden die im Rahmen von Softwarediensten in der Cloud eingegebenen Drittdaten als Nutzungsdaten qualifiziert und dem Anwendungsbereich des Telemediengesetzes zugeordnet, würde der Cloud-Anbieter selbst verantwortliche Stelle. Seine Befugnisse und Pflichten bei der Verarbeitung der Daten des Betroffenen Dritten würden sich nicht mehr aus dem Bundedatenschutzgesetz oder dem Auftragsdatenverarbeitungsverhältnis ergeben, sondern stünden dem Cloud-Anbieter ausschließlich aus § 15 TMG zu. Die Zulässigkeit der Datenerhebung ergäbe sich ohne Rücksicht auf das zwischen dem Cloud-Nutzer und betroffenen Dritten bestehende Datenschutz-Rechtsverhältnis. Eine Auftragsdatenverarbeitung von Daten, die vom Telemediengesetz geregelt sind und in der der Cloud-Anbieter weisungsabhängiger Auftragnehmer des verantwortlichen Cloud-Nutzers wäre, sieht das Telemediengesetz nicht vor. Würden die in der Cloud-Anwendung verarbeiteten Daten des betroffenen Dritten als Nutzungsdaten im Sinne des Telemediengesetzes eingeordnet, würde dem betroffenen Dritten demzufolge der Schutz aus dem Rechtsverhältnis zum Cloud-Nutzer entzogen. Regelmäßig könnte sich der Betroffene also beispielsweise nicht mehr auf den „Schutz" der Zweckbindung beim Cloud-Nutzer oder auf die Verantwortungskonzentration beim Cloud-Nutzer als Auftraggeber im Rahmen der Auftragsdatenverarbeitung – und die damit verbundene Weisungs- und Kontrollbindung des Cloud-Anbieters als Auftraggeber – berufen. Der Betroffene müsste etwa damit rechnen, dass Daten, die sich auf ihn beziehen, ohne seine Einwilligung (dafür aber gegebenenfalls mit der nicht ausreichenden Einwilligung des Cloud-Nutzers) durch den Cloud-Anbieter etwa zu Marketingzwecken im Sinne des § 15 Abs. 3 TMG verwendet werden, während bei der Einordnung als Auftragsdatenverarbeitung im Sinne des § 11 BDSG der Cloud-Anbieter zu keiner eigenständigen Verwertung der Daten befugt wäre. Drittdaten können des-

---

973 Hierzu *Niemann/Paul*, K&R 2009, 449; *Weichert*, DuD 2010, 682.
974 *Heidrich/Wegener*, MMR 2010, 806; *Niemann/Hennrich*, CR 2010, 687; *Pohle/Ammann*, CR 2009, 276.
975 Statt vieler *Wedde*, in: Däubler/Klebe/Wedde/Weichert 2014, § 11 BDSG, Rn. 5.

halb nicht als Nutzungsdaten im Sinne des § 15 TMG eingeordnet werden.[976] Um den Schutz des Betroffenen nicht grundlos zu beschränken muss entsprechend davon ausgegangen werden, dass der Umgang mit Drittdaten als Inhaltsdaten grundsätzlich nach dem Rechtsverhältnis zwischen dem betroffenen Dritten und dem verantwortlichen Cloud-Nutzer zu beurteilen ist, also häufig ein „Rückgriff auf die allgemeinen datenschutzrechtlichen Bestimmungen des BDSG geboten" ist.[977]

Sind die Daten der betroffenen Dritten Inhaltsdaten, muss dies aber aus Sicht des Anbieters für alle im Rahmen der Cloud-Anwendung eingegebenen Daten gelten. Eine Trennung zwischen Daten betroffener Dritter und solcher des Cloud-Nutzers lässt sich für den Cloud-Anbieter nicht vornehmen. Es lässt sich für ihn nicht erkennen, ob die eingegebenen Daten willkürlich gewählt sind, sich auf den Cloud-Nutzer oder auf einen betroffenen Dritten beziehen. Die notwendige Unterscheidung zwischen eingegebenen Daten über betroffene Dritte – mit der Folge des Rückgriffs auf das Bundesdatenschutzgesetz – und den nutzerbezogenen Daten – für die dann § 15 TMG gelten würde – ließe sich für den Anbieter schon gar nicht realisieren. Die im Rahmen der Nutzung eines Dienstes eingegebenen und abgerufenen Daten müssen deshalb auch aus Sicht des Cloud-Anbieters unterschiedslos als Inhaltsdaten, in der Regel nach dem Bundesdatenschutzgesetz, behandelt werden.

Entsprechendes kann auch aus der Dogmatik der Haftungsprivilegien des Telemediengesetzes geschlossen werden. Nach § 10 S. 1 Nr. 1 TMG sind Diensteanbieter für fremde Informationen, die sie für einen Nutzer speichern, nicht verantwortlich. Es wäre ein Systemwiderspruch, den Diensteanbieter durch diese Haftungsprivilegierung vor möglichen – beispielsweise urheberrechtlichen – Schäden durch Inhaltsdaten zu bewahren,[978] ihm aber gleichzeitig eigene gesetzliche Verarbeitungsrechte an diesen Daten einzuräumen. Gegenstand der Haftungsprivilegierung ist die Befreiung von der Verpflichtung, Inhalte zu überwachen. Um allerdings Daten betroffener Dritter von Daten des Nutzers für die oben genannte Einordnung zu unterscheiden, müsste sich der Anbieter Kenntnis von den Inhalten verschaffen. Dadurch entfiele wiederum die Möglichkeit der Haftungsprivilegierung, sodass sich eine Überwachungspflicht ergeben würde. Um den gesetzgeberischen Willen des § 10 S. 1 Nr. 1 TMG zu erhalten, darf die Kenntnisnahme des Inhalts nicht gefordert werden – der Cloud-Anbieter muss die Daten unterschiedslos als Inhaltsdaten behandeln dürfen.

---

[976] *Jandt*, MMR 2006, 654.
[977] *Müller-Broich* 2012, § 11 TMG, Rn. 3; hierzu auch *Opfermann*, ZEuS 2012, 131; *Heidrich/Wegener*, MMR 2010, 805.
[978] OLG Hamburg, MMR 2012, 393; OLG Düsseldorf ZUM 2010, 600, wonach den Anbietern von Sharehosting-Portalen lediglich dann eine Verantwortlichkeit zukommt, wenn sie über (urheberrechtlich) rechtverletzende Handlungen in Kenntnis gesetzt worden sind, vorher obliegen ihnen gerade keine weitergehenden Prüfpflichten hinsichtlich der für ihre Nutzer gespeicherten Inhalte; hierzu auch *Jandt*, in: Roßnagel 2013, § 10 TMG, Rn. 24.

Auch für Onlineshops wurde festgestellt, dass diese als Telemedien im Rahmen der Leistungserbringung Inhaltsdaten verarbeiten.[979] Daten, die in ein Online-Bestellformular eingegebenen werden, werden lediglich unter Nutzung des Telemediendienstes übermittelt. Sie dienen der Erfüllung des durch den Telemediendienst ermöglichten Vertragsverhältnisses.[980] Bei Waren aus einem Onlineshop, die „offline" versendet werden, wird beispielsweise das Telemedium „Onlineshop" genutzt, um den Vertragsschluss zu übermitteln. Daten der Bestellung, also etwa die Lieferadresse, die von der des Nutzers abweichen kann, sind Inhaltsdaten. Ob die Leistung online erbracht wird oder nicht, sollte an der Einordnung als Inhaltsdaten, die dem Bundesdatenschutzgesetz unterfallen, nichts ändern. Die tatsächliche Nutzung der Cloud-Anwendung fällt nicht mehr unter den Vertrag über Telemedien, sondern dient nur dazu, die durch den Telemediendienst „Cloud" begründeten Leistungs- und Rechtsverhältnisse zu erfüllen.[981] Die Anwendung, die zur Erfüllung des Leistungs- und Rechtsverhältnisses bereitgestellt wird – hier also der eigentliche Cloud-Dienst – stellt zwar ebenfalls ein Telemedium dar. Daten, die im Rahmen dieses Rechtsverhältnisses in die Cloud übertragen werden, sind aber weder als Bestandsdaten für das Vertragsverhältnis nach § 14 TMG noch nach § 15 TMG erforderlich um die Inanspruchnahme von Telemedien zu ermöglichen und abzurechnen.

Im Ergebnis ist der Cloud-Service zwar ein Telemediendienst, der hinsichtlich der erhobenen Bestands- und Nutzungsdaten im Anbieter-Nutzer-Verhältnis nach dem Telemediengesetz zu beurteilen ist. Bei der erbrachten Leistung im Rahmen des Dienstes kommt es datenschutzrechtlich jedoch nicht mehr auf das Verhältnis zwischen Anbieter und Nutzer an. Zu schützen ist vielmehr der Betroffene, unabhängig davon, ob dieser gleichzeitig Nutzer oder betroffener Dritter ist.

5.4.5 Keine Anwendbarkeit des Telekommunikations- und Telemediengesetzes auf den Datenumgang in der Cloud

Die Datenschutzvorschriften des Telekommunikationsgesetzes sind auf Cloud-Dienste regelmäßig nicht anwendbar. Die Anwendbarkeit des Telemediengesetzes beschränkt sich demgegenüber auf den Umgang mit Bestands- und Nutzungsdaten. Nur Daten, die für die Begründung, inhaltliche Ausgestaltung oder Änderung eines Vertragsverhältnisses zwischen Cloud-Nutzer und Cloud-Anbieter erforderlich sind, sowie solche Daten, die sich auf den Umstand der Cloud-Nutzung beziehen, fallen als Bestands- beziehungsweise Nutzungsdaten unter das Telemediengesetz.

---

[979] So beispielsweise *Bizer/Hornung*, in: Roßnagel 2013, § 12 TMG, Rn. 103.
[980] *Schöttle*, BRAK-Mitt 2004, 255; *Jandt/Laue*, K&R 2006, 320.
[981] *Spindler/Nink*, in: Spindler/Schuster 2011, § 15 TMG, Rn. 3.

Daten, die im Rahmen der Nutzung von cloud-basierten Infrastruktur- oder Softwarediensten eingegeben oder erfasst werden, sind weder Nutzungs- noch Bestandsdaten. Sie sind vielmehr als Inhaltsdaten einzuordnen, auf die ausschließlich das Bundesdatenschutzgesetz Anwendung findet. Für die Datenweitergabe in die Cloud bleibt der Cloud-Nutzer regelmäßig selbst verantwortliche Stelle.[982] Die Befugnisse des Cloud-Anbieters bestimmen sich dann bei einer Datenübermittlung nach der Zweckbindung und bei einer Auftragsdatenverarbeitung nach den Weisungsvorgaben des Cloud-Nutzers. Diese ergeben sich wiederum aus dem zugrunde liegenden Rechtsverhältnis zwischen ihm und dem betroffenen Dritten.

Die Dreiteilung des Datenschutzrechts für personenbezogene Daten bei Internetdiensten in Bestands-, Nutzungs- und Inhaltsdaten führt häufig zu systemwidrigen Ergebnissen. So wurde das Telemediengesetz bewusst zur Regelung „neuer Dienste der Informationsgesellschaft" geschaffen.[983] Im Bereich des Datenschutzes sollte es unter anderem dazu dienen, datenschutzrechtliche Verantwortlichkeiten für „neue Dienste" zu regeln.[984] Die Entwicklung, insbesondere des Web 2.0 und aktuell die des Cloud Computing, führen jedoch dazu, dass nicht mehr nur Informationen über den Nutzer und sein Nutzungsverhalten übertragen und verarbeitet werden. Vielmehr sind es zunehmend Inhalte, die auch vom Nutzer selbst geschaffen werden („User Generated Content") und die darüber hinaus Informationen über betroffene Dritte enthalten können.[985] Hieraus ergibt sich nicht nur eine veränderte datenschutzrechtliche Verantwortungsverteilung.[986] Ein wesentlicher Teil im Rahmen der Dienstnutzung erhobenen, verarbeiteten und genutzten Daten ist nicht mehr von den Datenschutzregeln des Telemediengesetzes umfasst.

De lege ferenda empfiehlt sich deshalb eine neue, klare Einordnung der anfallenden Daten durch die Zusammenführung der datenschutzrechtlichen Regelungen in einem Gesetz, wie etwa dem Bundesdatenschutzgesetz. Aktuelle Entwicklungen könnten dem jedoch auch zuvorkommen. Durch die geplante Datenschutzgrundverordnung der Europäischen Union könnten sowohl die §§ 11 ff. TMG als auch die Regelungen des Bundesdatenschutzgesetzes verdrängt werden.[987] Sowohl der bisherige Vorschlag der Europäischen Kommission als auch der des Europäischen Parlaments sehen keine vergleichbare Aufteilung in Datenkategorien vor.[988] Allerdings findet sich hier gar keine Differenzierung zwischen datenbezogenen Sachverhalten aus der Online- und Off-

---

[982] Siehe Kapitel 5.2.4.1.
[983] BT-Drs. 16/3078, 11.
[984] BT-Drs. 16/3078, 11 f.
[985] Hierzu *Jandt*, MMR 2006, 652 ff.; *Jandt/Roßnagel*, ZD 2011, 160 ff.
[986] Hierzu Kapitel 5.2.3 f.; *Kroschwald*, ZD 2013, 388 ff.
[987] *Nebel/Richter*, ZD 2012, 408.
[988] Art. 6 DSGVO-E, KOM (2012), 11.

line-Welt mehr. Vielmehr wäre nach diesen Entwürfen der Umgang mit Bestands-, Nutzungs- und Inhaltsdaten hinsichtlich der datenschutzrechtlichen Zulässigkeit einheitlich zu bewerten, mit der bedenklichen Folge, dass insbesondere spezifische Schutzanforderungen für die Nutzung von internetbasierten Diensten wegfielen.

6 Datenschutzrechtliche Zulässigkeit

Vorangehend wurde das auf das Cloud Computing anwendbare Datenschutzrecht und die verantwortliche Stelle als dessen Normadressat bestimmt. Im Folgenden sind Voraussetzungen für die Zulässigkeit eines Datenumgangs im Rahmen des Cloud Computing zu untersuchen.

6.1 Erfordernis einer Einwilligung oder einer gesetzlichen Erlaubnis

Da jeder Umgang mit personenbezogenen Daten gleichzeitig einen Eingriff in grundrechtlich geschützte Positionen bedeutet, bedarf dieser einer gesetzlichen Ermächtigung oder einer Einwilligung des vom Eingriff Betroffenen.[989] Nach § 4 Abs. 1 BDSG ist die Erhebung, Verarbeitung und Nutzung personenbezogener Daten deshalb nur zulässig, soweit das Bundesdatenschutzgesetz oder eine andere Rechtsvorschrift dies erlaubt oder anordnet oder der Betroffene eingewilligt hat.

Eine Erlaubnis zum Umgang mit personenbezogenen Daten kann sich aus dem Bundesdatenschutzgesetz, einer anderen Rechtsvorschrift oder einer Einwilligung des Betroffenen ergeben. § 4 Abs. 1 BDSG setzt Art. 7 DS-RL um, ist jedoch gleichzeitig Ausfluss des Rechts auf informationelle Selbstbestimmung. Das Erfordernis einer Einwilligung oder einer gesetzlichen Erlaubnis ist grundrechtlich verankert.[990] Das Grundrecht auf informationelle Selbstbestimmung gewährleistet nach dem Bundeverfassungsgericht die Befugnis des Einzelnen, grundsätzlich selbst über die Preisgabe und Verwendung seiner persönlichen Daten zu bestimmen.[991] Der Schutzbereich umfasst damit im Wesentlichen das Recht des Einzelnen zu entscheiden, ob und inwieweit ein Umgang mit seinen Daten zulässig sein soll – es gewährt ihm also das Recht, in einen Datenumgang einzuwilligen und diesen dadurch zulässig zu machen oder nicht einzuwilligen und den Datenumgang somit zu unterbinden. Der Schutzbereich und damit die Einwilligungsgewalt wird freilich nicht schrankenlos gewährt. In manchen Situationen und zum Schutz bestimmter (Grund-)Rechte anderer muss der Da-

---

[989] Der Umgang mit personenbezogenen Daten wird nach dem Bundesdatenschutzgesetz häufig als ein „Regel-Ausnahme-Mechanismus" im Sinne eines Verbots mit Ausnahmen beschrieben, *Helfrich*, in: Hoeren/Sieber/Holznagel 2014, 16.1, Rn. 35; *Spindler/Nink*, in: Spindler/Schuster 2011, § 4 BDSG, Rn. 4; in der Literatur ist auch der, jedoch ungenaue, zumindest jedoch missverständliche Begriff „Verbot mit Erlaubnisvorbehalt" gebräuchlich, so *Scholz/Sokol*, in: Simitis 2014, § 4 BDSG, Rn. 3; *Plath*, in: Plath 2013, § 4 BDSG, Rn. 1; *Weichert*, in: Däubler/Klebe/Wedde/Weichert 2014, § 4 BDSG, Rn. 1; *Bergmann/Möhrle/Herb* 2014, § 4 BDSG, Rn. 7; *Gola/Schomerus* 2012, § 4 BDSG, Rn. 3.

[990] *Helfrich*, in: Hoeren/Sieber/Holznagel 2014, 16.1, Rn. 35; *Gola/Schomerus* 2012, § 4 BDSG, Rn. 1; *Taeger*, in: Taeger/Gabel 2013, § 4 BDSG, Rn. 4; siehe auch *Plath*, in: Plath 2013, § 4 BDSG, Rn. 2.

[991] BVerfGE 65, 1, 43.

tenumgang auch ohne die Einwilligung des Betroffenen möglich sein. Das Bundesverfassungsgericht verweist darauf, dass der „Einzelne Einschränkungen seines Rechts auf informationelle Selbstbestimmung im überwiegenden Allgemeininteresse hinnehmen" muss.[992] Eine solche Einschränkung bedarf allerdings „einer (verfassungsmäßigen) gesetzlichen Grundlage", die dem Prinzip der Bestimmtheit und Normenklarheit entspricht.[993] Entsprechend normiert § 4 Abs. 1 BDSG, dass ein Datenumgang außer einer Einwilligung nur aufgrund einer Regelung des Bundesdatenschutzgesetzes oder einer anderen Rechtsvorschrift zulässig ist.

Für die einzelnen Phasen des hier zugrundegelegten Phasenmodells ist zunächst eine verantwortliche Stelle zu bestimmen[994] und sodann die Zulässigkeit des von ihr verantworteten Datenumgangs zu prüfen. Für die erste Phase des Datenumgangs, die Beschaffung der Daten durch den Cloud-Nutzer im Vorfeld der Nutzung einer Cloud, ist regelmäßig der Cloud-Nutzer selbst verantwortliche Stelle. Sie ist nur beachtlich, wenn der Cloud-Nutzer nicht gleichzeitig Betroffener ist und die später in der Cloud zu verarbeitenden Daten damit nicht Daten des Cloud-Nutzers, sondern Daten von betroffenen Dritten sind. Die Zulässigkeit der „Datenbeschaffung" durch den Cloud-Nutzer, die häufig in einer Datenerhebung und der Verknüpfung mit weiteren Informationen liegt, hängt von dem zugrunde liegenden Lebenssachverhalt ab. So könnte ein Cloud-Nutzer als Unternehmen im Rahmen der Kundenverwaltung beispielsweise Daten zu Kunden, ihrer Anschrift und Kontoverbindung erheben und diese mit Bestellungen, Zahlungseingängen, offenen Forderungen oder abstrakten Informationen über ihr Einkaufsverhalten verbinden. Die Zulässigkeit dieser Erhebung, Verknüpfung oder des weiteren „lokalen" Datenumgangs bemisst sich hier nach dem Einzelfall und dem Verhältnis zwischen Betroffenem und Cloud-Nutzer, ist jedoch an sich unabhängig von einer Cloud-Nutzung. Die Zulässigkeit des Datenumgangs in dieser ersten Phase ist regelmäßig Grundlage der Zweckbindung für die folgenden Phasen. Von Bedeutung für die datenschutzrechtliche Würdigung des Cloud Computing sind dann vor allem die Phasen zwei und drei, also die Phasen, in denen Daten erstmals in eine Cloud übertragen und dort verarbeitet werden. Für die jeweils verantwortliche Stelle muss hinsichtlich des Zwecks und Umfangs des Datenumgangs eine Einwilligung oder ein gesetzlicher Erlaubnistatbestand vorliegen.

6.2 Gesetzliche Erlaubnistatbestände

Als gesetzlicher Erlaubnistatbestand kommt jede Rechtsvorschrift in Betracht, die den Umgang mit personenbezogenen Daten ausdrücklich zulässt oder anordnet.[995] Rechts-

---

[992] BVerfGE 65, 1, 44.
[993] BVerfGE 65, 1, 44 mit Verweis auf BVerfGE 45, 400, 420.
[994] Kapitel 5.2.4.
[995] *Taeger*, in: Taeger/Gabel 2013, § 4 BDSG, Rn. 21.

vorschriften können alle materiellen Rechtsnormen mit unmittelbarer Außenwirkung sein, also bundes- oder landesrechtliche Gesetze oder Rechtsverordnungen.[996] Auch Satzungen mit Rechtsnormqualität sowie normative Teile von Tarifverträgen und Betriebsvereinbarungen sind Rechtsvorschriften im Sinne des § 4 Abs. 1 BDSG.[997] Als Zulässigkeitsnormen für einen Datenumgang kommen jedoch ausschließlich Rechtsvorschriften in Betracht, die in Deutschland Geltung haben und anwendbar sind – also in erster Linie innerstaatliches Recht und direkt anwendbares Recht der Europäischen Union. Rechtsvorschriften anderer Staaten, die einen Umgang mit Daten für zulässig erklären und ihn beispielsweise auch anordnen (etwa der US-amerikanische Sarbenes Oxley Act[998]), kommen dagegen nicht als Erlaubnistatbestände in Betracht.[999]

Gesetzliche Erlaubnistatbestände für den Umgang mit personenbezogenen Daten müssen nach den Vorgaben des Bundesverfassungsgerichts „die Voraussetzungen und den Umfang der Beschränkungen klar und für den Bürger erkennbar ergeben und [...] damit dem rechtsstaatlichen Gebot der Normenklarheit" entsprechen.[1000] Hierzu gehört, dass die Norm zumindest die Art der Daten und den Zweck der Verarbeitung nennt.[1001] Der jeweilige Datenumgang, also die Erhebung, Verarbeitung oder Nutzung der Daten muss dabei ausdrücklich für zulässig erklärt werden; eine bloße Aufgabenbeschreibung, aus der sich ein Datenumgang ergibt, genügt dagegen allein noch nicht.[1002]

Datenschutzrechtliche Zulässigkeitsnormen anderer Gesetze haben regelmäßig Vorrang vor denen des Bundesdatenschutzgesetzes. Nach dem in § 1 Abs. 3 BDSG verankerten Subsidiaritätsgrundsatz gehen, soweit andere Rechtsvorschriften des Bundes auf personenbezogene Daten einschließlich deren Veröffentlichung anzuwenden sind, diese denen des Bundesdatenschutzgesetzes vor. Das Bundesdatenschutzgesetz hat lediglich die Funktion eines Auffanggesetzes.[1003] Für Tarifverträge und Betriebsvereinbarungen war das Ausmaß ihrer Geltung umstritten.[1004] Mittlerweile gilt aber als geklärt, dass Tarifverträge und Betriebsvereinbarungen die Anforderungen an die Zulässigkeit im Vergleich zu formellen Gesetzen wie dem Bundesdatenschutzgesetz nicht unterschreiten dürfen, also keinen Datenumgang für zulässig erklären können,

---

[996] *Scholz/Sokol*, in: Simitis 2014, § 4 BDSG, Rn. 9.
[997] BAGE 52, 88, 102 ff.; *Taeger*, in: Taeger/Gabel 2013, § 4 BDSG, Rn. 35; *Gola/Schomerus* 2012, § 4 BDSG, Rn. 7.
[998] Sarbenes-Oxley Act (SOX) vom 30.7.2002, Pub. L. No. 107-204, 116 Stat. 745.
[999] *Taeger*, in: Taeger/Gabel 2013, § 4 BDSG, Rn. 33; hierzu Kapitel 10.1.3.
[1000] BVerfGE 65, 1, 44.
[1001] *Gola/Schomerus* 2012, § 4 BDSG, Rn. 8.
[1002] *Bergmann/Möhrle/Herb* 2014, § 4 BDSG, Rn. 17; *Gola/Schomerus* 2012, § 4 BDSG, Rn. 8; siehe auch *Taeger*, in: Taeger/Gabel 2013, § 4 BDSG, Rn. 28 f.
[1003] *Simitis*, in: Simitis 2014, § 1 BDSG, Rn. 23; *Gola/Schomerus* 2012, § 3 BDSG, Rn. 23.
[1004] Für eine Vorranggeltung BAGE 52, 88, 102 ff.; einschränkend *Kock/Franke*, NZA 2009, 647.

der etwa nach dem Bundesdatenschutzgesetz unzulässig wäre.[1005] § 1 Abs. 3 BDSG ist für sie mithin nicht einschlägig.[1006] Das Verhältnis der Regelungen zum Berufsgeheimnisschutz zu denen des Bundesdatenschutzgesetzes ist in Kapitel 13.1.1 näher zu beleuchten.

Aus dem Bundesdatenschutzgesetz ergeben sich datenschutzrechtliche Erlaubnistatbestände für den öffentlichen Bereich aus §§ 14 bis 16 und 20 Abs. 2 und 3 BDSG sowie für den nichtöffentlichen Bereich aus §§ 28 bis 35 BDSG. Für den Datenumgang im Rahmen des Cloud Computing gibt es bislang keine „cloud-spezifischen" Erlaubnistatbestände. Die Zulässigkeit bestimmt sich nach den an der jeweiligen Stelle oder jeweiligen Datenumgang oder Zweck ausgerichteten Zulässigkeitsnormen des Bundesdatenschutzgesetzes oder anderer Gesetze. Es ist somit danach zu fragen, ob und welche Datenschutznormen die Erhebung oder Übermittlung von Daten „in die Cloud" sowie die Speicherung, Veränderung oder Nutzung „in der Cloud" zulassen. Datenschutznormen aus dem Telemedien- und Telekommunikationsgesetz können zwar im Rahmen des Cloud Computing relevant werden – etwa im Hinblick auf den Umgang mit den Bestands-, Nutzungs- oder Verbindungsdaten des Cloud-Nutzers oder des Anschlussinhabers durch den Cloud-Anbieter. Wie oben festgestellt,[1007] betrifft dies aber nicht den Umgang mit den hier untersuchten Inhaltsdaten, also jenen Daten, die in der Cloud verarbeitet oder gespeichert werden und die gegebenenfalls auch einen Bezug zu betroffenen Dritten aufweisen. Erlaubnistatbestände für die Nutzung einer Cloud mit Inhaltsdaten ergeben sich mithin nicht aus dem Telemedien- oder Telekommunikationsgesetz.[1008] Im Einzelfall könnte sich ein Erlaubnistatbestand für den Umgang mit Inhaltsdaten aus Spezialgesetzen ergeben, etwa bei der Nutzung einer Cloud durch bestimmte Behörden oder beim Umgang mit besonders sensitiven Daten, wie zum Beispiel die Datenhaltung in Krankenhäusern. Für den Datenumgang durch sonstige nicht-öffentliche Stellen, also etwa Unternehmen bei der Erhebung, Verarbeitung und Nutzung von Kundendaten, ist dagegen keine Spezialnorm außerhalb des Bundedatenschutzgesetzes ersichtlich. Im Folgenden sind mithin die einschlägigen Erlaubnistatbestände des Bundesdatenschutzgesetzes für die Erhebung, Verarbeitung und Nutzung personenbezogener Daten im Rahmen des Cloud Computing zu prüfen.

6.3 Erhebung von Daten beim Betroffenen

Gemäß § 3 Abs. 3 BDSG ist „Erheben" das „Beschaffen von Daten über den Betroffenen". Das Erheben wird noch nicht als eine Datenverarbeitung, sondern als eine Vor-

---

[1005] *Scholz/Sokol*, in: Simitis 2014, § 4 BDSG, Rn. 17 mit weiteren Nachweisen.
[1006] *Gola/Schomerus* 2012, § 3 BDSG, Rn. 23.
[1007] Kapitel 5.4.3.4; siehe auch *Boos/Kroschwald/Wicker*, ZD 2013, 205 ff.
[1008] Siehe Kapitel 5.4.4; *Boos/Kroschwald/Wicker*, ZD 2013, 205 ff.

phase der Datenverarbeitung angesehen.[1009] Das Beschaffen von Daten im Rahmen einer Erhebung wird als eine „Aktivität, durch die die erhebende Stelle Kenntnis von den betreffenden Daten erhält oder Verfügung über diese begründet" beschrieben.[1010] Die Kenntniserlangung durch die erhebende Stelle muss mit einem aktiven Handeln und einem ihr zurechenbaren Willen zur Erhebung, also zielgerichtet,[1011] erfolgen.[1012] Werden Daten der jeweiligen Stelle nur zugleitet und wachsen sie ihr damit ohne eigenes Zutun an, gelten sie als „aufgedrängt" und nicht von der Stelle erhoben.[1013] Werden demnach Daten an vorgehaltene Empfangseinrichtungen, wie Briefkästen, Fax-Geräte, E-Mail-Accounts oder Webseiten mit Eingabemöglichkeit, geschickt, begründet dies noch keine Datenerhebung durch die empfangende Stelle.[1014]

§ 4 Abs. 2 S. 1 BDSG normiert den sogenannten Direkterhebungsgrundsatz. Demnach sind Daten grundsätzlich beim Betroffenen zu erheben. Der Grundsatz dient dem Recht auf informationelle Selbstbestimmung, indem dem Betroffenen die Möglichkeit eröffnet wird über die Tatsache der Erhebung und die erhebende Stelle Kenntnis zu erlangen und entsprechend zu handeln.[1015] Nur soweit der Betroffene Kenntnis über die Erhebung hat, kann er gegebenenfalls seine Rechte, etwa auf Auskunft, Berichtigung oder Löschung, wahrnehmen.[1016] Ausdruck des Rechts auf informationelle Selbstbestimmung ist aber auch die Option des Betroffenen, den Umgang mit seinen Daten zu ermöglichen oder zu verhindern. Derjenige, bei dem Daten erhoben werden, muss also, neben der Kenntnisnahme, an der Beschaffung der Daten durch die erhebende Stelle auch mitwirken. Die Mitwirkung muss allerdings nicht unbedingt aktiv erfolgen. Es genügt bereits, wenn der Betroffene die Erhebung ausdrücklich und bewusst duldet und sich trotz bestehender Möglichkeit einer Erhebung nicht entzieht.[1017]

§ 4 Abs. 2 S. 2 sieht Ausnahmen vom Grundsatz der Direkterhebung vor. So ist eine Datenerhebung ohne die Mitwirkung des Betroffenen möglich, wenn eine Rechtsvorschrift dies vorsieht oder zwingend voraussetzt. Ohne eine entsprechende Rechtsvorschrift kann aber auch die Erforderlichkeit zur Erfüllung einer Verwaltungsaufgabe, eines Geschäftszwecks oder ein unverhältnismäßiger Aufwand für die Direkterhebung

---

[1009] *Gola/Schomerus* 2012, § 3 BDSG, Rn. 23.
[1010] *Dammann*, in: Simitis 2014, § 3 BDSG, Rn. 102.
[1011] *Gola/Schomerus* 2012, § 3 BDSG, Rn. 24; siehe auch *Weichert*, in: Däubler/Klebe/Wedde/Weichert 2014, § 3 BDSG, Rn. 30.
[1012] *Dammann*, in: Simitis 2014, § 3 BDSG, Rn. 102.
[1013] *Gola/Schomerus* 2012, § 3 BDSG, Rn. 24; *Dammann*, in: Simitis 2014, § 3 BDSG, Rn. 104.
[1014] *Gola/Schomerus* 2012, § 3 BDSG, Rn. 24; *Dammann*, in: Simitis 2014, § 3 BDSG, Rn. 104; *Weichert*, in: Däubler/Klebe/Wedde/Weichert 2014, § 3 BDSG, Rn. 31.
[1015] In diese Richtung *Scholz/Sokol*, in: Simitis 2014, § 4 BDSG, Rn. 20.
[1016] *Taeger*, in: Taeger/Gabel 2013, § 4 BDSG, Rn. 59.
[1017] *Scholz/Sokol*, in: Simitis 2014, § 4 BDSG, Rn. 23; *Dammann*, in: Simitis 2014, § 3 BDSG, Rn. 102; *Weichert*, in: Däubler/Klebe/Wedde/Weichert 2014, § 4 BDSG, Rn. 6.

eine Erhebung bei anderen Personen rechtfertigen. Hierbei ist allerdings die Berücksichtigung möglicherweise überwiegender schutzwürdiger Interessen des Betroffenen notwendig.

Sowohl bei der Direkterhebung als auch bei der Erhebung ohne Mitwirkung des Betroffenen ist zuerst die grundsätzliche Zulässigkeit einer Datenerhebung, etwa nach § 28 BDSG, zu prüfen.[1018] Unabhängig davon, ob die Daten beim Betroffenen oder einem Dritten erhoben werden, muss für die Erhebung die Einwilligung oder ein gesetzlicher Erlaubnistatbestand vorliegen. Nur soweit die Zulässigkeit festgestellt wurde, kann in einem nächsten Schritt danach gefragt werden, ob der Grundsatz der Direkterhebung oder ein Ausnahmetatbestand im Sinne des § 4 Abs. 2 S. 2 BDSG erfüllt ist.[1019]

Häufig geht der Cloud-Nutzung eine Datenerhebung durch den Cloud-Nutzer (etwa dessen Kunden) voraus. Diese erste Phase ist jedoch, wie oben beschrieben,[1020] nicht spezifisch für die Cloud und in Bezug auf ihre Zulässigkeit an dieser Stelle nicht relevant, gewinnt jedoch für die Zweckbindung für künftige Datenverarbeitungen an Bedeutung. Hinsichtlich seiner Zulässigkeit relevant ist hier vielmehr eine mögliche Datenerhebung durch den Cloud-Anbieter während der Cloud-Nutzung, also während der zweiten Phase.

Eine Datenerhebung durch den Cloud-Anbieter kommt insbesondere bei Diensten, die selbstständig Daten bei einem Nutzer erfassen, in Betracht.[1021] Sogenannte adaptive Dienste, wie etwa Lokalisierungsdienste in Handys und Smartphones, messen oder erfassen Daten über den Nutzer und seine Umgebung. Hierbei handelt es sich regelmäßig um ein zielgerichtetes Beschaffen von Daten, da die Daten entweder für die Bereitstellung und Erbringung eines Dienstes (etwa der Standortbestimmung) dienen oder zu anderen, eigenen Zwecken erfasst werden.[1022] Nur soweit der adaptive Dienst nebenbei unbeabsichtigt Daten erfasst oder zufällige „Beobachtungen" macht, gelten diese nicht als erhoben.[1023] Die Erhebung von Daten über den Cloud-Nutzer durch solche Dienste erfüllt dann den Direkterhebungsgrundsatz, wenn der Cloud-Nutzer als Betroffener Kenntnis von der Erhebung hat und aktiv oder zumindest passiv an der Erhebung mitwirkt. Fehlt diese Kenntnis, beispielsweise bei einem System, das unbemerkt Daten erhebt, oder bleibt dem Cloud-Nutzer keine Möglichkeit, die Erhebung abzuwenden, kann es sich nicht um eine Erhebung beim Betroffenen handeln. Die Da-

---

[1018] Hierzu sogleich Kapitel 6.5.
[1019] *Gabel*, in: Taeger/Gabel 2013, § 4 BDSG, Rn. 58.
[1020] Kapitel 6.2.
[1021] Kapitel 5.2.4.3.
[1022] Kapitel 5.2.4.3.
[1023] *Gola/Schomerus* 2012, § 3 BDSG, Rn. 24.

tenerhebung ist dann nur unter den besonderen zusätzlichen Anforderungen des § 4 Abs. 2 S. 2 BDSG ohne Mitwirkung des Betroffenen zulässig.[1024]

Werden Daten über andere (mit-)erhoben, etwa Personen in der Umgebung, handelt es sich um keine Direkterhebung, da diese, anders als der Cloud-Nutzer, keine Kenntnis haben, zumindest aber weder aktiv noch passiv mitwirken können, indem sie einen Zugriff auf ihre Daten ermöglichen oder verhindern. Es handelt sich mithin ebenfalls um eine Datenerhebung ohne Mitwirkung des Betroffenen, die einer gesonderten Rechtfertigung im Sinne des § 4 Abs. 2 S. 2 BDSG bedarf. Entsprechend obiger Verantwortungsaufteilung ist zumindest für die Eröffnung des Zugangs der Cloud-Nutzer verantwortliche Stelle; für die eigentliche Datenerhebung und Verarbeitung bei selbstständig datenerfassenden Diensten ist, wie festgestellt, der Cloud-Anbieter verantwortlich.[1025]

Bei anderen Cloud-Anwendungen, etwa im Rahmen der Nutzung einer Online-Cloud-Software, initiiert dagegen ausschließlich der Cloud-Nutzer eine Datenübertragung. Fraglich ist, inwieweit hier noch von einer Datenerhebung auszugehen ist. Die Eingabe von Daten in ein „offenes" Formular, etwa ein Internetforum, bei dem weder Art noch Inhalt der Daten vorgegeben sind, oder auch der Upload von Daten in einen Cloud-Speicher, stellt gerade keine Datenerhebung des Cloud-Anbieters dar. Hier fehlt es an einem konkreten Erhebungswillen des Cloud-Anbieters hinsichtlich bestimmter Daten.[1026] Ist die Eingabe von Daten in ein Anwendungsformular allerdings auf bestimmte Datenarten oder -inhalte beschränkt, könnte man darauf schließen, die Beschaffung von Daten erfolge zielgerichtet. Im Hinblick auf die mit der Erhebung verbundene datenschutzrechtliche Verantwortung sowie die Folgen für das anwendbare Recht, wird jedoch auch diese Art der Datenerfassung nicht einer Erhebung zugeordnet.[1027] Ein Eingabeformular einer Webseite ist lediglich eine Aufforderung zur Eingabe von Daten, der der Nutzer nach eigenem Willen nachkommen kann. Auch, wenn die Form der Dateneingabe vorgegeben ist, liegt es am Nutzer zu entscheiden, ob und wann er welche Daten eingebe. Außerdem hat der Webseitenbetreiber keine Vorstellung und keinen Einfluss darauf, wer, wann und mit welchen Angaben die Eingabe vornimmt. Eine Erhebung ist deshalb auch in einem solchen Formular mangels eines konkreten Erhebungswillens nicht zu sehen. Wie auch bei Webformularen bieten Cloud-Anwendungen lediglich mehr oder weniger detailliert vordefinierte

---

[1024] Hierzu *Scholz*, in: Simitis 2014, § 4 BDSG, Rn. 28.
[1025] Kapitel 5.2.4.3.
[1026] Siehe hierzu die Ausführungen zur Verantwortlichkeit bei Bewertungsportalen und Cloud-Speichern Kapitel 5.2.1 ff.
[1027] *Gabel*, in: Taeger/Gabel 2013, § 1 BDSG, Rn. 59; *Dammann*, RDV 2002, 74; *Duhr /Naujok/Peter/Seiffert*, DuD 2002, 7; ebenfalls ablehnend *Kuner* 2007, 121, Rn. 3.27; in der früheren Auflage auch *Dammann*, in: Simitis 2011, § 1 BDSG, Rn. 223; hierzu ausführlich auch Kapitel 5.3.3.3.1.

Eingabemöglichkeiten. Anders als bei selbstständig datenerfassenden Diensten hat der Cloud-Nutzer neben dem „Ob" auch stets die Wahl, wann und welche Daten er eingibt. Ein gezielter und konkreter Erhebungswille liegt, wie auch bei Webformularen, nicht vor. Cloud-Anwendungen halten vielmehr Möglichkeiten zur Eingabe im Sinne einer Einladung zur Angabe von Daten bereit – ob, wann und mit welchen Angaben der Cloud-Nutzer dieses Angebot in Anspruch nimmt, lässt sich vom Cloud-Anbieter weder vorhersagen noch beeinflussen. Bei Cloud-Anwendungen, die nicht selbstständig Daten erfassen und Cloud-Speichern kommt es damit regelmäßig zu keiner Datenerhebung.

Im Ergebnis ist eine Datenerhebung durch den Cloud-Anbieter nur für den Fall eines selbstständig datenerhebenden Dienstes anzunehmen. Für diesen Fall ist die Zulässigkeit der Erhebung im Folgenden nach den Erlaubnistatbeständen, insbesondere der §§ 28 und 29 BDSG, oder einer möglichen Einwilligung zu prüfen. Werden durch den selbstständig datenerhebenden Dienst die Daten zwar zulässigerweise erhoben, bezieht sich aber die Datenerhebung nicht auf Daten des Nutzers, sondern auf Daten anderer Personen, kommt es für diese betroffenen Dritten zu einer Datenerhebung ohne deren Mitwirkung, die den zusätzlichen Anforderungen des § 4 Abs. 2 S. 2 BDSG entsprechen muss. Da der Cloud-Nutzer im Sinne der kollektiven Verantwortlichkeit bei selbstständig datenerfassenden Systemen regelmäßig zumindest für die Eröffnung des Zugangs zu den Daten verantwortlich ist, ist er zusätzlich an einer Datenübermittlung beteiligt. Diese muss ebenfalls aufgrund einer Einwilligung oder eines Erlaubnistatbestands zulässig sein. Bei anderen als den selbstständig datenerfassenden Diensten kommt es dagegen, wie festgestellt, zu keiner Datenerhebung. Hier ist entsprechend der kollektiven Verantwortungsverteilung der Cloud-Nutzer für die Übermittlung von Daten an den Cloud-Anbieter verantwortlich.

6.4 Eigene Geschäftszwecke in Abgrenzung zu geschäftsmäßigem Handeln

§ 28 BDSG enthält Zulässigkeitstatbestände für den Umgang mit Daten zu eigenen Geschäftszwecken. § 29 BDSG normiert dagegen die Zulässigkeit geschäftsmäßiger Datenerhebung und -speicherung zum Zweck der Übermittlung. Ob und welche der beiden Erlaubnisnormen hinsichtlich ihres Anwendungsbereichs als Rechtsgrundlage für das Cloud Computing grundsätzlich in Betracht kommen, ist im Folgenden näher zu betrachten. Erst im Anschluss (Kapitel 6.5) kann anhand der hier ermittelten einschlägigen Norm geprüft werden, inwiefern einzelne datenbezogene Handlungen der jeweiligen Akteure beim Cloud Computing zulässig sind.

Der Datenumgang für eigene Geschäftszwecke nach § 28 BDSG ist, anders als etwa die geschäftsmäßige Datenerhebung und -speicherung zum Zwecke der Übermittlung gemäß § 29 BDSG, lediglich ein Hilfsmittel zur Erfüllung eigener Zwecke, wie etwa geschäftliche, berufliche oder gewerbliche Zwecke.[1028] Die nach § 28 BDSG geregelte Datenverarbeitung stellt nicht den Geschäftszweck dar, sie dient nur als „Mittel zum Zweck".[1029] Die Erlaubnistatbestände des § 28 BDSG können somit nur vorliegen, wenn der Datenumgang primär ein Mittel zur Erfüllung eines Geschäftszwecks ist. Zwar kann als „Nebenfolge" der Erfüllung eines Geschäftszwecks auch ein Datenumgang zu anderen Zwecken erfolgen,[1030] etwa wenn Daten eines Schuldners vom Gläubiger an eine Auskunftei übermittelt werden. Sobald personenbezogene Daten jedoch zur „Ware" werden, etwa bei Adresshändlern oder dem Datenumgang durch Auskunfteien, ist der Datenumgang kein Hilfsmittel zur Erfüllung eigener Geschäftszwecke mehr – seine Zulässigkeit kann sich dann nicht mehr aus § 28 BDSG ergeben, sondern bestimmt sich nach § 29 BDSG.[1031] Werden Daten bei einer Stelle zu verschiedenen Zwecken verwendet, ist eine Differenzierung vorzunehmen. Grundsätzlich bedarf es für jeden Zweck eines eigenen Erlaubnistatbestandes. Daten, die zu unterschiedlichen Zwecken erhoben wurden, dürfen dementsprechend beispielsweise nicht gemeinsam verarbeitet werden.[1032] Sollen ein und dieselben Daten sowohl für eigene Geschäftszwecke als auch für fremde Zwecke verarbeitet werden, ist für die Bestimmung der Erlaubnisnorm nach der überwiegenden Zweckbestimmung zu fragen.[1033] Werden Daten primär für eigene Geschäftszwecke erhoben, dann jedoch auch für fremde Zwecke verarbeitet, bleibt es bei der Anwendung des § 28 BDSG. Erfolgt die Datenerhebung zwar auch für eigene Geschäftszwecke, jedoch in erster Linie geschäftsmäßig, mit dem Ziel, diese etwa zu „verkaufen", bestimmt sich die Zulässigkeit nach § 29 BDSG.[1034]

[1028] *Simitis*, in: Simitis 2014, § 28 BDSG, Rn. 22; *Wedde*, in: Däubler/Klebe/Wedde/Weichert 2014, § 28 BDSG, Rn. 10.

[1029] *Bergmann/Möhrle/Herb* 2014, § 28 BDSG, Rn. 14; *Gola/Schomerus* 2012, § 28 BDSG, Rn. 4; der „Austausch" einer IT-Leistung mit personenbezogenen Daten des Betroffenen kann aus diesem Grunde gerade nicht nach § 28 Abs 1 BDSG zu beurteilen sein, weil die Datenerhebung, Verarbeitung und Nutzung hier Gegenstand des Geschäftsinteresses, also der Geschäftszweck ist. Der Umgang mit Daten durch einen Anbieter eines sozialen Netzwerks mit dem Zweck diese als Persönlichkeitsprofile zu vermarkten, ist kein Hilfsmittel, sondern der eigentliche Geschäftszweck und somit nach § 29 BDSG zu beurteilen, *Plath*, in: Plath 2013, § 29 BDSG, Rn. 27; *Ehmann*, in: Simitis 2014, § 29 BDSG, Rn. 96; *Taeger*, in: Taeger/Gabel 2013, § 28 BDSG, Rn. 37; *Dorn*, DuD 2008, 100; zum Lehrerbewertungsportal „Spickmich" BGHZ 181, 328, Rn. 24 ff., *Heller*, ZUM 2008, 245; jedoch auch *Bräutigam*, MMR 2012, 639; *Moos*, MMR 2006, 719.

[1030] *Taeger*, in: Taeger/Gabel 2013, § 28 BDSG, Rn. 33.

[1031] *Simitis*, in: Simitis 2014, § 28 BDSG, Rn. 22; *Bergmann/Möhrle/Herb* 2014, § 28 BDSG, Rn. 14; *Plath*, in: Plath 2013, § 29 NDSG, Rn. 11.

[1032] Inkassobüros, die Daten sowohl zum Forderungseinzug als auch gleichzeitig als Auskunftei speichern, haben deshalb beide Datenbestände streng zu trennen, hierzu *Gola/Schomerus* 2012, § 28 BDSG, Rn. 6 ff.; *Wedde*, in: Däubler/Klebe/Wedde/Weichert 2014, § 28 BDSG, Rn. 12 f.

[1033] „Schwerpunkt der Datenverwendung", *Plath*, in: Plath 2013, § 28 BDSG, Rn. 14.

[1034] So beispielsweise *Schaffland/Wiltfang* 2013, § 28 BDSG, Rn. 9.

6.4.1 Datenumgang durch den Cloud-Nutzer

Fraglich ist, ob beim Cloud Computing Daten ausschließlich zu eigenen Geschäftszwecken erhoben, verarbeitet oder genutzt werden. Hinsichtlich der gegebenenfalls durchgeführten Datenerhebung bei betroffenen Dritten durch den Cloud-Nutzer (Phase 1) hängt der Zweck, von der jeweiligen Zweckbestimmung bei der Erhebung und damit vom Einzelfall ab. Regelmäßig wird eine Datenerhebung zu eigenen Geschäftszwecken erfolgen, beispielsweise im Rahmen eines Kundenverhältnisses zwischen Cloud-Nutzer und dem betroffenen Dritten. Die Datenverarbeitung ist hier nur ein Hilfsmittel – in diesem Fall für die Begründung, Durchführung oder Beendigung des Vertragsverhältnisses, also etwa zur Rechnungsstellung an den Kunden – und erfolgt gerade nicht, um die Daten wirtschaftlich zu verwerten.[1035] Für diese Fälle wären demzufolge für die Erhebung beim betroffenen Dritten (Phase 1) und den weiteren Umgang – darunter auch eine mögliche Übermittlung an den Cloud-Anbieter (Phase 2) – die Erlaubnistatbestände des § 28 BDSG einschlägig. Vorstellbar ist aber auch, dass der Cloud-Nutzer Daten lediglich geschäftsmäßig zum Zweck der Übermittlung erhebt, beispielsweise indem er durch ein Gewinnspiel Daten mit dem Zweck sammelt, diese weiterzuverkaufen.[1036] In diesem Fall würde der Datenumgang primär nicht mehr zu eigenen Geschäftszwecken erfolgen. Die Datenerhebung bei dem betroffenen Dritten (Phase 1), aber auch die folgenden Übermittlung an den Cloud-Anbieter (Phase 2) würde somit nicht nach § 28 BDSG, sondern gegebenenfalls nach § 29 BDSG zu beurteilen sein.

Überträgt der Cloud-Nutzer seine eigenen Daten und nicht die eines betroffenen Dritten in die Cloud ist dieser hierfür, entsprechend der Ausführungen für die Datenübermittlung in die Cloud, verantwortliche Stelle im Sinne einer kollektiven Verantwortlichkeit.[1037] Daten mit bloßem Bezug zum Cloud-Nutzer, die der Cloud-Nutzer an den Cloud-Anbieter übermittelt, unterliegen, wie festgestellt, auf jeden Fall der primären Zweckbestimmung des Cloud-Nutzers. Die Übermittlung ausschließlich „eigener" Daten bedarf jedoch keines datenschutzrechtlichen Zulässigkeitstatbestands, sodass hier eine Einordnung in § 28 oder § 29 BDSG unterbleiben kann.

Auch soweit Daten automatisch beim Nutzer, etwa mittels einer adaptiven Messeinrichtung im Endgerät des Nutzers, erfasst werden und so an den Cloud-Anbieter gelangen, ist zumindest hinsichtlich der Eröffnung eines Zugangs zu diesen Daten von einer Verantwortlichkeit des Cloud-Nutzers auszugehen.[1038] Damit ist der Cloud-Nutzer ebenfalls für die originäre Zweckbestimmung zuständig und verantwortlich. Eröff-

---

[1035] *Schaffland/Wiltfang* 2013, § 28 BDSG, Rn. 3 ff.
[1036] Für den Fall eines Warenhauses, das Kundendaten weiterverkauft etwa *Simitis*, in: Simitis 2014, § 28 BDSG, Rn. 27.
[1037] Kapitel 5.2.4.
[1038] Kapitel 5.2.4.3.

net der Cloud-Nutzer lediglich den Zugriff auf seine eigenen Daten, ist dies wiederum hinsichtlich der Zulässigkeit dieser Handlung für den Cloud-Nutzer datenschutzrechtlich irrelevant.[1039] Eine Einordnung in §§ 28 oder 29 BDSG hat jedoch zu erfolgen, wenn durch die Eröffnung des Zugriffs auf das Endgerät auch Daten betroffener Dritter erhoben werden können. Aufgrund der Verantwortlichkeit bedarf dieser Vorgang einer Einwilligung oder einer gesetzlichen Erlaubnis, könnte aber nach §§ 28 oder 29 BDSG zulässig sein. Der vom Cloud-Nutzer intendierte Zweck des Datenumgangs durch den Cloud-Anbieter liegt regelmäßig in der Bereitstellung und Erbringung des Cloud-Dienstes, also etwa des Datenumgangs zur ordnungsgemäßen Speicherung, Instandhaltung oder zur Berechnung des gewünschten Software-Outputs bei Software-Diensten. Die Eröffnung des Zugangs zu seinem Endgerät und damit der Ermöglichung einer Datenerhebung des Cloud-Anbieters auch von Daten betroffener Dritter durch den Cloud-Nutzer ist lediglich Mittel zum Zweck. Es soll die Nutzung des Dienstes (beispielsweise eines Ortungsdienstes) ermöglichen und dient nicht der geschäftsmäßigen Verwertung von Daten. Die Eröffnung eines entsprechenden Zugangs durch den Cloud-Nutzer erfolgt mithin im Rahmen des § 28 BDSG zu eigenen Geschäftszwecken.

Der hier vorgenommenen Einordnung als Datenumgang zu eigenen Geschäftszwecken im Sinne des § 28 BDSG könnte entgegengehalten werden, der Datenumgang erfolge zumindest auch geschäftsmäßig als „Datenhandel" im Sinne des § 29 BDSG, wenngleich die Vergütung nicht unbedingt materieller Art ist. Als „Gegenleistung" für die Übermittlung von Daten an den Cloud-Anbieter oder die Eröffnung eines Zugangs zu einem Endgerät zwecks Erhebung von Daten (auch betroffener Dritter) könnte die Möglichkeit gesehen werden, beispielsweise den „Gesamt"-Dienst des Cloud-Anbieters und mithin auch weitere damit zusammenhängende Vorteile nutzen zu können. Die vom Cloud-Nutzer bereits in der ersten Phase, also bereits während der Datenerhebung durch den Cloud-Nutzer bei einem betroffenen Dritten oder der Speicherung dieser Daten erhobenen Daten würden damit über einen eigenständigen, quasi handelbaren Wert für den Cloud-Nutzer verfügen.[1040] Durch die (spätere) Eröffnung eines Zugangs zu einem Endgerät oder die Übermittlung an den Cloud-Anbieter (Phase 2) könnte dieser Wert für den Cloud-Nutzer realisiert werden. Erhält der Cloud-Nutzer beispielsweise durch die Eröffnung eines Zugangs zu seinem Endgerät auch Informationen und Interaktionsmöglichkeiten mit weiteren Nutzern, könnte die in Phase 1 vorgelagerte Erhebung und Speicherung von personenbezogenen Daten betroffener Drit-

---

[1039] Der Betroffene kann nach dem Zweck des Datenschutzrechts nicht verantwortliche Stelle sein. Zumindest sind die Vorschriften des Bundesdatenschutzgesetzes auf eine eigenverantwortliche Verarbeitung „eigener" Daten nicht anzuwenden, *Dammann*, in: Simitis 2014, § 3 BDSG, Rn. 226.

[1040] Zum Wert und Preis von Daten bei kostenlosen Internetdiensten, insbesondere sozialen Netzwerken *Bräutigam*, MMR 2012, 638 f.; *Kilian*, CRi 2012, 169 ff.; *Worms/Gusy*, DuD 2012, 98.

ter als ein Datenumgang zum Zwecke der Übermittlung im Sinne des § 29 BDSG angesehen werden. Im Einzelfall kann dies zutreffen – etwa, wenn der Cloud-Nutzer an einer Verarbeitung und Rückübermittlung seiner eigenen Daten durch die Cloud nicht oder nur nebenbei interessiert ist. Dies mag insbesondere für soziale Netzwerke gelten, bei denen die selbst eingestellten Informationen (auch über Dritte) für den Nutzer gar nicht interessant sind, sondern lediglich dazu dienen, mit anderen Menschen in Kontakt zu treten und zu interagieren.[1041] Bei den hier betrachteten typischen Cloud-Diensten steht jedoch die Nutzung der zur Verfügung stehenden Ressourcen für den Cloud-Nutzer im Mittelpunkt. Die Cloud ist aus Sicht des Nutzers lediglich die in das Internet „verlagerte" Speicher-, Rechen- und Anwendungsumgebung. Die Nutzung von Vorteilen, die nicht auf dem Umgang und gegebenenfalls der Rückübermittlung der verarbeiteten Daten an den Cloud-Nutzer beruhen, wird hier, wenn überhaupt, allenfalls eine Nebenfolge des Cloud Computing sein.

Im Ergebnis erfolgt die Erhebung von Daten bei betroffenen Dritten durch den Cloud-Nutzer sowie die Speicherung und spätere Übermittlung an den Cloud-Anbieter oder die Eröffnung eines Zugangs zwecks Erhebung durch den Cloud-Anbieter zu eigenen Geschäftszwecken und damit auf Grundlage des § 28 BDSG. Ein Datenumgang zum Zwecke der Übermittlung nach § 29 BDSG durch den Cloud-Nutzer kommt lediglich in Betracht, wenn dieser die Daten beim betroffenen Dritten überwiegend deshalb erhebt und dann (lokal oder in der Cloud) speichert, um diese an andere Stellen geschäftsmäßig weiter zu übermitteln oder wenn die Datenerhebung und lokale Speicherung – eher untypisch für das hier betrachtete Cloud Computing – überwiegend dem Zweck dient, die Daten zur Erlangung einer (wenn auch nicht-monetären) Gegenleistung etwa in Form eines zusätzlichen Dienstes zur Verfügung zu stellen.

6.4.2 Datenumgang durch den Cloud-Anbieter

Soweit der Cloud-Anbieter (etwa bei einer Erhebung von Daten von einem Endgerät des Nutzers oder nach der Übermittlung durch den Cloud-Nutzer) im Rahmen seiner Dienstbereitstellung und -erbringung für den jeweiligen Datenumgang verantwortliche Stelle ist, könnte er selbst Daten zu eigenen Geschäftszwecken nach § 28 BDSG oder geschäftsmäßig zum Zweck der Übermittlung nach § 29 BDSG erheben und speichern.

[1041] Für die Anwendung des § 29 BDSG statt § 28 BDSG auf soziale Netzwerke *Ehmann*, in: Simitis 2014, § 29 BDSG, Rn. 96; *Plath*, in: Plath 2013, § 29 BDSG, Rn. 26; *Taeger*, in: Taeger/Gabel 2013, § 28 BDSG, Rn. 37; *Dorn*, DuD 2008, 100; zum Lehrerbewertungsportal „Spickmich" BGHZ 181, 328, Rn. 24 ff.; *Heller*, ZUM 2008, 245; jedoch auch *Bräutigam*, MMR 2012, 639; *Moos*, MMR 2006, 719.

Für die Anwendung des § 29 BDSG in dieser dritten Phase spricht, dass der Datenumgang durch den Cloud-Anbieter ein originärer Gegenstand seiner Tätigkeit ist.[1042] Anders als bei Bestands- und Nutzungsdaten des Cloud-Nutzers kommt es auf den konkreten *Inhalt* der Daten für den Geschäftszweck aus Sicht des Cloud-Anbieters nicht an. Der Inhalt, also der Informationsgehalt der Daten, ist ausschließlich für andere Stellen von Bedeutung.[1043] Die Daten sind damit auch keine Hilfsmittel, sondern der Umgang mit ihnen stellt die eigentliche Geschäftstätigkeit des Cloud-Anbieters dar.[1044]

Allerdings richtet sich § 29 BDSG in einem Regelbeispiel an Tätigkeiten zur Werbung, von Auskunfteien oder dem Adresshandel und normiert damit ausdrücklich den Fall, dass die verantwortliche Stelle mit den Daten des Betroffenen „Geschäfte" macht.[1045] Solange der Cloud-Anbieter die Daten in erster Linie, entsprechend der originären Zweckbestimmung, zur Dienstbereitstellung und -erbringung verarbeitet oder nutzt, ist zwar nicht der Daten*inhalt*, wohl aber der *Umgang* mit den Daten ein „Mittel zum Zweck" der Geschäftstätigkeit des Cloud-Anbieters – also etwa zur Erfüllung eines Vertrags zwischen dem Cloud-Nutzer und dem Cloud-Anbieter. Übermittelt der Cloud-Anbieter die vom Cloud-Nutzer zur Verfügung gestellten Daten nach der Speicherung oder Verarbeitung wieder zurück, ist der Empfänger dieser Daten wiederum der Cloud-Nutzer selbst (also deren „ursprünglicher Absender") und nicht, wie nach der Systematik des § 29 BDSG vorgesehen,[1046] ein Dritter. Im Rahmen der ordnungsgemäßen Dienstbereitstellung und -erbringung „handelt" der Cloud-Anbieter nicht mit den Daten, etwa indem er sie gewinnbringend weiterveräußert.[1047] Er „vermietet"[1048] vielmehr seinen Dienst, in dessen Rahmen ein Umgang mit Daten vorgesehen ist. Der Datenumgang durch den Cloud-Anbieter erfolgt somit im Rahmen des § 28 BDSG zu eigenen Geschäftszwecken. Da der Schwerpunkt auf dem Datenumgang zu eigenen Geschäftszwecken liegt, wird der Datenumgang somit auch nach § 28 BDSG zu beurteilen sein, wenn der Cloud-Anbieter die ihm anvertrauten Daten zusätzlich zur

---

[1042] *Ehmann*, in: Simitis 2014, § 29 BDSG, Rn. 101 ff.; *Schneider* 2009, Kapitel B, Rn. 264; siehe auch *Gola/Schomerus* 2012, § 29 BDSG, Rn. 8 („nicht mehr als Auftragnehmer einzugliedernde (Konzern-)Rechenzentren"); *Tinnefeld/Ehmann/Gerling* 2005, IV 2.4., 544.

[1043] *Tinnefeld/Ehmann/Gerling* 2005, IV 2.4., 544; zu Auskunfteien *Ganßauge* 1995, 145.

[1044] Hierzu *Ganßauge* 1995, 145.

[1045] Zur Abgrenzung zwischen Hilfsmittel und eigenständiger Geschäftstätigkeit *Gola/Schomerus* 2012, § 29 BDSG, Rn. 2; *Taeger*, in: Taeger/Gabel 2013, § 29 BDSG, Rn. 12.

[1046] So etwa in § 29 Abs. 2 BDSG, nach dem für eine Rückübermittlung an den Cloud-Nutzer sonst höhere Anforderungen gestellt würden als für die Übermittlung an den Cloud-Anbieter.

[1047] *Gola/Schomerus* 2012, § 29 BDSG, Rn. 8.; *Taeger*, in: Taeger/Gabel 2013, § 29 BDSG, Rn. 15; die Daten beim Cloud Computing sind in diesem Fall aber gerade keine Handelsware.

[1048] Zur mietvertraglichen Einordnung beim Cloud Computing, *Wicker*, MMR 2012, 783.

Dienstbereitstellung und -erbringung als „Nebenfolge" an andere Stellen weiterveräußert.[1049]

Möglich ist aber auch, dass der Datenumgang im Rahmen des Cloud Computing durch den Cloud-Anbieter von Anfang an nicht in erster Linie zu dem durch den Cloud-Nutzer vorgegebenen Zwecken erfolgt und damit nicht mehr überwiegend nur „Mittel zum Zweck" ist.[1050] Erhebt ein Cloud-Anbieter beispielsweise Daten im Rahmen des Dienstes mit dem primären Zweck, diese zu vermarkten und ist eine solche Vermarktungsabsicht nicht mehr nur eine „Nebenfolge" des Datenumgangs zur Dienstbereitstellung und -erbringung, sondern sein eigentlicher Geschäftszweck,[1051] so erfolgt der Datenumgang nicht zu eigenen Geschäftszwecken im Sinne des § 28 BDSG. Die Zulässigkeit des Datenumgangs bemisst sich in diesem Fall nach § 29 BDSG. Ob sich der Datenumgang durch den Cloud-Anbieter nach § 28 BDSG oder nach § 29 BDSG richtet, lässt sich nicht pauschal bestimmen.[1052] Eine Abgrenzung bietet sich beispielsweise anhand des von § 29 BDSG geforderten Merkmals des geschäftsmäßigen Handelns an. So hat der Bundesgerichtshof den Datenumgang im Rahmen eines Lehrerbewertungsportals als einen Fall der geschäftsmäßigen Datenverarbeitung im Sinne des § 29 BDSG und nicht des § 28 BDSG eingeordnet, weil die Tätigkeit auf Wiederholung gerichtet und auf eine gewisse Dauer angelegt ist. Dabei ist nach dem Bundesgerichtshof eine Gewerbsmäßigkeit im Sinne einer Gewinnerzielungsabsicht nicht erforderlich.[1053] Entsprechende Abgrenzungskriterien ergeben sich auch aus der Literatur.[1054] Ein Cloud-Anbieter könnte beispielsweise Daten geschäftsmäßig zur Übermittlung im Sinne des § 29 BDSG erheben, wenn er im Rahmen seines Dienstes auf Nutzer-Endgeräte regelmäßig zugreift und dort, mit dem Ziel, Daten weiterzuverkaufen, mehr Daten erhebt als für die Dienstbereitstellung und -erbringung benötigt werden. So ist denkbar, dass ein Anbieter für Smartphone-

---

[1049] *Taeger*, in: Taeger/Gabel 2013, § 28 BDSG, Rn. 33.
[1050] Hierzu beispielsweise *Ehmann*, in: Simitis 2014, § 29 BDSG, Rn. 101 ff.
[1051] So *Taeger*, in: Taeger/Gabel 2013, § 28 BDSG, Rn. 34 f.
[1052] Auf grundsätzliche Abgrenzungsschwierigkeiten weisen beispielsweise *Simitis*, in: Simitis 2014, § 28 BDSG, Rn. 24 und *Taeger*, in: Taeger/Gabel 2013, § 28 BDSG, Rn. 36 f. hin.
[1053] BGHZ 181, 328, Rn. 24.
[1054] *Ehmann*, in: Simitis 2014, § 29 BDSG, Rn. 58 ff.; *Gola/Schomerus* 2012, § 29 BDSG, Rn. 6; *Taeger*, in: Taeger/Gabel 2013, § 28 BDSG, Rn. 37; *Schaffland/Wiltfang* 2013, § 29 BDSG, Rn. 4; *Wedde* stellt außerdem auf die Rechtsbeziehung als Abgrenzungskriterium ab. Liege kein rechtsgeschäftliches Schuldverhältnis zwischen der verarbeitenden Stelle und dem Betroffenen vor, so deute dies auf ein Vorliegen des § 29 BDSG hin, da § 29 BDSG keine solche Rechtsbeziehung voraussetze, *Wedde*, in: Däubler/Klebe/Wedde/Weichert 2014, § 28 BDSG, Rn. 11. Allerdings setzen auch § 28 Abs. 1 S. 1 und 2 und 3 BDSG keine solche Rechtsbeziehung voraus. Hierzu genügt gerade ein entsprechendes berechtigtes Interesse oder die Öffentlichkeit der Daten, das – um nicht bereits nach § 28 Abs. 1 S. 1 Nr. 1 BDSG gerechtfertigt zu sein – nicht auf einem Schuldverhältnis beruhen muss. Die zugrunde liegende Rechtsbeziehung eignet sich mithin für eine sichere Abgrenzung zwischen § 28 und § 29 BDSG nicht.

Dienste Standortdaten von Nutzern (mit oder ohne deren Wissen) erhebt und diese Standortdaten an Werbepartner weitergibt, die dann für standortbezogene Dienste und Produkte werben können, obwohl dies für den konkreten Cloud-Dienst nicht erforderlich wäre.[1055] Demgegenüber wäre der Datenumgang nach § 28 BDSG zu beurteilen, wenn der Cloud-Anbieter die Standortdaten in erster Linie für die Dienstbereitstellung und -erbringung (etwa für einen Navigationsdienst) erhebt, diese dann aber, beispielsweise zur Ortung eines abhandengekommenen Geräts, ausnahmsweise übermittelt oder auswertet.

6.4.3 Datenumgang in der Cloud für eigene Geschäftszwecke

Der Datenumgang sowohl durch den Cloud-Nutzer (Phase 1 und gegebenenfalls Phase 2) sowie durch den CloudAnbieter (gegebenenfalls Phase 2 und Phase 3) erfolgt regelmäßig überwiegend zur Erfüllung eigener Geschäftszwecke nach § 28 BDSG und allenfalls nur als Nebenfolge zum Zwecke der geschäftsmäßigen Datenübermittlung nach § 29 BDSG. In Ausnahmefällen kann dennoch eine Anwendbarkeit des § 29 BDSG gegeben sein. Dies betrifft beim Cloud-Nutzer insbesondere den Fall, dass dieser Daten bei betroffenen Dritten in erster Linie erhebt und dann in der Cloud oder lokal speichert, um mit diesen zu handeln oder für die Weitergabe an den Cloud-Anbieter eine nicht-monetäre Gegenleistung in Form einer erweiterten Dienstnutzung zu erhalten. Auch die Anwendung des § 29 BDSG auf die Tätigkeit des Cloud-Anbieters ist auf den Fall beschränkt, dass dieser den Cloud-Dienst primär zwecks der geschäftsmäßigen Verwertung der in der Cloud befindlichen Daten betreibt. Dies ist zwar für die hier untersuchten Cloud-Dienste ebenfalls noch untypisch. Im Hinblick auf den zunehmenden Eigenwert von Daten und ihren Informationsgehalt, insbesondere für große Cloud-Anbieter, die ihre Dienste kostenlos zur Verfügung stellen, könnte die Anwendung des § 29 BDSG auf den Datenumgang von Cloud-Anbietern an Bedeutung gewinnen.

6.5 Zulässigkeit des Datenumgangs zur Erfüllung eigener Geschäftszwecke

§ 28 BDSG ist eine zentrale Erlaubnisnorm für den Datenumgang im nicht-öffentlichen Bereich.[1056] Soweit die einzelnen Erlaubnistatbestände den Umgang nicht gesondert einschränken wie etwa § 28 Abs. 2 BDSG auf die Übermittlung und Nutzung, umfasst § 28 BDSG, mit Ausnahme der Datenlöschung und Datensperrung, alle Pha-

---

[1055] Für entsprechende Absichten des Anbieters Apple LG Berlin, NJW 2013, 2605; siehe zur Einordnung bestimmter Tätigkeiten des Cloud-Anbieters unter § 29 BDSG auch *Ehmann*, in: Simitis 2014, § 29 BDSG, Rn. 105 ff.
[1056] *Wedde*, in: Däubler/Klebe/Wedde/Weichert 2014, § 28 BDSG, Rn. 1.

sen des Datenumgangs.[1057] Ungeachtet der Überschrift des § 28 BDSG ist in den Erlaubnistatbeständen nicht nur die Datenerhebung und -speicherung, sondern, wie sich aus § 28 Abs. 1 S. 1 BDSG ergibt, das Erheben, Speichern, Verändern sowie Übermitteln umfasst.[1058]

§ 28 Abs. 1 S. 1 BDSG nennt drei Tatbestände, die den Umgang mit personenbezogenen Daten auch ohne die Einwilligung des Betroffenen zulassen. Die drei Tatbestandsvarianten stehen zwar nach dem Wortlaut ohne Rangfolge nebeneinander, dennoch genießt die Regelung des § 28 Abs. 1 S. 1 Nr. 1 BDSG eine besondere Stellung.[1059] Regelmäßig wird ein Vertragsverhältnis Anlass zur Verarbeitung von Daten geben. Der Vertragspartner wird häufig auch darauf vertrauen, dass seine Daten nur zur vertraglichen Zweckbestimmung und daher nur in diesem Rahmen verarbeitet werden. Die Zulässigkeitstatbestände nach Nr. 2 und Nr. 3 treten hinsichtlich ihrer Anwendung hinter den der Nr. 1 zurück. Beim Vorliegen eines vertraglichen Schuldverhältnisses im Sinne der Nr. 1 kann nicht auch noch zusätzlich oder alternativ auf die Zulässigkeitsalternativen der Nr. 2 und Nr. 3 zurückgegriffen werden; sie könnten deshalb nur außerhalb des Regelungsrahmens der Nr. 1 zur Anwendung kommen.[1060] Dies bedeutet jedoch nicht, dass bei Vorliegen eines Schuldverhältnisses ein Rückgriff auf Nr. 2 und Nr. 3 grundsätzlich unzulässig ist.[1061] Die beiden Alternativtatbestände haben lediglich eine Auffangfunktion und sind entsprechend eng anzuwenden.[1062] Sieht beispielsweise das zugrunde liegende Vertragsverhältnis nach seinem Wortlaut oder Umstand eine besondere Verschwiegenheit des Vertragspartners vor, muss dies, zumindest bei der Interessenabwägung nach Nr. 2 und Nr. 3, berücksichtigt werden und führt wohl regelmäßig zu einem Verbot des Datenumgangs nach Nr. 2 oder Nr. 3.[1063]

[1057] Diese sind speziell, beispielsweise in § 35 BDSG, geregelt, *Plath*, in: Plath 2013, § 28 BDSG, Rn. 6.
[1058] Bei der Überschrift des § 28 BDSG handelt es sich wohl um einen Redaktionsfehler, *Wedde*, in: Däubler/Klebe/Wedde/Weichert 2014, § 28 BDSG, Rn. 8.
[1059] *Wedde*, in: Däubler/Klebe/Wedde/Weichert 2014, § 28 BDSG, Rn. 14.
[1060] *Wedde*, in: Däubler/Klebe/Wedde/Weichert 2014, § 28 BDSG, Rn. 14; *Simitis*, in: Simitis 2014, § 28 BDSG, Rn. 54.
[1061] Noch weiter *Taeger*, in: Taeger/Gabel 2013, § 28 BDSG, Rn. 108, der sich wohl für die „kumulative Verwendung" ausspricht.
[1062] „Auffangklauseln" *Wedde*, in: Däubler/Klebe/Wedde/Weichert 2014, § 28 BDSG, Rn. 14; *Simitis*, in: Simitis 2014, § 28 BDSG, Rn. 55.
[1063] Im Ergebnis auch *Gola/Schomerus* 2012, § 28 BDSG, Rn. 10, die jedoch die konkrete Prüfung auf mögliche Interessen nach dem Vertragsverhältnis nicht in der allgemeinen Interessenabwägung nach Nr. 2 und 3, sondern bereits im Vorfeld ansiedeln wollen.

6.5.1 Erforderlichkeit für die Begründung, Durchführung oder Beendigung von Schuldverhältnissen

Ein Datenumgang zur Erfüllung eigener Geschäftszwecke ist nach § 28 Abs. 1 Nr. 1 BDSG zulässig, „wenn es für die Begründung, Durchführung oder Beendigung eines rechtsgeschäftlichen oder rechtsgeschäftsähnlichen Schuldverhältnisses mit dem Betroffenen erforderlich ist". Voraussetzung ist damit zuvorderst das Bestehen eines rechtsgeschäftlichen oder rechtsgeschäftsähnlichen Schuldverhältnisses. Neben einem bestehenden Vertrag kommen auch die Anbahnung eines datenschutzrechtlich relevanten Vertragsverhältnisses,[1064] nachvertragliche Vertrauensverhältnisse[1065] sowie nichtige Schuldverhältnisse und Gefälligkeitsverhältnisse[1066] und auch mitgliedschaftliche Beziehungen[1067] (etwa Vereinsmitgliedschaften) in Betracht. Die beabsichtigte Verwendung der Daten muss in einem unmittelbaren sachlichen Zusammenhang mit dem Zweck des rechtsgeschäftlichen oder rechtsgeschäftsähnlichen Schuldverhältnisses stehen.[1068] Maßgeblich ist dabei der von den Parteien gemeinsam zugrundegelegte Vertragszweck, der aus objektiver Sicht, etwa aus dem Vertragstext oder den Umständen, zu ermitteln ist.[1069]

Daten, die auf Grundlage des § 28 Abs. 1 S. 1 Nr. 1 BDSG verwendet werden, müssen sich auf die Begründung, Durchführung oder Erfüllung des diesem Zweck dienenden Vertrags oder anderweitigen Schuldverhältnisses beziehen. Sie müssen also geeignet sein, der Abwicklung des Schuldverhältnisses sowie der Erfüllung und Wahrnehmung der Rechte und Pflichten aus dem Vertrag zu dienen.[1070] Hierzu zählen beispielsweise regelmäßig Basisdaten wie Name und Anschrift des Vertragspartners, Zahlungsinformationen sowie Inhalt und Gegenstand des rechtsgeschäftlichen Schuldverhältnisses.[1071] Auch Daten betroffener Dritter können der Begründung, Durchführung oder Beendigung eines Vertragsverhältnisses dienen. So könnten beispielsweise Daten über mitberechtigte oder mitverpflichtete Personen (etwa bei Verträgen zugunsten Dritter, zum Beispiel der Mitgliedschaft in Familienversicherungen oder ähnlichem) benötigt

---

[1064] *Plath*, in: Plath 2013, § 28 BDSG, Rn. 18.
[1065] *Taeger*, in: Taeger/Gabel 2013, § 28 BDSG, Rn. 43 f.
[1066] *Wedde*, in: Däubler/Klebe/Wedde/Weichert 2014, § 28 BDSG, Rn. 14.
[1067] *Plath*, in: Plath 2013, § 28 BDSG, Rn. 18; *Gola/Schomerus* 2012, § 28 BDSG, Rn. 13; *Bergmann/Möhrle/Herb* 2014, § 28 BDSG, Rn. 211; *Schaffland/Wiltfang* 2013, § 28 BDSG, Rn. 78.
[1068] *Simitis*, in: Simitis 2014, § 28 BDSG, Rn. 57; *Bergmann/Möhrle/Herb* 2014, § 28 BDSG, Rn. 25; hierzu bereits BAGE 53, 226 es muss der „Zweckbestimmung des Vertrages dienen", *Hoeren*, in: Roßnagel 2003, 4.6, Rn. 17.
[1069] *Simitis*, in: Simitis 2014, § 28 BDSG, Rn. 57; *Wedde*, in: Däubler/Klebe/Wedde/Weichert 2014, § 28 BDSG, Rn. 16 f. ; so bereits auch *Ganßauge* 1995, 149; *Tiedemann*, NJW 1981, 951.
[1070] *Bergmann/Möhrle/Herb* 2014, § 28 BDSG, Rn. 25; *Schaffland/Wiltfang* 2013, § 28 BDSG, Rn. 18.
[1071] *Simitis*, in: Simitis 2014, § 28 BDSG, Rn. 60; *Wedde*, in: Däubler/Klebe/Wedde/Weichert 2014, § 28 BDSG, Rn. 18.

werden.[1072] Auch soweit zwischen dem betroffenen Dritten und der datenverarbeitenden Stelle gar kein rechtsgeschäftliches oder rechtsgeschäftsähnliches Schuldverhältnis besteht, setzen zahlreiche Vertragsverhältnisse neben den Daten des Vertragspartners auch Daten betroffener Dritter voraus, etwa die Empfängerdaten bei Banküberweisungen oder Informationen von Anwälten oder Ärzten über Gegenparteien beziehungsweise Angehörige von Patienten.[1073]

Zusätzlich zu der Eignung zur Begründung, Durchführung oder Erfüllung des Schuldverhältnisses müssen die Daten nach dem Gesetzestext auch hierfür erforderlich sein. Relevant sind nicht die subjektiven Anforderungen, die eine verantwortliche Stelle im Hinblick auf den Datenumgang in einem Vertragsverhältnis sieht. Für die Zulässigkeit eines Datenumgangs kommt es vielmehr auf die objektive Erforderlichkeit für das konkrete Schuldverhältnis an.[1074] Zur Frage, wann eine Erforderlichkeit objektiv vorliegt, bestehen unterschiedliche Ansichten. So wird vertreten, die Erforderlichkeit müsse eng ausgelegt werden.[1075] Im Hinblick darauf, dass mit der Novelle des Bundesdatenschutzgesetzes 2009 der weite Begriff „dient" durch den engeren Begriff „erforderlich" ersetzt worden ist, reiche die bloße Eignung zur Unterstützung oder Förderung einer Vertragsdurchführung nicht mehr aus. Es dürften nur noch solche Daten erhoben, verarbeitet und genutzt werden, „ohne die eine Durchführung des rechtsgeschäftlichen oder rechtsgeschäftsähnlichen Schuldverhältnisses nicht möglich" sei. Eine andere Ansicht geht davon aus, dass die Erforderlichkeit nicht „im Sinne einer absolut zwingenden Notwendigkeit" verstanden werden müsse. Vielmehr seien die Daten erforderlich, auf die die verantwortliche Stelle bei vernünftiger Betrachtung angewiesen sei und es nach den Gesamtumständen keine sinnvolle oder zumutbare Alternative gebe.[1076] Anders als bei den beiden folgenden Erlaubnistatbeständen sieht § 28 Abs. 1 S. 1 Nr. 1 BDSG keine Abwägung mit den Interessen des Betroffenen vor, sondern knüpft einen Datenumgang ohne die Einwilligung des Betroffenen ausschließlich an das Vorliegen der Erforderlichkeit an. Im Hinblick auf den Schutz des Rechts auf informationelle Selbstbestimmung des Betroffenen ist hier einer engen Auslegung

---

[1072] *Bergmann/Möhrle/Herb* 2014, § 28 BDSG, Rn. 25; zu Familienversicherungen auch *Wedde*, in: Däubler/Klebe/Wedde/Weichert 2014, § 28 BDSG, Rn. 46.

[1073] *Simitis*, in: Simitis 2014, § 28 BDSG, Rn. 62; zur Abgrenzung zum Berufsgeheimnisschutz und Drittgeheimnissen *Kroschwald/Wicker*, CR 2012, 758.

[1074] *Plath*, in: Plath 2013, § 28 BDSG, Rn. 19; *Taeger*, in: Taeger/Gabel 2013, § 28 BDSG, Rn. 47; *Simitis*, in: Simitis 2014, § 28 BDSG, Rn. 69.

[1075] *Wedde*, in: Däubler/Klebe/Wedde/Weichert 2014, § 28 BDSG, Rn. 15.

[1076] *Gola/Schomerus* 2012, § 28 BDSG, Rn. 15; noch weiter wohl *Schaffland/Wiltfang* 2013, § 28 BDSG, Rn. 110, die bereits eine Erleichterung der Interessenwahrnehmung gelten lassen (hier jedoch in Bezug auf die Erforderlichkeit nach Nr. 2); am weitesten geht *Plath*, in: Plath 2013, § 28 BDSG, Rn. 25, der die Erforderlichkeit bereits als gegeben sehen möchte, wenn die Verwendung der Daten „insoweit sinnvoll bzw. förderlich [ist], als damit weitere Kosten vermieden werden, die Prozesse beschleunigt werden oder in sonstiger Form Effizienzgewinne erzielt werden".

des Erforderlichkeitsbegriffs der Vorzug zu geben.[1077] Die verantwortliche Stelle hat sich an einem Minimalprinzip auszurichten und darf keine „überschießenden Daten" erheben, verarbeiten oder nutzen.[1078] Die Förderung der Effizienz kann insofern bei der Erforderlichkeit keine Rolle spielen.[1079] Nur soweit die Begründung, Durchführung oder Beendigung des Schuldverhältnisses ohne den zusätzlichen Datenumgang objektiv nicht möglich wäre, kann es der verantwortlichen Stelle erlaubt sein, Daten ohne die Einwilligung des Betroffenen und auch ohne die Abwägung mit dessen möglicherweise überwiegenden Interessen zu erheben, zu verarbeiten oder zu nutzen.

Die Eignung eines Datenumgangs zum einen und die Erforderlichkeit des Datenumgangs zum anderen müssen nicht nur vom konkreten Inhalt oder Umfang der Daten abhängen. Auch die Art des konkreten Datenumgangs, also die Frage, ob Daten im konkreten Fall unter den konkreten Umständen und im konkreten Rahmen erhoben und gespeichert oder zusätzlich auch übermittelt oder anderweitig genutzt werden dürfen, ist hier relevant. Soweit die Literatur bislang häufig nur auf die erforderlichen Daten abstellt,[1080] wird dabei unzureichend festgestellt, dass unterschiedliche Verwendungen unterschiedlich starke Auswirkungen auf das Recht auf informationelle Selbstbestimmung des Betroffenen haben können. So ist vorstellbar, dass für eine verantwortliche Stelle die Erhebung, Speicherung und Veränderung eines bestimmten Datensatzes zwar erforderlich sein mag, nicht jedoch dessen Übermittlung an weitere Stellen, da hierdurch etwa die Gefahr einer missbräuchlichen Weiterverwendung ansteigt. Es ist aus diesem Grund sowohl die Geeignetheit und Erforderlichkeit bestimmter Daten als auch eines bestimmten Umgangs mit diesen Daten im Einzelfall zu prüfen.[1081]

6.5.1.1 Datenumgang durch den Cloud-Nutzer

Soweit der Cloud-Nutzer im Rahmen des Cloud Computing nur mit Daten, die sich auf ihn und nicht auf betroffene Dritte beziehen, umgeht, ist dies datenschutzrechtlich für ihn irrelevant. Eine Übermittlung von ausschließlich „eigenen Daten" braucht deshalb

---

[1077] In diese Richtung wohl auch *Simitis*, in: Simitis 2014, § 28 BDSG, Rn. 69; *Bergmann/Möhrle/Herb* 2014, § 28 BDSG, Rn. 25.
[1078] BT-Drs. 16/13657, 18; zum Minimalprinzip *Taeger*, in: Taeger/Gabel 2013, § 28 BDSG, Rn. 51.
[1079] So auch OLG Köln, NJW 2010, 91; andere Ansicht *Plath*, in: Plath 2013, § 28 BDSG, Rn. 25.
[1080] Entsprechend die Formulierungen bei *Simitis*, in: Simitis 2014, § 28 BDSG, Rn. 69 „der [...] erforderlichen Daten"; siehe auch *Taeger*, in: Taeger/Gabel 2013, § 28 BDSG, Rn. 49; *Bergmann/Möhrle/Herb* 2014, § 28 BDSG, Rn. 25; *Wedde*, in: Däubler/Klebe/Wedde/Weichert 2014, § 28 BDSG, Rn. 15, die die Unterscheidung implizit wohl treffen, jedoch nicht ausdrücklich formulieren.
[1081] Entsprechend explizit differenzierend etwa *Gola/Schomerus* 2012, § 28 BDSG, Rn. 15 ff.

auch nicht auf eine Zulässigkeit nach § 28 Abs. 1 S. 1 Nr. 1 BDSG geprüft werden.[1082] Der Datenumgang durch den Cloud-Nutzer mit Daten betroffener Dritter im Rahmen des Cloud Computing bedarf jedoch einer Einwilligung oder einer gesetzlichen Erlaubnis und könnte nach § 28 Abs. 1 S. 1 Nr. 1 BDSG zulässig sein.

Ob bereits die Datenerhebung durch den Cloud-Nutzer beim betroffenen Dritten (Phase 1) aufgrund § 28 Abs. 1 S. 1 Nr. 1 BDSG zulässig ist, hängt vom Einzelfall ab.[1083] Die Datenerhebung sowie die lokale, also cloud-unabhängige Speicherung, Veränderung oder Nutzung könnten beispielsweise nach dieser Norm zulässig sein, wenn es sich um Daten von Kunden des Cloud-Nutzers handelt, die etwa zur Auftragsverwaltung, zur Zustellung von Waren oder zur Rechnungsstellung erforderlich sind. Der Datenumgang in dieser ersten Phase findet, wie oben beschrieben, nicht im Rahmen des Cloud Computing, sondern ausschließlich lokal statt und muss hinsichtlich seiner Zulässigkeit hier nicht näher beurteilt werden.

Fraglich ist allerdings, ob auch eine Übermittlung dieser Daten in eine Cloud durch den Cloud-Nutzer an einen Cloud-Anbieter (Phase 2) nach § 28 Abs. 1 S. 1 Nr. 1 BDSG zulässig ist. Hierzu müsste die Übermittlung an den Cloud-Anbieter zum einen geeignet sein, der Begründung, Durchführung oder Beendigung eines rechtsgeschäftlichen oder rechtsgeschäftsähnlichen Schuldverhältnisses zwischen Cloud-Nutzer und betroffenem Dritten zu dienen. Zum anderen müsste die Übermittlung für diesen Zweck auch erforderlich sein. Eine grundsätzliche Geeignetheit kann sich aus dem Gegenstand des Cloud-Dienstes ergeben. Sollen beispielsweise Daten von Kunden des Cloud-Nutzers in einer Speicher-Cloud abgelegt werden und dient der Cloud-Speicher als Erweiterung oder Ersatz einer lokalen Speicherung beim Cloud-Nutzer, kann die Übermittlung in die Cloud für die Begründung, Durchführung oder Beendigung des Schuldverhältnisses geeignet sein. Statt der lokalen Speicherung werden die Kundendaten in der Cloud gespeichert und so ebenfalls eine Aufbewahrung der Daten ermöglicht. Auch die Datenübermittlung an einen cloud-basierten Software-Dienst, der beispielsweise online eine CRM-Anwendung zur Verfügung stellt, kann geeignet sein, wenn hierdurch die entsprechenden Daten für die Begründung, Durchführung oder Beendigung eines Vertragsverhältnisses gespeichert und verändert werden. Ist der Cloud-Dienst also in der Lage, Speicher- und Rechenoperationen zum Zwecke der Begründung, Durchführung oder Beendigung des Schuldverhältnisses zwischen dem Cloud-Nutzer und dem betroffenen Dritten durchzuführen und ersetzt oder ergänzt der jeweilige Cloud-Dienst den entsprechenden lokalen Datenumgang beim Cloud-Nutzer,

---

[1082] Der Betroffene kann nach dem Zweck des Datenschutzrechts nicht verantwortliche Stelle sein. Zumindest sind die Vorschriften des Bundesdatenschutzgesetzes auf eine eigenverantwortliche Verarbeitung „eigener" Daten nicht anzuwenden, *Dammann*, in: Simitis 2014, § 3 BDSG, Rn. 226.

[1083] Hierzu Kapitel 6.5.1.1.

kann eine Übermittlung in die Cloud diesen Zweck fördern. Die Übermittlung an entsprechende Cloud-Dienste ist dann grundsätzlich geeignet.

Problematisch ist jedoch die Erforderlichkeit einer solchen Übermittlung. Eine Datenübermittlung in die Cloud und damit an den Cloud-Anbieter wäre nach der hier zugrundegelegten engen Auslegung nur dann erforderlich, wenn die Begründung, Durchführung oder Beendigung des Schuldverhältnisses zwischen dem Cloud-Nutzer und dem betroffenen Dritten ohne diese Übermittlung objektiv nicht möglich wäre. Effizienzerwägungen sind hier, wie bereits dargelegt, nicht einzubeziehen,[1084] sodass mögliche Kosteneinsparungen bei der Nutzung einer Cloud statt einer lokalen Datenhaltung keine Auswirkungen auf die Erforderlichkeit im Sinne des § 28 Abs. 1 S. 1 Nr. 1 BDSG haben können. Im Ergebnis ist in der Praxis kaum eine Konstellation vorstellbar, bei der eine solche Begründung, Durchführung oder Beendigung des Schuldverhältnisses ohne die Übermittlung in die Cloud nicht möglich wäre. Solange entsprechende lokale Speicher- und Rechendienste verfügbar sind oder angeschafft werden können, ist die Übermittlung von Daten zur Begründung, Durchführung oder Beendigung eines rechtsgeschäftlichen oder rechtsgeschäftsähnlichen Schuldverhältnisses demnach nicht erforderlich.[1085] § 28 Abs. 1 S. 1 Nr. 1 BDSG erlaubt somit keine Übermittlung von Daten durch den Cloud-Nutzer in die Cloud.

6.5.1.2 Datenumgang durch den Cloud-Anbieter

Nach § 28 Abs. 1 S. 1 Nr. 1 BDSG könnte aber die vom Cloud-Anbieter verantwortete Datenerhebung, -verarbeitung und -nutzung zulässig sein. Hiervon betroffen ist im Wesentlichen der Datenumgang zur Bereitstellung und Erbringung des Dienstes (Phase 3). Je nach Dienst umfasst dies zum Beispiel die technische Betreuung der vom Cloud-Nutzer in eine Speicher-Cloud übermittelten Daten, die Verarbeitung von Daten zur Erbringung eines Cloud-Softwaredienstes oder auch die Erhebung von Daten beim Cloud-Nutzer, etwa an dessen Endgerät. Für die Zulässigkeit des Datenumgangs müsste dieser zur Begründung, Durchführung oder Beendigung eines Schuldverhältnisses mit dem Betroffenen erforderlich sein. Voraussetzung für die Anwendung des § 28 Abs. 1 S. 1 Nr. 1 BDSG ist somit das Bestehen eines Schuldverhältnisses zwischen der verantwortlichen Stelle (in diesem Fall dem Cloud-Anbieter) und dem Betroffenen. Um zu beantworten, ob ein solches Schuldverhältnis mit dem Betroffenen besteht und ob sich hieraus eine Zulässigkeit des Datenumgangs ergeben kann, ist im Folgenden danach zu unterscheiden, inwiefern sich die vom Cloud-Anbieter erhobenen, verarbeiteten oder genutzten Daten ausschließlich auf den Cloud-Nutzer als Betroffenen oder (auch) auf einen betroffenen Dritten beziehen.

[1084] *Weichert*, DuD 2010, 683; OLG Köln, NJW 2010, 91.
[1085] So im Ergebnis auch *Thalhofer*, CCZ 2011, 222; *Weichert*, DuD 2010, 683.

6.5.1.2.1 Umgang des Cloud-Anbieters ausschließlich mit Daten des Cloud-Nutzers als Betroffenen

Ein Schuldverhältnis zwischen Cloud-Anbieter und Cloud-Nutzer liegt regelmäßig aufgrund des zugrunde liegenden Vertrags über die Cloud-Nutzung vor. Der Datenumgang durch den Cloud-Anbieter ist damit nach § 28 Abs. 1 S. 1 Nr. 1 BDSG zulässig, wenn Daten des Cloud-Nutzers als Betroffenem verarbeitet werden sollen und dieser Datenumgang für die Begründung, Durchführung oder Beendigung des zwischen Cloud-Anbieter und Cloud-Nutzer bestehenden Vertragsverhältnisses erforderlich ist.

Übermittelt der Cloud-Nutzer eigene Daten zum Zwecke der Speicherung oder Verarbeitung in die Cloud (indem er beispielsweise Urlaubsfotos in einem Cloud-Speicher ablegt) oder werden diese Daten vom Cloud-Anbieter im Rahmen der Dienstbereitstellung und -erbringung beim Cloud-Nutzer erhoben und verarbeitet oder genutzt (etwa im Rahmen eines Ortungsdienstes), handelt es sich um sogenannte Inhaltsdaten. Anders als Bestands- und Nutzungsdaten dienen diese Daten nicht der Begründung, inhaltlichen Ausgestaltung oder Änderung eines Vertragsverhältnisses im Sinne des Telemediengesetzes.[1086] Auch sind sie hinsichtlich ihres *Inhalts* für die Begründung, Durchführung oder Beendigung des Schuldverhältnisses zwischen Cloud-Anbieter und Cloud-Nutzer nicht erforderlich. Dementsprechend könnte die Erforderlichkeit auch nach § 28 Abs. 1 S. 1 Nr. 1 BDSG nicht gegeben sein. Im Gegensatz zu § 14 TMG setzt jedoch § 28 Abs. 1 S. 1 Nr. 1 BDSG nicht zwingend die Erforderlichkeit des Daten*inhalts* für die Begründung, Durchführung oder Beendigung des Schuldverhältnisses voraus. § 28 Abs. 1 S. 1 Nr. 1 BDSG spricht hier, anders als § 14 Abs. 1 TMG, nicht von der Erforderlichkeit der Daten an sich, sondern von der Erforderlichkeit der Erhebung, Verarbeitung oder Nutzung als Mittel zur Begründung, Durchführung oder Beendigung des Schuldverhältnisses. Die Zulässigkeit kann sich hier also auch aus der Erforderlichkeit eines Daten*umgangs* ergeben. Sind die konkreten Inhalte der Daten für das Vertragsverhältnis zwischen Cloud-Anbieter und Cloud-Nutzer an sich nicht von Bedeutung, gleichwohl aber der Datenumgang durch den Cloud-Anbieter, beispielsweise für die Erfüllung eines Vertragsverhältnisses zum Cloud-Nutzer, erforderlich, kann dies einen Datenumgang nach § 28 Abs. 1 S. 1 Nr. 1 BDSG rechtfertigen.

Ohne die Verarbeitung der Inhaltsdaten wäre die Erfüllung und damit die „Durchführung" des dem Cloud Computing zugrunde liegenden Schuldverhältnisses zwischen Cloud-Nutzer und Cloud-Anbieter nicht möglich. Soll der Cloud-Anbieter den Dienst ordnungsgemäß bereitstellen und betreiben, wird er regelmäßig zumindest zu Wartungszwecken, bei Softwarediensten auch zur Erbringung des Dienstes, auf die beim Cloud-Nutzer erhobenen oder von ihm übermittelten Daten zugreifen müssen. Verpflichtet sich der Cloud-Anbieter im Rahmen eines cloud-basierten Software-Dienstes, mit der von ihm bereitgestellten Software Berechnungen durchzuführen, wird er auch

---

[1086] *Boos/Kroschwald/Wicker*, ZD 2013, 208; Kapitel 5.4.

hier gegebenenfalls Daten beim Cloud-Nutzer erheben, zumindest aber die vom Cloud-Nutzer übermittelten Daten verarbeiten müssen, um seinen Vertragspflichten nachzukommen. Für die Durchführung des zugrunde liegenden Vertrags ist mithin der *Umgang* mit den Inhaltsdaten erforderlich. Die Verarbeitung und Nutzung von beim Cloud-Nutzer erhobenen oder von ihm übermittelten Inhaltsdaten durch den Cloud-Anbieter zum Zwecke der Dienstbereitstellung und Erbringung ist demzufolge nach § 28 Abs. 1 S. 1 Nr. 1 BDSG grundsätzlich zulässig, wenn sichergestellt werden kann, dass ausschließlich Daten des Cloud-Nutzers als einzigem Betroffenen verarbeitet werden.

Einige Cloud-Dienste erheben und verarbeiten Daten des Nutzers auch zur Bereitstellung und Erbringung eines „Gesamt"-Dienstes. Im Rahmen des Cloud-Angebots werden die beim Cloud-Nutzer erhobenen oder vom Cloud-Nutzer übermittelten Inhaltsdaten mit denen anderer Nutzer verknüpft und so vielen Nutzern zur Verfügung gestellt. So sammeln beispielsweise bestimmte internetbasierte Navigationsdienste Standort- und Bewegungsdaten ihrer mobilen Dienstnutzer.[1087] Mithilfe dieser Daten kann zum Beispiel das Verkehrsaufkommen auf den Straßen ermittelt und dem einzelnen Nutzer gegebenenfalls eine Staumeldung sowie Alternativroutenvorschläge ausgegeben werden. Für diese erweiterte Navigationsfunktion benötigt der Anbieter nicht nur die Daten des einzelnen Nutzers, die er verarbeitet und wieder an den Nutzer übermittelt. Vielmehr verknüpft er die Daten auch mit denen anderer Nutzer und generiert somit Informationen, die er an die einzelnen Nutzer übermitteln kann. Die Datenerhebung und Verarbeitung erfolgt bei solchen Cloud-Diensten zu einem Teil zu eigenen Geschäftszwecken, indem im Rahmen der Dienstbereitstellung und -nutzung die hierfür erforderlichen Daten für den einzelnen Nutzer ausgewertet und an den Cloud-Nutzer übermittelt werden. Gleichzeitig erfolgt ein Datenumgang jedoch auch geschäftsmäßig zu anderen Zwecken, wenn die Daten einzelner Nutzer auch zur Dienstbereitstellung bei anderen Nutzern verwendet werden.[1088] Zwar liegt der Schwerpunkt der Tätigkeit häufig weiterhin auf der Dienstbereitstellung und -erbringung für den einzelnen Nutzer – so etwa die Datenverwendung für die Navigation des Nutzers. Dieser Datenumgang (auch mit Daten der anderen Nutzer) ist für die

---

[1087] So etwa der Navigations- und Verkehrsdienst von Google: https: //maps.google.com.
[1088] Vergleichbar hiermit ist etwa eine Auskunftei, die von bestimmten Nutzern Daten erhält, zum Beispiel von einer Bank über die Eröffnung eines Kontos durch einen Kunden, diese Daten verknüpft und auswertet und hieraus eine Information für andere Nutzer, zum Beispiel an eine andere Bank, bei der der vorgenannte Kunde einen Kredit beantragt hat, generiert. Auch in dieser Konstellation fallen Informationsquelle und Nutzer auseinander, sodass die Daten nicht zum Zweck der Vertragsbestimmung im Sinne des § 28 Abs. 1 S. 1 Nr. 1 BDSG verarbeitet werden dürfen, hierzu etwa *Ganßauge* 1995, 206; *Kamlah*, MMR 1999, 399. Da die Tätigkeit eines Kreditinformationssystems allerdings ausschließlich auf die Verwendung von Daten zur Übermittlung und nicht, wie ggf. beim Cloud Computing, überwiegend auf die Verarbeitung zu eigenen Geschäftszwecken ausgerichtet ist, ist hier § 29 BDSG einschlägig.

Durchführung des Schuldverhältnisses zwischen Cloud-Anbieter und Cloud-Nutzer auch erforderlich. Gleichzeitig funktioniert der Dienst jedoch nur, wenn die Daten nebenbei zu anderen Zwecken erhoben und verarbeitet werden. Die beim Nutzer erhobenen Daten dienen neben der Standortbestimmung für den Nutzer hier gleichfalls auch zum Zweck der Verknüpfung mit anderen Daten und Übermittlung an weitere Stellen. Die Datenerhebung sowie deren Verarbeitung oder Nutzung zu diesen anderen Zwecken ist jedoch von § 28 Abs. 1 S. 1 Nr. 1 BDSG nicht mehr erfasst, da es gerade nicht zur Begründung, Durchführung oder Beendigung des konkreten rechtsgeschäftlichen oder rechtsgeschäftsähnlichen Schuldverhältnisses mit dem Betroffenen erforderlich ist, die Daten des betroffenen Nutzers zum Zwecke der Übermittlung an andere zu speichern und zu verknüpfen oder zu übermitteln. Hinsichtlich des Datenumgangs zum Zweck der Bereitstellung von Diensten an andere als den einzelnen Cloud-Nutzer kann § 28 Abs. 1 S. 1 Nr. 1 BDSG keine Rechtsgrundlage sein.

6.5.1.2.2 Umgang auch mit Daten betroffener Dritter

Erhebt, verarbeitet oder nutzt der Cloud-Anbieter hingegen Daten von betroffenen Dritten, also etwa Daten von Kunden des Cloud-Nutzers, liegt in der Regel kein Schuldverhältnis zwischen ihm und den betroffenen Dritten vor. Ein solches Schuldverhältnis zu betroffenen Dritten besteht gegebenenfalls nur für den Cloud-Nutzer. Verarbeitet oder nutzt der Cloud-Anbieter Daten betroffener Dritter, die er beim Cloud-Nutzer erhoben hat oder die ihm vom Cloud-Nutzer übermittelt wurden, könnte sich dieser Datenumgang zwar in bestimmten Einzelfällen auch auf das Schuldverhältnis zwischen dem Cloud-Anbieter und dem Cloud-Nutzer, also beispielsweise den entsprechenden Nutzungsvertrag zur Cloud-Nutzung, stützen.[1089] Allerdings ergibt sich aus dem Wortlaut des § 28 Abs. 1 S. 1 Nr. 1 BDSG ausdrücklich nur eine Zulässigkeit des Datenumgangs mit Daten des Vertragspartners als Betroffenem. Eine Miteinbeziehung betroffener Dritter in den Datenumgang im Rahmen eines Schuldverhältnisses beschränkt sich demnach wohl auf Einzelfälle, in denen die verantwortliche Stelle aufgrund eines Auftragsverhältnisses als Intermediär auftritt[1090] oder der betroffene Dritte eine besondere Nähe zu dem jeweiligen Schuldverhältnis aufweist.[1091] Für das Cloud Computing wird dagegen regelmäßig keine solche Sachnähe des betroffenen Dritten zum Schuldverhältnis zwischen Cloud-Nutzer und Cloud-Anbieter bestehen. Die Er-

---

[1089] Kapitel 6.5.1; ohne den Umgang mit Daten eines Zahlungsempfängers wären beispielsweise Banken nicht in der Lage Überweisungen auszuführen, *Simitis*, in: Simitis 2014, § 28 BDSG, Rn. 63; *Bergmann/Möhrle/Herb* 2014, § 28 BDSG, Rn. 25; zu Familienversicherungen auch *Wedde*, in: Däubler/Klebe/Wedde/Weichert 2014, § 28 BDSG, Rn. 46.

[1090] So etwa Banken, die im Rahmen einer Überweisung Daten des Zahlungsempfängers verarbeiten, *Simitis*, in: Simitis 2014, § 28 BDSG, Rn. 63.

[1091] Etwa bei Schuldverhältnissen zugunsten Dritter; zu Familienversicherungen *Wedde*, in: Däubler/Klebe/Wedde/Weichert 2014, § 28 BDSG, Rn. 46.

hebung, Verarbeitung und Nutzung von personenbezogenen Daten betroffener Dritter durch den Cloud-Anbieter ist mangels eines Schuldverhältnisses zwischen Cloud-Anbieter und betroffenen Dritten auf Grundlage des § 28 Abs. 1 S. 1 Nr. 1 BDSG somit nicht zulässig.[1092]

6.5.1.3 Keine geeignete Rechtsgrundlage für das Cloud Computing

Bei zahlreichen Cloud-Diensten ist der Cloud-Anbieter nicht in der Lage zu erkennen, ob sich die von ihm erhobenen oder vom Cloud-Nutzer übermittelten Daten ausschließlich auf den Cloud-Nutzer oder möglicherweise auch auf weitere Betroffene beziehen. So wird ein Anbieter einer Speicher-Cloud, selbst bei der Möglichkeit eines Zugriffs auf die Daten, nicht unterscheiden können, ob die Daten nur den Cloud-Nutzer oder zum Teil oder ganz dritte Personen betreffen. Da jedoch auf Grundlage des § 28 Abs. 1 S. 1 Nr. 1 BDSG ein Umgang mit Daten von Betroffenen, zu denen kein Schuldverhältnis besteht, nicht zulässig ist, bestünde für den Cloud-Anbieter Unsicherheit hinsichtlich der Zulässigkeit des Datenumgangs. Im Ergebnis ist demnach davon auszugehen, dass sich der Cloud-Anbieter nicht auf § 28 Abs. 1 S. 1 Nr. 1 BDSG stützen kann,[1093] es sei denn, es ließe sich sicherstellen, dass sich die Daten ausschließlich auf den Cloud-Nutzer als Vertragspartner beziehen. Dies ist jedoch in der Regel unmöglich. Selbst in Fällen, in denen der Cloud-Anbieter die Daten selbst beim Nutzer erhebt – etwa indem er auf ein Endgerät des Nutzers zugreift – lässt sich nicht ausschließen, dass die Daten gleichzeitig einen Bezug zu betroffenen Dritten aufweisen, indem etwa das Endgerät auch Informationen über mitanwesende betroffene Dritte erfasst.[1094]

Für den Fall, dass sich eine solche Trennung dennoch vornehmen lässt und der Cloud-Anbieter ausschließlich Daten des Cloud-Nutzers auf Grundlage des § 28 Abs. 1 S. 1 Nr. 1 BDSG verarbeiten darf, ist dieser jedoch in seinem Handlungsrahmen stark eingeschränkt. Soweit die originäre Zweckbestimmung nicht beim Cloud-Anbieter liegt, ist er zusätzlich durch die Zweckbindung aus § 28 Abs. 5 BDSG beschränkt. Trotz der Verarbeitungsbefugnis aus § 28 Abs. 1 S. 1 Nr. 1 BDSG darf der Cloud-Anbieter die Daten, vorbehaltlich der Ausnahmen nach § 28 Abs. 5 S. 2 BDSG, somit nur zu dem Zweck verarbeiten, zu dessen Erfüllung sie ihm übermittelt worden

---

[1092] So auch *Barnitzke* 2014, 249 f.
[1093] So jedoch ohne Unterscheidung zwischen dem Umgang mit Daten des Nutzers und den Daten betroffener Dritter *Barnitzke* 2014, 249 f.
[1094] So etwa ein Ortungsdienst, der mit den Standortdaten eines Endgeräts beispielsweise nicht nur den Standort des Nutzers, sondern gleichzeitig möglicher Mitfahrer in einem Fahrzeug ermittelt.

sind.[1095] Eine Übermittlung der Daten an weitere Stellen außerhalb der Dienstbereitstellung und Erbringung allein auf Grundlage des § 28 Abs. 1 S. 1 Nr. 1 BDSG schließt sich deshalb von vornherein aus.

6.5.2 Datenumgang aufgrund berechtigter Interessen

Der Datenumgang im Rahmen des Cloud Computing könnte nach § 28 Abs. 1 S. 1 Nr. 2 BDSG zulässig sein. Die Erhebung, Verarbeitung und Nutzung personenbezogener Daten ist nach § 28 Abs. 1 S. 1 Nr. 2 BDSG als Mittel für die Erfüllung eigener Geschäftszwecke zulässig, „soweit es zur Wahrung berechtigter Interessen der verantwortlichen Stelle erforderlich ist und kein Grund zu der Annahme besteht, dass das schutzwürdige Interesse des Betroffenen an dem Ausschluss der Verarbeitung oder Nutzung überwiegt". Für die Zulässigkeit des Datenumgangs im Rahmen des Cloud Computing bedarf es demnach zum einen eines berechtigten Interesses der verantwortlichen Stelle, das den Datenumgang erforderlich macht, sowie zum anderen einer Abwägung mit möglichen entgegenstehenden schutzwürdigenden Interessen der Betroffenen.

Entsprechend der vorangehenden Ausführungen[1096] muss die Anwendung des § 28 Abs. 1 S. 1 Nr. 2 BDSG bei gleichzeitigem Vorliegen eines Schuldverhältnisses nach § 28 Abs. 1 S. 1 Nr. 1 BDSG restriktiv gehandhabt werden.[1097] Berechtigte Interessen betreffen darüber hinaus grundsätzlich nur eigene Belange der verantwortlichen Stelle. Die Übermittlung im Interesse Dritter, etwa die Übermittlung an eine staatliche Stelle, kann deshalb nicht auf § 28 Abs. 1 S. 1 Nr. 2 BDSG gestützt werden, sondern ist nach § 28 Abs. 2 BDSG zu beurteilen.[1098] Ein berechtigtes Interesse wird als „ein nach vernünftiger Erwägung durch die Sachlage gerechtfertigtes, also tatsächliches Interesse" beschrieben.[1099] Es muss von der Rechtsordnung nicht ausdrücklich geschützt und damit auch nicht zwingend ein rechtliches Interesse sein.[1100] Es genügt, wenn das Interesse von der Rechtsordnung lediglich gebilligt oder zumindest nicht missbilligt

---

[1095] Hierzu *Taeger*, in: Taeger/Gabel 2013, § 28 BDSG, Rn. 218; *Bergmann/Möhrle/Herb* 2014, § 28 BDSG, Rn. 496; siehe auch *Wedde*, in: Däubler/Klebe/Wedde/Weichert 2014, § 28 BDSG, Rn. 162; *Simitis*, in: Simitis 2014, § 28 BDSG, Rn. 283 f.; *Plath*, in: Plath 2013, § 28 BDSG, Rn. 204.

[1096] Oben vor Kapitel 6.5.1.

[1097] *Simitis*, in: Simitis 2014, § 28 BDSG, Rn. 98 f.; *Wedde*, in: Däubler/Klebe/Wedde/Weichert 2014, § 28 BDSG, Rn. 47; andernfalls würde die Regelung zum „Einfallstor" für einen beliebigen Datenumgang durch die verantwortliche Stelle, *Taeger*, in: Taeger/Gabel 2013, § 28 BDSG, Rn. 54.

[1098] *Simitis*, in: Simitis 2014, § 28 BDSG, Rn. 105.

[1099] *Gola/Schomerus* 2012, § 28 BDSG, Rn. 24; siehe hierzu auch *Plath*, in: Plath 2013, § 28 BDSG, Rn. 47.

[1100] So bereits BGHZ 91, 233.

wird.[1101] Auch rein wirtschaftliche Interessen kommen als berechtigte Interessen in Betracht.[1102] Selbst die Datenverarbeitung zum Zwecke der Kundengewinnung, also des Marketings, kann damit im berechtigten Interesse der verantwortlichen Stelle liegen.[1103] Allerdings muss sich das berechtigte Interesse stets auf den konkreten Verarbeitungs- und Nutzungszweck beziehen.[1104] Die verantwortliche Stelle muss also in der Lage sein, die Verarbeitungs- und Nutzungszwecke substantiiert anzugeben und den geplanten Datenumgang hierin einzuordnen.[1105] Für einen Datenumgang mit unrichtig oder unzulässig erhobenen oder verarbeiteten Daten kann kein berechtigtes Interesse vorliegen.[1106]

Der Datenumgang muss außerdem zur Wahrung der berechtigten Interessen erforderlich sein. Die verantwortliche Stelle ist hierbei insofern gebunden, als sie nur den für den spezifischen Verarbeitungszweck erforderlichen Datenumgang mit ausschließlich den für diesen Verarbeitungszweck erforderlichen Daten durchführen darf.[1107] Der Begriff der Erforderlichkeit deckt sich mit dem aus § 28 Abs. 1 S. 1 Nr. 1 BDSG und ist entsprechend eng auszulegen.[1108] Es sind nur solche Daten und auch nur diejenigen Schritte beim Datenumgang erforderlich, ohne die bei vernünftiger Betrachtung die Zweckerreichung nicht möglich ist[1109] oder für die es zumindest nach den Gesamtum-

---

[1101] *Bergmann/Möhrle/Herb* 2014, § 28 BDSG, Rn. 231; *Spindler/Nink*, in: Spindler/Schuster 2011, § 28 BDSG, Rn. 6; *Plath*, in: Plath 2013, § 28 BDSG, Rn. 47; *Gola/Schomerus* 2012, § 28 BDSG, Rn. 24 und *Schaffland/Wiltfang* 2013, § 28 BDSG, Rn. 85 erweiternd: „vom gesunden Rechtsempfinden gebilligt".
[1102] BGHZ 91, 233; *Bergmann/Möhrle/Herb* 2014, § 28 BDSG, Rn. 231; *Gola/Schomerus* 2012, § 28 BDSG, Rn. 24; *Schaffland/Wiltfang* 2013, § 28 BDSG, Rn. 85; *Simitis*, in: Simitis 2014, § 28 BDSG, Rn. 104; *Wedde*, in: Däubler/Klebe/Wedde/Weichert 2014, § 28 BDSG, Rn. 48.
[1103] Hierzu *Holznagel/Bonnekoh*, MMR 2006, 20; *Bergmann/Möhrle/Herb* 2014, § 28 BDSG, Rn. 231; *Büllesbach*, CR 2000, 14.
[1104] Unter diesem Gesichtspunkt wird die Zulässigkeit des Data Minings nach § 28 Abs. 1 S. 1 Nr. 2 BDSG abgelehnt, hierzu *Büllesbach*, CR 2000, 14.
[1105] Hierzu *Simitis*, in: Simitis 2014, § 28 BDSG, Rn. 102.
[1106] *Hoeren*, in: Roßnagel 2003, 4.6, Rn. 32; *Bergmann/Möhrle/Herb* 2014, § 28 BDSG, Rn. 233.
[1107] *Simitis*, in: Simitis 2014, § 28 BDSG, Rn. 111.
[1108] *Plath*, in: Plath 2013, § 28 BDSG, Rn. 50; hierzu Kapitel 6.5.1; *Simitis*, in: Simitis 2014, § 28 BDSG, Rn. 69; *Bergmann/Möhrle/Herb* 2014, § 28 BDSG, Rn. 25; unklar dagegen *Schaffland/Wiltfang* 2013, § 28 BDSG, Rn. 85 („im weitesten Sinn erforderlich").
[1109] So zur Erforderlichkeit in § 28 Abs. 1 S. 1 Nr. 1 BDSG, *Wedde*, in: Däubler/Klebe/Wedde/Weichert 2014, § 28 BDSG, Rn. 15; keine „überschießenden Daten", BT-Drs. 16/13657, 18; zum Minimalprinzip *Taeger*, in: Taeger/Gabel 2013, § 28 BDSG, Rn. 51.

ständen keine sinnvolle oder zumutbare Alternative gibt.[1110] Anders als bei § 28 Abs. 1 S. 1 Nr. 1 BDSG bezieht sich die Erforderlichkeit hier aber nicht auf die Begründung, Durchführung oder Beendigung eines Schuldverhältnisses, sondern auf alle berechtigten Interessen. Der Umfang möglicherweise erforderlicher Daten und Verarbeitungsvorgänge ist daher deutlich weiter als im Rahmen der Begründung, Durchführung oder Beendigung eines Schuldverhältnisses.[1111] Als ein für die Wahrung berechtigter Interessen erforderlicher Datenumgang nach § 28 Abs. 1 S. 1 Nr. 2 BDSG wird beispielsweise die Übermittlung von Daten an ein Risikoinformationssystem, wie etwa die Schufa,[1112] oder auch die Speicherung von Kundendaten für etwaige spätere Produktrückrufaktionen[1113] angesehen. Aber auch soweit das berechtigte Interesse in einer Kostenersparnis liegt, etwa hinsichtlich der Nutzung eines externen Forderungsmanagements, kann die entsprechende Datenverarbeitung hierzu (in diesem Fall die Übermittlung von Forderungsdaten) erforderlich sein.[1114]

Soweit berechtigte Interessen der verantwortlichen Stelle identifiziert wurden und die Erforderlichkeit des Datenumgangs für die Wahrung dieser berechtigten Interessen festgestellt ist, müssen in einem weiteren Schritt die berechtigten Interessen der verantwortlichen Stelle mit den schutzwürdigen Interessen des Betroffenen abgewogen werden. Schutzwürdige Interessen des Betroffenen sind, ebenso wie bereits die berechtigten Interessen der verantwortlichen Stelle, gesetzlich nicht definiert und deshalb nicht abschließend abstrakt benennbar.[1115] Schutzwürdige Interessen wurden vom Gesetzgeber zumindest für den ursprünglichen Gesetzeszweck in § 1 BDSG a. F. als „primär geschütztes Rechtsgut" mit den Begriffen „Privatsphäre" und „Persönlichkeitsrecht" gleichgesetzt.[1116] Sie leiten sich heute in erster Linie aus dem Recht auf informationelle Selbstbestimmung ab. Schutzwürdige Interessen können aber auch zum Beispiel aus dem Namensrecht, dem Recht am eigenen Bild, der Unversehrtheit des Körpers, der Gesundheit des Lebens, der Ehre sowie aus dem Urheberrecht abge-

---

[1110] *Gola/Schomerus* 2012, § 28 BDSG, Rn. 15; *Simitis*, in: Simitis 2014, § 28 BDSG, Rn. 108; noch weiter wohl *Schaffland/Wiltfang* 2013, § 28 BDSG, Rn. 110, die bereits eine Erleichterung der Interessenwahrnehmung gelten lassen (hier jedoch in Bezug auf die Erforderlichkeit nach Nr. 2); demgegenüber *Wedde*, in: Däubler/Klebe/Wedde/Weichert 2014, § 28 BDSG, Rn. 48, soweit die verantwortliche Stelle sonst einen „nicht zumutbarer Nachteil erleiden" würde; so weitgehend auch *Plath*, in: Plath 2013, § 28 BDSG, Rn. 50.
[1111] *Simitis*, in: Simitis 2014, § 28 BDSG, Rn. 116.
[1112] Hierzu *Ganßauge* 1995, 15; *Kamlah*, MMR 1999, 398.
[1113] *Simitis*, in: Simitis 2014, § 28 BDSG, Rn. 122.
[1114] *Bergmann/Möhrle/Herb* 2014, § 28 BDSG, Rn. 254.
[1115] *Simitis*, in: Simitis 2014, § 28 BDSG, Rn. 126; *Taeger*, in: Taeger/Gabel 2013, § 28 BDSG, Rn. 62; so bereits auch BGH, NJW 1984, 1890, „wertausfüllungsbedürftiger Begriff"; OLG München, NJW 1982, 245.
[1116] BT-Drs. 7/1027, 22; hierzu auch *Plath*, in: Plath 2013, § 28 BDSG, Rn. 51.

leitet werden.[1117] Schutzwürdige Interessen können schließlich auch dann entgegenstehen, wenn der Datenumgang wirtschaftliche oder berufliche Nachteile befürchten lässt.[1118]

Der Datenumgang ist nach § 28 Abs. 1 S. 1 Nr. 2 BDSG nur zulässig, wenn „kein Grund zu der Annahme besteht, dass das schutzwürdige Interesse des Betroffenen an dem Ausschluss der Verarbeitung oder Nutzung überwiegt". Die verantwortliche Stelle wird hiernach verpflichtet zu prüfen, ob sich ein Grund zu der Annahme bietet, dass der Datenumgang zu dem damit verfolgten Zweck schutzwürdige Belange des Betroffenen beeinträchtigt.[1119] Liegt ein Grund zur Annahme einer solchen Beeinträchtigung vor, hat sie eine am Verhältnismäßigkeitsgrundsatz ausgerichtete Abwägung zwischen den beiden Interessen durchzuführen.[1120] Die notwendige Abwägung zwischen berechtigten Interessen der verantwortlichen Stelle und schutzwürdigen Interessen des Betroffenen hat Art, Inhalt und Aussagekraft der Daten mit den Aufgaben und Zwecken in Ausgleich zu bringen, denen der Datenumgang dient.[1121] Kein Grund zur Annahme einer solchen Beeinträchtigung liegt vor, wenn für die verantwortliche Stelle nicht schon von vornherein ein konkreter Umstand auf eine Beeinträchtigung hinweist.[1122] Ein solcher Hinweis könnte sich beispielsweise aus den der verantwortlichen Stelle vorliegenden Unterlagen ergeben.[1123] Nach konkreten Hinweisen muss somit nicht im Einzelfall geforscht werden – es genügt eine „summarische" Pauschalprüfung.[1124] Diese eröffnet gegebenenfalls die Notwendigkeit zu einer konkreten Untersuchung auf ein Überwiegen der Beeinträchtigung im Einzelfall. Somit können die Daten und Vorgänge nach der „Wahrscheinlichkeit des Überwiegens schutzwürdiger Interessen" eingeteilt werden.[1125]

[1117] *Schaffland/Wiltfang* 2013, § 28 BDSG, Rn. 87.
[1118] *Gola/Schomerus* 2012, § 28 BDSG, Rn. 26; andere Ansicht *Plath*, in: Plath 2013, § 28 BDSG, Rn. 51.
[1119] BGH, NJW 1984, 1890.
[1120] BGH, NJW 1984, 1890.
[1121] BGH, NJW 1986, 2506; *Bergmann/Möhrle/Herb* 2014, § 28 BDSG, Rn 139; in diese Richtung auch *Simitis*, in: Simitis 2014, § 28 BDSG, Rn. 128.
[1122] *Gola/Schomerus* 2012, § 28 BDSG, Rn. 28; nicht „sofort ins Auge springende Umstände ersichtlich" sind, die „eine Beeinträchtigung nahe legen", *Wedde*, in: Däubler/Klebe/Wedde/Weichert 2014, § 28 BDSG, Rn. 52.
[1123] *Ganßauge* 1995, 168.
[1124] *Plath*, in: Plath 2013, § 28 BDSG, Rn. 53; *Wedde*, in: Däubler/Klebe/Wedde/Weichert 2014, § 28 BDSG, Rn. 52; *Gola/Schomerus* 2012, § 28 BDSG, Rn. 28; *Simitis*, in: Simitis 2014, § 28 BDSG, Rn. 129; *Schaffland/Wiltfang* 2013, § 28 BDSG, Rn. 89.
[1125] *Ganßauge* 1995, 170.

6.5.2.1 Übermittlung von Daten in die Cloud durch den Cloud-Nutzer

Das Anwendungsspektrum des § 28 Abs. 1 S. 1 Nr. 2 BDSG für den Datenumgang durch den Cloud-Nutzer ist insofern begrenzt, als dieser regelmäßig bereits aus § 28 Abs. 1 S. 1 Nr. 1 BDSG berechtigt ist, Daten zu erheben, zu verarbeiten und zu nutzen – wenngleich dies, wie dargelegt,[1126] nicht die Übermittlung in die Cloud einschließt. § 28 Abs. 1 S. 1 Nr. 2 BDSG ist bei Bestehen eines Vertragsverhältnisses nicht grundsätzlich unanwendbar.[1127] Die Norm ist jedoch bei der Abwägung eng anzuwenden.[1128] Die Anwendung des Zulässigkeitstatbestands für den Datenumgang durch den Cloud-Nutzer aus § 28 Abs. 1 S. 1 Nr. 2 BDSG beschränkt sich, wie schon in § 28 Abs. 1 S. 1 Nr. 1 BDSG, auf den Umgang mit Daten betroffener Dritter. Für den Umgang des Cloud-Nutzers mit Daten, die sich ausschließlich auf ihn selbst beziehen, bedarf es keiner Zulässigkeitsnorm.[1129]

Die Zulässigkeit der Übermittlung von Daten durch den Cloud-Nutzer nach § 28 Abs. 1 S. 1 Nr. 2 BDSG kann sich jedoch nur in den Grenzen der Zweckfestlegung aus der ursprünglichen Datenerhebung beim Betroffenen ergeben. Eine nachträgliche Zweckänderung (Zweckentfremdung) auf Grundlage des § 28 Abs. 1 BDSG ist damit nicht zulässig.[1130] Hat der Cloud-Nutzer beispielsweise Daten von Geschäftspartnern als Kontaktdaten erhoben, kann eine Übermittlung an den Cloud-Anbieter zu einem anderen Zweck als dem Erhebungszweck – etwa als Beitrag für eine cloud-basierte Informationsdatenbank, die auch weiteren Nutzern offen steht[1131] – nicht auf § 28 Abs. 1 S. 1 Nr. 2 BDSG gestützt werden. Eine Zulässigkeit einer solchen Zweckänderung ergibt sich allenfalls nur aus § 28 Abs. 2 Nr. 1 BDSG.

6.5.2.1.1 Erforderlichkeit für die Wahrung berechtigter Interessen des Cloud-Nutzers

Mit der Nutzung einer Cloud ist regelmäßig die Übermittlung von Daten in die Cloud durch den Cloud-Nutzer untrennbar verbunden. Berechtigte Interessen an der Nutzung einer Cloud an sich sind somit in der Regel auch berechtigte Interessen an einer Übermittlung von Daten in die Cloud. Als berechtigte Interessen des Cloud-Nutzers kommen insbesondere wirtschaftliche Erwägungen in Betracht. In erster Linie wird hier

---

[1126] Kapitel 6.5.1.1.
[1127] *Wedde*, in: Däubler/Klebe/Wedde/Weichert 2014, § 28 BDSG, Rn. 14.
[1128] *Simitis*, in: Simitis 2014, § 28 BDSG, Rn. 55; so im Ergebnis auch *Gola/Schomerus* 2012, § 28 BDSG, Rn. 10.
[1129] Kapitel 6.4.1.
[1130] Diese kann sich jedoch ggf. auf § 28 Abs. 2 Nr. 1 BDSG stützen, *Simitis*, in: Simitis 2014, § 28 BDSG, Rn. 168.
[1131] So zum Beispiel ein Personenregister, in das die vom Cloud-Nutzer gesammelten Kontaktdaten eingepflegt werden.

das Kostensparinteresse des Cloud-Nutzers genannt.[1132] Die Möglichkeiten zur Kosteneinsparung sowie weitere Vorteile des Cloud Computing wurden eingangs ausführlich beschrieben.[1133] Verkürzt sei an dieser Stelle insbesondere auf geringere Basisinvestitionen und Betriebskosten (etwa aufgrund der externen Infrastrukturlagerung und -nutzung sowie der technischen Betreuung) hingewiesen.[1134] Wirtschaftliche Interessen können auch mit der Flexibilisierung der Infrastruktur, der ortsunabhängigen Nutzung sowie der Erhöhung der Wettbewerbsfähigkeit durch das Cloud Computing begründet werden.[1135] So können beim Cloud Computing Ressourcen dynamisch hinzugebucht oder abbestellt werden,[1136] wodurch die Investitionen in Reservekapazitäten – nicht nur für Hardware, sondern auch für entsprechende Lizenzen – verringert werden.[1137] Die Möglichkeit der ortsunabhängigen und kumulativen Nutzung einer Cloud[1138] kann sogar sowohl ein berechtigtes wirtschaftliches als auch ein ideelles Interesse begründen.[1139] Ein berechtigtes Interesse des Cloud-Nutzers an der Übermittlung liegt mithin regelmäßig vor.

Fraglich ist, ob die Übermittlung von personenbezogenen Daten betroffener Dritter in die Cloud im Einzelfall auch für die Wahrung der berechtigten Interessen, also zur Inanspruchnahme der genannten, den berechtigten Interessen zugrunde liegenden Vorteilen, erforderlich ist. Hierzu müsste die Verwirklichung der Interessen, wie etwa die Kosteneinsparung, Flexibilisierung und Erlangung von Wettbewerbsvorteilen bei vernünftiger Betrachtung ohne die Übermittlung in die Cloud nicht möglich sein[1140] oder es zumindest nach den Gesamtumständen keine sinnvolle oder zumutbare Alternative

---

[1132] *Niemann/Paul*, K&R 2009, 449; einschränkend *Gaul/Köhler*, BB 2011, 2232.
[1133] Hierzu Kapitel 3.
[1134] Hierzu statt vieler *Streitberger/Ruppel* (Fraunhofer AISEC) 2009, 11 f.; BMWI 2010, 10 f.; *Bedner* 2013, 85 f., der insbesondere auf einen kurzen sogenannten „time to market" für junge Start-Up-Unternehmen hinweist.
[1135] *Niemann/Paul*, K&R 2009, 449; *Gaul/Köhler*, BB 2011, 2232.
[1136] *Streitberger/Ruppel* (Fraunhofer AISEC) 2009, 11 f.
[1137] *Bedner* 2013, 86.
[1138] *Bedner* 2013, 93; BMWi 2010, 10 f.
[1139] *Niemann/Paul*, K&R 2009, 449; *Opfermann*, ZEuS 2012, 138; *Weichert*, DuD 2010, 683; möglicherweise, zumindest für die Erforderlichkeit vor der Berücksichtigung der schutzwürdigen Interessen, auch *Schulz*, MMR 2010, 79; *Nägele/Jacobs*, ZUM 2010, 290.
[1140] So zur Erforderlichkeit in § 28 Abs. 1 S. 1 Nr. 1 BDSG, *Wedde*, in: Däubler/Klebe/Wedde/Weichert 2014, § 28 BDSG, Rn. 15; keine „überschießenden Daten", BT-Drs. 16/13657, 18; zum Minimalprinzip *Taeger*, in: Taeger/Gabel 2013, § 28 BDSG, Rn. 51.

geben.[1141] Bei einem Verzicht auf die Übermittlung und Nutzung einer Cloud und damit bei ausschließlich lokaler Datenverarbeitung durch den Cloud-Nutzer könnten die genannten Vorteile nicht in Anspruch genommen werden. Alternative externe Verarbeitungen (etwa durch ein unternehmensinternes oder externes „Offline"-Rechenzentrum) hingen ebenfalls mit einer Datenübermittlung zusammen, könnten jedoch insbesondere die Flexibilitätsgewinne aufgrund der fehlenden internetbasierten Skalierbarkeit und Ortsungebundenheit einer Cloud regelmäßig nicht erreichen. Mildere Mittel außerhalb der Cloud-Nutzung, die den Zweck in ebenso sinnvollem und zumutbarem Maße erreichen, sind insofern nicht ersichtlich.[1142]

Ein milderes Mittel könnte aber darin bestehen, die Nutzung von Cloud-Diensten örtlich zu beschränken. Denn eine besondere Belastung für das Recht auf informationelle Selbstbestimmung des Betroffenen ergibt sich, wenn die Daten außerhalb Deutschlands oder der Europäischen Union oder des Europäischen Wirtschaftsraums und damit außerhalb des Geltungsbereichs des Bundesdatenschutzgesetzes beziehungsweise der Datenschutzrichtlinie übermittelt werden sollen. Fällt der Datenumgang mit der Übermittlung in das Drittland nicht mehr unter deutsches oder europäisches Datenschutzrecht, könnte das hohe deutsche beziehungsweise europäische Datenschutzniveau nicht mehr gewährleistet sein. Selbst wenn dem Betroffenen nach dem nationalen Datenschutzrecht, aber auch nach einem Datenschutzrecht des Drittlands Rechte zustehen würden, lassen sich diese gegenüber der Stelle im Drittland möglicherweise nicht durchsetzen.[1143] Problematisch ist hierbei insbesondere auch der potentielle behördliche Zugriff auf die beim Cloud-Anbieter im Drittland gespeicherten Daten.[1144] Rechtlich ist die Übermittlung von Daten außerhalb der Europäischen Union oder des Europäischen Wirtschaftsraums bereits aufgrund §§ 4b und 4c BDSG einge-

---

[1141] *Gola/Schomerus* 2012, § 28 BDSG, Rn. 15; noch weiter wohl *Schaffland/Wiltfang* 2013, § 28 BDSG, Rn. 110, die bereits eine Erleichterung der Interessenwahrnehmung gelten lassen (hier jedoch in Bezug auf die Erforderlichkeit nach Nr. 2); demgegenüber *Wedde*, in: Däubler/Klebe/Wedde/Weichert 2014, § 28 BDSG, Rn. 48, soweit die verantwortliche Stelle sonst einen „nicht zumutbaren Nachteil erleiden" würde; ähnlich auch *Plath*, in: Plath 2013, § 28 BDSG, Rn. 50.
[1142] *Opfermann*, ZEuS 2012, 138.
[1143] Hierzu statt vieler *Masing*, NJW 2012, 2309 f.
[1144] Zum Problem mit Cloud-Anbietern aus dem Drittland, die innerhalb der Europäischen Union oder des Europäischen Wirtschaftsraums Server betreiben *Becker/Nikolaeva*, CR 2012, 170; *Barnitzke*, MMR-Aktuell 2011, 321103.

schränkt.[1145] Statt eine völlig grenzenlose Cloud zu nutzen, könnte die Cloud räumlich beschränkt werden, beispielsweise indem technisch oder im Rahmen des Vertrags zwischen Cloud-Nutzer und Cloud-Anbieter sichergestellt wird, dass die Daten nur innerhalb Deutschlands, der Europäischen Union oder des Europäischen Wirtschaftsraums gespeichert werden.[1146] Ist die Übermittlung technisch oder organisatorisch nur auf Cloud-Anbieter innerhalb dieses Gebiets begrenzt, könnte es sich um ein milderes Mittel, im Sinne einer „objektiv zumutbaren Alternative"[1147] handeln.

Fraglich ist allerdings, ob solch eine Beschränkung eine sinnvolle oder zumutbare Alternative darstellt und somit den Zweck des Datenumgangs in vergleichbarem Maße fördert.[1148] Die Erreichung des gewünschten Zwecks des Datenumgangs könnte durch die räumliche Begrenzung eingeschränkt sein. Wenngleich die räumliche Begrenzung nicht mit einer lokalen Datenverarbeitung vergleichbar ist, so relativiert sie dennoch zahlreiche Vorteile des unbegrenzten Cloud Computing. Da durch die räumliche Begrenzung potentielle Serverstandorte auf der Welt nicht genutzt werden können, sind die Ressourcen, je nach Größe des eingegrenzten Raums, weniger skalierbar. Dies mag bei einem auf kleine Regionen oder Staaten begrenzten Cloud Computing ein erhebliches Gewicht haben. Würde die Übermittlung von Daten auf Server und Stellen in der Europäischen Union oder gar des Europäischen Wirtschaftsraums begrenzt, so ist das Angebot an Serverstandorten und damit die verfügbare Gesamtressource allerdings bereits sehr groß, sodass diese räumliche Begrenzung kaum Auswirkungen auf die Skalierbarkeit hat. Sie ist im Ergebnis somit ein milderes Mittel mit vergleichbarem Potential zur Zweckförderung. Ein weltweites Cloud Computing ist unter dieser Voraussetzung mithin nicht zwingend erforderlich.

[1145] § 4b Abs. 2 BDSG verlangt für die Übermittlung an Stellen außerhalb der Europäischen Union oder des Europäischen Wirtschaftsraums neben der allgemeinen Zulässigkeit nach dem Bundesdatenschutzgesetz eine weitere Prüfung der schutzwürdigen Interessen des Betroffenen am Ausschluss der Übermittlung. § 4b Abs. 2 S. 2 Hs. BDSG konkretisiert das schutzwürdige Interesse insofern, als es insbesondere dann entgegensteht, wenn die Stelle im Drittland kein angemessenes Datenschutzniveau gewährleisten können. Obgleich aufgrund dieser Einschränkung eine Übermittlung in ein Drittland regelmäßig nicht zulässig ist, könnte sie doch im Einzelfall möglich sein. Auch könnte eine Übermittlung in ein Drittland erst später durch den (in diesem Fall europäischen) Cloud-Anbieter erfolgen; zur Zweistufigkeit der Prüfung Kapitel 9.2.2.1.
[1146] Zu entsprechenden Ansätzen in der Praxis etwa *Splittgerber/Rockstroh*, BB 2011, 2184; ULD, ZD-Aktuell 2012, 03028 („Clouds Made in Europe").
[1147] Hierzu *Simitis*, in: Simitis 2014, § 28 BDSG, Rn. 108.
[1148] *Gola/Schomerus* 2012, § 28 BDSG, Rn. 15; noch weiter wohl *Schaffland/Wiltfang* 2013, § 28 BDSG, Rn. 110, die bereits eine Erleichterung der Interessenwahrnehmung gelten lassen (hier jedoch in Bezug auf die Erforderlichkeit nach Nr. 2); demgegenüber *Wedde*, in: Däubler/Klebe/Wedde/Weichert 2014, § 28 BDSG, Rn. 48, soweit die verantwortliche Stelle sonst einen „nicht zumutbaren Nachteil erleiden" würde; ähnlich weit auch *Plath*, in: Plath 2013, § 28 BDSG, Rn. 50.

Weitere optionale Anwendungsvorteile des Cloud Computing lassen sich dagegen selbst durch die großflächige Begrenzung auf die Europäische Union oder den Europäischen Wirtschaftsraum nicht ausgleichen. So könnte die zukünftig geplante Verschiebung großer Datenmengen rund um den Erdball aufgrund tageszeitbedingter Kapazitätsunterschiede („Follow the Sun"-Prinzip) nicht realisiert werden. Ein effektiver Schutz gegen Risiken des internationalen Datenverkehrs lässt sich im Übrigen nur garantieren, wenn zusätzlich zum Ort der Datenspeicherung auch der Weg der Daten und der Ort des Datenzugriffs räumlich begrenzt ist. Um den Zugriff auf die Datenverbindung während der Übermittlung zu verhindern, müsste mithin sichergestellt sein, dass die Daten während der Übermittlung auf ihrem Datenweg die räumliche Begrenzung nicht verlassen oder zumindest auf dem Weg nicht abgerufen werden können. Die erstgenannte Option ist bereits mit der Funktionsweise des Internets nur bedingt vereinbar. Die Übertragung von Daten ist gerade darauf angelegt, auf dem Weg vom Absender zum Empfänger quasi willkürliche Wege auch über Landesgrenzen hinweg zu nehmen. Würde dagegen nur der Zugriff auf die gespeicherten Daten vom Ausland aus verhindert, wären die Daten in der Cloud nicht weltweit und damit nicht ortsungebunden verfügbar. Dies jedoch ist ebenfalls ein zentrales Merkmal und ein bedeutender Vorteil des Cloud Computing gegenüber der bisherigen lokalen Datenverarbeitung. Unter diesen Voraussetzungen kommt die räumliche Begrenzung als zumutbare Alternative nicht in Betracht. Die Übermittlung personenbezogener Daten an Cloud- und Serveranbieter in Drittländer ist in diesem Fall erforderlich.

6.5.2.1.2 Abwägung mit schutzwürdigen Interessen des Betroffenen

Soweit eine Datenübermittlung des Cloud-Nutzers an den Cloud-Anbieter erforderlich ist, stellt sich die Frage, ob es entgegenstehende schutzwürdige Interessen gibt, die die berechtigten Interessen der verantwortlichen Stelle überwiegen. Entgegenstehende schutzwürdige Interessen des Betroffenen – insbesondere im Hinblick auf den Schutz seines Rechts auf informationelle Selbstbestimmung – können sich in erster Linie aufgrund des Dateninhalts, des Datenumgangs und dessen Zweck, zusätzlicher Risiken der Datensicherheit sowie des möglichen Kontrollverlusts, etwa im Hinblick auf zulässige oder unzulässige Zweckänderungen, oder einer erschwerten Durchsetzung von Betroffenenrechten im Rahmen einer Cloud-Nutzung ergeben. Die Abwägung mit den berechtigten Interessen des Cloud-Nutzers hat sich entsprechend an diesen Kriterien zu orientieren.

Ein erstes Kriterium ist der Inhalt und Gegenstand der zu übermittelnden Daten. So wurden vom europäischen Gesetzgeber bestimmte Daten als in besonderem Maße sensitiv eingeordnet und in Art. 8 DS-RL als „besondere Kategorien personenbezogener Daten" ausgewiesen. Diese in § 3 Abs. 9 BDSG als „besondere Arten personenbezogener Daten" bezeichneten Angaben über die rassische und ethnische Herkunft, politische Meinungen, religiöse oder philosophische Überzeugungen, Gewerkschaftszugehörigkeit, Gesundheit oder Sexualleben unterliegen bereits nach § 28 Abs. 6 und 7 BDSG besonderen Zulässigkeitsvoraussetzungen. Die Anwendung des § 28 Abs. 1 S. 1 Nr. 2 BDSG scheidet insofern für eine Übermittlung solcher Daten in die Cloud aus.[1149] Die gesetzliche Festlegung auf einen Katalog sensitiver Daten und der damit verbundenen Rechtsfolgen ist jedoch nicht unproblematisch. Da sich die Sensitivität eines Datums häufig erst aus dessen Verwendungszusammenhang ergibt, können auch vordergründig wenig schützenswerte Daten bei bestimmten Verwendungen einen hohen Sensitivitätsgrad erlangen.[1150] Eine abschließende Aufzählung von Daten, die aufgrund ihrer Sensitivität die schutzwürdigen Interessen des Betroffenen überwiegen lassen, ist mithin ohne Blick auf den konkreten Einzelfall nicht möglich. Im Allgemeinen wird das schutzwürdige Interesse des Betroffenen aber insbesondere bei solchen Daten überwiegen, die sich auf die persönlichkeitsrechtliche Intimsphäre, also den Persönlichkeitskern, beziehen.[1151] Diese sind zumindest relativ schutzwürdiger als Daten, die Betroffene im Regelfall preisgeben, wie etwa Angaben zu Anschrift, Titel oder Rufnummer.[1152] Zusätzlich zum Inhalt ist auch relevant, ob sich Daten auf besonders schützenswerte Betroffene beziehen. So ist beispielsweise vorstellbar, dass Daten Minderjähriger nicht übermittelt werden dürfen, da der Schutz der Minderjährigen regelmäßig die wirtschaftlichen Interessen einer verantwortlichen Stelle überwiegt.[1153] Abwägungsrelevant kann auch die Menge der übermittelten Daten sowie die Anzahl der Betroffenen sein.

Nicht unberücksichtigt bleiben darf in der Abwägung auch ein offensichtlicher Wille sowie eine nach außen hin erkennbare persönliche Einstellung des Betroffenen zum jeweiligen Umgang mit seinen Daten. Zwar ist der Datenumgang nach § 28 Abs. 1 S. 1 Nr. 2 BDSG grundsätzlich ohne Einwilligung zulässig. Jedoch kann der Betroffene etwa durch einen Widerspruch zur Datenverarbeitung zu erkennen geben, dass der Umgang mit seinen Daten „einen aus seiner Perspektive nicht hinnehmbaren Eingriff in seine schutzwürdigen Belange" und damit in sein Recht auf informationelle Selbst-

---

[1149] *Schröder/Haag*, ZD 2011, 150; Konferenz der Datenschutzbeauftragten des Bundes und der Länder 2011, 11; *Thalhofer*, CCZ 2011, 223; siehe auch *Simitis*, in: *Simitis* 2014, § 28 BDSG, Rn. 132; *Bergmann/Möhrle/Herb* 2014, § 28 BDSG, Rn. 243; *Tinnefeld/Ehmann/Gerling* 2005, IV.2, 560.

[1150] *Simitis*, in: Simitis 2014, § 3 BDSG, Rn. 251; *Gola/Schomerus* 2012, § 3 BDSG, Rn. 56; nach BVerfGE 65, 1, 45, Rn. 158 gibt es kein "belangloses Datum" mehr.

[1151] *Schaffland/Wiltfang* 2013, § 28 BDSG, Rn. 92; *Tiedemann*, NJW 1981, 950; *Ganßauge* 1995, 172; allgemein zur „Sphärentheorie" statt vieler *Di Fabio*, in: Maunz/Dürig 2013, Art. 2 GG, Rn. 157 ff.

[1152] *Tiedemann*, NJW 1981, 950.

[1153] *Bergmann/Möhrle/Herb* 2014, § 28 BDSG, Rn. 243.

bestimmung bedeutet.[1154] Ein offensichtlich entgegenstehender Wille des Betroffenen muss zwar nicht zwingend zu einem Überwiegen der schutzwürdigen Interessen führen, jedoch zumindest zur Verpflichtung der verantwortlichen Stelle zu einer besonderen Prüfung und Abwägung der Interessen im Einzelfall.[1155] Soweit ein Betroffener der Übermittlung seiner Daten durch den Cloud-Nutzer in die Cloud ausdrücklich widerspricht, könnte der Cloud-Nutzer so zumindest unter einem weiteren besonderen Rechtfertigungsdruck hinsichtlich seiner Interessen am Datenumgang stehen.[1156]

Neben den Daten und den Betroffenen sowie gegebenenfalls deren Einstellung zur Datenverarbeitung ist auch die Art des geplanten Datenumgangs selbst in die Abwägung einzubringen. Wie bereits im Rahmen des § 28 Abs. 1 S. 1 Nr. 1 BDSG muss auch im Rahmen der Abwägung mit schutzwürdigen Interessen des Betroffenen nach § 28 Abs. 1 S. 1 Nr. 2 BDSG berücksichtigt werden, dass der Cloud-Nutzer die Daten für das Cloud Computing nicht nur selbst speichert und lokal verarbeitet, sondern beim Cloud Computing diese auch an weitere Stellen (in erster Linie an den Cloud-Anbieter) übermitteln will.[1157] Durch die Übermittlung an weitere Stellen vergrößert sich automatisch der Kreis derer, die Kenntnis vom Inhalt der Daten nehmen können. Allein wegen der Verteilung der Daten auf eine weitere Stelle durch die Übermittlung an den Cloud-Anbieter, schließlich aber auch wegen der weiteren Verarbeitung und gegebenenfalls Weiterübermittlung durch den Cloud-Anbieter, lassen sich die Daten durch den Betroffenen zunehmend schlechter kontrollieren. Die Wahrscheinlichkeit einer zulässigen oder unzulässigen Zweckänderung beim Umgang mit den Daten erhöht sich damit aufgrund der Übermittlung an einen Cloud-Anbieter. Die Daten könnten sich in der Hand des Cloud-Anbieters oder weiterer Empfänger „verselbstständigen" und so zu einer frei verwertbaren Ware werden.[1158] Die Kontrolle des Betroffenen über seine Daten wird durch die Möglichkeiten einer grenzenlosen und zeitunabhängigen Verschiebung, Veränderung oder Verknüpfung noch weiter eingeschränkt. Insbesondere die Verkettung und Verknüpfung wird aufgrund der Konzentration oder dem Zugang zu großen Datenmengen bei einem Cloud-Anbieter

---

[1154] *Simitis*, in: Simitis 2014, § 28 BDSG, Rn. 143; hinsichtlich der Wirkung des Widerspruchs wohl einschränkend *Ganßauge* 1995, 170 f.

[1155] *Ganßauge* 1995, 170; *Simitis*, in: Simitis 2014, § 28 BDSG, Rn. 143; *Taeger*, in: Taeger/Gabel 2013, § 28 BDSG, Rn. 63; siehe auch *Bergmann/Möhrle/Herb* 2014, § 28 BDSG, Rn. 258; siehe hierzu auch *Plath*, in: Plath 2013, § 28 BDSG, Rn. 54.

[1156] Eher weitgehend hier *Simitis*, in: Simitis 2014, § 28 BDSG, Rn. 143, der die berechtigten Interessen der verantwortlichen Stelle bei einem Widerspruch nur dann überwiegen lassen will, „wenn sie in der Lage ist, überzeugende Gründe dafür anzugeben, dass sich die Betroffenen trotz ihrer Ablehnung mit einer Verwendung abfinden müssen".

[1157] Hierzu *Bergmann/Möhrle/Herb* 2014, § 28 BDSG, Rn. 240.

[1158] *Simitis*, in: Simitis 2014, § 28 BDSG, Rn. 140.

erleichtert.[1159] Diese bereits vom Bundesverfassungsgericht im Volkszählungsurteil[1160] formulierte Gefahr der Erstellung eines Persönlichkeitsprofils tritt beim Cloud Computing besonders hervor. Die Verteilung der Daten auf viele Stellen und die dem Internet immanente Intransparenz der Wege und Datenverarbeiter verstärkt die Gefahr eines missbräuchlichen Datenumgangs. Durch die Übermittlung von personenbezogenen Daten in die Cloud durch den Cloud-Nutzer wird der Betroffene somit unter Umständen in seiner Dispositions- und Entscheidungsfreiheit[1161] und damit in der Ausübung seines Rechts auf informationelle Selbstbestimmung mehr eingeschränkt als bei einer rein lokalen Datenverarbeitung.

Insbesondere die Gefahren einer missbräuchlichen Zweckänderung führen dazu, dass für eine *ungeschützte* Übermittlung von personenbezogenen Daten betroffener Dritter in eine ebenso nicht weiter geschützte Cloud die schutzwürdigen Interessen der Betroffenen wohl häufig überwiegen.[1162] Die Interessen des Cloud-Nutzers, etwa an einer Kostenersparnis und Flexibilisierung, müssen dabei wohl zurücktreten. Eine Übermittlung von personenbezogenen Daten betroffener Dritter durch den Cloud-Nutzer an den Cloud-Anbieter ist demnach nach § 28 Abs. 1 S. 1 Nr. 2 BDSG regelmäßig nicht zulässig.

6.5.2.1.3 Auswirkungen technisch-organisatorischer Maßnahmen zur Datensicherheit

Die Schwere des Eingriffs in die schutzwürdigen Interessen des Betroffenen könnte jedoch durch besondere Maßnahmen zum Zwecke des Datenschutzes von Seiten der verantwortlichen Stelle verringert werden und damit die Abwägung der Interessen von Betroffenem und verantwortlicher Stelle zu einem anderen Ergebnis führen. Im Mittelpunkt stehen dabei Maßnahmen zur Datensicherheit insbesondere in Form technisch-organisatorischer Vorkehrungen für den Datenumgang im Rahmen des Cloud Computing. So sehen einige Autoren die Übermittlung von Daten in eine Cloud durch den Cloud-Nutzer als zulässig an, wenn mit dem Cloud-Anbieter entsprechende Ab-

---

[1159] Sogenanntes "Big Data"-Phänomen, hierzu *Leopold*, vorgänge 4/2012, 77 ff.
[1160] BVerfGE 65, 1, 42.
[1161] *Simitis*, in: Simitis 2014, § 28 BDSG, Rn. 141.
[1162] *Heidrich/Wegener*, MMR 2010, 806; *Niemann/Paul*, K&R 2009, 449; wohl auch *Weichert*, DuD 2010, 683; *Thalhofer*, CCZ 2011, 223; *Opfermann*, ZEuS 2012, 138; siehe auch *Nägele/Jacobs*, ZUM 2010, 290; *Schulz*, MMR 2010, 78; *Niemann/Hennrich*, CR 2010, 688; *Reindl*, in: Taeger/Wiebe 2009, 445 (jeweils zum Teil bezogen auf die Zulässigkeit im Rahmen einer Übermittlung in Drittländern); andere Ansicht *Barnitzke* 2014, 256 f.; wohl *Splittgerber/Rockstroh*, BB 2011, 2182.

sprachen zu Datenschutz und Datensicherheit getroffen wurden.[1163] Auch ein „verlässlich auftretender Cloud-Anbieter" sowie die Vorlage von Zertifikaten sollen ein Indiz für einen besonderen Schutz der Betroffeneninteressen sein.[1164] Technisch-organisatorische Vorkehrungen im Rahmen des Cloud Computing, die die schutzwürdigen Interessen des Betroffenen fördern sollen, können sich dabei sowohl auf die Sicherheit der Übermittlung, also den Datenweg zwischen Cloud-Nutzer und Cloud-Anbieter als auch auf die Sicherheit beim Cloud-Anbieter sowie weiteren Beteiligten (etwa unterbeauftragten Serveranbietern) beziehen. Hinsichtlich der Datensicherheit bei der Übermittlung zum und der Verarbeitung beim Cloud-Anbieter ist die Einrichtung der technisch-organisatorischen Maßnahmen nach § 9 i. V. m. der Anlage zu § 9 S. 1 BDSG daher von wesentlicher Bedeutung.[1165]

6.5.2.1.3.1 Datenverschlüsselung

Für das Cloud Computing besonders relevant ist die Verschlüsselung.[1166] Sie dient – ausweislich des Satzes 3 der Anlage zu § 9 S. 1 BDSG – insbesondere der Zugangs-, Zugriffs- und Weitergabekontrolle. Das Gesetz macht zwar keine ausdrücklichen Vorgaben zu Verschlüsselungsmethoden und Schlüssellängen, verlangt jedoch eine Verschlüsselung auf dem „Stand der Technik".[1167] Verschlüsselungen auf dem „Stand der Technik" müssen die technischen Möglichkeiten zu einem bestimmten Zeitpunkt abdecken, die auf gesicherten Erkenntnissen von Wissenschaft und Technik basieren, jedoch auch in ausreichendem Maße zur Verfügung stehen.[1168] Davon umfasst sind wohl diejenigen Verfahren, die bereits etabliert sind, zum Technikalltag gehören und auch wirtschaftlich realisierbar sind.[1169]

Verschlüsselungen können, wie dargestellt,[1170] die Bestimmbarkeit von Personen aus Dokumenten verhindern und somit eine Daten*übermittlung* und *-speicherung* ohne Personenbezug ermöglichen. Werden Daten auf dem „Stand der Technik" vom Cloud-Nutzer (als alleinigem Schlüsselinhaber) verschlüsselt, genügt jedoch beispiels-

---

[1163] *Niemann/Paul*, K&R 2009, 449; *Opfermann*, ZEuS 2012, 138; *Thalhofer*, CCZ 2011, 223; *Niemann/Hennrich*, CR 2010, 688, die im Hinblick auf die Zulässigkeit im Rahmen des internationalen Cloud Computing für die Abwägung nach § 28 Abs. 1 S. 1 Nr. 2 BDSG die Einhaltung der Anforderungen des § 11 BDSG fordern.
[1164] So zumindest *Opfermann*, ZEuS 2012, 38.
[1165] Ausführlich zur Berücksichtigung des § 9 BDSG im Rahmen des Cloud Computing *Bedner* 2013, 161 ff. zu Datensicherheitsmaßnahmen des Cloud-Nutzers *Laue/Stiemerling*, DuD 2010, 694 f.; hierzu auch Kapitel 12.
[1166] Hierzu ausführlich Kapitel 5.1.9.
[1167] Hierzu *Ernestus*, in: Simitis 2014, § 9 BDSG, Rn. 171; Kapitel 5.1.9.1.
[1168] *Ernestus*, in: Simitis 2014, § 9 BDSG, Rn. 171.
[1169] *Ernestus*, in: Simitis 2014, § 9 BDSG, Rn. 171.
[1170] Kapitel 5.1.8.4.

weise der „Stand der Verschlüsselungstechnik" nicht, um einen Personenbezug der Daten hinreichend auszuschließen, dann bedarf die Übermittlung von Daten in die Cloud eines Erlaubnistatbestands, der hier in § 28 Abs. 1 S. 1 Nr. 2 BDSG liegen könnte. Die Verschlüsselung von Daten kann in diesem Fall ein Mittel sein, den Eingriff in schutzwürdige Interessen der Betroffenen, der einer Übermittlung von Daten in eine Cloud entgegenstehen könnte, abzumildern. Im Rahmen der Abwägung mit den schutzwürdigen Interessen des Betroffenen ist nunmehr zu berücksichtigen, dass die Verschlüsselung durch den Cloud-Nutzer die Kenntnisnahme des Inhalts und damit die Zuordnung zu einer natürlichen Person im Vergleich zu unverschlüsselten Daten, trotz der Ungewissheit über den Ausschluss des Personenbezugs, deutlich erschwert. Die Wahrscheinlichkeit einer tatsächlichen Zuordnung und damit die Aufdeckung des Pseudonyms ist mithin verringert. Wenngleich also die Möglichkeit der Herstellung eines Personenbezugs mit verhältnismäßigen Mitteln nicht auszuschließen ist, bedarf es dennoch eines erheblichen Aufwands hierzu.[1171] Der Betroffene ist damit vor einem Missbrauch seiner Daten bereits in erheblichem Maße besser geschützt, als bei der Übermittlung unverschlüsselter Daten. Obwohl also im Einzelfall eine Verschlüsselung auf dem „Stand der Technik" möglicherweise nicht in der Lage sein könnte, den Personenbezug der Daten auszuschließen, ist sie doch ein wirksames technisch-organisatorisches Mittel zur Datensicherheit, das die schutzwürdigen Interessen des Betroffenen bei der Cloud-Nutzung schützen kann. Die Verschlüsselung der zur Übermittlung an den Cloud-Anbieter bestimmten Daten auf dem „Stand der Technik" durch den Cloud-Nutzer kann insofern die Abwägung der Interessen wieder zugunsten des Cloud-Nutzers verschieben. Eine Übermittlung verschlüsselter Daten kann somit nach § 28 Abs. 1 S. 1 Nr. 2 BDSG zulässig sein.

6.5.2.1.3.2 Datenversiegelung

Als Ersatz für die technisch und wirtschaftlich noch nicht realisierbare verschlüsselte *Verarbeitung* von Daten wurde in dieser Arbeit bereits das Konzept einer „versiegelten" Datenverarbeitung nach dem „Sealed Cloud"-Ansatz untersucht.[1172] Ebenso wie bei Verschlüsselungen kann durch den Einsatz einer Datenversiegelung eine Verarbeitung von Daten unter Ausschluss des Personenbezugs möglich sein.[1173] Sofern die Versiegelung eine Re-Identifikation und damit den Personenbezug jedoch nicht hinreichend ausschließt, könnte auch der Einsatz einer Versiegelungstechnik zumindest die Übermittlung der folglich personenbezogenen Daten durch den Cloud-Nutzer an den Cloud-Anbieter im Rahmen der Interessenabwägung des § 28 Abs. 1 S. 1 Nr. 2 BDSG

[1171] Vergleiche zur Wirkung der Pseudonymisierung und Verschlüsselung auf die Interessenabwägung auch *Aßmus*, MMR 2009, 602; *Weichert*, DuD 2010, 684.
[1172] Kapitel 5.1.11.
[1173] Kapitel 5.1.11.2.

legitimieren. Selbst wenn das Konzept der Sealed Cloud im Einzelfall nicht ausreichen sollte, um sicher einen Personenbezug auszuschließen,[1174] übertrifft das in der Sealed-Cloud enthaltene Sicherheitskonzept die technischen und organisatorischen Maßnahmen bisheriger Cloud-Dienste. Für die Sealed Cloud werden Daten sicher verschlüsselt übertragen und gespeichert. Die Verarbeitung der Daten erfolgt unter dem Schutz der Perimetersicherheit, die im Falle eines Zugriffs umgehend den sogenannten „Data Clean-Up" einleitet und so eine Kenntnisnahme verhindert.[1175] Selbst die Ermöglichung des externen Zugriffs, etwa durch Sealed Freeze, wäre mit weiteren Sicherheits- und Vorbehaltsmechanismen versehen. So soll der Zugriff nur auf Veranlassung eines Intermediärs (beispielsweise eines Notars) aufgrund einer entsprechenden gesetzlichen Eingriffsbefugnis (etwa unter Vorlage eines richterlichen Beschlusses) ermöglicht werden. Darüber hinaus kann auch die Anzahl der Eingriffe in einem bestimmten Zeitabschnitt begrenzt werden.[1176] Die Sealed Cloud ermöglicht es damit, selbst wenn sie im Einzelfall ein Aufleben des Personenbezugs nicht zu verhindern vermag, als technisch-organisatorische Maßnahme den (unberechtigten) Zugriff und die Kenntnisnahme von Daten des Betroffenen durch den Cloud-Anbieter sowie weitere Stellen zu erschweren. Eine Übermittlung von Daten in die Sealed Cloud ist mithin mit erheblich geringeren Risiken für das Recht auf informationelle Selbstbestimmung und somit weniger Einschränkungen der Betroffeneninteressen verbunden. Übermittelt der Cloud-Nutzer Daten sicher verschlüsselt, um sie ebenso verschlüsselt zu speichern oder in der Sealed Cloud sicher „versiegelt" zu verarbeiten, könnten die Interessen des Betroffenen hinter die des Cloud-Nutzers zurücktreten. Die Abwägung verschiebt sich damit unter Umständen wiederum zugunsten des Cloud-Nutzers, sodass die verschlüsselte Übermittlung in eine entsprechend „versiegelte" Sealed Cloud auf Grundlage des § 28 Abs. 1 S. 1 Nr. 2 BDSG zulässig sein kann.

[1174] Bedenken gegen den Ausschluss des Personenbezugs bei der Sealed Cloud ergeben sich insbesondere aufgrund der beiden „Schwachstellen" des Systems – der manuellen Integritätskontrolle des Perimeterschutzes sowie der Möglichkeit eines Drittzugriffs. So werden im Rahmen der Sealed Cloud Daten vom Cloud-Nutzer verschlüsselt in die Sealed Cloud übermittelt, um dort in einem eigenen, abgetrennten und mittels der Perimetersicherheit geschützten Bereich entschlüsselt und verarbeitet zu werden. Da der Perimeterschutz als solcher jedoch manipuliert werden kann, bedarf dieser einer ständigen Kontrolle durch externe Prüfer. Im Einzelfall lässt sich möglicherweise die Integrität des Perimeterschutzes nicht hinreichend kontrollieren, um die Möglichkeit einer Kenntnisnahme und damit Zuordnung zu einer Person sicher ausschließen zu können. Dies gilt insbesondere, solange die Kontrolle nicht gesetzlich übergreifend normiert und standardisiert erfolgt. Auch soweit nach dem Sealed Freeze-Ansatz die Möglichkeit geschaffen werden soll, etwa für staatliche Stellen in begrenztem Maße einen Zugriff auf die versiegelten Daten zu eröffnen, wird der Ausschluss des Personenbezugs infrage gestellt, hierzu Kapitel 5.1.11.2.3.
[1175] Kapitel 5.1.11.1.
[1176] Kapitel 5.1.11.1.

6.5.2.2 Eröffnung eines Zugangs durch den Cloud-Nutzer

In bestimmten Fällen gibt der Cloud-Nutzer Daten betroffener Dritter nicht selbst aktiv an den Cloud-Anbieter weiter, sondern eröffnet dem Cloud-Anbieter nur einen Zugriff auf diese Daten in der Weise, dass dieser die bereitgehaltenen Daten einsieht oder abruft. So könnte beispielsweise ein Cloud-Nutzer einen Zugriff auf sein Endgerät freischalten und der Cloud-Anbieter etwa darauf gespeicherte Kontaktdaten der betroffenen Dritten erfassen. Nach § 3 Abs. 4 Nr. 3 lit. b BDSG stellt die Eröffnung eines Zugangs ebenfalls eine Übermittlung durch den Cloud-Nutzer dar. Fraglich ist, ob die Übermittlung personenbezogener Daten betroffener Dritter durch Zugangseröffnung nach § 28 Abs. 1 S. 1 Nr. 2 BDSG zulässig ist. Die Ausführungen zur aktiven Übermittlung gelten hierfür entsprechend. Für die Abwägung mit schutzwürdigen Interessen des Betroffenen ist jedoch besonders zu berücksichtigen, dass die Kontrolle über den Zugriff auf die Daten nach der Zugangseröffnung regelmäßig entzogen ist.[1177] Die schutzwürdigen Interessen des Betroffenen werden insofern in besonderem Maße beeinträchtigt, als der Cloud-Nutzer die Übermittlung nicht aktiv initiiert. Die Datenübermittlung ist damit nicht nur für den Betroffenen, sondern auch für den Cloud-Nutzer im Vergleich zu einer aktiven Datenweitergabe deutlich intransparenter. Eine Zugangseröffnung ohne weitere Maßnahmen zur Datensicherheit kann hier, ebenso wie eine ungeschützte aktive Datenübermittlung, nicht zulässig sein. Gegebenenfalls könnte das schutzwürdige Interesse im Einzelfall wiederum zurücktreten, wenn der Cloud-Nutzer einen Zugriff nur über besonders geschützte Übermittlungswege wie der sicheren Verschlüsselung gewährt und der Datenumgang durch den Cloud-Anbieter ohne eine Entschlüsselung und ohne die Möglichkeit der Kenntnisnahme des Inhalts möglich ist. Ein der Datenversiegelung vergleichbares Konzept der sicheren Datenverarbeitung, die auch eine selbstständige Datenerhebung beim Cloud-Nutzer ermöglicht, ist momentan allerdings nicht ersichtlich.

6.5.2.3 Datenumgang durch den Cloud-Anbieter

Erhebt, verarbeitet oder nutzt der Cloud-Anbieter personenbezogene Daten im Rahmen der Dienstbereitstellung und -erbringung, könnte dies nach § 28 Abs. 1 S. 1 Nr. 2 BDSG zulässig sein. Soweit der Cloud-Anbieter nur Daten des Cloud-Nutzers erhebt, verarbeitet oder nutzt und sich der Datenumgang auf die Begründung, Durchführung oder Beendigung eines Schuldverhältnisses mit dem Cloud-Nutzer bezieht, tritt § 28 Abs. 1 S. 1 Nr. 2 BDSG hinter dem Zulässigkeitstatbestand aus Nr. 1 zurück.[1178] Ein derartiger Datenumgang mit Daten des Cloud-Nutzers, etwa als Vertragspartner, müss-

---

[1177] Siehe hierzu die Ausführungen zur Verantwortlichkeit bei selbstständig datenerhebenden Systemen Kapitel 5.2.4.3.
[1178] Vor Kapitel 6.5.1; hierzu auch *Wedde*, in: Däubler/Klebe/Wedde/Weichert 2014, § 28 BDSG, Rn. 14; *Simitis*, in: Simitis 2014, § 28 BDSG, Rn. 54.

te nach § 28 Abs. 1 S. 1 Nr. 1 BDSG zulässig sein und könnte – sofern er nach Nr. 1 nicht zulässig wäre – auch nicht über ein berechtigtes Interesse des Cloud-Anbieters im Sinne der Nr. 2 legitimiert werden.[1179] Werden dagegen Daten betroffener Dritter oder solche Daten des Cloud-Nutzers erhoben, verarbeitet oder genutzt, die keinen Bezug zu einem zugrunde liegenden Schuldverhältnis haben, ist Nr. 1 nicht einschlägig[1180] und der Cloud-Anbieter könnte sich möglicherweise auf ein berechtigtes Interesse im Sinne der Nr. 2 berufen. Grundlegende Voraussetzung für ein berechtigtes Interesse ist, dass die Daten rechtmäßig erworben wurden.[1181] Daten, die vom Cloud-Nutzer bereits unrechtmäßig übermittelt wurden, können auch nicht auf Grundlage des § 28 Abs. 1 S. 1 Nr. 2 BDSG vom Cloud-Anbieter verarbeitet werden.

Ein berechtigtes Interesse des Cloud-Anbieters am Datenumgang mit den Daten des Betroffenen kann in der ordnungsgemäßen Dienstbereitstellung und -erbringung liegen. Bereits aus der Erwartung einer Gegenleistung (also etwa des Nutzungsentgelts des Cloud-Nutzers) ergibt sich ein berechtigtes wirtschaftliches Interesse. Zur ordnungsgemäßen Erbringung eines Dienstes wird ein Datenumgang auch regelmäßig erforderlich sein. Je nach konkretem Dienstmodell ist es gerade Gegenstand des Dienstangebots des Cloud-Anbieters, die Daten entweder direkt beim Cloud-Nutzer zu erheben, die vom Cloud-Nutzer übermittelten Daten im Falle einer Speicher-Cloud dort zu speichern oder, im Falle der Bereitstellung einer Cloud-Anwendung, die Daten entsprechend zu verarbeiten. Ebenso erforderlich ist dann auch die Rückübermittlung der verarbeiteten Daten an den Cloud-Nutzer.

Neben der reinen Diensterbringung wird der Cloud-Anbieter jedoch möglicherweise auch im Rahmen der Wartungs- und Servicetätigkeit auf in der Cloud gespeicherte Daten zugreifen und dabei auch Inhalte zur Kenntnis nehmen. Im Einzelnen ist hier zu prüfen, ob es hinsichtlich dieses Zugriffs nach den Gesamtumständen keine sinnvolle oder zumutbare Alternative gibt.[1182] Inwiefern ein solcher Zugriff des Cloud-Anbieters und die Kenntnisnahme von Dateninhalten im Rahmen der Wartung und des Services tatsächlich erforderlich ist, kann an dieser Stelle somit nicht pauschal beantwortet werden, sondern hängt von den jeweiligen technischen Gegebenheiten ab. Der Zugriff und die Kenntnisnahme der Dateninhalte können gegebenenfalls dann nicht erforderlich sein, wenn die Wartungstätigkeit oder der Service auch auf Ebene des Datenver-

---

[1179] *Wedde*, in: Däubler/Klebe/Wedde/Weichert 2014, § 28 BDSG, Rn. 14; *Simitis*, in: Simitis 2014, § 28 BDSG, Rn. 54.

[1180] Kapitel 6.4.1.

[1181] *Hoeren*, in: Roßnagel 2003, 4.6, Rn. 32; *Bergmann/Möhrle/Herb* 2014, § 28 BDSG, Rn. 233.

[1182] *Gola/Schomerus* 2012, § 28 BDSG, Rn. 15; noch weiter wohl *Schaffland/Wiltfang* 2013, § 28 BDSG, Rn. 110, die bereits eine Erleichterung der Interessenwahrnehmung gelten lassen; demgegenüber *Wedde*, in: Däubler/Klebe/Wedde/Weichert 2014, § 28 BDSG, Rn. 48, soweit die verantwortliche Stelle sonst einen „nicht zumutbarer Nachteil erleiden" würde; ähnlich auch *Plath*, in: Plath 2013, § 28 BDSG, Rn. 50.

zeichnisses oder der Ordnerstruktur statt auf Ebene des Dateninhalts ebenso gut möglich wäre. In diesem Fall muss beispielsweise der Administrator oder Wartungsmitarbeiter für die Durchführung der Tätigkeit die Dateien selbst nicht öffnen und damit den Inhalt der Daten nicht zur Kenntnis nehmen. Er nimmt dann gegebenenfalls lediglich noch die Metadaten, also etwa die Dateinamen und Ordnerstrukturen wahr.

Es kann darüber hinaus im Interesse des Cloud-Anbieters liegen, entsprechend der Anforderungen des Cloud Computing die Daten zu verschieben, zu fragmentieren oder gar an weitere Serveranbieter zwecks Verteilung und flexiblem Ressourceneinsatz zu übermitteln.[1183] Das berechtigte Interesse ergibt sich hier vor allem aus Wirtschaftlichkeitserwägungen, die beispielsweise von der Flexibilisierung der Infrastruktur herrühren.[1184] So hat der Cloud-Anbieter durch die Übermittlung und Verteilung der Daten auf zahlreiche Server im Internet die Möglichkeit, dem Nutzer eine aus dessen Sicht skalierbare und nahezu unbeschränkte Ressource anzubieten.[1185] Ob die Übermittlung erforderlich ist oder ob die ausschließliche Verarbeitung auf Servern des Cloud-Anbieters eine sinnvolle oder zumutbare Alternative darstellt, kann an dieser Stelle ebenfalls nicht pauschal beantwortet werden. Zwar ist das Cloud Computing in seinem eigentlichen Definitionssinn als „unbeschränkte" Ressource aus dem Internet ohne eine solche Übermittlung an weitere Server kaum vorstellbar. Im Einzelfall – etwa bei sehr spezifischen, kleinen Cloud-Diensten – könnte sich aber eine Datenverarbeitung auch auf den Server des Cloud-Anbieters beschränken. Eine Datenübermittlung wäre in diesem Fall nicht erforderlich.

Soweit hier die Erforderlichkeit des Datenumgangs zur Wahrung berechtigter Interessen des Cloud-Anbieters festgestellt wurde, müssen diese wiederum mit gegebenenfalls bestehenden schutzwürdigen Interessen des Betroffenen abgewogen werden. Zwar kennt der Cloud-Anbieter nur selten die konkreten Interessen des Betroffenen und wird häufig auch nicht ohne den Datenumgang in der Lage sein zu erkennen, wer überhaupt Betroffener ist. Nach entgegenstehenden Interessen muss der Cloud-Anbieter aber auch nicht im Einzelnen forschen – es genügt, wenn er eine „summarische" Pauschalprüfung durchführt.[1186] Je nach angebotenem Dienst muss der Cloud-Anbieter jedoch von denselben entgegenstehenden schutzwürdigen Interessen ausgehen, die bereits für die Übermittlung durch den Cloud-Nutzer relevant waren. So wird ein Anbieter einer Speicher-Cloud nicht unberücksichtigt lassen dürfen, dass auf seinem Server vom Cloud-Nutzer Daten jeglicher Art – darunter auch sensitive Daten und solche

---

[1183] Ausführlich zu Datenwegen in der Cloud Kapitel 2.
[1184] Zu den Möglichkeiten des Cloud Computing in Bezug auf berechtigte Interessen *Niemann/Paul*, K&R 2009, 449; *Gaul/Köhler*, BB 2011, 2232.
[1185] Kapitel 3.
[1186] *Wedde*, in: Däubler/Klebe/Wedde/Weichert 2014, § 28 BDSG, Rn. 52; *Gola/Schomerus* 2012, § 28 BDSG, Rn. 28; *Simitis*, in: Simitis 2014, § 28 BDSG, Rn. 129; *Schaffland/Wiltfang* 2013, § 28 BDSG, Rn. 89; *Plath*, in: Plath 2013, § 28 BDSG, Rn. 53.

besonders schutzwürdiger Betroffener – sowie Daten in erheblichem Ausmaß abgespeichert werden können. Insoweit muss der Cloud-Anbieter angesichts zahlreicher Nutzer und ständiger Veränderungen im Datenbestand auch damit rechnen, dass vereinzelt auf seinen Servern Daten gespeichert sind, die der einzelne Cloud-Nutzer bereits nicht übermitteln hätte dürfen. Auch die dem Cloud Computing immanenten Risiken hinsichtlich des Datenumgangs müssen ohne weitere Nachforschung durch den Cloud-Anbieter berücksichtigt werden. Sollen Daten an weitere Serveranbieter übermittelt werden, tritt das Schutzinteresse des Betroffenen besonders hervor. Insbesondere im Hinblick darauf, dass bereits die Übermittlung von Daten durch den Cloud-Nutzer an den Cloud-Anbieter mit den schutzwürdigen Interessen regelmäßig nicht als vereinbar beurteilt wird, muss dies erst recht auch für den zumindest ungeschützten Datenumgang durch den Cloud-Anbieter gelten.

Eine Ausnahme könnte sich jedoch auch hier ergeben, wenn der Cloud-Anbieter Daten nur verschlüsselt speichert oder unter hinreichendem Ausschluss einer Zugriffsmöglichkeit „versiegelt" verarbeitet.[1187] Eine Weiterübermittlung dieser Daten in verschlüsselter Form an einen weiteren „sicheren" Serveranbieter ist zwar denkbar. Jedoch ist zu berücksichtigen, dass mit jeder Weitergabe der Daten der Kreis derer, die eine Zuordnung der verschlüsselten Daten vornehmen könnten, wächst und damit die Wahrscheinlichkeit einer Bestimmung des Betroffenen und einer missbräuchlichen Verwendung ansteigt. Insofern muss das schutzwürdige Interesse des Betroffenen wohl mit jeder weiteren Übermittlung in einem erhöhten Maße in die Abwägung eingehen. Die Weiterübermittlung durch den Cloud-Anbieter ist vor diesem Hintergrund – selbst wenn eine rechtmäßige Verarbeitung auf Servern des Cloud-Anbieters anzunehmen wäre – wohl nicht zulässig.

Soweit der Cloud-Anbieter die Daten des Betroffenen nicht nur ausschließlich zur Dienstbereitstellung und -erbringung, sondern zu weiteren Zwecken verwenden will, kommt es zu einer Zweckentfremdung gegenüber dem ursprünglichen Verwendungsziel.[1188] So könnte ein Cloud-Anbieter beispielsweise die beim Cloud-Nutzer zur Diensterbringung erhobenen oder von diesem übermittelten Daten, statt ausschließlich zur Dienstbereitstellung und -erbringung, auch an andere Nutzer oder zur werblichen Verwendung an weitere Stellen übermitteln. Eine Erhebung, Verarbeitung und Nutzung von Daten zu anderen Zwecken ist nach § 28 Abs. 1 S. 1 Nr. 2 BDSG nicht zulässig. Gegebenenfalls ergibt sich eine Zulässigkeit jedoch aus § 28 Abs. 2 BDSG. Es sei insofern auf die Ausführungen dort verwiesen.[1189]

[1187] Siehe hierzu die Ausführungen zur Übermittlung durch den Cloud-Nutzer, Kapitel 6.5.2.1.3.
[1188] *Simitis*, in: Simitis 2014, § 28 BDSG, Rn. 168, 171.
[1189] Kapitel 6.5.4.2.

6.5.3 Umgang mit allgemein zugänglichen Daten

Der Datenumgang im Rahmen des Cloud Computing könnte schließlich nach § 28 Abs. 1 S. 1 Nr. 3 BDSG zulässig sein. Voraussetzung hierfür ist, dass „die Daten allgemein zugänglich sind oder die verantwortliche Stelle sie veröffentlichen dürfte, es sei denn, dass das schutzwürdige Interesse des Betroffenen an dem Ausschluss der Verarbeitung oder Nutzung gegenüber dem berechtigten Interesse der verantwortlichen Stelle offensichtlich überwiegt." Die Anforderungen an den Umgang mit allgemein zugänglichen Daten sind gegenüber Anforderungen an den Umgang mit anderen personenbezogenen Daten insofern weniger hoch, als schutzwürdige Interessen des Betroffenen zwar zu berücksichtigen sind, jedoch nur soweit diese den berechtigten Interessen der verantwortlichen Stelle „offensichtlich überwiegen".[1190] Die ohnehin schon summarische Prüfung wird hierdurch noch weiter erleichtert. Die entgegenstehenden schutzwürdigen Interessen des Betroffenen müssen geradezu auf der Hand liegen, das heißt ohne weiteres ersichtlich sein.[1191]

Die erleichterten Zulässigkeitsvoraussetzungen sind vor dem Hintergrund der grundrechtlich gewährten Informationsfreiheit aus Art. 5 Abs. 1 S. 1 GG zu verstehen. Allgemein zugängliche Daten enthalten Angaben, die regelmäßig Grundlage für die Erlangung freier Information sind.[1192] Nach dem Bundesverfassungsgericht ist die Informationsfreiheit „verfassungsrechtlich nur dann gewährleistet, wenn die Informationsquelle allgemein zugänglich ist. Dies ist in der Regel der Fall, wenn die Informationsquelle technisch geeignet und bestimmt ist, der Allgemeinheit, d. h. einem individuell nicht bestimmbaren Personenkreis, Informationen zu verschaffen."[1193] Allgemein zugängliche Daten finden sich insofern regelmäßig in Medien, wie Zeitungen, Rundfunk, Internet und (darin verfügbaren) Verzeichnissen. Auch sonstige Publikationen, die einem individuell nicht bestimmbaren Personenkreis zur Verfügung stehen, etwa allgemeinveröffentlichte Bücher und andere Printdokumente sowie alle tatsächlich öffentlichen Register, enthalten allgemein zugängliche Daten.[1194]

Fraglich ist, ob im Rahmen des Cloud Computing allgemein zugängliche Daten verarbeitet werden. Anders als bei sozialen Medien, für die die Eigenschaft als öffentlich

---

[1190] *Simitis*, in: Simitis 2014, § 28 BDSG, Rn. 162.
[1191] *Gola/Schomerus* 2012, § 28 BDSG, Rn. 31; *Simitis*, in: Simitis 2014, § 28 BDSG, Rn. 162 f.; *Plath*, in: Plath 2013, § 28 BDSG, Rn. 82.
[1192] Ähnlich *Simitis*, in: Simitis 2014, § 28 BDSG, Rn. 147; *Bergmann/Möhrle/Herb* 2014, § 28 BDSG, Rn. 259.
[1193] BVerfGE 27, 71, 83.
[1194] Hierzu detailliert *Simitis*, in: Simitis 2014, § 28 BDSG, Rn. 151 ff.; *Gola/Schomerus* 2012, § 28 BDSG, Rn. 32 ff.; *Bergmann/Möhrle/Herb* 2014, § 28 BDSG, Rn. 262; *Schaffland/Wiltfang* 2013, § 28 BDSG, Rn. 134.

zugängliche Informationsquelle diskutiert wird,[1195] sind Daten, die typischerweise beim Cloud Computing verarbeitet werden, in der Regel nicht in allgemein zugänglichen Informationsquellen vorhanden oder öffentlichen Registern entnommen. Verarbeitet der Cloud-Nutzer Daten betroffener Dritter, etwa Kundendaten, hat er diese wohl nur in seltenen Fällen (ausschließlich) aus allgemein zugänglichen Quellen gewonnen. Übermittelt der Cloud-Nutzer seine eigenen Daten an den Cloud-Nutzer, etwa um einen Dienst in Anspruch zu nehmen, wird er dies regelmäßig nicht mit der Absicht tun, seine Daten dabei zu veröffentlichen und so dem Cloud-Anbieter allgemein zugängliche Daten zur Verfügung zu stellen oder das Recht zu gewähren, diese Daten selbst zu veröffentlichen. Ein Umgang mit allgemein zugänglichen Daten findet im Rahmen des Cloud Computing somit in der Regel nicht statt.

Auch soweit die jeweilig verantwortliche Stelle, also der Cloud-Nutzer oder der Cloud-Anbieter, die nicht-öffentlichen Daten des Betroffenen mit über ihn verfügbaren allgemein zugänglichen Daten verknüpft, ist hierauf § 28 Abs. 1 S. 1 Nr. 3 BDSG nicht anwendbar.[1196] Dies mag zwar häufiger der Fall sein – etwa bei einem Cloud-Dienst, der zusätzlich zu den Inhaltsdaten weitere Daten, beispielsweise aus Profilen der Betroffenen bei sozialen Netzwerken erhebt und diese zur Diensterbringung mit den durch den Cloud-Nutzer übermittelten Daten verknüpft. So ist beispielsweise vorstellbar, dass ein cloud-basiertes Adressbuch die vom Cloud-Nutzer eingetragenen Kontaktdaten betroffener Dritter automatisch mit deren Angaben aus sozialen Netzwerken vervollständigt. Gerade in der Verknüpfung von Daten liegt jedoch ein erhebliches Gefährdungspotential für das Recht auf informationelle Selbstbestimmung des Betroffenen. Das Bundesverfassungsgericht bezieht sich bereits im Volkszählungsurteil im Besonderen auf die Gefahren der Datenverknüpfung, um zu begründen, dass es kein „belangloses Datum" mehr gäbe.[1197] Die Verknüpfung von allgemein zugänglichen Daten mit weiteren, nicht allgemein zugänglichen Daten kann deshalb gerade nicht zu einer Zulässigkeit nach § 28 Abs. 1 S. 1 Nr. 3 BDSG führen.

[1195] Die Diskussion wird insbesondere über die Frage geführt, bei welcher Profileinstellung Daten durch den Betroffenen allgemein zugänglich gemacht werden, hierzu statt vieler *Forst*, NZA 2010, 430 f.; *Ernst*, NJW 2011, 1712; *Ernst*, NJOZ 2011, 954 ff.; *Bergmann/Möhrle/Herb* 2014, § 28 BDSG, Rn. 263.
[1196] *Simitis*, in: Simitis 2014, § 28 BDSG, Rn. 164 (Sekundärdaten).
[1197] BVerfGE 65, 1, 45; *Simitis*, in: Simitis 2014, § 28 BDSG, Rn. 165 weist auf die Gefahr des „Kontextverlustes" hin.

6.5.4 Zweckbindung und Zweckänderung

6.5.4.1 Zweckbindungsgrundsatz

Nach § 28 Abs. 1 S. 2 BDSG sind bei der Erhebung personenbezogener Daten die Zwecke, für die die Daten verarbeitet oder genutzt werden sollen, konkret festzulegen. Derjenige, dem Daten übermittelt worden sind, darf diese nach § 28 Abs. 5 BDSG auch nur für den Zweck verarbeiten oder nutzen, zu dessen Erfüllung sie ihm übermittelt wurden. Der das Datenschutzrecht prägende Zweckbindungsgrundsatz verpflichtet die verantwortliche Stelle, bei jeder Erhebung den Zweck exakt zu beschreiben und die späteren Nutzungsmöglichkeiten genau zu definieren.[1198] Der Betroffene soll dadurch bereits bei Erhebung Transparenz und damit Kontrolle darüber erhalten, zu welchen Zwecken seine Daten erhoben und später verarbeitet und genutzt werden.[1199] Ob die Festlegung des Zwecks an eine Form gebunden ist und gegebenenfalls schriftlich erfolgen muss, hängt wohl vom Einzelfall ab, ist jedoch im Hinblick auf die geforderte Transparenz regelmäßig einzufordern.[1200] Indem bei der Erhebung der Zweck festgelegt wird, bestimmt die verantwortliche Stelle gleichzeitig auch das Ziel aller künftigen Verwendungen. Die Erhebung präjudiziert damit spätere Übermittlungen und Nutzungen der Daten.[1201] Entsprechend eng definiert bereits Art. 6 Abs. 1 lit. b DS-RL den Zweckbindungsgrundsatz dahingehend, dass Daten „für festgelegte eindeutige und rechtmäßige Zwecke erhoben und nicht in einer mit diesen Zweckbestimmungen nicht zu vereinbaren Weise weiterverarbeitet werden dürfen". Der Grundsatz der Zweckbindung wird allerdings für bestimmte Ausnahmen gesetzlich durchbrochen. So normieren beispielsweise § 28 Abs. 2 und 3, Abs. 5 S. 2 und Abs. 8 BDSG jeweils die Zulässigkeit einer Verarbeitung zu anderen als den bei der Erhebung festgelegten Zwecken,[1202] jedoch nur unter den dort abschließend aufgeführten Voraussetzungen. § 28 Abs. 2 Nr. 1 BDSG öffnet etwa Übermittlungen und Nutzungen für eine spätere Zweckänderung oder -erweiterung, sofern die Voraussetzungen des Abs. 1 S. 1 Nr. 2 und 3 gegeben sind. Der Zweck der Übermittlung kann damit von dem bei der Erhebung festgelegten Zweck abweichen, wenn der neue Zweck

---

[1198] *Simitis*, in: Simitis 2014, § 28 BDSG, Rn. 38; weniger streng dagegen *Plath*, in: Plath 2013, § 28 BDSG, Rn. 89.
[1199] *Taeger*, in: Taeger/Gabel 2013, § 28 BDSG, Rn. 111.
[1200] Für eine Bindung an die Schriftform *Gola/Schomerus* 2012, § 28 BDSG, Rn. 35; *Wedde*, in: Däubler/Klebe/Wedde/Weichert 2014, § 28 BDSG, Rn. 64; wohl auch *Ehmann/Helfrich* 1999, Art. 6 DS-RL, Rn. 13; andere Ansicht *Taeger*, in: Taeger/Gabel 2013, § 28 BDSG, Rn. 111; *Simitis*, in: Simitis 2014, § 28 BDSG, Rn. 43; *Plath*, in: Plath 2013, § 28 BDSG, Rn. 90.
[1201] *Simitis*, in: Simitis 2014, § 28 BDSG, Rn. 40; siehe auch *Wedde*, in: Däubler/Klebe/Wedde/Weichert 2014, § 28 BDSG, Rn. 63.
[1202] *Taeger*, in: Taeger/Gabel 2013, § 28 BDSG, Rn. 110; *Wedde*, in: Däubler/Klebe/Wedde/Weichert 2014, § 28 BDSG, Rn. 63.

ebenfalls in der Wahrung berechtigter Interessen liegt oder die Daten aus öffentlichen Quellen entnommen wurden und eine Abwägung der Nr. 2 oder 3 zugunsten der verantwortlichen Stelle ausfällt.

Geht der Nutzung einer Cloud in der ersten Phase die Datenerhebung bei betroffenen Dritten durch den Cloud-Nutzer voraus (etwa aufgrund eines Vertragsverhältnisses oder im Rahmen von Gewinnspielen) legt diese entsprechend dem Zweckbindungsgrundsatz auch die Übermittlung und weitere Nutzungen in und innerhalb der Cloud fest. Soweit kein Ausnahmetatbestand, wie zum Beispiel § 28 Abs. 2 BDSG, erfüllt ist, kann eine Übermittlung an einen Cloud-Anbieter, selbst, wenn diese etwa nach § 28 Abs. 1 BDSG zulässig ist, nur zu den bereits bei der Erhebung definierten Zwecken erfolgen. Der Cloud-Anbieter, dem Daten übermittelt wurden, darf diese Daten selbst nach § 28 Abs. 5 S. 1 BDSG nur für den Zweck verarbeiten oder nutzen, zu dessen Erfüllung sie ihm übermittelt wurden.

Eine Verarbeitung oder Nutzung zu anderen Zwecken, also etwa die Weiterübermittlung der Daten zu seinen eigenen Zwecken, ist allerdings nach § 28 Abs. 5 S. 2 BDSG unter den Voraussetzungen der Absätze 2 oder 3 zulässig. Im Hinblick auf den weiten Anwendungsraum der Absätze 2 und 3 wird diese Ausnahme als zu weit und den Zweckbindungsgrundsatz gefährdend angesehen.[1203] Im Ergebnis wird hierdurch die in Satz 1 formulierte Zweckbindung faktisch wieder aufgehoben.[1204] Die empfangende Stelle wird durch die Regelung mit der übermittelnden Stelle weitgehend in ihren Rechten gleichgestellt, was der gesetzlich intendierten Zweckbindung widerspricht.[1205] Die Öffnung der Zweckbindung ist deshalb restriktiv auszulegen und im Rahmen der Interessenabwägung die Interessen des Betroffenen in besonderem Maße zu gewichten.[1206]

Solch eine restriktive Anwendung der Ausnahmen zum Zweckbindungsgrundsatz ist auch sachgerecht. Sofern eine Übermittlung von personenbezogenen Daten, etwa in eine Cloud überhaupt, zulässig ist, kann dies kein Freibrief für den Cloud-Anbieter zu einem beliebigen Umgang mit den Daten sein. Trotz der Übermittlung muss der Cloud-Anbieter zumindest im Regelfall an den ursprünglichen Zweck, wie etwa die ausschließliche Verarbeitung der Daten für die Kundenverwaltung eines Cloud-Nutzers, gebunden sein. Die dem Cloud-Anbieter übermittelten Daten könnten aus

---

[1203] *Taeger*, in: Taeger/Gabel 2013, § 28 BDSG, Rn. 223; *Bergmann/Möhrle/Herb* 2014, § 28 BDSG, Rn. 496; *Wedde*, in: Däubler/Klebe/Wedde/Weichert 2014, § 28 BDSG, Rn. 162; *Simitis*, in: Simitis 2014, § 28 BDSG, Rn. 284; hierzu auch *Plath*, in: Plath 2013, § 28, Rn. 205.

[1204] *Simitis*, in: Simitis 2014, § 28 BDSG, Rn. 284.

[1205] § 28 Abs. 5 S. 1 ist demnach eine "mit den Grundsätzen des Datenschutzes unvereinbare Regelung", *Simitis*, in: Simitis 2014, § 28 BDSG, Rn. 289.

[1206] *Bergmann/Möhrle/Herb* 2014, § 28 BDSG, Rn. 497; *Simitis*, in: Simitis 2014, § 28 BDSG, Rn. 290.

technischer Sicht sonst problemlos ausgewertet und für weitere Zwecke, etwa für die Erstellung von handelbaren Konsumentenprofilen weiterverwendet werden. Der Betroffene hätte dann aber weder eine Möglichkeit von der Zweckänderung zu erfahren noch dagegen vorzugehen. Durch die Vernetzung beim Cloud Computing könnten so Daten beliebig oft weiterübermittelt und anderweitig verarbeitet oder genutzt werden. Es würde eine grenzenlose Zweckentfremdung drohen. Nur in eng begrenzten Ausnahmefällen kann deshalb eine solche Zweckänderung zulässig sein.

Soweit die Ausnahmetatbestände der Zweckbindung, etwa die des § 28 Abs. 2 Nr. 1 i. V. m. § 28 Abs. 1 S. 1 Nr. 2 und 3 BDSG, eine Abwägung mit schutzwürdigen Interessen des Betroffenen verlangen, müssen diese bei Abweichungen vom ursprünglich festgelegten Zweck ein besonderes Gewicht erhalten. Bei einer Übermittlung in die Cloud durch den Cloud-Nutzer zu einem anderen als dem ursprünglich festgelegten Zweck und umso mehr auch bei einem zweckfremden Datenumgang durch den Cloud-Anbieter selbst oder durch weitere Datenempfänger wiegen die Interessen des Betroffenen somit noch schwerer als bei einem Datenumgang zum ursprünglich (etwa bei der Erhebung) festgelegten (Geschäfts-)Zweck. Vor diesem Hintergrund ist die Verarbeitung oder Nutzung von Daten durch den Cloud-Anbieter zu anderen als den der Übermittlung zugrundegelegten Zwecken wohl regelmäßig nicht gerechtfertigt und damit nicht zulässig.

6.5.4.2 Zweckänderung im Rahmen des Cloud Computing

Der ursprünglich festgelegte Zweck des Datenumgangs könnte – unabhängig von der Zulässigkeit eines solchen Vorgangs – im Rahmen des Cloud Computing in zahlreichen Situationen zur Disposition stehen. Eine Änderung des ursprünglich bei der Erhebung festgelegten Zwecks könnte beispielsweise in Betracht kommen, wenn der Cloud-Nutzer Daten des betroffenen Dritten zu einem anderen als dem Erhebungszweck in eine Cloud übermittelt. So ist etwa vorstellbar, dass der Cloud-Nutzer im Rahmen eines Vertragsverhältnisses Kundendaten erhebt dann aber, zur genaueren Bestimmung von möglichen Kundeninteressen, eine Cloud-Software nutzt, die das Kaufverhalten des Kunden analysiert. Auch ist denkbar, dass ein Cloud-Anbieter mit den ihm übermittelten Daten nicht nur zur Dienstbereitstellung und Erbringung für den Kunden umgeht, sondern sie gleichzeitig im Rahmen dieses oder eines anderen Dienstes weiteren Kunden zur Verfügung stellen will. Darüber hinaus könnten Dritte an den Daten in der Cloud interessiert sein. So könnte ein Marktanalyst an den in der Cloud gespeicherten Daten Interesse bekunden.

Die im Rahmen des Cloud Computing gespeicherten und verarbeiteten Daten könnten zudem eine schier unerschöpfliche Datenquelle für sogenannte Big Data-Analysen darstellen.[1207] Vorstellbar ist, dass Cloud-Anbieter oder externe Analysten auf die bei Cloud-Diensten gespeicherten und verarbeiteten Daten zugreifen und sie – unter Änderung des ursprünglichen Erhebungs- oder Übermittlungszwecks – für Big Data Analysen verwenden. Schließlich könnten auch staatliche Stellen oder Forschungseinrichtungen auf die personenbezogenen Daten zugreifen wollen. Auch in diesen Fällen, in denen Dritte ein Interesse an den Daten bekunden, würde der die Daten speichernde Cloud-Anbieter mit einer Übermittlung dem Zweck, zu dem die Daten ursprünglich erhoben und ihm übermittelt wurden, abweichen.

6.5.4.2.1 Zweckänderung zur Wahrung berechtigter Interessen der verantwortlichen Stelle

Eine Zweckänderung ist gemäß § 28 Abs. 2 Nr. 1 BDSG unter den Voraussetzungen des § 28 Abs. 1 S. 1 Nr. 2 und 3 BDSG zulässig. Bei Vorliegen eines berechtigten Interesses der verantwortlichen Stelle sowie für allgemein zugängliche Daten kann der Zweck des Datenumgangs somit geändert werden, vorausgesetzt die Abwägung mit schutzwürdigen Interessen des Betroffenen fällt positiv aus. Die Tatbestandsvoraussetzungen einer Zweckänderung stimmen mit denen des Datenumgangs zum ursprünglich festgelegten Zweck überein, sodass die angestrebte Übermittlung und Nutzung auch auf § 28 Abs. 1 S. 1 Nr. 2 und 3 BDSG gestützt werden könnte und die Regelung aus § 28 Abs. 2 Nr. 1 BDSG kaum eine eigenständige Bedeutung besitzt.[1208] Die Frage, ob etwa der Cloud-Nutzer die Kundendaten auch zu Analysezwecken (etwa unter Nutzung eines Big-Data-Analysetools) in eine entsprechende Cloud-Software übertragen darf, lässt sich mithin bereits mit den Ausführungen zu § 28 Abs. 1 S. 1 Nr. 2 BDSG beantworten. Die Übermittlung von Daten an einen Cloud-Anbieter zu einem anderen Zweck ist ebenso wie die Übermittlung zum ursprünglichen Zweck regelmäßig aufgrund der entgegenstehenden schutzwürdigen Interessen des Betroffenen unzulässig. Eine Zulässigkeit kann sich lediglich im Einzelfall ergeben, wenn beispielsweise die schutzwürdigen Interessen des Betroffenen aufgrund der sicheren Verschlüsselung der Daten während des Umgangs in der Cloud hinreichend gewahrt bleiben. Auch eine Nutzung oder Weiterübermittlung von Daten der Betroffenen durch den Cloud-Anbieter – etwa an weitere Kunden im Rahmen dieses oder eines anderen Dienstes – scheidet aufgrund der entgegenstehenden schutzwürdigen Interessen des Betroffenen, insbesondere im Hinblick auf Gefahren des Datenmissbrauchs sowie unkontrollierter Zweckänderungen und Verknüpfungen wohl regelmäßig zumindest auf Grundlage des § 28 Abs. 2 Nr. 1 BDSG aus.

[1207] Näher zur Definition und Erklärung von „Big Data" statt vieler *Zieger/Smirra*, MMR 2013, 418.
[1208] *Taeger*, in: Taeger/Gabel 2013, § 28 BDSG, Rn. 124 f.; *Simitis*, in: Simitis 2014 § 28, Rn. 170 kritisiert die Norm als „eine ebenso überflüssige, wie verwirrende Regelung".

6.5.4.2.2 Zweckänderung zur Wahrung berechtigter Interessen eines Dritten und staatlicher Stellen

Die Übermittlung und Nutzung von personenbezogenen Daten unter einer Zweckänderung ist nach § 28 Abs. 2 Nr. 2 BDSG auch zulässig, soweit sie zur Wahrung berechtigter Interessen eines Dritten oder zur Abwehr von Gefahren für die staatliche oder öffentliche Sicherheit oder zur Verfolgung von Straftaten erforderlich ist. Eine Zweckänderung aufgrund des § 28 Abs. 2 Nr. 2 lit. a BDSG kommt in Betracht, wenn ein Dritter kein eigenes Vertragsverhältnis zum Betroffenen besitzt und dennoch ein berechtigtes, also von der Rechtsordnung nicht missbilligtes Interesse an der Übermittlung von Daten an ihn hat.[1209] Vorstellbar ist etwa, dass sich ein Marktanalyseunternehmen bei einem Cloud-Anbieter um die bei ihm gespeicherten Daten der Cloud-Nutzer und betroffenen Dritten bemüht. Auch könnte der Cloud-Anbieter oder eine andere Stelle die Daten zum Zwecke einer Big Data-Analyse verarbeiten und den Datenpool aus der Cloud hierzu nutzen. Fraglich ist hier bereits, ob eine Erforderlichkeit einer solchen Übermittlung beziehungsweise einer solchen Datenverarbeitung zu Big Data-Zwecken gegeben wäre.[1210] Selbst wenn diese im Einzelfall vorläge, steht die Zulässigkeit einer Zweckänderung aufgrund des § 28 Abs. 2 Nr. 2 BDSG unter dem Vorbehalt dass „kein Grund zu der Annahme besteht, dass der Betroffene ein schutzwürdiges Interesse an dem Ausschluss der Übermittlung oder Nutzung hat". Anders als im Rahmen der Abwägung nach § 28 Abs. 1 S. 1 Nr. 2 BDSG kommt es hier nicht einmal mehr auf eine Abwägung mit den schutzwürdigen Interessen des Betroffenen an.[1211] Sobald anzunehmen ist, dass ein schutzwürdiges Interesse des Betroffenen besteht und mit dem berechtigten Interesse des Dritten kollidiert, muss ein Datenumgang zum anderen Zweck unterbleiben.[1212] Im hier genannten Beispiel stehen, wie bereits für den zweckgebundenen Datenumgang festgestellt (etwa die nichtverschlüsselte Datenweitergabe an andere Cloud-Anbieter), regelmäßig schutzwürdige Interessen der Betroffenen entgegen.[1213]

Berechtigte Interessen Dritter im Sinne von § 28 Abs. 2 Nr. 2 lit. a BDSG könnten auch von staatlichen Stellen, etwa Behörden geltend gemacht werden. Außerdem

---

[1209] *Taeger*, in: Taeger/Gabel 2013, § 28 BDSG, Rn. 128.
[1210] Siehe hierzu ausführlich Kapitel 6.5.2.3.
[1211] So aber möglicherweise missverständlich *Taeger*, in: Taeger/Gabel 2013, § 28 BDSG, Rn. 136.
[1212] *Simitis*, in: Simitis 2014, § 28 BDSG, Rn. 182; *Wedde*, in: Däubler/Klebe/Wedde/Weichert 2014, § 28 BDSG, Rn. 80.
[1213] Vorstellbar ist beispielsweise auch, dass ein Gläubiger des Betroffenen Einsicht in die über ihn beim Cloud-Anbieter gespeicherten Daten erhalten will. Auch hier ist aber schon zweifelhaft, ob eine Erforderlichkeit der zweckändernden Übermittlung durch den Cloud-Anbieter vorliegt. Wohl aber würde zumindest das schutzwürdige Interesse des Betroffenen, dem Umstand, dass Daten durch den ohnehin schwer kontrollierbaren Cloud-Dienst über das Internet an Dritte weitergegeben werden, entgegenstehen.

könnten sich Ermittlungs- und Polizeibehörden auf § 28 Abs. 2 Nr. 2 lit. b BDSG berufen, soweit die Übermittlung von Daten zur Abwehr von Gefahren für die staatliche oder öffentliche Sicherheit oder zur Verfolgung von Straftaten erforderlich ist. Im Einzelfall liegen hierbei auch keine zumindest schutzwürdigen entgegenstehenden Interessen des Betroffenen vor. Eine Übermittlung von Daten der betroffenen Cloud-Nutzer und betroffenen Dritten an staatliche Stellen könnte somit in bestimmten Situationen zulässig sein. Staatliche Datenabrufe und Übermittlung an ausländische staatliche Stellen werden an anderer Stelle intensiver untersucht.[1214] Staatliche Zugriffe auf Cloud-Dienste sind überdies Gegenstand einer weiteren Arbeit und sollen an dieser Stelle deshalb nicht näher thematisiert werden.[1215]

Grundsätzlich setzt die Übermittlung von personenbezogenen Daten durch den Cloud-Anbieter an Dritte voraus, dass dieser die Daten rechtmäßig erlangt hat. Eine Übermittlung von Daten betroffener Dritter durch den Cloud-Nutzer an den Cloud-Anbieter ist, wie festgestellt,[1216] aufgrund der entgegenstehenden Interessen der betroffenen Dritten bereits nur in Ausnahmefällen unter Berücksichtigung von Datensicherheitsmaßnahmen, etwa der sicheren Verschlüsselung, zulässig. Da die Möglichkeit der Kenntnisnahme des Inhalts der Daten damit in der Regel ausgeschlossen ist, ist auch eine Zweckänderung und Übermittlung an Dritte regelmäßig bedeutungslos. Als realistisches Anwendungsszenario für die zweckfremde Übermittlung von Daten an Dritte verbleibt damit lediglich die Übermittlung solcher Daten durch den Cloud-Anbieter, die sicher und ausschließlich dem Cloud-Nutzer zugeordnet werden können und damit auf Grundlage des § 28 Abs. 1 S. 1 Nr. 1 BDSG vom Cloud-Anbieter erhoben oder vom Cloud-Nutzer selbst übermittelt wurden. Diese dürfen, wie festgestellt,[1217] vom Cloud-Anbieter auch unverschlüsselt gespeichert und verarbeitet werden.

6.5.4.2.3 Zweckänderung im Forschungsinteresse

Cloud-Dienste bieten sich aufgrund der auf ihren Servern gespeicherten und verarbeiteten großen Datenmenge auch als Datenquelle für Analysen und wissenschaftliche Untersuchungen im Forschungsbereich an. Je nach Art des konkreten Cloud-Dienstes enthalten die Server Daten aus allen Lebensbereichen der Nutzer und bieten somit umfassende Nutzerprofile, die für zahlreiche verschiedene Auswertungen geeignet sind, oder, im Falle spezieller Cloud-Dienste, eine beachtliche Datenbank zur Beantwortung konkreter Fragestellungen. Cloud-Dienste können somit auch im Bereich der Forschung als Basis für die Big Data-Analysen dienen. Beabsichtigt ein Cloud-Anbieter,

---

[1214] Kapitel 10.
[1215] Siehe aber ausführlich hierzu *Wicker* 2015 i. E., Kapitel 4.
[1216] Kapitel 6.5.2.1.
[1217] Kapitel 6.5.1.2.

einer Forschungseinrichtung Zugriff auf die in einer Cloud verarbeiteten Daten zu gewähren, setzt dies regelmäßig eine Übermittlung von personenbezogenen Daten zu einem anderen als dem ursprünglich festgelegten Zweck voraus. Diese Zweckänderung könnte nach § 28 Abs. 2 Nr. 3 BDSG zulässig sein. Hierzu müssen drei Voraussetzungen kumulativ[1218] erfüllt sein: (1) Der Datenumgang muss im Interesse einer Forschungseinrichtung zur Durchführung wissenschaftlicher Forschung erforderlich sein, (2) das wissenschaftliche Interesse an der Durchführung des Forschungsvorhabens muss das Interesse des Betroffenen an dem Ausschluss der Zweckänderung erheblich überwiegen und (3) der Zweck der Forschung darf nicht oder nur mit unverhältnismäßigem Aufwand auf andere Weise erreicht werden können.

Wie bereits bei der Übermittlung im Interesse Dritter begrenzt sich auch die Anwendung der Erlaubnisnorm zur Zweckänderung im Rahmen der Forschung auf die Fälle, in denen ein Cloud-Anbieter Daten rechtmäßig erhalten hat. Da verschlüsselte Daten auch für Forschungsvorhaben regelmäßig uninteressant sind, beschränkt sich der realistische Anwendungsbereich der Norm beim Cloud Computing auf Daten, die sich sicher und ausschließlich auf den Cloud-Nutzer beziehen und insofern vom Cloud-Anbieter nach § 28 Abs. 1 S. 1 Nr. 1 BDSG auch bereits unverschlüsselt gespeichert und verarbeitet werden dürfen. Sofern dies im Einzelfall zutrifft und auch das Tatbestandsmerkmal der wissenschaftlichen Forschung erfüllt ist,[1219] ist für den Zugriff von Forschungseinrichtungen[1220] auf Clouds insbesondere zu prüfen, ob der Datenumgang wirklich erforderlich ist. Als potentiell milderes Mittel wird beispielsweise die Möglichkeit der Übermittlung anonymer Daten angesehen.[1221] Auch könnte in bestimmten Fällen gegebenenfalls der Zweck mit vergleichbarem Aufwand auch mit der Einwilligung der Betroffenen erreicht werden.[1222] Im Hinblick auf die Nutzung erheblicher Datenmengen im Rahmen der Big Data-Analyse von Cloud-Servern, könnte jedoch der Aufwand zur Einholung einer Einwilligung von jedem Betroffenen wiederum unverhältnismäßig hoch sein. Eine abschließende Aussage, ob Daten aus Cloud-Servern an Forschungseinrichtungen übermittelt werden dürfen, ist an dieser Stelle aufgrund der Einzelfallabhängigkeit aber nicht möglich.

[1218] *Bergmann/Möhrle/Herb* 2014, § 28 BDSG, Rn. 302.
[1219] Hierzu ausführlich *Simitis*, in: Simitis 2014, § 28 BDSG, Rn. 197 ff.; *Bergmann/Möhrle/Herb* 2014, § 28 BDSG, Rn. 303 ff.
[1220] Von der Norm umfasst ist sowohl die Eigenforschung der verantwortlichen Stelle (hier also durch den Cloud-Anbieter) als auch die Fremdforschung durch externe Forschungseinrichtungen, denen die Daten entsprechend übermittelt werden oder auf die sie Zugriff erhalten, *Bergmann/Möhrle/Herb* 2014, § 28 BDSG, Rn. 298.
[1221] *Bergmann/Möhrle/Herb* 2014, § 28 BDSG, Rn. 306.
[1222] *Taeger*, in: Taeger/Gabel 2013, § 28 BDSG, Rn. 151; *Simitis*, in: Simitis 2014, § 28 BDSG, Rn. 208.

6.5.4.2.4 Zweckänderung zur Werbung oder zum Adresshandel

Im Hinblick auf die Vielseitigkeit und Größe des Datenbestands bei einem Cloud-Dienst liegt es nahe, dass der Cloud-Anbieter die ihm übermittelten oder von ihm erhobenen Daten der Cloud-Nutzer sowie der betroffenen Dritten kommerziell zu verwenden beabsichtigt. Vorstellbar ist beispielsweise, dass der Cloud-Anbieter die bei ihm zur Diensterbringung gespeicherten (Inhalts-)Daten zum Zwecke der Werbung oder des Adresshandels an Dritte übermittelt oder selbst zu Werbezwecken verwendet. Da auch hiermit eine Zweckänderung einhergeht, bedürfte es eines Erlaubnistatbestands. Dieser könnte in § 28 Abs. 3 BDSG liegen.

Grundvoraussetzung ist wie bei den vorangehenden Tatbeständen der Zweckänderung wiederum, dass der Cloud-Anbieter die Daten selbst rechtmäßig erlangt hat. Daten betroffener Dritter könnten angesichts der entgegenstehenden berechtigten Betroffeneninteressen gegebenenfalls nur verschlüsselt übertragen und gespeichert werden.[1223] Die werbliche Verwendung verschlüsselter Daten ist jedoch kein realistisches Anwendungsszenario. Erneut kommen somit lediglich solche Daten in Betracht, die sich sicher und ausschließlich auf den Cloud-Nutzer beziehen und auf Grundlage des § 28 Abs. 1 S. 1 Nr. 1 BDSG beim betroffenen Cloud-Nutzer erhoben wurden. Hat der Cloud-Anbieter die Daten der Cloud-Nutzer zulässigerweise erhoben und gespeichert, könnte er diese Daten für Zwecke des Adresshandels oder der Werbung verarbeiten oder nutzen. Nach § 28 Abs. 3 BDSG setzt die Datenverarbeitung oder -nutzung zum Zwecke des Adresshandels oder der Werbung nach § 28 Abs. 3 S. 1 BDSG entweder die Einwilligung des Betroffenen oder aber nach § 28 Abs. 3 S. 2 ff. BDSG das sogenannte Listenprivileg[1224] voraus. Nach dem Listenprivileg können gemäß § 28 Abs. 3 S. 2 BDSG Daten auch ohne Einwilligung zu Werbezwecken genutzt oder verarbeitet werden, „soweit es sich um listenmäßig oder sonst zusammengefasste Daten über Angehörige einer Personengruppe handelt, die sich auf die Zugehörigkeit des Betroffenen zu dieser Personengruppe, seine Berufs-, Branchen- oder Geschäftsbezeichnung, seinen Namen, Titel, akademischen Grad, seine Anschrift und sein Geburtsjahr beschränken." Der Cloud-Anbieter könnte mithin aus den auf seinen Servern gespeicherten oder verarbeiteten Inhaltsdaten des Cloud-Nutzers die genannten Angaben der Cloud-Nutzer, also etwa die Zugehörigkeit zu einer Personengruppe sowie die Anschrift, extrahieren und listenmäßig oder sonst zusammengefasst zur Werbung nutzen

---

[1223] Kapitel 6.5.2.3.
[1224] Ausführlich zum („neuen" oder „erweiterten") „Listenprivileg", *Roßnagel/Jandt*, MMR 2011, 88 ff.; Roßnagel, NJW 2009, 2720 f.; *Plath*, in: Plath 2013, § 28 BDSG, Rn. 113 ff.; *Simitis*, in: Simitis 2014, § 28 BDSG, Rn. 226 ff.; *Taeger*, in: Taeger/Gabel 2013, § 28 BDSG, Rn. 191 ff.; *Wedde*, in: Däubler/Klebe/Wedde/Weichert 2014, § 28 BDSG, Rn. 94 ff.; *Bergmann/Möhrle/Herb* 2014, § 28 BDSG, Rn. 311 ff.; *Schaffland/Wiltfang* 2013, § 28 BDSG, Rn. 141.

oder verarbeiten. Der Datenumgang beschränkt sich dabei jedoch auf die in § 28 Abs. 3 S. 2 bis 5 BDSG genannten Tatbestände.

Nach § 28 Abs. 3 S. 2 Nr. 1 BDSG kann beispielsweise der Cloud-Anbieter die extrahierten Listendaten sowie Daten aus allgemein zugänglichen Verzeichnissen verwenden, um sie für Werbung für eigene Angebote einzusetzen. Auch ist er unter Heranziehung des § 28 Abs. 3 S. 3 BDSG berechtigt, für die Unterbreitung eigener Angebote noch weitere Daten, die er beim betroffenen Nutzer erhoben hat, zu den Listendaten hinzuzuspeichern.

Nach § 28 Abs. 3 S. 2 Nr. 2 BDSG kann der Cloud-Anbieter die vom Cloud-Nutzer erhobenen Listendaten auch verwenden, um dem Cloud-Nutzer Werbung an dessen Geschäftsadresse zu senden. Nach § 28 Abs. 3 S. 2 Nr. 3 BDSG kann der Cloud-Anbieter außerdem die Listendaten zum Zwecke der Werbung für bestimmte Spenden verwenden. Das Hinzuspeichern von weiteren beim betroffenen Cloud-Nutzer erhobenen Daten außerhalb der Listendaten ist für die berufs- und spendenbedingte Werbung nach Nr. 2 und 3 allerdings nicht zulässig.

§ 28 Abs. 3 S. 4 BDSG berechtigt den Cloud-Anbieter unter engen Voraussetzungen außerdem zur Übermittlung der Listendaten zum Zwecke der Werbung an dritte Stellen. Da die Möglichkeiten der Zweckentfremdung in diesem Fall allerdings erheblich erweitert werden, ist der Cloud-Anbieter als verantwortliche Stelle gemäß S. 4 i. V. m. § 34 Abs. 1a S. 1 BDSG verpflichtet, die Herkunft der Daten für die Dauer von zwei Jahren zu speichern und dem Betroffenen auf Verlangen hierüber Auskunft zu erteilen.[1225] Verwendet die dritte Stelle die an sie übermittelten Listendaten für Werbemaßnahmen, muss der Cloud-Anbieter als derjenige, der die Daten erstmalig erhoben hat, aus dieser Werbung eindeutig hervorgehen.

Schließlich ermöglicht § 28 Abs. 3 S. 5 BDSG die sogenannte „Beipackwerbung".[1226] Hiernach könnte der Cloud-Anbieter die Listendaten des Cloud-Nutzers dazu verwenden, auch Werbung für fremde Angebote zu unterbreiten. Auch in diesem Fall muss der Cloud-Anbieter für den Cloud-Nutzer allerdings eindeutig erkennbar sein.

Die Verwendung von Listendaten durch den Cloud-Anbieter setzt die strenge Zweckbindung beim Übermittlungsempfänger voraus (§ 28 Abs. 3 S. 7 BDSG). Sie steht außerdem unter dem grundsätzlichen Vorbehalt, dass weder schutzwürdige Interessen des betroffenen Cloud-Nutzers entgegenstehen (§ 28 Abs. 3 S. 6 BDSG) noch ein Widerspruch des betroffenen Cloud-Nutzers vorliegt (§ 28 Abs. 4 S. 1 BDSG).

[1225] Hierzu *Wedde*, in: Däubler/Klebe/Wedde/Weichert 2014, § 28 BDSG, Rn. 111 f.; *Simitis*, in: Simitis 2014, § 28 BDSG, Rn. 243.
[1226] BT-Drs. 16/12011, 32.

6.5.5 Keine umfassende gesetzliche Grundlage zum Datenumgang in der Cloud

Gesetzliche Erlaubnistatbestände für den Datenumgang aus dem Bundesdatenschutzgesetz bieten nur vereinzelt und unter engen Voraussetzungen eine Rechtsgrundlage für die Nutzung einer Cloud. Da es sich bei der Cloud-Nutzung regelmäßig um einen Datenumgang für eigene Geschäftszwecke handelt, steht hier § 28 BDSG im Vordergrund. Der Datenumgang im Rahmen des Cloud Computing erfolgt in der Regel nicht in erster Linie, sondern allenfalls als Nebenzweck geschäftsmäßig zum Zweck der Übermittlung, sodass § 29 BDSG als Rechtsgrundlage ausscheidet.

Auf Grundlage des § 28 Abs. 1 S. 1 Nr. 1 BDSG können lediglich Daten, die sich sicher und ausschließlich auf den Cloud-Nutzer beziehen, durch den Cloud-Anbieter erhoben und verarbeitet werden. Hiervon sind die vom Cloud-Nutzer übermittelten oder vom Cloud-Anbieter erhobenen Inhaltsdaten umfasst, also jene Daten, die in der Cloud gespeichert oder im Rahmen der Diensterbringung verarbeitet werden sollen. Voraussetzung ist allerdings, dass hierbei der Umgang mit Daten betroffener Dritter sicher ausgeschlossen werden kann.

Daten betroffener Dritter können im Einzelfall nach § 28 Abs. 1 S. 1 Nr. 2 BDSG vom Cloud-Nutzer an den Cloud-Anbieter übermittelt und anschließend vom Cloud-Anbieter verarbeitet werden. Im Hinblick auf entgegenstehende schützenswerte Interessen der betroffenen Dritten ist die Übermittlung durch den Cloud-Nutzer und der Datenumgang durch den Cloud-Anbieter allerdings nur unter Einsatz strenger Maßnahmen zur Datensicherheit und auch nur auf Grundlage einer Einzelfallabwägung verhältnismäßig und damit zulässig. Zu den einzufordernden Maßnahmen der Datensicherheit zählt die sichere Verschlüsselung der Daten, unter Berücksichtigung der Bedingungen die in Kapitel 5.1.9 erarbeitet wurden. Mit jeder, wenn auch zweckgebundenen, Übermittlung an weitere Stellen (etwa weitere Cloud-Anbieter) sind die schützenswerten Interessen der Betroffenen in höherem Maße zu berücksichtigen.

Daten, die dem Cloud-Anbieter übermittelt wurden unterliegen einer strengen Zweckbindung. Nur soweit der Cloud-Anbieter die Daten der betroffenen Cloud-Nutzer und betroffenen Dritten rechtmäßig erlangt hat, kann unter den Voraussetzungen des § 28 Abs. 2 BDSG eine Zweckänderung zulässig sein. Da eine zweckfremde Nutzung verschlüsselter Daten wohl jeglichem Nutzungspotential entbehrt, kommt nur eine Zweckänderung bei den nach § 28 Abs. 1 S. 1 Nr. 1 BDSG beim Cloud-Nutzer erhobenen oder vom Cloud-Nutzer übermittelten Daten in Betracht, die sich sicher und ausschließlich dem Cloud-Nutzer zuordnen lassen und der Umgang mit Daten betroffener Dritter ausgeschlossen ist. Eine Zweckänderung der Daten, die nicht im Interesse der verantwortlichen Stelle, sondern im Interesse Dritter erfolgt, ist wohl nur für bestimmte Fälle wie den staatlichen Zugriff im Rahmen von Ermittlungen oder der Datenübermittlung zu Forschungszwecken zulässig. Soweit es sich um Listendaten im Sinne des § 28 Abs. 3 S. 2 ff. BDSG handelt, können die Daten unter weiteren, jedoch sehr engen Voraussetzungen auch zu Zwecken der Eigen- und Fremdwerbung übermittelt und genutzt werden.

Der Umgang mit besonderen Arten personenbezogener Daten im Rahmen des Cloud Computing ist aufgrund der besonderen Zulässigkeitsvoraussetzungen nach § 28 Abs. 6 f. BDSG und dem besonderen Gewicht im Rahmen der Abwägung mit Betroffeneninteressen wohl faktisch ausgeschlossen. Dieser Umstand erschwert jedoch gleichzeitig auch allgemein die Datenerhebung, -verarbeitung und -nutzung beim Cloud Computing, da für die verantwortliche Stelle, insbesondere für den im Einzelfall verantwortlichen Cloud-Anbieter, häufig nicht oder nur unter erheblichem Aufwand feststellbar ist, ob es sich um Daten im Sinne des § 3 Abs. 9 BDSG handelt.

Im Ergebnis ist die Zulässigkeit des Datenumgangs aufgrund eines gesetzlichen Erlaubnistatbestandes im Rahmen des Cloud Computing stark eingeschränkt. Nur im Einzelfall kann von einer Zulässigkeit ausgegangen werden. Für den dem Cloud Computing typischen massenhaften, standardisierten und automatisierten Datenumgang eignen sich die gesetzlichen Erlaubnistatbestände des Bundesdatenschutzgesetzes wohl kaum. Für kleine und mittlere Unternehmen als Cloud-Nutzer würde die Beurteilung, ob die Erlaubnistatbestände einschlägig sind sowie die Interessenabwägung im Einzelfall kaum zu leisten sein. Inwiefern das Cloud Computing auf Basis von Einwilligungen oder im Rahmen einer Auftragsdatenverarbeitung praktisch umsetzbar ist, soll im Folgenden näher untersucht werden.

6.6 Einwilligung

§ 4 Abs. 1 BDSG sieht für die Zulässigkeit der Erhebung, Verarbeitung und Nutzung personenbezogener Daten neben einer Rechtsvorschrift auch die Einwilligung des Betroffenen vor. Zumindest nach dem Gesetzestext ist die Einwilligung dabei als Zulässigkeitstatbestand eine voll- und gleichwertige Alternative zur Rechtsvorschrift.[1227] Im Bundesdatenschutzgesetz sind die Voraussetzungen für eine wirksame Einwilligung unter anderem in § 4a BDSG geregelt. Bereichsspezifische Vorschriften zur Einwilligung verdrängen § 4a BDSG beispielsweise für den Datenumgang im Rahmen der Werbung, etwa in § 28 Abs. 3 und 3a BDSG, sowie in Spezialgesetzen, etwa in § 13 Abs. 2 TMG, § 94 TKG oder §§ 67a und 67b SGB X.[1228]

Eine Einwilligung im Rahmen des Cloud Computing kommt zum einen als Erklärung eines betroffenen Dritten gegenüber dem Cloud-Nutzer in Betracht. So könnte der betroffene Dritte, etwa ein Kunde des Cloud-Nutzers, in die Übermittlung seiner Daten

---

[1227] *Simitis*, in: Simitis 2014, § 4a BDSG, Rn. 1; *Bergmann/Möhrle/Herb* 2014, § 4a BDSG, Rn. 4; in der Praxis einschränkend *Däubler*, in: Däubler/Klebe/Wedde/Weichert 2014, § 4a BDSG, Rn. 1; andere Ansicht Artikel-29-Datenschutzgruppe 2001, WP 48, 27.
[1228] Hierzu *Simitis*, in: Simitis 2014, § 4a BDSG, Rn. 10.

durch den Cloud-Nutzer als verantwortliche Stelle an einen Cloud-Anbieter einwilligen. Zum anderen könnten der betroffene Dritte oder, soweit seine Daten im Rahmen des Cloud Computing verwendet werden sollen, auch der Cloud-Nutzer selbst gegenüber dem Cloud-Anbieter in einen Umgang mit ihren Daten einwilligen. Vorstellbar ist beispielsweise, dass der selbst betroffene Cloud-Nutzer oder der betroffene Dritte gegenüber dem Cloud-Anbieter als verantwortliche Stelle die Einwilligung erteilen ihre Daten zur Erbringung eines Cloud-Dienstes zu erheben, zu verarbeiten – also etwa zu speichern – und zum Zwecke der idealen Ressourcenauslastung auch an andere Anbieter zu übermitteln. Einwilligungen der betroffenen Dritten oder betroffenen Cloud-Nutzer gegenüber dem Cloud-Anbieter könnten sich aber auch auf die zweckfremde Nutzung der Daten, beispielsweise zu Werbezwecken oder zum Adresshandel, beziehen.[1229]

6.6.1 Herleitung aus dem Recht auf informationelle Selbstbestimmung

Die Möglichkeit einer Einwilligung ist unmittelbarer Ausfluss des Rechts auf informationelle Selbstbestimmung.[1230] Soweit das Bundesverfassungsgericht das Recht auf informationelle Selbstbestimmung dahingehend definiert, dass es Befugnis des Einzelnen ist, „grundsätzlich selbst über die Preisgabe und Verwendung seiner persönlichen Daten zu bestimmen",[1231] stellt es die Einwilligung in Datenverarbeitungsprozesse in den Mittelpunkt der Grundrechtsgewährleistung.[1232] Die Abgabe einer Einwilligung ist somit eine aktive Grundrechtsausübung und – anders als vereinzelt[1233] beschrieben – gerade kein Grundrechtsverzicht.[1234] Gegenstand der Grundrechtsausübung muss freilich auch das Recht und die Möglichkeit sein, die Einwilligung zu verweigern.[1235]

Die Regelungen zur Einwilligung machen für eine wirksame Abgabe zahlreiche Vorgaben – insbesondere zur Form, Bestimmtheit, Informiertheit und Freiwilligkeit. Hintergrund hierfür ist der Bedarf an einer Art „Grundschutz" der Betroffenen. Insbesondere soweit sie sich in einer im Vergleich zur verantwortlichen Stelle schwächeren Position befinden, sollen die Betroffenen durch Vorgaben zur Einwilligung geschützt und somit eine echte Grundrechtsausübung erst ermöglicht werden.[1236] Hierbei ist ein

---

[1229] Die Ausführungen in diesem Kapitel gehen zurück auf einen vorab veröffentlichten Beitrag in der Beilage der Zeitschrift Datenschutz-Berater 2013 zum Datenschutzkongress 2014, *Kroschwald/Wicker*, DSB-Newsletter 2013, 12 f.
[1230] Siehe hierzu statt vieler *Simitis*, in: Simitis 2014, § 4a BDSG, Rn. 2.
[1231] BVerfGE 65, 1, 43.
[1232] Siehe hierzu *Roßnagel/Pfitzmann/Garstka* 2001, 72.
[1233] So ausdrücklich *Robbers*, JuS 1985, 928.
[1234] *Geiger*, NVwZ 1989, 36 f.; *Taeger*, in: Taeger/Gabel 2013, § 4a BDSG, Rn. 5.
[1235] *Helfrich*, in: Hoeren/Sieber/Holznagel 2014, 16.1, Rn. 39.
[1236] *Roßnagel/Pfitzmann/Garstka* 2001, 91.

Ausgleich zwischen dem Schutz des Betroffenen und seinem Recht an einer mündigen, selbstständigen Entscheidung herzustellen. Statt den Betroffenen also durch die ausschließliche gesetzliche Festlegung auf bestimmte Zulässigkeitstatbestände einzuschränken, muss ihm die Möglichkeit verbleiben, in den Umgang mit seinen Daten einzuwilligen und diesen dadurch zu legitimieren. Gleichzeitig soll durch die Vorgaben, etwa des § 4a BDSG, aber gesetzlich sichergestellt werden, dass die Einwilligung nicht nur formal, sondern auch faktisch eine „selbstständige Bestimmung" über den Umgang mit seinen Daten ist.[1237]

6.6.2 Rechtsnatur der Einwilligung

Ungeklärt ist nach wie vor, welche formale Rechtsnatur die Einwilligung hat. Sie wird von einem Teil als „rechtsgeschäftliche Erklärung",[1238] von anderen wiederum als „Realakt"[1239] oder vermittelnd als „rechtsgeschäftsähnliche Handlung"[1240] beschrieben. Da Einwilligungen meinungsübergreifend jedoch auslegbar und gegebenenfalls als allgemeine Geschäftsbedingungen überprüfbar sein sollen,[1241] spricht viel gegen die Einordnung als Realakt. Gegen die Einordnung als rechtsgeschäftliche Handlung spricht wiederum, dass die Einwilligung höchstpersönlich vorzunehmen ist und eine rechtsgeschäftliche Vertretung abzulehnen ist, da sie dem Selbstbestimmungskern der Einwilligung nicht ausreichend gerecht wird.[1242] Insofern ist wohl der vermittelnden Ansicht der „rechtsgeschäftsähnlichen Handlung" zuzustimmen. Auf die abschließende Einordnung kommt es jedoch mittlerweile gar nicht mehr an.[1243] Hintergrund der differierenden Ansichten war im Wesentlichen nämlich die Frage, ob für eine wirksame Einwilligung die Geschäftsfähigkeit des einwilligenden Betroffenen vorliegen muss oder ob dessen Einsichtsfähigkeit bereits genügt. Auch Vertreter der Ansicht, es handele sich um eine rechtsgeschäftliche Handlung, fordern aber keine Geschäftsfähigkeit im Sinne einer festen Altersgrenze mehr.[1244] Vielmehr herrscht wohl Einigkeit

---

[1237] Hierzu auch *Gola/Schomerus* 2012, § 4a BDSG, Rn. 24; *Roßnagel/Pfitzmann/Garstka* 2001, 91.
[1238] So beispielsweise *Simitis*, in: Simitis 2014, § 4a BDSG, Rn. 20; *Bergmann/Möhrle/Herb* 2014, § 4a BDSG, Rn. 8.
[1239] *Spindler/Nink*, in: Spindler/Schuster 2011, § 4a BDSG, Rn. 2.
[1240] *Däubler*, in: Däubler/Klebe/Wedde/Weichert 2010, § 4a BDSG, Rn. 5; *Holznagel/Sonntag*, in: Roßnagel 2003, 4.8, Rn. 21.
[1241] So zumindest *Gola/Schomerus* 2012, § 4a BDSG, Rn. 2.
[1242] *Simitis*, in: Simitis 2014, § 4a BDSG, Rn. 31; *Däubler*, in: Däubler/Klebe/Wedde/Weichert 2014, § 4a BDSG, Rn. 16; *Helfrich*, in: Hoeren/Sieber/Holznagel 2014, 16.1, Rn. 57; *Zscherpe*, MMR 2004, 725; *Spindler/Nink*, in: Spindler/Schuster 2011, § 28 BDSG, Rn. 2; andere Ansicht dagegen *Gola/Schomerus* 2012, § 4a BDSG, Rn. 25; *Holznagel/Sonntag*, in: Roßnagel 2003, 4.8, Rn. 27.
[1243] So auch *Schwenke* 2006, 191.
[1244] So etwa *Simitis*, in: Simitis 2014, § 4a BDSG, Rn. 20 f.

darüber, dass es für die Gültigkeit einer Einwilligung ausschließlich auf die Einsichtsfähigkeit des einwilligenden Betroffenen ankommt.[1245]

In den Datenumgang im Rahmen des Cloud Computing können demnach auch Minderjährige einwilligen, beispielsweise indem sie bei einer Umfrage durch den Cloud-Nutzer der Speicherung und Auswertung ihrer Angaben in einem Cloud-Dienst zustimmen. Da jedoch ihre Einsichtsfähigkeit vorausgesetzt wird, ist die Einwilligung nur wirksam, soweit sie im Einzelfall (nach entsprechender Aufklärung) die Tragweite der zu treffenden Entscheidung über die Datenverwendung abschätzen können.[1246] Zwar besitzen junge Betroffene als „Digital Natives" häufig einen erhöhten Vertrautheitsgrad mit internetbasierten Techniken. Jedoch ist fraglich, ob sie dabei auch tatsächlich die Reichweite einer Einwilligung und damit die Konsequenz einer möglichen Verbreitung ihrer Daten in einem globalen Netz einzuschätzen vermögen. Insbesondere, soweit sich die Einwilligung nicht nur auf einen deutlich kommunizierten und sehr begrenzten Datenumgang (etwa die gesicherte und garantiert ausschließliche Datenspeicherung in der Cloud) bezieht, wird wohl die durchschnittliche Einsichtsfähigkeit bei jüngeren Jugendlichen im Hinblick auf die Gefahren für ihren Grundrechtsschutz kaum anzunehmen sein.[1247] Eine Einwilligung in den Datenumgang beim Cloud Computing kommt in der Praxis folglich nur bei älteren Jugendlichen in Betracht.[1248]

6.6.3 Freiwilligkeit

Gemäß § 4a Abs. 1 S. 1 BDSG ist die Einwilligung nur wirksam, wenn sie auf der freien Entscheidung des Betroffenen beruht. Das Tatbestandselement der Freiwilligkeit findet sich auch in Art. 2 lit. h DS-RL, wonach eine Einwilligung eine Willensbekundung voraussetzt, die unter anderem „ohne Zwang" erfolgt. Eine Einwilligung in den Datenumgang soll demnach solange möglich sein, wie der Betroffene nicht faktisch dazu gezwungen ist, sich einverstanden zu erklären.[1249] Als problematisch erweist sich dabei nicht der offensichtliche Zwang, etwa aufgrund einer offenen Dro-

---

[1245] *Plath*, in: Plath 2013, § 4a BDSG, Rn. 8; *Taeger*, in: Taeger/Gabel 2013, § 4a BDSG, Rn. 29; *Simitis*, in: Simitis 2014, § 4a BDSG, Rn. 20 ff.; *Gola/Schomerus* 2012, § 4a BDSG, Rn. 25; *Zscherpe*, MMR 2004, 724; einschränkend jedoch *Bergmann/Möhrle/Herb* 2014, § 4a BDSG, Rn. 10, die eine Einwilligungsklausel, die sich undifferenziert an beschränkt und uneingeschränkt Geschäftsfähige richtet, als nicht ausreichend ansehen.
[1246] So etwa *Taeger*, in: Taeger/Gabel 2013, § 4a BDSG, Rn. 29; *Plath*, in: Plath 2013, § 4a BDSG, Rn. 8.
[1247] In diese Richtung auch *Bergmann/Möhrle/Herb* 2014, § 4a BDSG, Rn. 10.
[1248] Aufgrund der Einzelfallentscheidung auf Basis der Einsichtsfähigkeit herrscht bei den verantwortlichen Stellen oft Rechtsunsicherheit vor. Aus diesem Grund setzt sich beispielsweise *Rogosch* 2013, 50 ff. für eine gesetzliche Altersgrenze ein; siehe hierzu auch *Jandt/Roßnagel*, in: Schenk/Niemann/Reimann/Roßnagel 2012, 334 ff.
[1249] *Simitis*, in: Simitis 2014, § 4a BDSG, Rn. 62.

hung, einer arglistigen Täuschung oder eines Irrtums.[1250] Vielmehr gilt es den Betroffenen auch vor Situationen zu schützen, in denen vordergründig oder in der konkreten Situation zwar kein Zwang ausgeübt wird, der Betroffene aber dennoch unter Druck steht.[1251] So kann auch ein „subtiler", gleichzeitig jedoch unangemessener Druck auf den Betroffenen die Freiwilligkeit einer Einwilligung einschränken und die Einwilligung unwirksam machen. Hierzu zählen beispielsweise Einwilligungen unter (bewusst geschaffenem) Zeitdruck, also Überrumplungssituationen, aber auch ein von der verantwortlichen Stelle geschaffener „unwiderstehlicher Anreiz" zur Einwilligung.[1252] Eine nicht-offensichtliche Zwangslage kann sich außerdem in persönlichen, rechtlichen sowie tatsächlichen sozialen oder wirtschaftlichen Abhängigkeits- und Ungleichgewichtsverhältnissen ergeben.[1253]

6.6.3.1 Soziale Abhängigkeitsverhältnisse

Der Bundesgerichtshof sieht die Freiwilligkeit einer Entscheidung gefährdet, „wenn die Einwilligung in einer Situation wirtschaftlicher oder sozialer Schwäche oder Unterordnung erteilt wird".[1254] Geradezu prädestiniert hierzu sind soziale Abhängigkeitsverhältnisse, etwa zwischen Vertrauenspersonen wie Ärzten und Patienten, vor allem aber auch zwischen einem Arbeitgeber und einem Arbeitnehmer.[1255] Insbesondere in Arbeitsverhältnissen sind die Arbeitnehmer existentiell auf den Arbeitgeber angewiesen, sodass stets der (wenn auch widerlegbare)[1256] Verdacht zugrunde liegen muss, ein Arbeitnehmer könne sich dem Wunsch seines Arbeitgebers nach einer „freiwilligen" Zustimmung nicht entziehen.[1257]

Einwilligungen in den Datenumgang beim Cloud Computing im Rahmen von Arbeitsverhältnissen sind entsprechend kritisch zu hinterfragen. Vorstellbar ist beispielsweise, dass ein Arbeitgeber als Cloud-Nutzer Bewerber- oder Mitarbeiterdaten an einen Cloud-Anbieter übermitteln will, um beispielsweise die Personal- und Urlaubsakten

---

[1250] *Gola/Schomerus* 2012, § 4a BDSG, Rn. 22; *Däubler*, in: Däubler/Klebe/Wedde/Weichert 2014, § 4a BDSG, Rn. 22, wonach für diese Fälle ggf. auch ein Anfechtungsgrund vorliege.

[1251] *Bergmann/Möhrle/Herb* 2014, § 4a BDSG, Rn. 5; *Kamp/Rost*, DuD 2013, 82 sprechen insofern von einer „Freiwilligkeitsfiktion"; *Plath*, in: Plath 2013, § 4a BDSG, Rn. 26 nennt als Beispiel physische wie psychische Extremsituationen.

[1252] *Roßnagel/Pfitzmann/Garstka* 2001, 92.

[1253] Zu Abhängigkeitsverhältnissen *Roßnagel/Pfitzmann/Garstka* 2001, 92; *Gola/Schomerus* 2012, § 4a BDSG, Rn. 22; *Plath*, in: Plath 2013, § 4a BDSG, Rn. 27.

[1254] BGHZ 177, 253, Rn. 21.

[1255] *Däubler*, in: Däubler/Klebe/Wedde/Weichert 2014, § 4a BDSG, Rn. 23; *Simitis*, in: Simitis 2014, § 4a BDSG, Rn. 62; *Plath*, in: Plath 2013, § 4a BDSG, Rn. 27.

[1256] *Däubler*, in: Däubler/Klebe/Wedde/Weichert 2014, § 4a BDSG, Rn. 23.

[1257] *Bergmann/Möhrle/Herb* 2014, § 4a BDSG, Rn. 5a; *Simitis*, in: Simitis 2014, § 4a BDSG, Rn. 62; *Däubler*, in: Däubler/Klebe/Wedde/Weichert 2014, § 4a BDSG, Rn. 23.

online zu führen oder Gehaltsabrechnungen durch eine cloud-basierte Software zu erledigen. Auch ist vorstellbar, dass ein Arbeitgeber selbst eine Private Cloud betreibt und seine Mitarbeiter auffordert, in die Speicherung und Verarbeitung ihrer Daten in dieser Cloud einzuwilligen. Insbesondere im Bewerbungsverfahren wird der potentielle Arbeitnehmer kaum eine wirklich freiwillige Einwilligung geben können.[1258] In einem bestehenden Arbeitsverhältnis mag die Freiwilligkeitsschwelle zwar niedriger liegen. Voraussetzung ist nach der Artikel-29-Datenschutzgruppe jedoch immer noch, dass „der Beschäftigte eine echte Wahl hat und seine Einwilligung zu einem späteren Zeitpunkt widerrufen werden kann, ohne dass ihm daraus Nachteile erwachsen".[1259] Außerdem wird die Reichweite des Datenumgangs, in den eingewilligt werden soll, eingeschränkt sein. So wird der Arbeitgeber nur in solche Datenverwendungen freiwillig einwilligen können, bei denen er keine Nachteile zu erwarten hat und die entsprechend eine geringere Eingriffstiefe besitzen. Im Rahmen des Cloud Computing könnte dies beispielsweise auf solche Datenverarbeitungen zutreffen, die sich auf die normale Personalverwaltung erstrecken, die Daten im Übrigen (zumindest außerhalb der Verarbeitung) sicher verschlüsselt sind und bei denen eine Übermittlung an Dritte ausgeschlossen ist. Insbesondere wird der Arbeitnehmer wohl kaum zusätzlich zur Einwilligung in die Übermittlung an den Cloud-Anbieter und dortige Verarbeitung zu Personalverwaltungszwecken eine Einwilligung in die Verwendung der betreffenden Daten für cloud-basierte Leistungsbewertungen oder sonstige Datenverarbeitungen geben können, die Einfluss auf die Gehalts- und Arbeitsplatzentwicklung des Arbeitnehmers haben könnten.[1260]

Die Vermutung einer unfreiwilligen Einwilligung kann auch durch Einbeziehung einer Arbeitnehmervertretung, wie beispielsweise einem Betriebsrat, im Vorfeld entkräftet werden.[1261] Ist der Arbeitgeber selbst Betreiber einer Cloud und fordert die Mitarbeiter zur Einwilligung in die Datenverarbeitung auf der Cloud-Infrastruktur auf, ist hierbei noch die mögliche Verarbeitung privater Daten des Arbeitnehmers (etwa private E-Mails, die der Mitarbeiter mit oder ohne Zustimmung des Arbeitgebers am Arbeitsplatz abruft) zu berücksichtigen. Dieser Fall wurde jedoch an anderer Stelle bereits

---

[1258] Hierzu *Taeger*, in: Taeger/Gabel 2013, § 4a BDSG, Rn. 63 ff.; Artikel-29-Datenschutzgruppe 2001, WP 48, 27.

[1259] Artikel-29-Datenschutzgruppe 2001, WP 48, 28.

[1260] Als Eingrenzung verweisen einige Autoren auch auf eine Orientierung am Arbeitgeberfragerecht, so etwa *Bergmann/Möhrle/Herb* 2014, § 4a BDSG, Rn. 5a; *Taeger*, in: Taeger/Gabel 2013, § 4a BDSG, Rn. 72. Das alleinige Abstellen auf das Fragerecht würde jedoch unzureichend die Gefahren der Datenverwendung für Leistungsbeurteilungen oder ähnlichem abdecken.

[1261] Dies wird in Einzelfällen sogar zwingend erforderlich sein.

Einwilligung 245

wesentlich ausführlicher untersucht – es sei auf die entsprechende Literatur hierzu verwiesen.[1262]

6.6.3.2 Wirtschaftliches Ungleichgewicht

Auch außerhalb der sozialen Abhängigkeit können wirtschaftliche Machtpositionen bestehen, die die Freiwilligkeit einer Einwilligung beschränken können. Ist die verantwortliche Stelle in einer wirtschaftlich deutlich stärkeren Lage und wickelt ihre Leistungen in einem „Massengeschäft" ab, ist sie entsprechend auf den einzelnen Vertragsschluss für sich betrachtet häufig nicht angewiesen. Regelmäßig ergibt sich aus der Situation auch eine Informationsasymmetrie, da die verantwortliche Stelle, beispielsweise als international agierender Konzern über einen besseren Marktüberblick und Verhandlungsstärke verfügt – für sie fallen aus ökonomischer Sicht im Vergleich zum Betroffenen im Zweifel geringere Transaktionskosten an.[1263] Mitunter hat sie gegebenenfalls außerdem noch eine starke Marktstellung im Bereich der von ihr erbrachten Leistung. Aus diesen Faktoren kann sich ein Verhandlungsungleichgewicht und daraus eine einseitige Bestimmungsmacht der verantwortlichen Stelle ergeben.[1264] Aus dem Verhandlungsungleichgewicht folgt hinsichtlich der Einwilligung, dass der Betroffene in den Worten des Bundesverfassungsgerichts seinen „informationellen Selbstschutz nicht eigenverantwortlich und selbstständig sicherstellen" kann.[1265] Auch in diesen Fällen kann sich die verantwortliche Stelle nicht ohne Weiteres auf eine Einwilligung des Betroffenen berufen. Ist es nach dem Bundesverfassungsgericht ersichtlich, dass „in einem Vertragsverhältnis ein Partner ein solches Gewicht hat, dass er den Vertragsinhalt faktisch einseitig bestimmen" kann, ist es „Aufgabe des Rechts, auf die Wahrung der Grundrechtspositionen beider Vertragspartner hinzuwirken, um zu verhindern, dass sich für einen Vertragsteil die Selbstbestimmung in eine Fremdbestimmung verkehrt".[1266] Wie bei Arbeitsverhältnissen kann auch bei den hier beschriebenen Verhandlungsasymmetrien nicht jede Einwilligung grundsätzlich unwirksam sein. Auch hier ist eine Einwilligung als Ergebnis eines Interessensausgleichs im Rahmen einer Verhandlung zwischen den Parteien vom Staat grundsätzlich zu respektieren.[1267] In den vom Bundesverfassungsgericht beschriebenen Fällen, in denen jedoch das Verhandlungsungleichgewicht so erheblich ist, dass der informationelle

---

[1262] Zum Beispiel Ramma/Shokrian, in: Taeger 2012, 463 ff.; Ernst, NZA 2002, 585 ff.; Holzner, ZRP 2011, 12 ff.
[1263] Zur ökonomischen Herleitung der Transaktionskosten Williamson 1990, 4 ff.
[1264] Taeger, in: Taeger/Gabel 2013, § 4a BDSG, Rn. 55.
[1265] BVerfG, MMR 2007, 94.
[1266] BVerfG, MMR 2007, 93.
[1267] So zumindest Schoch, in: Sachs/Siekmann 2012, 1511, der sich dabei auf Entscheidungen des Bundesverfassungsgerichts zur Privatautonomie (BVerfGE 81, 242, 254; BVerfGE 114, 73, 89, Rn. 61) beruft.

Selbstschutz des Betroffenen gefährdet wird, kann eine freiwillige Einwilligung nicht mehr angenommen werden. Dies trifft auch hier insbesondere für solche Vertragsverhältnisse zu, auf die der Betroffene zur Sicherung seiner persönlichen Lebensverhältnisse erheblich angewiesen ist.[1268]

Ein Verhandlungsungleichgewicht im Rahmen des Cloud Computing kann sich beispielsweise bei einem Versicherungskonzern als Cloud-Nutzer ergeben, der den Abschluss einer bestimmten Versicherung von der Einwilligung des Versicherungsnehmers als betroffenen Dritten in die Übermittlung seiner Daten an einen Cloud-Anbieter und in die dortige Verarbeitung abhängig macht. Gerade große Konzerne verfügen häufig über eine entsprechende Verhandlungsstärke. In einem Massengeschäft wie Versicherungsleistungen für den Durchschnittsverbraucher verbleibt dem Betroffenen kaum die Möglichkeit einer Einwirkung auf den Verhandlungsgang im Sinne eines ausgewogenen Interessensausgleichs.[1269] Hinzu kommt, dass der Einzelne auf manch eine Versicherungsleistung und damit den Vertragsschluss faktisch angewiesen ist – insbesondere wenn sich der Wechsel einer Versicherung, beispielsweise einer Berufsunfähigkeitsversicherung beim gleichzeitigen Vorliegen von Vorerkrankungen, als aussichtslos erweist. Eine wirkliche selbstständige Sicherstellung der informationellen Selbstbestimmung im Sinne einer auch tatsächlich freiwilligen Entscheidung verbleibt dem Versicherungsnehmer hierbei nicht. In einen cloud-basierten Datenumgang könnte der Versicherte in dem hier beschriebenen Fall kaum wirksam einwilligen.

Ein Verhandlungsungleichgewicht kann sich auch zwischen dem Cloud-Anbieter und dem Cloud-Nutzer als selbst Betroffenen ergeben. Ist der Cloud-Nutzer an einer Cloud-Nutzung mit Daten, die sich auf ihn selbst beziehen, interessiert, steht er – zumindest momentan und im Bereich der privaten Cloud-Nutzung – häufig großen, international agierenden Internetkonzernen, wie Google, Amazon oder Microsoft, gegenüber. Soll der Cloud-Nutzer im Rahmen der Anmeldung seine Einwilligung in den (möglicherweise sehr umfangreichen) Datenumgang durch diese Konzerne erteilen, ergeben sich auch hierbei Zweifel an der Freiwilligkeit einer solchen Einwilligung. Die Gründe hierfür sind vergleichbar mit denen im Verhältnis zwischen einer Versicherung und Versicherungsnehmer. Wieder handelt es sich um wirtschaftlich dominante Unternehmen, ebenso ist das Cloud Computing für sie ein Massengeschäft. Der einzelne Nutzer hat in dem von den großen Konzernen dominierten Markt nur begrenzt eine wirkliche Alternative, etwa den Wechsel zu einem Cloud-Anbieter, der keine solche Einwilligung fordert. Im Einzelfall ist der Cloud-Nutzer zumindest derzeit zur Sicherung seiner persönlichen Lebensverhältnisse noch nicht zwingend auf die

---

[1268] BVerfG, MMR 2007, 93; *Bergmann/Möhrle/Herb* 2014, § 4a BDSG, Rn. 7.
[1269] Entsprechende Überlegungen liegen auch den Verbraucherschutzregelungen im Rahmen von Allgemeinen Geschäftsbedingungen, als für eine Vielzahl von Verbraucherverträgen vorformulierte Vertragsbedingungen, zugrunde. Auch hier tritt die Privatautonomie aufgrund bestehender Ungleichgewichte zurück, so etwa BGHZ 176, 140, Rn. 20.

Nutzung einer Cloud angewiesen. Dies kann sich jedoch zukünftig möglicherweise ändern. Soweit eine Datenverarbeitung dann nicht oder nur noch mit unverhältnismäßigem Aufwand lokal, außerhalb einer Cloud möglich sein sollte und es auch dann noch immer keine vergleichbaren Alternativen zur Einwilligung geben wird, wird eine solche Einwilligung nicht freiwillig und damit auch nicht wirksam erteilt werden können.

6.6.3.3 Kopplungsverbot

Bei einer Kopplung im datenschutzrechtlichen Sinne wird eine bestimmte Leistung der verantwortlichen Stelle von der Einwilligung in den Datenumgang durch den Betroffenen abhängig gemacht, obgleich der Datenumgang zur Erbringung der Leistung nicht erforderlich wäre und insofern die Einwilligung auch in keinem objektiven Zusammenhang zur Leistung steht.[1270] Der Betroffene soll sich durch eine Einwilligung erhebliche Vorteile versprechen, auf deren Erlangung er sonst keinen Anspruch hätte.[1271] Anders als in den zuvor genannten Fällen steht der Betroffene nicht zwingend in einer wirtschaftlichen oder sozialen Abhängigkeit. Da jedoch die Daten, in deren Umgang eingewilligt werden soll, mit der Leistung in keinem Zusammenhang steht, lässt sich der Wert der erhaltenen Leistung für den Betroffenen nur schwer mit dem „Preis", den er für seine Einwilligung bezahlt – also das Ausmaß der Belastungen, die sich in der Folge einer Einwilligung durch den Umgang mit seinen Daten ergeben – objektiv in ein Verhältnis setzen. Durch die Kopplung und Inaussichtstellung der Leistung kommt der Betroffene somit in eine (Druck-)Situation, in er – in Erwartung der Leistung – möglicherweise zu keiner wirklich freiwilligen und selbstständigen Bestimmung über seine Daten in der Lage ist. Die Einwilligung des Betroffenen wird, kurz gesagt, vom Betroffenen mit zweckfremden und intransparenten Mitteln „erkauft".[1272]

§ 4a BDSG enthält kein ausdrückliches Kopplungsverbot. In den Spezialregelungen, etwa für die Einwilligung in den Datenumgang zur Werbung (§ 28 Abs. 3b BDSG) sowie für den Datenumgang im Rahmen des Telekommunikationsgesetzes (§ 95

[1270] Zur Definition der Kopplung *Taeger*, in: Taeger/Gabel 2013, § 4a BDSG, Rn. 59; *Däubler*, in: Däubler/Klebe/Wedde/Weichert 2014, § 4a BDSG, Rn. 24.
[1271] Zu Einwilligungen in Datenverarbeitungen durch öffentliche Stellen, *Taeger*, in: Taeger/Gabel 2013, § 4a BDSG, Rn. 20.
[1272] Hierzu beispielsweise *Simitis*, in: Simitis 2014, § 4a BDSG, Rn. 4, wonach sich die Betroffenen primär für den jeweiligen Vertragsgegenstand interessieren und allenfalls sekundär für die ihnen abverlangten Informationen – die Einwilligung in den Datenumgang ist demnach im Rahmen des Vertragsschlusses häufig nur irrelevantes Beiwerk.

Abs. 5 TKG) sind Kopplungsverbote dagegen normiert.[1273] Nach § 28 Abs. 3b BDSG darf die verantwortliche Stelle den Abschluss eines Vertrags nicht von einer Einwilligung des Betroffenen in den Datenumgang zu Werbe- und Adresshandelszwecken abhängig machen, wenn dem Betroffenen ein anderer Zugang zu gleichwertigen vertraglichen Leistungen ohne die Einwilligung nicht oder nicht in zumutbarer Weise möglich ist. Eine unter solchen Umständen erteilte Einwilligung ist unwirksam. Eine Kopplung einer Einwilligung an ein Leistungsversprechen ist demnach nur dann nicht zulässig, wenn keine zumutbaren Alternativen zu der jeweiligen Leistung verfügbar sind.[1274] Die Einschränkung des Kopplungsverbots auf das Fehlen zumutbarer Alternativen dient wieder der Berücksichtigung der Vertragsfreiheit,[1275] indem grundsätzlich die Einwilligung als Ergebnis eines verhandlungsbasierten Interessensausgleichs respektiert wird.[1276] Kopplungen sind demnach insbesondere nur dann unzulässig, wenn die verantwortliche Stelle die Leistung in einer marktbeherrschenden Stellung betreibt oder die Leistung zwar von mehreren, verschiedenen Anbietern erbracht wird, jedoch von allen eine Einwilligung gefordert wird.[1277] Ob dagegen die Kopplung auch verboten ist, wenn vergleichbare Angebote nur zu einem höheren Preis erhältlich sind, wird unterschiedlich beurteilt.[1278] Zumindest, soweit der Betroffene gezwungen wäre, ohne die Einwilligung deutlich kostenträchtigere Verträge abzuschließen, wird wohl auch die Preisdifferenz ein Kopplungsverbot begründen können.[1279]

Obgleich das Kopplungsverbot ausschließlich in Spezialnormen ausdrücklich normiert ist, könnte dennoch das Prinzip des Kopplungsverbots auch auf Einwilligungen nach § 4a BDSG übertragen werden.[1280] Auch ohne ausdrückliche Nennung könnte sich ein Kopplungsverbot bereits aus der Anforderung der Freiwilligkeit nach § 4a Abs. 1 S. 1 BDSG ergeben. Wird der Betroffene beispielsweise durch übermäßige finanzielle oder sonstige Anreize zur Einwilligung verleitet, ist die informationelle Selbstbestimmung ebenso fraglich wie in Abhängigkeits- oder Ungleichgewichtsverhältnissen.[1281] Dies

---

[1273] In § 12 TMG findet sich das Kopplungsverbot, anders als in § 12 Abs. 3 TMG a. F. nicht mehr. Nach *Bizer/Hornung*, in: Roßnagel 2013, § 12 TMG, Rn. 10 habe sich jedoch trotz der Aufhebung im Telemediengesetz aufgrund der zum fast identischen Zeitpunkt erfolgten Einfügung des Kopplungsverbots in § 28 Abs. 3b BDSG materiell-rechtlich auch für das Telemedienrecht nichts geändert.
[1274] *Bergmann/Möhrle/Herb* 2014, § 4a BDSG, Rn. 6.
[1275] BT-Drs. 16/12011, 33.
[1276] Hierzu *Schoch*, in: Sachs/Siekmann 2012, 1511.
[1277] *Wedde*, in: Däubler/Klebe/Wedde/Weichert 2014, § 28 BDSG, Rn. 135; BT-Drs. 16/12011, 33.
[1278] So zumindest *Wedde*, in: Däubler/Klebe/Wedde/Weichert 2014, § 28 BDSG, Rn. 135; andere Ansicht *Gola/Schomerus* 2012, § 28 BDSG, Rn. 46.
[1279] *Simitis*, in: Simitis 2014, § 28 BDSG, Rn. 223.
[1280] So etwa *Simitis*, in: Simitis 2014, § 4a BDSG, Rn. 63; andere Ansicht demgegenüber *Plath*, in: Plath 2013, § 4a BDSG, Rn. 30.
[1281] *Bergmann/Möhrle/Herb* 2014, § 4a BDSG, Rn. 7; BGHZ 177, 253, Rn. 21.

Einwilligung 249

ist umso offensichtlicher, wenn Betroffene beispielsweise als Gegenleistung für eine bestimmte Leistung in den Umgang mit besonderen Arten personenbezogener Daten einwilligen.[1282] Das Kopplungsverbot kann schließlich nicht nur für die Fälle gelten, in denen ein Vorteil als Anreiz zur Einwilligung versprochen wird, sondern auch für jene Fälle, in denen bei fehlender Einwilligung ein Nachteil in Aussicht gestellt wird.[1283]

Im Rahmen des Cloud Computing kann es sowohl durch den Cloud-Anbieter gegenüber dem Cloud-Nutzer als Betroffenen als auch durch den Cloud-Nutzer als verantwortliche Stelle gegenüber einem betroffenen Dritten zu Kopplungsversuchen kommen. Denkbare Möglichkeiten der Kopplung einer Leistung an die Einwilligung des betroffenen Dritten zur Übermittlung von Daten an den Cloud-Anbieter durch den Cloud-Nutzer sind vielfältig. Im Verhältnis zwischen Cloud-Nutzer und betroffenem Dritten kann auf die Ausführungen zu Arbeits- und Versicherungsverhältnissen verwiesen werden. Praktisch besonders brisant ist dagegen die Frage, ob Cloud-Anbieter sich in manchen Fällen die Einwilligung betroffener Cloud-Nutzer zu einem über die reine Dienstbereitstellung und -erbringung hinausgehenden Datenumgang „erkaufen". So ist beispielsweise vorstellbar, dass ein Cloud-Dienst kostenlos angeboten wird, dessen Nutzung jedoch unter der Voraussetzung steht, dass der betroffene Cloud-Nutzer in eine Speicherung und Übermittlung seiner Daten zu anderen Zwecken, beispielsweise zu Werbezwecken im Sinne des § 28 Abs. 3 BDSG, einwilligt. Bei der Beurteilung der Wirksamkeit einer solchen Einwilligung wird es wesentlich darauf ankommen, ob dem Cloud-Nutzer als Betroffenem eine gleichwertige Alternative gemäß § 28 Abs. 3b 2. Hs. BDSG zur Verfügung steht. Neben den kostenfreien, jedoch oftmals „datenintensiven" Cloud-Diensten stehen mittlerweile auch kleinere, datenschutzfreundliche Cloud-Angebote zur Verfügung. So gibt es beispielsweise Cloud-Anbieter, die die sichere Verarbeitung der Daten ohne Zugriffsmöglichkeit des Cloud-Anbieters oder unbefugter Dritter garantieren.[1284] Eine Datenverarbeitung zu Werbezwecken ist hierbei ausgeschlossen und es wird entsprechend auch keine Einwilligung des Betroffenen gefordert. Auch sind Cloud-Angebote verfügbar, die Daten ausschließlich auf Servern in Deutschland oder in bestimmten Rechenzentren verarbeiten.[1285] Fraglich ist, ob diese Cloud-Dienste eine gleichwertige Alternative darstellen. Im Gegensatz zu den Angeboten großer Internetkonzerne, etwa die Cloud-Angebote von Google, sind diese kleineren Cloud-Dienste in der Regel nicht kostenfrei. Es gibt jedoch auch hier kostengünstige Anbieter, die eine Nutzung von Grundfunktionen bereits im Cent-Bereich anbieten. Da ein Preisunterschied allein keine verbotene Kopp-

---

[1282] *Taeger*, in: Taeger/Gabel 2013, § 4a BDSG, Rn. 55.
[1283] *Däubler*, in: Däubler/Klebe/Wedde/Weichert 2014, § 4a BDSG, Rn. 26 f.
[1284] Zum Beispiel die Produkte auf Basis des Sealed Cloud-Ansatzes, http://www.sealed-cloud.de.
[1285] So etwa die Initiative „Cloud Services Made in Germany", http://www.cloud-services-made-in-germany.de.

lung begründet, können kostengünstige gegenüber kostenfreien Angeboten als gleichwertige Alternativen angesehen werden.[1286]

Zumindest im Bereich der Speicher-Clouds sind somit vergleichbare Angebote verfügbar, die keine entsprechende Einwilligung abverlangen. Für spezielle Cloud-Angebote könnte demgegenüber das Angebot – zumindest für einwilligungsfreie Dienste – deutlich eingeschränkt sein. Insbesondere „Apps" für Smartphones sind häufig derart spezialisiert, dass kaum vergleichbare Angebote bestehen, da sich ein bestimmtes Angebot unter den Nutzern durchgesetzt hat und somit monopolisiert ist oder alle verfügbaren Angebote eine Einwilligung in bedenkliche Datenverwendungen einfordern. Um mit einer großen Personengruppe zu kommunizieren oder zu interagieren, muss der Nutzer häufig eine bestimmte Anwendung wählen. Für beliebte Online-Spiele, insbesondere solchen mit Mehrspielereigenschaften, bestehen häufig keine vergleichbaren Alternativen. Will der Betroffene das Spiel, in dem sich etwa schon ganze Spielergemeinschaften treffen, nutzen, wird ihm keine andere Wahl bleiben als in den Datenumgang einzuwilligen. Mangels gleichwertiger Alternativen ist solch eine Kopplung in der Regel dann aber unzulässig.

6.6.4 Informiertheit

Eine Einwilligung des Betroffenen ist nur dann eine freie Entscheidung, wenn der Betroffene weiß, worin er einwilligt.[1287] Die Datenschutzrichtlinie gibt deshalb in Art. 2 lit. h DS-RL vor, dass die Einwilligung „in Kenntnis der Sachlage erfolgt". § 4a Abs. 1 S. 2 BDSG setzt diese Vorgabe in einer Informations- oder Hinweispflicht der verantwortlichen Stelle gegenüber dem Betroffenen um. Demnach ist der Betroffene „auf den vorgesehenen Zweck der Erhebung, Verarbeitung oder Nutzung sowie, soweit nach den Umständen des Einzelfalles erforderlich oder auf Verlangen, auf die Folgen der Verweigerung der Einwilligung hinzuweisen". Unabhängig davon, wie die verantwortliche Stelle die Daten erlangt hat oder über welche Kenntnis der Betroffene bereits verfügt, ist die Informationspflicht akzessorisch zum Datenumgang aufgrund einer Einwilligung des Betroffenen.[1288] Inhaltlich muss die Information zwingend den vorgesehenen Zweck des Datenumgangs sowie im Einzelfall auch die Folgen einer Verweigerung der Einwilligung nennen. Diese Aufzählung ist allerdings nur beispielhaft und keineswegs abschließend.[1289] Vielmehr soll der Betroffene über den gesamten geplanten Datenweg informiert werden. Insbesondere werden Informationen über die

---

[1286] *Rogosch* 2013, 88.
[1287] *Roßnagel/Pfitzmann/Garstka* 2001, 91; *Däubler*, in: Däubler/Klebe/Wedde/Weichert 2010, § 4a BDSG, Rn. 8 „informed consent"; siehe auch *Plath*, in: Plath 2013, § 4a BDSG, Rn. 31.
[1288] So etwa *Simitis*, in: Simitis 2014, § 4a BDSG, Rn. 71.
[1289] *Holznagel/Sonntag*, in: Roßnagel 2003, 4.8, Rn. 44; *Rogosch* 2013, 70.

Art und den Umfang der Daten,[1290] die Verarbeitungsbedingungen,[1291] potentielle Übermittlungsempfänger,[1292] mögliche Verknüpfungen mit anderen Datenbeständen,[1293] Besonderheiten bei Übermittlungen an ausländische Stellen sowie Name und Anschrift der verantwortlichen Stelle[1294] gefordert. Ist im Falle einer Verweigerung ein Nachteil zu befürchten, ist es im Einzelfall erforderlich, den Betroffenen auf die Folgen einer Verweigerung hinzuweisen. Die Anforderungen an eine solche Hinweispflicht werden verhältnismäßig niedrig angesetzt. So soll eine Information über die möglichen Folgen bereits erforderlich sein, wenn die Folgenlosigkeit nicht auf der Hand liegt.[1295]

Die Hinweispflicht bringt für das Cloud Computing vor allem praktische Umsetzungsprobleme mit sich. Insbesondere große, international agierende Cloud-Anbieter „überfluten" den betroffenen Cloud-Nutzer oder Dritten mit mehrseitigen Textdokumenten, die häufig eine Mischung aus der Wiedergabe des Gesetzestextes, einer Datenschutzerklärung und einer Einwilligungserklärung darstellen.[1296] Für den Betroffenen wirken diese Textdokumente jedoch häufig abschreckend oder unverständlich, sodass sie regelmäßig unverstanden oder sogar ungelesen bleiben. In manchen Fällen werden die Informationen auch bewusst auf der Internetseite versteckt, sodass sie vom Nutzer erst recht nicht wahrgenommen werden.[1297]

6.6.5 Formularmäßige Einwilligungen

Einwilligungserklärungen werden häufig von der verantwortlichen Stelle formuliert und dem Betroffenen zur Unterschrift vorgelegt. Da diese Einwilligungserklärungen einseitig vorformulierte und von der Gegenseite gestellte Erklärungen sind, liegt es nahe, die Erklärungstexte auch auf ihre Vereinbarkeit mit den Vorgaben zu allgemeinen Geschäftsbedingungen zu prüfen.[1298] Formularmäßige Einwilligungserklärungen in den Datenumgang, die durch den Cloud-Nutzer oder den Cloud-Anbieter vorformu-

---

[1290] *Helfrich*, in: Hoeren/Sieber/Holznagel 2014, 16.1, Rn. 50.
[1291] Etwa Umfang und Dauer der Speicherung, *Holznagel/Sonntag*, in: Roßnagel 2003, 4.8, Rn. 45; *Simitis*, in: Simitis 2014, § 4a BDSG, Rn. 72.
[1292] *Simitis*, in: Simitis 2014, § 4a BDSG, Rn. 72.
[1293] *Roßnagel/Pfitzmann/Garstka* 2001, 92.
[1294] *Holznagel/Sonntag*, in: Roßnagel 2003, 4.8, Rn. 45.
[1295] *Däubler*, in: Däubler/Klebe/Wedde/Weichert 2014, § 4a BDSG, Rn. 9.
[1296] *Rogosch* 2013, 72.
[1297] *Rogosch* 2013, 74.
[1298] Von einer AGB-rechtlichen Prüfbarkeit gehen die meisten Autoren aus, etwa *Däubler*, in: Däubler/Klebe/Wedde/Weichert 2014, § 4a BDSG, Rn. 31; *Bergmann/Möhrle/Herb* 2014, § 4a BDSG, Rn. 26 ff.; *Taeger*, in: Taeger/Gabel 2013, § 4a BDSG, Rn. 22; *Simitis*, in: Simitis 2014, § 4a BDSG, Rn. 84; *Holznagel/Sonntag*, in: Roßnagel 2003, 4.8, Rn. 58 ff.; *Rogosch* 2013, 107 ff.; einschränkend dagegen *Plath*, in: Plath 2013, § 4a BDSG, Rn. 39; ebenso KG, NJW 2011, 411.

liert wurden, können sowohl aufgrund einer unangemessenen Benachteiligung im Sinne des § 307 Abs. 1 BGB oder aufgrund überraschender Klauseln im Sinne des § 305c BGB unwirksam sein.[1299] So könnte bei der formularmäßigen Einwilligung mit der informationellen Selbstbestimmung ein wesentlicher Grundgedanke aus dem Bundesdatenschutzgesetz verletzt und somit die Einwilligungsklausel nach § 307 Abs. 2 Nr. 1 BGB unwirksam sein, wenn sie nur aufgrund eines bestehenden Machtgefälles zwischen der verantwortlichen Stelle und dem Betroffenen, also beispielsweise zwischen einem großen Cloud-Anbieter auf der einen Seite und einem privaten Cloud-Nutzer auf der anderen Seite, ermöglicht wurde.[1300] Dies gilt insbesondere, wenn die Einwilligung eine uneingeschränkte Datenweitergabe legitimieren soll.[1301] Auch könnte eine Einwilligungsklausel in allgemeinen Datenschutzerklärungen, dem Fließtext der Cloud-Buchungsseite oder in anderen allgemeinen Geschäftsbedingungen in einem „Erklärungspaket"[1302] derart versteckt sein, dass der Betroffene nach dem äußeren Erscheinungsbild des Textes nicht mit der Einwilligungsklausel rechnet.[1303] Wie bereits aus § 4a Abs. 1 S. 4 BDSG ergibt sich auch aus dem Transparenzgebot des § 305c BGB, dass Einwilligungsklauseln nicht im Kleingedruckten oder unter irreführenden Überschriften versteckt werden dürfen.[1304] Vielmehr müssen die Einwilligungserklärungen getrennt und aufmerksamkeitslenkend abgedruckt werden.[1305] Der Einwilligungstext muss, insbesondere bei „Erklärungspaketen", graphisch (beispielsweise durch Fettdruck, Großschrift oder Umrahmung) hervorgehoben werden.[1306]

Gerade Cloud-Dienste sollen schnell und problemlos hinzubuchbar sein. Der Vertragsschluss wird deshalb häufig vom Cloud-Anbieter so gestaltet sein, dass der Cloud-Nutzer mit wenigen Schritten die Buchung abschließen kann. Vertragsklauseln und Einwilligungserklärungen werden hierbei regelmäßig unauffällig und klein angezeigt oder nur verlinkt. Die eigentliche Einwilligung soll dann durch Setzen oder Entfernen eines Häkchens in einer Browser-Checkbox per Mausklick erklärt werden. Um den Verbraucher vor sogenannten „Kostenfallen" zu schützen, wurde im Verbraucherschutzrecht mit § 312g Abs. 2 und 3 BGB die „Button-Lösung" eingefügt, wonach der Verbraucher im elektronischen Geschäftsverkehr vor Vertragsschluss in einer klaren,

---

[1299] *Däubler*, in: Däubler/Klebe/Wedde/Weichert 2014, § 4a BDSG, Rn. 32 f.; *Gola/Schomerus* 2012, § 4a BDSG, Rn. 23; *Bergmann/Möhrle/Herb* 2014, § 4a BDSG, Rn. 26; *Rogosch* 2013, 107 ff.
[1300] *Taeger*, in: Taeger/Gabel 2013, § 4a BDSG, Rn. 22.
[1301] So zum Beispiel *Polenz*, in: Tamm/Tonner 2012, § 6, Rn. 36.
[1302] *Simitis*, in: Simitis 2014, § 4a BDSG, Rn. 40.
[1303] Insofern kritisch *Rogosch* 2013, 112.
[1304] *Däubler*, in: Däubler/Klebe/Wedde/Weichert 2014, § 4a BDSG, Rn. 13; *Gola/Schomerus* 2012, § 4a BDSG, Rn. 31; *Plath*, in: Plath 2013, § 4a BDSG, Rn. 41 ff.
[1305] *Simitis*, in: Simitis 2014, § 4a BDSG, Rn. 41; LG München, DuD 2006, 310.
[1306] LG München, DuD 2006, 310; die Einwilligungserklärung muss jedoch, wenn sie entsprechend hervorgehoben ist, nicht zwingend von anderen Erklärungen getrennt sein, *Munz*, in: Graf von Westphalen, Klauselwerke – Datenschutzklauseln, Rn. 32.

verständlichen und hervorgehobenen Weise über den wesentlichen Inhalt eines Vertrags zu informieren ist.[1307] Datenschutzrechtliche Einwilligungen sind von der Button-Lösung aber nicht erfasst. Solange sie als allgemeine Geschäftsbedingungen durch die Verlinkung wirksam einbezogen werden und weder gegen die Vorgaben der §§ 305 ff. BGB noch gegen die Anforderungen der Einwilligung nach §§ 4a oder 28 Abs. 3 ff. BDSG verstoßen, ergeben sich keine weiteren verbraucherschutzrechtlichen Einschränkungen.

Fraglich ist allerdings, ob die Erklärung aktiv im Sinne eines „Opt-in" abgegeben werden muss oder ob passives Verhalten, also eine „Opt-out"-Lösung, genügt. Bei einem Opt-in müsste der Erklärungstext durch den betroffenen Cloud-Nutzer während der Buchung der Cloud aktiv durch Setzen eines Häkchens oder, im nicht-digitalen Bereich, durch Ankreuzen eines Felds neben der Einwilligung bestätigt werden. Genügte das Opt-out, müsste der betroffene Cloud-Nutzer ein bereits gesetztes digitales Häkchen entfernen oder auf Papier eine Einwilligungsverweigerung ankreuzen, wenn er keine Einwilligung abgeben möchte. Für die Erforderlichkeit eines Opt-in und gegen die Zulässigkeit einer Opt-out-Lösung spricht, dass der betroffene Cloud-Nutzer bei einem Opt-out Einwilligungen erteilen würde, ohne für die Erklärung in irgendeiner Weise handeln zu müssen.[1308] Die Warnfunktion der Erklärung entfiele, sodass im Einzelfall die Freiwilligkeit und vor allem Selbstbestimmtheit des Betroffenen hinsichtlich der Erklärung zweifelhaft wäre. Zwar sehen einige Autoren und sogar der Bundesgerichtshof die Opt-out-Lösung als ausreichend an, sofern der Erklärungstext hervorgehoben und entsprechend gut sichtbar sei.[1309] Dies würde jedoch für den Betroffenen bedeuten, bei jeder Buchung eines Cloud-Dienstes nach möglicherweise bereits gesetzten Häkchen an Einwilligungserklärungen suchen und diese gegebenenfalls entfernen zu müssen. Der ohnehin datenschutzrechtlich recht intransparente Prozess im Rahmen des Cloud Computing würde weiter verschärft. Die Ausübung einer informationellen Selbstbestimmung kann jedoch dort nicht möglich sein, wo überall und andauernd die Möglichkeit besteht in Eile oder aufgrund einer Unachtsamkeit die Einwilligungserklärung zu übersehen und mangels einer aktiven Verweigerung dem Datenumgang zuzustimmen. Für datenschutzrechtliche Einwilligungen im Rahmen des Cloud Computing ist somit ein Opt-in-Verfahren zu fordern.

[1307] Hierzu ausführlich *Roth*, VuR 2012, 477.
[1308] *Bergmann/Möhrle/Herb* 2014, § 4a BDSG, Rn. 26c; LG München I, DuD 2006, 310.
[1309] BGH, NJW 2008, 3056, jedoch nur in Bezug auf die Anforderungen des § 4a BDSG – anders dagegen hinsichtlich lauterkeitsrechtlicher Vorgaben; *Simitis*, in: Simitis 2014, § 4a BDSG, Rn. 41; in Teilen wohl auch *Däubler*, in: Däubler/Klebe/Wedde/Weichert 2014, § 4a BDSG, Rn. 23a.

6.6.6 Bestimmtheit

Nach Art. 2 lit. h DS-RL muss die Einwilligung stets „für den konkreten Fall" erfolgen – sie muss hinreichend bestimmt sein. Eine entsprechende Anforderung ist zwar im Bundesdatenschutzgesetz nicht ausdrücklich formuliert, wird jedoch von der Literatur und Rechtsprechung einhellig eingefordert.[1310] Eine hinreichend bestimmte Einwilligung lässt klar erkennen, unter welchen Bedingungen sich der Betroffene zum Umgang mit welchen Daten einverstanden erklärt hat.[1311] Sie muss sich somit auf den Zweck der Verarbeitung (also beispielsweise den Geschäftszweck), den Umfang der Verarbeitung (etwa die einzelnen Verarbeitungsschritte) sowie die betroffenen Datenarten beziehen.[1312] Pauschale Einwilligungen und sogenannte „Blankoeinwilligungen" sind nicht wirksam.[1313]

Eine Verschärfung des Bestimmtheitsgebots sieht § 4a Abs. 3 BDSG für den Fall vor, dass durch die Einwilligung der Umgang mit besonderen Arten personenbezogener Daten legitimiert werden soll. Nach dem Gesetzeswortlaut „muss sich die Einwilligung [...] ausdrücklich auf diese Daten beziehen". Dies entspricht inhaltlich den Vorgaben aus Art. 8 Abs. 2 lit. a DS-RL. Zwar verlangt der Bestimmtheitsgrundsatz auch im Übrigen eine Einwilligung auf bestimmte Datenarten, insbesondere soweit mit dem Datenumgang ein umfassender Eingriff in das Recht auf informationelle Selbstbestimmung einhergeht. Dennoch unterstreicht die Regelung des § 4a Abs. 3 BDSG das besondere Anforderungsniveau, das an den Umgang mit diesen „sensitiven Daten" – auch im Hinblick auf die Bestimmtheit der Einwilligung hierzu – geknüpft wird.[1314]

Einwilligungen im Rahmen des Cloud Computing können häufig nicht die notwendige Bestimmtheit aufweisen. Im Hinblick auf die Gefahren für das Recht auf informationelle Selbstbestimmung beim Cloud Computing müsste wohl ein hoher Bestimmtheitsgrad zu fordern sein, obwohl die datenverarbeitenden Vorgänge rund um die Cloud sehr komplex werden können und damit gleichzeitig auch schwer bestimmbar sind. So kann sich die Einwilligung eines betroffenen Dritten gegenüber dem

---

[1310] BGH, NJW 1986, 47; *Simitis*, in: Simitis 2014, § 4a BDSG, Rn. 77 ff.; *Holznagel/Sonntag*, in: Roßnagel 2003, 4.8, Rn. 49 ff.; *Helfrich*, in: Hoeren/Sieber/Holznagel 2014, 16.1, Rn. 42 ff.; *Taeger*, in: Taeger/Gabel 2013, § 4a BDSG, Rn. 30; *Spindler/Nink*, in: Spindler/Schuster 2011, § 4a BDSG, Rn. 10; wohl auch *Gola/Schomerus* 2012, § 4a BDSG, Rn. 26; siehe auch *Plath*, in: Plath 2013, § 4a BDSG, Rn. 50 f.
[1311] *Helfrich*, in: Hoeren/Sieber/Holznagel 2014, 16.1, Rn. 42.
[1312] *Holznagel/Sonntag*, in: Roßnagel 2003, 4.8, Rn. 53.
[1313] *Simitis*, in: Simitis 2014, § 4a BDSG, Rn. 77; *Holznagel/Sonntag*, in: Roßnagel 2003, 4.8, Rn. 53; *Däubler*, in: Däubler/Klebe/Wedde/Weichert 2014, § 4a BDSG, Rn. 33; *Taeger*, in: Taeger/Gabel 2013, § 4a BDSG, Rn. 30; *Spindler/Nink*, in: Spindler/Schuster 2011, § 4a BDSG, Rn. 10; *Helfrich*, in: Hoeren/Sieber/Holznagel 2014, 16.1, Rn. 43; *Bergmann/Möhrle/Herb* 2014, § 4a BDSG, Rn. 27.
[1314] *Simitis*, in: Simitis 2014, § 4a BDSG, Rn. 87.

Cloud-Nutzer zwar auf die Datenübermittlung an einen Cloud-Anbieter beziehen. Datenverarbeitungsvorgänge, die auf die Übermittlung folgen, etwa die Weiterübermittlung oder die Auswertung im Rahmen der Dienstbereitstellung und -erbringung, lassen sich durch den Cloud-Nutzer selbst im Vorfeld jedoch nur schwer abschätzen und somit kaum hinreichend bestimmt beschreiben. Dementsprechend ist es dem Betroffenen auch nicht möglich, die Einwilligung hinreichend bestimmt zu formulieren.

Sofern der Cloud-Anbieter selbst für den von ihm verantworteten Datenumgang Einwilligungen von den Betroffenen fordert, steht dieser vor dem Problem die einzelnen Betroffenen häufig gar nicht identifizieren zu können. Ob neben dem gegebenenfalls betroffenen Cloud-Nutzer noch betroffene Dritte existieren, ist für den Cloud-Anbieter häufig nicht erkennbar. Insbesondere bei Cloud-Speicherdiensten wird der Cloud-Anbieter keinen Einfluss auf den Inhalt der Daten haben, sodass eine Vorbereitung einer hinreichend bestimmten Einwilligungserklärung, die die Datenarten sowie den Umfang umfasst, ebenso nicht möglich ist.[1315] So wird der Anbieter einer Speicher-Cloud beispielsweise nicht wissen können, ob auf seinen Servern sensitive Daten gespeichert werden. Eine vom Cloud-Anbieter vorformulierte Einwilligungserklärung, die beispielsweise die Verwendung der Daten zu Werbezwecken vorsieht, könnte sich auf den Umgang mit sensitiven Daten aufgrund fehlender Bestimmtheit gar nicht beziehen.[1316]

Außerdem ändern sich gerade bei Cloud-Diensten die verarbeitenden Stellen und Verarbeitungswege und -methoden relativ häufig, sodass die Umstände des Datenumgangs bereits aufgrund der Eigenart des Cloud Computing selbst durch den Cloud-Anbieter nicht immer im Voraus bestimmbar sind.[1317] Beim Datenumgang in der Cloud sind die Wege und Vorgänge wie in einer „Wolke" oft uneindeutig und intransparent – für den Cloud-Nutzer sind diese Vorgänge aus technischer Sicht aber auch irrelevant. Für ihn soll durch die Virtualisierung beim Cloud Computing lediglich der Eindruck entstehen, auf eine einheitliche Ressource zuzugreifen, unabhängig davon, wo und wie die Daten im konkreten Fall verarbeitet werden. Diese Eigenschaft kollidiert jedoch mit der Vorgabe der Bestimmtheit einer Einwilligung. Der Cloud-Nutzer als Betroffener

---

[1315] *Becker*, DuD 2013, 213.
[1316] Würde der Einwilligungstext sich wiederum auf alle möglichen Arten sensitiver Daten beziehen, würden die Klauseln wieder gegen das Verbot von Pauschal- und Blankoeinwilligungen verstoßen, so etwa zu den hohen Anforderungen an Kundenbindungsprogramme von Apotheken, *Taeger*, in: Taeger/Gabel 2013, § 4a BDSG, Rn. 3.
[1317] *Zscherpe*, MMR 2004, 725 verweist auf „ein ständig wechselndes Angebot und regelmäßige Leistungs- und Inhaltsänderungen" im Internet; *Kamp/Rost*, DuD 2013, 83 nennen eine „Bestimmtheits- und Transparenzfiktion" als Teil der von ihnen so bezeichneten „Einwilligungsfiktion", da sich gerade bei IT-Systemen eine Komplexität ergebe, die nicht nur Laien überfordere. Außerdem sei das Geschäftsmodell vieler Anbieter gerade auf die unbestimmte und zweckungebundene Nutzung der Daten angelegt, was einer Transparenz und damit strengen Bestimmung entgegenstehe.

und erst recht ein betroffener Dritter sind somit in der Regel weder in der Lage sich im Rahmen einer Einwilligung auf die konkreten Bedingungen des Datenumgangs festzulegen noch können Einwilligungserklärungen von der jeweiligen verantwortlichen Stelle hinreichend bestimmt vorformuliert werden.

6.6.7 Formale Anforderungen

Die Einwilligung bedarf nach § 4a Abs. 1 S. 3 BDSG der Schriftform, soweit nicht wegen besonderer Umstände eine andere Form angemessen ist. Gemäß § 126 BGB muss die Einwilligung damit zumindest mit eigenhändiger Namensunterschrift unterzeichnet sein.[1318] Da sie nicht ausdrücklich ausgeschlossen ist,[1319] kann die Schriftform durch die elektronische Form nach § 126a BGB ersetzt werden, indem die Erklärung durch ein elektronisches Dokument abgegeben wird, das mit einer qualifizierten elektronischen Signatur nach dem Signaturgesetz versehen ist. Hintergrund des Schriftformerfordernisses ist zum einen die Warnfunktion.[1320] Durch die Schriftform sollen Entscheidungsprozesse verlangsamt und so dem Betroffenen Überlegungszeit verschafft werden.[1321] Zum anderen bezweckt die Schriftform auch Rechtssicherheit,[1322] indem die Erklärungen des Betroffenen besser nachvollziehbar und beweisbar sein sollen.[1323] In der Datenschutzrichtlinie ist die Schriftform für Einwilligungserklärungen nicht zwingend vorgeschrieben. Das Bundesdatenschutzgesetz geht im Betroffenenschutz an dieser Stelle weiter als die europäische Vorgabe, was im Hinblick auf eine mögliche vollharmonisierende Wirkung der Richtlinie nicht unkritisch gesehen wird.[1324]

Eine Ausnahme von der Schriftform ist nach § 4a Abs. 1 S. 3 2. Hs. BDSG möglich, soweit wegen besonderer Umstände eine andere Form angemessen ist. Eine im Ausnahmefall zulässige andere Form ist insbesondere die mündliche Erklärung.[1325] Ob die Textform in Ausnahmefällen ebenso zulässig ist, ist nicht abschließend geklärt. So wird die Begrenzung der Ausnahmeformen auf die mündliche Form damit begründet,

---

[1318] Siehe auch *Simitis*, in: Simitis 2014, § 4a BDSG, Rn. 33; *Plath*, in: Plath 2013, § 4a BDSG, Rn. 13.
[1319] *Simitis*, in: Simitis 2014, § 4a BDSG, Rn. 36.
[1320] *Plath*, in: Plath 2013, § 4a BDSG, Rn. 14.
[1321] *Taeger*, in: Taeger/Gabel 2013, § 4a BDSG, Rn. 33; *Roßnagel/Pfitzmann/Garstka* 2001, 94.
[1322] *Däubler*, in: Däubler/Klebe/Wedde/Weichert 2014, § 4a BDSG, Rn. 11.
[1323] *Roßnagel/Pfitzmann/Garstka* 2001, 94.
[1324] So zum Beispiel *Vulin*, ZD 2012, 415 f., die Art. 2 lit. h DS-RL als vollharmonisierende Bestimmung ansieht. Da nach der Richtlinie für Einwilligungen keine Schriftform erforderlich sei, gehe die deutsche Regelung hier über das zulässige Maß hinaus und sei insofern nicht richtlinienkonform; demgegenüber *Däubler*, in: Däubler/Klebe/Wedde/Weichert 2014, § 4a BDSG, Rn. 14.
[1325] *Simitis*, in: Simitis 2014, § 4a BDSG, Rn. 43; *Bergmann/Möhrle/Herb* 2014, § 4a BDSG, Rn. 42; *Däubler*, in: Däubler/Klebe/Wedde/Weichert 2014, § 4a BDSG, Rn. 16.

dass bei einer Erklärung in Textform – anders als bei einer mündlichen Erklärung – nicht zweifelsfrei erkennbar sei, von wem sie abgegeben worden sei und ob derjenige, von dem die Erklärung mutmaßlich stamme, sie auch tatsächlich gegen sich gelten lassen wolle.[1326] Für eine im Ausnahmefall zulässige Einwilligung in Textform – etwa über E-Mail oder einem Online-Formular – spricht jedoch, dass diese für Telemedien und Telekommunikationsdienste nach § 13 Abs. 2 TMG und § 94 TKG bereits als Regelfall zulässig ist.[1327] Auch außerhalb des Datenschutzrechts entsprechen Erklärungen in Textform, etwa Willenserklärungen in Bezug auf Kaufverträge im Internet, der verbreiteten Praxis. Darüber hinaus ist auch bei einer mündlichen Erklärung die Identität des Erklärenden nicht unbedingt sichergestellt. Außerdem müsste die verantwortliche Stelle im Zweifelsfall ohnehin die Richtigkeit der Identität des Erklärenden beweisen oder alternativ die Folgen einer unzulässigen Datenverarbeitung tragen,[1328] sodass sich im Vergleich zur mündlichen Form für den Betroffenen durch die Einwilligung in Textform kein Nachteil ergibt. Sofern ein besonderer Umstand nach § 4a Abs. 1 S. 3 2. Hs. BDSG vorliegt, kann im Ausnahmefall eine Einwilligung also auch in Textform abgegeben werden.[1329]

Schriftliche Einwilligungserklärungen sind für das Cloud Computing mit praktischen Schwierigkeiten verbunden. Im Verhältnis zwischen einem Cloud-Nutzer und einem betroffenen Dritten ist eine schriftliche Einwilligungslösung im Einzelfall zwar gegebenenfalls umsetzbar. Ist der betroffene Dritte beispielsweise Kunde des Cloud-Nutzers, könnte dieser im Zusammenhang mit einem möglicherweise ebenfalls schriftlich abgeschlossenen Kaufvertrag auch schriftlich in die Übermittlung seiner Daten an einen Cloud-Anbieter einwilligen. Problematisch sind aber die Fälle, in denen die Geschäftsbeziehung zwischen der verantwortlichen Stelle ausschließlich auf elektronischem Wege abgewickelt wird. Erhebt der Cloud-Nutzer beispielsweise als Anbieter eines Onlineshops ausschließlich auf elektronischem Wege Daten seiner Kunden und schließt entsprechend Verträge auch stets auf elektronischem Wege, ergibt sich für ihn keine Gelegenheit zur Einholung einer schriftlichen datenschutzrechtlichen Einwilligung von seinen betroffenen Kunden. Ebenso verhält es sich in Fällen, in denen der Cloud-Nutzer als Betroffener gegenüber dem Cloud-Anbieter einwilligen soll. Es würde dem Sinn und Zweck der flexiblen Cloud-Nutzung geradezu widersprechen, wenn bei der Buchung einer Cloud für die datenschutzrechtliche Einwilligung die Schriftform erforderlich wäre. Eine Einwilligung in elektronischer Form, also unter Einsatz einer qualifizierten elektronischen Signatur, wäre zwar eine geeignete Lösung, die sich

---

[1326] *Hoeren*, in: Roßnagel 2003, 16.1, Rn. 68.
[1327] Mit ähnlichem Argument auch *Taeger*, in: Taeger/Gabel 2013, § 4a BDSG, Rn. 39.
[1328] Zu den Rechtsfolgen einer rechtswidrigen Einwilligung *Taeger*, in: Taeger/Gabel 2013, § 4a BDSG, Rn. 84.
[1329] So auch *Plath*, in: Plath 2013, § 4a BDSG, Rn. 15.

aber noch nicht in der Breite durchgesetzt hat. Den meisten Betroffenen würde hierzu zumindest derzeit noch die notwendige Infrastruktur fehlen.

Fraglich ist deshalb, unter welchen Voraussetzungen ein besonderer Umstand im Sinne des § 4a Abs. 1 S. 3 2. Hs. BDSG vorliegt und somit eine Einwilligungserklärung auch in Textform möglich ist. Das Vorliegen eines besonderen Umstands wird in der Literatur nicht einheitlich und auch nicht abstrakt definiert – es hängt vielmehr von einer Einzelfallbetrachtung ab.[1330] Als Anhaltspunkte werden jedoch die Eilbedürftigkeit einer Einwilligung, aber auch eine Einwilligung auf Basis langjähriger Geschäftsbeziehungen zwischen der verantwortlichen Stelle und dem Betroffenen, bei denen es zu fortdauernden Einwilligungen gekommen ist, genannt.[1331] Außerdem wurde für bestimmte telefonische Bestellungen oder Meinungsumfragen ein besonderer Umstand angenommen, da hier in manchen Fällen eine schriftliche Einwilligung den Betroffenen nur unnötig belasten würde und durch die schriftliche Einwilligung ein sogar noch erweiterter Datenumgang notwendig würde.[1332] Das Vorliegen eines besonderen Umstands wird bislang somit noch auf wenige Anwendungsfälle beschränkt. Im Hinblick darauf, dass von Einwilligungen zu Datenverarbeitungen nach dem Telemedien- und Telekommunikationsgesetz auch in Textform zulässig sind, wird jedoch gerade bei elektronischer Kommunikation auch das Schriftformerfordernis des § 4a BDSG zumindest mittelfristig in Frage gestellt. Das Schriftformerfordernis wird im Bereich der Telemedien und Telekommunikation nicht als praktikabel angesehen.[1333] Dienste im Bereich des Internets würden regelmäßig unmittelbar erbracht – das Schriftformerfordernis würde hier die Erbringung dieser Dienste erschweren oder gar ausschließen.[1334] Ebenso wie bei Telemedien und Telekommunikation zielt eine Einwilligung bei Internetdiensten auf Grundlage des § 4a BDSG auf die ausschließliche Nutzung elektronischer Medien ab. Eine Einwilligung in den Umgang mit Inhaltsdaten nach § 4a BDSG gegenüber einem Online-Anbieter hat ebenso eine (ausschließlich) elektronische Datenverarbeitung zur Folge wie beispielsweise die Einwilligung in die Nutzung der Bestandsdaten nach § 13 Abs. 2 TMG. Es ist deshalb nicht nachvollziehbar, weshalb nicht auch die Einwilligung nach § 4a BDSG elektronisch in Textform erteilt werden kann.

Dies zugrunde legend fordern erste Autoren, dass die Nutzung eines elektronischen Mediums, wie E-Mail oder das Internet, einen besonderen Umstand begründen und

---

[1330] So zumindest *Simitis*, in: Simitis 2014, § 4a BDSG, Rn. 45.
[1331] *Simitis*, in: Simitis 2014, § 4a BDSG, Rn. 45 f.; *Gola/Schomerus* 2012, § 4a BDSG, Rn. 29.
[1332] So jedoch unter engen Voraussetzungen, *Holznagel/Sonntag*, in: Roßnagel 2003, 4.8, Rn. 29; kein besonderer Umstand kann demgegenüber die Tatsache sein, dass der verantwortlichen Stelle durch die Schriftform im Vergleich zu anderen Erklärungsformen höhere Kosten entstehen, hierzu *Bergmann/Möhrle/Herb* 2014, § 4a BDSG, Rn. 88.
[1333] *Heckmann* 2011, 195, Rn. 24.
[1334] *Klesczewski*, in: Säcker 2013, § 94 TKG, Rn. 6.

Einwilligung

somit die Einwilligung stets in Textform möglich sein soll.[1335] Gerade im Hinblick auf die Schwierigkeiten bei Einwilligungen im Zusammenhang mit dem Cloud Computing ist dieser Ansatz zwar zukunftsweisend. De lege lata allerdings sprechen die ausdrücklichen Textformvorschriften in den speziellen Normen des Telemedien- und Telekommunikationsrechts eher für den Willen des Gesetzgebers, dass für alle hiervon nicht erfassten Einwilligungsprozesse die Textform eine Ausnahme bleiben soll.

Ob auch konkludentes Verhalten eine wirksame Einwilligung begründen kann, ist umstritten.[1336] Beim Cloud Computing könnte man beispielsweise die Eröffnung eines Zugriffs für den Cloud-Anbieter auf das eigene Endgerät oder die Eröffnung eines Benutzerkontos bei einem Cloud-Anbieter durch den Cloud-Nutzer als schlüssiges Verhalten zur Einwilligung in den cloud-basierten Datenumgang sehen. Mangels hinreichender Bestimmtheit dieser Erklärungen wird eine konkludente Einwilligung für das Cloud Computing jedoch kaum in Betracht kommen. Stillschweigende und mutmaßliche Einwilligungen werden dagegen meinungsübergreifend als unzulässig abgelehnt.[1337]

6.6.8 Folgen für die Einwilligung beim Cloud Computing

Einwilligungen in den Datenumgang beim Cloud Computing sind im Ergebnis zwar zumindest teilweise möglich, jedoch häufig abhängig von der Einzelfallgestaltung und damit mit nicht unerheblichen Rechtsunsicherheiten behaftet.[1338] Für kleine und mittlere Unternehmen ist die rechtliche Beurteilung und die Verwaltung von Einwilligungen im Zusammenhang mit einer Cloud-Nutzung oft nicht realisierbar. Insbesondere wenn die Nutzung einer Cloud flexibilitätsfördernd wirken und das Massengeschäft unterstützen soll, sind Einwilligungslösungen deshalb häufig nicht zielführend.

Bereits im Hinblick auf die Einwilligungsfähigkeit Minderjähriger stellt sich für die verantwortliche Stelle die Frage, ob die Einwilligungen überhaupt wirksam abgegeben werden konnten oder ob sich – vor allem unter massenhaft vorliegenden Einwilligungen – nicht vereinzelt solche noch nicht hinreichend einsichtsfähiger Minderjähriger

---

[1335] *Taeger*, in: Taeger/Gabel 2013, § 4a BDSG, Rn. 37 ff.
[1336] Gegen konkludente Einwilligungen BT-Drs. 16/12011, 33; *Simitis*, in: Simitis 2014, § 4a BDSG, Rn. 44; *Polenz*, in: Tamm/Tonner 2012, § 6, Rn. 31; *Helfrich*, in: Hoeren/Sieber/Holznagel 2014, 16.1, Rn. 39; demgegenüber für konkludente Einwilligungen unter besonderen Voraussetzungen *Taeger*, in: Taeger/Gabel 2013, § 4a BDSG, Rn. 41; *Holznagel/Sonntag*, in: Roßnagel 2003, 4.8, Rn. 38; *Plath*, in: Plath 2013, § 4a BDSG, Rn. 16; *Rogosch* 2013, 62 ff.
[1337] *Simitis*, in: Simitis 2014, § 4a BDSG, Rn. 44; *Taeger*, in: Taeger/Gabel 2013, § 4a BDSG, Rn. 46; *Holznagel/Sonntag*, in: Roßnagel 2003, 4.8, Rn. 36.
[1338] Demgegenüber lehnen beispielsweise *Kamp/Rost*, DuD 2013, 83 die Einwilligung als wirksames Mittel zur Durchsetzung der informationellen Selbstbestimmung für die heutige Internetpraxis ab. Normative Anforderungen an die Einwilligung, insbesondere die Freiwilligkeit, Bestimmtheit, Transparenz und Aufsicht seien gar nicht (mehr) erfüllbar und somit lediglich Fiktionen.

befinden. Ähnliche Schwierigkeiten bestehen hinsichtlich der Freiwilligkeit abgegebener Einwilligungen. So wird es insbesondere einem Cloud-Anbieter als verantwortliche Stelle so gut wie unmöglich sein zu ermitteln, wer Betroffener ist und von welchen Personen folglich eine Einwilligung vorliegen muss sowie ob die Betroffenen die Einwilligung auch tatsächlich „ohne Zwang" erteilt haben. Ob ein möglicherweise betroffener Dritter Einwilligungen beispielsweise aus einem abhängigen Beschäftigungsverhältnis oder im Hinblick auf ein sonstiges, existenzsicherndes Vertragsverhältnis heraus erteilt hat, lässt sich für den Cloud-Anbieter häufig nicht feststellen. Insbesondere im Verhältnis privater Cloud-Nutzer und großer Internetkonzerne sind außerdem Einwilligungen zu einem erweiterten Datenumgang durch den Cloud-Anbieter nicht selten mit einem kostenlosen Cloud-Angebot verbunden. Bei besonders spezialisierten Cloud-Diensten fehlt häufig eine vergleichbare Alternative, sodass der Einwilligung ein Kopplungsverbot entgegensteht.

Darüber hinaus erschwert die dem Cloud Computing immanente Intransparenz der Daten- und Verarbeitungswege die Information des Betroffenen durch die verantwortliche Stelle und verhindert dadurch schließlich die hinreichende Bestimmtheit seiner Einwilligung. Einwilligungen können, wie festgestellt, zwar unter Berücksichtigung der Vorgaben der §§ 305 ff. BGB auch zusammen mit anderen Erklärungen als allgemeine Geschäftsbedingungen vorgelegt werden, sofern sie optisch entsprechend hervorgehoben sind und eine Opt-In-Option vorsehen. Noch immer muss die Einwilligung jedoch der Schriftform oder der, noch unzureichend verbreiteten, elektronischen Form genügen. Zukünftig könnte zwar der Ausnahmetatbestand auch Einwilligungen in Textform ermöglichen. Die Anwendbarkeit dieser Ausnahme ist jedoch ebenso wenig abschließend geklärt und verhilft dem Anwender so zumindest nicht zu Rechtssicherheit.

Cloud Computing wird häufig vor dem Hintergrund des Flexibilitätsgewinns und der Ressourceneinsparung in Unternehmen etabliert. Eine Nutzung von Cloud-Diensten ist in der Regel nur sinnvoll, wenn gleichzeitig lokal vorgehaltene Ressourcen eingespart werden können. Ein Cloud-Nutzer, der eine ehemals lokal betriebene Ressource künftig aus der Cloud beziehen und Daten betroffener Dritter deshalb in der Cloud speichern oder verarbeiten möchte, wäre insofern auf die wirksame Einwilligung aller betroffenen Dritten angewiesen. Wird die Einwilligung auch nur von einem Betroffenen verweigert, nachträglich widerrufen oder wäre aufgrund der genannten Einschränkungen unwirksam, müsste der Cloud-Nutzer parallel eine lokale Datenhaltung und -verarbeitung betreiben, in der die Daten mit „fehlenden Einwilligungen" gespeichert und verarbeitet werden. Die von der Cloud-Nutzung, insbesondere von kleinen und mittleren Unternehmen, erhoffte Kostenersparnis und der Flexibilitätsgewinn gingen dadurch jedoch wieder verloren.

Einwilligungslösungen sind folglich aufgrund ihrer praktischen Einschränkungen und der verbleibenden Rechtsunsicherheit für das Cloud Computing nur bedingt einsetzbar.[1339] Vor allem im Bereich von Massengeschäften mit vielen, auch unterschiedlichen, Betroffenen stellt die Einholung einer Einwilligung durch die verantwortliche Stelle regelmäßig keine sinnvolle Option dar.

[1339] So insgesamt für Einwilligung im Rahmen vertraglicher Datenverarbeitung *Kamp/Rost*, DuD 2013, 84.

7 Datenweitergabe im Rahmen der Auftragsdatenverarbeitung

Unter Berücksichtigung der vorangehenden Ergebnisse bleibt insbesondere für eine zulässige Übermittlung von Daten betroffener Dritter an einen Cloud-Anbieter sowie die Weiterübermittlung dieser Daten an weitere Stellen wenig Raum. Weder liegt in der Regel ein gesetzlicher Erlaubnistatbestand für die Übermittlung vor noch kann sich der Cloud-Nutzer als verantwortliche Stelle rechtssicher auf das Instrument der Einwilligung durch die Betroffenen verlassen. Die Übertragung von Daten betroffener Dritter an einen Cloud-Anbieter und die dortige Speicherung und Weiterverarbeitung könnte dennoch zulässig sein. Eine Mehrheit in der Literatur zum Cloud Computing stützt sich dabei auf das Instrument der Auftragsdatenverarbeitung.[1340]

§ 3 Abs. 4 Nr. 3 BDSG definiert die Übermittlung als die Bekanntgabe von personenbezogenen Daten an eine dritte Stelle. Bei der Auftragsdatenverarbeitung ist der Auftragnehmer jedoch, wie bereits zur Verantwortungsverteilung beim Cloud Computing ausführlich untersucht,[1341] nicht dritte Stelle. Die Weitergabe von personenbezogenen Daten im Rahmen der Auftragsdatenverarbeitung ist somit keine Übermittlung und unterliegt folglich nicht den Zulässigkeitsvoraussetzungen des § 4 Abs. 1 BDSG.[1342] Sie findet vielmehr in einem in sich geschlossenen System statt. Indem die auftragnehmende Stelle der Stelle des Auftraggebers fiktiv zugeordnet wird, gleicht die Übertragung von Daten bei der Auftragsdatenverarbeitung der Weitergabe von Daten innerhalb einer Stelle.[1343] Zwischen dem Auftraggeber und dem Auftragnehmer liegt zwar häufig eine räumliche Distanz, die durch Datenübertragung über öffentliche Netze, etwa das Internet, überbrückt werden muss. Allerdings werden auch zur Kommunikation zwischen einem Unternehmen und dessen rechtlich unselbstständiger Zweigstelle Datenübertragungen über öffentliche Netze eingesetzt, ohne dass die Zweigstelle hierdurch zum Dritten würde und es zu einer Datenübermittlung im Sinne des § 3

[1340] So zum Beispiel *Plath*, in: Plath 2013, § 11 BDSG, Rn. 49; *Gola/Schomerus* 2012, § 11 BDSG, Rn. 8; *Petri*, in: Simitis 2014, § 11 BDSG, Rn. 30 f.; *Gabel*, in: Taeger/Gabel 2013, § 11 BDSG, Rn. 18; *Gaul/Köhler*, BB 2011, 2231 f.; *Hennrich*, CR 2011, 548; *Hornung/Sädtler*, CR 2012, 643; *Karger/Sarre*, in: Taeger/Wiebe, 2009, 434; *Nägele/Jacobs*, ZUM 2010, 290; *Niemann/Hennrich*, CR 2010, 687; *Pohle/Ammann*, CR 2009, 276; *Schulz*, MMR 2010, 78; *Splittgerber/Rockstroh*, BB 2011, 2181; dagegen differenzierend *Engels*, K&R 2011, 548 ff.; *Heidrich/Wegener*, MMR 2010, 805; *Koch*, CR 2006, 118; *Niemann/Paul*, K&R 2009, 449; *Opfermann*, ZEuS 2012, 134 ff.; *Reindl*, in: Taeger/Wiebe 2009, 443; *Schuster/Reichl*, CR 2010, 41 f.; *Thalhofer*, CCZ 2011, 223; *Weichert*, DuD 2010, 683.
[1341] Kapitel 5.2.5.
[1342] *Gola/Schomerus* 2012, § 3 BDSG, Rn. 34, 50, 55; siehe auch *Petri*, in: Simitis 2014, § 11 BDSG, Rn. 43.
[1343] *Müthlein*, RDV 1992, 64; *Dammann*, in: Simitis 2014, § 3 BDSG, Rn. 246.

Abs. 4 Nr. 3 BDSG käme.[1344] Wie bei der Kommunikation mit einer rechtlich unselbstständigen Zweigstelle kommt es auch bei der Auftragsdatenverarbeitung trotz der Datenübertragung über öffentliche Netze zu keiner Datenübermittlung.

Im Rahmen einer Auftragsdatenverarbeitung könnte ein Cloud-Nutzer als Auftraggeber folglich Daten an einen Cloud-Anbieter als Auftragnehmer über das Internet übertragen, ohne dass der Cloud-Anbieter hierdurch Dritter würde und es zu einer Übermittlung personenbezogener Daten käme. Dann müsste für die Zulässigkeit dieser Handlung gleichzeitig aber auch kein gesetzlicher Tatbestand und keine Einwilligung für eine Übermittlung vorliegen. Hinsichtlich der datenschutzrechtlichen Zulässigkeit entspricht dies dem Fall, dass der Auftraggeber die Daten ausschließlich bei sich selbst verarbeitet. Die Frage nach der Zulässigkeit erstreckt sich folglich nur noch auf die Zulässigkeit einer Datennutzung durch den Auftraggeber.[1345] Ist dieser Datenumgang innerhalb der Stelle des Auftraggebers zulässig, trifft dies, unter den folgenden Bedingungen, auch auf die Weitergabe der Daten bei der Auftragsdatenverarbeitung zu.[1346]

Voraussetzung einer zulässigen Datenverarbeitung im Rahmen der Auftragsdatenverarbeitung ist jedoch die Einhaltung der Pflichten aus § 11 BDSG. Wie bei der Untersuchung der Verantwortungsverteilung festgestellt, haben die Pflichten des Auftraggebers aus § 11 BDSG selbst keine „konstitutive" Wirkung für eine Auftragsdatenverarbeitung.[1347] § 11 Abs. 1 i. V. m. Abs. 2 BDSG legt auch ausschließlich dem Auftraggeber als der verantwortlichen Stelle Pflichten auf.[1348] Hält der Auftraggeber diese Pflichten bei der Auftragsdatenverarbeitung nicht ein, nutzt er die Daten auf unzulässige Weise und ist folglich hierfür den Fachaufsichts- und Kontrollbehörden sowie dem Betroffenen gegenüber verantwortlich.[1349] Der Verstoß kann gleichzeitig nach § 43 Abs. 1 Nr. 2b BDSG bußgeldbewehrt sein.

[1344] *Dammann*, in: Simitis 2014, § 3 BDSG, Rn. 233; *Gabel*, in: Taeger/Gabel 2013, § 11 BDSG, Rn. 24.

[1345] *Hoeren*, in: Roßnagel 2003, 4.6, Rn. 102.

[1346] Die Verarbeitung der Daten im Auftrag beim Auftragnehmer wird als Datennutzung durch den Auftraggeber verstanden *Petri*, in: Simitis 2014, § 11 BDSG, Rn. 43.

[1347] Wenngleich *Gola/Schomerus* 2012, § 11 BDSG, Rn. 17 und *Petri*, in: Simitis 2014, § 11 BDSG, Rn. 64 von einer „konstitutiven" Wirkung der Schriftform für den Auftrag sprechen, so bezieht sich dies wohl auch nur auf die Verantwortung des Auftraggebers. *Petri*, in: Simitis 2014, § 11 BDSG, Rn. 64 stellt hierzu fest, dass ohne Wahrung der Schriftform die Weitergabe der Daten nur unter den Voraussetzungen einer Übermittlung statthaft sei. Jedoch geht auch er nicht auf die Rechtsfolge für die Verantwortung des Auftragnehmers ein; siehe auch *Funke/Wittmann*, ZD 2013, 221, 225, jedoch ohne Differenzierung zwischen den Konsequenzen für den Auftraggeber und für den Auftragnehmer.

[1348] So titelt etwa *Petri*, in: Simitis 2014, § 11 BDSG vor, Rn. 52 „Pflichten des Auftragnehmers".

[1349] *Petri*, in: Simitis 2014, § 11 BDSG, Rn. 49 f.

7.1 Auswahl und Kontrolle des Auftragnehmers durch den Auftraggeber

Die Pflichten des Auftraggebers aus § 11 Abs. 2 BDSG dienen im Wesentlichen dazu sicherzustellen, dass der Auftraggeber seine Weisungs- und Kontrollmacht, die er als verantwortliche Stelle besitzt, auch tatsächlich ausübt und so der Einfluss auf die Mittel und Zwecke des Datenumgangs auch faktisch gegeben ist.[1350] Aus dem Weisungs- und Kontrollrecht folgt gleichsam eine Weisungs- und Kontrollpflicht. Mit dieser wird dem Auftraggeber aufgegeben, für das Datenschutzniveau beim Auftraggeber in ähnlichem Maße Sorge zu tragen als würden die Daten durch ihn selbst verarbeitet. Dies muss er gegebenenfalls auch gegenüber dem Betroffenen und den Aufsichtsbehörden verantworten können. Das Kontrollerfordernis verwirklicht sich in erster Linie in der sorgfältigen Auswahl des Auftragnehmers nach § 11 Abs. 2 S. 1 BDSG sowie den Überprüfungspflichten nach § 11 Abs. 2 S. 4 BDSG.

7.1.1 Sorgfältige Auswahl des Auftragnehmers

Grundsätzlich ist der Auftraggeber nicht an die Wahl eines bestimmten Auftragnehmers gebunden. Soweit nicht anderweitig bestimmt,[1351] steht dem Auftraggeber im Grundsatz eine Wahlfreiheit zu.[1352] Einschränkungen ergeben sich jedoch aus der Pflicht des Auftraggebers nach § 11 Abs. 2 S. 1 BDSG, den Auftragnehmer „unter besonderer Berücksichtigung der Eignung der von ihm getroffenen technischen und organisatorischen Maßnahmen sorgfältig auszuwählen". Eine solche Auswahl kann anhand folgender Schritte getroffen werden.

Der eigentlichen Auswahl geht die Prüfung der Zulässigkeit des Datenumgangs überhaupt voraus. Da es trotz der Auftragsdatenverarbeitung und fehlenden Übermittlung zu einer Datennutzung kommt, die der Auftraggeber verantwortet, muss diese zulässig sein.[1353] Der Auftraggeber hat also vorweg zu prüfen, ob er personenbezogene Daten von Betroffenen gegebenenfalls erheben und speichern sowie zum Zwecke der Auftragsdatenverarbeitung nutzen darf. Hierzu gehört auch die Prüfung, ob der Datenumgang aufgrund anderer (vorrangiger) Regelungen, beispielsweise dem Berufsgeheimnisschutz nach § 203 StGB, unzulässig sein könnte.[1354]

[1350] Hierzu Kapitel 5.2.5.3.
[1351] In Einzelfällen bestimmt der Gesetzgeber den Auftragnehmer selbst – etwa wenn er eine Auftragsdatenverarbeitung gesetzlich anordnet, *Petri*, in: Simitis 2014, § 11 BDSG, Rn. 54.
[1352] *Wedde*, in: Däubler/Klebe/Wedde/Weichert 2014, § 11 BDSG, Rn. 26; *Petri*, in: Simitis 2014, § 11 BDSG, Rn. 55.
[1353] *Hoeren*, in: Roßnagel 2003, 4.6, Rn. 101.
[1354] *Petri*, in: Simitis 2014, § 11 BDSG, Rn. 55.

Ebenfalls vor der eigentlichen Auswahl des konkreten Auftragnehmers wird regelmäßig ein Sicherungskonzept zu erstellen sein.[1355] Hierin muss der Auftraggeber die an den Auftragnehmer zu stellenden Anforderungen definieren. Das Anforderungsniveau ergibt sich dabei aus einer Risikoanalyse,[1356] die Art, Umfang und Zweck des Datenumgangs, aber auch die Art der Daten selbst einbezieht.[1357] So wird der Umgang mit vielen und sensitiven personenbezogenen Daten ein eher höheres Sicherheitsniveau erfordern als bei einer Auftragsdatenverarbeitung von wenigen, tendenziell nicht-sensitiven Daten. Auch die Intensität der späteren Überprüfung hängt von der Einordnung des Schutzniveaus ab.[1358] Die von dem Schutzniveau abgeleiteten Anforderungen müssen im Ergebnis jenen entsprechen, die der Auftraggeber bei einer eigenständigen Verarbeitung an sich selbst stellen müsste.[1359]

Im Mittelpunkt der Auswahl steht die Eignungsprüfung des potentiellen Auftragnehmers.[1360] Zu prüfen ist, ob der Datenverarbeiter in der Lage, aber auch willens ist, die im Rahmen des Sicherheitskonzepts entwickelten Anforderungen an die technische und organisatorische Datensicherheit und Datensicherung zu erfüllen.[1361] Für eine sorgfältige Auswahl des Auftragnehmers gehört, neben den technischen und organisatorischen Maßnahmen,[1362] die Erlangung eines umfassenden Bildes vom Auftragnehmer.[1363] Hierzu wird beispielsweise die finanzielle und personelle Ausstattung,[1364] die Erfahrung und gegebenenfalls Referenzen[1365] sowie selbstverständlich die Erkundigung hinsichtlich der Verpflichtung der Mitarbeiter auf das Datengeheimnis und die Bestellung eines betrieblichen Datenschutzbeauftragten[1366] gezählt. Verbleiben nach der Eignungsprüfung mehrere geeignete Kandidaten so ist – anders als etwa bei einer öffentlichen Auftragsvergabe – nicht ausschließlich der preiswerteste, sondern derje-

---

[1355] *Bergmann/Möhrle/Herb* 2014, § 11 BDSG, Rn. 31.
[1356] *Gabel*, in: Taeger/Gabel 2013, § 11 BDSG, Rn. 32.
[1357] *Wedde*, in: Däubler/Klebe/Wedde/Weichert 2014, § 11 BDSG, Rn. 27; *Plath*, in: Plath 2013, § 11 BDSG, Rn. 94.
[1358] Siehe hierzu *Petri*, in: Simitis 2014, § 11 BDSG, Rn. 58.
[1359] *Gabel*, in: Taeger/Gabel 2013, § 11 BDSG, Rn. 32; *Petri*, in: Simitis 2014, § 11 BDSG, Rn. 58; *Bergmann/Möhrle/Herb* 2014, § 11 BDSG, Rn. 33.
[1360] *Gabel*, in: Taeger/Gabel 2013, § 11 BDSG, Rn. 32.
[1361] BT-Drs. 16/13657, 18; *Gola/Schomerus* 2012, § 11 BDSG, Rn. 20; *Hoeren*, in: Roßnagel 2003, 4.6, Rn. 102.
[1362] BT-Drs. 16/13657, 18.
[1363] *Gabel*, in: Taeger/Gabel 2013, § 11 BDSG, Rn. 33.
[1364] *Gabel*, in: Taeger/Gabel 2013, § 11 BDSG, Rn. 33.
[1365] *Wedde*, in: Däubler/Klebe/Wedde/Weichert 2014, § 11 BDSG, Rn. 29.
[1366] *Petri*, in: Simitis 2014, § 11 BDSG, Rn. 56.

nige Bewerber auszuwählen, der auch im Hinblick auf die Sicherheit das beste Kosten-Nutzen-Verhältnis bietet.[1367]

7.1.2 Überprüfung des Auftragnehmers

Die Kontrollmacht des Auftraggebers soll sich, neben der eigenständigen, sorgfältigen Auswahl, auch in der Überprüfung des Auftragnehmers verwirklichen. § 11 Abs. 2 S. 4 BDSG verpflichtet den Auftraggeber, „sich vor Beginn der Datenverarbeitung und sodann regelmäßig von der Einhaltung der beim Auftragnehmer getroffenen technischen und organisatorischen Maßnahmen zu überzeugen". Der Auftraggeber muss demgemäß bereits vor Aufnahme der Auftragsdatenverarbeitung den ausgewählten Auftragnehmer überprüfen.[1368] Da die Auswahl auch die Überprüfung mit einschließt, ob der Auftragnehmer die versprochenen und vereinbarten Maßnahmen auch tatsächlich umsetzt, fällt die sogenannte „Erstkontrolle" im Sinne des § 11 Abs. 2 S. 4 BDSG häufig mit dem letzten Schritt der Auswahlentscheidung nach § 11 Abs. 2 S. 2 BDSG zusammen.[1369] Die Überprüfungspflicht dient somit der Sicherheit, dass die der Auswahlentscheidung zugrundegelegten Eigenschaften und Maßnahmen des Auftragnehmers bei diesem auch implementiert wurden.[1370]

Einigkeit besteht grundsätzlich darin, dass eine einmalige Kontrolle wohl im Normalfall nicht ausreicht, sondern fortlaufend erfolgen muss.[1371] Allerdings werden keine festen Prüfintervalle genannt, in denen die Folgekontrollen zu erfolgen haben. Vereinzelt wird zwar die durchschnittliche Zeitspanne im Bereich von ein bis zwei Jahren verortet.[1372] Zum Großteil werden jedoch feste und einheitliche Kontrollintervalle als zu pauschal und unpraktisch eingestuft und vielmehr auf Einzelfallentscheidungen verwiesen, die den Schutzbedarf im konkreten Fall mit einbeziehen.[1373] Dessen ungeachtet sollen auch außerhalb des Prüfturnus' Stichproben und, insbesondere bei konkreten Hinweisen auf Verstöße gegen die vereinbarten Maßnahmen und Weisungen, außerordentliche Kontrollen durchgeführt werden.[1374]

Stellt der Auftraggeber während einer Kontrolle Verstöße gegen vereinbarte Maßnahmen oder Weisungen fest, muss er beim Auftragnehmer auf deren Einhaltung hinwir-

---

[1367] *Wedde*, in: Däubler/Klebe/Wedde/Weichert 2014, § 11 BDSG, Rn. 26.
[1368] *Eckhardt*, DuD 2009, 589.
[1369] *Petri*, in: Simitis 2014, § 11 BDSG, Rn. 57.
[1370] *Gabel*, in: Taeger/Gabel 2013, § 11 BDSG, Rn. 36.
[1371] Eckhardt, DuD 2009, 589.
[1372] *Selzer*, DuD 2013, 216; *Bergmann/Möhrle/Herb* 2014, § 11 BDSG, Rn. 48a.
[1373] *Gabel*, in: Taeger/Gabel 2013, § 11 BDSG, Rn. 37; *Petri*, in: Simitis 2014, § 11 BDSG, Rn. 58; *Eckhardt*, DuD 2009, 589.
[1374] *Wedde*, in: Däubler/Klebe/Wedde/Weichert 2014, § 11 BDSG, Rn. 30; *Petri*, in: Simitis 2014, § 11 BDSG, Rn. 61.

ken. Gegebenenfalls, beispielsweise bei Unwilligkeit des Auftragnehmers oder wiederholten Verstößen, muss er das Auftragsverhältnis auch auflösen.[1375] Die hier genannten Pflichten und Rechtsfolgen werden aus § 11 Abs. 2 S. 4 BDSG nur für das Außenverhältnis geregelt. Um die entsprechenden Rechte und Ansprüche, wie etwa die Pflicht des Auftragnehmers zur Duldung der Kontrollen, Einsichts- und Betretungs- sowie Sanktionsrechte, beispielsweise außerordentliche Kündigungsrechte, gegenüber dem Auftragnehmer geltend machen zu können, müssen diese im Vertrag zur Auftragsdatenverarbeitung für das Innenverhältnis explizit geregelt sein.[1376]

7.1.3 Auswahl und Kontrolle in der IT-basierten Auftragsdatenverarbeitung

Weder § 11 Abs. 2 S. 2 BDSG noch § 11 Abs. 2 S. 4 BDSG enthalten Anweisungen, wie die Auswahl beziehungsweise Kontrolle im konkreten Fall praktisch zu erfolgen hat. Dies führt offenbar zu Unsicherheit, ob zur Auswahl und vor allem im Rahmen der Kontrolle eine höchstpersönliche Überprüfung der Verhältnisse beim Auftragnehmer erforderlich ist und inwiefern der Auftraggeber hierbei eine Vor-Ort-Kontrolle durchführen muss.[1377] Nach § 11 Abs. 2 S. 4 BDSG muss sich der Auftraggeber von der Einhaltung der beim Auftragnehmer getroffenen technischen und organisatorischen Maßnahmen nur „überzeugen". Auch S. 2 Nr. 6 der Anlage zu § 9 S. 1 BDSG schreibt zur Auftragskontrolle, die der Auftraggeber im Rahmen seiner technisch-organisatorischen Maßnahmen durchzuführen hat, lediglich vor, dass zu gewährleisten ist, „dass personenbezogene Daten, die im Auftrag verarbeitet werden, nur entsprechend den Weisungen des Auftraggebers verarbeitet werden können". Eine aktive, höchstpersönliche Prüf- und Kontrollpflicht „vor Ort" ergibt sich mithin aus dem Gesetzestext nicht.[1378]

7.1.3.1 Höchstpersönliche Vor-Ort-Kontrolle in herkömmlichen Rechenzentren

Im Hinblick auf die Entstehungsgeschichte der automatisierten Datenverarbeitung lassen sich Prüfungen am Ort der Datenverarbeitung historisch nachvollziehen. Ur-

---

[1375] *Wedde*, in: Däubler/Klebe/Wedde/Weichert 2014, § 11 BDSG, Rn. 30; *Petri*, in: Simitis 2014, § 11 BDSG, Rn. 61.
[1376] Zur Duldungspflicht *Petri*, in: Simitis 2014, § 11 BDSG, Rn. 62.
[1377] So ausdrücklich *Wohlgemuth*, in: Däubler/Hjort/Schubert/Wolmerath 2013, § 11 BDSG, Rn. 11 und 14 sowie Rn. 13 („Zutrittsrecht"); siehe auch *Petri*, in: Simitis 2014, § 11 BDSG, Rn. 78; von einer „Zweckmäßigkeit" der Vor-Ort-Kontrolle spricht der vierte Tätigkeitsbericht des Bayerischen Landesamts für Datenschutzaufsicht 2009/2010, Kapitel 5.1.2.; zwar werden Forderungen nach einer Vor-Ort-Kontrolle in der Literatur häufig nicht ausdrücklich formuliert, jedoch trotzdem regelmäßig diskutiert, statt vieler *Gola/Schomerus* 2012, § 11 BDSG, Rn. 21 f.; demgegenüber sieht *Plath*, in: Plath 2013, § 11 BDSG, Rn. 55 insbesondere für das Cloud Computing regelmäßig keine Pflicht zur Vor-Ort-Kontrolle.
[1378] *Eckhardt*, DuD 2013, 588; *Eckhardt*, DuD 2009, 589.

sprünglich sollte die Auftragsdatenverarbeitung insbesondere die Auslagerung von umfassenden, standardisierten Datenverarbeitungsprozessen in Rechenzentren ermöglichen. In sogenannten „Gemeinschafts-Rechenzentren" konnten beispielsweise Verwaltungs- oder Branchenverbände Ressourcen gemeinsam nutzen oder Konzerne ihre Daten an einer zentralen Stelle an Großrechnern verarbeiten.[1379] Zu Beginn der Ära der externen Datenverarbeitung standen einem Rechenzentrum als Auftragnehmer somit tendenziell eine begrenzte Anzahl an „Großauftraggebern" gegenüber, die im Rahmen des Outsourcings in der Regel Aufträge über erhebliche Auftragsvolumen, vor allem aber zur Durchführung über längere Zeiträume erteilten. Zwar entstanden auch früh schon freie „Service-Rechenzentren" auf Erwerbsbasis, bei denen auch kleinere Unternehmen Datenverarbeitungen, wie etwa Lohnabrechnungen,[1380] gegebenenfalls sogar über Datenfernleitungen erledigen lassen konnten.[1381] Allerdings handelte es sich auch hierbei um langfristige[1382] und komplexe Geschäftsverhältnisse, die einen erheblichen Vorbereitungs- und Durchführungsaufwand in technischer, organisatorischer und wirtschaftlicher Hinsicht mit sich brachten.[1383] Unter diesen Voraussetzungen erscheint die persönliche Präsenz im Rahmen der Anbieterauswahl oder bei regelmäßigen Kontrollen als eine Selbstverständlichkeit.[1384] Die Frage der Kontrolle wird in der älteren Literatur zur Auftragsdatenverarbeitung aber nur am Rande thematisiert.[1385] Gesetzlich ausdrücklich normiert wurde eine Überprüfungspflicht, wie sie in § 11 Abs. 2 S. 4 BDSG verankert ist, auch erst mit Gesetz vom 18. Mai 2001.[1386] Im Vorfeld wurde die Kontrollpflicht bereits aus der Auswahl- und Weisungspflicht hergeleitet, jedoch auch hier nicht hinsichtlich einer Pflicht zur höchstpersönlichen Kontrolle vor Ort weiter konkretisiert.[1387]

[1379] Zu kooperativen Rechenzentren *Lange-Hellwig* 1971, 23 f.; „Gemeinschafts-Rechenzentrum" *Jacobsen u. a.*, in: Hülk/Mrachacz/Solf 1976, 58 f.; *Heinrich* 1969, 92 ff.; *Schneider* 1968, 72 ff.

[1380] „Lohnrechenzentren", etwa BT-Drs. 7/1027, 31.

[1381] Zur Entwicklung der Datenverarbeitung außer Haus durch „Service-Rechenzentren" in den 1960er und 1970er-Jahren etwa *Lange-Hellwig* 1971, 22 ff.; *Jacobsen u. a.*, in: Hülk/ Mrachacz/Solf 1976, 57; *Heinrich* 1969, 90 f.; *Schneider* 1968, 68 f.

[1382] Ausdrücklich auf eine „dauerhafte Zusammenarbeit" abstellend *Heinrich* 1969, 90.

[1383] Siehe hierzu nur die intensiven Auseinandersetzungen in der Fachliteratur aus den 1960er und 1970er-Jahren mit technischen, organisatorischen und wirtschaftlichen Anforderungen an die Auslagerung von Geschäftsprozesse an ein bestimmtes Rechenzentrum, etwa bei *Jacobsen u. a.*, in: Hülk/Mrachacz/Solf 1976, 9 ff.; *Hofer*, 1973, 3 ff.; *Heinrich* 1969, 52 ff.

[1384] *Geiger*, in: Simitis/Geiger/Dammann/Mallmann/Walz 1992, § 9 BDSG, Rn. 180 f. spricht insofern beispielsweise nur von „gemeinsamen Kontrollen von Auftraggeber und Auftragnehmer"; demgegenüber *Müthlein*, RDV 1992, 68, der bereits 1992 ausdrücklich die Möglichkeit einer Auftragskontrolle durch „externe Revisoren" sieht.

[1385] Beispielsweise *Wächter*, CR 1991, 334; *Müthlein*, RDV 1992, 68.

[1386] Gesetz zur Änderung des Bundesdatenschutzgesetzes und anderer Gesetze vom 18.5.2001, BGBl. 2003 I, 904.

[1387] So etwa *Wächter*, CR 1991, 334.

7.1.3.2 Umsetzungsprobleme im Cloud-Umfeld

Anders als beim klassischen Outsourcing stehen beim Cloud Computing dem Auftragnehmer häufig zahlreiche, oftmals „kleine" Auftraggeber gegenüber.[1388] Vorteile des Cloud Computing ergeben sich vor allem durch standardisierte Dienste, die für Alltagsverwendungen und im Massengeschäft eingesetzt werden können.[1389] So profitieren insbesondere die kleinen und mittleren Unternehmen von der Möglichkeit, Ressourcen, wie Speicherplatz, Rechenleistung oder Software, nach Bedarf hinzuzubuchen, kurzfristig und flexibel einzusetzen und ebenso leicht und schnell wieder abzubestellen.[1390] Hieraus ergeben sich für das Cloud Computing verbreitet kurze Auftrags- oder Vertragsdauern, kleinere Auftragsvolumen im Massengeschäft mit vielen Auftraggebern und hieraus hohe Anforderungen an die Standardisierung und Einfachheit des Angebots und der Durchführung.[1391] Anders als bei großen Outsourcing-Projekten von ebenso großen Auftraggebern bleibt sowohl dem tendenziell eher kleinen Cloud-Nutzer als Auftraggeber als auch dem Cloud-Anbieter als Auftragnehmer im Massengeschäft wenig Zeit für langwierige Prüfungen und Verhandlungen.[1392] In der Praxis üblich sind vielmehr häufige Wechsel zwischen mehreren Anbietern und Diensten sowie kurzfristige Änderungen der gebuchten Dienste. Die Erteilung und Durchführung der Auftragsdatenverarbeitung im Rahmen des Cloud Computing, insbesondere die Auswahl, Weisung und Kontrolle, muss somit für den Auftraggeber schnell und einfach und für den Auftragnehmer standardisiert ablaufen.

Die hier genannten technisch und betriebswirtschaftlich bedingten Anforderungen an eine Auftragsdatenverarbeitung im Rahmen des Cloud Computing könnten mit der Pflicht zur höchstpersönlichen Kontrolle vor Ort in Konflikt geraten. Bereits die sorgfältige Auswahl eines geeigneten Cloud-Anbieters als Auftragnehmer könnte den Cloud-Nutzer als Auftraggeber überfordern. Insbesondere kleine und mittlere Unternehmen verfügen häufig nicht über das Fachwissen, um die Komplexität eines Cloud-Systems zu überblicken.[1393] Gerade die mit dem Cloud Computing einhergehende – und zum Teil bewusst geschaffene und gewollte – Intransparenz von Datenwegen und Verarbeitungsprozessen steht einer eigenständigen Auswahl ohne weitere Hilfsmittel entgegen.[1394] Auch eine höchstpersönliche Kontrolle vor Ort im Rahmen des § 11 Abs. 2 S. 4 BDSG ist für das Cloud Computing praktisch nur schwer vorstellbar. Müsste ein jeder Cloud-Nutzer als Auftragnehmer seinen Cloud-Anbieter als

---

[1388] Siehe hierzu auch *Schaffland/Wiltfang* 2013, § 11 BDSG, Rn. 9a.
[1389] Trusted Cloud, AG Rechtsrahmen 2012, 6.
[1390] Hierzu Kapitel 3.
[1391] Trusted Cloud, AG Rechtsrahmen 2012, 6 f.; *Selzer*, DuD 2013, 216; *Plath*, in: Plath 2013, § 11 BDSG, Rn. 55.
[1392] Trusted Cloud, AG Rechtsrahmen 2012, 7.
[1393] *Niemann/Hennrich*, CR 2010, 690; *Borges*, DuD 2014, 166.
[1394] *Hansen*, in: Borges/Schwenk 2012, 89.

Auftraggeber vor und regelmäßig während der Auftragsdatenverarbeitung persönlich vor Ort kontrollieren und hierzu die Geschäfts- und vor allem Serverräume betreten und besichtigen, würde dies in einem regelrechten „Prüftourismus"[1395] münden. Dies würde nicht nur einen erheblichen Aufwand bedingen, sondern gleichzeitig den Schutz von Betriebs- und Geschäftsgeheimnissen des Auftragnehmers gefährden.[1396] Darüber hinaus könnte eine selbstständig von jedem Auftraggeber vorgenommene Vor-Ort-Kontrolle die Schutzziele der Datensicherheit selbst konterkarieren, indem etwa eine wirksame Zugangskontrolle erschwert oder unmöglich gemacht und so die Anforderungen an die technisch-organisatorische Datensicherheit missachtet würden.[1397]

Eine höchstpersönliche Vor-Ort-Kontrolle bei einem großen Auftraggeber, etwa den Cloud-Servern des Suchmaschinenbetreibers und Cloud-Anbieters Google, wäre unter diesen Voraussetzungen unvorstellbar, nicht zuletzt auch weil der beispielhaft genannte Cloud-Anbieter über eine Marktmacht verfügt, die echte Verhandlungen über solche Kontrollen schon im Vorfeld aussichtslos erscheinen lassen.[1398] Auch die technische Gestaltung des Cloud Computing steht einer Vor-Ort-Kontrolle entgegen. Da die Daten des Auftraggebers nicht zwingend und ständig auf einem Server gespeichert werden, sondern nach Bedarf als Ganzes oder in Teilen jederzeit und in Sekundenschnelle zwischen verschiedenen Servern weltweit verschoben werden können, lässt sich ein Kontrollort häufig nur schwer bestimmen. Die Kontrolle müsste sich somit auf alle möglichen Zielserver weltweit erstrecken, was für den einzelnen (kleinen) Auftraggeber ebenso schwer realisierbar wäre.[1399]

7.1.3.3 Bewertung durch die jüngere Literatur

Fraglich ist, ob durch die Anfügung des § 11 Abs. 2 S. 4 BDSG eine solche höchstpersönliche Kontrollpflicht am Ort der Datenverarbeitung entstanden ist. Bereits hinsichtlich der Frage, ob eine Kontrolle vor Ort zu erfolgen hat, zeigt sich ein breiteres Meinungsspektrum. So wird vertreten, die Kontrolle müsse „regelmäßig" durch „Analysen

---

[1395] Trusted Cloud, AG Rechtsrahmen 2012, 8; *Eckhardt/Kramer*, DuD 2014, 150.
[1396] *Opfermann*, ZEuS 2012, 136; *Engels*, K&R 2011, 550.
[1397] *Heidrich/Wegener*, MMR 2011, 806; *Niemann/Hennrich*, CR 2010, 691; so auch bereits zu den früheren „Service-Rechenzentren" *Schaffland/Wiltfang* 2013, § 11 BDSG, Rn. 9b; BT-Drs. 14/4329, 56.
[1398] Hierzu *Splittgerber/Rockstroh*, BB 2011, 2181.
[1399] *Niemann/Hennrich*, CR 2010, 691; Trusted Cloud, AG Rechtsrahmen 2012, 8; *Engels*, K&R 2011, 550; *Gaul/Köhler*, BB 2011, 2232; *Heidrich/Wegener*, MMR 2011, 806; *Borges*, DuD 2014, 166; *Barnitzke* 2014, 234; allgemein zum unverhältnismäßigen Aufwand durch den Auftraggeber *Gola/Schomerus* 2012, § 11 BDSG, Rn. 21.

vor Ort" erfolgen.[1400] Dabei wird jedoch nicht weiter konkretisiert, was unter einer Kontrolle zu verstehen ist, die „regelmäßig" vor Ort geboten sei,[1401] und wann die Kontrolle auch auf Grundlage von Dokumentationen und (automatisierten)[1402] Prüfberichten erfolgen kann. Die meisten Autoren sehen im Ergebnis dann doch die Möglichkeit, der Kontrollpflicht gegebenenfalls auch ohne Vor-Ort-Kontrolle nachzukommen.[1403] Eine weitere Ansicht lehnt sogar die Vor-Ort-Kontrolle mit Hinweis auf die Zugangskontrolle ausdrücklich ab, selbst wenn diese (ausschließlich) durch den Datenschutzbeauftragten des Auftraggebers erfolge.[1404]

Wie auch die Frage der Vor-Ort-Kontrolle so findet sich auch keine einheitliche Literaturmeinung zu der Frage, unter welchen Voraussetzungen die Kontrolle, sei es vor Ort oder auf Grundlage von bereitgestellten Dokumenten, durch den Auftraggeber höchstpersönlich, den Auftragnehmer selbst oder einen unabhängigen Dritten erfolgen kann. Im Ergebnis scheint aber zumindest Einigkeit darüber zu bestehen, dass die Kontrolle nicht immer zwingend höchstpersönlich zu erfolgen hat.[1405] So wird festgestellt, dass für die Kontrolle nach § 11 Abs. 2 S. 4 BDSG ein Rückgriff auf fremde Expertise möglich ist, wenn diese eine zuverlässige und fachkundige Kontrolle durch den Dritten sicherstellt. In diesem Fall kann der Dritte beispielsweise Datenschutzzertifizierungen oder -audits durchführen. Durch Einsicht in die verschriftlichten Ergebnisse in Form von Zertifikaten kann sich der Auftragnehmer von der Einhaltung der erforderlichen Maßnahmen überzeugen.[1406] Auch konkret für das Cloud Computing wird es weitgehend als zulässig erachtet, wenn die Kontrolle nicht zwingend höchstpersön-

---

[1400] *Wedde*, in: Däubler/Klebe/Wedde/Weichert 2014, § 11 BDSG, Rn. 29; so auch *Petri*, in: Simitis 2014, § 11 BDSG, Rn. 59; *Bergmann/Möhrle/Herb* 2014, § 11 BDSG, Rn. 48a; *Borges*, DuD 2014, 166 f.

[1401] So *Petri*, in: Simitis 2014, § 11 BDSG, Rn. 59; *Bergmann/Möhrle/Herb* 2014, § 11 BDSG, Rn. 48a; Hessische Aufsichtsbehörde für Datenschutz im nicht-öffentlichen Bereich, Dreiundzwanzigsten Tätigkeitskeitsbericht, LT(Hessen)-Drs. 18/2942, 18.

[1402] So beispielsweise mit Logdaten, *Kunz/Niehues/Waldmann*, DuD 2013, 521 ff.

[1403] *Wedde*, in: Däubler/Klebe/Wedde/Weichert 2014, § 11 BDSG, Rn. 57; *Petri*, in: Simitis 2014, § 11 BDSG, Rn. 59; *Plath*, in: Plath 2013, § 11 BDSG, Rn. 55; *Borges/ Brennscheidt*, in: Borges/ Schwenk 2012, 66 f.; kritisch dagegen wohl *Niemann/Paul*, K&R 2009, 449, die sich auf eine aus ihrer Sicht bestehende Forderung des § 11 BDSG nach einer „Kontrolle beispielsweise des Ortes der Daten" beziehen.

[1404] *Schaffland/Wiltfang* 2013, § 11 BDSG, Rn. 9b.

[1405] *Gola/Schomerus* 2012, § 11 BDSG, Rn. 21; *Petri*, in: Simitis 2014, § 11 BDSG, Rn. 59; *Bergmann/Möhrle/Herb* 2014, § 11 BDSG, Rn. 48b; *Wedde*, in: Däubler/Klebe/Wedde/Weichert 2014, § 11 BDSG, Rn. 57; *Schaffland/Wiltfang* 2013, § 11 BDSG, Rn. 9c; *Gabel*, in: Taeger/ Gabel 2013, § 11 BDSG, Rn. 48.

[1406] *Petri*, in: Simitis 2014, § 11 BDSG, Rn. 59; *Plath*, in: Plath 2013, § 11 BDSG, Rn. 55.

lich durch den Auftraggeber erfolgt.[1407] Eine Ansicht geht sogar von einer Pflicht zur Auslagerung der Kontrolle aus, wenn die eigene Expertise für eine höchstpersönliche Kontrolle nicht ausreicht.[1408]

7.1.3.4 Gesetzesauslegung zur höchstpersönlichen Vor-Ort-Kontrolle

Der Gesetzeswortlaut sieht eine höchstpersönliche Vor-Ort-Kontrolle nicht ausdrücklich vor,[1409] sondern bestimmt lediglich, dass sich der Auftraggeber von der Einhaltung der Maßnahmen zu überzeugen hat. Zur Frage, auf welchem Weg der Auftraggeber zur Überzeugung gelangen muss, schweigt der Gesetzestext. Eine Wortlautauslegung führt primär somit nicht weiter.

Bei einer Auslegung nach der Entstehungsgeschichte fällt auf, dass bereits der Gesetzesentwurf der Bundesregierung aus dem Jahr 2000 zur Einführung der Kontrollpflicht in Satz 4 darauf verwies, dass die Verpflichtung, sich von der Einhaltung der getroffenen technischen und organisatorischen Maßnahmen beim Auftragnehmer zu überzeugen, in der Praxis große Probleme bereiten kann. Im Hinblick auf Rechenzentren mit vielen Auftraggebern ist es für den nach der Begründung „sowohl aus organisatorischen als auch aus Sicherheitsgründen nicht vorstellbar, wenn sämtliche Auftraggeber die diversen Sicherheitseinrichtungen dieser Einrichtung inspizieren müssten".[1410] Der Gesetzesentwurf enthielt aus diesem Grund die Anweisung, dass die Überprüfung „in geeigneter Weise" zu erfolgen hat. Diese Ergänzung wurde zwar vom Innenausschuss später zurückgewiesen, jedoch gleichzeitig angemerkt, dass eine Überprüfung vor Ort nicht erforderlich ist.[1411] Der Gesetzgeber hatte auch in der nachfolgenden Zeit die Problematik einer höchstpersönlichen Vor-Ort-Kontrolle vor Augen. Die Beschlussempfehlung des Innenausschusses zur Beifügung des Regelmäßigkeitskriteriums der Kontrolle im Jahr 2009 stellt erneut klar, dass davon „abgesehen wird", „dass sich der Auftraggeber unmittelbar beim Auftragnehmer vor Ort oder selbst in Person über-

---

[1407] *Selzer*, DuD 2013, 217; *Opfermann*, ZEuS 2012, 135 f.; *Borges/Brennscheidt*, in: Borges/Schwenk 2012, 66 f.; *Niemann/Hennrich*, CR 2010, 691; *Maisch/Seidl*, VBBW 1/2012, 11; *Schuster/Reichl*, CR 2010, 42; *Gaul/Köhler*, BB 2011, 2232; *Weichert*, DuD 2010, 683; *Heckmann*, in: Heckmann/Schenke/Sydow (FS Würtenberger) 2013, 20; AK Technik und Medien, Konferenz der Datenschutzbeauftragten des Bundes und der Länder 2014, 10 f.; für eine Anerkennung de lege ferenda *Heidrich/Wegener*, MMR 2010, 806.
[1408] *Bergmann/Möhrle/Herb* 2014, § 11 BDSG, Rn. 32; hierzu auch *Niemann/Hennrich*, CR 2010, 690.
[1409] *Eckhardt/Kramer*, DuD 2014, 150.
[1410] BT-Drs. 14/4329, 56.
[1411] BT-Drs. 14/5793, 64; demgegenüber der Gegenvorschlag des Bundesrats BR-Drs. 461/00, 21.

zeugt".[1412] Eine Vor-Ort-Kontrolle ist „regelmäßig nicht angemessen und mit einem Verlust an Flexibilität verbunden".[1413]

Außerdem spricht die gesetzessystematische Sicht gegen eine Pflicht zur höchstpersönlichen Vor-Ort-Kontrolle. So sieht der systematisch vor § 11 Abs. 2 S. 4 BDSG normierte Zehnpunktekatalog keine Vereinbarung über entsprechende höchstpersönliche Zutrittsrechte vor. Vielmehr wurde lediglich abstrakt festgelegt, dass der Vertrag die durchzuführenden Kontrollen zu bestimmen hat (Nr. 5) und die Kontrollrechte des Auftraggebers und die entsprechenden Duldungs- und Mitwirkungspflichten des Auftragnehmers umfassen soll (Nr. 7). Dass dies auch zwingend die höchstpersönliche Kontrolle sowie deren Duldung vor Ort umfasst, ergibt sich hieraus nicht.

Schließlich spricht auch der Normzweck gegen eine zwingende höchstpersönliche Vor-Ort-Kontrolle. Ziel der Gesetzesergänzung ist es, der Weisungs- und Kontrollpflicht des Auftragnehmers die notwendige Bestimmtheit zu verleihen, um deren Nichteinhaltung gegebenenfalls auch mit einem Bußgeld zu belegen sowie die Regelmäßigkeit der Kontrollpflicht auszudrücken.[1414] Der Auftraggeber soll also seiner Verantwortung faktisch nachkommen können, indem er in die Lage versetzt wird, die von ihm erteilten Weisungen ernsthaft zu kontrollieren.[1415] Eine Kontrolle erfolgt somit nicht zum Selbstzweck, sondern soll dem Auftraggeber kurz gesagt helfen zu erkennen, ob die von ihm gestellten Anforderungen eingehalten werden oder ob es gegebenenfalls korrigierender Weisungen bedarf, und dies auch entsprechend als Grundlage für eine spätere Beweisführung festzuhalten. Vor dem Hintergrund der Komplexität der Anlagen, der örtlichen Flexibilität und der häufig rein digitalen, virtualisierten Datenverarbeitung und Datensicherheit kann der Cloud-Nutzer als Auftraggeber mit einer höchstpersönlichen Begehung der Anlagen des Auftragnehmers als Auftraggeber vor Ort diesen Zweck nur sehr begrenzt erfüllen.[1416] Der durchschnittliche Cloud-Nutzer wird wohl kaum im Rahmen einer Besichtigung die Qualität der Datensicherheitsmaßnahmen beim Cloud-Anbieter abschließend beurteilen können. Vielmehr wird eine Kontrolle mithilfe von (automatischen) Auswertungen dem Cloud-Nutzer ermöglichen, die vom Cloud-Anbieter angegebenen Maßnahmen mit Durchschnitts- oder Norm- und Sollwerten zu vergleichen. Eine verpflichtende höchstpersönliche Vor-Ort-Kontrolle lässt sich somit auch dem Normzweck nicht entnehmen.

[1412] BT-Drs. 16/13657, 18.
[1413] BT-Drs. 16/13657, 18.
[1414] BT-Drs. 16/13657, 18.
[1415] So bereits Kapitel 5.2.5.
[1416] *Niemann/Hennrich*, CR 2010, 691; *Engels*, K&R 2011, 550; *Heidrich/Wegener*, MMR 2010, 806; *Schuster/Reichl*, CR 2010, 42; *Niemann/Paul*, K&R 2009, 449; Prüfmöglichkeiten vor Ort bieten sich möglicherweise hinsichtlich der Zutrittskontrolle und den Brandschutzeinrichtungen, *Selzer*, DuD 2013, 217, also zum physischen Perimeterschutz der Anlage.

7.1.4 Selbstkontrolle durch den Auftragnehmer oder Fremdkontrolle

Der Cloud-Nutzer als Auftraggeber muss im Ergebnis weder vor Ort noch höchstpersönlich Kontrollen beim Cloud-Anbieter als Auftraggeber durchführen, sondern darf hierzu fremde Expertise heranziehen. Fraglich ist allerdings, durch wessen Expertise und wie die höchstpersönliche Vor-Ort-Kontrolle ersetzt werden kann.

Möglich wäre die Selbstkontrolle des Cloud-Anbieters, etwa im Rahmen eines Selbstaudits. Vereinzelt wird angenommen, es genüge, wenn dem Cloud-Nutzer durch den Cloud-Anbieter (standardisierte) Prüfberichte vorgelegt würden.[1417] So ist beispielsweise vorstellbar, dass es genügt, dass der Auftraggeber dem Auftragnehmer die Beantwortung von Fragenkatalogen oder Checklisten aufgibt oder die Prüfkriterien im Rahmen von Selbstaudits sogar vom Auftragnehmer eigenständig festgelegt werden.[1418] In diesem Fall würde sich die Kontrollpflicht des Auftraggebers auf die Kontrolle dieser Prüfberichte und der automatischen Auswertungen oder des Ergebnisses einer Selbstauditierung beschränken. Anders als beim klassischen Outsourcing ist der Cloud-Anbieter dem Cloud-Nutzer in der Regel jedoch nicht näher bekannt. Eigene Erfahrungen über den Auftragnehmer, wie sie bei einer längeren Zusammenarbeit im Rahmen von Outsourcing-Projekten vorliegen,[1419] fehlen beim Cloud Computing häufig. Sie können somit nicht der Absicherung einer ausschließlichen Selbstkontrolle durch den Auftragnehmer dienen. Darüber hinaus könnte der Auftragnehmer als nicht unabhängig Beteiligter versucht sein, das Ergebnis zu manipulieren oder falsche Angaben zu machen.[1420] Da die Prozesse in der Cloud aus Sicht des durchschnittlichen Cloud-Nutzers ohnehin häufig intransparent und zu komplex sind, ist es für den Cloud-Nutzer besonders schwierig eine Manipulation der Kontrolle oder des Ergebnisses durch den Cloud-Anbieter zu erkennen. Gerade für das Cloud Computing kann sich der Cloud-Nutzer als Auftraggeber somit nicht ausschließlich auf die Aussagen und Prüfergebnisse des Cloud-Anbieters als Auftragnehmer verlassen, um seinen Kontrollpflichten nachzukommen.[1421]

Denkbar ist allerdings die Überprüfung durch einen unabhängigen, externen Dritten, der beispielsweise im Rahmen einer Zertifizierung die Einhaltung der technisch-organisatorischen Maßnahmen beim Auftragnehmer prüft. Das Zertifikat als Ausfluss des

---

[1417] *Schuster/Reichl*, CR 2010, 12; *Niemann/Hennrich*, CR 2010, 691; kritisch AK Technik und Medien, Konferenz der Datenschutzbeauftragten des Bundes und der Länder 2014, 10.
[1418] *Selzer*, DuD 2013, 217.
[1419] *Schaffland/Wiltfang* 2013, § 11 BDSG, Rn. 9b; *Gola/Schomerus* 2012, § 11 BDSG, Rn. 21; *Petri*, in: Simitis 2014, § 11 BDSG, Rn. 60.
[1420] *Borges/Brennscheidt*, in: Borges/Schwenk 2012, 67; so auch *Selzer*, DuD 2013, 217.
[1421] *Vander*, K&R 2010, 295 spricht von einem Wertungswiderspruch, wenn zwar eine Kontrolle durch den Auftraggeber gefordert, dieser sich aber auf die rein schriftliche Bestätigung durch den Auftragnehmer verlassen würde; so im Ergebnis auch *Borges/Brennscheidt*, in: Borges/Schwenk 2012, 66 f.; *Borges*, DuD 2014, 166; *Weichert*, DuD 2010, 685; *Opfermann*, ZEuS 2012, 135.

Prüfergebnisses könnte damit die Einhaltung bestimmter Anforderungen an die technisch-organisatorische Datensicherheit bestätigen und so die höchstpersönliche Vor-Ort-Kontrolle durch den Auftraggeber ersetzen.[1422] Die Initiative zu einer externen Zertifizierung kann sowohl vom Auftraggeber als auch vom Auftragnehmer ausgehen. Es kann also einerseits der Auftraggeber einen Kontrolleur damit betrauen, einen bestimmten Auftragnehmer zu überprüfen und das Prüfergebnis mit einem Zertifikat zu bestätigen. Andererseits kann auch ein Auftragnehmer einen entsprechenden externen Prüfer bestellen, mit dem Ziel, potentiellen oder bestehenden Auftragnehmern anhand des Zertifikats die Einhaltung bestimmter Vorgaben nachzuweisen und ihnen damit die Erfüllung des Kontrollerfordernisses zu erleichtern.[1423] Im Ergebnis kann der Cloud-Nutzer statt einer höchstpersönlichen Vor-Ort-Kontrolle seine Kontrolle zwar auch auf das Ergebnis (etwa das Zertifikat, Testat oder Gütesiegel) einer Überprüfung durch einen externen Dritten stützen, nicht jedoch auf eine ausschließliche Selbstkontrolle des Auftragnehmers.

7.2 Weitere Anforderungen an den Auftraggeber

Neben der Auswahl und der Kontrolle des Auftragnehmers muss der Auftraggeber nach § 11 Abs. 2 und 3 BDSG außerdem den Auftragnehmer unter Einhaltung eines vertraglichen Pflichtkatalogs schriftlich beauftragen, Kontrollen dokumentieren sowie gegebenenfalls Weisungen erteilen.

7.2.1 Dokumentation

Nach § 11 Abs. 2 S. 5 BDSG ist das Ergebnis der Kontrolle nach § 11 Abs. 2 S. 4 BDSG zu dokumentieren. Die Dokumentationspflicht umfasst sowohl die Erst- als auch jede Folgekontrolle und dient in erster Linie dem Nachweis und damit der Entlastung des Auftraggebers als verantwortlicher Stelle gegenüber der Aufsichtsbehörde, den Betroffenen und dem Auftragnehmer.[1424] Eine Dokumentationspflicht besteht sowohl bei einer höchstpersönlich vor Ort durchgeführten Kontrolle als auch bei der Durchführung durch einen Dritten.[1425] Im Rahmen einer Zertifizierung könnte der Auftraggeber mithilfe des Prüfberichts der Zertifizierungsstelle seiner Dokumentationspflicht nachkommen. Seine Dokumentationspflicht würde sich dann nur noch darauf beschränken, zu erfassen, dass er den Prüfbericht geprüft und für ausreichend befunden hat. Wie bereits die Kontrolle an sich ist auch die Kontrolldokumentation beim Cloud Computing aufgrund der Automatisierung erschwert. Viele Prozesse in der

---

[1422] *Gola/Schomerus* 2012, § 11 BDSG, Rn. 21.
[1423] So Trusted Cloud, AG Rechtsrahmen 2012, 12.
[1424] BT-Drs, 16/3657; *Petri*, in: Simitis 2014, § 11 BDSG, Rn. 63; *Gabel*, in: Taeger/Gabel 2013, § 11 BDSG, Rn. 39; *Gola/Schomerus* 2012, § 11 BDSG, Rn. 21.
[1425] *Gabel*, in: Taeger/Gabel 2013, § 11 BDSG, Rn. 39.

Cloud finden ausschließlich digital auf den Servern statt und sind mit menschlichen Sinnen nicht zu erfassen. Eine Dokumentation, auch während des Betriebs zu Dauerkontrollzwecken, ist deshalb häufig selbst nur automatisiert möglich. Eine technische Möglichkeit der automatisierten Dokumentation von Prozessen und Kontrollen besteht beispielsweise mit Logdateien.[1426] Diese könnten zum Beispiel den Ort der Daten zu einem bestimmten Zeitpunkt, den Weg und mögliche Empfänger sowie Veränderungen automatisiert protokollieren. Erfasst wird somit für eine Kontrolle nicht nur der Ist-Zustand, sondern auch die Veränderung über die Zeit[1427] oder sogar „der gesamte Lebenszyklus" der Daten in einer Cloud.[1428] Können Logdateien automatisch generiert und dargestellt werden, wäre es überdies möglich, dem Auftraggeber eine (Online-)Plattform, etwa ein Webinterface, zur Verfügung zu stellen, mittels derer der Auftraggeber auf den aktuellen Zustand (zum Beispiel den Ort der Daten oder den Inhaber des Servers) und die Entwicklung Einblick nehmen kann.[1429] Da auch diese automatisch erstellten Protokolle und Logdateien manipulierbar sind, bedarf es Sicherungsmechanismen für die Protokollierung. Vorgeschlagen werden beispielsweise die Erstellung von Hashwerten, die Verschlüsselung oder sogar die Verwendung elektronischer Signaturen.[1430]

7.2.2 Schriftliche Auftragserteilung

§ 11 Abs. 2 S. 2 BDSG verpflichtet den Auftraggeber ausdrücklich dazu, den Auftrag schriftlich zu erteilen. Ob der Vertrag über die Auftragsdatenverarbeitung damit der Schriftform im Sinne des § 126 BGB unterliegt und bei Nichteinhaltung wegen eines Formverstoßes nichtig wäre, ist nicht abschließend geklärt.[1431] Zwar bestimmt Art. 17 Abs. 4 DS-RL, dass die wesentlichen Elemente nur „zum Zwecke der Beweissicherung […] schriftlich oder in einer anderen Form zu dokumentieren" sind. Im Hinblick darauf, dass die Datenschutzrichtlinie vereinzelt als vollharmonisierend angesehen wird,[1432] wird zum Teil davon ausgegangen, dass auch § 11 Abs. 2 S. 2 BDSG kein konstitutives Schriftformerfordernis aufstellen kann, sondern lediglich die Beweisbar-

---

[1426] Hierzu ausführlich *Kunz/Niehues/Waldmann*, DuD 2013 523 f.; siehe auch *Selzer*, DuD 2013, 218.
[1427] *Selzer*, DuD 2013, 218.
[1428] *Kunz/Niehues/Waldmann*, DuD 2013 523 f.
[1429] Hierzu ausführlich *Bedner* 2013, 253.
[1430] *Selzer*, DuD 2013, 218 f.
[1431] So zumindest *Eckhardt*, DuD 2013, 587; *Petri*, in: Simitis 2014, § 11 BDSG, Rn. 64; *Wedde*, in: Däubler/Klebe/Wedde/Weichert 2014, § 11 BDSG, Rn. 32; *Bergmann/Möhrle/Herb* 2014, § 11 BDSG, Rn. 40; *Schaffland/Wiltfang* 2013, § 11 BDSG, Rn. 9a; *Gola/Schomerus* 2012, § 11 BDSG, Rn. 17; *Plath*, in: Plath 2013, § 11 BDSG, Rn. 95 f.; *Vander*, K&R 2010, 293; *Schröder/Haag*, ZD 2011, 149.
[1432] *Funke/Wittmann*, ZD 2013, 225 f.; hierzu ausführlich Kapitel 4.7.4.

keit sicherstellen will.[1433] Bei einem Verstoß sei der Vertrag gegebenenfalls zwar nicht ungültig, jedoch die Nichteinhaltung bußgeldbewehrt.[1434] Einhellig wird jedoch zumindest im Hinblick auf eine mögliche Bußgeldfolge die Einhaltung der Schriftform nahe gelegt.[1435]

Eine schriftliche Auftragserteilung ist aus Sicht der Praxis des Cloud Computing allerdings wirklichkeitsfremd. Soweit die Cloud gerade dazu genutzt werden soll, lokale Ressourcen einzusparen und schnell sowie flexibel Cloud-Dienste hinzuzubuchen sowie abzubestellen, bremst die Einhaltung der Schriftform die Nutzung der Vorteile des Cloud Computing stark aus. Es ist geradezu unvorstellbar, dass ein Cloud-Nutzer, der einen Cloud-Dienst ad hoc, für nur wenige Stunden in Anspruch nehmen möchte, zuerst einen Vertrag in Schriftform abschließt. Vielmehr sind reguläre Cloud-Angebote ausschließlich auf eine Online-Abwicklung angelegt. Wenngleich ein Verstoß gegen die Schriftform zumindest im Massengeschäft wohl noch nie zu einer Sanktion geführt hat, trägt die Formulierung des § 11 Abs. 2 S. 2 BDSG doch erheblich zu Rechtsunsicherheit bei. Da eine Absenkung des Schutzniveaus bei Rücknahme der Formvorschrift kaum zu erwarten ist, sollte de lege ferenda das strenge Schriftformerfordernis zurückgenommen werden.[1436] Um dennoch den Funktionen der Schriftform, insbesondere der Warn- und Beweisfunktion gerecht zu werden, könnte beispielsweise eine Pflicht des Auftragnehmers eingeführt werden, den Auftrag und seinen Inhalt unverzüglich schriftlich oder zumindest in Textform zu bestätigen.

7.2.3 Zehn-Punkte-Katalog

Bei dem Anforderungskatalog aus § 11 Abs. 2 S. 2 2. Hs. BDSG handelt es sich um Regelbeispiele, die als Mindestinhalt eines Vertrags zur Auftragsdatenverarbeitung eingefordert werden.[1437] Der gesetzliche Klauselkatalog wurde mit dem Ziel eingeführt, den Vertragsparteien die Anforderungen an die Auftragsdatenverarbeitung besser erkennbar zu machen – es soll sichergestellt werden, dass die wesentlichen Anforderungen ausdrücklich vereinbart und damit weder vom Auftraggeber noch vom Auftragnehmer übersehen werden.[1438] § 11 Abs. 2 S. 2 2. Hs. Nr. 1-10 BDSG wirken folglich darauf hin, dass der Auftraggeber seiner Pflicht zu Weisung und Kontrolle und

---

[1433] *Barnitzke* 2014, 226.
[1434] *Gabel*, in: Taeger/Gabel 2013, § 11 BDSG, Rn. 54; *Hoeren*, in: Roßnagel 2002, 4.6, Rn. 108; *Funke/Wittmann*, ZD 2013, 225 f.; *Plath*, in: Plath 2013, § 11 BDSG, Rn. 96.
[1435] *Gabel*, in: Taeger/Gabel 2013, § 11 BDSG, Rn. 54; *Petri*, in: Simitis 2014, § 11 BDSG, Rn. 64; *Hoeren*, in: Roßnagel 2002, 4.6, Rn. 108; *Plath*, in: Plath 2013, § 11 BDSG, Rn. 96.
[1436] So auch Trusted Cloud, AG Rechtsrahmen 2012, 10.
[1437] Die Aufzählung ist jedoch nicht als abschließend zu betrachten, *Petri*, in: Simitis 2014, § 11 BDSG, Rn. 65; *Gabel*, in: Taeger/Gabel 2013, § 11 BDSG, Rn. 41; *Plath*, in: Plath 2013, § 11 BDSG, Rn. 98 empfiehlt jedoch den Katalog in der Praxis „Punkt für Punkt abzuarbeiten".
[1438] Hierzu BT-Drs. 16/12011, 40.

damit seiner Verantwortung auch im Innenverhältnis tatsächlich nachkommt. Der Regelkatalog projiziert damit die Pflichten des Auftraggebers aus § 11 BDSG in das Innenverhältnis der Auftragsdatenverarbeitung. Im Folgenden sollen nur einzelne, für das Cloud Computing mit Besonderheiten verbundene Anforderungen aus dem Zehn-Punkte-Katalog näher betrachtet werden.

7.2.3.1 Klauseldiktat des Cloud-Anbieters

Nach § 11 Abs. 2 S. 2 BDSG ist der Auftrag unter Berücksichtigung des Zehn-Punkte-Katalogs „zu erteilen". Im Hinblick auf die Verantwortungsverteilung im Rahmen der Auftragsdatenverarbeitung ging der Gesetzgeber wohl davon aus, dass der Vertrag durch den Auftraggeber initiiert und dem Auftragnehmer einseitig gestellt wird.[1439] In der Realität, insbesondere beim Cloud Computing, wird jedoch häufig das Gegenteil der Fall sein: Der nicht selten marktstärkere, zumindest jedoch in einem Massengeschäft operierende Cloud-Anbieter stellt dem Cloud-Nutzer ein Vertragsformular, möglicherweise sogar in Form von Allgemeine Geschäftsbedingungen, zur Verfügung. Während der Cloud-Nutzer als Auftraggeber die Verantwortung trägt, diktiert der Cloud-Anbieter als Auftragnehmer die Bedingungen. Für den Cloud-Nutzer – etwa ein kleines oder mittleres Unternehmen – bleibt damit häufig nur die Möglichkeit, die Auftragsdatenverarbeitung unter den Bedingungen des Cloud-Anbieters durchzuführen oder auf eine Auftragsdatenverarbeitung mit diesem Anbieter zu verzichten. In der Praxis wird der Cloud-Nutzer somit den vom Cloud-Anbieter vorgelegten Vertragstext auf die Einhaltung der Vorgaben aus § 11 Abs. 2 S. 2 BDSG sowie auf die Übereinstimmung mit seinen Vorstellungen prüfen müssen. Um dem hinreichend gerecht zu werden, wird sich der Cloud-Nutzer nicht immer auf sein eigenes Urteil verlassen können. Auch hier empfiehlt es sich, gegebenenfalls auf den Sachverstand Dritter zurückzugreifen. Für das Massengeschäft könnten sich zukünftig außerdem digitale Nutzerschutzanwendungen etablieren, die Auftragsformulare des Cloud-Anbieters automatisiert prüfen.[1440]

7.2.3.2 Allgemeine Vertragsklauseln

Nach § 11 Abs. 2 S. 2 2. Hs. Nr. 1 BDSG sind Gegenstand und Dauer des Auftrags zu vereinbaren. Der Gegenstand muss zwar hinreichend konkret formuliert sein, eine Regelung des Vertragsgegenstands ist jedoch Grundvoraussetzung eines jeden Vertrags

---

[1439] So erklärt sich auch der ausdrückliche Hinweis in BT-Drs. 16/12011, 40 auf die Bußgeldandrohung gegenüber dem Auftraggeber im Falle einer Nichtumsetzung des Katalogs.
[1440] Zur Nutzerunterstützung bei der Auswertung standardisierter Vertragsbedingungen *Boos*, VuR 2014, 47 ff.; siehe hierzu auch für die technische Umsetzung *Bartsch/Boos/Canova/Dyck/Henhapl/Schultheis/Volkamer*, in: Plödereder/Grunske/Schneider/Ull 2014, 2069.

und somit kein Cloud-Spezifikum.[1441] Für das Cloud Computing relevant ist dagegen die Festschreibung einer Auftragsdauer und damit verbunden Kündigungsregelungen. Insbesondere für die Suche eines neuen Vertragspartners und die Portierung der Daten bedarf es ausreichend Zeit, die durch Kündigungsfristen zugunsten des Auftraggebers sichergestellt werden muss. Die zeitliche Limitierung des Auftrags verhindert schließlich, dass sich der Auftragnehmer als zeitlich unbegrenzt für den Umgang mit den Daten berechtigt ansieht.[1442]

Als problematisch erweist sich die Pflicht aus § 11 Abs. 2 S. 2 2. Hs. Nr. 2 BDSG, Umfang, Art und Zweck des Datenumgangs sowie die Art der Daten und den Kreis der Betroffenen im Vorfeld festzulegen. Verbreitet wird hierzu vertreten, dass der Auftraggeber konkrete Festlegungen zu den genannten Punkten machen muss.[1443] Eine konkrete Festlegung ist für das Cloud Computing insofern problematisch, als der Auftraggeber häufig kurzfristig bei Bedarf auf verschiedene Angebote für unterschiedliche Zwecke zurückgreift. Umfang, Art und Zweck lassen sich zwar für den Auftraggeber bestimmen. Allerdings müsste dies für jeden Einzelfall erfolgen und dies dann konkret vereinbart werden. Stellt darüber hinaus der Auftragnehmer eine Vertragsvorlage zur Verfügung, ist diese ebenfalls abstrahiert und enthält nicht für den Einzelfall die geforderten Angaben. Eine Lösung könnte in automatisiert erstellbaren Formularen liegen, bei denen der Cloud-Anbieter bei der Buchung durch eine Art Fragebogen führt, darin die Einzelheiten der geplanten Auftragsdatenverarbeitung abfragt und hieraus automatisch einen vormalig abstrakten Vertragsentwurf individualisiert.

Diskutiert wird außerdem, ob zu Umfang, Art und Zweck des Datenumgangs auch der Ort der Daten gehört.[1444] Eine Festlegung des Orts des Datenumgangs ist für das Cloud Computing nur schwer realisierbar. Möglich ist gegebenenfalls, auch im Hinblick auf die Einschränkungen für Datenübertragungen in Drittländer, dass der Auftraggeber den Datenumgang auf eine bestimmte Region, wie beispielsweise die Europäische Union oder den Europäischen Wirtschaftsraum, begrenzt.[1445] Allerdings ist auch vorstellbar, dass der Auftraggeber den Auftragnehmer zumindest verpflichtet,

---

[1441] Der Gegenstand ergibt sich häufig durch einen Verweis auf die zivilrechtliche Leistungsbeschreibung, *Petri*, in: Simitis 2014, § 11 BDSG, Rn. 66; *Gabel*, in: Taeger/Gabel 2013, § 11 BDSG, Rn. 42; *Gola/Schomerus* 2012, § 11 BDSG, Rn. 18.

[1442] *Petri*, in: Simitis 2014, § 11 BDSG, Rn. 66; *Wedde*, in: Däubler/Klebe/Wedde/Weichert 2014, § 11 BDSG, Rn. 34.

[1443] Statt vieler *Wedde*, in: Däubler/Klebe/Wedde/Weichert 2014, § 11 BDSG, Rn. 35; andere Ansicht *Gabel*, in: Taeger/Gabel 2013, § 11 BDSG, Rn. 43, der auch „gewisse Kategorisierungen und Abstrahierungen" als zulässig erachtet; ebenso *Plath*, in: Plath 2013, § 11 BDSG, Rn. 101, der es eine Beschreibung in „wesentlichen Grundzügen" ausreichen lassen will.

[1444] Siehe hierzu die Diskussion bei *Bedner* 2013, 106.

[1445] *Bedner* 2013, 106.

ihn, beispielsweise über ein Webinterface, ständig über den Ort der einzelnen Daten zu informieren.[1446]

7.2.3.3 Unterauftragsverhältnisse

Nach § 11 Abs. 2 S. 2 2. Hs. Nr. 6 BDSG ist „die etwaige Berechtigung zur Begründung von Unterauftragsverhältnissen" im Auftrag zu regeln. Dabei ist im Auftrag sowohl das „Ob" als auch das „Wie" von Unterauftragsverhältnissen festzuschreiben.[1447] In der Praxis des Cloud Computing kann es häufig zu Unterbeauftragungen kommen.[1448] Cloud-Anbieter als Auftraggeber beschränken sich häufig auf die Akquise von Kunden sowie die Entwicklung und den Vertrieb eines Geschäftsmodells oder entsprechender Angebote. Die technische Durchführung erfolgt dann jedoch nicht selten auf Servern von Unterauftragnehmern. Der Cloud-Anbieter muss also nicht zwingend die Daten auf eigenen Servern speichern oder verarbeiten. Selbst wenn der Cloud-Anbieter über eigene technische Mittel verfügt, entspricht es dem Grundkonzept des Cloud Computing, dass der Cloud-Anbieter zur Gewährleistung einer unbegrenzten Skalierbarkeit der Ressourcen bei Bedarf, wie etwa bei Lastspitzen, Daten zu Servern anderer Anbieter verschieben kann. In seiner Reinform wird das Cloud Computing als maximal flexible und skalierbare Ressource angesehen. Zur Nutzung des vollen Potentials des Cloud Computing, etwa durch das „Follow-the-Sun-Prinzip" oder ähnlicher Ansätze, werden zukünftig voraussichtlich ganze Unterbeauftragungsketten entstehen.[1449]

Weder die Datenschutzrichtlinie noch § 11 BDSG stehen Unterauftragsverhältnissen oder gar Unterbeauftragungsketten ausdrücklich entgegen.[1450] Trotz der Unterbeauftragung ist jedoch das Schutzniveau für den Betroffenen aufrecht zu erhalten. Insofern darf im Rahmen der Vertragsklausel nach § 11 Abs. 2 S. 2 2. Hs. Nr. 6 BDSG nicht nur eine Unterbeauftragung für zulässig bestimmt werden. Der Auftraggeber muss seinen Auftragnehmer auch verpflichten, dieselben Pflichten, die zwischen ihm und dem Auftraggeber bestehen, unverändert in das Unterauftragsverhältnis weiterzugeben, sodass der Auftraggeber auch weiterhin uneingeschränkt seinen Weisungs- und Kontroll-

---

[1446] Hierzu ausführlich *Bedner* 2013, 253.
[1447] *Petri*, in: Simitis 2014, § 11 BDSG, Rn. 76; *Gola/Schomerus* 2012, § 11 BDSG, Rn. 18e.
[1448] Siehe hierzu *Barnitzke* 2014, 232.
[1449] Zur Erforderlichkeit und Herausforderungen von Unterauftragsverhältnissen beim Cloud Computing *Eckhardt*, DuD 2013, 587; *Opfermann*, ZEuS 2012, 136; *Niemann/Hennrich*, CR 2010, 691; AK Technik und Medien, Konferenz der Datenschutzbeauftragten des Bundes und der Länder 2014, 9; *Schröder/Haag*, ZD 2011, 149.
[1450] Artikel-29-Datenschutzgruppe 2012, 9 f.; so aber *Opfermann*, ZEuS 2012, 136.

rechten und -pflichten nachkommen kann.[1451] Hierzu gehört wohl auch die Anforderung, dass der Unterauftragnehmer wie schon der Hauptauftragnehmer statt einer Vor-Ort-Kontrolle ein Zertifikat vorweisen kann oder eine Zertifizierung sogar im Rahmen der Prüfung beim Hauptauftragnehmer erfolgt.[1452] Ein eigenständiger Vertrag zwischen dem Auftraggeber und jedem Unterauftragnehmer ist vor diesem Hintergrund aber nicht erforderlich.[1453]

Unterauftragsverhältnisse beim Cloud Computing können sehr schnell wechseln – insbesondere, wenn Daten bei Bedarf zwischen Servern verschiedener Anbieter, die zum entsprechenden Zeitpunkt über die notwendigen Ressourcen verfügen, verschoben werden.[1454] Eine vorweggenommene Festlegung auf bestimmte Unterauftragnehmer im Vertrag über die Auftragsdatenverarbeitung würde die Nutzung des Potentials einer Cloud behindern. Eine solche konkrete Festlegung ist jedoch nach § 11 Abs. 2 S. 2 2. Hs. Nr. 6 BDSG auch nicht erforderlich, solange die Zulässigkeit von Unterauftragsverhältnissen generell sowie die wesentlichen Anforderungen an den Unterauftragnehmer und die Unterauftragsvergabe geregelt sind.[1455] Neben der Durchreichung von Rechten und Pflichten aus dem Vertrag zwischen Auftraggeber und Auftragnehmer gehört zu diesen Anforderungen zweifelsohne eine räumliche Begrenzung der Unterbeauftragung und der potentiellen Unterauftragnehmer, um beispielsweise eine möglicherweise unzulässige Übermittlung in ein Drittland zu verhindern.

Fraglich ist, ob zumindest für den Zeitpunkt der Erteilung des Unterauftrags ein Zustimmungsvorbehalt des Auftraggebers im Vertrag vorzusehen ist – mit der Folge, dass bei jeder Auslagerung von Daten an einen anderen, neuen Server, der Cloud-Nutzer dem Cloud-Anbieter eine Ermächtigung hierzu erteilen müsste.[1456] Mit Blick auf die Besonderheiten des Cloud Computing wird aber auch ein solcher Zustimmungsvorbehalt als nicht (mehr) zwingend erforderlich erachtet, soweit sichergestellt ist, dass der Auftraggeber über die Begründung oder Veränderung eines Unterauftragsverhältnisses informiert wird.[1457]

[1451] *Gola/Schomerus* 2012, § 11 BDSG, Rn. 18e; *Wedde*, in: Däubler/Klebe/Wedde/Weichert 2014, § 11 BDSG, Rn. 44; Artikel-29-Datenschutzgruppe 2012, 9; *Plath*, in: Plath 2013, § 11 BDSG, Rn. 106; in diese Richtung auch *Gabel*, in: Taeger/Gabel 2013, § 11 BDSG, Rn. 47.

[1452] Hierzu auch *Niemann/Hennrich*, CR 2010, 692.

[1453] So aber der Vorschlag der Artikel-29-Datenschutzgruppe 2012, 10.

[1454] AK Technik und Medien, Konferenz der Datenschutzbeauftragten des Bundes und der Länder 2014, 9.

[1455] Artikel-29-Datenschutzgruppe 2012, 10; siehe auch *Gabel*, in: Taeger/Gabel 2013, § 11 BDSG, Rn. 47; *Plath*, in: Plath 2013, § 11 BDSG, Rn. 105.

[1456] *Schaffland/Wiltfang* 2013, § 11 BDSG, Rn. 9a; so wohl auch *Gola/Schomerus* 2012, § 11 BDSG, Rn. 18e; *Petri*, in: Simitis 2014, § 11 BDSG, Rn. 77.

[1457] Artikel-29-Datenschutzgruppe 2012, 10; AK Technik und Medien, Konferenz der Datenschutzbeauftragten des Bundes und der Länder 2014, 11; *Niemann/Hennrich*, CR 2010, 691 f.

Entgegen vereinzelter Ansichten[1458] ist solch eine Transparenz des Auftragnehmers über seine Unterauftragnehmer auch im Massengeschäft Cloud Computing herstellbar. So könnten beispielsweise technische Lösungen zur Transparenz über Unterauftragsverhältnisse beitragen. Online zugängliche Informationsplattformen könnten dem Cloud-Nutzer als Auftraggeber eine Möglichkeit eröffnen, den Weg seiner Daten ununterbrochen nachzuverfolgen, über Unterauftragnehmer, wie Serveranbieter, informiert zu werden sowie den Status der Zertifizierung auch des Unterauftragsverhältnisses abfragen zu können.[1459] In diesem Rahmen könnten außerdem „Opt-out"-Lösungen implementiert werden, bei denen beispielsweise der Cloud-Nutzer bei einer Änderung in den Unterauftragsverhältnissen vertraglich ein Sonderkündigungsrecht hat und die Auftragsdatenverarbeitung oder zumindest die konkrete Unterbeauftragung beenden kann.[1460]

7.2.3.4 Kontrollrechte und Duldungspflichten

Wie vorangehend beschrieben,[1461] weist § 11 Abs. 2 S. 4 BDSG dem Auftraggeber eine Pflicht zur Kontrolle des Auftragnehmers zu. Spiegelbildlich hierzu soll sich der Auftraggeber das Recht zur Kontrolle und die entsprechenden Duldungs- und Mitwirkungspflichten vom Auftragnehmer aufgrund des § 11 Abs. 2 S. 2 2. Hs. Nr. 7 BDSG im Innenverhältnis vertraglich zusichern lassen. Die nach dem Gesetzeswortlaut vertraglich zu vereinbarenden Kontrollrechte des Auftraggebers müssen sich dabei nicht zwingend auf die höchstpersönliche Vor-Ort-Kontrolle beziehen.[1462] Zwar muss sich der Auftraggeber dem Grundsatz nach die Möglichkeit einer solchen Kontrolle durch Betretungs- sowie Akteneinsichts- und Begutachtungsrechte sichern.[1463] Auch muss hierbei der Auftragnehmer verpflichtet werden, solche Kontrollen zu dulden und aktiv, beispielsweise durch Vorlage von Akten, Revisionsberichten und Berichten von Datenschutzbeauftragten, mitzuwirken.[1464] Diese Vertragszusicherungen müssen allerdings nicht zwingend dem Auftraggeber in dem Sinne zustehen, dass etwa der Cloud-Nutzer regelmäßig befugt wäre, Serverräume persönlich zu besichtigen. Die Rechte zur Kontrolle und die entsprechenden Pflichten des Auftragnehmers könnten sich durch den Vertrag auch auf eine externe Prüfung, etwa durch eine Zertifizierungsstelle, beziehen. In diesem Fall wäre es ausreichend, dass der Auftraggeber den Auf-

---

[1458] So zum Beispiel *Schröder/Haag*, ZD 2011, 149.
[1459] Hierzu *Bedner* 2013, 253; *Barnitzke* 2014, 216.
[1460] *Eckhardt*, DuD 2009, 587; Artikel-29-Datenschutzgruppe 2012, 10.
[1461] Kapitel 7.1.2.
[1462] So aber *Eckhardt*, DuD 2009, 589.
[1463] *Petri*, in: Simitis 2014, § 11 BDSG, Rn. 78; AK Technik und Medien, Konferenz der Datenschutzbeauftragten des Bundes und der Länder 2014, 11.
[1464] *Gabel*, in: Taeger/Gabel 2013, § 11 BDSG, Rn. 48; *Petri*, in: Simitis 2014, § 11 BDSG, Rn. 78; *Gola/Schomerus* 2012, § 11 BDSG, Rn. 18 f.

tragnehmer zur Duldung und Mitwirkung einer regelmäßigen Zertifizierung seines Angebots durch eine bestimmte Zertifizierungsstelle verpflichtet und der Fortbestand des Vertrags von einer positiven Re-Zertifizierung und Mitteilung an den Auftraggeber abhängig gemacht wird.[1465]

7.2.3.5 Regelungen zum Vertragsende

Von besonderer Bedeutung für das Cloud Computing ist auch § 11 Abs. 2 S. 2 2. Hs. Nr. 10 BDSG, nach dem die Rückgabe überlassener Datenträger und die Löschung beim Auftragnehmer gespeicherter Daten nach Beendigung des Auftrags im Vertrag über die Auftragsdatenverarbeitung festzuschreiben ist. Cloud Computing bedingt die Umstellung von früher lokal vorgehaltenen Ressourcen auf einen Ressourcenbezug aus dem Internet. Damit verbunden ist aber auch regelmäßig die Aufgabe der lokalen Datenhaltung. Die wirtschaftlichen Vorteile der Cloud lassen sich häufig nur realisieren, wenn die Daten nach dem „Gang in die Cloud" nicht mehr lokal vorgehalten werden müssen. Dementsprechend ist der Cloud-Nutzer aber auch darauf angewiesen, nicht nur ununterbrochen auf die Daten Zugriff zu erhalten, sondern diese auch in besonderen Situationen und vor allem zum Vertragsende vollständig zurück übertragen zu können, in ein anderes System portieren zu können und sicherstellen zu können, dass keine Daten beim Cloud-Anbieter zurückbleiben.

Der Cloud-Anbieter muss folglich vertraglich verpflichtet werden, die vom Cloud-Nutzer erhaltenen Daten, im Falle einer cloud-basierten Datenverarbeitung einschließlich der Ergebnisse seiner eigenen Verarbeitung,[1466] zurück zu übertragen.[1467] Auch die Pflicht erstellte Sicherungskopien zurück zu übertragen oder zu vernichten, muss im Vertrag verankert werden.[1468] Zivilrechtliche Zurückbehaltungsrechte[1469] können an dieser Stelle gegebenenfalls vertraglich ausgeschlossen werden. Bei gesetzlichen Speicherpflichten[1470] könnten die betroffenen Daten möglicherweise statt gelöscht zumindest gesperrt werden. Auch sollten Regelungen hinsichtlich der Form der Daten-Rückübertragung getroffen werden, um nicht aufgrund eines inkompatiblen Formats an der eigenen Weiterbearbeitung oder Portierung der Daten an einen neuen Cloud-Anbieter gehindert oder beschränkt zu werden.[1471] Als problematisch erweist

---

[1465] Hierzu auch *Schaffland/Wiltfang* 2013, § 11 BDSG, Rn. 9a.
[1466] *Gabel*, in: Taeger/Gabel 2013, § 11 BDSG, Rn. 51.
[1467] *Petri*, in: Simitis 2014, § 11 BDSG, Rn. 82.
[1468] *Wedde*, in: Däubler/Klebe/Wedde/Weichert 2014, § 11 BDSG, Rn. 52.
[1469] *Wedde*, in: Däubler/Klebe/Wedde/Weichert 2014, § 11 BDSG, Rn. 52.
[1470] *Petri*, in: Simitis 2014, § 11 BDSG, Rn. 82.
[1471] Zur Portabilität und Interoperabilität beim Cloud Computing, AK Technik und Medien, Konferenz der Datenschutzbeauftragten des Bundes und der Länder 2014, 34; Artikel-29-Datenschutzgruppe 2012, 16; *Pötters*, NZA 2013, 1057.

sich eine mögliche Vervielfältigung von Daten auf verschiedene Server über Ländergrenzen hinweg.[1472] Der Cloud-Nutzer kann den Cloud-Anbieter zwar zur vollständigen Löschung von Sicherungskopien vertraglich verpflichten. Die Umsetzung dieser Verpflichtung ist jedoch nur schwer zu kontrollieren. Hilfreich hierbei könnten Lösch- und Rückübertragungsprotokolle, aber auch technische Systeme zur sicheren Löschung, wie beispielsweise ein digitales Verfallsdatum oder der „digitale Radiergummi", sein.[1473] Auch Regelungen hinsichtlich des Datenumgangs im Falle einer Insolvenz des Cloud-Anbieters oder den Verbleib der Daten für den Fall, dass der Cloud-Nutzer als Vertragspartner entfällt, sollten an dieser Stelle nicht unberücksichtigt bleiben.[1474]

7.2.4 Weisungsbindung

Gemäß § 11 Abs. 3 S. 1 BDSG darf der Auftragnehmer die Daten nur im Rahmen der Weisungen des Auftraggebers erheben, verarbeiten oder nutzen. Dem Auftraggeber wird anders als beim Kontrollrecht nicht nur eine Weisungspflicht, die sich aus dem Charakter der Auftragsdatenverarbeitung sowie bereits aus der Auftragskontrolle nach Nr. 6 der Anlage zu § 9 S. 1 BDSG ergibt,[1475] sondern gesetzlich ausdrücklich auch ein Weisungsrecht erteilt. Dieses Weisungsrecht ist nach § 11 Abs. 2 S. 2 2. Hs. Nr. 9 BDSG lediglich noch in seinem Umfang zu konkretisieren.

Für das Weisungsrecht und die Weisungspflicht des Auftraggebers ergeben sich in Bezug auf das Cloud Computing ähnliche Probleme wie bereits hinsichtlich der Auswahl und Kontrolle des Auftragnehmers. Der Auftraggeber wird selten in der Lage sein, gegenüber einem Auftragnehmer, der Cloud-Dienste im Massengeschäft anbietet, individuelle Weisungen zu erteilen. Einzelfallbezogene Weisungen sind nicht nur aufgrund des Verhandlungsungleichgewichts nahezu aussichtslos,[1476] sondern gleichzeitig auch aus praktischer Sicht nicht zielführend.[1477] Im Kern ist das Potential des Cloud Computing erst durch eine starke Standardisierung des Dienstes in vollem Umfang nutzbar. Nur mithilfe standardisierter Verfahren und Inhalte können Daten und Angebote flexibel verändert werden und ist die Ressource somit annähernd unbegrenzt skalierbar.[1478] Das individuelle Weisungsrecht kollidiert mithin mit den Anforderungen

---

[1472] Zu diesem Problem im Hinblick auf die Rückübertragung *Niemann/Hennrich*, CR 2010, 692.
[1473] Hierzu *Federrath/Fuchs/Herrmann/Maier/Scheuer/Wagner*, DuD 2011, 403; *Jandt/Kieselmann/ Wacker*, DuD 2013, 239 ff.
[1474] *Niemann/Hennrich*, CR 2010, 692; hierzu auch *Selk*, ITRB 2012, 201.
[1475] *Bergmann/Möhrle/Herb* 2014, § 11 BDSG, Rn. 50.
[1476] In diese Richtung *Gaul/Köhler*, BB 2011, 2232.
[1477] *Barnitzke* 2014, 222.
[1478] *Niemann/Hennrich*, CR 2010, 692; *Opfermann*, ZEuS 2012, 135; Trusted Cloud, AG Rechtsrahmen 2012, 7, die Cloud-Dienste mit Konfektionsware in Abgrenzung zu einer Maßschneiderei (klassisches Outsourcing) abgrenzt.

eines standardisierten Cloud Computing. Die Möglichkeiten einer individuellen Weisung werden sich folglich in erster Linie auf die Beendigung, Rückübertragung und Löschung der Daten beschränken.[1479]

Statt individueller Weisungen könnte der Auftragnehmer allerdings eine Reihe von Optionsmöglichkeiten zur Verfügung stellen, unter denen der Auftraggeber wählen kann. So behält dieser zumindest auf einer standardisierten Ebene noch die Möglichkeit der Entscheidung über die Wege der Auftragsdatenverarbeitung.[1480] Hierbei könnte dem Auftraggeber beispielsweise die Auswahlentscheidung für eine bestimmte Region, innerhalb derer die Daten ausschließlich gespeichert oder sogar geroutet werden dürfen, für ein bestimmtes Datensicherheitsniveau oder für weitere Verarbeitungs- und Nutzungsrechte ermöglicht werden.[1481] Der Auftraggeber hätte so vielleicht die Wahl zwischen dem Hosting seiner Daten auf Servern innerhalb Deutschlands, innerhalb Europas oder weltweit. Er könnte möglicherweise zwischen verschiedenen Sicherheitsniveaus entscheiden oder wählen, ob seine in der Cloud gespeicherten und verarbeiteten Daten, etwa auch zu Werbezwecken, verwendet werden dürfen. Die Optionsmöglichkeiten könnten unter Umständen sogar eine Preisdifferenzierung bewirken. Wie bereits für die Verfolgung von Unterauftragsverhältnissen empfiehlt sich für das Cloud Computing eine technische Umsetzung der Optionslösung – beispielsweise über eine Online-Kundenplattform.[1482]

[1479] *Niemann/Hennrich*, CR 2010, 692; *Barnitzke* 2014, 238.
[1480] *Weichert*, DuD 2010, 685; *Niemann/Hennrich*, CR 2010, 692; *Opfermann*, ZEuS 2012, 135.
[1481] Hierzu *Weichert*, DuD 2010, 685.
[1482] Hierzu auch *Bedner* 2013, 253; siehe auch *Barnitzke* 2014, 216.

8 Entwicklung einer rechtssicheren Zertifizierung de lege ferenda

Wie festgestellt,[1483] muss die Auswahl und Kontrolle des Cloud-Anbieters als Auftragnehmer nach § 11 Abs. 2 BDSG nicht höchstpersönlich durch den Cloud-Nutzer als Auftraggeber am Ort der Datenverarbeitung stattfinden. Statt einer höchstpersönlichen Kontrolle vor Ort kann sich der Cloud-Nutzer auch auf das Ergebnis einer Überprüfung durch einen externen Dritten, etwa ein Zertifikat, stützen. Der Cloud-Nutzer als Auftraggeber wird aber, unabhängig davon, wer die Zertifizierung veranlasst, im Rahmen seiner aus der Verantwortlichkeit herrührenden Kontrollpflicht zumindest noch verpflichtet sein, die Qualifikation des externen Kontrolleurs sowie die Plausibilität und Ordnungsmäßigkeit der Prüfung und des Zertifikats nachzuvollziehen.[1484]

8.1 Rechtsunsicherheit trotz Zertifizierung

Für den Cloud-Nutzer wird sich regelmäßig die Frage ergeben, welche Anforderungen an den Kontrolleur, an die Kontrolle sowie an den Inhalt und die Qualität des Zertifikats zu stellen sind, wie diese für ihn prüfbar sind und vor allem, inwiefern ihn das Zertifikat von der eigenen Kontrollpflicht gegenüber dem Auftragnehmer entlasten kann. Eine Pflicht des Cloud-Nutzers, den Kontrolleur und die Kontrolle ihrerseits intensiv zu prüfen, würde den eigentlichen Zweck der externalisierten Kontrolle durch Zertifizierungen ad absurdum führen. Der Cloud-Nutzer soll gerade auf das Verfahren und das Ergebnis der Kontrolle vertrauen dürfen. In der Praxis sind jedoch in der jüngeren Vergangenheit unzählige Zertifizierungsangebote entstanden, die nicht übergreifend standardisiert, sondern jeweils nach eigenen Kriterien und mit unterschiedlichen Qualitätsgraden zu einer Zertifizierung gelangen.[1485] Auch sind die Vertrauenswürdigkeit und die Transparenz des Verfahrens und der gestellten Anforderungen, die zu einer Zertifizierung führen, bei diesen Angeboten nicht immer gegeben.[1486] Das Vorliegen eines Zertifikats allein kann vor diesem Hintergrund den Cloud-Nutzer nicht automatisch von den Kontrollpflichten nach § 11 Abs. 2 S. 4 BDSG entbinden.[1487]

[1483] Kapitel 7.1.3.4.
[1484] *Gola/Schomerus* 2012, § 11 BDSG, Rn. 21; *Petri*, in: Simitis 2014, §11 BDSG, Rn. 59; *Vander*, K&R 2010, 295.
[1485] Damit einhergehend schwierige Vergleichbarkeit untereinander, *Scholz*, in: Simitis 2014, § 9a BDSG, Rn. 10 f.
[1486] Hierzu *Scholz*, in: Simitis 2014, § 9a BDSG, Rn. 10 f.
[1487] AK Technik und Medien, Konferenz der Datenschutzbeauftragten des Bundes und der Länder 2014, 9; andere Ansicht wohl *Schröder/Haag*, ZD 2011, 149; demgegenüber sprechen *Bergmann/Möhrle/Herb* 2014, § 11 BDSG, Rn. 48b lediglich von einem trotz Zertifikats fortbestehenden Recht des Auftraggebers zur Kontrolle (vor Ort).

Sowohl die Anforderungen als auch die Wirkung an Zertifikaten sind nicht hinreichend geklärt. Dies führt zu Rechtsunsicherheit bei Auftraggebern wie beispielsweise kleinen und mittleren Unternehmen als Cloud-Nutzer.[1488] Das unkontrollierte „Wuchern" von ständig neuen, nicht standardisierten Zertifizierungsangeboten verstärkt diese Rechtsunsicherheit weiter. Zertifizierungsangebote müssten mithin standardisiert vorliegen, um dem Cloud-Nutzer schnell und unkompliziert eine vergleichbare Kontrollgrundlage zu schaffen.

8.2 Reformen des Kontrollrechts als Reaktion auf die Rechtsunsicherheit

Vor dem Hintergrund der bestehenden Rechtsunsicherheit von Cloud-Nutzern hinsichtlich ihrer Kontrollpflichten im Rahmen der Auftragsdatenverarbeitung werden de lege ferenda verschiedene Möglichkeiten diskutiert. Im Raum steht dabei eine Veränderung der Verantwortungsverteilung, ein Verzicht auf die Kontrollpflicht unter Einführung einer Haftungsregelung sowie eine Reform der Kontrollpflicht.

8.2.1 Veränderung der Verantwortungsstruktur

Die Auftragsdatenverarbeitung könnte dahingehend gesetzlich umgestaltet werden, dass nicht mehr der Auftraggeber, sondern der häufig überlegene Auftragnehmer für die Datenverarbeitung verantwortlich ist. Die Weisungs- und Kontrollpflichten und damit die Rechtsunsicherheit des Auftraggebers würden entfallen. Die Veränderung der Verantwortungsverteilung im Rahmen der Auftragsdatenverarbeitung wäre aber bereits aus Sicht des Betroffenenschutzes nicht zielführend. Würde der Cloud-Nutzer als Auftragnehmer von seiner alleinigen Verantwortung als verantwortliche Stelle entbunden, müsste sich der betroffene Dritte mit seinen Rechten (auch) an den Cloud-Anbieter sowie an jeden einzelnen Unterauftragnehmer wenden. Da der Cloud-Nutzer aufgrund § 4 Abs. 2 S. 1 BDSG im Regelfall zur Datenerhebung beim betroffenen Dritten verpflichtet ist, ist die Wahrscheinlichkeit, dass eine geschäftliche oder private Verbindung zwischen dem betroffenen Dritten und dem Cloud-Nutzer besteht, im Vergleich zu einer bestehenden Verbindung zwischen dem betroffenen Dritten und dem Cloud-Anbieter deutlich höher. Dem betroffenen Dritten ist also regelmäßig, wenn überhaupt, nur der Cloud-Nutzer, der beispielsweise ursprünglich Kundendaten beim betroffenen Dritten erhoben hat, bekannt, nicht jedoch der Cloud-Anbieter. Aus Sicht des betroffenen Dritten ist somit der Cloud-Nutzer primärer Ansprechpartner. Soweit der betroffene Dritte überhaupt von der Weitergabe seiner Daten an einen Cloud-Anbieter erfährt, wäre es ihm kaum zumutbar, seinen Daten „hinterherzureisen" und bei möglicherweise zahlreichen, ihm fremden Stellen, seine

---

[1488] *Schröder/Haag*, ZD 2011, 149; *Maisch/Seidel*, VBBW 1/2012, 11; *Eckhardt/Kramer*, DuD 2014, 150.

Rechte geltend zu machen. Da der Cloud-Anbieter darüber hinaus nicht selten seinen Sitz außerhalb Deutschlands hat, wäre eine Rechtsdurchsetzung zusätzlich erschwert. Auch eine geteilte, kumulative oder kollektive Verantwortung des Auftragnehmers zusammen mit dem Auftraggeber würde dem Ziel einer modernen Ressourcenverteilung wie dem Cloud Computing nicht gerecht. Der Cloud-Nutzer „mietet"[1489] sich definitionsgemäß Ressourcen flexibel und von zahlreichen, auch regelmäßig wechselnden Anbietern. Diese sollen gerade nicht in der Lage sein, eigenständig über den Umgang mit den Daten zu entscheiden, sondern lediglich die Bereitstellung des Dienstes oder der Ressource gewährleisten. Als Auftraggeber einer Auftragsdatenverarbeitung liegt es an ihm als „Herr der Daten" über die Zwecke und zumindest die wesentlichen Mittel des Datenumgangs zu entscheiden.[1490] Der Cloud-Nutzer als Auftraggeber muss mithin auch weiterhin als verantwortliche Stelle einziger und alleiniger Ansprechpartner des betroffenen Dritten sein.[1491]

8.2.2 Rücknahme der Kontrollpflicht unter Einführung eines Haftungsregimes

Auch unter Beibehaltung der Verantwortung kann auf die Kontrollpflicht nicht verzichtet werden. Zwar könnte im Rahmen einer Abschaffung der Kontrollpflicht ein Haftungstatbestand geschaffen werden, der dem betroffenen Dritten einen Anspruch gegenüber dem Auftraggeber für den Fall einer Datenweitergabe an einen zu unsicheren Auftragnehmer einen Ersatz- oder Unterlassungsanspruch einräumt. Der Auftraggeber würde möglicherweise dann schon aus Eigeninteresse einen geeigneten Auftragnehmer wählen und diesen auch überwachen. Hiergegen wird jedoch zu Recht eingewandt, dass das Datenschutzrecht gerade für die Verhaltenssteuerung durch zivilrechtliche Ansprüche ungeeignet ist. Datenschutzrechtliche Ansprüche sind insbesondere von Betroffenen nur schwer tatsächlich geltend zu machen. Nur selten würde ihnen der anspruchsbegründende Sachverhalt bekannt werden – häufig bliebe beispielsweise die Tatsache, dass Daten betroffener Dritter in einer Cloud gespeichert sind, gänzlich unbemerkt. Bestünde ein Anspruch, ließe sich der meist immaterielle Schaden nur schwer berechnen.[1492] Ebenso wie die Verantwortung muss auch eine Kontroll- und Überwachungspflicht gesetzlich beim Cloud-Nutzer verbleiben.

8.2.3 Reform der Kontrollpflichten nach § 11 Abs. 2 S. 4 BDSG

Im Ergebnis bleibt somit lediglich die Reform der Pflichten nach § 11 Abs. 2 S. 4 BDSG als mögliche Lösung des Dilemmas einer rechtssicheren Kontrolle des Auf-

---

[1489] Zur zivilrechtlichen Einordnung *Wicker*, MMR 2012, 783.
[1490] Kapitel 5.2.5.3.
[1491] Trusted Cloud, AG Rechtsrahmen 2012, 9.
[1492] Trusted Cloud, AG Rechtsrahmen 2012, 11.

tragnehmers durch den Auftraggeber. Die im Rahmen dieser Arbeit bereits grundsätzlich für zulässig befundene Überprüfung des Auftraggebers durch Externe[1493] müsste hierzu auf eine bestimmte Weise normiert und dadurch rechtssicher standardisiert sein. Zukünftig müsste die Möglichkeit einer externen Kontrolle nicht nur – gesetzlich oder als privatwirtschaftlicher Standard –festgeschrieben, sondern gleichzeitig ein Verfahren geregelt werden, unter dem externe Kontrolleure zugelassen werden und sodann mithilfe eines Zertifikats die Einhaltung der beim Auftragnehmer getroffenen technischen und organisatorischen Maßnahmen bestätigen. Mithilfe dieses Zertifikats müsste der Auftraggeber rechtssicher die Einhaltung seiner höchstpersönlichen Kontrollpflicht ersetzen können.[1494] Zur Beseitigung bestehender Rechtsunsicherheiten müssten folglich normative Vorgaben für eine Zertifizierung geschaffen oder angepasst werden.

8.3 Grundbedingungen eines zukünftigen Zertifizierungssystems

Im Folgenden ist die Systematik bestehender vergleichbarer Zertifizierungssysteme und ihre Wirkmechanismen näher zu beleuchten, um hieran im Anschluss Möglichkeiten eines zukünftigen Zertifizierungssystems für die Auftragsdatenverarbeitung zu untersuchen. Hierauf aufbauend wird schließlich ein konzeptioneller Ansatz für eine Gestaltung eines rechtssicheren Zertifizierungssystems entwickelt. Dabei sollen bereits vorhandene Mechanismen, etwa aus dem Bereich der privatwirtschaftlichen Standardisierung, der Datenschutzgütesiegel, der Wirtschaftsprüfertestate, der Anerkennung von Prüf- und Bestätigungsstellen im Signaturrecht sowie Konformitätsprüfungen im Produktsicherheitsrecht, als Referenz dienen.

8.3.1 Zertifizierung als Gegenstand gestufter Prüfsysteme

Eine Zertifizierung kann als „die von einer unabhängigen Stelle durchgeführte Überprüfung eines Produkts, einer Dienstleistung, eines Systems oder einer Einrichtung auf seine/ihre Übereinstimmung mit bestimmten Anforderungen und die Bestätigung dieser Konformität" definiert werden.[1495] Herkömmliche Zertifizierungen beruhen somit zum einen auf einem Anforderungskatalog sowie einem Prüfmechanismus, der durch eine private oder staatliche Stelle festgelegt wird. Zum anderen umfassen sie den eigentlichen Prüfvorgang und die Erteilung einer Konformitätsbescheinigung, dem Zertifikat. Der Zertifizierungsprozess von der Bestimmung der Anforderungen über die Festlegung des Prüfmechanismus', die Durchführung der Prüfung bis hin zum Zertifikat, muss dabei nicht zwingend in der Hand einer einzigen Stelle liegen, sondern kann

---

[1493] Kapitel 7.1.3.4.

[1494] Für eine gesetzliche Klarstellung beispielsweise *Niemann/Hennrich*, CR 2010, 690; Trusted Cloud, AG Rechtsrahmen 2012, 13; *Borges/Brennscheidt*, in: Borges/Schwenk 2012, 68; wohl auch *Selzer*, DuD 2013, 217 ff.

[1495] *Bieback* 2008, 33.

auch gestuft auf verschiedenen Ebenen erfolgen. Häufig fallen dabei der Anforderungsgeber und die Zertifizierungsstelle auseinander. So kommt es regelmäßig vor, dass eine sogenannte „Akkreditierungsstelle" lediglich die Befähigung einer „Zertifizierungsstelle" auf Grundlage der festgelegten Anforderungen prüft und durch eine „Akkreditierung" die Berechtigung der Zertifizierungsstelle zur Vergabe von Zertifikaten formell feststellt. Erst die Zertifizierungsstelle führt dann die Überprüfung an dem Produkt, dem System oder der Einrichtung durch und bescheinigt sodann durch die Vergabe ihres eigenen oder eines in den Anforderungen festgelegten Zertifikats die Konformität mit den Anforderungen.[1496] Regelmäßig – etwa im Signaturrecht – ist darüber hinaus die Durchführung der eigentlich Prüftätigkeit vor Ort, die Ausstellung einer Bestätigung und schließlich die förmliche Erteilung auf mehrere getrennte Stellen verteilt.[1497]

Anders als beispielsweise bei Zertifizierungen im Bereich der Produktsicherheit, stellt § 11 Abs. 2 S. 4 BDSG ausdrücklich auf eine Kontrolle „vor Beginn der Datenverarbeitung und sodann regelmäßig" ab. Ein Zertifikat könnte seine Wirkung somit nur für einen begrenzten Zeitraum entfalten. Im Anschluss daran bedürfte es einer neuen Zertifizierung. Auch diese (erneuerte) Zertifizierung würde jedoch ausschließlich eine Momentaufnahme des Auftragnehmers anzeigen. Insbesondere im schnell variierenden und von ständigen Datenströmen und -verschiebungen geprägten Cloud Computing kann auch eine lückenlose Dauerkontrolle im Sinne eines Monitorings erforderlich sein.[1498] Das Zertifikat würde dann in regelmäßigen Abständen automatisch erneuert. Technisch ließe sich ein Monitoring beispielsweise unter anderem mit Logdateien lösen, mit denen bestimmte Vorgänge des Datenumgangs automatisch protokolliert werden.[1499]

8.3.2 Gesetzlich geregeltes Zertifikat statt privatwirtschaftlicher Standardisierung

Aus dem Vorangehenden ergibt sich bereits das Erfordernis, auch für eine zukünftige Ausgestaltung der Auftragsdatenverarbeitung an der Verantwortung und der primären Kontrollpflicht des Auftraggebers festzuhalten. Der Auftraggeber sollte zukünftig aber rechtssicher von einer höchstpersönlichen Vor-Ort-Kontrolle absehen dürfen. Hierbei sollte er sich, wie bereits untersucht,[1500] jedoch nicht auf die Eigenkontrolle des Auftragnehmers in Form eines Selbstaudits, sondern lediglich auf eine standardisierte, transparente und rechtssichere Zertifizierung durch einen externen Dritten verlassen.

[1496] *Bieback* 2008, 33 ff.
[1497] Hierzu *Roßnagel*, in: Roßnagel 2013, § 15 SigG, Rn. 27 ff.
[1498] Trusted Cloud, AG Rechtsrahmen 2012, 12.
[1499] *Selzer*, DuD 2013, 218; *Kunz/Niehues/Waldmann*, DuD 2013, 521.
[1500] Kapitel 7.1.4.

Historisch entstammen Zertifizierungssysteme dem privatwirtschaftlichen Bereich, wo sie ursprünglich zur Kontrolle von Produkten und technischen Standards entwickelt wurden.[1501] Auf privatwirtschaftlicher Ebene kommen beispielsweise Verbände oder Normungsinstitute wie etwa das Deutsche Institut für Normierung (DIN), die International Organization for Standardization (ISO) oder der Verband der Elektrotechnik Elektronik Informationstechnik (VDE) aber auch gewerbliche Anbieter als Zertifizierungsgeber in Betracht. Insbesondere im Bereich des E-Commerce[1502] bestehen mittlerweile zahlreiche Zertifikate und Gütesiegel, die von der Privatwirtschaft, beispielsweise zum Zwecke der Vertrauensbildung bei Online-Kunden, geschaffen wurden.[1503]

Fraglich ist, ob ein Zertifikat zur Auftragsdatenverarbeitung auf rein privatwirtschaftlicher Ebene oder gesetzlich geregelt erfolgen sollte. Eine rein privatwirtschaftliche Lösung könnte zwar, unter Schaffung eines Standards, den genannten Schwierigkeiten der Vielfalt und Intransparenz des derzeitigen Zertifikatemarkts entgegenwirken. Fraglich ist dabei jedoch der Gewinn an Rechtssicherheit für den Auftraggeber – hier für den Cloud-Nutzer. Hierzu müsste das Zertifikat eine konkrete Rechtswirkung hervorrufen. Technische Regelwerke bekannter und anerkannter Norminstitute, wie dem Deutschen Institut für Normierung (DIN) oder der International Organization for Standardization (ISO), können zwar durchaus auch in das gesetzliche Regelsystem Einzug halten – beispielsweise über den gesetzlichen Bezug auf allgemein anerkannte Regeln der Technik.[1504] Um jedoch den Anforderungen an die demokratische Legitimation zu genügen, werden zusätzlich zu den genannten technischen Regelwerken durch private Normungsinstitute hohe Anforderungen an die vorherige Konkretisierung in übergeordneten Gesetzen oder Rechtsverordnungen gestellt.[1505]

Im Ergebnis könnten möglicherweise durch privatwirtschaftliche Standards und Normen abstraktere Vorgaben des Gesetzgebers zu Prüfinhalten konkretisiert werden[1506] – so beispielsweise, die Anforderungen an die Zutrittskontrolle bei Cloud-Serverräumen oder die Qualität von Firewalls zur Zugriffssicherung auf Server. Das eigentliche Prüfverfahren und die Frage, welche Stelle unter welchen Voraussetzungen zu rechtsverändernden Zertifizierungen berechtigt ist, wie solche Zertifizierungen zu erfolgen haben und unter welchen Voraussetzungen ein Zertifikat zu erteilen ist, durch eine rein privatwirtschaftliche Standardisierung dagegen nicht festgelegt werden. Hierzu bedürf-

---

[1501] *Bieback* 2008, 29.
[1502] Hierzu *Kröger/Nöcker/Nöcker* 2002, 3 ff.
[1503] Beispielsweise „Trusted Shops", http://www.trustedshops.de/; „TÜV Süd Safer Shopping", https://www.safer-shopping.de/; „Eurolabel", http://www.euro-label.com.
[1504] *Schmidt-Aßmann*, in: Maunz/Dürig 2013, Art. 19 GG, Rn. 207.
[1505] *Schmidt-Aßmann*, in: Maunz/Dürig 2013, Art. 19 GG, Rn. 207; zum Datenschutzaudit auch *Roßnagel* 2000, 131.
[1506] Im Rahmen des Umweltmanagementsystems EMAS findet sich in § 9 Abs. 4 UAG beispielsweise der Bezug auf eine Zertifizierung nach ISO 14001.

te es eines gesetzlich geregelten Zertifizierungssystems. Im Folgenden soll deshalb von einer „gesetzlich geregelten" Zertifizierung in Abgrenzung zu rein privatwirtschaftlichen Zertifikaten gesprochen werden.[1507]

8.3.3 Konformitätsbestätigende statt rein marktfördernder Zertifizierung

Gesetzlich geregelte Zertifikate sollen im Folgenden unter anderem anhand ihrer rechtlichen Wirkung und Zielsetzung in zwei Kategorien unterschieden werden: den marktförmigen, anreizfördernden Zertifikaten sowie Zertifikaten zur Konformitätskontrolle.

Marktförmige, anreizfördernde Zertifikate basieren in der Regel auf freiwilligen Audits und dienen dem Erwerber des Zertifikats als Auszeichnung und Nachweis über eine besondere Qualität, die über das gesetzlich Geforderte hinausgeht.[1508] Diese häufig als „Gütesiegel" bezeichneten Zertifikate sind gesetzlich geregelte Marktinstrumente, mit denen der Inhaber etwa gegenüber potentiellen Kunden werben kann und sich von Mitbewerbern, die die gesetzlichen Anforderungen nur erfüllen, nicht jedoch übererfüllen, abzugrenzen.[1509] Die gesetzliche Normierung des Zertifikats dient beispielsweise dem Zweck, durch ihren hoheitlichen Bezug die Vergleichbarkeit und Vertrauenswürdigkeit gegenüber rein marktwirtschaftlichen Zertifikaten zu erhöhen.[1510] Gleichzeitig sollen Anstrengungen der Teilnehmer zu einer „Übererfüllung" der gesetzlichen Anforderungen in diesem Bereich staatlich gefördert und so ein Wettbewerb um die Vorreiterrolle in einem staatlich gewünschten Bereich initiiert werden.[1511]

Ein Beispiel aus dem Bereich des Datenschutzes ist das in § 9a BDSG verankerte Datenschutzaudit. Nach § 9a Abs. 1 BDSG können Anbieter von Datenverarbeitungssystemen und -programmen und datenverarbeitende Stellen zur Verbesserung des Datenschutzes und der Datensicherheit ihr Datenschutzkonzept sowie ihre technischen Einrichtungen durch unabhängige und zugelassene Gutachter prüfen und bewerten lassen sowie das Ergebnis der Prüfung veröffentlichen. Die Schaffung eines Datenschutzaudits diente ursprünglich dem Zweck, „datenschutzfreundliche Produkte auf dem Markt zur fördern".[1512] Nach Einführung des § 9a BDSG blieb dieser jedoch bislang ausschließlich eine Programmnorm, da das zur Einführung des Auditsystems erforderliche Ausführungsgesetz nach § 9a Abs. 2 BDSG bislang ausblieb.[1513] Eingeführt wurde demgegenüber ein Datenschutzaudit für öffentliche Stellen des Landes Schleswig Holstein. Durch § 42 Abs. 2 LDSG-SH wurde das Unabhängige Landeszentrum

---

[1507] *Bieback* 2008, 38 f.
[1508] *Roßnagel* 2000, 89 f.
[1509] *Roßnagel* 2000, 97 f.
[1510] *Scholz*, in: Simitis 2014, § 9a BDSG, Rn. 11.
[1511] Hierzu *Roßnagel* 2000, 63; *Scholz*, in: Simitis 2014, § 9a BDSG, Rn. 3 ff.
[1512] BR-Drs. 461/00, 74.
[1513] *Scholz*, in: Simitis 2014, § 9a BDSG, Rn. 40.

für Datenschutz (ULD) mit der Durchführung des Audits beauftragt. Eine vergleichbare Regelung findet sich auch in der Bremischen Datenschutzauditverordnung. Die in § 42 Abs. 2 LDSG-SH vorgesehene Prüfung und Beurteilung durch das ULD ist, ähnlich wie § 1 BremDSAuditV, jedoch ausdrücklich eine „Kann"-Vorschrift und soll, ausweislich des hierzu erstellten Regelwerks des ULD,[1514] die „dauerhafte Gewährleistung eines hohen Sicherheitsniveaus für den zu auditierenden Teil der öffentlichen Stelle" ermöglichen.

Gesetzlich geregelte, marktförmige und anreizfördernde Zertifikate oder Gütesiegel wie ein Datenschutzaudit im Sinne des § 9a BDSG, des § 42 Abs. 2 LDSG-SH oder der Bremischen Datenschutzauditverordnung wären im Hinblick auf den Zweck der Zertifizierung nicht zielführend. Das zukünftige Zertifikat sollte zur Erhöhung der Flexibilität und Durchführbarkeit von Auftragsdatenverarbeitungen in einem digitalisierten Massenmarkt wie beim Cloud Computing beitragen. Gegenstand des Zertifikats sollte die gesetzlich geforderte Überprüfung des Auftragnehmers oder seines Dienstangebots durch den Auftraggeber sein.[1515] Zwar würde eine Zertifizierung beim Cloud Computing regelmäßig durch den Cloud-Anbieter als Auftragnehmer initiiert werden, um so allen potentiellen Cloud-Nutzern als Auftraggebern die Erfüllung ihrer Pflicht nach § 11 Abs. 2 S. 4 BDSG mit einer einzigen Zertifizierung zu erleichtern. Der Cloud-Anbieter könnte dann auch damit werben, erfolgreich zertifiziert zu sein. Die Zertifizierung sollte jedoch in erster Linie dazu dienen, die Konformität des Anbieters mit den gesetzlichen (oder auch selbstgesteckten) Anforderungen zu bestätigen und so dem Cloud-Nutzer die Erfüllung seiner Kontrollpflicht ermöglichen. Der hierzu erforderliche Zertifizierungsmechanismus sollte somit nicht zum Ziel haben, eine Übererfüllung gesetzlicher Datenschutzpflichten zu dokumentieren und zu würdigen. Das Zertifikat müsste vielmehr jedem Auftragnehmer erteilt werden, der die (gesetzlichen) Mindestanforderungen erreicht.[1516]

In Abgrenzung zu rein anreizfördernden Zertifikaten dienen Zertifikate zur Konformitätskontrolle dazu, lediglich die Einhaltung von externen Vorgaben zu kontrollieren. Auch ohne die Übererfüllung von gesetzlichen Vorgaben und unabhängig von Vergleichsprüfungen erhält jede geprüfte Stelle ein Zertifikat, die die gesetzlichen (Mindest-)Anforderungen erfüllt.[1517] So hat beispielsweise die „freiwillige Akkreditierung" nach § 15 SigG das Ziel, die Erfüllung der gesetzlichen Anforderungen bei den Zertifizierungsdiensteanbietern und den Produkten für elektronische Signaturen zu prüfen

---

[1514] ABl. SH 2008, 1164, ber. 2009, 184 f.
[1515] Trusted Cloud, AG Rechtsrahmen 2012, 14.
[1516] So ausdrücklich unter Bezugnahme auf Trusted Cloud, AG Rechtsrahmen 2012, *Borges*, DuD 2014, 167.
[1517] Ein solches Zertifikat könnte auch als „Compliance-Zertifikat" bezeichnet werden, *Borges*, DuD 2014, 167.

und zu bestätigen.[1518] Sind die dort genannten Voraussetzungen gegeben, muss das Zertifikat (im Signaturrecht „die Akkreditierung") erteilt werden. Im Bereich des öffentlichen Rechts können solche Zertifikate substituierend oder zumindest ergänzend zu Kontroll- und Überwachungspflichten einer staatlichen Behörde[1519] oder eines gesetzlich Verpflichteten wirken. An die Stelle einer bestehenden Kontrollpflicht der Behörde oder eines gesetzlich dazu Verpflichteten oder zumindest ergänzend zu ihr tritt in diesem Fall das gesetzlich geregelte Zertifikat und bestätigt die Konformität des zu Prüfenden mit gesetzlichen Anforderungen.[1520]

8.3.4 Prüfgegenstand und Prüfgruppen

Nach dem Vorangehenden müsste die Zertifizierung de lege ferenda auf Basis einer gesetzlichen Regelung erfolgen und aufgrund der Einhaltung von Mindestvoraussetzungen vergeben werden. Fraglich ist nunmehr, welcher Prüfgegenstand zugrunde gelegt würde, wer Voraussetzungen und Prüfkriterien festlegen würde und wie diese der Vielzahl von Einzelfällen gerecht werden könnten.

8.3.4.1 Prüfgegenstand einer Zertifizierung

Gegenstand der Zertifizierung wäre in erster Linie die Kontrolle, in deren Rahmen sich die Zertifizierungsstelle für den Auftraggeber nach dem Gesetzeswortlaut in § 11 Abs. 2 S. 4 BDSG „von der Einhaltung der beim Auftragnehmer getroffenen technischen und organisatorischen Maßnahmen zu überzeugen" hat. Prüfgegenstand wären mithin zunächst die beim Auftragnehmer für einen von ihm angebotenen Dienst getroffenen technischen und organisatorischen Maßnahmen.[1521] Darüber hinaus müssen auch Maßnahmen des nicht-technischen Datenschutzes also beispielsweise die Zweckbindung und die Transparenz Gegenstand der Prüfung sein.[1522] In einer engen Auslegung des Prüfgegenstands ohne einen Zertifizierungsmechanismus ergeben sich die Maßnahmen nicht nur aus den der Auswahl zugrundegelegten gesetzlichen Anforderungen, sondern auch aus den im Rahmen des Auftragsverhältnisses erteilten Weisungen des Auftraggebers als eigentlich verantwortlicher Stelle. Der Auftraggeber soll sich durch die Kontrolle nach § 11 Abs. 2 S. 4 BDSG demzufolge nicht nur von der Einhaltung der allgemeinen gesetzlichen Vorgaben, sondern auch prüfen, ob der Auf-

---

1518 *Roßnagel*, in: Roßnagel 2013, § 15 SigG, Rn. 23.
1519 *Bieback* 2008, 213 ff.
1520 *Bieback* 2008, 220 ff.
1521 Trusted Cloud, AG Rechtsrahmen 2012, 14.
1522 Siehe hierzu AK Technik und Medien, Konferenz der Datenschutzbeauftragten des Bundes und der Länder 2014, 11.

tragnehmer die für die Auswahl zugrundegelegten individuellen Voraussetzungen sowie die in Form von Weisungen erteilten Vorgaben tatsächlich einhält.[1523]

Sollten de lege ferenda Zertifizierungssysteme eine höchstpersönliche Kontrolle vor Ort ersetzen, könnte sich die Kontrolle aber nicht auf die Einhaltung individueller Weisungen eines einzelnen Auftraggebers beziehen. Die mit der Prüfung und Zertifizierung befassten Stellen müssten sonst wiederum alle bestehenden Auftragsverhältnisse zwischen einem Auftragnehmer und seinen Auftraggebern und die dort erteilten Weisungen einzeln prüfen.[1524] Dies erscheint beispielsweise für das Cloud Computing mit unzähligen, regelmäßig wechselnden Cloud-Nutzern pro Cloud-Anbieter als unrealistisch. Statt einer Kontrolle der Einhaltung individueller Weisungen könnte in einem Zertifizierungssystem vielmehr das vom Auftraggeber erstellte Gesamtkonzept zur Datenverarbeitung, der Datensicherheit, und dem Datenschutz sowie dessen Organisation und Umsetzung geprüft werden. Die Prüfung könnte sich dabei beispielsweise an die Prüfung und Bestätigung des Sicherheitskonzepts von Zertifizierungsdiensteanbietern nach § 15 Abs. 2 SigG anlehnen.[1525]

8.3.4.2 Bildung standardisierter Prüfgruppen

Soweit, wie festgestellt, nicht die Einhaltung der im Einzelfall vorliegenden Weisungen des Auftragnehmers Gegenstand der Prüfung wäre, müssten Prüfanforderungen verallgemeinert vorliegen. Vor dem Hintergrund unzähliger unterschiedlicher Datenverarbeitungssituationen und Techniken bliebe jedoch die Auflistung von Maßnahmen beispielsweise in der Anlage zu § 9 S. 1 BDSG, etwa zur Zutrittskontrolle nach Satz 2 Nr. 1 der Anlage zu § 9 S. 1 BDSG, wonach Unbefugten der Zutritt zu Datenverarbeitungsanlagen zu verwehren ist, zu abstrakt. Zur Konkretisierung dieser Anforderungen verweist das Bundesdatenschutzgesetz in Satz 2 der Anlage zu § 9 S. 1 BDSG auf die Eignung der zu treffenden Maßnahmen in Abhängigkeit der Art der zu schützenden personenbezogenen Daten oder Datenkategorien und sodann in § 9 S. 2 BDSG auf die Erforderlichkeit und Verhältnismäßigkeit. Hiernach sollen die für geeignet erachteten Maßnahmen mit ihrem Aufwand in einem „angemessenen Verhältnis zum Schutzzweck" stehen. Anforderungen an technische und organisatorische Maßnahmen sind somit selbst stets Gegenstand einer Einzelfallabwägung, bei dem der Aufwand für die Maßnahmen mit dem Schutzzweck, der auch von der Art der Daten oder Datenkategorien beeinflusst wird, ins Verhältnis gesetzt wird.[1526]

[1523] Dieser Aspekt wird bei Trusted Cloud, AG Rechtsrahmen 2014, 9 nicht oder nur unvollständig berücksichtigt.
[1524] In diese Richtung auch Trusted Cloud, AG Rechtsrahmen 2014, 10.
[1525] Zur Prüfung und Bestätigung des Sicherheitskonzepts im Rahmen der Akkreditierung von Zertifizierungsdiensteanbietern *Roßnagel*, in: Roßnagel 2013, § 15 SigG, Rn. 56 f.
[1526] *Gola/Schomerus* 2012, § 9 BDSG, Rn. 7 ff.; *Ernestus*, in: Simitis 2014, § 9 BDSG, Rn. 23 ff.

Für ein Zertifikat unabdingbar wären demgegenüber einheitliche Maßstäbe, die zumindest für eine bestimmte typische Art der Auftragsdatenverarbeitung standardisierte Prüfkriterien ermöglichen.[1527] Folglich wären verschiedene Zertifikate mit jeweils unterschiedlichen Anforderungskatalogen für verschiedene Prüfgruppen erforderlich. Grundlage eines Zertifizierungssystems müsste demnach die Abgrenzung in Fallgruppen sein, innerhalb derer die Anforderungen an technische und organisatorische Maßnahmen vergleichbar sind. Dabei wäre für jeden Einzelfall in der jeweiligen Fallgruppe zumindest das Mindestmaß im Rahmen der vorgenannten Abwägung zu gewährleisten.[1528] Je nach Enge des Zuschnitts der Fallgruppen wichen die Anforderungen dann in unterschiedlichem Ausmaß von der Mindestanforderung nach oben ab. Einerseits wäre es vorstellbar, dass es beispielsweise eine einheitliche Zertifizierung für alle Cloud-Anbieter gibt. Andererseits könnten jedoch auch spezifischere Zertifizierungen, beispielsweise für Cloud-Speicheranbieter, Cloud-Softwareanbieter oder eine Unterscheidung nach den in den Clouds gespeicherten und verarbeiteten Datenkategorien, festgelegt werden.[1529] Im Rahmen des Trusted Cloud-Programms wurde hierzu beispielsweise ein System der „modularen Zertifizierung" entwickelt, nach dem unterschiedliche Dienste in Module aufgeteilt und dann getrennt zertifiziert werden können.[1530]

8.3.5 Konkretisierung der Prüfinhalte

Die Festlegung konkreter Prüfinhalte könnte sowohl in einem selbstregulatorischen Prozess durch die Beteiligten der Auftragsdatenverarbeitung entstehen, als auch durch eine übergeordnete Instanz, wie etwa durch den Gesetzgeber in einem Gesetz oder außergesetzliche Normgeber, erfolgen.

8.3.5.1 Selbstregulatorische Ansätze

De lege lata ist die Festlegung des Prüfgegenstands und der Prüfanforderungen regelmäßig ein selbstregulatorischen Prozess zwischen Auftraggeber und Auftragnehmer. Sie resultieren aus der Schutzbedarfsanalyse[1531] durch den Auftraggeber im Rahmen der Auswahl und die Vorgaben im Rahmen von Weisungen während der Auftragsdatenverarbeitung.[1532] Würden für ein Zertifizierungssystem demgegenüber Prüfgruppen gebildet, könnte der Auftraggeber die Prüfung nicht mehr im Einzelfall bestimmen.

[1527] Trusted Cloud, AG Rechtsrahmen 2012, 14.
[1528] Trusted Cloud, AG Rechtsrahmen 2012, 14.
[1529] So könnten spezielle Zertifizierungen für Clouds geschaffen werden, in denen beispielsweise besondere Arten personenbezogener Daten gespeichert und verarbeitet werden sollen.
[1530] Hierzu Trusted Cloud, AG Rechtsrahmen 2012, 10 ff.
[1531] Zur Auswahl siehe Kapitel 7.1.1.
[1532] Kapitel 7.2.4.

Konkrete Prüfkriterien wären dann vielmehr zumindest für eine Gruppe bestehender oder potentieller Auftragsverhältnisse vordefiniert.

Die Festlegung konkreter Prüfkriterien und der Anforderungen im Einzelnen könnte selbstregulatorisch gegebenenfalls durch den Auftragnehmer oder durch ein ihn vertretendes Gremium erfolgen. Vorstellbar wäre beispielsweise, dass ein Cloud-Anbieter oder ein Branchenverband für sich beziehungsweise seine Mitglieder Prüfkriterien erarbeitet. Der Gesetzgeber würde in diesem Fall lediglich den Rahmen des gesetzlichen Zertifikats definieren und die Zertifizierung überwachen. Die Festlegung des Prüfgegenstands, die Bildung von Prüfgruppen, die konkrete Festlegung von Kriterien und Anforderungen würden vom Unternehmen oder einem Verband selbstregulatorisch, beispielsweise in einer „Selbstverpflichtung", festgelegt.

Die Festlegung des Gegenstands und der Anforderungen wäre bei einem selbstregulatorischen Ansatz mit bestehenden Datenschutzaudits vergleichbar.[1533] Gegenstand der Zertifizierung wäre die Einhaltung der „Selbstverpflichtung". Die Zertifizierungsstelle würde demzufolge nur prüfen, ob der Auftragnehmer die von ihm gesteckten Datenschutzziele einhält. Wie für ein Datenschutzaudit könnte der Auftraggeber beispielsweise ein Datenschutzprogramm sowie ein Datenschutzmanagementsystem festlegen, dessen Einhaltung später Gegenstand der Zertifizierung ist.[1534] Inwiefern eine solche selbstregulatorische Festlegung den Auftraggeber von seiner Kontrollpflicht entbinden könnte, hinge allerdings von der gewünschten Rechtswirkung des Zertifikats ab und ist noch zu thematisieren.[1535]

8.3.5.2 Gesetzliche Festlegung

Je nach Ausgestaltung de lege ferenda könnte die Konkretisierung von Prüfanforderungen statt auf selbstregulatorischer Basis auch auf gesetzlicher Grundlage erfolgen. Der Gesetzgeber wäre damit in erster Linie für die Festlegung des Prüfgegenstands, der Prüfgruppen, der Prüfinhalte und der Prüfabläufe zuständig.[1536] Wie bereits für die Bestimmung sicherer Verschlüsselungen festgestellt, wäre eine umfassende Bestimmung technisch detaillierter und mit der Technikentwicklung variierender Vorgaben durch den parlamentarischen Gesetzgeber in einem Parlamentsgesetz wohl nicht geeignet.[1537] So würde die gesetzliche Festlegung auf starre Werte den parlamentarischen Gesetzgeber, wie in vielen Bereichen des Umwelt- und Technikrechts, überfor-

---

[1533] Zum Datenschutzaudit *Roßnagel* 2000, 35 ff.; ULD 2013, FAQ zum Datenschutzaudit.
[1534] So zum Datenschutzaudit *Roßnagel* 2000, 96 f.
[1535] Hierzu Kapitel 8.4.
[1536] Die Möglichkeit der eigenständigen Festlegung durch die Zertifizierungsstelle ist dagegen im Hinblick auf die Vergleichbarkeit, Transparenz und demokratische Legitimation des Ergebnisses abzulehnen, so auch Trusted Cloud, AG Rechtsrahmen 2012, 15.
[1537] Hierzu Kapitel 5.1.9.2.

dern.[1538] Neben der nicht sichergestellten Sachkenntnis besäße der parlamentarische Gesetzgebungsprozess außerdem nicht die Flexibilität, um auf aktuelle technische Entwicklungen reagieren zu können.[1539] Vielmehr wären in den einschlägigen formellen Datenschutzgesetzen lediglich abstrakte Vorgaben zur Aufteilung von Prüfgruppen oder den Anforderungen an die technische und organisatorische Datensicherheit in den zu zertifizierenden Stellen zu machen. Zwar müssen wegen des Grundsatzes der Wesentlichkeit die wesentlichen Fragen der Zertifizierung durch den parlamentarischen Gesetzgeber geregelt werden.[1540] Zur Konkretisierung dieser Vorgaben könnte jedoch, wie beispielsweise im Signaturrecht durch § 15 Abs. 6 S. 2 SigV,[1541] eine gesetzliche Verweisung auf Recht unterhalb formeller Gesetze erfolgen.[1542] Dieser Verweis müsste wiederum mit dem Auftrag und der entsprechenden Ermächtigung an ein Ministerium oder (durch Subdelegation)[1543] an eine Fachbehörde versehen sein. Das Ministerium oder die Behörde würden hierauf Rechtsverordnungen, Verwaltungsvorschriften, technische Regeln, Empfehlungen oder Bekanntmachungen erlassen, aus denen sich der Prüfgegenstand sowie konkrete Prüfgruppen, Prüfinhalte, Prüfabläufe und Geltungszeiträume für Zertifikate ergäben.[1544]

8.3.5.3 Technische Normierung

Trotz einer gesetzlichen Festlegung von Prüfinhalten könnte auch der Sachverstand privatwirtschaftlicher Unternehmen und Verbände in die ministeriellen oder behördlichen Vorgaben einfließen. Beim Aufbau eines Zertifizierungssystems, unter das letztendlich eine erhebliche Anzahl von Diensten fallen würde, wäre eine Mitwirkung der betroffenen Interessengruppen förderlich. Diese könnten beispielsweise im Rahmen von regelmäßigen Anhörungen, Beratungen, Befragungen und Stellungnahmen an der Meinungsbildung teilnehmen.[1545] Vereinzelt wird gefordert, Datenschutzexperten aus Wirtschaft und Wissenschaft in konkrete Abstimmungen über gesetzliche Prüfkriterien unmittelbar einzubinden – etwa, indem diese als Mitglied eines Datenschutzausschus-

---

[1538] Zum Atomrecht *Roßnagel*, in: Roßnagel/Rust/Manger 1999, 217.
[1539] „Gebot schneller Veränderbarkeit", *Di Fabio* 1994, 84.
[1540] Hierzu *Herzog/Grzeszick*, in: Maunz/Dürig 2013, Art. 20 GG Abs. 3 (VI), Rn. 131; *Ossenbühl*, in: Isensee/Kirchhof 2007, § 101, Rn. 53 ff.
[1541] Der Verweis bezieht sich auf eine halbjährlich von der Bundesnetzagentur zu veröffentlichende Bekanntmachung über geeignete Algorithmen für die qualifizierte elektronische Signatur, zum Beispiel BNetzA 2012, Bundesanzeiger Nr. 10, 243, siehe hierzu Kapitel 5.1.9.2.3.
[1542] *Di Fabio* 1994, 82.
[1543] Zu den engen Voraussetzungen einer Subdelegation *Maunz*, in: Maunz/Dürig 2013, Art. 80 GG, Rn. 41 ff.
[1544] So auch Trusted Cloud, AG Rechtsrahmen 2012, 15, jedoch bereits mit dem Vorschlag für ein europäisches Ermächtigungsverfahren im Hinblick auf eine potentielle europäische Datenschutzverordnung.
[1545] *Ossenbühl*, in: Isensee/Kirchhof 2007, § 101, Rn. 66.

ses konkret abstimmungsberechtigt wären.[1546] Aus Art. 80 Abs. 1 GG ergibt sich zwar die Möglichkeit, Rechtssetzungsakte per Gesetz auf Bundesminister oder Landesregierungen zu delegieren, die dann Rechtsverordnungen erlassen können. Auch besteht durch den Erlass einer Rechtsverordnung nach Art. 80 Abs. 1 S. 4 GG die Möglichkeit einer Subdelegation an weitere Behörden. Die Subdelegation an nichtstaatliche Stellen ist hiervon aufgrund ihrer fehlenden demokratischen Legitimation aber nicht umfasst.[1547] Eine unmittelbare Einbindung von Datenschutzexperten aus Wissenschaft und Wirtschaft im Sinne von Mitentscheidungsrechten bei der Bestimmung von Prüfkriterien durch eine Rechtsverordnung wäre somit wohl unzulässig.

Fraglich ist schließlich, ob sich die abstrakten Anforderungen aus dem formellen Gesetz neben den nicht-formellen Gesetzen auch durch außergesetzliche Normen, wie beispielsweise ISO-, EN- oder DIN-Normen, ergeben könnten. Da es sich, wie festgestellt, aufgrund der fehlenden demokratischen Legitimation hierbei um keine Rechtsakte handelt,[1548] könnten Prüfverfahren, die hierauf gestützt sind, möglicherweise keine unmittelbare Rechtswirkung entfalten. Ob außergesetzliche Normen dennoch Kriterien für eine Zertifizierung sein könnten, hinge ebenfalls davon ab, welche konkrete rechtliche Wirkung die Zertifizierung durch eine Zertifizierungsstelle hätte. Im Folgenden ist deshalb anhand von Beispielen unterschiedlicher bestehender Zertifizierungssysteme die rechtliche Wirkung des Zertifikats näher zu untersuchen.

8.4 Möglichkeiten der Ausgestaltung auf Grundlage bestehender Systeme

Zertifizierungsverfahren, die auf gesetzlicher Grundlage von privaten Stellen durchgeführt werden, finden sich in vielen Bereichen des Wirtschafts-, Technik-, Umwelt- oder Sozialrechts. Die Zertifizierungsverfahren haben, je nach Ausgestaltung und Einsatzbereich, unterschiedliche rechtliche Wirkmechanismen. Im Folgenden werden einzelne Zertifizierungssysteme näher betrachtet. Es soll geprüft werden, inwiefern sich die Wirkung eines gesetzlichen Zertifizierungssystems für Auftragsdatenverarbeitungen de lege ferenda an solch einem bestehenden System orientieren kann.

8.4.1 Ausgestaltung als privatrechtliches Testat in Anlehnung an die Wirtschaftsprüfung?

Die gesetzliche Zertifizierung im Rahmen der Auftragsdatenverarbeitung könnte sich beispielsweise an die handelsrechtliche Abschlussprüfung von Kapitalgesellschaften

---

[1546] Trusted Cloud, AG Rechtsrahmen 2012, 16.
[1547] *Uhle*, in: Epping/Hillgruber 2013, Art. 80 GG, Rn. 34; *Maunz*, in: Maunz/Dürig 2013, Art. 80 GG, Rn. 42; *Ossenbühl*, in: Isensee/Kirchhof 2007, § 103, Rn. 36, 67; aber auch BVerfGE 28, 66, 82 ff.
[1548] Kapitel 8.3.2. und Kapitel 8.3.5.

und Konzernen im Sinne des §§ 316 ff. HGB anlehnen. Nach § 316 Abs. 1 HGB sind der Jahresabschluss und der Lagebericht bei Kapitalgesellschaften oder bei Konzernen nach § 316 Abs. 2 HGB der Konzernabschluss und Konzernlagebericht von einem Abschlussprüfer zu prüfen. Das Ergebnis der Prüfung ist nach § 322 HGB in einem Bestätigungsvermerk zusammenzufassen. Die Durchführung der Tätigkeiten nach §§ 316 ff. HGB steht gemäß § 316 Abs. 1 S. 1 HGB ausschließlich Wirtschaftsprüfern und Wirtschaftsprüfungsgesellschaften zu.

Fraglich ist zunächst, welche Rechtswirkung das Testat eines Wirtschaftsprüfers als Abschlussprüfer hat und vor allem, ob diese Rechtswirkung als privatrechtlich oder öffentlich-rechtlich einzuordnen ist. Der Pflicht zur Aufstellung eines Jahresabschlusses wird vereinzelt ein öffentliches Interesse und damit eine öffentlich-rechtliche Funktion zugeordnet.[1549] Der Abschlussprüfer hat auch eine unabhängige Funktion, die „gesetzlich umrissenen Kontroll-, Informations- und Beglaubigungsaufgaben" nahekommt.[1550] Dennoch begründet der Bestätigungsvermerk als Ausfluss des Testats keine konkreten Rechte oder Pflichten gegenüber der Öffentlichkeit oder Dritten.[1551] Für eine privatrechtliche Wirkung des Testats spricht, dass die Prüfung ausschließlich auf Grundlage eines privatrechtlichen Vertragsverhältnisses zwischen einer Kapitalgesellschaft und dem Prüfer durchgeführt wird.[1552] Die Normierung des Testats erfolgt überdies im Handelsgesetzbuch und damit in einem klassisch zivilrechtlichen Gesetz. Rechtsstreitigkeiten hinsichtlich der §§ 316 ff. HGB unterfallen dementsprechend der Zivilgerichtsbarkeit.[1553] Das Testat dient überdies im Wesentlichen, mit vereinzelten Ausnahmen,[1554] dem Schutz des Privatrechtsverkehrs.[1555] Fehlerhafte und ungültige Testate führen folglich auch nur zu privatrechtlichen Rechtsfolgen, wie etwa die privatrechtliche Haftung[1556] sowie die Nichtigkeit des Jahresabschlusses, mit entsprechenden gesellschaftsrechtlichen Konsequenzen, beispielsweise Offenlegungspflich-

---

[1549] *Schüppen*, in: Heidel/Schall 2011, § 316 HGB, Rn. 3.
[1550] *Ebke*, in: Schmidt 2013, § 316 HGB, Rn. 39; *Hopt/Merkt*, in: Baumbach/Hopt 2014, § 316 HGB, Rn. 1 f.; *Wiedmann*, in: Ebenroth/Boujong/Joost/Strohn 2008, § 316 HGB, Rn. 4 f.
[1551] *Ebke*, in: Schmidt 2013, § 316 HGB, Rn. 38.
[1552] „Unabhängiger und sachverständiger Vertragspartner der prüfungspflichtigen Gesellschaft", *Ebke*, in: Schmidt 2013, § 316 HGB, Rn. 32.
[1553] Entsprechende Rechtsprechung zu §§ 316 ff. HGB findet sich ausschließlich aus der Zivil- vereinzelt auch der Finanzgerichtsbarkeit, nicht jedoch der Verwaltungsgerichtsbarkeit.
[1554] Insoweit etwa, als der zu prüfende Jahresabschluss auch Grundlage der Besteuerung sein kann, etwa nach § 5 Abs. 1 S. 1 EStG, hierzu *Bormann*, in: Hennrichs/Kleindiek/Watrin 2013, § 316 HGB, Rn. 5.
[1555] OLG Düsseldorf, NJW-RR, 1996, 1319.
[1556] Statt vieler OLG Köln, NJOZ 2004, 4408 ff.

ten.¹⁵⁵⁷ Das Testat des Wirtschaftsprüfers als Abschlussprüfer ist folglich in erster Linie als privatrechtlich einzuordnen.

Vergleichbar mit §§ 316 ff. HGB könnte zukünftig auch eine bestimmte Personengruppe zur Durchführung von Zertifizierungen der Dienste von Auftragnehmern nach § 11 BDSG befugt werden. Es ist demnach zu prüfen, ob auch die Rechtswirkung einer solchen Zertifizierung ebenso wie die des Testats eines Wirtschaftsprüfers als Abschlussprüfer privatrechtlich ausgestaltet werden könnte.

Die Regelungen zur Auftragsdatenverarbeitung dienen zwar auf der einen Seite ebenfalls dem Schutz des konkret Betroffenen, der in der Regel Privatperson ist. Sie unterliegen andererseits jedoch der öffentlich-rechtlichen Kontrolle durch die Aufsichtsbehörde. Verstöße können mit Bußgeldern, gegebenenfalls sogar strafrechtlich sanktioniert werden. § 11 BDSG ist deshalb – neben einem zivilrechtlichen Gehalt – auch dem öffentlich-rechtlich regulierten Bereich zuzuordnen. Rechtsstreitigkeiten zu § 11 BDSG unterfallen dementsprechend – je nach Streitgegenstand – der Zivil- oder auch der Verwaltungsgerichtsbarkeit.¹⁵⁵⁸

Die Vorschrift des § 11 BDSG richtet sich überdies ohne Unterscheidung sowohl an nicht-öffentliche als auch an öffentliche Stellen. Eine Regelung zur Zertifizierung, die für alle Auftragsdatenverarbeitungsverhältnisse gleichermaßen gelten soll, müsste auch für öffentliche Stellen gelten. Durch die Zertifizierung sollte sich jedoch die Rechtsposition der verantwortlichen Stelle ändern. Da sich bei öffentlichen Stellen diese Rechtsposition auf das öffentlich-rechtliche Handeln der Stelle bezieht (hier: der Weitergabe von Daten einer Behörde an einen Auftragnehmer), könnte die Wirkung des zugrunde liegenden Zertifikats auch nicht privatrechtlich sein.

Eine Regelung einer Zertifizierung der Auftragsdatenverarbeitung, die sich – entsprechend der Systematik des § 11 BDSG – gleichermaßen an öffentliche als auch nicht-öffentliche Stellen richten soll, wäre somit immer auch als öffentlich-rechtlich einzuordnen. Eine rein privatrechtliche Ausgestaltung der Zertifizierung in Anlehnung an das Wirtschaftsprüfertestat scheidet somit aus.

8.4.2 Ausgestaltung als Verwaltungsakt in Anlehnung an die Kraftfahrzeug-Hauptuntersuchung?

Das Zertifikat könnte auch als Teil einer behördlichen Marktkontrolle, also einer repressiven behördlichen Produktzulassung und -überwachung, ausgestaltet werden.

---

¹⁵⁵⁷ *Ebke*, in: Schmidt 2013, § 316 HGB, Rn. 2; *Schmidt/Küster*, in: Förschle/Grottel/Schmidt/Schubert/Winkeljohann 2014, § 316 HGB, Rn. 10; *Hopt/Merkt*, in: Baumbach/Hopt 2014, § 316 HGB, Rn. 2; siehe auch § 316 Abs. 2 S. 2 HGB.
¹⁵⁵⁸ So etwa VG Schleswig, BeckRS 2013, 57581.

Eine solche Zertifizierung wäre beispielsweise mit der Kraftfahrzeug-Hauptuntersuchung nach § 29 StVZO vergleichbar.[1559] Die Zertifizierung wäre damit Gegenstand eines Verwaltungsverfahrens[1560] und würde insofern durch einen abschließenden Verwaltungsakt Bindungswirkung entfalten.[1561]

8.4.2.1 Prüfkriterien

Als bindendes Zertifikat im Sinne eines Verwaltungsakts wäre nach § 35 VwVfG an die Vergabe des Zertifikats eine unmittelbare Rechtswirkung geknüpft. Bei der Kraftfahrzeug-Hauptuntersuchung wird mit Erteilung oder Versagung der Prüfplakette die Betriebserlaubnis erteilt beziehungsweise entzogen. Ein Zertifikat im Rahmen der Auftragsdatenverarbeitung, das sich an § 29 StVZO anlehnt, würde hier zwar nicht auf die Betriebserlaubnis einer Cloud abstellen, es hätte jedoch unmittelbar die Befreiung des Auftraggebers von den Kontrollpflichten und die Bindung der Aufsichtsbehörde und der Betroffenen an diese Befreiung zur Folge.[1562] Sollte die Zertifizierung eine unmittelbare Rechtswirkung entfalten, müsste sie entsprechend der vorangehenden Feststellungen[1563] auf Grundlage eines formellen Gesetzes, das gegebenenfalls durch untergesetzliche Rechtsakte konkretisiert würde, erfolgen. Eine Festlegung von verbindlichen Prüfkriterien für einen bindenden Verwaltungsakt mittels der Bezugnahme auf außergesetzliche Normen, wie etwa die DIN-, EN- oder ISO-Normen, oder aufgrund eines selbstregulatorischen Prozesses wären aufgrund der fehlenden demokratischen Legitimation des privaten Normgebers dagegen wohl nicht zulässig. Verbindliche Vorgaben für einen Verwaltungsakt könnten sich somit nur aus legitimierten, behördlichen Rechtsakten, wie beispielsweise Verordnungen und Verwaltungsanweisungen, ergeben.[1564]

8.4.2.2 Ablauf und Rechtsfolgen

Initiator einer Zertifizierung wäre in der Praxis regelmäßig der Auftragnehmer, der im Hinblick auf potentielle Auftraggeber eine Kontrolle vorwegnehmen möchte. Für die Einhaltung der Vorgaben aus § 11 Abs. 2 BDSG wäre aber auch zukünftig der Auftraggeber verantwortlich.[1565] Die Wirkung einer Zertifizierung würde sich demnach

---

[1559] Sogenanntes „TÜV-Modell", *Seidel* 2000, 69.
[1560] *Seidel* 2000, 215; *Vock*, NJ 2012, 61 ff.
[1561] *Bieback* 2008, 221.
[1562] Hierzu statt vieler *Schwarz*, in: Fehling/Kastner/Störmer 2013, § 35 VwVfG, Rn. 72.
[1563] Kapitel 8.3.5.
[1564] Hierzu *Uhle*, in: Epping/Hillgruber 2013, Art. 80 GG, Rn. 34; *Maunz*, in: Maunz/Dürig 2013, Art. 80 GG, Rn. 42; *Ossenbühl*, in: Isensee/Kirchhof 2007, § 103, Rn. 36, 67; aber auch BVerfGE 28, 66, 82 ff.
[1565] Hierzu Kapitel 8.2.1.

nicht nur auf den Auftragnehmer als Initiator und Antragsteller, sondern auch und allen voran auf potentielle Auftraggeber erstrecken.

Die grundsätzliche Kontrollverantwortung des Auftraggebers müsste durch ein bindendes Zertifizierungssystem nicht grundsätzlich entfallen. Vielmehr könnte eine primäre Kontrollpflicht des verantwortlichen Auftraggebers aus § 11 Abs. 2 S. 4 BDSG bestehen bleiben. Die Beseitigung der Rechtsunsicherheit läge im Interesse der Auftraggeber als verantwortliche Stellen und des Auftragnehmers, nicht jedoch zwingend im Interesse der Behörde. Eine Handlungspflicht der Behörde im Sinne einer Zulassungs- oder Vormarktkontrolle zu normieren wäre somit nicht erforderlich. Das Verwaltungsverfahren könnte folglich auch ausschließlich auf Antrag eröffnet werden. Die Nutzung eines Dienstes wäre damit vorerst auf Grundlage eigenständiger Kontrollen nach § 11 Abs. 2 S. 4 BDSG unverändert zulässig.

Würde jedoch eine Zertifizierung auf Antrag des Auftragnehmers erfolgen, wären alle bestehenden und zukünftigen Auftraggeber durch das Zertifikat entlastet. Aufgrund der Bindungswirkung des Zertifikats würde sich die Kontrollpflicht des Auftraggebers dann nur noch auf die Prüfung beschränken, ob ein gültiges Zertifikat beim (potentiellen) Auftragnehmer vorliegt. Die Pflicht des Auftraggebers zur Überprüfung des Auftragnehmers nach § 11 Abs. 2 S. 4 BDSG würde mit dem Erlass des Zertifizierungsverwaltungsakts vollständig entfallen. Ebenso wie der Auftraggeber wären auch die Aufsichtsbehörden oder betroffene Dritte an das Ergebnis der Zertifizierung gebunden und könnten dem Auftraggeber keinen Verstoß gegen Kontrollpflichten vorwerfen. Gegebenenfalls könnte durch eine protokollierte Zertifizierung auch die Pflicht zur Dokumentation nach § 11 Abs. 2 S. 5 BDSG entfallen. Der Verwaltungsakt würde jedoch nicht die Zulässigkeit der Auftragsdatenverarbeitung an sich begründen. Unabhängig von der Erteilung eines Zertifikats müsste der Auftraggeber die übrigen Pflichten aus § 11 Abs. 2 BDSG, beispielsweise einen schriftlichen Auftrag unter Berücksichtigung des Zehn-Punkte-Katalogs zu erteilen, weiterhin einhalten.

Fraglich ist allerdings, welche Folgen eine Versagung des Zertifikats, also ein negativer Bescheid hätte, etwa weil der Auftragnehmer die Prüfkriterien nicht erfüllt. Nach dem Konzept einer strengen Nachmarktkontrolle, würde die Nutzung des Dienstes durch den Auftraggeber aufgrund der Bindung an das Ergebnis der Zertifizierung bei einem negativen Bescheid vollständig untersagt. Auch wenn der Auftraggeber in diesem Fall sich etwa von der Einhaltung der technischen und organisatorischen Maßnahmen überzeugen könnte, wäre ihm die Nutzung des Dienstes verwehrt. Eine Versagung der Nutzung ist beispielsweise im Falle der Kraftfahrzeug-Hauptuntersuchung nach § 29 StVZO bei Mängeln am Kraftfahrzeug nachvollziehbar. Sie soll in erster Linie einer Gefährdung der Verkehrssicherheit durch das Kraftfahrzeug vorbeugen. Die Verlagerung der Kontrolle vom Auftraggeber hin zu einer unabhängigen Kontrolle durch Zertifizierungsstellen im Rahmen der Auftragsdatenverarbeitung hätte demgegenüber nicht das primäre Ziel, durch die Sicherheitskontrollen das Gefährdungspotential der Dienste zu verringern, obgleich dies durchaus Gegenstand der Prüfung sein könnte. Die Einführung einer Zertifizierung sollte jedoch zuvorderst den Auftraggeber von seiner Kontrollpflicht entlasten. Sie würde in erster Linie der Rechtssicherheit auf Seiten des Auftraggebers und des Auftragnehmers dienen. Die grundsätzliche Versagung des Dienstes wäre, ebenso wie eine strenge Vormarktkontrolle, somit nicht erforderlich. Vielmehr könnte es auch im Falle einer erfolglosen Zertifizierung bei der Möglichkeit des Auftraggebers bleiben, sich selbstständig von der Einhaltung der technischen und organisatorischen Maßnahmen zu überzeugen. Gleichwohl wäre in diesem Fall der Nachweis, dass sich der Auftraggeber von der Einhaltung der Maßnahmen tatsächlich überzeugen konnte, in der Regel praktisch nur noch schwer zu führen.

8.4.2.3 Behördliche Zertifizierung durch Beliehene

Die Durchführung von Verwaltungsverfahren ist eine originär staatliche Aufgabe.[1566] Sollte das Zertifikat auch eine öffentlich-rechtliche Bindungswirkung entfalten, läge es zunächst nahe, eine staatliche Stelle mit der Prüfung, Bewertung und Vergabe eines solchen Zertifikats zu betrauen. Die Übertragung der Zertifizierungsaufgabe an eine Behörde, wie etwa das Bundesamt für Sicherheit in der Informationstechnik (BSI), würde allerdings zu einer starken Zunahme des behördlichen Ressourcenbedarfs führen. Angesichts der unzähligen Auftragsdatenverarbeitungsverhältnisse in verschiedenartigen Ausprägungen gäbe es wohl sofort eine starke Nachfrage nach Zertifizierungen. Die dann zuständigen Behörden müssten personell aufgestockt werden.[1567] Darüber hinaus müssten sich Kontrollen, insbesondere im Bereich der internet- (hier cloud-)basierten Auftragsdatenverarbeitung, auf informatisch-technisch hochkomplexe Vorgänge beziehen. Die Behörden müssten somit wohl auch hinsichtlich des technischen Sachverstands und der technischen Ausstattung Kapazitäten ausbauen.[1568]

Vor dem Hintergrund des Bedarfs an schnellen und flexiblen Kapazitätsanpassungen wird die Einsetzung privatwirtschaftlicher Zertifizierungsstellen diskutiert.[1569] Kraftfahrzeug-Hauptuntersuchungen nach § 29 StVZO werden aus vergleichbaren Gründen ebenfalls nicht von der zuständigen Behörde, sondern durch private Anbieter, wie den „TÜV", durchgeführt. Der Anbieter führt dabei nach Anlage VIII Nr. 3 zur StVZO sowohl die Prüfung, Feststellung als auch die Vergabe der Prüfplakette durch. Auch für die Zertifizierung im Rahmen des § 11 BDSG könnte sich ein Markt für Zertifizierungen entwickeln, auf dem privatwirtschaftliche Stellen Kontrollen anhand der vom

---

[1566] Hierzu *Isensee*, in: Isensee/Kirchhof 2007, § 73, Rn. 13; *Lämmerzahl* 2007, 38.
[1567] Trusted Cloud, AG Rechtsrahmen 2012, 17.
[1568] Trusted Cloud, AG Rechtsrahmen 2012, 17.
[1569] Trusted Cloud, AG Rechtsrahmen 2012, 17.

Gesetz- und Verordnungsgeber festgelegten Prüfkriterien mit anschließender Vergabe des gesetzlich geregelten und bindenden Zertifikats anbieten.[1570] Würde die Zertifizierung als originäre Staatsaufgabe durch private Stellen durchgeführt, käme es folglich zu einer Privatisierung staatlicher Aufgaben.[1571]

Kraftfahrzeug-Sachverständige oder anerkannte Überwachungsorganisationen im Sinne des § 29 i. V. m. Anlage VIIIa StVZO,[1572] §§ 1 ff. KfSachVG,[1573] werden zur eigenständigen Begutachtung eines Kraftfahrzeugs und Erteilung der Prüfplakette von der zuständigen Behörde beliehen. Auch Prüfingenieure für Baustatik oder die Bezirksschornsteinfeger[1574] sind zur privaten Erledigung hoheitlicher Tätigkeiten im technischen Bereich Beliehene. Auch mit der Zertifizierung im Rahmen der Auftragsdatenverarbeitung befasste Stellen könnten demzufolge ebenfalls als Beliehene tätig werden. Im Rahmen der Beleihung wird ein Privater selbst zum Verwaltungsträger[1575] und damit zur Behörde im Sinne des § 1 Abs. 4 VwVfG.[1576] Obwohl sie weiterhin Privatrechtssubjekte sind, sind Beliehene grundsätzlich befugt, hoheitliche Handlungen durchzuführen.[1577] Der Beliehene übt die hoheitliche Handlung – und nicht nur einen Teilbeitrag hiervon – eigenverantwortlich und selbstständig aus.[1578] Insofern obliegt den Beliehenen auch eine eigene Entscheidungsgewalt. In ihrer Funktion als Verwaltungsträger, die allerdings nicht in die Verwaltungsorganisation eingebunden sind, führen Beliehene die hoheitliche Tätigkeit in eigenem Namen durch.[1579] Eine beliehene Zertifizierungsstelle könnte somit im Rahmen der bindenden Zertifizierung auch hoheitliche Tätigkeiten, insbesondere die Sachverhaltsbewertung, die Entscheidung und die Vergabe des Zertifikats, eigenständig durchführen. Durch die Beleihung der

---

[1570] Trusted Cloud, AG Rechtsrahmen 2012, 17.

[1571] Hierzu *Burgi*, in: Isensee/Kirchhof 2007, § 75, Rn. 6 ff.; inwiefern Private in die Erledigung solcher staatlicher Aufgaben eingebunden werden dürften, wird von der Ausgestaltung des Rechtsverhältnisses und der organisationsrechtlichen Einordnung der jeweiligen Aufgabe als hoheitliche Tätigkeit abhängig gemacht *Kirchhof*, in: Maunz/Dürig 2013, Art. 83 GG, Rn. 113 ff.; *Burgi*, in: Isensee/Kirchhof 2007, § 75, Rn. 6.

[1572] Straßenverkehrs-Zulassungs-Ordnung vom 26.4.2012, BGBl. 2012 I, 679 in der Fassung vom 16. April 2014.

[1573] Gesetz über amtlich anerkannte Sachverständige und amtlich anerkannte Prüfer für den Kraftfahrzeugverkehr (Kraftfahrsachverständigengesetz - KfSachvG) vom 22.12.1971, BGBl. 1971 I, 2086; hierzu *Vock*, NJ 2012, 63 ff.

[1574] Hierzu *Seidl* 2000, 220 - 238.

[1575] *Burgi*, in: Isensee/Kirchhof 2006, § 75, Rn. 8.

[1576] Verwaltungsverfahrensgesetz in der Fassung der Bekanntmachung vom 23.1.2003, BGBl. 2003 I, 102; *Kirchhof*, in: Maunz/Dürig 2013, Art. 83 GG, Rn. 118.

[1577] *Kirchhof*, in: Maunz/Dürig 2013, Art. 83 GG, Rn. 118; *Ronellenfitsch*, in: Bader/Ronellenfitsch 2014, § 1 VwVfG, Rn. 71.

[1578] *Brenner*, SVR 2011, 131.

[1579] *Kirchhof*, in: Maunz/Dürig 2013, Art. 83 GG, Rn. 118; *Burgi*, in: Isensee/Kirchhof 2006, § 75, Rn. 8.

Zertifizierungsstelle könnte die gesamte Zertifizierungsaufgabe somit „aus einer Hand" erledigt werden.[1580]

Die Reichweite der Privatisierung mittels Beleihung wird durch den beamtenrechtlichen Funktionsvorbehalt nach Art. 33 Abs. 4 GG begrenzt.[1581] Demnach ist die Ausübung hoheitsrechtlicher Befugnisse als ständige Aufgabe in der Regel Angehörigen des öffentlichen Dienstes zu übertragen, die in einem öffentlich-rechtlichen Dienst- und Treueverhältnis stehen. Der Funktionsvorbehalt steht der ständigen Übertragung hoheitlicher Aufgaben an Private in größerem Umfang somit im Regelfall entgegen. Nur in Ausnahmefällen kann nach dem Bundesverfassungsgericht hiervon abgewichen werden.[1582] Das Bundesverfassungsgericht berücksichtigt bei der Bestimmung solcher Ausnahmen beispielsweise Besonderheiten der jeweiligen Tätigkeit. Für eine Rechtfertigung spricht beispielsweise, wenn eine bewährte Erfahrung mit der betreffenden hoheitlichen Aufgabe zeigt, dass die Wahrnehmung durch Berufsbeamte hierfür nicht erforderlich oder angezeigt sei.[1583] Als Rechtfertigungsgründe für eine Beleihung als Ausnahme zum regelmäßigen Funktionsvorbehalt wird für manche Einzelfälle unter anderem die bessere Eignung des Privaten genannt.[1584]

Im Fall des Zertifizierungsverfahrens zur Auftragsdatenverarbeitung sollten private Zertifizierungsstellen den erforderlichen Sachverstand und technisches Detailwissen gewährleisten, der bei einer zuständigen Behörde vor allem im Hinblick auf die technische Datensicherheit im Bereich des Cloud Computing möglicherweise erst aufgebaut werden müsste. Gerade bei der Zertifizierung von Diensten der Auftragnehmer im informationstechnischen Bereich würde es nicht bei nur einer einzigen Zertifizierungsart bleiben. Vielmehr ist davon auszugehen, dass zahlreiche, unterschiedliche Kriterienkataloge für verschiedene Arten der Auftragsdatenverarbeitung, auch unter Berücksichtigung des dahinterstehenden Geschäftsmodells und der jeweiligen technischen Ausgestaltung, entwickelt werden müssten.[1585] Bei einer Diversifizierung von Zertifizierungen würden für bestimmte Techniken spezialisierte Zertifizierungsstellen erforderlich sein. Eine solche Vielfalt an speziellem Fachwissen würde von einer Behörde eine hohe personelle Flexibilität einfordern. Auch hinsichtlich technischer Mittel und Kapazitäten für eine Vor-Ort-Kontrolle beim Auftragnehmer müssten Behörden zeitnah und flexibel Ressourcen bereitstellen, die über einen freien Markt möglicherweise leichter und schneller verfügbar sind.

[1580] *Burgi*, in: Isensee/Kirchhof 2006, § 75, Rn. 8.
[1581] *Burgi*, in: Isensee/Kirchhof 2006, § 75, Rn. 21.
[1582] BVerfGE 9, 268, 284.
[1583] BVerfGE 130, 76, Rn. 145 f.
[1584] *Jachmann*, in: Mangoldt/Klein/Starck 2010, Art. 33 Abs. 4 GG, Rn. 38; kritisch zu dieser Argumentation *Seidel* 2000, 72.
[1585] In diese Richtung, im Ergebnis das Problem verharmlosend Trusted Cloud, AG Rechtsrahmen 2012, 14; sowie zur modularen Zertifizierung Trusted Cloud, AG Rechtsrahmen 2014, 10 ff.

Neben der Eignung werden auch Wirtschaftlichkeitsaspekte als Gründe für eine Beleihung genannt, die im Rahmen der Wirtschaftlichkeit zumindest bei erheblichen Differenzen berücksichtigt werden müssen.[1586] Die Durchführung von Zertifizierungen für Auftragsdatenverarbeitungen ohne den Einsatz Privater wäre, wie festgestellt, mit einem erheblichen Ressourcenbedarf in den zuständigen Behörden verbunden. Kapazitäten für die Vor-Ort-Kontrolle müssten aufgebaut werden und insbesondere nach Einführung des Zertifizierungssystems schnell und in großem Ausmaß zur Verfügung stehen. Auch die für die Diversifizierung von Zertifizierungen notwendigen Ressourcen wären aus Wirtschaftlichkeitsgesichtspunkten durch eine Behörde mit Kosten verbunden. Bei der privatwirtschaftlichen Ausgestaltung über einen entsprechenden Markt für Zertifizierungsstellen[1587] unterläge die Diversifizierung und Spezialisierung der Zertifizierungsstellen zumindest einer freien Marktfunktion. Hierdurch würde für die erforderlichen Zertifizierungen durch Angebot und Nachfrage eine marktwirtschaftliche Ressourcenallokation ermöglicht. Die Zertifizierung unter Beleihung Privater wäre aus Sicht der öffentlichen Hand dadurch unter Umständen auch kostengünstiger durchzuführen. Zumindest unter diesen Voraussetzungen würde die Beleihung einer Stelle zur Durchführung von Zertifizierungen nicht vom Funktionsvorbehalt des Art. 33 Abs. 4 GG verhindert. Zertifizierungsstellen könnten demgemäß zur Erfüllung ihrer Aufgaben beliehen werden.

8.4.3 Ausgestaltung als Konformitätsbewertung mit Vermutungswirkung in Anlehnung an das Umwelt- oder Produktsicherheitsrecht?

Statt einer Bindungswirkung für den Auftragnehmer im Sinne eines Verwaltungsakts könnte ein Zertifikat zur Auftragsdatenverarbeitung auch eine Vermutungswirkung im Rahmen der Konformitätsbewertung begründen. Ebenso wie ein öffentlich-rechtlich bindendes Zertifikat würde ein solches Zertifikat die Einhaltung der normierten Prüfkriterien feststellen. Anders als bei bindenden Zertifikaten wäre dieses Zertifikat aber nicht Teil einer Produktzulassung oder -überwachung durch die Behörde im Sinne einer repressiven Marktkontrolle.[1588] Die Zertifizierung würde vielmehr „im Lager des Vorhabenträgers",[1589] also für den Auftraggeber oder Auftragnehmer und gerade nicht gegenüber einer Vollzugsbehörde erfolgen.[1590]

Konformitätsbewertungen sind für das nationale, europäische und internationale öffentliche Recht keine Neuheit. Unter anderem im Bereich des Umwelt-, Sozial-, Technik- und Produktsicherheitsrechts bestehen bereits zahlreiche gesetzlich geregelte Zer-

---

[1586] *Burgi*, in: Isensee/Kirchhof 2006, § 75, Rn. 22; *Seidel* 2000, 72 f.; BVerfGE 130, 76, Rn. 148.
[1587] Trusted Cloud, AG Rechtsrahmen 2012, 17.
[1588] *Seidel* 2000, 262 und 267.
[1589] *Hiltl*, PharmR 1997, 410; *Seidel* 2000, 256.
[1590] *Röhl/Schreiber* 2006, 23.

tifizierungs- und Konformitätsbewertungssysteme, die Vermutungswirkungen begründen. Ausweislich der Definition in der Konformitätsbewertungsnorm DIN/EN/ISO 17000 können sich Konformitätsbewertungen auf Produkte, Prozesse und Systeme beziehen. Exemplarisch für eine beinahe unüberschaubare Anzahl an Konformitätsbewertungssystemen soll hier nur das Europäische Gemeinschaftssystem für das Umweltmanagement und die Umweltbetriebsprüfung (EMAS) als Form eines Umweltaudits, die Zertifizierung von Pflegeeinrichtungen nach §§ 112 ff. SGB XI sowie Konformitätsbewertungsverfahren nach dem Produktsicherheitsrecht genannt werden. Die Konformitätsbewertungsverfahren nach dem Produktsicherheitsrecht sollen im Folgenden näher betrachtet werden.

Konformitätsbewertungen im Produktsicherheitsrecht beziehen sich im Wesentlichen auf die Kontrolle des Marktzugangs für Produkte.[1591] Für bestimmte Produktgruppen ist der Marktzugang durch die sogenannte „Neue Konzeption" („New Approach")[1592] auf europäischer Ebene geregelt. Im Rahmen des „New Approach" hat der europäische Gesetzgeber eine Reihe von Richtlinien erlassen, die vergleichsweise abstrakte Anforderungen an die Produktsicherheit beinhalten. Hierunter fallen zum Beispiel Richtlinien über Spielzeug,[1593] Aufzüge[1594] oder Messgeräte.[1595] Neben den grundlegenden Sicherheitsanforderungen bestimmen diese Richtlinien auch die Einordnung der Produktklassen in ein Modul aus den sogenannten Modulbeschlüssen.[1596] Nach den Modulbeschlüssen gibt es acht verschiedene Arten der Konformitätsbewertung (A bis H), die sich hinsichtlich des Bewertungsobjekts, des Bewertungsverfahrens und der durchführenden Person unterscheiden.[1597] Je nach Einordnung in ein Modul kann das Produkt auf dem europäischen Markt nur zugelassen werden, wenn vom Hersteller wie beispielsweise im Modul A aufgrund einer internen Fertigungskontrolle die Konformität mit der Richtlinie bestätigt wird oder wie im Modul H eine notifizierte Stelle, also eine Zertifizierungsstelle, eine umfassende Qualitätssicherung betreibt. Die Konformi-

---

[1591] Einführend *Röhl/Schreiber* 2006, 49 ff.; *Nicolas/Repussard* 1995, 66 ff.
[1592] Entschließung des Rates vom 7.5.1985 über eine neue Konzeption auf dem Gebiet der technischen Harmonisierung und der Normung, ABl. C 136 vom 4.6.1985, 1; siehe auch *Nicolas/Ropussard* 1995, 95 ff.
[1593] Richtlinie 88/378/EWG zur Angleichung der Rechtsvorschriften der Mitgliedstaaten über die Sicherheit von Spielzeug vom 3.5.1988, ABl. L 187 vom 16.7.1988, 1.
[1594] Richtlinie 95/16/EG zur Angleichung der Rechtsvorschriften der Mitgliedstaaten über Aufzüge vom 29.6.1995, ABl. L 213 vom 7.9.1995, 1.
[1595] Richtlinie 2004/22/EG über Messgeräte vom 31.3.2004, ABl. L 135 vom 30.4.2004, 1.
[1596] Beschluss 768/2008/EG vom 9.7.2008 über einen gemeinsamen Rechtsrahmen für die Vermarktung von Produkten und zur Aufhebung des Beschlusses 93/465/EWG des Rates, ABl. L 218 vom 13.8.2008, 82 ff.
[1597] *Nicolas/Repussard* 1995, 153; *Bieback* 2008, 47.

tätserklärung „nach außen" erfolgt einheitlich durch den Aufdruck des CE-Zeichens.[1598]

Die abstrakten Regelungen aus den Richtlinien werden von privaten Normungsgremien (hier der CEN) durch europäische technische Normen konkretisiert.[1599] Diese technischen Normen sind keine Rechtsakte und entfalten somit keine Rechtsverbindlichkeit. Ihre Anwendung ist auch nicht zwingend.[1600] Der Hersteller eines Produkts ist demzufolge grundsätzlich nur verpflichtet, die abstrakten Vorgaben der europäischen Produkt-Richtlinien zu erfüllen. Er kann somit auch außerhalb der Einhaltung der konkreten technischen Norm einen Einzelnachweis erbringen, dass die Anforderungen der entsprechenden Richtlinie eingehalten wurden. Ein solcher Einzelnachweis wird jedoch für den Hersteller mit hohem Aufwand und Rechtsunsicherheit verbunden sein.[1601] Hält sich die Konformitätsbewertung dagegen an die europäischen technischen Normen, kommt dem Hersteller eine Vermutungswirkung zugute. Entspricht ein Produkt, je nach Modul aufgrund der Erklärung des Herstellers oder der Kontrolle durch eine notifizierte Stelle, diesen Normen, wird die Richtlinienkonformität vermutet. Erklärt ein Hersteller aufgrund der Konformitätsbewertung folglich die Übereinstimmung mit den entsprechenden Normen, wird zugunsten des Herstellers vermutet, dass das Produkt auch den Anforderungen an die jeweilige Richtlinie entspricht und damit für den gesamten europäischen Binnenmarkt zugelassen werden kann.[1602]

Die Richtlinien zum europäisch harmonisierten Produktsicherheitsrecht im Sinne des „New Approach" sind in Deutschland in verschiedenen Gesetzen umgesetzt worden; hauptsächlich im Produktsicherheitsgesetz, beispielsweise aber auch dem Medizinproduktegesetz. Über den harmonisierten Bereich hinaus reguliert der deutsche Gesetzgeber im Produktsicherheitsgesetz außerdem die rein nationale Marktzulassung weiterer Produktklassen über ein Konformitätsbewertungssystem.[1603] Für eine darüber hinausgehende Bestätigung der Produktsicherheit im nicht-harmonisierten Bereich wurde überdies das sogenannte GS-Siegel eingeführt.[1604]

Ähnlich wie bei Konformitätsbewertungsverfahren zur Produktsicherheit könnte auch die Zertifizierung im Rahmen der Auftragsdatenverarbeitung ausgestaltet werden. Ein Zertifikat könnte auch hier – in Abgrenzung zum zuvor diskutierten bindenden Zertifi-

---

[1598] *Röhl/Schreiber* 2006, 23; *Nicolas/Repussard* 1995, 154.
[1599] *Bieback* 2008, 44 f.
[1600] Kapitel 8.3.5.
[1601] *Bieback* 2008, 45.
[1602] *Röhl/Schreiber* 2006, 49 f.; statt vieler, Art. 13 Abs. 1 RL 2004/22/EG.
[1603] *Röhl/Schreiber* 2006, 113 f.; zum nicht-reglementierten Bereich auch *Nicolas/Repussard* 1995, 158 ff.
[1604] Hierzu *Röhl/Schreiber* 2006, 49 f.

kat – eine Vermutungswirkung begründen. In Abgrenzung zum Produktsicherheitsrecht wäre hier sogar ein Rückgriff auf selbstregulatorische Mechanismen vorstellbar.

8.4.3.1 Prüfkriterien

§ 11 Abs. 2 S. 4 BDSG fordert, dass sich der Auftraggeber vor Beginn der Datenverarbeitung und sodann regelmäßig von der Einhaltung der beim Auftragnehmer getroffenen technischen und organisatorischen Maßnahmen zu überzeugen hat. Prüfgegenstand der Kontrolle sind also die vom Auftragnehmer für den jeweiligen (Cloud-)Dienst in einem Datenverarbeitungs-, Datensicherheits- und Datenschutzkonzept getroffenen Maßnahmen und deren Umsetzung.

An eine Konformitätsbewertung für die Auftragsdatenverarbeitung wäre wie im Produktsicherheitsrecht und anders als bei einem System der bindenden Zertifizierung im Rahmen eines Verwaltungsverfahrens keine unmittelbare und verbindliche Rechtswirkung geknüpft, die beispielsweise Aufsichtsbehörden an das Prüfergebnis binden würde. Prüfkriterien und Anforderungen an die Konformität müssten, wie auch im Bereich des Produktsicherheitsrechts, nicht zwingend vom parlamentarischen Gesetzgeber festgelegt sein. Dies würde die Möglichkeit eröffnen Prüfanforderungen im außer- sowie untergesetzlichen Normierungsprozess zu konkretisieren.[1605] Auch selbstregulatorische Ansätze, etwa unternehmens- oder branchenweite Selbstverpflichtungen, sind hier vorstellbar.[1606]

Wie untersucht,[1607] würde es genügen die wesentlichen Anforderungen in einem formellen Gesetz festzulegen und diese dann durch Selbstregulierung oder unter- sowie außergesetzliche Normen zu konkretisieren. Soweit die Anforderungen für die Konformitätsbewertung der Auftragsdatenverarbeitung, die zu einer Vermutungswirkung führen würden, hinreichend konkret in einem Rechtsakt normiert wären, könnte dieser Rechtsakt hinsichtlich der einzelnen Prüfkriterien dann auf unter- oder außergesetzliche Normen, wie etwa die der ISO, EN oder DIN, oder sogar unternehmens- oder branchenweite Selbstverpflichtungen verweisen.[1608]

Anders als bei der Produktsicherheit müsste sich die Zertifizierung im Rahmen der Auftragsdatenverarbeitung nicht auf die Konformität eines (materiellen) Produkts im Sinne der DIN/EN/ISO 17000,[1609] sondern vielmehr auf ein Konzept hinsichtlich der

---

[1605] Kapitel 8.3.5.
[1606] Kapitel 8.3.5.1.
[1607] Kapitel 8.3.5.2.
[1608] Entsprechend zu den harmonisierten technischen Normen im Produktsicherheitsrecht *Bieback* 2008, 44 f.
[1609] DIN/EN/ISO 17000: 2005, 2.1.

Datenverarbeitung, Datensicherheit und des Datenschutzes sowie dessen Organisation und Umsetzung beim Auftragnehmer beziehen.

Inhaltlich könnte die Zertifizierung beispielsweise dem Gedanken des Modul H der harmonisierten Konformitätsbewertung angenähert sein. Für Konformitätsbewertungen nach dem Modul H überwacht und bewertet eine notifizierte Stelle das Qualitätssicherungssystem des Herstellers, das wiederum den gesamten Produktionsprozess umfasst.[1610] Hierzu erhält die notifizierte Zertifizierungsstelle unter anderem Zutritt zu den Anlagen, um Besichtigungen durchzuführen, aber auch Einsicht in die erforderlichen Unterlagen.[1611]

Gegenstand der Kontrolle im Rahmen des § 11 Abs. 2 S. 4 BDSG könnte ebenfalls ein umfassendes Prüfsystem sein, das sich in diesem Fall aber nicht auf die Qualität eines Produkts, sondern auf den Datenschutz und die Datensicherheit eines Systems beziehen würde. Für eine Zertifizierung der Auftragsdatenverarbeitung würde die Kontrolle statt auf den Produktionsprozess eines Produkts das Sicherheits-, Datenverarbeitungs- und Datenschutzkonzept des Auftragnehmers abstellen. Der Kontrolle wären dementsprechend zwar keine Produktionsanlagen und Produktionsprozesse unterworfen, wohl aber das Konzept und die Organisation der technischen Datensicherheit, der Datenverarbeitung und des Datenschutzes bei Auftragnehmern im Sinne des Datenschutzrechts.

Der Prüfumgang könnte sich, wie im Produktsicherheitsrecht, aus DIN-, EN- oder ISO-Normen zur System- und Prozesskontrolle ergeben. Er könnte sich jedoch auch auf die Prüfung selbstregulatorischer Konzepte beziehen. Wenngleich die Zertifizierung kein rein marktbasiertes Gütesiegel sein sollte, könnte sich das Prüfverfahren beispielsweise auch an das Konzept für ein Datenschutzaudit nach § 9a BDSG anlehnen. In einem selbstregulatorischen Verfahren könnte der Auftragnehmer sich selbst eine Datenschutzpolitik geben und diese durch ein Datenschutzprogramm mit konkreten Zielen und Maßnahmen sowie ein Datenschutzmanagementsystem, aus dem die Organisationsstruktur, Verfahren und Abläufe hervorgehen, konkretisieren.[1612] Im Rahmen der Zertifizierung könnte die Einhaltung der Normen oder der Selbstverpflichtungen überprüft und durch die Vergabe des Zertifikats bestätigt werden.[1613]

8.4.3.2 Ablauf und Rechtsfolge

Anders als bei einer repressiven Marktkontrolle, also bei dem System einer bindenden Zertifizierung im Rahmen eines Verwaltungsakts, würde aus einer Konformitätsbestätigung noch keine Entbindung von den Kontrollpflichten nach § 11 Abs. 2 S. 4 BDSG

[1610] *Bieback* 2008, 47; Modulbeschluss 768/2008/EG, Modul H Kapitel 3.
[1611] Modulbeschluss 768/2008/EWG, Modul H Kapitel 3.
[1612] Zum Verfahren beim Datenschutzaudit *Roßnagel* 2000, 96.
[1613] *Roßnagel* 2000, 97.

folgen. Ebenso wie eine notifizierte Stelle im Produktsicherheitsrecht zwar eine Konformitätsbewertung durchführt, die Anbringung des CE-Zeichens jedoch durch den Hersteller erfolgt und auch von ihm öffentlich-rechtlich verantwortet wird,[1614] könnte die Zertifizierungsstelle einer Auftragsdatenverarbeitung in diesem System auch nur die (erfolgreiche) Prüfung des Dienstes beim Auftragnehmer nach den Anforderungen aus § 11 Abs. 2 S. 4 BDSG bestätigen und ein Prüfergebnis bekannt geben. Inhaltlich könnte die Zertifizierungsstelle, im Gegensatz zur Ausgestaltung mit einer Bindungswirkung, jedoch nicht feststellen, dass der Auftraggeber damit von seiner Kontrollpflicht aus § 11 Abs. 2 S. 4 BDSG tatsächlich befreit ist. Die Zertifizierungsstelle könnte lediglich bestätigen, dass der geprüfte Auftragnehmer die zuvor (außer-)gesetzlich oder selbstregulatorisch festgeschriebenen Prüfkriterien erfüllt.

Die Konformitätsbestätigung der Zertifizierungsstelle müsste allerdings nicht rechtlich folgenlos bleiben. Wie bei der Konformitätserklärung im Rahmen des Produktsicherheitsrechts könnte auch für die Auftragsdatenverarbeitung eine Vermutungsregelung zugunsten des Auftraggebers normiert werden. Vorstellbar ist beispielsweise eine Vermutung aus dem untersuchten Zertifikat, derzufolge davon auszugehen wäre, dass ein Auftraggeber, der sich auf ein solches Zertifikat stützt, sich auch gleichzeitig hinreichend von der Einhaltung der technischen und organisatorischen Maßnahmen überzeugt hat. Somit könnte sich ein Auftraggeber, beispielsweise ein Cloud-Nutzer, auf das Zertifikat vorerst verlassen und aufgrund dessen auf eine höchstpersönliche Vor-Ort-Kontrolle verzichten.[1615]

Hätte ein Dritter, wie etwa ein Betroffener oder die Aufsichtsbehörde, Zweifel an der hinreichenden Kontrolle, müsste er beziehungsweise sie diese begründen und die Vermutung widerlegen. Vergleichbar mit den Regeln im Produktsicherheitsrecht,[1616] wäre der Auftraggeber einer Auftragsdatenverarbeitung bei Widerlegung der Vermutung verpflichtet, entweder die fehlerhafte Auftragsdatenverarbeitung unverzüglich einzustellen oder anderweitig die Einhaltung seiner Kontrollpflichten nach § 11 Abs. 2 S. 4 BDSG nachzuweisen. Der Auftraggeber könnte sich aber auch in dem Fall, dass kein Zertifikat oder nur eine negative Bewertung durch eine Zertifizierungsstelle vorliegt, anderweitig von der Einhaltung der technischen und organisatorischen Maßnahmen überzeugen und dies nachweisen.

[1614] Artikel R2 Modulbeschluss 768/2008/EG.
[1615] *Bieback* 2008, 90, 223; zur entsprechenden Vermutungsregel des GS-Siegels auch *Klindt*, in: Klindt 2007, § 7 GPSG, Rn. 4; *Hiltl*, PharmR 1997, 410, hier jedoch zur mittlerweile überholten Gesetzeslage zum GPSG.
[1616] Hierzu aber kritisch *Klindt*, in: Klindt 2007, § 8 GPSG, Rn. 24 f.

8.4.3.3 Abgrenzung zum Verwaltungsverfahren

Die Zertifizierungsstelle würde im Konformitätsbewertungsverfahren nicht in einem Verwaltungsverfahren mitwirken – das hier zugrunde gelegte Zertifikat würde keinen Verwaltungsakt darstellen.[1617] Es wäre geradezu Ziel durch das Zertifikat ein Verwaltungsverfahren wie das im Kapitel zuvor beschriebene zu ersetzen, indem sich der Staat aus dieser Aufgabe zurückzieht.[1618] Anders als bei einem bindenden Zertifikat würde die private Zertifizierungsstelle in diesem Fall nicht eine staatliche Tätigkeit ausführen, der sich der Staat – im Sinne eines „schlanken Staats" – im Rahmen einer Privatisierung staatlicher Aufgaben entledigt hat. Die Zertifizierungsstelle würde vielmehr eine vom Auftraggeber ausgelagerte Pflicht erfüllen, die weiterhin „im Lager" des Auftraggebers erfolgen würde.[1619]

Da dem Zertifikat keine öffentlich-rechtliche Bindungswirkung, sondern nur eine Vermutungswirkung zukäme, ginge mit der Erteilung des Zertifikats noch keine Entbindung von der Kontrollpflicht des Auftraggebers einher. Vielmehr würde sich durch die Vermutungswirkung lediglich die Beweislast über die Einhaltung der Vorgaben aus § 11 Abs. 2 S. 4 BDSG auf die Seite der Aufsichtsbehörden oder des betroffenen Dritten verschieben. Da das Ergebnis der Konformitätsbewertung für Aufsichtsbehörden nicht bindend wäre, könnte für den Prüfprozess außerdem auf Prüfkriterien außerhalb formell-rechtlicher Rechtsakte, also beispielsweise auf rechtlich unverbindliche ISO-, EN- oder DIN-Normen oder selbstregulatorische Festlegungen, zurückgegriffen werden.[1620] Ebenso wäre ihre Anwendung als Prüfkriterium nicht zwingend für die Erfüllung der zugrunde liegenden Kontrollpflicht aus § 11 Abs. 2 S. 4 BDSG.[1621]

Wie bereits im Falle einer bindenden Zertifizierung würde auch bei einer Vermutungswirkung die Versagung des Zertifikats zwar zu einem nicht unerheblichen Aufwand auf Seiten des Auftraggebers führen, wenn dieser sodann nachweisen wollte, dass er sich dennoch ausreichend von der Einhaltung der technischen und organisatorischen Maßnahmen überzeugen konnte. Da die Prüfung der Zertifizierungsstelle nicht unmittelbar bindend wäre, könnte jedoch jederzeit eine erneute Prüfung, zum Beispiel durch eine andere Zertifizierungsstelle, durchgeführt werden. Da sie außerdem auf unverbindlichen Normen basieren würde, wäre es für den Auftraggeber oder den Auf-

---

[1617] Zur GS-Zertifizierung *Schulze*, in: Tamm/Tonner 2012, § 8, Rn. 94; *Pünder*, ZHR 2006, 578 f.; OLG München, NJOZ 2010, 2609; *Klindt*, in: Klindt 2007, § 7 GPSG, Rn. 23; andere Ansicht dagegen BGH, NJW-RR 1998, 1198; *Röhl/Schreiber* 2006, 23; zum Medizinproduktegesetz auch *von Czettritz*, PharmR 2000, 321.
[1618] *Seidel* 2000, 270.
[1619] *Hiltl*, PharmR 1997, 410.
[1620] Entsprechend zu den harmonisierten technischen Normen im Produktsicherheitsrecht *Bieback* 2008, 44 f.
[1621] *Bieback* 2008, 45.

tragnehmer anders als bei einem bindenden Zertifikat jederzeit auch möglich, eigenständig eine erneute Kontrolle ohne Rücksicht auf die technischen, nichtgesetzlichen (DIN/EN/ISO oder selbstregulatorischen) Normen durchzuführen und auf Grundlage anderer Tatsachen eine korrekte Überprüfung nachzuweisen. Somit ständen dem Auftraggeber und Auftragnehmer hierdurch im Vergleich zu einem Verwaltungsverfahren noch immer bessere Mittel zur Verfügung, um sich gegen eine Versagung des Zertifikats zu „wehren", sodass diese auch faktisch nicht mit einer Versagung der Nutzung des Dienstes oder des konkreten Geschäftsmodells gleichzusetzen wäre.[1622]

In der Gesamtsicht würde die Zertifizierungsstelle bei ihrer Arbeit keine staatlichen und damit auch keine hoheitlichen Aufgaben erfüllen und auch nicht an einer solchen mitwirken. Die Zertifizierungsstelle würde aus systematischer Sicht vielmehr vom Auftraggeber der Auftragsdatenverarbeitung zur Erfüllung seiner Aufgaben aus § 11 Abs. 2 S. 4 BDSG oder gegebenenfalls vom Auftragnehmer[1623] beauftragt, sodann aber vom Gesetz in die Pflicht genommen.[1624] Da die Zertifizierung aufgrund einer Konformitätsbewertung keine hoheitliche Aufgabe wäre und durch die Zertifizierungsstelle keine hoheitlichen Aufgaben erfüllt würden, wäre für solch ein Zertifizierungskonzept ebenso wie für die Konformitätsbewertung durch eine notifizierte Stelle im Rahmen des Produktsicherheitsrechts keine Beleihung der Zertifizierungsstelle erforderlich.[1625]

Ein weiterer Vorteil der Ausgestaltung einer Zertifizierung als Konformitätsbewertung wäre die Möglichkeit einer europaweiten Wirksamkeit und Verbreitung. So könnte – im Gegensatz zur Zertifizierung als nationaler Verwaltungsakt einer beliehenen Zertifizierungsstelle[1626] – beispielsweise in der Datenschutzrichtlinie ein europäisches Zertifizierungsverfahren implementiert werden. Dieses könnte ebenso wie schon im harmonisierten Bereich der Produktsicherheit[1627] die europaweite Anerkennung nationaler Zertifikate ermöglichen und so ein europäisches Zertifizierungssystem begründen. Im Hinblick auf die Internationalität der Auftragsdatenverarbeitung, insbesondere beim

---

[1622] OLG München, NJOZ 2010, 2609; *Klindt*, in: Klindt 2007, § 7 GPSG, Rn. 23; zur Vermutungswirkung von GS-Zeichen *Bieback* 2008, 90; *Pünder*, ZHR 2006, 579; dies verkennt *Scheel*, DVBl. 1999, 446 f., der aus diesem Grund die „benannten Stellen" (seit Beschluss 768/2008/EG „notifizierte Stelle") als Beliehene einordnet.
[1623] Obgleich die Kontrollverantwortung beim Auftraggeber bleibt, wird in der Praxis der Auftragnehmer die Zertifizierung beauftragen, um so für alle bestehenden und potentiellen Auftragsverhältnisse zertifiziert zu sein.
[1624] Hierzu *Seidel* 2000, 270.
[1625] *Bieback* 2008, 240 ff.; *Seidel* 2000, 266 ff.; *Röhl* 2000, 23 ff.; BGH, NJW 1978, 2548; BGH, NJW-RR 1993, 225.
[1626] *Röhl* 2000, 23 ff.; *Pünder*, ZHR 2006, 578 f., da sonst hierfür nationale Hoheitsrechte an andere Mitgliedstaaten abgegeben werden müssten.
[1627] Hierzu *Bieback* 2008, 38 ff.

Cloud Computing, könnte dies ein entscheidender Vorteil gegenüber der Ausgestaltung als bindender Verwaltungsakt sein.

8.4.4 Ausgestaltung als „freiwillige öffentlich-rechtliche Zertifizierung" in Anlehnung an das Signaturrecht?

Für elektronische Signaturverfahren bedarf es zum Einsatz im elektronischen Rechtsverkehr einer Instanz, die als vertrauenswürdiger Dritter die Zuordnung des öffentlichen Schlüssels zu einer bestimmten Person sicher und überprüfbar gewährleistet. In dieser Rolle hat der Zertifizierungsdiensteanbieter die Aufgabe, dem Rechtsverkehr gegenüber zu bestätigen, dass ein öffentlicher Prüfschlüssel zu einer bestimmten Person gehört.[1628] Das Signaturgesetz beschreibt Anforderungen, die an den Zertifizierungsdiensteanbieter zu stellen sind.[1629]

Am 23. Juli 2014 hat das Europäische Parlament und der Rat außerdem eine Verordnung über elektronische Identifizierung und Vertrauensdienste für elektronische Transaktionen im Binnenmarkt und zur Aufhebung der Richtlinie 1999/93/EG erlassen.[1630] Diese sogenannte „eIDAS"-Verordnung soll unter anderem sichere und nahtlose elektronische Transaktionen zwischen Unternehmen, Bürgern und öffentlichen Verwaltungen ermöglichen und dadurch die Effektivität öffentlicher und privater Online-Dienstleistungen, des elektronischen Geschäftsverkehrs und des elektronischen Handels in der Europäischen Union erhöhen.[1631] Die Verordnung gilt gemäß ihres Art. 52 überwiegend ab 1. Juli 2016 – mit Ausnahme einiger Regelungen, die nach Art. 52 Abs. 2 lit. a eIDAS-VO bereits ab September 2014 gelten sollen. Die Verordnung genießt als solche Anwendungsvorrang vor nationalem Recht und damit auch vor dem Signaturgesetz. In welchem Umfang und in welchen Fällen die Regelungen des Signaturgesetzes bereits jetzt oder zukünftig nicht mehr anwendbar sind, ist nicht abschließend geklärt. Insbesondere sieht die eIDAS-Verordnung an zahlreichen Stellen noch den Erlass von Durchführungsrechtsakten vor. Ungeachtet der Frage zur zukünftigen Anwendbarkeit des Signaturgesetzes kann dieses dennoch als Beispiel und zur Orientierung bei der gesetzlichen Ausgestaltung der Zertifizierung zur Auftragsdatenverarbeitung dienen. Vor diesem Hintergrund können und sollen im Folgenden primär die Regelungen des Signaturgesetzes und nicht die der eIDAS-Verordnung berücksichtigt werden.

[1628] *Roßnagel*, in: Roßnagel 2013, Einl SigG, Rn. 18.
[1629] *Roßnagel*, in: Roßnagel 2013, Einl SigG, Rn. 2.
[1630] Verordnung (EU) 910/2014 des Europäischen Parlaments und des Rates über elektronische Identifizierung und Vertrauensdienste für elektronische Transaktionen im Binnenmarkt und zur Aufhebung der Richtlinie 1999/93/EG, ABl. L 257 vom 28.8.2014, 72 ff.
[1631] *Hühnlein/Reimer*, DuD 2014, 267.

8.4.4.1 Freiwillige Akkreditierung nach dem Signaturgesetz

Vom Zertifizierungsdiensteanbieter ausgestellte Zertifikate sind nach § 2 Nr. 6 SigG „elektronische Bescheinigungen, mit denen Signaturprüfschlüssel einer Person zugeordnet werden und die Identität dieser Person bestätigt wird". Zertifikate im Sinne des § 2 Nr. 6 SigG entsprechen insofern zwar nicht dem hier untersuchten Zweck der Konformitätsbestätigung. Allerdings sieht das Signaturrecht auch einen Zertifizierungsmechanismus zur Prüfung von Zertifizierungsdiensteanbieter und ihren Produkten vor, der als Gestaltungsbeispiel für die Zertifizierung der Auftragsdatenverarbeitung dienen könnte. Dieser Mechanismus wird aufgrund der Begriffskonkurrenz zum „Zertifikat" nach § 2 Nr. 6 SigG nicht „Zertifizierung", sondern „Akkreditierung" genannt.[1632] Auch die eIDAS-Verordnung sieht in Art. 20 ff. eIDAS-VO ein Konformitätsbewertungssystem vor. Dieses ist nach Art. 20 Abs. 4 eIDAS-VO noch per Durchführungsbeschluss zu konkretisieren und wird bislang noch nicht angewendet. Als etabliertes System der Konformitätskontrolle soll deshalb für ein Gestaltungsbeispiel im Folgenden ausschließlich das entsprechende Verfahren im nationalen Signaturrecht betrachtet werden.

Nach § 15 Abs. 1 S. 1 SigG können sich Zertifizierungsdiensteanbieter auf Antrag von der zuständigen Behörde akkreditieren lassen. Hierbei handelt es sich um eine freiwillige Akkreditierung. Zertifizierungsdiensteanbieter können grundsätzlich auch den Betrieb ohne Akkreditierung aufnehmen – eine Anzeige nach § 4 SigG genügt. Auch ohne eine Akkreditierung können Zertifizierungsdiensteanbieter Verfahren für qualifizierte elektronische Signaturen anbieten, die zum Ersatz der Schriftform nach § 126a BGB, § 3a VwVfG und § 33a SGB I führen.[1633]

Ein nach § 15 SigG akkreditierter Zertifizierungsdiensteanbieter genießt allerdings auf Rechtsfolgenseite Erleichterungen, insbesondere hinsichtlich der Nachweis- und Handlungspflichten. Die Akkreditierung ist ein Verwaltungsakt, der von der zuständigen Behörde – gemäß § 3 SigG ist dies die Bundesnetzagentur – gegenüber dem Zertifizierungsdiensteanbieter erlassen wird. Die Akkreditierung genießt insofern Bestandsschutz und bindet die Behörde.[1634] Sie berechtigt den Zertifizierungsdiensteanbieter nach § 15 Abs. 1 S. 3 zunächst zur Führung eines Gütezeichens, mit dem sich der Anbieter im Markt positiv präsentieren kann.[1635] Insoweit weist die Akkreditierung nach § 15 SigG Merkmale einer marktfördernden Zertifizierung, ähnlich dem Datenschutzaudit nach § 9a BDSG, auf.[1636] Zentrale Rechtsfolge ist allerdings eine Sicherheits-

---

[1632] Siehe zur qualifizierten Signatur mit Anbieter-Akkreditierung auch *Fischer-Dieskau* 2006, 78 ff.
[1633] *Roßnagel*, in: Roßnagel 2013, § 15 SigG, Rn. 24.
[1634] *Roßnagel*, in: Roßnagel 2013, § 15 SigG, Rn. 60; zur Qualität als Verwaltungsakt auch *Gramlich*, in: Spindler/Schuster 2011, § 15 SigG, Rn. 10.
[1635] *Roßnagel*, in: Roßnagel 2013, § 15 SigG, Rn. 62; BT-Drs. 14/4662, 28.
[1636] Siehe hierzu Kapitel 8.3.3.

vermutung, die sich auch § 15 Abs. 1 S. 4 SigG ergibt.[1637] Mit der Akkreditierung kann der Zertifizierungsdiensteanbieter den Nachweis der umfassend geprüften technischen und administrativen Sicherheit für die auf seinen qualifizierten Zertifikaten beruhenden qualifizierten elektronischen Signaturen (qualifizierte elektronische Signaturen mit Anbieter-Akkreditierung) zum Ausdruck bringen. Nach Satz 5 darf er sich im Rechts- und Geschäftsverkehr auf die nachgewiesene Sicherheit berufen. Die Vermutung wirkt sich auch auf den Verwender oder Empfänger der Signatur aus. Im Rechtsstreit kann der jeweilige Beweisführer mit der Sicherheitsvermutung aus der Akkreditierung seines Zertifizierungsdiensteanbieters den Beweis vorläufig erbringen, dass von der Echtheit und Unverfälschtheit der Signatur auszugehen ist. Durch die Akkreditierung entsteht also die (widerlegbare) Vermutung, dass die Signatur echt und ihrem angeblichen Inhaber zugeordnet ist.[1638] Überdies kann der Kunde des Zertifizierungsdiensteanbieters ohne weitere Prüfung allein aufgrund der Akkreditierung sicherstellen, dass er mit den Zertifikaten dieses Anbieters qualifizierte elektronische Signaturen erstellen kann.[1639]

Voraussetzung einer Akkreditierung ist nach § 15 Abs. 1 S. 2 SigG, dass alle Vorschriften des Signaturgesetzes und der Signaturverordnung erfüllt sind. Hierzu sind zum einen allgemeine Anforderungen, wie die Zuverlässigkeit, Fachkunde und Deckungsvorsorge, zu prüfen. Des Weiteren muss nach § 15 Abs. 2 SigG das Sicherheitskonzept des Zertifizierungsdiensteanbieters geprüft werden. Gemäß § 15 Abs. 1 S. 1 2. Hs. SigG kann sich die Bundesnetzagentur bei der Akkreditierung privater Stellen bedienen. Während die Prüfung der allgemeinen Anforderungen durch die Bundesnetzagentur ausgeführt wird, erfolgt die Bestätigung des Sicherheitskonzepts unter Zuhilfenahme von nach § 18 SigG anerkannten Stellen. Die Prüfung des Sicherheitskonzepts auf Konformität mit anerkannten Sicherheitsregeln sowie die Prüfung vor Ort erfolgt dabei von zwei voneinander unabhängigen Stellen: die Prüfstelle überprüft die konkrete Umsetzung vor Ort beim Zertifizierungsdiensteanbieter. Auf Grundlage ihres Prüfberichts stellt die Bestätigungsstelle dem Zertifizierungsdiensteanbieter eine Bestätigung aus, die dieser bei der Bundesnetzagentur vorlegt. Sind zudem auch die allgemeinen, von der Behörde geprüften Anforderungen erfüllt, ist die Akkreditierung nach § 15 Abs. 1 S. 2 SigG zu erteilen.[1640]

[1637] Hierzu *Roßnagel*, in: Roßnagel 2013, § 15 SigG, Rn. 64 ff.; *Roßnagel*, NJW 1999, 3316 f.; *Fischer-Dieskau* 2006, 80; BT-Drs. 14/4662, 28 weist darauf hin, dass die ursprüngliche Sicherheitsvermutung gesetzlich in § 15 SigG nicht mehr normiert ist, sich die bisherige Rechtslage aber faktisch nicht ändert.

[1638] *Roßnagel*, in: Roßnagel 2013, § 15 SigG, Rn. 67; BT-Drs. 14/4662, 28; zur Unterscheidung zwischen der gesetzlichen Vermutung und der Sicherheitsvermutung siehe auch *Fischer-Dieskau* 2006, 81; *Roßnagel*, NJW 1999, 3316 f.

[1639] *Roßnagel*, in: Roßnagel 2013, § 15 SigG, Rn. 70; BT-Drs. 14/4662, 28.

[1640] Hierzu ausführlich *Roßnagel*, in: Roßnagel 2013, § 15 SigG, Rn. 55 ff.

8.4.4.2 Vergleichbare Gestaltung der Auftragsdatenverarbeitung?

Die Zertifizierung der Auftragsdatenverarbeitung könnte sich de lege ferenda auch an dem System der freiwilligen Akkreditierung nach dem Signaturrecht orientieren. Hierzu könnte eine freiwillige Zertifizierung von Auftragnehmern gesetzlich normiert werden. Wie für die Zertifizierungsdiensteanbieter nach § 15 Abs. 1 S. 1 SigG könnte für Auftragnehmer gesetzlich die Möglichkeit geschaffen werden, bei einer für zuständig zu erklärenden Behörde – hier etwa das Bundesamt für Sicherheit in der Informationstechnik – einen Antrag auf Zertifizierung zu stellen. Eine Zertifizierung könnte dann im Rahmen eines Verwaltungsverfahrens zu erteilen sein, wenn die nach dem jeweiligen Datenschutzrecht geltenden Vorschriften erfüllt sind. In Anlehnung an die freiwillige Akkreditierung könnten die Zertifizierungsvoraussetzungen aufgeteilt werden in die erfolgreiche Prüfung allgemeiner Voraussetzungen sowie die erfolgreiche Prüfung eines Sicherheits-, Betriebs- und Datenschutzkonzepts des Auftragnehmers. Auch könnte sich hier die zuständige Behörde privater Stellen bedienen. Entsprechend der Aufteilung in Prüf- und Bestätigungsstellen nach § 18 SigG würde dabei die Durchführung einer Vor-Ort-Prüfung sowie die Ausstellung einer Bestätigung auf zwei voneinander unabhängigen Stellen verteilt.[1641]

Hinsichtlich der möglichen inhaltlichen Anforderungen an eine solche Prüfung durch eine Prüf- und Bestätigungsstelle und dessen Umfang kann auf die Ausführungen zur Ausgestaltung in Anlehnung an das Produktsicherheitsrecht verwiesen werden.[1642] Die Prüfungsschritte könnten sich auf die tatsächliche Umsetzung und die Organisation des Sicherheits-, Betriebs- und Datenschutzkonzepts des Auftragnehmers beziehen.

Hinsichtlich der Rechtsfolge würde eine an das Signaturrecht angelehnte Zertifizierung allerdings Merkmale sowohl der marktfördernden Zertifizierung wie beim Datenschutzaudit als auch eines Zertfizierungsverwaltungsakts wie bei der Kraftfahrzeug-Hauptuntersuchung als auch einer Konformitätsbewertung nach dem Muster des Produktsicherheitsrechts aufweisen. Eine Zertifizierung wäre demnach primär ein Verwaltungsakt mit Bindungswirkung. Soweit private Stellen in die Erfüllung dieser Aufgabe eingebunden wären, würden diese (wie im Signaturrecht)[1643] als Beliehene hoheitliche Aufgaben ausführen oder als Verwaltungshelfer zumindest Teilbeiträge hierzu erbringen. Inhaltliche Voraussetzungen der Zertifizierung wären – entsprechend den Ausführungen zur Anlehnung an die Kraftfahrzeug-Hauptuntersuchung[1644] – im Wesentlichen in einem Parlamentsgesetz zu treffen. Die Erstellung konkreter Prüf-

---

[1641] Siehe hierzu *Roßnagel*, in: Roßnagel 2013, § 15 SigG, Rn. 57; BT-Drs. 14/4662, 30.
[1642] Kapitel 8.4.3.
[1643] *Hornung*, in: Roßnagel 2013, § 18 SigG, Rn. 19; *Roßnagel*, MMR 1999, 344; andere Ansicht *Gramlich*, in: Spindler/Schuster 2011, § 18 SigG , Rn. 22; siehe hierzu auch BT-Drs. 14/4662, 30.
[1644] Kapitel 8.4.2.1.

abläufe und technischer Vorgaben könnten – wie in Anlage 1 zur SigV auch unter Verweis auf einen Stand von Wissenschaft und Technik, konkrete ISO-Normen oder Common Criteria – an eine Behörde delegiert werden. Für die Voraussetzungen einer solchen Delegation sei auf die Ausführungen zur Anlehnung der Zertifizierung an die Kraftfahrzeug-Hauptuntersuchung verwiesen.[1645] Ein Vorbild aus dem Signaturrecht könnte beispielsweise die Bekanntmachung über geeignete Algorithmen der Bundesnetzagentur nach Anlage 1 Nr. 2 zur SigV sein.

Wie nach § 15 SigG für Signaturen könnte eine gesetzlich geregelte Zertifizierung der Auftragsdatenverarbeitung trotz der Eigenschaft als bindender Verwaltungsakt eine Vermutungswirkung hervorrufen, die sich nicht nur auf den Auftragnehmer, sondern auch auf die Auftraggeber auswirkt. Wie nach § 15 SigG und auch in Anlehnung an das Produktsicherheitsrecht wäre die Zertifizierung freiwillig. Ein Auftraggeber könnte sich auch weiterhin selbst vor Beginn der Datenverarbeitung und sodann regelmäßig von der Einhaltung der beim Auftragnehmer getroffenen technischen und organisatorischen Maßnahmen überzeugen und so seiner Kontrollpflicht nachkommen. Die Zertifizierung würde den Auftraggeber auch primär nicht von seinen Kontrollpflichten nach § 11 Abs. 2 S. 4 BDSG entbinden. Allerdings könnte mit dem Zertifikat eine Vermutung nach dem Vorbild des § 15 Abs. 1 S. 4 SigG normiert werden. Inhaltlich könnte die Vermutung wie in Anlehnung an das Produktsicherheitsrecht wirken. Demzufolge wäre aufgrund des Zertifikats davon auszugehen, dass ein Auftraggeber, der sich auf ein solches Zertifikat stützt, sich auch gleichzeitig hinreichend von der Einhaltung der technischen und organisatorischen Maßnahmen überzeugt hat. Diese Vermutung kann durch Datenschutzaufsichtsbehörden, Betroffene oder Dritte widerlegt werden. Die Beweislast über die Einhaltung der Vorgaben aus § 11 Abs. 2 S. 4 BDSG würde sich wie in Anlehnung an das Produktsicherheitsrecht auf die Seite der Aufsichtsbehörden oder des betroffenen Dritten verschieben.[1646]

8.4.5 Gestaltungsoffenheit

Die Wahl und die Ausgestaltung der Rechts- und Bindungswirkung des Zertifikats unterläge grundsätzlich der Einschätzungsprärogative des Gesetzgebers. Dieser ist bei der Bestimmung seiner Staatsaufgaben innerhalb der Grenzen der Verfassung frei.[1647] Entsprechend obläge es auch dem Gesetzgeber zu entscheiden, ob eine Zertifizierung als privatisierte Staatsaufgabe in Form eines Verwaltungsakts eine hoheitliche Bindungswirkung haben sollte und damit Gegenstand einer behördlichen Marktkontrolle wäre, ob sie außerhalb eines Verwaltungsverfahrens in einem Konformitätsbewertungsverfahren durchgeführt würde, das dann lediglich eine Vermutungswirkung her-

---

[1645] Kapitel 8.4.2.1.
[1646] Siehe hierzu die Ausführungen in Kapitel 8.4.3.2.
[1647] Statt vieler *von Arnim* 1995, 9.

vorrufen könnte, oder ob die Zertifizierung wie bei der freiwilligen Akkreditierung im Signaturrecht Merkmale beider Mechanismen aufweist. Alle drei genannten Wege würden zu mehr Rechtssicherheit auf Seiten des Auftraggebers einer Auftragsdatenverarbeitung nach § 11 BDSG führen.

Eine hoheitliche Zertifizierung in Anlehnung an die Kraftfahrzeug-Hauptuntersuchung würde eine verbindliche und auf dem Rechtsweg überprüfbare Entscheidung und somit ein Höchstmaß an Rechtssicherheit mit sich bringen. Als nationales hoheitliches Instrument würde sich die Zertifizierung allerdings auf das Hoheitsgebiet der Bundesrepublik beschränken. Überdies wäre eine öffentlich-rechtliche Beleihung der Zertifizierungsstelle mit dem damit verbundenen Verwaltungsaufwand erforderlich.

Ein System der Konformitätsbewertung unter Vergabe von Zertifikaten mit Vermutungswirkung, ähnlich wie im Produktsicherheitsrecht, wäre vermutlich flexibler und vor allem auch auf europäischer Ebene einheitlich umsetzbar. Vorteilhaft wäre außerdem, dass mit der Einführung bereits auf etablierte Konformitätsbewertungssysteme zurückgegriffen werden könnte. Anders als verbindliche Rechtsakte könnten zur Konkretisierung gesetzlicher Vorgaben (in denen dennoch Wesentliches zu regeln wäre) zahlreiche bereits bestehende Prüf- und Normenkataloge, beispielsweise die ISO 27000 oder der BSI-Grundschutzkatalog fruchtbar gemacht oder auf unternehmens- oder branchenspezifische Selbstregulierungen zurückgegriffen werden. Zu Unsicherheiten könnte hier gegebenenfalls die Rechtswirkung führen.[1648] Würde eine Vermutungswirkung bei Zertifikaten zugunsten der Einhaltung der Anforderungen an die technischen und organisatorischen Maßnahmen durch den Auftragnehmer und in der Folge auch zugunsten der Einhaltung der Kontrollpflichten durch den Auftraggeber bestehen, ist beispielsweise nicht abschließend geklärt, was bei einer Widerlegung der Vermutung praktisch geschehen würde.[1649] Die Frage, ob der Auftraggeber auf das Zertifikat im Vorfeld vertrauen durfte und insofern gutgläubig war, wäre dann wiederum der gerichtlichen Beurteilung unterworfen. Um insofern der Rechtsunsicherheit bei den Akteuren nicht erneut Vortrieb zu leisten, müssten die Rechtswirkungen gegenüber allen Akteuren konkret normiert werden.

Indem der Zertifizierungsmechanismus an das bestehende Akkreditierungssystem im Signaturrecht angelehnt wird, können Merkmale und Vorteile beider vorgenannter Systeme verknüpft werden. Wird die Zertifizierung als Verwaltungsverfahren durchgeführt, erlangt der Auftragnehmer als beantragte Stelle Rechtssicherheit hinsichtlich der Erfüllung gesetzlicher Voraussetzungen. Der Auftraggeber kann sich ebenfalls

---

[1648] Insbesondere die Vermutungswirkung des GS-Zeichens wurde vereinzelt kritisch beurteilt. So blieb offenbar unklar, wer außer dem Hersteller noch Adressat dieser Vermutungswirkung ist; etwa ob auch Gerichte an die Vermutung gebunden sind, *Schulze*, in: Tamm/Tonner 2012, § 8, Rn. 88; *Klindt*, in: Klindt 2007, § 8 GPSG, Rn. 25.

[1649] So jedoch bereits zur neuen Rechtslage, *Kapoor/Klindt*, NVwZ 2012, 719.

darauf verlassen, dass die von ihm beauftragte Stelle den datenschutzrechtlichen Anforderungen entspricht. Private Prüf- und Bestätigungsstellen können die zuständige Behörde unterstützen – sie müssen allerdings, etwa im Rahmen der Beleihung, förmlich anerkannt werden. Prüfinhalte sind für die Durchführung eines Verwaltungsverfahrens und als Voraussetzung für den Erlass eines Verwaltungsakts in wesentlichen Punkten gesetzlich zu normieren. Deren Konkretisierung kann aber zumindest vom Gesetzgeber an eine Fachbehörde delegiert werden, wie es im Signaturrecht mit der Bekanntmachung geeigneter Algorithmen geschieht. Hinsichtlich der Rechtsfolge genießt der Auftraggeber zwar keine verbindliche Befreiung von der Kontrollpflicht, er kann sich aber zumindest auf die Vermutungswirkung zugunsten einer erfolgten Kontrolle verlassen. Gleichzeitig gewährleistet die Zertifizierung als freiwillige Maßnahme die nötige Flexibilität. Ist in Einzelfällen eine persönliche Vor-Ort-Kontrolle des Auftraggebers angemessen, kann auf die Zertifizierung auch verzichtet werden und der Kontrollnachweis anderweitig erbracht werden. Akkreditierungsverfahren im Signaturrecht sind derzeit auf rein nationaler Ebene etabliert. Ein entsprechendes Verfahren im Datenschutzrecht muss angesichts der häufig grenzüberschreitenden Auftragsdatenverarbeitungsverhältnisse – nicht zuletzt beim Cloud Computing – auf europäischer Ebene angesiedelt werden. Unter dieser Voraussetzung ist dann aber eine Ausgestaltung der Zertifizierung der Auftragsdatenverarbeitung de lege ferenda nach dem Beispiel der freiwilligen Akkreditierung im Signaturrecht zu favorisieren.

8.5 Qualitätssicherung durch Akkreditierung und Ermächtigung

Unabhängig vom konkreten Zertifizierungsverfahren muss auch die Sicherstellung der Fachkompetenz und Eignung der am Zertifizierungsverfahren beteiligten Prüf- und Bestätigungsstellen gewährleistet sein.[1650] Anforderungen an diese Stellen müssten somit ebenfalls Gegenstand der gesetzlichen Regelung sein. Um die Erfüllung dieser Anforderungen sicherzustellen, bedürfte es eines eigenen förmlichen Prüfprozesses, der aufgrund der gestuften Prüfung und in Abgrenzung zur eigentlichen Zertifizierung als „Akkreditierung" (im Signaturrecht als „Anerkennung") bezeichnet wird.[1651] Im Falle einer Ausgestaltung der Zertifizierung als Verwaltungsverfahren würde auf die erfolgreiche Akkreditierung noch die förmliche Ermächtigung, also der Beleihungsakt der Zertifizierungsstellen, folgen.[1652]

Wie bei der Festlegung des Zertifizierungsprozesses könnte der Akkreditierungsprozess auf formell gesetzlicher Ebene abstrakt normiert und dann beispielsweise durch

---

[1650] Trusted Cloud, AG Rechtsrahmen 2012, 17.
[1651] Zur Begriffsdefinition *Bieback* 2008, 33 f.; *Nicolas/Repussard* 1995, 56.
[1652] Außerhalb des Verwaltungsverfahrens kann auch für das nicht-hoheitliche Tätigwerden der Zertifizierungsstelle neben der Akkreditierung noch eine besondere Zulassung, Anerkennung oder Benennung erfolgen, hierzu *Bieback* 2008, 35.

Rechtsverordnungen konkretisiert werden.[1653] Anders als die Zertifizierung wäre die Akkreditierung einer Zertifizierungsstelle selbst aber regelmäßig zwingend ein Verwaltungsakt.[1654]

8.5.1 Akkreditierung am Beispiel des harmonisierten Produktsicherheitsrechts

Für den harmonisierten Bereich des Produktsicherheitsrechts schreibt Art. 4 Abs. 1 der Akkreditierungsverordnung VO 765/2008[1655] beispielsweise vor, dass jeder Mitgliedstaat eine nationale Akkreditierungsstelle einrichten muss. Nach Art. 4 Abs. 5 der Akkreditierungsverordnung muss die Akkreditierung nicht direkt von den Behörden selbst, sondern kann auch von einer privaten Organisation vorgenommen werden. Hierzu muss jedoch ausweislich der Verordnungsformulierung jeder „Mitgliedstaat seine nationale Akkreditierungsstelle mit der Durchführung der Akkreditierung als einer hoheitlichen Tätigkeit" betrauen und „ihr eine offizielle Anerkennung" erteilen. Werden demnach mit der Akkreditierung von Zertifizierungsstellen (hier: „notifizierte Stellen") in Deutschland private Stellen betraut, müssen diese zumindest Beliehene sein.[1656] Nach § 1 Abs. 1 AkkStelleG[1657] wird in Deutschland die Akkreditierung als hoheitliche Aufgabe des Bundes durch die Akkreditierungsstelle durchgeführt. Gemäß § 8 Abs. 1 AkkStelleG kann hierzu auch eine private Stelle beliehen werden. § 10 AkkStelleG macht überdies Vorgaben an die zu beleihende Stelle. Diese umfassen unter anderem fachliche und organisatorische Anforderungen aus Art. 8 der Akkreditierungsverordnung. Auf Basis einer konkretisierenden Rechtsverordnung wurde in Deutschland ausschließlich die Deutsche Akkreditierungsstelle GmbH für die Durchführung der Akkreditierung beliehen.[1658]

Die Akkreditierung nach der Akkreditierungsverordnung wirkt im gesamten Binnenmarkt. Ein Hersteller kann demzufolge seine Produkte und Prozesse auch durch eine in einem anderen Mitgliedstaat unter dem dortigen nationalen Akkreditierungsrecht akkreditierten Zertifizierungsstelle zertifizieren lassen.[1659] Zertifizierungsstellen können in diesem System mithin europaweit tätig werden. Regelmäßig hat nach Art. 7 Abs. 1 der Akkreditierungsverordnung die Akkreditierung in dem Mitgliedstaat zu erfolgen,

---

[1653] Hierzu Kapitel 8.3.5.
[1654] *Von Czettritz*, PharmR 2000, 321; *Kapoor/Klindt*, EuZW 2009, 136 f.; *School*, DVBl. 1999, 445 ff.; *Pünder*, ZHR 2006, 587.
[1655] Verordnung 765/2008 über die Vorschriften für die Akkreditierung und Marktüberwachung im Zusammenhang mit der Vermarktung von Produkten und zur Aufhebung der Verordnung (EWG) Nr. 339/93 des Rates, ABl. L 2018 vom 13.8.2008, 30 ff.
[1656] *Kapoor/Klindt*, EuZW 2009, 137.
[1657] Akkreditierungsstellengesetz vom 31.7.2009, BGBl. 2009 I, 2625.
[1658] Verordnung über die Beleihung der Akkreditierungsstelle nach dem Akkreditierungsstellengesetz vom 21.12.2009, BGBl. 2009 I, 39, 62.
[1659] *Kapoor/Klindt*, EuZW 2009, 137.

in dem die Zertifizierungsstelle niedergelassen ist. Unter bestimmten, allerdings sehr engen Voraussetzungen kann sich eine Zertifizierungsstelle nach Art. 7 der Akkreditierungsverordnung aber auch grenzüberschreitend akkreditieren lassen.

8.5.2 Akkreditierung am Beispiel des Signaturrechts

Nach § 18 Abs. 1 S. 1 SigG erkennt die zuständige Behörde eine natürliche oder juristische Person auf Antrag als Bestätigungsstelle nach § 17 Abs. 4 oder § 15 Abs. 7 S. 1 SigG oder als Prüf- und Bestätigungsstelle nach § 15 Abs. 2 SigG an. Anders als bei der Akkreditierung im Produktsicherheitsrecht erfolgt die Anerkennung im Signaturrecht nicht durch eine hierfür beliehene private Anerkennungsstelle, wie die Deutsche Akkreditierungsstelle GmbH. Da Prüf- und Bestätigungsstellen selbst beliehen werden, erfolgt die Anerkennung durch die Bundesnetzagentur als zuständige Behörde.[1660]

Allgemeine Voraussetzung für eine Anerkennung ist nach § 18 Abs. 1 S. 1 SigG der Nachweis der erforderlichen Zuverlässigkeit, Unabhängigkeit und Fachkunde. Das nähere Verfahren hierzu regelt § 16 SigV.[1661] § 16 Abs. 3 SigV nimmt auf die in § 18 SigV geforderte Zuverlässigkeit, Unabhängigkeit und Fachkunde Bezug und definiert diese unter Verweis auf die Vorgaben aus der Richtlinie 1999/93/EG[1662] sowie die dazugehörige Kommissionsentscheidung 2000/709/EG[1663] näher. Einzelheiten zu den Anforderungen an Prüf- und Bestätigungsstellen auf der Grundlage des europäischen und nationalen Signaturrechts ergeben sich nach § 16 Abs. 5 SigV aus einer Bekanntmachung der Bundesnetzagentur.[1664]

[1660] *Hornung*, in: Roßnagel 2013, § 18 SigG, Rn. 17 ff.

[1661] Hierzu ausführlich *Hornung*, in: Roßnagel 2013, § 16 SigV, Rn. 18 ff.

[1662] Richtlinie 1999/93/EG des Europäischen Parlaments und des Rates vom 13. Dezember 1999 über gemeinschaftliche Rahmenbedingungen für elektronische Signaturen, ABl. L 13 vom 19.01.2000, 12.

[1663] Entscheidung der Kommission vom 6. November 2000 über die Mindestkriterien, die von den Mitgliedstaaten bei der Benennung der Stellen gem. Art. 3 Abs. 4 der Richtlinie 1999/93/EG des Europäischen Parlaments und des Rates über gemeinschaftliche Rahmenbedingungen für elektronische Signaturen zu berücksichtigen sind (bekannt gegeben unter Aktenzeichen K(2000) 3179) 1 (2000/709/EG), ABl. L 289 vom 16.11.2000, 42.

[1664] Bundesnetzagentur für Elektrizität, Gas, Telekommunikation, Post und Eisenbahnen, Bekanntmachung von Einzelheiten zu den Anforderungen nach § 16 Absatz 1 bis 4 der Signaturverordnung und den Mindestkriterien nach Art. 3 Abs. 4 der Richtlinie 1999/93/EG vom 24.12.2010, Bundesanzeiger Nr. 196, 4381.

8.5.3 Umsetzung der Akkreditierung für die Zertifizierung der Auftragsdatenverarbeitung

An das hier vorgestellte Akkreditierungsmodell für Konformitätsbewertungen im harmonisierten Bereich sowie die Anerkennung von Prüf- und Bestätigungsstellen nach dem Signaturrecht könnte sich auch die Akkreditierung der Zertifizierungsstellen für die Auftragsdatenverarbeitung anlehnen. Im Hinblick auf die bindende Wirkung einer Akkreditierung oder Anerkennung wäre auch für die Akkreditierung von Zertifizierungsstellen für die Auftragsdatenverarbeitung ein Verwaltungsverfahren erforderlich. Die Akkreditierung müsste demgemäß aufgrund eines Gesetzes durch eine Behörde oder durch eine beliehene Akkreditierungsorganisation erfolgen. Nach der hier favorisierten Anlehnung an das Signaturrecht muss die Anerkennung direkt durch eine Behörde erfolgen. Ähnlich wie durch die Vorgaben nach § 18 SigG und § 16 SigV können an die Akkreditierungsstelle, die als Beliehene tätig wird, fachliche, vor allem aber auch organisatorische Anforderungen gestellt werden.

Als fachliche Voraussetzung für eine erfolgreiche Akkreditierung könnte sowohl eine besondere Berufsqualifikation oder die Angehörigkeit zu einem Berufsstand, der durch eine staatliche Abschlussprüfung erlangt wird, als auch eine Prüfung außerhalb des Berufszulassungsrechts eingefordert werden.[1665] Für ein europaweit einheitliches Zertifizierungssystem und vor allem aufgrund der Dienstleistungsfreiheit dürften Anbieter aus anderen Mitgliedstaaten nicht ohne Weiteres[1666] allein aufgrund zulassungsbezogener Anforderungen vom Zugang zum inländischen Markt ausgeschlossen oder beeinträchtigt werden. Zwar könnten unter bestimmten, engen Voraussetzungen auch für Bewertungsstellen staatliche Prüfungen, ähnlich wie etwa für Wirtschaftsprüfer gemäß § 319 Abs. 1 HGB i. V. m. §§ 1 Abs. 1 S. 2, 15 WPO, verlangt werden.[1667] Da jedoch gerade ein europäisches harmonisiertes Zertifizierungssystem etabliert werden sollte, wäre eine Einschränkung der Dienstleistungsfreiheit durch eine rein nationale, exklusive Berufszulassungsregel wohl kaum zu rechtfertigen. Daher müssten im Inland zumindest sowohl die Berufsvoraussetzungen anderer Mitgliedstaaten für eine Akkreditierung als auch die erfolgten mitgliedstaatlichen Prüfungen als Voraussetzung für eine inländische Akkreditierung anerkannt werden. Ein System staatlicher Berufsprüfungen wäre insofern nur realistisch und zielführend, wenn ein europaweit einheitliches Berufsprüfungs-, -anerkennungs- und -ausübungssystem für diesen Berufsstand bestünde. Fraglich ist auch, ob ein staatliches Berufsprüfungssystem im Hinblick auf die regelmäßig wechselnden fachlichen Anforderungen, die mit der Entwicklung der Auftragsdatenverarbeitung, insbesondere im Bereich der Informationstechnologie wie dem

---

[1665] Hierzu Trusted Cloud, AG Rechtsrahmen 2012, 18.
[1666] Zur Zulässigkeit und Grenzen der qualifikationsbezogenen Beschränkung der Dienstleistungsfreiheit *Randelzhofer/Forsthoff*, in: Grabitz/Hilf/Nettesheim 2014, Art. 57 AEUV, Rn. 134 f.
[1667] *Randelzhofer/Forsthoff*, in: Grabitz/Hilf/Nettesheim 2014, Art. 57 AEUV, Rn. 134; hierzu auch Art. 1 ff. RL 2005/36/EG.

Cloud Computing, geeignet wäre. Bestimmte Berufsgruppen, wie vereinzelt gefordert,[1668] dagegen von vornherein als geeignet zu bestimmen, widerspräche dem Sinn einer freien marktlichen Gestaltung des Zertifizierungssystems, da hierdurch diese Berufsgruppen von einer Einzelfallprüfung ausgenommen und somit gegenüber anderen Anwärtern bevorzugt würden; auch die europaweite Vereinheitlichung ist hierbei ungeklärt.

Für die Akkreditierung im Rahmen der Produktsicherheit sowie für die Anerkennung im Rahmen des Signaturrechts wurden deshalb Prüfungs- und Anerkennungsmechanismen außerhalb des Berufsrechts errichtet. Aufgrund § 4 Akkreditierungsstellen-Beleihungsverordnung vereinbaren die Deutsche Akkreditierungsstelle GmbH sowie das Bundesministerium für Wirtschaft und Technologie in einem öffentlich-rechtlichen Vertrag, wie die nach der Beleihungsverordnung übertragenen Aufgaben auszuführen sind. Im Einzelnen legt die Deutsche Akkreditierungsstelle GmbH sodann Anforderungen an Zertifizierungsstellen[1669] und das Akkreditierungsverfahren fest.[1670] Auch für die hier als Gestaltungsmuster favorisierte Anerkennung im Signaturrecht werden, wie dargestellt,[1671] nach § 18 Abs. 1 S. 1 SigG i. V. m. § 16 Abs. 3 und 5 SigV gesetzlich normierte Grundbedingungen durch die Kommissionsentscheidung 2000/709/EG sowie die Bekanntgabe durch die Bundesnetzagentur konkretisiert.

Ähnlich sollte auch die Festlegung der Anforderungen an Akkreditierungen von Zertifizierungsstellen für die Auftragsdatenverarbeitung organisiert werden. Hierzu müssen im Hinblick auf den Wesentlichkeitsgrundsatz bereits in dem formellen Gesetz, in dem die Zertifizierung normiert würde, aus heutiger Sicht also in der Datenschutzrichtlinie[1672] und hiernach im Bundesdatenschutzgesetz, Anforderungen abstrakt formuliert werden. Wie im Signaturrecht werden diese Anforderungen für eine Beleihung in einer dementsprechenden Rechtsverordnung konkretisiert. Konkrete Prüfkriterien können dann durch die zuständige Behörde selbst entwickelt werden. Wie auch für die Anforderungen der Zertifizierung ist es möglich, in diesem Detaillierungsgrad auch auf Standards und Normen privater Organisationen, wie der ISO oder der DIN, oder

---

[1668] Trusted Cloud, AG Rechtsrahmen 2012, 18.

[1669] So beispielsweise die übergreifenden Regelungen für die Akkreditierung von Konformitätsbewertungsstellen der Deutschen Akkreditierungsstelle GmbH, AZ. 71 SD 0 001, http://www.dakks.de/sites/default/files/71%20SD%200%20001%20Akkreditierungsprozess_20120829_v1.3.pdf sowie allgemeine Regelungen für die Akkreditierung im Bereich Medizinprodukte AZ: 71 SD 3 016 http://www.dakks.de/sites/default/files/71_sd_3_016_allg-regeln-akk-medprod_201310 16_v1.2.pdf.

[1670] Siehe hierzu die Dokumente auf der Internetpräsenz der Deutschen Akkreditierungsstelle GmbH http://www.dakks.de/content/download-von-dokumenten.

[1671] Kapitel 8.5.2.

[1672] Sofern sich der europäische Gesetzgeber zu einer umfassenden Reform des Datenschutzrechts im Rahmen einer Datenschutzgrundverordnung entscheiden sollte, müssten die entsprechenden Regelungen hierin erfolgen.

Selbstregulierungen zu verweisen. Auch ist vorstellbar, dass für diesen Schritt ein Gremium gebildet wird, in dem auch Vertreter der Datenschutzaufsichtsbehörden sowie der Auftragnehmer und Auftraggeber vertreten sind oder zumindest angehört werden.[1673]

8.6 Chancen und Risiken der Auftragsdatenverarbeitung für die Cloud

Für die datenschutzrechtlich zulässige Nutzung des Cloud Computing mit Daten betroffener Dritter innerhalb der Europäischen Union oder des Europäischen Wirtschaftsraums scheint die Auftragsdatenverarbeitung der einzig praktikable Weg zu sein. Das Rechtsinstitut der Auftragsdatenverarbeitung wurde aber bereits lange vor der Entstehung von Internetdiensten und damit ohne Berücksichtigung der Eigenarten des flexiblen, internetbasierten und damit internationalen Cloud Computing geschaffen und ist an die veränderte Situation seitdem kaum angepasst worden. Dies zeigt sich besonders hinsichtlich der Anforderungen an den Auftraggeber aus § 11 BDSG, die automatisch mit grundlegenden Eigenschaften des Cloud Computing wie die der Ortsungebundenheit in Konflikt geraten, was wiederum zumindest zu Rechtsunsicherheit bei den Beteiligten führt. Insbesondere rechtlich und technisch unerfahrene Cloud-Nutzer, etwa kleine und mittlere Unternehmen, sehen sich hier vor kaum überwindbaren Hürden. Einzelnen Anforderungen, wie die Sicherstellung der Weisungshoheit des Auftraggebers oder die Gestaltung des Auftrags, kann zumindest teilweise durch technische Lösungen begegnet werden. Beispielhaft sei die Möglichkeit von elektronischen Optionsbäumen, an denen der Auftraggeber zumindest durch Ausübung von Wahlrechten Weisungen erteilen kann, die Einrichtung von internetbasierten Informationsplattformen, an denen sich der Auftraggeber über den Status der Auftragsdatenverarbeitung Transparenz verschaffen kann und die sichere Datenentfernung durch technische Löschmechanismen, genannt.[1674]

Als problematisch erweist sich die Pflicht des Auftraggebers, den Auftragnehmer regelmäßig zu kontrollieren. Im Hinblick auf die Tatsache, dass in der Praxis regelmäßig große Cloud-Anbieter als Auftragnehmer vielen kleinen Cloud-Nutzern, etwa kleine und mittlere Unternehmen, als Auftraggeber gegenüberstehen erscheint eine höchstpersönliche Kontrolle durch die Auftraggeber gegebenenfalls beim Auftragnehmer Vor-Ort unrealistisch. Zwar konnte festgestellt werden, dass diese Kontrollpflicht sich nicht auf eine höchstpersönliche Vor-Ort-Kontrolle beziehen muss, sondern auch durch eine dritte Stelle im Rahmen einer Zertifizierung durchgeführt werden kann. Dennoch bleibt bei den Auftraggebern trotz eines wachsenden Zertifikatmarkts eine Rechtsunsicherheit dahingehend, welches Zertifikat in welchem Umfang und unter

---

[1673] Hierzu Trusted Cloud, AG Rechtsrahmen 2012, 19, die jedoch die Beteiligung von Interessenvertretern bereits auf einer höheren Ebene ansetzt.

[1674] Siehe hierzu Kapitel 7.2.

welchen Bedingungen von der Kontrollpflicht des Auftraggebers befreit. Diese Rechtsunsicherheit kann im Ergebnis nur durch eine gesetzliche Anpassung durch Einführung eines gesetzlich geregelten Systems einer akkreditierten Zertifizierung behoben werden. Hierzu sollte der Gesetzgeber ein Zertifizierungssystem einrichten, für Prüfkriterien zumindest wesentlichen Anforderungen normieren sowie die erfolgreiche Zertifizierung mit einer Rechtsfolge versehen. Lediglich marktförmige, anreizfördernde Datenschutzsiegel, wie auf Basis des § 9a BDSG vergleichbar mit den Datenschutzaudits Schleswig Holstein und Bremen oder auch den BSI-Grundschutzzertifikaten, reichen hierzu nicht aus.

Erforderlich ist vielmehr ein Zertifikat, das die bloße Einhaltung normierter Vorgaben bestätigt und an das eine konkrete öffentlich-rechtliche Rechtsfolge geknüpft ist, die sich auf die Kontrollpflicht des Auftraggebers auswirkt. Eine Zertifizierung auf rein privatrechtlicher Basis, wie etwa das Testat von Wirtschaftsprüfern, scheidet somit aus. Der Gesetzgeber hätte zwar die Wahlfreiheit, ob er das Zertifizierungssystem als ein bindendes Verwaltungsverfahren, wie hier verglichen mit der Kraftfahrzeug-Hauptuntersuchung, oder außerhalb eines Verwaltungsverfahrens als Konformitätsbewertung mit Vermutungswirkung, ähnlich dem harmonisierten Produktsicherheitsrecht, oder einer Mischform, wie im Signaturrecht, ausgestaltet. Angesichts der Verknüpfung von Vorteilen mehrerer Systeme wird hier aber die Anlehnung an das Signaturrecht favorisiert.[1675] Hierzu ist de lege ferenda ein – möglichst auf supranationaler Ebene – gesetzlich geregeltes System freiwilliger Zertifizierung zu schaffen. Auftraggeber sollten sich hierbei auf Antrag durch beliehene Prüf- und Bestätigungsstellen prüfen lassen können und sodann von einer zuständigen Behörde ein Zertifikat erhalten. Dieses sollte nicht nur wie ein Gütezeichen geführt werden dürfen und zur Marktransparenz dienen. Es sollte zusätzlich auch eine konkrete Rechtswirkung auf die Kontrollpflicht des Auftraggebers zur Folge haben. In Anlehnung an das bestehende Akkreditierungssystem im Signaturrecht sollte aus einer Zertifizierung eine (widerlegbare) Vermutungswirkung zugunsten der Erfüllung der Kontrollpflicht des Auftraggebers erwachsen. Die abstrakte Festlegung des Prüfverfahrens, dessen Inhalte und Anforderungen sowie die förmlichen und fachlichen Voraussetzungen der Zertifizierungsstellen und das Verfahren ihrer Anerkennung muss in wesentlichen Punkten in einem Parlamentsgesetz geregelt sein. Die konkrete Ausgestaltung dieser Aspekte kann demgegenüber an die zuständige Behörde – auch unter Verweis auf technische Standards und Normen – delegiert werden.

[1675] Siehe Kapitel 8.4.5.

9 Internationales Cloud Computing

Die bisherige Betrachtung der Zulässigkeitsanforderungen im Rahmen des Cloud Computing bezog sich ausschließlich auf den Datenumgang und die Datenflüsse im Inland. Wie bereits für die Frage nach dem anwendbaren Recht untersucht,[1676] geht mit der internetbasierten Struktur der Cloud die Überschreitung von territorialen Grenzen einher. Aus rein technischer Sicht mag beim Cloud Computing der Ort der Datenspeicherung und -verarbeitung sowie der Weg der Daten zwar irrelevant sein. Mit dem Grenzübertritt der Daten ändert sich jedoch die rechtliche Wertung der Zulässigkeit des Datenumgangs. Das nationale Datenschutzrecht knüpft die Zulässigkeit des Datenumgangs unter Einbeziehung nicht-inländischer Stellen an andere oder weitere Voraussetzungen als bei rein innerstaatlichen Datenbewegungen.

Im Folgenden ist die Zulässigkeit des Datenumgangs mit grenzüberschreitendem Bezug im Rahmen des Cloud Computing näher zu beleuchten. Im Mittelpunkt steht dabei die Frage, ob die jeweils verantwortliche Stelle, die unter das deutsche Datenschutzrecht fällt, sei es der Cloud-Nutzer oder der Cloud-Anbieter im Rahmen der Cloud-Nutzung personenbezogene Daten außerhalb des Staatsgebiets übermitteln oder für die Auftragsdatenverarbeitung weitergeben oder selbst außerhalb der Bundesrepublik Deutschland mit diesen Daten umgehen darf. Von Bedeutung sind hierfür die Vorgaben zur Datenübermittlung an ausländische Stellen nach §§ 4b und 4c BDSG sowie bei einer Auftragsdatenverarbeitung die Einordnung ausländischer Auftragnehmer als Dritte oder Nicht-Dritte nach § 3 Abs. 8 BDSG.

§§ 4b und 4c BDSG normieren ausschließlich Zulässigkeitsvoraussetzungen für die Übermittlung von Daten an nicht-inländische Stellen. Der weitergehende Umgang damit, etwa die Speicherung oder Veränderung der Daten beim ausländischen Übermittlungsempfänger, ist hiervon nicht erfasst. Außerdem betreffen die Regelungen des §§ 4b und 4c BDSG ausschließlich die Datenübermittlung ins Ausland, also den Datenexport, und nicht die (Rück-)Übermittlung ins Inland, den Datenimport.[1677] Soweit das deutsche Datenschutzrecht auf eine solche Import-Übermittlung überhaupt Anwendung findet, hängt ihre Zulässigkeit lediglich von den allgemeinen Zulässigkeitstatbeständen entsprechend einer Inlandsübermittlung ab.[1678]

[1676] Hierzu Kapitel 5.1.
[1677] *Schaffland/Wiltfang* 2013, § 4b BDSG, Rn. 1; *Gabel*, in: Taeger/Gabel 2013, § 4b BDSG, Rn. 2.
[1678] Findet das deutsche Datenschutzrecht dagegen noch nicht einmal auf den Übermittlungsvorgang Anwendung, so ist dieser mangels einer Regelung grundsätzlich zulässig. Die Übermittlung könnte nur unzulässig sein, wenn der damit verbundene Datenumgang mit dem inländischen Rechtsverständnis nicht in Einklang zu bringen wäre und deshalb der völkerrechtliche ordre-public-Grundsatz greifen würde, hierzu *Bergmann/Möhrle/Herb* 2014, § 4b BDSG, Rn. 58 ff.; *Däubler*, in: Däubler/Klebe/Wedde/Weichert 2014, § 4b BDSG, Rn. 22.

Die Untersuchung kann sich folglich darauf beschränken, ob Daten im Rahmen des Cloud Computing vom Inland aus grenzüberschreitend weitergegeben werden (Datenexport), ob es sich hierbei um eine Übermittlung eine bloße Weitergabe personenbezogener Daten im Rahmen der Auftragsdatenverarbeitung nach § 3 Abs. 8 BDSG i. V. m. § 3 Abs. 4 Nr. 3 BDSG handelt und, im Falle einer Übermittlung, ob eine solche Export-Übermittlung nach §§ 4b und 4c BDSG zulässig ist. Hierzu ist vorweg gemäß § 4b und 3 Abs. 8 BDSG danach zu unterscheiden, ob der Datenexport an Stellen innerhalb der Europäischen Union oder des Europäischen Wirtschaftsraums oder an „Drittländer" erfolgt.

9.1 Datenumgang innerhalb der EU und des EWR

Nach § 4b Abs. 1 BDSG gelten für Übermittlungen an Stellen in andere Mitgliedstaaten der Europäischen Union, in andere Vertragsstaaten des Abkommens über den Europäischen Wirtschaftsraum oder der Organe und Einrichtungen der Europäischen Gemeinschaften die gesetzlichen Erlaubnistatbestände für inländische Übermittlungen entsprechend. Die Übermittlung von Daten an eine Stelle innerhalb der Europäischen Union oder des Europäischen Wirtschaftsraums ist damit einer rein inländischen Übermittlung faktisch gleichgestellt.[1679]

Überdies sind nach § 3 Abs. 8 BDSG solche Stellen, die innerhalb der Europäischen Union oder des Europäischen Wirtschaftsraums Daten im Auftrag erheben, verarbeiten oder nutzen, ebenso wie inländische Auftragnehmer keine Dritten. Die Weitergabe von Daten durch einen deutschen Auftraggeber an einen Auftragnehmer innerhalb der Europäischen Union oder des Europäischen Wirtschaftsraums ist damit keine Datenübermittlung im Sinne des § 3 Abs. 4 Nr. 3 BDSG. Auch im Rahmen einer Auftragsdatenverarbeitung unterliegt die Weitergabe von Daten an einen nicht-inländischen Auftragnehmer innerhalb der Europäischen Union oder des Europäischen Wirtschaftsraums im Ergebnis somit keinen anderen Bedingungen als für die Weitergabe bei einer Auftragsdatenverarbeitung innerhalb des Bundesgebiets.

Hintergrund der Gleichstellung von Zulässigkeitsvoraussetzungen für Datenbewegungen innerhalb der Europäischen Union oder des Europäischen Wirtschaftsraums ist der Grundsatz des freien Datenverkehrs, der wiederum auf dem Binnenmarktprinzip beruht.[1680] Die Datenschutzrichtlinie, die §§ 4b, 4c sowie 3 Abs. 8 BDSG zugrunde liegt, zielt nach ihrem Art. 1 Abs. 2 entsprechend auf den freien Verkehr personenbezogener Daten zwischen Mitgliedstaaten ab. Sie gibt, zumindest für die Regelungsbereiche der

---

[1679] *Gabel*, in: Taeger/Gabel 2013, § 4b BDSG, Rn. 3; *Däubler*, in: Däubler/Klebe/Wedde/Weichert 2014, § 4b BDSG, Rn. 2; *Bergmann/Möhrle/Herb* 2014, § 4b BDSG, Rn. 18; *von d. Bussche*, in: Plath 2013, § 4b BDSG, Rn. 13.

[1680] *Bergmann/Möhrle/Herb* 2014, § 4b BDSG, Rn. 2; *Gola/Schomerus* 2012, § 4b BDSG, Rn. 2.

ehemals ersten Säule des Gemeinschaftsrechts, einen Gleichlauf der Zulässigkeitsvoraussetzungen im Inland wie zwischen den Mitgliedstaaten vor.[1681] Erfolgt das Cloud Computing somit ausschließlich innerhalb der Europäischen Union oder des Europäischen Wirtschaftsraums, ist die Zulässigkeit nur nach den für das inländische Cloud Computing genannten Voraussetzungen zu beurteilen. Ein ausschließlich innereuropäisches Cloud Computing unterliegt damit keinen weiteren als den genannten Voraussetzungen.[1682]

9.2 Drittlandbezug

Beschränkt sich der Datenumgang nicht auf das Inland, die Europäische Union oder den Europäischen Wirtschaftsraum, ergeben sich nach § 4b Abs. 2 BDSG zusätzliche Voraussetzungen. Im Falle einer Auftragsdatenverarbeitung ändert sich bei einem Drittlandbezug überdies nach § 3 Abs. 8 BDSG die Einordnung des Auftraggebers und damit die Bewertung der Datenweitergabe im Rahmen der Auftragsdatenverarbeitung.

Als Datenexport[1683] in ein Drittland wird hier die Datenweitergabe im Sinne des § 4b Abs. 2 BDSG bezeichnet. Der Datenexport umfasst somit Übermittlungen personenbezogener Daten, die im Rahmen von Tätigkeiten erfolgen, die ganz oder teilweise in den Anwendungsbereich des Rechts der Europäischen Gemeinschaften fallen, sowie an sonstige ausländische oder über- oder zwischenstaatliche Stellen.

9.2.1 Drittlandbezug bei Auseinanderfallen des Sitzes der datenverarbeitenden Stelle vom Ort des Datenumgangs

§ 4b Abs. 2 S. 1 BDSG ist unter anderem anwendbar für die „Übermittlung [...] an sonstige ausländische Stellen". Ob es für die Frage nach dem Vorliegen eines Datenexports in ein Drittland auf den Sitz der datenverarbeitenden Stelle oder ausschließlich den Ort des Datenumgangs ankommt, geht aus dem Wortlaut nicht eindeutig hervor. Unklar ist damit etwa, wie der Fall einer datenverarbeitenden Stelle zu beurteilen ist, bei der der (Unternehmens-)Sitz und Ort der Datenverarbeitung auseinanderfallen. Ein Beispiel hierfür wäre, dass ein Cloud-Nutzer Daten als Auftraggeber an einen in einem

---

[1681] Anschaulich zur Einschränkung auf die ehemals erste Säule der Europäischen Union *von d. Bussche*, in: Plath 2013, § 4b BDSG, Rn. 10 f.; *Bergmann/Möhrle/Herb* 2014, § 4b BDSG, Rn. 3.
[1682] So im Ergebnis unbestritten und statt mehrerer AK Technik und Medien, Konferenz der Datenschutzbeauftragten des Bundes und der Länder 2014, 14.
[1683] Im Wortlaut des Gesetzes „Übermittlung". Für eine internationale Auftragsdatenverarbeitung aufgrund eines Standardvertrags könnte § 3 Abs. 8 BDSG unter Umständen analog anzuwenden sein, siehe Kapitel 9.2.3.2.2. Da in diesem Fall ebenso eine Datenweitergabe außerhalb einer Datenübermittlung möglich wäre, soll hier vorerst der neutrale Begriff „Datenexport in ein Drittland" verwendet werden.

Drittland ansässigen Cloud-Anbieter als Auftragnehmer im Rahmen einer Auftragsdatenverarbeitung weitergibt, dieser jedoch seine Datenverarbeitung ausschließlich innerhalb der Europäischen Union oder des Europäischen Wirtschaftsraums durchführt. Hat der Cloud-Anbieter als Auftragnehmer zwar seinen Sitz im Drittland, betreibt jedoch einen Server innerhalb der Europäischen Union oder dem Europäischen Wirtschaftsraum und speichert und verarbeitet die Daten des Cloud-Nutzers ausschließlich dort, verlassen die Daten folglich die europäischen Grenzen faktisch nicht. In diesem Fall stellt sich die Frage, ob Daten nur innerhalb der Europäischen Union oder des Europäischen Wirtschaftsraums oder allein aufgrund des Sitzes des Auftragnehmers in ein Drittland weitergegeben wurden.

§ 3 Abs. 8 BDSG nimmt im Rahmen der Auftragsdatenverarbeitung all diejenigen Stellen vom Begriff des Dritten aus, die im Inland oder „in einem anderen Mitgliedstaat" der Europäischen Union oder des Europäischen Wirtschaftsraums „personenbezogene Daten im Auftrag erheben, verarbeiten oder nutzen". Die „Privilegierung" der Auftragsdatenverarbeitung ist somit offenbar ausschließlich an den Datenumgang in Europa, unabhängig vom Sitz des Auftragnehmers, geknüpft.[1684] Es kommt nur darauf an, dass innerhalb der europäischen Grenzen Daten im Auftrag erhoben, verarbeitet oder genutzt werden.

Für die ausschließliche Orientierung am Ort der Datenverarbeitung spricht, dass durch den ausschließlichen Datenumgang innerhalb der Europäischen Union oder des Europäischen Wirtschaftsraums auf dort befindliche Mittel zurückgegriffen wird. Hat eine Stelle zwar ihren Sitz im Drittland, verarbeitet jedoch die Daten ausschließlich im Binnenraum, unterliegt der Vorgang somit dem europäischen Datenschutzrecht.[1685] Hierdurch haben die Aufsichtsbehörden, jedenfalls theoretisch, vergleichbare Möglichkeiten zur Kontrolle und Datenschutzdurchsetzung wie gegenüber einer im Inland ansässigen Stelle.[1686] Der Datenexport an eine Stelle mit Sitz im Drittland schränkt das Datenschutzniveau folglich zumindest in der Theorie nicht weiter ein als eine Inlandsweitergabe, wenn der Datenumgang ausschließlich innerhalb des europäischen Datenschutzregimes und unter dessen Kontrolle stattfindet. Folgt man allein dem Wortlaut des § 3 Abs. 8 BDSG könnte ein Cloud-Anbieter als Auftragnehmer mit Sitz

---

[1684] So *Dammann*, in: Simitis 2014, § 3 BDSG, Rn. 246; *Simitis*, in: Simitis 2014, § 4b BDSG, Rn. 9; *Niemann/Hennrich*, CR 2010, 687; *Gabel*, in: Taeger/Gabel 2013, § 11 BDSG, Rn. 25; *Plath*, in: Plath 2013, § 11 BDSG, Rn. 15.

[1685] Hierzu Kapitel 5.3.3.3.

[1686] Nach Art. 17 Abs. 3 2. Spiegelstrich DS-RL in Verbindung mit § 11 Abs. 5 BDSG gilt dieses Recht auch unabhängig von der Anwendbarkeit des deutschen Datenschutzrechts auf die Zulässigkeitsfragen der Auftragsdatenverarbeitung, hierzu Kapitel 5.3.2.4; Hessische Aufsichtsbehörde für Datenschutz im nicht-öffentlichen Bereich, Fünfzehnter Tätigkeitsbericht, LT(Hessen)-Drs. 15/4659, 20; Artikel-29-Datenschutzgruppe 2010, WP 179, 17; *Dammann*, in: Simitis 2014, § 1 BDSG, Rn. 201; *Jotzo* 2014, 132.

in einem Drittland die Cloud innerhalb der Europäischen Union oder des Europäischen Wirtschaftsraums betreiben, etwa indem er ausschließlich hier belegene Server nutzt, ohne dass der Cloud-Nutzer einen Datenexport in ein Drittland nach § 4b Abs. 2 BDSG anstieße.[1687]

Allerdings spricht § 4b BDSG in Absatz 1 von „Stellen in" Mitgliedstaaten und in Absatz 2 von „ausländischen" Stellen. Hieraus könnte geschlossen werden, dass stets auf den (Unternehmens-)Sitz abzustellen sei.[1688] Gegen die ausschließliche Orientierung am Ort der Datenverarbeitung und für die Orientierung am Sitz der datenverarbeitenden Stelle ist zunächst anzuführen, dass der Umgang mit Daten auf inländischen Servern oder bei Unterauftragnehmern von Anbietern mit Sitz in Drittländern in der Realität deutlich schwieriger aufsichtsbehördlich kontrollierbar ist als bei Stellen mit Sitz im Inland. Auch läuft die Durchsetzung des Datenschutzrechts gegenüber den Stellen im Drittland praktisch häufig leer. Darüber hinaus wird sich der verantwortliche Cloud-Nutzer an die Angabe des Unternehmenssitzes halten und davon ausgehen müssen, dass der Cloud-Anbieter aufgrund seines faktisch umfassenden Einflusses auf dem inländischen Server jederzeit ungehindert einen Zugriff auf die Daten vornehmen kann. Obwohl sich die Daten noch innerhalb der europäischen Grenzen befinden, sind sie im Herrschaftsbereich des außereuropäischen Cloud-Anbieters. Soweit beim Cloud Computing eine Stelle im Drittland auf (seine eigenen) inländischen Server innerhalb der Europäischen Union oder des Europäischen Wirtschaftsraums zugreift, ist der Datenumgang dem europäischen Datenschutzregime oft praktisch entzogen. Eine realitätsnahe Betrachtung führt somit zur strengen Orientierung am Wortlaut des § 4b BDSG und damit zur Relevanz des Sitzes der datenverarbeitenden Stelle. Selbst wenn die Daten somit die Grenzen der Europäischen Union oder des Europäischen Wirtschaftsraums nie verlassen, kommt es bereits durch die Weitergabe von Daten an einen außereuropäischen Cloud-Anbieter im Rahmen der Auftragsdatenverarbeitung zum Datenexport in ein Drittland im Sinne des § 4b Abs. 2 BDSG.

9.2.2 Zulässigkeitsvoraussetzungen für den Datenexport in Drittländer

Nach § 4b Abs. 2 S. 1 BDSG gilt zwar Absatz 1 entsprechend. Ein Datenexport in das Drittland muss jedoch nach Satz 2 unterbleiben, soweit der Betroffene ein schutzwürdiges Interesse an dem Ausschluss dieses Datenexports hat, insbesondere wenn bei den

---

[1687] *Borges/Brennscheidt*, in: Borges/Schwenk 2012, 44 greifen aufgrund der vergleichbaren Interessenlage für den Fall eines Auslandsbezugs mit dem räumlichen Anwendungsbereich des Datenschutzrechts auf eine „argumentative Analogie" zwischen § 4b und 4c BDSG und § 1 Abs. 5 BDSG zurück.
[1688] Andeutend zumindest *Wedde*, in: Däubler/Klebe/Wedde/Weichert 2014, § 11 BDSG, Rn. 20 („angesiedelt sind").

in Satz 1 genannten Stellen ein angemessenes Datenschutzniveau nicht gewährleistet ist und keine Ausnahmevorschrift greift.

9.2.2.1 Zwei-Stufenprüfung

§ 4b BDSG ist keine eigenständige Rechtsgrundlage für die Datenübermittlung.[1689] Die Anforderungen des § 4b Abs. 2 S. 2 BDSG gelten im Falle eines Drittlandexports zusätzlich zu den bereits für die reine Inlandsübermittlungen geltenden Zulässigkeitsvoraussetzungen. Die Zulässigkeit eines Datenexports in ein Drittland ist demnach zweistufig zu prüfen. Zuerst müssen die Voraussetzungen für eine Datenübermittlung, entsprechend einer Übermittlung im Inland, vorliegen. Der Datenexport in ein Drittland unterliegt also auch den Vorgaben des § 4 Abs. 1 BDSG und verlangt in einem ersten Prüfschritt eine Einwilligung des Betroffenen oder eine gesetzliche Erlaubnis, wie etwa § 28 Abs. 1 S. 1 Nr. 1 BDSG. Zusätzlich ist in einem zweiten Schritt zu prüfen, ob dem Datenexport in das Drittland ein schutzwürdiges Interesse des Betroffenen entgegensteht, insbesondere ob ein angemessenes Datenschutzniveau nicht gewährleistet ist.[1690] Fehlt eine Rechtsgrundlage für die Datenübermittlung, etwa aufgrund einer fehlenden Einwilligung und der Nichterfüllung der Tatbestandsvoraussetzungen des § 28 BDSG kommt es auf § 4b BDSG gar nicht mehr an – der Datenexport ist von vornherein unzulässig.[1691] Es wird jedoch zurecht darauf verwiesen, dass trotz eines Auslandsbezugs die Abwägungsprozesse auf der ersten Stufe, etwa im Rahmen des § 28 BDSG, nicht strenger erfolgen dürfen, da sich hieran noch eine zweite Stufe anschließt, bei der die Anforderungen an den Datenexport explizit zu prüfen sind.[1692]

9.2.2.2 Angemessenes Datenschutzniveau

Ein Datenexport ist nach § 4b Abs. 2 S. 2 BDSG nicht zulässig, soweit der Betroffene ein schutzwürdiges Interesse an dem Ausschluss der Übermittlung hat.

9.2.2.2.1 Regelbeispiel oder Tatbestandsmerkmal

Das schutzwürdige Interesse ist für den Fall des § 4b BDSG zwar nicht näher definiert.[1693] Allerdings nennt der zweite Halbsatz ein entscheidendes weiteres Kriterium,

---

[1689] *Von d. Bussche*, in: Plath 2013, § 4b BDSG, Rn. 4; *Gabel*, in: Taeger/Gabel 2013, § 4b BDSG, Rn. 9.

[1690] Zur Zwei-Stufen-Prüfung *Gabel*, in: Taeger/Gabel 2013, § 4b BDSG, Rn. 9; *von d. Bussche*, in: Plath 2013, § 4b BDSG, Rn. 4; siehe auch *Räther/Seitz*, MMR 2002, 426; *Gola/Schomerus* 2012, § 4b BDSG, Rn. 6; *Simitis*, in: Simitis 2014, § 4b BDSG, Rn. 38.

[1691] *Gabel*, in: Taeger/Gabel 2013, § 4b BDSG, Rn. 9.

[1692] *Gola/Schomerus* 2012, § 4b BDSG, Rn. 6a.

[1693] *Simitis*, in: Simitis 2014, § 4b BDSG, Rn. 45.

nach dem ein Datenexport unzulässig sein soll: „insbesondere, wenn bei den in Satz 1 genannten Stellen ein angemessenes Datenschutzniveau nicht gewährleistet ist". Ob es sich hierbei aufgrund der Trennung des zweiten Halbsatzes durch den Begriff „insbesondere" um ein Regelbeispiel[1694] oder um ein weiteres, unabhängiges Tatbestandsmerkmal[1695] handelt, ist nicht abschließend geklärt, kann jedoch dahinstehen. Durch die Einordnung als Regelbeispiel wird die Angemessenheit des Schutzniveaus weder als einzigmögliches Kriterium für die Zulässigkeit nach § 4b Abs. 2 BDSG angesehen[1696] noch als solches dem Betroffenen zur Disposition gestellt.[1697] Vertreter der Ansicht, es handele sich um ein eigenes Tatbestandsmerkmal, räumen demgegenüber ein, dass bei Fehlen eines angemessenen Schutzniveaus in der Regel auch das Schutzinteresse des Betroffenen überwiegt.[1698] In beiden Lesarten ist die Angemessenheit eine objektiv festzustellende Tatsache, die sich aber auf die Beurteilung des schutzwürdigen Interesses entscheidend auswirkt. Zwar können in beiden Fällen noch weitere Kriterien auf Seiten der subjektiven Betroffeneninteressen in die Abwägung einfließen, praktisch entscheidet aber maßgeblich die objektive Feststellung eines angemessenen Datenschutzniveaus.[1699] Hierfür spricht auch, dass Art. 25 Abs. 1 DS-RL keinen Bezug zu den Betroffeneninteressen nimmt, sondern direkt und ausschließlich auf das angemessene Schutzniveau abstellt.[1700]

9.2.2.2.2 Bezugspunkt der Angemessenheit

Nach § 4b Abs. 2 S. 2 2. Hs. BDSG muss „bei den in Satz 1 genannten Stellen" ein angemessenes Datenschutzniveau gewährleistet sein. Demgegenüber gibt Art. 25 Abs. 1 DS-RL vor, dass der Datenexport in ein Drittland dann zuzulassen ist, „wenn dieses Drittland ein angemessenes Schutzniveau gewährleistet". Während sich die Angemessenheit des Datenschutzniveaus nach der Datenschutzrichtlinie somit auf das Drittland bezieht, verlangt das Bundesdatenschutzgesetz eine Prüfung des Datenschutzniveaus bei der konkreten Empfängerstelle. Vor dem Hintergrund dieser Diskre-

---

[1694] So *von d. Bussche*, in: Plath 2013, § 4b BDSG, Rn. 21; *Simitis*, in: Simitis 2014, § 4b BDSG, Rn. 45, „§ 4b Abs. 2 Satz 2 belässt es bei einem allgemeinen Hinweis auf die Belange der Betroffenen und bringt im Übrigen nur ein Beispiel: den Mangel an einem angemessenen Schutz im Empfängerland".

[1695] *Bergmann/Möhrle/Herb* 2014, § 4b BDSG, Rn. 26; *Gola/Schomerus* 2012, § 4b BDSG, Rn. 8; beide Kriterien aufgreifend, *Gabel*, in: Taeger/Gabel 2013, § 4b BDSG, Rn. 19.

[1696] *Simitis*, in: Simitis 2014, § 4b BDSG, Rn. 46 f.; *von d. Bussche*, in: Plath 2013, § 4b BDSG, Rn. 21; *Räther/Seitz*, MMR 2002, 426.

[1697] *Simitis*, in: Simitis 2014, § 4b BDSG, Rn. 45.

[1698] *Bergmann/Möhrle/Herb* 2014, § 4b BDSG, Rn. 26.

[1699] *Von d. Bussche*, in: Plath 2013, § 4b BDSG, Rn. 21; *Räther/Seitz*, MMR 2002, 426.

[1700] *Von d. Bussche*, in: Plath 2013, § 4b BDSG, Rn. 21 (dort Fußnote 4).

panz hinsichtlich des Bezugspunkts[1701] für die Angemessenheit gehen auch die hieraus gezogenen Schlussfolgerungen auseinander.

Mit Blick auf die in § 4b Abs. 2 S. 2 1. Hs. BDSG eingeforderte Abwägung von Schutzinteressen des Betroffenen wird vereinzelt, ohne Rücksicht auf die Abweichung in der Richtlinie, ausschließlich auf das Datenschutzniveau bei der konkreten Stelle abgestellt.[1702] Allein aufgrund der Schutzmaßnahmen der einzelnen Stelle, wird sich jedoch noch kein Schutzinteresse des Betroffenen befriedigen lassen. Das Schutzniveau beim Empfänger ergibt sich im Wesentlichen auch aus den Zulässigkeits- und Compliance-Vorschriften des Drittlands, denen die Empfängerstelle unterliegt. Sind diese bereits im Hinblick auf die Schutzstandards ungenügend, wird das Schutzniveau bei der Empfängerstelle in der Regel ebenfalls als nicht ausreichend zu betrachten sein. Aus diesem Grund wird in anderen Meinungen das Schutzniveau der Stelle lediglich als zusätzliches Kriterium zu dem in der Richtlinie geforderten Schutzniveau Empfängerlands angesehen.[1703] Die Angemessenheit des Schutzniveaus ist nach dieser Ansicht also kumulativ bei der Stelle und im Empfängerland zu prüfen.

Allerdings etabliert sich in jüngerer Zeit auch die Meinung, hinsichtlich des angemessenen Schutzniveaus sei, entsprechend dem Richtlinienwortlaut in Art. 25 Abs. 1 DS-RL, ausschließlich auf das Empfängerland abzustellen.[1704] Fehlen beispielsweise Rechtsvorschriften, die ein angemessenes Schutzniveau im Empfängerland ermöglichen würden, könnte die Empfängerstelle zwar durch eigene Zusicherungen und Maßnahmen ein angemessenes Datenschutzniveau herstellen. Konkrete Maßnahmen, die bei einem sonst fehlenden angemessenen Schutzniveau im Empfängerland von der Empfängerstelle bereitgestellt oder auf Grundlage von Zusicherungen eingerichtet werden, sind jedoch Gegenstand der Ausnahmeregelungen des Art. 26 DS-RL sowie des § 4c BDSG. Würde bereits nach § 4b BDSG stets im Einzelfall das Datenschutzniveau der Stelle zu prüfen sein, würden diese Ausnahmeregelungen, etwa für verbindliche Unternehmensregeln, obsolet; sie wären dann schon im Rahmen des § 4b BDSG zu prüfen.[1705] Insoweit ist es plausibel, im Rahmen des § 4b Abs. 2 S. 2 1. Hs. BDSG

[1701] *Von d. Bussche*, in: Plath 2013, § 4b BDSG, Rn. 24.
[1702] *Däubler*, in: Däubler/Klebe/Wedde/Weichert 2014, § 4b BDSG, Rn. 10; wohl auch *Gola/Schomerus* 2012, § 4b BDSG, Rn. 7.
[1703] *Simitis*, in: Simitis 2014, § 4b BDSG, Rn. 46; *Gabel*, in: Taeger/Gabel 2013, § 4b BDSG, Rn. 19.
[1704] *Von d. Bussche*, in: Plath 2013, § 4b BDSG, Rn. 23 ff.; *Brennscheidt* 2013, 161; entsprechend formiert sich auch Widerstand gegen die Ansicht vereinzelter Aufsichtsbehörden, die etwa verbindliche Unternehmensregeln als Fall des § 4b BDSG einordnen und sich so ihrer Genehmigungspflicht aus § 4c BDSG entziehen wollen, *Büllesbach* 2008, 80; *Scheja* 2006, 180 ff.; *Rittweger/Weiße*, CR 2003, 146 f. kommen sogar zum Schluss, die Regelung des § 4b BDSG verstoße gegen die Datenschutzrichtlinie und die Vorgabe müsse richtlinienkonform zugunsten des Datenschutzniveaus im Empfängerland ausgelegt werden.
[1705] *Von d. Bussche*, in: Plath 2013, § 4b BDSG, Rn. 24 f.; *Rittweger/Weiße*, CR 2003, 146 f.; *Filip*, ZD 2013, 52.

nicht das Datenschutzniveau der konkreten Stelle, sondern entsprechend des Richtlinienwortlauts allgemein das des Empfängerlands zu berücksichtigen. Nicht zuletzt spricht für diese Meinung auch, dass ein unzureichendes Datenschutzniveau bei der einzelnen Stelle regelmäßig auf ein unzureichendes Datenschutzniveau im Empfängerland hinweist, da die Stelle entweder offensichtlich keinen ausreichenden Datenschutzbestimmungen unterliegt oder diese nicht hinreichend von den Aufsichtsbehörden kontrolliert und durchgesetzt werden. Wird demnach das Datenschutzniveau im Empfängerland geprüft, fließt automatisch auch die praktische Umsetzung bei den Empfängerstellen des Landes mit ein. Einer eigenen Prüfung der Empfängerstelle bedarf es somit nicht, solange diese dem Datenschutzniveau des Empfängerlands entspricht und nicht durch Maßnahmen, die dann nach § 4c BDSG zu prüfen wären, im Einzelfall nach oben abweicht. Aus Sicht der Praxis ist die Abweichung der Gesetzeswortlaute zwischen § 4b BDSG und Art. 25 Abs. 1 DS-RL letztlich aber von eher untergeordneter Bedeutung, da sowohl der Bezugspunkt der Stelle als auch des Empfängerlands die Prüfung des jeweils anderen Bezugspunkts ebenso bedingen.[1706]

Die Tatsache, dass nicht die Empfängerstelle, sondern das Empfängerland zu prüfen ist, bedeutet außerdem nicht, dass eine Angemessenheitsprüfung stets zu einem Pauschalurteil über die Angemessenheit des Schutzniveaus für jeglichen Datenumgang führt. Auch sind beim Empfängerland nicht nur dessen Rechtsnormen zu berücksichtigen. Art. 25 Abs. 2 DS-RL legt ausdrücklich fest, dass die Angemessenheit des Schutzniveaus, das ein Drittland bietet, unter Berücksichtigung aller Umstände beurteilt wird, die bei einer Datenübermittlung oder einer Kategorie von Datenübermittlungen eine Rolle spielen. Hierzu gehören gemäß Art. 25 Abs. 2 DS-RL insbesondere die Art der Daten, die Zweckbestimmung sowie die Dauer der geplanten Verarbeitung, das Herkunfts- und das Endbestimmungsland, die in dem betreffenden Drittland geltenden allgemeinen oder sektorspezifischen Rechtsnormen sowie die dort geltenden Standesregeln und Sicherheitsmaßnahmen.[1707] So kann eine Prüfung beispielsweise zu dem Schluss kommen, dass ein Empfängerland für bestimmte Arten von Daten, etwa besonders sensitive Daten, kein ausreichendes Schutzniveau bietet, für die Verarbeitung weniger sensitive Daten das Datenschutzniveau aber ausreichend ist.

Grundsätzlich kann ein Datenschutzniveau eines Lands jedoch nur angemessen sein, wenn es auf Regeln beruht, die hinsichtlich Ziel, Intensität und Verbindlichkeit zu-

---

[1706] In diese Richtung auch *Filip*, ZD 2013, 52; *Opfermann*, ZEuS 2012, 142.
[1707] Mit Ausnahme des Bezugs auf das Empfängerland wurde die Formulierung fast wortgleich als § 4b Abs. 3 BDSG in die deutsche Regelung übernommen.

mindest im Wesentlichen den Anforderungen der Datenschutzrichtlinie entsprechen.[1708]

9.2.2.2.3 Angemessenheitsbeschlüsse der Europäischen Kommission

Die Beurteilung, ob ein angemessenes Schutzniveau eingehalten wird, liegt in der Verantwortung der datenexportierenden Stelle. Eine solche Beurteilung kann die einzelne verantwortliche Stelle nicht nur überfordern und dadurch Rechtsunsicherheit schaffen, sondern eröffnet auch Möglichkeiten der eigennützigen Interpretation.[1709] Auch bringen unterschiedliche Auffassungen der Aufsichtsbehörden in verschiedenen Mitgliedstaaten der Europäischen Union oder des Europäischen Wirtschaftsraums die verantwortliche Stelle in die Gefahr, Daten unzulässigerweise in ein Drittland zu exportieren.[1710] Schließlich stehen auch die Mitgliedstaaten mit ihren Aufsichtsbehörden vor der Herausforderung, die Vielzahl individueller Angemessenheitsprüfungen durch die verantwortlichen Stellen zu prüfen und ihrerseits im konkreten Fall zu bewerten.[1711] Schon früh hat die Artikel-29-Datenschutzgruppe aus diesem Grund die Einführung einer sogenannten „White List" gefordert. So sollten Drittländer durch eine europäische Instanz hinsichtlich ihres Datenschutzniveaus bewertet werden und, sofern dieses angemessen ist, diese Drittländer in der „White List" [1712] aufgenommen werden. Diese „White List" könne dann als verbindliche oder unverbindliche Vorlage für eine Bewertung in den Mitgliedstaaten und durch die verantwortliche Stelle herangezogen werden.[1713]

Aufgrund ihres beratenden Auftrags ist die Artikel-29-Datenschutzgruppe zwar nicht für die Erstellung einer solchen „White List" zuständig, hat jedoch seitdem regelmäßig in zahlreichen „Working Papers" und „Opinions" zum Datenschutzniveau von be-

---

[1708] Hierzu *Simitis*, in: Simitis 2014, § 4b BDSG, Rn. 52; *von d. Bussche*, in: Plath 2013, § 4b BDSG, Rn. 28; weniger streng *Däubler*, in: Däubler/Klebe/Wedde/Weichert 2014, § 4b BDSG, Rn. 12, der lediglich verlangt, dass „die wesentlichsten Inhalte der Richtlinie gewahrt bleiben"; ebenso *Gabel*, in: Taeger/Gabel 2013, § 4b BDSG, Rn. 21; ungenügend dagegen wohl *Schaffland/Wiltfang* 2013, § 4c BDSG, Rn. 1, die eine langfristige Geschäftsbeziehung der übermittelnden Stelle (in diesem Fall sogar nur zur konkreten Empfängerstelle) als ausreichend ansehen.
[1709] *Rittweger/Schmidl*, DuD 2004, 618; *Simitis*, in: Simitis 2014, § 4b BDSG, Rn. 91.
[1710] *Simitis*, in: Simitis 2014, § 4b BDSG, Rn. 64 f.
[1711] So bereits Artikel-29-Datenschutzgruppe 1997, WP 4.
[1712] Artikel-29-Datenschutzgruppe 1997, WP 4.
[1713] Artikel-29-Datenschutzgruppe 1997, WP 4.

stimmten Drittländern Stellung genommen.[1714] Diese Stellungnahmen der Artikel-29-Datenschutzgruppe dienen nach Art. 30 Abs. 1b DS-RL regelmäßig als Grundlage für sogenannte Angemessenheitsbeschlüsse der Europäischen Kommission. Auf Grundlage des Art. 25 Abs. 6 i. V. m. Art. 31 Abs. 2 DS-RL kann die Europäische Kommission verbindlich feststellen, dass in einem bestimmten Land ein angemessenes Datenschutzniveau gewährleistet ist. Ausweislich des Richtlinienwortlauts hat sich die Angemessenheitsprüfung auf den Schutz der Privatsphäre sowie der Freiheiten und Grundrechte von Personen zu beziehen. Dabei sind die innerstaatlichen Rechtsvorschriften des Drittlands oder internationaler Verpflichtungen, insbesondere entsprechende Abkommen der Europäischen Union, zu berücksichtigen.

Die Entscheidung der Europäischen Kommission ist für die Mitgliedstaaten[1715] und die verantwortliche Stelle bindend.[1716] Bei einer positiven Feststellung durch die Europäische Kommission muss die verantwortliche Stelle die Angemessenheit des Datenschutzniveaus nicht mehr im Einzelnen prüfen.[1717] Ein Datenexport in ein Drittland kann erfolgen, wenn die Voraussetzungen der innerstaatlichen Übermittlung, also diejenigen der ersten Prüfstufe, gegeben sind. Im Umkehrschluss kann eine Einzelfallprüfung zu keinem angemessenen Datenschutzniveau führen, wenn die Europäische Kommission eine negative Angemessenheitsentscheidung trifft. Datenübermittlungen in solche Drittländer aufgrund § 4b BDSG sind mithin nicht zulässig.[1718]

Angemessenheitsbeschlüsse der Kommission erfolgten bislang für die Datenschutzniveaus der Staaten Schweiz,[1719] Kanada,[1720] Argentinien,[1721] Guernsey,[1722] Isle of

---

[1714] Artikel-29-Datenschutzgruppe 1999, WP 22 (Schweiz); Artikel-29-Datenschutzgruppe 1999, WP 24 (Ungarn); Artikel-29-Datenschutzgruppe 2001, WP 40 (Australien); Artikel-29-Datenschutzgruppe 2002, WP 63 (Argentinien); Artikel-29-Datenschutzgruppe 2003, WP 79 (Guernsey); Artikel-29-Datenschutzgruppe 2003, WP 82 (Isle of Man); Artikel-29-Datenschutzgruppe 2007, WP 141 (Jersey); Artikel-29-Datenschutzgruppe 2007, WP 142 (Färöer); Artikel-29-Datenschutzgruppe 2009, WP 165 (Israel); Artikel-29-Datenschutzgruppe 2009, WP 166 (Andorra); Artikel-29-Datenschutzgruppe 2010, WP 177 (Uruguay); Artikel-29-Datenschutzgruppe 2011, WP 182 (Neuseeland); Artikel-29-Datenschutzgruppe 2012, WP 198 (Monaco).

[1715] *Ehmann/Helfrich* 1999, Art. 25 DS-RL, Rn. 23 f.

[1716] *Von d. Bussche*, in: Plath 2013, § 4b BDSG, Rn. 29; *Gola/Schomerus* 2012, § 4b BDSG, Rn. 14; andere Ansicht *Simitis*, in: Simitis 2014, § 4b BDSG, Rn. 66, demnach „muss die ‚Angemessenheitsliste' der EG-Kommission zwar zur Kenntnis genommen, aber nur als Anregung angesehen werden"; siehe auch *Däubler*, in: Däubler/Klebe/Wedde/Weichert 2014, § 4b BDSG, Rn. 13.

[1717] *Gabel*, in: Taeger/Gabel 2013, § 4b BDSG, Rn. 22; *von d. Bussche*, in: Plath 2013, § 4b BDSG, Rn. 29.

[1718] *Gabel*, in: Taeger/Gabel 2013, § 4b BDSG, Rn. 22.

[1719] Europäische Kommission, Beschluss 2000/518/EG v. 26.7.2000, ABl. L 215 vom 25.8.2000, 1.

[1720] Europäische Kommission, Beschluss 2000/518/EG v. 20.12.2001, ABl. L 2 vom 4.1.2002, 13 für einen Teil des Kanadischen Datenschutzgesetzes.

[1721] Europäische Kommission, Beschluss v. 30.6.2003, ABl. L 168 vom 5.7.2003, 19.

Man,[1723] Jersey,[1724] Färöer,[1725] Andorra,[1726] Israel,[1727] sowie neuerdings auch Uruguay[1728] und Neuseeland.[1729] Darüber hinaus hat die Kommission für die Staaten Kanada,[1730] USA[1731] und Australien[1732] Angemessenheitsbeschlüsse für besondere Datenverarbeitungssituationen, hier speziell für die Übermittlung von sogenannten Passenger Name Records (PNR), also besondere Passagierlisten für die Einreise von Flugzeugpassagieren, erlassen.

9.2.2.2.4 Folgerung für das Cloud Computing

Die Angemessenheitsbeschlüsse der Europäischen Kommission beziehen sich bislang nur auf vergleichsweise wenige Staaten.[1733] Zwar ist noch keine negative Entscheidung für ein bestimmtes Land ergangen. Allerdings sind die meisten Staaten, darunter die führenden Handelspartner der Europäischen Union, die sich entsprechend auch durch einen hohen Bedarf an zwischenstaatlichen Datenaustausch auszeichnen, in der Liste der Staaten mit einem durch die Europäische Kommission festgestellten, umfassend angemessenen Datenschutzniveau noch nicht vertreten. In der Folge müssen die verantwortlichen Stellen für diese Staaten die Angemessenheit eigenständig und stets im Einzelfall prüfen. Eine solche Individualprüfung stellt insbesondere verantwortliche Stellen im Bereich des internetbasierten Datenverkehrs wie etwa einen Cloud-Nutzer vor schier unüberwindbare Hindernisse. Der mit der individuell durchgeführten Angemessenheitsprüfung verbundene Aufwand sowie vor allem die bleibende Rechtsunsicherheit ist in einem Massengeschäft wie dem Cloud Computing zumindest von mittelständischen Cloud-Nutzern regelmäßig nicht tragbar.

[1722] Europäische Kommission, Beschluss 2003/821/EG v. 21.11.2003, ABl. L 308 vom 25.11.2003, 27.
[1723] Europäische Kommission, Beschluss 2004/411/EG v. 28.4.2004, ABl. L 151 vom 30.4.2004, 51.
[1724] Europäische Kommission, Beschluss 2008/393/EG v. 8.5.2008, ABl. L 138 vom 28.5.2008, 21.
[1725] Europäische Kommission, Beschluss 2010/146/EU v. 5.3.2010, ABl. L 58 vom 9.3.2010, 17.
[1726] Europäische Kommission, Beschluss 2011/61/EU v. 19.10.2010, ABl. L 277 vom 21.10.2010, 27.
[1727] Europäische Kommission, Beschluss 2011/61/EU v. 31.1.2011, ABl. L 27 vom 1.2.2011, 39.
[1728] Europäische Kommission, Beschluss 2012/484/EU v. 21.8.2012, ABl. L 227 vom 23.8.2012, 11.
[1729] Europäische Kommission, Beschluss 2013/65/EU v. 19.12.2012, ABl. L 28 vom 30.1.2013, 12.
[1730] Europäische Kommission, Beschluss 2000/518/EG vom 6.9.2005, ABl. L 91 vom 29.3.2006, 49.
[1731] Europäische Kommission, Beschluss 2007/551/CFSP/JHA v. 23.7.2007, ABl. L 204 vom 4.8.2007,16.
[1732] Europäische Kommission, Beschluss 2008/651/CFSP/JHA v. 30.6.2008, ABl. L 213 vom 8.8.2008, 47.
[1733] So auch *Brennscheidt* 2013, 164.

9.2.2.2.5 Zur Angemessenheit des Datenschutzniveaus in den USA: Safe Harbor

Von besonderer Relevanz für das Cloud Computing ist die Tatsache, dass für das Land mit dem größten und am schnellsten expandierenden Cloud Computing-Markt, den USA, bislang kein vollwertiger Angemessenheitsbeschluss der Europäischen Kommission erfolgt ist. Aufgrund dieses fehlenden Kommissionsbeschlusses darf nicht davon ausgegangen werden, dass die USA über ein einheitlich angemessenes Datenschutzniveau verfügen.[1734] Als kurz vor der Jahrtausendwende abzusehen war, dass für die USA mit keiner positiven Angemessenheitsentscheidung im Rahmen des Art. 25 Abs. 6 DS-RL zu rechnen ist, begannen die USA und die Europäische Union mit der Aufnahme von Vertragsverhandlungen, die im sogenannten „Safe Harbor"-Abkommen mündeten. Dabei handelt es sich um kein Abkommen im eigentlichen Sinne, sondern um zwei Erklärungen des US-Handelsministeriums vom 27. Juli 2000, auf deren Basis sich US-amerikanische Unternehmen zu bestimmten Datenschutz- und Datensicherheitsmaßnahmen freiwillig verpflichten können. Zum einen können sie sich zu den Safe Harbor „Principles" („Grundsätze des sicheren Hafens für den Schutz personenbezogener Daten, die aus einem Mitgliedstaat in die Vereinigten Staaten übermittelt werden") verpflichten. Zum anderen ein Katalog häufig gestellter Fragen („Frequently Asked Questions" = „FAQ"), der die „Principles" konkretisiert. US-amerikanische Unternehmen, die Safe Harbor beitreten möchten, müssen sich diesen „Principles" und „Frequently Asked Questions" mit einer öffentlichen Erklärung unterwerfen.[1735] Voraussetzung für eine Anerkennung ist, dass das konkrete Unternehmen der Aufsicht einer der im Annex der Safe Harbor-Prinzipien genannten staatlichen Behörde untersteht – dies trifft bislang nur für die United States Federal Trade Commission (FTC) sowie das US-Verkehrsministerium zu.[1736] Nur Unternehmen, die der Aufsicht einer dieser beiden Behörden unterstehen, können sich auf einer online veröffentlichten Liste eintragen lassen und sind hierdurch für eine begrenzte Zeit Safe Harbor-zertifiziert.[1737]

Die insgesamt sieben „Principles" umfassen die Pflicht zur Unterrichtung des Betroffenen (notice), zur Einräumung von Wahlmöglichkeiten des Betroffenen hinsichtlich des Verarbeitungszwecks (choice), zum Schutz vor Weiterübermittlung (onward transfer), zum Zugang der Betroffenen zu den Daten zwecks Ausübung der Betroffenenrechte (access), zu den Datensicherheitsmaßnahmen (security), zur Integrität und

---

[1734] *Gabel*, in: Taeger/Gabel 2013, § 4b BDSG, Rn. 23; *Däubler*, in: Däubler/Klebe/Wedde/Weichert 2014, § 4b BDSG, Rn. 15; *Scheja* 2005, 153; *Marnau/Schlehahn*, DuD 2011, 312; *Bergmann/Möhrle/Herb* 2014, § 4b BDSG, Rn. 43; *Räther/Seitz*, MMR 2002, 427.
[1735] *Marnau/Schlehahn*, DuD 2011, 313.
[1736] *Räther/Seitz*, MMR 2002, 429.
[1737] Zum System von Safe Harbor *Marnau/Schlehahn*, DuD 2011, 312 ff.; *Erd*, K&R 2010, 624; *Greer*, RDV 2011, 267 ff.; *Räther/Seitz*, MMR 2002, 427 ff.

Zweckbindung (data integrity) und zur Durchsetzung (enforcement).[1738] Die Durchsetzung der Pflichten aus Safe Harbor steht den jeweiligen Aufsichtsbehörden, im Wesentlichen also der FTC, zu. Diese kann gegen zertifizierte Unternehmen, die gegen die „Principles" und „FAQ" verstoßen und somit aufgrund unzutreffender Selbsterklärungen Daten verarbeiten, auf wettbewerbsrechtlicher Basis mit Geldstrafen und Sanktionen vorgehen und als Ultima Ratio das Unternehmen von der Safe Harbor-Liste streichen.[1739]

Auf Basis der Safe Harbor-Erklärungen hat die Europäische Kommission am 29. September 2000 eine Angemessenheitsentscheidung zugunsten des Safe Harbor-Systems erlassen.[1740] Anders als bei den übrigen Angemessenheitsentscheidungen bezieht sich die festgestellte Angemessenheit dabei ausdrücklich nicht auf die USA als Staat, sondern lediglich auf Datenübermittlungen an US-Unternehmen, die sich den Safe Harbor-Erklärungen unterworfen haben. Als angemessen gilt nach dem Beschluss der Europäischen Kommission weiterhin also nicht das Datenschutzniveau der USA, sondern ausschließlich der durch die Erklärung geschaffene „sichere Hafen" einzelner Unternehmen. Es handelt sich bei dem Beschluss der Europäischen Kommission insofern um einen Sonderweg zugunsten der Datentransfers in die USA.[1741] Inwiefern der Beschluss der Europäischen Kommission als vollwertige Angemessenheitsentscheidung im Sinne des Art. 25 Abs. 6 DS-RL anzusehen ist, wird unterschiedlich bewertet.[1742] Ein Grund für die Bedenken bei der Einordnung als vollwertiger Angemessenheitsbeschluss ist die Tatsache, dass, entgegen der Systematik des Art. 26 DS-RL, hierbei keineswegs das Datenschutzniveau der USA, also das geltende Datenschutzrecht und seine Umsetzung im Drittland, sondern lediglich ein durch Selbstverpflichtungen künstlich geschaffenes Datenschutzniveau anerkannt wird. Dieses ist aber mit den Übermittlungsregeln der Art. 26 Abs. 2 DS-RL und § 4c Abs. 2 BDSG zu vergleichen.[1743] Ein weiterer, entscheidender Punkt ist außerdem die Kritik am System und der Umsetzung von Safe Harbor an sich. Diese lässt sich dahingehend zusammenfassen, dass den Safe Harbor-Erklärungen, insbesondere aber der praktischen Umsetzung,

---

[1738] Hierzu *Erd*, K&R 2010, 625; *Räther/Seitz*, MMR 2002, 428.

[1739] *Räther/Seitz*, MMR 2002, 429.

[1740] Europäische Kommission, Beschluss 2000/520/EG vom 26.7.2000, ABl. L 215 vom 25.8.2000, 7.

[1741] *Erd*, K&R 2010, 625.

[1742] Für die Qualifizierung als Angemessenheitsbeschluss *Räther*, DuD 2005, 463; *Schuppert/van Reden*, ZD 2013, 211 ff.; *Greer*, RDV 2011, 269; demgegenüber eine Qualifizierung als Angemessenheitsbeschluss ablehnend *Simitis*, in: Simitis 2014, § 4b BDSG, Rn. 71; *Räther/Seitz*, MMR 2002, 430; Artikel-29-Datenschutzgruppe 2012, WP 196, 17; wohl auch *von d. Bussche*, in: Plath 2013, § 4b BDSG, Rn. 31; kritisch auch *Däubler*, in: Däubler/Klebe/Wedde/Weichert 2014, § 4b BDSG, Rn. 16.

[1743] *Simitis*, in: Simitis 2014, § 4b BDSG, Rn. 71.

das Potential abgesprochen wird, tatsächlich ein adäquates Datenschutzniveau zu erzeugen.

Kritisch zu beurteilen ist nach einer Ansicht bereits der Anwendungsbereich der Safe Harbor-Grundsätze. Ihnen unterwerfen können sich ausschließlich Unternehmen, die der Kontrolle der FTC oder dem Verkehrsministerium unterstehen. Dies trifft für Unternehmen aus zahlreichen Branchen, wie etwa Banken, Telekommunikationsanbieter und teilweise auch Versicherungen, nicht zu.[1744] Überdies fehlt nach den Kritikern von Safe Harbor, selbst wenn Unternehmen nach Safe Harbor zertifiziert sind, trotz der „Principles" eine tatsächlich mit dem europäischen Datenschutzniveau vergleichbare Schutzhöhe. So kann demnach die Informationspflicht nach Safe Harbor etwa nicht mit den Informationspflichten nach der Datenschutzrichtlinie verglichen werden, da eine Unterrichtung des Betroffenen auch noch nach dem Datenumgang erfolgen kann. Auch wird die Zweckfestlegung und Zweckbindung durch Ausnahmen, wie die Möglichkeit, den Betroffenen mittels einer „Opt-out-" statt einer „Opt-in-Abfrage" über die Freigabe der Zweckbindung entscheiden zu lassen, ausgehöhlt.[1745] Eigentlich als Ausnahmen vorgesehene Einschränkungen, etwa zu Betroffenenrechten, sind nach dieser Bewertung dafür ausgelegt, zur Regel zu werden.[1746] Auch die Durchsetzungsregeln auf Basis von nicht-öffentlich-rechtlichen Schlichtungsstellen wird kritisiert.[1747] Schließlich steht auch das System der freiwilligen Selbstbindung und Selbstkontrolle im Rahmen der Safe Harbor-Zertifizierung in der Kritik. So erfolgt die Zertifizierung zum einen auf rein freiwilliger Basis in Form einer Selbstbindung.[1748] Zum anderen können sich Unternehmen auch eine eigene, selbstbindende Datenschutzerklärung in Form einer „Privacy Policy" geben, die mit den Safe Harbor-"Principles" und „FAQ" vereinbar ist. Da diese „Privacy Policy" vor Eintragung in die Safe Harbor-Liste nicht zwingend aufsichtsbehördlich geprüft werden, sondern die Erklärung des Unternehmens zur Safe-Harbor Zertifizierung genügen,[1749] vermischen sich in Safe Harbor die Instrumente der Selbstbindung mit der Selbstkontrolle. Im Übrigen muss sich eine Safe Harbor-Erklärung auch nicht auf das Datenschutzniveau einer ganzen Stelle beziehen, sondern kann sich auch nur für bestimmte Arten von Daten und Datenverarbeitungen erstrecken. Ob die Übermittlung im konkreten Fall unter die Safe Harbor-Prinzipien fällt, muss somit im Einzelfall geprüft werden.[1750]

[1744] *Marnau/Schlehahn*, DuD 2011, 313; *von d. Bussche*, in: Plath 2013, § 4b BDSG, Rn. 33.
[1745] *Räther/Seitz*, MMR 2002, 430; *Simitis*, in: Simitis 2014, § 4b BDSG, Rn. 74.
[1746] *Räther/Seitz*, MMR 2002, 430.
[1747] *Marnau/Schlehahn*, DuD 2011, 314.
[1748] *Marnau/Schlehahn*, DuD 2011, 313.
[1749] *Simitis*, in: Simitis 2014, § 4b BDSG, Rn. 75; *Erd*, K&R 2010, 626.
[1750] *Von d. Bussche*, in: Plath 2013, § 4b BDSG, Rn. 31.

Aus dem Vorgenannten ergibt sich, dass Safe Harbor bereits aus inhaltlicher und systematischer Sicht unzureichend ist. Jedoch wird auch zusätzlich die praktische Umsetzungsrealität bei Safe Harbor bemängelt.[1751] Bereits in einer ersten Evaluation der Safe Harbor-Umsetzung durch die Europäische Kommission im Jahr 2002[1752] wurde kritisiert, dass ein beachtlicher Anteil der selbstzertifizierten Unternehmen nicht die geforderte Transparenz, insbesondere hinsichtlich ihrer „Privacy Policies" walten lassen. Bei zahlreichen Unternehmen waren „Privacy Policies" etwa, anders als in den „FAQ" gefordert, nicht oder nur begrenzt öffentlich abrufbar.[1753] Sofern zugänglich, deckten zahlreiche „Privacy Policies" die Anforderungen aus den Safe Harbor „Principles" und „FAQ" unvollständig ab oder blieben hinsichtlich ihrer Anwendung unklar.[1754] Auch die mangelnde Durchsetzung und Durchsetzbarkeit von Verstößen durch die privaten Schlichtungsstellen wird darin kritisiert.[1755] Eine erneute Evaluation im Jahr 2004[1756] brachte hervor, dass die Offenlegung der „Privacy Policies" offensichtlich besser geworden war, aber noch immer einige Unternehmen die entsprechenden Offenlegungspflichten missachteten.[1757] Auch die inhaltliche Umsetzung der „Privacy Policies" war erneut Gegenstand von Beanstandungen.[1758] Als problematisch sah der Bericht überdies die ungenügenden Aktivitäten des FTC in der Kontrolle und Durchsetzung des Safe Harbor "Principles" und „FAQ" an.[1759] Im Zentrum der heutigen Kritik an Safe Harbor stehen die Ergebnisse einer im Jahr 2008 veröffentlichten Studie der australischen Unternehmensberatung „Galexia" über die praktische Umsetzung des Safe Harbor-Rahmenwerks.[1760] Die Studie kommt zum Schluss, „that many aspects of the Safe Harbor Framework are not working". Obwohl Safe Harbor von Befürwortern als Erfolg gefeiert wird,[1761] hält sich die Anzahl der nach Safe Harbor zertifizierten Unternehmen in Grenzen.[1762] „Galexia" stellt außerdem in ihrer Studie heraus, dass von den zum Zeitpunkt der Studie bei der FTC gelisteten 1597 Safe Harbor-zertifizierten Unternehmen nur 1109 Unternehmen tatsächlich über ein aktuell gültiges Zertifikat verfügten. Außerdem erfüllten nach den Untersuchungen von „Galexia" gerade einmal

---

[1751] So *Erd*, K&R 2010, 626; *Marnau/Schlehahn*, DuD 2011, 313, andere Ansicht *Greer*, RDV 2011, 271 ff.; *Schuppert/van Reden*, ZD 2013, 215 f.
[1752] Europäische Kommission, Arbeitsdokument SEC (2002) 196.
[1753] Europäische Kommission, Arbeitsdokument SEC (2002) 19, 8.
[1754] Europäische Kommission, Arbeitsdokument SEC (2002) 19, 9.
[1755] Europäische Kommission, Arbeitsdokument SEC (2002) 19, 10.
[1756] Europäische Kommission, Arbeitsdokument SEC (2004) 1323.
[1757] Europäische Kommission, Arbeitsdokument SEC (2004) 1323, 6.
[1758] Europäische Kommission, Arbeitsdokument SEC (2004) 1323, 7 f.
[1759] Europäische Kommission, Arbeitsdokument SEC (2004) 1323, 10 f.
[1760] *Conolly* 2008, Galexia-Studie, http://www.galexia.com/public/research/assets/safe_harbor_fact _or_fiction_2008/safe_harbor_fact_or_fiction.pdf.
[1761] So etwa *Greer*, RDV 2011, 271.
[1762] *Simitis*, in: Simitis 2014, § 4b BDSG, Rn. 76.

348 aller gelisteten Unternehmen auch tatsächlich die Grundanforderungen aus den „Principles" und „FAQ".[1763] Darüber hinaus fand die Studie zahlreiche Unternehmen, die hinsichtlich ihres Datenschutzniveaus und der Safe Harbor-Zertifizierungen falsche oder missverständliche Angaben gemacht haben.[1764]

Die Ergebnisse der Studien, darunter insbesondere die Tatsache, dass zahlreiche Unternehmen zu Unrecht gelistet oder trotz abgelaufener Zertifikate gelistet sind, viele Unternehmen trotz einer Listung ausweislich ihrer „Privacy Policies" die Anforderungen der Safe Harbor „Principles" nicht erfüllen und die Kontrolle und Durchsetzung durch die US-amerikanischen Behörden ungenügend ist, hat in Europa eine Debatte darüber ausgelöst, inwiefern Safe Harbor überhaupt noch Rechtsgrundlage für die Datenübermittlung in die USA sein kann.[1765] Vor dem Hintergrund dieser Debatte fasste der Arbeitskreis der obersten Aufsichtsbehörden für den Datenschutz im nicht-öffentlichen Bereich (Düsseldorfer Kreis) im Rahmen seiner Sitzung am 28. und 29. April 2010 den Beschluss, die Anforderungen an eine zulässige Datenübermittlung in die USA auf Basis von Safe Harbor zu erweitern.[1766] Solange eine flächendeckende Kontrolle der Selbstzertifizierungen US-amerikanischer Unternehmen durch die Kontrollbehörden in Europa und den USA nicht gewährleistet ist, trifft demnach auch die Unternehmen in Deutschland eine Verpflichtung, gewisse Mindestkriterien zu prüfen, bevor sie personenbezogene Daten an ein auf der Safe Harbor-Liste geführtes US-Unternehmen übermitteln. So kann sich nach dem Beschluss eine verantwortliche Stelle nicht auf die Behauptung einer Safe Harbor-Zertifizierung verlassen, sondern muss sich das Vorliegen einer gültigen Selbstzertifizierung sowie die Einhaltung der Safe Harbor-Grundsätze, darunter auch der Umgang mit Informationspflichten, nachweisen lassen. Dieser Nachweis ist zu dokumentieren.[1767]

Fraglich ist, inwiefern Datenexporte im Rahmen des Cloud Computing auf Safe Harbor gestützt werden können. Safe Harbor ermöglicht ausschließlich den Datenexport in die USA. Denkbar wäre, dass sich US-amerikanische Cloud-Anbieter Safe Harbor-zertifizieren lassen. Ein europäischer Cloud-Nutzer könnte dann Daten ohne weitere Drittlandbeschränkungen an diese Stelle in den USA exportieren. Problematisch ist allerdings die dem Cloud Computing zugrunde liegende Ortsungebundenheit, der Betrieb einer Cloud im Massengeschäft sowie die flexible Nutzung von Cloud-Diensten.[1768] Trotz der Safe Harbor-Regelung wäre die internationale Cloud-Nutzung datenschutzrechtlich eingeschränkt. Daten, die an den US-amerikanischen

---

[1763] Conolly 2008, 6 f.
[1764] Conolly 2008, 8 ff.
[1765] Marnau/Schlehahn, DuD 2013, 314 ff.; Erd, K&R 2010, 627; demgegenüber Greer, RDV 2011, 267 ff.; Schuppert/van Reden, ZD 2013, 213 ff.; siehe auch Räther/Seitz, MMR 2002, 431.
[1766] Düsseldorfer Kreis 2010, Beschluss vom 29.4.2010, 1 f.
[1767] Düsseldorfer Kreis 2010, Beschluss vom 29.4.2010, 2.
[1768] Hierzu Kapitel 2.1.

Cloud-Anbieter exportiert wurden, müssten entweder ausschließlich an dieser Stelle verbleiben oder dürften nur an weitere Safe Harbor-zertifizierte Stellen, also entsprechende Serveranbieter in den USA, übertragen werden.[1769] Eine Weiterübermittlung von Daten an andere Länder wäre von Safe Harbor nicht gedeckt.[1770] Überdies stellt die Safe Harbor-Zertifizierung, wie festgestellt, keinen ordentlichen Angemessenheitsbeschluss der Kommission dar.

Das US-Handelsministerium hat zwar jüngst in einem Memorandum ausführlich dazu Stellung genommen, dass die Safe Harbor-Zertifizierung aus ihrer Sicht eine ausreichende Grundlage für die Übermittlung von Daten im Rahmen des Cloud Computing sei.[1771] Demnach müsse zwischen Cloud-Nutzer und Safe Harbor-zertifiziertem Cloud-Anbieter keine weitere Maßnahme hinsichtlich der Angemessenheit des Datenschutzniveaus, wie etwa der Abschluss von Standardvertragsklauseln, erfolgen, da die Europäische Kommission von ihrer ursprünglichen Angemessenheitsentscheidung zu Safe Harbor bisher nicht abgerückt sei und auch nationale Aufsichtsbehörden in der Europäischen Union daran gebunden seien.[1772] Vielmehr müsse für das Cloud Computing auch eine Auftragsdatenverarbeitung zwischen dem europäischen Cloud-Nutzer und US-amerikanischen Cloud-Anbieter eingerichtet werden. Der Cloud-Anbieter sei sogar berechtigt, Daten selbst in ein weiteres Drittland zu exportieren, wenn im Rahmen eines Unterauftrags die Weitergabe des Datenschutzniveaus garantiert werde.[1773]

Dem stehen allerdings die Feststellungen des Düsseldorfer Kreises[1774] sowie die sich hieran anlehnende Stellungnahme der Artikel-29-Datenschutzgruppe zum Cloud Computing[1775] entgegen. Nach der Auslegung des Düsseldorfer Kreises müsste der Cloud-Nutzer den Cloud-Anbieter trotz der Listung als Safe Harbor-Teilnehmer auf die Gültigkeit des Zertifikats, die Einhaltung der Safe Harbor-Grundsätze und den Umgang mit Informationspflichten im Einzelfall prüfen sowie die Prüfung dokumen-

---

[1769] Artikel-29-Datenschutzgruppe 2012, WP 196, 17; Düsseldorfer Kreis 2010, Beschluss vom 29.4.2010, 1; *Rath/Rothe*, K&R 2013, 629.

[1770] *Hoeren*, RDV 2012, 276.

[1771] U.S. Department of Commerce, International Trade Administration (ITA) 2013, Clarifications Regarding the U.S.-EU Safe Harbor Framework and Cloud Computing, http: //export.gov/ staic/Safe%20Harbor%20and%20Cloud%20Computing%20Clarification_April%2012%202013_ Latest_eg_main_060351.pdf.

[1772] U.S. Department of Commerce 2013, International Trade Administration (ITA) 2013, Clarifications Regarding the U.S.-EU Safe Harbor Framework and Cloud Computing, 3 ff.

[1773] U.S. Department of Commerce 2013, International Trade Administration (ITA) 2013, Clarifications Regarding the U.S.-EU Safe Harbor Framework and Cloud Computing, 4 ff.

[1774] Düsseldorfer Kreis 2010, Beschluss vom 29.4.2010, 1 f.

[1775] Artikel-29-Datenschutzgruppe 2012, WP 196, 18.

Drittlandbezug 347

tieren.[1776] Wie bereits für die Prüfpflicht im Rahmen der innereuropäischen Auftragsdatenverarbeitung ist eine solche Einzelfallprüfung jedes einzelnen Cloud-Nutzers bereits aus Sicht des Cloud-Anbieters im Massengeschäft unrealistisch. Auch aus Sicht des Cloud-Nutzers, der flexibel und kurzfristig Cloud-Dienste hinzubucht und wieder abbestellt, wäre eine Einzelfallprüfung mit einem unverhältnismäßigen Aufwand und Rechtsunsicherheit verbunden. Nicht zuletzt äußert zudem die Artikel-29-Datenschutzgruppe Bedenken, ob die Safe Harbor-Grundsätze vor dem Hintergrund neuer Risiken, die das Cloud Computing mit sich bringt, für eine Angemessenheitsentscheidung überhaupt noch geeignet sind. Aktuelle Ereignisse um die Ausspähung von Kommunikation durch US-Geheimdienste haben die Debatte um die Angemessenheitswirkung von Safe Harbor weiter befeuert. So hat die Konferenz der Datenschutzbeauftragten des Bundes und der Länder in einer ersten Stellungnahme sogar die Aussetzung der Safe Harbor-Zertifizierung gefordert.[1777] Auch die Artikel-29-Datenschutzgruppe verweist in einem Schreiben an Justizkommissarin *Reding* aus Anlass der sogenannten „PRISM"-Affäre auf die Möglichkeit nationaler Behörden aus Art. 3 Abs. 1 lit. b des Safe Harbor-Angemessenheitsbeschlusses 2000/520/EG hin, die Übermittlungsbefugnisse aus Safe Harbor auszusetzen, wenn eine hohe Wahrscheinlichkeit der Verletzung der Grundsätze besteht.[1778] Justizkommissarin *Reding* hat daraufhin eine zeitnahe Neubeurteilung der Safe Harbor-Grundsätze angekündigt.[1779] Selbst wenn der Drittlandexport über Safe Harbor im Einzelfall (auch) zukünftig zulässig und möglich sein sollte, stellt sich noch immer die Frage, ob für die Datenübermittlung auf der ersten Prüfstufe ein Zulässigkeitstatbestand besteht.[1780] Zusammenfassend ist Safe Harbor somit zumindest als alleiniges Mittel zur Ermöglichung des internationalen Cloud Computing ungeeignet.

9.2.2.3 Ausnahmen trotz nicht angemessenem Schutzniveaus

Gewährt ein Drittland kein angemessenes Datenschutzniveau im Sinne des § 4b Abs. 2 BDSG, kann eine Übermittlung nur durch Erfüllung des Ausnahmetatbestands nach

---

[1776] Düsseldorfer Kreis 2010, Beschluss vom 29.4.2010, 1 f.; siehe speziell zum Cloud Computing auch AK Technik und Medien, Konferenz der Datenschutzbeauftragten des Bundes und der Länder 2014, 19 ff.
[1777] Konferenz der Datenschutzbeauftragten des Bundes und der Länder vom 24.7.2013, http://www.bfdi.bund.de/DE/Home/homepage_Kurzmeldungen2013/PMDerDSK_SafeHarbor.html; hierzu auch *Götz*, DuD 2013, 636.
[1778] Artikel-29-Datenschutzgruppe, Schreiben vom 13.8.2013, Ref. Ares(2013)2872799 - 13/08/2013.
[1779] *Reding*, Informeller Rat der Justiz- und Innenminister am 18. und 19.7.2013 in Vilnius, http://europa.eu/rapid/press-release_MEMO-13-710_de.htm.
[1780] AK Technik und Medien, Konferenz der Datenschutzbeauftragten des Bundes und der Länder 2014, 17.

§ 4b Abs. 2 S. 3 BDSG, vor allem aber nach einem der Tatbestände aus § 4c BDSG, zulässig sein.

Nach § 4b Abs. 2 S. 3 BDSG gilt der Angemessenheitsvorbehalt für den Datenexport in ein Drittland nicht, wenn die Übermittlung zur Erfüllung eigener Aufgaben einer öffentlichen Stelle des Bundes aus zwingenden Gründen der Verteidigung oder der Erfüllung über- oder zwischenstaatlicher Verpflichtungen auf dem Gebiet der Krisenbewältigung oder Konfliktverhinderung oder für humanitäre Maßnahmen erforderlich ist. In diesem Fall sind Übermittlungen in ein Drittland, also auch in Staaten ohne angemessenes Datenschutzniveau, möglich. Für den Untersuchungsgegenstand ist ein Datenexport unter dieser Zweckbindung praktisch von untergeordneter Bedeutung und soll deshalb nicht weiter verfolgt werden.[1781]

Während die Ausnahmeregelung des § 4b Abs. 2 S. 3 BDSG bei Vorliegen der Voraussetzungen den Datenexport in unsichere Staaten generell ermöglicht, orientieren sich die Ausnahmen des § 4c BDSG an bestimmten Fallkonstellationen. So nimmt § 4c BDSG bestimmte Fälle in einem Ausnahmenkatalog vom Verbot des Datenexports in unsichere Staaten generell aus (Absatz 1) oder lässt den Datenexport zwischen bestimmten Stellen, die sich besonderen (Selbst-)Verpflichtungen in Form von Datenschutzgarantien unterwerfen, auf Basis von Einzelfallabwägungen zu (Absatz 2).

Anders als § 4b Abs. 2 S. 3 BDSG haben die Ausnahmen des § 4c BDSG, der fast wortgleich von der Vorgabe des Art. 26 Abs. 1 und 2 DS-RL übernommen wurde, einen wirtschaftspolitischen Hintergrund. Sie wurden ausdrücklich mit dem Ziel geschaffen, dass der „Wirtschaftsverkehr" mit den zahlreichen wirtschaftsstarken Nationen ohne angemessenes Datenschutzniveau „nicht unangemessen beeinträchtigt wird".[1782]

9.2.2.3.1 Gesetzlicher Ausnahmenkatalog

§ 4c Abs. 1 BDSG nennt sechs Ausnahmetatbestände, unter denen ein Datenexport in ein unsicheres Drittland zulässig ist. Obwohl die Vorschrift kein adäquates Datenschutzniveau im Zielland voraussetzt, verlangt sie auch keine weiteren besonderen Sicherungsmaßnahmen bei der Empfängerstelle. Zwar ist die Datenübermittlung aufgrund des fehlenden angemessenen Datenschutzniveaus mit einer erhöhten Gefährdung der Rechte des Betroffenen verbunden. Gleichzeitig geht der Gesetzgeber jedoch

---

[1781] Da die Regelung auf öffentliche Stellen bei der Erfüllung eigener Aufgaben beschränkt ist, kann hierdurch auch nicht die, nach dem Wortlaut naheliegende, Nutzung einer internationalen Cloud durch Hilfsorganisationen privilegiert werden, siehe hierzu auch *Simitis*, in: Simitis 2014, § 4b BDSG, Rn. 83; *Gola/Schomerus* 2012, § 4b BDSG, Rn. 9.

[1782] BT-Drs. 14/4329, 34; BR-Drs. 461/00, 84; kritisch hierzu *Simitis*, in: Simitis 2014, § 4c BDSG, Rn. 5; *von d. Bussche*, in: Plath 2013, § 4c BDSG, Rn. 7.

davon aus, dass in diesen konkreten, restriktiv begrenzten Fallkonstellationen nur ein geringes Schutzbedürfnis des Betroffenen bestehe.[1783] In solchen Fällen genössen die Interessen anderer Vorrang vor dem Recht der betroffenen Person auf den Schutz ihrer Privatsphäre.[1784]

9.2.2.3.1.1 Einwilligung in den Datenexport

§ 4c Abs. 1 S. 1 Nr. 1 BDSG erlaubt den Datenexport, sofern der Betroffene seine Einwilligung gegeben hat. Die Regelung zur Einwilligung in den Datenexport wird somit wie eine Einwilligung für die innerstaatliche Datenverarbeitung behandelt.[1785] Indem der Betroffene in den Datenexport informiert und freiwillig einwilligt, definiert er auch den Zweck und die Bedingungen des Datenumgangs im Drittland. Da der Datenexport somit Ausdruck der Ausübung des Rechts auf informationelle Selbstbestimmung durch den Betroffenen ist, ist dieser hinsichtlich dieses Übermittlungsvorgangs grundsätzlich nicht schützenswerter als hätte er in eine innerstaatliche Datenverarbeitung eingewilligt.[1786] Voraussetzung ist jedoch weiterhin die freiwillige und informierte Einwilligung. Um den Betroffenen mit der Tragweite seiner Entscheidung vertraut zu machen – damit dieser auch wirklich freiwillig und informiert einwilligen kann – werden jedoch erhöhte Anforderungen an die Einhaltung der Informationspflichten zu stellen sein.[1787] Insbesondere wird dem Betroffenen mitzuteilen sein, wo, vor allem in welchen Ländern, der Datenexport erfolgen soll[1788] und ob sich hieraus spezifische Risiken ergeben könnten.[1789]

Im Hinblick auf die Beschränkung der internationalen Auftragsdatenverarbeitung könnte die Einwilligungslösung wieder an Bedeutung gewinnen – insbesondere, wenn damit die Nutzung internationaler Cloud-Lösungen ermöglicht werden soll. Allerdings ergeben sich hierbei vergleichbare Probleme wie bei Einwilligungen Betroffener zu innerstaatlichen Datenübermittlungen.[1790] Bei standardisierten Prozessen mit einer

---

[1783] BT-Drs. 14/4329, 34; *Gola/Schomerus* 2012, § 4c BDSG, Rn. 4; *Taeger*, in: Taeger/Gabel, § 4c BDSG, Rn. 1; *von d. Bussche*, in: Plath 2013, § 4c BDSG, Rn. 6; *Bergmann/Möhrle/Herb* 2014, § 4c BDSG, Rn. 6; zur Herleitung aus der Richtlinie Artikel-29-Datenschutzgruppe 1998, WP 12, 26; Artikel-29-Datenschutzgruppe 2005, WP 114, 8.

[1784] Artikel-29-Datenschutzgruppe 2005, WP 12, 26; Artikel-29-Datenschutzgruppe 2005, WP 114, 8.

[1785] *Simitis*, in: Simitis 2014, § 4c BDSG, Rn. 8.

[1786] So auch *Simitis*, in: Simitis 2014, § 4c BDSG, Rn. 8.

[1787] Hierzu auch *Däubler*, in: Däubler/Klebe/Wedde/Weichert 2014, § 4c BDSG, Rn. 5.

[1788] *Räther/Seitz*, MMR 2002, 432; *Bergmann/Möhrle/Herb* 2014, § 4c BDSG, Rn. 7.

[1789] *De Trevangne/Louveau*, MMR 1998, 457; *Simitis*, in: Simitis 2014, § 4c BDSG, Rn. 9; *Gabel*, in: Taeger/Gabel 2013, § 4c BDSG, Rn. 6; *Räther/Seitz*, MMR 2002, 432; *Bergmann/Möhrle/Herb* 2014, § 4c BDSG, Rn. 7; *Hoeren*, RDV 2012, 273.

[1790] Hierzu Kapitel 6.6.

Vielzahl von Betroffenen lässt sich die Einwilligung nur schwer von allen Betroffenen einholen. Zum einen ist der Betroffenenkreis oft unüberschaubar und kaum alle Betroffenen (bei Unternehmen etwa langjährige Kunden) ausfindig zu machen und zu einer Einwilligung zu bewegen. Zum anderen ist fraglich, wie mit Ablehnungen umzugehen wäre. Das Outsourcing von Ressourcen in die Cloud lohnt sich, wie bereits festgestellt, oft nur, wenn die Ressourcen nicht parallel vorgehalten werden müssen, etwa um eine getrennte Datenverarbeitung auf herkömmliche Weise für „Altkunden" und solche Betroffene, die sich dem Datenexport verweigern, anzubieten.[1791] Insofern ist die Ausnahmevorschrift zur Einwilligung nach § 4c Abs. 1 S. 1 Nr. 1 BDSG nur bedingt geeignet, einen Datenexport im Rahmen des Cloud Computing unter umfassender Nutzung aller Möglichkeiten, die sich aus dem Cloud-Ansatz ergeben, praktisch zu ermöglichen.[1792]

9.2.2.3.1.2 Weitere Ausnahmetatbestände

Weitere Ausnahmetatbestände stützen sich, neben einem möglicherweise verringerten Schutzinteresse des Betroffenen, auch auf ein potentiell gesteigertes berechtigtes Interesse anderer. So sind, im Gleichlauf mit § 28 Abs. 1 S. 1 Nr. 1 BDSG, Datenexporte zulässig, wenn sie erforderlich sind, um einen Vertrag mit dem Betroffenen (§ 4c Abs. 1 S. 1 Nr. 2)[1793] oder Verträge durch die der Betroffene begünstigt wird (Nr. 3)[1794] abzuschließen. Der Datenexport ist ferner zulässig, wenn er für die Wahrung eines wichtigen öffentlichen Interesses, zur Geltendmachung, Ausübung oder Verteidigung von Rechtsansprüchen (Nr. 4) oder gar zum Schutz lebenswichtiger Interessen (Nr. 5) erforderlich ist. Ein Ausnahmetatbestand besteht schließlich auch für öffentliche Daten (Nr. 6).

Sind die Voraussetzungen der in § 4c Abs. 1 S. 1 Nr. 2 bis 4 BDSG genannten Ausnahmen einschlägig, hängt die Zulässigkeit der Übermittlung in das Drittland nur noch von der Zulässigkeit einer Datenübermittlung überhaupt, also der ersten Prüfstufe ab. Dennoch sind die Ausnahmeregelungen mit Bezug zu bestehenden oder entstehenden Geschäftsverhältnissen als Zulässigkeitstatbestände für das Cloud Computing kaum fruchtbar zu machen. Wie bereits im Rahmen der Prüfung der Zulässigkeit innerstaatlicher Datenübermittlungen in die Cloud festgestellt,[1795] scheitert die Cloud-Nutzung

---

[1791] Siehe zur Einwilligung Kapitel 6.6.8.
[1792] Siehe auch *von d. Bussche*, in: Plath 2013, § 4c BDSG, Rn. 7; *Räther*, DuD 2005, 646; *Hoeren*, RDV 2012, 273.
[1793] Beispielsweise auslandsbezogene Vereinbarungen, wie etwa die Weitergabe von Reisedaten, *Simitis*, in: Simitis 2014, § 4c BDSG, Rn. 13.
[1794] Zum Beispiel bei Verträgen im Interesse oder zugunsten des betroffenen Dritten, *Gabel*, in: Taeger/Gabel 2013, § 4c BDSG, Rn. 8.
[1795] Kapitel 6.5.1.1.

auf Basis des § 28 Abs. 1 S. 1 Nr. 1 BDSG regelmäßig bereits an der fehlenden Erforderlichkeit für die Begründung, Durchführung oder Beendigung eines rechtsgeschäftlichen oder rechtsgeschäftsähnlichen Schuldverhältnisses mit dem Betroffenen. Umso weniger kann demnach auch noch ein Datenexport in ein Drittland nach § 4c Abs. 1 S. 1 Nr. 1 BDSG erforderlich sein. Da der betroffene Dritte, der beispielsweise Kunde des Cloud-Nutzers ist und dessen Daten in einer cloud-basierten CRM-Software verarbeitet werden sollen, häufig in keiner Beziehung zum Cloud-Anbieter steht, kommt auch die Übermittlung im Rahmen eines Vertragsverhältnisses (Nr. 2 und 3) nicht infrage.

Ausnahmen und damit eine Zulässigkeit nach § 4c Abs. 1 S. 1 Nr. 2 BDSG könnten sich gegebenenfalls ergeben, wenn eine Cloud als gemeinsam genutztes (Vertriebs-) Netzwerk dient und ein weiterer Cloud-Nutzer auf die Betroffenendaten in einer Cloud zugreifen will – so etwa bei einem von einem Reiseveranstalter in der Cloud betriebenen Buchungsnetzwerk, auf das auch Hotels im unsicheren Drittland zugreifen können, um die erforderlichen Daten ihrer Gäste abzurufen.[1796] Auch hier ist allerdings die Cloud-Lösung zwar grundsätzlich geeignet, ihre Erforderlichkeit im Hinblick auf andere „mildere Mittel" jedoch zweifelhaft.

Für das Cloud-Computing nicht unproblematisch sind die Ausnahmen nach § 4c Abs. 1 S. 1 Nr. 4 und 5 BDSG. Sie könnten ein Einfallstor für die Weiterübermittlung von Daten eines deutschen Cloud-Servers an ausländische (öffentliche) Stellen sein – etwa im Rahmen des US-amerikanischen pre-trial (e-)discovery-Verfahrens oder ausländischer Überwachungstätigkeiten. Auf sie wird an späterer Stelle noch einzugehen sein.[1797]

9.2.2.3.2 Ausreichende Garantien

Im Gegensatz zu den Ausnahmetatbeständen in § 4c Abs. 1 BDSG sieht Absatz 2 nicht die Zulässigkeit des Datenexports für bestimmte Verarbeitungszwecke und Fallgestaltungen unter Akzeptanz eines niedrigeren Datenschutzniveaus vor. Es ermöglicht vielmehr eine umfassendere Datenübermittlung, jedoch unter Garantie der Einhaltung des Datenschutzniveaus im Einzelfall.[1798] Die Norm akzeptiert die Übermittlung von personenbezogenen Daten in unsichere Drittländer, wenn die Mängel des Datenschutzniveaus im Drittland durch „ausreichende Garantien" der verantwortlichen Stelle hinsichtlich des Schutzes des Persönlichkeitsrechts und der Ausübung der damit

---

[1796] *Simitis*, in: Simitis 2014, § 4c BDSG, Rn. 13.
[1797] Siehe Kapitel 10.
[1798] „Einzelfallentscheidung" *Simitis*, in: Simitis 2014, § 4c BDSG, Rn. 29.

verbundenen Rechte kompensiert werden.[1799] Garantien schaffen demzufolge noch immer kein angemessenes Schutzniveau am Zielort,[1800] können jedoch die konkrete Übermittlung in eine Art datenschutzsichere Hülle legen,[1801] innerhalb derer die Rechte der Betroffenen trotz Übermittlung in ein unsicheres Drittland unverändert gewahrt bleiben. In § 4c Abs. 2 S. 1 2. Hs. BDSG werden als Beispiele für mögliche Garantien ausdrücklich Vertragsklauseln und verbindliche Unternehmensregelungen genannt. Diese sollen dem Regelungskonzept nach im Unternehmen ausgearbeitet und sodann von der zuständigen Aufsichtsbehörde genehmigt werden – das Konzept folgt also dem einer „regulierten Selbstregulierung".[1802] Aufgrund der Forderungen nach Standardisierung und Rechtssicherheit im Hinblick auf die Garantien, wurden von der Europäischen Kommission außerdem sogenannte „Standardvertragsklauseln" erlassen, für die der Genehmigungsprozess im Prinzip vorweggenommen ist. Sowohl einzelgenehmigungsbedürftige Vertragsklauseln, verbindliche Unternehmensregeln als auch Standardvertragsklauseln sind im Folgenden näher zu beleuchten und auf ihre Verwendbarkeit im Rahmen des Cloud Computing hin zu überprüfen.

9.2.2.3.2.1 Allgemeine Vertragsklauseln

Die in § 4c Abs. 2 BDSG geforderten Garantien können durch vertragliche Vereinbarungen zwischen der verantwortlichen Stelle und der Empfängerstelle im Drittland erbracht werden. Hierzu müssen die beiden Stellen mittels vertraglicher Absprachen Datenschutzvorkehrungen für die geplante Datenübermittlung treffen. Diese Absprachen müssen sowohl technische und organisatorische Rahmenbedingungen des Datenverkehrs, Zweckbindungsklauseln und Vorgaben zur Art und Weise als auch Kontroll- und Durchsetzungsregelungen enthalten.[1803]

Die Vertragsklauseln müssen als Garantien gemäß § 4c Abs. 2 S. 1 BDSG von der zuständigen Aufsichtsbehörde für eine einzelne Übermittlung oder bestimmte Arten von Übermittlungen genehmigt werden. Die Behörde prüft den Vertrag also im Einzelnen dahingehend, ob dieser für die konkrete Übermittlung ausreichende Garantien nach

---

[1799] *Simitis*, in: Simitis 2014, § 4c BDSG, Rn. 29 ff.; *Däubler*, in: Däubler/Klebe/Wedde/Weichert 2014, § 4c BDSG, Rn. 12, *Bergmann/Möhrle/Herb* 2014, § 4c BDSG, Rn. 21; *von d. Bussche*, in: Plath 2013, § 4c BDSG, Rn. 20.

[1800] *Moos*, CR 2010, 281; *Scholz/Lutz*, CR 2011, 425; *von d. Bussche*, in: Plath 2013, § 4c BDSG, Rn. 25.

[1801] *Rittweger/Schmidl*, DuD 2004, 618 sprechen von einer „Datenschutzzelle".

[1802] Hierzu *Simitis*, in: Simitis 2014, § 4c BDSG, Rn. 31.

[1803] *Simitis*, in: Simitis 2014, § 4c BDSG, Rn. 41; *von d. Bussche*, in: Plath 2013, § 4c BDSG, Rn. 25; *Gabel*, in: Taeger/Gabel 2013, § 4c BDSG, Rn. 21; *Däubler*, in: Däubler/Klebe/Wedde/Weichert 2014, § 4c BDSG, Rn. 17, ein „Vertrag [...] der entsprechende Schutzvorkehrungen beinhaltet".

§ 4c Abs. 2 BDSG bietet, entscheidet nach pflichtgemäßem Ermessen und erlässt daraufhin einen Verwaltungsakt.[1804]

Bei der Vertragslösung als problematisch erweist sich die Sicherstellung der Zweckbindung – insbesondere dahingehend, dass staatliche Stellen im eigentlich als unsicher geltenden Drittland trotz der Vereinbarung auf die Daten zugreifen könnten.[1805] Auch die Gewährleistung und Durchsetzung der Betroffenenrechte, die hier durch Absprachen zugunsten unbeteiligter Dritter geschaffen werden müssen, könnte sich als in der Wirklichkeit defizitär herausstellen.[1806] Schließlich sind vertragliche Absprachen jederzeit kündbar oder änderbar.[1807] Anders als bei einer staatlichen, umfassend durchsetzbaren Regulierung ist die Kontrolle und vor allem die Durchsetzung von Datenschutzpflichten und Individualrechten betroffener Dritter bei einem selbstregulatorischen Ansatz wie den Vertragsklauseln somit erschwert.[1808] Datenschutzrechtlich verantwortlich bleibt zwar auch bei vertraglichen Vereinbarungen immer die übermittelnde Stelle, die auch der Kontrolle der innerstaatlichen Aufsichtsbehörde unterliegt. Bei Änderungen im Vertragsverhältnis ist die verantwortliche Stelle entsprechend verpflichtet, sich den geänderten Vertrag erneut genehmigen zu lassen.[1809] Missachtet die Empfängerstelle im unsicheren Drittland jedoch die vertraglichen Absprachen, wird diese sich zumindest datenschutzrechtlich in keiner vergleichbaren Weise verantworten müssen. Weder die verantwortliche Stelle noch die Aufsichtsbehörde, geschweige denn der betroffene Dritte hätten dann geeignete Möglichkeiten zur Durchsetzung des Datenschutzrechts.

Für die Verwendung zum Datenexport im Rahmen des Cloud Computing eignen sich individuell genehmigte Vertragsklauseln nur bedingt. Der Cloud-Nutzer müsste als verantwortliche Stelle mit jedem Cloud-Anbieter in einem unsicheren Drittland einen solchen Vertrag schließen und im Einzelnen von der Aufsichtsbehörde genehmigen lassen. Da Cloud-Dienste flexibel hinzugebucht oder abbestellt und Vertragsverhältnisse sowie Vertragspartner sich häufig schnell ändern oder wechseln können, müsste jeder Cloud-Nutzer als verantwortliche Stelle regelmäßig eine Neugenehmigung des Datenexports anstreben. Dies würde vermutlich nicht nur dem Cloud-Nutzer, sondern

---

[1804] *Simitis*, in: Simitis 2014, § 4c BDSG, Rn. 37; zum Ermessen *Bergmann/Möhrle/Herb* 2014, § 4c BDSG, Rn. 25; Verwaltungsakt, *Däubler*, in: Däubler/Klebe/Wedde/Weichert 2014, § 4c BDSG, Rn. 14; zur Drittwirkung des Verwaltungsakts *Gabel*, in: Taeger/Gabel 2013, § 4c BDSG, Rn. 19.

[1805] *Simitis*, in: Simitis 2014, § 4c BDSG, Rn. 48.

[1806] *Däubler*, in: Däubler/Klebe/Wedde/Weichert 2014, § 4c BDSG, Rn. 17b.

[1807] *Simitis*, in: Simitis 2014, § 4c BDSG, Rn. 48; *Gabel*, in: Taeger/Gabel 2013, § 4c BDSG, Rn. 21 fordert aus diesem Grund, dass die Vertragsklauseln nach ihrem Abschluss der Disposition der Parteien entzogen sein müssten; so auch *Bergmann/Möhrle/Herb* 2014, § 4c BDSG, Rn. 21.

[1808] *Däubler*, in: Däubler/Klebe/Wedde/Weichert 2014, § 4c BDSG, Rn. 17b.

[1809] *Scheja* 2006, 212 f.

auch die Aufsichtsbehörden vor schier unlösbare Kapazitätsprobleme stellen. Vor allem aber ließen sich zentrale Eigenschaften des Cloud Computing wie die beinah unmittelbare Bereitstellung der Ressourcen kaum mehr ermöglichen, da dem stets ein entsprechendes Verwaltungsverfahren vorweggehen müsste. Im Übrigen müsste eine Datenübermittlung, selbst wenn sie aufgrund der vertraglichen Vereinbarung in ein unsicheres Drittland als Datenexport zulässig wäre, noch immer den Übermittlungsvoraussetzungen nach der ersten Prüfstufe entsprechen, die, wie festgestellt, regelmäßig für das Cloud Computing nicht vorliegen. Die Vertragslösung als genehmigungspflichtige Garantie im Einzelfall kommt somit als Lösung für den Datenexport im Rahmen des Cloud Computing nicht in Betracht.

9.2.2.3.2.2 Verbindliche Unternehmensregelungen

In Abweichung zu Art. 26 Abs. 2 2. Hs. DS-RL sieht § 4c Abs. 2 S. 1 2. Hs. BDSG als Regelbeispiel für ausreichende Garantien neben der Vertragslösung auch sogenannte „verbindliche Unternehmensregelungen" vor. Es handelt sich dabei um Regelungen innerhalb eines Konzerns, eines multinationalen Unternehmens oder einer Kooperation, die den internen Datenaustausch normieren sollen.[1810] Da für das Datenschutzrecht kein sogenanntes Konzernprivileg besteht,[1811] unterliegen Übermittlungen zwischen rechtlich selbstständigen Konzernteilen dem datenschutzrechtlichen Erfordernis einer Einwilligung des Betroffenen oder einer gesetzlichen Erlaubnis. Datenexporte, beispielsweise zwischen einer inländischen Konzernmutter und einem Tochterunternehmen in einem unsicheren Drittland sind somit der Zwei-Stufen-Prüfung zu unterziehen. Der Vorteil verbindlicher Unternehmensregelungen ist, dass sie, anders als individuelle Vertragsklauseln, nicht nur für Datenübermittlungen zwischen zwei Stellen gelten, sondern konzernweit für alle Teilunternehmen einheitlich sind und damit für die Übermittlungen zwischen allen Konzernteilen gelten.[1812] Somit müssen nicht für jede Übermittlung oder jede Art der Übermittlung und zwischen jedem Teilunternehmen individuelle Datenexportverträge erstellt und von den Aufsichtsbehörden genehmigt werden. Es genügt vielmehr die Anwendung der konzernweiten verbindlichen Unternehmensregelungen. Verbindliche Unternehmensregelungen eignen sich folglich

---

[1810] *Roßnagel/Jandt/Richter*, DuD 2014, 550; *Simitis*, in: Simitis 2014, § 4c BDSG, Rn. 59; *Gabel*, in: Taeger/Gabel 2013, § 4c BDSG, Rn. 28; Artikel-29-Datenschutzgruppe 2003, WP 74, 8; ausführlich zu verbindlichen Unternehmensregelungen *Büllesbach* 2008, 131 ff.

[1811] *Götz*, DuD 2013, 631; *Hoeren*, RDV 2012, 271; *Schulz*, BB 2011, 2553; *Räther/Seitz*, MMR 2002, 426; *Simitis*, in: Simitis 2014, § 4c BDSG, Rn. 61; *Gabel*, in: Taeger/Gabel 2013, § 4b BDSG, Rn. 28.

[1812] *Gabel*, in: Taeger/Gabel 2013, § 4c BDSG, Rn. 28; *Roßnagel/Jandt/Richter*, DuD 2014, 550; BT-Drs. 14/4329, 35 (für alle Teilnehmer unabhängig von ihrem Standort); Artikel-29-Datenschutzgruppe 2009, WP 155, 2.

in erster Linie für den Datenaustausch in Konzernen, um den Datenexport an konzerneigene Unternehmen.

Verbindliche Unternehmensregelungen sind eine Art Gruppenvertrag[1813] zwischen den eingebundenen Unternehmen. Als solche sind die Regelungen sowohl innerhalb der Gruppe als auch Dritten gegenüber bindend. Ihre Verbindlichkeit unterscheidet die Unternehmensregelungen auch von den sogenannten „Codes of Conduct".[1814] Während letztere einen, zumindest nach außen hin, rechtlich unverbindlichen Unternehmenskodex darstellen, muss sich die Verbindlichkeit der Unternehmensregelungen beispielsweise auch in der ihnen innewohnenden Ausübung des Direktionsrechts gegenüber den anwendenden Arbeitnehmern zeigen. Vorstellbar wäre beispielsweise die Normierung von verbindlichen Unternehmensregelungen in einer Betriebsvereinbarung.[1815]

Wie bei Übermittlungen auf Grundlage der Vertragslösung, müssen auch verbindliche Unternehmensregelungen von der Aufsichtsbehörde genehmigt werden.[1816] Uneinigkeit herrscht über die Frage, ob die Aufsichtsbehörde die Regelungen an sich genehmigt[1817] oder sich die Genehmigung auch weiterhin auf die einzelne Übermittlung oder Art von Übermittlung beziehen muss und die Aufsichtsbehörde die verbindlichen Unternehmensregelungen im Rahmen der Genehmigung einzelner Übermittlungen zur Entscheidung mit heranziehen soll.[1818] Verbindliche Unternehmensregelungen sind jedoch aufgrund ihrer gruppen- oder konzerninternen Ausrichtung ebenfalls in der Regel nicht als Grundlage für einen Datenexport in unsichere Drittländer im Rahmen des Cloud Computing geeignet. Unabhängig davon, ob die Aufsichtsbehörde die Regeln oder einzelne Übermittlungen genehmigt oder nicht, wird die Genehmigung stets nur vor dem Hintergrund eines Gruppenvertrags mit feststehenden Parteien und unter Kenntnis der Umstände der teilnehmenden Stellen erteilt. Um verbindliche Unternehmensregelungen für den Datenexport nutzen zu können, dürfte der Cloud-Nutzer damit lediglich den Datenexport innerhalb eines vordefinierten Kreises, bestenfalls konzern-

---

[1813] *Hoeren*, RDV 2012, 274.
[1814] Zur Abgrenzung *Büllesbach* 2008, 132 ff.; *Simitis*, in: Simitis 2014, § 4c BDSG, Rn. 65; *Däubler*, in: Däubler/Klebe/Wedde/Weichert 2014, § 4c BDSG, Rn. 21; Artikel-29-Datenschutzgruppe 2003, WP 74, 10 ff.
[1815] *Räther/Seitz*, MMR 2002, 527.
[1816] *Gabel*, in: Taeger/Gabel 2013, § 4c BDSG, Rn. 31; *Däubler*, in: Däubler/Klebe/Wedde/Weichert 2014, § 4c BDSG, Rn. 23; *von d. Bussche*, in: Plath 2013, § 4c BDSG, Rn. 42.
[1817] *Simitis*, in: Simitis 2014, § 4c BDSG, Rn. 67; *von d. Bussche*, in: Plath 2013, § 4c BDSG, Rn. 46.
[1818] Innenministerium Baden-Württemberg, Hinweise zum Datenschutz für private Unternehmen und Organisationen (Nr. 40), 18.2.2002, Az. 2-0552.1/17, http: //www.datenschutz-help.de/him_40.pdf, B 2.2; *Bergmann/Möhrle/Herb* 2014, § 4c BDSG, Rn. 17 ff.; *Gola/Schomerus* 2012, § 4c BDSG, Rn. 17, da die Genehmigung sonst einer „Blanko-Vollmacht" gleichkäme.

eigener Cloud-Anbieter, nicht jedoch an auf flexibler Basis regelmäßig wechselnde Cloud-Anbieter beabsichtigen. Verbindliche Unternehmensregeln sind somit unter Umständen zwar geeignet, um ein unternehmens- oder konzerninternes Cloud-System, also eine Private Cloud, zu etablieren, nicht jedoch für die Nutzung einer internationalen Public Cloud. Da Private Clouds jedoch nicht Gegenstand dieser Arbeit sind, ist dieser Aspekt hier nicht weiter zu verfolgen.

9.2.2.3.2.3 Standardvertragsklauseln

Gemäß Art. 26 Abs. 4 DS-RL kann die Kommission in einem Verfahren nach Art. 31 Abs. 2 DS-RL für bestimmte Klauseln befinden, dass diese ausreichende Garantien bieten und sie als „Standardvertragsklauseln" veröffentlichen. Die Regelung greift Probleme auf, die sich aus der Anwendung einfacher Vertragsklauseln ergeben.[1819] So sind verantwortliche Stellen, indem sie solche Standardvertragsklauseln gegenüber dem Datenexportpartner verwenden, von der Aushandlung individueller Vertragslösungen befreit und können stattdessen einheitliche Klauseln verwenden, die ihr eine sichere Kontrolle über den von ihm verantworteten Datenexport gewährleisten. Durch entsprechende vertragliche Sperren kann auch die Gefahr einer plötzlichen Vertragsänderung reduziert werden. Überdies können die vereinheitlichten Standardvertragsklauseln die Durchsetzbarkeit der Vereinbarung sowie den Betroffenenschutz verbessern. Der zentrale Vorteil bei der Verwendung von Standardvertragsklauseln ist jedoch, dass nach mittlerweile unbestrittener Auffassung bei der wortgenauen Übernahme der Klauseln keine Genehmigung der Aufsichtsbehörden mehr erforderlich ist.[1820]

Vereinzelt wird dies damit begründet, dass Standardvertragsklauseln eigenständiges Unionsrecht seien, das sich nicht auf § 4c Abs. 2 BDSG stützen lasse, da die Regelung aus Art. 26 Abs. 4 DS-RL zum einen nicht in das Bundesdatenschutzgesetz übernommen worden sei. Zum anderen hingen die Standardvertragsklauseln, entgegen der Dogmatik des § 4c Abs. 2 BDSG, gerade nicht von einer Einzelfallgenehmigung durch Aufsichtsbehörden ab.[1821] Solange einheitlich davon ausgegangen werden kann, dass

---

[1819] Siehe hierzu *Simitis*, in: Simitis 2014, § 4c BDSG, Rn. 50.
[1820] Innenministerium Baden-Württemberg, Hinweise zum Datenschutz für private Unternehmen und Organisationen (Nr. 40), 18.2.2002, Az. 2-0552.1/17, http: //www.datenschutz-help.de/him_40.pdf, B 2.8; *Däubler*, in: Däubler/Klebe/Wedde/Weichert 2014, § 4c BDSG, Rn. 18c; *Gola/Schomerus* 2012, § 4c BDSG, Rn. 12 und 14; Düsseldorfer Kreis 2007, Beschluss vom 19./20.4.2007, 5; *Gabel*, in: Taeger/Gabel 2013, §4c BDSG, Rn. 22; *Simitis*, in: Simitis 2014, § 4c BDSG, Rn. 51; *Räther/Seitz*, MMR 2002, 521; *von d. Bussche*, in: Plath 2013, § 4c BDSG, Rn. 29; *Roßnagel/Jandt/Richter*, DuD 2014, 549 f.; *Rittweger/Weiße*, CR 2003, 149; ebenso, jedoch dogmatisch wohl ungenau, *Bergmann/Möhrle/Herb* 2014, § 4c BDSG, Rn. 23, die davon ausgehen, dass durch die Verwendung der Standardvertragsklauseln „ein angemessenes Datenschutzniveau garantiert" sei.
[1821] *Räther/Seitz*, MMR 2002, 522.

Standardvertragsklauseln keiner Genehmigung durch Aufsichtsbehörden bedürfen, kommt es auf die dogmatische Einordnung jedoch nicht weiter an. Standardvertragsklauseln bieten damit grundsätzlich die Möglichkeit, Datenexporte in unsichere Drittländer schnell und vor allem rechtssicher aufzunehmen.[1822]

Derzeit sind drei verschiedene Vertragsmuster, sogenannte „Sets", als Standardvertragsklauseln auf Basis von Kommissionsentscheidungen verwendbar: die „Standardvertragsklauseln für die Übermittlung personenbezogener Daten in Drittländer" vom 15. Juni 2001 (Set I),[1823] die alternativen Standardvertragsklauseln für die Übermittlung personenbezogener Daten in Drittländer vom 27. Dezember 2004 (Set II)[1824] sowie die Standardvertragsklauseln für die Übermittlung personenbezogener Daten an Auftragsverarbeiter in Drittländer vom 5. Februar 2010.[1825] Set I und II der Standardvertragsklauseln sind für Datenübermittlungen, die keine Auftragsdatenverarbeitung sind, sogenannte „Controller-Controller"-Konstellationen, vorgesehen. Beide Vertragswerke sind zwar alternativ anwendbar,[1826] dürfen hinsichtlich ihrer Klauseln aber nicht untereinander vermischt werden. Während Set I eine gesamtschuldnerische Haftung der beiden am Datenexport Beteiligten vorsieht, legt Set II dem Datenexporteur stattdessen Sorgfaltspflichten bei der Auswahl des Datenimporteurs auf und gilt deshalb als wirtschaftsfreundlicher.[1827] Das dritte Set, die Standardvertragsklauseln für Auftragsverarbeiter, ist für „Controller-Processor"-Konstellationen geschaffen. Es findet also überall dort Anwendung, wo nach traditionellem Verständnis keine Funktionsübertragung vorliegt, sondern Daten im Drittland vom Datenimporteur „im Auftrag" des inländischen Datenexporteurs verarbeitet werden.

Zwar können Standardvertragsklauseln wie schon individuelle Vertragsklauseln noch immer nicht garantieren, dass die vertraglichen Absprachen vom Datenimporteur auch eingehalten werden, wenn dieser als eine im Drittland ansässige verantwortliche Stelle nicht der Aufsicht europäischer Behörden unterliegt. Allerdings schaffen die Klauseln ein hohes Maß an Schutz für den Betroffenen, etwa durch eine „Drittbegünstigtenklausel". Hiernach können betroffene Dritte bei Verletzung von sie betreffenden Rechten

---

[1822] *Gabel*, in: Taeger/Gabel 2013, § 4c BDSG, Rn. 22 mit weiteren Nachweisen.
[1823] Entscheidung K(2001) 1539 der Kommission hinsichtlich Standardvertragsklauseln für die Übermittlung personenbezogener Daten in Drittländer nach der Richtlinie 95/46/EG vom 15.6.2001, ABl. L 181 vom 4.7.2001, 19.
[1824] Entscheidung K(2004) 5271 der Kommission zur Änderung der Entscheidung 2001/497/EG bezüglich der Einführung alternativer Standardvertragsklauseln für die Übermittlung personenbezogener Daten in Drittländer vom 27.12.2004, ABl. L 385 vom 29.12.2004, 74.
[1825] Beschluss K(2010) 593 über Standardvertragsklauseln für die Übermittlung personenbezogener Daten an Auftragsverarbeiter in Drittländern nach der Richtlinie 95/46/EG des Europäischen Parlaments und des Rates vom 5.2.2010, ABl. L 39 vom 12.2.2010, 5.
[1826] *Gabel*, in: Taeger/Gabel 2013, § 4c BDSG, Rn. 24.
[1827] *Grapentin*, CR 2011, 103; *Gabel*, in: Taeger/Gabel 2013, § 4c BDSG, Rn. 24.

aus dem Vertrag gegen die beiden Parteien vorgehen. Für Streitigkeiten, die sich hieraus ergeben, enthalten die Standardvertragsklauseln in Klausel 3 Set III eine Gerichtsstandsvereinbarung, nach der ausschließlich Gerichte im Sitzland des Datenexporteurs zuständig sind. Auch soll der Betroffene beispielsweise die Möglichkeit haben, nach Klausel 4 lit. h Set III Einsicht in die Vertragsunterlagen zu erhalten. Da Datenexporte bei Verwendung der Klauseln nicht mehr genehmigungsbedürftig sind, eignet sich ihr Einsatz insbesondere bei kurzfristigen Datenexporten und häufigen Wechseln des Exportpartners oder sogar des Exportlands. Vor diesem Hintergrund wird die Verwendung von Standardvertragsklauseln im Rahmen des Cloud Computing als wichtigstes Mittel für einen zulässigen Datenexport in unsichere Drittländer angesehen.[1828]

9.2.2.3.3 Bedingungen für den Cloud-Datenexport

Für die meisten Länder mit bedeutenden Cloud-Märkten wurde bislang kein adäquates Datenschutzniveau anerkannt. Datenexporte in diese Länder sind nach § 4b BDSG mangels eines angemessenen Datenschutzniveaus grundsätzlich unzulässig, sodass für das Cloud Computing in der Praxis ein Rückgriff auf Ausnahmevorschriften des § 4c BDSG erforderlich ist. Wie dargestellt, sind Datenexporte in unsichere Drittländer im Rahmen des Cloud Computing praktisch, wenn überhaupt, nur unter Verwendung von Standardvertragsklauseln nach § 4c Abs. 2 BDSG möglich. Ein inländischer Cloud-Nutzer, der zur Nutzung eines Cloud-Dienstes Daten in ein unsicheres Drittland übertragen will, muss demnach zuvor mit dem Cloud-Anbieter einen der drei Standardvertragsklauselkataloge vereinbaren. Ob eine solche Vereinbarung mit jedem (potentiellen) Datenempfänger technisch möglich ist, ist zwar noch immer fraglich – insbesondere, wenn davon auszugehen ist, dass die Daten an zahlreiche verschiedene Empfänger gelangen und mit diesen dann ebenfalls ein entsprechender Vertrag zu vereinbaren wäre.[1829] Immerhin jedoch ermöglichen Standardvertragsklauseln eine relativ zügige, rechtssichere und flexible Nutzung eines Cloud-Dienstes im unsicheren Drittland.

[1828] *Brennscheidt* 2013, 171; AK Technik und Medien, Konferenz der Datenschutzbeauftragten des Bundes und der Länder 2014, 14 f.; Artikel-29-Datenschutzgruppe 2012, 18 f.; *Weichert*, DuD 2010, 686; *Nägele/Jacobs*, ZUM 2010, 290; *Pohle/Ammann*, CR 2009, 277; *Schulz/Rosenkranz*, ITRB 2009, 236; *Splittgerber/Rockstroh*, BB 2011, 2181; einschränkend *Rath/Rothe*, K&R 2013, 626.

[1829] Im Hinblick darauf gehen auch einige Autoren davon aus, dass Cloud Computing außerhalb der Europäischen Union oder des Europäischen Wirtschaftsraums auf Basis der bestehenden deutschen Rechtslage praktisch unmöglich ist, so etwa *Marnau/Schlehahn*, DuD 2011, 316.

Drittlandbezug

9.2.3 Auswirkungen des Datenexports auf die allgemeinen Zulässigkeitstatbestände

Zwar konnte zuvor festgestellt werden, dass nach § 4c Abs. 2 BDSG mit der Verwendung von Standardvertragsklauseln ein Datenexport im Rahmen des Cloud Computing auf der zweiten Prüfstufe möglich ist. Diese Feststellung wäre jedoch obsolet, wenn dem Datenumgang bereits die allgemeinen datenschutzrechtlichen Zulässigkeitsbedingungen nach der ersten Prüfstufe entgegenständen. Diese wurden im Rahmen dieser Arbeit zwar bereits ausführlich untersucht.[1830] Zu prüfen ist jedoch, ob der Umstand, dass ein grenzüberschreitender Datenumgang stattfinden soll, sich auf die Bewertung der allgemeinen Zulässigkeit auswirkt.

9.2.3.1 Zulässigkeit einer Übermittlung

Wie schon bei der Prüfung der datenschutzrechtlichen Zulässigkeit festgestellt,[1831] ist eine Übermittlung personenbezogener Daten von betroffenen Dritten durch einen Cloud-Nutzer an einen Cloud-Anbieter mangels einer Einwilligung oder eines einschlägigen gesetzlichen Erlaubnistatbestands regelmäßig nicht zulässig. Zwar können, wie festgestellt, berechtigte Interessen des Cloud-Nutzers als verantwortliche Stelle an einer Übermittlung von Daten an den Cloud-Anbieter bestehen. Da jedoch die schutzwürdigen Interessen des betroffenen Dritten gegenüber den berechtigten Interessen des Cloud-Nutzers in der Regel überwiegen, kommt auch § 28 Abs. 1 S. 1 Nr. 2 BDSG als Erlaubnisnorm regelmäßig nicht Betracht. Die schutzwürdigen Interessen des Betroffenen wiegen noch schwerer, wenn der Datenempfänger nicht demselben hohen europäischen Datenschutzniveau untersteht – insbesondere, wenn Daten in (unsichere) Drittländer übermittelt werden. Insofern kann im Sinne eines „Erst-Recht-Schlusses" die Zulässigkeit der Datenübermittlung in ein Drittland auf Basis des § 28 Abs. 1 S. 1 Nr. 2 BDSG ohne weitere Maßnahmen weitgehend ausgeschlossen werden.

9.2.3.2 Internationale Auftragsdatenverarbeitung

Abgesehen von wenigen Einzelfällen kommt für das Cloud Computing allenfalls die Weitergabe von Daten im Rahmen der Auftragsdatenverarbeitung infrage.[1832] Nach § 3 Abs. 8 S. 3 BDSG sind der Betroffene sowie Personen und Stellen, die im Inland, in einem anderen Mitgliedstaat der Europäischen Union oder in einem anderen Vertragsstaat des Abkommens über den Europäischen Wirtschaftsraum personenbezogene Daten im Auftrag erheben, verarbeiten oder nutzen, nicht Dritte. Nach dieser Begriffsbestimmung sind Auftragnehmer einer Auftragsdatenverarbeitung innerhalb der Euro-

---

[1830] Kapitel 6.
[1831] Kapitel 6.5.5 sowie Kapitel 6.6.8.
[1832] Ausführlich Kapitel 6 und 7.

päischen Union oder des Europäischen Wirtschaftsraums von der Eigenschaft als Dritte ausgenommen. Demzufolge stellt eine Datenübertragung an diese Auftragnehmer keine erlaubnisbedürftige Übermittlung nach § 3 Abs. 4 Nr. 3 BDSG dar.[1833] Demgegenüber sind Datenübertragungen an Auftragnehmer außerhalb der Europäischen Union oder des Europäischen Wirtschaftsraums nach dem Wortlaut der Norm von dieser Ausnahme nicht erfasst. Fast einhellig wird hieraus geschlossen, dass Auftragnehmer einer Auftragsdatenverarbeitung in einem Drittland somit Dritte sind – eine Datenübertragung an sie ist als Datenübermittlung einzustufen.[1834]

Mit dieser Wertung weicht die Regelung des § 3 Abs. 8 BDSG jedoch von den Vorgaben der Datenschutzrichtlinie ab.[1835] Aus Art. 2 DS-RL, insbesondere den Bestimmungen zum Auftragsverarbeiter und dem Dritten, ergibt sich keine entsprechende Regelung. Vielmehr nimmt Art. 2 lit. f DS-RL „Auftragsverarbeiter" ohne Einschränkung von der Eigenschaft als Dritte aus. Demnach unterfallen auch Datenweitergaben an Auftragnehmer im Drittland nicht den Voraussetzungen einer Datenübermittlung. Aus dieser Regelungsdifferenz könnten drei unterschiedliche Schlüsse gezogen werden: zum einen könnte die Regelung im Bundesdatenschutzgesetz schlicht eine fehlerhafte Umsetzung der Richtlinienvorgabe sein und müsste somit gegebenenfalls richtlinienkonform ausgelegt werden. Es kann sich zum anderen aber auch um eine zulässige Abweichung von der Richtlinienvorgabe handeln. Im Hinblick auf die von der Kommission erlassenen Standardvertragsklauseln könnte sich dann aber die Pflicht zur analogen Anwendung oder zur Berücksichtigung im Rahmen von Abwägungstatbeständen ergeben.

9.2.3.2.1 Richtlinienkonforme Auslegung

Um zu einer richtlinienkonformen Auslegung zu kommen, wird von den Vertretern dieser Ansicht zunächst angenommen, dass die Datenschutzrichtlinie vollharmonisierend wirkt und damit keinerlei nationale Abweichungen, gleich in welche Richtung, durch den nationalen Gesetzgeber bei der Richtlinienumsetzung zulässt.[1836] Im Hinblick darauf, dass § 3 Abs. 8 BDSG die Weitergabe von Daten im Rahmen der Auftragsdatenverarbeitung ohne Übermittlung an einen Dritten auf die Grenzen der Euro-

---

[1833] Vor Kapitel 7.1.
[1834] Statt vieler *von d. Bussche*, in: Plath 2013, § 4b BDSG, Rn. 16; *Gabel*, in: Taeger/Gabel 2013, § 11 BDSG, Rn. 25 f.; *Dammann*, in: Simitis 2014, § 3 BDSG, Rn. 246; *Gola/Schomerus* 2012, § 11 BDSG, Rn. 16 und § 4b, Rn. 5; *Kramer/Herrmann*, CR 2003, 940; demgegenüber vertritt *Giesen*, CR 2007, 545 die Ansicht, der Umkehrschluss sei weder systematisch noch teleologisch herleitbar – die Norm werde vielmehr falsch gewürdigt und gleichzeitig eine fehlerhafte Umsetzung der Richtlinienvorgabe, *Giesen*, CR 2007, 546; in Bezug auf die fehlerhafte Umsetzung auch *Funke/Wittmann*, ZD 2013, 228.
[1835] Diese Annahme legen *Giesen*, CR 2007, 546 und *Funke/Wittmann*, ZD 2013, 227 zugrunde.
[1836] So etwa *Funke/Wittmann*, ZD 2013, 227.

päischen Union oder des Europäischen Wirtschaftsraums beschränkt, die Datenschutzrichtlinie offensichtlich jedoch keine solche Beschränkung vorsieht, wird vereinzelt gefolgt, das deutsche Recht stehe im Widerspruch zur Datenschutzrichtlinie und sei deshalb europarechtswidrig.[1837] Es sei folglich „dahingehend richtlinienkonform auszulegen, dass das Privileg des § 3 Abs. 8 BDSG auch dann greift, wenn im Land der Auftragsdatenverarbeitung ein angemessenes Schutzniveau vorliegt", wobei in diesem Zusammenhang von den Autoren dieser Ansicht auch ausdrücklich die Fälle miteinbezogen werden, bei denen ein Schutzniveau etwa durch Standardvertragsklauseln „hergestellt worden" sei.[1838]

Die richtlinienkonforme Auslegung wird aus mehreren Gründen abgelehnt. Es ist bereits zweifelhaft, ob in § 3 Abs. 8 BDSG tatsächlich eine fehlerhafte Umsetzung zu sehen ist, die im Widerspruch zur Datenschutzrichtlinie steht und deshalb europarechtswidrig ist. Es stellt sich die Frage, ob die Datenschutzrichtlinie wie zugunsten einer richtlinienkonformen Auslegung zugrunde gelegt überhaupt keinerlei Gestaltungsspielraum bei der Umsetzung lässt. Zwar legt die Datenschutzrichtlinie nicht nur einen Mindeststandard vor, sondern führt nach den Worten des Europäischen Gerichtshofs „zu einer grundsätzlich umfassenden Harmonisierung".[1839] Damit ist jedoch, wie zuvor untersucht,[1840] noch nicht gesagt, dass sie an keiner Stelle eine nationale Ausdehnung des Schutzes über den Standard der Richtlinie ermöglicht.[1841] Zum einen soll das gewählte Regelungsinstrument einer Richtlinie nach Art. 288 Abs. 3 AEUV gerade nationale Nuancen bei der Umsetzung fördern.[1842] Zum anderen spricht der Wortlaut der Datenschutzrichtlinie selbst, in Erwägungsgrund 9 DS-RL[1843] und Art. 5 DS-RL, für Spielräume zur Umsetzung.[1844] Nach dem Europäischen Gerichtshof soll die Datenschutzrichtlinie außerdem „Mitgliedstaaten einen weiten Handlungsspielraum in bestimmten Bereichen" einräumen und sie ermächtigen, „für bestimmte Fälle besondere Regelungen beizubehalten oder einzuführen", soweit ein „Gleichgewicht zwischen dem freien Verkehr personenbezogener Daten und dem Schutz der Privatsphäre" gewahrt bleibt.[1845] Die Datenschutzrichtlinie gibt damit, obschon sie mitunter als vollharmonisierend bezeichnet wird, zumindest die Möglichkeit, den Schutz-

---

[1837] *Giesen*, CR 2007, 546; *Funke/Wittmann*, ZD 2013, 228; wohl auch *Kahler*, RDV 2012, 168 ff.
[1838] *Funke/Wittmann*, ZD 2013, 228; *Kahler*, RDV 2012, 168 ff. kommt sogar zu dem Schluss, die Richtlinie müsse unmittelbar angewendet werden.
[1839] EuGH, Slg. 2003, I-12971, Rn. 96; *Brühann*, EuZW 2009, 640.
[1840] Ausführlich hierzu Kapitel 4.7.4.
[1841] So *Brühann*, EuZW 2009, 640.
[1842] So auch *Ehmann/Helfrich* 1999, Einl. DS-RL, Rn. 12.
[1843] *Opfermann*, ZEuS 2012, 140; *Roßnagel/Pfitzmann/Garstka* 2001, 55.
[1844] *Roßnagel/Pfitzmann/Garstka* 2001, 55.
[1845] EuGH, Slg. 2003, I-12971, Rn. 97; hierzu auch *Roßnagel*, MMR 2004, 100.

standard über den der Richtlinie hinaus anzuheben.[1846] Gerade durch Erwägungsgründe 9 und 10 setzt es sich die Datenschutzrichtlinie selbst zum Ziel durch die Harmonisierung ein hohes Schutzniveau zu schaffen. Mitgliedstaaten sollten demnach im Rahmen der Richtlinienumsetzung nicht alle Wege verbaut sein, „sämtliche Chancen zu nutzen, die sich aus der Richtlinie ergeben, den Datenschutz auszubauen, sondern genauso [...], ihre Defizite durch eigene Vorschriften zu korrigieren".[1847] Eine im Vergleich zur Regelung strengere Begrenzung der Weitergabebefugnisse im Rahmen der Auftragsdatenverarbeitung ist damit nicht per se richtlinien- und europarechtswidrig.[1848]

Gegen die richtlinienkonforme Auslegung wird außerdem zutreffend angeführt, dass Auslegungen und damit auch eine richtlinienkonforme Auslegung durch den Gesetzeswortsinn begrenzt wird.[1849] Der Wortlaut des § 3 Abs. 8 BDSG ist aber dahingehend eindeutig, dass Dritte „nicht der Betroffene sowie Personen und Stellen, die im Inland, in einem anderen Mitgliedstaat der Europäischen Union oder in einem anderen Vertragsstaat des Abkommens über den Europäischen Wirtschaftsraum personenbezogene Daten im Auftrag erheben, verarbeiten oder nutzen" sind. Eine richtlinienkonforme Auslegung, die auch Auftragnehmer in Drittländer, die unter § 4b oder die Ausnahmen nach § 4c BDSG fallen, in den Kreis der Nicht-Dritten einbezieht, widerspräche diesem Wortlaut eindeutig. Selbst wenn man zum Schluss käme § 3 Abs. 8 S. 3 BDSG verstoße gegen eine vollharmonisierende Datenschutzrichtlinie dürfte die Norm folglich dennoch nicht entgegen ihrem Wortlaut ausgelegt werden.[1850] Schließlich würde eine richtlinienkonforme Auslegung auch nicht, wie von ihren Befürwortern gefolgert, zu einer Ausdehnung der „Privilegierung der Auftragsdatenverarbeitung" führen. Vielmehr differenziert die Richtlinie nicht zwischen der Datenweitergabe als Übermittlung und der Datenweitergabe im Rahmen einer Auftragsdatenverarbeitung. Eine richtlinienkonforme Auslegung würde insofern vielmehr dazu führen, dass auch für innereuropäische Auftragsdatenverarbeitungen die Zulässigkeitsvoraussetzungen einer Übermittlung vorliegen müssten.

[1846] Kapitel 4.7.4.; hierzu auch *Roßnagel/Pfitzmann/Garstka* 2001, 55 f.; *Simitis*, NJW 1998, 2476; *Simitis*, NJW 1997, 282.
[1847] *Simitis*, NJW 1997, 282.
[1848] Das Argument, Art. 17 Abs. 3 2. Spiegelstrich DS-RL definiere ebenfalls den Auftragnehmer im Drittland als Dritten (*Weber/Voigt*, ZD 2011, 77), greift jedoch zu kurz. Die Regelung betrifft nur technische und organisatorische Maßnahmen, die nach dem Recht des Sitz-Mitgliedstaats des Auftragnehmers zu beurteilen sind. Hieraus kann jedoch noch nicht der Schluss gezogen werden, dass Auftragnehmer in Drittländern, die auch nach deutschem Recht zweifelsohne als solche anerkannt werden, auch in der Richtlinie als Dritte anzusehen sind, so auch *Brennscheidt* 2013, 81.
[1849] *Brennscheidt* 2013, 81; zu den Grenzen der richtlinienkonformen Auslegung *Martinek*, in: Grabitz/Hilf 2009, A 30 Art. 13 DS-RL, Rn. 259.
[1850] *Brennscheidt* 2013, 81.

9.2.3.2.2 Analoge Anwendung

Wie festgestellt, setzt § 3 Abs. 8 BDSG die Vorgaben der Datenschutzrichtlinie nicht fehlerhaft um. Die Einordnung außereuropäischer Auftragnehmer als Dritte ist folglich nicht richtlinienwidrig und § 3 Abs. 8 BDSG kann deshalb nicht richtlinienkonform ausgelegt werden. Diskutiert wird allerdings eine analoge Anwendung der Regelungen für internationale Sachverhalte. Indem sich die Regelung des § 3 Abs. 8 BDSG darauf bezieht, dass Auftragnehmer in einem Mitgliedstaat keine Dritten sind, ist nach dem Wortlaut noch keine explizite Aussage darüber getroffen, welchen Status Auftragnehmer in einem Drittland, allen voran Auftragnehmer in einem Drittland mit angemessenem Datenschutzniveau oder solche Auftragnehmer, die Daten auf Basis einer Ausnahme nach § 4c BDSG importieren, besitzen. Der Gesetzgeber könnte diesbezüglich eine Regelungslücke hinterlassen haben. Diese wäre dann durch Analogie zu schließen.[1851]

Voraussetzung hierfür wäre zunächst eine planwidrige Regelungslücke. Das Vorliegen einer Regelungslücke wird damit begründet, dass der deutsche Gesetzgeber von der Richtlinienvorgabe zwar abweichen durfte, der Unionsgesetzgeber jedoch zeitlich nach der Umsetzung in § 3 Abs. 8 BDSG neues Unionsrecht erlassen habe, welches die außereuropäische Auftragsdatenverarbeitung abschließend geregelt habe.[1852] Tatsächlich wollte die Europäische Kommission mit Erlass der Standardvertragsklauseln, insbesondere der speziellen Klauseln zur Auftragsdatenverarbeitung, offenbar zum Ausdruck bringen, dass Datenübermittlungen (controller to controller) und die Datenübertragung im Rahmen der Auftragsdatenverarbeitung (controller to processor) nunmehr auch aus europäischer Sicht zwei strikt zu trennende Sachverhalte sein sollen.[1853] Damit ist nach dem europäischen Datenschutzrecht aber ein Datenexport im Rahmen der Auftragsdatenverarbeitung möglich, ohne dass der Auftragnehmer verantwortliche Stelle wird. Im Bundesdatenschutzgesetz fehlt jedoch eine Regelung zu Standardvertragsklauseln in § 4c BDSG. Es ist auch nicht ersichtlich, dass der Gesetzgeber die Kommissionsentscheidung in § 3 Abs. 8 BDSG bisher in irgendeiner Weise berücksichtigt hat. Hieraus lässt sich mit den Vertretern der Analogielösung darauf schließen, dass der deutsche Gesetzgeber die Standardvertragsklauseln tatsächlich nicht ausreichend berücksichtigt hat und deshalb eine Regelungslücke vorliegt.[1854]

[1851] So *Weber/Voigt*, ZD 2011, 77; *Räther*, DuD 2005, 465; *Nielen/Thum*, K&R 2006, 174; *Weichert*, DuD 2010, 686; *Plath*, in: Plath 2013, § 11 BDSG, Rn. 14 und 53; *Wedde*, in: Däubler/Klebe/Wedde/Weichert 2014, § 11 BDSG, Rn. 20; wohl auch *Gabel*, in: Taeger/Gabel 2013, § 11 BDSG, Rn. 26, der jedoch von einer „gemeinschaftskonformen Gesetzesauslegung" spricht; andere Ansicht *Dammann*, in: Simitis 2014, § 3 BDSG, Rn. 246.

[1852] *Weber/Voigt*, ZD 2011, 77; *Nielen/Thum*, K&R 2006, 174.

[1853] *Weber/Voigt*, ZD 2011, 77; *Nielen/Thum*, K&R 2006, 174.

[1854] *Weber/Voigt*, ZD 2011, 77.

Diese Lücke könnte auch nicht beabsichtigt und deshalb planwidrig sein. Hierfür spricht, dass die deutsche Regelung in § 3 Abs. 8 BDSG sowie die Umsetzung der Regelungen zum Datenexport noch vor den Entscheidungen der Kommission zu den Standardvertragsklauseln erfolgt ist. So weisen die Vertreter der Analogielösung zutreffend darauf hin, dass die letzte Änderung der internationalen Regelungen im Bundesdatenschutzgesetz mit dem Gesetz zur Änderung des Bundesdatenschutzgesetzes und anderer Gesetze am 18. Mai 2001 verabschiedet, die Standardvertragsklauseln jedoch erstmals am 15. Juni 2001, die für Auftragsdatenverarbeiter erst am 27. Dezember 2001 veröffentlicht worden sind.[1855] Die Planwidrigkeit ergibt sich also aus dem Umstand, dass der deutsche Gesetzgeber die Materie vor dem europäischen Gesetzgeber geregelt hat und bislang sich noch keine Gelegenheit ergeben hat, diesen Umstand zu ändern.[1856]

Fraglich ist allerdings, ob auch eine vergleichbare Interessenlage tatsächlich vorliegt, um eine Analogie zu ermöglichen. Nach Ansicht der Vertreter der Analogielösung werde durch die Standardvertragsklauseln zur Auftragsdatenverarbeitung mithilfe der vertraglichen Zusicherung von technischen und organisatorischen Maßnahmen, der Sicherstellung der Kontroll- und Weisungsbindung durch den Auftraggeber sowie den Betroffenenrechten der Sicherheits- und Schutzstandard der Datenschutzrichtlinie eingehalten.[1857]

Die Regelungen der §§ 4b und 4c BDSG zielen zwar darauf ab, dass das Datenschutzniveau im Empfängerland oder doch zumindest für die konkrete Stelle oder den konkreten Sachverhalt mit dem Datenschutzniveau innerhalb des Anwendungsbereichs der Datenschutzrichtlinie vergleichbar oder im Hinblick auf den Betroffenenschutz nicht erforderlich ist. Ob ein angemessenes Datenschutzniveau für ein Drittland besteht, lässt sich allerdings, wie untersucht, nur für die von der Europäischen Kommission mit einem Angemessenheitsbeschluss versehenen Drittländer sicher feststellen.[1858] Für Auftragsverhältnisse in diese Staaten kann eine vergleichbare Interessenlage vorliegen und eine Analogie tatsächlich greifen.[1859] Anders ist jedoch die Interessenlage bei Datenexporten zu sehen, bei denen kein vergleichbares und angemessenes Datenschutzniveau in den Ziellländern besteht und die aus diesem Grund auf eine Ausnahme nach § 4c BDSG, allen voran auf Standardvertragsklauseln, zu stützen sind. Wenngleich Standardvertragsklauseln für das Cloud Computing zahlreiche Verbesserungen gegenüber den übrigen Ausnahmetatbeständen aus § 4c BDSG bringen, weisen sie noch

---

[1855] *Weber/Voigt*, ZD 2011, 77.
[1856] *Weber/Voigt*, ZD 2011, 77; *Nielen/Thum*, K&R 2006, 174.
[1857] *Plath*, in: Plath 2013, § 11 BDSG, Rn. 14; *Weber/Voigt*, ZD 2011, 77 f.; siehe auch *Wedde*, in: Däubler/Klebe/Wedde/Weichert 2014, § 11 BDSG, Rn. 20; *Räther*, DuD 2005, 465.
[1858] So auch *Brennscheidt* 2013, 83.
[1859] Hierzu *Kahler*, RDV 2012, 170.

immer erhebliche Schwächen, wie etwa eine fehlenden Durchsetzbarkeit durch öffentlich-rechtliche Aufsichtsbehörden im jeweiligen Drittland, auf.[1860] Die Verwendung von Standardvertragsklauseln kann insofern nur auf Vertragsbasis gewährleisten, dass der Auftragnehmer die Anforderungen des europäischen Datenschutzrechts einhält. Hält sich der Auftragnehmer jedoch nicht an seine vertraglichen Verpflichtungen, bleibt der Aufsichtsbehörde keine Handhabe gegenüber dem Auftragnehmer. Auch der Auftraggeber und allen voran der Betroffene sind auf eine zivilrechtliche Durchsetzung angewiesen. Dies ist insbesondere vor dem Hintergrund jüngster Geheimdienstaffären problematisch. Staatliche Zugriffe, die mit dem öffentlichen Recht des Empfängerlands vereinbar sind oder dort nicht verfolgt werden, lassen sich vertraglich kaum verhindern.[1861] Im Urteil zur Vorratsdatenspeicherung stellt der Europäische Gerichtshof überdies heraus, dass Art. 8 Abs. 3 GrCh ausdrücklich einfordert, dass eine unabhängige Stelle die Einhaltung der Erfordernisse des Datenschutzes und der Datensicherheit überwacht. Insofern bemängelt der Europäische Gerichtshof an der Richtlinie ausdrücklich, dass diese eine Speicherung der Daten auf dem Unionsgebiet nicht zwingend vorsah. Schon der Europäische Gerichtshof sieht insofern die Speicherung außerhalb der örtlichen Zuständigkeit der europäischen Aufsichtsbehörden als unverhältnismäßig an.[1862] Vor dem Hintergrund der mangelnden Aufsichtsmöglichkeiten schafft auch die Verwendung von Standardvertragsklauseln bei der Auftragsdatenverarbeitung in Ländern ohne angemessenes Datenschutzniveau keine vergleichbare Interessenlage. Eine Analogie des § 3 Abs. 8 BDSG auf außereuropäische Auftragsdatenverarbeitungen ist folglich nur für Auftragsdatenverarbeitungen in Drittländern mit anerkanntem angemessenem Datenschutzniveau möglich, nicht jedoch bei bloßer Verwendung von Standardvertragsklauseln.

9.2.3.2.3 Modifizierte Interessenabwägung

Ist weder eine richtlinienkonforme Auslegung des § 3 Abs. 8 BDSG noch eine analoge Anwendung der Norm auf außereuropäische Auftragsdatenverarbeitungen möglich, bleibt es folglich bei der Einschränkung der „Privilegierung" auf innereuropäische Auftragsdatenverarbeitungen.[1863] Somit bedarf die Datenweitergabe in ein unsicheres Drittland nach § 3 Abs. 8 i. V. m. § 3 Abs. 4 Nr. 3, 4 Abs. 1 BDSG grundsätzlich einer Einwilligung oder einer gesetzlichen Erlaubnis. Für die erste Prüfstufe kommt es also letztlich darauf an, ob für eine Datenweitergabe vom Cloud-Nutzer an den Cloud-Anbieter die Einwilligung des Betroffenen oder ein gesetzlicher Erlaubnistatbestand existiert. Wie zuvor festgestellt, ist aber weder die Einwilligungslösung im Rahmen des

---
[1860] Dieser Ansicht wohl aber *Weber/Voigt*, ZD 2011, 77.
[1861] So mit Verweis auf den PATRIOT Act auch *Brennscheidt* 2013, 83; siehe auch unten zum Pre-Trial-Discovery, Kapitel 10.2.
[1862] EuGH, MMR 2014, 412; siehe hierzu *Roßnagel*, MMR 2014, 374.
[1863] Mit Ausnahme der Auftragsverhältnisse in als sicher anerkannten Drittländern.

Cloud Computing praktikabel[1864] noch ergibt sich ein gesetzlicher Erlaubnistatbestand, auf den eine Datenübermittlung vom Cloud-Nutzer an den Cloud-Anbieter in der Regel gestützt werden könnte.[1865] Infrage käme zwar gegebenenfalls eine Übermittlung im Rahmen des § 28 Abs. 1 S. 1 Nr. 2 BDSG, der jedoch aufgrund der Abwägung zwischen den berechtigten Interessen der verantwortlichen Stelle und den schutzwürdigen Interessen des Betroffenen für das Cloud Computing regelmäßig leerläuft.[1866]

Nach Ansicht verschiedener Autoren in der Literatur[1867] und in den Aufsichtsbehörden[1868] könnte sich das Ergebnis dieser Abwägung jedoch ändern, wenn die Datenübermittlung im Rahmen einer Auftragsdatenverarbeitung auf Basis von Standardvertragsklauseln erfolgt. Zunächst müsste nach § 28 Abs. 1 S. 1 Nr. 2 BDSG die Datenübermittlung in das Drittland für die Wahrung berechtigter Interessen erforderlich sein – es dürfte also keine vernünftigen und zumutbaren Alternativen geben. Dies wird von Vertretern dieser Ansicht mit der Begründung bejaht, dass nur so die von der Europäischen Kommission bezweckte Wirkung der Standardvertragsklauseln in Form eines „effet utiles" zugunsten einer außereuropäischen Auftragsdatenverarbeitung erreicht werden könne.[1869] In die Prüfung der Erforderlichkeit dürfe demnach nicht einfließen, ob die innereuropäische Auftragsdatenverarbeitung ein milderes Mittel darstelle, da durch die Standardvertragsklauseln die Schwere der Mittel gar nicht tangiert werde.[1870]

Ist die Erforderlichkeit zu bejahen, darf nach § 28 Abs. 1 S. 1 Nr. 2 BDSG zusätzlich kein Grund zu der Annahme bestehen, dass das schutzwürdige Interesse des Betroffenen an dem Ausschluss der Verarbeitung oder Nutzung überwiegt. Die Interessen der Betroffenen und der verantwortlichen Stellen sind also gegeneinander abzuwägen. Während bei einer „normalen" Übermittlung im Rahmen des Cloud Computing und insbesondere bei einer Übermittlung in unsichere Drittländer eindeutig das Interesse des Betroffenen überwiegt,[1871] sehen die Vertreter dieser Ansicht den Schutz des Betroffenen als ausreichend gewahrt und seine Interessen hinreichend geschützt, wenn

---

[1864] Kapitel 6.6.8.
[1865] Kapitel 6.5.5.
[1866] Kapitel 6.5.2.1.2.
[1867] *Von d. Bussche*, in: Plath 2013, § 4b BDSG, Rn. 20; *Eckhardt*, DuD 2013, 590; *Rittweger/Schmidl*, DuD 2004, 619 f.; wohl auch *Dammann*, in: Simitis 2014, § 3 BDSG, Rn. 246.
[1868] AK Technik und Medien, Konferenz der Datenschutzbeauftragten des Bundes und der Länder 2014, 14; Vorlage der Landesregierung betreffend den Dreiundzwanzigsten Bericht der Landesregierung über die Tätigkeit der für den Datenschutz im nicht öffentlichen Bereich in Hessen zuständigen Aufsichtsbehörde, LT(Hessen)-Drs. 18/2942, 18; wohl auch Bayrisches Landesamt für Datenschutzaufsicht, 4. Tätigkeitsbericht 2009/2010, 72 Kapitel 11.3.
[1869] *Rittweger/Schmidl*, DuD 2004, 619.
[1870] *Rittweger/Schmidl*, DuD 2004, 619 f.
[1871] Kapitel 6.5.2.1.2.

zwischen der verantwortlichen Stelle und dem Auftragnehmer ein Auftragsdatenverarbeitungsverhältnis bestehe, der Datenexport in das unsichere Drittland mit Standardvertragsklauseln für Auftragsdatenverarbeitungen legitimiert werde und zusätzlich die Vorgaben des § 11 BDSG eingehalten würden.[1872] Denn durch die Kommissionsentscheidung zu den Standardvertragsklauseln solle vom europäischen Gesetzgeber gerade erklärt werden, dass mit Verwendung der entsprechenden Klauseln auf der zweiten Prüfstufe kein schutzwürdiges Interesse am Ausschluss des Datenexports nach § 4b Abs. 2 S. 2 BDSG begründet werden könne. Somit könne auch das Schutzinteresse des Betroffenen auf der ersten Prüfstufe in § 28 BDSG nicht überwiegen.[1873] Die Interessenabwägung falle dann in der Regel zugunsten der verantwortlichen Stelle aus.[1874]

Nach dem Lösungsansatz der modifizierten Interessenabwägung wäre folglich die Weitergabe von Daten betroffener Dritter durch einen Cloud-Nutzer in ein unsicheres Drittland aufgrund § 3 Abs. 8 i. V. m. § 3 Abs. 4 Nr. 3 BDSG zwar als Datenübermittlung zu qualifizieren. Diese Übermittlung könnte aber unter Einhaltung der genannten Voraussetzungen – eines bestehendes Auftragsdatenverarbeitungsverhältnisses, den Abschluss von Standardvertragsklauseln für Auftragsdatenverarbeitungen sowie die Einhaltung der Vorgaben aus § 11 BDSG – regelmäßig nach § 28 Abs. 1 S. 1 Nr. 2 BDSG gerechtfertigt werden.

9.2.3.2.4 Keine pauschale Zulässigkeitsfiktion

Die vorgestellten Ansichten sollen im Folgenden einer eigenen Bewertung unterzogen werden. Zutreffend ist zunächst die Feststellung, dass die deutsche Regelung in § 3 Abs. 8 BDSG weder richtlinienkonform ausgelegt noch analog auch auf Auftragsdatenverarbeitungen in unsicheren Drittländern angewendet werden kann. Es bleibt also bei der ausschließlichen „Privilegierung" der innereuropäischen Auftragsdatenverarbeitung nach dem Bundesdatenschutzgesetz. Ferner trifft zu, dass Auftragsdatenverarbeitungsverhältnisse dennoch auch in Drittländern begründet werden können, wenngleich die Datenweitergabe in diesem Rahmen dann als Datenübermittlung einzustufen ist, da der Auftraggeber hier Dritter im Sinne des § 3 Abs. 8 S. 3 BDSG ist. Wie bereits untersucht, hängt das Bestehen eines Auftragsdatenverarbeitungsverhältnisses nicht davon ab, unter welchen Voraussetzungen die Datenweitergabe zulässig ist.[1875]

[1872] *Von d. Bussche,* in: Plath 2013, § 4b BDSG, Rn. 20; AK Technik und Medien, Konferenz der Datenschutzbeauftragten des Bundes und der Länder 2014, 16; *Eckhardt,* DuD 2013, 590; *Rittweger/Schmidl,* DuD 2004, 619 f.; Hessische Aufsichtsbehörde für Datenschutz im nicht-öffentlichen Bereich, Dreiundzwanzigster Tätigkeitsbericht, LT(Hessen)-Drs. 18/2942, 18; Bayrisches Landesamt für Datenschutzaufsicht, vierter Tätigkeitsbericht 2009/2010, 72 Kapitel 11.3.; *Scholz/Lutz,* CR 2011, 426 ff.
[1873] So zumindest *Nielen/Thum,* K&R 2006, 171.
[1874] *Von d. Bussche,* in: Plath 2013, § 4b BDSG, Rn. 18; *Eckhardt,* DuD 2013, 590.
[1875] Kapitel 5.2.5.4.

Die Autoren der Modifizierungslösung gehen also zu Recht davon aus, dass es für eine Auftragsdatenverarbeitung in einem unsicheren Drittland auf der ersten Prüfstufe einer Einwilligung oder eines Erlaubnistatbestands bedarf und setzen ihre Prüfung korrekterweise bei § 28 Abs. 1 S. 1 Nr. 2 BDSG an.

Fraglich ist allerdings, inwiefern der Ansicht gefolgt werden kann, die Verwendung von Standardvertragsklauseln sowie die Berücksichtigung der Vorgaben aus § 11 BDSG führe zu einer Verschiebung der Interessenlage zugunsten der verantwortlichen Stelle und damit zu einer pauschal zulässigen Datenübermittlung in ein unsicheres Drittland. Problematisch ist zunächst die unterschiedliche Systematik der beiden Rechtsinstitute der Übermittlung nach § 28 BDSG und der Datenweitergabe nach § 11 BDSG.[1876] Nach § 28 BDSG können Datenübermittlungen zu eigenen Geschäftszwecken zulässig sein. Durch die Übermittlung kommt es zu einer Änderung der Verantwortungssituation. Die Daten verlassen den Einflussbereich der übermittelnden Stelle und die Empfängerstelle wird, für das Cloud Computing im Rahmen einer kollektiven Verantwortung, ebenfalls verantwortliche Stelle. Hat der Übermittlungsempfänger, beim Cloud Computing im Rahmen seiner kollektiven Verantwortung, alleinigen Einfluss auf Mittel und Zwecke des weiteren Datenumgangs, ist der Absender von Daten nach einer Übermittlung nicht mehr für die Einhaltung der Vorschriften und Rechte, insbesondere der der Betroffenen, verantwortlich und zuständig.[1877] Bei der Datenweitergabe nach § 11 BDSG ist solch ein Übergang der Verantwortung nicht vorgesehen.[1878] Vielmehr stellt § 11 Abs. 1 S. 1 BDSG klar, dass die Verantwortung vollständig auf Seiten des Auftraggebers bleibt. Zulässigkeitstatbestände wie § 28 Abs. 1 S. 1 Nr. 2 BDSG stehen zwar selbst unter engen Voraussetzungen – beispielsweise durch die erforderliche Interessenabwägung. Wenn sie aber einschlägig sind, eröffnen sie dem Absender die Möglichkeit, die Daten zu übermitteln, ohne sich weiter um deren Verbleib „kümmern" zu müssen. Der Empfänger erhält demgegenüber die weitreichende Befugnis zum eigenständigen Umgang mit den Daten.[1879] Eine pauschalierte Zulässigkeit aus § 28 BDSG aufgrund der Einhaltung von Vorgaben aus § 11 BDSG wäre insofern systemwidrig.

Die Systematik des Bundesdatenschutzgesetzes setzt sich dabei aber auch nicht dem „effet utile"-Gedanken der Standardvertragsklauseln zur Auftragsdatenverarbeitung entgegen. Vielmehr stützt § 11 Abs. 1 S. 1 BDSG sogar grundsätzlich das in den Standardvertragsklauseln vorgesehene Konzept, nachdem der Auftraggeber verantwortliche Stelle bleibt, sofern er Daten nur weitergibt und nicht unter den strengen Zulässigkeitsvoraussetzungen übermittelt. Nur weil § 3 Abs. 8 BDSG keine „privilegierte" Da-

---

[1876] *Weber/Voigt*, ZD 2011, 76; *Brennscheidt* 2013, 80.
[1877] So auch *Weber/Voigt*, ZD 2011, 76; ausführlich hierzu Kapitel 5.2.4.4.
[1878] Kapitel 5.2.5.1.
[1879] In diese Richtung auch *Brennscheidt* 2013, 80.

tenweitergabe in unsichere Drittländer zulässt, sollte ein Auftraggeber sich nicht mithilfe der modifizierten Interessenabwägung seiner Verantwortung entledigen können, indem er Daten ohne Einzelfallabwägung und damit ohne Rücksicht auf strenge und enge Erlaubnistatbestände an den Auftragnehmer übermittelt. Die Einhaltung von Vorgaben für eine innereuropäische Auftragsdatenverarbeitung, die zu einer bloßen Weitergabe von Daten führt, kann somit nicht als Rechtsgrundlage für eine Datenübermittlung dienen.[1880] Zwar wird durch die Autoren der Modifikationslösung nicht ausdrücklich versucht, § 11 BDSG als Zulässigkeitstatbestand auszuloben. Implizit geschieht dies aber, indem die Autoren die Einhaltung der Voraussetzungen des § 28 Abs. 1 S. 1 Nr. 2 BDSG als vorliegend fingieren wollen, sofern der Auftraggeber Standardvertragsklauseln verwendet und die Vorgaben aus § 11 BDSG einhält.

Aus ähnlichen Gründen können auch die Standardvertragsklauseln zur Auftragsdatenverarbeitung nicht Rechtsgrundlage einer Übermittlung werden und somit, ebenso wie § 11 BDSG, nicht Grund für eine Zulässigkeitsfiktion nach § 28 Abs. 1 S. 1 Nr. 2 BDSG sein. Durch eine solche Fiktion würde sonst die strenge Trennung durch die Zwei-Stufenprüfung durchbrochen.[1881] Die von der Kommission erlassenen Standardvertragsklauseln beziehen sich ausdrücklich auf den Ausgleich des fehlenden angemessenen Datenschutzniveaus im Drittland und damit auf die Schaffung einer Ausnahme nach Art. 26 DS-RL und § 4c BDSG. Ziel ist die Ermöglichung eines Datenexports, einer Maßnahme auf der zweiten Stufe, und nicht die Schaffung von Zulässigkeitstatbeständen auf der ersten (nationalen) Stufe. Durch Vermengung dieser beiden Stufen käme es zu einem absurden Ungleichgewicht: Standardvertragsklauseln sollen ja gerade nur das bestehende Defizit im Datenschutzniveau des Drittlands gegenüber dem europäischen Datenschutzniveau auf der zweiten Prüfstufe ausgleichen. Insofern sind sie bei einer innereuropäischen Datenübermittlung auch nicht erforderlich. Soweit man davon ausgeht, dass die Verwendung von Standardvertragsklauseln aus der zweiten Stufe den Anforderungen einer Datenübermittlung bei einem Drittlandbezug genügt, müsste dies bei innereuropäischen Übermittlungen auch ohne die Verwendung von Standardvertragsklauseln möglich sein. Wie aber bereits festgestellt, sind innereuropäische Datenübermittlungen zwischen einem Cloud-Nutzer und einem Cloud-Anbieter in § 28 Abs. 1 S. 1 Nr. 2 BDSG regelmäßig gerade nicht rechtfertigbar. Während einem Cloud-Nutzer die Datenübermittlung an den Cloud-Anbieter innerhalb der Europäischen Union nach § 28 BDSG damit regelmäßig verwehrt bliebe, wäre eine solche Übermittlung in ein eigentlich unsicheres Drittland zulässig.[1882] Gerade dort jedoch sind die Daten vor Missbrauch, auch durch dortige staatliche Stellen, weniger geschützt.

[1880] So auch *Eckhardt*, DuD 2013, 590.
[1881] Hierzu auch *Kahler*, RDV 2012, 168.
[1882] So auch *Brennscheidt* 2013, 80; *Weber/Voigt*, ZD 2011, 76.

Überdies verhindert § 28 Abs. 6 BDSG weitgehend eine Übermittlung von besonderen Arten personenbezogener Daten. Während nichts der innerdeutschen Auftragsdatenverarbeitung sensitiver Daten entgegensteht, wäre eine Übermittlung dieser Daten nach § 28 Abs. 1 S. 1 Nr. 2 BDSG nicht möglich und selbst nach dem Konzept der Modifikation der Interessenabwägung nicht in das Drittland übertragbar.[1883]

Zu Recht verweisen die Vertreter der Modifikationslösung allerdings darauf, dass durch die von ihnen intendierten Maßnahmen, der Begründung eines Auftragsverhältnisses, der Verwendung von Standardvertragsklauseln und der Berücksichtigung der Vorgaben aus § 11 BDSG ein höheres Datenschutzniveau geschaffen würde, als wenn die Daten ohne diese Beschränkungen einfach in ein unsicheres Drittland übermittelt würden. Das hierdurch geschaffene Datenschutzniveau kann durchaus auch in die Interessenabwägung des § 28 Abs. 1 S. 1 Nr. 2 BDSG eingebracht werden.[1884] Es darf jedoch nur nicht zu einer pauschalen Zulässigkeitsfiktion führen. So kann beispielsweise zugunsten einer Übermittlung in die Abwägung einfließen, dass trotz teilweisem Übergang der Verantwortung an den Cloud-Anbieter der Cloud-Nutzer nach den Standardvertragsklauseln über eine Drittbegünstigtenregelung weiterhin umfassend gegenüber dem Betroffenen verpflichtet ist. Der Betroffene erhält durch die Standardvertragsklauseln sogar noch die Möglichkeit, sich zusätzlich an den Cloud-Anbieter zu wenden. Auch wird dem Betroffenen zumindest vertraglich ein innereuropäischer Gerichtsstand zugesichert. Halten sich der Cloud-Nutzer und der Cloud-Anbieter überdies an die Vorgabe der Regelungen des § 11 BDSG, wird im Rahmen des Auftragsdatenverarbeitungsvertrags auch ein umfassender Weisungs- und Kontrollmechanismus vereinbart. Maßnahmen wie diese können dazu führen, dass die schutzwürdigen Interessen des Betroffenen weniger schwer wiegen. Dennoch zeigen sich, wie festgestellt, noch immer mögliche Mängel bei der Durchsetzbarkeit der rein vertraglichen Ansprüche. Schwer wiegen auch erhöhte Gefahren eines staatlichen Zugriffs, möglicherweise sogar aufgrund geltenden Rechts im Empfängerland, die sich mit Standardvertragsklauseln nicht negieren lassen.

Selbst wenn man davon ausgehen dürfte, dass durch die Verwendung von Standardvertragsklauseln ein exakt gleiches Datenschutzniveau geschaffen würde, bleibt es noch immer dabei, dass mit § 28 BDSG eine Datenübermittlung gerechtfertigt werden sollte, die innerhalb der Europäischen Union oder des Europäischen Wirtschaftsraums regelmäßig nicht zulässig wäre. Ein Cloud-Nutzer kann in der Regel gerade nicht die Übermittlung von Daten an den Cloud-Anbieter rechtfertigen – erst recht nicht, wenn

---

[1883] *Weber/Voigt*, ZD 2011, 76; *Scholz/Lutz*, CR 2011, 426; andere Ansicht dagegen *Rittweger/ Schmidl*, DuD 2004, 620, die sogar in § 28 Abs. 6 BDSG aufgrund des „effet utile" zu einer Abwägung zugunsten der Übermittlung kommen. Dies wäre jedoch eine Auslegung entgegen dem klaren Wortlaut, insofern zu *Rittweger* und *Schmidl* auch kritisch *Räther*, DuD 2005, 464; *Nielen/Thum*, K&R 2006, 174.
[1884] So wohl auch *Eckhardt*, DuD 2013, 590.

sich auch besondere Arten personenbezogener Daten darunter befinden könnten.[1885] Der europäische Cloud-Anbieter muss sich vielmehr damit begnügen, weisungsabhängiger Auftragnehmer zu sein und nicht eigen- (oder kollektiv-) verantwortlicher Datenempfänger.

Im Ergebnis kann im Einzelfall die Abwägung zugunsten einer Übermittlung von Daten zwar zur Zulässigkeit führen. Die Verwendung von Standardvertragsklauseln zur Auftragsdatenverarbeitung und die Berücksichtigung der Vorgaben aus § 11 BDSG ist deshalb auch der bislang aussichtsreichste Weg für deutsche Cloud-Nutzer, um Cloud-Dienste in unsicheren Drittländern nutzen zu können. Allerdings darf nach dem zuvor Gesagten nicht die Einschlägigkeit des § 28 Abs. 1 S. 1 Nr. 2 BDSG fingiert und damit pauschal von einer zulässigen Datenübermittlung in ein unsicheres Drittland ausgegangen werden. Für die Frage der Zulässigkeit einer Übermittlung müssen vielmehr im Rahmen der Erforderlichkeitsprüfung und der Interessenabwägung weiterhin alle Umstände des Einzelfalls einbezogen werden.

9.2.3.3 Internationale Unterauftragsverarbeitung

Cloud Computing nach der hier zugrundegelegten Definition kann sein ganzes Potential nur durch Verteilung von Daten oder Datenbestandteilen sowie flexible Verlagerung der Daten nach dem Lastprinzip ausschöpfen. Es ist insofern naheliegend, dass bei einer Cloud-Nutzung Daten nicht nur zwischen dem Cloud-Nutzer und einem einzigen Serverstandort des Cloud-Anbieters fließen. Vielmehr ist davon auszugehen, dass der Cloud-Anbieter selbst die Daten ganz oder zu Teilen auf weitere Server verschieben wird. Nicht unwahrscheinlich ist dabei, dass auch weitere Cloud-Anbieter oder Unterauftragnehmer Daten der betroffenen Dritten erhalten sowie dass Daten auf Veranlassung des Auftragnehmers in (weitere) unsichere Drittländer übertragen werden.

Zuvor wurde festgestellt, dass eine Datenübermittlung auf Basis einer „nicht-privilegierten" Auftragsdatenverarbeitung bei der Verwendung von Standardvertragsklauseln auch in einem Drittland, wenn auch nicht pauschal, jedoch zumindest im Einzelfall, zulässig sein kann. Es stellt sich nunmehr die Frage, wie die Übermittlung solcher Daten an einen Unterauftragnehmer datenschutzrechtlich zu beurteilen ist.[1886] Hierzu ist danach zu unterscheiden, von wo aus Daten an den Cloud-Anbieter übertragen werden, wo der Datenumgang durch den Cloud-Anbieter stattfindet und wohin die Daten zwecks Unterbeauftragung weitergegeben werden. Der Düsseldorfer Kreis[1887] hat in einer Handreichung neun Konstellationen erörtert, die in drei Fallgruppen eingeteilt

---
[1885] Hierzu Kapitel 6.5.1.3.
[1886] Hierzu ausführlich *Maier* 2014, 81 ff.
[1887] Düsseldorfer Kreis, Beschluss vom 19./20.4.2007.

werden können. In der ersten Fallgruppe hat der Auftraggeber seinen Sitz innerhalb der Europäischen Union oder des Europäischen Wirtschaftsraums und übermittelt zum Zwecke der Auftragsdatenverarbeitung Daten an einen Auftragnehmer in einem Drittland. Dieser übermittelt die Daten dann weiter an einen Unterauftragnehmer im gleichen oder einem anderen unsicheren Drittland. In der zweiten Fallgruppe besteht zunächst eine reguläre Auftragsdatenverarbeitung zwischen dem Auftraggeber innerhalb der Europäischen Union oder des Europäischen Wirtschaftsraums und einem entsprechenden Auftragnehmer innerhalb der Europäischen Union oder des Europäischen Wirtschaftsraums. Der Auftragnehmer beauftragt dann jedoch einen Unterauftragnehmer in einem Drittland. Nach der dritten Fallgruppe werden Daten von einem Auftraggeber in einem Drittland an einen Auftragnehmer innerhalb der Europäischen Union oder des Europäischen Wirtschaftsraums weitergegeben, um sie in dessen Auftrag innerhalb der Europäischen Union oder des Europäischen Wirtschaftsraums verarbeiten zu lassen. Da es sich hierbei jedoch nicht zwingend um Unterauftragsverhältnisse handelt, ist diese Fallgruppe getrennt zu betrachten.[1888]

9.2.3.3.1 Fallgruppe 1: Auftragnehmer und Unterauftragnehmer in Drittländern

Für die erste Fallgruppe entspricht die Weitergabe von Daten an den Auftragnehmer der im vorangehenden Kapitel beschriebenen. Es handelt sich um einen erlaubnisbedürftigen Datenexport. Für das Cloud Computing kann die Datenweitergabe als Datenübermittlung durch den Cloud-Nutzer als Auftraggeber an den Cloud-Anbieter als Auftragnehmer im Einzelfall zulässig sein. Fraglich ist, ob der Cloud-Anbieter wiederum Daten im Rahmen von Unterauftragsverhältnissen weiterübermitteln darf. Mit Beschluss vom 5. Februar 2010 hat die Europäische Kommission[1889] die „Standardvertragsklauseln für Auftragsverarbeiter" geändert und Regelungen zu Unterauftragsverhältnissen in die Klauseln implementiert. Wesentliche Bedingungen für eine Unterebauftragung sind demnach eine einzelfallbezogene Zustimmung des Auftraggebers sowie die Weitergabe der Pflichten aus dem Ursprungsauftrag.[1890] Art. 3 lit. e des Kommissionsbeschlusses sowie Klausel 1 lit. d der neuen Standardvertragsklauseln definieren den Unterauftragnehmer als „Auftragsverarbeiter, der im Auftrag des Datenimporteurs oder eines anderen Unterauftragsverarbeiters des Datenimporteurs tätig ist und sich bereit erklärt, vom Datenimporteur oder von einem anderen Unterauftragsverarbeiter des Datenimporteurs personenbezogene Daten ausschließlich zu dem Zweck entgegenzunehmen, diese nach der Übermittlung im Auftrag des Datenexporteurs nach dessen Anweisungen, den Klauseln und den Bestimmungen des schriftlichen Unterauf-

---

[1888] Hierzu Kapitel 9.2.3.4.

[1889] Beschluss K(2010) 593 der Kommission über Standardvertragsklauseln für die Übermittlung personenbezogener Daten an Auftragsverarbeiter in Drittländern nach der Richtlinie 95/46/EG des Europäischen Parlaments und des Rates vom 5.2.2010, ABl. L 39 vom 12.2.2010, 5.

[1890] *Moos*, CR 2010, 283; *Gabel*, in: Taeger/Gabel 2013, § 4c BDSG, Rn. 26.

trags zu verarbeiten". Der Auftraggeber und der Auftragnehmer im Drittland müssen für die Zulässigkeit einer Unterbeauftragung nach Klausel 11 Abs. 1 vereinbaren, dass der Auftraggeber in eine Unterbeauftragung zuvor schriftlich einwilligen muss, der Auftraggeber die Pflichten aus dem Standardvertrag vollständig weiterzugeben hat und die Verantwortung im Innenverhältnis, also gegenüber dem Auftraggeber vollständig beim Auftragnehmer liegt. Überdies verpflichtet sich der Auftragnehmer nach Absatz 2 ausdrücklich, eine Drittbegünstigtenklausel auch gegenüber dem Unterauftragnehmer vorzusehen. Zum Schutz des Betroffenen wird der Auftragnehmer außerdem verpflichtet, mit dem Unterauftragnehmer einen Gerichtsstand im Datenexportland vorzusehen (Absatz 3) und dem Auftragnehmer ein mindestens einmal jährlich aktualisiertes Verzeichnis über Unterauftragsverhältnisse zur Verfügung zu stellen (Absatz 4). Nach Klausel 5 lit. j soll der Auftraggeber sogar Anspruch auf die Kopie des Unterauftrags haben und nach Klausel 8 Abs. 2 die Parteien zugunsten der Aufsichtsbehörde des Auftraggebers eine Kontrollpflicht vereinbaren.

Inwieweit sich solche Vereinbarungen im Rahmen des Cloud Computing praktisch umsetzen lassen ist fraglich.[1891] Zwar ließe sich die flexible Bereitstellung eines Verzeichnisses über aktuelle Unterauftragsverhältnisse und der Vertragsunterlagen möglicherweise wiederum durch eine online-basierte Kundenplattform abrufbar machen. Inwiefern jedoch deutsche Aufsichtsbehörden in Drittländern (trotz der vertraglichen Verpflichtung der Auftragnehmer und Unterauftragnehmer) Kontrollen vornehmen können, ist ungewiss.

Die nach den Standardvertragsklauseln geforderte vorweggenommene Einwilligung des Auftraggebers zur Unterbeauftragung lässt sich auch pauschal abgeben,[1892] sofern diese hinreichend eindeutig ist und den Anforderungen an die Freiwilligkeit und Informiertheit entspricht.[1893] Demgegenüber soll es dem Auftragnehmer verwehrt sein, alle Aufträge, die er von verschiedenen Auftraggebern erhalten hat, in einem Vertrag an einen Unterauftragnehmer weiterzugeben. Der Cloud-Anbieter wird als Auftragnehmer somit mit den Unterauftragnehmern, beispielsweise den Server-Anbietern, für jedes bestehende Auftragsverhältnis mit einem Cloud-Nutzer einen eigenen Vertrag zur Unterbeauftragung abschließen müssen.[1894] Vor dem Hintergrund der sehr großen Anzahl an Cloud-Nutzern, die einem Cloud-Anbieter regelmäßig gegenüberstehen und den damit verbundenen andauernden Änderungen der Auftragsverhältnisse ist bereits die Umsetzung gesetzlicher Modalitäten für das Hauptauftragsverhältnis kaum realisierbar. Individuelle Verträge zwischen einem Cloud-Anbieter und einem Ser-

---

[1891] Zum administrativen Aufwand der Dokumentationspflichten *Moos*, CR 2010, 284.
[1892] Differenzierend *Moos*, CR 2010, 283.
[1893] Hierzu auch Artikel-29-Datenschutzgruppe 2010, WP 176, 6, II Frage 1.
[1894] Artikel-29-Datenschutzgruppe 2010, WP 176, 8, II Frage 5.

ver-Anbieter zur Unterbeauftragung für jedes einzelne Auftragsverhältnis mit einem Cloud-Nutzer sind insofern kaum vorstellbar.

Der Düsseldorfer Kreis geht in seiner Handreichung der rechtlichen Bewertung der internationalen Auftragsdatenverarbeitung vom April 2007 noch davon aus, dass der Auftraggeber nicht nur mit dem Auftragnehmer einen Standardvertrag abschließt und dann nur in die Unterbeauftragung einzuwilligen braucht. Vielmehr müsse er mit jedem Unterauftragnehmer einen eigenen Vertrag unter Verwendung der Standardvertragsklauseln abschließen oder der Unterauftragnehmer dem Vertrag zwischen Auftraggeber und Auftragnehmer zumindest beitreten.[1895] Die Anforderung an den eigenständigen Vertrag könnte sich jedoch mit dem Kommissionsbeschluss, der nunmehr ausdrücklich Unterbeauftragung regelt, erübrigt haben. Es wäre sonst geradezu sinnwidrig, den Auftragnehmer zur Weiterreichung von Betroffenenrechten zu verpflichten, wenn der Auftraggeber dies in einem eigenen Vertrag mit dem Unterauftragnehmer umsetzt. Zwar könnte argumentiert werden, dass ein solcher eigener Vertrag für die Zulässigkeit der Übermittlung auf der ersten Prüfstufe erforderlich ist. Kommt die verantwortliche Stelle jedoch bereits bei der Übermittlung der Daten an den Auftragnehmer unter Verwendung der neuen Standardvertragsklauseln zum Schluss, dass diese Übermittlung nach § 28 Abs. 1 S. 1 Nr. 2 BDSG gerechtfertigt ist, impliziert dies auch die Zulässigkeit einer Unterbeauftragung. Denn diese ist mit Klausel 11 des nicht veränderbaren Standardvertrags ausdrücklich Grundlage der Zweckbestimmung bei der Übermittlung nach § 28 BDSG geworden. Insofern ist davon auszugehen, dass zumindest seit der Kommissionsentscheidung im Februar 2010 kein eigenständiger Vertrag zwischen Auftraggeber und Unterauftragnehmer mehr erforderlich ist.

9.2.3.3.2 Fallgruppe 2: Auftraggeber und Auftragnehmer innerhalb der Europäischen Union und Unterauftragnehmer in einem Drittland

Beim Cloud Computing wird ein Cloud-Nutzer häufig aus rechtlichen wie wirtschaftlichen Gründen einen europäischen Cloud-Anbieter wählen und insofern eine „privilegierte" Auftragsdatenverarbeitung begründen können. Für Cloud-Anbieter kann es dann aber vorteilhaft sein, selbst Unterauftragnehmer in Drittländern zu beauftragen. Der eigentliche Datenexport in ein Drittland wird dann allerdings primär nicht vom Cloud-Nutzer als Auftraggeber, sondern vom Cloud-Anbieter als Auftragnehmer veranlasst. Nach Art. 2 des Kommissionsbeschlusses gelten die Standardvertragsklauseln für die „Übermittlung personenbezogener Daten durch für die Verarbeitung Verantwortliche, die in der Europäischen Union niedergelassen sind, an Empfänger außerhalb der Europäischen Union, die ausschließlich als Auftragsverarbeiter fungieren". Nach Erwägungsgrund 23 und einhelliger Aussage der Literatur erfasst der Kommissionsbe-

---

[1895] Düsseldorfer Kreis, Beschluss vom 19./20.4.2007, 3 (Fall A); hierzu auch *Hillenbrandt-Beck*, RDV 2007, 234.

schluss den Fall eines Auftragnehmers innerhalb der Europäischen Union oder des Europäischen Wirtschaftsraums, der einen Unterauftragnehmer im Drittland beauftragt, ausdrücklich nicht.[1896]

Vereinzelt wird die analoge Anwendung der Standardvertragsklauseln auf diesen Fall diskutiert.[1897] Voraussetzung hierfür wäre eine vergleichbare Interessenlage zum Fall eines Auftragnehmers im Drittland sowie eine planwidrige Regelungslücke. Zwar ist der hier beschriebene Fall 2, anders als Fall 1, durch die Standardvertragsklauseln nicht geregelt und insofern hinsichtlich der Möglichkeit einer genehmigungsfreien Unterbeauftragung anders zu behandeln – es kann somit auch von einer Regelungslücke grundsätzlich ausgegangen werden.[1898] Problematisch ist allerdings bereits die Vergleichbarkeit der Interessenlage. Würde der Auftraggeber die Standardvertragsklauseln gegenüber dem europäischen Auftragnehmer verwenden, würde dieser zu Unrecht wie ein Auftragnehmer in einem unsicheren Drittland behandelt. Insbesondere im Hinblick auf die Haftungsregelungen hält die Artikel-29-Datenschutzgruppe dies für unangemessen.[1899] Die Interessenlage ist diesbezüglich zu Fall 1 nicht vergleichbar.

Auch eine Ausgestaltung, in der sich der Auftragnehmer selbst zum Hauptauftraggeber aufschwingt und Standardvertragsklauseln gegenüber dem Unterauftragnehmer als neuem Hauptauftragnehmer verwendet, ist nicht zielführend und spricht gegen eine vergleichbare Interessenlage. Bei einer „privilegierten" Auftragsdatenverarbeitung innerhalb des Unionsgebiets ist der Auftragnehmer einer Auftragsdatenverarbeitung grundsätzlich keine verantwortliche Stelle und soll es auch nicht werden. Für die Auftragsdatenverarbeitung soll nach § 11 Abs. 1 BDSG vielmehr sichergestellt sein, dass der Auftraggeber für die Einhaltung der Vorschriften dieses Gesetzes und anderer Vorschriften über den Datenschutz verantwortlich ist und die Betroffenenrechte ihm gegenüber geltend gemacht werden können. Würde der ursprüngliche Auftragnehmer plötzlich zum Auftraggeber, müsste sich der Betroffene mit seinen Rechten an ihn als neue verantwortliche Stelle für den Drittlandexport wenden. Dies widerspräche jedoch dem Schutzgedanken einer alleinigen Verantwortung derjenigen Stelle, die dem Betroffenen bei einer Auftragsdatenverarbeitung am nächsten steht.[1900] Auch hier ist auf-

---

[1896] Artikel-29-Datenschutzgruppe 2010, WP 176, 3, I. Frage 1 f.; *Gabel*, in: Taeger/Gabel 2013, § 4c BDSG, Rn. 26; *von d. Bussche*, in: Plath 2013, § 4c BDSG, Rn. 32; *Moos*, CR 2010, 285; *Hillenbrandt-Beck*, RDV 2007, 234; *Filip*, ZD 2013, 58.
[1897] Für eine analoge Anwendung spricht sich *Moos*, CR 2010, 285 aus; im Ergebnis dagegen ablehnend *Lensdorf*, CR 2010, 737 ff.
[1898] So wohl auch *Lensdorf*, CR 2010, 737.
[1899] Artikel-29-Datenschutzgruppe 2010, WP 176, 3, I. Frage 2; siehe auch *Lensdorf*, CR 2010, 737.
[1900] Zu dieser Argumentation, Düsseldorfer Kreis, Beschluss vom 19./20.4.2007, 4 (Fall B); hierzu auch *Hillenbrandt-Beck*, RDV 2007, 234; Artikel-29-Datenschutzgruppe 2010, WP 176, 3, I. Frage 2.

grund der Verschiebung in der Verantwortung die Interessenlage also nicht vergleichbar.

Überdies handelt es sich bei der Differenzierung in zwei Konstellationen nicht um eine ungeplante Regelungslücke. Der europäische Gesetzgeber hat die Unterscheidung der beiden Fälle bewusst geschaffen. Auftragnehmer einer Auftragsdatenverarbeitung sind in Art. 2 des Kommissionsbeschlusses ausdrücklich als „Empfänger außerhalb der Europäischen Union, die ausschließlich als Auftragsverarbeiter fungieren" definiert. Erwägungsgrund 23 stellt ebenso ausdrücklich fest, dass der Kommissionsbeschluss zu den Standardvertragsklauseln „keine Anwendung finden [soll], wenn ein in der Europäischen Union niedergelassener Auftragsverarbeiter, der personenbezogene Daten im Auftrag eines in der Europäischen Union niedergelassenen für die Verarbeitung Verantwortlichen verarbeitet, einen in einem Drittland niedergelassenen Unterauftragsverarbeiter mit der Verarbeitung beauftragt". Überdies hat die Artikel-29-Datenschutzgruppe bereits im März 2009 auf die Falldifferenzierung hingewiesen und eine entsprechende Regelung gefordert,[1901] sodass davon auszugehen ist, dass der europäische Gesetzgeber spätestens zu diesem Zeitpunkt von der unterschiedlichen Behandlung wusste. Da die Kommission den Beschluss zu den Standardvertragsklauseln aber zu einem späteren Zeitpunkt erneuert hat und darin ausdrücklich Regelungen zur Unterauftragsdatenverarbeitung erlassen hat, ist nicht davon auszugehen, dass der Gesetzgeber hier etwas nicht geregelt hat, was er erkennbar geregelt hätte, wenn er um die Regelungsbedürftigkeit gewusst hätte. Von der Planwidrigkeit der Regelungslücke ist somit nicht auszugehen. Eine Analogie ist mithin ausgeschlossen.[1902]

Mit dem Ziel eine Unterbeauftragung im Fall 2 dennoch zu ermöglichen, haben der Düsseldorfer Kreis[1903] und, hierauf aufbauend, die Artikel-29-Datenschutzgruppe[1904] drei verschiedene Lösungsoptionen vorgestellt. Demnach kann der verantwortliche Auftraggeber mit dem im Drittland niedergelassenen Unterauftragnehmer direkt einen Standardvertrag abschließen. Hierdurch wird aus dem Unterauftragnehmer ein Datenimporteur des Auftraggebers. Zwischen dem Auftraggeber und dem innerhalb der Europäischen Union oder des Europäischen Wirtschaftsraums ansässigen Auftragnehmer besteht hiervon unabhängig ein normales Auftragsverhältnis,[1905] ebenso wie ein zusätzliches, rein privatrechtliches Auftragsverhältnis zwischen Auftragnehmer und Unterauftragnehmer.[1906] Nach dem Düsseldorfer Kreis ist in der Praxis außerdem noch

---

[1901] Artikel-29-Datenschutzgruppe 2009, WP 161.
[1902] *Lensdorf,* CR 2010, 737 ff.
[1903] Düsseldorfer Kreis, Beschluss vom 19./20.4.2007.
[1904] Artikel-29-Datenschutzgruppe 2010, WP 176.
[1905] Artikel-29-Datenschutzgruppe 2010, WP 176, 4, I. Frage 3 lit. a.
[1906] So *Lensdorf,* CR 2010, 740.

der Beitritt des Auftragnehmers zum Standardvertrag empfehlenswert.[1907] Die Umsetzung dieser Möglichkeit im Rahmen des Cloud Computing ist insofern problematisch, als der Cloud-Nutzer als Auftraggeber Standardverträge einzeln mit jedem potentiellen Auftragnehmer schließen müsste. Die Beauftragung würde neben der des Cloud-Anbieters also die aktive Mitwirkung des Cloud-Nutzers an der Vertragsbeziehung bedingen.[1908] Insbesondere wenn zahlreiche und regelmäßig wechselnde Unterauftragnehmer beauftragt werden sollen, würde dies einer flexiblen Nutzung einer Cloud jedoch entgegenstehen.[1909]

Darüber hinaus kann der Auftraggeber seinem innerhalb der Europäischen Union oder des Europäischen Wirtschaftsraums ansässigen Auftragnehmer einen „klaren Auftrag" und Vertretungsmacht erteilen, sodass dieser im Namen des Auftraggebers Standardvertragsklauseln mit dem Unterauftragnehmer vereinbaren kann.[1910] Der Düsseldorfer Kreis empfiehlt hierbei ebenso zusätzlich den Beitritt des Auftraggebers zum Standardvertrag.[1911] Die Vollmachtlösung hätte beim Cloud Computing den Vorteil, dass der Cloud-Nutzer nur mit einer Stelle, dem Auftragnehmer, persönlich in Kontakt treten müsste und im Übrigen die Suche nach einem Unterauftragnehmer, die Vertragsverhandlungen, den Abschluss und die Durchführung vollständig dem hierauf spezialisierten Cloud-Anbieter überlassen könnte.[1912] Vor diesem Hintergrund erscheint die Vollmachtlösung für das Cloud Computing zwar am realistischsten, ihre Zulässigkeit hängt jedoch von der Konkretisierung in der Einräumung der Vertretungsmacht ab. Zu wenig hinreichend konkrete Vertretungsbefugnisse sind möglicherweise als „Blankovollmachten" unzulässig. Überdies muss der Cloud-Nutzer bereit sein, dem Cloud-Anbieter eine rechtsgeschäftliche Vertretungsmacht überhaupt einzuräumen.[1913]

Als dritte Möglichkeit sieht die Artikel-29-Datenschutzgruppe den Abschluss sogenannter „Ad-hoc-Verträge".[1914] Der Kommissionsbeschluss sieht in Erwägungsgrund 23 vor, dass es den Mitgliedstaaten frei steht, „zu entscheiden, ob sie die Tatsache berücksichtigen möchten, dass bei der Vergabe eines Verarbeitungsauftrags an einen in einem Drittland niedergelassenen Unterauftragsverarbeiter die in diesem Beschluss vorgesehenen und in Standardvertragsklauseln festzuschreibenden Grundsätze und Garantien mit dem Ziel zur Anwendung gebracht wurden, die Rechte der von der Datenübermittlung zwecks Unterauftragsverarbeitung betroffenen Person angemessen zu schützen." Nach der Artikel-29-Datenschutzgruppe könnten auf dieser Basis auch

---

[1907] Düsseldorfer Kreis, Beschluss vom 19./20.4.2007, 4 f. (Fall B).
[1908] *Filip*, ZD 2013, 58.
[1909] Ausführlicher hierzu *Bedner* 2013, 245; *Maier* 2014, 94.
[1910] Artikel-29-Datenschutzgruppe 2010, WP 176, 4, I. Frage 3 lit. b.
[1911] Düsseldorfer Kreis, Beschluss vom 19./20.4.2007, 4 f. (Fall B).
[1912] *Bedner* 2013, 245; *Maier* 2014, 95.
[1913] *Maier* 2014, 95.
[1914] Artikel-29-Datenschutzgruppe 2010, WP 176, 5, I. Frage 3 lit. c.

sogenannte „Ad-Hoc-Verträge" geschlossen werden, bei denen in jedem Einzelfall „Grundsätze und Garantien", die im Wesentlichen denen der Standardvertragsklauseln für Auftragsdatenverarbeitungen entsprechen, individuell vereinbart werden. Da die Ad-Hoc-Verträge jedoch die Standardvertragsklauseln nicht vollständig abbilden, sind sie wiederum genehmigungsbedürftig und aufgrund der zur Genehmigungspflicht genannten Nachteile für das Cloud Computing kaum relevant.[1915]

9.2.3.3.3 Sonderfall: unselbstständige Niederlassung oder eigener Server des inländischen Auftragnehmers im Drittland

Völlig unberücksichtigt bleibt bei den Ausführungen des Düsseldorfer Kreises und der Artikel-29-Datenschutzgruppe der Fall, dass ein inländischer Auftragnehmer im Drittland lediglich eine unselbstständige Niederlassung oder nur ein unternehmensinternes Betriebsmittel, wie etwa einen eigenen Server, betreibt. In diesem Fall kommt es gerade zu keiner Datenübermittlung auf der ersten Prüfstufe, da die Daten nur innerhalb eines rechtlich einheitlichen Unternehmens weitergegeben wurden. Es findet noch nicht einmal eine Unterauftragsdatenverarbeitung zwischen dem Auftragnehmer und der Niederlassung im Drittland statt. Folglich ist die „Privilegierung" einer Auftragsdatenverarbeitung aus § 3 Abs. 8 BDSG in diesem Verhältnis nicht einschlägig und kann auch nicht durch den Drittlandstandort des Servers wieder entfallen.[1916]

Hiervon unabhängig muss aber, wie festgestellt,[1917] die Frage nach einem Datenexport auf der zweiten Prüfstufe durch den inländischen Cloud-Anbieter als Auftragnehmer beurteilt werden. Trotz der Tatsache, dass es sich bei der Datenübertragung auf der ersten Prüfstufe um keine Datenübermittlung handelt, liegt ein nach §§ 4b und 4c zu beurteilender Datenexport in ein (unsicheres) Drittland vor.[1918]

Es kann hier auf den Unternehmenssitz oder die Niederlassung im Inland nicht ankommen, da die (wenn auch unternehmensinterne) Übertragung von Daten in ein Drittland erhöhte Risiken schafft. Ein solches Risiko ist beispielsweise ein möglicherweise trotz der Anwendbarkeit des deutschen Datenschutzrechts durchzuführender Zugriff staatlicher Stellen des Drittlands auf den Server des inländischen Cloud-Anbieters.[1919] Zwar ist der Datenumgang bei einem Server im Drittland, der keinem eigenen Rechtssubjekt angehört, nach deutschem Datenschutzrecht zu beurteilen. Es erfolgt auch, da die Daten innerhalb einer juristischen Person stattfindet, keine

---

[1915] *Bedner* 2013, 245; *Maier* 2014, 96.
[1916] So auch *Voigt*, ZD 2014, 18 f.
[1917] Zum Auseinanderfallen von Server- und Sitzland, Kapitel 9.2.1.
[1918] Andere Ansicht *Voigt*, ZD 2014, 20.
[1919] Zur Gefahr des staatlichen Zugriffs am Beispiel des PATRIOT Acts sowie den Anforderungen des Pre-Trial-Disclosure der USA, Kapitel 10.

Datenübermittlung an eine dritte Stelle.[1920] Überdies ist nach dem Wortlaut der §§ 4b und 4c BDSG die Rede von einer „Übermittlung personenbezogener Daten an eine Stelle" im Drittland. Der Schutzgedanke aus §§ 4b und 4c BDSG bezieht sich jedoch unter anderem ausdrücklich auch auf die Frage, ob im Zielland ein angemessenes Datenschutzniveau herrscht und der Betroffene dem Datenexport damit ein schutzwürdiges Interesse entgegensetzen kann.[1921] Ist das Risiko für die Beeinträchtigung des Datenschutzes bereits durch den Ort der Datenverarbeitung erhöht, beispielsweise weil im Zielland die Möglichkeit besteht, dass dortige staatliche Stellen auf die Daten des dortigen Servers zugreifen, darf dies nicht unberücksichtigt bleiben. Die Tatsache, wo sich der Zielserver befindet, muss somit im Rahmen des Datenexports mit berücksichtigt werden, selbst wenn es sich streng genommen um keine Übermittlung von Daten an den Server handelt. Bei der Übertragung von personenbezogenen Daten betroffener Dritter an einen eigenen Server selbst kommt es zu einem Datenexport in ein Drittland und es sind die Anforderungen der §§ 4b und 4c BDSG zu berücksichtigen.[1922]

Somit bedarf es zwar für die zuvor untersuchte Fallgruppe 2 keines Erlaubnistatbestands für eine Übermittlung auf der ersten Prüfstufe, damit auch keiner Einzelfallprüfung im Sinne des § 28 Abs. 1 S. 1 Nr. 2 BDSG und auch nicht der Berücksichtigung der Anforderungen aus § 11 BDSG. Befindet sich der Server eines inländischen Auftragnehmers allerdings in einem unsicheren Drittland, kann ein Datenexport nur durch eine Ausnahme nach § 4c BDSG legitimiert werden. Für ein umfassendes Cloud Computing müssten hierzu wohl ausreichende Garantien nach § 4c Abs. 2 BDSG vorliegen. Zwar kann der Cloud-Anbieter mit dem Serverbetreiber keinen Standardvertrag abschließen, da er insofern ein Insichgeschäft eingehen würde. Eingefordert werden können aber zumindest Garantien in Form von Binding Corporate Rules oder vergleichbaren internen Datenschutzregelungen, die dann ebenso von den Aufsichtsbehörden genehmigt werden müssen.

9.2.3.4 Inländische Auftragsdatenverarbeitung bei Auftrag aus dem Drittland

In der dritten vom Düsseldorfer Kreis untersuchten Fallgruppe wird ein inländischer Auftragnehmer aus dem Drittland beauftragt, Daten im Rahmen der Auftragsdatenverarbeitung zu verarbeiten.[1923] Hierbei ist zu unterscheiden, ob der Datenumgang des Auftraggebers selbst unter das europäische Datenschutzrecht fällt oder der Anwendungsbereich der Datenschutzrichtlinie für ihn gar nicht eröffnet ist.

[1920] Ebenso von keiner Übermittlung an den unternehmenseigenen Server im Drittland ausgehend, *Voigt*, ZD 2014, 18 f.
[1921] Hierzu Kapitel 9.2.2.
[1922] So aber *Voigt*, ZD 2014, 20.
[1923] Düsseldorfer Kreis, Beschluss vom 19./20.4.2007, 11 ff. (Fall F-I).

Findet das europäische Datenschutzrecht auf den Auftraggeber Anwendung, ist allein er für den Datenumgang verantwortlich. Erhebt der Auftragnehmer Daten im Auftrag des drittländischen Auftraggebers innerhalb der Europäischen Union, ist der inländische Auftragnehmer hierfür nicht verantwortlich. Vielmehr greift der Auftraggeber aus dem Drittland zwecks Erhebung der Daten auf Mittel und Zwecke im Geltungsbereich der Richtlinie zurück.[1924] Ebenso verhält es sich, wenn der Auftraggeber Daten, die unter das europäische Datenschutzrecht fallen, an den Auftragnehmer weitergibt, um diese verarbeiten zu lassen.[1925] Ein inländischer Cloud-Anbieter oder Serverbetreiber, der von einem drittländischen Cloud-Nutzer Daten erhält oder für ihn im Auftrag erhebt, die vom europäischen Datenschutzrecht erfasst sind, ist im Sinne einer „privilegierten" Auftragsdatenverarbeitung für den Datenumgang nicht verantwortlich. Ihn trifft allenfalls eine „Remonstrationspflicht" aus § 11 Abs. 3 S. 2 BDSG, wonach der Auftragnehmer trotz seiner Weisungsbindung noch eine materielle Plausibilitätsprüfung durchführen muss und wenn er der Ansicht ist, dass eine Weisung des Auftraggebers gegen Datenschutzvorschriften verstößt, den Auftraggeber unverzüglich darauf hinzuweisen[1926] oder gegebenenfalls die Auftragsdatenverarbeitung einzustellen hat.

Fallen die zu verarbeitenden Daten gar nicht in den Anwendungsbereich des europäischen Datenschutzrechts, etwa weil der drittländische Cloud-Nutzer Daten übermittelt, die von der Datenschutzrichtlinie nicht erfasst sind, ist auch der Datenumgang durch den Cloud-Anbieter datenschutzrechtlich unbedenklich. Eine Remonstrationspflicht könnte dann allenfalls bestehen, wenn der Auftraggeber mit seinem Datenumgang im Drittland gegen den "ordre public" verstößt – beispielsweise, wenn Daten unter Verletzung von Menschenrechten erhoben wurden.[1927]

9.2.4 Unüberwindbare Hürden für das internationale Cloud Computing? Herkömmlicher Regelungen als „Cloud-Stopper"?

Die vorangehenden Untersuchungen lassen sich dahingehend zusammenfassen, dass die Regelungen zum Datentransfer in Drittländer einer umfassenden und flexiblen Cloud-Nutzung regelmäßig entgegenstehen. Vor dem Hintergrund, dass für die meisten Zielländer kein adäquates Datenschutzniveau angenommen werden kann und die Ausnahmeregelungen in der Regel auf dem Prinzip einer Individualgenehmigung beruhen, die sich mit den Anforderungen des Cloud Computing kaum vereinbaren lässt, bleibt als einzig realistisches Mittel die Verwendung von Standardvertragsklauseln. Zwar können Datenexporte eines inländischen Cloud-Nutzers an einen Cloud-Anbieter in einem unsicheren Drittland im Einzelfall zulässig sein, wenn sie auf Standardver-

---

[1924] Düsseldorfer Kreis, Beschluss vom 19./20.4.2007, 11 (Fall F).
[1925] Düsseldorfer Kreis, Beschluss vom 19./20.4.2007, 12. (Fall G).
[1926] Düsseldorfer Kreis, Beschluss vom 19./20.4.2007, 16. (Fall G).
[1927] Düsseldorfer Kreis, Beschluss vom 19./20.4.2007, 17 (Fall H).

tragsklauseln beruhen und die Anforderungen des § 11 BDSG berücksichtigen. Pauschal darf von einer Zulässigkeit aber nicht ausgegangen werden. Für die Nutzung von Cloud-Diensten in unsicheren Drittländern, wie den USA,[1928] ist bislang eine verbleibende Rechtsunsicherheit hinzunehmen.

Die Problematik des internationalen Cloud Computing verstärkt sich, wenn Daten nicht beim Cloud-Anbieter verbleiben sollen, sondern an Unterauftragnehmer weitergegeben werden. Zwar können, wie in Fallgruppe 1 erläutert, unter Verwendung von Standardvertragsklauseln Unterauftragnehmer in einem Drittland von einem in einem Drittland ansässigen Auftragnehmer beauftragt werden. Als problematisch erwies sich allerdings bislang die Beauftragung eines innereuropäischen Auftragnehmers, der wiederum einen Unterauftragnehmer im Drittland beauftragt. Dem Cloud-Anbieter als Auftragnehmer bleibt es hiernach praktisch verwehrt, selbst Daten an einen Unterauftragnehmer zu exportieren. Er dürfte allenfalls im Auftrag und im Namen des Cloud-Nutzers Standardverträge mit dem Unterauftragnehmer schließen, was jedoch hinsichtlich der Bestimmtheit der Vertretungsmacht auch zu Rechtsunsicherheiten führt und den Verwaltungsaufwand, der mit dem internationalen Cloud Computing verbunden ist und der Nutzung eher entgegensteht, nicht zu vermeiden vermag.[1929]

Im Ergebnis ist die Nutzung der Cloud in einem internationalen Kontext nur schwer rechtssicher zu gestalten. Damit steht das geltende Recht jedoch auch dem Grundgedanken einer ortsunabhängigen, ressourcenoptimierenden und flexiblen, weltweiten Cloud entgegen.

9.2.5 Processor Binding Corporate Rules als Lösungsansatz für die Cloud?

Die Artikel-29-Datenschutzgruppe hat im Juni 2012 das Konzept der sogenannten „Processor Binding Corporate Rules" (PBCR) vorgestellt.[1930] Hierdurch könnte zum einen das Problem der Beauftragung eines Unterauftragnehmers im Drittland durch einen europäischen Cloud-Anbieter gelöst werden. Zum anderen könnte damit eine Möglichkeit geschaffen werden, Cloud Computing in einem internationalen Kontext zu ermöglichen, ohne jedoch als einzelner Cloud-Nutzer einen Datenexport selbst vornehmen zu müssen.[1931] In ihrer Sitzung vom 21. Dezember 2012 hat die Artikel-29-Datenschutzgruppe beschlossen, dass PBCR ab dem 1. Januar 2013 von den Auf-

---

[1928] Zum geringen Potential der Safe Harbor-Zertifizierung als Lösungsbeitrag Kapitel 9.2.2.2.5.
[1929] So auch *Lensdorf*, CR 2010, 740; *Filip*, ZD 2013, 58 f.; *von d. Bussche*, in: Plath 2013, § 4c BDSG, Rn. 32.
[1930] Artikel-29-Datenschutzgruppe 2012, WP 195; erläuternd Artikel-29-Datenschutzgruppe 2013, WP 204; hierzu auch *Maier* 2014, 97 f.
[1931] Auch *Maier* 2014, 102; *Filip*, ZD 2013, 59 und AK Technik und Medien, Konferenz der Datenschutzbeauftragten des Bundes und der Länder 2014, 18 f. sehen Potential von PBCR für das Cloud Computing.

sichtsbehörden in einem, der Genehmigung von herkömmlichen „Binding Corporate Rules" (BCR), identischen Verfahren genehmigt werden können.[1932]

Herkömmliche BCR sollen den Datenexport durch den Cloud-Nutzer als verantwortliche Stelle an einen Cloud-Anbieter, der sich in einem Konzernverbund mit dem Cloud-Nutzer befindet, ermöglichen. Weil jedoch der Cloud-Anbieter häufig keinerlei gesellschaftsrechtliche Verbindung zum Cloud-Nutzer aufweist, kommen herkömmliche BCR für das Cloud Computing regelmäßig nicht infrage.[1933] PBCR beruhen auf dem Gedanken, dass große Auftragnehmer, wie etwa häufig Cloud-Anbieter, Unterbeauftragungen innerhalb ihres eigenen Verbunds, ihrer Organisation oder ihres Konzerns vornehmen und damit grenzüberschreitend „größere Datenübermittlungen" zwischen den Verbunds-, Organisations- oder Konzernunternehmen durchführen.[1934] So ist beispielsweise vorstellbar, dass ein Cloud-Anbieter innerhalb der Europäischen Union niedergelassen ist, jedoch hauptsächlich Serverparks in den USA betreibt. Anders als BCR können PBCR von Auftragnehmern innerhalb der Europäischen Union oder des Europäischen Wirtschaftsraums zur Unterbeauftragung eines Unterauftragnehmers derselben Unternehmensgruppe in einem unsicheren Drittland verwendet werden. In diesem Fall soll wie bei der Unterbeauftragung innerhalb von unsicheren Drittländern mit Standardvertragsklauseln keine eigenständige Beteiligung des Auftraggebers erforderlich sein.

Die PBCR wirken als „ausreichende Garantien" des Auftragnehmers gegenüber dem Auftraggeber, sodass dieser als verantwortliche Stelle die Einhaltung des Datenschutzniveaus gegenüber Betroffenen und Aufsichtsbehörden verantworten kann.[1935] Wie bei herkömmlichen BCR verpflichten sich Unternehmen aus der Unternehmensgruppe, der hier der Auftragnehmer und nicht der Auftraggeber angehören muss, die PBCR einzuhalten. Bei Verstößen sind sie der Verpflichtung nach dann nicht primär dem Betroffenen, sondern vielmehr dem Auftraggeber als alleinige verantwortliche Stelle gegenüber haftbar.[1936] Da der Auftraggeber weiterhin verantwortliche Stelle ist, muss dieser in der, der Auftragsdatenverarbeitung zugrunde liegenden, Vereinbarung auf die

---

[1932] Artikel-29-Datenschutzgruppe 2012, Pressemitteilung vom 21.12.2012, European data protection Authorities launch Binding Corporate Rules for processors, http: //ec.europa.eu/justice/data-protection/article-29/press-material/press-release/art29_press_material/20121221_pr_bcrs_en.pdf; hierzu auch *Filip*, ZD 2013, 58 f.; *Maier* 2014, 98 f.

[1933] Hierzu Kapitel 9.2.2.3.2.2; so auch, jedoch ohne Berücksichtigung von PPBCR, *Brennscheidt* 2013, 174.

[1934] Artikel-29-Datenschutzgruppe 2013, WP 204, Kapitel 1.3, 6.

[1935] Artikel-29-Datenschutzgruppe 2013, WP 204, Kapitel 2.1, 6.

[1936] Artikel-29-Datenschutzgruppe 2013, WP 204, Kapitel 2.1, 6.

PBCR Bezug nehmen und sich entsprechend die Einhaltung seiner Pflichten zusichern lassen.[1937]

Für das Cloud Computing problematisch ist allerdings die Forderung der Artikel-29-Datenschutzgruppe, dass neben der Genehmigung der PBCR der Auftraggeber selbst noch zusätzlich eine Genehmigung der Datenübermittlung bei der Aufsichtsbehörde beantragen muss.[1938] Zwar folgt die Systematik der PBCR damit konsequent der alleinigen Verantwortung des Auftraggebers als verantwortliche Stelle.[1939] Um beispielsweise einen verantwortlichen Cloud-Nutzer nicht weiter mit Verwaltungsaufwand zu beladen, hätte es wohl aber auch genügt, dem Cloud-Nutzer als Auftraggeber zuzugestehen, sich auf die vom Auftragnehmer genehmigten PBCR zu verlassen.

Vom Bestehen von PBCR unabhängig soll die Pflicht des Auftraggebers sein, zum Zwecke der Transparenz der Unterbeauftragung einzeln, zumindest aber im Vorfeld der Auftragsdatenverarbeitung zuzustimmen.[1940] Auch hier ist fraglich, inwiefern ein Zustimmungsvorbehalt mit den Anforderungen des Cloud Computing vereinbar ist. Sofern die Zustimmung schriftlich erfolgen soll, lässt sie sich doch praktisch kaum realisieren und würde, wenn doch, als Pauschalzustimmung womöglich zur Farce.

Ziel der PBCR ist es, die Verbindlichkeit der Regelungen so gut wie möglich denen einer innereuropäischen Datenverarbeitung anzupassen. So soll eine Art federführendes Konzernunternehmen bestimmt werden. Dieses muss innerhalb der Europäischen Union ansässig sein, weshalb die Rolle wohl häufig entweder vom datenexportierenden Auftragnehmer oder, falls in der Europäischen Union ansässig, von der Konzernmutter übernommen werden wird. Dieses Konzernunternehmen soll für die wirksame Einhaltung der PBCR durch die übrigen Konzernunternehmen im Außenverhältnis garantieren und hierfür gegebenenfalls auch herangezogen werden können.[1941] Zur Durchsetzbarkeit soll außerdem eine zwingende Drittbegünstigtenklausel zugunsten der betroffenen Dritten in allen PBCR eingefügt werden.[1942] Sollen Unterauftragnehmer außerhalb des Konzernverbunds beauftragt werden, sind PBCR nicht anwendbar. In diesem Fall müssen die Pflichten einzeln per Standardvertrag zwischen dem Auf-

---

[1937] Artikel-29-Datenschutzgruppe 2013, WP 204, Kapitel 2.3.3.2, 12.
[1938] Artikel-29-Datenschutzgruppe 2013, WP 204, Kapitel 2.1, 7.
[1939] Die Artikel-29-Datenschutzgruppe weist insofern darauf hin, dass es nicht Ziel der PBCR sei, die Pflichten der verantwortlichen Stelle auf die Auftragnehmer zu verlagern, Artikel-29-Datenschutzgruppe 2013, WP 204, Kapitel 2.1, 7.
[1940] Artikel-29-Datenschutzgruppe 2013, WP 204, Kapitel 2.2.1, 7 f.
[1941] Artikel-29-Datenschutzgruppe 2013, WP 204, Kapitel 2.3.1, 10.
[1942] Artikel-29-Datenschutzgruppe 2013, WP 204, Kapitel 2.3.3.1, 11; Artikel-29-Datenschutzgruppe 2012, WP 195, 1.3.

traggeber und dem Unterauftragnehmer, gegebenenfalls durch den Auftragnehmer in Vertretung, vereinbart werden.[1943]

Um die Kontrolle über die Einhaltung der PBCR zu gewährleisten, müssen diese eine regelmäßige Auditierung der beteiligten Konzernunternehmen sowie die Kontrolle und die Zusammenarbeit durch beziehungsweise mit den Datenschutzbehörden vorsehen.[1944] Auch die Pflicht zur Zusammenarbeit mit der verantwortlichen Stelle muss normiert werden.[1945] Vor dem Hintergrund, dass die Konzernunternehmen in Drittländern jeweils eigenen nationalen Gesetzen unterliegen, sieht die Artikel-29-Datenschutzgruppe überdies vor, dass sich die Konzernunternehmen in den Processor Binding Corporate Rules verpflichten, dem federführenden Konzernunternehmen, dem Auftraggeber sowie der zuständigen Aufsichtsbehörde mitzuteilen, „wenn es Grund zur Annahme hat, dass es durch die geltenden oder künftigen Rechtsvorschriften möglicherweise daran gehindert ist, die Anweisungen einzuhalten".[1946]

Für den Fall, dass Konzernunternehmen dennoch gegen die Vorgaben verstoßen, bedarf es einer Haftungsregelung in den PBCR. So soll eine Drittbegünstigung auch die Durchsetzung der PBCR durch betroffene Dritte vorsehen.[1947] Um die Durchsetzung von Ansprüchen gegenüber konzerneigenen Unterauftragnehmern in Drittländern zu erleichtern, müssen die PBCR eine Verpflichtung des federführenden Konzernunternehmens in der Europäischen Union enthalten, „die Haftung für Handlungen anderer Gruppenmitglieder [...] oder externer Unterauftragsverarbeiter außerhalb der Europäischen Union zu übernehmen und Abhilfe zu schaffen sowie gegebenenfalls Schadensersatz zu leisten".[1948] Hierzu gehört auch die Übernahme der Beweislast durch das federführende Konzernunternehmen sowie die Festlegung eines den Betroffenen schützenden Gerichtsstands.[1949]

Durch die Verwendung von PBCR kann ein inländischer Cloud-Nutzer einen ebenso inländischen Cloud-Anbieter regulär nach den nationalen Vorschriften zur Auftragsdatenverarbeitung beauftragen. Anders als bei der Verwendung von Standardvertragsklauseln obliegt es ihm damit zumindest nicht mehr wie in Fallgruppe 1 den Datenexport vorzunehmen oder wie in Fallgruppe 2 mit jedem Unterauftragnehmer einzeln einen Standardvertrag abzuschließen. Vielmehr wird der Cloud-Anbieter als Auftragnehmer faktisch zum Datenexporteur. Der Cloud-Anbieter wird sich folglich mit der Unterbeauftragung auseinandersetzen, die PBCR aushandeln und durchführen. Zwar

---

[1943] Artikel-29-Datenschutzgruppe 2013, WP 204, Kapitel 2.3.2, 10.
[1944] Artikel-29-Datenschutzgruppe 2013, WP 204, Kapitel 4.2, 16 sowie Kapitel 4.5, 19.
[1945] Artikel-29-Datenschutzgruppe 2013, WP 204, Kapitel 4.4, 18.
[1946] Artikel-29-Datenschutzgruppe 2013, WP 204, Kapitel 2.3.4, 14.
[1947] Artikel-29-Datenschutzgruppe 2013, WP 204, Kapitel 4.6.2.1, 20.
[1948] Artikel-29-Datenschutzgruppe 2013, WP 204, Kapitel 4.6.2.1, 20.
[1949] Artikel-29-Datenschutzgruppe 2013, WP 204, Kapitel 4.6.2.3, 21 sowie Kapitel 4.7, 21.

ist der Cloud-Nutzer weiterhin alleinige verantwortliche Stelle und muss in die Unterbeauftragung weiterhin einwilligen sowie, zumindest nach Auffassung der Artikel-29-Datenschutzgruppe, die Datenübermittlung auf Basis der PBCR durch die Aufsichtsbehörde genehmigen lassen. Nach erfolgter Genehmigung können sich die Daten dann aber problemlos innerhalb des „Cloud-Konzerns" bewegen, an Unterauftragnehmer weitergegeben und hierzu auch in unsichere Drittländer exportiert werden. In eingeschränktem Maße eröffnen die PBCR nach Ansicht der Artikel-29-Datenschutzgruppe auch die Möglichkeit von flexiblen Änderungen im Beteiligtenkreis oder den Regelungen, soweit diese dokumentiert und angezeigt werden.[1950] PBCR kommen damit entscheidend dem Bedürfnis nach einem flexiblen, rechtssicheren aber dennoch internationalen Cloud Computing näher.[1951] Es ist praktisch realistischer, dass größere Cloud-Anbieter innerhalb der Europäischen Union Stellen eröffnen und dort als Auftraggeber Daten von inländischen Cloud-Nutzern auf Basis einer einfachen „privilegierten" Auftragsdatenverarbeitung in Empfang nehmen, die sie dann weltweit auf ihre konzerneigenen Serverparks verteilen, als dass ein inländischer Cloud-Nutzer selbst zum Datenexporteur würde. Indem der häufig deutlich größere und vor allem in diesem Bereich spezialisierte Cloud-Anbieter und nicht der einfache Cloud-Nutzer durch PBCR die erforderlichen ausreichenden Garantien herstellt und der Cloud-Nutzer dies nur noch zur Genehmigung vorlegen muss, gewinnt der Cloud-Nutzer an Rechtssicherheit.

PBCR sind allerdings im Rahmen des Cloud Computing kein Allheilmittel. So ist zum einen Voraussetzung, dass der Cloud-Anbieter tatsächlich als Auftragnehmer innerhalb der Europäischen Union zur Verfügung steht. Cloud-Anbieter ohne Konzernunternehmen innerhalb des Unionsgebiets sind hierdurch bereits von der Anwendung ausgeschlossen. Zum anderen ist die Anwendung der PBCR auf Unterauftragnehmer beschränkt, die mit dem Auftraggeber in einem Organisations-, Verbands- oder Konzernverbund zusammengeschlossen sind. Soll mit dem Cloud Computing das Ziel einer weltweiten Ortsunabhängigkeit der Daten verfolgt werden, gehört hierzu sicherlich auch, dass externe Unterauftragnehmer, also andere Unternehmen, beauftragt werden. Auch hier wäre die Verwendung der PBCR jedoch ausgeschlossen.

Schließlich ist das internationale Cloud Computing mit PBCR im Vergleich zu einem rein auf die Europäische Union oder den Europäischen Wirtschaftsraum begrenzten Cloud Computing auch auf Seiten des Cloud-Nutzers erschwert. Anders als Standardvertragsklauseln müssen die PBCR im Einzelfall genehmigt werden. Dies kann zwar, im Gegensatz zu herkömmlichen BCR, nunmehr auf Seiten des Cloud-Anbieters erfolgen und deckt damit eine Vielzahl von Cloud-Nutzungen durch verschiedenste Cloud-Kunden (Nutzer) des Cloud-Anbieters ab. Die Genehmigung der PBCR allein

---

[1950] Artikel-29-Datenschutzgruppe 2013, WP 204, Kapitel 3.2, 15.
[1951] Hierzu auch *Maier* 2014, 102 f.

genügt jedoch noch nicht für die Zulässigkeit des Datenexports. Der Cloud-Nutzer ist zusätzlich noch immer verpflichtet, bei jeder Buchung eines neuen Cloud-Anbieters die Übermittlung von Daten in unsichere Drittländer für den Cloud-Anbieter genehmigen zu lassen. Dies führt trotz der bereits genehmigten PBCR zu einem zwar wahrscheinlich formell einfachen, aber möglicherweise zeitintensiven zusätzlichen Genehmigungsverfahren. Der Cloud-Nutzer könnte damit zumindest nicht ad-hoc die Auslagerung seiner Ressourcen in eine internationale Cloud durchführen oder den Cloud-Anbieter wechseln.

Ungeklärt ist schließlich auch die Auswirkung von PBCR auf die erste Prüfstufe zum Datenexport. Zwar werden Daten in einem ersten Schritt vom Auftraggeber an den Auftragnehmer weitergegeben, ohne dass es zu einer Übermittlung an einen Dritten käme. Denn der Auftraggeber ist hier innerhalb der Europäischen Union ansässig und somit gilt für ihn die „Privilegierung" des § 3 Abs. 8 BDSG. Der im Drittland ansässige Unterauftragnehmer ist demgegenüber nach § 3 Abs. 8 BDSG Dritter. Eine unmittelbare oder analoge Anwendung kommt bei den PBCR ebenso wenig in Frage, wie bereits vor dem Hintergrund der Standardvertragsklauseln.[1952] Zwischen dem Auftragnehmer innerhalb der Europäischen Union und dem Unterauftragnehmer im unsicheren Drittland kommt es folglich zu einer Datenübermittlung, die allenfalls nur nach § 28 Abs. 1 S. 1 Nr. 2 BDSG gerechtfertigt werden könnte.

Völlig offen ist bislang, wer für diese Übermittlung verantwortlich sein soll. Der Auftragnehmer soll bereits nach der Systematik der innereuropäischen Auftragsdatenverarbeitung im Sinne des § 11 Abs. 1 BDSG nicht zur verantwortlichen Stelle werden. Entsprechendes sieht das Konstrukt der PBCR nach dem Beschluss der Artikel-29-Datenschutzgruppe vor. Außerdem basiert das Konzept der „privilegierten" Auftragsdatenverarbeitung innerhalb der Europäischen Union oder des Europäischen Wirtschaftsraums auf dem Konzept einer bloßen Datenweitergabe und damit auf der gesetzlichen Fiktion, dass die Daten ausschließlich beim Auftraggeber oder zumindest in dessen Sphäre verarbeitet werden. Würde bei einer Auftragsdatenverarbeitung ohne Drittlandbezug der Auftragnehmer, beispielsweise eigenwillig, Daten an einen Dritten übermitteln, würde der Auftragnehmer hierfür zur verantwortlichen Stelle. Anders als in diesem Fall maßt sich der Auftragnehmer jedoch im Fall der PBCR keine eigenständige Übermittlung von Daten an. Vielmehr kommt es zu einer Datenübermittlung quasi auf Anweisung des Auftraggebers. Der Auftragnehmer wird dadurch auch nicht zur verantwortlichen Stelle. Anders als bei einer Übermittlung unter Umgehung seiner auftragsbedingten Weisungsbindung gewinnt der Auftragnehmer durch seine Handlung keine Verfügungsgewalt über Mittel und Zwecke des Datenumgangs.[1953] Er han-

---

[1952] Hierzu Kapitel 9.2.3.2.
[1953] Zur Bestimmung der verantwortlichen Stelle, Kapitel 5.2.6.

delt vielmehr weiterhin als Auftragnehmer streng nach den Anweisungen des Auftraggebers sowie den aufsichtsbehördlich genehmigten PBCR. Indem der Auftraggeber sich mit der Unterbeauftragung im Drittland einverstanden erklärt, kann gleichzeitig auf seinen Willen geschlossen werden, die hierzu erforderliche Übermittlung auch zu verantworten. Insofern ist die Datenübermittlung an den Unterauftragnehmer als vom Auftraggeber veranlasst zu sehen und die Zulässigkeit einer Übermittlung so zu prüfen, als sei sie vom Auftraggeber selbst durchgeführt worden. Folglich muss bei der Verwendung von PBCR durch einen Cloud-Anbieter der verantwortliche Cloud-Nutzer weiterhin prüfen, ob er nach § 28 Abs. 1 S. 1 Nr. 2 BDSG zu einer Übermittlung der Daten an den Unterauftragnehmer berechtigt wäre. Da es hierbei wiederum auf eine Einzelfallprüfung ankommt, wird der Nutzen von PBCR im Cloud-Kontext wieder deutlich eingeschränkt.

10 Cloud Computing und ausländische Behörden – Beispiel USA

Während im Vorangehenden in erster Linie der Umgang mit Daten und das mögliche Missbrauchspotential in der Cloud durch nicht-öffentliche Stellen untersucht wurde, sollen im Folgenden Risiken, die von öffentlichen Stellen ausgehen, beleuchtet werden. Auf den Datenumgang durch deutsche Behörden im Rahmen von Strafermittlungs- und polizeilichen Risiko- und Gefahrenabwehrmaßnahmen wird bereits an anderer Stelle umfassend eingegangen.[1954] Hinsichtlich des deutschen Straf-, Strafprozess- und Polizeirechts sei auf diese Arbeiten verwiesen. Der folgende Abschnitt befasst sich deshalb ausschließlich mit Befugnissen ausländischer staatlicher Stellen oder Stellen in einem ausländischen staatlichen Verfahren. Exemplarisch soll dies anhand zweier Fallgruppen nach dem Recht der USA, dem Datenzugriff durch Ermittlungsbehörden sowie dem sogenannten „E-Discovery", dargestellt werden.

10.1 Erweiterte Zugriffsbefugnisse auf Daten nach dem „PATRIOT Act"

Angesichts der terroristischen Angriffe am 11. September 2001 haben die USA am 25. Oktober 2001 den „Uniting and Strengthening America by Providing Appropriate Tools Required to Intercept and Obstruct Terrorism Act (USA PATRIOT Act)"[1955] erlassen. Es handelt sich dabei um ein Artikelgesetz, das zahlreiche bestehende Gesetze, unter anderem im Bereich der Strafermittlung und -verfolgung, Terror- und Spionageabwehr, dem Ausländerrecht und sogar im Bankenrecht, ändert.[1956] An dieser Stelle sollen beispielhaft nur einzelne vom PATRIOT Act geänderte Maßnahmen vorgestellt werden: der Zugriff auf Kundendaten zum Zwecke der Strafverfolgung nach ECPA und SCA sowie die geheimdienstliche Untersuchung zur Terrorismusbekämpfung mit FISA-Anordnungen und National Security Letters (NSLs).[1957]

10.1.1 Strafverfolgung nach dem Electronic Communications Privacy Act (ECPA)

Zugriffsbefugnisse staatlicher Behörden auf Clouds im Rahmen von Ermittlungsverfahren zur Strafverfolgung können sich aus dem „Electronic Communications Privacy

---

[1954] *Wicker* 2015 i. E., Kapitel 4; siehe bereits auch *Wicker*, MMR 2013, 765 ff.; *Wicker*, in: Taeger 2013, 981 ff.
[1955] Uniting and Strengthening America by Providing Appropriate Tools Required to Intercept and Obstruct Terrorism Act (PATRIOT Act) vom 26.10.2001, Pup. L. No. 107-56, 115 Stat. 272.
[1956] Hierzu *Becker/Nikolaeva*, CR 2012, 170.
[1957] Korrekt ist allerdings der Hinweis, dass durch den PATRIOT Act keine neuen Maßnahmen geschaffen wurden, sondern bestehende Maßnahmen lediglich ausgeweitet oder geändert wurden, so etwa *van Hoboken/Arnbak/van Eijk/Kruijsen* (Amsterdam Studie) 2012, 15; *Maxwell/Wolf* (Hogan Lovells-Studie) 2012, 4.

Act" (ECPA, 18 U.S.C. §§ 2510 – 2522)[1958] ergeben. In dessen Anhang wurde auch der „Stored Communications Act" (SCA, 18 U.S.C. Chapter 121 §§ 2701 – 2712)[1959] erlassen. Während sich die Regelungen des ECPA auf den Zugriff von elektronischer Kommunikation konzentrieren[1960] und insofern eher mit den Regelungen des Telekommunikationsgesetzes vergleichbar sind, werden vom SCA auch Zugriffe auf „ruhende Daten" geregelt.[1961] So definiert der SCA in 18 U.S.C. § 2711 (2) einen "remote computing service" als „the provision to the public of computer storage or processing services by means of an electronic communications system". Vom SCA erfasst sind demnach auch Public Cloud-Dienste („provision to the public"), die Speicher („computer storage") oder Rechenleistung („processing-services") ermöglichen.[1962]

Zugriffsbefugnisse auf Cloud-Dienste unterliegen, je nach den betroffenen Datenkategorien, unterschiedlichen Voraussetzungen.[1963] Unterschieden wird nach dem Zugriff auf Inhaltsdaten und Nicht-Inhaltsdaten. Nach 18 U.S.C. § 2703 (b) kann grundsätzlich auf „alle" Inhaltsdaten zugegriffen werden. Soll der Zugriff ohne vorherige Benachrichtigung des Betroffenen erfolgen, bedarf es nach 18 U.S.C. § 2703 (b) (1) (A) eines vom zuständigen Gericht erstellten „warrant", also eines gerichtlichen Durchsuchungsbeschlusses. Für Zugriffe, über die der Betroffene im Vorfeld informiert wird, genügt nach 18 U.S.C. § 2703 (b) (1) (B) statt eines normalen Gerichtsbeschlusses zur Offenlegung (i) alternativ auch bereits eine behördliche Anordnung aufgrund eines Bundes- oder Landesgesetzes oder einer speziellen staatsanwaltlichen Ermittlungskommission („Grand Jury") (ii).

Deutlich erleichtert sind die Voraussetzungen demgegenüber, wenn nach 18 U.S.C. § 2703 (c) „nur" auf Nicht-Inhaltsdaten zugegriffen werden soll. Neben anderen Mitteln kann hier bereits eine formale Anfrage nach 18 U.S.C. § 2703 (c) (1) (D) für eine Anforderung von Bestands- und Nutzungsdaten des Cloud-Nutzers vom Cloud-Anbieter ausreichen. Hiervon umfasst sind nach 18 U.S.C. § 2703 (c) (2) beispielsweise Name, Adresse, „session times", Dauer der Nutzung, IP und Zahlungsda-

---

[1958] Electronic Communications Privacy Act (ECPA) vom 21.10.1986, Pub. L No. 99-508, 100 Stat. 1848.
[1959] Stored Communications Act (SCA) vom 21.10.1986, Pub. L No. 99-508, 100 Stat. 1860.
[1960] *Schuppert/van Reden*, ZD 2013, 216, die aber dennoch Zugriffe auf Cloud-Dienste nach dem ECPA und nicht nach dem SCA prüfen, jedoch dann auch nur auf „Cloud-E-Mail-Dienste" abstellen.
[1961] Hierzu *van Hoboken/Arnbak/van Eijk/Kruijsen* (Amsterdam Studie) 2012, 21.
[1962] Von einer Anwendbarkeit auf Cloud-Dienste gehen auch *Maxwell/Wolf* (Hogan Lovells-Studie) 2012 aus; für die Wertung von Cloud-Diensten als „remote computing services" (hier nach FISA, 50 U.S.C. § 1861 (a)), *van Hoboken/Arnbak/van Eijk/Kruijsen* (Amsterdam Studie) 2012, 17.
[1963] Hierzu *Maxwell/Wolf* (Hogan Lovells-Studie) 2012, 4; *van Hoboken/Arnbak/van Eijk/Kruijsen* (Amsterdam Studie) 2012, 21.

ten.[1964] Anders als beim Zugriff auf Inhaltsdaten muss bei Abfragen von Nicht-Inhaltsdaten noch nicht einmal eine spätere Benachrichtigung des Betroffenen erfolgen (18 U.S.C. § 2703 (c) (3)).[1965]

Soweit für einen der vorgenannten Zugriffe ein Gerichtsbeschluss erforderlich ist,[1966] muss die beantragende Behörde einen konkreten Eingriffsanlass nennen können. So muss die Behörde nach 18 U.S.C. § 2703 (d) dem zuständigen Gericht „specific and articulable facts showing that there are reasonable grounds to believe that the contents of a wire or electronic communication, or the records or other information sought, are relevant and material to an ongoing criminal investigation" vorlegen. Im Hinblick darauf, dass insbesondere Zugriffe auf Nicht-Inhaltsdaten sowie nach Benachrichtigung auch auf Inhaltsdaten ohne Gerichtsbeschluss möglich sind, wird diese Prozessregelung aber relativiert. Auch müssen lediglich die „spezifischen und artikulierbaren Tatsachen" vorgebracht werden, die „vernünftige Gründe" für den Glauben an die Relevanz und Maßgeblichkeit der Daten für eine laufende Strafermittlung belegen sollen. Eine weitere Konkretisierung dieser Anlassvoraussetzung erfolgt nicht.

Um Beweismittel zu erhalten, können staatliche Behörden nach 18 U.S.C. § 2703 (f) den Cloud-Anbieter anweisen, sowohl Inhalts- als auch Nicht-Inhaltsdaten („records and other evidence") aufzubewahren. Eine solche Anordnung kann sich über 90 Tage erstrecken und sodann noch einmal für 90 Tage verlängert werden.

Die Enthüllungen über geheimdienstliche Aktivitäten und die mögliche Verstrickung mit großen US-Konzernen hat in der Öffentlichkeit Besorgnis über eine Zusammenarbeit der Wirtschaft mit staatlichen Stellen ausgelöst.[1967] Es war zu befürchten, dass Unternehmen, wie beispielsweise Cloud-Anbieter, möglicherweise in einer Art vorauseilendem Gehorsam unter Missachtung des Datenschutzes Daten ihrer Kunden oder Mitarbeiter an US-Behörden übermitteln. In 18 U.S.C. § 2702 findet sich eine Regelung zum „Voluntary Disclosure of customer communications and records".[1968] Die Regelung zur freiwilligen Offenbarung von Daten folgt dem Verbotsprinzip. 18 U.S.C. § 2703 (a) verbietet Anbietern jegliche Enthüllung von Inhalts- und Nicht-Inhaltsdaten. Hierzu sieht 18 U.S.C. § 2703 (b) und (c) allerdings Ausnahmen vor. Bedenklich ist beispielsweise das Recht zur Offenbarung von Inhaltsdaten gegen-

---

[1964] *Band/Kennedy*, CRi 2002, 2.
[1965] Hierzu auch *Maxwell/Wolf* (Hogan Lovells-Studie) 2012, 5.
[1966] Relevant scheint dies wohl vor allem für den Zugriff auf Inhaltsdaten ohne vorherige Benachrichtigung zu sein.
[1967] Beispielsweise die Diskussion über mögliche Hintertüren in Microsoft-Programmen, die in Zusammenarbeit von Microsoft mit den US-Nachrichtendiensten geschaffen worden sein sollen, http://www.welt.de/wirtschaft/webwelt/article707809/US-Geheimdienst-kontrolliert-Windows-Vista.html.
[1968] Hierzu auch *Band/Kennedy*, CRi 2002, 1.

über der Staatsanwaltschaft nach 18 U.S.C. § 2703 (b) (7), wenn der Anbieter die Informationen zwar nicht absichtlich ermittelt hat, sie für ihn aber allem Anschein nach einem Verbrechen zuzuordnen sind. Außerdem können Inhaltsdaten nach 18 U.S.C. § 2703 (b) (8) sowie Nicht-Inhaltsdaten nach 18 U.S.C. § 2703 (c) gegenüber einer Regierungseinrichtung offenbart werden, wenn der Anbieter „im guten Glauben" steht, dass ein Notfall der eine Gefahr für Leib und Leben dies ohne Verzögerung erfordert.[1969] Damit solche offene Regelungen den Anbieter nicht in Rechtsunsicherheit bringen, wird die Deutungshoheit über den Anlass einer Offenbarung auch noch weitgehend in den Händen des Anbieters liegen.

10.1.2 Terrorismusbekämpfung und Geheimdiensttätigkeiten durch FISA-Anordnungen und National Security Letters (NSL)

Neben den Regelungen zu strafrechtlichen Ermittlungen wurden durch den PATRIOT Act auch Vorschriften über die Tätigkeiten von Polizeibehörden und Geheimdiensten zur vorbeugenden Terrorismusbekämpfung erweitert und verschärft. Der „Foreign Intelligence Surveillance Act" (FISA-Act)[1970] wurde ursprünglich 1978 als Rechtsgrundlage für die Überwachung ausländischer Geheimdienste geschaffen.[1971] Der FISA-Act wurde in 50 U.S.C. §§ 1801 - 1885c normiert. Durch eine FISA-Anordnung sollten Sicherheitsbehörden, wie das Federal Bureau of Investigation (FBI), die Möglichkeiten erhalten, Geschäftsunterlagen, beispielsweise von spionageverdächtigen Personen, herauszuverlangen.[1972] Durch den PATRIOT Act wurde der Anwendungsbereich stark ausgeweitet. Früher erlaubten die Regelungen des FISA-Act nur das Tätigwerden, wenn den Behörden konkrete Anhaltspunkte für Spionagetätigkeiten vorlagen. Durch die Erweiterung im Rahmen des PATRIOT Act erlauben FISA-Anordnungen nunmehr den Zugriff auf Informationen über alle Personen, die nicht Staatsbürger der USA sind.[1973] Der Zusammenhang mit einem Spionageverdacht ist nicht mehr erforderlich.[1974] Nach den Vorgaben des 50 U.S.C. § 1861 können auf „Business Records", unabhängig von ihrem Speicherort und damit potentiell auch in einer Cloud, zugegrif-

---

[1969] *Band/Kennedy*, CRi 2002, 6 weisen jedoch darauf hin, dass ein guter Glaube wohl schon dann vorliegt, wenn eine Behörde den Anbieter mit Hinweis auf mögliche Gefahren um eine freiwillige Herausgabe ersucht.
[1970] Foreign Intelligence Surveillance Act (FISA Act) vom 25.10.1978, Pub.L. 95–511, 92 Stat. 1783.
[1971] *Becker/Nikolaeva*, CR 2012, 171.
[1972] *Becker/Nikolaeva*, CR 2012, 171.
[1973] Mit der Unterscheidung zwischen dem Eingriff in Rechte von US-Staatsbürgern und Nicht-Staatsbürgern berücksichtigt der FISA Act die „Third-Party Doctrine", wonach sich auf das vierte Amendment der US-Verfassung, das vor willkürlicher Durchsuchung schützen soll, nur US-Staatsbürger berufen können. Entsprechend sollen FISA-Anordnungen auch speziell nur die Durchsuchung von US-Ausländern ermöglichen, hierzu *van Hoboken/Arnbak/van Eijk/Kruijsen* (Amsterdam Studie) 2012, 12 und 16.
[1974] *Pallasky*, DuD 2002, 225; *van Hoboken/Arnbak/van Eijk/Kruijsen* (Amsterdam Studie) 2012, 19.

fen werden. Es genügt nach 50 U.S.C. § 1861 (a) (1), dass die Daten Relevanz für eine Ermittlung von „intelligence information not concerning a United States person or to protect against international terrorism or clandestine intelligence activities" haben können.[1975] Dabei ist der Zugriff nicht auf bestimmte Datenarten oder Quellen beschränkt. Angefordert werden können vielmehr gemäß 50 U.S.C. § 1861 (a) (1) alle „tangible things".[1976] Auch sensitive Daten, wie etwa besondere Arten personenbezogener Daten, sind damit von einem möglichen Zugriff nicht ausgenommen. Die Überwachung auf US-Territorium unterliegt zwar einem Richtervorbehalt. Bei dem hierfür zuständigen Gericht handelt es sich aber nach 50 U.S.C. § 1803 um ein geheim tagendes Sondergericht.[1977]

Ein weiteres Instrument zur Datenerhebung im Rahmen der Terrorismusbekämpfung neben der FISA-Anordnung sind sogenannte National Security Letters (NSL). Dabei handelt es sich um eine behördliche Anordnung einer Behörde, wie dem FBI, gegen ein Unternehmen, etwa einen Cloud-Anbieter, zur Herausgabe von Informationen.[1978] Die Ermächtigung zu NSL ergibt sich aus zahlreichen Rechtsgrundlagen, jeweils für einen spezifischen Anwendungszweck. Im Rahmen der elektronischen Kommunikation ermöglicht beispielsweise 18 U.S.C. § 2709 den Erlass eines NSL. Nach 18 U.S.C. § 2709 (b) können von der Herausgabeanordnung dieses NSL nur bestimmte Nicht-Inhaltsdaten erfasst sein.[1979] Im Wesentlichen wurde die Norm wohl für Anfragen an Telekommunikationsunternehmen geschaffen, eignet sich aber auch für Anfragen an Cloud-Anbieter, soweit diese „electronic communication" im Sinne des US-Rechts anbieten. Ebenso wie für FISA-Anordnungen ist der zulässigkeitsbegründende Anlass für NSL weich formuliert. Es können nach 18 U.S.C. § 2709 (b) (1) grundsätzlich „records sought are relevant to an authorized investigation to protect against international terrorism or clandestine intelligence activities" angefordert werden, sofern diese zu den dort genannten Daten gehören. Anders als bei FISA-Anordnungen besteht für NSL aber kein Richtervorbehalt.[1980]

Sowohl für FISA-Anordnungen als auch für NSL wurde mit dem PATRIOT Act die Möglichkeit eingeführt, eine sogenannte Gag-Order zu erlassen.[1981] Dabei kann die zuständige Behörde, meist das FBI, die zur Auskunft verpflichtete Stelle, also etwa den Cloud-Anbieter, zur Verschwiegenheit über das staatliche Auskunftsersuchen ver-

---

[1975] So auch *Maxwell/Wolf* (Hogan Lovells-Studie) 2012, 5.
[1976] Hierzu *Spies*, ZD-Aktuell 2012, 03062; *Becker/Nikolaeva*, CR 2012, 171.
[1977] *Schuppert/van Reden*, ZD 2013, 217; *Voigt/Klein*, ZD 2013, 16; *Pallasky*, DuD 2002, 224; *Spies*, ZD-Aktuell 2012, 03062.
[1978] *Becker/Nikolaeva*, CR 2012, 171.
[1979] *Schuppert/van Reden*, ZD 2013, 217; *Voigt/Klein*, ZD 2013, 17; *Maxwell/Wolf* (Hogan Lovells-Studie) 2012, 5.
[1980] *Schuppert/van Reden*, ZD 2013, 217; *Becker/Nikolaeva*, CR 2012, 171.
[1981] *Schuppert/van Reden*, ZD 2013, 217.

pflichten. Gag-Orders ergeben sich für die FISA-Anordnungen gegenüber Cloud-Anbietern etwa aus 50 U.S.C. § 1861 (d) sowie für NSL beispielsweise aus 18 U.S.C. § 2709 (c). Für die Verschwiegenheitsverpflichtung nach 18 U.S.C. § 2709 (c) muss die Behörde allerdings zumindest darlegen, dass im Falle einer Offenlegung „danger to the national security of the United States, interference with a criminal, counterterrorism, or counterintelligence investigation, interference with diplomatic relations, or danger to the life or physical safety of any person" drohe.

10.1.3 Zugriff auf Cloud-Server außerhalb der USA

Aufgrund des Hoheitsprinzips sind staatliche Maßnahmen, wie die hier genannten Ermittlungs- oder Erforschungsmaßnahmen, nur innerhalb der Staatsgrenzen der USA möglich.[1982] Allerdings wird diese Eingriffsgrenze von US-amerikanischer Seite weniger restriktiv ausgelegt. So soll es ausreichen, dass die adressierte Person rechtlich oder tatsächlich in der Lage ist, Zugang zu den begehrten Unterlagen zu erhalten.[1983] Demnach sieht sich die USA zwar nicht automatisch als berechtigt an, Daten von ausländischen Stellen anzufordern, verpflichtet jedoch Stellen, die ihrer Hoheitsmacht unterstehen, Informationen herauszugeben, die zwar nicht in den USA befindlich sind, zu denen die verpflichteten Unternehmen allerdings „rechtlich oder tatsächlich" Zugang haben. Betroffen sind hierbei beispielsweise Unternehmen mit Sitz in den USA, die rechtlich oder tatsächlich ein Unternehmen außerhalb der USA beherrschen. Hat etwa ein US-amerikanisches Mutterunternehmen gesellschaftsrechtlichen oder auch wirtschaftlichen Einfluss auf ein Tochterunternehmen in einem anderen Land, könnten US-Behörden davon ausgehen, dass das Mutterunternehmen auch rechtlich oder tatsächlich Zugriff auf Informationen im Tochterunternehmen besitzt. Aufgrund der Abhängigkeit des Tochterunternehmens könnte gegenüber dem Mutterunternehmen somit angeordnet werden, dass Informationen, die im Tochterunternehmen vorhanden sind, den US-Behörden zur Verfügung gestellt werden.[1984]

Entsprechende Zugriffsanordnungen könnten sich beispielsweise gegenüber US-Unternehmen ergeben, die innerhalb Europas Cloud-Dienste über europäische Tochterunternehmen anbieten. Angesichts einer strafbewehrten Anordnung könnte das US-Mutterunternehmen so unter Umständen Druck zur Herausgabe von Cloud-Daten auf den abhängigen deutschen Cloud-Anbieter ausüben.[1985] Bei einer engen Verflechtung in der Konzernstruktur wäre sogar vorstellbar, dass das deutsche Tochterunternehmen in einer Art vorauseilendem Gehorsam Daten an das Mutterunternehmen oder

---

[1982] *Voigt/Klein*, ZD 2013, 17.

[1983] *Becker/Nikolaeva*, CR 2012, 171 mit Verweis auf Restatements (Third) of Foreign Relations, Sec. 442; hierzu auch *Maxwell/Wolf* (Hogan Lovells-Studie) 2012, 5 f.

[1984] Hierzu *Voigt/Klein*, ZD 2013, 17; *Becker/Nikolaeva*, CR 2012, 172.

[1985] *Becker/Nikolaeva*, CR 2012, 172.

an die US-Behörden übermittelt.[1986] Die Übermittlung von Daten an US-amerikanische Muttergesellschaften oder Behörden oder die Eröffnung eines Zugriffs auf diese Daten ist für den deutschen Cloud-Anbieter allerdings nach deutschem Datenschutzrecht reglementiert. Cloud-Anbieter stehen damit möglicherweise in einem Konflikt zwischen der Erfüllung der US-amerikanischen Zugriffs- und Herausgabepflichten und dem europäischen Datenschutzrecht.

Problematisch ist bereits die Datenübermittlung des Cloud-Anbieters an den Mutterkonzern oder an die US-Behörden auf der ersten Prüfstufe. Die US-amerikanischen Zugriffsanordnungen selbst sind keine Ermächigungsnormen im Sinne des § 4 Abs. 1 BDSG und können somit nicht Rechtsgrundlage einer Datenübermittlung sein.[1987] Eine Rechtsgrundlage kann allenfalls im nationalen Recht bestehen, wenn die Rechtsgrundlage nach § 4 Abs. 1 BDSG die Erhebung, Verarbeitung und Nutzung personenbezogener Daten erlaubt. Diskutiert wird in diesem Fall die Datenübermittlung aufgrund § 28 Abs. 2 Nr. 2b BDSG. Demnach ist die Übermittlung zu einem anderen als dem festgelegten Zweck zulässig, wenn sie zur Abwehr von Gefahren für die staatliche oder öffentliche Sicherheit oder zur Verfolgung von Straftaten erforderlich ist und kein Grund zu der Annahme besteht, dass der Betroffene ein schutzwürdiges Interesse an dem Ausschluss der Übermittlung oder Nutzung hat. Fraglich ist bereits, ob die Übermittlung tatsächlich zur Abwehr von Gefahren für die staatliche oder öffentliche Sicherheit oder zur Verfolgung von Straftaten erfolgt. Die Herausgabeanordnungen US-amerikanischer Behörden sind, wie festgestellt, nur an weitgefasste Anlassvoraussetzungen geknüpft. Insbesondere erfolgt keine Anknüpfung an einen konkreten Gefahrenbegriff.[1988] So ist, wie dargelegt, nach 18 U.S.C. § 2709 (b) (1) bereits die „Relevanz" von Daten zum Schutz gegen internationalen Terrorismus ausreichend für den Erlass eines NSL. Auch ist mit den Zugriffsermächtigungen noch nichts über die weitere Zweckbindung der Daten gesagt. Inwiefern demnach Daten, die etwa in einem Gefahrenfall übermittelt wurden, ausschließlich zur Abwehr dieser Gefahr verwendet werden oder, einmal erhoben, möglicherweise in der US-Behörde zu anderen Zwecken weiterverarbeitet oder an andere Behörden weitergegeben werden, ist völlig offen.[1989] Darüber hinaus wäre die Übermittlung von Daten durch deutsche Cloud-Anbieter an US-amerikanische Behörden selbst im Gefahrenfall nicht erforderlich. § 28 Abs. 2 Nr. 2 lit. b BDSG soll vielmehr eine Datenübermittlung an die aus Sicht des deutschen Rechts zuständige, hier also deutsche Behörde, ermöglichen. Es wäre zumindest ein milderes Mittel, im Gefahrenfall zuerst die an das deutsche Datenschutzrecht gebundenen heimischen Behörden zu informieren. Schließlich ist auch das schutzwürdige Interesse des Betroffenen in Abwägung zu bringen. Zwar kann ein Interesse der Öf-

---

[1986] So auch *Voigt/Klein*, ZD 2013, 17.
[1987] *Roßnagel/Jandt/Richter*, DuD 2014, 547; *Burianski/Reindl*, RDV 2011, 217.
[1988] *Voigt/Klein*, ZD 2013, 19.
[1989] *Van Hoboken/Arnbak/van Eijk/Kruijsen* (Amsterdam Studie) 2012, 15.

fentlichkeit und auch des Cloud-Anbieters an der Abwehr von Gefahren sowie an der Aufklärung und Verhinderung von Straftaten bestehen, sodass im Einzelfall das Schutzinteresse des Betroffenen weniger schwer wiegt. Im konkreten Fall müsste der Betroffene allerdings hinnehmen, dass seine Daten an Stellen weitergegeben werden, die nicht mehr dem europäischen Datenschutzrecht unterliegen und auch kein vergleichbares Schutzniveau bieten. Der Betroffene müsste Eingriffe in das Recht auf informationelle Selbstbestimmung im Geltungsbereich des Grundgesetzes dulden, ohne sich auf seine Grundrechte gegenüber den US-Behörden berufen zu können. Das Betroffeneninteresse muss in solch einem Fall überwiegen. Eine Rechtfertigung zur Datenübermittlung durch nicht-öffentliche Stellen zum Zwecke der Überwachung und Strafverfolgung durch andere Stellen kann sich aus § 28 Abs. 2 Nr. 2 lit. b BDSG nicht ergeben.

Selbst wenn eine Datenübermittlung auf der ersten Prüfstufe im Einzelfall zulässig sein sollte, wäre die Herausgabe von Daten oder die Eröffnung eines Zugriffs für US-Behörden gleichzeitig ein Datenexport in ein unsicheres Drittland.[1990] Es müssen somit auf der zweiten Prüfstufe die Vorgaben der §§ 4b und 4c BDSG eingehalten werden. Der Datenexport in die USA als unsicheres Drittland könnte auf § 4c Abs. 1 S. 1 Nr. 4 BDSG gestützt werden. Der Datenexport wäre demnach zulässig, wenn die Übermittlung für die Wahrung eines wichtigen öffentlichen Interesses oder zur Geltendmachung, Ausübung oder Verteidigung von Rechtsansprüchen vor Gericht erforderlich ist. Ein Datenexport nach der zweiten Alternative, zur Geltendmachung, Ausübung oder Verteidigung von Rechtsansprüchen des Cloud-Anbieters, liegt im Fall des Herausgabeverlangens durch US-Behörden nicht vor.[1991] Der Datenexport kann aber auch nicht auf die erste Alternative gestützt werden. Das für die Zulässigkeit erforderliche wichtige öffentliche Interesse ist primär aus Sicht jener Öffentlichkeit zu sehen, auf die sich die Datenschutznormen richten. Im Fall des Bundesdatenschutzgesetzes ist demnach das öffentliche Interesse aus Sicht der Bundesrepublik Deutschland oder der Europäischen Union zu bewerten.[1992] Eine Übermittlung von Daten durch nicht-öffentliche Stellen an US-Behörden statt der viel näher liegenden Übermittlung an heimische Behörden, lässt sich mit dem öffentlichen Interesse jedoch kaum vereinbaren.[1993] Ein wichtiges öffentliches Interesse liegt somit aus ähnlichen Gründen wie schon bei der ersten Prüfstufe nicht vor.

[1990] Hierzu *Roßnagel/Jandt/Richter*, DuD 2014, 547 ff.
[1991] Der Tatbestand wäre beispielsweise einschlägig, wenn die exportierende Stelle selbst Rechtsansprüche in den USA durchsetzen wollte, zum E-Discovery sogleich Kapitel 10.2
[1992] So zum E-Discovery ausdrücklich Artikel-29-Datenschutzgruppe 2009, WP 158, 10; *Deutlmoser/ Filip*, ZD Beilage 6/2012, 10.
[1993] Ähnlich auch *Becker/Nikolaeva*, CR 2012, 173; *Voigt/Klein*, ZD 2013, 18; nach *Gola/Schomerus* 2012, § 4c BDSG, Rn. 7 liegt ein solches öffentliches Interesse im privatwirtschaftlichen Sektor wohl nur ausnahmsweise vor.

In der Folge steht aber das deutsche Datenschutzrecht dem US-amerikanischen Recht entgegen. Vor dem Hintergrund, dass das US-amerikanische Kollisionsrecht zahlreiche Zuständigkeiten an sich zieht, erkennt es im Gegenzug bestimmte, dem US-Recht entgegenstehende ausländische Gesetze als sogenannte „blocking statutes" an. Hiernach muss bei einem entgegenstehenden Recht zumindest eine Abwägung im Hinblick auf die Herausgabeanordnung erfolgen.[1994] Ob das europäische und deutsche Datenschutzrecht ein „blocking statute" darstellt, wird von US-Gerichten unterschiedlich bewertet. Eine abschließende Festlegung soll hier aber nicht vorgenommen werden. Zwar liegt es aus deutscher Sicht nahe, zum Schutz der Grundrechte des Betroffenen, im Bundesdatenschutzgesetz einen „blocking statute" zu sehen. Soweit US-Gerichte dieser europäischen Einschätzung jedoch nicht folgen oder Cloud-Anbieter mit Niederlassungen in Europa in vorauseilendem Gehorsam Daten übermitteln, erübrigt sich die Möglichkeit, sich auf ein Blockadegesetz zu berufen.

10.2 Electronic Discovery (E-Discovery)

Die sogenannte „Electronic Discovery" (kurz: E-Discovery) ist ein Prozessmittel des US-amerikanischen Zivil- und Verwaltungsverfahrensrechts.[1995] Die E-Discovery ist Teil der sogenannten „Pre-Trial-Discovery", die unter anderem in Rules 26 ff. der „Federal Rules of Civil Procedure" (FRCP) sowie entsprechend in US-Landesgesetzen normiert ist.[1996] Das Pre-Trial-Discovery-Verfahren ist in dieser Form dem kontinentaleuropäischen Recht fremd.[1997] Es handelt sich um ein vorgerichtliches Ausforschungsverfahren, bei dem noch vor Beginn der Hauptverhandlung der Sachverhalt durch Beweisbeschaffung und Sichtung bei den Prozessparteien, auch bei der gegnerischen, durch die beteiligten Anwälte aufgeklärt werden soll.[1998] Kläger und Beklagte haben hierzu die Möglichkeit, von der Gegenseite Informationen, die für den behaupteten Klageanspruch relevant sein könnten, zu sichten und herauszuverlangen.[1999] Dabei genügt eine bloß indirekte Relevanz der Informationen – eine geplante Verwendung der Informationen ist noch nicht einmal erforderlich.[2000] Als E-Discovery wird die Pre-Trial-Discovery mit und von elektronischen Informationen nach Rule 34 FRCP bezeichnet.[2001]

[1994] *Becker/Nikolaeva*, CR 2012, 172.
[1995] Artikel-29-Datenschutzgruppe 2009, WP 158, 3.
[1996] *Flägel/von Georg*, RIW 2013, 439.
[1997] Nach *Bedner* 2013, 302 lässt sich das Verfahren am ehesten mit § 142 Abs. 1 ZPO, nach *Burianski/Reindl*, RDV 2011, 215 demgegenüber mit §§ 371, 416a ZPO vergleichen.
[1998] *Bedner* 2013, 303.
[1999] *Bedner* 2013, 303.
[2000] *Brisch/Laue*, RDV 2010, 1.
[2001] *Bedner* 2013, 303.

E-Discovery könnte im Rahmen des Cloud Computing an Bedeutung gewinnen. Wenn zunehmend Informationen nicht mehr lokal gespeichert werden, sondern zentral auf Servern in der Cloud liegen, könnten diese zwar für Parteien im Prozess einerseits schwerer zugänglich sein, da die Daten nicht an einem, dem Inhaber der Informationen physisch zuordenbaren Ort liegen. Andererseits ergeben sich durch das Cloud Computing neue Möglichkeiten der Informationsgewinnung. So sind Daten in der Cloud digitalisiert und können im Vergleich zu Papierdokumenten leichter zugeordnet, sortiert und gefiltert werden. Statt der manuellen Auswertung von Informationen, die etwa in unzähligen Aktenordnern als Papierdokumente lagern, könnten die Daten in einer Cloud in kurzer Zeit erfasst und untersucht werden. Problematisch ist auch, dass Daten in der Cloud nicht mehr im physischen Machtbereich des Inhabers liegen. Solange Daten ausschließlich lokal gespeichert werden, hat der Inhaber der Informationen noch die Kontrolle darüber, wann welche Daten herausgegeben werden. Soweit die Weisungs- und Kontrollbindung nicht durch eine Auftragsdatenverarbeitung auch faktisch sichergestellt ist, verliert der Cloud-Nutzer durch die Verlagerung der Daten in die Cloud aber diese Kontrolle an den Cloud-Anbieter. Unter der Voraussetzung, dass eine gerichtliche Verfügung erwirkt wird, kann nach Rule 34 (c) i. V. m. Rule 45 FRCP sogar auch der Cloud-Anbieter als unbeteiligter Dritter verpflichtet werden, Informationen des Cloud-Nutzers und betroffener Dritter, seien es Bestands- oder Nutzerdaten oder aber auch Inhalts- und Metadaten,[2002] der Gegenpartei zugänglich zu machen.[2003]

Die Weigerung zur Herausgabe von Informationen kann für eine Partei schwerwiegende Folgen haben – bis hin zu einer sofortigen Niederlage im Prozess.[2004] Werden Informationen etwa vor der E-Discovery vernichtet, kann ein Gericht möglicherweise davon ausgehen, dass der Inhalt des vernichteten Dokuments gegen die Partei gesprochen hätte. Kann aufgrund der Weigerung zur Herausgabe oder der Vernichtung von Informationen eine Beweisvereitelung nachgewiesen werden, drohen sogar Sanktionen, wie etwa Geldstrafen.[2005]

Europäische Cloud-Nutzer oder Cloud-Anbieter könnten durch die E-Discovery-Vorschriften in einen Konflikt mit dem europäischen Datenschutzrecht gelangen. Schon vor dem Cloud-Computing standen europäische Prozessparteien vor der Herausforderung, dass die Weitergabe von Informationen, die möglicherweise auch betroffenen Dritten zuzuordnen sind, zwar eine Pflicht nach dem US-Zivilverfahrensrecht ist, jedoch nicht mit dem Datenschutzrecht vereinbar war. Im Rahmen des Cloud Computing ist nun aber beispielsweise vorstellbar, dass ein europäischer Cloud-Nutzer

---

[2002] Für die Prozessführung könnten sowohl Inhalte der Cloud als auch die zugehörigen Metadaten sowie Informationen über den Nutzer und seine Nutzung von Interesse sein, *Burianski/Reindl*, RDV 2011, 215.
[2003] *Bedner* 2013, 304.
[2004] *Flägel/von Georg*, RIW 2013, 439; *Brisch/Laue*, RDV 2010, 2.
[2005] *Spies/Schröder*, MMR 2008, 276.

Prozesspartei in einem US-amerikanischen Zivilverfahren ist, der Cloud-Anbieter aber nach Rule 34 (c) i. V. m. Rule 45 FRCP verpflichtet wird. Im Rahmen des E-Discovery könnte der Cloud-Anbieter aufgefordert werden, die Daten des Cloud-Nutzers zu sichern (litigation hold),[2006] eine Sichtung der Daten zu ermöglichen (review phase)[2007] und die gewünschten Daten an die Gegenpartei zu übermitteln (collection phase).[2008] Sowohl die Speicherung personenbezogener Daten oder die Nichtlöschung im Rahmen des litigation hold, ihre Sichtung als auch ihre Übermittlung sind Datenverarbeitungsvorgänge im Sinne des Datenschutzrechts.

Ist der zur Herausgabe aufgeforderte Cloud-Anbieter selbst nur Auftragnehmer des Cloud-Nutzers, ergibt sich seine Befugnis zum Datenumgang ausschließlich aus dem Auftragsdatenverarbeitungsvertrag und den Weisungen des Auftraggebers, also des Cloud-Nutzers als verantwortliche Stelle. Die Herausgabe von Daten ohne die Zustimmung des Cloud-Nutzers wäre in diesem Fall von vornherein unzulässig. Ist der Cloud-Anbieter selbst verantwortliche Stelle und verarbeitet die Daten des Cloud-Nutzers und betroffener Dritter außerhalb eines Auftragsdatenverarbeitungsverhältnisses, bedürfte er zum Datenumgang im Rahmen der E-Discovery der Einwilligung jedes einzelnen Betroffenen oder eines gesetzlichen Erlaubnistatbestands. Zumindest für die Sicherung und die Sichtung der Informationen müssen gegebenenfalls umfangreiche Datenmengen beim Cloud-Anbieter verarbeitet werden. Sind Inhaltsdaten aus der Cloud Gegenstand der E-Discovery, müsste von allen betroffenen Dritten eine Einwilligung eingeholt werden, was, wie bereits mehrfach festgestellt, regelmäßig nicht realisierbar sein wird.

Eine gesetzliche Erlaubnis für den Datenumgang im Rahmen der E-Discovery könnte sich aus § 28 Abs. 1 S. 1 Nr. 2 BDSG oder, falls wiederum ein Dritter, etwa die Konzernmutter des Cloud-Anbieters, zur Herausgabe der Daten aufgefordert wird, aus § 28 Abs. 2 Nr. 2 lit. a BDSG ergeben. Beide Erlaubnistatbestände verlangen jedoch eine Abwägung mit den schutzwürdigen Interessen des Betroffenen. Die Herausgabe durch den Cloud-Anbieter ist aber schon deshalb nicht erforderlich, weil sich der Prozessgegner aus Sicht des Datenschutzes ebensogut an seine Gegenpartei selbst, hier etwa den Cloud-Nutzer, wenden könnte. Die Herausgabe durch den Cloud-Anbieter bliebe so aber sowohl vom Cloud-Nutzer, vor allem aber auch möglichen betroffenen Dritten, unbemerkt. Außerdem handelt es sich bei der Herausgabe von Daten an eine US-Prozesspartei um eine Übermittlung in ein unsicheres Drittland. Darüber hinaus ist der Empfänger als Prozesspartei regelmäßig eine nicht-öffentliche Stelle – der weitere tatsächliche Umgang mit den Daten lässt sich hierdurch noch weniger kontrollieren als

---

[2006] *Spies/Schröder*, MMR 2008, 278; *Rath/Klug*, K&R 2008, 595; *Hanloser*, DuD 2008, 786; *Brisch/Laue*, RDV 2010, 3.
[2007] *Hanloser*, DuD 2008, 787; *Spies/Schröder*, MMR 2008, 278.
[2008] *Hanloser*, DuD 2008, 787.

bei einer öffentlichen Stelle. Schließlich wird durch das E-Discovery Verfahren keine Rücksicht auf die Art der Daten genommen, die sich hinter der angeforderten Information verbirgt. Der Cloud-Anbieter selbst wäre wohl kaum in der Lage, besondere Arten personenbezogener Daten vor der Herausgabe auszufiltern. Sowohl das Schutzinteresse der betroffenen Dritten als auch gegebenenfalls das des Cloud-Nutzers als Betroffenem wiegen in diesem Fall wohl regelmäßig schwerer als berechtigte Interessen der aufgeforderten Stelle zur Herausgabe der Daten.[2009]

Selbst wenn eine Übermittlung nach § 28 BDSG auf der ersten Prüfstufe zulässig wäre, müssten für den Export von Daten in die USA auf der zweiten Prüfstufe die Voraussetzungen des §§ 4b oder 4c BDSG erfüllt sein. Als Rechtsgrundlage für den Datenexport kommt zwar wiederum § 4c Abs. 1 Nr. 4 1. Alt. BDSG in Betracht. Wie bereits für die Weitergabe an US-Behörden im Rahmen des PATRIOT Acts besteht aus Sicht jener Öffentlichkeit, die ein europäischer Hoheitsträger vor Augen hat, aber kein öffentliches Interesse am Datenexport zur Erfüllung einer rein ausländischen Rechtspflicht.[2010] Eine Rechtfertigung im Sinne eines öffentlichen Interesses zur Herausgabe der Daten könnte sich somit allenfalls aus einem Rechtshilfeabkommen mit den USA ergeben. Nach Art. 23 des hierfür einschlägigen Haager Übereinkommens zur internationalen Rechtshilfe bei der Beweisaufnahme[2011] haben jedoch zahlreiche Staaten, darunter auch die Bundesrepublik Deutschland wirksam erklärt, dass sie Rechtshilfeersuchen nicht erledigen, die ein Verfahren zum Gegenstand haben, das in den Ländern des „Common Law" unter der Bezeichnung „Pre-Trial Discovery of Documents" bekannt ist.[2012] Schließlich könnte auch § 4c Abs. 1 Nr. 4 2. Alt. BDSG Rechtsgrundlage für einen Datenexport im Rahmen der E-Discovery sein, da dieser sich auf die Geltendmachung, Ausübung oder Verteidigung von Rechtsansprüchen vor Gericht bezieht.[2013] Gerechtfertigt sein können damit in erster Linie Datenexporte an ausländische Gerichte. Zwar wird vereinzelt davon ausgegangen, dass auch der Datenexport an nicht-öffentliche Prozessparteien im vorprozessualen Verfahren hiervon umfasst wird. Die Datenherausgabe durch einen Cloud-Anbieter müsste allerdings auch hier erforderlich sein. Vor dem Hintergrund, dass die US-amerikanische Prozesspartei als milderes Mittel aber auch die Daten beim deutschen Prozessgegner einfordern könnte, ist ein Rückgriff auf Dritte, wie den Cloud-Anbieter, nach deutschem Recht kaum zu rechtfertigen.

[2009] *Rath/Klug*, K&R 2008, 595 f.; Artikel-29-Datenschutzgruppe 2009, WP 158, 11 f.
[2010] Artikel-29-Datenschutzgruppe 2009, WP 158, 10; *Deutlmoser/Filip*, ZD-Beilage 6/2012, 10.
[2011] Übereinkommen über die Beweisaufnahme im Ausland in Zivil- oder Handelssachen vom 18.3.1970, BGBl. 1977 II, 1472 ff.
[2012] *Brisch/Laue*, RDV 2010, 6; *Deutlmoser/Filip*, ZD-Beilage 6/2012, 10.
[2013] *Deutlmoser/Filip*, ZD-Beilage 6/2012, 11.

Eine Herausgabe von Daten im Rahmen der E-Discovery ist demnach datenschutzrechtlich nicht zulässig. Das europäische Datenschutzrecht könnte folglich ein Blockadegesetz für die US-Zivilverfahrensvorschriften sein. Als solches wird es von amerikanischen Gerichten in diesem Zusammenhang aber nicht immer akzeptiert,[2014] sodass auch hier Rechtsunsicherheiten für Cloud-Nutzer und Cloud-Anbieter bleiben.[2015] Das Dilemma einer herausgabeverpflichteten Stelle vor dem Hintergrund des Datenschutzrechts lässt sich im Einzelfall möglicherweise dahingehend lösen, dass die Stelle vor Herausgabe der Daten eine genaue Prüfung und Filterung der Daten durchführt, anstatt ungeprüft alle verfügbaren Daten herauszugeben.[2016] Auf diesem Weg könnten möglicherweise die Interessen von Betroffenen mit der herausgabeverpflichteten Stelle in Einklang gebracht werden. Auch die Anonymisierung von Dokumenten könnte eine Lösung sein.[2017] Darüber hinaus kann beim zuständigen US-Gericht unter Umständen eine sogenannte „protective order" beantragt werden. Hierdurch kann das Gericht den Umfang der vorprozessualen Beweisanträge einschränken und dadurch die E-Discovery begrenzen.[2018] Als praktischer Lösungsansatz wird Cloud-Nutzern auch empfohlen, Daten direkt nach Ende der gesetzlichen Aufbewahrungspflicht zu löschen, solange noch kein Prozess anhängig oder mit einem solchen Prozess zu rechnen ist.[2019] Um sich für diesen Fall jedoch nicht dem Vorwurf der Dokumentenvernichtung und Beweisvereitelung auszusetzen, empfiehlt die Artikel-29-Datenschutzgruppe die Einführung und Einhaltung einer konsequenten Dokumentenverwaltungspolitik, die nachvollziehbar und nachweislich die regelmäßige Datenlöschung nach nationalen Aufbewahrungspflichten und Datenschutzregelungen vorsieht.[2020]

[2014] So etwa in den Entscheidungen zu „Aerospatiale", „In re Vitamins Antitrust Litigation" und „Accessdata Corp. vs. ALSTE Technologies GmbH", hierzu ausführlich *Flägel/von Georg*, RIW 2013, 439 ff.
[2015] *Spies/Schröder*, MMR 2008, 281.
[2016] *Deutlmoser/Filip*, ZD-Beilage 6/2012, 14; *Spies/Schröder*, MMR 2008, 280; *Spies*, ZD 2013, 272; *Hanloser*, DuD 2008, 787.
[2017] Artikel-29-Datenschutzgruppe 2009, WP 158, 9.
[2018] Artikel-29-Datenschutzgruppe 2009, WP 158, 5.
[2019] *Hanloser*, DuD 2008, 786.
[2020] Artikel-29-Datenschutzgruppe 2009, WP 158, 9.

11 Betroffenenrechte

Das Recht auf informationelle Selbstbestimmung stellt den Schutz des Betroffenen beim Umgang mit seinen Daten in den Mittelpunkt. Dieser grundrechtliche Schutz wirkt sich einfachgesetzlich zum einen durch das Erfordernis einer Einwilligung oder einer gesetzlichen Erlaubnis zum Umgang mit personenbezogenen Daten aus, das sich allerdings an die verantwortliche Stelle als Normadressaten wendet. Mit der Regelung der Zulässigkeit des Umgangs mit den personenbezogenen Daten ist dem Betroffenen aber noch nicht viel geholfen. Ob sich die verantwortliche Stelle an ihre Pflichten hält und der Betroffene tatsächlich geschützt ist, lässt sich für Außenstehende primär nicht beurteilen. Neben dem Erfordernis einer Einwilligung oder gesetzlichen Erlaubnis beinhaltet das Recht auf informationelle Selbstbestimmung deshalb zum anderen das Recht einer Person, zu wissen, „wer was wann und bei welcher Gelegenheit über sie weiß".[2021] Der Betroffene muss folglich Transparenz über den Umgang Anderer mit seinen Daten haben, um in einem zweiten Schritt seine Ansprüche auch durchsetzen zu können. Gerade im Rahmen der automatisierten Datenverarbeitung und vor allem vor dem Hintergrund des dezentralen und weltweiten Datenaustauschs verringert sich diese Transparenz „drastisch" – Verarbeitungsvorgänge lassen sich nur noch schwer nachvollziehen, Erhebung, Speicherung und Vervielfältigung von Daten sind unbegrenzt und unauffällig möglich und der Betroffene hat darüber kaum Kontrolle.[2022] Betroffenenrechte sollen dem Betroffenen eine solche Transparenz ermöglichen und sind somit in erster Linie „Druckmittel"[2023] des Betroffenen gegenüber der verantwortlichen Stelle, die die Einhaltung der Zulässigkeitstatbestände sowie den ordnungsgemäßen Umgang mit seinen Daten bewirken oder sicherstellen sollen.

Im Einzelnen lassen sich die Betroffenenrechte in Transparenzrechte (Information, Benachrichtigung und Auskunft) sowie Gestaltungsrechte (Beschwerde, Widerspruch, Berichtigung, Löschung, Sperrung und Schadensersatzansprüche) unterteilen. Allen Betroffenenrechten gemein sind das Dispositionsverbot zum einen sowie das Weiterleitungsgebot in vernetzten Systemen zum anderen.

Betroffene können ihre Rechten primär der verantwortlichen Stelle gegenüber geltend machen.[2024] Ist beim Cloud Computing, wie in einer Zwei-Stellen-Konstellation[2025] zwischen einem Cloud-Nutzer und einem Cloud-Anbieter, für den jeweiligen Datenumgang der Cloud-Nutzer Betroffener und der Cloud-Anbieter verantwortliche Stelle, müssen die nachfolgenden Rechte dem Cloud-Anbieter gegenüber geltend gemacht

---

[2021] BVerfGE 65, 1, 43.
[2022] *Roßnagel/Pfitzmann/Garstka* 2001, 169.
[2023] *Roßnagel/Pfitzmann/Garstka* 2001, 170.
[2024] Hierzu Kapitel 5.2.1.
[2025] Hierzu Kapitel 2.5.

werden. Deren Durchsetzung ist insbesondere gegenüber internationalen IT-Konzernen als Cloud-Anbieter dann aber nicht immer gewährleistet. Ist in einer Dreieckskonstellation[2026] demgegenüber der Cloud-Nutzer im Rahmen einer Auftragsdatenverarbeitung als Auftraggeber verantwortliche Stelle, müssen sich die Betroffenen mit ihren Rechten an ihn halten.[2027] Kleine und mittlere Unternehmen als Cloud-Nutzer stellt diese Verantwortung den Betroffenen gegenüber in der Praxis vor eine besondere Herausforderung.

11.1 Dispositionsverbot und Weiterleitungsgebot

Nach § 6 Abs. 1 BDSG können die Rechte des Betroffenen auf Auskunft und auf Berichtigung, Löschung oder Sperrung nicht durch Rechtsgeschäft ausgeschlossen oder beschränkt werden. Durch die Norm wird die Dispositionsbefugnis und damit die Privatautonomie[2028] des Einzelnen eingeschränkt.[2029] Indem die Betroffenenrechte „für zwingend erklärt" werden, soll der Betroffene davor geschützt werden, sich datenschutzrechtlich – beabsichtigt oder unbeabsichtigt – zu entmündigen.[2030] Neben der Abbedingung von Betroffenenrechten in Rechtsgeschäften soll auch jede vertragliche Änderung von Betroffenenrechten zuungunsten des Betroffenen untersagt sein.[2031] Ebenso unter das Verbot des § 6 Abs. 1 BDSG fällt eine Disposition „durch die Hintertür" – etwa durch wirtschaftliche Anreize zum Verzicht oder der wirtschaftlichen Erschwerung der Durchsetzung von Betroffenenrechten.[2032] Der Wortlaut des § 6 Abs. 1 BDSG benennt für das Dispositionsverbot zwar nur die Betroffenenrechte Auskunft, Berichtigung, Löschung und Sperrung. Die verbleibenden Betroffenenrechte, wie die Benachrichtigung oder der Schadensersatz, sind allerdings unbestritten ebenso unabdingbar.[2033]

Eine Besonderheit im Hinblick auf die Durchsetzung der Betroffenenrechte sieht § 6 Abs. 2 BDSG vor. Adressat der Betroffenenrechte ist zwar regelmäßig die verantwortliche Stelle. In vernetzten Systemen, wie etwa in vielen Cloud-Anwendungen, haben regelmäßig mehrere Stellen die Möglichkeit, Daten zu speichern. Für den Betroffenen ist häufig nicht erkennbar, wer speichernde und damit verantwortliche Stelle für ein bestimmtes Datum ist. In diesem Fall kann sich der Betroffene an eine beliebige Stelle

---

[2026] Hierzu Kapitel 2.5.
[2027] Hierzu Kapitel 5.2.5.
[2028] *Meents/Hinzpeter*, in: Taeger/Gabel 2013, § 6 BDSG, Rn. 7.
[2029] BT-Drs. 11/4306, 41; *Dix*, in: Simitis 2014, § 6 BDSG, Rn. 7.
[2030] *Däubler*, in: Däubler/Klebe/Wedde/Weichert 2014, § 6 BDSG, Rn. 4.
[2031] *Schreiber*, in: Plath 2013, § 6 BDSG, Rn. 5.
[2032] *Däubler*, in: Däubler/Klebe/Wedde/Weichert 2014, § 6 BDSG, Rn. 5.
[2033] Statt vieler *Simitis*, in: Simitis 2014, § 7 BDSG, Rn. 46; *Bergmann/Möhrle/Herb* 2014, § 7 BDSG, Rn. 16.

unter den speichernden Stellen wenden. Diese ist nach Satz 2 verpflichtet, das Vorbringen weiterzuleiten. Im Hinblick darauf, dass auch bei Auftragsdatenverarbeitungen häufig nicht erkennbar ist, wer verantwortliche Stelle ist, soll diese Weitergabepflicht auch für Auftragnehmer in Auftragsverhältnissen gelten.[2034]

11.2 Transparenzrechte

Gerade beim Cloud Computing zeigt sich ein systemimmanentes Transparenzproblem. Weder der Cloud-Nutzer noch ein betroffener Dritter sollen nach dem Konzept des Cloud Computing mit dem Ort und den Umständen des Datenumgangs näher befasst sein müssen – zumal diese sich auch schnell und jederzeit ändern können. Aus ihrer Sicht sind die Daten „in der Wolke" und ihre Wege geradezu beabsichtigt nebulös – und damit alles andere als transparent. Hinzu kommt, dass zahlreiche Betroffene noch nicht einmal über die Tatsache des Umgangs mit ihren Daten Kenntnis haben und im Zweifel auch ihre Rechte häufig nicht kennen. Nutzt ein (kleines oder mittleres) Unternehmen beispielsweise eine Cloud zur Verwaltung von Kundendaten, ist diesen Kunden zwar die Speicherung ihrer Daten möglicherweise bewusst, nicht aber zwingend die Weitergabe der Daten an einen Cloud-Anbieter. Die Herstellung von Transparenz durch die verantwortliche Stelle kann aber gerade auch kleine und mittlere Unternehmen als verantwortliche Cloud-Nutzer in der Praxis vor das Problem stellen, selbst zur Auskunft über den Verbleib der Daten in der Cloud nicht in der Lage zu sein. Wie die Transparenz und damit der Schutz der informationellen Selbstbestimmung etwa durch elektronische Hilfsmittel[2035] auch gegenüber dem Betroffenen eines Datenumgangs in der Cloud sichergestellt werden können, soll im Folgenden näher beleuchtet werden.

11.2.1 Benachrichtigung

Die Benachrichtigung ist ein Kernelement der Betroffenenrechte. Sie dient der Herstellung der erforderlichen und im Volkszählungsurteil hervorgehobenen Transparenz und erleichtert somit die Ausübung von Betroffenenrechten. Indem der Betroffene im Rahmen der Benachrichtigung „Basisinformationen"[2036] zu einer bevorstehenden oder vorgenommenen Erhebung, Verarbeitung oder Nutzung erhält, wird er erst in die Lage versetzt, weitere Betroffenenrechte, wie Korrektur- und Löschungsansprüche, geltend

---

[2034] *Meents/Hinzpeter*, in: Taeger/Gabel 2013, § 6 BDSG, Rn. 12; *Schreiber*, in: Plath 2013, § 6 BDSG, Rn. 15; *Schaffland/Wiltfang* 2013, § 6 BDSG, Rn. 25, die dies aus den Vorschriften zu Treu und Glauben herleiten.
[2035] Nach *Roßnagel/Pfitzmann/Garstka* 2001, 170 sollen die betroffenen Personen ihre Rechte auch „telekommunikativ" wahrnehmen können.
[2036] *Däubler*, in: Däubler/Klebe/Wedde/Weichert 2014, § 33 BDSG, Rn. 1.

zu machen.[2037] Das Bundesdatenschutzgesetz sieht eine Benachrichtigungspflicht sowohl bei der Datenerhebung beim Betroffenen nach § 4 Abs. 3 BDSG (hier unter dem Fachterminus „Unterrichtung") – und damit bei gleichzeitiger Kenntniserlangung durch den Betroffenen – als auch bei der erstmaligen Speicherung von Daten (für eigene Zwecke) nach § 33 BDSG vor, wenn der Betroffene von der Speicherung noch keine Kenntnis hatte. Während folglich eine Unterrichtung nach § 4 Abs. 3 BDSG bei der Erhebung beim Betroffenen erfolgt und damit Grundlage für die Entscheidung des Betroffenen über Einwilligungen und die Bereitstellung von Daten zur Erhebung ist,[2038] kommt eine Benachrichtigung nach § 33 BDSG regelmäßig nur für solche Fälle in Frage, in denen die Daten nicht beim Betroffenen und ohne dessen Kenntnis erhoben wurden und nun erstmals von der verantwortlichen Stelle gespeichert werden.

Sowohl für die Unterrichtung nach § 4 Abs. 3 BDSG als auch für die Benachrichtigung nach § 33 Abs. 1 S. 1 BDSG muss die verantwortliche Stelle den Betroffenen aktiv (Bringschuld) über die Speicherung, die Art der Daten, die Zweckbestimmung der Erhebung, Verarbeitung oder Nutzung und die Identität der verantwortlichen Stelle in Kenntnis setzen. Darüber hinaus muss der Betroffene nach § 33 Abs. 1 S. 3 BDSG auch über Kategorien von Empfängern unterrichtet werden, soweit er nach den Umständen des Einzelfalls nicht mit der Übermittlung an diese rechnen muss. Benachrichtigt werden muss auch über Auftragnehmer als Empfänger im Rahmen einer Auftragsdatenverarbeitung.[2039] Die Benachrichtigung kann sich auf Kategorieangaben beschränken, muss also nicht so detailliert sein wie eine Auskunft nach § 34 BDSG[2040] und unterliegt auch keinem Formerfordernis.

Wenngleich § 33 Abs. 2 BDSG zahlreiche Ausnahmen auflistet, bei denen die Benachrichtigungspflicht nach § 33 BDSG entfällt, wird der Betroffene im Rahmen des Cloud Computing regelmäßig zumindest in einer der Cloud-Nutzungsphasen von der Cloud-Nutzung zu benachrichtigen sein. Plant ein Cloud-Nutzer die Speicherung oder Verarbeitung von Daten betroffener Dritter, etwa den Umgang mit Kundendaten, so wird der Cloud-Nutzer als verantwortliche Stelle die Daten hierzu häufig in einem ersten, der Cloud-Nutzung vorgelagerten Schritt (Phase 1),[2041] beim betroffenen Dritten erheben. Da der betroffene Dritte hierbei Kenntnis von der Erhebung erlangt, wird zwar nicht unbedingt eine Benachrichtigung nach § 33 BDSG,[2042] wohl aber eine Unterrichtung nach § 4 Abs. 3 BDSG zu erfolgen haben. Während die Informationen über

---

[2037] *Gola/Schomerus* 2012, § 33 BDSG, Rn. 1; *Dix*, in: Simitis 2014, § 33 BDSG, Rn. 1.
[2038] *Gola/Schomerus* 2012, § 4 BDSG, Rn. 29.
[2039] *Dix*, in: Simitis 2014, § 33 BDSG, Rn. 33; *Däubler*, in: Däubler/Klebe/Wedde/Weichert 2014, § 33 BDSG, Rn. 20; andere Ansicht *Kamlah*, in: Plath 2013, § 33 BDSG, Rn. 18.
[2040] *Däubler*, in: Däubler/Klebe/Wedde/Weichert 2014, § 33 BDSG, Rn. 18; *Gola/Schomerus* 2012, § 33 BDSG, Rn. 21.
[2041] Siehe Kapitel 2.5.
[2042] *Kamlah*, in: Plath 2013, § 33 BDSG, Rn. 24 ff.

die Daten und ihre Zweckbestimmung häufig vom Einzelfall abhängen, stellt sich die Frage, ob der Cloud-Nutzer auch über eine geplante Übertragung von Daten in die Cloud informieren muss. Im Hinblick darauf, dass auch nach § 4 Abs. 3 BDSG über Empfängerkategorien informiert werden muss und auch Auftragnehmer Empfänger in diesem Sinne sind,[2043] wird der betroffene Dritte wohl zumindest über den Umstand informiert werden müssen, dass Daten im Rahmen einer Auftragsdatenverarbeitung oder andernfalls im Rahmen der Übermittlung an einen Cloud-Anbieter weitergegeben beziehungsweise übermittelt werden. Erfolgt nach der Erhebung zuerst eine Speicherung beim Cloud-Nutzer, war eine Cloud-Nutzung bei der Erhebung vorerst noch nicht vorgesehen und wurde der betroffene Dritte bei der Erhebung folglich über das Cloud Computing auch nicht informiert, könnte eine Benachrichtigung nach § 33 BDSG dann erforderlich sein, wenn der Cloud-Nutzer die Daten später dann doch in eine Cloud überträgt und dort speichert. Zwar werden die Daten des Betroffenen in diesem Fall aus Sicht des Cloud-Nutzers nicht erstmalig von ihm gespeichert,[2044] allerdings soll die Benachrichtigungspflicht nach einer zutreffenden Ansicht auch dann neu entstehen, wenn sich „die Voraussetzungen unter denen die Information nach Abs. 1 erteilt wurde", also die Voraussetzungen, unter denen die erstmalige Benachrichtigung erfolgte, ändern.[2045]

Eine Benachrichtigungspflicht kann auch entstehen, wenn ein Cloud-Anbieter als verantwortliche Stelle Daten von betroffenen Dritten erhebt oder speichert. Vorstellbar ist, dass ein Cloud-Anbieter vom Cloud-Nutzer Daten übermittelt bekommt und diese erstmalig speichert und folglich nach § 33 BDSG benachrichtigungspflichtig ist. Möglich ist aber auch, dass der Cloud-Anbieter Daten selbst erhebt – beispielsweise, indem er ohne Kenntnis und Einwilligung des Cloud-Nutzers auf dessen Endgerät und dort Daten erhebt. Da hierbei eine Datenerhebung ebenfalls nicht beim Betroffenen erfolgt,[2046] kommt auch hier eine Benachrichtigung nach § 33 BDSG in Betracht.

[2043] *Dix*, in: Simitis 2014, § 33 BDSG, Rn. 33; *Däubler*, in: Däubler/Klebe/Wedde/Weichert 2014, § 33 BDSG, Rn. 20; andere Ansicht *Kamlah*, in: Plath 2013, § 33 BDSG, Rn. 18.

[2044] Aus diesem Grund wohl auch eine eigene Benachrichtigung bei einer Hinzuspeicherung von Daten ablehnend *Meents/Hinzpeter*, in: Taeger/Gabel 2013, § 33 BDSG, Rn. 9 ff.; *Schaffland/Wiltfang* 2013, § 33 BDSG, Rn. 7 ff.; *Bergmann/Möhrle/Herb* 2014, § 33 BDSG, Rn. 45 ff.

[2045] *Däubler*, in: Däubler/Klebe/Wedde/Weichert 2014, § 33 BDSG, Rn. 8; in diese Richtung auch *Gola/Schomerus* 2012, § 33 BDSG, Rn. 16; dies wird zumindest für die Fälle gelten, in denen mit der Cloud-Nutzung auch eine Zweckänderung einhergeht, so dann auch *Bergmann/Möhrle/Herb* 2014, § 33 BDSG, Rn. 46.

[2046] Für eine Datenerhebung muss derjenige, bei dem Daten erhoben werden, neben der Kenntnisnahme an der Beschaffung der Daten durch die erhebende Stelle auch mitwirken. Die Mitwirkung muss zwar nicht unbedingt aktiv erfolgen. Allerdings muss der Betroffene die Erhebung ausdrücklich und bewusst dulden oder sich trotz bestehender Möglichkeit einer Erhebung nicht entziehen, *Scholz/Sokol*, in: Simitis 2014, § 4 BDSG, Rn. 23; *Dammann*, in: Simitis 2014, § 3

Problematisch ist dabei, dass der Cloud-Anbieter zwar personenbezogene Daten erhebt oder speichert, jedoch sich aus diesen Daten möglicherweise keine Namen und Anschriften der betroffenen Dritten ergeben. Da der Cloud-Anbieter nur über ein Geschäftsverhältnis mit dem Cloud-Nutzer verfügt, nicht aber mit den betroffenen Dritten, könnte er daran gehindert sein, die betroffenen Dritten zu benachrichtigen. Eine Benachrichtigungspflicht könnte etwa nach § 33 Abs. 2 Nr. 7 lit. b BDSG und vor dem Hintergrund einer hierfür erforderlichen weitergehenden Datenverarbeitung entfallen.[2047] Gegen eine solche Ausnahme spricht allerdings die Gefahr, dass sich verantwortliche Cloud-Anbieter dann pauschal als nicht benachrichtigungspflichtig ansehen könnten. Insbesondere bei sensitiven Daten oder soweit eine anderweitige Benachrichtigung möglich ist, etwa durch andere Kommunikationsmittel, wird eine solche Pflicht zur Benachrichtigung deshalb bestehen.[2048] Fraglich ist darüber hinaus, wie mit Informationen umzugehen ist, bei denen betroffene Dritte nur „am Rand" betroffen sind – etwa wenn der Cloud-Anbieter ein Backup des Nutzer-Endgeräts durchführt und dabei auch die auf dem Endgerät gespeicherten Kontaktdaten des Cloud-Nutzers mitspeichert.[2049] Zwar ist damit häufig eine Datenverarbeitung mit „ungezieltem Personenbezug" verbunden.[2050] Allerdings sind vor dem Hintergrund der technischen Möglichkeiten auch aus solchen Daten weitreichende Informationen zu gewinnen und Rückschlüsse zu ziehen, sodass auch auf diese Weise betroffene Dritte ein bedeutendes Interesse haben werden, von der Tatsache und den Umständen eines solchen Datenumgangs zu erfahren.[2051] Sofern demnach nicht bereits der Cloud-Nutzer als verantwortliche Stelle bei Eröffnung eines Zugangs zu seinem Endgerät für den Cloud-Anbieter gegenüber den hierdurch Betroffenen benachrichtigungspflichtig ist, wird dies im Moment des Zugriffs für den Cloud-Anbieter gelten.

Regelmäßig ist auch der Cloud-Nutzer, sofern er eine natürliche Person ist, Betroffener des Datenumgangs beim Cloud Computing und hat insofern einen eigenen Auskunftsanspruch gegenüber dem Cloud-Anbieter. Soweit sich die Auskunft auf die Bestands- und Nutzungsdaten des Telemedienangebots beziehen, ergibt sich ein Auskunftsanspruch aus § 13 Abs. 1 TMG. Für die Inhaltsdaten wird der Cloud-Anbieter in der Regel im Rahmen der Datenerhebung beim Cloud-Nutzer nach § 4 Abs. 3 BDSG, etwa bei Buchung des Cloud-Dienstes oder während der Nutzung, benachrichtigen

---

BDSG, Rn. 102; *Weichert*, in: Däubler/Klebe/Wedde/Weichert 2014, § 4 BDSG, Rn. 6; hierzu auch Kapitel 6.3.

[2047] Hierzu etwa *Gola/Schomerus* 2012, § 33 BDSG, Rn. 25; *Dix*, in: Simitis 2014, § 33 BDSG, Rn. 20.
[2048] *Däubler*, in: Däubler/Klebe/Wedde/Weichert 2014, § 33 BDSG, Rn. 14.
[2049] Siehe hierzu *Schaffland/Wiltfang* 2013, § 33 BDSG, Rn. 10.
[2050] *Roßnagel/Pfitzmann/Garstka* 2001, 85.
[2051] *Dix*, in: Simitis 2014, § 33 BDSG, Rn. 14; einschränkend *Gola/Schomerus* 2012, § 33 BDSG, Rn. 26; *Schaffland/Wiltfang* 2013, § 33 BDSG, Rn. 10.

müssen. Eine Benachrichtigungspflicht kommt ferner nach § 33 Abs. 1 BDSG in Betracht, wenn der Cloud-Anbieter zu den beim Cloud-Nutzer als Betroffenen gespeicherten Daten weitere Daten hinzuspeichern möchte – etwa, wenn die Inhaltsdaten im Rahmen einer Cloud-Anwendung mit weiteren Daten verknüpft werden.[2052]

11.2.2 Auskunft

Das Recht auf Auskunft, das sich im Bundesdatenschutzgesetz aus § 34 ergibt, wird als „fundamentale[s] Datenschutzrecht" und als wesentliches „Element [...] des Selbstdatenschutzes" beschrieben.[2053] Wie bereits die Benachrichtigung dient das Auskunftsrecht der Transparenz, indem dem Betroffenen Informationen zu seinen Daten und zum Umgang mit ihnen bereitgestellt werden. Anders als die Benachrichtigung muss die Auskunft jedoch nicht automatisch, sondern nur auf Anforderung (Holschuld),[2054] dafür jedoch bezogen auf die konkreten Daten und Empfänger und nicht, wie bei der Benachrichtigung, nur kategorisiert erfolgen. Gemäß § 34 Abs. 1 BDSG muss sich die Auskunft auf die zur Person des Betroffenen gespeicherten Daten, auch soweit sie sich auf die Herkunft dieser Daten beziehen, den Empfänger oder die Kategorien von Empfängern, an die Daten weitergegeben werden und den Zweck der Speicherung beziehen. Damit muss die Auskunft alle gespeicherten personenbezogenen Daten umfassen, darunter auch Daten mit mittelbarem Bezug,[2055] beispielsweise Metadaten ohne Namensangabe, sowie Pseudonyme und die sich auf das Pseudonym beziehenden Daten.[2056] Gegebenenfalls muss und kann die verantwortliche Stelle hierfür weitere Angaben des Betroffenen oder eine Konkretisierung des Auskunftsbegehrens verlangen, die Auskunft aber nicht verweigern.[2057] Liegen keine Daten vor, hat der Betroffene einen Anspruch auf eine „Negativauskunft".[2058]

Ein Cloud-Nutzer wird betroffenen Dritten gegenüber häufig als Herkunftsangabe auf die Direkterhebung verweisen können. Ist der Cloud-Anbieter verantwortliche Stelle, müsste er als Herkunft gegebenenfalls den Cloud-Nutzer oder, falls die Daten mit weiteren Daten verknüpft wurden, diesen Datenlieferant nennen. Eine Herkunft muss je-

---

[2052] *Gola/Schomerus* 2012, § 33 BDSG, Rn. 46; andere Ansicht *Meents/Hinzpeter*, in: Taeger/Gabel 2013, § 33 BDSG, Rn. 9 ff.; *Schaffland/Wiltfang* 2013, § 33 BDSG, Rn. 7 ff.; *Bergmann/Möhrle/Herb* 2014, § 33 BDSG, Rn. 45 ff.
[2053] *Dix*, in: Simitis 2014, § 34 BDSG, Rn. 1.
[2054] Mit Beispielen hierzu *Dix*, in: Simitis 2014, § 34 BDSG, Rn. 6; *Meents/Hinzpeter*, in: Taeger/Gabel 2013, § 34 BDSG, Rn. 4.
[2055] *Dix*, in: Simitis 2014, § 34 BDSG, Rn. 15.
[2056] *Däubler*, in: Däubler/Klebe/Wedde/Weichert 2014, § 34 BDSG, Rn. 8; *Kamlah*, in: Plath 2013, § 34 BDSG, Rn. 6.
[2057] *Dix*, in: Simitis 2014, § 34 BDSG, Rn. 14; *Meents/Hinzpeter*, in: Taeger/Gabel 2013, § 34 BDSG, Rn. 14.
[2058] Statt vieler *Meents/Hinzpeter*, in: Taeger/Gabel 2013, § 34 BDSG, Rn. 16.

doch nur beauskunftet werden, wenn diese Information mit den Daten zusammen gespeichert wurde. Eine Pflicht, auch die Herkunft zu speichern, ergibt sich aus § 34 Abs. 1 BDSG nicht.[2059]

Demgegenüber ist die Nennung von Datenempfängern und zusätzlich[2060] den Empfängerkategorien verpflichtend. Anders als die Herkunftsangaben müssen Informationen über Empfänger somit aktiv gespeichert werden.[2061] Wie bereits im Rahmen der Benachrichtigung bezieht sich die Auskunft über Empfänger und Empfängerkategorien nicht nur auf Übermittlungsempfänger, sondern auch auf interne Datenflüsse und damit auch auf Auftragnehmer und Unterauftragnehmer.[2062] Damit wird der Cloud-Nutzer als Auftraggeber betroffenen Dritten gegenüber regelmäßig zur Auskunft über seinen Cloud-Anbieter, gegebenenfalls aber sogar auch über Unterauftragnehmer, wie Serveranbieter, verpflichtet sein. Vereinzelt wird überdies eine Auskunft über den logischen Aufbau von (Speicher-)Systemen und die Struktur und den Ablauf von Datenverarbeitungsprozessen gefordert.[2063] Eine solche Auskunft könnte im Rahmen des Cloud Computing von höchstem Interesse sein, gibt sie doch Einblick in die sonst so intransparenten Datenwege und Verarbeitungsstrukturen in der Cloud. Allerdings beruht das Konzept des Cloud Computing gerade auf dem Gedanken der Virtualisierung und flexiblen Datenwegen und Speicherorten. Eine Auskunft des Cloud-Nutzers als verantwortliche Stelle, die auf Anforderung des Betroffenen erfolgt, stößt hier an praktische Grenzen. Möglicherweise kann sich der Cloud-Nutzer aber auf eine Ausnahme im Sinne des § 34 Abs. 7 BDSG berufen und hieraus zumindest eine Abstrahierung der Auskunft über Empfänger erwirken.[2064] Für eine stets aktuelle und umfassende Auskunft könnte der Cloud-Nutzer als Auftraggeber vom Cloud-Anbieter auch die Einrichtung eines Nutzerportals einfordern, über das der Nutzer sich einen entsprechenden Überblick über aktuelle Unterauftragsverhältnisse, Server und Datenwege sowie Verarbeitungsstrukturen verschaffen kann. Indem der Betroffene im Einzelfall auf dieses Portal ebenfalls Zugriff erhält oder der Cloud-Nutzer ihm hieraus

---

[2059] *Dix*, in: Simitis 2014, § 34 BDSG, Rn. 22; *Däubler*, in: Däubler/Klebe/Wedde/Weichert 2014, § 34 BDSG, Rn. 13.

[2060] Anders als der Gesetzeswortlaut („oder") vermuten lässt besteht zwischen Empfänger und Empfängerkategorie keine Wahlalternative der verantwortlichen Stelle, sondern kann die Auskunft darüber ggf. vom Betroffenen kumulativ eingefordert werden, *Däubler*, in: Däubler/Klebe/Wedde/Weichert 2014, § 34 BDSG, Rn. 21.

[2061] *Dix*, in: Simitis 2014, § 34 BDSG, Rn. 23.

[2062] *Däubler*, in: Däubler/Klebe/Wedde/Weichert 2014, § 34 BDSG, Rn. 14; *Meents/Hinzpeter*, in: Taeger/Gabel 2013, § 34 BDSG, Rn. 20; *Bergmann/Möhrle/Herb* 2014, § 34 BDSG, Rn. 44.

[2063] *Roßnagel/Pfitzmann/Garstka* 2001, 174; *Wedde*, in: Roßnagel 2003, 4.4, Rn. 47; *Däubler*, in: Däubler/Klebe/Wedde/Weichert 2014, § 34 BDSG, Rn. 10.

[2064] Vorstellbar wäre beispielsweise, dass sich Auskunftspflicht nur auf konkrete Angaben zum Cloud-Anbieter und hinsichtlich der Auftragnehmer nur auf verallgemeinerte Angaben (Serveranbieter in Deutschland oder ähnliches) bezieht.

einen Ausdruck erstellt, können zumindest für einen bestimmten Zeitpunkt als Momentaufnahme auch Auskünfte über Beteiligte, Datenwege und Verarbeitungsstrukturen erteilt werden.

Überdies muss der Betroffene über den Zweck der Speicherung in der Cloud informiert werden. Diese Anforderung folgt dem Zweckbindungsgrundsatz[2065] und soll dem Betroffenen erkennbar machen, ob seine Daten zu anderen als den bei der Erhebung festgelegten Zwecken verwendet werden. Eine solche Auskunft ist insbesondere dann interessant, wenn der Cloud-Anbieter verantwortliche Stelle ist und darüber informieren muss, ob er die Daten der Nutzer und betroffenen Dritten zweckfremd, außerhalb der Anforderungen des Dienstes, verwendet.

11.2.3 Technische Umsetzung von Benachrichtigung und Auskunft in der Cloud

Sowohl für die Benachrichtigung als auch für die Auskunft stellt sich die Frage, inwiefern Angaben über sich ständig ändernde Datenbestände, Inhalte, Verarbeitungsbedingungen und Empfänger einem möglicherweise ebenfalls wechselnden, zumindest aber sehr großen Betroffenenkreis mitgeteilt werden können. Gerade kleine und mittlere Unternehmen als verantwortliche Cloud-Nutzer sehen sich hinsichtlich ihrer Ressourcen häufig nicht in der Lage, diesen Pflichten den Betroffenen gegenüber selbst nachzukommen. Eine Möglichkeit zur Lösung auf technischer Grundlage wären automatisierte Auskunfts- und Benachrichtigungsmechanismen, die dem Cloud-Nutzer vom Cloud-Anbieter zur Weitergabe an den betroffenen Dritten zur Verfügung gestellt werden. Der Cloud-Nutzer muss solche Mechanismen dann beispielsweise bereits im Rahmen eines Auftragsdatenverarbeitungsvertrags vom Cloud-Anbieter einfordern.

Zwar ist für die Benachrichtigung keine Form vorgeschrieben und auch die Auskunft kann nach § 34 Abs. 6 BDSG in Textform und damit digital erfolgen. Eine möglichst automatisierte Informationsgestaltung könnte zum einen pauschaliert über Standardmitteilungen, zum anderen aber auch individualisiert über Online-Portale erfolgen. Allerdings genügen Standardmitteilungen, wie etwa allgemeine, nicht individualisierte Datenschutzerklärungen oder der Abdruck in Allgemeinen Geschäftsbedingungen, in der Regel weder für eine Benachrichtigung noch für eine Auskunft aus.[2066]

Für die Benachrichtigung ungeklärt ist, ob die Bereitstellung der Information auf einem Online-Portal der „Bringschuld" im Sinne einer aktiven Benachrichtigungspflicht genügt.[2067] Da die Benachrichtigung den Betroffenen ohne dessen Zutun erreichen

---

[2065] *Dix*, in: Simitis 2014, § 34 BDSG, Rn. 31; nach *Meents/Hinzpeter*, in: Taeger/Gabel 2013, § 34 BDSG, Rn. 22 können die Zwecke hier zumindest pauschalisiert werden.
[2066] *Gola/Schomerus* 2012, § 33 BDSG, Rn. 18; *Schaffland/Wiltfang* 2013, § 33 BDSG, Rn. 18; andere Ansicht *Kamlah*, in: Plath 2013, § 33 BDSG, Rn. 11.
[2067] Kapitel 11.2.1.

muss, wird zusätzlich wohl auch eine elektronische Nachricht erforderlich sein. Für die Auskunft bedarf es zwar der aktiven Anfrage des Betroffenen, sodass hierfür auch eine Abfrage über ein Online-Portal in Betracht kommt.[2068] Allerdings muss für die Auskunft eine dauerhafte Wiedergabe als Möglichkeit der Einsichtnahme gewährleistet sein.[2069] Entsprechend muss wohl die Auskunft zu einem bestimmten Zeitpunkt immer wieder abrufbar und ausdruckbar sein.[2070] Zumindest alternativ wird wohl auch die Möglichkeit einer postalischen Auskunft angeboten werden müssen. Darüber hinaus gilt es bei der Auskunft über Online-Portale oder E-Mails, das Missbrauchspotential, etwa hinsichtlich unbefugter Zugriffe, sowie die hierfür erforderliche erneute Datenverarbeitung zu berücksichtigen und durch Mittel der Datensicherheit und -sparsamkeit zu verringern.[2071]

11.3 Gestaltungsrechte

Stellt ein Betroffener, beispielsweise aufgrund einer Benachrichtigung oder Auskunft fest, dass die verantwortliche Stelle seine Daten erhebt, verarbeitet oder nutzt, kann er sich gegebenenfalls mit einer Beschwerde oder einem Widerspruch wehren oder die Berichtigung, Löschung, Sperrung fordern sowie unter Umständen Schadensersatzansprüche geltend machen.

11.3.1 Beschwerde

§ 38 Abs. 1 S. 8 i. V. m. § 21 BDSG gewährt jeder Person das Recht auf Anrufung der Aufsichtsbehörde.[2072] Jeder potentiell Betroffene kann sich folglich an die Aufsichtsbehörde wenden, wenn er sich in seinen Datenschutzrechten verletzt fühlt.[2073] Für die form-, frist- und kostenfreie Beschwerde genügt eine Sachverhaltsdarstellung des Betroffenen.[2074] Ergibt sich aus dieser, dass der Betroffene bei der Durchsetzung von substantiellen Datenschutzrechten staatliche Hilfe benötigt, muss die Aufsichtsbehörde tätig werden.[2075] Der Behörde steht nach § 38 BDSG ein breites Instrumentarium, da-

---

[2068] *Roßnagel/Pfitzmann/Garstka* 2001, 174 f.
[2069] *Dix*, in: Simitis 2014, § 34 BDSG, Rn. 49; *Meents/Hinzpeter*, in: Taeger/Gabel 2013, § 34 BDSG, Rn. 41.
[2070] Hierzu kritisch *Meents/Hinzpeter*, in: Taeger/Gabel 2013, § 34 BDSG, Rn. 41.
[2071] *Schaffland/Wiltfang* 2013, § 34 BDSG, Rn. 30; *Dix*, in: Simitis 2014, § 34 BDSG, Rn. 49.
[2072] *Petri*, in: Simitis 2014, § 38 BDSG, Rn. 35.
[2073] Hierzu auch *Roßnagel/Pfitzmann/Garstka* 2001, 175; *Wedde*, in: Roßnagel 2003, 4.4, Rn. 96.
[2074] *Petri*, in: Simitis 2014, § 38 BDSG, Rn. 35; strenger dagegen *Gola/Schomerus* 2012, § 38 BDSG, Rn. 15, demnach müsse der Betroffene „konkret darlegen, wodurch er in seinen Rechten verletzt sein könnte".
[2075] *Petri*, in: Simitis 2014, § 38 BDSG, Rn. 35.

runter die Aufforderung zur Stellungnahme,[2076] die (Vor-Ort- und Akten-)Kontrolle, die Beratung, die europäische Amtshilfe, die Unterrichtung anderer Behörden, wie etwa die Gewerbeaufsicht, die Anordnung von Maßnahmen, die Untersagung des Datenumgangs, die Festsetzung von Zwangsgeldern und die Aufforderung zur Abberufung des betrieblichen Datenschutzbeauftragten zur Verfügung. Gegen ein Nicht- oder fehlerhaftes Tätigwerden der Aufsichtsbehörde kann der Betroffene gegebenenfalls sogar mit einer Leistungsklage vorgehen, beziehungsweise eine Amtspflichtverletzung geltend machen.[2077]

Für den Betroffenen im Rahmen des Cloud Computing kann die Beschwerde bei den Aufsichtsbehörden insofern gewinnbringend sein, als er meist nur auf diesem Weg seine Rechte außergerichtlich durchsetzen kann. Die Aufsichtsbehörde kann den Betroffenen beispielsweise bei einem bestehenden Machtungleichgewicht gegenüber einer verantwortlichen Stelle, wie etwa im Verhältnis zwischen einem kleinen Cloud-Nutzer als selbst Betroffenen und einem großen Cloud-Anbieter als verantwortliche Stelle oder einem privaten betroffenen Dritten gegenüber einem größeren Unternehmen als Cloud-Nutzer, unterstützen. Nicht unproblematisch ist allerdings die Durchsetzung gegenüber ausländischen verantwortlichen Stellen. Selbst wenn der Betroffene im Einzelnen eine Aufsichtsbehörde findet, die sich als zuständig erachtet und das Datenschutzrecht auf die verantwortliche Stelle, etwa auf einen Cloud-Anbieter im Drittland, Anwendung findet, ist häufig fraglich, inwieweit Aufsichtsbehörden tatsächlich auf die verantwortlichen Stellen einwirken können und inwiefern die entsprechenden Rechte durchsetzbar sind.

Neben der Beschwerde an die Aufsichtsbehörde ist es auch möglich, dass sich der Betroffene direkt an den betrieblichen Datenschutzbeauftragten der verantwortlichen Stelle wendet, der dann im Rahmen der betrieblichen Selbstkontrolle handeln muss.[2078] Ist der Betroffene Arbeitnehmer der verantwortlichen Stelle, wird in der Praxis auch häufig der Betriebs- oder Personalrat einzuschalten sein.[2079]

11.3.2 Widerspruch bei rechtmäßigem Datenumgang

Der Betroffene kann nach § 35 Abs. 5 BDSG unter bestimmten Voraussetzungen, und im Falle einer Datenverarbeitung zu Werbezwecken auch nach § 28 Abs. 3 und 4 BDSG, dem Datenumgang widersprechen. Mit dem Widerspruchsrecht erhält der Betroffene die Möglichkeit eine eigentlich rechtmäßige Datenverarbeitung mit Wirkung

---

[2076] *Gola/Schomerus* 2012, § 38 BDSG, Rn. 16.
[2077] *Gola/Schomerus* 2012, § 38 BDSG, Rn. 17.
[2078] *Wedde*, in: Roßnagel 2003, 4.4, Rn. 98.
[2079] *Wedde*, in: Roßnagel 2003, 4.4, Rn. 97.

für die Zukunft unzulässig zu machen und somit zu unterbinden.[2080] Für einen Widerspruch nach § 35 Abs. 5 BDSG muss neben der Widerspruchshandlung gemäß Satz 2 sichergestellt sein, dass keine Rechtsvorschrift den Datenumgang, etwa die Speicherung zu Aufbewahrungszwecken, vorschreibt. Außerdem muss der Betroffene darlegen können, dass sein schutzwürdiges Interesse wegen seiner besonderen persönlichen Situation das Interesse der verantwortlichen Stelle an dieser Erhebung, Verarbeitung oder Nutzung überwiegt. Ein solches schutzwürdiges Interesse kann beispielsweise bei einem vorangehenden Datenschutzverstoß oder eine Gefährdung für Leib und Leben des Betroffenen ergeben. Die Hürden hierfür liegen allerdings recht hoch,[2081] sodass dem Widerspruch nach § 35 Abs. 5 BDSG nur wenig praktische Bedeutung zugemessen wird.[2082] Der Betroffene kann sich mit seinem Widerspruch auch an Auftragnehmer einer Auftragsdatenverarbeitung wenden – diese ist verpflichtet den Widerspruch entsprechend an die verantwortliche Stelle weiterzuleiten.[2083]

Für das Cloud Computing ist das Widerspruchsrecht nach § 35 Abs. 5 BDSG allerdings schon deshalb ein eher stumpfes Schwert, da es auf einer Einzelfallbewertung hinsichtlich der persönlichen Situation des Betroffenen beruht. Diese obliegt zwar der verantwortlichen Stelle. Ob der einzelne Betroffene sein Widerspruchsrecht in einem standardisierten Massengeschäft, wie dem Cloud Computing, gegenüber der verantwortlichen Stelle im Einzelfall durchsetzen kann, ist zumindest fraglich. Gerade soweit ein Cloud-Nutzer als selbst Betroffener gegenüber einem großen, internationalen Cloud-Anbieter widerspricht, könnte die Durchsetzung dieses Rechts erschwert sein. Auch die Geltendmachung von Widerspruchsrechten betroffener Dritter gegenüber kleinen und mittleren Unternehmen wird in der Praxis häufig, wenn nicht an der Transparenz über die Cloud-Nutzung, zumindest daran scheitern, dass diese kleineren Unternehmen – einmal in der Cloud – keine parallele Datenhaltung für widersprechende betroffene Dritte vorhalten werden. Insofern decken sich hier die Probleme mit den im Rahmen der Einwilligung diskutierten praktischen Schwierigkeiten.[2084]

11.3.3 Eingriffsrechte bei unrechtmäßigem Datenumgang

Durch das Recht auf Berichtigung, Sperrung und Löschung nach § 35 BDSG erhält der Betroffene die Möglichkeit, eine rechtswidrige Datenverarbeitung zu unterbinden oder

---

[2080] *Meents/Hinzpeter*, in: Taeger/Gabel 2013, § 35 BDSG, Rn. 43; *Dix*, in: Simitis 2014, § 35 BDSG, Rn. 56.

[2081] Die Begründung, die rechtmäßig gespeicherten Daten ließen einen Rückschluss auf eine Erkrankung zu, genügt wohl noch nicht, *Kamlah*, in: Plath 2013, § 35 BDSG, Rn. 49; OLG Frankfurt, ZD 2011, 36 f.

[2082] *Schaffland/Wiltfang* 2013, § 35 BDSG, Rn. 47a.

[2083] *Bergmann/Möhrle/Herb* 2014, § 35 BDSG, Rn. 120.

[2084] Kapitel 6.6.8.

einzuschränken und dadurch steuernd in den Datenumgang bei der verantwortlichen Stelle einzugreifen.[2085] Die Maßnahmen nach § 35 BDSG müssen vorgenommen werden, sobald die Voraussetzungen erfüllt sind – also etwa gespeicherte Daten sich als unrichtig herausstellen. Einer aktiven Aufforderung zur Berichtigung, Löschung oder Sperrung bedarf es nicht. Zur Kompensation von Schäden kann der Betroffene überdies Schadensersatz verlangen.

11.3.3.1 Berichtigung, Sperrung und Löschung

Nach § 35 Abs. 1 BDSG sind unrichtige Daten zu berichtigen. Daten gelten als unrichtig, „wenn die darin aufgezeigten Tatsachen nicht der Wirklichkeit entsprechen".[2086] Ebenfalls unrichtig und damit zu berichtigen sind auch Daten, die unvollständig sind und (deshalb) kontextverzerrend wirken.[2087] Die Beurteilung, ob Daten richtig oder unrichtig sind, lässt sich nur an Tatsachenangaben vornehmen. Werturteile sind insofern nicht zu berichtigen, sondern gegebenenfalls nur Tatsachen, auf denen diese Werturteile beruhen.[2088]

Am weitreichendsten ist das Recht des Betroffenen auf Löschung nach § 35 Abs. 2 BDSG. Nach der Definition in § 3 Abs. 4 S. 2 Nr. 5 BDSG ist Löschen das Unkenntlichmachen gespeicherter personenbezogener Daten. Eine Löschung kann zum einen verlangt werden, wenn nach § 35 Abs. 2 Nr. 1 BDSG die Speicherung, nach gegenwärtiger Sach- und Rechtslage,[2089] unzulässig ist. Eine solche Löschpflicht ergibt sich bereits aus dem Grundprinzip des Datenschutzrechts als Verbotsgesetz. Gibt es für den Umgang mit personenbezogenen Daten keine Rechtfertigung in Form einer gesetzlichen Erlaubnis oder einer Einwilligung (mehr), verliert die Speicherung ihre Daseinsberechtigung.[2090] Eine Löschung nach § 35 Abs. 2 Nr. 1 BDSG wird beispielsweise zu erfolgen haben, wenn die auf Basis des § 28 Abs. 1 S. 1 Nr. 2 BDSG durchgeführte Abwägung zwischen den Interessen der verantwortlichen Stelle am Cloud Computing und den Betroffeneninteressen aufgrund neuer Umstände anders ausfällt als zuvor. Auch könnten Daten zu löschen sein, weil sich bereits die früher durchgeführte Daten-

---

[2085] *Dix*, in: Simitis 2014, § 35 BDSG, Rn. 2; Begriff „Eingriffsrecht" bei *Wedde*, in: Roßnagel 2003, 4.4, Rn. 53.
[2086] *Meents/Hinzpeter*, in: Taeger/Gabel 2013, § 35 BDSG, Rn. 9.
[2087] *Däubler*, in: Däubler/Klebe/Wedde/Weichert 2014, § 35 BDSG, Rn. 5; *Dix*, in: Simitis 2014, § 35 BDSG, Rn. 9.
[2088] *Dix*, in: Simitis 2014, § 35 BDSG, Rn. 13; *Kamlah*, in: Plath 2013, § 35 BDSG, Rn. 12, insofern wohl ungenau *Gola/Schomerus* 2012, § 35 BDSG, Rn. 5.
[2089] *Meents/Hinzpeter*, in: Taeger/Gabel 2013, § 35 BDSG, Rn. 20; *Dix*, in: Simitis 2014, § 35 BDSG, Rn. 26.
[2090] *Däubler*, in: Däubler/Klebe/Wedde/Weichert 2014, § 35 BDSG, Rn. 16, *Meents/Hinzpeter*, in: Taeger/Gabel 2013, § 35 BDSG, Rn. 19; zu einem Recht von einer Suchmaschine „vergessen zu werden" aktuell EuGH, Urteil vom 13.5.2014, Rs. C 131/12, Rn. 89 ff.

erhebung, etwa die des Cloud-Nutzers beim betroffenen Dritten, als rechtswidrig herausstellt oder eine Einwilligung zum Datenumgang in der Cloud widerrufen wird oder unwirksam ist.

Ferner besteht eine Löschpflicht nach § 35 Abs. 2 Nr. 2 BDSG bei besonderen Arten personenbezogener Daten, soweit deren Richtigkeit von der verantwortlichen Stelle nicht bewiesen werden kann. Bei solchen sensitiven Daten kann es sogar vorkommen, dass auch richtige Daten gelöscht werden müssen, wenn ihre Richtigkeit nur nicht von der verantwortlichen Stelle bewiesen werden kann.[2091]

Schließlich sind nach § 35 Abs. 2 Nr. 3 BDSG Daten, die für eigene Zwecke, also etwa nach § 28 BDSG, verarbeitet werden, zu löschen, sobald ihre Kenntnis für die Erfüllung des Zwecks der Speicherung nicht mehr erforderlich ist. Diese Regelung folgt dem Grundsatz der Datensparsamkeit[2092] und ist für das Cloud Computing insofern relevant, als Daten, die beispielsweise vom Cloud-Nutzer bei einem betroffenen Dritten aufgrund § 28 Abs. 1 S. 1 Nr. 1 BDSG im Rahmen eines Vertragsverhältnisses erhoben wurden, mit Erfüllung des Vertrags häufig nicht mehr erforderlich und insofern sicher und restlos zu löschen sind – auch wenn die Daten in einer Cloud gespeichert sind.

In Einzelfällen kann eine Löschung aber auch verboten oder unverhältnismäßig sein. In diesem Fall sind die Daten zu sperren und damit mit einem „relativen Nutzungsverbot" zu versehen.[2093] Zum einen sind Daten nach § 35 Abs. 4 BDSG zu sperren, wenn ihre Richtigkeit bestritten ist und sich hierüber kein Nachweis führen lässt. Zum anderen tritt nach § 35 Abs. 3 BDSG an die Stelle einer Löschung die Sperrung, wenn Daten aufgrund von Aufbewahrungsfristen nicht gelöscht werden dürfen (Nr. 1), Grund zu der Annahme besteht, dass durch eine Löschung schutzwürdige Interessen des Betroffenen beeinträchtigt würden (Nr. 2) oder eine Löschung wegen der besonderen Art der Speicherung nicht oder nur mit unverhältnismäßig hohem Aufwand möglich ist (Nr. 3).

11.3.3.2 Berichtigung, Löschung und Sperrung beim Cloud Computing

Sowohl die Berichtigungs- als auch die Sperrungs- und Löschpflichten müssen zum Zwecke des Cloud Computing „massenkompatibel" und nach Möglichkeit automatisiert umsetzbar sein. Insbesondere kleinen und mittleren Unternehmen als verantwortliche Cloud-Nutzer müssen Mittel an die Hand gegeben werden, den betroffenen Dritten Möglichkeiten zur Geltendmachung ihrer Gestaltungsrechte – möglichst automati-

---

[2091] *Dix*, in: Simitis 2014, § 35 BDSG, Rn. 28; *Meents/Hinzpeter*, in: Taeger/Gabel 2013, § 35 BDSG, Rn. 23.
[2092] *Meents/Hinzpeter*, in: Taeger/Gabel 2013, § 35 BDSG, Rn. 25.
[2093] *Bergmann/Möhrle/Herb* 2014, § 35 BDSG, Rn. 91.

siert – zu ermöglichen. Vorstellbar wäre auch hier, dem Betroffenen, soweit er nicht ohnehin als Cloud-Nutzer über die Daten in der Cloud verfügen kann, durch ein entsprechendes Online-Portal die Möglichkeit zu geben über seine Daten zu verfügen oder im Sinne des § 35 BDSG die verantwortliche Stelle aufzufordern, bestimmte Daten zu berichtigen, zu löschen oder zu sperren.[2094]

Für eine vollständige und sichere Löschung bedarf es beim Cloud Computing jedoch besonderer Vorkehrungen. Daten, die im Internet gespeichert oder auch nur versendet werden, werden häufig in Zwischenspeichern abgelegt oder, vor allem beim Cloud Computing, zum Zwecke der Sicherungskopie gespiegelt und archiviert.[2095] Werden Daten folglich einmal im Internet an beliebige Stellen übertragen, lassen sie sich nur schwer wieder sicher vollständig zurückholen noch vollständig löschen oder berichtigen.[2096] Der Cloud-Anbieter muss insofern zumindest über ein Löschkonzept verfügen, das der Cloud-Nutzer im Rahmen des Auftragsverhältnisses anweisen und kontrollieren muss. Mit diesem Löschkonzept muss der Cloud-Anbieter sicherstellen können, dass ihm alle für das jeweilige Datum verwendete Zwischen- und Zielserver – auch anderer Unterauftragnehmer – bekannt sind und die Daten sowie erstellte Kopien auf sein Anfordern hin im Auftrag des verantwortlichen Cloud-Nutzers sicher gelöscht werden. Lösungsansätze, die Daten mit einer Art Selbstzerstörungsmechanismus versehen und so einen „digitalen Radiergummi" schaffen wollen, lassen sich technisch (noch) nicht umsetzen.[2097] Vorerst müssen deshalb Daten und Backups so gut wie möglich verfolgt und ihre Wege protokolliert werden, um sie gegebenenfalls gezielt löschen zu können.[2098] Andere Ansätze versprechen zumindest eine Unkenntlichmachung für einen bestimmten Zeitraum, etwa indem Daten verschlüsselt werden und der Schlüssel zur Entschlüsselung vernichtet wird.[2099]

[2094] Zur sogenannten „Nutzerkontrollfunktion" zur Ausführung von Löschrechten *Roßnagel/Pfitzmann/Garstka* 2001, 177.

[2095] *Dix*, in: Simitis 2014, § 35 BDSG, Rn. 8.

[2096] *Däubler*, in: Däubler/Klebe/Wedde/Weichert 2014, § 35 BDSG, Rn. 15a; *Dix*, in: Simitis 2014, § 35 BDSG, Rn. 8; *Hansen*, in: Borges/Schwenk 2012, 90; zur Unmöglichkeit einer Löschung von im Netz veröffentlichten Daten *Weichert*, DuD 2009, 12; zum „Backup-Problem" bei Verschlüsselungen, *Kroschwald*, ZD 2014, 79 f.

[2097] Der Ansatz eines den Daten anheftenden Verfallsdatums wurde unter dem (allerdings irreführenden) Begriff „digitaler Radiergummi" diskutiert. Zum Gegenstand und technischen Details *Federrath/Fuchs/Herrmann/Maier/Scheuer/Wagner*, DuD 2011, 403; *Jandt/Kieselmann/Wacker*, DuD 2013, 239 ff.

[2098] Hierzu International Working Group on Data Protection in Telecommunications 2012 (Sopot Memorandum): „An automatically recorded copying and deletion audit trail should be established, showing clearly which copies of personal data the processor or its subcontractors have created and deleted"; siehe auch *Hansen*, in: Borges/Schwenk 2012, 90.

[2099] *Greveler/Wegener*, DuD 2010, 467.

11.3.3.3 Schadensersatz

Die umfassende Regulierung des Umgangs mit personenbezogenen Daten spricht dafür, dass das Bundesdatenschutzgesetz primär darauf abzielt, der Entstehung von Schäden aufgrund der Verletzung des Rechts auf informationelle Selbstbestimmung vorzubeugen, statt sie nach ihrer Entstehung zu kompensieren.[2100] Dennoch formuliert § 7 BDSG einen eigenen Ersatzanspruch für Schäden, die sich aus einer unzulässigen oder unrichtigen Erhebung, Verarbeitung oder Nutzung seiner personenbezogenen Daten ergeben. Für die hier nicht betrachtete, automatisierte Datenverarbeitung durch öffentliche Stellen besteht mit § 8 BDSG außerdem eine eigene, explizit verschuldensunabhängige Haftungsgrundlage. Ausweislich des Gesetzestextes ergibt sich aus § 7 BDSG ein Schadenersatzanspruch. Die Norm soll aber auch einen Unterlassungs- und Beseitigungsanspruch begründen.[2101]

Anspruchsinhaber kann nur der Betroffene sein.[2102] Anspruchsgegner ist demgegenüber auch nur die verantwortliche Stelle, nicht jedoch der interne Datenschutzbeauftragte oder einzelne Beschäftigte.[2103] Auch im Rahmen eines Auftragsverhältnisses bleibt es bei der Haftung des Auftraggebers als verantwortliche Stelle. Ausnahmsweise haftet aber der Auftragnehmer für von ihm verursachte Schäden, wenn er gegen Weisungen des Auftraggebers oder die Zweckbindung verstößt. Dann ist auch der Auftragnehmer verantwortliche Stelle und nach § 7 BDSG haftbar.[2104]

Der Anspruch aus § 7 Abs. 1 BDSG setzt eine Verletzungshandlung voraus. Die Verletzungshandlung kann jeder rechtswidrige Umgang mit personenbezogenen Daten im Sinne des Datenschutzrechts sein.[2105] Die Rechtswidrigkeit muss sich hierbei nicht aus dem Bundesdatenschutzgesetz selbst, sondern kann sich aus jeder datenschutzrechtlichen Norm ergeben.[2106] Für einen Schadensersatzanspruch irrelevant ist auch, ob die Verletzung auf technisches oder menschliches Versagen zurückzuführen ist.[2107] Die Verletzung muss überdies nicht zwingend auf einem Verstoß gegen eine Zulässig-

---

[2100] So zumindest *Simitis*, in: Simitis 2014, § 7 BDSG, Rn. 6.
[2101] *Gabel*, in: Taeger/Gabel 2013, § 7 BDSG, Rn. 17; *Simitis*, in: Simitis 2014, § 7 BDSG, Rn. 35; *Däubler*, in: Däubler/Klebe/Wedde/Weichert 2014, § 7 BDSG, Rn. 34; unter analoger Anwendung des § 1004 BGB *Schaffland/Wiltfang* 2013, § 7 BDSG, Rn. 7; andere Ansicht BAGE 129, 145, Rn. 54 ff.
[2102] *Simitis*, in: Simitis 2014, § 7 BDSG, Rn. 9 f.; *Däubler*, in: Däubler/Klebe/Wedde/Weichert 2014, § 7 BDSG, Rn. 6; so auch BAGE 129, 145, Rn. 57.
[2103] *Däubler*, in: Däubler/Klebe/Wedde/Weichert 2014, § 7 BDSG, Rn. 9; *Simitis*, in: Simitis 2014, § 7 BDSG, Rn. 12 ff.
[2104] *Bergmann/Möhrle/Herb* 2014, § 7 BDSG, Rn. 5; *Däubler*, in: Däubler/Klebe/Wedde/Weichert 2014, § 7 BDSG, Rn. 8; *Simitis*, in: Simitis 2014, § 7 BDSG, Rn. 11.
[2105] *Simitis*, in: Simitis 2014, § 7 BDSG, Rn. 19.
[2106] *Simitis*, in: Simitis 2014, § 7 BDSG, Rn. 15 f.
[2107] *Bergmann/Möhrle/Herb* 2014, § 7 BDSG, Rn. 9.

Gestaltungsrechte

keitsnorm beruhen, sondern kann auch vom Verstoß gegen sonstige datenschutzrechtliche Bestimmungen, wie etwa Informationspflichten oder technische und organisatorische Maßnahmen, herrühren.[2108] Er kann außerdem, unabhängig von der Zulässigkeit, auch auf eine unrichtige Datenverarbeitung, etwa aufgrund technischer Mängel, zurückzuführen sein.[2109] Im Rahmen des Cloud Computing kann folglich jeder Verstoß einer verantwortlichen Stelle, sei es durch den Cloud-Nutzer oder durch den Cloud-Anbieter oder einen möglichen Unterauftragnehmer, gegen eine in dieser Arbeit genannten Pflichten eine Verletzung im Sinne des § 7 BDSG darstellen.

Der datenschutzrechtliche Haftungstatbestand wird allerdings stark durch die Begrenzung auf bestimmte, tatsächlich entstandene Schäden eingeschränkt. Grundsätzlich wird nach § 7 BDSG nur der tatsächlich erlittene Schaden ersetzt. Eine bloße Rechtsverletzung ohne einen Schaden begründet noch keinen Haftungsanspruch.[2110] Für das Cloud Computing ergibt sich dadurch bereits die Schwierigkeit für den Betroffenen, einen Kausalverlauf zwischen der Verletzung einer datenschutzrechtlichen Norm oder der unrichtigen Verarbeitung und einem Schaden nachzuweisen. Ein Betroffener wird selten nachweisen können, dass die Verletzung seines Persönlichkeitsrechts durch den Cloud-Anbieter oder den Cloud-Nutzer zu einem Schaden geführt hat; zumal diese Verletzungen häufig zügig korrigiert werden.[2111] Hinzu kommt, dass § 7 BDSG nach der herrschenden Meinung ausschließlich einen materiellen und gerade keinen immateriellen Schaden kompensiert, also etwa kein Schmerzensgeld gewährt. Grund hierfür sei, dass der Ersatz immaterieller Schäden in § 7 BDSG nicht, wie von § 253 Abs. 1 BGB gefordert, ausdrücklich bestimmt wird.[2112] Da jedoch Verstöße gegen das Datenschutzrecht selten und wenn, dann nur schwer quantifizierbare materielle Schäden nach sich ziehen,[2113] wird ein Betroffener kaum Schadensersatzansprüche gegen einen verantwortlichen Cloud-Nutzer oder Cloud-Anbieter geltend machen können. Die gleichzeitig nicht unerheblichen immateriellen Schäden, die durch die Verletzung der Persönlichkeitsrechte entstanden sind, beispielsweise wenn ein Cloud-Nutzer unbefugt und praktisch irreversibel sensitive Daten an einen ausländischen Cloud-Anbieter übermittelt, lassen sich durch § 7 BDSG folglich nicht ersetzen. Einschränkungen, wie die Schwierigkeit einen Kausalverlauf nachzuweisen, und die Begrenzung auf immate-

---

[2108] *Gabel*, in: Taeger/Gabel 2013, § 7 BDSG, Rn. 7 f.
[2109] *Simitis*, in: Simitis 2014, § 7 BDSG, Rn. 20.
[2110] *Simitis*, in: Simitis 2014, § 7 BDSG, Rn. 30.
[2111] *Däubler*, in: Däubler/Klebe/Wedde/Weichert 2014, § 7 BDSG, Rn. 3; *Gola/Schomerus* 2012, § 7 BDSG, Rn. 7.
[2112] *Gola/Schomerus* 2012, § 7 BDSG, Rn. 12 und 19; *Gabel*, in: Taeger/Gabel 2013, § 7 BDSG, Rn. 10; *Däubler*, in: Däubler/Klebe/Wedde/Weichert 2014, § 7 BDSG, Rn. 3; *Simitis*, in: Simitis 2014, § 7 BDSG, Rn. 31 ff.; andere Ansicht dagegen *Bergmann/Möhrle/Herb* 2014, § 7, Rn. 12.
[2113] *Becker*, in: Plath 2013, § 7 BDSG, Rn. 1.

rielle Schäden werden stark kritisiert und dem Anspruch aus § 7 BDSG folglich seine praktische Bedeutung abgesprochen.[2114]

Ein Betroffener muss freilich nicht auf den Ersatz immaterieller Schäden verzichten. Bei einer Verletzung im Sinne des § 7 BDSG ergeben sich in aller Regel gleichzeitig auch Ansprüche aus anderen Normen, etwa aus § 823 Abs. 1 BGB aufgrund der Verletzung des Persönlichkeitsrechts in Ausprägung des Rechts auf informationelle Selbstbestimmung als „sonstiges Recht" oder aufgrund eines Verstoßes gegen das Bundesdatenschutzgesetz, das ein Schutzgesetz im Sinne des § 823 Abs. 2 BGB darstellt.[2115]

Erleichtert wird die Geltendmachung durch eine Verschuldensvermutung nach § 7 Abs. 2 BDSG. Das Verschulden der verantwortlichen Stelle wird nach § 7 Abs. 1 BDSG bei Verletzung des Datenschutzrechts vermutet. Allerdings kann sich die verantwortliche Stelle, wenn sie die nach den Umständen des Falls gebotene Sorgfalt beachtet hat, entlasten. Die Entlastungsmöglichkeit wird zwar als unnötig bezeichnet,[2116] orientiert sich jedoch zumindest nicht an der Verkehrssorgfalt, sondern an der im konkreten Fall erforderlichen Sorgfalt.[2117] Die gebotene Sorgfalt im Rahmen des Cloud Computing bemisst sich folglich nach dem konkreten Schutzbedarf. Dieser dynamische Verweis führt wohl im Ergebnis dazu, dass ein Entlastungsbeweis bei der Nutzung von Cloud-Angeboten mit niedrigen Datenschutzgewährleistungen oder beim Umgang mit besonders sensitiven Daten nahezu unmöglich sein wird. Der verantwortliche Cloud-Nutzer, der sensitive Daten in eine unsichere Cloud überträgt, kann sich folglich in der Regel nicht exkulpieren.[2118]

[2114] *Roßnagel/Pfitzmann/Garstka* 2001, 178 f.; *Becker*, in: Plath 2013, § 7 BDSG, Rn. 1; *Däubler*, in: Däubler/Klebe/Wedde/Weichert 2014, § 7 BDSG, Rn. 3; *Wedde*, in: Roßnagel 2003, 4.4, Rn. 92; scharfe Kritik außerdem bei *Simitis*, in: Simitis 2014, § 7 BDSG, Rn. 5 f.
[2115] Statt vieler *Simitis*, in: Simitis 2014, § 7 BDSG, Rn. 59 ff.; *Gola/Schomerus* 2012, § 7 BDSG, Rn. 18a; *Gabel*, in: Taeger/Gabel 2013, § 7 BDSG, Rn. 25; *Däubler*, in: Däubler/Klebe/Wedde/Weichert 2014, § 7 BDSG, Rn. 29; *Sprau*, in: Palandt 2014, § 823 BGB, Rn. 85; weitere Anspruchsgrundlagen können sich aus Vertrag nach § 280 Abs. 1 BGB i. V. m. §§ 241, 311 BGB sowie aus dem Wettbewerbsrecht nach § 4 Nr. 11 UWG i. V. m. §§ 9 ff. UWG und § 28 BDSG ergeben.
[2116] „Ohne Not", *Simitis*, in: Simitis 2014, § 7 BDSG, Rn. 5.
[2117] *Becker*, in: Plath 2013, § 7 BDSG, Rn. 16; *Gabel*, in: Taeger/Gabel 2013, § 7 BDSG, Rn. 12, *Simitis*, in: Simitis 2014, § 7 BDSG, Rn. 24.
[2118] Zur gefahrenabhängigen Dynamik der Exkulpationsmöglichkeit *Däubler*, in: Däubler/Klebe/Wedde/Weichert 2014, § 7 BDSG, Rn. 15.

12 Technische und organisatorische Maßnahmen

Die technischen und organisatorischen Maßnahmen nach § 9 BDSG und der Anlage zu § 9 S. 1 BDSG stellen eine zentrale „Kernnorm" des Daten- und Informationssicherheitsrechts dar.[2119] Unter Datensicherung als Gegenstand der Datensicherheit wird die „Gesamtheit aller organisatorischen und technischen (nicht rechtlichen) Regelungen und Maßnahmen verstanden, mit denen ein unzulässiger Umgang mit personenbezogenen Daten zu verhindern und die Integrität sowie Verfügbarkeit der Daten und die zu deren Verarbeitung eingesetzten technischen Einrichtungen zu erhalten ist".[2120] Maßnahmen zur Datensicherheit sollen aus technischer Sicht die Verfügbarkeit, Authentizität und Integrität der Daten gewährleisten,[2121] um aus datenschutzrechtlicher Sicht die Ziele des § 1 BDSG zu verwirklichen.[2122] Technische und organisatorische Maßnahmen wirken folglich an der Umsetzung des Datenschutzes jenseits der Vorgaben zur Zulässigkeit und den Betroffenenrechten mit.[2123]

Zur Umsetzung der Vorgaben aus § 9 BDSG sind alle Stellen, die selbst oder im Auftrag personenbezogene Daten erheben, verarbeiten oder nutzen, verpflichtet. Die Formulierung des § 9 S. 1 BDSG ändert für den Fall einer Auftragsdatenverarbeitung zwar nichts an der Verantwortungsverteilung – verantwortlich bleibt weiterhin ausschließlich der Auftraggeber. Ein Verstoß gegen die Vorgaben hätte also gegebenenfalls Folgen für die Zulässigkeit des Datenumgangs durch den Auftraggeber.[2124] Die Vorgaben zu technischen und organisatorischen Maßnahmen gelten dennoch auch für den Auftragnehmer.[2125] Dieser ist jedoch zusätzlich an die Weisungen des Auftraggebers,[2126] die sich neben den Zwecken zumindest auf die wesentlichen Mittel der Datenverarbeitung beziehen müssen, gebunden.

[2119] *Schultze-Melling*, in: Taeger/Gabel 2013, § 9 BDSG, Rn. 4; *Ernestus*, in: Simitis 2014, § 9 BDSG, Rn. 1.
[2120] *Ernestus*, in: Simitis 2014, § 9 BDSG, Rn. 2.
[2121] *Gola/Schomerus* 2012, § 9 BDSG, Rn. 2.
[2122] Datensicherheit soll nach *Bergmann/Möhrle/Herb* 2014, § 9 BDSG, Rn. 14 die „Ausführung des BDSG" gewährleisten.
[2123] Hierzu *Plath*, in: Plath 2013, § 9 BDSG, Rn. 9.
[2124] *Plath*, in: Plath 2013, § 9 BDSG, Rn. 5.
[2125] *Ernestus*, in: Simitis 2014, § 9 BDSG, Rn. 5; *Bergmann/Möhrle/Herb* 2014, § 9 BDSG, Rn. 12; *Wedde*, in: Däubler/Klebe/Wedde/Weichert 2014, § 9 BDSG, Rn. 11; *Gola/Schomerus* 2012, § 9 BDSG, Rn. 3.
[2126] *Schultze-Melling*, in: Taeger/Gabel 2013, § 9 BDSG, Rn. 13 f.; im Zweifel würde vor dem Hintergrund der Weisungsbindung die Weisung des Auftraggebers den Vorgaben des § 9 BDSG wohl vorgehen, wobei der Auftragnehmer in diesem Fall regelmäßig verpflichtet wäre, den Auftraggeber nach § 11 Abs. 3 S. 2 BDSG auf einen möglichen Verstoß gegen § 9 BDSG durch die angewiesene Abweichung hinzuweisen.

Im Rahmen des Cloud Computing müssen die technischen und organisatorischen Maßnahmen folglich in allen Servern des Cloud-Anbieters umgesetzt werden. Auch bei potentiellen Unterauftragnehmern[2127] sowie beim Cloud-Nutzer, sofern auch durch ihn ein Datenumgang stattfindet, sind technische und organisatorische Maßnahmen einzuführen. Die Vorgaben des § 9 BDSG sowie der dazugehörigen Anlage sind zwar im Rahmen der rechtskonformen Umsetzung des Cloud Computing vollumfänglich anzuwenden.[2128] Aus technischer Sicht werden damit aber zentrale Fragen der IT-Sicherheit, wie die Verfügbarkeit, Integrität und Vertraulichkeit, insbesondere durch den Maßnahmenkatalog in der Anlage, nicht vollständig abgebildet.[2129] Aus dem Blickwinkel der Informationssicherheit jenseits des Bundesdatenschutzgesetzes werden deshalb technische Sicherheitsmaßnahmen vorrangig anhand internationaler Standards und Normungen, wie etwa der ISO 27001, beurteilt.

12.1 Erforderlichkeit und Verhältnismäßigkeit

Technische und organisatorische Maßnahmen im Sinne des Bundesdatenschutzgesetzes sollen keinem Selbstzweck dienen. Insbesondere ihre Ausgestaltung und Intensität soll am konkreten Schutzbedarf ausgerichtet sein.[2130] § 9 BDSG stellt die Maßnahmen deshalb unter einen Erforderlichkeits- und Verhältnismäßigkeitsvorbehalt.[2131] Demnach sind zum einen nach § 9 S. 1 2. Hs. BDSG nur solche Maßnahmen einzuleiten, die erforderlich sind, um die Ausführung der Vorschriften des Bundesdatenschutzgesetzes, insbesondere die in der Anlage zum Bundesdatenschutzgesetz genannten Anforderungen, zu gewährleisten. Den jeweiligen Anforderungen kann dabei der aktuelle Stand der Technik zugrunde liegen.[2132] Zum anderen sollen nach § 9 S. 2 BDSG Maßnahmen nur dann erforderlich sein, wenn ihr Aufwand in einem angemessenen Verhältnis zu dem angestrebten Schutzzweck steht. Mit der Verhältnismäßigkeitsprüfung soll eine flexible Ausrichtung der Maßnahmen an unterschiedlichen Systemen und technischen Entwicklungen erreicht werden.[2133] Statt mit pauschalen Vorgaben zu technischen und organisatorischen Maßnahmen gegebenenfalls „mit Kanonen auf Spatzen" zu schießen,[2134] verlangt das Bundesdatenschutzgesetz eine Abwägung zwischen dem tatsächlichen Schutzbedarf und dem hierfür erforderlichen Aufwand.

[2127] *Bedner* 2013, 162 f.
[2128] *Schultze-Melling*, in: Taeger/Gabel 2013, § 9 BDSG, Rn. 5.
[2129] *Ernestus*, in: Simitis 2014, § 9 BDSG, Rn. 1.
[2130] *Bergmann/Möhrle/Herb* 2014, § 9 BDSG, Rn. 26.
[2131] Die Norm spiegelt damit den verfassungsrechtlichen Verhältnismäßigkeitsgrundsatz wider, *Schultze-Melling*, in: Taeger/Gabel 2013, § 9 BDSG, Rn. 22.
[2132] *Heibey*, in: Roßnagel 2003, 4.5, Rn. 29 f.
[2133] *Bergmann/Möhrle/Herb* 2014, § 9 BDSG, Rn. 17.
[2134] *Gola/Schomerus* 2012, § 9 BDSG, Rn. 7.

Der Schutzbedarf ergibt sich zunächst abstrakt aus dem Schutzzweck des Datenschutzrechts, vornehmlich aus § 1 Abs. 1 BDSG. Danach ist Ziel des Bundesdatenschutzgesetzes, den Einzelnen davor zu schützen, dass er durch den Umgang mit seinen personenbezogenen Daten in seinem Persönlichkeitsrecht beeinträchtigt wird. Der Schutzbedarf im Konkreten ist hieraus für den Einzelfall zu ermitteln.[2135] Hierzu hat die verpflichtete Stelle für den geplanten Datenumgang eine Bedrohungsanalyse zu erstellen.[2136] Eine solche Bedrohungsanalyse muss beispielsweise berücksichtigen, inwiefern sich durch den konkret geplanten Datenumgang Gefährdungen für das Persönlichkeitsrecht der jeweiligen Betroffenen ergeben.[2137] Hierbei ist relevant, von welcher Art und Sensitivität die Daten sind[2138] und in welchem Verwendungszusammenhang,[2139] also zu welchen Zwecken Daten erhoben, verarbeitet und genutzt werden sollen. Auch die Seriosität und die Hintergründe des Datenumgangs, also etwa die eingesetzte Datenverarbeitungstechnik oder die Art der Vernetzung vor Ort, sind zu berücksichtigen.[2140] Über den Nutzwert der Daten lässt sich auch ein Missbrauchsrisiko sowie ein Schadenspotential ermitteln,[2141] das in die Risikoanalyse zur Ermittlung des Schutzbedarfs einfließen sollte.

Dem Schutzbedarf kann der Aufwand für die Maßnahmen gegenübergestellt werden. Als Aufwand können dabei sämtliche Kosten für technische und organisatorische Maßnahmen, von der Planungs- und Konzeptionsphase über die Einführung bis hin zu laufenden Betriebskosten, angesetzt werden.[2142] Nicht einberechnet werden darf dagegen der Aufwand für Maßnahmen, die nicht ausschließlich zur Herstellung des Schutzzwecks, also nicht dem Schutz des Persönlichkeitsrechts, sondern etwa dem Betriebsgeheimnisschutz, dienen. Auch die Maßnahmen, die zur Erfüllung einer Pflicht nach dem Datenschutzrecht, etwa für die Erfüllung von Betroffenenrechten, ohnehin erforderlich wären, sind nicht als Aufwand dem Schutzzweck gegenüber zu stellen.[2143]

[2135] *Ernestus*, in: Simitis 2014, § 9 BDSG, Rn. 26; *Schultze-Melling*, in: Taeger/Gabel 2013, § 9 BDSG, Rn. 24.

[2136] *Ernestus*, in: Simitis 2014, § 9 BDSG, Rn. 27; *Wedde*, in: Däubler/Klebe/Wedde/Weichert 2014, § 9 BDSG, Rn. 19.

[2137] *Ernestus*, in: Simitis 2014, § 9 BDSG, Rn. 27.

[2138] *Bergmann/Möhrle/Herb* 2014, § 9 BDSG, Rn. 45 f.; *Schultze-Melling*, in: Taeger/Gabel 2013, § 9 BDSG, Rn. 27.

[2139] *Wedde*, in: Däubler/Klebe/Wedde/Weichert 2014, § 9 BDSG, Rn. 25; *Gola/Schomerus* 2012, § 9 BDSG, Rn. 9.

[2140] *Ernestus*, in: Simitis 2014, § 9 BDSG, Rn. 27.

[2141] *Schultze-Melling*, in: Taeger/Gabel 2013, § 9 BDSG, Rn. 28; *Ernestus*, in: Simitis 2014, § 9 BDSG, Rn. 27.

[2142] *Ernestus*, in: Simitis 2014, § 9 BDSG, Rn. 34.

[2143] *Schultze-Melling*, in: Taeger/Gabel 2013, § 9 BDSG, Rn. 31; *Ernestus*, in: Simitis 2014, § 9 BDSG, Rn. 36.

Der ermittelte Schutzbedarf und der ermittelte Aufwand sind schließlich im Rahmen der Verhältnismäßigkeitsprüfung in ein angemessenes Verhältnis zu bringen und hieraus ein ganzheitliches Sicherheitskonzept zu entwickeln.[2144] Dabei ist bei der Prüfung mehrerer Einzelfälle für ein gemeinsames Sicherheitskonzept stets vom höchsten Gefährdungspotential, also etwa von den sensitivsten aller potentiell zu verarbeitenden Daten, auszugehen und nicht nur ein durchschnittliches Gefährdungspotential heranzuziehen.[2145] Trotz der Abwägung kann durch die Prüfung jedoch nie eine Maßnahme aufgrund ihres hohen Aufwands gänzlich ausgeschlossen werden. Bei der Abwägung kann es höchstens um die Ausgestaltung und Intensität, also das „Wie" der Maßnahme, nicht aber um das „Ob" gehen.[2146] Steht der Aufwand einer erforderlichen Maßnahme überhaupt entgegen, muss der konkrete Datenumgang unterbleiben.

Soll für ein Cloud-System oder eine Cloud-Nutzung ein Sicherheitskonzept erstellt werden, werden der Cloud-Anbieter sowie der Cloud-Nutzer regelmäßig von einem hohen Risiko für die Persönlichkeitsrechte des Betroffenen ausgehen müssen. Für hohe Schutzanforderungen beim Cloud Computing sprechen vor allem die Intransparenz der Datenspeicherung und der möglicherweise grenzüberschreitenden Datenwege, die schwere Verfolgbarkeit, die einfache Kopier-, Veränderbar- und Auswertbarkeit sowie hinsichtlich der Art der Daten die potentielle und oftmals nicht vorhersagbare Datenvielfalt und -menge. Entsprechend hoch wird auch der erforderliche und hinzunehmende Aufwand für technische und organisatorische Maßnahmen im Rahmen des Cloud Computing sein.[2147]

12.2 Einzelne Maßnahmen nach der Anlage zu § 9 S. 1 BDSG

Die Anlage zum Bundesdatenschutzgesetz, die sich explizit auf § 9 S. 1 BDSG bezieht, enthält einen Anforderungskatalog für technische und organisatorische Maßnahmen. Die Aufzählung wird mit dem Wort „insbesondere" eingeleitet und stellt insofern nur einen Beispielkatalog oder anders ausgedrückt ein „Minimum" technischer und organisatorischer Maßnahmen dar.[2148] Der Katalog ist bewusst abstrakt und losgelöst vom aktuellen Stand der Technik formuliert. Die konkret erforderlichen Maßnahmen können so flexibel und dynamisch anhand der technischen Entwicklungen ermit-

---

[2144] *Wedde*, in: Däubler/Klebe/Wedde/Weichert 2014, § 9 BDSG, Rn. 19.
[2145] *Ernestus*, in: Simitis 2014, § 9 BDSG, Rn. 39.
[2146] *Wedde*, in: Däubler/Klebe/Wedde/Weichert 2014, § 9 BDSG, Rn. 22; *Ernestus*, in: Simitis 2014, § 9 BDSG, Rn. 24.
[2147] Bereits *Heibey*, in: Roßnagel 2003, 4.5, Rn. 26 spricht davon, dass bei manchen Techniken „höchster Aufwand" nicht selten gerechtfertigt sei; für eine Bedrohungsanalyse für das Cloud Computing siehe *Bedner* 2013, 195 ff.
[2148] *Ernestus*, in: Simitis 2014, § 9 BDSG, Rn. 17; siehe statt vieler auch *Wedde*, in: Däubler/ Klebe/Wedde/Weichert 2014, § 9 BDSG, Rn. 29.

telt werden.[2149] Trotz ihrer technikneutralen Ausrichtung wird den Katalogmaßnahmen für neuartige Datenverarbeitungen nur noch eine begrenzte Eignung zugesprochen.[2150] Insbesondere vor dem Hintergrund des Cloud Computing würden viele der in S. 2 Nr. 1 bis 8 der Anlage zu § 9 S. 1 BDSG geforderten „Kontrollen" unrealistisch.[2151]

12.2.1 Organisationskontrolle

Die sogenannte „Organisationskontrolle" wurde in Satz 1 der Anlage zu § 9 S. 1 BDSG als Rahmenbedingung aller folgenden Kontrollmaßnahmen quasi „vor die Klammer gezogen".[2152] Demnach ist die Organisation der jeweiligen Stelle so zu gestalten, dass sie den besonderen Anforderungen des Datenschutzes gerecht wird. Unter Organisation wird dabei verbreitet die Aufbau- und Ablauforganisation der Stelle verstanden.[2153] Zur Organisation des Datenumgangs beim Cloud Computing kann zunächst der Abschluss von Verträgen, etwa eines zugrunde liegenden Mietvertrags,[2154] eines Service Level Agreements und eines Auftragsdatenverarbeitungsvertrags zwischen dem Cloud-Nutzer und dem Cloud-Anbieter,[2155] gehören. Von der Organisationskontrolle ist gegebenenfalls auch die Meldung bei der zuständigen Aufsichtsbehörde nach § 4d BDSG, die Bestellung eines Datenschutzbeauftragten nach § 4f BDSG[2156] sowie die Verpflichtung der Mitarbeiter auf das Datengeheimnis nach § 5 BDSG und entsprechende Schulungen[2157] umfasst. Zentral für die Organisation ist außerdem die Funktionstrennung[2158] oder Funktionsaufteilung.[2159] Hierbei wird der Datenverwendungsvorgang in einzelne Teile unterteilt, um hinsichtlich der Datensicherheit für einzelne Teilabschnitte oder Funktionen bewertet und gestaltet werden zu können. Durch einen Cloud-Anbieter könnten so unterschiedliche Sicherheitsanforderungen für die Datenverarbeitung im Rahmen des regulären Dienstes und während der Wartung oder eines Administratorzugriffs definiert werden.

[2149] *Schultze-Melling*, in: Taeger/Gabel 2013, § 9 BDSG, Rn. 40; *Wedde*, in: Däubler/Klebe/ Wedde/Weichert 2014, § 9 BDSG, Rn. 30; *Ernestus*, in: Simitis 2014, § 9 BDSG, Rn. 48.

[2150] *Wedde*, in: Däubler/Klebe/Wedde/Weichert 2014, § 9 BDSG, Rn. 30; *Plath*, in: Plath 2013, § 9 BDSG, Rn. 22.

[2151] *Schultze-Melling*, in: Taeger/Gabel 2013, § 9 BDSG, Rn. 104.

[2152] *Heibey*, in: Roßnagel 2003, 4.5, Rn. 37.

[2153] *Ernestus*, in: Simitis 2014, § 9 BDSG, Rn. 50; *Bergmann/Möhrle/Herb* 2014, Anlage zu § 9 S. 1 BDSG Abs. 1 „Organisationskontrolle" Nr. 3; *Schultze-Melling*, in: Taeger/Gabel 2013, § 9 BDSG, Rn. 44.

[2154] *Wicker*, MMR 2012, 783 ff.

[2155] *Schultze-Melling*, in: Taeger/Gabel 2013, § 9 BDSG, Rn. 21.

[2156] *Bergmann/Möhrle/Herb* 2014, Anlage zu § 9 S. 1 BDSG Abs. 1 „Organisationskontrolle" Nr. 3; *Schultze-Melling*, in: Taeger/Gabel 2013, § 9 BDSG, Rn. 48.

[2157] *Schultze-Melling*, in: Taeger/Gabel 2013, § 9 BDSG, Rn. 48.

[2158] *Gola/Schomerus* 2012, § 9 BDSG, Rn. 14; *Ernestus*, in: Simitis 2014, § 9 BDSG, Rn. 51 ff.

[2159] *Plath*, in: Plath 2013, § 9 BDSG, Rn. 26.

12.2.2 Zutrittskontrolle

Durch die Zutrittskontrolle nach Satz 2 Nr. 1 der Anlage zu § 9 S. 1 BDSG soll Unbefugten der Zutritt zu Datenverarbeitungsanlagen, mit denen personenbezogene Daten verarbeitet oder genutzt werden, verwehrt werden. Ziel der Zutrittskontrolle ist, zu verhindern, dass Unbefugte sich der Datenverarbeitungsanlage oder dem System als solches räumlich nähern,[2160] also körperlichen Zutritt erhalten[2161] oder physischen Kontakt haben,[2162] und so die Möglichkeit zur Bedienung der Anlage oder des Systems und zur Kenntnisnahme von personenbezogenen Daten erlangen.[2163] Hinsichtlich der Zutrittskontrolle bei Cloud-Servern ergeben sich im Wesentlichen keine Unterschiede zu Maßnahmen in herkömmlichen Rechenzentren.[2164] Neben zahlreichen weiteren Maßnahmen gehört hierzu beispielsweise die Umfriedung des Standorts, der Einsatz von Personenschleusen und elektronischen Zugangssystemen oder auch die Ausarbeitung eines Berechtigungskonzepts[2165] für den Zutritt von Mitarbeitern und Besuchern.

Die Vorgaben der Zutrittskontrolle können mit den Kontrollpflichten des Auftraggebers nach § 11 Abs. 2 S. 4 BDSG in Konflikt geraten.[2166] Zwar sind solche Kontrollen als „Vor-Ort-Besuche" in der Regel nicht zwingend erforderlich, sondern können durch Zertifizierungen ersetzt werden.[2167] Im Einzelfall können dennoch Kontrollbesuche von Auftraggebern erforderlich sein. Zumindest die Kontrolle durch eine Zertifizierungsstelle wird kaum ohne einen Zutritt vor Ort auskommen. Um als Auftragnehmer, etwa als Cloud-Anbieter, dieser auch im Auftragsdatenverarbeitungsvertrag zuzusichernden Kontrollpflicht nachzukommen, bedarf es für Besucher eines speziellen Zutrittskonzepts. Dieses sollte beispielsweise die Identifizierung, die ständige Begleitung durch Personal und die Verpflichtung auf das Datengeheimnis miteinschließen.[2168]

Auch auf Seiten des Cloud-Nutzers können Maßnahmen zur Zutrittskontrolle erforderlich sein, die denen der lokalen Datenverarbeitung vergleichbar sind. Hier ist insbesondere der unbefugte Zutritt zu Eingabegeräten, Anschlusspunkten oder Funknetzen zu verhindern. Ein Sonderproblem ergibt sich, wenn Cloud-Anwendungen zur Telearbeit genutzt werden. Nutzt ein Mitarbeiter des Cloud-Nutzers beispielsweise eine

---

[2160] *Ernestus*, in: Simitis 2014, § 9 BDSG, Rn. 68.
[2161] *Gola/Schomerus* 2012, § 9 BDSG, Rn. 22.
[2162] *Wedde*, in: Däubler/Klebe/Wedde/Weichert 2014, § 9 BDSG, Rn. 36.
[2163] *Ernestus*, in: Simitis 2014, § 9 BDSG, Rn. 68 f.
[2164] *Bedner* 2013, 164.
[2165] *Wedde*, in: Däubler/Klebe/Wedde/Weichert 2014, § 9 BDSG, Rn. 38.
[2166] Hierzu *Bedner* 2013, 164.
[2167] Ausführlich hierzu Kapitel 7.1.3.
[2168] Ausführlicher *Bedner* 2013, 164.

cloud-basierte Unternehmensanwendung über ein Gerät im familiären Bereich, hat der Cloud-Nutzer nur bedingt die Möglichkeit, den unbefugten Zutritt zu diesem Gerät zu verhindern.[2169] Hier bedarf es entsprechender Maßnahmen im Rahmen der Zugangs- und Zugriffskontrolle.

12.2.3 Zugangskontrolle

Die Zugangskontrolle nach Satz 2 Nr. 2 der Anlage zu § 9 S. 1 BDSG soll verhindern, dass Datenverarbeitungssysteme von Unbefugten genutzt werden können, also dass Unbefugte in das System an sich „eindringen"[2170] und dieses nutzen können. In Abweichung zu § 3 Abs. 5 BDSG ist unter „Nutzung" hier jede Einflussnahme auf das System und Kenntnisnahme von Daten gemeint.[2171] Das „Eindringen" ist dabei nicht nur auf den hardwarebasierten, lokalen Systemzugang beschränkt. Insbesondere vor dem Hintergrund des internetbasierten Cloud Computing wird zunehmend die unbefugte Nutzung der Software aus der Ferne mittels Online-Manipulation des Systems oder der Server relevant.[2172] Gerade bei online-basierten Anwendungen und großen Servern mit erheblichen Datenmengen wird mit einer entsprechenden „Raffinesse der Hackerszene"[2173] zu rechnen sein.

Der Cloud-Nutzer muss hinsichtlich seiner Zugangskontrolle insbesondere Möglichkeiten des Zugriffs durch den Cloud-Anbieter auf sein lokales oder in der Cloud betriebenes System, etwa bei automatischen Abrufverfahren oder bei (Fern-)Wartungstätigkeiten, berücksichtigen.[2174] Typische Maßnahmen der Zugangskontrolle sind Firewalls und Passwörter, aber auch die Nutzung von Verschlüsselungen und Signaturen.[2175] Für den Cloud-Nutzer wird sich im Rahmen der Zugangskontrolle auch die Frage stellen, ob je nach Einzelfall statt der Nutzung einer Public Cloud ein lokales System oder eine Private Cloud vorzuziehen ist.[2176]

[2169] Zur Telearbeit *Ernestus*, in: Simitis 2014, § 9 BDSG, Rn. 87; *Wedde*, in: Däubler/Klebe/ Wedde/Weichert 2014, § 9 BDSG, Rn. 42.
[2170] *Ernestus*, in: Simitis 2014, § 9 BDSG, Rn. 88; *Gola/Schomerus* 2012, § 9 BDSG, Rn. 23.
[2171] *Wedde*, in: Däubler/Klebe/Wedde/Weichert 2014, § 9 BDSG, Rn. 46; *Ernestus*, in: Simitis 2014, § 9 BDSG, Rn. 92.
[2172] „Besondere Risikosituationen [...], die mit Hilfe von Einrichtungen der Datenübertragung – zum Beispiel über das Internet – entstehen", *Ernestus*, in: Simitis 2014, § 9 BDSG, Rn. 89.
[2173] *Ernestus*, in: Simitis 2014, § 9 BDSG, Rn. 95.
[2174] Zu Maßnahmen bei Fernwartungen *Schultze-Melling*, in: Taeger/Gabel 2013, § 9 BDSG, Rn. 46 f.
[2175] *Wedde*, in: Däubler/Klebe/Wedde/Weichert 2014, § 9 BDSG, Rn. 48 f.
[2176] *Bedner* 2013, 165.

12.2.4 Zugriffskontrolle

Die Zugriffskontrolle nach Satz 2 Nr. 3 der Anlage zu § 9 S. 1 BDSG soll gewährleisten, dass die zur Benutzung eines Datenverarbeitungssystems Berechtigten ausschließlich auf die ihrer Zugriffsberechtigung unterliegenden Daten zugreifen können und dass personenbezogene Daten bei der Verarbeitung, Nutzung und nach der Speicherung nicht unbefugt gelesen, kopiert, verändert oder entfernt werden können. Maßnahmen der Zugriffskontrolle richten sich in erster Linie an eigene Mitarbeiter des Verpflichteten, also an im Grundsatz „Befugte". Für sie sollen die Möglichkeiten eines Zugriffs auf bestimmte Funktionen, also etwa auf die Datenkenntnisnahme, -eingabe, -kopie, -veränderung oder -löschung oder eine bestimmte Art oder Menge von Daten, die sie (für ihre Arbeit) benötigen, beschränkt werden.[2177]

Für Cloud-Anbieter wird etwa regelmäßig zu klären sein, wer Zugriff auf Daten des Cloud-Nutzers oder betroffener Dritter und in welchem Umfang erhält. So könnten begrenzte Zugriffsmöglichkeiten für Administratoren im Rahmen der Wartung geschaffen und diese wiederum mit einem Vier-Augen-Prinzip belegt werden.[2178] Möglich ist aber auch, dass ein Zugriff, zumindest auf Dateninhalte, gar nicht erforderlich ist. Hier könnte der Cloud-Anbieter als Maßnahme der Zugriffskontrolle beispielsweise die Verschlüsselung von Daten oder als „Selbstschutzmaßnahme" eine Datenversiegelung, etwa nach dem „Sealed Cloud"-Prinzip, anstreben.[2179] Ebenfalls Gegenstand der Zugriffskontrolle sind Maßnahmen, die den (unbeabsichtigten) Zugriff von Cloud-Nutzern auf die Daten anderer Cloud-Nutzer aufgrund der bloß virtuellen Trennung im Rahmen der Mandantenfähigkeit verhindern sollen – etwa sichere Abschottungsmechanismen durch Hypervisoren.[2180]

Auf Seiten des Cloud-Nutzers wird dagegen bereits die Steuerung der Dienstnutzung durch verschiedene Personen beim Cloud-Nutzer, etwa im unternehmerischen Bereich die seiner Mitarbeiter, unter die Zugriffskontrolle fallen. So wird der Cloud-Nutzer dafür Sorge zu tragen haben, dass nur im Einzelfall Berechtigte einen Zugriff auf die Daten in der Cloud erhalten oder auch nur in bestimmten Fällen diese oder selbstständig einen Cloud-Dienst nutzen, um dort personenbezogene Daten zu speichern oder anderweitig zu verarbeiten.[2181]

[2177] *Wedde*, in: Däubler/Klebe/Wedde/Weichert 2014, § 9 BDSG, Rn. 54; *Ernestus*, in: Simitis 2014, § 9 BDSG, Rn. 104.
[2178] *Bedner* 2013, 167.
[2179] Hierzu Kapitel 5.1.9, Kapitel 5.1.11 sowie Kapitel 6.5.2.1.3.
[2180] Hierzu *Bedner* 2013, 166 f.; *Schultze-Melling*, in: Taeger/Gabel 2013, § 9 BDSG, Rn. 104; zum Trennungsgebot siehe Kapitel 12.2.9.
[2181] In diese Richtung *Schultze-Melling*, in: Taeger/Gabel 2013, § 9 BDSG, Rn. 62.

Einzelne Maßnahmen nach der Anlage zu § 9 S. 1 BDSG   429

12.2.5 Weitergabekontrolle

Nach Satz 2 Nr. 4 der Anlage zu § 9 S. 1 BDSG soll mit der Weitergabekontrolle gewährleistet werden, dass personenbezogene Daten bei der elektronischen Übertragung oder während ihres Transports oder ihrer Speicherung auf Datenträger nicht unbefugt gelesen, kopiert, verändert oder entfernt werden können und dass überprüft und festgestellt werden kann, an welche Stellen eine Übermittlung personenbezogener Daten durch Einrichtungen zur Datenübertragung vorgesehen ist.

Die Weitergabekontrolle soll unter anderem den Datentransport sichern. Betroffen ist davon nicht nur die Datenübermittlung, sondern jede Weitergabe von Daten – auch bei der Auftragsdatenverarbeitung.[2182] Im Rahmen des Cloud Computing nimmt der Datentransport insofern eine besondere Stellung ein, als Daten nicht nur einmalig übermittelt oder weitergegeben werden, sondern gegebenenfalls regelmäßig zwischen Unterauftragnehmern oder Empfängern und ihren Servern verschoben werden. Aufgrund der internetbasierten Struktur werden die Daten dabei über offene Netze und in der Regel über scheinbar willkürliche Wege und Knotenpunkte geleitet. Im Mittelpunkt der Weitergabekontrolle steht deshalb der Integritäts- und Vertraulichkeitsschutz.[2183] Daten, die von Betroffenen, Cloud-Nutzern, Cloud-Anbietern und Servern übertragen werden, müssen im Sinne der Weitergabekontrolle vor fremdem Zugriff, Kenntnisnahme und Kopie und Veränderung geschützt sein. Für die Übertragung über öffentliche Netze ist regelmäßig die Verschlüsselung auf dem Transportweg im Sinne einer Ende-zu-Ende-Verschlüsselung angezeigt.[2184] Zusätzlich oder alternativ können auch sogenannte „Virtual Private Networks" (VPN) einen sicheren Datentransport ermöglichen.[2185] Die Sicherung aller Leitungswege[2186] wird beim Cloud Computing demgegenüber nur bei Datentransporten innerhalb von einzelnen Stellen möglich sein, nicht jedoch bei der cloud-typischen Übertragung über das Internet.

Neben der Sicherung des Datentransports verlangt Satz 2 Nr. 4 der Anlage zu § 9 S. 1 BDSG auch die Überprüf- und Verfolgbarkeit der Datenwege. Es soll überprüft und festgestellt werden können, an welche Stellen eine Übermittlung personenbezogener Daten durch Einrichtungen zur Datenübertragung vorgesehen ist. Eine Protokollierung aller tatsächlichen Datenbewegungen ist nach dem Wortlaut nicht erforderlich. Dokumentiert werden sollen lediglich Stellen, an die eine Datenübertragung „vorgesehen"

[2182] *Bergmann/Möhrle/Herb* 2014, Anlage zu § 9 S. 1 BDSG Abs. 1 „Weitergabekontrolle" Nr. 2.
[2183] *Wedde*, in: Däubler/Klebe/Wedde/Weichert 2014, § 9 BDSG, Rn. 61.
[2184] *Bedner* 2013, 167; *Wedde*, in: Däubler/Klebe/Wedde/Weichert 2014, § 9 BDSG, Rn. 67.
[2185] *Bedner* 2013, 167.
[2186] *Bedner* 2013, 168.

ist.[2187] Allerdings sind Datenwege in offenen Netzen zumindest für Diensteanbieter und -nutzer häufig nicht vorherzusehen. Zwar ist der Cloud-Anbieter im Moment der Nutzung oder im Anschluss daran durchaus in der Lage die Wege und den Ort der Daten zu bestimmen – anders wäre die Bereitstellung des Cloud-Angebots nicht möglich. Im Vorfeld einer Cloud Nutzung ist bei einem entsprechend großen Cloud-Netzwerk aber auch für den Cloud-Anbieter nicht immer vorhersehbar, an welche Stellen und Server Daten später übertragen werden und welche Wege die Daten dann nehmen werden. Insofern spricht viel dafür, dass der Cloud-Anbieter im Vorfeld zumindest das Netz potentieller Empfänger dokumentiert und sodann die tatsächlichen Datenwege (automatisiert) protokolliert.[2188]

12.2.6 Eingabekontrolle

Im Rahmen der Eingabekontrolle nach Satz 2 Nr. 5 der Anlage zu § 9 S. 1 BDSG ist zu gewährleisten, dass nachträglich überprüft und festgestellt werden kann, ob und von wem personenbezogene Daten in Datenverarbeitungssysteme eingegeben, verändert oder entfernt worden sind. Mit der Eingabekontrolle soll folglich eine (nachträgliche) Überprüfung möglich sein, ob, von wem und gegebenenfalls auch wann Zugriffe oder Veränderungen an Daten vorgenommen wurden.[2189] Hierzu sind entsprechende Zugriffe und Eingaben zu protokollieren.[2190] Eine solche Protokollierung müsste im Rahmen des Cloud Computing automatisiert erfolgen. Praktisch könnte eine Protokollierung bei der Authentifizierung des Cloud-Nutzers in der Cloud oder eines Mitarbeiters des Cloud-Anbieters ansetzen.[2191] Demnach könnte festgehalten werden, ob und wann überhaupt ein Zugriff auf die Daten vorgenommen wurde. Auch könnte der Zugreifende festgestellt und anschließend in seinen Handlungen protokollarisch verfolgt werden. Um sicherzustellen, dass die Eingabekontrolle an keiner Stelle abreißt, müssen auch Datenkopien erfasst werden und stets mit dem Original abgleichbar sein. Technisch bietet sich hier beispielsweise der Einsatz von Hashwerten, Signaturen und Zeitstempeln an. Um eventuelle Kopien im Rahmen von Sicherungskopien (Backups) zu identifizieren, muss die verpflichtete Stelle eine durchgehende „Backup-Kontrolle" betreiben.[2192]

[2187] *Ernestus*, in: Simitis 2014, § 9 BDSG, Rn. 116; *Wedde*, in: Däubler/Klebe/Wedde/Weichert 2014, § 9 BDSG, Rn. 43; andere Ansicht wohl *Schultze-Melling*, in: Taeger/Gabel 2013, § 9 BDSG, Rn. 65.
[2188] *Bedner* 2013, 168 f.
[2189] *Ernestus*, in: Simitis 2014, § 9 BDSG, Rn. 128; *Schultze-Melling*, in: Taeger/Gabel 2013, § 9 BDSG, Rn. 69.
[2190] *Gola/Schomerus* 2012, § 9 BDSG, Rn. 26.
[2191] *Bedner* 2013, 169 f.
[2192] Zum „Backup-Problem" bereits Kapitel 5.1.9.2.4; *Kroschwald*, ZD 2014, 79 f.

Als problematisch erweist sich die Protokollierung zur Eingabekontrolle dann, wenn das Protokoll selbst wieder ein personenbezogenes Datum darstellt.[2193] In diesem konkreten Fall könnten Ziele der Datensicherheit die des Datenschutzes, insbesondere das Prinzip der Datensparsamkeit, auch konterkarieren. Insbesondere wenn beispielsweise im Rahmen der Eingabekontrolle Handlungen von Mitarbeitern des Cloud-Nutzers oder Cloud-Anbieters protokolliert werden, könnten mitunter sensitive, beschäftigtendatenschutzrechtlich relevante Daten entstehen.[2194] Die Daten unterliegen insoweit auch der besonderen Zweckbindung des § 31 BDSG.[2195] Sofern überhaupt eine solche Protokollierung im Einzelfall zulässig sein sollte, ist gegebenenfalls die Beteiligung des Betriebs- oder Personalrats erforderlich. Sicherzustellen ist überdies, etwa durch Nutzung von Signaturen, die Authentizität und Integrität des Protokolls.[2196]

12.2.7 Auftragskontrolle

In Ergänzung der Vorgaben des § 11 BDSG fordert Satz 2 Nr. 6 der Anlage zu § 9 S. 1 BDSG, mit der Auftragskontrolle zu gewährleisten, dass personenbezogene Daten, die im Auftrag verarbeitet werden, nur entsprechend den Weisungen des Auftraggebers verarbeitet werden können. Anders als die Vorschriften des § 11 BDSG richtet sich die Auftragskontrolle primär an den Auftragnehmer.[2197] Obschon der Auftraggeber weiterhin als verantwortliche Stelle über Zwecke und die wesentlichen Mittel der Datenverarbeitung entscheidet,[2198] trifft den Auftragnehmer nach der Auftragskontrolle nach Satz 2 Nr. 6 der Anlage zu § 9 S. 1 BDSG i. V. m. § 11 Abs. 3 S. 2 BDSG zumindest die Pflicht, die Weisungen des Auftragnehmers zu prüfen und im Zweifelsfall den verantwortlichen Auftraggeber auf eine mögliche Rechtswidrigkeit hinzuweisen. Entsprechend der vertraglichen Bindung, die der Auftragnehmer dem Auftraggeber im Rahmen des § 11 Abs. 2 BDSG aufzuerlegen hat, muss der Auftragnehmer auch im Rahmen der Auftragskontrolle sicherstellen, dass Daten nur nach den Weisungen des Auftraggebers verarbeitet werden. Hierzu wird ein Cloud-Anbieter in der Praxis ein elektronisches Weisungserteilungs- und Verwaltungssystem einrichten müssen, um Weisungen seiner möglicherweise unzähligen Auftraggeber in standardisierter und automatisierter Form entgegennehmen und bearbeiten zu können. So könnte beispielsweise ein Online-Portal zur Verfügung stehen, in dem der Cloud-Nutzer als Auftraggeber

---

[2193] *Ernestus*, in: Simitis 2014, § 9 BDSG, Rn. 143; *Bedner* 2013, 169 f.
[2194] *Heibey*, in: Roßnagel 2003, 4.5, Rn. 81; *Wedde*, in: Däubler/Klebe/Wedde/Weichert 2014, § 9 BDSG, Rn. 81.
[2195] Hierzu *Dammann*, in: Simitis 2014, § 31 BDSG, Rn. 3 ff.
[2196] *Heibey*, in: Roßnagel 2003, 4.5, Rn. 58.
[2197] *Bergmann/Möhrle/Herb* 2014, Anlage zu § 9 S. 1 BDSG Abs. 1 „Auftragskontrolle" Nr. 2.; *Ernestus*, in: Simitis 2014, § 9 BDSG, Rn. 147.
[2198] Kapitel 5.2.5.1.

unter standardisierten Weisungsoptionen wählen und so seiner Weisungspflicht nachkommen könnte.[2199]

12.2.8 Verfügbarkeitskontrolle

Unter die Verfügbarkeitskontrolle nach Satz 2 Nr. 7 der Anlage zu § 9 S. 1 BDSG fallen Maßnahmen, die gewährleisten, dass personenbezogene Daten gegen zufällige Zerstörung oder Verlust geschützt sind. Der Cloud-Anbieter wird im Rahmen der Verfügbarkeitskontrolle seine Systeme und Server gegen physische Zerstörung oder einen sonstigen Datenverlust absichern müssen. Zum Schutz der Daten gegen zufällige Zerstörung oder Verlust werden Cloud-Systeme regelmäßig redundant vorgehalten, indem die Server gespiegelt und regelmäßige Sicherungskopien erstellt werden.[2200] Auf Seiten des Cloud-Nutzers kann sogar die Wahl eines Cloud-Angebots an sich eine Maßnahme der Verfügbarkeitskontrolle darstellen. So können lokale Speicherressourcen mit einer Cloud synchronisiert und auf diesem Weg gesichert werden. Sollen demgegenüber sämtliche lokale Ressourcen mit dem „Gang in die Cloud" ersetzt werden, muss die Verfügbarkeit durch den Cloud-Nutzer vertraglich vom Cloud-Anbieter eingefordert oder gegebenenfalls selbst ein zweiter Cloud-Speicher redundant hinzugebucht werden.

12.2.9 Trennungsgebot

Nach Satz 2 Nr. 8 der Anlage zu § 9 S. 1 BDSG ist zu gewährleisten, dass zu unterschiedlichen Zwecken erhobene Daten getrennt verarbeitet werden können. Die Vorgabe soll auf Seiten der Datensicherheit das datenschutzrechtliche Zweckbindungsprinzip fördern[2201] und wird insofern auch als „Einstieg in den Systemdatenschutz" beschrieben. Demnach sind schon bei Inbetriebnahme von Systemen, also etwa eines Cloud-Dienstes oder eines Servers, die Systeme so auszulegen, dass Daten, die zu unterschiedlichen Zwecken erhoben wurden, auch getrennt verarbeitet werden.[2202] Dem Wortlaut nach spricht viel für die Anforderung einer physischen Trennung, sodass im Ergebnis nur Daten eines Nutzers zu einem bestimmten Zweck auf einer physischen Servereinheit verarbeitet werden dürften. Dies stände allerdings dem technischen Grundprinzip der Cloud diametral entgegen.[2203] Gegenstand des Cloud Computing ist

---

[2199] Hierzu bereits Kapitel 7.2.4.
[2200] *Schultze-Melling*, in: Taeger/Gabel 2013, § 9 BDSG, Rn. 79; *Ernestus*, in: Simitis 2014, § 9 BDSG, Rn. 153.
[2201] *Gola/Schomerus* 2012, § 9 BDSG, Rn. 29; *Bergmann/Möhrle/Herb* 2014, Anlage zu § 9 S. 1 BDSG Abs. 1 „Trennungsgebot" Nr. 8.
[2202] *Ernestus*, in: Simitis 2014, § 9 BDSG, Rn. 161.
[2203] *Schultze-Melling*, in: Taeger/Gabel 2013, § 9 BDSG, Rn. 86.

gerade die internetbasierte Bereitstellung von beliebig skalierbaren Ressourcen. Die beinahe unbegrenzte Skalierbarkeit basiert dabei auf der Virtualisierung der Ressource durch logische Mandantentrennung unter gleichzeitig der Aufhebung einer physischen Trennung.[2204] Dass Satz 2 Nr. 8 der Anlage zu § 9 S. 1 BDSG jedoch auch einer bloß logischen Mandantentrennung nicht entgegensteht, wurde bereits früher vor dem Hintergrund von Data Warehouses nicht bestritten[2205] und gilt heute als herrschende Meinung.[2206] Allerdings müssen die hierzu eingesetzten Hypervisoren die Mandantentrennung in den Virtuellen Maschinen sicher gewährleisten.[2207] Hiervon unabhängig wird ein Cloud-Anbieter, neben den vom Cloud-Nutzer übertragenen Inhaltsdaten, als Telemediendienst noch weitere Bestands- oder Nutzungsdaten im Sinne des §§ 11 ff. TMG, aber auch Inhaltsdaten erheben und verarbeiten. Insbesondere in diesem Zusammenhang ist auf eine strikte Trennung der Daten, die zu anderen Zwecken erhoben, verarbeitet oder genutzt werden, zu achten.[2208]

12.2.10 Verschlüsselung

Satz 3 der Anlage zu § 9 S. 1 BDSG verweist darauf, dass von Verschlüsselungsverfahren „auf dem Stand der Technik" als Maßnahme nach Satz 2 Nr. 2 bis 4 der Anlage zu § 9 S. 1 BDSG besonders in Betracht zu ziehen ist.[2209] Kryptographische Verschlüsselungen müssen folglich für den Einsatz zur Zugangs-, Zugriffs- und Weitergabekontrolle ausdrücklich erwogen werden. Hinsichtlich der Technik der Verschlüsselung, speziell vor dem Hintergrund des Cloud Computing, sei hier auf die entsprechenden Überlegungen im Rahmen des sachlichen Anwendungsbereichs verwiesen.[2210] Anders als für die Frage des Personenbezugs verschlüsselter Daten stellt das Bundesdatenschutzgesetz für den Einsatz als technische und organisatorische Maßnahme allerdings ausdrücklich auf eine Verschlüsselung auf dem „Stand der Technik" statt auf dem „Stand von Wissenschaft und Technik" ab. Hinsichtlich der Anforderungen an die Sicherheit der Verschlüsselung als technische und organisatorische Maßnahme genügt folglich, dass sie die technischen Möglichkeiten zu einem bestimmten

---

[2204] Kapitel 2.1.
[2205] *Helbey*, in: Roßnagel 2003, 4.5, Rn. 74.
[2206] Statt vieler *Ernestus*, in: Simitis 2014, § 9 BDSG, Rn. 161; *Gola/Schomerus* 2012, § 9 BDSG, Rn. 29; *Schultze-Melling*, in: Taeger/Gabel 2013, § 9 BDSG, Rn. 87; *Bedner* 2013, 172.
[2207] Hierzu *Bedner* 2013, 166 f.; siehe auch *Schultze-Melling*, in: Taeger/Gabel 2013, § 9 BDSG, Rn. 104.
[2208] *Bergmann/Möhrle/Herb* 2014, Anlage zu § 9 S. 1 BDSG Abs. 1 „Trennungsgebot" Nr. 8.
[2209] Die Formulierung „eine Maßnahme [...] ist insbesondere [...]", hebt die Verschlüsselung als Regelbeispiel hervor.
[2210] Kapitel 5.1.9; *Kroschwald*, in: Taeger 2013, 289 ff.; *Kroschwald*, ZD 2014, 75 ff.

Zeitpunkt abdeckt, auf gesicherten Erkenntnissen von Wissenschaft und Technik basiert, jedoch auch in ausreichendem Maße zur Verfügung steht.[2211] Anders als zum Ausschluss des Personenbezugs reicht es somit aus, dass die einzusetzende Verschlüsselungstechnik bereits zum Technikalltag gehört und auch wirtschaftlich realisierbar ist.[2212]

[2211] *Ernestus*, in: Simitis 2014, § 9 BDSG, Rn. 171.
[2212] *Ernestus*, in: Simitis 2014, § 9 BDSG, Rn. 171; den „Stand der Technik" für Verschlüsselungen geben beispielsweise die regelmäßigen Bekanntmachungen der Bundesnetzagentur über geeignete Algorithmen für die qualifizierte elektronische Signatur wieder, zum Beispiel BNetzA 2012, Bundesanzeiger Nr. 10, 243; auch Veröffentlichungen des Bundesamts für Sicherheit in der Informationstechnik, etwa der IT-Grundschutz (BSI 2013, IT Grundschutz, M 2.163, 301 ff.) oder Vorgaben von Normungsinstitutionen, wie die NIST (zum Beispiel NIST, FIPS PUB 140-2.), DIN oder ISO (z. B. ISO/IEC 19790: 2012; ISO/IEC 7064: 2003) eignen sich als Bewertungsgrundlage.

13 Geheimnisschutz

Der Umgang mit Daten und Informationen durch nicht-öffentliche Stellen kann neben dem Datenschutzrecht auch einem besonderen Geheimnisschutz unterliegen. Anders als der Umgang mit personenbezogenen Daten beschränkt sich die Verpflichtung zum Schutz bestimmter Geheimnisse auf Personen mit einer bestimmten Qualifikation oder beruflichen Position. Während sogenannte „Berufsgeheimnisse" durch Schweigepflichten in einigen Berufsrechten sowie durch eine Strafbewehrung in § 203 StGB geschützt werden, regelt § 17 UWG den Schutz von Geschäfts- und Betriebsgeheimnissen.[2213] Nutzt der hier betroffene Personenkreis Cloud-Dienste und überträgt im Rahmen der Nutzung vom Geheimnisschutz umfasste Informationen an einen Cloud-Anbieter, sind gegebenenfalls auch diese Regelungen einschlägig.

13.1 Strafbewehrter Berufsgeheimnisschutz

Für Angehörige bestimmter Berufsstände sind Schweige- oder Verschwiegenheitspflichten in einzelnen Berufsordnungen normiert. Anwälte werden beispielsweise in § 43a Abs. 2 BRAO zur Verschwiegenheit verpflichtet. Ergänzt wird diese Norm durch § 2 Abs. 2 BORA, die eine Umsetzung von Ziffer 2.3 der „Standesregeln der Rechtsanwälte der Europäischen Gemeinschaft", darstellt.[2214] Eine ähnliche Schweigepflicht schlägt die Bundesärztekammer den einzelnen Ärztekammern für deren Berufsordnungen vor.[2215] Auch Steuerberater, Wirtschaftsprüfer und Notare sind in ihren Berufsgesetzen zur Verschwiegenheit verpflichtet.[2216] Die hier genannten Berufsgruppen sind häufig in mittelständischen Unternehmensstrukturen organisiert. Gerade für sie ist die Nutzung von Cloud-Diensten aufgrund des flexiblen Ressourceneinsatzes interessant, die Berücksichtigung aller rechtlichen Anforderungen aber gleichsam schwierig.

Die Verletzung von Verschwiegenheitspflichten kann neben den berufsrechtlichen Folgen auch strafbar sein. Nach § 203 Abs. 1 StGB machen sich Angehörige bestimmter Berufsgruppen strafbar, wenn sie ein fremdes Geheimnis offenbaren, das ihnen im Rahmen ihrer Berufstätigkeit anvertraut oder sonst bekannt wurde. Unter den möglichen Täterkreis fallen unter anderem nach § 203 Abs. 1 Nr. 3 StGB Rechtsanwälte und nach § 203 Abs. 1 Nr. 1 StGB Ärzte.

[2213] Die Ausführungen in diesem Kapitel gehen zurück auf zwei vorab veröffentlichte Beiträge in der Zeitschrift Computer und Recht, *Kroschwald/Wicker*, CR 2012, 758 ff. sowie in einem Tagungsband *Kroschwald/Wicker*, in: Taeger 2012, 733 ff.
[2214] *Dobmeier* 2004, 15 und 17.
[2215] Musterberufsordnung des Deutschen Ärztetags, übernommen zum Beispiel in § 9 Berufsordnung hessischer Ärzte.
[2216] § 57 Abs. 1 StBerG; § 42 Abs. 1 WPO; § 18 BNotO.

Die Schweigepflichten in den Berufsordnungen und -gesetzen unterscheiden sich von § 203 StGB, abgesehen von der Rechtsfolge und Systematik, im Wesentlichen durch die Tatsache, dass ein Verstoß anders als im strafrechtlichen Geheimnisschutz auch durch Fahrlässigkeit möglich ist.[2217] In ihren Tatbestandsmerkmalen gleichen sich die strafbewehrte und die berufsrechtlich normierte Schweigepflicht allerdings zu weiten Teilen. Da § 203 StGB für mehrere Berufsgruppen gleichermaßen gilt, soll die weitere Betrachtung auf die strafbewehrte Schweigepflicht beschränkt bleiben.[2218]

13.1.1 Geheimnisschutz und Bundesdatenschutzgesetz

Das Bundesdatenschutzgesetz und der strafbewehrte Schutz von Geheimnissen nach § 203 StGB haben beide das Recht anderer auf Schutz ihrer persönlichen Informationen im Blick.[2219] Trotz dieser Gemeinsamkeit gibt es entscheidende Unterschiede zwischen dem Daten- und dem Geheimnisschutz. Bereits die Zielrichtung des jeweiligen Informationsschutzes unterscheidet sich: der Geheimnisschutz, zum Beispiel die Schweigepflicht eines Anwalts, bezieht sich auf das Verhältnis zwischen dem Anwalt und seinem Mandanten. Der Anwalt wird hier zum „Datenschützer [...] zu Gunsten seines Mandanten".[2220] Die Betroffenen sollen darauf „vertrauen dürfen, dass ihre Geheimnisse nicht von solchen Berufsgeheimnisträgern verletzt werden, denen sie sich in bestimmten Lebenssituationen zwangsläufig anvertrauen müssen".[2221] Das Datenschutzrecht soll nach § 1 Abs. 1 BDSG den Einzelnen davor schützen, dass er durch den Umgang mit seinen personenbezogenen Daten in seinem Persönlichkeitsrecht in Ausprägung des Rechts auf informationelle Selbstbestimmung beeinträchtigt wird.[2222] Vom Datenschutzrecht wird folglich jeder geschützt, dessen personenbezogene Daten betroffen sind – unabhängig davon, ob er Mandant oder ein weiterer betroffener Dritter ist.

Bei Berufsgeheimnisträgern, insbesondere bei Anwälten, führt dies zu einem Dilemma. Als Interessenvertreter ihres Mandanten sind sie nach dem Berufsgeheimnisschutz im Sinne des § 203 StGB zu dessen Informationsschutz verpflichtet.[2223] Erfahren sie im Rahmen des Mandats personenbezogene Informationen über weitere betroffene Dritte, werden diese aus Sicht des Datenschutzrechts aufgrund der Verarbeitung ihrer personenbezogenen Daten Betroffene im Sinne des Bundesdatenschutzgesetzes. Speichert der Anwalt beispielsweise die Daten des Verfahrensgegners, freilich ohne dessen

---

[2217] *Dobmeier* 2004, 20; *Sassenberg*, AnwBl 2006, 196.
[2218] So auch bei *Dobmeier* 2004, 18 ff.
[2219] *Rüpke*, NJW 2008, 1121; *Härting*, NJW 2005, 1250.
[2220] *Rüpke*, NJW 2008, 1121.
[2221] *Luch/Hoffmann*, K&R 2014, 162.
[2222] BVerfGE 65, 1, 43.
[2223] *Rüpke*, NJW 2008, 1121.

Einwilligung, wäre dieser nach § 33 BDSG gegebenenfalls darüber zu benachrichtigen, was aber dem folgenden Verfahren erheblich schaden könnte.[2224] Wenn der Verfahrensgegner die Richtigkeit der Daten bestreiten würde, müssten diese vom Anwalt gesperrt und gegebenenfalls gelöscht werden.[2225] Dies liefe dem Sinn einer anwaltlichen Interessenvertretung entgegen.[2226] Als datenschutzrechtlich Betroffene könnte die Gegenpartei außerdem Auskunft über die zu ihrer Person zuordenbaren und beim gegnerischen Anwalt gespeicherten Daten verlangen. Der Anwalt könnte so in eine Interessenkollision zwischen dem Recht auf informationelle Selbstbestimmung des Verfahrensgegners und dem Berufsgeheimnisschutz über die Informationen seines Mandanten sowie zusätzlich auch noch seinen eigenen prozessualen Schweigerechten geraten.[2227]

Aufgrund dieser Kollisionslage ist zunächst von Bedeutung, ob der Geheimnisschutz dem Datenschutz vorgehen kann und die Datenschutz- und Transparenzrechte der betroffenen Dritten hinter die Schweigepflicht zurücktreten müssen. In § 1 Abs. 3 BDSG ist das Verhältnis des Bundesdatenschutzgesetzes zu anderen Rechtsvorschriften normiert. Nach Satz 1 gehen Rechtsvorschriften, die auf personenbezogene Daten einschließlich deren Veröffentlichung anzuwenden sind, den Vorschriften des Bundesdatenschutzgesetzes vor. Das Bundesdatenschutzgesetz gilt also nur subsidiär zu anderen Datenschutzvorschriften. Voraussetzung für einen Anwendungsvorrang einer Norm ist allerdings die sogenannte „Tatbestandskongruenz". Die vorrangig anzuwendende Regelung muss demnach mit der entsprechenden Bestimmung im Bundesdatenschutzgesetz deckungsgleich sein.[2228] Eine solche Tatbestandskongruenz liegt zwischen § 203 StGB und den Regelungen des Bundesdatenschutzgesetzes aber nicht vor.[2229] Für die Kollision des Datenschutzrechts mit gesetzlichen und standesrechtlichen Geheimhaltungspflichten besteht deshalb in § 1 Abs. 3 S. 2 BDSG eine eigene Regelung. Anders als in Satz 1 ist in § 1 Abs. 3 S. 2 BDSG kein ausdrücklicher Vorrang der Regelungen zu Geheimhaltungspflichten normiert. Die Geheimhaltungspflichten sollen lediglich „unberührt" bleiben. Ob sich daraus derselbe weite Anwendungsvorrang ergibt wie in

---

[2224] *Dobmeier* 2004, 22.
[2225] *Hoeren*, in: Roßnagel 2003, 7.11, Rn. 10.
[2226] *Härting*, NJW 2005, 1249.
[2227] Der Anwalt würde zum Sachwalter des Dritten, *Dobmeier* 2004, 27 mit Verweis auf *Zuck*, in: Abel 1998, 27.
[2228] *Gola/Schomerus* 2012, § 1 BDSG, Rn. 24.
[2229] *Bohnstedt* 2005, 108; in Bezug auf die fehlende Kongruenz des Geheimnisschutzes im Berufsrecht und dem Bundesdatenschutzgesetz, KG, NJW 2011, 325; hierzu auch *Lampe*, jurisPR-StrafR 20/10, Anm. 3.

Satz 1 und der Geheimnisschutz den Datenschutz vollständig verdrängt, wird unterschiedlich bewertet.[2230]

Ein absoluter Vorrang des Geheimnisschutzes würde die Anwendung des Datenschutzrechts für Berufsgeheimnisträger vollständig verhindern – jeder Betroffene, dessen Daten durch den Berufsgeheimnisträger verarbeitet werden, der sich aber nicht auf den Geheimnisschutz berufen kann, stände schutzlos da. § 1 Abs. 3 S. 1 BDSG ist deshalb wohl vielmehr dahingehend auszulegen, dass überall dort, wo der Schutz besonderer Geheimhaltungsvorschriften höher ist als im Bundesdatenschutzgesetz, diese Vorschriften Vorrang genießen. Ist das Schutzniveau der Geheimhaltungsvorschriften dagegen geringer, gilt das Bundesdatenschutzgesetz.[2231] Das Bundesdatenschutzgesetz stellt folglich den Minimalstandard dar.[2232] Im konkreten Fall lassen sich auch Bereiche ermitteln, bei denen sich die Regelungsgehalte vollständig überlagern. In diesen Schnittmengen soll die hier konkurrierende bereichsspezifische Vorschrift des § 203 StGB Vorrang haben.[2233] Soweit sich der Berufsgeheimnisträger also beispielsweise durch die Berücksichtigung datenschutzrechtlicher Betroffenenrechte, wie einem Auskunftsrecht, strafbar machen würde, findet das Bundesdatenschutz keine Anwendung, vielmehr ist er durch den § 203 StGB mit seinem Schweigen geschützt.[2234] Mögliche Widersprüche müssten jedoch zumindest im Sinne einer möglichst weitgehenden Verwirklichung beider Vorschriften aufgelöst werden.[2235]

13.1.2 Anvertrautes Geheimnis

In § 203 StGB findet sich keine Definition des anvertrauten Geheimnisses. Ein Geheimnis kann als „eine Tatsache, die nur einem Einzelnen oder einem beschränkten Kreis von Personen bekannt oder zugänglich ist, deren Kenntnis nach dem Willen des Betroffenen hierauf beschränkt ist und an deren Geheimhaltung der Betroffene ein –

[2230] Für eine uneingeschränkte Anwendbarkeit des Bundesdatenschutzgesetzes etwa *Eggersmann/Hoene*, CR 1990, 21; in diese Richtung auch *Weichert*, NJW 2009, 553; dagegen dem Strafrecht alleinigen Vorrang einräumend *Rüpke*, NJW 2008, 1124 f.; vermittelnd *Abel*, in: Abel 1998, 4, Rn. 15 f.; ähnlich *Redeker*, NJW 2009, 555 ff.; *Hoeren*, in: Roßnagel 2003, 7.11, Rn. 7 ff.; *Dobmeier* 2004, 37.
[2231] *Conrad*, ZD 2014, 165.
[2232] *Dix*, in: Simitis 2014, § 1 BDSG, Rn. 175 ff., insbesondere Rn. 186; so wohl auch *Vander*, in: Taeger 2013, 115; kritisch hierzu *Dobmeier* 2004, 29 f., da die Ansicht vom homogenen Regelungsgehalt der beiden Normen ausgehe, die es erlaube, die Vorschriften stufenweise zu prüfen. Diese Homogenität sei aber nicht gegeben.
[2233] *Abel*, in: Abel 1998, 4, Rn. 15 f.; ähnlich *Redeker*, NJW 2009, 555 ff.; *Hoeren*, in: Roßnagel 2003, 7.11, Rn. 7 ff.; *Dobmeier* 2004, 37.
[2234] *Härting*, NJW 2005, 1250.
[2235] *Dobmeier* 2004, 37; so wird beispielsweise diskutiert, ob Berufsgeheimnisträger technische und organisatorische Maßnahmen nach § 9 BDSG zu beachten haben und inwiefern sie der Datenschutzaufsicht unterstehen, aktuell *Conrad*, ZD 2014, 165.

von seinem Standpunkt aus – berechtigtes (schutzwürdiges) Interesse hat", definiert werden.[2236] Das Geheimnis muss dem Berufsgeheimnisträger in seiner Funktion als Angehöriger der jeweiligen Berufsgruppe anvertraut oder sonst bekannt geworden sein. Ein Arzt oder Anwalt muss das Geheimnis folglich in der Funktion „als" Arzt oder Anwalt erfahren haben – es muss ein innerer Zusammenhang zwischen der beruflichen Eigenschaft und der Kenntniserlangung bestehen.[2237] Gerade bei Ärzten und Anwälten können wesentliche Teile der Patienten- oder Mandantenakte Berufsgeheimnisse darstellen; beispielsweise das „Ob" einer Behandlungs- oder Mandatsbeziehung,[2238] die Identität des Patienten oder Mandanten, Daten der Anwesenheit, Gründe und Befunde, aber auch zufällige Beobachtungen und Rückschlüsse des Berufsgeheimnisträgers in Bezug auf die Person oder das Geschäft.[2239] Führt der Berufsgeheimnisträger eine solche Akte digital, sind auch die digitalen Datensätze und die dazugehörigen Metadaten als Geheimnis einzustufen. Anders verhält es sich dagegen mit solchen Informationen und Daten, die nicht aus dem Mandats- oder Behandlungsverhältnis stammen oder Rückschlüsse darauf bieten, wie etwa bei Computer-Systemdaten. Diese erfüllen weder den Geheimnisbegriff noch wurden sie dem Berufsgeheimnisträger in seiner Funktion „anvertraut". Auch anonyme Informationen fallen nicht unter den Geheimnisbegriff, soweit sie keine Rückschlüsse auf den Betroffenen mehr zulassen.[2240]

13.1.3 Offenbarung durch Nutzung der Cloud

Wie in vielen Unternehmen, geht auch bei Berufsgeheimnisträgern, wie Ärzten und Anwälten, der Trend dahin, Tätigkeiten, die nicht zum Kerngeschäft des Berufsträgers gehören, an externe Dienstleister im Rahmen eines Outsourcing-Vorgangs zu vergeben. Bekannte und im Hinblick auf den Geheimnisschutz in der Literatur diskutierte Beispiele hierfür sind zentrale Schreibbüros sowie externe Abrechnungs- oder Archivierungsstellen.[2241] Den genannten Outsourcing-Vorgängen ist gemein, dass der Berufsgeheimnisträger die oben als Geheimnis eingestuften Patienten- oder Mandanten-

---

[2236] *Cierniak/Pohlit*, in: Joecks/Miebach 2012, § 203 StGB, Rn. 11; ähnlich *Kühl*, in: Lackner/Kühl 2014, § 203 StGB, Rn. 14; *Weidemann*, in: von Heintschel-Heinegg 2012, § 203 StGB, Rn. 4; *Kargl*, in: Kindhäuser/Neumann/Paeffgen 2013, § 203 StGB, Rn. 6; *Lenkner/Eisele*, in: Schönke/ Schröder 2014, § 203 StGB, Rn. 5; *Szalai/Kopf*, ZD 2012, 463.
[2237] Statt vieler *Kühl*, in: Lackner/Kühl 2014, § 203 StGB, Rn. 16; zum Erfordernis eines besonderen Vertrauensverhältnis ausführlich *Kargl*, in: Kindhäuser/Neumann/Paeffgen 2013, § 203 StGB, Rn. 16.
[2238] Andere Ansicht *Szalai/Kopf*, ZD 2012, 465.
[2239] *Lenkner/Eisele*, in: Schönke/Schröder 2014, § 203 StGB, Rn. 15; Aufzählung ausführlich bei *Cierniak/Pohlit*, in: Joecks/Miebach 2012, § 203 StGB, Rn. 24 mit weiteren Nachweisen.
[2240] *Bräutigam*, CR 2011, 413.
[2241] Beispiele statt vieler bei *Langkeit*, NStZ 1994, 8 f.

informationen an externe Dienstleister weitergibt und die dortigen Mitarbeiter so tatsächlich oder zumindest potentiell Kenntnis von den Geheimnissen nehmen können. Ähnlich verhält es sich bei der Nutzung einer Cloud. Der Berufsgeheimnisträger überträgt Daten über das Internet an einen Cloud-Anbieter oder eröffnet dem Cloud-Anbieter einen Zugang zu diesen Daten, um sie, je nach Cloud-Dienst, in der Cloud zu speichern oder zu verarbeiten. Inwiefern es bei der Cloud-Nutzung zu einer strafbewehrten Offenbarung kommt, hängt von der Reichweite der Schweigepflicht und dem genutzten Cloud-Dienst ab.

13.1.3.1 Tathandlung

Die Nutzung einer Cloud durch einen Berufsgeheimnisträger könnte eine Geheimnisoffenbarung darstellen. Ein Geheimnis gilt als offenbart, wenn es an einen anderen gelangt ist.[2242] Eine Geheimnisoffenbarung ist demnach jede Mitteilung der geheim zu haltenden Tatsachen an eine andere Stelle.[2243] So hat der Bundesgerichtshof bereits die Übermittlung von Abrechnungsunterlagen an eine privatärztliche Verrechnungsstelle ohne die Einwilligung des Patienten als unbefugte Offenbarung eingestuft.[2244] Für eine Offenbarung ist es im Grundsatz allerdings unerheblich, auf welchem Weg der anderen Stelle das Geheimnis zur Kenntnis gebracht wurde – einer gezielten Übermittlung an die andere Stelle bedarf es zur Verwirklichung des Tatbestands also nicht.[2245] Werden Daten in eine Cloud übertragen, kann es bei der Verarbeitung dieser Daten in der Cloud ebenso wie in einem externen Rechenzentrum bereits durch den Betriebsablauf zu einer Kenntnisnahme der Daten kommen. So ist es beispielsweise möglich, dass Mitarbeiter des Cloud-Anbieters im Rahmen der Verarbeitung auf Daten zugreifen müssen.[2246] Auch besteht die Gefahr der Kenntnisnahme durch weitere unbefugte Dritte.

Um die Tathandlung nicht durch eine Cloud-Nutzung zu verwirklichen, muss der Berufsgeheimnisträger eine Kenntnisnahme sowohl durch den Cloud-Anbieter als auch weitere Dritte verhindern. Eine Möglichkeit, die Kenntnisnahme zu verhindern, sind technische Sicherungsmechanismen. So können beispielsweise in Daten enthaltene Informationen durch Verschlüsselung der Daten unkenntlich gemacht werden. Mit diesen Informationen verbundene Geheimnisse können im verschlüsselten Zustand

---

[2242] *Lenkner/Eisele*, in: Schönke/Schröder 2014, § 203 StGB, Rn. 19.
[2243] *Kargl*, in: Kindhäuser/Neumann/Paeffgen 2013, § 203 StGB, Rn. 19; *Kühl*, in: Lackner/Kühl 2014, § 203 StGB, Rn. 17.
[2244] BGHZ 115, 123; so auch *Giesen*, NStZ 2012, 122; *Heghmanns/Niehaus*, NStZ 2008, 57; *Hoenike /Hülsdunk*, MMR 2004, 788; *Langkeit*, NStZ 1994, 9; *Leisner*, NZS 2010, 129.
[2245] *Jahn/Palm*, AnwBl 2011, 616; *Lenkner/Eisele*, in: Schönke/Schröder 2014, § 203 StGB, Rn. 19; andere Ansicht wohl *Luch/Hoffmann*, K&R 2014, 164; *Cierniak/Pohlit*, in: Joecks/Miebach 2012, § 203 StGB, Rn. 52, siehe demgegenüber jedoch auch, Rn. 53.
[2246] Zur Verarbeitung und Kenntnisnahme *Heghmanns/Niehaus*, NStZ 2008, 57.

folglich nicht mehr zur Kenntnis genommen werden. Besitzt nur der Berufsgeheimnisträger einen Schlüssel, mithilfe dessen er die Daten entschlüsseln und die Informationen wieder sichtbar machen kann, ist jedem Dritten, also sowohl dem Cloud-Anbieter als auch anderen Dritten, die Kenntnisnahme des in den Daten enthaltenen Geheimnisses unmöglich.[2247] Die Verwendung von Verschlüsselungen sowie Zugangs- und Zugriffssicherungen könnte somit eine Offenbarung abwenden.[2248] Voraussetzung hierfür ist jedoch eine entsprechend hochwertige Sicherung, etwa eine Verschlüsselung auf dem Stand der Wissenschaft und Technik, wie sie im Rahmen dieser Arbeit auch zur Beseitigung des Personenbezugs vorgeschlagen wird.[2249] Gegen eine Kenntnisnahme muss folglich eine entsprechend hohe Hürde errichtet werden. Ist die Kenntnisnahme durch weitere Personen oder Stellen aufgrund der technischen Sicherung nur noch durch einen verbotenen, strafbaren Eingriff, zum Beispiel durch Hacking entsprechend dem Aufbrechen eines verschlossenen Aktenschranks, möglich, kann dem Berufsgeheimnisträger eine aktive Geheimnisoffenbarung nicht mehr vorgeworfen werden.[2250] Auch ein pflichtwidriges Unterlassen käme hier mangels einer vergleichbaren Verwerflichkeit im Sinne des § 13 StGB nicht mehr in Betracht.[2251] Beim Versand von Daten in die Cloud ist ähnlich wie beim Versenden von E-Mails eine Verschlüsselung heutzutage leicht möglich und vom Berufsgeheimnisträger zu erwarten – ebenso die Auswahl einer Cloud, die eine entsprechende technische Zugriffs- und Datensicherheit gewährleistet.

Werden die geheimen Informationen in der Cloud lediglich gespeichert, können diese im verschlüsselten Zustand verbleiben. Ein Zugriff, sowohl durch andere Personen oder Stellen als auch durch den Cloud-Anbieter, ist damit, bei einer entsprechend starken Verschlüsselung, technisch ausreichend erschwert. Eine strafbare Offenbarung ist somit ausgeschlossen. Problematisch ist allerdings die Nutzung einer Cloud zur Datenverarbeitung, etwa im Rahmen eines Softwaredienstes. Wie schon im Rahmen des Personenbezugs untersucht,[2252] könnten Daten in die Cloud zwar verschlüsselt über-

---

[2247] Ausführlich zur Funktionsweise und Wirkung von Verschlüsselungen Kapitel 5.1.8 ff.
[2248] *Jandt/Roßnagel/Wilke*, NZS 2011, 645; *Lensdorf/Mayer-Wegelin/Mantz*, CR 2009, 63; siehe auch *Wagner/Lerch*, NJW CoR 1996, 384; *Hartung*, VersR 2012, 405, der statt technischer auch organisatorische Sperren als zulässig ansieht.
[2249] Hierzu Kapitel 5.1.9.2.2.
[2250] *Hartung*, VersR 2012, 406; nach *Härting*, NJW 2005, 1248 f. sollen selbst unverschlüsselte E-Mails zulässig sein, da die Einsichtnahme des Dritten pflichtwidrig sei; ebenso *Sassenberg/Bamberg*, DStR 2006, 2053 f.
[2251] Zur Entsprechensklausel des § 13 StGB *Fischer* 2014, § 13 StGB, Rn. 83; die Übertragung von Daten im Rahmen des Outsourcings wird zum Teil als ein Offenbaren durch Unterlassen eingeordnet, etwa (zum Cloud Computing) *Härting*, ITRB 2011, 243, wonach nicht unbefugte Dritte automatisch Kenntnis erlangen, sondern die Informationen lediglich einem Rechner anvertraut würden.
[2252] Kapitel 5.1.10.

tragen werden, müssten dann jedoch zum Teil zur Verarbeitung entschlüsselt werden. Denn nach dem derzeitigen Stand der Technik ist eine Datenverarbeitung in verschlüsseltem Zustand häufig noch nicht möglich.[2253] Um die Daten verarbeiten zu können, muss dem Cloud-Anbieter damit entweder ein Schlüssel oder die unverschlüsselten Daten zur Verfügung gestellt werden. Für die Dauer der Verarbeitung hat der Cloud-Anbieter Zugriff auf den Datenbestand und damit die Möglichkeit der Kenntnisnahme. Wie schon für den Ausschluss des Personenbezugs könnte zukünftig möglicherweise aber der technische Ansatz der Datenversiegelung die Kenntnisnahme von Geheimnissen während der Datenverarbeitung verhindern.[2254]

13.1.3.2 Taterfolg

Unabhängig davon, ob eine Verschlüsselung technisch möglich wäre oder nicht, besteht bei einer mangelnden, umgehbaren oder nicht vorhandenen Verschlüsselung grundsätzlich die Möglichkeit der Kenntnisnahme durch den Cloud-Anbieter oder durch weitere Dritte. So wie der Personenbezug aufleben kann, wenn die Zuordnung einer Person unter verhältnismäßigem Aufwand möglich wird, kann auch durch unzureichende Verschlüsselungen oder technischen Fortschritt mit der Zeit die Möglichkeit zur Kenntnisnahme von Geheimnissen entstehen. Eine solche Möglichkeit zur Kenntnisnahme bedeutet jedoch noch nicht, dass das Geheimnis auch tatsächlich zur Kenntnis genommen wird. So könnte der Cloud-Anbieter, obwohl er technisch die Möglichkeit hätte, von einer Kenntnisnahme schlicht Abstand nehmen. Es stellt sich damit die Frage, ob zu einer Offenbarung das Geheimnis von der anderen Stelle, hier dem Cloud-Anbieter, auch tatsächlich zur Kenntnis genommen werden muss oder ob bereits die (so geschaffene) Möglichkeit der Kenntnisnahme ausreicht, auch wenn der Cloud-Anbieter auf die Geheimnisse gar nicht tatsächlich zugreift.

Im nicht-digitalen Bereich wird zum Teil angenommen, das Geheimnis müsse für eine Offenbarung tatsächlich zur Kenntnis genommen worden sein, da ansonsten das Rechtsgut nur gefährdet, nicht aber verletzt werde. So genüge das offene Herumliegenlassen von Dokumenten auf einem Besprechungstisch nicht für eine Offenbarung, solange diese nicht zur Kenntnis genommen würden.[2255] Anderen Autoren genügt statt der tatsächlichen Kenntnisnahme demgegenüber für eine Offenbarung bereits, wenn die entsprechenden Dokumente von dem Dritten in Verwahrung genommen worden sind.[2256] Nach einer dritten Ansicht genügt für eine Offenbarung nicht-digitaler Geheimnisse auch schon die Möglichkeit zur Kenntnisnahme – im Hinblick auf die Weite

---

[2253] Ein Zukunftsansatz hierzu könnte die voll homomorphe Verschlüsselung sein, die allerdings erst am Beginn der Entwicklung steht, *Brands* 2012, 380 - 383.
[2254] Hierzu Kapitel 5.1.11.
[2255] *Cierniak/Pohlit*, in: Joecks/Miebach 2012, § 203 StGB, Rn. 52; *Luch/Hoffmann*, K&R 2014, 164.
[2256] *Lenkner/Eisele*, in: Schönke/Schröder 2014, § 203 StGB, Rn. 20.

des Begriffs der Offenbarung liege eine Strafbarkeit bereits vor, wenn ein Arzt Patientenakten nach Dienstschluss unverschlossen auf seinem Schreibtisch liegen lasse und das Büro anschließend von einer Reinigungskraft betreten werde.[2257]

Im Bereich digitalisierter Geheimnisse in der Cloud kann es jedoch auf eine tatsächliche Kenntnisnahme, wie für die nicht-digitale Welt teilweise angenommen, nicht ankommen. Mit der Übertragung der Geheimnisse in die Cloud gelangen diese bereits in den Kontrollbereich des Cloud-Anbieters. Weder für den Berufsgeheimnisträger noch für eine andere Person oder Stelle lässt sich in der Regel nachvollziehen, ob die Daten im Rahmen eines Zugriffs zur Kenntnis genommen wurden. Anders als bei nicht-digitalen Archiven führt der Umfang der in einer Cloud abgelegten Daten auch nicht dazu, dass ein konkreter Zugriff aufgrund des Aufwands einer Auffindung unwahrscheinlich wird.[2258] Bei großen digitalen Datenbeständen lassen sich durch Suchfunktionen auch einzelne Informationen leicht herausfiltern. Da der Empfängerkreis beim Cloud Computing aus Sicht des Cloud-Nutzers grundsätzlich nicht abschätzbar ist, kann es außerdem auch nicht darauf ankommen, ob eine Information zielgerichtet an einen Dritten weitergegeben wurde oder nicht.[2259] Entsprechend ist für digitalisierte Geheimnisse anzunehmen, dass bereits die Zugangsmöglichkeit zu einem in einer Datei verkörperten Geheimnis durch Erlangung des Gewahrsams durch eine andere Person oder Stelle als Offenbarung zu bewerten ist.[2260] Eine bloß „organisatorische Sperre", etwa ein vertragliches Verbot der Kenntnisnahme, reicht zumindest im Verhältnis zwischen Cloud-Nutzer und Cloud-Anbieter ebenfalls nicht aus, um die Möglichkeit der Kenntnisnahme auszuschließen.[2261] Wie bereits für den Personenbezug festgestellt, läge die Hürde zum Vertragsbruch einer rein vertraglichen Verpflichtung, insbesondere vor dem Hintergrund der erschwerten Durchsetzung im Bereich des grenzüberschreitenden Internets, wohl zu niedrig.[2262] Wird die Möglichkeit der Kenntnisnahme

---

[2257] Für eine Vergleichbarkeit zum Cloud Computing *Härting*, ITRB 2011, 243; *Langkeil*, NStZ 1994, 9.
[2258] So zu nicht digitalisierten Archiven *Fischer* 2014, § 203 StGB, Rn. 30a.
[2259] So auch *Luch/Hoffmann*, K&R 2014, 164; andere Ansicht wohl *Cierniak/Pohlit*, in: Joecks/Miebach 2012, § 203 StGB, Rn. 52.
[2260] So wohl auch *Conrad/Fechtner*, CR 2013, 145; kritisch, jedoch im Ergebnis offen *Szalai/Kopf*, ZD 2012, 464; andere Ansicht *Buchner*, MedR 2013, 340; *Cierniak/Pohlit*, in: Joecks/Miebach 2012, § 203 StGB, Rn. 52 f. unterscheiden zwischen einer Weitergabe von Daten an eine bestimmte, individualisierbare Person und der Eröffnung eines Zugangs zu Wartungszwecken. Während bei gezielten Zusendungen eine Strafbarkeit vorliege, sei das bei der bloßen Zugangseröffnung nicht der Fall. Beim „Outsourcing kompletter Datenverarbeitungsvorgänge an externe Dienstleister" genüge demgegenüber wiederum die Ermöglichung der Kenntnisnahme.
[2261] So aber *Buchner*, MedR 2013, 340.
[2262] Anders könnte die Bewertung dagegen bei einem durchsetzbaren strafbewehrten Verbot der Kenntnisnahme durch den Cloud-Anbieter liegen, siehe hierzu bereits oben zum Personenbezug Kapitel 5.1.4.5.

also nicht zum Beispiel durch eine Verschlüsselung sowohl technisch als auch organisatorisch verhindert, kommt es bereits durch die Übertragung der Daten in die Cloud zu einer Offenbarung.[2263] Auf eine tatsächliche Kenntnisnahme kommt es nicht an.

13.1.3.3 Keine Offenbarung durch sichere Verschlüsselung

Zusammenfassend stellt die Nutzung einer Cloud ohne technische Sicherungsmaßnahmen, insbesondere ohne Verschlüsselung sowie Zugangs- und Zugriffssicherung, eine Geheimnisoffenbarung dar. Es genügt die Möglichkeit der Kenntnisnahme, die durch eine unzureichende Sicherung eröffnet wird. Auf eine tatsächliche Kenntnisnahme kommt es hinsichtlich des Taterfolgs nicht an. Bei der Nutzung der Cloud als Datenspeicher kann die Möglichkeit der Kenntnisnahme durch den Cloud-Anbieter oder andere Personen und Stellen mithilfe von entsprechend sicheren Verschlüsselungen auch längerfristig hinreichend ausgeschlossen werden. Wird jedoch ein Zugriff des Cloud-Anbieters auf unverschlüsselte Daten notwendig, etwa bei der Datenverarbeitung im Rahmen eines Softwaredienstes, lässt sich eine Kenntnisnahme nicht mehr hinreichend ausschließen. Zukünftig könnte dieses Problem jedoch durch eine Datenversiegelung während der Datenverarbeitung gelöst werden.

13.1.4 Gehilfe und Auftragsdatenverarbeitung

Gemäß § 203 Abs. 3 S. 2 StGB stehen den Berufsgeheimnisträgern ihre berufsmäßig tätigen Gehilfen gleich. Die Gehilfen unterliegen demnach ebenfalls der strafbewehrten Schweigepflicht. Im Allgemeinen geht die herrschende Meinung davon aus, dass im Umkehrschluss eine Weitergabe von Informationen an die Gehilfen keine Offenbarung von Geheimnissen darstellt,[2264] da diese zum „Kreis der zum Wissen Berufenen" gehören.[2265] Vorstellbar ist, dass auch der Cloud-Anbieter Gehilfe des cloud-nutzenden Berufsgeheimnisträgers ist. Der Cloud-Anbieter wäre dann nach § 203 Abs. 3 S. 2 StGB ebenso wie der Berufsgeheimnisträger schweigepflichtig – durch eine unbefugte Offenbarung würde auch er sich strafbar machen. Eine Bekanntgabe von Geheimnissen an den Cloud-Anbieter wäre so aber nach dem Umkehrschluss der herrschenden

---

[2263] So für das Cloud Computing *Maisch/Seidl*, DSB 2012, 127; *Härting*, ITRB 2011, 243, der im Falle der Cloud von einem Offenbaren durch Unterlassen ausgeht, soweit Kenntnisnahme zu bejahen ist und nicht alles Mögliche und Zumutbare unternommen worden sei, den Einblick auszuschließen; für das Outsourcing von Abrechnungstätigkeiten *Heghmanns/Niehaus*, NStZ 2008, 58; *Jandt/Roßnagel/Wilke*, NZS 2011, 645; siehe auch bereits zum zulässigen Versand verschlossener Patientenunterlagen *Langkeit*, NStZ 1994, 9; andere Ansicht für den Versand von E-Mails *Sassenberg/Bamberg*, DStR 2006, 2054, die auf eine tatsächliche Kenntnisnahme abstellen.

[2264] BGH NJW 1995, 2916; *Heghmanns/Niehaus*, NStZ 2008, 58; *Lensdorf/Mayer-Weglin/Mantz*, CR 2009, 64; *Kort*, NStZ 2011, 194; *Hoenicke/Hülsdunk*, MMR 2004, 789; *Bohnstedt* 2005, 132; *Giesen*, NStZ 2012, 126; *Szalai/Kopf*, ZD 2012, 464.

[2265] *Conrad/Fechtner*, CR 2013, 144.

Meinung keine strafbare Offenbarung. Es stellt sich deshalb die Frage, ob der Cloud-Anbieter unter den Gehilfenbegriff fällt.

Der Gehilfe ist in § 203 StGB nicht weiter definiert. In der Praxis sind Gehilfen bei Berufsgeheimnisträgern regelmäßig die dortigen Angestellten, zum Beispiel Sprechstundenhilfen oder Kanzleipersonal, mit einem funktionalen Bezug zum Beruf des Berufsgeheimnisträgers. Die Reichweite der Gehilfenstellung wurde insbesondere im Hinblick auf das Outsourcing im Abrechnungs- und Versicherungsbereich[2266] sowie bei der Fernwartung[2267] diskutiert. Im Wesentlichen befasst sich die Debatte mit der Frage, ob der Gehilfenbegriff an der Rechtsstellung des Gehilfen zum Berufsgeheimnisträger oder einer sonstigen Zuordnung festzumachen ist. Im letzteren Falle steht außerdem die Frage im Raum, in welchem Ausmaß und welcher Ausprägung diese Zuordnung vorliegen muss.

Laut Gesetzestext muss der Gehilfe als solcher beim Berufsgeheimnisträger berufsmäßig tätig sein. Seine Tätigkeit muss den Berufsgeheimnisträger in seiner Berufstätigkeit folglich unmittelbar unterstützen.[2268] Hieraus schließt die Literatur fast einstimmig, dass für die Gehilfenstellung zumindest eine Weisungsbefugnis des Berufsgeheimnisträgers gegenüber seinem Gehilfen Voraussetzung sei.[2269]

13.1.4.1 Direktionsrecht und dienstorganisatorische Einbindung?

Ein Teil der Autoren geht allerdings im Hinblick darauf, dass der Gesetzeswortlaut von „ihre berufsmäßig tätigen Gehilfen" spricht, davon aus, dass bereits die Rechtsstellung des Gehilfen zum Berufsgeheimnisträger entscheidend ist: Nur wenn ein tatsächliches Direktionsrecht bestehe, die Person also in die Organisation miteingebunden sei, könne sie Gehilfe sein.[2270] Nach dieser Ansicht muss also ein abhängiges Beschäftigungsverhältnis vorliegen.[2271] Diese Ansicht wird mit der Begründung bestritten, dass die entsprechende strafprozessuale Vorschrift, also das Zeugnisverweigerungsrecht des Gehilfen nach § 53a StPO, auch Selbstständige zu den Gehilfen

---

[2266] BGHZ 115, 123; *Giesen*, NStZ 2012, 126 f.; *Hartung*, VersR 2012, 408; *Heghmanns/Niehaus*, NStZ 2008, 58; *Hoenicke/Hülsdunk*, MMR 2004, 789; *Lensdorf/Mayer-Weglin/Mantz*, CR 2009, 64.

[2267] *Ehmann*, CR 1991, 294; *Sassenberg/Bamberg*, DStR 2006, 2053; *Bohnstedt* 2005, 132.

[2268] *Ehmann*, CR 1991, 294; *Hoenike/Hülsdunk*, MMR 2004, 789.

[2269] *Ehmann*, CR 1991, 294; *Hoenike/Hülsdunk*, MMR 2004, 789; *Bohnstedt* 2005, 133; *Lensdorf/ Mayer-Weglin/Mantz*, CR 2009, 64; einschränkend *Heghmanns/Niehaus*, NStZ 2008, 58.

[2270] So bei *Ehmann*, CR 1991, 295, im Ergebnis jedoch ablehnend; für das Outsourcing von Versicherungsdaten zustimmend *Kühl*, in: Lackner/Kühl 2014, § 203 StGB, Rn. 11b.

[2271] So zumindest *Bohnstedt* 2005, 133; *Härting*, NJW 2005, 1249; *Ehmann*, CR 1991, 295; andere Ansicht *Kühl*, in: Lackner/Kühl 2014, § 203 StGB, Rn. 11b.

zählt.²²⁷² Auch nach dem Normzweck ist solch eine feste Bindung als Voraussetzung abzulehnen. Zwar besteht ein Vertrauensverhältnis zwischen dem Betroffenen und dem Berufsgeheimnisträger. Dieses bezieht sich jedoch in heutiger Zeit weniger auf den Berufsstand des Berufsgeheimnisträgers, sondern vielmehr darauf, dass der Betroffene, zum Beispiel der Patient, einem faktischen Zwang unterliegt Geheimnisse, etwa im Rahmen der Behandlung, anzuvertrauen.²²⁷³ Der Betroffene muss folglich weniger darauf vertrauen können, dass der Gehilfe als Angestellter in die Organisation des Anwalts oder Arztes eingebunden ist, als vielmehr dass durch die Weitergabe der Informationen an den Gehilfen keine weiteren Risiken geschaffen werden.²²⁷⁴ Auch Selbstständige wären so als Gehilfen denkbar.²²⁷⁵ Insofern würde die fehlende arbeitsorganisatorische Bindung des Cloud-Anbieters eine Gehilfenstellung nicht verhindern. Andererseits wird eine rein vertragliche Verschwiegenheitszusage weitgehend als unzureichend abgelehnt.²²⁷⁶

Schließlich können Personen, die lediglich die äußeren Bedingungen für die Tätigkeit des Schweigepflichtigen aufrechterhalten, etwa Reinigungskräfte oder Pförtner, mangels eines funktionalen Bezugs ihrer Tätigkeit zu der des Berufsgeheimnisträgers keine Gehilfen sein.²²⁷⁷ Dies trifft auf den Cloud-Anbieter jedoch auch nicht zu. Sofern der Cloud-Anbieter im Rahmen der Datenverarbeitung Zugriff auf Geheimnisse hat, geschieht dies in einem funktionalen Zusammenhang zur Tätigkeit des Berufsgeheimnisträgers und nicht wie etwa bei der Reinigungskraft durch Zufall.²²⁷⁸

13.1.4.2 Weisungsbindung

Obwohl die Mehrheit eine dienstorganisatorische Einbindung des Gehilfen nicht mehr als zwingend erachtet, wird dennoch weiterhin eine gewisse persönliche Nähe für die Gehilfenstellung vorausgesetzt. Statt auf einfachvertragliche oder im anderen Extrem arbeitsrechtliche Bindungen abzustellen, machen neuere Beiträge die Gehilfenstellung von einer tatsächlichen Weisungsbindung und Steuerungsmacht des Berufsgeheimnis-

---

2272 *Heghmanns/Niehaus*, NStZ 2008, 61; *Hoenike/Hülsdunk*, MMR 2004, 789 f.
2273 Da ansonsten keine adäquate Behandlung möglich wäre, *Heghmanns/Niehaus*, NStZ 2008, 60.
2274 *Hartung*, VersR 2012, 408; *Lensdorf/Mayer-Wegelin/Mantz*, CR 2009, 64 f.; zu den veränderten Erwartungen von Patienten an Geheimnisse auch *Giesen*, NStZ 2012, 122.
2275 *Ehmann*, CR 1991, 295; *Heghmanns/Niehaus*, NStZ 2008, 61, die Anforderung des Direktionsrechts ablehnend; funktionaler Unternehmensbegriff bei Gehilfen, *Bräutigam* CR 2011, 415 f.
2276 *Heghmanns/Niehaus*, NStZ 2008, 61; *Kintzi*, DRiZ 2007, 245; andere Ansicht *Kort*, NStZ 2011, 194; *Sassenberg/Bamberg*, DSTR 2006, 2054.
2277 *Jahn/Palm*, AnwBl 2011, 616; *Giesen*, NStZ 2012, 127, stellt aber auf „zivilrechtliche Bindungen" ab.
2278 Hierzu *Maisch/Seidl*, DSB 2012, 128.

trägers gegenüber dem Gehilfen abhängig.[2279] Entscheidend kann nicht die örtliche Nähe des Gehilfen oder dessen Disposition über die Arbeitszeit sein.[2280] Vielmehr kommt es auf die Dichte der Kontroll- und Sicherungsmaßnahmen,[2281] der technischen und organisatorischen Sicherheitsvorkehrungen,[2282] der Dispositionsbefugnisse des Berufsgeheimnisträgers über Arbeitsabläufe[2283] sowie auf den Einfluss bei der Auswahl des Gehilfen an,[2284] um so die Herrschaft über die überlassenen Daten auch während der Bearbeitung ausüben zu können.[2285]

13.1.4.3 Verbindung der Gehilfenstellung zur Auftragsdatenverarbeitung

Im Hinblick auf die oben genannten neueren Kriterien für eine Gehilfenstellung zur Weisungsbindung und Steuerungsmacht ziehen einige Autoren Parallelen zur Auftragsdatenverarbeitung nach § 11 BDSG. Eine Möglichkeit, die Anforderungen des § 203 StGB zu erfüllen, sei ein modifizierter Vertrag über die Auftragsdatenverarbeitung, der Weisungs- und Kontrollmöglichkeiten sicherstelle.[2286] Im Hinblick auf das Cloud Computing kann diesen Ansätzen aber nur bedingt gefolgt werden. Zwar ist der Ansicht, eine Gehilfenstellung hänge nicht von dienstvertraglichen Bindungen, sondern vielmehr von der tatsächlichen Weisungs- und Steuerungsmacht ab, durchaus zuzustimmen. Allerdings ist die Annäherung an die Auftragsdatenverarbeitung aus systematischer Sicht nicht haltbar. Anders als zwischen einem datenschutzrechtlich Betroffenen und einem Auftraggeber einer Auftragsdatenverarbeitung liegt dem Berufsgeheimnisschutz ein besonderes Vertrauensverhältnis zwischen dem Betroffenen und dem Berufsgeheimnisträger zugrunde. Dieses Vertrauensverhältnis leitet sich zwar nicht mehr zwingend aus den Besonderheiten des Berufsstands des Berufsgeheimnisträgers her. Dennoch entsteht durch die Behandlung oder durch das Mandat des Berufsgeheimnisträgers häufig ein faktischer Zwang für den Betroffenen, Geheimnisse anzuvertrauen.[2287] Dem Betroffenen wird es aus diesem Grunde nicht gleichgültig

---

[2279] So *Heghmanns/Niehaus*, NStZ 2008, 61 f.; *Hartung*, VersR 2012, 409, *Hoenike/Hülsdunk*, MMR 2004, 791; *Jahn/Palm*, AnwBl 2011, 617 ff.; *Lensdorf/Mayer-Wegelin/Mantz*, CR 2009, 64 f.; *Szalai/Kopf*, ZD 2012, 467 f.
[2280] *Heghmanns/Niehaus*, NStZ 2008, 61.
[2281] *Hartung*, VersR 2012, 409; siehe auch *Szalai/Kopf*, ZD 2012, 467 f.
[2282] *Heghmanns/Niehaus*, NStZ 2008, 61.
[2283] *Jahn/Palm*, AnwBl 2011, 620.
[2284] *Lensdorf/Mayer-Wegelin/Mantz*, CR 2009, 65; *Szalai/Kopf*, ZD 2012, 467 f.
[2285] *Heghmanns/Niehaus*, NStZ 2008, 62.
[2286] *Hartung*, VersR 2012, 409; siehe auch *Heghmanns/Niehaus*, NStZ 2008, 59 ff.; *Hoenike/Hülsdunk*, MMR 2004, 791 f.; *Jahn/Palm*, AnwBl 2011, 620; *Szalai/Kopf*, ZD 2012, 468; zum Cloud Computing *Maisch/Seidl*, DSB 2012, 127; ähnlich auch *Giesen*, NStZ 2012, 127, der die externen Dienstleister entsprechend der Auftragsdatenverarbeitung der Stelle des Geheimnisträgers zuordnet.
[2287] *Heghmanns/Niehaus*, NStZ 2008, 60.

sein, wer seine Geheimnisse sonst noch zur Kenntnis nehmen könnte. Vielmehr wird er die Informationen an den Berufsgeheimnisträger im Glauben mitteilen, dass sie in der engen Sphäre der Person des Berufsgeheimnisträgers verbleiben.[2288] Für das persönliche Näheverhältnis spricht bereits der Wortlaut des Informationszugangs – anders als im Datenschutz werden die Informationen nicht „erhoben", sondern „anvertraut". Ein solches Näheverhältnis muss aus diesem Grund auch zwischen dem Berufsgeheimnisträger und einem „zum Wissen berufenen" Gehilfen bestehen. Es ist deshalb davon auszugehen, dass der jeweils tätige Gehilfe dem Berufsgeheimnisträger zumindest persönlich bekannt ist.[2289] Dies ist jedoch in der Cloud nicht realisierbar. Aufgrund der Verteilung und Mobilität der Daten sowie der Vielzahl verschiedener Verarbeitungsvorgänge innerhalb einer Cloud ist es unvorstellbar, dass ein bestimmter Gehilfe aus dem Mitarbeiterkreis des Cloud-Anbieters einem Berufsgeheimnisträger zugeordnet wird.

Der Vergleich der Gehilfenstellung mit der Auftragsdatenverarbeitung lässt sich außerdem mit dem Anwendungsvorrang des § 203 StGB vor dem Bundesdatenschutzgesetz und den unterschiedlichen Verantwortungsmodellen widerlegen.[2290] So widerspräche es zum einen dem Anwendungsvorrang des Berufsgeheimnisschutzes, wenn eine Datenweitergabe im Rahmen der Auftragsdatenverarbeitung die Kenntnisnahme durch einen Dritten als Gehilfen ermöglichen würde. Zum anderen hat sich zum Schutz der anvertrauten geheimen Informationen sowohl der Berufsgeheimnisträger als auch sein Gehilfe bei unbefugter Offenbarung strafrechtlich zu verantworten. Das Datenschutzrecht sieht dagegen bewusst die Verantwortung der Auftragsdatenverarbeitung gegenüber allen betroffenen Dritten beim Auftraggeber. Allein dieser soll als zentrale Stelle die Sicherheit der gesamten Datenverarbeitung und damit die Sicherung der Rechte aller Betroffenen auch diesen gegenüber verantworten.[2291] Ziel der Gehilfenstellung kann es aber gerade nicht sein, den Gehilfen durch ein Auftragsverhältnis im Sinne des § 11 BDSG von seiner auch strafrechtlichen Verantwortung zu befreien.

Die Gehilfenstellung soll schließlich daran gemessen werden, ob durch die Weitergabe der Informationen an den Gehilfen weitere Risiken für den Geheimnisschutz entstehen.[2292] Zwar liegt auch der Auftragsdatenverarbeitung eine solche Bewertung zugrunde, sodass in dieser Hinsicht durchaus eine Parallele besteht. Die für die Auftragsdatenverarbeitung vom Gesetzgeber vorgesehenen Anforderungen zur Weisung und Kontrolle nach § 11 BDSG lassen sich aber schon für Stellen, die nicht Berufsgeheim-

---

[2288] So auch *Langkeit*, NStZ 1994, 7.
[2289] So wird ein Arzt seine Praxishelfer auch persönlich auswählen wollen.
[2290] Hierzu Kapitel 13.1.1; *Conrad/Fechtner*, CR 2013, 144 f.; andere Ansicht dagegen *Buchner*, MedR 2013, 339.
[2291] Statt vieler *Hoeren*, in: Roßnagel 2003, 4.6, Rn. 100.
[2292] *Hartung*, VersR 2012, 408; *Lensdorf/Mayer-Wegelin/Mantz*, CR 2009, 64 f.

nisträger sind, kaum einhalten.²²⁹³ So können Weisungen gegebenenfalls nur anhand vorgegebener Alternativen erteilt und zur Auswahl und Kontrolle muss sich der Auftraggeber unter Umständen auf die Bewertung Dritter verlassen. Wenn aber schon die datenschutzrechtlich zulässige und auch sichere Weitergabe von Daten nach § 11 BDSG zweifelhaft ist, muss dies umsomehr für die Weitergabe von Berufsgeheimnissen gelten. Auch einem Berufsgeheimnisträger als Cloud-Nutzer würde gegenüber dem häufig großen und verhandlungsstarken Cloud-Anbieter die individuelle Weisungs-, Steuerungs- und Kontrollmacht fehlen.²²⁹⁴. Die Verschiebung von Geheimnissen zwischen Servern, mögliche Vervielfältigungen oder gar das Eingehen von Unterauftragsverhältnissen lassen sich nur bedingt nachvollziehen oder gar steuern. Durch die Weitergabe der geheimen Informationen an den Cloud-Anbieter werden demnach durchaus neue Risiken für den Geheimnisschutz geschaffen. Ein Cloud-Anbieter kommt als Gehilfe folglich nicht in Betracht.

13.1.5 Einwilligung als Befugnis zur Offenbarung?

Die Offenbarung fremder Geheimnisse ist nach § 203 Abs. 1 StGB nur strafbar, wenn sie unbefugt erfolgt. Eine Strafbarkeit könnte demnach aufgrund eines tatbestandsausschließenden Einverständnisses im Rahmen einer Schweigepflichtentbindung entfallen.²²⁹⁵ Die Möglichkeit einer nicht-strafbaren Offenbarung von Geheimnissen im Bereich des IT-Outsourcings bei einer umfassenden und ausdrücklichen Schweigepflichtentbindung wird zwar weitgehend bejaht.²²⁹⁶ Sie stößt aber auf praktische Grenzen, die schon im Rahmen der datenschutzrechtlichen Einwilligung entgegenstehen.²²⁹⁷ Die ausdrückliche Entbindung von der Schweigepflicht müsste in der Praxis bereits im Voraus auf das gesamte Spektrum möglicher Datenverarbeitungen im Rahmen des Cloud Computing erteilt werden.²²⁹⁸ Da aus wirtschaftlicher Sicht das Vorhalten zweier paralleler Systeme häufig vermieden werden soll, müssten mit einem „Umstieg" in die Cloud sowohl die neu hinzukommenden Datensätze mit einer vorliegenden Entbindung als auch bestehenden Daten, beispielsweise aus früheren und laufenden Patienten- oder Mandatsverhältnissen, in der Cloud gespeichert und verarbeitet werden. Mit der erstmaligen Nutzung der Cloud müsste der Berufsgeheimnisträger somit auch sämtliche Schweigepflichtentbindungen von Alt-Mandanten oder früheren Patienten eingeholt haben. Weder eine strikte Trennung zwischen Neu- und Altdaten

---

2293 Hierzu Kapitel 7.1.
2294 Etwa Kontroll-/Weisungsrechte einer Kleinkanzlei gegenüber dem Cloud-Anbieter Google.
2295 *Ehmann*, CR 1991, 295; *Kintzi*, DRiZ 2007, 245; *Petri*, in: Simitis 2014, § 11 BDSG, Rn. 45; *Bohnstedt* 2005, 160; *Wienke/Sauerborn*, MedR 2000, 518.
2296 *Ehmann*, CR 1991, 295.
2297 *Conrad/Fechtner*, CR 2013, 146; *Buchner*, MedR 2013, 338; zur datenschutzrechtlichen Einwilligung Kapitel 6.6.8.
2298 In diese Richtung für die Fernwartung *Bohnstedt* 2005, 160.

noch die nachträgliche Einholung von Schweigepflichtentbindungen sind praktisch problemlos umsetzbar.[2299] Außerdem ist ungeklärt, was, insbesondere im Fall von dringenden medizinischen Situationen, bei einer Verweigerung der Schweigepflichtentbindung geschieht.[2300] Schließlich wird, vor dem Hintergrund dass der Betroffene häufig schlicht auf den Berufsgeheimnisträger, etwa einen Arzt, angewiesen ist, auch die Freiwilligkeit einer solchen Schweigepflichtentbindung infrage gestellt.[2301]

Diskutiert wird in diesem Zusammenhang auch, ob eine konkludente oder mutmaßliche Schweigepflichtentbindung eine Offenbarung von Geheimnissen rechtfertigen kann.[2302] Eine konkludente Entbindung, etwa durch Inanspruchnahme des Arztes nach entsprechendem Aushang im Wartezimmer, wird mit Hinweis auf den hohen Stellenwert des Geheimnis- und Datenschutzes abgelehnt.[2303] Eine mutmaßliche Entbindung käme dagegen zum Beispiel in Betracht, wenn durch das Cloud Computing ein Handeln im Interesse des Patienten oder Mandanten vorläge. Dieses darf jedoch nur vermutet werden, wenn eine Befragung nicht rechtzeitig möglich ist. Schwierigkeiten und wirtschaftliche Erwägungen bei der Einholung sind hier nicht zu berücksichtigen.[2304] Für die allermeisten Fälle darf deshalb die Entbindung durch Patienten oder Mandanten zur Geheimnisoffenbarung im Rahmen des Cloud Computing nicht mutmaßlich angenommen werden.[2305]

13.1.6 Schutz betroffener Dritter

Im Rahmen seiner Tätigkeit wird der Berufsgeheimnisträger regelmäßig auch Drittgeheimnisse, also Informationen über weitere betroffene Dritte, erfahren und diese ebenso in die Cloud übertragen. Der Geheimnisschutz besteht ausschließlich zwischen der

---

[2299] So auch *Kintzi*, DRiZ 2007, 245 f.; *Buchner*, MedR 2013, 338; andere Ansicht *Wienke/Sauerborn*, MedR 2000, 518; hinsichtlich mutmaßlichen oder konkludenten Entbindungen siehe auch *Wienke/Sauerborn*, MedR 2000, 518; *Bohnstedt* 2005, 160; *Cierniak/Pohlit*, in: Joecks/Miebach 2012, § 203 StGB, Rn. 83 ff.; *Ehmann*, CR 1991, 295; für die Fernwartung *Ehmann*, CR 1991, 295; *Kintzi*, DRiZ 2007, 245; zur Auslagerung von Rechenleistungen *Hartung*, VersR 2012, 406; *Hoenike/Hülsdunk*, MMR 2004, 789.

[2300] Artikel-29-Datenschutzgruppe 2007, WP 131; BSGE 102, 134, Rn. 37 ff.; auch hier ließen sich Datensätze erschwert separieren, zur Fernwartung *Bohnstedt* 2005, 161, *Kintzi*, DRiZ 2007, 246.

[2301] *Buchner*, MedR 2013, 338.

[2302] *Ehmann*, CR 1991, 295; *Kintzi*, DRiZ 2007, 245; *Petri*, in: Simitis 2014, § 11 BDSG, Rn. 45; *Bohnstedt* 2005, 160; *Wienke/Sauerborn*, MedR 2000, 518.

[2303] *Wienke/Sauerborn*, MedR 2000, 518; *Bohnstedt* 2005, 160; *Conrad/Fechtner*, CR 2013, 146.

[2304] *Cierniak/Pohlit*, in: Joecks/Miebach 2014, § 203 StGB, Rn. 84; *Ehmann*, CR 1991, 295.

[2305] So für die Fernwartung *Ehmann*, CR 1991, 295; *Kintzi*, DRiZ 2007, 245; *Wienke/Sauerborn*, MedR 2000, 518; zur Auslagerung von Rechenleistungen *Hartung*, VersR 2012, 406; *Hoenike/Hülsdunk*, MMR 2004, 789; *Conrad/Fechtner*, CR 2013, 146.

Quellperson des Geheimnisses und dem Berufsgeheimnisträger. Weitere Betroffene sind nicht Teil der geschützten Vertrauensbeziehung nach § 203 StGB.[2306] Sie sind gegebenenfalls nur über das Datenschutzrecht geschützt. Zwar ist der Berufsgeheimnisträger aufgrund des Vorrangs des § 203 StGB gegenüber dem Bundesdatenschutzgesetz[2307] im Ergebnis nicht zur Auskunft an den Betroffenen verpflichtet. Um sich aber auf das Schweigerecht des § 203 StGB im Interesse seiner Geheimnisquelle berufen zu können, muss er beim Umgang mit den Informationen aus dem Drittgeheimnis im Gegenzug denselben Schutzstandard einhalten, den er auch einem regulären Geheimnis zukommen lässt. Ein Anwalt ist folglich verpflichtet, die Mitteilung von Betroffenendaten zu verhindern, ebenso wie er eine Offenbarung von Mandantengeheimnissen verhindern muss. Im Ergebnis muss der Berufsgeheimnisverpflichtete auch für Drittgeheimnisse geeignete Schutzvorkehrungen durch Verschlüsselungen sowie Zugangssperren nutzen oder, soweit keine entsprechenden Maßnahmen möglich sind, auf die Nutzung der Cloud verzichten.

13.1.7 Verbleibende Risiken

Eine Straftat nach § 203 StGB wird nach § 205 Abs. 1 StGB nur auf Antrag verfolgt. In der Praxis sind strafrechtliche Folgen der Nutzung einer Cloud deshalb unwahrscheinlich. Dennoch führt die Situation zu Rechtsunsicherheit bei den Beteiligten. Aus diesem Grund wird aktuell eine Reform des Berufsgeheimnisschutzes diskutiert, um so langfristig auch die Nutzung einer Cloud durch Berufsgeheimnisträger rechtssicher zu ermöglichen und gleichzeitig den hohen Schutzanforderungen des Berufsgeheimnisses gerecht zu werden. Rechtspolitische Lösungsansätze zielen darauf ab, entweder den Kreis berufsmäßig tätiger Gehilfen neu zu definieren oder eine Art Auftragsdatenverarbeitung für Berufsgeheimnisse im Strafgesetzbuch oder den Berufsordnungen einzuführen.[2308]

Erste Lösungsansätze sind bislang aber noch unbefriedigend. Die Normierung eines bloßen Verweises auf § 11 BDSG mit der Folge, dass eine Strafbarkeit bei der Offenbarung in einem Auftragsdatenverarbeitungsverhältnis entfällt, widerspricht, wie bereits untersucht,[2309] dem Schutzzweck des Geheimnisschutzes und der Systematik seines Anwendungsvorrangs des Geheimnisschutzes gegenüber dem Bundesdatenschutzgesetz.

[2306] BVerfG NJW 2002, 2309; *Göppinger*, NJW 1958, 243; *Rogall*, NStZ 1983, 413 f.; *Schlund*, JR 1977, 266.
[2307] Kapitel 13.1.1.
[2308] So etwa im Rahmen des DAV-Symposiums vom 29.3.2012, hierzu AnwBl 2012, 476 ff.; insbesondere *Spatscheck*, AnwBl 2012, 480 sowie zum Cloud Computing *Härting*, AnwBl 2012, 486.
[2309] Kapitel 13.1.4.3.

Auch gegen eine Erweiterung des Kreises der berufsmäßig tätigen Gehilfen in § 203 Abs. 3 S. 2 StGB, etwa um einen Dienstleister, der ähnlichen Anforderungen wie ein Auftragnehmer nach § 11 BDSG unterliegt, sprechen systematische Gründe. § 203 Abs. 3 S. 2 StGB setzt den berufsmäßig tätigen Gehilfen dem Berufsgeheimnisträger in erster Linie insofern gleich, als eine Offenbarung von Geheimnissen durch ihn ebenso strafbar sein soll wie für den Berufsgeheimnisträger. § 203 Abs. 3 S. 2 StGB ist insofern eine Strafnorm und kein strafrechtlicher Entlastungstatbestand.[2310] Die Erweiterung des Gehilfenkreises um einen Dienstleister würde den Cloud-Anbieter lediglich ebenfalls einem Strafbarkeitsrisiko aussetzen und den Täterkreis damit „erheblich erweitert".[2311] Den cloud-nutzenden Berufsgeheimnisträger würde eine Erweiterung des Gehilfenkreises jedoch nicht automatisch von seiner Strafbarkeit befreien. Überdies müssten beim Cloud Computing nur deutsche Cloud-Anbieter und nicht die vermutlich viel zahlreicheren ausländischen Cloud-Anbieter eine Strafverfolgung fürchten.[2312]

Durch die Normierung einer Offenbarungsbefugnis in den Berufsordnungen könnte zwar eine straflose Offenbarung ähnlich wie in § 49b Abs. 4 BRAO für die Abtretung von Vergütungsforderungen ermöglicht werden. Denn, was in den Berufsordnungen ausdrücklich erlaubt ist, kann durch § 203 StGB nicht strafrechtlich sanktioniert sein. Eine solche Regelung ausschließlich in den Berufsordnungen würde jedoch zu einer Zersplitterung der Offenbarungsbefugnisse führen und zumindest solche in § 203 StGB genannten Berufsgeheimnisträger von der Rechtsunsicherheit nicht befreien können, die sich auf keine Berufsordnung oder keine entsprechende Regelung in ihrer Berufsordnung stützen können.

Für Berufsgeheimnisträger kommt deshalb auch zukünftig eine straflose Cloud-Nutzung lediglich mit ausdrücklicher Entbindung von der Schweigepflicht durch den Betroffenen oder, wenn die Informationen nur zur Speicherung sicher und dauerhaft verschlüsselt oder anonymisiert abgelegt werden, in Betracht. Rechtspolitische Lösungsansätze könnten somit allenfalls am Tatbestand des Offenbarens ansetzen und beispielsweise über eine gesetzliche Fiktion klarstellen, dass eine Weitergabe hinreichend verschlüsselter Daten keine Offenbarung im Sinne des § 203 StGB ist. Vorbild für eine Ausgestaltung de lege ferenda könnte das im Rahmen dieser Arbeit vorgestellte Konzept für den Personenbezug verschlüsselter Daten sein.[2313]

[2310] Die Einbindung in den Kreis der zum Wissen Berufenen durch die herrschende Meinung ist auch nur insofern nachvollziehbar, als wohl durch die Strafandrohung gegenüber dem Gehilfen der Schutz für den Betroffenen derart gewährleistet wird, dass von seiner mutmaßlichen Einwilligung ausgegangen werden kann.
[2311] *Buchner*, MedR 2013, 339.
[2312] *Bräutigam*, AnwBl 2012, 487.
[2313] Hierzu Kapitel 5.1.9.2.3.

13.2 Geschäfts- und Betriebsgeheimnisse nach § 17 UWG

§ 17 UWG[2314] verfolgt das Ziel, Unternehmen vor der Verletzung der Betriebs- und Geschäftsgeheimnisse sowie das Interesse der Allgemeinheit an einem unverfälschten Wettbewerb zu schützen.[2315] Nach § 17 Abs. 1 UWG steht die Mitteilung eines Geschäfts- oder Betriebsgeheimnisses durch eine Person im Dienstverhältnis unter Strafe. Auch das unbefugte Beschaffen von Betriebs- und Geschäftsgeheimnissen ist nach Absatz 2 strafbewehrt. Allerdings setzt in beiden Fällen eine Strafbarkeit voraus, dass der Tatbestand mit einer überschießenden Innentendenz erfüllt wird.[2316] Der Täter muss gemäß § 17 Abs. 1 und 2 UWG zum Zwecke des Wettbewerbs, aus Eigennutz, zugunsten eines Dritten oder in der Absicht, dem Inhaber des Unternehmens Schaden zuzufügen, handeln.

Obwohl § 17 UWG hinsichtlich der Tathandlung mit dem Geheimnisschutz aus § 203 StGB gleichläuft, ist eine Untersuchung der Norm im Zusammenhang mit dem Cloud Computing nicht zielführend. Die Nutzung der Cloud initiiert nämlich keine über den Tatbestand hinausgehende Schädigungsabsicht. Im Zusammenhang mit der Nutzung der Cloud-Dienste mit dem Ziel einer Flexibilisierung und Kosteneffizienz sind Konstellationen, die eine Strafbarkeit nach dem Gesetz gegen unlauteren Wettbewerb nach sich ziehen, nicht zu erwarten.

[2314] Gesetz gegen den unlauteren Wettbewerb vom 3.7.2004 in der Fassung vom 3.3.2010, BGBl. 2010 I, 254.
[2315] *Janssen/Magula*, in: Joecks/Miebach 2010, § 17 UWG, Rn. 10.
[2316] *Rengier*, in: Fezer 2010, § 16 UWG, Rn. 3.

14   Europäische Reformbemühungen im Datenschutz

Angesichts der fortschreitenden technischen Möglichkeiten der Kommunikation und Informationsverarbeitung sowie den zunehmenden grenzüberschreitenden Datenbewegungen wird schon seit geraumer Zeit für eine Reform des Datenschutzrechts auf europäischer Ebene plädiert.[2317] Der europäische Gesetzgeber ist aufgefordert, die zahlreichen Datenschutzregime in Europa auf einem hohen Niveau zu vereinheitlichen, zu modernisieren und damit ein gleichwertig hohes Maß an Datenschutz innerhalb der Europäischen Union zu gewährleisten. Mit einem europaweit einheitlichen Datenschutzrecht soll die Europäische Union gegenüber Staaten mit anderen Datenschutzkulturen mit einer einheitlichen, starken Stimme sprechen, gleichzeitig aber auch der freie Datenverkehr und damit wesentliche wirtschaftliche Bewegungen innerhalb Europas erleichtert werden.[2318]

Ende 2010 legte die Europäische Kommission mit einer Mitteilung zu einem „Gesamtkonzept für den Datenschutz in der Europäischen Union" erste Grundsteine für solch eine Reform.[2319] Dieses Gesamtkonzept wurde im Anschluss zu einem gesetzlichen Reformpaket erweitert. Im November 2011 gelangten erste inoffizielle Entwürfe hiervon an die Öffentlichkeit.[2320] Am 25. Januar 2012 legte die Europäische Kommission unter dem Titel „Der Schutz der Privatsphäre in einer vernetzten Welt – Ein europäischer Datenschutzrahmen für das 21. Jahrhundert" einen Reformentwurf vor und stieß damit offiziell ein Gesetzgebungsverfahren an.[2321] Der Entwurf des Reformpakets umfasst zwei geplante Rechtsakte: eine Verordnung (Datenschutzgrundverordnung, im Folgenden DSGVO-E),[2322] die die Richtlinie 95/46/EG ersetzen und mit der ein allgemeiner europäischer Datenschutzrahmen geschaffen werden soll sowie eine Richtli-

---

[2317] Die Ausführungen in diesem Kapitel gehen zurück auf einen vorab veröffentlichten Beitrag in der Zeitschrift für Datenschutz, *Roßnagel/Kroschwald*, ZD 2014, 495 ff.
[2318] Hierzu statt vieler die Begründung in KOM (2012) 11, 6 f.; Erwägungsgrund 8 ff. DSGVO-E; hierzu auch *Hornung*, ZD 2012, 100.
[2319] Mitteilung der Europäischen Kommission vom 4.11.2010, KOM (2010) 609 endgültig, ABl. C 121 vom 19.4.2011, 54.
[2320] Proposal for a regulation of the European Parliament and the Council on the protection of individuals with regard to the processing of personal data and the free movement of such data (General Data Protection Regulation) vom 29.11.2011, http://www.statewatch.org/eu-dp.htm.
[2321] Mitteilung der Europäischen Kommission vom 25.1.2012, KOM (2012) 9 endgültig, ABl. C 201 vom 5.4.2012, 37.
[2322] Vorschlag der Europäischen Kommission für eine Verordnung des Europäischen Parlaments und des Rates zum Schutz natürlicher Personen bei der Verarbeitung personenbezogener Daten und zum freien Datenverkehr (Datenschutz-Grundverordnung) vom 25.1.2012, KOM (2012) 11 endgültig, ABl. C 201 vom 5.4.2012, 24.

nie (PJZS-Datenschutzrichtlinie),[2323] die den Rahmenbeschluss 2008/977/JI16 ersetzen soll, mit Regeln für den Schutz personenbezogener Daten, die zum Zweck der Verhütung, Aufdeckung, Untersuchung oder Verfolgung von Straftaten und für damit verbundene justizielle Tätigkeiten verarbeitet werden.[2324] Insbesondere der Reformentwurf zur Datenschutzgrundverordnung wurde von den unterschiedlichsten Stellen aus der Politik, Wissenschaft, Wirtschaft und Gesellschaft kritisch kommentiert.[2325] Zahlreiche Änderungsvorschläge wurden von dem mit dem Reformvorhaben befassten „Ausschuss für bürgerliche Freiheiten, Justiz und Inneres des Europäischen Parlaments" („LIBE-Ausschuss") diskutiert und fanden auch Eingang in ein Verhandlungsdokument (im Folgenden DSGVO-E LIBE),[2326] mit dem das Europäische Parlament in einen Trilog mit dem Rat der Europäischen Union und der Europäischen Kommission nach Art. 294 AEUV eintreten will.

Der Entwurf für eine Datenschutzgrundverordnung birgt das Potential, wesentliche Aspekte dieser Arbeit neu zu regeln. Obgleich der Gesetzgebungsprozess zum Zeitpunkt der Drucklegung nicht abgeschlossen ist und bis zur endgültigen Verabschiedung noch zahlreiche Änderungen zu erwarten sind, soll an dieser Stelle die Datenschutzgrundverordnung auf dem Stand des Entwurfs der Europäischen Kommission sowie des Verhandlungsdokuments des Europäischen Parlaments in groben Zügen vorgestellt werden.

Der Entwurf für eine Datenschutzgrundverordnung greift wesentliche Grundpfeiler der bestehenden Datenschutzrichtlinie auf. Ausweislich des Art. 1 DSGVO-E besteht das Ziel der Regelung sowohl aus dem Schutz natürlicher Personen bei der Verarbeitung personenbezogener Daten als auch dem freien Verkehr personenbezogener Daten in-

---

[2323] Vorschlag für eine Richtlinie des Europäischen Parlaments und des Rates zum Schutz natürlicher Personen bei der Verarbeitung personenbezogener Daten durch die zuständigen Behörden zum Zwecke der Verhütung, Aufdeckung, Untersuchung oder Verfolgung von Straftaten oder der Strafvollstreckung sowie zum freien Datenverkehr, KOM (2012) 10 endgültig, ABl. C 201 vom 5.4.2012, 24; hierzu *Bäcker/Hornung*, ZD 2012, 147 ff.

[2324] KOM (2012) 9, 3.

[2325] Statt vieler Stellungnahme des Ausschusses der Regionen, ABl. C 391 vom 18.12.2012, 128; BT-Drs. 17/11325, 2; BR-Drs. 52/12; Der Europäische Datenschutzbeauftragte, ABl. C 192 vom 30.6.2012, 7; *Hornung*, ZD 2012, 100; *Roßnagel*, DuD 2012, 553; *Roßnagel/Richter/Nebel*, ZD 2013, 104; *Richter*, DuD 2012, 578; *Nebel/Richter*, DuD 2012, 413; *Ronellenfitsch*, DuD 2012, 562 f.; *Härting*, CR 2013, 716; *Wagner*, DuD 2012, 677; *Gola/Schulz*, RDV 2013, 3; *Schwartmann*, RDV 2012, 55 f.; *von Lewinski*, DuD 2012, 569 f.; *Dehmel/Hullen*, ZD 2013, 151 f.; *Schild/Tinnefeld*, DuD 2012, 317; *Eckhardt/Kramer/Mester*, DuD 2013 627 f.

[2326] Legislative Entschließung des Europäischen Parlaments zu dem Vorschlag für eine Verordnung des Europäischen Parlaments und des Rates zum Schutz natürlicher Personen bei der Verarbeitung personenbezogener Daten und zum freien Datenverkehr vom 12.3.2014, P7_TA-PROV(2014)0212.

nerhalb der Europäischen Union.[2327] Neben dem grundrechtlich verbürgten Datenschutz wird der Umgang mit Daten somit auch weiterhin als wettbewerbsrelevanter Binnenmarktfaktor anerkannt und geschützt.[2328] Inhaltlich zeigen sich in der Folge zahlreiche Übereinstimmungen mit dem bisherigen europäischen Datenschutzrecht – so etwa in der Beibehaltung der Zulässigkeitsbedingung einer Einwilligung oder einer gesetzlichen Erlaubnis.[2329] Der Vorschlag ist jedoch, anders als noch die Datenschutzrichtlinie, nicht mehr primär auf die Binnenmarktkompetenz in Art. 114 Abs. 1 AEUV gestützt, sondern auf die spezielle Kompetenzgrundlage für das Datenschutzrecht in Art. 16 AEUV. Der Verordnungsentwurf nimmt nur noch sekundär Bezug auf Art. 114 AEUV. Begründet wird diese, wenn auch nur zusätzliche Bezugnahme auf Art. 114 AEUV damit, dass diese für die Änderung der Richtlinie 2002/58/EG insoweit erforderlich sei, als die Richtlinie 2002/58/EG auch juristische Personen schütze.[2330]

Bereits die Wahl des Rechtsinstruments einer Verordnung bringt weitreichende Änderungen und Folgen mit sich.[2331] Auch hinsichtlich der datenschutzrechtlichen Beurteilung des Cloud Computing, etwa im Hinblick auf die Anwendungsbereiche, die datenschutzrechtliche Zulässigkeit (auch im Hinblick auf internationale Datenbewegungen), Betroffenenrechte, Maßnahmen zur Datensicherheit sowie die Aufsichtsstruktur sind mit einer zukünftigen Datenschutzgrundverordnung in zahlreichen Einzelfragen Änderungen zur derzeitigen Rechtslage zu erwarten.

14.1 Wechsel zur Verordnung

Der europäische Datenschutz soll nach dem Reformentwurf der Europäischen Kommission nicht mehr wie bisher auf einer Datenschutzrichtlinie, sondern auf dem Instrument der Verordnung beruhen. Diese gilt nach Art. 288 Abs. 2 AEUV in den Mitgliedstaaten unmittelbar und bedarf anders als eine Richtlinie keines nationalen Umsetzungsakts mehr. Damit entfallen auch nationale Umsetzungsspielräume einer Richtlinie, die nach Art. 288 Abs. 3 AEUV zwar hinsichtlich des zu erreichenden Ziels verbindlich ist, jedoch den innerstaatlichen Stellen die Wahl der Form und der Mittel überlässt. Durch ihre unmittelbare und verbindliche Geltung schafft eine Verordnung somit eine in ihrem Geltungsbereich gleiche Regelung, die sich, abgesehen von unterschiedlichen Sprachfassungen, zumindest hinsichtlich des Wortlauts zwischen den Mitgliedstaaten nicht unterscheidet. Die Europäische Kommission begründet die Wahl einer Verordnung für die Regelung des allgemeinen Datenschutzrechts damit, dass sie

---

[2327] Erwägungsgrund 1, 3 und 5 DSGVO-E; *Hornung*, ZD 2012, 99.
[2328] Hierzu kritisch *Wagner*, DuD 2012, 676.
[2329] Hierzu *Hornung*, ZD 2012, 101; kritisch gegenüber dem Erfordernis einer Einwilligung oder gesetzlichen Erlaubnis *Schneider/Härting*, ZD 2012, 202 f.; *Kramer*, DuD 2013, 381.
[2330] KOM (2012) 11, 6 Nr. 3.1.
[2331] Statt vieler *Roßnagel*, DuD 2012, 553; *Hornung*, ZD 2012, 100.

in allen Mitgliedstaaten ein gleichwertiges, hohes Maß an Datenschutz erzielen wolle. Der Schutz von Grundrechten und Grundfreiheiten zum Datenschutz solle unionsweit kohärent und einheitlich sein.[2332] Die Verordnung solle überdies Rechtssicherheit und Transparenz sowie für alle Betroffenen dieselben durchsetzbaren Rechte und Pflichten mit sich bringen.[2333] In dieser Begründung schwingt offensichtlich auch die Auffassung mit, dass die bestehende Datenschutzrichtlinie mit ihrer bloß mittelbaren Geltung und ihren Umsetzungsspielräumen zu mangelhaften oder zögerlichen Umsetzungen beziehungsweise unterschiedlichen Schutz- und Durchsetzungsniveaus geführt hat.[2334]

Die Wahl einer Verordnung, die mit dem nachvollziehbaren Wunsch nach einem einheitlichen Datenschutz in Europa begründet wird, beschränkt gleichwohl die Gestaltungsmöglichkeiten der Mitgliedstaaten. Zwar verfolgt auch die Datenschutzrichtlinie, wie dargelegt, bereits einen weitgehenden Harmonisierungsansatz.[2335] Mit einer Verordnung würde sich aber nicht nur der Streit um die Frage, ob das europäische Datenschutzrecht mindest- oder vollharmonisierend ist, erübrigen.[2336] Den Mitgliedstaaten bliebe aufgrund der Verordnung nicht einmal die Möglichkeit, eine europäische Regelung durch Wahl von Form und Mittel im Rahmen eines nationalen Durchführungsakts in ein bestehendes nationales Rechtssystem einzupassen. Nur für wenige Bereiche, etwa für das Telekommunikationsrecht,[2337] das Presserecht, den Beschäftigtendatenschutz, den Geheimnisschutz oder den Kirchendatenschutz, sollen die Mitgliedstaaten eine eigene Regelungskompetenz behalten oder eröffnen einzelne Öffnungsklauseln einen nationalen Spielraum.[2338]

Von besonderer Brisanz ist hierbei, dass die Datenschutzgrundverordnung sowohl den Datenumgang durch nicht-öffentliche als auch durch öffentliche Stellen regeln will.[2339] Die Datenschutzgrundverordnung würde damit weit in nationales öffentliches Recht hineinreichen und dieses durch die unterschiedslose Behandlung von öffentlichen und nicht-öffentlichen Stellen bedenklich mit der Regelung von Gleichordnungsverhältnissen vermischen.[2340] Gerade im Datenschutzrecht für öffentliche Stellen bestehen aber

---

[2332] Erwägungsgrund 8 DSGVO-E; KOM (2012) 11, 6 f.; hierzu auch *Hornung*, ZD 2012, 100.
[2333] Erwägungsgrund 11 DSGVO-E.
[2334] So etwa ausdrücklich Erwägungsgrund 7; *Hornung*, ZD 2012, 100 weist auf die bislang bestehenden Unterschiede in den Aufsichtspraktiken der Mitgliedstaaten hin.
[2335] Kapitel 4.7.4; kritisch *Roßnagel*, DuD 2012, 553.
[2336] *Hornung*, ZD 2012, 100; *Kühling*, EuZW 2012, 282 f.
[2337] Bezug auf Art. 89 DSGVO-E *von Lewinski*, DuD 2012, 566; differenzierend *Nebel/Richter*, ZD 2012, 408.
[2338] Hierzu auch *Hornung*, ZD 2012, 100.
[2339] Kritisch hierzu BT-Drs. 17/11325, 2; BR-Drs. 52/12; *Schild/Tinnefeld*, DuD 2012, 313.
[2340] Kritisch entsprechend die Stellungnahme des Ausschusses der Regionen, ABl. C 391 vom 18.12.2012, 128; BT-Drs. 17/11325, 2; *Roßnagel*, DuD 2012, 53; *Ronellenfitsch*, DuD 2012, 562; *Härting*, CR 2013, 716; *Wagner*, DuD 2012, 677.

insbesondere in Deutschland stark ausdifferenzierte bereichsspezifische Regelungen, die den Umgang mit Daten durch den Staat und seinen Behörden regulieren. Diese würden aufgrund des umfassenden Regelungsanspruchs der Verordnung jedoch hinfällig. Immerhin wurde diese Kritik im Rahmen der Verhandlungen des LIBE-Ausschusses des Europäischen Parlaments aufgegriffen. In der Verhandlungsposition des Europäischen Parlaments findet sich zumindest vereinzelt eine Öffnung für nationale Regelungen.[2341]

Ein vergleichbares Bild ergibt sich auch im Hinblick auf den Datenumgang durch nicht-öffentliche Stellen. Hier bestehen etwa mit §§ 11 ff. TMG im deutschen Datenschutzrecht spezielle Regelungen für den Umgang mit Daten aus dem Bereich Telemedien.[2342] Darüber hinaus wurden erst in den vergangenen Jahren im Bundesdatenschutzgesetz zahlreiche spezielle Regelungen für bestimmte Branchen, wie etwa für Auskunfteien, geschaffen, die den besonderen Verarbeitungssituationen in diesem Rahmen gerecht werden. Auch solche langwierig ausgearbeiteten und ausdifferenzierten Regelungen wären mit der Datenschutzgrundverordnung auf einen Schlag obsolet und müssten im besten Fall erst wieder geschaffen werden.[2343] Wenngleich der Datenschutz durch die Vereinheitlichung in zahlreichen Mitgliedstaaten einen höheren Stellenwert gewänne, würde insbesondere in Deutschland auch der sehr umfassend geregelte bereichsspezifische Datenschutz unanwendbar.[2344] Am Kommissionsvorschlag wurde überdies bemängelt, dass gerade zur Regelung des Datenschutzrechts im Fachrecht, etwa im Bereich der Bildung oder der rein regionalen Gefahrenabwehr, nicht immer eine Regelungskompetenz der Europäischen Union bestehe und der umfassende Regelungsanspruch der Verordnung entsprechend regionale Besonderheiten nicht hinreichend berücksichtige.[2345]

Besonders kritisch wurde außerdem die Übertragung von unzähligen Befugnissen an die Kommission zum Erlass sogenannter „delegierter Rechtsakte" nach Art. 290 Abs. 2 AEUV bewertet. Die Ermächtigung zu einer solch umfassenden Regelung von Details in rein ministeriellen, nicht-parlamentarischen Rechtsakten, ohne die die Da-

---

[2341] So etwa die Korrektur in Art. 6 Abs. 3 lit. b S. 3 DSGVO-E LIBE, wonach Mitgliedstaaten Einzelheiten der Rechtmäßigkeit der Verarbeitung, die nach Art. 6 Abs. 1 lit. c und e DSGVO-E zur Erfüllung einer gesetzlichen Verpflichtung oder zur Wahrnehmung einer Aufgabe erforderlich ist, im öffentlichen Interesse liegt oder in Ausübung hoheitlicher Gewalt erfolgt, also hinsichtlich der „klassischen" Verarbeitung durch öffentliche Stellen, im Recht der Mitgliedstaaten regeln können.
[2342] *Nebel/Richter*, ZD 2012, 408; *Hornung/Sädtler*, ZD 2012, 639.
[2343] Entsprechend kritisch reagieren Interessensvertreter dieser Branchen *Dehmel/Hullen*, ZD 2013, 150 f.; *Eckhardt/Kramer/Mester*, DuD 2013, 626 f.; *Härting*, CR 2013, 716.
[2344] Dies würde aus deutscher Sicht wohl tendenziell zu einer Absenkung bestehender Datenschutzstandards führen, so zumindest BT-Drs. 17/11325, 3; BR-Drs. 52/12, 2 f.
[2345] BR-Drs. 52/12, 3; Ausschuss der Regionen, ABl. C 391 vom 18.12.2012, 129, 131.

tenschutzgrundverordnung weitgehend inhaltsleer bliebe, verstoße sowohl gegen den Wesentlichkeits- als auch den Bestimmtheitsgrundsatz.[2346] Das Europäische Parlament hat diese Kritik in seinem Verhandlungsdokument ebenfalls berücksichtigt und delegierte Rechtsakte massiv reduziert. Stattdessen wurde in einzelnen Regelungen ein nationaler Umsetzungsspielraum vorgesehen (zum Beispiel in Art. 6 Abs. 3 DSGVO-E LIBE), in anderen Bereichen der sogenannte Datenschutzausschuss beauftragt, unverbindliche Leitlinien zur Konkretisierung zu erstellen (zum Beispiel Art. 8 Abs. 3 DSGVO-E LIBE) oder die Regelung selbst konkretisiert und die Ermächtigung gänzlich entfernt (zum Beispiel Art. 12 Abs. 5 DSGVO-E LIBE).

Zuletzt erfuhr die umfassende Harmonisierung durch eine Verordnung Kritik im Hinblick auf die Auswirkungen auf den Grundrechtsschutz. Zwar wurde im Rahmen dieser Arbeit bereits eine weitgehende Verlagerung des datenschutzrechtlichen Grundrechtsschutzes auf die Europäischen Grundrechte aufgrund der bestehenden Datenschutzrichtlinie festgestellt.[2347] Durch den Wechsel zu einer umfassenden Verordnung entfielen jedoch auch noch verbleibende nationale Umsetzungsspielräume, in denen der nationale Grundrechtsschutz vorrangig wäre. Das gesamte Datenschutzrecht wäre an Unionsgrundrechten, insbesondere an Art. 8 GrCh statt wie bisher an dem vom Bundesverfassungsgericht formulierten Recht auf informationelle Selbstbestimmung zu messen oder, wie *Masing* es etwas polemisch ausdrückt, „30 Jahre Rechtsprechung zum Datenschutz – vom Volkszählungsurteil bis zu den Entscheidungen zur Wohnraumüberwachung, zur Onlinedurchsuchung oder zur Vorratsdatenspeicherung – würden Makulatur".[2348]

Die vorgenannten Kritikpunkte waren auch wesentlicher Bestandteil der Stellungnahme des Bundesrats zu den Kommissionsentwürfen, die er mit einer Subsidiaritätsrüge nach Art. 12 lit. b EUV i. V. m. Protokoll Nr. 2 über die Anwendung der Grundsätze der Subsidiarität und der Verhältnismäßigkeit[2349] verband. Nach Ansicht des Bundesrats legt der Verordnungsvorschlag nicht ausreichend dar, dass eine verbindliche Vollregelung des Datenschutzes durch eine Verordnung im öffentlichen und im nicht-öffentlichen Bereich auf europäischer Ebene erforderlich ist und verstößt deshalb

---

[2346] Statt vieler nur BT-Drs. 17/11325, 3; BR-Drs. 52/12, 4; Ausschuss der Regionen, ABl. C 391 vom 18.12.2012, 129, 131; *Roßnagel*, DuD 2012, 553; *Hornung*, ZD 2012, 105; *Wagner*, DuD 2012, 677; *Dehmel/Hullen*, ZD 2013, 151 f.; *Schild/Tinnefeld*, DuD 2012, 317; vorsichtiger Der Europäische Datenschutzbeauftragte, ABl. C 192 vom 30.6.2012, 7.

[2347] Kapitel 4.7.

[2348] *Masing*, Ein Abschied von den Grundrechten, Süddeutsche Zeitung vom 9.1.2012, 10; siehe auch *Roßnagel*, DuD 2012, 553; *Hornung*, ZD 2012, 100; *Gola/Schulz*, RDV 2013, 3; *Schwartmann*, RDV 2012, 55 f.; eher pragmatisch dagegen *von Lewinski*, DuD 2012, 569 f.

[2349] Protokoll zum Vertrag von Lissabon über die Anwendung der Grundsätze der Subsidiarität und Verhältnismäßigkeit vom 13.12.2007, ABl. C 306 vom 17.12.2007, 150.

gegen die Prinzipien der Subsidiarität und Verhältnismäßigkeit.[2350] Dieser Auffassung schloss sich auch der Ausschuss der Regionen in seiner Stellungnahme[2351] sowie die belgische Abgeordnetenkammer, der französische Senat, das italienische Abgeordnetenhaus und der schwedischen Reichstag in eigenen Subsidiaritätsrügen an.[2352]

14.2 Anwendungsbereich

Der Vorschlag zur Datenschutzgrundverordnung erstreckt sich auf einen weiten Anwendungsbereich. Außer den Ausnahmeregelungen in Art. 80 ff. DSGVO-E ist nach Art. 2 Abs. 2 DSGVO-E lediglich das Datenschutzrecht für die eigenen Organe der Europäischen Union, das in einer eigenen Verordnung geregelt ist,[2353] sowie Regelungen im Rahmen der gemeinsamen Außen- und Sicherheitspolitik[2354] und die in der PJSZ-Richtlinie vorgesehenen Regelungen vom Anwendungsbereich ausgenommen.[2355]

14.2.1 Persönlicher Anwendungsbereich

Der persönliche Anwendungsbereich bezieht sich ebenso wie in der Datenschutzrichtlinie primär auf den „für die Verarbeitung Verantwortlichen" nach Art. 4 Abs. 5 DSGVO-E. Die Datenschutzgrundverordnung nimmt darüber hinaus aber auch Auftragnehmer (Auftragsverarbeiter) in die Pflicht – etwa hinsichtlich ihrer Auftragnehmerpflichten nach Art. 26 f. DSGVO-E. Neben dem für die Verarbeitung Verantwortlichen sind Auftragnehmer außerdem als „gemeinsam Verantwortliche" verpflichtet, wenn sie nach Art. 24 DSGVO-E mit dem für die Verarbeitung Verantwortlichen die Zwecke, Mittel und Bedingungen der Verarbeitung personenbezogener Daten gemeinsam festlegen.

Der persönliche Anwendungsbereich ist ausnahmsweise nur dann nicht eröffnet, wenn die Verarbeitung personenbezogener Daten durch natürliche Personen zu ausschließlich persönlichen oder familiären Zwecken ohne jede Gewinnerzielungsabsicht erfolgt. Die Regelung ist zwar mit der bisherigen Ausnahme in Art. 3 Abs. 2 2. Spiegelstrich DSRL vergleichbar. Angesichts der zunehmenden Möglichkeiten der privaten Datenverarbeitung, auch hinsichtlich der Verarbeitung von Daten betroffener Dritter, und

---

[2350] BR Drs. 52/12, 1, zui Subsidiarität auch *Schild/Tinnefeld*, DuD 2012, 314; *Ronellenfitsch*, DuD 2012, 562; differenzierend demgegenüber *Nguyen*, ZEuS 2012, 277 f.
[2351] Ausschuss der Regionen, ABl. C 391 vom 18.12.2012, 129, 128.
[2352] Erwägungsgründe zum Verhandlungsdokument des Parlaments P7_TA-PROV(2014)0212.
[2353] Verordnung (EG) Nr. 45/2001 des Europäischen Parlaments und des Rates zum Schutz natürlicher Personen bei der Verarbeitung personenbezogener Daten durch die Organe und Einrichtungen der Gemeinschaft und zum freien Datenverkehr vom 18.12.2000, Abl. L 8 vom 12.1.2001, 1.
[2354] Erwägungsgrund 14 DSGVO-E.
[2355] Erwägungsgrund 16 DSGVO-E.

der potentiellen Gefahren, die für die betroffenen Dritten ausgehen, zum Beispiel der Upload von Fotos von Freunden und Verwandten in unsichere Cloud-Dienste, hätten sich Datenschützer wohl eine, wenn auch abgemilderte, datenschutzrechtliche Inpflichtnahme dieser privaten Nutzer gewünscht.[2356]

14.2.2 Sachlicher Anwendungsbereich

Wie bisher, würde sich der sachliche Anwendungsbereich nach Art. 2 Abs. 1 DSGVO-E auf die Verarbeitung personenbezogener Daten beziehen. Nur soweit Daten überhaupt einen Personenbezug aufweisen, sind die Regelungen der Datenschutzgrundverordnung, insbesondere zur Zulässigkeit der Datenverarbeitung, anwendbar. Die Frage nach dem Bestehen eines Personenbezugs wird im Verordnungsentwurf systematisch neu beantwortet: Personenbezogene Daten sind nach Art. 4 Abs. 2 DSGVO-E alle Informationen, die sich auf eine betroffene Person beziehen. Erst durch Definition der betroffenen Person, lässt sich auch der Personenbezug konkret definieren. Betroffen ist nach Art. 4 Abs. 1 DSGVO-E „eine bestimmte natürliche Person oder eine natürliche Person, die direkt oder indirekt mit Mitteln bestimmt werden kann, die der für die Verarbeitung Verantwortliche oder jede sonstige natürliche oder juristische Person nach allgemeinem Ermessen aller Voraussicht nach einsetzen würde." Beispielhaft hierfür nennt der Entwurfswortlaut die „Zuordnung zu einer Kennnummer, zu Standortdaten, zu einer Online-Kennung oder zu einem oder mehreren besonderen Merkmalen, die Ausdruck ihrer physischen, physiologischen, genetischen, psychischen, wirtschaftlichen, kulturellen oder sozialen Identität sind". Personenbezogene Daten sind folglich weiterhin alle Informationen, die sich auf eine bestimmte oder bestimmbare natürliche Person beziehen. Ob eine Person als bestimmbar gilt und die Information über sie demzufolge personenbezogen ist, hängt nach dem Wortlaut des Verordnungsentwurfs nunmehr aber davon ab, ob sie mit Mitteln bestimmt werden kann, die der für die Verarbeitung Verantwortliche oder jede sonstige natürliche oder juristische Person nach allgemeinem Ermessen aller Voraussicht nach einsetzen würde.

Fraglich ist, ob sich hierdurch eine Neubewertung hinsichtlich des objektiven oder relativen Ansatzes und in der Folge auch hinsichtlich der Frage ergibt, ob durch Datenverschlüsselung der Personenbezug von Daten entfernt werden kann. Der Wortlaut der Definition lehnt sich zwar an den Wortlaut des Erwägungsgrunds 26 der Datenschutzrichtlinie an. Die Tatsache, dass Art. 4 Abs. 1 DSGVO-E und Erwägungsgrund 23 DSGVO-E aber noch weiter gehen und statt wie in der Datenschutzrichtlinie nicht mehr nur von „einem Dritten", sondern von „jeder natürlichen oder juristischen Person" als potentiellem Identifikator sprechen, könnte als Hinweis darauf gesehen werden, dass die Europäische Kommission einen absoluten Personenbezug zugrunde

---

[2356] So beispielsweise *Roßnagel* 2007, 192 ff.; *Roßnagel/Richter/Nebel*, ZD 2013, 104.

Anwendungsbereich 463

legen wollte. Auch der Umstand, dass Erwägungsgrund 24 von einem Personenbezug der IP-Adresse ausgeht, könnte hierfür sprechen.[2357] Mehrheitlich wird aber davon ausgegangen, dass sich durch den Wortlaut noch immer keine ausdrückliche Festlegung auf einen absoluten Personenbezug und damit gegen den relativen Personenbezug entnehmen ließe.[2358]

Auch hat der LIBE-Ausschuss die Formulierungen in seinem Verhandlungsdokument stark verändert und durch allgemeinere Formulierungen in Art. 4 Abs. 2 DSGVO-E LIBE („direkt oder indirekt identifiziert werden kann") sowie in Erwägungsgrund 23 DSGVO-E LIBE („oder einer anderen Person", entsprechend dem früheren Richtlinienwortlaut) ersetzt. Überdies stellt Erwägungsgrund 23 DSGVO-E LIBE ausdrücklich fest, dass die Grundsätze des Datenschutzes für anonyme Daten, das heißt „für Daten, die sich nicht auf eine bestimmte oder bestimmbare natürliche Person beziehen" gelten sollen. Geht man aber davon aus, dass sich angesichts des gesamten menschlichen Potentials immer eine Person finden wird, die Informationen zuordnen könnte und sich so jede Information einer Person zuordnen ließe, kann der Verordnungsgeber eine solche Aussage nur vor dem Hintergrund tätigen, dass er bei der Festlegung des Personenbezugs die Fähigkeiten des einzelnen, wenn auch diese aus objektiver Sicht,[2359] betrachtet.

Aus der Gesamtsicht des Kommissionsvorschlags und des Parlamentsdokuments zu Erwägungsgrund 23 und Art. 4 Abs. 1 DSGVO-E ist deshalb davon auszugehen, dass bei der Erforschung des Personenbezugs auch weiterhin die objektiv festzustellenden Zuordnungsmöglichkeiten des Einzelnen nach dem relativen Ansatz zu berücksichtigen sind und in der Folge eine Verschlüsselung von Daten grundsätzlich die Möglichkeit schafft, die Daten ohne Personenbezug zu übermitteln und andernorts zu speichern.[2360] Umso erstaunlicher ist allerdings dann, dass der vom LIBE-Ausschuss als Art. 4 Abs. 2a DSGVO-E eingefügte Vorschlag zur Definition von verschlüsselten Daten von „personenbezogene Daten, die durch technische Schutzmaßnahmen für Personen, die nicht zum Zugriff auf die Daten befugt sind, unverständlich gemacht wur-

---

[2357] *Eckhardt/Kramer/Mester*, DuD 2013 627 f.
[2358] So beispielsweise *Dehmel/Hullen*, ZD 2013, 148; *Schneider/Härting*, ZD 2012, 200; im Ergebnis dann auch *Eckhardt/Kramer/Mester*, DuD 2013 628.
[2359] Die individuellen Fähigkeiten, nach denen sich der Personenbezug relativ bestimmt, sind objektiv zu betrachten, das heißt nicht nach dem subjektiven Empfinden des Einzelnen, sondern aus Sicht eines neutralen Betrachters. So ist nach Art. 4 Abs. 1 DSGVO-E danach zu forschen, was der Einzelne „nach allgemeinem Ermessen" zur Identifizierung einsetzen würde. Nach Erwägungsgrund 23 DSGVO-E LIBE sollten für die Prüfung der Frage, ob Mittel nach allgemeinem Ermessen aller Voraussicht nach zur Identifizierung der Person genutzt werden, alle objektiven Faktoren, wie die Kosten der Identifizierung und der dafür erforderliche Zeitaufwand, herangezogen werden.
[2360] Hierzu ausführlich Kapitel 5.1.9.

den" spricht. Sofern es sich hierbei nicht nur um eine redaktionelle Ungenauigkeit handelt, könnte der definitorische Hinweis auf „personenbezogene Daten" die Anonymisierungswirkung der Verschlüsselung, in der Folge aber auch den relativen Personenbezug, infrage stellen.

14.2.3 Räumlicher Anwendungsbereich

Angesichts der rechtsvereinheitlichenden Wirkung einer Datenschutzgrundverordnung im gesamten Unionsgebiet, bedarf es hinsichtlich des räumlichen Anwendungsbereichs keiner unionsinternen Regelung wie die des Art. 4 Abs. 1 lit. a und b DSRL mehr. Räumliche Anwendungsfragen und Kollisionen mit anderen Datenschutzrechten können sich naturgemäß nur noch im Verhältnis zu Drittländern ergeben. Hier sieht der Verordnungsentwurf in Art. 3 Abs. 1 DSGVO-E seine Anwendbarkeit bereits dann als gegeben, wenn eine Verarbeitung personenbezogener Daten im Rahmen der Tätigkeiten einer Niederlassung einer verantwortlichen Stelle oder eines Auftragnehmers erfolgt – unabhängig davon, wo sich der Hauptsitz des Unternehmens befindet und auf wen sich die Daten beziehen.[2361] Gänzlich neu ist hingegen die Anwendbarkeit nach Art. 3 Abs. 2 DSGVO-E auf außereuropäische Unternehmen, deren Verarbeitung von Daten von in der Union ansässigen Personen dazu dient, diesen Personen in der Union Waren oder Dienstleistungen anzubieten oder ihr Verhalten zu beobachten. Statt wie bisher in Art. 4 Abs. 1 lit. c DSRL auf den Rückgriff auf Mittel abzustellen, wird für die Anwendbarkeit ein Auswirkungsprinzip oder auch Marktortprinzip[2362] geschaffen.[2363] Es handelt sich dabei aber im Wesentlichen um eine verbraucherschützende Norm, die speziell für die einzelnen Internetnutzer geschaffen wurde. Geschützt wird beispielsweise ein Cloud-Nutzer, der einen innerhalb der Union beworbenen Cloud-Dienst eines außereuropäischen Cloud-Anbieters mit seinen eigenen Daten nutzt. In diesem Fall wäre der Cloud-Anbieter beim Umgang mit den personenbezogenen Daten an die Datenschutzgrundverordnung gebunden. Keinen weitergehenden Schutz als bisher erhält jedoch der betroffene Dritte beim Cloud Computing in einem Dreiecksverhältnis.[2364] Da dem betroffenen Dritten vom außereuropäischen Cloud-Anbieter keine Waren oder Dienstleistungen angeboten werden, ist der Cloud-Anbieter für den Umgang mit den Daten nicht an die Datenschutzgrundverordnung gebunden.

[2361] Zwar könnte, wie *Brennscheidt* 2013, 202 befürchtet, damit eine Verarbeitung von Daten im Drittland durch einen im Inland nicht ansässigen Auftragnehmer außerhalb der Datenschutzverordnung erfolgen. Allerdings wäre der innereuropäische Datenexporteur als verantwortliche Stelle an die Datenschutzgrundverordnung gebunden und müsste die Pflichten dem Auftragnehmer entsprechend auferlegen. Insoweit ändert sich nichts an der bestehenden Rechtslage.
[2362] *Caspar*, ZD 2012, 556.
[2363] *Hornung*, ZD 2012, 102; *Klar*, ZD 2013, 112 f.; *Wieczorek*, DuD 2013, 646 ff.; Erwägungsgrund 19-21 DSGVO-E.
[2364] *Hornung/Sädtler*, ZD 2012, 640.

Er kann allenfalls als Auftragnehmer vom Cloud-Nutzer im Rahmen der Auftragsdatenverarbeitung entsprechend vertraglich verpflichtet werden.[2365]

14.3 Zulässigkeit der Datenverarbeitung

Am Grundprinzip, dass eine Datenverarbeitung nur aufgrund einer Einwilligung oder eines gesetzlichen Erlaubnistatbestandes zulässig ist, rüttelt auch der Verordnungsvorschlag nicht. Im Hinblick auf die Einwilligung und Erlaubnistatbestände sollen sich nur Detailänderungen ergeben.

14.3.1 Einwilligung

Die Regelungen zur Einwilligung orientieren sich an den in der Datenschutzrichtlinie bestehenden Vorgaben.[2366] Neu eingefügt wurde die ausdrückliche Anforderung in Art. 7 DSGVO-E, dass eine Einwilligung „explizit" zu erfolgen hat.[2367] Während Vertreter der datenverarbeitenden Branchen kritisieren, dass das Modell der Einwilligung den Einzelnen bevormunde,[2368] fehlt dem Bundestag laut seiner Stellungnahme ein explizites Kopplungsverbot sowie die Möglichkeit, Einwilligungen durch Betriebsvereinbarungen zu ersetzen.[2369] Hinsichtlich des Cloud Computing könnten beispielsweise Betriebsvereinbarungen für cloud-basierte Personalsoftware und Personaldatenbanken betroffen sein. Anders als die Datenschutzrichtlinie ist eine schriftliche Einwilligung nach Art. 7 DSGVO-E nicht mehr erforderlich. Der Wegfall des Schriftformerfordernisses erleichtert insbesondere die Bereitstellung und Nutzung neuer Medien wie der Cloud. Zwar reduziert sich durch die Aufhebung des Formerfordernisses, das insbesondere Warn- und Beweisfunktionen hat, der Schutz des Betroffenen. Als Ausgleich wurde in Art. 7 Abs. 1 DSGVO-E jedoch eine Beweislastumkehr zugunsten des Einwilligenden vorgesehen.[2370] Demnach trägt der für die Verarbeitung Verantwortliche die Beweislast dafür, dass die betroffene Person ihre Einwilligung zur Verarbeitung ihrer personenbezogenen Daten für eindeutig festgelegte Zwecke erteilt hat.

[2365] Möglicherweise unternimmt das Verhandlungsdokument des Parlaments den Versuch, diesen Makel zu beheben, indem es in Art. 3 Abs. 2 DSGVO-E LIBE ausdrücklich auch den „Auftragsverarbeiter" mit einbezieht.
[2366] Kapitel 6.6.
[2367] KOM (2012) 11, 8; Erwägungsgrund 25 DSGVO-E.
[2368] *Dehmel/Hullen*, ZD 2013, 150; *Schneider/Härting*, ZD 2012, 201.
[2369] BT-Drs. 17/11325, 3.
[2370] *Hornung*, ZD 2012, 103; Erwägungsgrund 32 DSGVO-E.

14.3.2 Erlaubnistatbestände

Der Inhalt des Art. 7 DSGVO-E ist ausdrücklich an Art. 6 DSRL ausgerichtet.[2371] Neu ist die, vom LIBE-Ausschuss wieder zurückgeschnittene und aufgrund der Altersgrenze bei nur 13 Jahren stark kritisierte,[2372] Sonderregelung für Kinder. Aus deutscher Sicht als unbefriedigend empfunden wird auch das hohe Abstraktionsniveau der Regelungen. Anders als die ausdifferenzierten Regelungen der §§ 28 ff. BDSG sowie die speziellen Erlaubnistatbestände in den Fachgesetzen, wird die gesamte Bandbreite der Erlaubnistatbestände in nur einem einzigen überschaubaren Artikel geregelt. Dies hat zur Folge, dass einerseits besonders kritische Verarbeitungssituationen wie die Videoüberwachung nach allgemeinen Regelungen zu bewerten sind[2373] und andererseits, dass einige, von bestimmten Branchen erkämpfte Sondererlaubnisse, etwa die Zweckänderung im Interesse Dritter, auf die sich insbesondere die Arbeit von Auskunfteien stützt, nicht mehr eigens geregelt sind.[2374] Bezeichnenderweise wurden letztere im Parlamentsdokument in Art. 6 Abs. 1 lit. f DSGVO-E LIBE wieder eingefügt. Das Verhandlungsdokument streicht aber auch den, ursprünglich zwecks Konkretisierung vorgesehenen, delegierten Rechtsakt und gibt stattdessen den Mitgliedstaaten nach Art. 6 Abs. 3 DSGVO-E LIBE die Möglichkeit, Einzelheiten der Rechtmäßigkeit der Verarbeitungen nach Art. 6 Abs. 1 lit. c und e DSGVO-E selbst zu regeln. Zumindest für den Datenumgang durch öffentliche Stellen will das Europäische Parlament somit einzelstaatliche Ausdifferenzierungen ermöglichen.[2375]

14.4 Auftragsdatenverarbeitung

Anders als die allgemeinen Zulässigkeitsnormen wurde die Auftragsdatenverarbeitung im Vergleich zur Datenschutzrichtlinie wesentlich ausführlicher geregelt.[2376] Unverändert blieb die grundlegende Verantwortungslage: Der Auftraggeber ist weiterhin primär verantwortliche Stelle. Der Auftragnehmer würde nur dann gegebenenfalls nach Art. 24 DSGVO-E gemeinsam mit dem Auftraggeber verantwortlich, wenn er selbst Zwecke, Bedingungen und Mittel der Verarbeitung personenbezogener Daten

---

[2371] KOM (2012) 11, 8.
[2372] Europäischer Wirtschafts- und Sozialausschuss, ABl. C 229 vom 31.7.2012, 95; *Hornung*, ZD 2012, 103.
[2373] BR-Drs. 52/12, 2 f.; *Roßnagel/Richter/Nebel*, ZD 2013, 104.
[2374] *Dahlke*, ZD 2012, 354; *Dehmel/Hullen*, ZD 2013, 149.
[2375] Hierzu *Koós*, ZD 2014, 13.
[2376] *Hornung*, ZD 2012, 101.

gemeinsam mit anderen Personen festlegt oder nach Art. 26 Abs. 4 DSGVO-E, wenn er von den Anweisungen des Auftraggebers abweicht.[2377]

Die Datenschutzgrundverordnung orientiert sich im Hinblick auf die Stellung des Auftragnehmers an der bestehenden Systematik der Datenschutzrichtlinie. Sie nimmt, anders als das Bundesdatenschutzgesetz, den Auftragnehmer nicht vom Kreis der Dritten aus. Eine Weitergabe von Daten erfolgt damit nicht wie etwa innerhalb einer Behörde oder Stelle, ohne dass es zu einem rechtfertigungsbedürftigen Datenumgang käme.[2378] Vielmehr ist nach Art. 4 Abs. 3 DSGVO-E jede Weitergabe durch Übermittlung, Verbreitung oder jede andere Form der Bereitstellung eine Datenverarbeitung und damit rechtfertigungsbedürftig.[2379] Allerdings hat auch schon die Auftragsdatenverarbeitung im Rahmen des Bundesdatenschutzgesetzes eine Datennutzung durch den Auftraggeber bedingt und war insofern ebenfalls nicht rechtfertigungsfrei. Ebenso wie nach der Regelung im Bundesdatenschutzgesetz muss sich aber der Auftraggeber nur für diesen Datenumgang rechtfertigen und auch weiterhin gerade nicht für eine Datenübermittlung, die zur Folge hat, dass der Empfänger selbst verantwortliche Stelle würde und der Absender für das zukünftige Schicksal der Daten von der Verantwortung befreit würde. Da der Auftraggeber somit weiterhin verantwortliche Stelle ist und keine Datenübermittlung vornimmt, müssen für die Auftragsdatenverarbeitung keine Übermittlungsvoraussetzungen erfüllt sein. Die Datenweitergabe im Rahmen der Auftragsdatenverarbeitung kann folglich als gerechtfertigt angesehen werden, wenn die Verarbeitung beim Auftraggeber selbst zulässig wäre und er die Vorgaben der Art. 22 ff. DSGVO-E einhält. Da es hinsichtlich der Auftragsdatenverarbeitung im Drittland keine Unterscheidung zwischen Auftragnehmer und Drittem mehr gibt, entfällt darüber hinaus auch die in Kapitel 9.2.3.2 aufgezeigte Diskussion um eine europarechtskonforme Auslegung, eine Analogie oder eine modifizierte Interessenabwägung.[2380]

Die Auftraggeberpflichten nach Art. 26 DSGVO-E sind mit denen der Datenschutzrichtlinie vergleichbar.[2381] Art. 26 DSGVO-E verlangt zwar nicht mehr ausdrücklich die regelmäßige Kontrolle, wohl aber weiterhin eine gewissenhafte Auswahl des Auftragnehmers.[2382] Auch hier tritt das im Rahmen dieser Arbeit bereits ausführlich geschilderte Problem der Vor-Ort-Kontrolle von Cloud-Anbietern als Auftraggeber

---

[2377] KOM (2012) 11, 11; speziell zum Cloud Computing *Hornung/Sädtler*, ZD 2012, 642; *Brennscheidt* 2013, 135, zu (hier wohl ebenfalls einschlägigen) kollektiven Verantwortung Kapitel 5.2.4.4 sowie *Kroschwald*, ZD 2013, 388 ff.

[2378] *Eckhardt/Kramer/Mester*, DuD 2013 626, denen zufolge die „Privilegierung der Auftragsdatenverarbeitung" entfalle.

[2379] *Roßnagel/Richter/Nebel*, ZD 2013, 105; *Nebel/Richter*, ZD 2012, 411.

[2380] *Brennscheidt* 2013, 85.

[2381] Beachtlich ist die gemeinschaftliche Inpflichtnahme der verantwortlichen Stelle und des Auftraggebers zu Maßnahmen der Datensicherheit nach Art. 30 DSGVO-E.

[2382] *Roßnagel/Richter/Nebel*, ZD 2013, 105; *Hornung/Sädtler*, ZD 2012, 643.

durch Cloud-Nutzer als Auftragnehmer zutage. Einen seit längerem geforderten gesetzlichen Zertifizierungsmechanismus, der den Auftraggeber rechtssicher von seinen höchstpersönlichen Vor-Ort-Kontrollpflichten befreit, lässt der Kommissionsvorschlag noch vermissen.[2383] Dies ändert sich allerdings im Verhandlungsdokument des Europäischen Parlaments. Nach Art. 26 Abs. 3a DSGVO-E LIBE können die für die Zuverlässigkeit des Auftragnehmers geforderten „hinreichenden Garantien" durch ein Zertifizierungsverfahren nach Art. 39 DSGVO-E LIBE nachgewiesen werden. Für die nähere Konkretisierung der Anforderungen an eine Zertifizierung sowie die Akkreditierung von Zertifizierungsstellen wird die Europäische Kommission in Art. 39 Abs. 2 DSGVO-E LIBE zum Erlass eines delegierten Rechtsakts ermächtigt. Hierzu hat die Europäische Kommission zuvor den Europäischen Datenschutzausschuss um eine Stellungnahme zu ersuchen und Interessenträger, insbesondere Industrieverbände und nichtstaatliche Organisationen, anzuhören. Eine solche Regelung folgt dem hier sowie in der Literatur geforderten Zusammenwirken von Wissenschaft, Wirtschaft und Politik bei der Festlegung konkreter Prüfanforderungen.[2384] Indem die grundsätzlichen Anforderungen zur Zertifizierung in Art. 39 DSGVO-E LIBE geregelt werden und die Konkretisierung nach Einholung von Stellungnahmen sodann der Kommission als Teil der Exekutive zur Letztentscheidung überlassen wird, berücksichtigt die Norm gleichzeitig Anforderungen an die demokratische Legitimation, Wesentlichkeit und Bestimmtheit.[2385]

Für den Fall, dass vom Auftragnehmer weitere Unterauftragnehmer beauftragt werden, soll sich der Auftraggeber nach Art. 26 Abs. 2 lit. d DSGVO-E sein Recht zur „vorherigen" Zustimmung vertraglich sichern. Offen ist allerdings, ob sich die Europäische Kommission die „vorherige" Zustimmung zu einer Unterbeauftragung als Einzelfalleinwilligung vorgestellt hat und wie dies im Hinblick auf das Massengeschäft beim Cloud Computing funktionieren sollte.[2386]

14.5 Betroffenenrechte

Die „Rechte der betroffenen Person" sollen in Art. 11 ff. DSGVO-E deutlich ausführlicher geregelt werden als in der Datenschutzrichtlinie.[2387] Neu sind vor allem konkretisierte Anforderungen zu Transparenzpflichten, etwa leicht zugängliche und verständliche, bei Bedarf sogar kindgerechte Informationen nach Art. 11 DSGVO-E.[2388] Hier

---

[2383] *Hornung*, ZD 2012, 103; *Roßnagel/Richter/Nebel*, ZD 2013, 106; *Dehmel/Hullen*, ZD 2013, 151; *Hornung/Sädtler*, ZD 2012, 643; *Brennscheidt* 2013, 116.
[2384] Hierzu Kapitel 8.3.5.
[2385] Zu diesen Anforderungen Kapitel 8.3.5.2.
[2386] *Hornung/Sädtler*, ZD 2012, 643.
[2387] *Hornung*, ZD 2012, 101.
[2388] KOM (2012) 11, 9; Erwägungsgrund 46 DSGVO-E.

geht das Verhandlungsdokument des Europäischen Parlaments sogar noch weiter, indem es in Art. 13a DSGVO-E LIBE ein Ampelsystem mit Piktogrammen für die datenschutzrechtliche Auskunft einführt.[2389] Für das Cloud Computing begrüßenswert ist die Möglichkeit der elektronischen Wahrnehmung von Betroffenenrechten in Art. 12 Abs. 1 DSGVO-E. Angesichts häufig bestehender Ungleichgewichte zwischen den Verhandlungspositionen der Cloud-Anbieter, Cloud-Nutzer und betroffenen Dritten ist außerdem die Möglichkeit der Verbandsklage nach Art. 73 Abs. 2 DSGVO-E positiv zu bewerten.[2390] Aus praktischer Sicht dagegen fraglich ist die Pflicht des verantwortlichen Cloud-Nutzers nach Art. 13 DSGVO-E zur Benachrichtigung aller Datenempfänger sowie, nach dem Vorschlag des Parlaments, auf deren Antrag auch die Auskunft gegenüber Betroffenen über Berichtigungen und Löschungen. Dies lässt sich für das Cloud Computing nur umsetzen, wenn der Cloud-Nutzer ständig, beispielsweise über eine entsprechende Online-Plattform über alle Unterauftragnehmer informiert ist und entsprechend Kontakt aufnehmen kann.

In der Öffentlichkeit wurde insbesondere der Ansatz eines „Rechts auf Vergessen" in Art. 17 DSGVO-E diskutiert. Inwiefern das „Recht einer Person, vergessen zu werden"[2391] den öffentlichen Erwartungen gerecht wird, ist tatsächlich fraglich. Zwar klingt es verlockend als Betroffener ein Recht zu haben, bestimmte Daten vollständig aus allen Datenbanken und (Cloud-)Servern und damit quasi aus dem Internet und der Öffentlichkeit zu entfernen. Jedoch entspricht der Kommissionsvorschlag zum einen in weiten Teilen der im Bundesdatenschutzgesetz vorgesehenen Löschpflicht,[2392] zum anderen schränkt der Verordnungsvorschlag den zum „Vergessen" vorgesehenen Datenbestand in einem Regelbeispiel auf Daten, die der Betroffene im Kindesalter öffentlich gemacht hat, ein.[2393] Im Verhandlungsdokument des Europäischen Parlaments wurde der Verweis auf im Kindesalter veröffentlichte Daten entfernt. Gleichzeitig soll sich das Recht auf Vergessen auch auf Ansprüche gegen Dritte zur Löschung aller Querverweise auf personenbezogene Daten sowie aller Kopien davon erstrecken. Ob sich allerdings ein so weitgehender Löschungsanspruch insbesondere beim Cloud Computing, bei dem es technisch bedingt häufig zu – auch unbemerkten – Replikationen kommen kann, in der Praxis technisch umsetzen lässt, ist aber fraglich.[2394]

Für das Cloud Computing vielversprechend ist ein Recht auf Datenübertragbarkeit in Art. 18 DSGVO-E. Der Betroffene soll nach Art. 18 Abs. 1 DSGVO-E von der ver-

---

[2389] Mit Verweis auf die Praktikabilität für kleine Unternehmen kritisch *Härting*, CR 2013, 717.
[2390] *Hornung*, ZD 2012, 104; kritisch jedoch ohne Begründung dagegen BT-Drs. 17/11325, 5.
[2391] KOM (2012) 11, 10; Erwägungsgrund 53 DSGVO-E; zu einem Recht von einer Suchmaschine „vergessen zu werden" aktuell EuGH, Urteil vom 13.5.2014, Rs. C 131/12, Rn. 89 ff.
[2392] *Jandt/Kieselmann/Wacker*, DuD 2013, 237; *Kalabis/Selzer*, DuD 2012, 670; *Nebel/Richter*, ZD 2012, 413 bezeichnen das „Recht auf Vergessen" im Verordnungsentwurf als „Mogelpackung".
[2393] *Hornung*, ZD 2012, 103.
[2394] Hierzu bereits *Jandt/Kieselmann/Wacker*, DuD 2013, 237.

antwortlichen Stelle eine Kopie der verarbeiteten Daten in einem von ihm weiter verwendbaren, strukturierten, gängigen elektronischen Format erhalten. Wenngleich es sich hierbei nicht um eine wirkliche datenschutzrechtliche Schutznorm handelt,[2395] so ist die Regelung im Hinblick auf den Wert von Daten und daraus entstehende Abhängigkeitsverhältnisse nicht zu unterschätzen. Im Verhältnis zwischen dem Cloud-Anbieter und einem Cloud-Nutzer als Betroffenen könnte Art. 18 DSGVO-E den eingangs beschriebenen Lock-In-Effekt verhindern.[2396] Aus Sicht der cloud-nutzenden Unternehmen ist jedoch zu Recht einzuwenden, dass die Norm ausschließlich dem Betroffenen gilt, nicht jedoch einem Cloud-Nutzer, der lediglich Daten betroffener Dritter in die Cloud überträgt und diese gegebenenfalls portieren möchte. Das Recht auf Datenportabilität ist somit in der Regel auf die Privatnutzung einer Cloud begrenzt.[2397] Art. 18 DSGVO-E wurde im Verhandlungsdokument des Europäischen Parlaments wieder gänzlich gestrichen.

14.6 Internationale Datenverarbeitungen

Hinsichtlich der Übermittlung von Daten in Drittländer ergibt sich aus dem Kommissionsentwurf im Wesentlichen nur eine systematische Änderung. Nach Art. 40 DSGVO-E soll auch die Verordnung am oben beschriebenen,[2398] zweistufigen Prüfsystem festhalten. Nach Art. 41 DSGVO-E hängt die Zulässigkeit einer Datenübermittlung in ein Drittland nunmehr aber ausdrücklich von einer positiven Angemessenheitsentscheidung der Kommission ab. Die Angemessenheit ist damit zum einen nicht mehr nur ein Regelbeispiel, zum anderen obliegt die Beurteilung nun auch formal nicht mehr der verantwortlichen Stelle.[2399] Angesichts der Tatsache, dass auch schon nach der Regelung der Datenschutzrichtlinie faktisch allein der Angemessenheitsbeschluss der Kommission und nicht die Einzelfallbeurteilung der Angemessenheit durch die verantwortliche Stelle maßgeblich war, ist dies eine zu begrüßende Klarstellung.

Wie schon in der Datenschutzrichtlinie, so sehen auch Art. 42 ff. DSGVO-E Ausnahmeregelungen zugunsten der Übermittlung in Drittländer ohne oder mit negativem Angemessenheitsbeschluss vor. Für das Cloud Computing werden weiterhin nach Art. 42 Abs. 2 lit. b und c DSGVO-E nunmehr auf europäischer Ebene beschlossene, Standardvertragsklauseln eine nur auf den Einzelfall begrenzte Möglichkeit zur Datenübermittlung schaffen.[2400] Für die Beauftragung eines außereuropäischen Unterauftragnehmers durch einen europäischen Auftraggeber im selben Konzern könnten mög-

---

[2395] *Dehmel/Hullen*, ZD 2013, 151; *Richter*, DuD 2012, 578; *Nebel/Richter*, ZD 2012, 413.
[2396] *Hornung*, ZD 2012, 103; KOM (2012) 11, 10.
[2397] *Hornung/Sädtler*, ZD 2012, 641.
[2398] Kapitel 9.2.2.1.
[2399] Hierzu auch *Brennscheidt* 2013, 177; KOM (2012) 11, 12.
[2400] Hierzu Erwägungsgrund 83 DSGVO-E.

licherweise PBCR eingesetzt werden, wie sie bereits oben beschrieben wurden,[2401] und im Kommissionsentwurf in Art. 43 Abs. 1 lit. a DSGVO-E („oder des Auftragnehmers"[2402]) nun ausdrücklich vorgesehen sind. Eine Übermittlung auf Grundlage des Art. 44 Abs. 1 lit. h DSGVO-E, die nicht „häufig oder massiv" ist,[2403] wird dagegen wohl nur im Rahmen der privaten Cloud-Nutzung relevant werden. Diese Regelung hat das Europäische Parlament im Übrigen auch wieder gestrichen.

Eine Reaktion auf aktuelle Datenskandale um Spähaktivitäten durch ausländische Geheimdienste, die auch große Cloud-Anbieter instrumentalisiert haben sollen, ist wohl die Einfügung des Art. 43a DSGVO-E LIBE durch das Europäische Parlament. Anweisungen und Urteile, die zu einer Datenübermittlung verpflichten, die nicht im Einklang mit Unionsrecht steht, müssen von dem Cloud-Anbieter gemeldet werden und werden weder anerkannt noch vollstreckt. Eine solche Meldepflicht i. V. m. einem Anerkennungs- und Vollstreckungsverbot bestünde beispielsweise für ein US-amerikanisches Urteil, das einen Cloud-Anbieter zur aus europäischer Sicht nicht zulässigen Herausgabe von Daten verpflichtet. Im Hinblick auf die erschwerte Durchsetzbarkeit von datenschutzrechtlichen Ansprüchen gegenüber großen, außereuropäischen Cloud-Anbietern ist darüber hinaus die Einführung einer Pflicht zur Vertreterbenennung in Art. 25 DSGVO-E sinnvoll.[2404]

14.7 Technische und organisatorische Maßnahmen

In die Reform der gesetzlich normierten Datensicherheit wurden große Erwartungen gelegt, die offenbar mit dem Verordnungsentwurf bisher enttäuscht wurden. So wird an einigen Stellen beklagt, dass der in Erwägungsgrund 61 und Art. 23 DSGVO-E angekündigte „Datenschutz durch Technik und datenschutzfreundliche Voreinstellungen" („privacy by design" und „privacy by default")[2405] im Ergebnis nicht mehr als ein bloßer Programmsatz ist.[2406] Neu ist immerhin die Ausdehnung der bestehenden Vorabkontrolle durch die Pflicht, eine Datenschutz-Folgeabschätzung nach Art. 33 DSGVO-E durchzuführen. Die Folgenabschätzung ersetzt die bisherige Melde-

---

[2401] Kapitel 9.2.5; zur Bedeutung von CBR für das Cloud Computing im Rahmen des Kommissionsvorschlags *Hornung*, ZD 2012, 102.
[2402] Nach dem Vorschlag des Europäischen Parlaments könnte nach Art. 43 Abs. 1 lit. a DSGVO-E LIBE eine Datenübermittlung mit verbindlichen Unternehmensregeln möglicherweise sogar an externe Unterauftragnehmer zulässig sein.
[2403] Hierzu Erwägungsgrund 88 DSGVO-E.
[2404] Hierzu Erwägungsgrund 63 DSGVO-E; *Lejeune*, CR 2013, 825.
[2405] Siehe auch KOM (2012) 11, 11.
[2406] *Hornung*, ZD 2012, 103; *Hornung/Sädtler*, ZD 2012, 644; *Richter*, DuD 2012, 578 f.; *Roßnagel/Richter/Nebel*, ZD 2013, 105 f.; das Verhandlungsdokument des Europäischen Parlaments konkretisiert zumindest die in Art. 23 DSGVO-E normierten Grundsätze zum Datenschutz durch Technik.

pflicht.[2407] Sie ist allerdings auf risikoreiche Verarbeitungsvorgänge entsprechend den Regelbeispielen aus Art. 33 Abs. 2 DSGVO-E beschränkt. Das Verhandlungsdokument des Europäischen Parlaments schaltet mit Art. 32a DSGVO-E LIBE der Folgenabschätzung außerdem noch eine Risikoanalyse vor.

Aus Sicht des deutschen Datenschutzrechts wurde an den organisatorischen Vorgaben insbesondere kritisiert, dass nach Art. 35 Abs. 1 lit. b DSGVO-E Unternehmen erst ab 250 Beschäftigten einen betrieblichen Datenschutzbeauftragten bestellen müssen.[2408] Zahlreiche kleine und mittlere Unternehmen, sowohl in der Rolle des Cloud-Nutzers als auch in der eines Cloud-Anbieters, werden danach keinen betrieblichen Datenschutzbeauftragten bestellen müssen. Möglicherweise ist zumindest jedoch für regelmäßige Nutzer sowie für manche Cloud-Anbieter Art. 35 Abs. 1 lit. c DSGVO-E einschlägig, soweit ihre Verarbeitungsvorgänge eine regelmäßige und systematische Beobachtung von Betroffenen erfordert. Inwiefern die Kenntnisnahme personenbezogener Daten durch Cloud-Administratoren zur „systematischen und regelmäßigen Beobachtung von Betroffenen" und damit zur Einschlägigkeit dieser Norm führt, wird noch zu diskutieren sein.[2409] Der Vorschlag des Europäischen Parlaments reagiert auf die Kritik insofern, als Art. 35 Abs. 1 lit. b DSGVO-E LIBE hinsichtlich des Grenzwerts für die Bestellung eines betrieblichen Datenschutzbeauftragten nicht an die Mitarbeiterzahl, sondern an der Anzahl betroffener Personen in einem bestimmten Zeitraum, hier mehr als 5000 Betroffenen innerhalb von zwölf Monaten, anknüpft.

14.8 Datenschutzaufsicht

Die Reform der Datenschutzaufsicht ist vor dem Hintergrund der zumindest gefühlten Ohnmacht gegenüber internationalen Internetkonzernen zu sehen. Die Datenschutzaufsicht soll durch den Reformentwurf zentralisiert und effektiver gemacht werden. Nach Art. 51 DSGVO-E soll die Zuständigkeit für die Aufsicht grenzüberschreitender Datenverarbeitungen einer jeweils federführenden Aufsichtsbehörde zustehen. Der so entstehende, jedoch im Parlamentsentwurf wieder zurückgenommene „one-stop-shop" ermöglicht Unternehmen eine grenzüberschreitende Tätigkeit innerhalb der Europäischen Union, ohne sich mit mehreren Aufsichtsbehörden sowie dort vorherrschenden unterschiedlichen Rechtsauffassungen auseinandersetzen zu müssen und ist damit ein Schritt zu mehr Rechtssicherheit und Effizienz.[2410] Gleichzeitig könnte die Zentralisierung der Zuständigkeit auch zu einem verstärkten „forum shopping" führen, bei dem

---

[2407] KOM (2012) 11, 11 f.; Erwägungsgründe 70 und 72 DSGVO-E; *Kaufmann*, ZD 2012, 361 f.
[2408] BT-Drs. 17/11325, 4; Europäischer Wirtschafts- und Sozialausschuss, ABl. C 229 vom 31.7.2012, 95 f.; *Hornung*, ZD 2012, 104; *Eckhardt/Kramer/Mester*, DuD 2013, 628.
[2409] In diese Richtung wohl zumindest *Hornung/Sädtler*, ZD 2012, 642.
[2410] KOM (2012) 11, 14; Erwägungsgrund 97 DSGVO-E.

insbesondere internationale (Cloud-)Konzerne bewusst ihre aufsichtspflichtigen Tätigkeiten dort durchführen, wo der aufsichtsbehördliche Widerstand am geringsten ist.[2411] Daneben soll auch die Zusammenarbeit der Aufsichtsbehörden gestärkt werden. Zu Kritik führte allerdings der Vorschlag der Europäischen Kommission, die Aufsichtstätigkeit in einem Kohärenzverfahren im Sinne der Art. 57 ff. DSGVO-E durchzuführen. Demnach hätten bestimmte Maßnahmen nach Art. 58 Abs. 2 DSGVO-E oder weitere Maßnahmen auf Antrag einer Aufsichtsbehörde nach Art. 57 Abs. 3 DSGVO-E im Kohärenzverfahren unter Mitwirkung eines neu zu gründenden Europäischen Datenschutzausschusses und der Europäischen Kommission erlassen werden müssen. Die Europäische Kommission hätte in diesem Verfahren nicht nur das Recht zur Stellungnahme nach Art. 59 DSGVO-E, sondern nach Art. 60 DSGVO-E auch das Recht zur, zumindest vorübergehenden, Aussetzung der Maßnahme. Neben der Schwerfälligkeit und Komplexität des Kohärenzverfahrens[2412] wurde insbesondere die massive Ausdehnung der Kommissionsbefugnisse und die Einschränkung der Unabhängigkeit der Aufsichtsbehörden, untereinander wie auch gegenüber der Europäischen Kommission, stark kritisiert.[2413] Im Verhandlungsdokument des Europäischen Parlaments wurde sowohl das Recht zur Stellungnahme als auch das Vetorecht der Europäischen Kommission gestrichen. Stattdessen sieht Art. 58a Abs. 7 i. V. m. Art. 62 DSGVO-E LIBE ein Recht des Datenschutzausschusses zur Stellungnahme mit der Möglichkeit vor, nach erfolgloser Einigung mit Zweidrittelmehrheit eine verbindliche Entscheidung zu erlassen.[2414]

[2411] *Caspar*, ZD 2012, 556, dem Betroffenen bliebe nur eine Untätigkeitsklage durch die heimische Aufsichtsbehörde, Erwägungsgrund 115 DSGVO-E; *Hornung*, ZD 2012, 101; Europäischer Wirtschafts- und Sozialausschuss, ABl. C 229 vom 31.7.2012, 96.

[2412] *Caspar*, ZD 2012, 556.

[2413] BR-Drs. 52/12, 5; Ausschuss der Regionen, ABl. C 391 vom 18.12.2012, 131; Der Europäische Datenschutzbeauftragte, ABl. C 192 vom 30.6.2012, 7 f.; *Caspar*, ZD 2012, 556 f.; *Wagner*, DuD 2012, 677; *Hornung*, ZD 2012, 104 f.

[2414] Hierzu *Kóos*, ZD 2014, 14; *Härting*, CR 2013, 716.

15 Rechtsverträgliches Cloud Computing

Cloud Computing verfügt, wie festgestellt, über das Potential, die Informationsgesellschaft nachhaltig zu verändern. Die Möglichkeiten der Cloud sind nicht allein informationstechnischer Art. Sie wirken beispielsweise über cloud-basierte Geschäftsanwendungen mit erheblichem wirtschaftlichem Gewicht in das Geschäfts- und Berufsleben aber auch in Verbindung mit cloud-basierten „Big Data-Anwendungen" in den gesellschaftlichen Umgang mit sehr großen Informationsmengen und zukünftig über cloud-basierte ubiquitäre Anwendungen möglicherweise sogar in den gesamten Alltag der Menschen hinein. Bei der Frage, ob und wie sich dieses Potential der Cloud zukünftig auch tatsächlich verwirklicht, kommt dem Recht, insbesondere dem Persönlichkeitsrecht in der Ausprägung als Recht auf informationelle Selbstbestimmung, eine zentrale Bedeutung zu. Diese Schlüsselrolle äußert sich in unterschiedlichen Funktionen, die sich sowohl begrenzend als auch fördernd auf die Cloud auswirken.

15.1 Regulative Begrenzung der Cloud

In einer regulativen Funktion soll das Recht in erster Linie Grundrechte, demokratische Entscheidungsverfahren, rechtsstaatliche Prinzipien und sozialstaatliche Solidarität vor negativen Folgen technischer Innovationen schützen.[2415] In seiner stärksten Ausprägung geschieht dies über ordnungs- und planungsrechtliche Instrumente, wie etwa gesetzliche Gebote und Verbote hinsichtlich einer Technik.[2416] Für das Cloud Computing zeigt sich eine regulative Begrenzung an den strengen Zulässigkeitsbedingungen für den Umgang mit Informationen im Rahmen der Cloud-Nutzung, die sich sowohl aus dem Datenschutz- als auch aus dem Berufsgeheimnisschutzrecht ergibt. Wie untersucht, ist die Übermittlung von Daten betroffener Dritter durch den Cloud-Nutzer an einen Cloud-Anbieter in der Regel nicht zulässig.[2417] Dies trifft im Besonderen für die Übermittlung nicht weiter geschützter Daten an außereuropäische Cloud-Dienste[2418] oder die sogar strafbewehrte Nutzung einer Cloud durch Berufsgeheimnisträger zu.[2419] Auch der Cloud-Anbieter unterliegt hinsichtlich des Umgangs mit Daten, sofern dieser überhaupt zulässig ist, einer gesetzlichen Zweckbindung. Selbst die Einwilligung als unmittelbarer Ausdruck der grundrechtlich geschützten informationellen Selbstbestimmung unterliegt dem Regulativ des Rechts.[2420] Das gel-

---

[2415] *Roßnagel*, in: Müller/Pfitzmann 1997, 365.
[2416] Hierzu *Roßnagel*, in: Müller/Pfitzmann 1997, 374 f.
[2417] Kapitel 6.5.5.
[2418] Kapitel 9.2.4.
[2419] Kapitel 13.1.7.
[2420] Kapitel 6.6.8.

tende Daten- und Geheimnisschutzrecht steht damit zumindest einer unbegrenzten Ausschöpfung des Cloud-Potentials entgegen.

An dieser strengen Regulierung sollte auch zukünftig festgehalten werden. Ansätze, die die für das Datenschutzrecht grundlegende Voraussetzung einer Einwilligung oder einer gesetzlichen Erlaubnis langfristig auf bestimmte Verarbeitungssituationen, Betroffene oder Datenarten begrenzen wollen,[2421] würden den Schutz des Persönlichkeitsrechts der Einzelnen auf gesetzlich verordnete Einzelfälle beschränken. In allen anderen Fällen müssten Betroffene, die als betroffene Dritte ohnehin häufig weder von der Cloud-Nutzung Kenntnis erlangen noch selbst davon profitieren, bedingungslos den Umgang mit ihren Daten akzeptieren. Gerade vor dem Hintergrund der Gefahren für die Rechte der Betroffenen durch die grenzüberschreitende Datenverarbeitung, intransparente Datenwege, erhebliche Machtunterschiede zwischen den Beteiligten und heute noch ungeahnte Möglichkeiten zur Verwendung cloud-basierter Daten, sollte sich aus dem Daten- und Geheimnisschutzrecht kein „Freifahrschein" zum Umgang mit Daten in der Cloud ergeben – unabhängig davon, für wie wenig sensitiv einzelne Daten oder unproblematisch ein Datenumgang aus heutiger Sicht eingeschätzt werden.

Wo das Datenschutzrecht mit der Auftragsdatenverarbeitung ausnahmsweise eine Datenweitergabe in die Cloud ermöglicht, legt es, etwa mit § 11 BDSG, zu Recht hohe Anforderungen an.[2422] Die Pflicht zur vertraglichen Vereinbarung und tatsächlichen Ausübung der Auswahl, Weisung und Kontrolle des Cloud-Anbieters durch den Cloud-Nutzer verhindert, dass der Cloud-Nutzer sich durch das Outsourcing seiner informationstechnischen Ressourcen auch seiner Verantwortung entzieht. Durch die Konzentration der Verantwortung auf den Cloud-Nutzer als Auftraggeber verbleibt sowohl den Betroffenen als auch den Aufsichtsbehörden ein "greifbarer" Anspruchsgegner, gegenüber dem das nationale Recht auch durchgesetzt werden kann. Auch zukünftig sollte der Umgang mit Daten in der Cloud in der Regel nur im Rahmen einer Auftragsdatenverarbeitung zulässig sein, bei der der Cloud-Nutzer primär verantwortliche Stelle für den gesamten Datenumgang in der Cloud ist.

Andere beschränkende Bestimmungen sind vor dem Hintergrund des Cloud Computing demgegenüber fraglich geworden. So ist beispielsweise das Schriftformerfordernis für eine datenschutzrechtliche Einwilligung dann nicht mehr zeitgemäß, wenn sich der Betroffene und die verantwortliche Stelle ohnehin nur auf elektronischem Wege begegnen. Hier können elektronische Erklärungen, bei denen die Kenntnisnahme und

---

[2421] Die Abkehr von einem „Verbotsprinzip" hin zu einer grundsätzlichen Zulässigkeit des Datenumgangs und dem Verbot von als „besonders riskant herausragenden" Handlungen fordern beispielsweise *Bull* 2013, 136; *Härting*, AnwBl 2012, 716 ff.; wohl auch *Kramer*, DuD 2013, 380; entschieden kritisch dagegen statt vieler *Weichert*, DuD 2013, 246 ff.; *Roßnagel*, digma 2011, 162 f.
[2422] Kapitel 7.

Aufmerksamkeit des Erklärenden anderweitig sichergestellt werden, etwa durch großformatige Pop-Up-Fenster, die getrennt bestätigt werden müssen, die ursprünglichen Ziele des Schriftformerfordernisses ebensogut erreichen.[2423] Auch soweit man für die Auftragsdatenverarbeitung aus § 11 Abs. 2 S. 4 BDSG eine Pflicht zur höchstpersönlichen Vor-Ort-Kontrolle ableiten will, wäre eine solche Vorgabe, wie festgestellt, für das Cloud Computing realitätsfern.[2424] Eine solche Regelung wäre zumindest dahingehend zu modifizieren, dass sie, wie ausführlich untersucht, zukünftig auch die Kontrolle durch akkreditierte Zertifizierungsstellen ermöglicht.[2425]

15.2 Cloud-fördernde Funktion des Rechts

Neben der regulativen hat das Recht gleichzeitig auch eine ermöglichende Funktion.[2426] Es kann Voraussetzung und Grundlage für Innovationen sein und ihr Fortbestehen sichern.[2427] Gerade in risikobehafteten Innovationen kann es Risiken verteilen und Vertrauen schaffen.[2428] Wie festgestellt, steht dem erheblichen wirtschaftlichen Potential des Cloud Computing ein nicht minder erhebliches Misstrauen und eine spürbare Zurückhaltung bei der Cloud-Nutzung vor allem von Seiten kleiner und mittlerer Unternehmen gegenüber.[2429] Gerade innovative mittelständische Unternehmen fürchten den Abfluss vertraulicher und unternehmensrelevanter Informationen durch die Cloud. Vor dem aktuellen Hintergrund der massenhaften Ausspähung von Kommunikationsverbindungen durch Geheimdienste sind sowohl gewerbliche als private Nutzer hinsichtlich der Sicherheit ihrer Informationen in der Cloud beunruhigt. Hinzu kommt selbst eine Rechtsunsicherheit der Beteiligten, die insbesondere auf unklare, auslegungsbedürftige und veraltete Regelungen zurückzuführen sind. Diesem Vertrauensverlust kann ein modernes, wirkungsvolles und durchsetzbares Datenschutzrecht entgegenwirken. Wenngleich das geltende Recht noch unzureichende Mechanismen bietet, könnten sich aus der Rechtsgestaltung langfristig Regelungen ergeben, die beispielsweise supra- oder international vereinheitlicht sind, die grenzüberschreitende Rechtsdurchsetzung ermöglichen, die Verantwortung klar zuweisen und gegebenenfalls bei der Erfüllung der Verantwortung unterstützen.

Für das Cloud Computing könnte dabei ein erster Schritt die Schaffung eines europaweit einheitlichen Datenschutzrechts sein, das bereits Standards für eine weitere Inter-

---

[2423] Hierzu Kapitel 6.6.7.
[2424] Kapitel 7.1.3.
[2425] Kapitel 8.
[2426] *Roßnagel*, in: Müller/Pfitzmann 1997, 367.
[2427] Recht als „Enabling-Factor", *Roßnagel*, in: Kortfleisch/Bohl 2008, 384.
[2428] *Roßnagel*, in: Kortfleisch/Bohl 2008, 384.
[2429] Kapitel 3.

nationalisierung des Datenschutzrechts bietet.[2430] Der einheitliche Rechtsrahmen könnte dabei zum einen Rechtssicherheit für Cloud-Nutzer wie auch für Cloud-Anbieter schaffen, die im Rahmen des grenzüberschreitenden Cloud Computing bislang einer Vielzahl zahlreichen länderspezifischen Vorgaben und Aufsichtspraktiken ausgesetzt sind. Zum anderen könnte die Vereinheitlichung dazu führen, dass Europa beim Datenschutz „mit einer Stimme spricht" und die einheitlich hohen Anforderungen des europäischen Datenschutzrechts auch bei international agierenden Cloud-Anbietern wahr- und ernstgenommen werden.

Die Nutzung cloud-basierter Dienste kann zukünftig auch gefördert werden, indem verhindert wird, dass sich insbesondere Cloud-Anbieter nicht mehr durch die Wahl ihres Sitzes oder ihrer Niederlassung dem deutschen oder europäischen Datenschutzregime entziehen können. So könnte mit der Datenschutzgrundverordnung eine Ausrichtung des anwendbaren Datenschutzrechts am Marktortprinzip erfolgen.[2431] Cloud-Anbieter, die sich mit ihrem Angebot an deutsche Cloud-Nutzer richten, unterlägen, anders als momentan, hinsichtlich des Umgangs auch dann dem inländischen Datenschutzrecht, wenn sie dabei nicht auf Endgeräte der Nutzer zurückgreifen oder anderweitig, etwa als Auftragnehmer, vertraglich an ein bestimmtes Datenschutzniveau gebunden sind. Insbesondere für Verbraucher und kleine und mittlere Unternehmen kann die Cloud-Nutzung möglicherweise sicherer und attraktiver gemacht werden, wenn diese davon ausgehen können, dass jede Cloud, die sich offensichtlich an den europäischen Markt richtet, auch nach dem europäischen Datenschutzrecht zu behandeln ist. Das so gesetzlich geschaffene Vertrauen könnte zusätzlich dadurch unterstützt werden, dass zumindest innerhalb der Europäischen Union und des Europäischen Wirtschaftsraums eine einheitliche, gemeinsame Aufsichtsstruktur herrscht, die ein innereuropäisches „forum shopping" verhindert und gleichzeitig auch Schutzverbände für die Betroffenen auf dem Klageweg Rechte einfordern können.

Auch die hier vorgeschlagene gesetzliche Normierung eines Zertifizierungssystems, das die höchstpersönliche Vor-Ort-Kontrolle des Auftraggebers im Rahmen einer Auftragsdatenverarbeitung ersetzt, kann die Nutzung einer Cloud fördern. Indem ein Cloud-Nutzer sich rechtssicher auf ein gesetzlich geregeltes Zertifikat stützen kann, ist er zwar nicht von seiner alleinigen Verantwortlichkeit als Auftraggeber befreit – auch weiterhin läge die gesamte Auftragsdatenverarbeitung in seiner Verantwortung. Tatsächlich käme aber dem Cloud-Anbieter als Auftraggeber die Aufgabe zu, einen Zertifizierungsanbieter zu wählen und für die regelmäßige Zertifizierung zu sorgen, um so seinen Kunden einen zertifizierten Cloud-Dienst anbieten und sich entsprechend im

---

[2430] So etwa möglicherweise durch eine unmittelbar geltende, umfassende Datenschutzgrundverordnung, hierzu, wenn auch nicht unkritisch, Kapitel 14.

[2431] Zum Marktortprinzip (Adressatentheorie) siehe Kapitel 5.3.3.3.2; zu einer möglichen Umsetzung in der geplanten Datenschutzverordnung siehe Kapitel 14.2.3.

Markt positionieren zu können. Die Kontrollverantwortung würde, wenn auch nicht rechtlich, so zumindest faktisch, in das Lager des häufig größeren und spezialisierten Cloud-Anbieters verschoben.[2432] Der Cloud-Nutzer, beispielsweise ein mittelständischer Unternehmer, würde somit rechtlich in seiner Verantwortung unterstützt und ihm gesetzliche Hilfsmittel beigestellt, mit denen er seinen datenschutzrechtlichen Pflichten rechtssicher und realitätsadäquat nachkommen kann. Eine gesetzliche Zertifizierung kann sich de lege ferenda an dem bestehenden System der freiwilligen Akkreditierung nach § 15 SigG orientieren.

Auch die Umsetzung der hier rechtsgestaltend entwickelten gesetzlichen Vermutung für sichere Verschlüsselungen kann die Cloud-Nutzung fördern.[2433] So könnte eine gesetzliche Vermutung zukünftig den Umgang mit diesen Daten pauschal für zulässig bestimmen oder per gesetzlicher Fiktion sogar der Personenbezug dieser Daten ausgeschlossen werden, soweit Cloud-Nutzer eigenständig Daten auf dem Stand von Wissenschaft und Technik verschlüsseln und Daten verschlüsselt in der Cloud speichern. Die entsprechende Norm könnte hinsichtlich des aktuellen Stands von Wissenschaft und Technik dann beispielsweise auf regelmäßig aktualisierte technischen Richtlinien oder Normen verweisen. Vergleichbar mit der Bekanntgabe geeigneter Algorithmen für Signaturverfahren durch die Bundesnetzagentur könnte dem Cloud-Nutzer, insbesondere einem solchen aus dem Mittelstand, so ein leicht verständliches und handhabbares Mittel an die Hand gegeben werden, mit dem er die Cloud zumindest als Speichermedium rechtssicher nutzen kann.

15.3   Rechtliche Technikgestaltung

Das Recht kann schließlich neben seiner Beschränkungs- und Förderungsfunktion die Technik auch aktiv mitgestalten. Die rechtsverträgliche Technikgestaltung ist insbesondere dort aussichtsreich, wo sich Innovationen noch etablieren, auf die steuernde Eingriffe des Rechts nicht oder nur bedingt Wirkung versprechen. Gerade für das Internet als grenzüberschreitenden und gleichzeitig körperlosen Rechtsraum droht das regulierende Recht oft „ohnmächtig" zu werden – Verantwortlichkeiten sind schwer zu bestimmen, gesetzliche Regelungen leicht zu umgehen oder nicht durchsetzbar, Vorgänge oft intransparent.[2434] In solchen Fällen kann das Recht nicht mehr nur mit Verboten und Geboten Anforderungen an das menschliche Handeln stellen. Diese liefen häufig nur ins Leere oder träfen nur Einzelne, während andere sich geschickt ihrer entziehen könnten. Recht muss deshalb bereits in einer frühen Phase dazu dienen, die im Entstehen befindliche Technik sozialverträglich mitzugestalten um den (sozialunver-

---

[2432] Siehe hierzu *Hiltl*, PharmR 1997, 410; *Seidel* 2000, 256; *Röhl/Schreiber* 2006, 23; Kapitel 8.4.3.
[2433] Kapitel 5.1.9.2.3.
[2434] Hierzu *Roßnagel*, in: Müller/Pfitzmann 1997, 376.

trägliche) Missbrauch der Technik unter Umgehung des Rechts zu verhindern, statt ihn nur (wirkungslos) zu verbieten.[2435]

Mit dem Cloud Computing gewinnt die Gefahr einer „Ohnmacht" des Rechts eine neue Dimension. Zukünftig könnten beinahe sämtliche Vorgänge des Lebens, etwa im Alltag bei der Arbeit oder Freizeit, elektronisch begleitet und erfasst und statt wie bisher vereinzelt lokal in vollem Umfang in öffentlichen Netzen übertragen, verteilt und verarbeitet werden. Die lokale Speicherung oder Datenverarbeitung könnte angesichts immer leistungsfähigerer Netze überflüssig werden. Endgeräte, auch Gegenstände des Alltags, könnten Informationen über Eingaben oder Sensorik erfassen und über das Internet an zentrale cloud-basierte Dienste übermitteln. Speicher- und Rechenvorrichtungen würden überflüssig. Es würde genügen, dass die an sich kleinen und leistungsschwachen Geräte eine Verbindung zum Internet herstellen können, wodurch sich für den Nutzer aufgrund der Cloud-Basierung bereits das gesamte Nutzungspotential des Internets erschließen würde. Ein Großteil des derzeit für die analoge Welt rechtlich regulierten und geschützten Lebens wäre in einer Cloud möglicherweise unreguliert, nicht regulierbar oder Regelungen dazu nicht durchsetzbar. In der Folge ständen nicht nur die Betroffenen schutzlos da. Auch die Akzeptanz und das Vertrauen in die Technik nähme dadurch Schaden.

Soweit sich Recht nicht oder nicht schnell genug international vereinheitlichen lässt, Vorgänge in der Cloud transparenter und die Möglichkeiten der Rechtsdurchsetzung im Internet verbessert werden, kann möglicherweise zumindest eine sozial-und rechtsverträgliche Gestaltung der Technik dem Recht zu seiner Wirkung verhelfen. Die Gestaltung rechtsverträglicher Cloud-Angebote kann für Nutzer und Betroffene Rechtssicherheit und Vertrauen schaffen und so zur Akzeptanz[2436] des Cloud Computing beitragen. Ein wesentliches Instrument bei der Technikgestaltung ist der Selbst- und Systemschutz. Bürger sollen durch technische Hilfsmittel oder bereits durch die Systemfunktionen der neuen Technik in die Lage versetzt werden, sich selbst zu schützen und so ihr Recht, hier ihr Recht auf informationelle Selbstbestimmung, aktiv ausüben können.[2437]

Anders als im Grundgedanken der rechtsverträglichen Technikgestaltung handelt es sich beim Cloud Computing nicht mehr um eine im Entstehen befindliche Technik. Wie festgestellt, sind die technischen Voraussetzungen gegeben und die wesentlichen System- und Strukturentscheidungen für das Cloud Computing gefallen.[2438] Cloud-Dienste sind auf dem Markt erhältlich, allerdings häufig nicht akzeptiert. In die-

---

[2435] Hierzu *Hammer/Pordesch/Roßnagel* 1993, 44; *Roßnagel*, in: Kortzfleisch/Bohl 2008, 385.
[2436] Hierzu *Roßnagel*, in: Kortzfleisch/Bohl 2008, 385.
[2437] Hierzu *Roßnagel*, in: Müller/Pfitzmann 1997.
[2438] Dies aber als wesentliche Voraussetzung für die Technikgestaltung ansehend *Roßnagel*, in: Kortzfleisch/Bohl 2008, 385.

sem konkreten Fall richtet sich die Technikgestaltung deshalb nicht an die Entwickler einer bestimmten Grundlagentechnik, sondern an die marktorientierten Anbieter von Cloud-Diensten. Sie können durch (Um-)Gestaltung ihrer Angebote möglicherweise die Akzeptanz und das Vertrauen der, beispielsweise mittelständischen, Cloud-Nutzer gewinnen, wenn sie mit ihren Cloud-Diensten die Nutzer aktiv unterstützen, ihre Rechte als Betroffene zur Geltung zu bringen und ihre Daten zu schützen, aber auch ihre Pflichten betroffenen Dritten gegenüber rechtssicher einhalten zu können.

Im Einzelnen wurden hierzu im Rahmen dieser Arbeit verschiedene Möglichkeiten der technischen, aber auch organisatorischen Gestaltung von Cloud-Diensten untersucht. An erster Stelle stehen dabei Ansätze zur Anonymisierung und Pseudonymisierung durch Verschlüsselung.[2439] Indem ein Cloud-Nutzer seine Daten eigenständig verschlüsselt, verschlüsselt in der Cloud speichert und nur selbst über den Schlüssel verfügt, ist weder der Cloud-Anbieter noch ein potentieller Dritter als Angreifer in der Lage, den Inhalt der Daten zur Kenntnis zu nehmen. Aus ihrer Sicht handelt es sich möglicherweise noch nicht einmal um personenbezogene Daten. Sollen Daten nicht nur gespeichert, sondern in der Cloud auch verarbeitet werden, kann mit der Datenversiegelung, zumindest soweit sie den sogenannten Perimeterschutz ausreichend sicherstellt, ein vergleichbarer Schutz erzielt werden.[2440] Durch Bereitstellung entsprechender nutzerseitiger Verschlüsselungs- und Versiegelungsverfahren könnte der Cloud-Anbieter den Cloud-Nutzer wesentlich in seinen Möglichkeiten zum Selbstdatenschutz unterstützen.

Zur Verhinderung internationaler Datenbewegungen außerhalb des rechtsdurchsetzbaren Raums und zur Abwehr fremder staatlicher Zugriffe kommen auch Möglichkeiten des regional begrenzten Cloud Computing Betracht.[2441] Im Mittelpunkt stehen dabei Überlegungen, Cloud-Angebote und dementsprechend auch Serverstandorte auf den Geltungsbereich des europäischen Datenschutzrechts, also etwa innerhalb des Hoheitsgebiets der Europäischen Union und des Europäischen Wirtschaftsraums oder auch nur Deutschlands zu beschränken. Auch das nationale Roaming, also die Begrenzung der inländischen Internetkommunikation auf inländische Leitungen und Knotenpunkte, könnte eine, wenn auch umstrittene, Maßnahme der Technikgestaltung sein.

Cloud-Anbieter können darüber hinaus durch Gestaltung ihrer Angebote auch für Transparenz den Nutzern und Betroffenen gegenüber Sorge tragen. Vorstellbar wäre beispielsweise die Bereitstellung eines Online-Nutzer- oder Betroffenenportals, auf dem die Beteiligten protokollartig Informationen über den aktuellen Ort der Daten,

---

[2439] Kapitel 5.1.9.
[2440] Kapitel 5.1.11.
[2441] Zum regionalen Cloud Computing Europäische Kommission 2010, 11; zum nationalen oder sogenannten „Schengen-Routing" *Leupold*, MMR 2014, 145 f.

Unterauftragnehmer, technische Gegebenheiten oder Zugriffe erhalten, aber auch direkt online Rechte, wie etwa Auskunftsrechte, wahrnehmen können.[2442]

Ein aus datenschutzrechtlicher Sicht wünschenswerter Gestaltungsansatz ist schließlich die effektive Löschung oder „Rückholbarkeit" von Daten. Denn der Einsatz von Datensicherheitsmaßnahmen, wie Verschlüsselungen, wird zumindest im Laufe der Zeit obsolet, wenn Informationen im Rahmen des Cloud Computing ungehindert kopiert und nicht wieder sicher gelöscht werden können. Solange vielversprechende theoretische Ansätze, wie automatische Löschmechanismen („digitaler Radiergummi"), praktisch nicht realisierbar sind, kann zumindest hilfsweise der Einsatz eines Backup-Managements des Cloud-Anbieters, das Sicherungskopien regelt und verfolgbar macht, in Verbindung mit der regelmäßigen Neuverschlüsselung zum Schutz der Daten in der Cloud beitragen.[2443]

[2442] Kapitel 11.2.3.
[2443] Kapitel 5.1.9.2.4.

Literaturverzeichnis

Abel, R. B., Einführung, in: Abel, R. B. (Hrsg.), Datenschutz in Anwaltschaft, Notariat und Justiz, München 1998, 1.

Albers, M., Informationelle Selbstbestimmung, Baden-Baden 2005.

Alich, S./Nolte, G., Zur datenschutzrechtlichen Verantwortlichkeit (außereuropäischer) Hostprovider für Drittinhalte, CR 2011, 741.

Arnim, H. H. v., Rechtsfragen der Privatisierung – Grenzen staatlicher Wirtschaftstätigkeit und Privatisierungsangebote, Wiesbaden 1995.

Arning, M. A./Forgó, N./Krügel, T., Datenschutzrechtliche Aspekte der Forschung mit genetischen Daten, DuD 2006, 700.

Arning, M. A./Haag, N. C., Datenschutz, in: Heidrich, J./Forgó, N./Feldmann, T. (Hrsg.), Heise Online-Recht, Der Leitfaden für Praktiker & Juristen, 3. Ergänzungslieferung, Hannover 2011.

Artikel 29-Datenschutzgruppe 2009, WP 155, Arbeitsdokument zu „Häufig gestellten Fragen" über verbindliche unternehmensinterne Datenschutzregelungen (BCR), 1271-04-02/08/DE, 4. Revision, Brüssel 2009.

Artikel 29-Datenschutzgruppe, Stellungnahme 3/2009 über den Entwurf einer Entscheidung der Kommission zu Standardvertragsklauseln für die Übermittlung personenbezogener Daten an Auftragsverarbeiter in Drittländern nach der Richtlinie 95/46/EG (vom für die Datenverarbeitung Verantwortlichen zum Datenverarbeiter), WP 161, 00566/09/DE, Brüssel 2009.

Artikel 29-Datenschutzgruppe, WP 114, Arbeitspapier über eine gemeinsame Auslegung des Artikels 26 Absatz 1 der Richtlinie 95/46/EG vom 24. Oktober 1995, 2093-01/05/DE, Brüssel 2005.

Artikel 29-Datenschutzgruppe, WP 12, Übermittlungen personenbezogener Daten an Drittländer: Anwendung von Artikel 25 und 26 der Datenschutzrichtlinie der EU, GD XV D/5025/98, Brüssel 1998.

Artikel 29-Datenschutzgruppe, WP 136, Stellungnahme 4/2007 zum Begriff „personenbezogene Daten", 01248/07/DE, Brüssel 2007.

Artikel 29-Datenschutzgruppe, WP 141, Stellungnahme 8/2007 zum Umfang des Schutzes personenbezogener Daten in Jersey, 02072/07/DE, Brüssel 2007.

Artikel 29-Datenschutzgruppe, WP 142, Stellungnahme 9/2007 zum Umfang des Schutzes personenbezogener Daten auf den Färöern, 02107/DE, Brüssel 2007.

Artikel 29-Datenschutzgruppe, WP 148, Stellungnahme 1/2008 zu Datenschutzfragen im Zusammenhang mit Suchmaschinen, 00737/DE, Brüssel 2008.

Artikel 29-Datenschutzgruppe, WP 158, Arbeitsunterlage 1/2009 über Offenlegungspflichten im Rahmen der vorprozessualen Beweiserhebung bei grenzübergreifenden zivilrechtlichen Verfahren (pre-trial discovery), 00339/09/DE, Brüssel 2009.

Artikel 29-Datenschutzgruppe, WP 165, Stellungnahme 6/2009 zum Umfang des Schutzes personenbezogener Daten in Israel, 02316-02/09/DE, Brüssel 2009.

Artikel 29-Datenschutzgruppe, WP 166, Stellungnahme 7/2009 zum Schutzniveau für personenbezogene Daten im Fürstentum Andorra, 02317-02/09/DE, Brüssel 2009.

Artikel 29-Datenschutzgruppe, WP 169, Stellungnahme 1/2010 zu den Begriffen „für die Verarbeitung Verantwortlicher" und „Auftragsverarbeiter", 00264/10/DE, Brüssel 2010.

Artikel 29-Datenschutzgruppe, WP 176, Häufig gestellte Fragen zu bestimmten Aspekten im Zusammenhang mit dem Inkrafttreten des Beschlusses 2010/87/EU der Kommission vom 5. Februar 2010 über Standardvertragsklauseln für die Übermittlung personenbezogener Daten an Auftragsverarbeiter in Drittländern nach der Richtlinie 95/46/EG 3, 00070/2010/DE, Brüssel 2010.

Artikel 29-Datenschutzgruppe, WP 177, Stellungnahme 6/2010 zum Schutz natürlicher Personen bei der Verarbeitung personenbezogener Daten in der Republik Östlich des Uruguay, 0475/10/DE, Brüssel 2010.

Artikel 29-Datenschutzgruppe, WP 179, Stellungnahme 8/2010 zum anwendbaren Recht, 0836-02/10/DE, Brüssel 2010.

Artikel 29-Datenschutzgruppe, WP 182 Stellungnahme 11/2011 zum Niveau des Schutzes personenbezogener Daten in Neuseeland, 00665/11/DE, Brüssel 2011.

Artikel 29-Datenschutzgruppe, WP 192, Stellungnahme 02/2012 zur Gesichtserkennung bei Online- und Mobilfunkdiensten, 00727/12/DE, Brüssel 2012.

Artikel 29-Datenschutzgruppe, WP 195, Arbeitsdokument 02/2012 mit einer Übersicht über die Bestandteile und Grundsätze verbindlicher unternehmensinterner Datenschutzregelungen (BCR) für Auftragsverarbeiter, 00930/12/DE, Brüssel 2012.

Artikel 29-Datenschutzgruppe, WP 196, Stellungnahme 05/2012 zum Cloud Computing, 01037/12/DE, Brüssel 2012.

Artikel 29-Datenschutzgruppe, WP 198, Stellungnahme 7/2012 zum Schutzniveau für personenbezogene Daten im Fürstentum Monaco, 01446/12/DE, Brüssel 2012.

Artikel 29-Datenschutzgruppe, WP 204, Erläuterndes Dokument zu verbindlichen unternehmensinternen Datenschutzregelungen für Auftragsverarbeiter, 0658/13/DE, Brüssel 2013.

Artikel 29-Datenschutzgruppe, WP 22, Stellungnahme 5/99 zum Schutzniveau personenbezogener Daten in der Schweiz, XV/5054/99 endgültig, Brüssel 1999.

Artikel 29-Datenschutzgruppe, WP 24, Stellungnahme 6/99 zum Schutzniveau personenbezogener Daten in Ungarn, 5070/DE/99 endgültig, Brüssel 1999.

Artikel 29-Datenschutzgruppe, WP 4, Erste Leitlinien für die Übermittlung personenbezogener Daten in Drittländer -Mögliche Ansätze für eine Bewertung der Angemessenheit, XV D/5020/97-DE endgültig, Brüssel 1997.

Artikel 29-Datenschutzgruppe, WP 40, Stellungnahme 3/2001 zum Datenschutzniveau der australischen Privacy Amendment (Private Sector) Act 2000, 5096/00/DE Brüssel 2001.

Artikel 29-Datenschutzgruppe, WP 48, Stellungnahme 8/2001 zur Verarbeitung personenbezogener Daten von Beschäftigten, 5062/01/DE endgültig, Brüssel 2001.

Artikel 29-Datenschutzgruppe, WP 56, Arbeitspapier über die Frage der internationalen Anwendbarkeit des EU – Datenschutzrechts bei der Verarbeitung personenbezogener Daten im Internet durch Websites außerhalb der EU, 5035/01/DE endgültig, Brüssel 2002.

Artikel 29-Datenschutzgruppe, WP 63, Stellungnahme 4/2002 zum Niveau des Schutzes personenbezogener Daten in Argentinien, 11081/02/DE endgültig, Brüssel 2002.

Artikel 29-Datenschutzgruppe, WP 74, Arbeitsdokument: Übermittlung personenbezogener Daten in Drittländer: Anwendung von Artikel 26 Absatz 2 der EU-Datenschutzrichtlinie auf verbindliche unternehmensinterne Vorschriften für den internationalen Datentransfer, 11639/02/DE, Brüssel 2003.

Artikel 29-Datenschutzgruppe, WP 79, Stellungnahme 5/2003 zum Umfang des Schutzes personenbezogener Daten in Guernsey, 10595/03/DE, Brüssel 2003.

Artikel 29-Datenschutzgruppe, WP 82, Stellungnahme 6/2003 zum Schutzniveau personenbezogener Daten auf der Isle of Man, 11580/03/DE, Brüssel 2003.

Artikel 29-Datenschutzgruppe, WP 131, Arbeitspapier: Verarbeitung von Patientendaten in elektronischen Patientenakten (EPA), 00323/07/DE, Brüssel 2007.

Aßmus, U., Jahresabschlussprüfung: Datenschutzrechtliche Aspekte bei der Weitergabe von Mitarbeiterdaten, MMR 2009, 599.

Ausschuss der Regionen, Stellungnahme des Ausschusses der Regionen: „Datenschutzpaket", ABl. C 391 vom 18.12.2012, 127.

Bäcker, M., Solange IIa oder Basta I?, EuR 2011, 103.

Bäcker, M./Hornung, G., EU-Richtlinie für die Datenverarbeitung bei Polizei und Justiz – Einfluss des Kommissionsentwurfs auf das nationale Strafprozess- und Polizeirecht, ZD 2012, 147.

Backu, F., Steuerliche Aspekte von Cloud Computing und anderen Webservices, ITRB 2011, 184.

Bader, J./Ronellenfitsch, M. (Hrsg.), Beck'scher Online-Kommentar VwVfG, Stand: 1.4.2014, München 2014.

Bamberger, G./Roth, H. (Hrsg.), Beck'scher Online-Kommentar BGB, Stand: 1.5.2014, München 2014.

Band, J./Kennedy, C., „The USA-Patriot Act", CRi 2002, 1.

Barnitzke, B., Microsoft: Zugriff auf personenbezogene Daten in EU-Cloud auf Grund US Patriot Act möglich, MMR-Aktuell 2011, 321103.

Barnitzke, B., Rechtliche Rahmenbedingungen des Cloud Computing – Eine Untersuchung zur internationalen Zuständigkeit, zum anwendbaren Recht und zum Datenschutzrecht, Baden-Baden 2014.

Bartsch, S./Canova, G./Dyck, D./Henhapl, B./Schultheis, M./Volkamer, M., Interdisziplinäres Bewertungskonzept für Risiken auf Webseiten, in: Plödereder, E./Grunske, L./Schneider, E./Ull, D. (Hrsg.), Informatik 2014 – Big Data – Komplexität meistern – zugleich Proceedings der 44. Jahrestagung der Gesellschaft für Informatik 2014, Bonn 2014, 2069.

Baumbach, A. (Begr.)/*Hopt, K./Merkt, H./Roth* (Bearb.), Handelsgesetzbuch: mit GmbH & Co., Handelsklauseln, Bank- und Börsenrecht, Transportrecht (ohne Seerecht), 36. Auflage, München 2014 (zitiert: *Bearbeiter*, in: Baumbach/Hopt 2012).

Bäumler, H., Das TDDSG aus der Sicht eines Datenschutzbeauftragten, DuD 1999, 258.

Baun, C./Kunze, M./Nimis, J./Tai, S., Cloud Computing: Web-basierte dynamische IT-Services, Berlin 2011.

Bayrisches Landesamt für Datenschutzaufsicht, Vierter Tätigkeitsbericht der Datenschutzaufsichtsbehörde für den nicht-öffentlichen Bereich 2009/2010, Ansbach 2011.

Becker, M, Sharehoster – gefangen zwischen Datenschutz und Störerhaftung, DuD 2013, 207.

Becker, P./Nikolaeva, J., Das Dilemma der Cloud-Anbieter zwischen US Patriot Act und USA – Zur Unmöglichkeit rechtskonformer Datenübermittlung für gleichzeitig in USA und Deutschland operierende Cloud-Anbieter, CR 2012, 170.

Bedner, M., Cloud Computing, Technik, Sicherheit und rechtliche Gestaltung, Kassel 2013.

Bergmann, L./Möhrle, R./Herb, A. (Hrsg.), Datenschutzrecht, Kommentar zum Bundesdatenschutzgesetz, den Datenschutzgesetzen der Länder und zum Bereichsspezifischen Datenschutz, 47. Ergänzungslieferung, München 2014.

Bieback, K., Zertifizierung und Akkreditierung – das Zusammenwirken staatlicher und nichtstaatlicher Akteure in gestuften Prüfsystemen, Baden-Baden 2008.

Bierekoven, C., Lizenzierung in der Cloud – Neue Formen der Vertragsgestaltung, ITRB 2010, 42.

Bisges, M., Urheberrechtliche Aspekte des Cloud Computing – Wirtschaftlicher Vorteil gegenüber herkömmlicher Softwareüberlassung?, MMR 2012, 574.

BITKOM, Cloud Computing – Evolution in der Technik, Revolution im Business, Berlin 2009.

Bizer, J, Rechtliche Bedeutung der Kryptographie, DuD 1997, 203.

Böckenförde, T., Auf dem Weg zur elektronischen Privatsphäre, Zugleich Besprechung von BVerfG, Urteil v. 27.2.2008 – „Online-Durchsuchung", JZ 2008, 925.

Böhm, M./Leimeister, S./Riedl, C./Krcmar, H., Cloud Computing – Outsourcing 2.0 or a new Business Model for IT Provisioning?, in: Keuper, F./Oecking, C./Degenhardt, A. (Hrsg.), Application management – Challenges – Service creation – Strategies, Wiesbaden 2011, 31.

Böhm, M./Leimeister, S./Riedl, C./Krcmar, H., Cloud Computing: Outsourcing 2.0 oder ein neues Geschäftsmodell zur Bereitstellung von IT-Ressourcen?, Information Management und Consulting 2/2009, 5.

Bohnstedt, J., Fernwartung – Die rechtlichen Grenzen des IT-Outsourcing durch Banken, Baden-Baden 2005.

Bongers, F., Verbot der Datenverarbeitung muss durch Interessenabwägung abwendbar sein, GWR 2012, 45.

Boos, C., Nutzerunterstützung durch automatisierte Auswertung einzelner standardisierter Vertragsbedingungen – AGB: Was habe ich verpasst?, VuR 2014, 47.

Boos, C./Kroschwald, S./Wicker, M., Datenschutz bei Cloud Computing zwischen TKG, TMG und BDSG, Datenkategorien bei der Nutzung von Cloud-Diensten, ZD 2013, 205.

Booth, S./Jenkins, R./Moxon, D./Semmens, N./Spencer, C./Taylor, M./Townsend, D., What are 'Personal Data'? A study conducted for the UK Information Commissioner, http://ico.org.uk/~/media/documents/library/corporate/research_and_reports/executive_summary.ashx, Sheffield 2004.

Borges, G., Cloud Computing und Datenschutz – Zertifizierung als Ausweg aus einem Dilemma, DuD 2014, 165.

Borges, G./Brennscheidt, K., Rechtsfragen des Cloud Computing – ein Zwischenbericht, in: Borges/Schwenk (Hrsg.), Daten- und Identitätsschutz in Cloud Computing, E-Government und E-Commerce, Heidelberg 2012, 43.

Bradshaw, D./Folco, G./Cattaneo, G./Kolding, M. (IDC), Quantitative Estimates of the Demand for Cloud Computing in Europe and the Likely Barriers to Up-take, SMART 2011/0045, Brüssel 2012.

Brands, G., Verschlüsselung, Signaturen, Angriffsmethoden – Die Welt der elektronischen Sicherheit in Theorie und Praxis, Krummhörn 2012.

Bräutigam, P., § 203 StGB und der funktionale Unternehmensbegriff – Ein Silberstreif am Horizont für konzerninternes IT-Outsourcing bei Versicherern, CR 2011, 411.

Bräutigam, P., Das Nutzungsverhältnis bei sozialen Netzwerken – Zivilrechtlicher Austausch von IT-Leistung gegen personenbezogene Daten, MMR 2012, 635.

Bräutigam, P., IT-Outsourcing und Reform des § 203 StGB - Weg in die Isolation? – Sicherung des Mandatsgeheimnisses nicht (nur) dem StGB überlassen, AnwBl 2012, 487.

Brenner, Überwachung des ruhenden Verkehrs durch Private, SVR 2011, 129.

Brennscheidt, K., Cloud Computing und Datenschutz, Baden-Baden 2013.

Breuer, R, Gefahrenabwehr und Risikovorsorge im Atomrecht, Zugleich ein Beitrag zum Streit um die Berstsicherung von Druckwasserreaktoren, DVBl. 1978, 829.

Breuer, R., Anlagensicherheit und Störfälle, Vergleichende Risikobewertung im Atom- und Immissionsschutzrecht, NVwZ 1990, 211.

Brisch, K./Laue, P., E-Discovery und Datenschutz, RDV 2010, 1.

Britz, G., Europäisierung des grundrechtlichen Datenschutzes?, EuGRZ 2009, 1.

Brönneke, T., Umweltverfassungsrecht – der Schutz der natürlichen Lebensgrundlagen im Grundgesetz sowie in den Landesverfassungen Brandenburgs, Niedersachsens und Sachsens, Baden-Baden 1999.

Brühann, U., Mindeststandards oder Vollharmonisierung des Datenschutzes in der EG - Zugleich ein Beitrag zur Systematik von Richtlinien zur Rechtsangleichung im Binnenmarkt in der Rechtsprechung des Europäischen Gerichtshofs, EuZW 2009, 639.

Buchmann, J., Einführung in die Kryptographie, Berlin 2010.

Buchner, B., Informationelle Selbstbestimmung im Privatrecht, Tübingen 2006.

Buchner, B., Outsourcing in der Arztpraxis – zwischen Datenschutz und Schweigepflicht, MedR 2013, 337.

Bull, H. P., Netzpolitik: Freiheit und Rechtsschutz im Internet, Baden-Baden 2013.

Büllesbach, A., Datenschutz bei Data Warehouses und Data Mining, CR 2000, 11.

Büllesbach, A., Transnationalität und Datenschutz – Die Verbindlichkeit von Unternehmensregelungen, Baden-Baden 2008.

Bundesamt für Sicherheit in der Informationstechnik, Eckpunktepapier – Sicherheitsempfehlungen für Cloud Computing Anbieter – Mindestanforderungen in der Informationssicherheit, Bonn 2012 (zitiert: BSI 2012).

Bundesamt für Sicherheit in der Informationstechnik, IT-Grundschutzkataloge, 13. Ergänzungslieferung, Bonn 2013 (zitiert: BSI 2013, IT Grundschutz).

Bundesministerium für Wirtschaft und Energie, Aktionsprogramm Cloud Computing, Eine Allianz aus Wirtschaft, Wissenschaft und Politik, Berlin 2010 (zitiert: BMWi 2010).

Bundesministerium für Wirtschaft und Energie, Sicheres Cloud Computing für Mittelstand und öffentlichen Sektor – ein Technologiewettbewerb des Bundesministeriums für Wirtschaft und Technologie, Berlin 2010 (zitiert: BMWi 2010a).

Bundesnetzagentur für Elektrizität, Gas, Telekommunikation, Post und Eisenbahnen, Bekanntmachung zur elektronischen Signatur nach dem Signaturgesetz (Übersicht über geeignete Algorithmen), Bonn 2012, Bundesanzeiger Nr. 10/2012, 243 (zitiert: BNetzA 2012).

Burgi, M., Funktionale Privatisierung und Verwaltungshilfe – Staatsaufgabendogmatik – Phänomenologie – Verfassungsrecht 1999, 145 f.

Burianski, M./Reindl, M., Deutsches Datenschutzrecht in internationalen Schiedsverfahren – Anwendbarkeit, Konflikte und Lösungshinweise, RDV 2011, 214.

Callieess, C., Europäische Gesetzgebung und nationale Grundrechte - Divergenzen in der aktuellen Rechtsprechung von EuGH und BVerfG?, JZ 2009, 113.

Calliess, C./Ruffert, M. (Hrsg.), EUV/AEUV – Das Verfassungsrecht der Europäischen Union mit Europäischer Grundrechtecharta, 4. Auflage, München 2011.

Caspar, J., Das aufsichtsbehördliche Verfahren nach der EU-Datenschutz-Grundverordnung Defizite und Alternativregelungen, ZD 2012, 555.

Caspar, J., Geoinformation und Datenschutz am Beispiel des Internetdienstes Google Street View, DÖV 2009, 965.

Conolly, C., The US Safe Harbor – Fact or Fiction, „Galexia-Studie", Pyrmont 2008, http://www.galexia.com/public/research/assets/safe_harbor_fact_or_fiction_2008/safe_har bor_fact_or_fiction.pdf.

Conrad, I., Datenschutzkontrolle in der Anwaltskanzlei, ZD 2014, 165.

Conrad, I./Fechtner, S., IT-Outsourcing durch Anwaltskanzleien nach der Inkasso-Entscheidung des EuGH und dem BGH, Urteil vom 7.2.2013, CR 2013, 137.

Czettritz, P. v., Rechtsschutz im Fall des Widerrufs der Akkreditierung der Benannten Stelle gemäß § 21 MPG und im Fall des Widerrufs des erteilten CE-Zeichens durch die Benannte Stelle, PharmR 2000, 321.

Dahlke, P, Das Datenschutzrecht als Plattform für „Scandal Driven Legislation"?, ZD 2012, 353.

Dammann, U., Internationaler Datenschutz, RDV 2002, 70.

Danner, W./Theobald, C. (Hrsg.), Energierecht – Energiewirtschaftsgesetz mit Verordnungen, EU-Richtlinien, Gesetzesmaterialien, Verbändevereinbarungen, Gesetze und Verordnungen zu Energieeinsparung und Umweltschutz sowie andere energiewirtschaftlich relevante Rechtsregelungen, 79. Ergänzungslieferung, München 2013.

Däubler, W., EU-Grundrechte-Charta und kollektives Arbeitsrecht, AuR 2001, 380.

Däubler, W./Hjort, J. P./Schubert, M./Wolmerath, M. (Hrsg.), Arbeitsrecht – Individualarbeitsrecht mit kollektivrechtlichen Bezügen, 3. Auflage, Baden-Baden 2013.

Däubler, W./Klebe, T./Wedde, P./Weichert, T. (Hrsg.), Bundesdatenschutzgesetz – Kompaktkommentar zum BDSG, 4. Auflage, Frankfurt a. M. 2014.

De la Cruz, C., Cloud Computing: Alter Wein in neuen Schläuchen?, Jusletter IT, 15.5.2013.

De Trevangne, C./Louveau, S., Data Protection and Online Networks, MMR 1998, 451.

Dehmel, S./Hullen, N., Auf dem Weg zu einem zukunftsfähigen Datenschutz in Europa? Konkrete Auswirkungen der DS-GVO auf Wirtschaft, Unternehmen und Verbraucher, ZD 2013, 147.

Der Europäische Datenschutzbeauftragte, Zusammenfassung der Stellungnahme des EDSB vom 7. März 2012 zum Datenschutzreformpaket, ABl. C 192 vom 30.6.2012, 7.

Determann, L., Müssen Professoren von Verfassung wegen Beamte sein?, NVwZ 2000, 1346.

Deussen, P. H./Strick, L./Peters, J., Cloud-Computing für die öffentliche Verwaltung – ISPRAT-Studie November 2010, Berlin 2010.

Deutlmoser/Filip, Europäischer Datenschutz und US-amerikanische (e-)Discovery-Pflichten – Ein Praxisleitfaden für Unternehmen, ZD 2012 Beilage zu Heft 6, 1.

Di Fabio, U., Risikoentscheidungen im Rechtsstaat – zum Wandel der Dogmatik im öffentlichen Recht, insbesondere am Beispiel der Arzneimittelüberwachung, Tübingen 1994.

Diedrich, K., Vollharmonisierung des EU-Datenschutzrechts – bereits geltende Vorgaben für deutsche Datenschutzgesetze – Maßstäbe für richtlinienkonforme Auslegung und Anwendbarkeit nach EuGH ASNEF/FECEMD vom 24.11.2011, CR 2013, 408.

Dobmeier, G., Datenschutz in der Anwaltskanzlei, Regensburg 2004.

Dorn, G., Lehrerbenotung im Internet – Eine kritische Würdigung des Urteils des OLG Köln vom 27.11.2007, DuD 2008, 98.

Dreier, H. (Hrsg.), Grundgesetz – Kommentar, Band 2, 2. Auflage, Tübingen 2006.

Drewes, S., Werbliche Nutzung von Daten – Die Implosion der BDSG-Novelle und Auswirkungen der EuGH-Rechtsprechung, ZD 2012, 115.

Duhr, E./Naujok, H./Peter, M./Seiffert, E., Neues Datenschutzrecht für die Wirtschaft – Erläuterungen und praktische Hinweise zu § 1 bis § 11 BDSG, DuD 2002, 5.

Duisberg, A., Gelöste und ungelöste Rechtsfragen im IT-Outsourcing und Cloud Computing, in: Picot, A. u. a. (Hrsg.), Trust in IT – Wann vertrauen Sie Ihr Geschäft der Internet-Cloud an?, Berlin 2011, 49.

Düsseldorfer Kreis, Anlage zum Beschluss der obersten Aufsichtsbehörden für den Datenschutz im nicht-öffentlichen Bereich vom 19./20.4.2007, Fallgruppen zur internationalen Auftragsdatenverarbeitung – Handreichung des Düsseldorfer Kreises zur rechtlichen Bewertung, Hamburg 2007.

Düsseldorfer Kreis, Beschluss der obersten Aufsichtsbehörden für den Datenschutz im nicht-öffentlichen Bereich vom 26./27.11.2009, Datenschutzkonforme Ausgestaltung von Analyseverfahren zur Reichweitenmessung bei Internet-Angeboten, Stralsund 2009.

Düsseldorfer Kreis, Beschluss der obersten Aufsichtsbehörden für den Datenschutz im nicht-öffentlichen Bereich vom 28./29. April 2010, Prüfung der Selbst-Zertifizierung des Datenimporteurs nach dem Safe Harbor-Abkommen durch das Daten exportierende Unternehmen, Hannover 2010.

Ebenroth, C. T./Boujong, K. (Begr.)/*Joost, D./Strohn, L.* (Hrsg.), Handelsgesetzbuch, Band 1, München 2008.

Eckardt, J., IP-Adresse als personenbezogenes Datum - neues Öl ins Feuer – Personenbezug im Datenschutzrecht – Grenzen der Bestimmbarkeit am Beispiel der IP-Adresse, CR 2011, 339.

Eckhardt, J., Allgemeines Persönlichkeitsrecht: Unterlassungsanspruch bei Speicherung einer dynamischen IP-Adresse; Anforderungen an die Wiederholungsgefahr, Anmerkung zu AG Berlin, K&R 2007, 601.

Eckhardt, J., Auftragsdatenverarbeitung – Gestaltungsmöglichkeiten und Fallstricke, DuD 2013, 585.

Eckhardt, J., BDSG: Neuregelungen seit 01.09.2009 – Ein Überblick, DuD 2009, 587.

Eckhardt, J./Kramer, R., Auftragsdatenverarbeitung – Datenschutzrechtliches Gestaltungselement zwischen Recht und Technik, DuD 2014, 147.

Eckhardt, J./Kramer, R./Mester, B. A., Auswirkungen der geplanten EU-DS-GVO auf den deutschen Datenschutz, DuD 2013, 623.

Eggersmann, A./Hoene, T., Anwaltliche Verschwiegenheit contra Benachrichtigungs- und Auskunftspflicht – Konflikt zwischen § 203 StGB und § 26 BDSG, CR 1990, 18.

Ehmann, E., Strafbare Fernwartung in der Arztpraxis, CR 1991, 293.

Ehmann, E./Helfrich, M., EG-Datenschutzrichtlinie – Kurzkommentar, Köln 1999.

Engels, T., Datenschutz in der Cloud – Ist hierbei immer eine Auftragsdatenverarbeitung anzunehmen?, K&R 2011, 548.

Enzmann, M./Rossnagel, A., Realisierter Datenschutz für den Einkauf im Internet – Das Projekt DASIT, CR 2002, 141.

Epping, V./Hillgruber, C. (Hrsg.), Grundgesetz – Kommentar, 2. Auflage, München 2013.

Erbs, F. (Begr.)/*Kohlhaas, M.* (Hrsg.), Strafrechtliche Nebengesetze, 197. Ergänzungslieferung, München 2014.

Erd, R., Zehn Jahre Safe Harbor Abkommen – kein Grund zum Feiern, K&R 2010, 624.

Erkeling, S., Datenschutz in Online-Spielen und anderen Virtuellen Welten – Die Verknüpfung der realen Identität mit der Virtuellen Welt, DuD 2011, 116.

Ernst, S., Datenschutz als Verbraucherrecht, VuR 2010, 321.

Ernst, S., Der Arbeitgeber, die E-Mail und das Internet, NZA 2002, 585.

Ernst, S., Social Networks und Arbeitnehmer-Datenschutz, NJOZ 2011, 953.

Ernst, S., Social Networks und Arbeitnehmer-Datenschutz, NJW 2011, 1712.

Europäische Kommission, The future of Cloud Computing – Opportunities for European Cloud Computing Beyond, Brüssel 2010.

Europäischer Rat, Schlussfolgerungen des Vorsitzes (16/16), Sitzung am 4.6.1999 in Köln, Bulletin EU 10-1999, Anlage A, Köln 1999.

Europäischer Wirtschafts- und Sozialausschuss, Stellungnahme des Europäischen Wirtschafts- und Sozialausschusses zu dem „Vorschlag für eine Verordnung des Europäischen Parlaments und des Rates zum Schutz natürlicher Personen bei der Verarbeitung personenbezogener Daten und zum freien Datenverkehr (Datenschutz- Grundverordnung)", ABl. C 229 vom 31.7.2012, Brüssel 2012, 90.

Europäischer Wirtschafts- und Sozialausschuss, Stellungnahme zu dem Vorschlag für eine Richtlinie des Rates zum Schutz von Personen bei der Verarbeitung personenbezogener Daten, dem Vorschlag für eine Richtlinie des Rates zum Schutz personenbezogener Daten und der Privatsphäre in öffentlichen digitalen Telekommunikationsnetzen, insbesondere im diensteintegrierenden digitalen Telekommunikationsnetz (ISDN) und in öffentlichen digitalen Mobilfunknetzen, und dem Vorschlag für einen Beschluß des Rates auf dem Gebiet der Informationssicherheit – Stellungnahme zum Entwurf der Datenschutzrichtlinie, ABl. C 159 vom 17.6.1991, 38.

European Privacy Officers Forum, Comments on Review of the EU Data Protection Directive (Directive 95/46/EC), http://www.epof.org/files/Uploads/Documents/EPOF/EPOF_en2_7.31.02.pdf, Brüssel 2002.

Fasbender, G., Schwachstellen der Informationsverarbeitung durch Dritte, RDV 1994, 12.

Federrath, H./Fuchs, K.-P./Herrmann, D./Maier, D./Scheuer, F./Wagner, K., Grenzen des „digitalen Radiergummis", DuD 2011, 403.

Fehling, M./Kastner, B./Störmer, R. (Hrsg.), Verwaltungsrecht – VwVfG/VwGO/Nebengesetze – Handkommentar, 3. Auflage, Baden-Baden 2013.

Fezer, K.-H, (Hrsg.), Lauterkeitsrecht – UWG, Band 2, 2. Auflage, München 2010.

Fickert, T., Entwicklungen des Cloud Computing im Überblick – aktuelle und künftige rechtliche Probleme, in: Taeger, J./Wiebe, A. (Hrsg.), Inside the cloud – Neue Herausforderungen für das Informationsrecht, Edewecht 2009, 419.

Filip, A., Binding Corporate Rules (BCR) aus der Sicht einer Datenschutzaufsichtsbehörde – Praxiserfahrungen mit der europaweiten Anerkennung von BCR, ZD 2013, 51.

Fischer, T., Strafgesetzbuch und Nebengesetze, 61. Auflage, München 2014.

Flägel, P./von Georg, J., E-Discovery nach US-Zivilverfahrensrecht und deutsches Datenschutzrecht, RIW 2013, 439.

Forgó, N./Krügel, T., Der Personalbezug von Geodaten – Cui bono, wenn alles bestimmbar ist?, MMR 2010, 17.

Förschle, G./Grottel, B./Schmidt, S./Schubert, W./Winkeljohann, N. (Hrsg.), Beck'scher Bilanz-Kommentar, 9. Auflage, München 2014.

Forst, G., Bewerberauswahl über soziale Netzwerke im Internet?, NZA 2010, 427.

Freund, B./Schnabel, C., Bedeutet IPv6 das Ende der Anonymität im Internet? – Technische Grundlagen und rechtliche Beurteilung des neuen Internet-Protokolls, MMR 2011, 495.

Fröhle, J., Web Advertising, Nutzerprofile und Telediensteidatenschutz, München 2003.

Fumy, W./Kessler, V., Kryptologie und Datensicherheit, in: Rechenberg, P./Pomberger, G. (Hrsg.), Informatik-Handbuch, München 2002, 218.

Funke, M./Wittmann, J., Cloud Computing – ein klassischer Fall der Auftragsdatenverarbeitung? – Anforderungen an die verantwortliche Stelle, ZD 2013, 221.

Ganßauge, K., Datenverarbeitung und -nutzung von Kreditwürdigkeitsdaten durch fremdnützige Verarbeiter – mit einer Darstellung der Rechtstatsachen bei der SCHUFA und der Organisation Creditreform, Berlin 1995.

Gaul, B./Köhler, L.-M., Mitarbeiterdaten in der Computer Cloud: Datenschutzrechtliche Grenzen des Outsourcing, BB 2011, 2229.

Geiger, A., Die Einwilligung in die Verarbeitung von persönlichen Daten als Ausübung des Rechts auf informationelle Selbstbestimmung, NVwZ 1989, 36.

Geppert, M./Piepenbrock, H.-J./Schütz, R./Schuster, F. (Hrsg.), Beck'scher TKG-Kommentar – Telekommunikationsgesetz, München 2006.

Geppert, M./Schütz, R. (Hrsg.), Beck'scher TKG-Kommentar – Telekommunikationsgesetz, 4 Auflage, München 2013.

Gerhards, J., (Grund-)Recht auf Verschlüsselung?, Baden-Baden 2010.

Giebichenstein, R., Chancen und Risiken beim Einsatz von Cloud Computing in der Rechnungslegung, BB 2011, 2218.

Giesen, T., Datenverarbeitung im Auftrag in Drittstaaten – eine misslungene Gesetzgebung – Das deutsche Modell der Auftragsdatenverarbeitung im Konflikt mit den Vorgaben der EU-Datenschutzrichtlinie, CR 2007, 543.

Giesen, T., Zum Begriff des Offenbarens nach § 203 StGB im Falle der Einschaltung privatärztlicher Verrechnungsstellen, NStZ 2012, 122.

Gola, P./Müthlein, T., Neuer Tele-Datenschutz – bei fehlender Koordination über das Ziel hinausgeschossen?, RDV 1997, 193.

Gola, P./Schomerus, R. (Hrsg.), BDSG – Bundesdatenschutzgesetz – Kommentar, 11. Auflage, München 2012.

Gola, P./Schulz, S., Der Entwurf für eine EU-Datenschutz-Grundverordnung – eine Zwischenbilanz, RDV 2013, 1.

Göppinger, H., Die Entbindung von der Schweigepflicht und die Herausgabe oder Beschlagnahme von Krankenblättern, NJW 1958, 241.

Götz, C, Grenzüberschreitende Datenübermittlung im Konzern – Zulässigkeit nach BDSG und Entwurf der EU-DS-GVO, DuD 2013, 631.

Grabenwarter, C. (Hrsg.), Europäischer Grundrechtschutz, 1. Auflage, Baden-Baden 2014.

Grabitz, E. (Begr.)/*Hilf, H./Nettesheim, M.* (Hrsg.), Das Recht der Europäischen Union, Band 1, 52. Ergänzungslieferung, München 2014.

Grabitz, E. (Begr.)/*Hilf, H.* (Hrsg.), Das Recht der Europäischen Union, Band 4 A (*Wolf, M.*, Hrsg.), 40. Auflage, München 2009.

Grapentin, S., Haftung und anwendbares Recht im internationalen Datenverkehr – EU-Standardvertragsklauseln und Binding Corporate Rules, CR 2011, 102.

Greer, D., Safe Harbor – ein bewährter Rechtsrahmen, RDV 2011, 267.

Greveler, U./Wegener, C., Ein Ansatz zur Umsetzung von Löschvorschriften mittels Verschlüsselung, DuD 2010, 467.

Grimm, R./Löhndorf, N./Scholz, P., Datenschutz in Telediensten (DASIT) – Am Beispiel von Einkaufen und Bezahlen im Internet, DuD 1999, 272.

Grünwald, A./Döpkens, H.-R., Cloud Control? – Regulierung von Cloud Computing-Angeboten, MMR 2011, 287.

Grützmacher, M., Lizenzgestaltung für neue Nutzungsformen im Lichte von § 69d UrhG (Teil 2) – Die urheber- und die vertragliche Ebene bei Core, Cluster, Cloud & Co., CR 2011, 697.

Haertlein, L., Die Einschaltung privater Sachverständiger bei der Schlussrechnungsprüfung durch das Insolvenzgericht (§ 66 II 1 InsO), NZI 2009, 577.

Hammer, V./Pordesch, U./Roßnagel, A., Betriebliche Telefon- und ISDN-Anlagen rechtsgemäß gestaltet, Heidelberg 1993.

Hanloser, S., E-Discovery – Datenschutzrechtliche Probleme und Lösungen, DuD 2008, 785.

Hansen, M., Datenschutz im Cloud Computing, in: Borges, G./Schwenk, J. (Hrsg.), Daten- und Identitätsschutz in Cloud Computing, E-Government und E-Commerce, Heidelberg 2012, 79.

Hansen, M./Meissner, S. (Hrsg.), Verkettung digitaler Identitäten, Kiel 2007.

Härting, N., Anonymität und Pseudonymität im Datenschutzrecht, NJW 2013, 2065.

Härting, N., Anwalt in der Wolke: Realität, Berufsethos, Rechtssicherheit – Plädoyer für eine Lösung im Bereich des Strafrechts, AnwBl 2012, 486.

Härting, N., Datenschutz im Internet – Wo bleibt der Personenbezug?, CR 2008, 743.

Härting, N., Datenschutzrecht: Verbotsprinzip und Einwilligungsfetisch – Warum die alten Rezepte versagen – Plädoyer aus Sicht eines Anwalts, AnwBl 2012, 716.

Härting, N., Datenschutzreform in Europa: Einigung im EU-Parlament – Kritische Anmerkungen, CR 2013, 715.

Härting, N., IT-Sicherheit in der Anwaltskanzlei – Das Anwaltsgeheimnis im Zeitalter der Informationstechnologie, NJW 2005, 1248.

Härting, N., IT-Sicherheit und Berufsrecht – Das Anwaltsgeheimnis im Zeichen von Cloud Computing, ITRB 2011, 242.

Hartung, J., Datenschutz und Verschwiegenheit bei Auslagerungen durch Versicherungsunternehmen, VersR 2012, 400.

Haug, V., Funktionsvorbehalt und Berufsbeamtentum als Privatisierungsschranke, NVwZ 1999, 820.

Heckmann, D., Cloud Computing im Zeitgeist – Juristische Hürden, rechtspolitische Unwägbarkeiten, unternehmerische Gestaltung, in: Heckmann, D./Schenke, P./Sydow, G. (Hrsg.), Verfassungsstaatlichkeit im Wandel – Festschrift für Thomas Würtenberger zum 70. Geburtstag, Berlin 2013, 17.

Heckmann, D., Juris PraxisKommentar Internetrecht – Telemediengesetz, E-Commerce, E-Government, 3. Auflage, Saarbrücken 2011.

Heghmanns, M./Niehaus, H., Datenschutz und strafrechtliche Risiken beim Outsourcing durch private Versicherungen, wistra 2008, 161.

Heghmanns, M./Niehaus, H., Outsourcing im Versicherungswesen und der Gehilfenbegriff des § 203 III 2 StGB, NStZ 2008, 57.

Heidel, T./Schall, A. (Hrsg.), Handelsgesetzbuch – Handkommentar, 1. Auflage, Baden-Baden 2011.

Heidrich, J./Wegener, C., Sichere Datenwolken – Cloud Computing und Datenschutz, MMR 2010, 803.

Heinemann, M. J./Heinemann, D., Postmortaler Datenschutz, DuD 2013, 242.

Heinrich, L. H, Gemeinsame Computerbenutzung in der Industrie – Datenverarbeitung außer Haus, Wiesbaden 1969.

Heinsen, O./Voß, O., Ertragsteuerliche Aspekte von Cloud Computing, DB 2012, 1231.

Heintschel-Heinegg, B. v. (Hrsg.), Beck'scher Online-Kommentar – StGB, 23. Auflage, München 2012.

Heller, S., Lehrerbewertung in einem Schülerportal, Anmerkung zu OLG Köln vom 27.11.2007, ZUM 2008, 238.

Helwig, B./Koglin, O., Service Level Agreements für die Software-as-a-Service-Dienste, in: Büchner, W./Briner, R. G. (Hrsg.), DGRI Jahrbuch 2009, Berlin 2010, 53.

Hennrich, T., Compliance in Clouds – Datenschutz und Datensicherheit in Datenwolken, CR 2011, 546.

Hennrichs, J./Kleindiek, D./Watrin, C. (Hrsg.), Münchener Kommentar zum Bilanzrecht, Band 2 – §§ 238 - 342e HGB, München 2013.

Hessische Aufsichtsbehörde für den Datenschutz im nicht-öffentlichen Bereich, Dreiundzwanzigster Bericht, LT-Drs. 18/2942, Wiesbaden 2010.

Hessische Aufsichtsbehörde für den Datenschutz im nicht-öffentlichen Bereich, Fünfzehnter Tätigkeitsbericht, LT(Hessen)-Drs. 15/4659, Wiesbaden 2002.

Hilber, M. (Hrsg.), Handbuch Cloud Computing, 1. Auflage, Köln 2014.

Hillenbrandt-Beck, R., Aktuelle Fragestellungen des internationalen Datenverkehrs, RDV 2007, 231-

Hiltl, C., Handeln benannte Stellen nach dem MPG öffentlich-rechtlich oder privatrechtlich?, PharmR 1997, 408.

Hoenicke, M./Hülsdunk, L., Outsourcing im Versicherungs- und Gesundheitswesen ohne Einwilligung?, MMR 2004, 788.

Hoepman, J.-H./Jacobs, B., Increased security through open source, Communications of the ACM 2007, 50(1), 79.

Hoeren, T., Anonymität im Web – Grundfragen und aktuelle Entwicklungen, ZRP 2010, 251.

Hoeren, T., EU-Standardvertragsklauseln, BCR und Safe Harbor Principles – Instrumente für ein angemessenes Datenschutzniveau, RDV 2012, 271.

Hoeren, T./Sieber, U./Holznagel, B. (Hrsg.), Handbuch Multimedia-Recht – Rechtsfragen des elektronischen Geschäftsverkehrs, 38. Ergänzungslieferung, München 2014.

Hoeren, T./Spittka, J., Aktuelle Entwicklungen des IT-Vertragsrechts – ITIL, Third Party Maintenance, Cloud Computing und Open Source Hybrids, MMR 2009, 583.

Hofer, H., Datenfernverarbeitung – Aussenstelle, Datenfernübertragung, Rechenzentrum, Betriebsabwicklung, Berlin 1973.

Holznagel, B./Bonnekoh, M., Radio Frequency Identification - Innovation vs. Datenschutz?, MMR 2006, 17.

Holzner, S., Neues zur Regelung der Nutzung von E-Mail und Internet am Arbeitsplatz?, ZRP 2011, 12.

Hon, W. K./Millard, C./Walden, I., The Problem of 'Personal Data' in Cloud Computing - What Information is Regulated? – The Cloud of Unknowing, Part 1, Queen Mary University of London, School of Law, Legal Studies Research Paper No. 75/2011, London 2011.

Hon, W. K./Millard, C./Walden, I., Who is Responsible for 'Personal Data' in Cloud Computing? – The Cloud of Unknowing, Part 2, Queen Mary University of London, School of Law, Legal Studies Research Paper No. 77/2011, London 2012.

Hornung, G., Ein neues Grundrecht – Der verfassungsrechtliche Schutz der Vertraulichkeit und Integrität informationstechnischer Systeme, CR 2008, 299.

Hornung, G., Eine Datenschutz-Grundverordnung für Europa? – Licht und Schatten im Kommissionsentwurf vom 25.1.2012, ZD 2012, 99.

Hornung, G., Zwei runde Geburtstage: Das Recht auf informationelle Selbstbestimmung und das WWW, MMR 2004, 3.

Hornung, G./Sädtler, S., Europas Wolken – Die Auswirkungen des Entwurfs für eine Datenschutz-Grundverordnung auf das Cloud Computing, CR 2012, 638.

Hornung, G./Schnabel, C., Data protection in Germany I: The population census decision and the right to informational self-determination, Computer Law & Security Report 1/2009, 84.

Hühnlein, D./Reimer, H., eiDAS ante Portas, DuD 2014, 267.

Hülk, K./Mrachacz, H.-P./Solf, H. (Hrsg.), EDV-Leiter-Handbuch – Datenverarbeitungs-Organisation – Computer-Hardware – Computer-Software – Software-Engineering – Datenbanken – Datenverarbeitungs-Projekte – Rechenzentrum, Wirtschaftlichkeitskontrolle – Datenschutz u. Datensicherheit, München 1976.

Imhof, R., One-to-One-Marketing im Internet – Das TDDSG als Marketinghindernis, CR 2000, 110.

Innenministerium Baden-Württemberg, Hinweise zum Datenschutz für private Unternehmen und Organisationen (Nr. 40), 18.2.2002, Az. 2-0552.1/17, http: //www.datenschutzhelp.de/him_40.pdf.

International Working Group on Data Protection in Telecommunications, Working Paper on Cloud Computing – Privacy and data protection issues – „Sopot Memorandum" – 51st meeting, 23./24.4.2012, Sopot 2012.

Isensee, J./Kirchhof, P. (Hrsg.), Handbuch des Staatsrechts der Bundesrepublik Deutschland, Band 4 – Aufgaben des Staates, 3. Auflage, Heidelberg 2006.

Isensee, J./Kirchhof, P. (Hrsg.), Handbuch des Staatsrechts der Bundesrepublik Deutschland, Band 5 – Rechtsquellen, Organisation, Finanzen, 3. Auflage, Heidelberg 2007.

Isensee, J./Kirchhof, P. (Hrsg.), Handbuch des Staatsrechts der Bundesrepublik Deutschland, Band 9 – Allgemeine Grundrechtslehren, 3. Auflage, Heidelberg 2011.

Isensee, J./Kirchhof, P. (Hrsg.), Handbuch des Staatsrechts der Bundesrepublik Deutschland, Band 3 – Das Handeln des Staates, 1. Auflage, Heidelberg 1988.

Jäger, H./Ernst, E. K., Telekommunikation, bei der nicht nur Inhalte, sondern auch Metadaten geschützt sind, in: Schartner, P./Lipp, P., D-A-CH Security 2014, Klagenfurt 2014, 191.

Jäger, H./Monitzer, A./Rieken, R./Ernst, E. K., A novel set of measures against insider attacks – sealed cloud, in: Hühnlein, D./Roßnagel, H., Proceedings of the Open Identity Summit 2013 – Lecture Notes in Informatics 223, Bonn 2013, 187.

Jäger, H./Rieken, R., Die Sealed-Cloud-Versiegelung – Verschlüsselung allein genügt für sicheres Cloud Computing nicht, https://www.idgard.de/pdf/Die-Sealed-Cloud-Versiegelung.pdf, München 2014.

Jaeger, H./Rieken, R./Monitzer, A./Modi, J./Nguyen, K./Karatzas, C./Georgiev, V./Ernst, E./Spillmann, D./Antony, S., First Unicast Communication Network Protecting both Content and Metadata, in: World Telecommunications Congress 2014, Berlin 2014, Lfn. 14.

Jahn, M./Palm, J., Outsourcing in der Kanzlei: Verletzung von Privatgeheimnissen? – Die straf- und berufsrechtliche Bewertung eines „Anwaltssekretariats" außerhalb der Kanzlei, AnwBl 2011, 613.

Jandt, S., Das neue TMG – Nachbesserungsbedarf für den Datenschutz im Mehrpersonenverhältnis, MMR 2006, 652.

Jandt, S., Datenschutz bei Location Based Services – Voraussetzungen und Grenzen der rechtmäßigen Verwendung von Positionsdaten, MMR 2007, 74.

Jandt, S., Grenzenloser Mobile Commerce – Schutzwirkung und Durchsetzbarkeit datenschutzrechtlicher Ansprüche gegenüber ausländischen Diensteanbietern, DuD 2008, 668.

Jandt, S., Vertrauen im Mobile commerce – Vorschläge für die rechtsverträgliche Gestaltung von Location Based Services, Baden-Baden 2008.

Jandt, S./Kieselmann, O./Wacker, A., Recht auf Vergessen im Internet – Diskrepanz zwischen rechtlicher Zielsetzung und technischer Realisierbarkeit?, DuD 2013, 235.

Jandt, S./Laue, P., Voraussetzungen und Grenzen der Profilbildung bei Location Based Services, K&R 2006, 316.

Jandt, S./Roßnagel, A., Datenschutz in Social Networks - Kollektive Verantwortlichkeit für die Datenverarbeitung, ZD 2011, 160.

Jandt, S./Roßnagel, A., Rechtsgutachten zum Datenschutz und zu Persönlichkeitsrechten im Social Web, insbesondere von Social Networking-Sites, in: Schenk, M./Niemann, J./Reimann, G./Roßnagel, A. (Hrsg.), Digitale Privatsphäre – Heranwachsende und Datenschutz auf sozialen Netzwerkplattformen, Berlin 2012, 309.

Jandt, S./Roßnagel, A., Social Networks für Kinder und Jugendliche – Besteht ein ausreichender Datenschutz?, MMR 2011, 637.

Jandt, S./Roßnagel, A./Wilke, D., Outsourcing der Verarbeitung von Patientendaten – Fragen des Daten- und Geheimnisschutzes, NZS 2011, 641.

Jarasss, H. D./Pieroth, B. (Hrsg.), Grundgesetz für die Bundesrepublik Deutschland – Kommentar GG, 12. Auflage, München 2012.

Joecks, W./Miebach, K. (Hrsg.), Münchener Kommentar zum Strafgesetzbuch, Band 4 – §§ 185 - 262 StGB, 2. Auflage, München 2012.

Joecks, W./Miebach, K. (Hrsg.), Münchener Kommentar zum Strafgesetzbuch, Band 6/1 – Nebenstrafrecht II, 1. Auflage, München 2010.

Jotzo, F., Der Schutz personenbezogener Daten in der Cloud, Baden-Baden 2014.

Jotzo, F., Gilt deutsches Datenschutzrecht auch für Google, Facebook & Co. bei grenzüberschreitendem Datenverkehr?, MMR 2009, 232.

Kahler, T., Auftragsdatenverarbeitung im Drittstaat: europarechtskonform! – Unmittelbare Anwendung der Datenschutzrichtlinie 95/46/EG in Deutschland, RDV 2012, 167.

Kalabis, L./Selzer, A., Das Recht auf Vergessenwerden nach der geplanten EU-Verordnung – Umsetzungsmöglichkeiten im Internet, DuD 2012, 670.

Kamlah, W., Das SCHUFA-Verfahren und seine datenschutzrechtliche Zulässigkeit, MMR 1999, 395.

Kamp, M./Rost, M., Kritik an der Einwilligung – Ein Zwischenruf zu einer fiktiven Rechtsgrundlage in asymmetrischen Machtverhältnissen, DuD 2013, 80.

Kapoor, A./Klindt, T., Das neue deutsche Produktsicherheitsgesetz (ProdSG), NVwZ 2012, 719.

Kapoor, A./Klindt, T., Die Reform des Akkreditierungswesens im Europäischen Produktsicherheitsrecht, EuZW 2009, 134.

Kappes, M., Netzwerk- und Datensicherheit: eine praktische Einführung, Wiesbaden 2007.

Karg, M., Die Rechtsfigur des personenbezogenen Datums – Ein Anachronismus des Datenschutzes?, ZD 2012, 255.

Karg, M., IP-Adressen sind personenbezogene Verkehrsdaten, MMR-Aktuell 2011, 315811.

Karg, M./Thomsen, S., Tracking und Analyse durch Facebook – Das Ende der Unschuld, DuD 2012, 729.

Karger, M./Sarre, F., Wird Cloud Computing zu neuen juristischen Herausforderungen führen?, in: Taeger, J./Wiebe, A. (Hrsg.), Inside the cloud – Neue Herausforderungen für das Informationsrecht, Edewecht 2009, 434.

Kartal-Aydemir, A./Krieg, R., Haftung von Anbietern kollaborativer Internetplattformen – Störerhaftung für User Generated Content?, MMR 2012, 647.

Kaufmann, N. C., Meldepflichten und Datenschutz-Folgenabschätzung – Kodifizierung neuer Pflichten in der EU-Datenschutz-Grundverordnung, ZD 2012, 358.

Kilian, W., Personal Data: The Impact of Emerging Trends in the Information Society – How the marketability of personal data should affect the concept of data protection law, CRi 2012, 169.

Kilian, W./Heussen, B. (Hrsg.), Computerrechts-Handbuch – Informationstechnologie in der Rechts- und Wirtschaftspraxis, 32. Ergänzungslieferung, München 2013.

Kindhäuser, U./Neumann, U./Paeffgen, H.-U. (Hrsg.), Strafgesetzbuch, 4. Auflage, Baden-Baden 2013.

Kintzi, H., Externe Datenverarbeitung von Berufsgeheimnissen im Kontext von § 203 StGB – Verletzung von Privatgeheimnissen – Gutachten der Großen Strafrechtskommission des Deutschen Richterbundes, DRiZ 2007, 244.

Kirchberg-Lennartz, B./Weber, J., Ist die IP-Adresse ein personenbezogenes Datum?, DuD 2010, 479.

Kirchhof, F., Grundrechtsschutz durch europäische und nationale Gerichte, NJW 2011, 3681.

Klar, M., Räumliche Anwendbarkeit des (europäischen) Datenschutzrechts – Ein Vergleich am Beispiel von Satelliten-, Luft- und Panoramastraßenaufnahmen, ZD 2013, 109.

Klindt, T. (Hrsg.), Geräte- und Produktsicherheitsgesetz (GPSG) – Kommentar, München 2007.

Köbler, G., Juristisches Wörterbuch – Für Studium und Ausbildung, 12. Auflage, München 2003.

Koch, F. A., Grid Computing im Spiegel des Telemedien-, Urheber- und Datenschutzrechts, CR 2006, 112.

Koch, F. A., Weltweit verteiltes Rechnen im Grid Computing – Eine Untersuchung der wesentlichen vertrags- und kollisionsrechtlichen Aspekte, CR 2006, 42.

Köcher, J. K., Anmerkung zum Urteil des LG Berlin vom 06.09.2007 (23 S 3/07 (AG Mitte), MMR 2007, 799 f.), MMR 2007, 800.

Kock, M./Franke, J., Mitarbeiterkontrolle durch systematischen Datenabgleich zur Korruptionsbekämpfung, NZA 2009, 646.

Kokott, J./Sobotta, C., Die Charta der Grundrechte der Europäischen Union nach Inkrafttreten des Vertrags von Lissabon, EuGRZ 2010, 265.

Konferenz der Datenschutzbeauftragten des Bundes und der Länder, Ein modernes Datenschutzrecht für das 21. Jahrhundert – Eckpunkte, Stuttgart 2010.

Konferenz der Datenschutzbeauftragten des Bundes und der Länder, Entschließung der 82. Konferenz der Datenschutzbeauftragten des Bundes und der Länder am 28./29. September

2011 in München – Datenschutzkonforme Gestaltung und Nutzung von Cloud-Computing, München 2011.

Konferenz der Datenschutzbeauftragten des Bundes und der Länder, Arbeitskreise Technik und Medien, Orientierungshilfe – Cloud Computing, Version 2.0, Berlin 2014.

Konferenz der Datenschutzbeauftragten des Bundes und der Länder, Arbeitsgruppe Kryptografie des Arbeitskreises für technische und organisatorische Fragen des Datenschutzes – Orientierungshilfe zum Einsatz kryptografischer Verfahren, Berlin 2003.

Konvent der Charta der Grundrechte der Europäischen Union, Erläuterungen zur Charta der Grundrechte der Europäischen Union, ABl. C 303 vom 14.12.2007, 17.

Koós, C., Das Vorhaben eines einheitlichen Datenschutzes in Europa – Aktueller Stand des europäischen Gesetzgebungsverfahrens, ZD 2014, 9.

Kort, M., Strafbarkeitsrisiken des Datenschutzbeauftragten nach § 203 StGB beim IT-Outsourcing, insbesondere in datenschutzrechtlich „sicherer" Drittstaaten, NStZ 2011, 193.

KPMG AG/BITKOM e.V., Cloud Monitor 2013 – Cloud-Computing in Deutschland – Status quo und Perspektiven, Düsseldorf 2013.

Kramer, P., Verbot mit Erlaubnisvorbehalt zeitgemäß? – Anmerkung zu Weicherts „Wider das Verbot mit Erlaubnisvorbehalt im Datenschutz?", DuD 2013, 380.

Kramer, P./Herrmann, M., Auftragsdatenverarbeitung – Zur Reichweite der Privilegierung durch den Tatbestand des § 11 Bundesdatenschutzgesetz, CR 2003, 938.

Krcmar, H. u. a., Denk ich an Clouds in der Nacht – Nachhaltige Cloudstrategie für Europa – Memorandum Harmonized EU-Clouds, München 2010.

Kröger, D./Nöcker, G./Nöcker, M., Sicherheit und Internet: Zertifizierungen im e-commerce, Heidelberg 2002.

Kroschwald, S., Kollektive Verantwortung für den Datenschutz in der Cloud – Datenschutzrechtliche Folgen einer geteilten Verantwortlichkeit beim Cloud Computing, ZD 2013, 388.

Kroschwald, S., Verschlüsseltes Cloud Computing – Anwendung des Daten- und Geheimnisschutzrechts auf „betreibersichere" Clouds am Beispiel der „Sealed Cloud", in: Taeger, J. (Hrsg.), Law as a Service (LaaS) – Recht im Internet- und Cloud-Zeitalter, Edewecht 2013, 289.

Kroschwald, S., Verschlüsseltes Cloud Computing – Auswirkungen der Kryptografie auf den Personenbezug in der Cloud, ZD 2014, 75.

Kroschwald, S./Wicker, M., Einwilligung des Betroffenen in den Umgang mit seinen Daten als Lösung für das Cloud Computing, Datenschutzberater (DSB), Newsletter zum 15. Euroforum Datenschutzkongress 2014, DSB-Newsletter 2013, 12.

Kroschwald, S./Wicker, M., Kanzleien und Praxen in der Cloud – Strafbarkeit nach § 203 StGB, CR 2012, 758.

Kroschwald, S./Wicker, M., Zulässigkeit von Cloud Computing für Berufsgeheimnisträger – Strafbarkeit von Anwälten und Ärzten durch die Cloud?, in: Taeger, J. (Hrsg.), IT und Internet – mit Recht gestalten, Edewecht 2012, 733.

Krüger, S./Maucher, S.-A., Ist die IP-Adresse wirklich ein personenbezogenes Datum? – Ein falscher Trend mit großen Auswirkungen auf die Praxis, MMR 2011, 433.

Kühling, J., Auf dem Weg zum vollharmonisierten Datenschutz!?, EuZW 2012, 281.

Kühling, J./Klar, M., Unsicherheitsfaktor Datenschutzrecht - Das Beispiel des Personenbezugs und der Anonymität, NJW 2013, 3611.

Kuner, C., European Data Protection Law – Corporate Compliance and Regulation, 2. Auflage, New York 2007.

Kunz, T./Niehues, P./Waldmann, U., Technische Unterstützung von Audits bei Cloud-Betreibern – Automatisierte Kontrolle auf Basis sicherer Log-Daten, DuD 2013 521.

Kutscha, M., Das „Computer-Grundrecht" - eine Erfolgsgeschichte?, DuD 2012, 391.

Lackner, K./Kühl, K./Heger, M. (Hrsg.), Strafgesetzbuch – Kommentar, 28. Auflage, München 2014 (zitiert: *Bearbeiter*, in: Lackner/Kühl 2014).

Ladeur, K. H., Datenschutz - vom Abwehrrecht zur planerischen Optimierung von Wissensnetzwerken – Zur „objektiv-rechtlichen Dimension" des Datenschutzes, DuD 2000, 12.

Lämmerzahl, T., Die Beteiligung Privater an der Erledigung öffentlicher Aufgaben: eine Untersuchung ihrer verfassungs- und verwaltungsrechtlichen Möglichkeiten und Grenzen, Berlin 2007.

Lampe, J., Datenschutz bei Rechtsanwälten?, Anmerkung zu KG Berlin 1. Senat für Bußgeldsachen, Beschluss vom 20. August 2010, 2 Ss 23/07, jurisPR-StrafR 20/10, Anm. 3.

Lang, M., Anmerkung zu einer Entscheidung des EuGH, Urt. v. 24.11.2011 (C-468/10; K&R 2012, 40) - Zur Frage der Vollharmonisierung der Anforderungen an die Zulässigkeit der Verarbeitung personenbezogener Daten durch die Richtlinie 95/46/EG, K&R 2012, 43.

Lange-Hellwig, P., Rationalisierung durch Datenverarbeitung außer Haus, Ludwigshafen 1972.

Langkeit, J., Umfang und Grenzen der ärztlichen Schweigepflicht gemäß § 203 I Nr. 1 StGB, NStZ 1994, 6.

Laue, P./Stiemerling, O., Identitäts- und Zugriffsmanagement für Cloud Computing Anwendungen, DuD 2010, 692.

Lehner, A., Das Datenschutzgesetz 2000, in: Bauer, L./Reimer, S. (Hrsg.), Handbuch Datenschutzrecht, Wien 2009, 123.

Leisner, W., Einschaltung Privater bei der Leistungsabrechnung in der Gesetzlichen Krankenversicherung – Verfassungsrechtliche Vorgaben für eine anstehende gesetzliche Neuregelung, NZS 2010, 129.

Lejeune, M., Datenaustausch mit den Vereinigten Staaten von Amerika – Was gilt und was nach EU-Datenschutz-GVO und für eine Freihandelszone gelten soll, CR 2013, 822.

Lensdorf, L., Auftragsdatenverarbeitung in der EU/EWR und Unterauftragsdatenverarbeitung in Drittländern – Besonderheiten der neuen EU-Standardvertragsklauseln, CR 2010, 735.

Lensdorf, L./Mayer-Wegelin, C./Mantz, R., Outsourcing unter Wahrung von Privatgeheimnissen – Wie das mögliche Hindernis des § 203 Abs. 1 StGB überwunden werden kann, CR 2009, 63.

Lenski, S.-C., Der Persönlichkeitsschutz Prominenter unter EMRK und Grundgesetz, NVwZ 2005, 51.

Leopold, N., Big Data – eine neue Herausforderung für den Datenschutz, vorgänge 4/2012, 74.

Leupold, A., Geschäftsgeheimnisse gehören in die (Private) Cloud, MMR 2014, 145.

Leupold, A./Glossner, S. (Hrsg.), Münchener Anwalts-Handbuch IT-Recht, 4. Auflage, München 2013.

Lewinski, K. v., Europäisierung des Datenschutzrechts – Umsetzungsspielraum des deutschen Gesetzgebers und Entscheidungskompetenz des BVerfG, DuD 2012, 564.

Lindner, J. F., Grundrechtsschutz gegen gemeinschaftsrechtliche Öffnungsklauseln - zugleich ein Beitrag zum Anwendungsbereich der EU-Grundrechte, EuZW 2007, 71.

Luch, A. D./Hoffmann, C., § 203 StGB als Hemmschuh der elektronischen Kommunikation? – Rechtliche Risiken dargestellt am Beispiel der E-Postbrief-Nutzung durch Rechtsanwälte, K&R 2014, 161.

Maier, N., Die Datenweitergabe im Rahmen des Cloud Computing unter besonderer Betrachtung von Unterauftragsverhältnissen, Kassel 2014.

Maisch, M. M./Seidl, A., Cloud Government: Rechtliche Herausforderungen beim Cloud Computing in der öffentlichen Verwaltung, VBBW 1/2012, 7.

Maisch, M. M./Seidl, A., Cloud-Nutzung für Berufsgeheimnisträger - § 203 StGB als „Showstopper", DSB 2012, 127.

Mangoldt, H./Klein, F./Starck, C. (Hrsg.), Kommentar zum Grundgesetz, Band 2 – Artikel 20 bis 82, 6. Auflage, München 2010.

Marnau, N./Schlehahn, E., Cloud Computing und Safe Harbor, DuD 2011, 311.

Masing, J., Herausforderungen des Datenschutzes, NJW 2012, 2305.

Maunz, T./Dürig, G. (Begr.)/*Herzog, R./Herdegen, M./Scholz, R./Klein, H.* (Hrsg.), Grundgesetz – Kommentar, 70. Ergänzungslieferung, München 2013 (zitiert: *Bearbeiter*, in: Maunz/Dürig 2013).

Maurer, H., Allgemeines Verwaltungsrecht, 15. Auflage, München 2004.

Maxwell, W./Wolf, C. (Hogan Lovells-Studie), A Global Reality: Governmental Access to Data in the Cloud – A comparative analysis of ten international jurisdictions – Governmental access to data stored in the Cloud – including cross-border access – exists in every jurisdiction, Paris 2012.

Mell, P./Grance, T. (NIST), The NIST Definition of Cloud Computing – Recommendations of the National Institute of Standards and Technology, NIST Special Publication 800-145, Gaithersburg 2011.

Meyer, N. (Hrsg.), Charta der Grundrechte der Europäischen Union, 4. Auflage, Baden-Baden 2011.

Meyerdierks, P., Sind IP-Adressen personenbezogene Daten?, MMR 2009, 8.

Meyer-Ladewig, J., Europäische Menschenrechtskonvention – EMRK – Handkommentar, 3. Auflage, Baden-Baden 2011.

Möncke, U., Data Warehouses - eine Herausforderung für den Datenschutz?, DuD 1998, 561.

Moos, F., Die EU-Standardvertragsklauseln für Auftragsverarbeiter 2010 – Die wesentlichen Neuerungen und Kritikpunkte im Überblick, CR 2010, 281.

Moos, F., Share this – geteilte oder gemeinsame Verantwortung für Datenschutzkonformität in sozialen Netzwerken, ITRB 2012, 226.

Moos, F., Unzulässiger Handel mit Persönlichkeitsprofilen? – Erstellung und Vermarktung kommerzieller Datenbanken mit Personenbezug, MMR 2006, 718.

Müglich, A., Datenschutzrechtliche Anforderungen an die Vertragsgestaltung beim e-Shop-Hosting – Anspruch, Wirklichkeit und Vollzugsdefizit, CR 2009, 479.

Müller-Broich, J. D., Nomos Kommentar Telemediengesetz, 1. Auflage, Baden-Baden 2012.

Munz, M., Datenschutzklauseln, in: Graf von Westphalen, F. (Hrsg.), Vertragsrecht und AGB-Klauselwerke, 34. Ergänzungslieferung, München 2013.

Müthlein, T., Probleme der Auftragsdatenverarbeitung für Auftraggeber und Auftragnehmer, RDV 1992, 63.

Müthlein, T./Heck, J., Outsourcing und Datenschutz – Vertragsgestaltungen aus datenschutzrechtlicher Sicht, 1. Auflage, Köln 1995.

Nägele, T./Jacobs, S., Rechtsfragen des Cloud Computing, ZUM 2010, 281.

Nebel, M./Richter, P., Datenschutz bei Internetdiensten nach der DS-GVO – Vergleich der deutschen Rechtslage mit dem Kommissionsentwurf, ZD 2012, 407.

Nguyen, A., Die Subsidiaritätsrüge des Deutschen Bundesrates gegen den Vorschlag der EU-Kommission für eine Datenschutz-Grundverordnung, ZEuS 2012, 277.

Nielen, M./Thum, K., Auftragsdatenverarbeitung durch Unternehmen im Nicht-EU-Ausland, K&R 2006, 171.

Niemann, F./Hennrich, T., Kontrolle in den Wolken? – Auftragsdatenverarbeitung in Zeiten des Cloud Computing, CR 2010, 686.

Nicolas, F./Repussard, J., Gemeinsame Normen für die Unternehmen, Brüssel 1995.

Niemann, F./Paul, J.-A., Bewölkt oder wolkenlos - rechtliche Herausforderungen des Cloud Computing, K&R 2009, 444.

Nordmeier, C. F., Cloud Computing und Internationales Privatrecht – Anwendbares Recht bei der Schädigung von in Datenwolken gespeicherten Daten, MMR 2010, 151.

Opfermann, E., Datenschutzkonforme Vertragsgestaltung im „Cloud Computing", ZEuS 2012, 121.

Ott, S., Das Internet vergisst nicht - Rechtsschutz für Suchobjekte?, MMR 2009, 158.

Pahlen-Brandt, I., Datenschutz braucht scharfe Instrumente – Beitrag zur Diskussion um „personenbezogene Daten", DuD 2008, 34.

Pahlen-Brandt, I., Zur Personenbezogenheit von IP-Adressen – Zugleich eine Replik auf Eckhardt, K&R 2007, 602 ff., K&R 2008, 288.

Palandt, O. (Begr.), Bürgerliches Gesetzbuch, 73. Auflage, München 2014.

Pallasky, A., USA PATRIOT Act - Neues Recht der TK-Überwachung, DuD 2002, 221.

Paulus, S., Software-Integrität - geht das? – Vertraulichkeit und Integrität von Informationen durch sichere Software, DuD 2012, 413.

Pauly, D. A./Ritzer, C./Geppert, N., Gilt europäisches Datenschutzrecht auch für Niederlassungen ohne Datenverarbeitung? – Weitreichende Folgen für internationale Konzerne, ZD 2013, 423.

Pinkernell, R., Cloud Computing - Besteuerung des grenzüberschreitenden B2B- und B2C-Geschäfts, Ubg 2012, 331.

Plath, K.-U. (Hrsg.), BDSG – Kommentar zum BDSG sowie den Datenschutzbestimmungen von TMG und TKG, 1. Auflage, Köln 2013.

Pohle, J./Ammann, T., Software as a Service - auch rechtlich eine Evolution?, K&R 2009, 625.

Pohle, J./Ammann, T., Über den Wolken... – Chancen und Risiken des Cloud Computing, CR 2009, 273.

Polenz, S., Die Datenverarbeitung durch und via Facebook auf dem Prüfstand, VuR 2012, 207.

Pötters, S., Beschäftigtendaten in der Cloud, NZA 2013, 1055.

PROZEUS (G21/IDW Köln Consult), Cloud Computing, Einsatz und Nutzen für kleine und mittlere Unternehmen, Köln 2011.

Pünder, H, Zertifizierung und Akkreditierung – private Qualitätskontrolle unter staatlicher Gewährleistungsverantwortung, ZHR 2006, 567.

Rammo, K./Shokrian, T., Private Nutzung von Telefon, Internet und E-Mail am Arbeitsplatz – Persönlichkeitsrecht contra Arbeitgeberinteresse, in: Taeger (Hrsg.), IT und Internet – mit Recht gestalten, Edewecht 2012, 463.

Rath, M./Klug, S., E-Discovery in Germany?, K&R 2008, 596.

Rath, M./Rothe, B., Cloud Computing: Ein datenschutzrechtliches Update, K&R 2013, 623.

Räther, P., Datenschutz und Outsourcing, DuD 2005, 461.

Räther, P./Seitz, N., Ausnahmen bei Datentransfer in Drittstaaten – Die beiden Ausnahmen nach § 4 c Abs. 2 BDSG: Vertragslösung und Code of Conduct, MMR 2002, 520.

Räther, P./Seitz, N., Übermittlung personenbezogener Daten in Drittstaaten – Angemessenheitsklausel, Safe Harbor und die Einwilligung, MMR 2002, 425.

Rebler, A., Verkehrsüberwachung durch Private – Ein Dauerbrenner: Privatisierung staatlicher Aufgaben, SVR 2011, 1.

Redeker, H., Datenschutz auch bei Anwälten - aber gegenüber Datenschutzkontrollinstanzen gilt das Berufsgeheimnis, NJW 2009, 554.

Reindl, M., Cloud Computing & Datenschutz, in: Taeger, J./Wiebe, A. (Hrsg.), Inside the cloud – Neue Herausforderungen für das Informationsrecht, Edewecht 2009, 441.

Richter, P., Datenschutz durch Technik und die Grundverordnung der EU-Kommission, DuD 2012, 576.

Rittweger, C./Schmidl, M., Einwirkung von Standardvertragsklauseln auf § 28 BDSG, DuD 2004, 617.

Rittweger, C./Weiße, B., Unternehmensrichtlinien für den Datentransfer in Drittländer – Die Bedeutung verbindlicher Unternehmensregelungen bei der Übermittlung personenbezogener Daten ins europäische Ausland, CR 2003, 142.

Robbers, G., Der Grundrechtsverzicht – Zum Gegensatz „volenti non fit iniuria" im Verfassungsrecht, JuS 1985, 925.

Rogall, K., Zum Begriff des Anvertrauens in StGB § 203 Abs. 2, NStZ 1983, 414.

Rogosch, P. M., Die Einwilligung im Datenschutzrecht, Baden-Baden 2013.

Röhl, H. C., Akkreditierung und Zertifizierung im Produktsicherheitsrecht – Zur Entwicklung einer neuen europäischen Verwaltungsstruktur, Berlin 2000.

Röhl, H. C./Schreiber, Y., Konformitätsbewertung in Deutschland – Studie – vorgelegt im Rahmen des Projekts Nr. 57/03 für das Bundesministerium für Wirtschaft und Technologie, http://nbn-resolving.de/urn:nbn:de:bsz:352-opus-19333, Konstanz 2006.

Ronellenfitsch, M., Fortentwicklung des Datenschutzes – Die Pläne der Europäischen Kommission, DuD 2012, 561.

Roßnagel, A., Anerkennung von Prüf- und Bestätigungsstellen nach dem Signaturgesetz, MMR 1999, 342.

Roßnagel, A. (Hrsg.), Beck'scher Kommentar zum Recht der Telemediendienste – Telemediengesetz, Jugendmedienschutz-Staatsvertrag (Auszug), Signaturgesetz, Signaturverordnung, Vorschriften zum elektronischen Rechts- und Geschäftsverkehr, München 2013.

Roßnagel, A. (Hrsg.), Handbuch Datenschutzrecht – Die neuen Grundlagen für Wirtschaft und Verwaltung München 2003.

Roßnagel, A., Das Bundesverfassungsgericht und die Vorratsdatenspeicherung in Europa, DuD 2010, 544.

Roßnagel, A., Das Telemediengesetz – Neuordnung für Informations- und Kommunikationsdienste, NVwZ 2007, 743.

Roßnagel, A., Datenschutz in einem informatisierten Alltag – Gutachten, Berlin 2007.

Roßnagel, A., Datenschutzaudit – Konzeption, Durchführung, gesetzliche Regelung, Braunschweig 2000.

Roßnagel, A., Datenschutzgesetzgebung – Monopol oder Vielfalt?, DuD 2012, 553.

Roßnagel, A., Der Nachweis von Sicherheit im Anlagenrecht – am Beispiel von deterministischen und probabilistischen Sicherheitsnachweisen im Atomrecht, DÖV 1997, 801.

Roßnagel, A., Die rechtliche Fassung technischer Risiken, UPR 1986, 46.

Roßnagel, A., Die Sicherheitsvermutung des Signaturgesetzes, NJW 1999, 3312.

Roßnagel, A., EuGH: Personenbezogene Daten im Internet, MMR 2004, 99.

Roßnagel, A., Freiheit durch Systemgestaltung – Strategien des Grundrechtsschutzes in der Informationsgesellschaft, in: Nickel, E./Roßnagel, A./Schlink, B. (Hrsg.), Die Freiheit und die Macht – Wissenschaft im Ernstfall – Festschrift für Adalbert Podlech, 227 (zitiert: *Roßnagel*, in: FS Podlech 1994).

Roßnagel, A., Modernisierung des Datenschutzes – Nicht die Definition von Personendaten muss geändert werden, sondern die Anforderungen an ihren Schutz, digma 2011, 162.

Roßnagel, A., Neue Maßstäbe für den Datenschutz in Europa – Folgerungen aus dem EuGH-Urteil zur Vorratsdatenspeicherung, MMR 2014, 372.

Roßnagel, A., Rechtliche Regelungen als Voraussetzung für Technikgestaltung, in: Müller, H./Pfitzmann, A. (Hrsg.), Mehrseitige Sicherheit in der Kommunikationstechnik, Band 1 – Verfahren – Komponenten – Integration, Bonn 1997, 361.

Roßnagel, A., Rechtliche Steuerung von Infrastrukturtechnik, in: Roßnagel, A./Rust, I./Manger, D. (Hrsg.), Technik verantworten – Interdisziplinäre Beiträge zur Ingenieurpraxis – Festschrift für Hanns-Peter Ekardt zum 65. Geburtstag, Berlin 1999, 213 ff.

Roßnagel, A., Rechtswissenschaftliche Gestaltung der Informationstechnik, in: Kortzfleisch, F. O. v./Bohl, O. (Hrsg.), Wissen, Vernetzung, Virtualisierung – liber amicorum zum 65. Geburtstag von Univ.-Prof. Dr. Udo Winand, Lohmar 2008, 381.

Roßnagel, A., Wie dynamisch ist der „dynamische Grundrechtsschutz" des Atomrechts?, NVwZ 1984, 137.

Roßnagel, A./Jandt, S./Richter, P., Die Zulässigkeit der Übertragung personenbezogener Daten in die USA im Kontext der NSA-Überwachung, DuD 2014, 545.

Roßnagel, A./Kroschwald, S., Was wird aus der Datenschutzgrundverordnung? – Die Entschließung des Europäischen Parlaments über ein Verhandlungsdokument, ZD 2014, 495.

Roßnagel, A./Neuser, U., Die rechtliche Festlegung von Risikogrenzwerten – zu einem grundsätzlichen Problem von Recht und Technik, UPR 2006, 125.

Roßnagel, A./Pfitzmann, A./Garstka, H., Modernisierung des Datenschutzrechts – Gutachten im Auftrag des Bundesministeriums des Innern, Berlin 2001.

Roßnagel, A./Richter, P./Nebel, M., Besserer Internetdatenschutz für Europa – Vorschläge zur Spezifizierung der DS-GVO, ZD 2013, 103.

Roßnagel, A./Scholz, P., Datenschutz durch Anonymität und Pseudonymität – Rechtsfolgen der Verwendung anonymer und pseudonymer Daten, MMR 2000, 721.

Roth, H.-P., „Button"-Lösung – Gesetz zum Schutz der Verbraucher vor Abo- und Kostenfallen im Internet, VuR 2012, 477.

Roth-Neuschild, B., Vertragliche Absicherung der Verfügbarkeit bei Software as a Service, ITRB 2012, 67.

Rüpke, G., Datenschutz, Mandatsgeheimnis und anwaltliche Kommunikationsfreiheit, NJW 2008, 1121.

Sachs, M. (Hrsg.), Grundgesetz – Kommentar, 7. Auflage, München 2011.

Sachs, U., Datenschutzrechtliche Bestimmbarkeit von IP-Adressen – Stand von Rechtsprechung und Schrifttum, Gesetzesauslegung nach der juristischen Methodenlehre und Ausblick für die Praxis, CR 2010, 547.

Säcker, F. J. (Hrsg.), Telekommunikationsgesetz – Kommentar, 3. Auflage, Frankfurt a. M. 2013.

Säcker, F. J./Rixecker, R. (Hrsg.), Münchener Kommentar zum Bürgerlichen Gesetzbuch, Band 11 – Internationales Privatrecht – Internationales Wirtschaftsrecht – Einführungsgesetz zum Bürgerlichen Gesetzbuch (Art. 25 - 248), 5. Auflage, München 2010 (zitiert: *Bearbeiter*, in: MüKo 2010).

Säcker, F. J./Rixecker, R. (Hrsg.), Münchener Kommentar zum Bürgerlichen Gesetzbuch, Band 1 – Allgemeiner Teil – §§ 1 - 240 – PostG – AGG, 6. Auflage, München 2012 (zitiert: *Bearbeiter*, in: MüKo 2012).

Sadeghi, A.-R./Schneider, T., Verschlüsselt Rechnen: Sichere Verarbeitung verschlüsselter medizinischer Daten am Beispiel der Klassifikation von EKG-Daten, in: Brömme, A./Eymann, T./Hühnlein, D./Roßnagel, H./Schmücker, P. (Hrsg.) 2010, perspeGKtive 2010, proceeding des Workshop „Innovative und sichere Informationstechnologie für das Gesundheitswesen von morgen", Gesellschaft für Informatik, Lecture Notes in Informatics, proceeding p-174, 11.

Saeltzer, G., Sind diese Daten personenbezogen oder nicht? – Wie der Personenbezug von Daten, auch biometrischer, sich fundiert prüfen lässt..., DuD 2004, 218.

Sassenberg, T., Umgang mit IT in der Anwaltskanzlei – E-Mail, Netzwerkwartung und Wireless-LAN, AnwBl 2006, 196.

Sassenberg, T./Bamberg, N., Steuerberatung, EDV und Verschwiegenheit, DStR 2006, 2052.

Schaar, P., Datenschutz im Internet – Die Grundlagen, München 2002.

Schaar, P./Onstein, J., Datenschutzrecht in der vernetzten Welt des 21. Jahrhunderts, BRJ 2011, 126.

Schaffland, H.-J./Wiltfang, N., Bundesdatenschutzgesetz – BDSG – Ergänzbarer Kommentar nebst einschlägigen Rechtsvorschriften, Ergänzungslieferung 4/13, Berlin 2013.

Scheel, K.-C., Benannte Stellen: Beliehene als Instrument für die Verwirklichung des Binnenmarktes, DVBl. 1999, 442.

Scheja, G., Datenschutzrechtliche Zulässigkeit einer weltweiten Kundendatenbank – Eine Untersuchung unter besonderer Berücksichtigung der §§ 4b, 4c BDSG, Baden-Baden 2005.

Schild, H.-H./Tinnefeld, M.-T., Datenschutz in der Union - Gelungene oder missglückte Gesetzentwürfe?, DuD 2012, 312.

Schlund, G. H., Zu Fragen der ärztlichen Schweigepflicht, JR 1977, 265.

Schmidt, K. (Hrsg.), Münchener Kommentar zum Handelsgesetzbuch, Band 4 – Drittes Buch – Handelsbücher – §§ 238 - 342e HBG, 3. Auflage, München 2013.

Schmidt-Bleibtreu, B. (Begr.)/*Hoffmann, H./Hopfauf, A.* (Hrsg.), Kommentar zum Grundgesetz, 12. Auflage, Köln 2011.

Schmitz, P., Datenschutzgerechte Gestaltung von AGB für Telemedia-Dienste, DuD 2001, 395.

Schneider, C., Kleincomputer oder Rechenzentrum? – Beitrag zur Problematik und für die Entscheidungsfrage, Wiesbaden 1968.

Schneider, J., Handbuch des EDV-Rechts – IT-Vertragsrecht, Datenschutz, Rechtsschutz, 4. Auflage, Köln 2009.

Schneider, J./Härting, N., Wird der Datenschutz nun endlich internettauglich? – Warum der Entwurf einer Datenschutz-Grundverordnung enttäuscht, ZD 2012, 199.

Schoch, F., Das Recht auf informationelle Selbstbestimmung in der Informationsgesellschaft, in: Sachs, M./Sieckmann, H. (Hrsg.), Der grundrechtsgeprägte Verfassungsstaat – Festschrift für Klaus Stern, Berlin 2012, 1491.

Scholz, M./Lutz, H., Standardvertragsklauseln für Auftragsverarbeiter und § 11 BDSG – Ein Plädoyer für die Unanwendbarkeit der §§ 11 Abs. 2, 43 Abs. 1 Nr. 2b) BDSG auf die Auftragsverarbeitung außerhalb des EWR, CR 2011, 424.

Schönke, A. (Begr.)/*Schröder, H.* (Hrsg.), Strafgesetzbuch – Kommentar, 29. Auflage, München 2014.

Schöttle, H., Anwaltliche Internet-Rechtsberatung und das Teledienstedatenschutzgesetz, BRAK-Mitt 2004, 253.

Schröder, C./Haag, N., Internationale Anforderungen an Cloud Computing – Zusammenfassung und Bewertung der Best Business-Empfehlungen der Berlin Group, ZD 2012, 362.

Schröder, C./Haag, N., Neue Anforderungen an Cloud Computing für die Praxis – Zusammenfassung und erste Bewertung der „Orientierungshilfe – Cloud Computing", ZD 2011, 147.

Schröder, M., Keine Haftung eines Filehosters für Urheberrechtsverletzungen seiner Nutzer, MMR 2010, 486.

Schulz, C., Rechtliche Aspekte des Cloud Computing im Überblick, in: Taeger, J./Wiebe, A. (Hrsg.), Inside the cloud – Neue Herausforderungen für das Informationsrecht, Edewecht 2009, 403 ff.

Schulz, C./Rosenkranz, T., Cloud Computing – Bedarfsorientierte Nutzung von IT-Ressourcen, ITRB 2009, 232.

Schulz, G., Das neue IT-Grundrecht - staatliche Schutzflicht und Infrastrukturverantwortung, DuD 2012, 395.

Schulz, S. E., Cloud Computing in der öffentlichen Verwaltung Chancen – Risiken – Modelle, MMR 2010, 75.

Schulz, S., Die (Un-)Zulässigkeit von Datenübertragungen innerhalb verbundener Unternehmen – Vom fehlenden Konzernprivileg im deutschen Datenschutzrecht, BB 2011, 2552.

Schuppert, S./van Reden, A., Einsatz internationaler Cloud-Anbieter: Entkräftung der Mythen – Rechtlich zulässige Einschaltung von zertifizierten Cloud-Diensten in Deutschland möglich, ZD 2013, 210.

Schuster, F./Reichl, W., Cloud Computing & SaaS: Was sind die wirklich neuen Fragen? – Die eigentlichen Unterschiede zu Outsourcing, ASP & Co liegen im Datenschutz und der TK-Anbindung, CR 2010, 38.

Schwartmann, R., Ausgelagert und ausverkauft – Rechtschutz nach der Datenschutz-Grundverordnung, RDV 2012, 55.

Schwarze, J./Becker, U./Hatje, A./Schoo, J. (Hrsg.), EU-Kommentar, 3. Auflage, Baden-Baden 2012.

Schweizer, R. J., Die Rechtsprechung des Europäischen Gerichtshofes für Menschenrechte zum Persönlichkeits- und Datenschutz, DuD 2009, 462.

Schwenk, J., Sicherheit und Kryptographie im Internet – Von sicherer E-Mail bis zu IP-Verschlüsselung, 1. Auflage, Braunschweig 2002.

Schwenke, M. C., Individualisierung und Datenschutz – Rechtskonformer Umgang mit personenbezogenen Daten im Kontext der Individualisierung, Wiesbaden 2006.

Seidel, A., Privater Sachverstand und staatliche Garantenstellung im Verwaltungsrecht, München 2000.

Selk, R., Das Schicksal von ASP- und SaaS-Services in der Insolvenz des Anbieters, ITRB 2012, 201.

Selzer, A., Die Kontrollpflicht nach § 11 Abs. 2 Satz 4 BDSG im Zeitalter des Cloud Computing – Alternativen zur Vor-Ort-Kontrolle des Auftragnehmers durch den Auftraggeber, DuD 2013, 215.

Siemen, B., Grundrechtsschutz durch Richtlinien – Die Fälle Österreichischer Rundfunk u. a. und Lindqvist, EuR 2004, 306.

Simitis, S. (Hrsg.), Bundesdatenschutzgesetz, 7. Auflage, Baden-Baden 2011.

Simitis, S. (Hrsg.), Bundesdatenschutzgesetz, 8. Auflage, Baden-Baden 2014.

Simitis, S., Datenschutz Rückschritt oder Neubeginn?, NJW 1998, 2473.

Simitis, S., Die EU-Datenschutzrichtlinie – Stillstand oder Anreiz?, NJW 1997, 281.

Simitis, S., Die informationelle Selbstbestimmung – Grundbedingung einer verfassungskonformen Informationsordnung, NJW 1984, 398.

Simitis, S./Dammann, U./Geiger, H./Mallmann, O./Walz, S. (Hrsg.), Kommentar zum Bundesdatenschutzgesetz – BDSG, 4. Auflage, Baden-Baden 1992.

Sinewe, P./Frase, H., Steuerrechtliche Aspekte des Cloud Computing, BB 2011, 2198.

Skistims, H./Roßnagel, A., Rechtlicher Schutz vor Staatstrojanern? – Verfassungsrechtliche Analyse einer Regierungs-Malware, ZD 2012, 4.

Sodan, H./Ziekow, J. (Hrsg.), Verwaltungsgerichtsordnung – Großkommentar, 3. Auflage, Baden-Baden 2010.

Solove, D. J., Conceptualizing Privacy, California Law Review 2002, 1087.

Spatscheck, R., Outsourcing trotz Anwaltsgeheimnis: Nationale Lösung – Der erste Diskussionsvorschlag des Deutschen Anwaltvereins: Das bestehende System nutzen, AnwBl 2012, 478.

Spiecker gen. Döhmann, I./Eisenbarth, M., Kommt das „Volkszählungsurteil" nun durch den EuGH? – Der Europäische Datenschutz nach Inkrafttreten des Vertrags von Lissabon, JZ 2011, 169.

Spies, A., Anmerkung zur Entscheidung des United States District Court Southern District of California vom 11.03.2013 (Civil No. 10-cv-1345-L (DHB)) - Zur Datenübermittlung in die USA zu Beweiszwecken (Discovery), ZD 2013, 272.

Spies, A., Cloud Computing: Keine personenbezogenen Daten bei Verschlüsselung, MMR-Aktuell 2011, 313727.

Spies, A., Europa: Wer hat Angst vor dem US-Patriot Act?, ZD-Aktuell 2012, 03062.

Spies, A./Schröder, C., Auswirkungen der elektronischen Beweiserhebung (eDiscovery) in den USA auf deutsche Unternehmen, MMR 2008, 275.

Spindler, G., Persönlichkeitsschutz im Internet – Anforderungen und Grenzen einer Regulierung, Gutachten F zum 69. Deutschen Juristentag, München 2012.

Spindler, G./Schmitz, P./Geis, I. (Hrsg.), Teledienstegesetz, Teledienstdatenschutzgesetz, Signaturgesetz – Kommentar, München 2004.

Spindler, G./Schuster, F. (Hrsg.), Recht der elektronischen Medien – Kommentar, 2. Auflage, München 2011.

Splittgerber, A./Rockstroh, S., Sicher durch die Cloud navigieren – Vertragsgestaltung beim Cloud Computing, BB 2011, 2179.

Staudinger, J. v. (Hrsg.), BGB – Kommentar zum Bürgerlichen Gesetzbuch mit Einführungsgesetz und Nebengesetzen 2011.

Steidle, R., Datenschutz bei Nutzung von Location Based Services im Unternehmen, MMR 2009, 167.

Steinmüller, W./Lutterbeck, B./Mallmann, C./Harbort, U./Kolb, G./Schneider, J., Grundfragen des Datenschutzes – Gutachten im Auftrag des Bundesministeriums des Innern, BT-Drs. 6/3826, 5.

Stelkens, P./Bonk, H. J./Sachs, M. (Hrsg.), Verwaltungsverfahrensgesetz – Kommentar, 8. Auflage, München 2014.

Stemmann, B., Die Erfolgswahrscheinlichkeit von Standards für Geschäftsdaten, Wiesbaden 2007.

Stiemerling, O./Hartung, J., Datenschutz und Verschlüsselung – Wie belastbar ist Verschlüsselung gegenüber dem Anwendungsbereich des Datenschutzes?, CR 2012, 60.

Streinz, R./Michl, W., Die Drittwirkung des europäischen Datenschutzgrundrechts (Art. 8 GrCh) im deutschen Privatrecht, EuZW 2011, 384.

Streitberger, W./Ruppel, A. (Fraunhofer AISEC), Cloud Computing Sicherheit – Schutzziele.Taxonomie.Marktübersicht, Garching b. München 2009.

Sujecki, B., Internationales Privatrecht und Cloud Computing aus europäischer Perspektive, K&R 2012, 312.

Sutschet, H., Auftragsdatenverarbeitung und Funktionsübertragung, RDV 2004, 97.

Szalai, S./Kopf, R., Verrat von Mandantengeheimnissen – Ist Outsourcing strafbar nach § 203 StGB?, ZD 2012, 462.

Szcekalla, P., Grenzenlose Grundrechte, NVwZ 2006, 1019.

Taeger, J./Gabel, D. (Hrsg.), Kommentar zum BDSG und zu den Datenschutzvorschriften des TKG und TMG, 2. Auflage, Frankfurt a. M. 2013.

Tamm, M. /Tonner, K. (Hrsg.), Verbraucherrecht – Rechtliches Umfeld – Vertragstypen – Rechtsdurchsetzung, 1. Auflage, Baden-Baden 2012.

Tappe, H., Steuerliche Betriebsstätten in der „Cloud" – Neuere technische Entwicklungen im Bereich des E-Commerce als Herausforderung für den ertragsteuerrechtlichen Betriebsstättenbegriff, IStR 2011, 870.

Terhechte, J. P. (Hrsg.), Verwaltungsrecht der Europäischen Union, 1. Auflage, Baden-Baden 2011.

Thalhofer, T., Grenzenlos: Compliance bei Cloud Computing, CCZ 2011, 222.

Tiedemann, K., Datenübermittlung als Straftatbestand, NJW 1981, 945.

Tinnefeld, M.-T./Ehmann, E./Gerling, R. W., Einführung in das Datenschutzrecht : Datenschutz und Informationsfreiheit in europäischer Sicht, 4. Auflage, München 2005.

Trusted Cloud, AG Rechtsrahmen des Kompetenzzentrums Trusted Cloud im Technologieprogramm Trusted Cloud des Bundesministeriums für Wirtschaft und Energie, Datenschutzrechtliche Lösungen für Cloud Computing – Ein rechtspolitisches Thesenpapier der AG Rechtsrahmen des Cloud Computing, Berlin 2012.

Trusted Cloud, Kompetenzzentrum Trusted Cloud im Technologieprogramm Trusted Cloud des Bundesministeriums für Wirtschaft und Energie, Arbeitspapier – Modulare Zertifizierung von Cloud-Diensten, Berlin 2014.

U.S. Department of Commerce, International Trade Administration (ITA) 2013, Clarifications Regarding the U.S.-EU Safe Harbor Framework and Cloud Computing, http://export.gov/static/Safe%20Harbor%20and%20Cloud%20Computing%20Clarification_April%2012%202013_Latest_eg_main_060351.pdf, Washington 2012.

Umbach, D. C./Clemens, T. (Hrsg.), Grundgesetz – Mitarbeiterkommentar und Handbuch, Band 1 – Artikel 1 bis 37 GG, 1. Auflage, Heidelberg 2002.

Unabhängiges Landeszentrum für Datenschutz Schleswig-Holstein, FAQ IP-Adressen und andere Nutzungsdaten, https://www.datenschutzzentrum.de/ip-adressen, Kiel 2011.

Unabhängiges Landeszentrum für Datenschutz Schleswig-Holstein, Häufig gestellte Fragen zum Datenschutzaudit des Unabhängigen Landeszentrums für Datenschutz Schleswig-Holstein https: //www.datenschutzzentrum.de/faq/audit.htm, Kiel 2013.

Unabhängiges Landeszentrum für Datenschutz Schleswig-Holstein, ULD: Datenschutzkonformes Cloud Computing ist möglich, ZD-Aktuell 2012, 03028.

Van Hoboken, J./Arnbak, A./van Eijk, N./Kruijsen, N. P. H., Cloud Computing in Higher Education and Research Institutions and the USA Patriot Act, Amsterdam 2012.

Vander, S., Auftragsdatenverarbeitung 2.0? – Neuregelungen der Datenschutznovelle II im Kontext von § 11 BDSG, K&R 2010, 292.

Vander, S., Weisungsgebundene Datenweitergabe nach der Rechtsprechung des EuGH – Allgemeine Auswirkungen auf den Geheimnisschutz, in: Taeger, J. (Hrsg.), Law as a Service (LaaS) – Recht im Internet- und Cloud-Zeitalter, Edewecht 2013, 105.

Vehlow, M./Gakowsky, C. (PWC), Cloud Computing – Navigation in der Wolke 2011, 17.

Vock, W., Die Beleihung von Kraftfahrzeugsachverständigen, NJ 2012, 61.

Voigt, P., Auftragsdatenverarbeitung mit ausländischen Auftragnehmern – Geringere Anforderungen an die Vertragsausgestaltung als im Inland?, ZD 2012, 546.

Voigt, P., Datenschutz bei Google, MMR 2009, 377.

Voigt, P., Internationale Anwendbarkeit des deutschen Datenschutzrechts – Eine Darstellung anhand verschiedener Fallgruppen, ZD 2014, 15.

Voigt, P., Weltweiter Datenzugriff durch US-Behörden – Auswirkungen für deutsche Unternehmen bei der Nutzung von Cloud-Diensten, MMR 2014, 158.

Voigt, P./Klein, D., Deutsches Datenschutzrecht als „blocking statute"? – Auftragsdatenverarbeitung unter dem USA PATRIOT Act, ZD 2013, 16.

Vulin, D., Ist das deutsche datenschutzrechtliche Schriftformerfordernis zu viel des Guten? – Überlegungen zur Umsetzung der europäischen Vorgaben im BDSG, ZD 2012, 414.

Wächter, M., Rechtliche Grundstrukturen der Datenverarbeitung im Auftrag, CR 1991, 333.

Wagner, A.-M./Groß, S., Über den Wolken: Die Rechtsprobleme des Cloud Computing aus der Sicht des auslagernden Unternehmens, BB-Online 36/2011, I.

Wagner, A.-M./Blaufuß, H., Datenexport als juristische Herausforderung: Cloud Computing, BB 2012, 1751.

Wagner, C./Lerch, J., Zur Zulässigkeit anwaltlicher E-Mail-Korrespondenz im Hinblick auf straf- und standesrechtliche Vorgaben, NJW CoR 1996, 380.

Wagner, E., Der Entwurf einer Datenschutz-Grundverordnung der Europäischen Kommission, DuD 2012, 676.

Wagner, S., Das Websurfen und der Datenschutz – ein Rechtsvergleich unter besonderer Berücksichtigung der Zulässigkeit sogenannter Cookies und Web bugs am Beispiel des deutschen und US-amerikanischen Rechts, Frankfurt a. M. 2006.

Wagner, W., Quantenkryptografie - der Weg zur Sicherheit? – Sicherheit in der IT - wo beginnt sie, wo ist sie wirklich notwendig?, DSWR 2006, 181.

Warren, S. D./Brandeis, L. D. (übersetzt durch Hansen, M./Weichert, T.), Das Recht auf Privatheit The Right to Privacy, DuD 2012, 755.

Weber, A., Die Europäische Grundrechtscharta – auf dem Weg zu einer europäischen Verfassung, NJW 2000, 537.

Weber, A., Vom Verfassungsvertrag zum Vertrag von Lissabon, EuZW 2008, 7.

Weber, M. P./Voigt, P., Internationale Auftragsdatenverarbeitung - Praxisempfehlungen für die Auslagerung von IT-Systemen in Drittstaaten mittels Standardvertragsklauseln, ZD 2011, 74.

Wegner, C./Heidrich, J., Neuer Standard – Neue Herausforderungen: IPv6 und Datenschutz, CR 2011, 479.

Weichert, T., Anmerkungen zu Warren/Brandeis – Das Recht auf Privatheit, DuD 2012, 753.

Weichert, T., BDSG-Novelle zum Schutz von Internet-Inhaltsdaten, DuD 2009, 7.

Weichert, T., Cloud Computing und Datenschutz, DuD 2010, 679.

Weichert, T., Datenschutz auch bei Anwälten?, NJW 2009, 550.

Weichert, T., Datenschutz bei Internetveröffentlichungen, VuR 2009, 323.

Weichert, T., Der Personenbezug von Geodaten, DuD 2007, 113.

Weichert, T., Privatheit und Datenschutz im Konflikt zwischen USA und Europa, RDV 2012, 113.

Weichert, T., Wider das Verbot mit Erlaubnisvorbehalt im Datenschutz? – zugleich Besprechung von „Bull, Hans Peter, Netzpolitik: Freiheit und Rechtsschutz im Internet, 2013, 154 Seiten", DuD 2014, 246.

Wente, J., Informationelles Selbstbestimmungsrecht und absolute Drittwirkung der Grundrechte, NJW 1984, 1446.

Wicker, M., Durchsuchung in der Cloud – Nutzung von Cloud-Speichern und der strafprozessuale Zugriff deutscher Ermittlungsbehörden, MMR 2013, 765.

Wicker, M., Ermittlungsmöglichkeiten in der Cloud – Vereitelt das Speichern in der Cloud die Zuständigkeit deutscher Ermittlungsbehörden?, in: Taeger (Hrsg.), Law as a Service (LaaS) – Recht im Internet- und Cloud-Zeitalter, Edewecht 2013.

Wicker, M., Cloud Computing und Staat – Strafrechtliche Risiken und strafprozessuale Ermittlungsmöglichkeiten in der Cloud, Promotionsvorhaben an der Universität Kassel, i. E.

Wicker, M., Vertragstypologische Einordnung von Cloud Computing-Verträgen – Rechtliche Lösungen bei auftretenden Mängeln, MMR 2012, 783.

Wieczorek, M., Der räumliche Anwendungsbereich der EU-Datenschutz-Grundverordnung – Ein Vergleich von § 1 Abs. 5 BDSG mit Art. 3 DS-GVO-E, DuD 2013, 644.

Wienke, A./Sauerborn, J., EDV-gestützte Patientendokumentation und Datenschutz in der Arztpraxis, MedR 2000, 517.

Williamson, O. E., Die ökonomischen Institutionen des Kapitalismus – Unternehmen – Märkte – Kooperationen, aus dem Amerikanischen übersetzt von *Streissler, M.*, Tübingen 1990.

Wolf, J., Der rechtliche Nebel der deutsch-amerikanischen „NSA-Abhöraffäre" – US-Recht, fortbestehendes Besatzungsrecht, deutsches Recht und Geheimabkommen, JZ 2013, 1039.

Worms, C./Gusy, C., Verfassung und Datenschutz – Das Private und das Öffentliche in der Rechtsordnung, DuD 2012, 98.

Wronka, G., Zur Interessenlage bei der Auftragsdatenverarbeitung, RDV 2003, 132.

Wuermeling, U., Handelshemmnis Datenschutz: die Drittländerregelung der Europäischen Datenschutzrichtlinie, Köln 2000.

Youseff, L./Boutrico, M./Da Silva, D., Toward a Unified Ontology of Cloud Computing, in: IEEE (Hrsg.), Grid Computing Environments Workshop (GCE) 16.11.2008, Piscatway 2008 (zitiert: *Youseff/Boutrico/Da Silva* 2008).

Ziegenhorn, G., Kontrolle von mitgliedstaatlichen Gesetzen „im Anwendungsbereich des Unionsrechts" am Maßstab der Unionsgrundrechte, NVwZ 2010, 803.

Zieger, C./Smirra, N., Fallstricke bei Big Data-Anwendungen – Rechtliche Gesichtspunkte bei der Analyse fremder Datenbestände, MMR 2013, 418.

Zscherpe, K., Anforderungen an die datenschutzrechtliche Einwilligung im Internet, MMR 2004, 723.

Zuck, H., Allgemeine Anwaltsrechte und Berufspflichten aus dem BDSG, in: Abel, R. B. (Hrsg.), Datenschutz in Anwaltschaft, Notariat und Justiz, München 1998, 19.

MIX
Papier aus verantwortungsvollen Quellen
Paper from responsible sources
FSC® C105338

If you have any concerns about our products,
you can contact us on
ProductSafety@springernature.com

In case Publisher is established outside the EU,
the EU authorized representative is:
**Springer Nature Customer Service Center GmbH
Europaplatz 3, 69115 Heidelberg, Germany**

Printed by Libri Plureos GmbH
in Hamburg, Germany